関税(品目)分類詳解【Ⅱ】

第6部から第10部まで
（HS2017年改正準拠）

宮崎千秋 著

公益財団法人 日本関税協会
Japan Tariff Association

は じ め に

　第Ⅰ巻の冒頭でも述べましたが、現在、我が国をはじめ各国の関税率表等のベースとなっているHS条約の附属書(The Annex to the International Convention of the Harmonized Commodity Description and Coding System。以下、単に「HS品目表」又は「HS」という。)は、多目的の世界共通の品目表として、1988年1月に同条約が発効してから30年が経過し、これまで6回の改正が行われました。直近のものとしては、2015年に改正案がWCO総会で採択され2017年1月1日から発効しています(詳しくは、鈴木崇文「2017年HS条約改正について」『貿易と関税』2017年1月号(日本関税協会)参照。)。

　本書は、第Ⅰ巻と同様、HS品目表について、著者のHS導入時のHS Explanatory noteの翻訳及び関税率表解説のドラフト作業、HS委員会における議論、税関現場に対する指導等の経験を踏まえ、関税・品目分類についての基礎的なことがらのほか、第1類から第97類までに亘って、その内容と分類のポイント等について解説を試みるべく、これまで『貿易実務ダイジェスト』及び『貿易と関税』に連載してきた内容をベースに、一部修正、加筆したものです。

　この度、第Ⅰ巻に収録した第5部までに続き、第6部から第10部までを収録し類毎に詳細な解説を試みました。第Ⅰ巻と同様、本書は分類の基本的事項も含めておりますので、関係者の皆様には必読の書となると信じております。

　本書が、これから分類事務に携わろうとする方や、通関士試験にチャレンジされる方はもちろん、既に通関業務に係わっておられる方、輸出入業、貿易統計事務等に携わっておられる方々にも、改めて関税分類についての考え方等を再整理するための一助ともなれば幸いです。

　なお、文中、意見にわたるところは、あくまで筆者の個人的な見解であるということを予めお断りしておきます。

　本書の作成にあたり、雑誌連載中からお世話になった公益財団法人日本

関税協会編集グループの鎌田泰二氏及び桐場太郎氏、並びに書籍化に多大な労をお取り下さった澤井一郎同グループ担当部長にお礼申し上げます。
　本書を、謹んで、HS起案時の詳細から分類についての基本を終始ご指導下さった故黒岩清博士（元函館税関長）並びに故朝倉弘教先生（元WCO事務総局品目表分類局長）に捧げたいと存じます。

平成30年5月

宮崎　千秋

目　次

第6章　第6部　化学工業（類似の工業を含む。）の生産品 …………… 1
第1節　部の概要 ……………………………………………………………… 1
  1　部の構成等 ……………………………………………………………… 1
  2　この部の各類の間の分類上のポイント ……………………………… 2
第2節　第28類　無機化学品及び貴金属、希土類金属、放射性元素
又は同位元素の無機又は有機の化合物 ……………………… 11
  1　この類に含まれる物品の概要及び留意点 …………………………… 11
  2　この類の構成と各項の規定 …………………………………………… 16
第3節　第29類　有機化学品 ……………………………………………… 67
  1　有機化学品の分類について …………………………………………… 67
  2　有機化学品を分類するための知識の整理 …………………………… 68
  3　この類に含まれる物品の分類上の留意点 …………………………… 95
  4　各項の規定 ……………………………………………………………… 103
第4節　第30類　医療用品 ………………………………………………… 132
  1　この類に含まれる物品の概要及び留意点 …………………………… 132
  2　この類に含まれない物品 ……………………………………………… 133
  3　各項の規定 ……………………………………………………………… 133
第5節　第31類　肥料 ……………………………………………………… 148
  1　この類に含まれる物品の概要 ………………………………………… 148
  2　この類に含まれない物品 ……………………………………………… 148
  3　各項の規定 ……………………………………………………………… 149
第6節　第32類　なめしエキス、染色エキス、タンニン及びその誘導体、
染料、顔料その他の着色料、ペイント、ワニス、パテその他の
マスチック並びにインキ ……………………………………… 154
  1　この類に含まれる物品の概要 ………………………………………… 154
  2　この類に含まれない物品 ……………………………………………… 155
  3　各項の規定 ……………………………………………………………… 157
  4　この類のまとめとして（補足説明）………………………………… 187
第7節　第33類　製油、レジノイド、調製香料及び化粧品類 ………… 190
  1　この類に含まれる物品の概要 ………………………………………… 190
  2　この類に含まれない物品 ……………………………………………… 190
  3　各項の規定 ……………………………………………………………… 192

第8節　第34類　せっけん、有機界面活性剤、洗剤、調製潤滑油、
　　　　人造ろう、調製ろう、磨き剤、ろうそくその他これに類する
　　　　物品、モデリングペースト、歯科用ワックス及びプラスター
　　　　をもととした歯科用の調製品……………………………………… 202
　　1　この類に含まれる物品の概要………………………………………… 202
　　2　この類に含まれない物品、その他分類上の留意点………………… 202
　　3　各項の規定……………………………………………………………… 204
第9節　第35類　たんぱく系物質、変性でん粉、膠着剤及び酵素………… 217
　　1　この類に含まれる物品の概要………………………………………… 217
　　2　この類に含まれない物品……………………………………………… 221
　　3　各項の規定……………………………………………………………… 221
第10節　第36類　火薬類、火工品、マッチ、発火性合金及び調製燃料…… 231
　　1　この類に含まれる物品の概要………………………………………… 231
　　2　この類に含まれない物品……………………………………………… 232
　　3　各項の規定……………………………………………………………… 232
第11節　第37類　写真用又は映画用の材料…………………………………… 239
　　1　この類に含まれる物品の概要………………………………………… 239
　　2　この類に含まれない物品その他の留意点…………………………… 239
　　3　各項の規定……………………………………………………………… 240
第12節　第38類　各種の化学工業生産品……………………………………… 246
　　1　この類に含まれる物品の概要及び留意点…………………………… 246
　　2　この類に含まれない物品……………………………………………… 249
　　3　各項の規定……………………………………………………………… 250

第7章　第7部　プラスチック及びゴム並びにこれらの製品…………… 295
　第1節　部の概要……………………………………………………………… 295
　　1　部注1について………………………………………………………… 295
　　2　部注2について………………………………………………………… 296
　第2節　第39類　プラスチック及びその製品……………………………… 297
　　1　この類の概説…………………………………………………………… 297
　　2　この類の物品の分類上の留意点……………………………………… 300
　　3　各項の規定……………………………………………………………… 315
　第3節　第40類　ゴム及びその製品………………………………………… 345
　　1　この類に含まれる物品の概要………………………………………… 345
　　2　この類の物品の分類上の留意点等…………………………………… 346

| | | | 3 | 各項の規定 | 350 |

第8章　第8部　皮革及び毛皮並びにこれらの製品、動物用装着具並びに旅行用具、ハンドバッグその他これらに類する容器並びに腸の製品 ……… 369

第1節　第41類　原皮（毛皮を除く。）及び革 ……………………………… 369
　　1　この類に含まれる物品の概要 …………………………………………… 369
　　2　各項の規定 ………………………………………………………………… 370
第2節　第42類　革製品及び動物用装着具並びに旅行用具、ハンドバッグその他これらに類する容器並びに腸の製品 …………………… 379
　　1　この類に含まれる物品の概要 …………………………………………… 379
　　2　この類の物品の分類上の留意点 ………………………………………… 379
　　3　各項の規定 ………………………………………………………………… 380
第3節　第43類　毛皮及び人造毛皮並びにこれらの製品 …………………… 388
　　1　この類に含まれる物品の概要 …………………………………………… 388
　　2　この類の物品の分類上の留意点 ………………………………………… 388
　　3　各項の規定 ………………………………………………………………… 389

第9章　第9部　木材及びその製品、木炭、コルク及びその製品並びにわら、エスパルトその他の組物材料の製品並びにかご細工物及び枝条細工物 ……………………………………………… 393

第1節　第44類　木材及びその製品並びに木炭 ……………………………… 393
　　1　この類の概要 ……………………………………………………………… 393
　　2　各項の規定 ………………………………………………………………… 399
第2節　第45類　コルク及びその製品 ………………………………………… 422
　　1　この類に含まれる物品の概要 …………………………………………… 422
　　2　この類に含まれない物品その他の留意点等 …………………………… 422
　　3　各項の規定 ………………………………………………………………… 424
第3節　第46類　わら、エスパルトその他の組物材料の製品並びにかご細工物及び枝条細工物 ……………………………………… 427
　　1　この類に含まれる物品の概要 …………………………………………… 427
　　2　この類に含まれない物品 ………………………………………………… 429
　　3　各項の規定 ………………………………………………………………… 429

第10章　第10部　木材パルプ、繊維素繊維を原料とするその他の
　　　　　　　パルプ、古紙並びに紙及び板紙並びにこれらの製品………… 433
　第1節　第47類　木材パルプ、繊維素繊維を原料とするその他の
　　　　　　　　　パルプ及び古紙……………………………………………… 433
　　1　この類に含まれる物品の概要………………………………………… 433
　　2　この類に含まれない物品……………………………………………… 435
　　3　各項の規定……………………………………………………………… 436
　第2節　第48類　紙及び板紙並びに製紙用パルプ、紙又は板紙の製品…… 441
　　1　この類の概要…………………………………………………………… 441
　　2　各項の規定……………………………………………………………… 450
　第3節　第49類　印刷した書籍、新聞、絵画その他の印刷物並びに
　　　　　　　　　手書き文書、タイプ文書、設計図及び図案……………… 482
　　1　この類に含まれる物品の概要………………………………………… 482
　　2　この類に含まれない物品……………………………………………… 483
　　3　各項の規定……………………………………………………………… 484

［付録］　ＨＳ品目表2017年版 …………………………………………………… 501

第6章
第6部 化学工業(類似の工業を含む。)の生産品

第1節　部の概要

　第6部は、表題の通り化学品関係ですので、品目表が比較的システマティックに構成されており、高校程度の化学の一般的知識があれば、あまり問題無く理解できると思いますが、物品の品目表という性質から、相互に関係するものなどの交通整理が必要なものが出てきますので、他の部の場合と同様、部の注、各類の注の規定には留意が必要です。

1　部の構成等

　まず部の構成を見てみましょう。
　第6部は、第28類から第38類までに含まれる物品をカバーしています。これらの各類の表題から、ある程度その内容を想像できると思います。
　まず、第28類は①無機化学品及び②貴金属、希土類金属、放射性元素又は同位元素の無機又は有機の化合物です(類の表題を①と②と分けて書いたのは、続けて読むと掛かりが分かり難いからです。)。以下、第29類は有機化学品、第30類は医療用品、第31類は肥料、第32類はなめしエキス、染色エキス、タンニン及びその誘導体、染料、顔料その他の着色料、ペイント、ワニス、パテ、その他のマスチック並びにインキ、第33類は精油、レジノイド、調製香料及び化粧品類、第34類はせっけん、有機界面活性剤、洗剤、調製潤滑剤、人造ろう、調製ろう、磨き剤、ろうそくその他これに類する物品、モデリングペースト、歯科用ワックス及びプラスターをもととした歯科用の調製品、第35類はたんぱく質系物質、変性でん粉、膠着剤及び酵素、第36類は火薬類、火工品、マッチ、発火性合金及び調製燃料、第37類は写真用又は映画用の材料、第38類は各種の化学工業生産品です。
　これらの各項の表題から、様々な化学工業(類似の産業)における生産品が含まれるのがおわかりだと思います。しかし、プラスチック、人造繊維、窯業(セメント、陶磁器等)は、それぞれ第39類、第54類(又は55類)、第68類、第69類に主として分類され、この部には含まれていません。従って、実際の分類にあたっては、第38類の「各種の化学工業生産品」といっても、同類に定められている項の規定に従って判断しなければなりません。これは、いずれの物品についても同

第6章　第6部　化学工業（類似の工業を含む。）の生産品

じで、物品の分類は、項の規定及びこれに関係する部又は類の注の規定に従って分類するという、通則1の規定を思い出して頂ければと思います。
　ところで、この第28類及び第29類に出てくる有機化合物と無機化合物について、良くご存じのことと思いますが、一応説明しておきます。
　従来、有機体すなわち生物体（organism）を構成している物質及び生物体の生命現象をつかさどる器官（organ）によって作られる物質を有機物といい、これらはいずれも炭素原子を含んでいて、生命力によってのみ作られるものと信じられてきました。これに対し、岩石、土壌、水のように、生命力と何ら関係の無いものを無機物と考えてきました。ところが、1828年ウェーラーは高等動物の尿から取り出された尿素（$NH_2 \cdot CO \cdot NH_2$）を、無機物であるシアン酸アンモニウムの水溶液を加熱すると異性化して生成できることを示しました。これに続いて、ベルテローの諸合成を始め、現在に至るまで多くの化学者等の研究により生命力によらなくても有機物が人工的に作られるようになったので、従来の有機物、無機物の区別の根拠が失われました。しかしながら、従来の有機物といわれるものは、いずれも炭素の化合物であることから、現在では炭素を含む化合物を有機物といい、それ以外の化合物を無機物ということとしています。ただし、炭素を含む化合物であってもその構造がきわめて簡単な分子、例えば、二酸化炭素や一酸化炭素等のような炭素の酸化物や金属の炭酸塩などは、有機化合物から外されています。

2　この部の各類の間の分類上のポイント

　各類の解説は改めて各論で述べますが、この部を構成する各類相互間の関係を簡単に述べておきます。

(1)　第28類関係

　まず第28類です。この類には、無機化学品及び貴金属、希土類金属、放射性元素、同位元素の無機又は有機の化合物が含まれます。
　具体的には、各種元素（ただし、第15部に属する金属は除かれます。）、無機化合物及び一部の有機化合物（貴金属、希土類金属、放射性元素又は同位元素のもの）が含まれます。希土類元素は、周期表第ⅢA属に属する金属のうち、スカンジウム、イットリウム、ランタノイド（原子番号57のランタンから71のルテチウム）の17元素の総称です。ただし、HSでは、第28.05項の中でイットリウム及びスカンジウムは希土類金属とは別に掲名し、ランタノイドのみ希土類金属として扱っています。
　ところで有機化合物は基本的に第29類に含まれますが、こうした金属に限って

はこれらを含む有機化合物であっても第28類が優先します。ただし、貴金属、希土類元素及び水銀（アマルガムのものを除く。）の無機及び有機の化合物については、この第6部（第28類及び第29類）の中での第28類の項（第28.43項、第28.46項又は第28.52項）の他の項に対する優先規定となっています。従って、これらについては、他の部に含まれる項との競合関係がある場合には、通則の規定によって分類を決定する必要があります。他方、放射性同位元素又は同位元素については、無機、有機化合物を問わず、第28.44項又は第28.45項に該当するものは、鉱石を除き、この表のいかなる項にも属さずこの項に分類することとなっています。

このように、有機化合物であっても放射性同位元素のもの、同位体のもの、また貴金属、希土類元素の化合物の分類については注意が必要です。

また、化学薬品は基本的には化学的に純粋なものをいいますが、例えば、硝酸ナトリウム、硝酸アンモニウム、硫酸アンモニウム、尿素等、化学肥料に用いられる種類のものは、たとえ化学的に純粋のものであっても、この類には含まれず、第31類の肥料に含まれるので注意が必要です。（詳しくは、第31類の注の規定を参照して下さい。）

更に、第28類には、先ほどの放射性同位元素あるいはこれらの混合物等が含まれるように、必ずしも化学的に純粋なもののみが含まれるというわけではありません。例えば、圧縮空気、液体空気もこの類に含まれます。

(2) 第29類関係

第29類には有機化学品が含まれます。これらは、基本的には化学的に単一なものが分類されます。また、有機化合物の塩もこの類に含まれますが、貴金属、放射性同位元素等の化合物などは、先ほど述べたとおり第28類です。また、エチレンはこの類に含まれますが、ポリエチレン等プラスチックは第39類です。更に、純粋な化合物であっても、投与量又は小売用にしたことにより、医薬品等（第30.04項から第30.06項まで）や、第32.12項、第33.03項から第33.07項まで、第35.06項、第37.07項又は第38.08項に属するものは、それぞれの項に分類され、この部の他の項には属さないこととなっています。

また、第29類の中で、二以上の独立した構成成分（その一部又は全部がこの部に属し、かつ、この部又は第7部の生産品を得るために相互に混合するものに限る。）から成るセットにした物品は、当該構成成分が、①取りそろえた状態からみて、詰め替えることなく共に使用するためのものであることが明らかに認められること、②共に提示するものであること、③当該構成成分の性質又は相対的な量の比のいずれかにより互いに補完し合うものであることが認められること、のすべての要件を満たす場合に限り、当該生産品が属する項に属することとなって

います。この規定は、セットにした物品のうち、当該構成成分がこの部又は第7部の生産品を得るために相互に混合するものに限られます。このようなセットにした物品の例としては、第30.06項の歯科用セメントその他歯科用充てん材料、第32.08項から第32.10項までのある種のワニス及びペイント、第32.14項のマスチック等があります。ただし、二以上の独立した構成成分から成るセットにした物品で、当該構成成分の一部又は全部がこの部に属するもののうち、前もって混合することなく続けて使用するものは、この規定は適用されず、一般に通則3(b)を適用することにより分類し、小売用にしてない場合には、それぞれ構成成分により別々に分類することとなるので注意が必要です。

また、この類の物品は化学的に純粋なものばかりとは限りません。例えば、第29.34項の核酸及びその塩は化学的に単一であるかないかを問わないとされていますし、第29.36項のプロビタミン及びビタミンはこれらを相互に混合したものも含まれます。

また化学的に単一の有機化合物であっても、メタン及びプロパンは第27類に、エチルアルコールは第22類に、しょ糖、乳糖、麦芽糖、ぶどう糖、果糖は第17類に分類されます。

(3) 第30類関係

第30類は医療用品です。この類の物品について、いくつかの注意すべき点があります。例えば、第30類注4には、「第30.06項には、次の物品のみを含む。当該物品は、第30.06項に属するものとし、この表の他の項には属しない。」と規定しています。この中は、「(d) X線検査用造影剤及び患者に投与する診断用試薬(混合してないもので投与量にしたもの及び二以上の成分からなるもので検査用又は診断用に混合したものに限る。)」とあります。他方、第6部注1には、「1(A) 第28.44項又は第28.45項に該当する物品は、放射性鉱物を除くほか、当該各項に属するものとし、この表の他の項には属しない。」とした上で、部注2では、「2. 投与量にし又は小売用にしたことにより第30.04項から第30.06項まで、第32.12項、第33.03項から第33.07項まで、第35.06項又は第38.08項のいずれかに属するとみられる物品は、第28.43項から第28.46項まで又は第28.52項に該当する物品を除き、当該各項に属するものとし、この表の他の項には属しない。」としています。

では、投与量にしたX線診断用造影剤及び患者に投与する診断用試薬で、ラジオアイソトープ(放射性同位元素)を含むものは如何に考えればよいでしょうか。第30類の注4(d)では、この表のいかなる項にも属さず第30.06項に属することとなりますし、部の注1(A)及び2の規定を合わせ読めば、「第28.44項又は第28.45項に該当する物品を除くほか‥‥」と規定されていることから、このような物品は、

第28.44項又は第28.45項に属することとなります。部の注の規定では、明確に仕分けされていますので、こちらを優先し、それ以外のものについて、第30類注の規定が働くと考えれば、すんなりと片が付くと思います。すなわち、第30類の注の規定は、全体として、第6部の注の規定が効いているので、これに該当しない物品についての規定であるということだと思います。例えばシンチグラフィー用に調製された放射性ヨウ素を含む化合物を投与量にした診断用試薬は、第28.44項に分類されることとなると考えられます。いずれにしても関係する全ての部及び類の注の規定に目を通し合理的に判断することが必要です。

また、この類の注4(d)の関係で、第30.06項に含まれる物品としては、血液型判定試薬、歯科用セメントその他の歯科用充てん材料及び接骨用セメント、救急箱及び救急袋、薬剤廃棄物（例えば使用期限を過ぎたものなど）があります。

また、この類には、(a)食餌療法用の食料、強化食料、食餌補助剤、強壮飲料、鉱水その他の飲食物（静脈注射用の栄養剤を除く。）（第4部参照）、(b)歯科用に特に焼き又は細かく粉砕したプラスター（第25.20項参照）、(c)精油のアキュアスディスチレート及びアキュアスソリューションで、医薬用に適するもの（第33.01項参照）、(d)第33.03項から第33.07項までの調製品（治療作用又は予防作用を有するものを含む。）、(e)第34.01項のせっけんその他の物品で医薬品を加えたもの、(f)プラスターをもととした歯科用の調製品（第34.07項参照）、(g)治療用又は予防用に調整してない血液アルブミン（第35.02項参照）は含まれません。

(4) 第31類関係

第31類は肥料です。肥料には植物性又は動物性肥料のほか、鉱物性肥料、化学肥料が含まれます。この部の中では、先ほど述べたとおり、第28類の無機化学品との関係があります。

化学的に単一の化合物であっても、肥料としてこの類に含まれるものはこの類の注に明確に規定されており、交通整理ができています。その内容は次の通りです。

基本的には化学的に単一の無機化合物は第28類に含まれ、この類には含まれませんが、(i)硝酸ナトリウム、(ii)硝酸アンモニウム、(iii)硫酸アンモニウムと硝酸アンモニウムとの複塩、(iv)硫酸アンモニウム、(v)硝酸カルシウムと硝酸アンモニウムとの複塩又は混合物、(vi)硝酸カルシウムと硝酸マグネシウムとの複塩又は混合物、(vii)カルシウムシアナミド、及び(viii)尿素は、化学的に純粋であるか無いかを問わずこの類に含まれます。

更に、天然のカリウム塩類（粗のものに限る。例えば、カーナリット、カイナイト及びシルバイト）のほか、純粋であるかないかを問わず、(i)塩化カリウム、

(ii)硫酸カリウム、(iii)硫酸マグネシウムカリウム並びにこれらを混合したものも含まれます。

また、オルトりん酸二水素アンモニウム(りん酸一アンモニウム)及びオルトりん酸水素二アンモニウム(りん酸二アンモニウム)も純粋であるかないかを問わずこの類に含まれます。

他方、(a)石灰(第25.22項)、(b)泥灰及び腐葉土(肥料成分である窒素、りん又はカリウムを天然に少量含んでいるかいないかを問わない。)(第25.30項)、(c)泥炭(第27.03項)は、肥料というよりもむしろ土壌の改良材であり、この項には含まれないこととなっています。

(5) 第32類関係

第32類はなめしエキス、染色エキス、タンニン及びその誘導体、染料、顔料その他の着色料、ペイント、ワニス、パテ、その他のマスチック並びにインクが含まれます。

この類でも基本的には化学的に単一の元素及び化合物は除かれます。ただし、第32.03項の動物性又は植物性の着色料又は第32.04項の有機合成着色料、第32.06項のルミノホアとして使用する種類の無機物、石英ガラスで第32.07項に定める形状のもの及び第32.12項の小売用の形状又は包装にした染料その他の着色料は化学的に純粋のものであっても、これらの項に含まれます。

他方、第29.36項から第29.39項まで、第29.41項又は第35.01項から第35.04項までの物品のタンナートその他のタンニン誘導体はそれぞれの項に属し、この類には含まれません。また、無機化合物の顔料は、これらをもととした調製顔料であればこの類に含まれますが、前述のルミノホアとして使用される種類のものを除き、化学的に単一の無機化合物はこの類には含まれません。

(6) 第33類関係

第33類は精油、レジノイド、調製香料及び化粧品類です。

この類には、いわゆる香気性物質をベースとしたものが含まれます。この、香気性物質とは、注の規定で、「第33.02項において「香気性物質」とは、第33.01項の物質、これらの物質から単離した香気性成分及び合成香料のみをいう。」と規定されています。

これらは、基本的には、精油などのような、植物から抽出、水蒸気蒸留などにより得られるものですが、合成香料、動物に由来する香料もあります。しかしながら、いずれにしても化学的に純粋なものはこの類には含まれません。

また、他の類の物品との関係では、(a)第13.01項の天然のオレオレジン及び第

13.02項の植物性のエキス、(b) 第34.01項のせっけんその他の物品、(c) 医学又は獣医学において外科手術若しくは診療の際に人若しくは動物の身体の潤滑剤として、又は人若しくは動物の身体と診療用機器とを密着させる薬品としての使用に供するよう調製したゲル（第30.06項）、(d) 第38.05項のガムテレビン油、ウッドテレビン油、硫酸テレビン油その他の物品は、この類には含まれません。

　さらに、この類に含まれない物品として、(a) ペトロラタム（皮膚の手入れ用に適する物品で、当該用途に供するため小売用の包装にしたものを除く。）（第27.12項）、(b) 医薬調製品であって、副次的に調製香料及び化粧品類としての用途を有するもの（第30.03項又は第30.04項）、(c) せっけん並びにせっけん又は洗浄剤を染み込ませ、塗布し又は被覆した紙、ウォッディング、フェルト及び不織布（第34.01項）等があります。

　なお、第33.07項の調製香料及び化粧品類には、におい袋、燃焼させて使用する香気性の調製品、香紙、化粧料を染み込ませ又は塗布した紙、コンタクトレンズ用又は義眼用の液、香料又は化粧料を染み込ませ、塗布し又は被覆したウォッディング、フェルト及び不織布並びに動物用の化粧品類を含むこととなっています。

(7)　第34類関係

　第34類はせっけん、有機界面活性剤、洗剤、調製潤滑剤、人造ろう、調製ろう、磨き剤、ろうそくその他これらに類する物品、モデリングペースト、歯科用ワックス及びプラスターをもととした歯科用の調製品となっています。

　この類には、主に油、脂又はろうを工業的に処理して得た物品（例えば、せっけん、ある種の調製潤滑剤、調製ろう、ある種の磨き剤及び擦り磨き用の調製品、ろうそく）が含まれます。また、ある種の非天然産品（例えば、界面活性剤、調製界面活性剤及び人造ろう）も含まれますが、化学的に単一の化合物及び混合又は調製してない天然産品は含まれません。

　この類に含まれないものとしては、例えば、(a) 動物性又は植物性の油脂の食用の混合物及び調製品で、離型用の調製品として使用する種類のもの（第15.17項のもの）、(b) せっけんその他有機界面活性剤を含有するシャンプー、歯磨き、ひげそりクリーム、ひげそりフォーム及び浴用の調製品（第33.05項から第33.07項までのもの）等があります。

　この類の人造ろう及び調製ろうですが、これらは、(i) 化学的に得た有機物でろうの特性を有するもの（水溶性であるかないかを問わない。）、(ii) 異種のろうを混合することにより得た物品、(iii) 一以上のろうをもととし、脂、樹脂、鉱物性物質その他の材料を含有する物品で、ろうの特性を有するものをいいます。

しかしながら、(a) 第15.16項又は第38.23項の物品（ろうの特性を有するものを含む。）、(b) 第15.21項の動物性又は植物性のろう（混合していないものに限るものとし、精製してあるかないか又は着色してあるかないかを問わない。）、(c) 第27.12項の鉱物性ろうその他これに類する物品（これらを相互に混合してあるかないか又は単に着色してあるかないかを問わない。）及び (d) 液状の媒体と混合し又はこれに分散させ若しくは溶解させたろうで第34.05項の磨き用の調製品以外のもの（第38.09項等参照）は含まれないので注意が必要です。

(8) 第35類関係

第35類はたんぱく質系物質、変性でん粉、膠着剤及び酵素です。

この類で問題になるのが、変性でん粉です。デキストリンとでん粉分解物との分類基準は、注の規定があります。すなわち、「第35.05項において「デキストリン」とは、でん粉分解物で、ぶどう糖として計算した還元糖の含有量が乾燥状態において全重量の10％以下のものをいう。」とされています。また、「でん粉分解物で、ぶどう糖として計算した還元糖の含有量（DE値。Dextrose Equivalent）が乾燥状態において全重量の10％を超えるものは、第17.02項に属する。」と規定されています。（かっこ書きは筆者加筆）

タンパク質系物質については、卵白もこの類に属しますし、ミルクカゼイン、ホエイタンパク質の濃縮物としてのミルクアルブミンやゼラチンもこの類に属します。

しかしながら、(a) 酵母（第21.02項参照）、(b) 第30類の血液分画物（治療用又は予防用に調製してない血液アルブミンを除く。）、医薬品その他の物品、(c) なめし前処理用の酵素系調製品（第32.02項参照）、(d) 第34類の酵素系の調製浸せき剤、調製洗剤その他の物品、(e) 硬化たんぱく質（第39.13項参照）、(f) ゼラチンに印刷した物品（第49類参照）はこの類には属しません。

(9) 第36類関係

第36類は火薬類、火工品、マッチ、発火性合金及び調製燃料です。

この類には、火薬及び爆薬を含みます。これらは、通常みずからの燃焼に必要な酸素を含有すること及び燃焼に際し高温で膨大な容量のガスを発生することを特徴とする混合物です。（ちなみに、熱と光を伴う酸化を燃焼といい、急激な燃焼が爆発です。）また、この類には、火薬又は爆薬の点火に必要な附属物品（火管、雷管等）も含まれますし、爆発性、発火性又は可燃性の物品から調製した製品で、光、音、煙、炎及び火花を出すことを目的とするもの（例えば、花火類、マッチ、フェロセリウム及び特定の調製燃料）もこの類に含まれます。

他方、この類には、メタアルデヒド（メタ燃料）及びヘキサメチレンテトラミン（ヘキサミン）を、燃料として使用するためタブレット状、棒状その他これらに類する形状にしたもの及び類似の化学物質を燃料として使用するため同様の形状にしたものを除き、化学的に純粋なものはこの類には含まれません。またこれらの物質であっても、他の形状（例えば、粉及び結晶）にした場合、この項には含まれず、それぞれ第29.12項及び第29.33項に属することとなります。

(10) 第37類関係

第37類は写真用又は映画用の材料です。

この類は、写真用のプレート、フィルム、紙、板紙及び紡織用繊維は、感光性物質が反応するのに必要なエネルギーを有する光又はその他の放射線（素粒子放射線及び電磁スペクトルが約1300ナノメーター以下の波長の放射線（ガンマー線、X線、紫外線及び近赤外線の放射線を含む。））に感光する一以上の乳剤層を有するもので、単色で再現するかカラーで再現するかを問わず、この類に属します。ただし、ある種のプレートは、乳剤が塗布されてなく、全部又は大部分が感光性のプラスチックから成り、支持物に貼り付けたものもあります。

最も一般的な乳剤は、ハロゲン化銀（臭化銀、臭化よう化銀等）その他の貴金属塩をもととしたものですが、そのほか、ある種の他の物質を使用したもの（例えば、青写真用にはフェリシアン化カリウムその他の鉄化合物、写真製版用彫版には重クロム酸カリウム又は重クロム酸アンモニウム、ジアゾ乳剤用にはジアゾニウム塩等）も含まれます。

他方、この類にはくず（写真用又は映画用に使用された物品のフィルムのくずで、貴金属又は貴金属化合物を含有するもので、主に貴金属の回収のために使用される種類のもの）は、第71.12項に属し、この類には含まれません。また、他の写真用又は映画用に使用された物品のくずは構成する材料に従って分類されます。例えば、プラスチック製のものであれば第39.15項に、紙製であれば第47.07項に属することとなります。

(11) 第38類関係

第38類は各種の化学工業生産品です。

この類には、多くの化学品及びその関連物品が含まれます。

基本的には、化学的に単一の元素及び化合物は通常第28類又は第29類に属しこの類には含まれませんが、次のものは例外で、この類に含まれることとなっています。

① 人造黒鉛（第38.01項）。ただし、天然黒鉛は第25.04項に属するので注意が

必要です。
② 第38.08項に定める形状又は包装にした殺虫剤、殺鼠剤、殺菌剤、除草剤、発芽抑制剤及び植物成長調整剤、消毒剤その他これらに類する物品
③ 消火器用の装てん物にし、又は消火弾に装てんした物品(第38.13項)
④ 酸化マグネシウム又はアルカリ金属若しくはアルカリ土類金属のハロゲン化物を培養した結晶(1個の重量が2.5グラム以上のものに限るものとし、光学用品を除く。)(第38.24項)
⑤ 小売用の容器入りにしたインキ消し(第38.24項)

　また、このほか特に注意が必要な規定として、この類の注1(b)において、「化学品と食用品その他の栄養価を有する物質との混合物で、食料品の調製に使用する種類のもの(主として第21.06項に属する。)があります。この、「食料品その他の栄養価を有する物質」とは、主として第1部から第4部までの食料品を含むこととされています。「食用品その他の栄養価を有する物質」には、また、食料品以外の物品(例えば、第28類の調製食料品に無機物を賦与するために使用される物品、第29.05項の糖アルコール、第29.22項の必須アミノ酸、第29.23項のレシチン、第29.36項のプロビタミン及びビタミン、第29.40項の糖類、第30.02項の、調製食料品に使用される動物の血液分画物、第35.01項のカゼイン及びカゼイナート、第35.02項のアルブミン、第35.03項の食用のゼラチン、第35.04項の食用のたんぱく質系物質、第35.05項のデキストリンその他の食用変性でん粉、第38.24項のソルビトール並びに第39類の食用の物品(第39.13項のアミロペクチン及びアミロース等)を含むこととされています。(これらの物品は例示であって、全てを網羅しているわけではありません。)また、混合物中に「食用品その他の栄養価を有する物質」が単に存在するだけでは、注1(b)の適用により当該混合物を第38類から除外するためには十分ではありません。この規定により第38類から除外される混合物は、食料品の調製に使用する種類のものでなければなりません。

　以上、第6部について各類相互間の関係を中心に見てきました。以下では、この部の各類中の主立った内容について少し解説していきたいと思います。

第2節　第28類　無機化学品及び貴金属、希土類金属、放射性元素又は同位元素の無機又は有機の化合物

　この類には、基本的には、各種の非金属元素、無機化合物等無機化学品が含まれますが、貴金属、希土類金属、放射性同位元素及び同位元素については、これら無機化合物のほか、有機の化合物も含まれます。第28類に含まれる物品と他の類との関係については、すでに第6部全体について概括的に説明しましたので、ここでは、各論として第28類に含まれる物品について見ていきます。

1　この類に含まれる物品の概要及び留意点
(1)　「化学的に単一のもの」の意味及び安定剤等が添加された物品（注1関係）
　例外はありますが、この類の物品には、基本的には化学的に単一なものが含まれます。注1には次のように規定されています。
　注1　この類には、文脈により別に解釈される場合を除くほか、次の物品のみを含む。
　　(a) 化学的に単一の元素及び化合物（不純物を含有するかしないかを問わない。）
　　(b) (a)の物品の水溶液
　　(c) (a)の物品を水以外の溶媒に溶かしたもの（当該溶媒に溶かすことが安全又は輸送のため通常行われ、かつ、必要な場合に限るものとし、特定の用途に適するようにしたものを除く。）
　　(d) (a)、(b)又は(c)の物品で、保存又は輸送のために必要な安定剤（固結防止剤を含む。）を加えたもの
　　(e) (a)、(b)、(c)又は(d)の物品で、アンチダスティング剤又は識別を容易にするため若しくは安全のための着色料を加えたもの（特定の用途に適するようにしたものを除く。）
　この規定についての説明は不要だと思いますが、(a)の不純物とは、化学的に単一の化合物中に少量存在する物質で、専ら製造工程、精製工程に直接起因するものをいいます。例えば、(i)未反応の出発原料、(ii)出発原料中に存在した不純物、(iii)製造工程（精製工程を含む。）で使用した試薬、(iv)副産物等があります。ただし、このような物質であっても、これらの物質が特定の用途に適するように当該物品中に意図的に残してある場合は、それらは、不純物とは認められません。従ってそのような物品は、化学的に単一のものとはいえず、通常この類には属さないこととなります。
　また、(b)のとおり水溶液はこの類に含まれますが、(c)については、このような

元素及び化合物は、水以外の溶媒に溶かした場合には当該溶媒に溶かすことが保安又は輸送のため通常行われ、かつ、そうすることが必要と認められる場合を除き、この類には含まれません。例えば、ベンゼンに溶解したホスゲン、アンモニアのアルコール溶液及び水酸化アルミニウムのコロイド溶液は、この類には含まれず第38.24項に属します。

更に（d）の規定の例としては、ほう酸を添加して安定化した過酸化水素は第28.47項に属しますが、過酸化水素製造用触媒と混合した過酸化ナトリウムは、第28類から除かれ第38.24項に属することとなります。

（e）の規定上、上記の物品で保存又は輸送のために必要な安定剤や、ある化学品にその本来の物理性状を保つために添加する物品もまた安定剤とみなされます。また、アンチダスティング剤や、危険な又は有毒な化学品（例えば、第28.42項の砒酸鉛）にその識別を容易にするため若しくは保安のためにこれらの化学品の取扱い上の「目じるし」又は警告として着色料を加えたもの等もあります。ただし、その添加量は目的を達成するための必要量を超えないものとし、添加により性質を変え又は特定の用途に適するようにするものは、この類から除かれます。例えば、湿度指示薬として使用するために微量のコバルト塩を加えたシリカゲル（第38.24項）は、この類から除かれます。

すなわちこの類の項の規定上、特に「（化学的に単一であるかないかを問わない。）」旨の規定が置かれていない元素及び化合物は、化学的に単一のもののみが含まれることとなりますが、この場合でも、不純物、安定剤等この注1の規定の条件に合致するものであればこの類の当該各項に分類されるということです。

(2) この類の物品と第29類との物品の区別（注2関係）

第29類は有機化学品、すなわち炭素原子を含む化合物が含まれる項ですが、先に述べたとおり炭素原子を含む化合物であっても、簡単な特定の化合物は有機化合物とは言わないものがあります。第29類ではなく第28類に含まれる炭素含有化合物について、次のとおり、この類の注2の規定により分類上の交通整理がされています。

 注2　この類には、炭素化合物にあっては、亜二チオン酸塩及びスルホキシル酸塩で、有機安定剤を加えたもの（第28.31項参照）、無機塩基の炭酸塩及びペルオキソ炭酸塩（第28.36項参照）、無機塩基のシアン化物、シアン化酸化物及びシアノ錯塩（第28.37項参照）、無機塩基の雷酸塩、シアン酸塩及びチオシアン酸塩（第28.42項参照）、第28.43項から第28.46項まで及び第28.52項の有機物並びに炭化物（第28.49項参照）のほか、次のもののみを含む。

 （a）炭素の酸化物及びシアン化水素、雷酸、イソシアン酸、チオシアン酸そ

の他のシアンの酸（錯化合物のものを含む。）（第28.11項参照）
(b) 炭素のハロゲン化酸化物（第28.12項参照）
(c) 二硫化炭素（第28.13項参照）
(d) チオ炭酸塩、セレノ炭酸塩、テルロ炭酸塩及びセレノシアン酸塩、テルロシアン酸塩、テトラチオシアナトジアミノクロム酸塩（ライネケ塩）その他の錯シアン酸塩（無機塩基のものに限る。第28.42項参照）
(e) 尿素により固形化した過酸化水素（第28.47項参照）並びにオキシ硫化炭素、ハロゲン化チオカルボニル、ジシアン、ハロゲン化ジシアン、シアナミド及びシアナミドの金属誘導体（第28.53項参照）（カルシウムシアナミド（純粋であるかないかを問わない。第31類参照）を除く。）

　解説は省きますが、注の柱書きにある項番号で、物質名が記載されていないものについて、参考までに記しておきます。
　第28.43項から第28.46項までの物品としては、それぞれ(i)貴金属の無機又は有機の化合物、(ii)放射性の元素の無機又は有機の化合物、(iii)同位元素の無機又は有機の化合物、(iv)希土類金属、イットリウム又はスカンジウムの無機又は有機の化合物があります。
　また、第28.49項には炭化物及び複合炭化物（binarycarbides, borocarbides, carbonitrides等）（炭化水素を除く。）が含まれますし、第28.52項には水銀の無機又は有機の化合物（アマルガムを除く。）が含まれます。（なお、貴金属アマルガムは第28.43項に、その他のアマルガムは第28.53項に属します。）
　このほか、この部の注1に規定する放射性同位元素、その他の同位元素及びその化合物は有機、無機を問わずこの類に属しますが、これら以外の炭素含有化合物は、この類注2の規定該当するもののほかは、この類には含まれません。

(3)　化学的に単一でない元素又は化合物であってこの類に属するもの

　前記(1)の例外として、この類に含まれる次のような物品があります。
・第28.02項のコロイド硫黄
・第28.03項のカーボンブラック
・第28.07項の発煙硫酸、第28.08項の硫硝酸
・第28.09項のポリりん酸、第28.13項の三硫化りん
・第28.18項の人造コランダム、第28.21項のアースカラーで三酸化二鉄として計算した化合鉄分が全重量の70％以上のもの
・第28.22項の商慣行上酸化コバルトとして取引する物品
・第28.24項の鉛丹及びオレンジ鉛
・第28.28項の商慣行上次亜塩素酸カルシウムとして取引する物品

- 第28.30項の多硫化物
- 第28.31項の亜二チオン酸塩及びスルホキシル酸塩で、有機安定剤を加えたもの
- 第28.35項のポリりん酸塩
- 第28.36項の商慣行上炭酸アンモニウムとして取引する物品でカルバミン酸アンモニウムを含有するもの
- 第28.39項の商慣行上アルカリ金属のけい酸塩として取引する物品
- 第28.42項のアルミノけい酸塩
- 第28.43項のコロイド状貴金属、貴金属のアマルガム、貴金属の無機又は有機の化合物
- 第28.44項の放射性の元素及び同位元素並びにこれらの無機又は有機の化合物並びにこれらの物品を含有する混合物
- 第28.45項のその他の同位元素及びその無機又は有機の化合物
- 第28.46項の希土類金属、イットリウム又はスカンジウムの無機又は有機の化合物及びこれらの金属の混合物の無機又は有機の化合物
- 第28.48項のりん化合物
- 第28.49項の炭化物
- 第28.50項の水素化物、窒化物、アジ化物、けい化物及びほう化物
- 第28.53項の液体空気及び圧搾空気及びアマルガム（ただし、貴金属のアマルガムは第28.43項です。）

(4) 化学的に単一の元素又は化合物でこの類に属しないもの（注3及び注8等）

他方、化学的に単一の元素又は無機の化合物で、純粋なものであってもこの類に属しないものとして、例えば次のようなものがあります（注3の規定等）。

(a) 第25類の物品（例えば、塩化ナトリウム及び酸化マグネシウム）
(b) 第31類の無機塩（例えば、硝酸ナトリウム、硝酸アンモニウム、硫酸アンモニウムと硝酸アンモニウムとの複塩、硫酸アンモニウム、硝酸カルシウムと硝酸アンモニウムとの複塩、硝酸カルシウムと硝酸マグネシウムとの複塩及びオルトりん酸二水素アンモニウム（りん酸一アンモニウム）、オルトりん酸水素二アンモニウム（りん酸二アンモニウム）及び塩化カリウム（このほか第38.24項又は第90.01項に属する塩化カリウムもある。）
(c) 第38.01項の人造黒鉛
(d) 第71類の天然、合成又は再生の貴石及び半貴石並びにこれらのダスト及び粉
(e) 第14部又は第15部の貴金属及び卑金属（これらの金属の合金を含む。）

更に、化学的に単一の元素又は無機の化合物のうち、ある形状に包装したもの、

第2節　第28類　無機化学品及び貴金属、希土類金属、放射性元素又は同位元素の無機又は有機の化合物

又は化学組成は変化していないがある処理を受けたものはこの類から除かれ、その他のものはこの類に属します。この類から除かれる、これらの処理を受けたものの例としては、次のようなものがあります。(尤も、第28.43項から第28.46項に属する物品にはこの規定は適用されず、包装形状、組成変化の処理等の如何にかかわらず、第28.43項又は第28.44項に属するので注意が必要です(第6部注1及び2参照)。)
(a) 治療用又は予防用に投与量にし又は小売用の形状若しくは包装にした物品（第30.04項）
(b) 蛍光性を持つように処理しルミノホア（タングステン酸カルシウム等）として使用する物品（第32.06項）
(c) 調製香料又は化粧品類としての用途に供するため小売用の包装にした物品（みょうばん等）（第33.03項から第33.07項まで）
(d) 膠着剤又は接着剤としての使用に適する物品（膠着剤又は接着剤として小売用にしたもので正味重量が1キログラム以下のものに限る。）（けい酸ナトリウムの水溶液等）（第35.06項）
(e) 写真用の物品（使用量にしたもの及び小売用にしたもので直ちに使用可能な形状のものに限る。）（チオ硫酸ナトリウム等）（第37.07項）
(f) 第38.08項に掲げる状態にした殺虫剤等（四ほう酸ナトリウム等）
(g) 消火器用の装てん物又は消火弾にした消火剤（硫酸等）（第38.13項）
(h) 元素（けい素、セレン等）を電子工業用にドープ処理したもの（円盤状、ウェハー状その他これらに類する形状のものに限る。）（第38.18項）
(ij) 小売用の容器入りにしたインキ消し（第38.24項）
(k) アルカリ金属又はアルカリ土類金属のハロゲン化物（ふっ化リチウム、ふっ化カルシウム、臭化カリウム、ブロモよう素酸カリウム等）の光学用品（第90.01項）又は培養単結晶（1個の重量が2.5グラム以上のものに限る。）（第38.24項）

(5) その他の留意すべき注の規定
　その他注意すべき点として次のような規定があります。
① 元素（例えば、けい素及びセレン）を電子工業用にドープ処理したもののうち、引上げ法により製造したままの形状のもの及び円柱状又は棒状のものはこの類に属しますが、円盤状、ウェハー状その他これらに類する形状に切ったものは第38.18項に属します（注8）。
② 第28.26項から第28.42項までには、金属又はアンモニウムの塩及びペルオキシ塩のみを含みます。複塩及び錯塩は、文脈により別に解釈される場合を除くほか、第28.42項に属します（注5）。

第6章　第6部　化学工業（類似の工業を含む。）の生産品

③　第28.44項には、次の物品のみを含むこととされています（注6）。
　(i)　テクネチウム（原子番号43）、プロメチウム（原子番号61）、ポロニウム（原子番号84）及び原子番号が84を超えるすべての元素
　(ii)　天然又は人工の放射性同位元素（これらを相互に混合してあるかないかを問わないものとし、第14部又は第15部の貴金属又は卑金属のものを含む。）
　(iii)　(i)又は(ii)の元素又は同位元素の無機又は有機の化合物（化学的に単一であるかないか又はこれらを相互に混合してあるかないかを問わない。）
　(iv)　(i)から(iii)までの元素、同位元素又は無機若しくは有機の化合物を含有する合金、ディスパーション（サーメットを含む。）、陶磁製品及び混合物で、比放射能が1グラムにつき74ベクレル（1グラムにつき0.002マイクロキュリー）を超えるもの
　(v)　使用済みの原子炉用核燃料要素（カートリッジ）
　(vi)　放射性残留物（使用可能であるかないかを問わない。）

④　この類の注4(f)で、第28.44項及び第28.45項において「同位元素」とは、次の物品をいうこととされています（注6）。
　(i)　個々の核種（天然に単核種として存在するものを除く。）
　(ii)　同一の元素の同位元素の混合物で、一種類又は数種類の当該同位元素を濃縮したもの（同位元素の天然の組成を人為的に変えたもの）

⑤　第28.48項には、りんの含有量が全重量の15％を超えるりん銅を含むこととなっています。

⑥　この類の二以上の項に属すると見られる物品は、第6部注1により取り扱うこととなります。
　　繰り返しになりますが、
　(a)　第28.44項又は第28.45項の物品は、すべて当該各項に属し、この表の他の項には属しない、
　(b)　第28.43項、第28.46項又は第28.52項の物品は、上記(a)の物品を除き、すべて当該各項に属し、この部の他の項には属しない
　　こととなっています。
　　また、第2節の非金属酸と第4節の金属酸とから成る化学的に単一の錯酸（complex acids）は、第28.11項に属します（注4）。更に、複塩及び錯塩は、文脈により別に解釈される場合を除くほか、第28.42項に属することとなっています（注5）。

2　この類の構成と各項の規定

　この類の各項は、第1節「元素」から、第6節「その他のもの」の6つのサブグルー

第2節　第28類　無機化学品及び貴金属、希土類金属、放射性元素又は同位元素の無機又は有機の化合物

プにまとめられています。

(1)　元素（第28.01項～第28.05項まで）

　第1節は元素です。ご存知のように、元素は大きく非金属元素及び金属元素に分けられます（アンチモンのように金属と非金属の性質を持つものもありますが、アンチモンは、HSでは金属として扱い第81.10項に分類することとなっています。）。水素も炭素も、また鉄も金も元素ですが、この類には非金属の形状の元素のほとんど全てを含む一方、大部分の金属は、この類のこれらの項には含まれず他の項に属します。例えば、貴金属は第71類及び第28.43項、卑金属は第72類から第76類まで及び第78類から第81類まで、放射性の元素及び同位元素は第28.44項、安定な同位元素は第28.45項に属します。

　各元素名（アルファベット順に掲名）と金属、非金属の別及びその元素が所属する項あるいは類については、関税率表解説に掲載されていますので参考にして下さい。

① 　第28.01項　ふっ素、塩素、臭素及びよう素

　　この項には、ハロゲン族として知られている非金属元素が含まれます。ただし、アスタチンは放射性元素であり第28.44項に属します。

② 　第28.02項　昇華硫黄、沈降硫黄及びコロイド硫黄

　　これらに含まれる硫黄は、通常純度99.5％程度です。ただし、この項に掲げられたもの以外の硫黄、例えば天然に採取された硫黄、再生硫黄、その他精製硫黄及びFrash法により得られた未精製の硫黄は、たとえ純粋なものであっても第25.03項に属します。

　　コロイド硫黄は、ゼラチンを含む二酸化硫黄の溶液に硫化水素を作用させる方法で得られるもので、混合物です。

③ 　第28.03項　炭素（カーボンブラックその他の形態の炭素で、他の項に該当するものを除く。）

　　炭素は固体の非金属です。同じ炭素でも、(a) 天然黒鉛（第25.04項）、(b) 天然炭素で固形燃料の形状のもの（無煙炭、石炭、亜炭）並びにコークス、凝結した燃料及びガスカーボン（第27類）、(c) 第32.06項の黒色鉱物着色料、(d) 人造黒鉛及びコロイド状黒鉛（例えば、第38.01項）、(e) 活性炭及び獣炭（第38.02項）、(f) 木炭（第44.02項）、(g) ダイヤモンド状の結晶炭素（第71.02項又は第71.04項）等はこの類には含まれません。

④ 　第28.04項　水素、希ガスその他の非金属元素

　　気体、固体の様々な非金属元素です。希ガスには、ヘリウム、ネオン、アルゴン、クリプトン、キセノンがあります。ラドンも希ガスですが、ラジウムの

第6章　第6部　化学工業（類似の工業を含む。）の生産品

崩壊により生じる第28.44項の放射性元素です。その他の非金属の馴染みのある固体としては、ほう素、けい素（熱及び電気の伝導性が小さく、ガラスより硬い栗色の粉又は不定形の塊です。また、金属光沢を有する灰色の針状に結晶するとされています。けい素は、電子技術に用いられる最も重要な材料です。）、りん、砒素（天然の硫砒鉄鉱から得られる固体で金属砒素（灰色砒素）と、黄色砒素の2種類があります。）、セレン（セレンのコロイド状懸濁液で医薬に使用するものは第30類）があります。

なお、前にも述べましたが、HSでは、アンチモンは金属として第81.10項に属することとなっています。

⑤　第28.05項　アルカリ金属及びアルカリ土類金属並びに希土類金属、スカンジウム及びイットリウム（これらの相互の混合物又は合金にしてあるかないかを問わない。）並びに水銀

これらは、金属元素のうち放射性同位元素以外で、例外的にこの類に含まれる金属元素です。アルカリ金属は、軟らかく、比較的軽いものです。冷水を分解し、空気中では変質して水酸化物を形成します。これらには、馴染みのある、リチウム、ナトリウム、カリウムのほか、ルビジウム、セシウムがあります。アルカリ土類金属は、カルシウム、ストロンチウム、バリウムがあります。同族のものでも、放射性元素であるラジウムは第28.44項に、また、マグネシウムは卑金属として第81.04項に、ベリリウムは第81.12項に含まれ、この項には含まれません。この他、希土類金属（ランタニド。カラーテレビの出始めのH社の「キドカラー」という商品名は、ブラウン管の発光材として希土類元素が使われていたことに由来します。）並びにスカンジウム及びイットリウムが含まれます。（これらの相互の混合物又は合金にしてあるかないかを問いません。）

(2)　無機酸及び無機非金属酸化物（第28.06項～第28.11項）

酸について改めて説明する必要はないと思います。この類の酸は、酢酸、クエン酸のような有機酸ではなく、塩酸、硫酸、硝酸等のような無機酸が含まれます。化学的には、酸は、金属又は類似の性質を持つイオン（例えば、アンモニウムイオン（NH_4^+））によって一部又は全部置換できる水素を持っており、置換すると塩が生成されます。また、酸は塩基と反応して塩を生成し、アルコールと反応してエステルを生成します。更に、酸は、液状又は溶液において電気分解により陰極で水素を発生する電解質である、等と説明されます。酸素を持つ酸から水1分子以上が放出されたものが酸無水物です。なお、非金属の酸化物の大部分は酸無水物です。例えば、炭素の酸化物である二酸化炭素（CO_2）に水を加えると炭酸（H_2CO_3）になります。

第2節　第28類　無機化学品及び貴金属、希土類金属、放射性元素又は同位元素の無機又は有機の化合物

　これら、この第2節には、非金属の無機酸素化合物（酸無水物等）及び酸基が非金属である無機酸が含まれます（これらの水溶液は、一般に酸性を呈します。）。

　他方、金属の酸化物又は水酸化物から得られる酸無水物及び酸（これらの水溶液は一般的にアルカリ性を呈します。）は、通常、第4節の「無機塩基並びに金属の酸化物、水酸化物及び過酸化物（第28.14項～第28.25項）」のカテゴリーに属し、この第3部の各項には属しません。「通常」としたのは、お気づきのように、例えば、貴金属の化合物は第28.43項に、放射性元素及び同位元素の化合物はそれぞれ第28.44項又は第28.45項に、更に希土類金属、スカンジウム又はイットリウムの化合物は第28.46項に属するからです。

　これらの他、更に、水素の酸素化合物、すなわち水もまたこの節には含まれません。通常の水は第22.01項に、重水は第28.45項に、過酸化水素は第28.47項に、また、蒸留水、伝導度水その他これらに類する純水（イオン交換樹脂で処理した水を含む。）は第28.53項に分類されます。

　この節に含まれる馴染みのある物品を掲げると次のとおりです。

① 　第28.06項　塩化水素（塩酸）及びクロロ硫酸

　　これらについての説明は不要と思います。塩化水素はHClで、クロロ硫酸は別名クロロスルホン酸でClSO$_2$OHです。塩酸と類似した名前でも、塩素酸HClO$_3$や次亜塩素酸（HClO）は、塩酸とはまったく別物で、これらは第28.11項に属します。

② 　第28.07項　硫酸及び発煙硫酸

　　硫酸も説明不要と思います。発煙硫酸は、硫酸に過量にSO$_3$を吸収させて得られるもので、三酸化硫黄の蒸気を発生させるのでこの名前があります。

③ 　第28.08項　硝酸及び硫硝酸

　　硝酸も問題ないでしょう。硫硝酸は、濃硝酸と濃硫酸とを一定の割合（例えば、等量）に混合したもので、高度の腐食性を持つ粘ちょうな液体です。特に染料工業における有機化合物のニトロ化及びニトロセルロース又は火薬の製造に使用されます。

　　なお、スルファミン酸（アミノスルフォン酸：SO$_2$(OH)NH$_2$、又はHSO$_3$NH$_2$）は第28.11項の物品で、この項の硫硝酸と混同しないよう注意が必要です。また、アジ化水素、亜硝酸及び各種の窒素酸化物も第28.11項に属します。

④ 　第28.09項　五酸化二りん、りん酸及びポリりん酸（ポリりん酸については、化学的に単一であるかないかを問わない。）

　　この項には、掲げられている名称の各種リン酸が含まれます。ポリりん酸には、ピロりん酸（diphosphoric acid）、メタりん酸その他三りん酸、四りん酸

第6章　第6部　化学工業（類似の工業を含む。）の生産品

も含まれます。なお、オルトりん酸を単にりん酸と称することもあります。（「ポリ」とは多いという意味です。）

　他方、その他のりん酸及び無水物（亜りん酸及びその無水物並びに次亜りん酸）は第28.11項に、りん化水素は第28.48項に含まれます。

⑤　第28.10項　ほう素の酸化物及びほう酸

　この項には、三酸化二ほう素（B_2O_3）のほか、他のほう素の酸化物もすべて含まれます。これらには、ほう酸（オルトほう酸：H_3BO_3）のほか、メタほう酸（HBO_2）も含まれます。

　なお、粗の天然ほう酸で、ほう酸（H_3BO_3）の含有量が乾燥状態において全重量の85％以下のものは第25.28項に属し、85％を超えるものはこの項に属します。

　しかしながらこの項には、テトラフルオロほう酸（フルオロほう酸）（第28.11項）やグリセロほう酸（第29.20項）は含まれません。

⑥　第28.11項　その他の無機酸及び無機非金属酸化物

　この項には、第28.06項から第28.10項までに特掲されているもの以外の無機酸及び無機非金属酸化物が含まれます。言い換えれば、第28.06項から第28.10項までには、それぞれの項に規定されている物品以外のものは、例え同じ元素を含む類似の化合物であっても、これらの項には属さないということです。例えば、前述の通り、塩化水素（HCl）が属する第28.06項には、たとえ水素原子及び塩素原子を含む化合物であっても、塩化水素以外は同項には含まれません。これは、これまで見てきたとおり、この節の第28.11項以外の各項の規定の扱いは全く同じです。

　この項は、無機酸及び無機の非金属酸化物の、いわゆるバスケットカテゴリー的な項で、実に様々な無機酸、無機非金属酸化物が含まれます。

　これらには、例えば、ふっ化水素（HF）、ふっ酸（テトラフルオロほう酸（フルオロほう酸：HBF_4）、ヘキサフルオロけい酸（フルオロけい酸：H_2SiF_6））、次亜塩素酸（HClO）、塩素酸（$HClO_3$）、過塩素酸（$HClO_4$）、臭化水素（HBr）、臭素酸（$HBrO_3$）、よう化水素（HI）、よう素酸（HIO_3）及びその無水物（I_2O_5）、硫化水素（H_2S）、二過硫酸（$H_2S_4O_8$）とその無水物（S_2O_7）、一過硫酸（H_2SO_5）、二チオン酸（$H_2S_2O_6$）、三チオン酸（$H_2S_3O_6$）、四チオン酸（$H_2S_4O_6$）、五チオン酸（$H_2S_5O_6$）、アミノスルホン酸（スルファミン酸。$SO_2(OH)NH_2$）、二酸化硫黄（SO_2）、三酸化硫黄（無水硫酸）（SO_3）、三酸化二硫黄（S_2O_3）、セレン化水素（H_2Se）、亜セレン酸（H_2SeO_3）及びその無水物（SeO_2）、セレン酸（H_2SeO_4）、テルル化水素（H_2Te）（水溶液）、亜テルル酸（H_2TeO_3）及びその無水物（TeO_2）、テルル酸（H_2TeO_4）及びその無水物（TeO_3）、アジ化水素（アジ化水素酸）（HN_3）、

亜酸化窒素（N_2O）、二酸化窒素（NO_2）、次亜りん酸（ホスフィン酸）（H_3PO_2）、亜りん酸（ホスホン酸）（H_3PO_3）、三酸化二砒素（As_2O_3）、五酸化二砒素（As_2O_5）、各種の砒酸、一酸化炭素（CO）、二酸化炭素（CO_2）、シアン化水素（シアン化水素酸、青酸）（HCN）、イソシアン酸、チオシアン酸又は雷酸、二酸化けい素（純シリカ、無水けい酸（SiO_2）、等があります。ただし、天然のシリカは第25類に、また貴石及び半貴石のシリカは第71.03項又は第71.05項に、シリカのコロイド状懸濁液は特定の用途に調製したもの（例えば、第38.09項の紡織用繊維の仕上げ用）を除き通常第38.24項に、更にコバルト塩を加えたシリカゲルは第38.24項に含まれ、この項には含まれません。

この項には、二以上の非金属無機酸（例えば、chloroacids）又は非金属酸と金属酸（例えば、けいタングステン酸、ほうタングステン酸）とから成る化学的に単一な錯酸で、この類の他の項に該当しないものも含まれます。

なお、HSでは、先に述べたとおりアンチモンを金属として扱っていますので、酸化アンチモンはその他の金属酸化物として第28.25項に属します。また、アンチモン酸も同項に分類することとされています。

（本書のいずれの類も同じですが、特に化学品については注の規定が重要ですので、少し丁寧に準用して掲載しました。また、各項に含まれる物品にどのようなものがあるのか参考に資するため、多くを、通達である関税率表解説から引用しました。）

(3) 非金属のハロゲン化合物及び硫黄化合物（第28.12項〜第28.13項）

この類の第3節に属する物品は、塩化物等ハロゲン化物及び硫化物と呼ばれるものですが、いずれも非金属元素と化合したものに限られます。そして、これらの項に属する物品は次のとおりとなっています。

① ハロゲン族元素（一般にフッ素、塩素、臭素、ヨウ素）に酸素又は水素以外の非金属が結合したもの（ハロゲン化合物）
② 上記の①に酸素が結合したもの（ハロゲン化酸化物）
③ 硫黄に酸素又は水素以外の非金属が結合したもの（硫黄化合物）

ただし、非金属の硫化酸化物（硫黄＋酸素＋非金属）は、この節から除かれ、第28.53項に属することとなっています。

ハロゲン化合物の場合は酸素が結合してもこの節に含まれるのに対し、硫黄化合物の場合は酸素が結合したものはこの項には属しません。このようなことはこの節の表題「非金属のハロゲン化合物及び硫黄化合物」からは読み取れませんが、これらの2つの項の規定を見れば明らかです。確認してみましょう。第28.12項は「非金属のハロゲン化物及びハロゲン化酸化物」と規定され、他方、第28.13項は

「非金属硫化物及び商慣行上三硫化りんとして取引する物品」と規定されています。通則1に定められているとおり、「部、類及び節の表題は、単に参照上の便宜のために設けたものである。・・物品の所属は、項の規定及びこれに関係する部又は類の注の規定に従い・・決定する。」とされています。節の表題によって節に含まれる物品の範囲が定まるのではなく、便宜のために、いくつかの項をまとめて、節として表題をつけたものと言うべきでしょう。これは類、部についても同じです。

さて、この第3節に含まれる物品（より正確には、この節にまとめられている各項に属する旨規定されている物品）について、少し見てみましょう。

なお、項の規定及び類注5の規定から、これら2つの項には、金属又はアンモニウムイオン（NH_4^+）のハロゲン化物、ハロゲン化酸化物及び硫化物は含まれません。これらは、貴金属の化合物（第28.43項）及び第28.44項、第28.45項、第28.46項又は第28.52項の化合物の場合を除き、第5節に属します。

① 第28.12項　非金属のハロゲン化物及びハロゲン化酸化物

(ⅰ)　非金属の塩化物

例えば、塩化よう素（一塩化よう素（ICl）、三塩化よう素（ICl_3））、塩化硫黄（一塩化硫黄（S_2Cl_2）、二塩化硫黄（SCl_2））、塩化りん（三塩化りん（PCl_3）、五塩化りん（PCl_5））等が含まれます。ただし、塩化ホスホニウム（PH_4Cl）は第28.53項に属し、この項には含まれません。これらは分子式から分かるように、水素が含まれているので、除かれます。

そのほか、塩化砒素、塩化けい素（四塩化けい素（$SiCl_4$））もこの項に含まれますが、けい化水素の置換体、例えば、三塩化シラン（$SiHCl_3$）は第28.53項に属し、この項には含まれません。理由は先と同じく水素が結合しているからです。（このように、たとえ化学名から所属を決定するのは相当の化学の知識がなければ難しいと思われる化合物であっても、分子式を見れば判断できるケースが多いものです。）

他方、例えば、四塩化炭素（CCl_4）、ヘキサクロロエタン（C_2Cl_6）、ヘキサクロロベンゼン（C_6Cl_6）、オクタクロロナフタレン（$C_{10}Cl_8$）その他これらに類する炭素の塩化物は、水素は結合してはいませんが、元々、有機化合物の炭化水素であり、その塩素化誘導体ですので、有機化学品が属する第29類の物品です。ちなみに、これらの例示品目は第29.03項に属します。

(ⅱ)　非金属の塩化酸化物

例えば、塩化酸化硫黄類（塩化チオニル（$SOCl_2$）、塩化スルフリル（SO_2Cl_2））があります。ただし、この項には、クロロ硫酸（$ClSO_2OH$）は含まれません。これは第28.06項に属します。理由は分子式から分かるとおり、水素が含ま

れているからです。またこの項には二塩化セレニル（$SeOCl_2$又はHSO_3Cl）、塩化ニトロシル（$NOCl$）、三塩化ホスホリル（$POCl_3$）、塩化カルボニル（ホスゲン（$COCl_2$））等が含まれます。

(iii) その他の非金属のハロゲン化物及びハロゲン化酸化物

例えば、ふっ化物としては、五ふっ化よう素（IF_5）、ふっ化りん（PF_3）、ふっ化けい素（SiF_4）及び三ふっ化ほう素（BF_3）等が、臭化物としては、臭化よう素（IBr）、三臭化りん（PBr_3）等があります。ただし、臭化ホスホニウム（PH_4Br）は第28.53項に、また、有機物の置換体である臭化炭素は第29.03項に属します。また、よう化物としては、よう化りん（PI）、二よう化りん（P_2I_4）、三よう化りん（PI_3）等があります。しかしながら、よう化ホスホニウム（PH_4I）は第28.53項に属します。

これら以外のハロゲン化酸化物（塩化酸化物以外のもの。）としては、ふっ化酸化物（例えば、三ふっ化ホスホリル（POF_3））、臭化酸化物（例えば、臭化チオニル（$SOBr_2$）、三臭化ホスホリル（$POBr_3$））、よう化酸化物があります。

② 第28.13項　非金属硫化物及び商慣行上三硫化りんとして取引する物品

この項に含まれる最も重要な二成分系化合物は、二硫化炭素（CS_2）です。このほか、例えば、二硫化けい素（SiS_2）、硫化砒素、二硫化砒素（As_2S_2又はAs_4S_4）、三硫化二砒素（As_2S_3）、五硫化二砒素（As_2S_5）等が含まれます。ただし、天然の硫化砒素は第25.30項に属し、この項には含まれません。

この他、硫化りん（例えば、三硫化四りん（P_4S_3）、五硫化二りん（P_2S_5又はP_4S_{10}））等が含まれます。

また、この項の商慣行上の三硫化りんと称される物品は、ほぼP_2S_3で表わされる混合物です。

なお、この項には、硫黄とハロゲンとの二成分系化合物（例えば、塩化硫黄（第28.12項））、酸化硫化物（例えば、砒素、炭素及びけい素の酸化硫化物（第28.53項））及び非金属のチオハロゲン化物（例えば、クロロ硫化りん及び塩化チオカルボニル（第28.53項））は含まれません。

(4) 無機塩基並びに金属の酸化物、水酸化物及び過酸化物（第28.14項～第28.25項）

塩基は、水酸基（OH）によって特徴づけられる化合物で、酸と反応して塩を生成します。あるいはまた、液状又は溶液中で陰極に金属又は類似のイオン（アンモニウム（NH_4^+））を生ずる電解質です。金属酸化物は、金属と酸素の化合物で、1分子以上の水と結合して水酸化物を生じます。ちなみに、アンモニウム塩及びほとんどの金属塩については、特殊なものを除き、この類に含まれるものは次の第5節にまとめられています。

第6章　第6部　化学工業（類似の工業を含む。）の生産品

　大部分の酸化物は、その水酸化物が塩基として働くので塩基性です。しかし、アルカリその他の塩基とのみ反応して塩を生成する酸化物（無水酸化物）もありますが、一般的な酸化物（両性酸化物）は、酸として作用してもアルカリとして作用しても塩を生成します。この酸化物は、その水酸化物に相当する真の又は仮定の酸の無水物とみなされます。
　ある酸化物（塩型酸化物）は、無水酸化物と塩基性酸化物との組合せから成るものとみなされます。
　これらこの類の第4節には、次の物品が含まれます。
(i) 金属の酸化物、水酸化物及び過酸化物（塩基性であるか、酸性であるか、両性であるか又は塩型であるかを問わない。）
(ii) 酸素を含有しないその他の無機塩基（例えば、アンモニア（第28.14項）、ヒドラジン（第28.25項））及び金属を含有しない無機塩基（例えば、ヒドロキシルアミン（第28.25項））

他方、この節には次の物品は含まれません。
(a) 第25類の酸化物及び水酸化物。例えば、マグネシア（酸化マグネシウム。純粋であるかないかを問わない。）、生石灰（粗の酸化カルシウム）及び消石灰（粗の水酸化カルシウム）
(b) 金属鉱である天然の酸化物及び水酸化物（第26.01項～第26.17項まで）、スケール、灰、スラグ、ドロス、くずその他金属を含有する残留物（第26.18項～第26.20項まで）
(c) 貴金属の酸化物、過酸化物及び水酸化物（第28.43項）、放射性元素の酸化物、過酸化物及び水酸化物（第28.44項）、希土類金属、イットリウム又はスカンジウム若しくはこれらの金属の混合物の酸化物、過酸化物及び水酸化物（第28.46項）又は水銀の酸化物、過酸化物及び水酸化物（第28.52項）
(d) 水素と酸素の化合物である、水（第22.01項）、重水（第28.45項）、過酸化水素（第28.47項）及び蒸留水、伝導度水その他これらに類する純水（イオン交換処理した水を含む。）（第28.53項）
(e) 金属酸化物をもととした着色料（第32.06項）、調製顔料、調製乳白剤、調製絵の具、ほうろう、うわぐすりその他これらに類する物品（窯業、エナメル工業又はガラス工業に使用する種類のものに限る。）（第32.07項）、その他酸化物、水酸化物又は塩基と他の物品を混合したもので第32類に属する調製品
(f) 人造繊維のつや消し用調製乳白剤（第38.09項）、金属表面処理用の調製浸せき剤（第38.10項）
(g) 天然又は合成の貴石及び半貴石（第71.02項～第71.05項まで）

第2節　第28類　無機化学品及び貴金属、希土類金属、放射性元素又は同位元素の無機又は有機の化合物

　また、第2節の非金属酸とこの第4節の金属酸とから成る化学的に単一の錯酸は、第28.11項に属します。(類注4参照)

① 第28.14項　無水アンモニア及びアンモニア水

　これらは、なじみのある物品ですので説明は不要と思います。無水アンモニア(NH_3)は、無色のガスで空気より軽く、加圧すると容易に液化します。通常、金属製容器で保存、輸送されます。アンモニア水(NH_4OH)は、仮定上のアンモニウム基(NH_4)の水酸化物です。通常、20％、27％、34％のNH_3を含む無色又は黄色の液体で気密容器に貯えられます。

　なお、アンモニアのアルコール性溶液は第38.24項に属し、この項には含まれません。

② 第28.15項　水酸化ナトリウム(かせいソーダ)、水酸化カリウム(かせいカリ)及びナトリウム又はカリウムの過酸化物

　これらについても説明は不要と思いますが、水酸化ナトリウム(NaOH)は、通称「かせいソーダ」とも呼ばれます。ただし、単に「ソーダ」といえば炭酸ナトリウム(第28.36項)を指しますので注意が必要です。また、水酸化ナトリウムと石灰との混合物で「ソーダ石灰」と称するものは第38.24項に属し、この項には含まれません。

　このほか、水酸化カリウム(かせいカリ)があります。これは、炭酸カリウム(第28.36項)及び商慣行上のカリ(この名は、ある国においてカリウム塩(特に塩化物)にあいまいに適用されている。)とは別であるので注意が必要です。

　また、過酸化ナトリウム(二酸化二ナトリウム(Na_2O_2))はこの項に属しますが、過酸化水素製造用の触媒(少量の銅又はニッケル塩等)と混合した過酸化ナトリウムは調製品であり、第38.24項に含まれます。このほか、この項に含まれる過酸化物として過酸化カリウム(二酸化二カリウム(K_2O_2))等があります。

③ 第28.16項　マグネシウムの水酸化物及び過酸化物並びにストロンチウム又はバリウムの酸化物、水酸化物及び過酸化物

　マグネシウムの水酸化物及び過酸化物は、水酸化マグネシウム($Mg(OH)_2$)、過酸化マグネシウム(MgO_2)です。

　なお、酸化マグネシウムはこの項には属さず、通常第25.19項に属します。ただし、1個の重量が2.5グラム以上の培養単結晶(第90.01項の光学用品を除く。)は第38.24項に属することとされています(第25類注2(g))。

　ストロンチウムの酸化物、水酸化物及び過酸化物には、それぞれ酸化ストロンチウム(無水ストロンチウム又はかせいストロンチウム(SrO))、水酸化ストロンチウム($Sr(OH)_2$)、過酸化ストロンチウム(SrO_2)があります。

第6章　第6部　化学工業（類似の工業を含む。）の生産品

　バリウムの酸化物は、酸化バリウム（無水バリタ（BaO））ですが、天然の硫酸バリウム（重晶石）と混同しないように注意しなければなりません。また、この項には、天然の毒重石を単に焼いて得た粗製の酸化バリウムは含まれません。これは第25.11項に属します。
　バリウムの水酸化物及び過酸化物は、それぞれ水酸化バリウム（$Ba(OH)_2$）、過酸化バリウム（BaO_2）です。

④　第28.17項　酸化亜鉛及び過酸化亜鉛
　酸化亜鉛（亜鉛白、亜鉛華（ZnO））は、赤熱した金属亜鉛に空気を通して得られます。この際に発生するガスは、純粋な酸化物を析出させながら炉を通過し、その時最も純粋なものは、亜鉛華となります。
　なお、第28.41項の亜鉛酸塩は、この両性酸化物に対応するものです。
　この項には、しかし、天然の酸化亜鉛又は紅亜鉛鉱（第26.08項）、亜鉛冶金の残留物でスカーフ、スキミング又はドロスと呼ばれるもの（不純な酸化物から成る。）（第26.20項）、水酸化亜鉛及びその過酸化物（第28.25項）、不純な酸化亜鉛でジンクグレーと呼ばれるもの（第32.06項）は含まれません。

⑤　第28.18項　人造コランダム（化学的に単一であるかないかを問わない。）、酸化アルミニウム及び水酸化アルミニウム
　人造コランダムは、電気炉で酸化アルミニウムを溶融して得られます。酸化アルミニウムには、少量の他の酸化物（例えば、酸化チタン、酸化クロム）を含んでいてもよいこととされています。これらの酸化物は、天然の出発原料（ボーキサイト）又は品質改善（例えば、溶融結晶の硬度）若しくは色調の改善のため添加されたものに由来するものです。ただし、人造コランダムと酸化ジルコニウムのような他の物質を機械的に混合したものは含まれず、第38.24項に属します。人造コランダム以外の酸化アルミニウム（無水アルミナ又はか焼アルミナ（Al_2O_3））は、アルミニウム冶金用、ペイントの充てん料、研磨材又は合成の貴石若しくは半貴石（ルビー、サファイヤ、エメラルド、アメジスト、アクアマリン等）の製造、脱水剤（ガス乾燥用）又は触媒（アセトン又は酢酸の製造、クラッキング剤等）に使用されます。
　このほか、水酸化アルミニウム（水和アルミナ（$Al_2O_3 \cdot 3H_2O$））もこの項に含まれます。
　第28.41項のアルミン酸塩は、この両性水酸化物に対応するものです。
　また、この項には活性アルミナも含まれます。
　他方、この項には、天然のコランダム（天然の酸化アルミニウム）及びエメリー（酸化鉄を含む酸化アルミニウム）（第25.13項）、洗浄し又は焼いたボーキサイト（化学的に精製したものを除く。）（第26.06項）、活性ボーキサイト（第

38.02項)、水酸化アルミニウムのコロイド溶液(可溶性アルミナ)(第38.24項)、人造コランダムを紙、板紙その他の材料に付着させたもの(第68.05項)又は第68.04項のグライディングホイール、砥石その他の物品として凝結させたもの、天然の貴石及び半貴石(酸化アルミニウムをもととしたもの)(第71.03項又は第71.05項)、合成の貴石及び半貴石(酸化アルミニウムをもととしたもの。例えば人造ルビー)(第71.04項又は第71.05項)は、含まれません。

⑥　第28.19項　クロムの酸化物及び水酸化物

これらには、三酸化クロム(無水クロム酸(CrO_3))、三酸化二クロム(Cr_2O_3)があります。ただし、この項には、第26.10項に属する、鉄を含んだ天然の酸化クロム(クロム鉄鉱)は含まれません。クロムの水酸化物(水酸化クロム)は、クロム酸化物の種々の水化物です。特に、二クロム酸カリウムとほう酸を作用させて得られる酸化クロムの緑色の水化物($CrO_3・3H_2O$)は、「クロム緑」として着色料等の製造に使用されます。その他の水酸化クロム(紫色)もこの項に属します。

⑦　第28.20項　マンガンの酸化物

二酸化マンガン(MnO_2)は、最も重要なマンガン酸化物です。このほか、酸化マンガン(MnO)、三酸化二マンガン(Mn_2O_3)、四酸化三マンガン(Mn_3O_4)、七酸化マンガン(無水過マンガン酸(Mn_2O_7))があります。

他方、この項には、天然の三酸化二マンガン(ブラウン鉱)(第26.02項)並びに天然の二酸化マンガンの無水物(軟マンガン鉱)、同含水物(硬マンガン鉱)及び天然の四酸化三マンガン(ハウスマン鉱)(いずれも第26.20項)は含まれません。また、水酸化第二マンガン、水酸化第一マンガン及び過マンガン酸(いずれも第28.25項)もこの項には属しません。

⑧　第28.21項　アースカラーで三酸化二鉄として計算した化合鉄分が全重量の70％以上のもの並びに鉄の酸化物及び水酸化物

天然の酸化鉄を主成分とするアースカラーで、三酸化二鉄(Fe_2O_3)として計算した化合鉄分が全重量の70％以上のものはこの項に属します。70％規準に達するか達しないかは、鉄の総量を三酸化二鉄として計算して決定することとされています(関税率表解説)。したがって、純鉄分としては58.8％であっても、三酸化二鉄として計算すれば84％含有することとなる天然のアースカラーはこの項に属することとなります。

この項には、三酸化二鉄(Fe_2O_3)、水酸化第一鉄($Fe(OH)_2$)、水酸化第二鉄($Fe(OH)_3$)のような人造の酸化物及び水酸化物も含まれます。

しかしながら、この項には、(a)アースカラーで三酸化二鉄として計算した化合鉄分が全重量の70％未満のもの及びその他のアースカラーを相互に混合し

第6章　第6部　化学工業（類似の工業を含む。）の生産品

たもの並びに雲母酸化鉄（第25.30項）、(b) 第26.01項の鉄鉱（例えば、赤鉄鉱（鏡鉄鉱及びマルタイトを含む。）、かっ赤鉄鉱（ミネット。含水酸化鉄で鉄及び炭酸カルシウムを含む。）、かっ鉄鉱（含水酸化鉄）、磁鉄鉱（磁性を有する酸化鉄））、(c) 鉄のスケール（赤熱した又はたたいた鉄表面から分離した粗酸化鉄）（第26.19項）、(d) アルカリ性酸化鉄でガス精製用のもの（第38.25項）、(e) 半貴石状の酸化鉄（赤鉄鉱）（第71.03項又は第71.05項）は含まれません。

⑨　第28.22項　コバルトの酸化物及び水酸化物並びに商慣行上酸化コバルトとして取引する物品

　この項の酸化物としては、一酸化コバルト（CoO）、三酸化二コバルト（Co_2O_3）、四酸化三コバルト（Co_3O_4））の他、商慣行上酸化コバルトとして取引する物品があります。これらは、エナメル用の着色料、光学ガラスの着色料等に使用されます。また、絵の具の青色、緑色、紫色の多くは、コバルトの酸化物、アルミン酸塩、亜鉛酸塩及びりん酸塩から成っています。

　なお、この項には含銀鉱を処理して得られる粗製の酸化コバルトは含まれません（第26.20項）。

　水酸化コバルトには、水酸化第一コバルト（$Co(OH)_2$）、水酸化第二コバルト（例えば、$Co(OH)_3$）のほかに四酸化三コバルトの水和物も含まれます。ただし、この項には、第26.05項の天然のコバルトの含水酸化物（ヘテロゲナイト）は含まれません。

⑩　第28.23項　チタンの酸化物

　商慣行上重要な酸化チタンは、二酸化チタン（無水チタン酸（TiO_2））だけです。第28.41項のチタン酸塩は二酸化チタンから生成されます。

　なお、この項には、混合されてない又は表面処理されてない二酸化チタンは含まれますが、顔料（第32.06項）としての用途又は他の目的（例えば、第38.15項又は第38.24項）に適する客観的特徴を得るために、製造工程において化合物を意図的に加えた二酸化チタンは含まれません。更に、第26.14項の天然の二酸化チタンの鉱石（金紅石、鋭錐鉱、板チタン石）は含まれません。更に水酸化物である第28.25項のオルトチタン酸（$Ti(OH)_4$）及びメタチタン酸（$Ti(OH)_2$）もこの項には含まれません。

⑪　第28.24項　鉛の酸化物、鉛丹及びオレンジ鉛

　この項には、一酸化鉛（リサージ、金密陀（PbO））、四酸化三鉛（鉛丹、光明丹（近似式：Pb_3O_4））、二酸化鉛（無水鉛酸（PbO_2））が含まれます。

⑫　第28.25項　ヒドラジン及びヒドロキシルアミン並びにこれらの無機塩並びにその他の無機塩基、金属酸化物、金属水酸化物及び金属過酸化物

　この項には次のようなものが含まれます。

第2節　第28類　無機化学品及び貴金属、希土類金属、放射性元素又は同位元素の無機又は有機の化合物

(i) ヒドラジン（$NH_2 \cdot NH_2$）は、化学式から分るとおり、窒素と水素が化合した物質です。ただし、ヒドラジンの有機誘導体は第29.28項に属し、この項には含まれません。
(ii) ヒドロキシルアミン（NH_2OH）及びこれに無機酸を反応させて得られるヒドロキシルアミンの無機塩は、この項に属します。これらには、塩酸ヒドロキシルアミン、硫酸ヒドロキシルアミン及び硝酸ヒドロキシルアミンがあります。しかしながら、ヒドロキシルアミンの有機誘導体はこの項には含まれません（第29.28項）。
(iii) また、この項には、その他の無機塩基、金属酸化物、金属水酸化物及び金属過酸化物が含まれます。これらのいくつかの例を上げると次のようです。
・酸化リチウム（Li_2O）及び水酸化リチウム（$LiOH$）
・バナジウムの酸化物（例えば、五酸化二バナジウム（無水バナジン酸（V_2O_5））及びバナジウムの水酸化物
・ニッケルの酸化物及び水酸化物（酸化第一ニッケル（NiO）、酸化第二ニッケル（Ni_2O_3）（アルカリ電池に利用されます。）、水酸化第一ニッケル（$Ni_2(OH)_2$）。ただし、天然の酸化ニッケル（第25.30項）や粗製の酸化ニッケル（例えば、焼結した酸化ニッケル、粒状の酸化ニッケル（第75.01項））は、この項には属しません。
・銅の酸化物（酸化第一銅（Cu_2O）、酸化第二銅（CuO））及び銅の水酸化物（水酸化第二銅（$Cu(OH)_2$）。ただし、天然の酸化第一銅（赤銅鉱）及び天然の酸化第二銅（黒銅鉱は含まれません。
・ゲルマニウムの酸化物（例えば、二酸化ゲルマニウム（GeO_2））
・モリブデンの酸化物（例えば、二酸化モリブデン（MoO_3）及びモリブデン水酸化物（例えば、モリブデン酸（H_2MoO_4）があります。なお、天然の酸化モリブデン（鉄モリブデン鉱）は第25.30項に属し、この項には含まれません。
・三酸化二アンチモン（Sb_2O_3）、五酸化二アンチモン（Sb_2O_5）、四酸化二アンチモン（Sb_2O_4）。ただし、この項には、天然の三酸化二アンチモン（方安鉱）、アンチモン華、天然の四酸化二アンチモン（セルバンタイト）は含まれません（第26.17項）。
・酸化ベリリウム（BeO）及び水酸化ベリリウム（$Be(OH)_2$）
・酸化カルシウム（CaO）、水酸化カルシウム（$Ca(OH)_2$）、過酸化カルシウム（CaO_2）。ただし、生石灰（酸化カルシウム）及び消石灰（水酸化カルシウム）は含まれません（第25.22項）。
・マンガンの水酸化物（水酸化第一マンガン（$Mn(OH)_2$）、水酸化第二マン

ガン（Mn(OH)$_3$）、塩性水酸化マンガン等があります。ただし、天然の含水酸化マンガン（天然の水酸化第二マンガン、マンガン鉱（第26.02項）及び無水酸化マンガン（第28.20項）は含まれません。
- 二酸化ジルコニウム（ジルコニア（ZrO$_2$））。ただし、天然のけい酸ジルコニウムが結晶化したジルコン（第26.15項又は第71.03項）と混同しないように注意が必要です。人造の酸化ジルコニウムは、この鉱石ジルコン又はジルコニウム塩から得られます。また、天然の酸化ジルコニウム又はバデレー石は、第26.15項の鉱物です。
- 酸化カドミウム（CdO）、水酸化カドミウム（Cd(OH)$_2$）。
- すずの酸化物及び水酸化物（酸化第一すず（SnO）、酸化第二すず（SnO$_2$）、すず酸又は水酸化第二すず（Sn(OH)$_4$）、メタすず酸）。ただし、天然の酸化すず（すず石）（第26.09項）及びすずを溶融する際に得られるすずドロス（酸化すず及びすずの混合物）（第26.20項）は含まれません。
- タングステンの酸化物及び水酸化物。例えば、三酸化タングステン（無水タングステン酸（WO$_3$））等、及びタングステン酸（H$_2$WO$_4$）を含め幾つかのタングステンの水酸化物があります。これらから第28.41項のタングステン酸塩を生成します。ただし、これらには、天然の酸化タングステン（酸化タングステン鉱）は含まれません（第25.30項）。
- ビスマスの酸化物及び水酸化物（例えば、三酸化二ビスマス（Bi$_2$O$_3$）、五酸化二ビスマス（Bi$_2$O$_5$）、水酸化ビスマス（Bi(OH)$_3$）。ただし、天然のビスマスオーカー（主として三酸化ビスマスから成る。）は、この項には含まれません（第26.17項）。

なお、この第28.25項には、水銀の酸化物を含みません。これらは、第28.52項に属します。

このように、無機化学品は有機化学品に比べ様々な元素が係わってくるため、種類が豊富です。しかしながら、その物質が、元素そのものか、化合物の構成元素が金属か非金属か、酸化物か水酸化物か、酸か水酸基か、あるいは塩か、放射性同位元素か、その他の同位体か等いくつかのポイントが分かれば分類できるようになっています。そのためには、放射性同位元素や、その他の同位体の場合を除き、無機化学品の化学式がわかれば、構成元素、性質がわかるので、分類作業はさほど困難なものではありません。

(5) 無機酸の金属塩及び金属ペルオキシ塩（第28.26項～第28.42項）

この第5節に属する化合物は、無機酸の金属塩及び金属ペルオキシ塩となって

います。無機酸の金属塩は、酸の水素元素を金属元素で置換して得られるものです。しかし、この節には、金属に限らずアンモニウムイオン（NH_4^+）で置換されたもの、すなわちアンモニウム塩もこの節の該当する項に含まれるよう定められています（類注5）。従って、以下この節の特定の項において金属塩についてのみ言及していてもアンモニウム塩も当該項に含まれる点に注意が必要です（節の表題も、部、類と同じく、単に参照上の便宜のためにつけられたものであることを思い出して下さい。）。

さて、これらの塩は、いずれも溶液中では陰極に金属又は金属のイオンを与える電解質です。これらの水溶液は、必ずしも中性であるとは限りません。中性塩ではすべての水素原子は金属によって置換されていますが、酸性塩は金属に置換され得る水素を含んでいますし、他方、塩基性塩は酸を中和するのに必要とする以上の量の塩基性酸化物を含んでいます。後者の例としては、塩基性硫酸カドミウム（$CdSO_4・CdO$）があります。金属ペルオキシ塩は、同様に無機非金属過酸化物との金属塩です。すなわち、この節には、第2節に属する酸（非金属から得られる酸）又は第4節に属する酸（酸官能の金属水酸化物）の金属塩及びアンモニウムの塩が含まれます。

このように、塩としては様々な化合物が存在します。これは、この節にまとめられている項の数が第28.26項から第28.42項までと、大変多くなっていることからもおわかりのことと思います。また塩には、塩化カルシウム（$CaCl_2$）のような単塩のほか、錯塩や複塩があります。錯塩とは、例えばフェロシアン化カリウム（$K_4Fe(CN)_6$）のように、水に溶かすと、カリウムイオン（K^+）とフェロシアンイオン $[Fe(CN)_6]^{4-}$ に電離するものです。（フェロシアンイオンが更に鉄イオン（Fe^{2+}）、シアンイオン（CN^-）に分かれたり、またカリウムイオン、鉄イオン、シアンイオンとなることはありません。）。

他方、複塩は、みょうばん（$K_2Al_2(SO_4)_4・24H_2O$）のように、硫酸カリウムと硫酸アルミニウムの二つの塩が結合してできた塩で、その水溶液は、もとのそれぞれの単塩が電離するように、カリウムイオン（K^+）、アルミニウムイオン（Al^{3+}）、硫酸イオン（SO_4^{2-}）に分かれます。この節の各項の塩には、こうした錯塩又は複塩も含まれるよう規定されている場合を除き、その他の錯塩や複塩は第28.42項に属します（類注5）。

他方、この節には、次の物品は含まれません。
(a) 第25類の塩類（例えば、塩化ナトリウム）
(b) 第26類の鉱石その他の物品を構成する塩類
(c) 貴金属の化合物（第28.43項）、放射性元素の化合物（第28.44項）、希土類金属、イットリウム又はスカンジウムの化合物（第28.46項）又は水銀の化合物（第

28.52項)
(d) りん化物、炭化物、水素化物、窒化物、アジ化物、けい化物及びほう化物(第28.48項～第28.50項)並びにりん鉄(第15部)
(e) 第31類の塩類
(f) 顔料、着色料、乳白剤、エナメルその他第32類に属する調製品。また、直接顔料として使用するのに適している未混合の金属塩(ルミノホアを除く。)はこの節に属しますが、相互に混合したもの又は他の物品と混合したものは第32類に、ルミノホアは、混合してあるかないかを問わず第32.06項に属します。
(g) 第38.08項の消毒剤、殺虫剤、殺菌剤、除草剤等
(h) 溶接用等のフラックスその他の調製した助剤(第38.10項)
(ij) アルカリ金属又はアルカリ土類金属のハロゲン化物の培養した結晶で1個の重量が2.5グラム以上のもの(第38.24項)。ただし光学用品にしたものは第90.01項に属します。
(k) 天然又は合成の貴石及び半貴石(第71.02項から第71.05項まで)

以下、この節の各項に含まれる物品を見ていきましょう。化学物質の名前が続きますが、化学品の呼称と化学式が分かれば簡単にその化学品の所属が分かります。逆に言えば、化学物質(この類では無機化学物質)の正しい名称、又は分子式が分からなければ分類は不可能ということになります。従いまして、少し退屈でしょうが、主な化学名と化学式を参考までに掲げていきます。多くは「関税率表解説」から抜粋したものです。それぞれの化学物質の性状や用途等興味のある方は、同解説や参考書をご覧になられることをおすすめします。

① 第28.26項　ふっ化物及びフルオロけい酸塩、フルオロアルミン酸塩その他のふっ素錯塩

具体的には次のような化合物があります。

(i) ふっ化物

例えば、ふっ化アルミニウム(AlF_3)、アンモニアのふっ化物(中性塩(NH_4F)及び酸性塩($NH_4F・HF$))、ナトリウムのふっ化物(中性塩(NaF)及び酸性塩($NaF・HF$))、カリウムのふっ化物(中性塩($KF・2H_2O$)、酸性塩($KF・HF$))、ふっ化カルシウム(CaF_2)、三ふっ化クロム($CrF_3・4H_2O$)、ふっ化亜鉛(ZnF_2)、アンチモンのふっ化物(三ふっ化アンチモン(SbF_3)、五ふっ化アンチモン(SbF_5)、ふっ化バリウム(BaF_2)等があります。なお、非金属のふっ化物は第28.12項に属します。

(ii) フルオロけい酸塩

フルオロけい酸塩は第28.11項のヘキサフルオロけい酸(H_2SiF_6)の塩で、例えば、ヘキサフルオロけい酸二ナトリウム(Na_2SiF_6)、ヘキサフルオロけ

い酸二カリウム（K_2SiF_6）、ヘキサフルオロけい酸カルシウム（$CaSiF_6$）、ヘキサフルオロけい酸銅（$CuSiF_6 \cdot 6H_2O$）、ヘキサフルオロけい酸亜鉛（$ZnSiF_6 \cdot 6H_2O$）、ヘキサフルオロけい酸バリウム（$BaSiF_6$）等があります。

なお、天然のフルオロけい酸アルミニウム（トパーズ）は、第71類に属します。

(iii) フルオロアルミン酸塩その他のふっ素錯塩

例えば、合成の氷晶石であるヘキサフルオロアルミン酸三ナトリウム（Na_3AlF_6）、フルオロほう酸塩、フルオロ硫酸塩（フルオロ硫酸アンモニウムアンチモン（Haensalt、$(NH_4)_2SO_4SbF_3$）等）、フルオロりん酸塩、フルオロタンタル酸塩、フルオロチタン酸塩、フルオロゲルマニウム酸塩、フルオロニオブ酸塩、フルオロジルコニウム酸塩、フルオロすず酸塩等があります。

なお、この項には、金属（ベリリウム等）のふっ化酸化物及びふっ化酸化物の錯塩を含みますが、第28.12項に属する非金属のふっ化酸化物は含まれません。また、フルオロホルメート、フルオロアセテートその他の有機ふっ素錯塩は第29類に属し、この類には含まれません。

② 第28.27項 塩化物、塩化酸化物、塩化水酸化物、臭化物、臭化酸化物、よう化物及びよう化酸化物

この項には、最初に掲げた除外例を除き、金属又はアンモニウムイオン（NH_4^+）の塩化物、塩化酸化物（オキシ塩化物）、塩化水酸化物（ヒドロキシ塩化物）、臭化物、臭化酸化物（オキシ臭化物）、よう化物及びよう化酸化物（オキシよう化物）が含まれます。（非金属のハロゲン化物及びハロゲン化酸化物は第28.12項に属します。）

(i) 塩化物

この項に属する主な塩化物としては、例えば、塩化アンモニウム（NH_4Cl）、塩化カルシウム（$CaCl_2$）、塩化マグネシウム（$MgCl_2$。ただし、天然の塩化マグネシウムは第25.30項に属します。）、塩化アルミニウム（$AlCl_3$）、鉄の塩化物（塩化第一鉄（$FeCl_2$）、塩化第二鉄（$FeCl_3$））、二塩化コバルト（$CoCl_2 \cdot 6H_2O$）、二塩化ニッケル（$NiCl_2$）、塩化亜鉛（$ZnCl_2$）、すずの塩化物（塩化第一すず（$SnCl_2$）、塩化第二すず（$SnCl_4$））、塩化バリウム（$BaCl_2$）、四塩化チタン（$TiCl_4$）、クロムの塩化物（塩化第一クロム（$CrCl_2$）、塩化第二クロム（$CrCl_3$））、二塩化マンガン（$MnCl_2$）、銅の塩化物（塩化第一銅（$CuCl$）、塩化第二銅（$CuCl_2 \cdot 2H_2O$）。ただし、天然の塩化銅は第25.30項に属します。）、アンチモンの塩化物（三塩化アンチモン（$SbCl_3$）、五塩化アンチモン（$SbCl_5$））等があります。ただし、塩化ナトリウム及び塩化カリウムは、純粋であるかないかを問わず、この類には含まれません。これらは、それぞれ第25.01項及び第

31.04項又は第31.05項に属します。更に、この項には、通常「さらし粉（商慣行上の次亜塩素酸カルシウム）」といわれる化合物（第28.28項）、塩化水銀（塩化第一水銀及び塩化第二水銀）（第28.52項）は含まれません。

(ii) 金属の塩化酸化物（オキシ塩化物）及び塩化水酸化物（ヒドロキシ塩化物）
例えば、銅の塩化酸化物及び塩化水酸化物（第26.03項の天然の塩化水酸化銅（緑塩銅鉱）は含まれません。）、塩化水酸化アルミニウム（$Al_2Cl(OH)_5 \cdot XH_2O$）、塩化酸化クロム（塩化クロミル）（$CrCl_2O_2$）、塩化酸化すず、塩化酸化アンチモン（SbClO）、鉛の塩化酸化物及び塩化水酸化物、塩化酸化ビスマス（塩化ビスムチル）（BiClO）があります。

(iii) 臭化物及び臭化酸化物
これらには、臭化水素酸（第28.11項）の塩及び臭化酸化物（オキシ臭化物）が含まれます。例えば、臭化ナトリウム（NaBr）、臭化カリウム（KBr）、臭化アンモニウム（NH_4Br）、臭化カルシウム（$CaBr_2 \cdot 6H_2O$）、銅の臭化物（例えば、臭化第一銅（CuBr）、臭化第二銅（$CuBr_2$））、その他の臭化物及び臭化酸化物（臭化ストロンチウム（医薬用）及び臭化バリウム等）があります。ただし、他のアルカリ金属やアルカリ土類金属のハロゲン化物、ハロゲン化水素のアルカリ金属塩やアルカリ土類金属塩も同じですが、前に述べたとおり、例えば臭化カリウムのような化合物は、1個の重量が2.5グラム以上の培養結晶は第38.24項に属し、また、このような化合物で製造した光学用品は第90.01項に属し、いずれもこの類には含まれません。

(iv) よう化物及びよう化酸化物
この項には、よう化水素（第28.11項）の塩及びよう化酸化物（オキシよう化物）を含みます。例えば、よう化アンモニウム（NH_4I）、よう化ナトリウム（NaI）、よう化カリウム（KI）、よう化カルシウム（CaI_2）、その他のよう化物及びよう化酸化物（リチウムのよう化物、ストロンチウム、アンチモン、亜鉛又は鉄のよう化物、鉛のよう化物及びビスマスのよう化物、よう化酸化アンチモン、よう化酸化銅及びよう化酸化鉛等が含まれます。ただし、水銀のよう化物（よう化第一水銀（mercurous iodide）及びよう化第二水銀（mercuric iodide））は、第28.52項に属し、この項には含まれません。（余談ですが、第一水銀、第二水銀のように、塩を形成している金属元素に、第一、第二のように番号をつけて呼称する場合は、当該金属の原子価が小さい方から第一、第二とつけて呼びます。この場合、英語表記では金属元素の名称の語尾がそれぞれ「-ous」、「-ic」となります。また、これとは別に、例えば、硫酸二ナトリウム（Na_2SO_4）のように単に数字を入れて呼称する場合は分子を構成する当該元素の数を示します。）

③　第28.28項　次亜塩素酸塩、商慣行上次亜塩素酸カルシウムとして取引する物品、亜塩素酸塩及び次亜臭素酸塩

　この項には、金属の次亜塩素酸塩、亜塩素酸塩及び次亜臭素酸塩並びに商慣行上次亜塩素酸カルシウムとして取引する物品が含まれます。

(i)　次亜塩素酸塩 (hypochlorites)

　主として漂白剤に使用されます。不安定な塩で、空気中でも、また弱い酸に触れても分解して次亜塩素酸を生じます。次亜塩素酸は、容易に塩素を放出する強力な酸化剤で漂白剤として用いられます。これらには、次亜塩素酸ナトリウム（NaClO・$6H_2O$）、次亜塩素酸カリウム（KClO・$6H_2O$）及びその他の次亜塩素酸塩があります。

(ii)　商慣行上次亜塩素酸カルシウムとして取引する物品

　次亜塩素酸カルシウム（$Ca(ClO)_2$）を高純度に含む高度さらし粉で、不純物として、少量の塩化カルシウム（$CaCl_2$）を含みます。

(iii)　亜塩素酸塩 (chlorites)

　例えば、亜塩素酸ナトリウム（$NaClO_2$）、亜塩素酸アルミニウムがあります。

(iv)　次亜臭素酸塩 (hypobromites)

　第28.11項の次亜臭素酸（HBrO）の金属又はアンモニウムの塩です。例えば次亜臭素酸ナトリウム（NaBrO）等があります。

④　第28.29項　塩素酸塩、過塩素酸塩、臭素酸塩、過臭素酸塩、よう素酸塩又は過よう素酸塩

(i)　塩素酸塩

　第28.11項の塩素酸（$HClO_3$）の塩です。例えば、塩素酸ナトリウム（$NaClO_3$）、塩素酸カリウム（$KClO_3$）、塩素酸バリウム（$Ba(ClO_3)_2$）、その他の塩素酸塩（塩素酸アンモニウム（爆薬製造用）、塩素酸ストロンチウム（爆薬、花火（赤色）製造用）、塩素酸クロム（媒染剤）、塩素酸銅（緑色の結晶。染色用、爆薬及び花火（緑色）の製造用）があります。（かっこ書は主な用途です。）

(ii)　過塩素酸塩

　第28.11項の過塩素酸（$HClO_4$）の塩です。いずれも強力な酸化剤で、花火及び爆薬の製造に使用することで知られています。例えば、過塩素酸アンモニウム（NH_4ClO_4）、過塩素酸ナトリウム（$NaClO_4$）、過塩素酸カリウム（KClO4）等があります。

(iii)　臭素酸塩及び過臭素酸塩

　これらには、第28.11項の臭素酸（$HBrO_3$）の塩（例えば臭素酸カリウム（$KBrO_3$））及び過臭素酸（$HBrO_4$）の塩が含まれます。

第6章　第6部　化学工業（類似の工業を含む。）の生産品

　(iv) よう素酸塩及び過よう素酸塩
　　　これらは、第28.11項のよう素酸（HIO_3）又は同項の過よう素酸の金属塩です。
⑤　第28.30項　硫化物及び多硫化物（多硫化物については、化学的に単一であるかないかを問わない。）
　　この項には、非金属の硫化物は含まれません（第28.13項）。
　(i) 硫化物
　　　例えば、硫化ナトリウム（Na_2S）、硫化水素ナトリウム（$NaHS$）、硫化亜鉛（ZnS）（これは、硫酸バリウムと共沈させるとリトポン（第32.06項）を生成し、銀、銅等により活性化されると第32.06項のルミノホアを生成します。ただし、この項に属する硫化亜鉛は、混合してないもの及び活性化していないものに限られます。また、この項には、天然の硫化亜鉛である閃亜鉛鉱（第26.08項）及び繊維亜鉛鉱（第25.30項）は含まれません。）、硫化カドミウム（CdS）、硫化水素アンモニウム（$NH_4・HS$）、硫化カルシウム（CaS）、鉄の硫化物（例えば、硫化第一鉄（FeS）等があります。ただし、天然の硫化鉄は第25.02項に、また第71.03項及び第71.05項の貴石・半貴石並びに鉄と砒素との天然の複硫化物（硫砒鉄鉱）や鉄と銅との天然の複硫化物（斑銅鉱、黄銅鉱）は、それぞれ第25.30項及び第26.03項に属し、この項には含まれません。）、硫化ストロンチウム（SrS）、硫化第二すず（SnS_2）、アンチモンの三硫化物（Sb_2S_3）及び五硫化物（Sb_2S_5）、硫化バリウム（BaS）等があります。その他の硫化物として、例えば、カリウムの硫化物（中性及び酸性）、銅の硫化物、硫化鉛等があります。いずれの場合も同じですが、天然に算出する硫化物は第26類に含まれ、この項には含まれません。また、人造の硫化水銀は第28.52項に属します。
　(ii) 多硫化物
　　　これらは同じ金属の種々の硫化物の混合物です。これらは、例えば、ポリ硫化ナトリウム（二硫化ナトリウム（Na_2S_2）、三硫化ナトリウム及び四硫化ナトリウム並びに硫酸塩、亜硫酸塩等の不純物から成る。）や同様のポリ硫化カリウムがあります。
⑥　第28.30項　亜二チオン酸塩及びスルホキシル酸塩
　　亜二チオン酸塩は、ヒドロ亜硫酸塩で、亜二チオン酸（ヒドロ亜硫酸）（$H_2S_2O_4$、遊離状態では単離されない。）の塩です。例えば、亜二チオン酸ナトリウム（$Na_2S_2O_4$）のようなナトリウム塩や、同様にカリウム、カルシウム、マグネシウム及び亜鉛の亜二チオン酸塩があります。この項には、安定化したすべての亜二チオン酸塩及び類似の物品のホルムアルデヒドスルホキシル酸塩も

含まれます。ただし、亜硫酸塩及びチオ硫酸塩は次項に属し、この項には含まれません。

⑦ 第28.32項　亜硫酸塩及びチオ硫酸塩
　(i)　金属の亜硫酸塩
　　　亜硫酸(H_2SO_3は水溶液のみで存在し、第28.11項の二酸化硫黄に対応する酸)の塩で、中性又は酸性の亜硫酸塩を含みます。これらには、例えば、ナトリウムの亜硫酸塩として、亜硫酸水素ナトリウム($NaHSO_3$：重亜硫酸ナトリウム又は酸性亜硫酸ナトリウムともいいます。)、二亜硫酸二ナトリウム($Na_2SO_3 \cdot SO_2$又は$Na_2S_2O_5$)及び亜硫酸ナトリウム(中性亜硫酸ナトリウム。Na_2SO_3)があります。また、その他の亜硫酸塩として、亜硫酸アンモニウム(($NH_4)_2SO_3 \cdot H_2O$)、カリウムの亜硫酸塩(ナトリウムの亜硫酸塩と同様の形態で存在)、カルシウムの亜硫酸塩(亜硫酸水素カルシウム(重亜硫酸カルシウム。$Ca(HSO_3)_2$)、中性亜硫酸カルシウム($CaSO_3$))、マグネシウムの亜硫酸塩、亜硫酸亜鉛及び亜硫酸水素クロム等を含みます。

　(ii)　金属のチオ硫酸塩
　　　チオ硫酸($H_2S_2O_3$。純粋な状態では存在しない。)の塩で、例えば、チオ硫酸アンモニウム(($NH_4)_2S_2O_3$)、チオ硫酸ナトリウム($Na_2S_2O_3 \cdot 5H_2O$)、チオ硫酸カルシウム($CaS_2O_3 \cdot H_2O$)、その他のチオ硫酸塩(チオ硫酸バリウム(真珠光沢を持つ顔料用)、チオ硫酸アルミニウム(有機合成用)、チオ硫酸鉛(無りんマッチ製造用)等)を含みます。ただし、亜硫酸パルプ廃液の濃縮物(第38.04項)及び有機安定剤を加えた「ヒドロ亜硫酸塩」と称する工業製品(第28.31項)は含まれません。

⑧ 第28.33項　硫酸塩、みょうばん及びペルオキソ硫酸塩(過硫酸塩)
　(i)　硫酸塩
　　　第28.07項の硫酸(H_2SO_4)の金属塩です。ただし、水銀の硫酸塩(第28.52項)、硫酸アンモニウム(第31.02項又は第31.05項)及び硫酸カリウム(第31.04項又は第31.05項)は、純度のいかんにかかわらず、この項には含まれません。また、この類の他の項の物品と同じく天然に産出する鉱物はいかに純度が高くともこの項には含まれません。この項には、例えば、硫酸二ナトリウム(中性硫酸ナトリウム)(Na_2SO_4)、硫酸水素ナトリウム(酸性硫酸ナトリウム)($NaHSO_4$)、二硫酸二ナトリウム(ピロ硫酸ナトリウム)($Na_2S_2O_7$)、人造の硫酸マグネシウム($MgSO_4 \cdot 7H_2O$)、硫酸アルミニウム($Al_2(SO_4)_3$)、硫酸第二クロム($Cr_2(SO_4)_3$)、ニッケルの硫酸塩(最も一般的なものの化学式は$NiSO_4$です。)、硫酸第一銅(Cu_2SO_4)、硫酸第二銅($CuSO_4 \cdot 5H_2O$)、硫酸亜鉛($ZnSO_4 \cdot 7H_2O$)、硫酸バリウム($BaSO_4$)、硫酸第一鉄($FeSO_4$)、硫酸第二鉄

($Fe_2(SO_4)_3$)、硫酸コバルト（$CoSO_4 \cdot 7H_2O$）、人造の硫酸ストロンチウム（$SrSO_4$）、硫酸カドミウム（$CdSO_4$）、人造の硫酸鉛（$PbSO_4$）、塩基性硫酸鉛等があります。

(ii) みょうばん

三価の金属（アルミニウム、クロム、マンガン、鉄又はインジウム）の硫酸塩と一価の金属（アルカリ金属又はアンモニウム）の硫酸塩との含水複塩で、染色、防腐剤、化学品の製造に使用されます。このような複塩であるみょうばんは、単一の硫酸塩になる傾向があります。みょうばんには、その成分により、アルミニウムみょうばん（これには、硫酸アルミニウムカリウム（みょうばん又はカリウムみょうばん）（$Al_2(SO_4)_3 \cdot K_2SO_4 \cdot 24H_2O$）、硫酸アルミニウムアンモニウム（アンモニウムみょうばん）（$Al_2(SO_4)_3(NH_4)_2SO_4 \cdot 24H_2O$）、硫酸アルミニウムナトリウム（ナトリウムみょうばん）（$Al_2(SO_4)_3 \cdot Na_2SO_4 \cdot 24H_2O$）があります。）、クロムみょうばん（これには、硫酸クロムカリウム（クロムみょうばん）（$Cr_2(SO_4)_3 \cdot K_2SO_4 \cdot 24H_2O$）、硫酸アンモニウムクロム（クロムアルミニウムみょうばん）があります。）、鉄みょうばん（ビス硫酸アンモニウム鉄（$(NH_4)_2SO_4 \cdot Fe_2(SO_4)_3 \cdot 24H_2O$））があります。

(iii) ペルオキソ硫酸塩（過硫酸塩）

第28.11項のペルオキソ硫酸（過硫酸）の塩で、例えば、ペルオキソ二硫酸二アンモニウム（$(NH_4)_2S_2O_8$）、ペルオキソ二硫酸二ナトリウム（$Na_2S_2O_8$）、ペルオキソ二硫酸二カリウム（$K_2S_2O_8$）等があります。

⑨ 第28.34項 亜硝酸塩及び硝酸塩

(i) 亜硝酸塩

第28.11項の亜硝酸（HNO_2）の金属塩で、例えば、亜硝酸ナトリウム（$NaNO_2$）、亜硝酸カリウム（KNO_2）、亜硝酸バリウム（$Ba(NO_2)_2$）等が含まれます。ただし、コバルト亜硝酸塩（cobaltinitrites）は第28.42項に属し、この項には含まれません。（コバルト（Ⅲ）亜硝酸塩は、例えば、コバルト（Ⅲ）亜硝酸ナトリウムのように複雑な錯塩（$CoN_6Na_3O1_2$）となり、従って、この項には属さず第28.42項に含まれることとなると考えられます。）

(ii) 硝酸塩

第28.08項の硝酸の金属塩です。ただし、硝酸アンモニウム及び硝酸ナトリウムは、第31.02項及び第31.05項に属し、純度のいかんにかかわらずこの項には属しません。またこの項には、塩基性硝酸塩も含まれます。この項の硝酸塩には、例えば、硝酸カリウム（KNO_3）、ビスマスの硝酸塩（中性硝酸ビスマス（$Bi(NO_3)_3 \cdot 5H_2O$）、塩基性硝酸ビスマス（$BiNO_3(OH)_2$））、硝酸マグネシウム（$Mg(NO_3)_2 \cdot 6H_2O$）、硝酸カルシウム（$Ca(NO_3)_2$）、硝酸第二鉄

(Fe(NO$_3$)$_3$·6又は9H$_2$O)、硝酸コバルト(Co(NO$_3$)$_2$·6H$_2$O)、硝酸ニッケル(Ni(NO$_3$)$_2$·6H$_2$O)、硝酸第二銅(Cu(NO$_3$)$_2$)、硝酸ストロンチウム(Sr(NO$_3$)$_2$)、硝酸カドミウム(Cd(NO$_3$)$_2$·4H$_2$O)、硝酸バリウム(Ba(NO$_3$)$_2$)、硝酸鉛(Pb(NO$_3$)$_2$)等があります。なお、この項には、水銀の硝酸塩(第28.52項)、アセトニトレイト(第29類)、硫酸アンモニウムと硝酸アンモニウムの複塩(純粋であるかないかを問わない。第31.02項又は第31.05項)、金属の硝酸塩の混合物から成る爆薬(第36.02項)は含まれません。

⑩ 第28.35項 ホスフィン酸塩(次亜りん酸塩)、ホスホン酸塩(亜りん酸塩)、りん酸塩及びポリりん酸塩(ポリりん酸塩については、化学的に単一であるかないかを問わない。)

(i) ホスフィン酸塩(次亜りん酸塩)

第28.11項のホスフィン酸(次亜りん酸、H$_3$PO$_2$)の金属塩です。例えば、ホスフィン酸ナトリウム(次亜りん酸ナトリウム)(NaPH$_2$O$_2$)、ホスフィン酸カルシウム(次亜りん酸カルシウム)(Ca(PH$_2$O$_2$)$_2$)、アンモニウム、鉄又は鉛のホスフィン酸塩(次亜りん酸塩)があります。

(ii) ホスホン酸塩(亜りん酸塩)

第28.11項のホスホン酸(亜りん酸、H$_3$PO$_3$)の金属塩(中性又は酸性)です。これらの化合物で重要なものは、アンモニウム塩、ナトリウム塩、カリウム塩、カルシウム塩で、還元剤として用いられます。

(iii) りん酸塩及びポリりん酸塩

これらには、第28.09項の酸から誘導されるりん酸及びポリりん酸の金属塩が含まれます。

りん酸塩(りん酸(H$_3$PO$_4$)の金属塩で、りん酸と一価の金属によって形成される塩)には、一塩基性、二塩基性及び三塩基性のもの、すなわち、金属原子を1、2又は3個含むものがあります。例えば、ナトリウム塩では、りん酸二水素ナトリウム(NaH$_2$PO$_4$)、りん酸水素二ナトリウム(Na$_2$HPO$_4$)及びりん酸三ナトリウム(Na$_3$PO$_4$)の3種類の化合物があります。りん酸塩には、このほか、ピロりん酸(H$_4$P$_2$O$_7$)の金属塩、メタりん酸(HPO$_3$)の金属塩及びその他のポリりん酸塩があります。ここには、高重合度のポリりん酸の金属塩が含まれます。

また重要なりん酸塩及びポリりん酸塩の一つとして、アンモニウムのりん酸塩及びポリりん酸塩があります。これらにはりん酸三アンモニウム((NH$_4$)$_3$PO$_4$)及びポリりん酸アンモニウムがありますが、後者については、重合度が数単位から数千まで各種のポリりん酸アンモニウムがあります。このように重合度が決定されないもの(従って純粋な化合物ではない。)であっ

てもこの項に含まれます。ただし、オルトりん酸二水素アンモニウム（りん酸一アンモニウム）及びオルトりん酸水素二アンモニウム（りん酸二アンモニウム）（純粋であるかないかを問わない。）並びにこれらの混合物は、第31.05項に属し、この項には含まれません。

更にアンモニウム塩の他、この項には様々なりん酸塩が含まれます。例えば、ナトリウムのりん酸塩及びポリりん酸塩としては、オルトりん酸二水素ナトリウム（$NaH_2PO_4 \cdot 2H_2O$。加熱すると水を失って、ピロりん酸塩になり、更にメタりん酸塩となる。）、オルトりん酸水素二ナトリウム（Na_2HPO_4）、オルトりん酸三ナトリウム（$Na_3PO_4 \cdot 12H_2O$）があります。また、ナトリウムのピロりん酸塩としては、ピロりん酸四ナトリウム（中性二りん酸塩）（$Na_4P_2O_7$）、ピロりん酸二水素二ナトリウム（酸性二りん酸塩）（$Na_2H_2P_2O_7$）があります。

そのほか、三りん酸ナトリウム（三りん酸五ナトリウム又はトリポリりん酸ナトリウム（$Na_5P_3O_{10}$））、ナトリウムのメタりん酸塩（$(NaPO_3)n$）。これには、環式三りん酸ナトリウム及び環式四りん酸ナトリウムの2種を含みます。）、ナトリウムのポリりん酸塩（高重合度のもので、ナトリウムのメタりん酸塩と誤って呼ばれることもありますが、数十から数百の高重合度の直鎖状のナトリウムのポリりん酸塩です。通常、重合度が決定していない重合体です。）もこの項に属します。

カリウムのりん酸塩として最もよく知られているのは、オルトりん酸二水素カリウム（りん酸一カリウム）（KH_2PO_4）です。その他の金属塩として、例えばカルシウムのりん酸塩（ただし、天然のりん酸カルシウムは第25.10項に属し、この類には含まれません。）、りん酸アルミニウム（人造のオルトりん酸アルミニウム（$AlPO_4$）があります。なお、天然のりん酸アルミニウムである銀星石は第25.30項に属し、この類には含まれません。）、りん酸マンガン（$Mn_3(PO_4)_2 \cdot 7H_2O$）、コバルトのりん酸塩（例えば、二オルトりん酸三コバルト（$Co_3(PO_4)_2 \cdot 2H_2O$又は$8H_2O$）等）、その他のりん酸塩（例えば、バリウム塩（乳白剤）、クロム塩（陶磁器用着色料）、亜鉛塩（陶磁器用着色料、歯科用セメント、発酵調整剤、医薬）、鉄塩（医薬）及び銅塩（陶磁器用着色料）等）があります。

しかしながら、この項には、第25.10項に属する、天然のカルシウムのりん酸塩、りん灰石及び天然のりん酸アルミニウムカルシウムや、第25類又は第26類のその他の天然の鉱物性のりん酸塩は含まれません。また、オルトりん酸二水素アンモニウム（りん酸一アンモニウム）及びオルトりん酸水素二アンモニウム（りん酸二アンモニウム）は、純粋であるかないかを問わず第

⑪ 第28.36項 炭酸塩、ペルオキソ炭酸塩(過炭酸塩)及び商慣行上炭酸アンモニウムとして取引する物品でカルバミン酸アンモニウムを含有するもの

以下は、この項に含まれる物品の代表例です。

炭酸塩は、単離されない炭酸(H_2CO_3)の金属塩で、中性塩、酸性塩及び塩基性塩があります。ペルオキソ炭酸塩(過炭酸塩)は、ペルオキソ炭酸二ナトリウム(Na_2CO_4)(ペルオキソ一炭酸塩)、ペルオキソ二炭酸二ナトリウム($Na_2C_2O_6$)(ペルオキソ二炭酸塩)のように過剰の酸素を含む炭酸塩で、金属過酸化物に二酸化炭素を作用させて得られます。

この項に含まれる、金属又はアンモニウムの炭酸塩及びペルオキシ炭酸塩には、次のようなものがあります。

(i) 炭酸塩

例えば、アンモニウムの炭酸塩として炭酸水素アンモニウム及びカルバミン酸アンモニウム(NH_2CONH_4)等が、また、ナトリウムの炭酸塩としては、炭酸二ナトリウム(中性炭酸ナトリウム)(Na_2CO_3)、炭酸水素ナトリウム(酸性炭酸ナトリウム)($NaHCO_3$)等があります。ただし、天然の炭酸ナトリウム(ソーダ石等)は第25.30項に属しこの項には含まれません。また、この他カリウムの炭酸塩として、例えば炭酸二カリウム(中性炭酸カリウム)(K_2CO_3)、炭酸水素カリウム(酸性炭酸カリウム($KHCO_3$)があります。この他、沈降性炭酸カルシウム($CaCO_3$)、沈降性炭酸バリウム($BaCO_3$)、鉛の炭酸塩(中性炭酸鉛($PbCO_3$)、塩基性炭酸鉛($2PbCO_3 \cdot Pb(OH)_2$))、リチウムの炭酸塩(例えば、中性の炭酸リチウム(Li_2CO_3))、沈降性炭酸ストロンチウム($SrCO_3$)、炭酸ビスマス(人造の炭酸ビスマスは、本質的には塩基性炭酸ビスマス(炭酸ビスムチル)($(BiO)_2CO_3$)です。)、沈降性炭酸マグネシウム、マンガンの炭酸塩(無水塩($MnCO_3$)と一水塩($MnCO_3 \cdot H_2O$)があります。)、鉄の炭酸塩(一水塩($FeCO_3 \cdot H_2O$)と無水塩($FeCO_3$)があります。)、炭酸コバルト($CoCO_3$)(無水塩又は六水塩があります。)、炭酸ニッケル($NiCO_3$)、銅の炭酸塩、沈降性炭酸亜鉛($ZnCO_3$)等があります。ただし、これらの化合物と同じ成分であっても、天然に産出される物品はこの項には含まれません。これらのほとんどは第26類に含まれます。

(ii) ペルオキソ炭酸塩(過炭酸塩)

例えば、先に述べたナトリウムのペルオキソ炭酸塩、カリウムのペルオキソ炭酸塩、その他のペルオキソ炭酸塩(例えば、ペルオキソ炭酸アンモニウム又はペルオキソ炭酸バリウム等)があります。

⑫ 第28.37項 シアン化物、シアン化酸化物及びシアノ錯塩

(i) シアン化物

　この項のシアン化物は、青酸(HCN)(第28.11項)の金属又はアンモニウム塩です。ご存じのとおり、呼吸系酵素の働きを阻害する猛毒です。この項のシアン化物として、例えば、シアン化ナトリウム(NaCN)、シアン化カリウム(青酸カリ)(KCN)、シアン化カルシウム(Ca(CN)$_2$)、シアン化ニッケル(Ni(CN)$_2$)、銅のシアン化物(シアン化第一銅(CuCN)、シアン化第二銅(Cu(CN)$_2$)、シアン化亜鉛(Zn(CN)$_2$)等があります。ただし、この項には、水銀のシアン化物(第28.52項)及び非金属のシアン化物(例えば、シアン化臭素)(第28.53項)は含まれません。

(ii) ヘキサシアノ鉄(Ⅱ)酸塩(フェロシアン酸塩)

　これは、ヘキサシアノ鉄(Ⅱ)酸(H$_4$Fe(CN)$_6$)(第28.11項)の金属又はアンモニウム塩です。これらは次のヘキサシアノ鉄(Ⅲ)酸塩と同様、この節の最初に記述した錯塩の一種です。これには、例えば、ヘキサシアノ鉄酸四アンモニウム((NH$_4$)$_4$Fe(CN)$_6$)、ヘキサシアノ鉄酸四ナトリウム(Na$_4$Fe(CN)$_6$・10H$_2$O)、ヘキサシアノ鉄酸四カリウム(フェロシアン化カリウム)(K$_4$Fe(CN)$_6$・3H$_2$O)、ヘキサシアノ鉄酸二銅(Cu$_2$Fe(CN)$_6$・xH$_2$O)、ヘキサシアノ鉄酸複塩(例えば、ヘキサシアノ鉄酸二リチウム二カリウム(Li$_2$K$_2$(Fe(CN)$_6$・3H$_2$O)があります。

　ヘキサシアノ鉄(Ⅲ)酸塩(フェリシアン酸塩)としては、ヘキサシアノ鉄(Ⅲ)酸(H$_3$Fe(CN)$_6$)の塩で、ヘキサシアノ鉄酸三ナトリウム(Na$_3$Fe(CN)$_6$・H$_2$O)、ヘキサシアノ鉄酸三カリウム(フェリシアン化カリウム)(K$_3$Fe(CN)$_6$)があります。

　また、その他この項の化合物として、無機塩基のペンタシアノニトロシル鉄(Ⅱ)酸塩、ペンタシアノニトロシル鉄(Ⅲ)酸塩、シアノカドミウム酸塩、シアノクロム酸塩、シアノマンガン酸塩、シアノコバルト酸塩、シアノニッケル酸塩、シアノ銅酸塩、ペンタシアノニトロシル鉄(Ⅲ)酸ナトリウム(Na$_2$Fe(CN)$_5$NO・2H$_2$O)が含まれます。しかしながら、シアノ水銀酸塩は、第28.52項に含まれこの項には属しません。(合金であるアマルガムを除き、水銀の化合物は全て同項にまとめられています。)

⑬　第28.39項　けい酸塩及び商慣行上アルカリ金属のけい酸塩として取引する物品

　この項には、けい酸塩及び各種のけい酸(遊離状態では単離しないもの及び二酸化けい素(第28.11項)から誘導されたもの)の金属又はアンモニウム塩が含まれます。

　これらには、例えば、ナトリウムのけい酸塩(石英砂と炭酸ナトリウム又は

硫酸ナトリウムとを溶融して得られるもので、種々の化学的組成のもの(モノけい酸塩、メタけい酸塩、ポリけい酸塩等)があり、製法及び純度によって、水化の程度及び溶解度が異なります。)、カリウムのけい酸塩、けい酸マンガン($MnSiO_3$)、沈降性けい酸カルシウム、バリウムのけい酸塩、鉛のけい酸塩が含まれます。また、これら以外の商慣行上のアルカリ金属のけい酸塩として、例えば、けい酸セシウム、けい酸亜鉛、けい酸アルミニウム等が含まれます。

しかしながら、この項には、天然のけい酸塩、例えば、けい灰石(けい酸カルシウム)、ばら輝石(けい酸マンガン)、フェナサイト(けい酸ベリリウム)及びチタン石(けい酸チタン)(いずれも第25.30項)、けい酸銅(けいくじゃく石、翠銅鉱)、塩基性けい酸亜鉛(異極鉱)及びけい酸ジルコニウム(ジルコン)のような鉱石(第26.03項、第26.08項及び第26.15項)及び第71類の貴石は含まれません。

⑭ 第28.40項　ほう酸塩及びペルオキソほう酸塩(過ほう酸塩)

この項には、各種ほう酸塩(主に正ほう酸又はオルトほう酸、H_3BO_3)(第28.10項)の金属塩及びアンモニウム塩が含まれます。これらには、結晶化又は化学的処理によって得られたほう酸塩のほか、塩水湖から得られた複雑な組成のかん水を蒸発させて得られる天然のほう酸塩も含まれます。ただし、第25.28項の天然のほう酸ナトリウム(カーナイト)、天然ほう砂、天然のほう酸カルシウム(パンデルマイト、プライス石)は含まれません。

この項のほう酸塩としては、例えば、ナトリウムのほう酸塩(四ほう酸二ナトリウム($Na_2B_4O_7$))、ほう酸ナトリウム、メタほう酸アンモニウム($NH_4BO_2 \cdot 2H_2O$)、沈降性ほう酸カルシウム、マンガンのほう酸塩(例えば、四ほう酸マンガン(MnB_4O_7))、ほう酸ニッケル、ほう酸銅、ほう酸鉛、その他のほう酸塩(ほう酸カドミウム、ほう酸コバルト、ほう酸亜鉛、ほう酸ジルコニウム等)があります。

この項に属するペルオキソほう酸塩(過ほう酸塩)は、ペルオキソほう酸の金属塩及びアンモニウム塩です。一般にこれらは、HBO_3又はHBO_4のような数種の酸に相当する化学式をもつ複雑な化合物で、例えば、ペルオキソほう酸ナトリウム(過ほう酸)、ペルオキソほう酸マグネシウム、ペルオキソほう酸カリウム、その他のペルオキソほう酸塩(アンモニウム、アルミニウム、カルシウム又は亜鉛のペルオキソほう酸塩等)があります。

⑮ 第28.41項　オキソ金属酸塩及びペルオキソ金属酸塩

この項には、オキソ金属酸及びペルオキソ金属酸(無水物を構成する金属酸化物に相当)のアンモニウムの金属又は塩を含みます。

この項に属する主なものをあげると次のとおりです。

(i) アルミン酸塩

例えば、アルミン酸ナトリウム、アルミン酸カリウム、アルミン酸カルシウム、アルミン酸クロム、アルミン酸コバルト、アルミン酸亜鉛、アルミン酸バリウム、アルミン酸鉛等があります。

(ii) クロム酸塩

例えば、中性又は酸性のクロム酸塩(二クロム酸塩を含む。)、三クロム酸塩、四クロム酸塩及び過クロム酸塩(クロム酸亜鉛、クロム酸鉛等)、ナトリウムのクロム酸塩(クロム酸ナトリウム($Na_2CrO_4 \cdot 10H_2O$)、二クロム酸ナトリウム($Na_2Cr_2O_7 \cdot 2H_2O$))、カリウムのクロム酸塩(クロム酸カリウム(K_2CrO_4))、二クロム酸カリウム(K_2CrO_7))、アンモニウムのクロム酸塩(クロム酸アンモニウム(($NH_4)_2CrO_4$)、二クロム酸アンモニウム(($NH_4)_2Cr_2O_4$))、クロム酸カルシウム($CaCrO_4 \cdot 2H_2O$)、クロム酸塩マンガン(中性塩($MnCrO_4$)、塩基性塩があります。)、鉄のクロム酸塩(クロム酸第二鉄($Fe_2(CrO_4)_3$)、塩基性クロム酸鉄等があります。)、クロム酸ストロンチウム($SrCrO_4$)、クロム酸バリウム($BaCrO_4$)があります。

(iii) マンガン酸塩

例えば、マンガン酸ナトリウム(Na_2MnO_4)、マンガン酸カリウム(K_2MnO_4)、マンガン酸バリウム($BaMnO_4$)等があります。

(iv) 過マンガン酸塩

例えば、過マンガン酸ナトリウム($NaMnO_4 \cdot 3H_2O$)、過マンガン酸カルシウム($Ca(MnO_4)_2 \cdot 5H_2O$)、過マンガン酸カリウム($KMnO_4$)等があります。

(v) モリブデン酸塩

例えば、モリブデン酸アンモニウム、モリブデン酸ナトリウム、モリブデン酸カルシウム、モリブデン酸鉛等があります。

(vi) タングステン酸塩

例えば、タングステン酸アンモニウム、タングステン酸ナトリウム、タングステン酸カルシウム、タングステン酸バリウム、タングステン酸カリウム、タングステン酸マグネシウム、タングステン酸クロム、タングステン酸鉛等があります。その他パラタングステン酸塩、過タングステン酸塩があります。

(vii) チタン酸塩

これは中性又は酸性のオルトチタン酸塩、メタチタン酸塩及びペルオキソチタン酸塩で、例えば、チタン酸バリウム、チタン酸鉛があります。

(viii) バナジン酸塩

これには、中性又は酸性のオルトバナジン酸塩、メタバナジン酸塩、ピロバナジン酸塩及び次亜バナジン酸塩があります。例えば、バナジン酸アンモ

ニウム（メタバナジン酸アンモニウム）（NH_4VO_3）、ナトリウムのバナジン酸塩（オルトバナジン酸ナトリウム及びメタバナジン酸ナトリウム）等があります。

その他のオキソ金属酸及びペルオキソ金属酸塩として、鉄酸塩、亜鉄酸塩、亜鉛酸塩（両性水酸化亜鉛（$Zn(OH)_2$）から得られる化合物で、亜鉛酸ナトリウム、亜鉛酸鉄、亜鉛酸コバルト、亜鉛酸バリウム等があります。）、すず酸塩（オルトすず酸塩及びメタすず酸塩があり、例えば、すず酸ナトリウム（$Na_2SnO_3 \cdot 3H_2O$）、すず酸アルミニウム、すず酸クロム、すず酸コバルト、すず酸銅等があります）、アンチモン酸塩（酸化アンチモン（Sb_2O_5）に相当する種々の酸の塩で、例えば、メタアンチモン酸ナトリウム（$NaSbO_3$）、アンチモン酸水素カリウム、アンチモン酸鉛等があります。なお、これらは、第28.53項のアンチモン化物とは異なります。）、鉛酸塩（鉛酸ナトリウム、鉛酸カルシウム、鉛酸ストロンチウム、鉛酸バリウム等があります。）、タンタル酸塩、ニオブ酸塩、ゲルマニウム酸塩、レニウム酸塩、過レニウム酸塩、ジルコン酸塩、ビスマス酸塩等があります。

しかしながら、この項には、天然の鉱石（主として第26類）、貴金属の化合物（第28.43項）、放射性元素又は同位元素の化合物（第28.44項）、イットリウム、スカンジウム又は希土類金属の化合物（第28.46項）、水銀（第28.52項）は含まれません。

また、フルオロチタン酸塩のようなふっ素錯塩は、第28.26項に属し、この項には含まれません。

⑯ 第28.42項　その他の無機酸塩及びペルオキソ酸塩（アルミノけい酸塩（化学的に単一であるかないかを問わない。）を含むものとし、アジ化物を除く。）

この節の末項です。すなわち、この項には、この節の前項までに掲げられていない無機酸及びペルオキソ酸の金属又はアンモニウム塩が含まれます。ただし、第6節の各項その他の項に含まれるものは除かれます。

この項には、例えば次のようなものが含まれます。

(i) 雷酸塩、シアン酸塩、イソシアン酸塩及びチオシアン酸塩

これらは、単離されていないシアン酸（HO−C≡N）又はイソシアン酸（HN=C=O）並びに雷酸（H−C≡N$^+$−O$^−$）若しくはその他のシアン酸異性体又はチオシアン酸（HS−C≡N）の金属塩です。雷酸は、非常に不安定でわずかな衝撃や熱で爆発するので、点火薬として雷管等の製造に使用されます。シアン酸塩（アンモニウム、ナトリウム又はカリウムのシアン酸塩）、チオシアン酸塩（スルホシアン化物）は、チオシアン酸（単離されない）（HS−C≡N）の金属（及びアンモニウム）塩で、チオシアン酸アンモニウム（NH_4SCN）、

チオシアン酸ナトリウム（NaSCN）、チオシアン酸カリウム（KSCN）、チオシアン酸カルシウム（$Ca(SCN)_2 \cdot 3H_2O$）、チオシアン酸第一銅（CuSCN）、チオシアン酸第二銅（$Cu(SCN)_2$）等があります。

(ii) 亜砒酸塩及び砒酸塩

　　これらはいずれも猛毒で、例えば、亜砒酸ナトリウム（$NaAsO_2$）、亜砒酸カルシウム（$CaHAsO_3$）、亜砒酸銅（$CuHAsO_3$）、亜砒酸亜鉛（$Zn(AsO_2)_2$）、亜砒酸鉛（$Pb(AsO_2)_2$）、ナトリウムの砒酸塩（オルト砒酸ナトリウム、メタ砒酸ナトリウム及びピロ砒酸ナトリウム、オルト砒酸水素二ナトリウム）（Na_2HAsO_4、結晶化の温度によって七水塩又は十二水塩となる。）、オルト砒酸三ナトリウム（無水塩又は十二水塩）、カリウムの砒酸塩（オルト砒酸二水素カリウム、オルト砒酸水素二カリウムがある。）、カルシウムの砒塩酸（二オルト砒酸三カルシウム（$Ca_3(AsO_4)_2$）、銅の砒酸塩（オルト砒酸第二銅（$Cu_3(AsO_4)_2$））鉛の砒酸塩（二オルト砒酸三鉛（$Pb_3(AsO_4)_2$）、酸性オルト砒酸鉛がある。）その他の砒酸塩として、アルミニウムの砒酸塩、コバルトの砒酸塩等があります。

(iii) セレン酸の塩

　　例えば、セレン化物、亜セレン酸塩及びセレン酸塩で、例えば、セレン化カドミウム、亜セレン酸ナトリウム、アンモニウム及びナトリウムのセレン酸塩、セレン酸カリウム等があります。

(iv) テルル酸の塩

　　例えば、テルル化物、亜テルル酸塩及びテルル酸塩で、テルル化ビスマス、ナトリウムのテルル酸塩及びカリウムのテルル酸塩等があります。

　この項には、また、他の項に該当しない複塩及び錯塩が分類されます。この項に属する主な複塩及び錯塩には、次のようなものがあります。

(i) 塩化物の複塩及び錯塩

　　例えば、アンモニウムと他の金属の塩化物（塩化アンモニウム第一鉄、塩化アンモニウム第二鉄、塩化アンモニウム銅、塩化アンモニウム亜鉛、塩化アンモニウムすず等）、アルミニウムを含むナトリウムの塩化物、マグネシウムを含むカルシウムの塩化物、塩化塩（例えば、塩化臭化物、塩化よう化物、塩化よう素酸塩、塩化りん酸塩、塩化クロム酸塩、塩化バナジン酸塩等）、塩化クロム酸カリウムがあります。

(ii) よう化物の複塩及び錯塩

　　例えば、よう化ビスマスナトリウム、よう化カドミウムカリウムがあります。

(iii) 硫黄を含む複塩及び錯塩

これらには、アンモニウムと各種金属の硫酸塩(硫酸第一鉄アンモニウム、別名モール塩($FeSO_4·(NH_4)_2SO_4·6H_2O$)、硫酸コバルトアンモニウム($CoSO_4·(NH_4)_2SO_4·6H_2O$)、硫酸ニッケルアンモニウム($NiSO_4·(NH_4)_2SO_4·6H_2O$))、硫酸ジルコニウムナトリウム等があります。

更に、チオ塩その他の硫黄を含む複塩及び錯塩として、例えば、セレノ硫化物、セレノ硫酸塩、チオテルル酸塩、チオ砒酸塩、チオ亜砒酸塩、砒素硫化物、チオ炭酸塩(例えば三チオ炭酸カリウム)、ゲルマノ硫化物、チオアンチモン酸塩、チオモリブデン酸塩(例えばアルカリのチオモリブデン酸塩)、チオすず酸塩及び、いわゆるライネケ塩(テトラチオシアナートジアミノクロム酸アンモニウム(ジアミンテトラキスチオシアナートクロム酸アンモニウム($NH_4[Cr(NH_3)_2(SCN)_4]·H_2O$))、チオシアン酸第一鉄カリウム及びチオシアン酸第二鉄カリウムがあります。

(ⅳ) セレンの複塩及び錯塩

これらには、例えば、セレノ炭酸塩、セレノシアン酸塩等があります。

(ⅴ) テルルの複塩及び錯塩

例えばテルロ炭酸塩、テルロシアン酸塩等があります。

(ⅵ) コバルト亜硝酸塩

例えば、コバルト亜硝酸カリウム(亜硝酸コバルトカリウム、フィッシャーイエロー)($K_3Co(NO_2)_6$)があります。

(ⅶ) 硝酸塩の複塩及び錯塩

例えば、(四及び六アミノニッケル硝酸塩)、アンモニア性硝酸ニッケルがあります。

(ⅷ) りん酸塩の複塩及び錯塩

これらには、オルトりん酸ナトリウムアンモニウム($NaNH_4HPO_4·4H_2O$)、オルトりん酸マグネシウムアンモニウム等が含まれます。りんを含む錯塩としては、モリブドりん酸塩、シリコりん酸塩、タングストりん酸塩、スタノりん酸塩等があります。更に、タングストほう酸塩(ほうタングステン酸カドミウム)があります。

(ⅸ) シアン酸の複塩又は錯塩

(ⅹ) けい酸塩の複塩及び錯塩

これらには、アルミノけい酸塩を含む化合物があります。また、これらは、化学的に単一であるかないかを問いません。一般式 $M_{2/n}O·Al_2O_3·YSiO_2·WH_2O$ (Mはn価の陽イオン(一般に、ナトリウム、カリウム、マグネシウム又はカルシウム)、Yは2以上、Wは水分子の数です。)で表される合成ゼオライトも含まれます。ただし、バインダーを含有するアルミノけい酸塩(例えば、け

第6章　第6部　化学工業（類似の工業を含む。）の生産品

い酸をもととした粘土を含むゼオライトは第38.24項に属しこの項には含まれません。バインダーを含有するゼオライトは、その大きさ（通常5マイクロメートルを超える）によって確認できるとされています。

(xi) 金属酸化物の複塩及び錯塩

例えば、クロム酸カリウムカルシウムのような塩があります。

前にも述べたように、この項には、複塩、錯塩が分類されますが、他の項に属するものは除かれます。例えば、ふっ素錯塩（第28.26項）、みょうばん（第28.33項）、シアノ錯塩（第28.37項）、アジ化水素の塩（アジ化物）（第28.50項）、塩化アンモニウム水銀（塩化アンモニウム第一水銀又は塩化アンモニウム第二水銀）及びよう化水銀銅（第28.52項）はこの項には含まれません。また、第31類の硫酸マグネシウムカリウム（純粋であるかないかを問わない。）もこの項には分類されません。

(6)　その他のもの

この類（無機化学物品）の最後の節です。いくつかの特徴があります。特に品目表の他の項に含まれる旨の規定がある場合を除き、全ての貴金属元素の化合物（無機化合物に限らず有機化合物も含む。）は、この節の該当する項に含まれます。また、水銀の有機化合物及び無機化合物もこの節に含まれます。しかし、アマルガムは、金属と水銀との合金であり、水銀化合物ではなく、その他の無機化合物、液体空気、圧搾空気とともにこの類の末項（第28.23項）にアマルガムとして分類されます。ただし、貴金属のアマルガムは貴金属化合物等とともにこれらとは別に（第28.43項）特掲されています。

更に、放射性の元素、同位元素及びこれらの化合物、混合物等もこの節にまとめられています。また、放射性でない同位元素関係もこの節の項に属します。第6部注1(A)の規定で、第28.44項（放射性の元素・同位元素、これらの化合物、これらの物品を含む混合物及び残留物）又は第28.45項（放射性でない同位元素及びその無機又は有機の化合物）に該当する物品は、放射性鉱物を除き、当該各項に属し、この表のいずれの他の項にも属さない旨、定められています。さらに、同注2の規定では、投与量又は小売用にしたことにより、第30.04項〜第30.06項、第32.12項、第33.03項〜第33.07項、第35.06項、第37.07項又は第38.08項のいずれかに属するとみられる物品は、当該各項に属し、品目表の他の項には属さないとなっていますが、注1に定められたもの、すなわち第28.43項〜第28.46項及び第28.52項（水銀の無機又は有機の化合物）は除かれ、それぞれこの節の項に分類されることが明確に定められています。従って、小売用にした医薬品や検査用試薬であっても、第28.43項〜第28.46項及び第28.52項に該当する物品（例えば放射性

第2節　第28類　無機化学品及び貴金属、希土類金属、放射性元素又は同位元素の無機又は有機の化合物

同位元素を含む診断用試薬）もこの節に分類されることとなっています。

　他方、例えば核燃料要素（カートリッジ）は、原子炉用の物品であり、第84類に含まれ、この類には含まれません。しかし、使用済みのものは放射性同位元素が残っており、この節の第28.44項に含まれます。この点について少し見てみましょう。先のこの部の注1（A）の規定は、放射性元素を含むものは全てこの項に分類されるという規定ではなく、あくまで、この「第28.44項及び第28.45項に該当する物品は、‥‥」となっています。そこで、例えばこの第28.44項の規定を改めて読んでみると、「放射性の元素及び同位元素‥‥並びにこれらの化合物並びにこれらの物品を含有する混合物及び残留物」となっています。これらの物品を含有する混合物に核燃料ペレットを更に調製したカートリッジまで含むかどうかという問題ですが、未使用のカートリッジは、原子炉用の燃料として使用される燃料要素としての特定の製品であり、この項には属さないと考えられます。他方、使用済みのものは、核燃料としては使用できず、もはや燃料要素でもなく、放射性物質を含有する原子炉廃棄物、残留物であるので、この項に属することとしたと考えられます。後ほど解説しますが、核燃料用のペレットはこの節に属します。

　それでは、この節に含まれる物品を簡単に見ていきましょう。

① 第28.43項

　貴金属の無機又は有機の化合物（化学的に単一であるかないかを問わない。）、コロイド状貴金属及び貴金属のアマルガム

　この項には、次の物品が含まれます。

（ⅰ）コロイド状貴金属

　これは第71類に掲げる貴金属、すなわち、銀、金、白金、イリジウム、オスミウム、パラジウム、ロジウム及びルテニウムであって、コロイド状のものです。当然ですが、これらの元素そのもの（純粋の金属）、合金等は第71類に属しこの項には属しません。

　これらのコロイド状金属（例えば、金）は、保護コロイド（ゼラチン、カゼイン、魚膠等）を含有したコロイド溶液に調製してあってもこの項に含まれます。

（ⅱ）この項の貴金属の無機又は有機の化合物（化学的に単一であるかないかを問わない。）

　これらには、貴金属の酸化物、過酸化物及び水酸化物（第4節の非金属化合物に対応する化合物です。以下同じ。）、貴金属の無機塩（第5節の化合物に対応）、りん化物、炭化物、水素化物、窒化物、けい化物及びほう化物（第28.48項から第28.50項までの化合物に対応。りん化白金、水素化パラジウム、窒化銀、けい化白金等があります）、貴金属の有機化合物（第29類のオルガ

ノインオルガニック化合物の貴金属版です。)等があります。

更に、この項には、貴金属とその他の金属の両者を含んでいる化合物（例えば、卑金属と貴金属の複塩、貴金属を含む錯エステル）も含まれます。

例えば、銀の化合物として、一酸化二銀（Ag_2O）、酸化銀（AgO）、塩化銀（$AgCl$）、臭化銀、よう化銀、硫化銀（Ag_2S：もちろん、これはこの類の物品に共通していることですが、天然の硫化銀等、鉱物はこの項には含まれません。）、硝酸銀（$AgNO_3$）、硫酸銀（Ag_3SO_4）、りん酸銀（Ag_3PO_4）、シアン化銀（$AgCN$）、銀とカリウムのシアノ錯塩（$KAg(CN)_2$）及び銀とナトリウムのシアノ錯塩（$NaAg(CN)_2$）、二クロム酸銀（$Ag_2Cr_2O_7$）、過マンガン酸銀（Ag_2MnO_4）があります。また、有機化合物としては、乳酸銀、くえん酸銀、しゅう酸銀、酢酸銀、安息香酸銀、酪酸銀、けい皮酸銀、ピクリン酸銀、サリチル酸銀、酒石酸銀及び吉草酸銀、銀のプロテイナート、ヌクレアート、ヌクレイナート、アルブミナート、ペプトナート、ビテリナート及びタンナート等があります。

金の化合物としては、同様に、酸化第一金（Au_2O）、酸化第二金（無水金酸）（Au_2O_3）、水酸化第二金又は金酸（$Au(OH)_3$）、塩化第一金（$AuCl$）、塩化第二金（$AuCl_3$）、四塩化金（Ⅲ）酸（$AuCl_3·HCl·4H_2O$）、クロロ金酸アルカリ、硫化金（Au_2S_3）、金とナトリウムの亜硫酸複塩（$NaAu(SO_3)$）、金とアンモニウムの亜硫酸複塩（$NH_4Au(SO_3)$）、シアン化金（$AuCN$）、金酸カリウム（$KAu(CN)_4$）、チオシアン酸金ナトリウム等があります。

ルテニウムの化合物としては、二酸化ルテニウム（RuO_2）、四酸化ルテニウム（RuO_4）があります。更に、三塩化ルテニウム（$RuCl_3$）及び四塩化ルテニウム（$RuCl_4$）は、塩化アルカリとともに塩化物の複塩を形成し、また、アミノ錯塩やニトロソ錯塩も形成します。また、アルカリ金属及びルテニウムの亜硝酸複塩もあります。

ロジウムの化合物には、水酸化ロジウム（$Rh(OH)_3$）、三酸化二ロジウム（Rh_2O_3）、三塩化ロジウム（$RhCl_3$）、また、みょうばん又はりん酸塩を伴った硫酸塩、硝酸塩及び亜硝酸錯塩、シアノロジウム錯塩、アミノ錯塩又はしゅう酸誘導体が存在します。

パラジウムの化合物で、最も安定な酸化物は、酸化第一パラジウム（PdO）です。そのほか、塩化第一パラジウム（$PdCl_2$）、塩化亜パラジウム酸カリウム（K_2PdCl_4）、塩化パラジウム酸塩、アミノ化合物（パラジウムジアミン）、チオパラジウム酸塩、パラド亜硝酸塩、シアノパラジウム酸塩、パラドしゅう酸塩、硫酸第一パラジウム等があります。

オスミウムの化合物には、二酸化オスミウム（OsO_2）があります。また、

第2節　第28類　無機化学品及び貴金属、希土類金属、放射性元素又は同位元素の無機又は有機の化合物

オスミウムの四酸化物は、オスミウム酸カリウム、オスミウム酸ナトリウムのようなオスミウム酸塩を生成します。そのほか四塩化オスミウム($OsCl_4$)、三塩化オスミウム($OsCl_3$)、アルカリ性塩化オスミウム酸塩及び塩化亜オスミウム酸塩等があります。

イリジウムの化合物としては、酸化イリジウム、四水酸化イリジウム($Ir(OH)_4$)、塩化イリジウム、塩化イリジウム酸塩、塩化亜イリジウム酸塩、硫酸複塩、アミノ化合物があります。

白金の化合物には、酸化第一白金(PtO)、酸化第二白金(PtO_2)があります。後者は種々の水化物(例えば、四水化物($H_2Pt(OH)_6$)を生成し、これは、ヘキサヒドロキシ白金酸アルカリに対応する錯酸(ヘキサヒドロキシ白金酸)を生成します。また、これに対応するアミノ錯塩もあります。その他、塩化第二白金($PtCl_4$)、塩化白金酸(H_2PtCl_6))、白金アミノ錯塩があります。また、塩化亜白金酸(H_2PtCl_4)に対応するアミノ錯塩も存在します。このほかカリウム又はバリウムのシアノ亜白金酸塩等があります。

(iii)　貴金属のアマルガム

これらは、先に述べたとおり、貴金属と水銀の合金です。最も一般的なものである金又は銀のアマルガムは、貴金属を得るための中間製品として使用されます。この項には、貴金属と卑金属の両方を含有するアマルガム(例えば、歯科用に使用するある種のアマルガム)を含みますが、全体が卑金属のアマルガムは第28.53項に属し、この項には含まれません。また、水銀の化合物は有機無機を問わず第28.52項に属します。

② 第28.44項　放射性の元素及び同位元素(核分裂性を有する又は核分裂性物質への転換可能な元素及び同位元素を含む。)並びにこれらの化合物並びにこれらの物品を含有する混合物及び残留物

この項に含まれる物品は、放射性元素(天然の放射性元素はウランだけで、天然ウランもこの項に含まれます。)及び放射性の同位元素関係が含まれますが、いくつかにグループ分けすると次の通りです。

・天然ウラン及びその化合物
・天然ウラン又はその化合物を含有する合金、ディスパージョン(サーメットを含む。)、陶磁製品及び混合物
・ウラン235を濃縮したウラン及びプルトニウム並びにこれらの化合物
・ウラン235を濃縮したウラン、プルトニウム又はこれらの化合物を含有する合金、ディスパージョン(サーメットを含む。)、陶磁製品及び混合物
・ウラン235を減少させたウラン及びトリウム並びにこれらの化合物
・ウラン235を減少させたウラン、トリウム又はこれらの化合物を含有する合

第6章　第6部　化学工業（類似の工業を含む。）の生産品

金、ディスパーション（サーメットを含む。）、陶磁製品及び混合物
・これら以外の放射性元素及び放射性同位元素並びにこれらの化合物並びにこれらの元素、同位元素又は化合物を含有する合金、ディスパーション（サーメットを含む。）、陶磁製品及び混合物並びに放射性残留物
・使用済みの原子炉用核燃料要素（カートリッジ）

　ご存じの通り、同位元素とは、原子番号（原子核の陽子の数と同じ）は同じであるが、質量数の異なる元素をいいます。ある元素の原子核の核子のうち、陽子の数は同じでも中性子の数が異なることにより質量数、原子量が異なることとなります。例えばウランの原子番号は92（陽子の数は92）です。しかし、中性子の数が異なることにより異なる質量数（原子量）となるウランが存在します。これらをお互い同位体といい、同位元素と呼称します。ウランの場合、質量数は227から240までの範囲にあり、ウラン233、ウラン235、ウラン238等と呼ばれます。同様に水素1、水素2（重水素。第28.45項に属します。）及び水素3（トリチウム）は、水素の同位元素です。元素は、単一の核種か又は二以上の同位元素の一定の割合の混合物で構成されています。例えば、天然の塩素は、遊離状態であるか又は結合状態であるかを問わず、常に75.4％の塩素35と24.6％の塩素37から成り、その結果、原子量は35.457となっています。

　この類の注6の規定により、第28.44項及び第28.45項にある「同位元素」には、純粋な同位元素のみならず、ある同位元素の濃縮又は減少によって天然の同位元素組成を人工的に変えたもの又は原子核反応によりある同位元素から他のものに変った人工同位元素も含まれます。例えば、塩素35の含有量を85％に濃縮し、塩素37の含有量を15％に減少させた原子量35.30の塩素は、同位元素とみなされます。従って、放射性であればこの項に、放射性でなければ第28.45項に属します。ただし、天然に単一の同位元素のみが存在するもの（例えば、ベリリウム9、ふっ素19、アルミニウム27、りん31、マンガン55等）は、同位元素としてみなさず、遊離状態であるか又は結合状態であるかを問わず、元素又は化合物としてそれぞれ、より限定している項に属します。従って、これらの通常の物質、化合物としてそれぞれの項に属します。

　他方、これらの元素でも、人工的に得られた放射性同位元素（例えば、ベリリウム10、ふっ素18、アルミニウム29、りん32、マンガン54）は、この項に属することとなります。

　なお、人工元素で、一般に原子番号が92を超える、いわゆる超ウラン元素のようなものは、一定の同位体組成を持たず、かつ、その元素の製造方法により組成が変わるので、ある元素とその同位元素を区分することが不可能です。従って、この項に関する第28類注6の規定では、テクネチウム（原子番号43）、

プロメチウム（原子番号61）、ポロニウム（原子番号84）及び原子番号が84を超える全ての元素をこの項に分類するよう規定しています（同注6(a)）。また、ウラン（原子番号92）を超える元素は全て放射能を有していることが知られています。

この項には、①放射能を有する同元素及びその化合物、②これらを含む合金、陶磁製品、混合物が含まれます。

ここで「放射能を有する」とは、比放射能が1グラムにつき74ベクレル（0.002マイクロキューリー）を超えるものとなっています。従って、比放射能がこれ以下の同位元素及びその化合物は、第28.45項に属します（同注6(d)）。

以下、参考のため、放射性の元素及び同位元素並びにこれらの化合物について、一部関税率表解説から引用して掲載しておきます。

(i) 放射性の元素

この類の注6(a)に関連して、この項に属する放射性元素には、テクネチウム、プロメチウム、ポロニウム及び更に原子番号の大きい全ての元素（アスタチン、ラドン、フランシウム、ラジウム、アクチニウム、トリウム、プロトアクチニウム、ウラン、ネプツニウム、プルトニウム、アメリシウム、キュリウム、バークリウム、カルフォルニウム、アインスタイニウム、フェルミウム、メンデレビウム、ノーベリウム及びローレンシウム）があります。これらの元素は、通常、すべて放射性を有する数種の同位元素から成っています。（これらのうちアクチニウム以下の15の元素をアクチノイドといいます。）

これらの元素に対して、カリウム、ルビジウム、サマリウム及びルテチウム（第28.05項）のような安定な同位元素と放射性同位元素の混合物から成るものは、その放射性同位元素が低レベルの放射能しか有せず、混合物中の構成割合も比較的低濃度であり、実際上、安定とみなすことができるものは、この項には含まれません。一方、これらの元素（カリウム、ルビジウム、サマリウム、ルテチウム）の放射性同位元素（それぞれカリウム40、ルビジウム87、サマリウム147、ルテチウム176）が濃縮された場合には、この項の放射性同位元素とみなされます。

(ii) 放射性同位元素

天然に存在する放射性同位元素には、先に述べた、カリウム40、ルビジウム87、サマリウム147及びルテチウム176のほかにウラン235及びウラン238があります。その他タリウム、鉛、ビスマス、ポロニウム、ラジウム、アクチニウム又はトリウムの同位元素があり、しばしば対応する元素の名称と異なった名称で知られていますが、この名称は、放射性転換により誘導した、もとの元素名に由来しているものです。例えば、ビスマス210はラジウムEと、

ポロニウム212はトリウムCと、また、アクチニウム228はメソトリウムⅡとそれぞれ呼ばれます。

通常、安定な元素であっても、粒子加速器(サイクロトロン、シンクロトロン等)から発生される非常に高い運動エネルギーの粒子(陽子、重陽子等)を衝突させるか又は原子炉中で中性子を吸収した後では放射性になることがあります。このようにして得られた元素を人工放射性同位元素といい、約500種の同位元素が現在知られていますが、そのうち約200種が実用に供されています。ウラン233及びプルトニウムの同位元素は有名ですが、その他の主なものには、水素3(トリチウム)、炭素14、ナトリウム24、りん32、硫黄35、カリウム42、カルシウム45、クロム51、鉄59、コバルト60、クリプトン85、ストロンチウム90、イットリウム90、パラジウム109、よう素131及び132、キセノン133、セシウム137、ツリウム170、イリジウム192、金198並びにポロニウム210があります。

なお、前に述べたとおり放射性の元素又は同位元素を相互に混合したもの及び放射性元素の化合物又は非放射性の物質との混合物(例えば、未処理の放射標的、放射線源等)も、比放射能が1グラムにつき74ベクレル(0.002マイクロキュリー)を超えるものであればこの項に属します。

(iii) 放射性化合物並びに放射性物質を含有する混合物及び残留物

この項の放射性の元素及び同位元素は、放射能標識をつけた(labelled)化合物(例えば、一以上の放射性原子を有する分子。)又は物品の形で使用されます。このような化合物は、溶解し、若しくは分散したもの、又は人工的に他の放射性若しくは非放射性の材料と混合したもの若しくは天然のこうした物質の混合物であってもこの項に属します。また、これらの元素及び同位元素が、合金、ディスパージョン又はサーメットの形であってもこの項に属します。

化学的に純粋なもの又は放射性の元素若しくは放射性同位元素を含有している無機若しくは有機の化合物及びこれらの溶液は、たとえ、その化合物又は溶液の比放射能が1グラムにつき74ベクレル(0.002マイクロキュリー)以下であってもこの項に属します。

しかしながら、放射性物質(元素、同位元素又はこれらの化合物)を含有している合金、ディスパージョン(サーメットを含む。)、陶磁製品及び混合物については、その比放射能が1グラムにつき74ベクレル(0.002マイクロキュリー)を超えるもののみが、この項に属します。

通常、放射性元素及び同位元素が遊離の状態で使用されることはまれで、化合物又は合金の形で商取引されます。核分裂性及び核分裂性物質への転換

可能な元素及び同位元素の化合物で、最も重要な放射性化合物としては、ラジウム塩（塩化物、臭化物、硫酸塩等で、がん治療用又はある種の物理実験用の線源として使用されます。）のほか、ウラン233、プルトニウム、水素3、炭素14、コバルト60、ストロンチウム90、よう素131及び132など、前記(ii)に記したものもあります。

また、この節の最初に述べた、核分裂連鎖反応を開始するために、原子炉に導入するようにした組立て済みの中性子源は、原子炉の部分品と見なし、第84.41項に属します。しかし、球状又は角柱状の燃料要素の中に導入するために炭素又は炭化けい素の層を塗布した核燃料の小球は、この項に属します。また、ルミノホアとして使用する物品で、自己発光のために少量の放射性物質を添加したものにあっては、比放射能が1グラムにつき74ベクレル（0.002マイクロキュリー）を超えるものは、この項に属します。

更に、放射性残留物のなかで、再使用という観点から最も重要なものとしては、使用済み又はトリチウム化した重水（原子炉の中に滞在する期間によって、重水中の重水素の一部が中性子を吸収してトリチウムに転換し、重水は放射性となる。）及び使用済み原子炉用核燃料要素（カートリッジ）があります。後者は、一般に非常に高い放射性をもち、主にその中に含まれている核分裂性を有する又は核分裂性物質への転換可能な物質（例えばプルトニウム）を回収するために使用されます。

（核分裂反応やそのメカニズム、エネルギー量の計算$E=mc^2$、等については、興味は尽きないと思いますが、関税分類と直接関係が無く、また紙面の都合もあり省略します。）

以下、簡単にこの項の物品について述べておきます。

(i) 天然ウラン

天然に存在するウランは、ウラン238（99.％）、ウラン235（0.71％）及び微量（約0.006％）のウラン234の3種の同位元素から成っているといわれています。従って、ウランは、核分裂性元素（U235を含むため）であり、核分裂性物質への転換可能な元素（U238を含むため）であるとみなすことができます。ちなみに、ウラン濃縮とは、一般に、天然ウランから、それに含まれる核分裂性のウラン235の含有率を高めることをいいます。

(ii) トリウム

希土類金属の原料であるモナズ石から主として得られます。天然のトリウムは、主に同位元素のトリウム232から成っています。トリウム及びその合金は、主に核分裂性物質への転換可能な物質として原子炉で使用しますが、トリウム－マグネシウム及びトリウム－タングステン合金は、航空機産業又

は熱電子装置製造に使用されます。このような第16部から第19部までのトリウムの製品及び部分品は、この項には含まれません。
  (iii) プルトニウム
    工業用プルトニウムは、原子炉内でウラン238に放射線を照射してから得られます。放射性があり、また猛毒です。
  (iv) 核分裂性の同位元素
    ウラン233、ウラン235(天然に存在する唯一の核分裂性のウランの同位元素です。)、プルトニウム239(原子炉中でウラン238から得られます。)等があります。
    なお、核分裂性物質に転換可能な同位元素のうち、トリウム232は別として、劣化ウラン(すなわちウラン235を減少させたもの、逆に言えばウラン238を濃縮したもの)がありますが、この金属は、核分裂性物質へ転換可能な物質としてのほかに、放射線の保護スクリーン、フライホイール製造用重金属として又はある種の気体の精製用の吸収剤(ゲッター)の製造に使用されますが、第16部から第19部までのウラン235を減少させたウランの製品及び部分品は、当該部の該当する各項に属し、この項には含まれません。
  (v) 核分裂性を有する又は核分裂性物質に転換可能な元素又は同位元素の化合物
    これらには、ウランの酸化物(UO_2、U_3O_8及びUO_3)、ウランのふっ化物(UF_4及びUF_6)、ウランの炭化物(UC及びUC_2)、ウラン酸塩($Na_2U_2O_7$及び$(NH_4)_2U_2O_7$)、硝酸ウラニル($UO_2(NO_3)_2・6H_2O$)、硫酸ウラニル($UO_2SO_4・3H_2O$)、プルトニウムの化合物(四ふっ化物(PuF_4)、二酸化物(PuO_2)、硝酸塩($Pu_2(NO_3)_2$)、炭化物(PuC及びP_2C_3)、窒化物(PuN))があります。また、トリウムの化合物として、酸化物及び水酸化物(酸化トリウム(ThO_2)、水酸化トリウム($Th(OH)_4$))、無機の塩(硝酸トリウム、硫酸トリウム、塩化トリウム($ThCl_4$)、窒化トリウム、炭化トリウム等)、有機化合物(ぎ酸トリウム、酢酸トリウム、酒石酸トリウム及び安息香酸トリウム等)があります。
  (vi) 核分裂性を有する又は核分裂性物質に転換可能な元素若しくは同位元素又はこれらの無機又は有機の化合物を含有する合金、ディスパーション(サーメットを含む。)、陶磁製品、混合物及び残留物
    これらには、ウラン又はプルトニウムとアルミニウム、クロム、ジルコニウム、モリブデン、チタン、ニオブ又はバナジウムとの合金並びにウランとプルトニウムの合金及びフェロウラン等があります。また、二酸化ウラン(UO_2)又は炭化ウラン(UC)(二酸化トリウム又は炭化トリウムと混合して

いるかいないかを問わない。）と黒鉛又はポリエチレンとのディスパーション、各種の金属（例えば、ステンレス鋼）と二酸化ウラン（UO_2）、二酸化プルトニウム（PuO_2）、炭化ウラン（UC）又は炭化プルトニウム（PuC）（又はこれらの化合物と酸化トリウム若しくは炭化トリウムとを混合したもの）とから成るサーメットがあります。

　(vii)　使用済みの原子炉用燃料要素（カートリッジ）

　　　これは、冷却及びその放射性を減少させるために十分長い期間深い水中に放置した後、残留の核分裂性物質、転換で生成した核分裂性物質又は核分裂性物質に転換可能な物質（これは通常核燃料に含まれている。）及び核分裂生成物を回収するために、特別な装置を備えた鉛の容器に蓄えられます。

③　第28.45項　同位元素（第28.44項のものを除く。）及びその無機又は有機の化合物（化学的に単一であるかないかを問わない。）

　　この項には、放射能を持たない安定な同位元素及びその無機又は有機の化合物（化学的に単一であるかないかを問わない。）が含まれます。

　　例えば、重水素（重水素は、通常の水素から分離されます。ちなみに通常の水素には6500分の1の重水素が含まれていることが知られています。）、重水（重水は酸化重水素です。同様に通常の水に約6500分の1の重水が含まれています。これは、重水素の製造原料及び原子炉でウラン原子を分裂させる中性子を減速するのに使用されます。）、その他の重水素の化合物（例えば、重アセチレン、重メタン、重酢酸及び重パラフィンワックス）があります。

　　このほか、リチウムの同位元素（リチウム6又はリチウム7及びこれらの化合物）、炭素の同位元素（炭素13及びその化合物）等があります。

④　第28.46項　希土類金属、イットリウム又はスカンジウムの無機又は有機の化合物及びこれらの金属の混合物の無機又は有機の化合物

　　この項には、イットリウム、スカンジウム又は第28.05項の希土類金属（ランタン、セリウム、プラセオジム、ネオジム、プロメチウム、サマリウム、ユーロピウム、ガドリニウム、テルビウム、ジスプロシウム、ホルミウム、エルビウム、ツリウム、イッテルビウム、ルテチウム）の無機又は有機の化合物を含みます。これらの元素の混合物から化学処理によって直接得られる化合物、すなわち、これらの元素の酸化物若しくは水酸化物の混合物又は同じ陰イオンを有する塩の混合物（例えば、塩化希土）も含まれます。

　　しかしながら、異なる陰イオンを有する塩の混合物（陽イオンが同じであるかないかを問わない。）は含まれません。従って、この項は、例えば、ユーロピウムとサマリウムの硝酸塩としゅう酸塩の混合物も、また、塩化セリウムと硫酸セリウムの混合物も含まれません（前者の場合の陰イオンは、硝酸イオン

としゅう酸イオン、後者の場合の陰イオンは、塩素イオンと硫酸イオンです。）。これらは、元素の混合物から直接得られた化合物ではなく、特定の用途に供すべく意図して作られた、化合物の混合物であり、こうした物品は第38.24項に属することとなります。

また、この項には、他の金属とこれらの金属との複塩及び錯塩を含みます。その他この項に含まれる物品として、例えば、次のものがあります。

(i) セリウムの酸化物及び水酸化物

これらには酸化第二セリウム、水酸化第二セリウム、酸化第一セリウム、水酸化第一セリウム）、セリウム塩（硝酸第一セリウム（$Ce(NO_3)_3$）、硝酸第二セリウムアンモニウム、硫酸第一セリウム、水化した硫酸第二セリウム、塩化第一セリウム（$CeCl_3$）、種々の第一セリウム塩、第二セリウム塩、しゅう酸セリウム等があります。

(ii) その他の希土類金属の化合物

例えば、酸化イットリウム（イットリア）、酸化テルビウム（テルビア）、酸化イッテルビウム（イッテルビア）があります。また、これらと、他の商取引上の希土類金属の酸化物の混合物がありますが、この項には、そのような酸化物の混合物から直接得られる塩の混合物も含まれます。このほか、ユーロピウム、サマリウム等の酸化物等（低速中性子の吸収剤として原子炉で使用される。）があります。

他の項にも共通することですが、前にも述べましたとおり、この項には、第25類又は第26類の天然の希土類金属の化合物で、ゼノタイム（りん酸塩錯塩）、ガドリン及びセライト（けい酸塩錯塩。第25.30項）並びにモナズ石（トリウム及び希土類金属のりん酸塩。第26.12項）のほか、第28.44項のプロメチウムの塩及びその他の無機又は有機の化合物は含まれません。

⑤ 第28.47項　過酸化水素（尿素により固形化してあるかないかを問わない。）

過酸化水素（H_2O_2）は、普通の水と同様の無色の液体で、濃縮したものは、シロップ状です。皮膚を侵す劇物で、一般的に籐巻大型ガラス瓶で輸送されます。また、アルカリ性下で、特に熱又は光にさらされると、非常に不安定となります。分解を防止するために通常、ほう酸、くえん酸等の安定剤を少量含有していますが、このように安定剤を加えたものもこの項に属します。更に、この項には、尿素で固形化した過酸化水素（安定剤を加えてあるかないかを問わない。）も含まれます。ただし、医薬品として投与量にし、又は小売用の形状若しくは包装にして提示された過酸化水素（通常、過酸化水素水です。）は、第30.04項に属し、この項には含まれません。

⑥ （第28.48項）（削除。2017年改正により、りん化物は、第28.53項に統合され

た。)
⑦ 第28.49項　炭化物(化学的に単一であるかないかを問わない。)

炭化物は、炭素と陽性元素との化合物で、炭化水素(これは有機化合物でメタン及びプロパンを除き、第29類に分類される。)以外は全て固体です。この項には、例えば酸素、ハロゲンのように電気陰性度の高い(電気陽性度の低い)元素との化合物や、先に述べた水素との化合物(有機化合物)、貴金属との化合物(第28.43項)等一部の元素を除き、炭素と他の元素との化合物が含まれます。従って、この項に含まれる化合物の種類は多岐に亘りますが、炭素と結合している元素が一種類(2成分系)なのか、二種類なのか、またその場合、金属元素を二種類含むのか、金属元素と非金属元素を含むものか等で分けてみると次のようになります。

(i) 二成分系炭化物

炭素とそれよりも電気陽性度が高い(電気陰性度の低い)他の元素とから成る化合物です。アセチリド(アセチレンの水素2原子のうち一つが金属原子と置き換わった塩型炭化物)もこの項に属します。最もよく知られている二成分系炭化物としては、炭化カルシウム(CaC_2)(水と作用して分解し、アセチレンを発生することはご存じの通りです。)があります。このように電気陽性度の高い元素との化合物は一般にイオン性炭化物といいます。このほか、二成分系炭化物として、炭化けい素(SiC)(屈折率が大きく、ダイヤモンドとほとんど同じ硬さであるが脆い物質です。これは、研磨材、耐火物として使用されますが、炭化けい素を紡織用繊維材料、紙、板紙その他の材料で裏打ちした粉末又は粒状の炭化けい素(第68.05項)及びグラインディングホイール、手研き用砥石等の形状の炭化けい素(第68.04項)は含まれません。)、炭化ほう素、炭化アルミニウム(Al_4C_3)、炭化ジルコニウム(ZrC)、炭化バリウム(BaC_2)、タングステンの炭化物及びその他、例えば、モリブデン、バナジウム、チタン、タンタル又はニオブの炭化物、クロム及びマンガンの炭化物等があります。

(ii) 炭素と二以上の金属元素が結合した炭化物

例えば、チタンとタングステンの炭化物があります。

(iii) 一以上の金属元素と炭素及び他の非金属元素が結合した化合物

例えば、ほう炭化アルミニウム、炭化窒化ジルコニウム、炭化窒化チタン等があります。これらの化合物のうちあるものは、元素の比率が化学量論的でないものもあります。ただし、機械的に混合したものは含まれません。
なお、一部先の記述と重複しますが、この項に含まれないものをまとめると次のとおりです。

第6章　第6部　化学工業（類似の工業を含む。）の生産品

(a) 二成分系化合物で、炭素と酸素との化合物（第28.11項）、ハロゲンとの化合物（第28.12項又は第29.03項）、硫黄との化合物（第28.13項）（これらは、電気陰性度が炭素より高いものでもあり、通常炭化物とはいいません。また、これらの化合物は他の項に特掲されています。）、貴金属（第28.43項）、窒素との化合物（第28.53項）、水素との化合物（第29.01項）

(b) 金属炭化物の混合物で工具用の板、棒、チップ等の製造用に調製したもので、凝結してないもの（第38.24項）

(c) 第72類の鉄炭素合金で、例えば白銑（炭化鉄の含有量を問わない。）

(d) 凝結した金属炭化物の混合物で工具用の板、棒、チップ状その他これらに類する製品（第82.09項）

⑧ 第28.50項　水素化物、窒化物、アジ化物、けい化物及びほう化物（化学的に単一であるかないかを問わないものとし、第28.49項の炭化物に該当するものを除く。）

この項に含まれる化合物の四群（項の規定中の窒化物とアジ化物はまとめて一群としている。）は、それぞれ二以上の元素を含み、その元素の一つが名称となっています（水素、窒素、けい素又はほう素）。その他は、非金属又は金属です。

(i) 水素化物

通常、「水素化」といえば、「水素添加」（例えば、有機化合物、特に不飽和炭化水素に水素を添加して飽和の炭化水素を得ること）の意味にも用いられますが、これとは別の概念です。

水素は、希ガスを除くほとんど全ての元素と何らかの形の化合物を作ります。相手の元素の性質により水素は正又は負の一価として結合し、あるいは原子価に従わない組成の化合物を作ります。これら全ての場合を含め便宜的に水素化物と呼んでいますが、厳密な意味での水素化物には、炭素化物と同様、陰性元素との化合物、例えば、ハロゲンとの化合物（HCl等）、酸素との化合物（H_2O）等は含まれません。HS品目表もこの厳密な意味での水素化物に従っています。以下、窒化物、アジ化物、けい化物、ほう化物も同様と考えて良いでしょう。

水素化物で最も重要なものは、水素化カルシウム（CaH_2）で、このほか、砒素、けい素、ほう素（水素化ほう素ナトリウムを含む。）、リチウム（及びアルミニウム－リチウム）、ナトリウム、カリウム、ストロンチウム、アンチモン、ニッケル、チタン、ジルコニウム、すず、鉛等の水素化物も含まれます。ただし、先に述べたとおり、この項には、水素と酸素の化合物（第22.01項、第28.45項、第28.47項及び第28.53項）、窒素との化合物（第28.11項、

第28.14項及び第28.25項)、りんとの化合物(第28.53項)、炭素との化合物(第29.01項)及びその他の非金属との化合物(第28.06項及び第28.11項)は含まれません。また、パラジウムその他の貴金属の水素化物は第28.43項に属します。

(ii) 窒化物

同じく、窒素とこれよりも陽性の元素との化合物です。水素と窒素の化合物の一つであるアンモニア(NH_3)は、窒素の方が陽性として働いていますので、ここでいう窒化物には当たりません(もっとも、アンモニアは第28.14項に特掲されています)。しかし、HN_3は窒素が陰性の元素として働いており、窒化水素酸又はアジ化水素(アジ化水素酸)と称せられます。このアジ化水素酸の塩は厳密な意味では窒化物と性質が違うため、この項の中で「アジ化物」として別掲されています。(後ほど説明します。)

さて、窒化物ですが、非金属の窒化物として、窒化ほう素(BN)、窒化けい素(Si_3N_4)があります。また、金属の窒化物には、アルミニウム、チタン、ジルコニウム、ハフニウム、バナジウム、タンタル又はニオブの窒化物があります。なお、水素化物と同様に、この項には、窒素と酸素の化合物(第28.11項)、ハロゲンとの化合物(第28.12項)、硫黄との化合物(第28.13項)、水素との化合物(第28.14項)、炭素との化合物(第28.53項)は含まれません。また、銀その他の貴金属の窒化物は第28.43項に属し、トリウム及びウランの窒化物は第28.44項に属することは、この部の注1の規定から自明のことです。

(iii) アジ化物

アジ化物は、N_3基団を持つ化合物の総称です。別の言い方をすれば、アジ化水素(HN_3)の水素が、金属、ハロゲン、有機置換基により置換されて生ずる化合物の総称といえます。もっとも、アジ化水素(アジ化水素酸)そのものは、第28.11項に属しますが、その塩は、アジ化物としてこの項に属します。金属のアジ化物の代表的なものとして、アジ化ナトリウム(NaN_3)があります。雷管製造に使用されます。このほか、アジ化鉛(PbN_6)があります。わずかの衝撃にも非常に敏感であり、爆薬として雷酸水銀の代わりに使用されます。

(iv) けい化物

金属とけい素の化合物で、一般には金属間化合物の性質を示し、その組成はかならずしも原子価を満足しないといわれています。また、一つの金属とけい素との間の2種以上のけい化物が存在するのが普通であるとされています。これらには、けい化カルシウム、クロムのけい化物、けい化銅、マグネシウム又はマンガンのけい化物があります。なお、この項には、けい素と酸

素、ハロゲン、硫黄、りん、炭素等との化合物は含まないということは、先に述べたこの項の他の化合物の場合と同様です。これらは金属ではないので、けい化物とは通常呼称しません。ちなみに酸素との化合物（二酸化けい素等）は第28.11項に、ハロゲンとの化合物（ふっ化けい素等）は第28.12項に、硫黄との化合物（二硫化けい素）は第28.13項、りんとの化合物（けい素のりん化物）は第28.53項に属します。炭化けい素は第28.49項に、白金その他の貴金属のけい化物は第28.43項に属します。また、特にけい素を含有するフェロアロイ及びマスターアロイは第72.02項又は第74.05項に、けい素－アルミニウム合金は第76類にそれぞれ属します。けい素と水素の結合したものは、前記(i)に述べたとおりです。

(v) ほう化物

まず、ほう化カルシウム（CaB_6）及びほう化アルミニウムがあります。その他、チタン、ジルコニウム、バナジウム、ニオブ、タンタル、モリブデン及びタングステンのほう化物が存在します。これらの物品は非常に硬く、電導性もよく、硬質焼結製品に使用されます。さらに、マグネシウム、アンチモン、マンガン及び鉄等のほう化物があります。ただし、この項には、ほう素と酸素との化合物（第28.10項）、ハロゲンとの化合物（第28.12項）、硫黄との化合物（第28.13項）、貴金属との化合物（第28.43項）、りんとの化合物（第28.48項）、炭素との化合物（第28.49項）は含まれません。水素、窒素又はけい素との化合物については、先に述べたとおりです。また、この項には、銅－ほう素のマスターアロイは含まれません。

⑨ 第28.52項　水銀の無機又は有機の化合物（アマルガムを除く。）

この項には、水銀の無機又は有機の化合物（アマルガムを除く。）を含みます。第28.43項でも述べましたが、この項ではリーガルテキストでかっこ書きでわざわざ「アマルガムを除く」としてありますが、アマルガムは水銀と他の金属との合金で、一般的には化合物とは異なるものといえます。しかしながら、金属アマルガムの中でも、結晶性固体として得られる融点の高いものは、水銀との金属間化合物を形成している場合があります。第28.43項には貴金属のアマルガムが、また、第28.53項にはその他の金属のアマルガムが特掲されていますが、この第28.52項でも明確にリーガルテキストでアマルガムを除く旨を明記しているのはこうした化合物ではないとの理由からだと思います。ちなみに、アマルガムとは「柔らかい物質」という意味のギリシャ語に由来するものです。

この項には属さないのにアマルガムの話が長くなりましたが、この項に含まれるものには、次のような化合物があります。

第2節　第28類　無機化学品及び貴金属、希土類金属、放射性元素又は同位元素の無機又は有機の化合物

酸化物（酸化第二水銀（HgO））、塩化物（塩化第一水銀（甘こう。Hg_2Cl_2）、塩化第二水銀（昇こう。$HgCl_2$））、よう化物（よう化第一水銀。HgI又はHg_2I_2）、よう化第二水銀（HgI_2））、硫化物（人造の硫化水銀（HgS）。ただし、天然の硫化水銀（辰砂、天然朱）は含まれません。これらは第26.17項に属します。）、硫酸塩（硫酸第一水銀（Hg_2SO_4）、硫酸第二水銀（$HgSO_4$）、硫酸二酸化三水銀（$HgSO_4・2HgO$。塩基性硫酸水銀））、硝酸塩（硝酸第一水銀（$HgNO_3・H_2O$）、硝酸第二水銀（$Hg(NO_3)_2$）、塩基性硝酸水銀）、シアン化物（シアン化第二水銀（$Hg(CN)_2$）、シアン化酸化第二水銀（$Hg(CN)_2・HgO$））、無機塩基のシアノ水銀酸塩（シアノ水銀酸カリウム）、雷酸水銀（推定化学式は$Hg(ONC)_2$）、チオシアン酸第二水銀（$Hg(SCN)_2$）、水銀の砒酸塩（オルト砒酸第二水銀（$Hg_3(AsO_4)_2$））、複塩及び錯塩（アンモニウムと水銀の塩化物（塩化アンモニウム第二水銀）、よう化水銀銅、アミノ塩化（第二）水銀（$HgNH_2Cl$））、水銀の乳酸塩、有機－無機水銀化合物（1又は1以上の水銀原子（特にXが無機又は有機酸残基の（－HgX基））を含むもの。例えば、ジエチル水銀、ジフェニル水銀、酢酸フェニル水銀及びヒドロ水銀化ジブロモフルオレセイン等がある。

なお、この項には、水銀（第28.05項又は第30類）並びに、貴金属のアマルガム、貴金属と卑金属の両方を含有するアマルガム（第28.43項）及び全体が卑金属のアマルガム（第28.53項）は含まれません。

⑩　第28.53項　りん化物（化学的に単一であるかないかを問わないものとし、りん鉄を除く。）、その他の無機化合物（蒸留水、伝導度水その他これらに類する純水を含む。）、液体空気（希ガスを除いてあるかないかを問わない。）、圧搾空気及びアマルガム（貴金属のアマルガムを除く。）

この項に含まれる物品には、次のようなものがあります。

(i)　りん化物

りん化物はりんと他の元素との化合物で、りん銅（りん化銅）（りん銅及び銅のマスターアロイで、りんの含有量が全重量の15％を超えるもののみが分類されることとなっています。この基準を超えないものは、一般に第74類に属します。）、りん化カルシウム（Ca_3P_2）、りん化亜鉛（Zn_3P_2）、りん化すず及びその他のりん化物（例えば、りん化水素（固体、液体、気体）及び砒素、ほう酸、けい素、バリウム又はカドミウムのりん化物等）があります。

なお、この項には、りんと酸素の化合物（第28.09項）、りんとハロゲンの化合物（第28.12項）又はりんと硫黄の化合物（第28.13項）は含まれません。さらに、白金及びその他の貴金属のりん化物（第28.43項）及びりん鉄（第72.02項）は、この項から除かれます。

(ii)　蒸留水、伝導度水その他これらに類する純水

この項の水には、蒸留水、再蒸留水、電気浸透水、伝導度水その他これらに類する純水（イオン交換体で処理した水を含む。）のみが含まれます。天然水は、たとえろ過、消毒、精製又は軟水化したものであってもこの項には属さず、第22.01項に分類されます。また、医薬品として投与量にし、又は小売用の包装にしたものは、第30.04項に属します。

(iii) その他の無機化合物

無機化学品は、他の項に該当するものを除き、この項に属します（類注2に掲げる炭素の化合物を含む。）。この項に含まれる無機化学品の例を挙げると次のようなものがあります。

- シアン及びそのハロゲン化物。例えば、塩化シアン（CNCl）、シアナミド及びその金属誘導体（ただし、カルシウムシアナミド（第31.02項又は第31.05項）は含まれません。）
- 非金属の酸化硫化物（砒素、炭素、けい素のもの）及び非金属の塩化硫化物（りん、炭素等のもの）。例えば、チオホスゲン（$CSCl_2$）（塩化チオカルボニル、二塩化硫化炭素）
- アルカリアミド。例えば、ナトリウムアミド（ソーダアミド）（$NaNH_2$）、その他、カリウム及び他の金属のアミドも含まれます。
- その他、例えば、よう化ホスホニウム、三塩化シラン（$SiHCl_3$）等があります。

(iv) 液体空気及び圧搾空気

商慣行上、液化した空気は、鉄鋼製又は黄銅製の真空層に覆われた容器に入れて提示されます。この項には、希ガスを除去した液体空気も含まれます。更に圧搾空気もこの項に分類されます。

ところで、圧搾していない通常の空気はどこに分類されるのでしょうか。お気づきのように、HS品目表の中で、単に「空気」として特掲された項はありません。通常取引される場合は、圧搾空気としてボンベに入れられていますので、圧搾していない状態のものについてあまり考えなくてもよいのですが、「アルプスの空気」という名称と図柄を缶に直接印刷した、ブリキ製の缶詰のお土産品があったような気がします。紙面に限りがありますがポイントだけ述べてみます。先ず、この商品を何と見るかです。中身は空ですから缶に分類することが出来そうですが、商品としては、アルプス？の空気であるので、密封したところに商品としての意味があるともいえます。缶を開けて中身を取り出すという商品ではないので、中身の空気と容器と分けて考えるのはこの商品については意味がなさそうです。結局、商品としては、実用的な容器ではなく、密封されていることが重要で、缶は、内容物を説明す

る重要な要素でもあります。こう考えると、この商品自体は、全体として飾り物の要素があります。ひとつは、「娯楽用品」を拡大解釈して、第95.05項が考えられますが無理があるでしょう。従って、非実用的な、飾り物として第83.06項が（第1案）、また、容器としてではなく、密閉した缶詰（空っぽの缶詰）の形をした、その他の鉄鋼製品として第73.26項（第2案）が考えられます。そして、これらのいずれにも該当しない、すなわち、中のアルプスの空気にこそ価値があり、「空気」の缶詰製品（缶は単なる容器・包装物）であるとするならば、中身の空気については、通則2(b)の混合物は酸素、窒素には適用できない（第28.04項は化学的に単一であるべき）ことから、結局、所属する項がなく、通則4により、圧搾していないが成分は同じであることから、最も類似する物品が属する項に属するとして、第28.53項に分類すること（第3案）が考えられます。ただ、容器としての「缶」は否定しましたが、例えば、密封した缶詰でなく、アルミ容器にスクリューキャップ式のもので、開けたあと容器として使えるものであれば、アルミ製の容器（第76.12項）に分類することも可能でしょう。実物を確認することなく、私見を述べれば、商品の目的、用途や姿等からみて、容器としての実用性はなく、第1案で良いのではないでしょうか。両項を通則3で検討しても、結果として第1案となると考えられます。結局この商品については、通則4を持ち出すまでには至らないと思います。

(v) アマルガム（貴金属のアマルガムを除く。）

水銀は、各種の卑金属（アルカリ金属、アルカリ土類金属、亜鉛、カドミウム、アンチモン、アルミニウム、すず、銅、鉛、ビスマス等）とアマルガムを作ります。

アマルガムは、水銀と金属を直接作用させる方法、水銀電極を使って金属塩を電解する方法又は水銀を電解（陰極にその金属を使用）する方法によって得られます。

これらには、例えばアルカリ金属のアマルガム（純粋の金属よりも少ない発熱で水を分解し、従って、アマルガムの方が金属よりも強力な還元剤であるといえます。）、アルミニウムアマルガム（有機合成の還元剤として使用されます。）、銅アマルガム（金属セメントで、熱すると柔らかくなり、型どり及び陶磁器の修復に適しています。）、亜鉛アマルガム（腐食を防ぐために電池に使用されます。）、カドミウムアマルガム（歯科用及び焼結した金属からタングステン線を製造するのに使用されます。）、アンチモンすずアマルガム等があります。

なお、貴金属を含むアマルガムは、卑金属と結合したものであるかないか

を問わず、この項には属しません（第28.43項）。また、アマルガムを除く水銀化合物は第28.52項に属します。

第3節　第29類　有機化学品

　この類には、各種の有機化学品、すなわち有機化合物が含まれます。有機化合物と無機化合物の意味及び両者の違い等については、厳密には難しいところですが、一般的に言われていることについては第28類で述べたところです。化学品ですから、基本的には単一の化合物ですが、例外的に、ビタミンやホルモンなどのような一部の物品のほか、糖類のエーテル、エステルのようなある種の化合物については混合物も含まれます。

　有機化合物の数は大変なものですが、分子構造的には、炭素と水素との化合物、更に、酸素、窒素、硫黄等を含む比較的限られた官能基を持つものや分子構造が似通っているものが多く、この類の各項に掲げられている物品は、こうした分子構造の特徴によって、システマチックにグループ分けされています。難しい化学の知識はなくとも、多少の一般的な知識があれば、正しく分類することができるのが有機化学品の分類の良いところです。この類の分類に関して国際的にも、国内での通関実務においても、問題が生じることが少ないのもこのような理由によるものと思います。もし、化学の専門知識を有する者が見て分類上の疑問が生じる点があるとすれば、リーガルテキスト自体に問題がある可能性も考えられるかも知れません。

　このようなことから、以下の説明は第28類と同様、化学の専門知識を持っている方には無用のことと思いますが、少し砕いた説明を試みたいと思います。

1　有機化学品の分類について

　先に述べたとおり、ビタミン、糖類、ホルモン、抗生物質のようなものを除き、有機化合物の単体（単一な化合物）は、一般的に、その分子が持つ元素の種類ではなく、分子を構成している基、すなわち、その化合物を特徴付けている原子団によってグループ分けされています。例えば、炭素と水素のみからなる化合物（炭化水素）は第1節に、炭化水素に水酸基（−OH）が付いていればアルコールで第2節に‥‥、といった具合です。従って、分類しようとしている化学名の分子構造式が分かれば、基本的にはどんなものでも分類出来るようになっています。一般的に、化学名から、こうした構造式が分かるには専門知識が必要ですが、今は、インターネットで検索できます。化学名からその分子を構成する原子間の結合状態を示した構造式（場合によっては立体的な構造式も必要）を知ることができます。その構造式に、どのような基が付いているかを確認します。これで、ほとんどの化合物は分類できます。かつて、筆者がWCO事務局でテクニカルアタッシェとしてHS商品分類データベースの作成に携わっていたとき、化学品については、

第6章 第6部 化学工業（類似の工業を含む。）の生産品

例えばメルクインデックスに掲載されている化学名について、その化学式と構造式を確認してHS6桁番号を付していきました（当時はインターネットがまだ発達していませんでした。）。また、INN関係についてHS番号を確認していく作業も、同様に行いました。

　話を戻します。化学名から構造式を知る。その構造式から、どのような基が付いているかを確認する。それで、その化合物の属する項が判断できます。その化合物に二つ以上の異なる基が付いていた場合、そのようなものを分類する項があれば当然そこに分類しますが、そのような項がない場合は、注で規定するところにより、通常、該当する項の数字上の配列の最後の項（簡単に言えば該当する項のうち最も後ろの項）に属することとなります。このようにきちっと分類のための交通整理ができています。

　これら、分類に関する注の規定等については後ほど説明します。

2　有機化学品を分類するための知識の整理

　前置きが長くなりましたが、まずは、構造式をみて、どの項に属するかを判断するために必要な最小限の知識を整理しておきます。

　第1節に炭化水素が掲げられています。これは炭素原子（C）と水素原子（H）のみからなる化合物です。代表的なものは第29.01項の非環式炭化水素です。更に同項には、飽和のもの、不飽和のものと細分が規定されています。飽和とは、炭素の最外殻電子が4個ですから、これと共有結合して化合する水素原子（電子1個）が結合して安定した化合物（最外殻の電子の数が、周期表上のヘリウムやネオン等の不活性ガスが属する0族元素の電子数と同じように合計8個、16個‥‥）となるためには、炭素1原子に対し水素原子4個でCH_4（メタン）となります。Cが2個であればH6個のC_2H_6（エタン）、Cが4個であればH10個でC_4H_{10}（ブタン）となります。一般式でC_nH_{2n+2}と表示します。核となる炭素原子の持つ最外殻電子4個全てと電子対（1対1）を作るように他の原子（この場合水素）が結合しているので、飽和ということです。結合に与る電子の軌道が全て、それぞれの元素の電子とで対をなして結合しているということです。「不飽和」は、逆に、最外殻の結合に与る電子の数が、炭素と結合する他の元素の数が少ないために、炭素元素同士の電子で電子対をなしている（炭素原子がお互いに2個の電子を使って二重の電子対となっている）もので、この部分は、他の原子（その原子からの電子）が足らない状態と見ることができるので、不飽和という呼び方をしています。代表例に、C_2H_4（エチレン）やC_2H_2（アセチレン）などがあります。これを、構造式で書くと、次の通りです。（一組の電子対は、分子式の中では一般に「－」で、または「・」で表します。例えば、R・HとR－Hは同じ意味です。本稿では、原則として分子

を示性式で表す場合は「・」を、構造式を表す場合は「-」を用いることとします。)

$$H-\underset{\underset{H}{|}}{\overset{\overset{H}{|}}{C}}-H \qquad \underset{H}{\overset{H}{\diagdown}}C=C\underset{H}{\overset{H}{\diagup}} \qquad H-C\equiv C-H$$

　　　【メタン】　　　　【エチレン】　　　　【アセチレン】

　なお、このCH_4やC_2H_6からHを1原子除いたものは、非常に不安定になります。最外殻の電子の数が7個、15個で、安定な化合物となるためには電子が一つ足りません。すなわち、他の原子や、原子団で電子が一つ余っている原子や原子団を求めます。言い換えれば化合しやすくなります。こういった原子団を基とよびます。反応性が強いことから、ラジカルともいい「R・」又は「R-」で表します。炭化水素の場合、「R」は「CH_3」や「C_2H_5」等で、一般式C_nH_{2n+1}で表されます。後で出てくるベンゼン(C_6H_6)の場合、Rはフェニル基(C_6H_5-)ということになります。

　さて、その「基」ですが、先ず、第1節以降各節にでてくる、ハロゲン化誘導体、スルホン化誘導体、ニトロ化誘導体及びニトロソ化誘導体を説明しておきます。炭化水素についていえば、母体化合物である炭化水素の1個以上の水素原子が、1個以上のハロゲン原子(フッ素、塩素、臭素等)、スルホン基($-SO_3$)ニトロ基($-NO_2$)、ニトロソ基($-NO$)で置き換えられたものです。

　ここで、ひとまず、HS分類上でてくる主な基(有機化合物の性質を決定づける重要な原子団)についてこの類の各項の順に簡単に述べておきます。詳しくは、各項で解説しますが、とりあえず、どのような基がついていれば、どの項に所属することになるかを理解して頂くための、極、大ざっぱなものです。

(1) アルキル基(炭化水素)関係

　炭化水素基(例えばメチル基CH_3、エチル基C_2H_5)です。
　第1節は、先に述べたとおり炭化水素を分類する項を集めたものですから、炭素と水素以外は分子に含まれていません。ただ、これに、ハロゲン原子、スルホン基、ニトロ基、ニトロソ基のみが結合した化合物は第1節に含まれるということです。くり返しになりますが、炭化水素の水素1原子を除いた形の基が炭化水素基$-C_nH_{2n+1}(-R)$です。これがいろいろな基と結合して、各種の有機化合物を構成しています。

(2) 水酸基(-OH基。アルコール及びフェノール)関係

　第2節はアルコール並びにそのハロゲン化誘導体、スルホン化誘導体、ニトロ

化誘導体及びニトロソ化誘導体（以下「ハロゲン化誘導体、スルフォン化誘導体、ニトロ化誘導体及びニトロソ化誘導体」をまとめて「ハロゲン化誘導体等」と略記します。）が属します。

　アルコールは、R·OHで示される化合物です。Rはアルキル基（C_nH_{2n+1}）、また時として、Rの水素原子の1以上がベンゼン環から水素原子が一つとれたフェニル基（$C_6H_5·$）と置き換わったものの場合もありますが、いずれにしても、ベンゼン環を構成する炭素原子以外の部分にOH基がついたもの、別の言い方をすれば、ベンゼン環以外の炭化水素の水素原子の1以上が1以上のOHと置き換わったものがアルコールです。このアルコールが分かれば、あとは同じです。また、アルコールのハロゲン化誘導体等は、それらの炭化水素部分の1個以上の水素原子が1個以上のハロゲン原子（ふっ素、塩素、臭素等）、スルホン基（$-SO_3$）、ニトロ基（$-NO_2$）、ニトロソ基（-NO）で置き換えられたものです。

　OHが一つの場合は一価のアルコール（メチルアルコールやエチルアルコールなど）、OHが2個あれば二価のアルコール（エチレングリコール等）、3個あれば三価のアルコール（グリセリンなど）といいます。ここでは、とにかく、炭化水素にOHがついていればアルコールと覚えて下さい。ただし、炭化水素でも、ベンゼン環を構成する炭素に直接OH基が結合しているものは、アルコールと区別してフェノールといいます。

　ベンゼンが他の炭化水素と結合したもの（例えばメチルベンゼン（$C_6H_5·CH_3$）であっても、このベンゼン環の水素とOHと置換されたもの（$CH_3C_6H_5OH$）はフェノールです。逆に、ベンゼン環以外の炭化水素の部分の水素がOHと置換したもの（$C_6H_5·CH_2OH$）は、ベンジルアルコール（この例ではフェニルメタノール）です。

　では、ベンゼン環の水素が直接OHで置換された部分と、ベンゼン環以外の炭化水素部分のHがOH基で置換された部分を一つの分子の中で持っている場合はどうでしょうか。前者はフェノール類ですし、後者の部分だけ見ればアルコール類です。何も規定が無ければ、第29.07項のフェノールと第29.06項の環式アルコール（この例では芳香族アルコール）の両方に該当することとなりますが、基本的に最後の項に含まれるようにHS品目表は出来ています。これも例外ではなく、第29.07項に分類されます。事実フェノールアルコールが細分として特掲されています。このような例は、様々な化合物に共通していえます。

　なお、フェノール及びフェノールアルコール、並びにこれらのハロゲン化誘導体等は第3節にまとめられています。

(3) エーテル（一般式 R‐O‐R´）関係

エーテルから以下の (5) のアセタール、ヘミアセタール関係までは、これらのハロゲン化誘導体等と共に第4節にまとめられています。エーテルは、アルコール又はフェノールの水酸基（−OH）の水素原子が炭化水素基及びアリール基（芳香族炭化水素の核から水素原子1個を除いた基の総称。R‐ともAr‐とも書きます。）で置換されたと考えられる化合物です。$CH_3・O・C_2H_5$（メチルエチルエーテル）も、$C_6H_5・O・C_6H_5$（ジフェニルエーテル）もエーテルです。では、更にこれらに、アルコールのOH基（炭化水素基のHがOHで置換されたもの）がついている化合物はどうでしょう。例えば、二価のアルコールのうち片方のOHがエーテル結合に与り、もう一つのOHは残ったままの化合物です。これ自体アルコールにもエーテルにも該当しますが、先のフェノールとアルコールの場合と同様、最も後ろの項であるエーテルとして分類するようになっています。以下原則的には同様です。

(4) 三員環のエポキシド関係

分子内に水酸基2個を有する有機化合物（ジオールやグリコール）から水1分子（H_2O）を取り除くと分子内エーテルを生じます。(3)で述べた、R・O・Rの中の酸素Oと直近の炭素の3つの元素で三角形を作ります。最小限の環で原子3個で手をつないでいますから三員環です。例えばエチレングリコール（$CH_2OH・CH_2OH$）から水分子1個を取り除くと、安定な分子内エーテルであるオキシラン（エチレンオキシド又はエポキシエタン）になります。(次の構造式参照)

$$CH_2－CH_2$$
$$\diagdown O \diagup$$

また、プロピレングリコール（エチレングリコールの水素原子1個がメチル基（-CH_3）と置換したもの）から得られるエポキシドは、メチルオキシラン（1,2-エポキシプロパン又はプロピレンオキシド）として知られています。構造式は次の通りです。

$$CH_3・CH－CH_2$$
$$\diagdown O \diagup$$

第6章　第6部　化学工業（類似の工業を含む。）の生産品

更に、エチレングリコールの水素原子1個がフェニル基（-C₆H₅）と置換したものから得られるエポキシドは、スチレンオキシド（アルファーベーターエポキシエチルベンゼン）となります。次の構造式のとおりです。なお、第29.10項には、三員環のエポキシ環を有する化合物のみが含まれます。四員環のエポキシドは第29.32項です。

$$C_6H_5 \cdot CH - CH_2$$
$$\diagdown O \diagup$$

(5) アセタール及びヘミアセタール関係

　アセタールは、アルデヒド又はケトン（いずれも後述）の水和物とアルキル基がエーテル結合をした構造を持つ化合物の総称です。また、ヘミアセタールは、同様に、③で述べたエーテルの酸素原子に隣接した炭素原子が水酸基と結合しているモノエーテルです。
　そういう意味ではエーテルの形が残っているので、HS品目表ではアルデヒドやケトンの前に置いたのかも知れません。

```
     R   OR'           R   OR'
      \ /               \ /
       C                 C
      / \               / \
     H   OR'           H   OH

    【アセタール】     【ヘミアセタール】
```

(6) アルデヒド基（-CHO）（アルデヒド。一般式R・CHO）関係

　アルデヒドは第5節に掲げられています。これは第一アルコールを酸化すると得られます。例えば、$C_2H_5OH + 1/2O_2 \rightarrow CH_3CHO + H_2O$ 又は $C_2H_5OH \rightarrow CH_3CHO + H_2O$ となります。更にアルデヒドが酸化されるとカルボン酸になります。（飲酒による体内のアルコールは、酸化（脱水素酵素の働き）等で体内のアルコールが消えていきます。）

$$\begin{array}{c} H \\ | \\ -C = O \end{array}$$

　分子内にこの基がついていればアルデヒドです。また、第5節以前の基がアルデヒド基とともについている化合物もこの節に分類されます。（ただし、糖類にもアルデヒド基がありますが、通常、環状構造をとるために分子内アセタールの形となっています。しかし、いずれにしても、糖は第17類のしょ糖、ぶどう糖及び果糖等を除き、第29.40項にまとめて分類されるようになっています。）
　なお、第29.13項には、第29.12項に記載されたアルデヒドのハロゲン化誘導体、

スルホン化誘導体、ニトロ化誘導体及びニトロソ化誘導体が分類されます。これらはアルキル基等の水素原子がハロゲン原子やこれらの基と置換したもので、アルデヒド基の水素原子がこれらと置換したものではありません。

(7) カルボニル基（-CO-又は〉C=O。ケトン及びキノン（一般分子式R・CO・R'）関係

　これらは、第6節に掲げられています。ケトンは分子中にカルボニル（〉C=O）基を有する化合物です。また、真のケトン型（-CO-）及びエノール型（〉C(OH)-）がありますが、いずれもケトンです。
　キノンは、芳香族化合物の二つの〉CH基が二重結合の再配列に伴って〉C=O基に転換したジケトン（一の分子内にケトン基が2つ存在）です。例えばアントラキノン（$C_6H_4 \cdot (CO)_2 \cdot C_6H_4$）等があります。構造式（次式）を見れば一目瞭然です。

(8) カルボキシル基（-COOH基。カルボン酸R・COOH）関係

　カルボキシル基（アルデヒドを更に酸化した形の基）を含む化合物をカルボン酸といい、第7節に掲げられています。
　また、この節には、水和したカルボン酸（オルトカルボン酸）の形をした構造を有する化合物も含まれます。更に、二つのカルボキシル基を同一分子に持つ化合物から水分子を除いた酸無水物の形をしたカルボン酸もこの節に含まれます。
　オルトカルボン酸（$R \cdot C \cdot (OH)_3$）は、水和したカルボン酸（$R \cdot COOH + H_2O = R \cdot C(OH)_3$）と見なせるので、実際には、オルトカルボン酸は遊離の状態で存在しないものの、安定なエステル（オルトエステルであり、これは水和したカルボン酸のエステルと見なせる。）を作ることができます。カルボン酸とこの節までの酸素官能化合物とのエステルはこの節に含まれる（類注5(A)）ので、こうした構造を持つ化合物もこの節に含まれます。
　また、カルボン酸には、1個のカルボキシル基（-COOH）を有するもの（モノカルボン酸）と2個以上のカルボキシル基（-COOH）を有するもの（ポリカルボン酸）がありますが、二つのカルボン酸から水1分子をとると、例えば、無水酢酸（$(CH_3CO)_2O$）のように酸無水物となります。これもこの節に含まれます。
　ところで、カルボン酸（RCOOH）から水酸基（-OH）を取り除いて残る基をアシル基（下記（10）参照）といい、一般式（R・CO-）で表します。ここで、Rはア

ルキル基(メチル基、エチル基等)又はアリール基(フェニル基等)です。アシル基は、酸無水物、酸ハロゲン化物・酸過酸化物、過酸、エステル及び塩の化学式を表す際に使用されます。

　一般的なエステルは、有機酸とアルコールの反応によって得られます。

　$C_2H_5\underline{OH}+CH_3CO\underline{OH}$ → $C_2H_5O\cdot COCH_3+H_2O$(エチルアルコールと酢酸から、下線部分の原子、原子団から水が生成され、エステルを生じます。ここの下線の位置が重要です。)

　ところで、$-SO_3H$基を有するスルホン酸は、同じ「酸」でもカルボン酸とは扱いが全く異なるので注意が必要です。スルホン酸は、それぞれの節中の「スルホン化誘導体」として分類します。従って、この第7節においても、他の節の項と同様に規定されている場合と同じように、スルホン酸は、この節の化学品のスルホン化誘導体のみが含まれます。

(9) 無機酸のエステル

　有機化合物間のエステルは、アルコールの水酸基($-OH$)と有機酸のカルボキシル基($-COOH$)とから水1分子がとれて、$R\cdot CO\cdot OR'$の形を有しますが、第8節の非金属の無機酸のエステルは、非金属の無機酸(例えば、硝酸、硫酸、りん酸、炭酸等)とアルコール又はフェノールとの反応によって生じるものです。一般式は$R\cdot O\cdot X$で示されますが、Rはアルコール又はフェノールからの基であり、Xは無機酸の残基(例えば、硝酸の残基は$-NO_2$、硫酸の場合は$=SO_2$、炭酸の場合は$=CO$)です。例えば硫酸ジエチルは$C_2H_5\cdot O\cdot SO_2$のようになります。

　これらは、次のアシル基関係及びこれらのハロゲン化誘導体と共に第8節にまとめられています。

(10) アシル基関係

　カルボン酸($R\cdot COOH$)からOHを除いた残基($RCO-$)をアシル基といいます。

　例えば酢酸(CH_3COOH)の場合、OHをとった残り、CH_3CO-はアセチル基と呼びます。他方、カルボン酸の酸基は$-COOH$で、前回説明したカルボキシル基です。

(11) アミノ基($-NH_2$、アミン官能化合物関係)

　アミノ基で構成されるアミン官能化合物をはじめ、窒素原子を含む様々な窒素官能化合物(以下(20)まで)は第9節にまとめられています。ただし、これまで何度も出てきているニトロ基($-NO_2$)、ニトロソ基($-NO$)のみを含む化合物は、窒素原子を含んでいますが、この節には含まれません。例えば、ベンゼンの水素

原子1個がメチル基と置き換わったのがトルエン（芳香族炭化水素）ですが、更にそのベンゼン環の他の水素原子のうち3個がニトロ基と置換された化合物はトリニトロトルエンです。このように、これはこの節の窒素官能化合物ではなく、炭化水素のニトロ化誘導体（第29.04項）で、トルエン（第29.02項）と同じく第1節にまとめられています。ちなみに、トリニトロトルエンはTNTとして良く知られている黒色火薬です。

さて、窒素官能化合物のうち、先ずアミン官能化合物です。これはアンモニア（NH_3）の水素原子が炭化水素であるアルキル基（R）と置換したものです。水素原子一つが置換した場合は第一アミン（$R-NH_2$）、2つが置換した場合を第二アミン（$(R)_2NH$）、3つが置換した場合を第三アミン（$(R)_3N$）と呼びます（構造図参照）。更に、第四級アンモニウム塩があります。

第一アミンはアミノ化合物と呼ばれます。第二アミンは、ときとしてイミノ化合物とも呼ばれることがあります。しかしながら、後で述べるように、HS品目表では、イミノ化合物は、C=NH、すなわちCはR基の中のCとNが二重結合（＝）で結合しているものをいうと考えて良いでしょう。

第一アミンから第三アミンまでの一般的構造式を次に記しておきます。

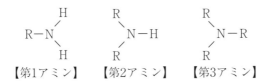

【第1アミン】　【第2アミン】　【第3アミン】

Rは同じ基でも異なる基でも構いません。代表例として、Rがメチル基の場合、それぞれ、メチルアミン、ジメチルアミン、トリメチルアミンとなります。Rがアリール基（芳香族炭化水素の水素原子1個が取れたもの）の場合もあります。アリール基の最も簡単な代表例はフェニル基（C_6H_5-）ですが、これとアミノ基が結合した化合物はアニリン（$C_6H_5NH_2$）です。いずれにしても、NH_3のHがRと置換された形です。また、アミノ基が一つの分子の中に2以上含まれている化合物もあります。アミノ基が一つの場合はモノアミン、2つあればジアミン、3つあればトリアミンです。2以上のものをまとめてポリアミンと呼びます。

ところで、アンフェタミンも芳香族モノアミンです。このように、生理活性を有する化合物は必ずといってよいほど窒素官能基を持っているものです。（ただし、天然のアルカロイド及びその誘導体はこの節には含まれないので注意が必要です。具体的な分類上の留意点等については、改めて項別の各論で述べます。）

また、いずれの場合も同じですが、炭化水素と単一の官能基のみの場合は、その官能基の示す化合物として分類できますが、複数の官能基が一つの分子（化合

第6章　第6部　化学工業（類似の工業を含む。）の生産品

物）の中に存在する場合には、それぞれについて考慮する必要があります。例えばアミノ基についていえば、アミノ基（-NH$_2$）とアルコール基（-OH）が一つの分子に存在する化合物（アミノアルコール）や、アミノ基とカルボキシル基が存在する化合物（アミノ酸）等が好例ですが、これらは所属の決定上の問題で、項や注の規定との関係です。この節では、これらは、アミノアルコール、アミノエーテル、アミノエステルとして第29.22項に特掲されています。また、アミノ酸関係も特掲されています。いずれにしても、一つの分子の中にアミノ基（-NH$_2$）の形の基（HがさらにRと置換されている場合も含む。）の他に、R-OH、R-C=O、R-O-R又はR-COOHの形をとる原子団が含まれている化合物です。これは、分類するとき、一つの分子にアミノ基とアルコール基が含まれているものは、アミノ官能化合物でもありアルコール官能化合物でもあります。いずれに分類するかは、アミノアルコールを分類する項があればそこで決まります。この例の場合は第29.22項に明記されていますが、もし仮に無かった場合には、一般的には、これらのうちいずれか最も後ろの項に含まれることとなります。

　他方、このように一つの分子の中で異なる基が分かれて存在する化合物ではなく、例えば、アミド（-CO・NH）のように、相互に基が結合したもの（アミノ基にCH以外の他の電子を含んだ原子団を持つ化合物）があります。これは次に述べるとおりです。

(12) アミド基

　アミド基は、RCONH-の形をした基です。これは、アミノ基（-NH$_2$）の1個の水素原子がアシル原子団（RCO）で置換し、このような形の基となったものです。また、アンモニアの水素原子をアシル原子団で置換した形の化合物を酸アミド（一般式で、例えば1原子置換したものはRCONH$_2$で第一アミド）という等の説明がありますが、いずれにしても同じです。前者による説明の例では、例えば、Rが-CH$_3$であればアセチルアミド基（CH$_3$CONH-）です。こうした基が結合した化合物がアミドです。HS品目表にはカルボキシアミド及び炭酸のアミド官能化合物として特掲されています。

　また、アミノ基の水素原子との置換の数により、先ほど述べた、第一アミド（R-CO・NH$_2$）、あるいは第二アミド（(R-CO)$_2$・NH）、第三アミド（(R-CO)$_3$・N）があります。

　なお、先に述べたとおり、この第二アミドをイミド基と呼ぶ場合がありますが、HS品目表では、イミドといえば、後で述べますが、一般にイミノ基（=NH）が二塩基アシル基と結合した化合物（従って、環状構造を持つこととなる）を指します。他方、イミノ基が2分子の酸の残基と結合したものは、結果的に第二ア

ミドと同じ形となり、アミドとして扱われます。

また、第一アミンのうち環状構造となったものは、分子内アミドでラクタムと呼ばれますが、これは、後に述べる複素環式化合物で、第10節にまとめられています。カルボキシアミドが分類される第29.24項には環式アミドも含まれますが、これは、ベンゼン環等を有する環式炭化水素を分子内に持つアミド（例えば、アセトアニリド、ジエチルジフェニル尿素等があります。）をいい、ラクタムのような複素環分子内アミドは含まれません。

(13) 第四級アンモニウム塩

無機化合物に、アンモニウム（NH_4OH）の塩（例えばヨウ化アンモニウム（NH_4I））があります。このアンモニウムのOHを除く全ての水素原子がRで置き換わると、$R_4N・OH$となります。例えば、Rがメチル基であると$(CH_3)_4N・OH$、テトラメチルアンモニウムで、れっきとした有機化合物です。そこで、OHのアルカリ部分がハロゲン原子（例えばヨウ素）で置き換わると、この例であれば、ヨウ化テトラメチルアンモニウム$(CH_3)_4NI$になります。前記（11）のアミノ基のところで述べましたが、このように、アンモニアの水素原子が一ずつ置き換わったものは順に第一アミン、第二アミン、第三アミンとなりますが、四つめはアンモニウムの塩の形ですので、この流れで第四級アンモニウム塩と呼ばれます。

(14) イミノ基（イミン官能化合物）

アミノ基（$-NH_2$）に対して、この水素原子一つを失って結合のための電子をもう一つ多く持つようになった基がイミノ基（$=NH$）と呼ばれるものです。ただし、このままだと=NHに結合する場合、>C=NHのように結合する場合と、Nの二重結合が開いて先の第2アミンのような形となるものが考えられます。しかしながら、前者をイミン官能化合物と呼び、先に述べた第2アミンとは区別して、第29.25項に分類することとなっています。この見分け方としては、アミノ基のN原子が相手の炭素原子と二重結合で結びついていることに注目して下さい。>C=NHの形をとるものをイミン官能化合物と覚えておいて下さい。この場合、C=NHのHが他の原子団、例えばフェニル基（$-C_6H_5$）と結合していても、基本的にはイミン官能化合物です。構造式の中に−C=NH又は−C=NRを見つけて下さい。これがあればイミンです。例えば、次のような構造をした化合物、グアニジンやエチリデンアニリンもイミンの仲間です。

第6章　第6部　化学工業（類似の工業を含む。）の生産品

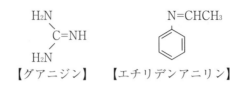

【グアニジン】　　【エチリデンアニリン】

　このようにイミノ基をもつものをイミンといい、一般式R=NHで表されます。また、Rが二塩基アシル基（RCO-）の場合をイミドといいます。（直ぐ後に述べます。）

　なお、前にも述べましたが、一般に「イミン」といった場合は、エチレンイミン、ピペリジンのように環状第二アミンを指すとの説明もあります（化学大辞典）。このように、特にイミンやイミドについては、参考書等によって記述が若干異なる場合がありますが、ここではHS品目表の項の規定に従い、また、これに準じて収録されている関税分類例規集に収録されている各項に属する化学品の化学構造式を参考にして記述することにします。従って、NHを有する化合物であっても、R=NHのようにRのCとNHのNが二重結合で結ばれている〉C=NHの結合を有するものをイミン官能化合物として扱うこととなります。（先に述べたとおり第二アミンはCとNの間は二重結合ではないので、区別が付くと思います。）

（15）カルボキシイミド

　イミドについても先に述べたとおり少し混乱してしまいますが、第29.25項には、カルボキシイミド官能化合物及びイミン官能化合物が含まれるよう規定されています。この項の中にはイミドが掲げられていますが、その中で第29.25項にはイミドの細分としてサッカリンやグルテチミドが掲げられています。先に述べたとおり、イミドはイミノ基とカルボキシル基が結合したものです。これらには、=NH基の関係から環状構造（構造式の右の部分）をとります。（下図参照）

【サッカリン】　　【フタル酸イミド】

　このような環状イミドはご覧のように複素環構造をとりますが、二塩基酸イミドは第29.32項から第29.34項までの複素環式化合物から除かれていますので、イミドとして、これらが含まれる第29.05項に分類されることとなっています。（第29類注7）

　なお、=NH基のNが2つのカルボン酸と結合した化合物の場合（従って環状構

造をとらない）は、$(-CO)_2 \cdot N$の形をとりますが、先ほどから述べているとおり、これは第二アミドに分類されます。

(16) ニトリル官能化合物

　前述のイミノ基から、更に残りの水素原子がとれて、結合のためである電子が更に増えたものがシアノ基（$-C \equiv N$）又はニトリル基です。青酸ガスであるシアン化水素（HCN）のような無機物ではシアンと称しますが、有機化合物の場合、同じ化学式$-CN$でも、結合相手がアルキル基など有機化合物（この場合、一般式$R \cdot CN$で表される）ですので、通常ニトリル官能化合物と呼称されます。また、カルボニトリルと呼ばれることもあります。なお、Rはアルキル基の他、アリール基、ときには窒素である場合もあります。有機化合物で構造式の中に$-C \equiv N$を見つけた場合、ニトリル官能化合物と考えて頂いて良いと思います。

(17) ジアゾ基及びジアゾニオ基

　ジアゾ基（$=N_2$）を含む化合物としては、ジアゾ化合物、アゾ化物、アドキシ化物があります。また、ジアゾニオ基（$-N_2$）を含むものとして、ジアゾニウム塩があります。一般式$R \cdot N_2^+ X^-$で示されるものです。Rは有機基、X^-は陰イオンです。例えば塩化ベンゼンジアゾニウム（$[C_6H_5-N \equiv N]^+Cl^-$）等があります。

　その他、一般式RN_2で示されるもの、例えばジアゾメタン（$H_2C=N^+=N^-$又は$H_2C^--N^+\equiv N$で示されます。）、あるいは$R^1-N=N-N-(R^2)(R^3)$で示されるもの（例えばジアゾアミノベンゼン（$C_6H_5N=NH \cdot C_6H_5$））等があります。

　このように、アゾ化合物は、$R^1-N=N-R^2$のように二価の$-N=N-$基を持つ化合物です。このR^1及びR^2は、その炭素原子の1つが直接その窒素原子の1個と結合する有機基です。

　また、一方、R^1及びR^2基そのものが、さらに$-N=N-$基を有していることもあります。すなわち、一つの分子に$-N=N-$基を2個持っていればビスアゾ化合物、3個あればトリスアゾ化合物といいます。（ビスは二個の、トリスは三個のという意味です。）

(18) アゾキシ基

更に、アゾキシ化合物ですが、これらは一般式$R^1-N=NO-R^2$(ここで、酸素原子が2個の窒素原子のうちの1個に結合している。また、R_1及びR_2は、通常アリール基)で表される化合物です。例えば、アゾキシベンゼンやアゾキシトルエン等があります。

【アゾキシベンゼン】　【アゾキシトルエン】

(19) ヒドラジン又はヒドロキシルアミンの有機誘導体関係

ヒドラジン($H_2N・NH_2$)そのもの及びヒドロキシルアミンそのもの($NH_2・OH$)は、いずれも無機化合物ですので第28類に含まれますが、その有機誘導体は有機化合物として第29類に含まれます。ヒドラジンは1個以上の水素原子の置換によって、例えば、($R・NH・NH_2$)及び($R・NH・NH・R^1$)(ここでのR及びR^1は有機基を表します。)のような誘導体を生じます。

ヒドロキシルアミン($NH_2・OH$)もまた、水酸基又はアミノ基($-NH_2$)のいずれかの水素原子の有機基との置換により多数の誘導体が得られます。具体的な化合物として、例えば、フェニルヒドラジン、トリルヒドラジン等があります。

(20) その他の窒素官能基を有する化合物

第9節に含まれるその他の窒素官能化合物として、例えば次のようなのものがあります。いずれも一般的な化合物ですので、インターネットなどで、構造式を確認し、これまで述べた基以外の窒素を含む官能基がついていることを確認してみて下さい。

- イソシアナート関係(メチレンジフェニルイソシアナート(MDI)、ヘキサメチレンジイソシアナート(HDI)、トルエンジイソシアナート(TDI)、トルエンジイソシアナートダイマー(2官能性のイソシアナート))
- イソシアニド(カルビラミン)
- カルボン酸のアジド
- 無機酸(炭酸を除く。)の有機置換アミド誘導体及び無機酸の有機置換イミド誘導体
- カルシウムシクラメート(シクロヘキシルスルファミン酸カルシウム)
- オクタメチルピロりん酸アミド(OMPA)

・ジメチルニトロソアミン
・メチルトリニトロフェニルニトロアミン（テトリル）等
・ニトログアニジン

(21) オルガノインオルガニック化合物

　これは、いわゆる「基」ではありませんが、簡単に説明しておきます。これらは、次に述べる複素環式化合物（環状化合物で、その環を構成する元素が炭素原子のみでなくその他の原子がその構成員になっている化合物）及び核酸関連化合物とともに、第10節にまとめられています。
　第29.30項及び第29.31項に含まれるオルガノインオルガニック化合物は、その分子中に水素、酸素又は窒素の原子のほか、硫黄、砒素、鉛等のような、非金属又は金属の原子が炭素原子と直接結合しているものを含む有機化合物です。オルガノインオルガニックは、有機無機の意味です。ただし、これらの項には、炭素原子と直接結合している原子が、水素、酸素又は窒素の原子のほか、スルホン化誘導体又はハロゲン化誘導体（これらの複合誘導体を含む。）の特性を与える硫黄又はハロゲンのみであるものを含まないこととされています。
　なお、環状化合物で、その骨格を構成する原子に炭素以外にこれらの原子を含んでいるものは、複素環式化合物として第29.32項から第29.34項に含まれますので、第29.30項及び第29.31項には含まれません。
　複素環式化合物以外の化合物の種類又は化合物名の例をいくつか掲げておきます。

① 有機硫黄化合物
　分子中に炭素原子に直接結合している硫黄原子を持つ有機硫黄化合物です。例えば、(i)ジチオカルボナート（キサントゲン酸塩）、(ii)チオカルバマート、(iii)スルフィド（メチオニンなど）、(iv)チオアミド（チオ尿素（$NH_2 \cdot CS \cdot NH_2$）、(v)チオール（メルカプタン）（これらの硫黄化合物は酸素原子が硫黄原子と置換したアルコール又はフェノールに相当するものです（$R \cdot SH$）。）、アルコール又はフェノールメルカプタン（チオアルコール：それぞれ$-CH_2SH$基、$CH \cdot SH$基又は$C \cdot SH$基を有する第一級、第二級又は第三級があります。）、チオフェノール（$C_6H_5 \cdot SH$）等、(vi)チオアルデヒド（$R \cdot CS \cdot H$）、(vii)チオケトン（$R \cdot CS \cdot R'$）、(viii)チオ酸（$R \cdot CO \cdot SH$又は$R \cdot CS \cdot OH$及び$R \cdot CS \cdot OH$）、(ix)スルフィン酸（$R \cdot SO_2 \cdot H$）、スルホキシド（$R \cdot SO \cdot R'$）及びスルホン（$R \cdot SO_2 \cdot R'$）、(x)イソチオシアネート（$RN=CS$）があります。

② その他のオルガノインオルガニック化合物
　その他のオルガノインオルガニック化合物として、掲げればきりがありません

第6章　第6部　化学工業（類似の工業を含む。）の生産品

が、代表例としては、テトラエチル鉛（$Pb(C_2H_5)_4$）、有機けい素化合物（けい素が有機基の少なくとも1つの炭素に直接結合している化学的に単一の化合物で、有機シラン及びシロキサン等）があります。

　また、鉄カルボニル、ニッケルカルボニル等、有機砒素化合物（例えば、メチルアルソン酸（$CH_3\cdot AsO(OH)_2$）、オルトーヨードソ安息香酸、金属アルキル、金属フラーレン、メタロセン、有機りん化合物（ジメチルメチルりん酸等）があります。

(22) 複素環式化合物関係

　複素環式化合物とは、環を1個以上有し、その環の骨格に炭素原子のほか、酸素、窒素、硫黄のような原子を有する化合物をいいます。環（骨格）を構成する原子のうち炭素原子以外のものをヘテロ原子といいます。このような複素環グループには、次のものがあります。

　ここでは、複素環式化合物の骨格の構成原子の数別（主として五員環、六員環別）に、それぞれのヘテロ原子の種類別に並べています。言葉で述べるより、構造式を見ればすぐに判りますので、紙面を割きますが、参考のため代表的なものを掲げておきます。

　ご存じの通り、骨格の直線1本線、二重線は炭素間の結合を示します（この場合、当該炭素に結合している水素は、直線1本線の場合はその交点の炭素原子に水素2原子、二重線の場合は同じく水素1原子が結合しています。）。通常、これらは省略して、骨格を構成するヘテロ原子のみ明記して表わします。

① 五員環（骨格を構成する原子の数が5。すなわち五角形です。）
　(i)　ヘテロ原子を1個含むもの
　　　ヘテロ原子の種類毎に代表例を挙げると次のとおりです。

　　・酸素のもの：非縮合フラン環（第29.32項）

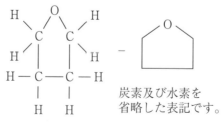

テトラヒドロフラン　　　炭素及び水素を省略した表記です。

　フラン環（後述）に水素原子4個が結合しているので、テトラ(4)ヒドロ

(水素) のフランです。「非縮合フラン環」とは、フラン環が他の環の1辺と結合 (縮合) していないものを指します。縮合しているものとしては、例えば、フラン環とベンゼン環が縮合した、ベンゾフラン (クマロン) などがあります。これら縮合環については、後ほど述べます。

フルアルデヒド　　　　　（省略形）

以下、骨格の炭素原子及び水素原子を略して記述します。

フラン

・硫黄のもの：チオフェングループ（第29.34項）

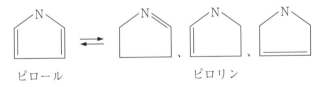

・窒素のもの：ピロールグループ（第29.33項）

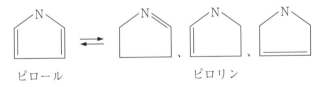
ピロール　　　　　　　　ピロリン

環内に窒素原子1個以上を持つ複素五員環化合物をアゾールと総称します。ピロールは、最も簡単なアゾールです。

(ii) ヘテロ原子を2個含むもの
- 酸素1個と窒素1個：オキサゾールグループ及びイソオキサゾールグループ（第29.34項）。これらは、酸素原子（オキソ）を含むアゾールですから、オキサゾールと呼ばれます。

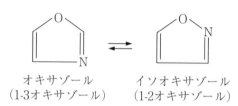

オキサゾール　　　　イソオキサゾール
(1-3オキサゾール)　　(1-2オキサゾール)

　酸素原子の位置から右回りに番号を振って、1番目が酸素原子、3番目が窒素原子のもの（オキサゾール）と、1番目が酸素原子、2番目が窒素原子のもの（イソオキサゾール）があります。それぞれ分子式は同じですが、構造式が異なり両者は別の化合物です。これらのものを相互に「異性体」と称します。

- 硫黄1個と窒素1個：チアゾールグループ（第29.34項）。アゾールのうち、更に炭素原子1個が硫黄原子と置換されたものですから、硫黄原子の「チア（thia）」をつけて、チアゾールと呼びます。複素環式化合物の命名法で、ヘテロ原子が硫黄（S）の場合、接頭語に「チア（Thia）」をつけて呼ぶこととなっています。

チアゾール
(1-3チアゾール)

- 窒素2個：イミダゾールグループ及びピラゾールグループ（第29.33項）

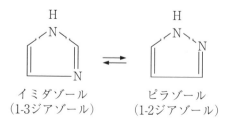

イミダゾール　　　　ピラゾール
(1-3ジアゾール)　　(1-2ジアゾール)

　イミダゾール環を有する化合物には例えばヒダントイン及びその置換誘

導体等が、また、ピラゾール環を有する化合物にはフェナゾン(アンチピリン)等があります。
(iii) ヘテロ原子を3個以上含むもの
・酸素1個と窒素2個：フラザングループ(第29.34項)

フラザン

・窒素3個：トリアゾールグループ(第29.33項)

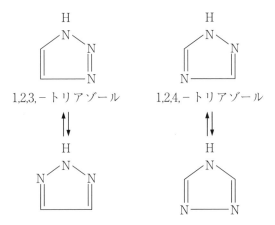

1,2,3,-トリアゾール　　1,2,4,-トリアゾール

・窒素4個：テトラゾールグループ(第29.33項)

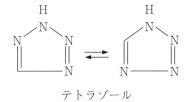

テトラゾール

第6章　第6部　化学工業（類似の工業を含む。）の生産品

② 六員環（六角形）
　(ⅰ)　ヘテロ原子を1個含むもの
　　　・酸素のもの：ピラングループ（第29.32項）

ピラン
(C₅H₆O)

　　　・硫黄のもの：チイン（チアピラン）グループ（第29.34項）
　　　先に述べたとおり、硫黄をヘテロ原子とする複素環化合物は、「チア」と呼びますが、複素環化合物に限らず一般的に化合物の酸素の一部又は全部が硫黄原子と置換された場合「チオ（thio）」をつけて呼称されます。したがって、この化合物を酸素原子を持つピランをベースに考え、チオピランと呼ぶこともあります。理化学事典（岩波）ではチオピランと、化学大事典ではチアピランとの記載があります。関税分類の実務上は、いずれの呼び方でも構造式が判れば、分類作業は間違いなくできますので問題ありません。

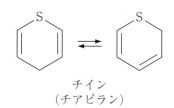

チイン
（チアピラン）

　　　・窒素のもの：ピリジングループ（第29.33項）

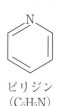

ピリジン
(C₅H₅N)

(ii) ヘテロ原子を2個含むもの
・酸素原子2個：ジオキサングループ（第29.32項）

ジオキサン

ジエチレンジオキシド。
環状エーテルのひとつ

・酸素1個と窒素1個：オキサジングループ（第29.34項）

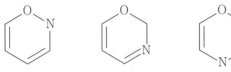

1,2-オキサジン　　1,3-オキサジン　　1,4-オキサジン

・硫黄1個と窒素1個：チアジングループ（第29.34項）
　チアジン（環内にヘテロ原子として窒素原子、硫黄原子1個ずつを持つものをアジンといいます。チアジンは最も簡単なアジンです。）

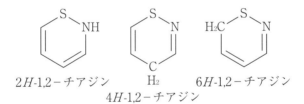

2H-1,2-チアジン　　　　　　　　6H-1,2-チアジン
　　　　　　　4H-1,2-チアジン

・窒素2個：ピリダジングループ、ピリミジングループ、ピラジングループ及びピペラジングループ

ピリダジン　　ピリミジン　　ピラジン　　ピペラジン

③ 比較的複雑なその他の複素環式化合物
　これらは、単独の五員環、六員環その他の複数の複素環式化合物が、他の環式

化合物と縮合した型のものや、複素環の骨格の構成が分子内エーテルや分子内アミド結合等を含むもの、ブリッジ構造のもの等があります。
(i) クマロン（第29.32項）

クマロンについては、先の非縮合フラン環のところで縮合環の例として、参考に述べましたが、ベンゼン環とフラン環が縮合した型のものです。ベンゾフランに当たります。

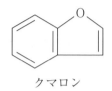

クマロン

(ii) ベンゾピラン（第29.32項）

ピラン環とベンゼン環が縮合したものです。

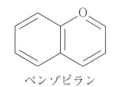

ベンゾピラン

こうした複素環化合物については、第29.32項から第29.34項までにおいて、一以上の複素環が含まれる化合物に関して、複素環のうち一つのみが第29.32項から第29.34項までのいずれかの号に特掲されているものは、当該号に分類されます。しかし、二以上の複素環が号レベルで第29.32項から第29.34項までに特掲されるのであれば、数字上の配列において最後となる号に分類されることとなっています。こうした点については、分類上の留意点で改めて説明致します。とりあえず、分類に必要な基本的な基、構造式の特徴について述べていきます。

(iii) ラクトン

ラクトンは、環内に−C(=O)−O−を含む環式化合物の総称です。これらは、アルコール官能基又はフェノール基を有するカルボン酸の脱水により生じる分子内エステルです。その分子はその環の中に1以上のエステル官能基を持っています。これらの化合物は、存在するエステル官能基の数によって、モノラクトン、ジラクトン、トリラクトン等と呼ばれます。代表的なラクトンを挙げておきます。

・非縮合環のラクトン

ノナラクトン

・縮合環のラクトン

クマリン
(1,2-ベンゾピロン)

ジクマリン

　ラクトンは、第2932.20号に規定されています。これは第29.32項の中の細分上の問題ですが、ラクトンに関し、ラクトンの同じ環にラクトン基の酸素原子の他にヘテロ原子を含むものは、このラクトンの号（2932.20号）には分類されません。このような場合には、当該ラクトン基を構成する酸素原子以外のヘテロ原子を考慮して所属が決定されます。したがって、例えば、無水メチレンクエン酸は第2932.99号に属し、第2932.20号には分類されません。

　もし、エステル官能基が、2以上の環の一部を形成しており、かつ、これらの環の一つがラクトン基の酸素原子以外のヘテロ原子を含まなければ、当該分子はラクトンとみなされます。すなわち、このような場合第2932.20号に分類されるためには、ラクトンは、基のそれぞれの末端で一つ以上の炭素原子によって分離される異なるラクトン基を持たなくてはなりません。

　しかしながら、2以上のラクトン基を分け、かつ隣接している炭素原子が、オキソ基（〉C=O）、イミノ基（〉C=NH）又はチオキソ基（〉C=S）である化合物はこの号に含まれません。

(iv) キノリン又はイソキノリン

キノリン、イソキノリン及びこれらの誘導体で、ピリジン環に縮合したベンゼン環を有する化合物です。

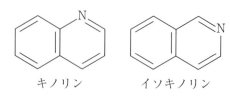

キノリン　　　イソキノリン

ちなみに、環式化合物で縮合環（fused ring）とは、二つの環の隣り合った原子同士が結合したものです。関税率表解説には、「縮合環化合物とは、一つの共有の結合（一つに限る。）と二つの共有の原子（二つに限る。）を有する二以上の環を持つ化合物」との趣旨の規定があります。

他方、隣り合っていない二つの原子と結合して別の環を構成するような構造をとったものは、架橋（bridge）と称し、縮合環とは区別することとなっています。

キノリン環とは全く関係ありませんが、環に窒素原子を含むもので、ブリッジの構造をもつものを紹介しておきます。例えば、キヌクリジン（quinuclidine）は、次のような構造をしています。

キヌクリジン

ご覧のとおり、ピリジンをベースに他の環状化合物が結合（縮合）したもののようにも見えますが、ブリッジ構造で、縮合環とは見なさない扱いです。他にトロピンやモルヒネなど複雑な化合物にこうした構造を見ることができます。

（縮合環とブリッジ構造について、HS Explanatory notes にこうした記述が追加されたのは、筆者がWCO事務局において、HS commodity database を作成しているときの議論がさっかけとなり、誤解を避けるために、その後挿入されたと記憶しています。）

(v) マロニル尿素（バルビツル酸）

マロン酸（CH$_2$(COOH)$_2$）の環式ウレイドです。

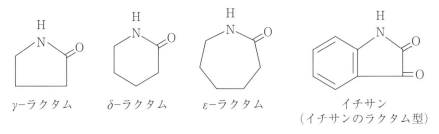

マロン酸
(CH$_2$(COOH)$_3$)

R及びR'がいずれもHの場合はバルビツル酸、RがH、R'がOHの場合はジアルル酸、RがH、R'がNO$_2$の場合はジリツル酸、R及びR'がいずれもNOHの場合はビオルル酸です。

(vi) ラクタム

これらの化合物は、ラクトンと同様に分子内アミドとみなされ、アミノ酸から1分子の水の離脱によって得られます。その分子は、環に1以上のアミド官能基（-NH-CO-）を含みます。これらは、存在するアミド官能基の数によりモノラクタム、ジラクタム、トリラクタム等と呼ばれます。

また、アミノ酸は、カルボキシル基とアミノ基の間でアミドを作りますが、これが環状構造をとるものです。この場合、γ-、δ-、ε-アミノ酸は、それぞれ、γ-ラクタム、δ-ラクタム、ε-ラクタム‥を作ります。

γ-ラクタム　　δ-ラクタム　　ε-ラクタム　　イチサン
（イチサンのラクタム型）

(vii) カルバゾール

2個のベンゼン環と1個のピロール核とが縮合した形のものです。

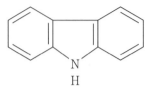

カルバゾール

(viii) ベンゾチアゾール

ベンゾチアゾールには、1,3-ベンゾチアゾール及び1,2-ベンゾチアゾール（ベンゾイソチアゾール）があります。ベンゾチアゾール環を持つ化合物としては、例えばメルカプトベンゾチアゾール等があります。

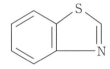 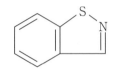

1,3-ベンゾチアゾール　　1,2-ベンゾチアゾール

(ix) フェノチアジン

フェノチアジン（チオジフェニルアミン、フェンチアジン、ジベンゾパラチアジンとも呼ばれます。）

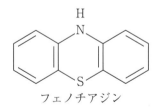

フェノチアジン

(x) スルトン

スルトンは、ヒドロキシスルホン酸の分子内のエステル（分子内オキシスルホン酸のエステル）です。これらには、五員環又は六員環化合物のものが最も多く、例えばスルホフタレイン類として、フェノールレッド（フェノールスルホンフタレイン）等があります。

ナフタレンスルトン　　　　ペンタンスルトン

(23) スルホンアミド

第29.35項のスルホンアミドは、一般式（$R^1 \cdot SO_2 \cdot N \cdot R^2 \cdot R^3$）（ここで、$R^1$は$SO_2$基に直接結合する炭素原子を含む各種の複雑な有機基で、R^2及びR^3は水素原子、他の原子又は各種の複雑な無機基若しくは有機基（二重結合又は環を含む。）のいずれかである。）を有する化合物です。これらには、例えば、オルトートルエンスルホンアミドのように、単に、$R \cdot SO_2NH_2$の形のもの（Rはトルエン）や、クロロチアジドのようなものまで、様々なものがあります。

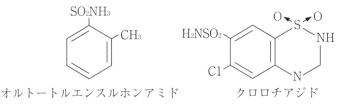

オルトートルエンスルホンアミド　　　　クロロチアジド

(24) 糖類

糖類は、元来$C_m(H_2O)_n$（単糖類は一般にmとnは同数）で表される炭水化物ですが、第29類に分類される糖には、でんぷんのような分子量の大きな多糖類は含まれませんし、純粋な糖でも、しょ糖、ブドウ糖、麦芽糖、乳糖、果糖は含まれません。これ以外の単糖類、二糖類及びオリゴ糖類がこの類に含まれます。

ここでは、第29類に含まれる糖の基本的な構造（糖ユニット）のみ示しておきます。

ここに含まれる糖ユニットは、4個から8個の炭素原子から構成され、かつ、少なくとも1個の潜在的な還元力を有するカルボニル基（アルデヒド性又はケトン

性）及び水酸基と酸素原子とが結合して最低1個の不斉炭素原子を含んでいなければならないとされています。

例えば、ガラクトースは次の構造をしています。

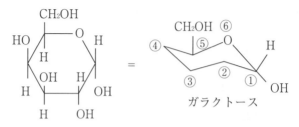

（図は、α-D-ガラクトースですが、ご覧のように、環の構成員に酸素原子を1個含むピラン環です。したがって、これはα-D-ガラクトピラノースと呼ばれます。）

炭素原子の位置を右から時計回りに①、②、③‥‥と示しました。①の炭素原子が、R-CHOのアルデヒドの形で、かつ、環状構造となっています。これは単糖類ですが、①と他の単糖類の④の位置の炭素原子が酸素原子を介して結ばれると、二糖類です。例えば、β-D-ガラクトースとD-グルコースが縮合して（一方の分子の①の位置のOHと他方の分子の④の位置のOHの計2個からH_2Oが取れて）エーテル結合の形となったものが乳糖（4-O-β-ガラクトピラノシル-D-グルコピラノース）です。

上記の例はガラクトースですが、ブドウ糖（グルコース）の場合、④の位置の炭素原子に結合しているHとOHの位置が逆になります。（α-D-グルコース）

(25) グリコシド

グリコシド（配糖体）は、糖と糖以外の分子がアセタール官能基によって結合したものです。すなわち、(24)で述べた糖（ガラクトースの例）の①の位置の炭素原子の部分の酸素原子を介して別の原子団と結合したものです。この酸素原子を介して結合している糖以外の原子団の部分をアグリコンといいます。お気づきのように、(24)で述べた二糖類も一方の糖分子から見れば他方はアグリコンですが、アグリコンの部分が糖のものは配糖体とはいいません。

代表的なものに、ルチン、ジギタリスグリコシド等があります。朝鮮人参等に含まれるサポニンも配糖体です。

第3節　第29類　有機化学品

(26) ケテン
CH₂=COを有する化合物で、一般式は以下の通りです。

$$\begin{array}{c} R \\ \diagdown \\ C=C=O \\ \diagup \\ R \end{array}$$
ケテン

例えば、ジフェニルケテン（Rがフェニル基（C₆H₅－）等があります。

(27) その他の複素環の構造を持つ化合物
以上五員環、六員環のものを中心に述べましたが、三員環、四員環の複素環もこの節に含まれます。例えば、エチレンイミン（アリジリン）（第29.33項）やプロピオノラクトン（四員環ですので、β-プロピオラクトンと呼びます。）（第29.32項）、ジケテン等があります。

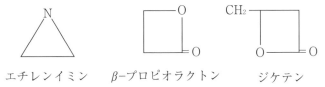

エチレンイミン　　β-プロピオラクトン　　ジケテン

しかしながら、環状構造を持つ化合物で、特に複素環式化合物の形をしていても、第10節以降の複素環式化合物に含まれないものがあるので注意が必要です。その例を次に挙げておきます。
(a) 三員環のエポキシド（第29.10項）
例えば、オキシラン（エチレンオキシド）（本書の前記「2　有機化学品を分類するための最小限の知識の整理　(4) 三員環のエポキシド関係」参照）
(b) アルデヒド又はチオアルデヒドで環式重合体のもの（第29.21項）
(c) 多塩基カルボン酸の無水物、及び多塩基酸と多価アルコール又は多価フェノールとの環式エステル（第29.17項）

3　この類に含まれる物品の分類上の留意点
さて、これまで主な「基」について述べてきました。この類に関しては、専門的な化学の知識がさほど無くても、構造式が分かれば、少なくとも項レベルの分類が出来るようにと工夫した説明を試みています。
そのために、これまで項レベルの分類をする上で必要な「基」及び構造式について説明してきました。これを使えば、どんなに複雑な化合物でも分類すること

ができます。ただし、若干の注意が必要です。

　例えば、メチシリンナトリウム（methicillin sodium: 6-[(2,6-Dimethoxybenzoyl)-amino]-3,3-dimetyl-7-oxo-4-thia-1-azabicyclo[3.2.0]heptane-2-carboxylic acid monosodium salt）の分類についてみてみましょう。この化合物の構造式をインターネットや文献で知ることができます。構造式は、次の通りです。

　そこで、左側から見ていくと、ベンゼン環の炭素原子にOCH₃が付いています。すなわち、元々OHであったのがCH₃と結合したR-O-R′（エーテル）です。芳香族のエーテルですから、この部分を見る限り第29.09項です。また、ベンゼン環には他に-CONH-があります。ベンゼン（芳香族）のCOOH(酸)と右側の縮合環のNH₂と縮合（H₂Oがとれてできた）アミドです。ベンゼン環がありますので、環式アミドとして第29.24項に属します。さて、その右側ですが、環状構造は、複素環式化合物で四員環と五員環の縮合環であることはすぐにお判りでしょう。また、ヘテロ原子として、S(硫黄)とN(窒素)を含みますので、その他の複素環式化合物として第29.34項に該当します。更に、この四員環は、C=Oのケトン基を持つ環状ケトン（第29.14項）があります。また、右下にはCOONaがあります。すなわち環式化合物のカルボン酸のナトリウム塩（第29.27項）です。こうした場合、この化合物はどこに分類されることが考えられるかといえば、一般的にはこれらの項の数字上の配列の最後の項、すなわち第29.34項となります。

　しかしながら、この化合物の性質、用途を調べると、抗菌作用を有することが判っています。すなわち抗生物質の可能性を考えなければなりません。実は、この右側の骨格構造とこれに結合した基は、ペニシリンの特徴で、この環をペニシラン酸構造と呼びます。従って、検討が足りませんでしたが、第29.41項にも該当し、正しくは、この項に属することになります。

　このシリーズの最初に、物品を関税分類しようとする場合、その物品の用途によって分類が異なるような品目表では、分類が一定しないこととなるので、基本的には用途分類はしないが、分類しようとしている物品が何であるか、名称はもちろん、その性質を知ることは大変重要であるという趣旨のことを述べましたが、まさにこの化学品についても当てはまります。

非常に簡単ではありますが、この類の物品に関する化学的知識の整理は済みましたので、この類の化学品を正しく分類するための注意点について、簡単に述べていきます。当然のことですが、この類の注の規定が中心になります。

(1) 化学的に単一の化合物

この類には、文脈により別に解釈される場合を除き、原則として、化学的に単一の化合物が分類されます。(類注1)。

化学的に単一の化合物とは、化学的に純粋なものはもちろん、不純物を含有していても良いこととされています（この類注1(a) 参照）。しかしながら、第29.40項に含まれる糖類は、同項において「化学的に純粋なものに限る。」旨、規定されているので、不純物を含有するものは除かれます（この規定の唯一の例外です）。ところで、不純物とは、一の化学化合物の製造（精製を含む。）工程に関連して、専ら、かつ、直接に生ずる物質のみをいうこととされており、例えば、出発原料のうち、未反応で残ったもの、出発原料中に存在した不純物、製造（精製を含む。）工程で使用された試薬、副産物等があります。しかしながら、特定の用途に適するように、このような物質が製造された物品中に意図的に残された場合には、この類の注1(a)で許容された不純物とはみなされないこととされていますし、また、例えば、エタン、ベンゼン、フェノール及びピリジン等には特別の純度基準があり、これらに従って所属を決定することとなります。

また、この類の化学的に単一の化合物は、水溶液にされたもの、その他の溶剤に溶かしたものも含まれます。更に、輸送のためのアンチダスティング剤や識別を容易にするため又は安全のための着色剤や芳香剤の添加も許されます。

更に、この類には、同一の有機化合物の異性体の混合物（不純物を含有するかしないかを問わない。）も含まれます。この規定は、当該異性体が自然状態で共存している場合又は同じ合成の過程で同時に得られる場合に限り適用されることとなっています。ただし、飽和又は不飽和の非環式炭化水素の異性体の混合物（立体異性体の混合物を除く。）はこの類に含まれない（第27類）ので注意が必要です。

例えば、キシレンの異性体（オルトキシレン、メタキシレン、パラキシレン）は、これらの相互の混合物であっても、この類にとどまります。

o-キレシン　　　　m-キレシン　　　　p-キレシン

　しかし、非環式炭化水素の異性体は、立体構造が異なることとなる異性体を除き、混合物はこの項には属しません。多くの場合、第27類の石油製品に該当します。
　非環式炭化水素の例ですが、例えば、C_7H_{16}という炭化水素があったとします。まっすぐに枝分かれしていなければノルマルヘプタンです。
（$CH_3CH_2CH_2CH_2CH_2CH_2CH_3$）
　これが枝分かれした形、例えば、

「$CH_3CHCH_2CH_2CH_2CH_3$」と　「$CH_3CH_2CHCH_2CH_2CH_3$」は
　　　｜　　　　　　　　　　　　　　　　｜
　　　CH_3　　　　　　　　　　　　　　CH_3

枝分かれの位置が異なるだけで分子式は同じで、相互に異性体ですが、別の化合物です。
　従ってこのような異性体の混合物は、化学的に単一ではないので、第29類には分類されません。
　ところが、同じ分子式でも、その立体構造が異なる異性体（立体異性体）については、その混合物は第29類に属します。同じ分子式の非環式炭化水素で示しますと、（このような化合物が実際に存在するかどうかは別として）次のようなものが考えられます。

（シス型）　　　　　（トランス型）

　この両者の化合物の混合物は、第29類に属します。

(2) 化学的に単一の化合物ではないがこの類に含まれる物品

「この類には文脈により別に解釈される場合を除くほか化学的に単一の化合物のみを含む。」という規定ですが、例えば、次のような物質は、化学的に単一でなくてもそれぞれの項に含まれます。

第29.09項のケトンペルオキシド、第29.12項のアルデヒドの環式重合体及びパラホルムアルデヒド、第29.19項のラクトホスフェート、第29.23項のレシチンその他のホスホアミノリピド、第29.34項の核酸及びその塩、第29.36項のプロビタミン及びビタミン（コンセントレート及び相互の混合物を含む。）、第29.37項のホルモン、第29.38項のグリコシド及びその誘導体、第29.39項の植物アルカロイド及びその誘導体、第29.40項の糖エーテル、糖アセタール及び糖エステル並びにこれらの塩、及び第29.41項の抗生物質等です。

更に、この類には、ジアゾニウム及びそのカップリング成分並びにジアゾ化し得るアミン及びその塩のうち、中性塩等で希釈して標準的な濃度にしたものも含まれます。ただし、第32類に含まれる、染料や色素のほかアゾ染料を生成させるために安定化ジアゾニウム塩とカップリング成分とを混合した物品は第29類には含まれません。

(3) 化学的に単一の有機化合物であってもこの類から除かれるもの（類注2関係）

ある種の化学的に単一の有機化合物は、たとえ純粋であっても、この類には含まれません。これらには、例えば、しょ糖（第17.01項）、乳糖、麦芽糖、ぶどう糖及び果糖（第17.02項）、エチルアルコール（第22.07項及び第22.08項）、メタン及びプロパン（第27.11項）、尿素（第31.02項及び第31.05項）、植物性又は動物性の着色料（例えば、クロロフィル）（第32.03項）、有機合成着色料（顔料色素を含む。）及び有機合成蛍光増色剤（例えば、ある種のスチルベン誘導体）（第32.04項）があります。

更に、ある種の化学的に単一の有機化学品は、ある形状にし、又はその化学組成を変えないが、ある処理を行ったため、第29類から除かれる場合があります。これらには、例えば、治療用又は予防用に使用する物品で、投与量にし、又は小売用の形状若しくは包装にしたもの（第30.04項）、蛍光を発するように処理されていてルミノホアとして使用される物品（例えば、サリチルアルダジン）（第32.04項）、小売用の形状又は包装にした染料その他の着色料（第32.12項）、小売用の包装にした調製香料及び化粧品類（例えば、アセトン）（第33.03項から第33.07項）、膠着剤又は接着剤として小売用に包装したもので正味の重量が1キログラム以下のもの（第35.06項）、燃料に使用するための形状にした固体燃料（例えば、メタアルデヒド及びヘキサメチレンテトラミン）及びたばこ用ライターそ

の他これに類するライターの充てん用の液体燃料及び液化燃料(例えば、液状ブタン)(容量が300立方センチメートル以下の容器入りにしたものに限る。)(第36.06項)、ハイドロキノンその他の写真用の混合してない物品(使用量に小分けしたもの及び小売用のもので直ちに写真用に使用可能な形状のものに限る。)(第37.07項)、第38.08項に掲げる形状又は包装にした消毒剤、殺虫剤等、また、消火器用の装てん物にし又は消火弾にした消火剤(例えば、四塩化炭素)(第38.13項)、小売容器入りのインキ消し(例えば、第29.35項のクロラミンを水に溶かしたもの)(第38.24項)、光学用品(例えば、酒石酸エチレンジアミン)(第90.01項)があります。

(4) 第28類の化合物と第29類の化合物との区別

　貴金属、放射性の元素、同位元素、希土類元素、イットリウム又はスカンジウムの有機化合物及び第28類注2に掲げられた炭素を含む他の化合物は、この類から除外されます(第6部注1及び第28類注2参照)。しかしながら、これら以外のオルガノインオルガニック化合物はこの類に属します。

(5) この類の二以上の項に属するとみられる物品の分類(類注3)

　前にも述べましたが、これらの物品は、該当するとみられる項のうち数字上の配列において最後となる項に属することとなっています。

　例えば、L-アスコルビン酸は、ラクトン(第29.32項)でもあり、ビタミン(第29.36項)にも該当しますが、これは第29.36項に属することとなります。ただし、この分類ルールに関しては、第29.40項の後段の規定では特に第29.37項、第29.38項及び第29.39項の物品を除いているので注意が必要です。

(6) ハロゲン化誘導体、スルホン化誘導体、ニトロ化誘導体、ニトロソ化誘導体及びこれらの複合誘導体の分類(類注4)

　この類のある項には、ハロゲン化誘導体、スルホン化誘導体、ニトロ化誘導体及びニトロソ化誘導体が掲げられていますが、その場合はこれらの複合誘導体(例えば、スルホハロゲン化誘導体、ニトロハロゲン化誘導体、ニトロスルホン化誘導体、ニトロスルホハロゲン化誘導体等)も含まれます。この場合、ニトロ基及びニトロソ基は第29.29項の窒素官能基とみなさないこととなっています。

　この種の誘導体で、注意が必要な点は、ハロゲン化誘導体、スルホン化誘導体、ニトロ化誘導体及びニトロソ化誘導体とは、母体化合物の1個以上の水素原子を1個以上のハロゲン、スルホン基($-SO_3H$)、ニトロ基($-NO_2$)又はニトロソ基($-NO$)で置換したもの及びこれらの複合誘導体をさすということです。従って、

その所属を決定するために考慮すべき官能基(例えば、アルデヒド、カルボン酸、アミン)は、これらの誘導体中にそのまま残っていなければなりません。例えば、アルコールのスルホン化誘導体は、アルコール基である-OHが残っており、それ以外の炭素と結合した水素とスルホン基が置換されたものでなければ、アルコールのスルホン化誘導体として、アルコールの項には分類することはできません。

また、例えば、アルコールの-OHとスルホン基が直接結合したエステルの形をしたものは、アルコールのスルホン化誘導体として分類することはできません。具体例として、ベンゼンスルホン酸メチル(第29.04項のベンゼンスルホン酸と第29.05項のメチルアルコールとの反応によって生成するエステル)の場合、メチルアルコールのスルホン化物ではなく、ベンゼンスルホン酸(ベンゼンのスルホン化誘導体)(第29.04項)とメチルアルコール(第29.05項)とのエステルとして考えなければなりません。この例の場合、両者のうち数字上の配列の最後の項である第29.05項に分類されることになり、結果としてメチルアルコールと同じ項に属しますが、これは、メチルアルコールのスルホン化誘導体としてこの項に分類されるということではありません。

(7) エステル、塩、配位化合物及びあるハロゲン化物の分類(類注5)

① エステル

第1節から第7節までの酸官能有機化合物とこれらの節の有機化合物とのエステルは、これを構成する酸官能有機化合物又は有機化合物が属する項のうち数字上の配列において最後となる項に属することとされています。例えば、酢酸ジエチレングリコール(第29.15項の酢酸と第29.09項のジエチレングリコールとの反応によって生成するエステル)は、第29.15項に属します。また、ベンゼンスルホン酸メチルは、先ほど述べたとおり第29.05項に属することとなります。

② 塩

次に掲げる塩は、第6部の注1又は第28類の注2に規定する物品を除き、それぞれ次に定めるところによりその所属を決定します。

(i) 第1節から第10節まで又は第29.42項の酸官能化合物、フェノール官能化合物、エノール官能化合物、有機塩基、その他の有機化合物の無機塩は、これを構成する有機化合物が属する項に属します。

・酸官能有機化合物、フェノール官能有機化合物又はエノール官能有機化合物と無機塩基との反応によって生成する塩。例えば、メトキシ安息香酸ナトリウム(第29.18項のメトキシ安息香酸と水酸化ナトリウムとの反応によって生成する塩)は第29.18項に属します。

・有機塩基と無機酸との反応によって生成する塩。例えば、ジエチルアミン塩酸塩（第29.21項のジエチルアミンと第28.06項の塩酸との反応によって生成する塩）は第29.21項に属します。

(ii) 第1節から第10節まで又は第29.42項の有機化合物の相互間の塩は、これを構成する塩基又は酸（フェノール官能化合物及びエノール官能化合物を含む。）が属する項のうち数字上の配列において最後となる項に属します。

例えば酢酸アニリン（第29.15項の酢酸と第29.21項のアニリンとの反応によって生成する塩）は第29.21項に属します。

③ 配位化合物

配位化合物は、第11節又は第29.41項に属するものを除き、金属と炭素の間の結合を除くすべての金属の結合の開裂により生じる断片（分類上実在する化合物とみなす。）を考慮し、断片が属する項のうち、第29類の数字上の配列において最後となる項に属します。

この類の注5(c)(3)において、「断片」とは、配位子及び開裂により生じる部分（金属－炭素結合を含む。）を含むとされています。

例えば、トリしゅう酸鉄（Ⅲ）カリウムは、金属結合を開裂して生じる断片であるしゅう酸の属する項（第29.17項）に分類されます。また、例えば、ブドチタン（INN）は、金属結合の開裂によりエチルアルコール（第22類）及び第29.14項のベンゾイルアセトン（及びそのエノール官能基）の2つの断片が生じます。従って、ブドチタン（INN）は、第29.14項に分類されます。

(8) カルボン酸のハロゲン化物

このようなハロゲン化物は、これを構成するカルボン酸が属する項に属します。例えば塩化イソブチリルは、これに対応するイソ酪酸と同じく第29.15項に属します。

(9) 第29.32項から第29.34項までの分類（類注7）

第29.32項から第29.34項までには、エポキシドで三員環のもの、ケトンペルオキシド、アルデヒド又はチオアルデヒドの環状重合体、多塩基カルボン酸の酸無水物、多価アルコール又は多価フェノールと多塩基酸との環状エステル及び多塩基酸のイミドを含みません。（複素環構造を形成するヘテロ原子が、ここに掲げる環を形成する基のみに含まれる場合に限られます。）。

この類の注7の前段に掲げる官能基に加え、その構造上、別の複素環構造を形成するヘテロ原子が存在する場合には、すべての環構造を形成する基を考慮して分類されます。従って、例えば、アナキシロン（anaxirone(INN)）及びプラデホ

ビル（pradefovir(INN)）は二以上の異なるヘテロ原子を有する複素環式化合物として第29.34項に属し、窒素原子のみを有する複素環式化合物として第29.33項に属することにはなりません。

(10) 誘導体の分類（号注1）
　化合物の誘導体の項レベルでの分類は、通則の適用によって決定されます。誘導体が二以上の項に分類可能な場合は、この類の注3(数字上の配列において最後の項に分類する。)が適用されます。
　また、項の中での扱いについては、この類のいかなる項においても、誘導体は号注1の適用によって分類されます。すなわち、「この類において化合物の誘導体は、当該誘導体が他のいかなる号にも含まれておらず、かつ、関連する号中に「その他のもの」を定める号がない場合には、当該化合物が属する号に属する。」と規定されています。

(11) ホルモン関係（注8）
　第29.37項において、「ホルモン」には、ホルモン放出因子又はホルモン刺激因子、ホルモン阻害剤及びホルモン拮抗剤（抗ホルモン）を含むとされています。更に、「主としてホルモンとして使用するもの」には、主としてそのホルモンとしての効果から使用されるホルモン誘導体及び構造類似物だけでなく、この項の物品を合成する際に主として中間体として使用されるホルモン誘導体及び構造類似物を含む旨、規定されています。ちなみに、「関税率表解説」には、WHOのリストを参考にしたホルモン関係の物品名等が掲載されています。

4　各項の規定
(1) 第1節：炭化水素並びにそのハロゲン化誘導体、スルホン化誘導体、ニトロ化誘導体及びニトロソ化誘導体
　この節は、第29.01項（非環式炭化水素）から第29.04項（炭化水素のハロゲン化誘導体、スルホン化誘導体、ニトロ化及びニトロソ誘導体）までを含みます。
　炭化水素ですから、分子を構成する元素はCとHのみです。ただし、ハロゲン属の元素（ふっ素、塩素、臭素及びよう素（アスタチンもハロゲンですが、放射性元素であるので、この化合物はこの類には含まれません。））、スルホン基（$-SO_3H$）、ニトロ基（$-NO_2$）、ニトロソ基（$-NO$）が炭化水素の水素原子と置換した形のこれらの誘導体のみがこの節に含まれます。
　非環式炭化水素とは、その名の通り、分子が環状構造をとっていないものです。環式炭化水素とは、分子内に環状構造を持った部分を有する炭化水素です。前者

第6章　第6部　化学工業（類似の工業を含む。）の生産品

の場合、飽和、不飽和という言葉が出てきますが、ご存じの通り、飽和は、炭素原子同士が単結合しているもの（炭素原子の最外殻電子全てが結合に預かっており、飽和状態のものです。不飽和は、まだ結合に預かることが可能な最外殻電子を有するもので、エチレン（二重結合）やアセチレン（三重結合）等があります。また不飽和環状炭化水素には、ベンゼン（C_6H_6）の基本構造を有する芳香族炭化水素も含まれます。

さて、この節に含まれる炭化水素は、お気づきのように、第27類の石油、石油ガス等と関係が深く、「化学的に単一の化合物」という規定についての純度基準が定められているものがあります。メタン及びプロパンは、純粋なものであっても第27類に含まれ、この類には含まれないことは既に述べたとおりです。他の炭化水素については、純度の低いものは第27類に含まれるので注意が必要です。例えば、次の通りです。

(a) エタンは、純度が95％以上（容量比）のものはこの項に、低純度のものは第27.11項に属します。

(b) 粗製ブタン、粗製石油ガスその他の粗製ガス状炭化水素は、第27.11項に属します。

(c) エチレンは、純度が95％以上（容量比）のものがこの項に、低純度のものは第27.11項に属します。

(d) プロペン（プロピレン：C_3H_6）は、純度が90％以上（容量比）のものがこの項に、低純度のものは第27.11項に属します。

(e) 第29.02項のベンゼンは、純度が95％以上（重量比）のもので低純度のものは第27.07項に属します。

(f) トルエン（メチルベンゼン：$C_6H_5CH_3$）及びキシレン（ジメチルベンゼン：$C_6H_4(CH_3)_2$：オルト-キシレン、メタ-キシレン、パラ-キシレンの異性体がありますが、非環式炭化水素の異性体ではないので、キシレンの異性体の混合物はこの項に属します。）

　　この項のトルエンもキシレンも純度が95％以上（重量比）のものに限られ、低純度のものは第27.07項に属します。

(g) フェナントレン（$C_{14}H_{10}$）は、化学的に単一の化合物（純粋なもの又は商慣行上純粋なものとして扱われるもの）である場合に限りこの項に属し、粗製品は第27.07項に含まれます。

(h) アントラセン（$C_{14}H_{10}$）は、純度が90％以上（重量比）のものがこの項に、低純度のものは第27.07項に属します。

(i) その他、化学的に単一の化合物とは、先のフェナントレンのように、多くの場合、純粋なもの又は商慣行上純粋なものとして取り扱われるものとをい

うこととされています。

(2) 第2節：アルコール並びにそのハロゲン化誘導体、スルホン化誘導体、ニトロ化誘導体及びニトロソ化誘導体

この節には、第29.05項（非環式アルコール並びにそのハロゲン化誘導体、スルホン化誘導体、ニトロ化誘導体及びニトロソ化誘導体）及び第29.06項（環式アルコール並びにそのハロゲン化誘導体、スルホン化誘導体、ニトロ化誘導体及びニトロソ化誘導体）が含まれます。

多くは説明しませんが、若干用語の説明をしておきますと、一価アルコールとは、メタノールのようにアルコール官能基（-OH）が分子内に1つのものを、二価アルコールとは、エチレングリコール（エタンジオール）のようにOH基を2つ含むものを、三価アルコールとは、グリセリンのようにOH基を3つ含むものをいいます。二価以上のアルコールを多価アルコールといいます。

また、第一アルコールとは-CH₂OHを含むものを、第二アルコールとは〉CHOHを含むものを、また第三アルコールとは≩COHを含むものをいいます。

これらのアルコールのうち、OHの結合している炭化水素が非環式化合物の場合は第29.05項に、また、環状の炭化水素化合物の場合は第29.06項に属します。後者の場合、環状構造が、非芳香族系（ベンゼン環を有しない）環状炭化水素を含むもの及びベンゼン環を有するいわゆる芳香族化合物の場合があります。ベンゼン環を有するものについては、ベンゼン環を構成する炭素原子に結合する水素原子とOHが置換した形のものは、フェノール類（最も代表的な化合物はフェノール（C₆H₅OH））で、第3節（第29.07項、第29.08項）に属し、この節には含まれません。この節の芳香族アルコールは、例えばトルエンのCH₃のHがOHと置換した化合物（C₆H₅CH₂OH）等です。

この節の分類上の留意点は以下の通りです。

① エチルアルコールは純粋のものであっても、第22類に属し、この類には分類されません。従って後で述べますが、エステル（酸とアルコールの反応により生成する化合物、例えば酢酸エチル等）の分類に関して、エチルアルコールとのエステルは他のエステルと扱いが若干異なります。

② 前にも述べましたが、アルコールの、ハロゲン化誘導体、スルホン化誘導体、ニトロ化誘導体及びニトロソ化誘導体は、こうした基が、アルコール基であるOH基のHと置換した形のものではなく、OH基はフリーの形で分子内に残っていなければなりません。

③ アルコールと金属の化合物の金属アルコラートは、エタノールの場合を除き、それぞれのアルコールが属する項に属することとなっています。

④　脂肪性アルコール(アルコール含有量が乾燥状態における全重量の90％未満のものに限る。)はこの項(第29.05項)には含まれず、第38.23項に属します。
⑤　グリセリンは、乾燥状態において純度が95％以上のもののみが第29.05項に含まれ、低純度(粗のグリセリン)は第15.20項に属します。

　また、この節の分類に限りませんが、エステルについての分類に関する規定です。前の解説とも多少重複するところがあるかも知れませんが、次の通り補足しておきます。

①　第1節から第7節までの酸官能有機化合物とこれらの節の有機化合物とのエステルは、これを構成する酸官能有機化合物又は有機化合物が属する項のうち数字上の配列において最後となる項に属する(第29類注5(A))ことから、エステル結合に預かる基をみれば、エステルに関しては決着がつきます。例えば、メチルアルコール(第29.05項)と酢酸(第29.15項)のエステルは、この規定により、酢酸が属する第29.15項に分類されます。
②　エチルアルコールと第1節から第7節までの酸官能有機化合物とこれらの節の有機化合物とのエステルは、これを構成する酸官能有機化合物が属する項に属する(第29類注5(B))ことから、上記に係わりなく、常にエチルアルコールの場合、エステル結合に預かる酸官能化合物の項に属することとなります。例えば、エチルアルコールと酢酸のエステルは、酸官能化合物である酢酸が属する項(第29.15項)に属します(結果は同じですが、分類理由が異なります)。

　もう一つの例ですが、前にも述べましたが、炭化水素のスルホン化誘導体(例えば、ベンゼンスルホン酸(第29.04項)とエチルアルコール(第22類であることに注意)とのエステルは、その酸官能基と見なされるベンゼンスルホン酸が属する第29.04項に属することとなります。これが、もしエチルアルコールとではなくメチルアルコール(第29.05項)とのエステルの場合、第29.05項に分類されます。

　なお、第29.06項において、アルデヒドの重亜硫酸塩は、アルコールのスルホン化誘導体として分類することとされています。また、環式アルコールの金属アルコラートも第29.06項に含まれます。

(3)　**第3節：フェノール及びフェノールアルコール並びにこれらのハロゲン化誘導体、スルホン化誘導体、ニトロ化誘導体及びニトロソ化誘導体**

　この節には、第29.07項(フェノール及びフェノールアルコール)及び第29.08項(フェノール又はフェノールアルコールのハロゲン化誘導体、スルホン化誘導体、ニトロ化誘導体及びニトロソ化誘導体)が含まれます。

　フェノールは、先に述べましたが、ベンゼン環の水素原子1個以上を水酸基

(-OH)で置換して得られるものです。水素原子1個の置換によって一価フェノール(モノフェノール)が得られ、水素原子2個以上の置換によって多価フェノール(ポリフェノール)が得られます。

また、フェノールアルコールは、芳香族炭化水素のベンゼン環上の1個の水素原子をフェノール性水酸基で置換し、かつ、ベンゼン環上にない他の水素原子をアルコール性水酸基で置換することによって得られる化合物です。従って、フェノールとアルコールとの両方の特性を有しています。代表例として、サリチルアルコール(サリゲニン)(OH・C_6H_4・CH_2・OH)があります。

この節に属する化合物に関する留意点は以下の通りです。
① 第29.07項のフェノールは純度が90％以上(重量比)のもので、低純度のものは第27.07項に分類されます。
② キシレノール((CH_3)$_2$・C_6H_3・OH)は、キシレンのフェノール誘導体で、6種の異性体が知られていますが、単一又は混合したキシレノールでキシレノールの含有量が全重量の95％以上のもの(異性体を合計したものでもよい。)は第29.07項に含まれますが、低純度のものは第27.07項に属します。

(4) **第4節：エーテル、アルコールペルオキシド、エーテルペルオキシド、ケトンペルオキシド、エポキシドで三員環のもの、アセタール及びヘミアセタール並びにこれらのハロゲン化誘導体、スルホン化誘導体、ニトロ化誘導体及びニトロソ化誘導体**

この節には、第29.09項(エーテル、エーテルアルコール、エーテルフェノール、エーテルアルコールフェノール、アルコールペルオキシド、エーテルペルオキシド及びケトンペルオキシド(化学的に単一であるかないかを問わない。))、第29.10項(三員環のエポキシド、エポキシアルコール、エポキシフェノール及びエポキシエーテル)及び第29.11項(アセタール及びヘミアセタール(他の酸素官能基を有するか有しないかを問わない。))がまとめられています。これらの各項には、それぞれ、これらのハロゲン化誘導体、スルホン化誘導体、ニトロ化誘導体及びニトロソ化誘導体が含まれます。

この節に含まれる化合物は、この類の最初において、「2 有機化学品を分類するための最小限の知識の整理」として記述しているので極く簡単に述べることにとどめます。
① エーテル
これは、分子内のアルコール又はフェノールの水酸基の水素原子が炭化水素基(脂肪族炭化水素のアルキル基及び芳香族炭化水素のアリール基。RやR′で表します。以下、特に記載がなければ同様です。)で置換されたと考えられる化

合物で、一般式はR-O-R′（RとR′は同じ場合と異なる場合がある。）で示されます。例えば、ジエチルエーテル（$C_2H_5OC_2H_5$）などがあります。芳香族エーテルとして、アニソール（メチルフェニルエーテル）（$C_6H_5 \cdot OCH_3$）などがあります。

② エーテルアルコール

これは、多価アルコールのアルコール性水酸基又はフェノールアルコールのフェノール性水酸基の水素がアルキル基又はアリール基で置換された化合物です。すなわち、エーテル基のほかにアルコール基を有する化合物をいいます。

③ エーテルフェノール及びエーテルアルコールフェノール

これらは、二価フェノールの1個のフェノール性水酸基又はフェノールアルコールのアルコール性水酸基の水素がアルキル基又はアリール基で置換された化合物です。前者は、エーテルの他フェノール性OH基が、後者は更にアルコール性OH基が残っている化合物です。

④ アルコールペルオキシド、エーテルペルオキシド及びケトンペルオキシド

一般式がROOH（アルコールペルオキシド）及びROOR（エーテルペルオキシド）の化合物です。（ここでRは有機基を示します。）

⑤ 三員環のエポキシド、エポキシアルコール、エポキシフェノール及びエポキシエーテル

前にも述べましたが、分子内の2個の水酸基から水を一分子取り除くと安定な分子内エーテルが生じます。例えば、エチレングリコールから水一分子取り除くとオキシランになります。

この節のエポキシドは、こうした三員環のエポキシ環を有する化合物です。例えば四員環のエポキシドは第10節の第29.32項に属します。

また前に述べたとおり、アセタールはアルデヒド又はケトンの水和物のdi-ether（仮想的）で、ヘミアセタールはエーテル酸素原子に隣接した炭素原子が水酸基と結合しているモノエーテルです。他の酸素官能基を有するアセタール及びヘミアセタールとは、同一分子中にこの類の前項までに掲げられた酸素官能基（アルコール官能基等）を1個以上有するアセタール及びヘミアセタールをいいます。

なお、これらには、第39.05項のポリビニルアセタールは含まれません。また、第29.40項の糖もアセタール結合を有しますが、これらは、糖類、糖アセタールとして第29.40項に属します。（同項の規定及び第29類注3の規定）

(5) **第5節：アルデヒド官能化合物**

この節には、第29.12項のアルデヒド（他の酸素官能基を有するか有しないかを

問わない。)、アルデヒドの環式重合体及びパラホルムアルデヒドが含まれます。アルデヒドは、−CHO官能基を有する化合物です。

　他の酸素官能基を有するアルデヒドとは、同一分子中に前節までに掲げられた酸素官能基（アルコール官能基、エーテル官能基、フェノール官能基等）を1個以上有するアルデヒドをいいます。

　アルデヒドアルコールは、アルデヒド官能基を有し、かつ、アルコール官能基を有する化合物です。アルデヒドエーテルは、アルデヒド基を有するエーテルであり、アルデヒドフェノールは、フェノール性水酸基（C_6H_5OH）とアルデヒド基を有する化合物です。バニリン（4−ヒドロキシ−3−メトキシベンズアルデヒド）もアルデヒドエーテルです。また、アルデヒドの環式重合体としては、トリオキサン（トリオキシメチレン）やパラアルデヒド等があります。

　また、第29.12項の物品のハロゲン化誘導体、スルホン化誘導体、ニトロ化誘導体及びニトロソ化誘導体は、第29.13項に分類されますが、アルデヒドの1個以上の水素原子（アルデヒド基の水素を除く。）をハロゲン、スルホン基、ニトロ基又はニトロソ基で置換したもの並びにこれらの複合誘導体です。

　なお、この節のアルデヒドには、アルコールのスルホン化誘導体として分類されるアルデヒドの重亜硫酸塩化合物は含まれません。これらは、第29.05項から第29.11項までのそれぞれの項に含まれます。

(6) 第6節：ケトン官能化合物及びキノン官能化合物

　この節には、第29.14項のケトン及びキノン（他の酸素官能基を有するか有しないかを問わない。）並びにこれらのハロゲン化誘導体、スルホン化誘導体、ニトロ化誘導体及びニトロソ化誘導体が含まれます。ケトンは、分子中にいわゆるカルボニル基とよばれる$\rangle$C=O基を有する化合物であり、一般式（R−CO−R′）で表されることは、以前説明したとおりです。ケトンには、二種の互変異性型（真のケトン型（−CO−）及びエノール型（=C(OH)−））がありますが、いずれもこの項に属します。また、非環式のケトンのほか、飽和脂環式ケトン、不飽和脂環式ケトン及びシクロテルペンケトン、シクロヘキサノン（$C_6H_{10}O$）等があります。芳香族ケトンとしては、メチルナフチルケトン、ベンジリデンアセトン（$C_6H_5 \cdot CH=CH \cdot CO \cdot CH_3$）等があります。

　ケトンアルコール、ケトンアルデヒド、ケトンフェノールは、それぞれの分子内にケトン官能基の他に、アルコール官能基、アルデヒド官能基、フェノール官能基を有する化合物です。

　キノンは、芳香族化合物の2つのCH基が二重結合の再配列に伴って$\rangle$C=O基に転換してできたジケトンです。

より簡単に言えば、ベンゼン環の水素原子2個が酸素原子2個と置換した構造のジカルボニル化合物です。

キノンには、代表例としてアントラキノンがあります。また、コエンザイムQ10と呼ばれるユビデカレノン（INN）も含まれます。

また、キノンアルコール、キノンフェノール、キノンアルデヒドその他の酸素官能基を有するキノンがありますが、それぞれ、分子中にキノン官能基のほかにアルコール官能基、フェノール官能基又はアルデヒド官能基を有する化合物をいいます。

また、ケトン、キノン、ケトンアルコール等、キノンアルコール等のハロゲン化誘導体、スルホン化誘導体、ニトロ化誘導体及びニトロソ化誘導体には、これらの複合誘導体（例えば、スルホハロゲン化誘導体、ニトロハロゲン化誘導体、ニトロスルホン化誘導体、ニトロスルホハロゲン化誘導体）を含みます。ただし、有機着色剤は、この項に含まれず第32類に含まれます。また、この項には、アルコールのスルホン化誘導体として分類されるケトンの重亜硫酸塩化合物は含まれません。これらは、第29.05項から第29.11項までに含まれます。

(7) **第7節：カルボン酸並びにその酸無水物、酸ハロゲン化物、酸過酸化物及び過酸並びにこれらのハロゲン化誘導体、スルホン化誘導体、ニトロ化誘導体及びニトロソ化誘導体**

この節には、第29.15項（飽和非環式モノカルボン酸関係）、第29.16項（不飽和非環式モノカルボン酸及び環式モノカルボン酸関係）、第29.17項（ポリカルボン酸関係）、第29.18項（カルボン酸関係（他の酸素官能基を有するものに限る。）が含まれます。（「関係」としたのは、紙面の都合上のもので、それぞれの項のカルボン酸に、その酸無水物、酸ハロゲン化物、酸過酸化物及び過酸並びにこれらのハロゲン化誘導体、スルホン化誘導体、ニトロ化誘導体及びニトロソ化誘導体を含むことを意味します。この節の各項に共通です。以下、「その酸無水物等」と略記します。）

オルトカルボン酸もこの節に含まれます。

カルボン酸には、1個のカルボキシル基（-COOH）を有するもの（モノカルボン酸）と2個以上のカルボキシル基（-COOH）を有するもの（ポリカルボン酸）とがあります。

カルボン酸から水酸基（-OH）を取り除いて残る基をアシル基と呼び、一般式R・CO-で表します。ちなみにアシル基は、酸無水物、酸ハロゲン化物・酸過酸化物、過酸、エステル及び塩の化学式を表す際に使用されます。

酸無水物は、一塩基酸2分子から又は二塩基酸1分子から水分子1個が離脱して

生じる、特有の原子団-CO·O·OC-を有する化合物をいいます。

　酸ハロゲン化物(例えば、塩化物及び臭化物)は一般式R·CO·X(Xはハロゲン)で表されます。言い換えれば、これらの化合物は、アシル基に塩素、臭素その他のハロゲンを結合した形となります。

　酸過酸化物は、2個のアシル基が2個の酸素原子で結合した化合物であり、その一般式はR·CO·O·O·OC·Rで、また過酸は、一般式R·CO·O·OHで表されます。

　カルボン酸のエステルは、カルボキシル基(-COOH)の水素原子をアルキル基又はアリール基と置換した化合物で、一般式RCOOR$_1$で表されます。

　カルボン酸の塩は、カルボキシル基(-COOH)の水素原子を無機陽イオン(例えば、ナトリウム)と置換したもので、一般式R·CO·OMで表されます。(Mは金属又はその他の無機陽イオンです。)

　カルボン酸の、上記化合物のハロゲン化誘導体、スルホン化誘導体、ニトロ化誘導体及びニトロソ化誘導体には、酸素を有する官能基はそのままで、R又はR$_1$基の水素原子1個以上を、それぞれハロゲン、スルホン基(-SO$_3$H)、ニトロ基(-NO$_2$)及びニトロソ基(-NO)で置換した化合物並びにこれらの複合誘導体を含みます。

　第29.15項の非環式モノカルボン酸関係は、ぎ酸、酢酸等、Rがアルキル基(C$_n$H$_{2n+1}$)で、分子内にカルボキシル基を一つだけ持つ化合物です。更に、これらの酸無水物等を含みます。また、カルボン酸のエステルについても、この項の規定に合致する限りこの項に含まれます。

　なお、この項には次のものは含まれません。

(a) 食用の酢酸水溶液(酢酸の含有量が10％以下のもの)(第22.09項)

(b) 粗ステアリン酸の塩及びエステル(通常、第34.01項、第34.04項又は第38.24項)

(c) モノステアリン酸グリセリン、ジステアリン酸グリセリン及びトリステアリン酸グリセリンの混合物(これらが人造ろうの特性を有する場合は第34.04項に、その他の場合は第38.24項)

(d) 脂肪酸(脂肪酸の含有量が乾燥状態における全重量の90％未満のもの)(第38.23項)

　第29.16項には、不飽和非環式モノカルボン酸、環式モノカルボン酸関係が含まれます。すなわち、Rが不飽和非環式炭化水素又は環式炭化水素(脂環式炭化水素と芳香族炭化水素)です。またこれらの酸無水物等も含まれます。分子内の-COOH基の数は一つです。

　不飽和非環式モノカルボン酸(例えば、アクリル酸(CH$_2$=CH·COOH))、リノール酸(C$_{18}$H$_{32}$O$_2$)、不飽和脂環式モノカルボン酸、シクロテルペンモノカルボン酸、

芳香族飽和モノカルボン酸（安息香酸（$C_6H_5 \cdot COOH$））等があります。これらのエステルも、この節の各項の条件に合致するものについてはこの項に含まれることは、この属の他の項の場合と同じです。ただし、この項は、乾燥状態における重量割合が85％未満のオレイン酸及び90％未満のその他の脂肪酸（第38.23項）を含みません。

　第29.17項のポリカルボン酸関係は、分子内に2以上の－COOH基があるものです。前記のものと同様にこれらのエステル、酸無水物等も含まれます。例えば、しゅう酸、フタル酸等があります。

　第29.18項には、これまでのカルボン酸とは異なり、－COOH基のほかに、他の酸素官能基を有するもののみが分類されます。これらのエステル、酸無水物等もこの節の他の項と同様に含まれます。他の酸官能基を持つものとしては、アルコール官能のカルボン酸（例えば乳酸）、エーテル官能のカルボン酸、フェノール官能のカルボン酸（例えばサリチル酸）、アルデヒド官能又はケトン官能のカルボン酸等があります。芳香族カルボン酸であるベンジル酸（2,2-ジフェニル-2-ヒドロキシ酢酸）もこの項に含まれます。

(8) **第8節：非金属の無機酸のエステル及びその塩並びにこれらのハロゲン化誘導体、スルホン化誘導体、ニトロ化誘導体及びニトロソ化誘導体**

　前にも述べましたが、非金属の無機酸のエステルは、通常、非金属の無機酸とアルコール又はフェノールの反応によって生じ、一般式R・O・X（Rはアルコール又はフェノールに由来する基であり、Xは酸基として知られる無機酸分子の残基）を有する化合物です。硝酸の残基は－NO_2、硫酸の残基は＝SO_2、りん酸の残基は≡PO、炭酸の残基は＝COです。

　なお、この節には、この類の後の各項に該当するエステルは含まれません。また、非金属の無機酸のエステルの塩は、非金属の無機の多塩基酸（硫酸、りん酸、けい酸等）のエステルからのみ得ることができ、2個以上の置換し得る酸性要素を有し、これらの一部がエステル化されると酸エステルとなります。

　第29.19項には、りん酸エステル及びその塩（ラクトホスフェートを含む。）並びにこれらのハロゲン化誘導体、スルホン化誘導体、ニトロ化誘導体及びニトロソ化誘導体が含まれます。りん酸は、三塩基酸なので、その酸性基が1個、2個又はすべてエステル化されるかされないかによって三種のりん酸エステルを生じます。

　第29.20項の非金属のその他の無機酸のエステル（ハロゲン化水素酸エステルを除く。）及びその塩並びにこれらのハロゲン化誘導体、スルホン化誘導体、ニトロ化誘導体及びニトロソ化誘導体には、チオりん酸エステル（ホスホロチオエー

ト）等、その他の金属の無機酸（その陰イオンが非金属元素のみからなる酸）のエステルを含みますが、次のものは含まれません。
　(a) ハロゲン化水素酸のエステル（一般に第29.03項）
　(b) この項より後の各項に含まれるエステル（例えば、イソシアン酸のエステル（イソシアナート）（第29.29項）、硫化水素のエステル（一般に第29.30項））
　この項に含まれるエステルとしては、例えば、チオリン酸エステル、硫酸エステル及びその塩、亜りん酸エステル、亜硝酸エステル、硝酸エステル、炭酸エステル又はペルオキソ炭酸エステル及びこれらの塩、けい酸エステル及びその塩等があります。ただし、酸官能金属水酸化物のアルコラート及びエステル（例えば、チタニウムテトラ-n-ブトキシド）は含まれません（第29.05項）。

(9) 第9節：窒素官能化合物
　この節には、窒素官能化合物が含まれます。ただし、窒素原子を含む官能基としてのニトロ基、ニトロソ基のみを有する化合物は、この節には含まれません。お気づきのように、これまでの各節で、これらの基としての誘導体はそれぞれの節のいずれかの項にも含まれますので、これらの基のみをもっては、この節の窒素官能化合物とはしないこととされています。分類のための交通整理がされているということです。
　なお、窒素原子をヘテロ原子とする複素環式化合物は、第10節にまとめられており、この節には属しません。
　この節には、第29.21項（アミン官能化合物）、第29.22項（酸素官能のアミノ化合物）、第29.23項（第四級アンモニウム塩、水酸化第四級アンモニウム及びレシチンその他のホスホアミノリピド（レシチンその他のホスホアミノリピドについては化学的に単一であるかないかを問わない。））、第29.24項（カルボキシアミド官能化合物及び炭酸のアミド官能化合物）、第29.25項（カルボキシイミド官能化合物及びイミン官能物）、第29.26項（ニトリル官能化合物）、第29.27項（ジアゾ化合物、アゾ化合物、アゾキシ化合物）、第29.28項（ヒドラジン又は、ヒドロキシルアミンの有機誘導体）及び第29.29項（その他の窒素官能基を有する化合物）までの化学品が含まれます。それぞれの「基」については既に説明済みですのでここでは触れませんが、特徴について少しふれておきます。
① 第29.21項のアミン官能化合物
　これには、アミンの塩（例えば、硝酸塩、酢酸塩、くえん酸塩）及びアミンの置換誘導体（例えば、ハロゲン化誘導体、スルホン化誘導体、ニトロ化誘導体又はニトロソ化誘導体）を含みます。しかしながら、同時に酸素官能基（第29.05項から第29.20項に含まれる酸素官能基）を有する置換誘導体及びこれら

の塩は第29.22項に含まれることになります。更に、第29.21項には、アミン官能基の1個以上の水素原子を1個以上のハロゲン、スルホン基（-SO₃H）、ニトロ基（-NO₂）又はニトロソ基（-NO）で置換したもの並びにこれらの複合誘導体も含まれません。アミン官能基以外の水素原子をこれらの基で置換した誘導体はこの項に含まれます。

また、号レベルの分類についてはこの解説では基本的には触れていませんが、第2921.42号から第2921.49号において、次のように扱うこととなっています。

すなわち、「芳香族モノアミンの炭化水素誘導体」は、アミン窒素に結合する水素のうち1個又は両方の水素をアルキル基又はシクロアルキル基で置換した誘導体のみをいいます。従って、置換基の中で1個以上の芳香核（ベンゼン環）を有するものは、アルキル鎖を通してアミン窒素に結合しているかいないかを問わず、ここでいう誘導体には含まれません。そのため、例えば、キシリジンは「その他の」芳香族モノアミンとして第2921.49号に属し、アニリンの誘導体（第2921.42号）又はトルイジンの誘導体（第2921.43号）には属しないこととなります。

② 第29.22項の酸素官能のアミノ化合物

これらには、アミノアルコール（二種類以上の酸素官能基を有するものを除く。）、アミノナフトールその他のアミノフェノール並びにそのエーテル及びエステル並びにこれらの塩、アミノアルデヒド、アミノケトン及びアミノキノン（二種類以上の酸素官能基を有するものを除く。）並びにこれらの塩、アミノ酸（二種類以上の酸素官能基を有するものを除く。）及びそのエステル並びにこれらの塩が含まれます。

この項には、ジアゾ化し得るアミン及びその塩のうち、アゾ染料の製造のため標準的な濃度に希釈したものも含まれますが、有機染料自体となったものは第32類に含まれ、この項には分類されません。

アミノアルコールは、1個以上のアルコール性水酸基と1個以上のアミノ基が炭素原子に結合しているもの、アミノナフトールその他のアミノフェノールは、水素原子1個以上をアミノ基（-NH₂）で置換したフェノール性化合物です。これらの化合物には、酸素官能基としてアルコール又はフェノール及びそのエーテル又はエステルのみを含むもの若しくはこれらを組み合わせたものを含みます。母体となるアミノアルコール、アミノフェノールに付随する非母体部分に存在する酸素官能基は、分類に影響を及ぼしません。例えば、アミノヒドロキシナフタレンスルホン酸（7-アミノ-1-ナフトール-3-スルホン酸（ガンマ酸）など）や、ジフェニルアミンのヒドロキシ誘導体及びその塩（第29.22項）もこれらに含まれます。

第3節　第29類　有機化学品

このほか、アミノアルデヒド、アミノケトン及びアミノキノン並びにこれらの塩、アミノ酸及びそのエステル並びにこれらの塩が含まれます。この場合においても、母体となるアミノ酸に付随する非母体部分に存在する酸素官能基は、分類に影響を及ぼしません。

第29.22項に属する物品の第2922.11号から第2922.50号までの各号の分類について触れておきます。

これらの号において、エーテル又は有機酸若しくは無機酸のエステル官能基は、酸素官能基のアミン官能基との位置関係によりアルコール官能基、フェノール官能基又は酸官能基のいずれかとみなされます。これらの場合において、アミン官能基とエーテル又はエステル官能基の酸素原子の間に位置する酸素官能基のみが考慮されます。もし、化合物が、2個以上のエーテル又はエステル官能基を含む場合、化合物の分類においては、それぞれエーテル又はエステル官能基の酸素原子で化合物を分割し、アミン官能基と同じセグメントに位置する酸素官能基のみを考慮します。アミン官能基を含むセグメントを母体セグメントといいます。例えば、3-(2-アミノエトキシ)プロピオン酸の化合物において、母体セグメントは、アミノエタノールであり、カルボン酸部分は分類に影響しないので、アミノアルコールのエーテルとして第2922.19号に分類されることになります。もし、化合物が同じエーテル又はエステルに結びついたアミン官能基を2個以上持っている場合は、数字上の配列において最後となる号に分類されます。当該号の決定に際しては、エーテル又はエステル官能基は、各々のアミン官能基との関係においてアルコール、フェノール又は酸素官能基として考えられます。

アミノエトキシプロピオン酸（$NH_2 \cdot CH_2 \cdot CH_2 \cdot O \cdot CH_2 \cdot CH_2 \cdot CH_2 \cdot COOH$）において、アミン基を持つ母体は、左部分のアミノアルコール（$NH_2 \cdot CH_2 \cdot CH_2 \cdot OH$）に由来するセグメントであり、こちらのセグメントに係る酸素官能基が考慮されますので、この場合、アルコール基のエーテルとして分類することとなります。他方、右側はプロピオン酸（$CH_3 \cdot CH_2 \cdot CH_2 \cdot COOH$）の残基であり、アミンとは離れた存在で号の決定上考慮されません。

③　第29.23項の第四級アンモニウム塩、水酸化第四級アンモニウム及びレシチンその他のホスホアミノリピド（レシチンその他のホスホアミノリピドについては、化学的に単一であるかないかを問わない。）

第四級アンモニウム塩については、既に、これまでの「有機化学品を分類するための最小限の知識の整理」のところで述べていますので省略します。

④　第29.24項のカルボキシアミド官能化合物及び炭酸のアミド官能化合物

前にも述べましたが、第1アミド（$-CO \cdot NH_2$）、第2アミド（$(-CO)_2 \cdot NH$）及

び第3アミド（$(-CO)_3 \cdot N$）があります。アミドは、炭酸（カルボキシル基）のほか、無機酸ともアミドを作りますが、この項にはカルボキシアミドのみが含まれ、その他の無機酸とのアミド（第29.29項）は含まれません。

　この項のある種のアミドは、ジアゾ化し得るアミノ基を有しているものがありますが、これらのアミド及びその塩のうち、アゾ染料生成用のもので標準的な濃度に希釈したものも、この項に含まれます。また、尿素の$-NH_2$基の1個以上の水素原子を脂環式基又はアリール基で置換したものをウレインといい、尿素の$-NH_2$基の1個以上の水素原子を酸基で置換して得られるものをウレイドといいます。なお、炭酸のジアミドである尿素（$NH_2 \cdot CO \cdot NH_2$）は、肥料として分類され、この節には含まれず、化学的に純粋なものであっても第31.02項又は又は第31.05項に属することになっています。

　更に、この項には、環式アミドであるウレイン、ウレイド（例えば、パラーエトキシフェニル尿素（ズルチン）など）、アラクロール（2-クロロ-N-(2,6-ジエチルフェニル)-N-(メトキシメチル)アセトアミド等が含まれます。

⑤　第29.25項のカルボキシイミド官能化合物（サッカリン及びその塩を含む。）及びイミン官能化合物、第29.26項のニトリル官能化合物

　イミン、イミドなど官能基については既に述べましたが、イミドの一般式は$R=NH$（Rは二塩基アシル基）で、イミンはイミドのように$=NH$基の特性を有しますが、$=NH$基は酸以外の有機の基と結合したものです（$R_2C=NH$）。

⑥　第29.26項のニトリル官能化合物

　ニトリルの一般式は、$R \cdot C \equiv N$で、Rはアルキル基又はアリール基、時には窒素の場合もあります。その代表的なものはアクリロニトリルです。ただし、その重合体及びアクリロニトリル共重合体となったものは、高分子化合物であり、プラスチック（第39類）又は合成ゴム（第40類）に属します。

⑦　第29.27項のジアゾ化合物、アゾ化合物及びアゾキシ化合物

　これらの化合物は、二重結合で結合した2個の窒素原子を有し、芳香族系に属するものが最も重要です。ジアゾニウム塩（一般式RN_2+X^-（Rは有機基及びX^-は陰イオン）で表される化合物で、例えば塩化ベンゼンジアゾニウム、テトラフルオロほう酸ベンゼンジアゾニウムがあります。更に、アゾ染料を製造するため、例えば、硫酸ナトリウムのような中性塩の添加により標準的な濃度に希釈したジアゾニウム塩もこの項に含まれます。また、一般式RN_2で表される化合物（Rは有機基）、ジアゾメタン、ジアゾ酢酸エチルや、一般式$R^1 \cdot N=N \cdot (R^2)R^3$で表される化合物（$R^1$及び$R^2$は有機基で、$R^3$は有機基又は水素原子）も含まれます。

　アゾ化合物は、$R^1 \cdot N=N \cdot R^2$基（R^1及びR^2はその炭素原子の1個が直接その窒

素原子の1個と結合する有機基。)を有する化合物であり、例えばアゾベンゼン等があります。

　また、アゾキシ化合物は、一般式$R^1 \cdot N_2O \cdot R^2$(酸素原子が2個の窒素原子のうちの1個に結合している。またR^1及びR^2は、通常アリール基)で表される化合物です。

　ジアゾ化合物及びアゾ化合物はアゾ染料形成の出発原料です。これらから生じる置換誘導体もこの項に含まれます。ただし、有機着色剤は、化学的に単一の化合物であってもこの項には含まれず、第32類に属します。

⑧　第29.28項のヒドラジン($H_2N \cdot NH_2$)又はヒドロキシルアミン($NH_2 \cdot OH$)の有機誘導体

　ヒドラジン自体及びヒドロキシルアミン自体は無機化合物であり、これら及びその無機塩(第28.25項)は、第29類には含まれません。これらの有機の誘導体であるもののみ、この類に属することとなります。

　ヒドラジンは1個以上の水素原子の置換によって、例えば、($R \cdot NH \cdot NH_2$)及び($R \cdot NH \cdot NH \cdot R^1$)($R$及び$R^1$は有機基を表す。)のような誘導体を生じますし、ヒドロキシルアミンもまた、水酸基又はアミノ基($-NH_2$)のいずれかの水素原子の置換により多数の誘導体を得ることが可能です。更に、キノンオキシムの互変異性体であるニトロソフェノール及びキノンイミンオキシムの互変異性体であるニトロソアミンは、この項に含まれません(第29.08項及び第29.21項)。

⑨　第29.29項の、その他の窒素官能基を有する化合物

　例えば、単官能のイソシアナート(例えばメチレンジフェニルイソシアナート(MDI))、多官能性のイソシアナート(例えばトルエンジイソシアナートダイマー)があります。ただし、ポリ(メチレンフェニルイソシアナート)(粗MDI又は高分子MDI)はこの項には含まれず通常第39.09項に属します。

(10) **第10節:オルガノインオルガニック化合物、複素環式化合物及び核酸並びにこれらの塩並びにスルホンアミド**

　この節には、第29.30項(有機硫黄化合物)及び第29.31項(その他のオルガノインオルガニック化合物)、第29.32項〜第29.34項(各種の複素環式化合物、核酸等)及び第29.35項(スルホンアミド)が含まれます。

①　第29.30項及び第29.31項の有機硫黄化合物、その他のオルガノインオルガニック化合物

　これらには、その分子中に水素、酸素又は窒素の原子のほか硫黄、砒素、鉛等のような非金属又は金属の原子が炭素原子と直接に結合している有機化合物のみが含まれます。ただし、これらには、炭素原子と直接に結合している原子

が水素、酸素又は窒素の原子のほかスルホン化誘導体又はハロゲン化誘導体（これらの複合誘導体を含む。）の特性を与える硫黄又はハロゲンのみであるものは含まれません。

② 第29.32項から第29.34項の複素環式化合物

複素環式化合物については、既に構造式を挙げて説明しているので省略しますが、項毎にみると、ヘテロ原子が酸素のみのものは第29.32項、窒素原子のみのものは第29.33項、ヘテロ原子として酸素及び窒素以外の原子、例えば硫黄を含むものや酸素原子と窒素原子等異なるヘテロ原子を持つものは第29.34項に属します。また、第29.34項には核酸及びその塩（化学的に単一であるかないかを問わない。）も含まれます。

第29.31項のその他のオルガノインオルガニック化合物には、テトラエチル鉛（$Pb(C_2H_5)_4$）、有機けい素化合物（けい素が有機基の少なくとも一つの炭素に直接結合している化学的に単一の化合物。例えば、有機シラン及びシロキサン等）を含みます。しかしながら、無機けい素化合物（例えば四塩化けい素（$SiCl_4$）（第28.12項）、トリクロロシラン（$SiHCl_3$）（第28.53項））は含まれません。なお、けい酸のエステル及びその塩は、第29.20項に属します。また、化学的に単一な有機けい素化合物の意図的な混合物は、この表の他の項に属します（一般に、第38.24項）。更に、第39.10項のシリコーン（その分子中にけい素－酸素－けい素結合を2個以上有し、かつ、けい素原子に直接けい素－炭素結合で結合している有機基を含むもので化学的に単一でないもの）は含まれません。

そのほかこの項に含まれるものとして、鉄カルボニル、ニッケルカルボニル等、有機砒素化合物、オルト－ヨードソ安息香酸、金属アルキル、金属フラーレン、メタロセン及び有機りん化合物（例えばメチルスルフォン酸ジメチル）等があります。しかしながら、この項に含まれるものは、第29.30項と同様、類注6の規定にあるとおり、分子中に炭素原子に直接結合している原子が限られており、硫黄原子もこれら以外であるので、硫黄が直接炭素原子と結合している有機化合物は含まれません。更に、分子中に1以上の水銀原子（特に、－HgX基。Xは無機又は有機酸の残基）を有する有機水銀化合物（第28.52項）も含まれません。

第29.32項は、以前にも述べましたが、複素環式化合物のうちヘテロ原子として酸素のみを有するものに限られます。これらには、非縮合環、縮合環があります。テトラヒドロフラン、ラクトン、環の中に1以上のエステル官能基を有するものなども含まれます。例えば、フェノールフタレインなどがあります。ただし、フタレインテトラハライドのナトリウム誘導体（第29.18項）、フルオレセイン（レゾルシノール－フタレイン）（第32.04項）等は含まれません。更に、

アスコルビン酸はビタミンであり第29.36項に属し、この項には含まれません。

更に、この項には、ケトンペルオキシド(第29.09項)、三員環のエポキシド(第29.10項)、アルデヒドの環式重合体(第29.12項)及びチオアルデヒドの環式重合体(第29.30項)、多塩基カルボン酸の無水物及び多塩基酸と多価アルコール又は多価フェノールの環式エステル(第29.17項)は含まれません。

前にも述べましたが、第2932.29号(その他のラクトン)について触れておきます。

ラクトンの同じ環にラクトン基の酸素原子の他にヘテロ原子を含むものは、このラクトンの号には分類されません。このような場合には、そのヘテロ原子を考慮して所属が決定されることになります。

もし、エステル官能基が2以上の環の一部を形成しており、かつ、これらの環の一つが、ラクトン基の酸素原子以外のヘテロ原子を含まなければ、当該分子はラクトンとみなされます。これは、環式エステル、多塩基酸のイミドは、注7の規定に該当する場合はヘテロ原子と見ない扱いと相応しているといえましょう。従って第2932.29号に分類されるためには、ラクトンは、基のそれぞれの末端で一つ以上の炭素原子によって分離される異なるラクトン基を持たなくてはなりません。しかしながら、2以上のラクトン基を分け、かつ、隣接している炭素原子がオキソ基(〉C=O)、イミノ基(〉C=NH)又はチオキソ基(〉C=S)である化合物は、この号には含まれません。

③　第29.33項の複素環式化合物

この項の複素環式化合物は、ヘテロ原子として窒素のみを有するものに限られます。既に述べているので詳細には触れませんが、若干の注意事項を挙げておくこととします。

この項には、ヒダントイン、バルビツール酸など薬物に関係する化学物質が多く含まれます。更に、これらの項に含まれる化合物は、同時に、アルカロイド、抗生物質、ホルモン等であるものもあるのでその分類については注意を要します。

また、この項の物品と第27類の物品との間の純度基準もあります。例えば、ピリジンは、純度が95％以上(重量比)のものがこの項に属し、低純度のものは第27.07項に属します。ピリジンの誘導体には、メチルピリジン(ピコリン)、5-エチル-2-メチルピリジン(5-エチル-2-ピコリン)及び2-ビニルピリジンがありますが、この項に属するこれらの誘導体は、純度が90％以上(重量比)のもの(メチルピリジンの場合は、すべてのメチルピリジン異性体の合算量)です。これらの基準より低い純度の誘導体は第27.07項に属します。同じくピリジンの誘導体として、ピリジン-カルボン酸(ピリジン-ガンマ-カルボン酸(イソニコチ

ン酸))がありますが、いわゆる「ニコチン酸」として知られるピリジン-β-カルボン酸は、第29.36項のビタミン及びプロビタミンに分類され、この項には含まれないので注意が必要です。

　そのほか、キノリン環又はイソキノリン環(いずれも水素添加してあるかないかを問わないものとし、更に縮合したものを除く。)を有する化合物、ピリミジン環(水素添加してあるかないかを問わない。)又はピペラジン環を有する化合物(マロニル尿素(バルビツル酸)及びその誘導体)、非縮合トリアジン環(水素添加してあるかないかを問わない。)を有する化合物(メラミン(トリアミノトリアジン)、メテナミン(INN))、ヘキサメチレンテトラミン)並びにその塩及び誘導体が含まれます。ただし、この項には、メテナミン(INN)を医薬用に錠剤にしたもの(第30.04項)及びメテナミンを燃料用の形状(例えば、タブレット状、棒状その他これらに類する形状)にしたもの(第36.06項)は含まれません。

　この項には、ラクタム類(ラクトンと同様に分子内アミドとみなされ、アミノ酸から1分子の水の離脱によって得られ、その分子は環に1以上のアミド官能基を含みます。)、ラクタムのエノール形互変異性体(ケトン形異性体)であるラクチムも含まれます。

　また、1,5,9-トリアザシクロドデカン-2,6,10-トリオンも含まれますが、分子内第四級アンモニウム塩の一種であるベタイン(トリメチルグリシン、トリメチルグリコール)は第29.23項に属しこの項には含まれません。その他この項の複素環式化合物として、カルバゾール及びその誘導体(2個のベンゼン環と1個のピロール核とが縮合した形)のもの等があります。

　ここで、第2933.11号、第2933.21号及び第2933.52号の分類について述べておきます。

　フェナゾン(第2933.11号)、ヒダントイン(第2933.21号)及びバルビツール酸(第2933.52号)は、その複素環構造に特性を有する化合物です。それぞれの号に属するこれらの物品の誘導体もまた母体化合物の基本構造を有します。このように、母体化合物と比較した場合、これらの誘導体は、通常(i)官能基(例えば、オキソ基)が変性されておらず、(ii)母体化合物と同じ二重結合の数と位置を保持しており、(iii)母体化合物と同じ置換基(例えば、フェナゾンにおいては、フェニル基及び2個のメチル基)を有し、(iv)水素原子のみが更に置換している(例えば、バルビツール酸のピリミジン環の中にある水素原子がアルキル基で置換されている。)ものです。ただし、母体化合物のエノール型より得られた塩はケト型の誘導体とみなされます。また、ラクタムの同じ環にラクタム基の窒素原子の他にヘテロ原子を含むものは、このラクタムの号に分類されま

せん。このような場合には、そのヘテロ原子を考慮して所属が決定されます。従って、例えばオキサゼパームは第2933.91号に属し、第2933.79号には属しません。もし、アミド官能基が、2以上の環の一部を形成しており、かつ、これらの環の一つが、さらにラクタム基の窒素原子以外のヘテロ原子を含まなければ、当該分子は、ラクタムとみなされます。従って、第2933.79号に分類されるためには、ラクタムは、基のそれぞれの末端で一つ以上の炭素原子によって分離される異なるラクタム基を持たなくてはなりません。しかしながら、これらのラクタム基を分け、かつ隣接している炭素原子が、オキソ基（ ${>}$C=O）、イミノ基（ ${>}$C=NH）又はチオキソ基（ ${>}$C=S）である化合物はこの号には含まれません。従って、例えば、バルビツール酸は第2933.79号には含まれず、第2933.52号に分類されることとなっています。

④ 第29.34項の酸及びその塩（化学的に単一であるかないかを問わない。）並びにその他の複素環式化合物

これらは、非縮合チアゾール環、フェノチアジン環及びベンゾチアゾール環（いずれも水素添加してあるかないかを問わない。更に縮合したものを除く。）を有する化合物を含みます。また、その他の複素環式化合物としては、スルトン（ヒドロキシスルホン酸の分子内のエステルとみなせる。）があり、フェノールレッド（フェノールスルホンフタレイン）はその例です。ただし、この項には、核酸水銀で第28.52項に該当するもの及びチオアルデヒドの環式重合体（第29.30項）は含まれません。

この項の物質には、生理活性を有する化合物も多く、国際的文書において麻薬又は向精神薬物として取り扱われているものも含まれます。

⑤ 第29.35項のスルホンアミド

これは、一般式（$R^1 \cdot SO_2 \cdot N \cdot R^2 \cdot R^3$）（$R^1$は$SO_2$基に直接結合する炭素原子を含む各種の複雑な有機基で、R^2及びR^3は水素原子、他の原子又は各種の複雑な無機基若しくは有機基（二重結合又は環を含む。）のいずれか）を有します。これらには、例えば、オルト-トルエンスルホンアミド、オルト-スルファモイル安息香酸、パラ-スルファモイルベンジルアミン、パラ-アミノベンゼンスルホンアミド（$NH_2 \cdot C_6H_4 \cdot SO_2 \cdot NH_2$）（スルファニルアミド）等があります。しかしながら、この項には、スルホンアミド基の全てのS−N結合が環の一部である化合物は含まれません。これらは、第29.34項の複素環式化合物（スルタム）に属します。

(11) 第11節：プロビタミン、ビタミン及びホルモン

この節には、第29.36項（プロビタミン及びビタミン（天然のもの及びこれと同

一の構造を有する合成のもの（天然のものを濃縮したものを含む。）に限る。）並びにこれらの誘導体で主としてビタミンとして使用するもの並びにこれらの相互の混合物（この項の物品については、溶媒に溶かしてあるかないかを問わない。）及び第29.37項（ホルモン、プロスタグランジン、トロンボキサン及びロイコトリエン（天然のもの及びこれと同一の構造を有する合成のものに限る。）並びにこれらの誘導体及び構造類似物（主にホルモンとして使用するもので、変性ポリペプチドを含む。））が含まれます。

① 第29.36項のビタミン類

　ビタミンは動植物が適性に機能し、かつ、調和した成長をするために必須のもので、かなり複雑な化学組成から成る活性物質を含みます。こうした物質は人体では合成できず体外から摂取されるものです。ちなみに、第29.37項のホルモンは内分泌物で基本的に体内で合成されるものです。

　また、この節において、「誘導体」とは、各節の出発化合物から得られ、かつ、基本化学構造を含む母体化合物の重要な特性を有する化合物をいうこととされています。

　なお、この類の誘導体については、この類の号注1に「この類において化合物の誘導体は、当該誘導体が他のいかなる号にも含まれておらず、かつ、関連する号中に「その他のもの」を定める号がない場合には、当該化合物が属する号に属する」とされています。

　さて、この項のビタミン類は、天然のもの（濃縮物を含む。）、天然のものと同じ分子構造を持つ合成の化学物質です。従って自然界に存在しないものは基本的にこの項には含まれませんが、これらの誘導体であって主にビタミンとして使用されるものはこの項に属します。こうした条件に該当するものであれば、これらの相互の混合物もまたこの項に属します。

　また、この項には、保存又は輸送の目的で、酸化防止剤、固結防止剤（例えば、炭水化物）を添加したもの、適当な物質で被覆されたもの（例えば、ゼラチン、ワックス又は油脂）、適当な物質（例えばケイ酸）に吸収させたものを含みますが、保存又は輸送のために必要とされる以上の添加又は加工を施していない場合、及び当該添加若しくは加工により、当該物品の特性を変えず、又は特定の用途に適合するようにしていない場合に限られます。

　次に掲げる物品は、ビタミンと呼ばれることがありますが、ビタミン活性がないか、あってもその物品の他の用途に比べ第二義的です。こうしたものはこの項には含まれないので注意が必要です。それらのすべてを記述することは紙面の都合上難しいのですが、一部紹介しておきますと、例えば次のような物品が該当します。

(a) メソイノシトール、ミオイノシトール、イソ-イノシトール又はメソイノシット（第29.06項）
(b) ビタミンH₁（パラ-アミノ安息香酸（第29.22項））
(c) コリン又はビリニューリン（第29.23項）
(d) ビタミンB₄（アデニン又は6-アミノプリン（第29.33項））
(e) ビタミンC₂又はビタミンP（シトリン、ヘスペリジン、ルトシド（ルチン）、エスキュリン（第29.38項））
(f) ビタミンF（リノール酸（アルファ体及びベータ体）、リノレン酸、アラキドン酸（第38.23項））。

また、ビタミンの合成代用物である次のような物品もこの項には含まれません。

(a) ビタミンK₃（メナジオン、メナフトン、メチルナフトン又は2-メチル-1,4-ナフトキノン（2-メチル-1,4-ナフトキノンビサルファイト誘導体のナトリウム塩）（第29.14項））、メナジオール又は1,4-ジヒドロキシ-2-メチルナフタレン（第29.07項））
(b) ビタミンK₆(1,4-ジアミノ-2-メチルナフタレン（第29.21項））
(c) ビタミンK₅(塩酸-4-アミノ-2-メチル-1-ナフトール（第29.22項））
(d) システイン（ビタミンB代用物（第29.30項））
(e) フチオコール（2-ヒドロキシ-3-メチル-1,4-ナフトキノンで、ビタミンK代用物（第29.41項））。

このほか、(a) ステロール（エルゴステロールを除く。）：コレステロール、シトステロール、スティグマステロール及びビタミンD₂の製造中に得られるステロール（タキステロール、ルミステロール、トキステロール、スプラステロール）（第29.06項））、(b) 第30.03項又は第30.04項に該当する医薬品、(c) キサントフィル及び天然のカロチノイド（第32.03項）、(d) プロビタミンA（アルファカロチン、ベータカロチン及びガンマカロチン並びにクリプトキサンチン（用途が着色料であり第32.03項又は第32.04項に属します。）、等もこの項には含まれません。

また、号についてですが、第2936.90号には、二以上のビタミンの誘導体の混合物を含みます。例えば、あらかじめ決められた混合比率のD-パントラクトン、3-アミノ-1-プロパノール及び3-エトキシプロピルアミンの反応である化学合成により得られるD-パントテノールエチルエーテル及びデクスパンテノールの混合物は、「その他のもの」として第2936.90号に分類され、第2936.24号の混合されていないD-又はDL-パントテン酸の誘導体には分類されません。

② 第29.37項のホルモン、プロスタグランジン、トロンボキサン及びロイコトリエン（天然のもの及びこれと同一の構造を有する合成のものに限る。）並びにこれらの誘導体及び構造類似物（主にホルモンとして使用するもので、変性ポ

第6章　第6部　化学工業（類似の工業を含む。）の生産品

リペプチドを含む。）
　これらには、ポリペプチドホルモン、たんぱく質ホルモン及び糖たんぱく質ホルモン並びにこれらの誘導体及び構造類似物があります。具体的には以下のとおりです。
(i)　天然のホルモン
(ii)　プロスタグランジン、トロンボキサン及びロイコトリエンで天然のもの
(iii)　ホルモン、プロスタグランジン、トロンボキサン及びロイコトリエンで合成によって得られたもので、天然の物質と同一の化学構造を有するもの）
(iv)　ホルモン、プロスタグランジン、トロンボキサン及びロイコトリエンの誘導体で天然のもの又は合成によって得られたもの（塩、ハロゲン化誘導体、環式アセタール、エステル等（誘導体の混合物（例えば、ハロゲン化誘導体のエステル）を含み、主にホルモンとして使用するものに限る。））
(v)　ホルモン、プロスタグランジン、トロンボキサン及びロイコトリエンの構造類似物
「構造類似物」とは、母体化合物と近似な構造関係を持つが、誘導体とは認められない化合物で、これには、天然の化合物に構造的に類似するが、構造内の一原子以上を他の原子で置き換えた化合物を含みます。
　これらには、例えば、ポリペプチドホルモンの構造類似物（天然のポリペプチド鎖中の特定のアミノ酸を付加、脱離、置換又は交換して形成されます。）、ステロイドホルモンの構造類似物（ゴナン構造を有していなくてはならないが、環の短縮若しくは拡張又は環の原子が他の原子（ヘテロ原子）によって置換されていてもよいこととされています。ドモプレドネート（INN）及びオキサンドロロン等）、プロスタグランジン、トロンボキサン及びロイコトリエンの構造類似物（鎖状構造中の原子が置換され又は環が形成若しくは脱離されていてもよい。）また、チルスプロスト（tilsuprost）（INN）（プロスタグランジンの構造類似物）においては、酸素及び炭素原子が窒素及び硫黄原子で置換され、環が1つ閉じている。）があります。
(vi)　ホルモンの天然の混合物若しくはその誘導体又はホルモン作用を持つと認められるステロイドの天然の混合物
　例えば、コルチコステロイドホルモンの天然の混合物又は結合エストロゲンの天然の混合物があります。ただし、人為的な混合物又は調製品はこの項に含まれません（通常、第30.03項又は第30.04項）。
　また、ホルモン放出因子（ホルモン刺激因子）、ホルモン阻害剤及びホルモン拮抗剤（抗ホルモン）もこの項に含まれます（この類の注8参照）。更に、この項にはホルモン（天然のもの又はこれと同一の構造を有する合成のもの）を母体化

合物とし、かつ、ホルモンと同様の作用機序で作用する物品に限り、ホルモンの誘導体及び構造類似物を含みます。

第29.37項に分類される物品については、関税率表解説に一覧表があるので参考にしてください。もっとも当該一覧表に記載されているものが全てではないことに注意が必要です。WHOにホルモンとして記述のある物質は、この項の条件に合致する限り、この項のホルモン関連物品に含まれると判断してよいと思います。

他方、この項には、次の物品は含まれません。

(a) ホルモンに類似した構造を有するが、ホルモン作用を有しない物品。(例えば、アンドロスト-5-エン-3α,17α-ジオール、アンドロスト-5-エン-3α,17β-ジオール（第29.06項）及びそれらの酢酸ジエステル（第29.15項）、アドレナロン（INN）（第29.22項））、第29.22項に属する物品（例えば、2-アミノ-1-(3,4-ジヒドロキシフェニル）ブタン-1-オール)、

(b) ホルモン様作用を有するが、ホルモン類似構造を有しない物品。例えば、ジエネストロール（INN）(3,4-ビス（p-ヒドロキシフェニル）ヘキサ-2,4-ジエン）（第29.07項）

(c) ホルモン様作用を有する天然の物質であるが、人又は動物の身体で分泌されるものでないもの。例えば、ジーラレノン（たんぱく質同化剤（第29.32項))、アスペルリシン（コレシストキニンの拮抗剤（第29.33項))

(d) ホルモンとみなされる場合もあるが、真のホルモン活性を有しない物品。例えば、シスチン、システイン（INN）及びこれらの塩酸塩（第29.30項）

(e) 植物生長調整剤（天然のもの及び合成のもの。例えば、植物ホルモン）。これらは混合されておらず、かつ、小売用でない場合には、その化学組成により所属を決定し、小売用の形状若しくは包装にしたもの又は調製したもの若しくは製品にしたものは第38.08項

(12) 第12節：グリコシド及び植物アルカイド（天然のもの及びこれと同一の構造を有する合成のものに限る。）並びにこれらの塩、エーテル、エステルその他の誘導体

この節には、第29.38項（グリコシド及びその誘導体）及び第29.39項（植物アルカロイド）が含まれます。これらは、いずれも天然のもの及びこれと同一の構造を有する構成のものに限られます。

この節において、「誘導体」とは、各項の出発化合物から得られ、かつ、基本化学構造を含む母体化合物の重要な特性を有する化合物をいうこととされています。

① 第29.38項のグリコシド及びその塩、エーテル、エステルその他の誘導体
　　グリコシド（配糖体）は、天然には特に植物界に広く分布しています。これ

は、通常、酸、塩基又は酵素の作用によって糖と糖以外の部分(アグリコン)に分解されます。これらの部分は、糖のアノマーを形成する炭素原子によって互いにつながっています(したがって、第29.40項のバッシニンとハマメリタンニンのようなもの(この例は、いずれもCH_2OHの部分のエステル)は、グリコシドとは認められません。)。自然界に最も多く存在するグリコシドは、O-グリコシドで、糖の部分とアグリコンがアセタール官能基によって結び付いています。しかしながら、自然界に存在するN-グリコシド、S-グリコシド及びC-グリコシドにおいては、糖のアノマーを形成する炭素原子が、窒素原子、硫黄原子又は炭素原子によってアグリコンに結合している(例えば、カシミロエジン(N-グリコシド)、シニグリン(S-グリコシド)及びアロイン(C-グリコシド))。アグリコンは、エステル基によって糖と結合することもあります。

　この項には、天然又は合成のグリコシドであるタンニン誘導体や、グリコシドの天然混合物及びその誘導体の天然混合物(例えば、プルプレアグリコシドA、プルプレアグリコシドB、ジギトキシン、ジトキシン、ジタロキシン等を含有するジギタリスグリコシドの天然混合物)が含まれますが、これらのものを人為的に混合したもの又は調製品は含まれません。また、ヌクレオシド及びヌクレオチド(第29.34項)、アルカロイド(第29.39項)、非天然グリコシド(第29.37項又は第29.39項の製品を除く。)(例えば、α-メチルグリコシド、トリベノサイド(INN)(第29.40項))、抗生物質(例えばトヨカマイシン)(第29.41項)等は含まれません。

② 第29.39項の植物アルカロイド(天然のもの及びこれと同一の構造を有する合成のものに限る。)及びその塩、エーテル、エステルその他の誘導体

　この項には、純粋なアルカロイドのほかにアルカロイドの天然混合物が含まれます。しかし、アルカロイドを人為的に混合したもの又は調製品は含まれません。また、液汁(樹液)や植物抽出物(例えば、あへんの乾燥液汁)は第13.02項に属し、この項には含まれません。

　また、この項には、アルカロイドの水素添加誘導体、脱水素誘導体、酸素添加誘導体及び脱酸素誘導体のほか、一般に、その構造が天然アルカロイドから得られた構造と同一であるアルカロイド誘導体も含まれます。

　この項に含まれるアルカロイド及びその誘導体並びにこれらの塩を掲げるときりがありませんが、例えば、モルヒネ、けしがら濃縮物(天然のアルカロイドの混合物で、けしから抽出し、精製したもので、アルカロイドの含有量が全重量の50%以上のもの)、あへんアルカロイドの誘導体(モルヒネ構造を有している限り、水素添加されているかいないかを問わず、この項に属します。)、キニーネ、カフェイン及びその塩、エフェドリン類及びこれらの塩、プソイド

エフェドリン(Pseudoephedrine(INN))、テオフィリン、アミノフィリン(テオフィリン-エチレンジアミン)、これらの誘導体並びにこれらの塩、テオフィリン、アミノフィリン(テオフィリン-エチレンジアミン)、ライ麦麦角のアルカロイド及びその誘導体並びにこれらの塩等があります。

なお、この項には、植物由来のアルカロイドに限らず、非植物由来のアルカロイド(ビリジカチン、ヒストリオニコトキシン、コツシネリン、パラシン及びプロシアニン等)も含まれます。

(13) 第13節:その他の有機化合物

この節には、第29.40項(糖類)、第29.41項(抗生物質)及び第29.42項(その他の有機化合物)が含まれます。

① 第29.40項の糖類

この項の糖類は、「化学的に純粋なものに限るものとし、しょ糖、乳糖、麦芽糖、ぶどう糖及び果糖を除く。並びに、糖エーテル、糖アセタール、糖エステル、糖エーテルの塩、糖アセタールの塩及び糖エステルの塩(第29.37項から第29.39項までの物品を除く。)」とされているとおり、化学的に純粋なもののみ(単糖類、二糖類及びオリゴ糖)を含みます。

それぞれの糖ユニットは4個から8個の炭素原子から構成され、かつ、少なくとも1個の潜在的な還元力を有するカルボニル基(アルデヒド性又はケトン性)及び水酸基と水素原子とが結合した最低1個の不斉炭素原子を含んでいなければならないこととなっています。ただし、化学的に純粋な糖であっても、しょ糖(第17.01項)、ぶどう糖及び乳糖(第17.02項)、麦芽糖(第17.02項)、果糖(第17.02項)はこの項には含まれません。また、アルドール(第29.12項)及びアセトイン(3-ヒドロキシ-2-ブタノン)(第29.14項)(これらは糖ユニットの基準を満たしますが、糖では無く、この項には属しません。)

他方、これら以外の糖は化学的に純粋なものは、この項に属します。例えば、ガラクトース、ソルボース(ソルベノース)、キシロース($C_5H_{10}O_5$)、トレハロース(しょ糖の異性体)、リボース及びアラビノース(いずれもキシロースの異性体)、ラフィノース($C_{18}H_{32}O_{16}$)、フコース、ラムノース($C_6H_{12}O_5$)、ジギトキソース($C_6H_{12}O_4$)及びその他のデオキシ糖等があります。これらは、水溶液であってもこの項に属します。

また、第29.40項には、糖エーテル、糖アセタール、糖エステル及びこれらの塩を含みます。糖アセタールは、糖の任意の2つの水酸基の間又はグリコシドを作るアノマー炭素に形成されます。ただし、天然のグリコシドは第29.38項に含まれ、この項には含まれないので注意が必要です。また、第29.37項、

第29.38項、第29.39項又は第29.40項より後の項の物品の構成部分である糖エーテル、糖アセタール及び糖エステルもこの項には含まれません。

　この項には化学的に単一であるかないかを問わず、例えば、ヒドロキシプロピルしょ糖（糖エーテル）、糖類のりん酸エステル及びその塩、オクタ酢酸しょ糖、モノ酢酸しょ糖、酢酸イソ酪酸しょ糖、ラクチトール（INN）（4-O-β-D-ガラクトピラノシル-D-グルシトール）、グルコシド結合がアノマー化した炭素原子のエーテル化によって形成されたアセタール官能基となっている天然でないグルコシド（第29.37項、第29.38項又は第29.39項の物品を除く。例えば、α-メチルグルコシド、トリベノシド（INN））等が含まれます。しかしながら、この項には、糖エーテル、糖アセタール、糖エステル及びこれらの塩の人為的な相互の混合物又は非糖成分の混合物である出発原料から人為的に調製若しくは製造したもの（例えば、第38.23項の脂肪酸からつくられた糖エステル）は含まれず、更に、この項には糖無水物、チオ糖、アミノ糖、ウロン酸及びその他の糖誘導体も含まれません。これらは通常その化学構造により第29類の他の項に分類されます。

② 第29.41項の抗生物質

　これらは、単一の物質又はその関連物質の混合物から成っており、その化学構造がまったく不明なものも、確定しているものもあります。これには、複素環式のもの（例えば、ノボビオシン、セファロスポリネ類、ストレプトスライシン等）、糖に関連するもの（例えば、ストレプトマイシン）、テトラサイクリン類及びその誘導体（例えば、クロルテトラサイクリン）、クロラムフェニコール及びその誘導体（例えばチアンフェニコール及びフロルフェニコール）、マクロライド類（例えば、エリスロマイシン、アンホテリシンB、タイロシン等）、ポリペプチド類（例えば、アクチノマイシン類、バシトラシン、グラミジン類、チロシジン等）があります。また、その他の抗生物質として、例えば、ザルコマイシン、バイコマイシンがあります。

　ところで、ホルモン、グルコシド、アルカロイド、糖類と同様、この項において、「誘導体とは、この項の化合物から得られ、母体化合物の本質的特徴（基本化学構造を含む）を保持した活性な抗生物質化合物をいう」とされています。

　この項には、また、抗生物質として使用される化学的に変性した抗生物質も含まれます。半合成ペニシリン又は生合成ペニシリンや、合成によって作られる天然と同一の構造の抗生物質（例えば、クロラムフェニコール）、さらには、天然の抗生物質に非常に構造が似ており、抗生物質として使用されているある種の合成物質（例えば、チアンフェニコール）もこの項に含まれます。ただし、この項には、飼料として使用されるある種の抗生物質製剤（例えば、乾燥し規

格化した完全な菌糸体)(第23.09項)、非常に低い抗菌活性を有する化学的に単一の有機化合物で、抗生物質の中間原料として使用されるもの(その構造により、この類の前項までのいずれかに該当するもの)、キノリンカルボン酸の誘導体、ニトロフラン、スルフォンアミド及びその他の化学的に単一の有機化合物で、抗菌作用を有しているが、この類の前項までのいずれかに分類されるもの、抗生物質の人為的混合物(例えば、ペニシリンとストレプトマイシンの混合物)で、治療又は予防用に使用するもの(第30.03項又は第30.04項)、抗生物質の製造工程の中間生産品であって、発酵物をろ過し、第一段階の抽出を行って得られるもので、その濃度が一般に70％以下のもの(第38.24項)は含まれません。

第2941.10号には、すべてのペニシリン類が含まれます。すなわち、アミノ-(4-カルボキシ-5,5-ジメチルチアゾリジン-2-イル)酢酸のβ-ラクタム化合物(ラクタム環のアミン官能基は有機酸とアミド結合で結合したもの)であるペニン(6-アミノペニシラン酸)骨格を分子中に含むすべての活性な抗生物質です。これらの有機酸の構造、塩の形成又はその他のチアゾリジン環のカルボキシル基上の置換は、分類に影響を及ぼさないこととなっています。しかし、ペニン基本構造(骨格)が変性されたものはこの細分には含まれません。この号には、アンピシリン(INN)、アモキシシリン(INN)、タランピシリン(INN)を含みますが、セファロスポリン類(例えば、セファゾリン(INN)、セファクロル(INN))、セファマイシン類(例えば、セフォキシチン(INN))、オキサセフェム類、ペネム類、カルバペネム類等のようなβ-ラクタム環を含むその他の抗生物質は含まれません。

第2941.20号のストレプトマイシンの誘導体は、ストレプトマイシン骨格の構成要素(5-デオキシリキソースに結合するストレプチジン及びメチルグルコサミン)すべてを分子中の構造に含む活性な抗生物質です。いかなる場所にエステル及びグリコシドがあっても誘導体と認められます。この号には、ジヒドロストレプトマイシン(INN)及びストレプトニアジド(INN)が含まれますが、ストレプチジンの2個のアミジノ基を保持していないブルエンソマイシン(INN)や、ネオマイシン(INN)のような、ストレプトアミンの誘導体を含むその他のアミドグリコシド類は、ストレプトマイシンの誘導体とはみなされないこととなっています。

第2941.30号のテトラサイクリンの誘導体は、部分的に水素添加したテトラサイクリン骨格の4-ジメチルアミノ-ナフタセン-2-カルボキシアミドを分子中に含む活性な抗生物質で、エステルは、誘導体と認められます。この号には、クロロテトラサイクリン(INN)及びロリテトラサイクリン(INN)が含まれます

が、アクラルビシン(INN)及びドキソルビシン(INN)のような「ルビシン」タイプのアントラサイクリンは、テトラサイクリンの誘導体とは認められずこの項には含まれません。

　第2941.40号のクロラムフェニコールの誘導体は、クロラムフェニコール骨格のN-(2-ヒドロキシ-1-メチル-2-フェネチル)アセタミドを分子中に含む活性な抗生物質です。この号は、チアンフェニコール(INN)及びフロルフェニコール(INN)を含みますが、セトフェニコール(INN)は、抗菌的に活性ではないためこのグループに属しません。

　第2941.50号のエリスロマイシンの誘導体は、エリスロマイシン骨格の構成要素(デソスアミン及びミカロース(又はクラディノース)と結合する13-エチル-13-トリデカノリド)を分子中に含む活性な抗生物質で、エステルは誘導体と認められます。クラリスロマイシン(INN)及びジリスロマイシン(INN)もこの号に含まれますが、15員環を含むアジスロマイシン(INN)及びクラディノース又はミカロースを含まないピクロマイシンは、エリスロマイシンの誘導体とはみなされません。

③　第29.42項のその他の有機化合物

　ここには、化学的に単一の有機化合物で、他の項に該当しないものが分類されます。前にも述べましたが、この項には、ケテン(これらのものはカルボニル基(C=O)を有する点でケトンに類似していますが、カルボニル基が隣接する炭素原子と二重結合で結合しているものです。例えば、ケテン、ジフェニルケテン等)を含みます。ただし、第29.32項のラクトンであるジケテンは、この項には含まれません。また、アセト亜砒酸銅、三ふっ化ほう素と酢酸、ジエチルエーテル又はフェノールとの錯化合物、ジチモール二よう化物、グルコン酸アンチモニルナトリウム及びスチボグルコン酸ナトリウム(三価又は五価のアンチモン)、メタクリル酸塩化第二クロム等が含まれます。

(14) この類の終わりに

　有機化合物については、特に、第9節(窒素官能化合物)以降の各節の項に属する物質は、それぞれに関連があり、複素環式化合物、ビタミン関係、ホルモン関係、グリコシド関係、アルカロイド関係、糖類(エーテル、エステル、アセタール等)、抗生物質関係等の2つ以上の項に同時に属するものが少なくありません。また、ビタミン、ホルモン、グリコシド、アルカロイド等は、天然に存在するもの及びその合成品などに限られ、実際の分類に当たっては、こうしたものであるかどうかの確認、性質、性状等の確認が必要となります。同時に複数の項に属する場合は、数字上の配列の最も後ろの項に属することとされており、システマ

ティックに分類できるよう交通整理されていますが、その前に、天然に存在する物質であるか、全く人工的に創出されたた物質であるかといった点も見極めることが重要であるといえます。

第6章　第6部　化学工業（類似の工業を含む。）の生産品

第4節　第30類　医療用品

1　この類に含まれる物品の概要及び留意点

　第30類には、臓器療法用の腺その他の器官又はその分泌物の抽出物、免疫血清、ワクチン、医薬品、医療用品、救急箱等が分類されます。救急箱は、医薬品等のセットですが、この類の注4の規定により、通則3(b)を持ち出すまでもなく、通則1の段階で所属が決まることとなります。

　また、この類に属する物品と他の類に属する物品との関係で注意が必要なものは、ざっと思いつくものでも、例えば、第5類のその他の動物性生産品、第13類の植物エキス、第17類ののど飴等のキャンディー、第21類の食餌療法用の物品その他栄養補助食品、第22類の精製水、強壮飲料、第28類の放射性元素を含む化合物を用いた診断用の薬品、第29類のホルモン、抗生物質、アルカロイド等、第33類のはっか、ユーカリの精油等の調製品、第34類の歯科用の調製品、また、第35類のたんぱく質、第52類の綿織物（ガーゼ）等があります。これらについては、この類の各項の物品に関する説明で簡単に触れていきます。

　さて、この類の物品の分類上の留意点について、注の規定に触れておきます。まず第6部の部注です。すでに第6部の最初のところで述べましたが、関係する第6部の注は次のようになっています。

　部注1
　（A）第28.44項又は第28.45項に該当する物品は、放射性鉱物を除くほか、当該各項に属するものとし、この表の他の項には属しない。
　（B）第28.43項、第28.46項又は第28.52項に該当する物品は、（A）の物品を除くほか、当該各項に属するものとし、この部の他の項には属しない。

　部注2
　投与量又は小売用にしたことにより第30.04項から第30.06項まで、第32.12項、第33.03項から第33.07項まで、第35.06項、第37.07項又は第38.08項のいずれかに属するとみられる物品は、1の物品を除くほか、当該各項に属するものとし、この表の他の項には属しない。

　また、第30類注4(d)の規定は次のようになっています。

　類注4
　第30.06項は、次の物品のみを含む。当該物品は第30.06項に属するものとし、この表の他の項には属しない。
　（d）エックス線検査用造影剤及び患者に投与する診断用試薬（混合してないもので投与量にしたもの及び二以上の成分から成るもので検査用又は診断用に混合したものに限る。）

この、部注と類注の関係ですが、例えば放射性元素の化合物を含んだ投与量にした診断用試薬はどちらに分類するかという問題があります。すでに述べたとおり、まず部注の規定に従って第28.44項に属することとなり、これら以外のものが第30.06項に属すると考えるべきでしょう(「第1節 部の概要」参照)。ただ、実際には、こうした物品は、半減期との関係から、貿易取引の商品としては一般的ではないものもあると思います。例えばPETで利用される診断用試薬ですが、腫瘍は代謝が活発であることからブドウ糖を多く摂取することに着目し、ある種の腫瘍の検査には、OH基の一つを$_{18}$F(陽電子放出性フッ素)でラベル(置換)したブドウ糖(フルオロデオキシグルコース)が使われます。これが腫瘍細胞に集まり、陽電子を放出したとき電子と衝突して一対のγ線を出す現象を利用する検査ですが、そのフルオロデオキシグルコース中の$_{18}$Fの半減期は109.8分といわれています。従って、この検査用試薬は検査時に製造しなければならないとされています。(もっとも、シンチグラフなどに使われる放射性元素の化合物を含む診断用試薬はもっと半減期の長いものがあると思いますが。)

2 この類に含まれない物品

最初に述べた他の項の物品との関連ですが、この類に含まれない旨が注で規定されているものは次のとおりです。

(a) 食餌療法用の食料、強化食料、食餌補助剤、強壮飲料、鉱水その他の飲食物(静脈注射用の栄養剤を除く。)(第4部参照)
(b) 喫煙者の禁煙補助用の調製品(例えば、錠剤、チューインガム及びパッチ(経皮投与剤)(第21.06項及び第38.24項参照))
(c) 歯科用に特に焼き又は細かく粉砕したプラスター(第25.20項参照)
(d) 精油のアキュアスディスチレート及びアキュアスソリューションで、医薬用に適するもの(第33.01項参照)
(e) 第33.03項から第33.07項までの調製品(治療作用又は予防作用を有するものを含む。)
(f) 第34.01項のせっけんその他の物品で医薬品を加えたもの
(g) プラスターをもととした歯科用の調製品(第34.07項参照)
(h) 治療用又は予防用に調製してない血液アルブミン(第35.02項参照)

3 各項の規定

それでは、この類の各項に含まれる物品について簡単に見ていきましょう。
(1) **第30.01項** 臓器療法用の腺その他の器官(乾燥したものに限るものとし、粉状にしてあるかないかを問わない。)及び腺その他の器官又はその分泌物の

第6章　第6部　化学工業（類似の工業を含む。）の生産品

　　抽出物で臓器療法用のもの並びにヘパリン及びその塩並びに治療用又は予防
　　用に調製したその他の人又は動物性の物質（他の項に該当するものを除く。）
　この項に含まれる具体的な物品としては、例えば次のようなものがあります。
①　臓器療法用の腺その他の動物の器官（例えば、脳、せき髄、肝臓、じん臓、
　ひ臓、すい臓、乳腺、こう丸、卵巣）で、乾燥したもの（粉状であるかないか
　を問わない。）
②　腺、その他の器官又はその分泌物の抽出物で臓器療法用のもの（例えば、胆
　汁エキス等）
③　ヘパリン及びその塩（哺乳動物の組織から得られる複雑な有機酸（ムコ多糖
　類）の混合物で、成分はどの組織から得られるかにより変わってきます。主に、
　医薬、特に血液凝固防止剤として使用されます。これらは活性の程度を問わず
　この項に属します。）
④　治療用又は予防用に調製したその他の人又は動物性の物質でこの表の他項に
　限定して又は特掲して記載されてないもの。例えば、(i) グリセリン中に保存
　した赤色骨髄、(ii) 蛇毒液又は蜂毒液の乾燥フレーク及びこれらの毒液から製
　造した非微生物のクリプトトキシン。ただし、これらの物品で、医薬用として
　投与量にし又は小売用の形状若しくは包装にしたものは第30.04項に属し、こ
　の項から除かれます。(iii) 骨、器官その他の人又は動物の組織で移植用に適す
　る無菌包装（使用法等について表示される場合もあります。）にしたもの（生き
　ているかいないか又は貯蔵してあるかないかを問わない。）
　なお、この項には次の物品は含まれません。
(a)　腺その他の動物性の器官で生鮮、冷蔵又は冷凍のもの及びその他の方法によ
　り一時的に貯蔵したもの（第2類又は第5類）
(b)　胆汁（乾燥してあるかないかを問わない。）（第05.10項）
(c)　腺又はその他の器官の抽出物を処理して得られるもののうち第29類の化学的
　に単一の化合物及びその他の物品（例えば、アミノ酸（第29.22項）、ビタミン
　（第29.36項）、ホルモン（第29.37項））
(d)　人血、治療用、予防用又は診断用に調製した動物の血及び免疫血清（特定免
　疫グロブリンを含む。）その他血液分画物（例えば、正常血液からの血清、正常
　人免疫グロブリン、血漿、フィブリノーゲン、フィブリン）（第30.02項）
(e)　第30.03項又は第30.04項の医薬品の性格を有する物品
(f)　グロブリン及びグロブリン分画物（血液又は血清のものを除く。）で、治療用
　又は予防用に調製してないもの（第35.04項）
(g)　酵素（第35.07項）

(2) 第30.02項　人血、治療用、予防用又は診断用に調製した動物の血及び免疫血清その他の血液分画物及び免疫産品（変性したものであるかないか又は生物工学的方法によって得たものであるかないかを問わない。）並びにワクチン、毒素、培養微生物（酵母を除く。）その他これらに類する物品

　この項の「免疫産品」とは、類注2の規定により、単クローン抗体（MAB）、抗体フラグメント、抗体複合体、抗体フラグメント複合体、インターロイキン、インターフェロン（IFN）、ケモカイン、ある種の腫瘍壊死因子（TNF）、成長因子（GF）、赤血球生成促進因子、コロニー刺激因子（CSF）、その他の免疫学的過程の制御に直接関与するペプチド及びたんぱく質（第29.37項の物品を除く。）をいうとされています。

　この項に属する物品は、次のようにグループ分けされます。
① 　人血（例えば、人血をアンプルに封入したもの）
② 　治療用、予防用又は診断用に調製した動物の血（このような調製をしていないものは第05.11項に属します。）
③ 　免疫血清その他の血液分画物及び免疫産品（変性したものであるかないか又は生物工学的方法によって得たものであるかないかを問わない。）

　免疫血清その他の血液分画物（生物工学的方法によって得たものも含む。）には、正常血液からの血清、正常人免疫グロブリン、血漿、トロンビン、フィブリノーゲン、フィブリン及びその他の血液凝固因子、血液グロブリン、血清グロブリン並びにヘモグロビンも含まれます。生物工学的方法によって得られた変性ヘモグロビンには、例えば、hemoglobin crosfumaril（INN）、hemoglobin glutamer（INN）及びhemoglobin raffimer（INN）のような架橋したヘモグロビンがあります。

　この項は、更に、治療用又は予防用に調製した血液アルブミン（ヒトアルブミン）を含みますが、こうした調製をしていない血液アルブミンは第35.02項に属します。

　また、血清グロブリンや免疫グロブリン（γ－グロブリン、β－グロブリン等を含むもの、あるいはこれらの混合物）はこの項に属します。ただし、これら以外のグロブリンにあっては、治療用又は予防用に調製していないものは第35.04項に属し、この項には分類されません。

　免疫血清は、細菌感染症等により、その病原菌等に対し免疫となっている人血又は動物の血液から得られる血液分画物です。病原菌の感染、蛇のかみ傷、植物毒、アレルギー性疾患等の際に使用したり、あるいは、診断（試験管内のテストを含む。）に使用するものもあります。特定免疫グロブリンは、免疫血清を更に精製した製品です。PLDH（変性乳酸脱水素酵素）に対する単クローン抗体を基としたマラリア診断試験キットもここに含まれます。

第6章　第6部　化学工業（類似の工業を含む。）の生産品

　また、変性免疫産品（生物工学的方法により得たものであるかないかを問わない。）で、診断用、治療用あるいは免疫学的試験に使用する物品はこのグループに属するものとみなされます。これらは次のように解説されています。
(i)　単クーロン性抗体（MABs）は、特定免疫グロブリンで、選択され、クローニングしたハイブリドーマ細胞を培地あるいは腹水中で培養して得られる。
(ii)　抗体フラグメントは、抗体たんぱく質の部分で、特殊な酵素切断の方法によって得られる。
(iii)　抗体複合体及び抗体フラグメント複合体は、少なくとも1つの抗体又は抗体フラグメントを含む複合体であり、最も簡単なものは以下の組合せがある。
　ⅰ　抗体－抗体
　ⅱ　抗体フラグメント－抗体フラグメント
　ⅲ　抗体－抗体フラグメント
　ⅳ　抗体－他の物質
　ⅴ　抗体フラグメント－他の物質
　　ⅳ及びⅴの複合体には、例えば、たんぱく質の構造に酵素（アルカリフォスファターゼ、ペルオキシダーゼ又はベータガラクトシターゼ等）又は染料（フルオレセイン）を共有結合させたものが含まれ、これらは直接的な検出反応に使用される。
(4)　ワクチン、毒素、培養微生物（酵母を除く。）及びこれらに類する物品。最も典型的なワクチンはウイルス又はバクテリアを生理食塩水、油（lipovaccines）その他の媒体に懸濁した微生物起源の予防用調製剤です。毒素としては、トキソイド、クリプトトキシン及び抗毒素があります。また、培養微生物には、乳製品（ヨーグルト、乳酸等）の調製に使われる乳酸発酵菌、酢の製造用の酢酸発酵菌、ペニシリンその他の抗生物質を製造するためのカビ及び技術的用途（例えば、植物成長助剤）の培養微生物が含まれます。（なお、同じ微生物である酵母は第21類に属し、この項には含まれません。）
　　同様に、この項には、人、動物又は植物に対するウイルス（virus）及び抗ウイルス（anti-virus）並びにバクテリオファージも含まれます。
　　この項には、また微生物を起源とする診断用試薬（この類の注4(d)に規定する物品を除く。第30.06項参照）を含みますが、酵素（レンネット、アミラーゼ等）及び微生物を起源とする酵素（第35.07項）並びに生きていない単細胞微生物（ワクチンを除く。）（第21.02項）は含まれません。
　　また、診断用キットは、投与量にしたもの又は小売用にしたものであるかないかを問わず、ばら荷のもの（bulk）又は小さな包装にしたものであるかないかを

問わずこの項に属します。

　なお、第3002.13号及び第3002.14号においては、「混合してないもの」及び「混合したもの」については次に定めるところによることとされています（この類の号注1）。
　(a)「混合してないもの」とは、純粋な物品（不純物を含有するかしないかを問わない。）をいう。
　(b)「混合したもの」とは、次の物品をいう。
　　(1) (a)の物品を水又は水以外の溶媒に溶かしたもの
　　(2) (a)又は(b)(1)の物品で、保存又は輸送のために必要な安定剤を加えたもの
　　(3) (a)、(b)(1)又は(b)(2)の物品で、その他の添加剤を混合したもの。
　ここでいう「不純物」とは、物品中に存在し、専ら製造工程（精製工程を含む。）に直接起因する物質をいう。不純物は、製造工程中の種々の要因から生じ、主として次のようなものであるとされています。
　(a) 未反応の出発原料
　(b) 出発原料中に存在した不純物
　(c) 製造工程（精製工程を含む。）で使用した試薬
　(d) 副産物

(3) 第30.03項　医薬品（治療用又は予防用に混合した二以上の成分から成るもので、投与量にしてないもの及び小売用の形状又は包装にしてないものに限るものとし、第30.02項、第30.05項又は第30.06項の物品を除く。）

　この類の「混合」に関しては、注3の規定により、次のように定められています。（第30.04項及び第30.06項に関する類注4(d)について同じ。）
　注3　第30.03項、第30.04項及び4(d)においては、次に定めるところによる。
　(a) 混合してないものには、次の物品を含む。
　　ⅰ　混合してないものの水溶液
　　ⅱ　第28類又は第29類のすべての物品
　　ⅲ　第13.02項の一の植物性エキスで、単に標準化したもの及び溶媒に溶かしたもの
　(b) 混合したものには、次の物品を含む。
　　ⅰ　コロイド状の溶液及び懸濁体（コロイド硫黄を除く。）
　　ⅱ　植物性材料の混合物を処理して得た植物性エキス
　　ⅲ　天然の鉱水を蒸発させて得た塩及び濃縮物
　この項には、人又は動物の疾病の治療又は予防に内用又は外用として使用する

第6章　第6部　化学工業（類似の工業を含む。）の生産品

ための医薬調製品が含まれます。これらの調製品は、二以上の物質を混合して得られるものです。ただし、当該調製品を投与量にし又は小売用の形状若しくは包装にしたものは、第30.04項に属するので注意が必要です。
　この項に含まれる物品として、次のようなものがあります。
① 公定の薬局方等に収載されているもの、特許売薬等で、混合した医薬製剤（うがい剤、点眼剤、軟こう剤、塗布剤、注射剤、表面刺激剤その他の調製剤の形状にしたものを含み、第30.02項、第30.05項又は第30.06項に属するものは含まれない。）。ただし、薬局方に収載されている製剤、特許売薬等が常に第30.03項に属することを意味するものではありません。例えば、抗にきび製剤で主として皮膚を清潔にするために作られ、有効成分の濃度がにきびに対する治療又は予防に十分な効果があると考えられるほど高くないものは、第33.04項に属することとなります。
② 単独の医薬物質と賦形剤、甘味剤、凝結剤、支持物質等から成る製剤
③ 注射又は点滴により静脈投与する栄養剤
④ 医薬用のコロイド溶液及びコロイド懸濁液（例えばコロイドセレン）。ただし、コロイド硫黄は、治療又は予防を目的として投与量にし又は小売用の包装にした場合は第30.04項に属しますが、その他の場合には第28.12項に属することとなります。また、単一のコロイド状貴金属は、医薬用の状態にしてあるかないかを問わず、第28.43項に属します。しかしながら、コロイド状貴金属の混合物又は一以上のコロイド状貴金属とその他のものとの混合物で、治療又は予防を目的としているものは、この項に属します。
⑤ 医薬用の複合植物エキス（植物の混合物を処理して得たものを含みます。）
⑥ 第12.11項の植物又は植物の部分の医薬用混合物
⑦ 天然の鉱水を蒸発して得た薬用塩及びこれに類する人造調製品
⑧ 塩泉水を濃縮した水で治療用のもの及び薬湯（例えば、硫黄ぶろ、よう素ぶろ等）用に調製した混合塩（芳香を付けてあるかないかを問わない。）
⑨ Health salt（例えば、炭酸水素ナトリウム、酒石酸、硫酸マグネシウム及び砂糖の混合物）及びこれに類する混合した発泡塩で医薬用のもの
⑩ しょう脳添加油、石炭酸添加油等
⑪ 抗ぜんそく用の物品で、例えば、紙及び粉の形状にしたもの
⑫ 遅効性医薬品で、例えば、高分子イオン交換体に医薬成分を固定させたもの
⑬ 人又は家畜の臨床若しくは手術に使用する麻酔薬等
　また、第3003.60号及び第3004.60号には、経口摂取のためにその他の医薬品有効成分と結合させたアルテミニシン（INN）又は次のいずれかの有効成分（その他の医薬品有効成分と結合してあるかないかを問わない。）を含有する医薬品を

含むこととされています（この類の号注2)。

　アモジアキン（INN)、アルテリン酸及びその塩、アネテニモル（INN)、アルテモチル（INN)、アルテメテル（INN)、アルテスナート（INN)、クロロキン（INN)、ジヒドロアルテミシニン（INN)、ルメファントリン（INN)、メフロキン（INN)、ピペラキン（INN)、ピリメタミン（INN)、並びにスルファドキシン（INN)

　なお、この項の物品は、「医薬品（治療用及び予防用‥‥）」となっていますが、「治療用」とは特定の症状や病気を治療するなど比較的容易にイメージできますが、「予防用」という語の解釈については、解釈する者によって若干解釈の幅があるかも知れません。これらの点に関しては関税率表解説に詳しく記述されていますが、その内容は概ね次のようです。

　この項の規定は、食餌療法用の食料、強化食料、強壮飲料、天然又は人工の鉱水等の飲食物には適用されません。こうした物品は、本来、栄養物質のみを含有する調製食料品とみなされる場合は、それぞれに適合した各項に属します。食品中の主要栄養物質は、たんぱく質、炭水化物及び脂肪で、ビタミンや無機塩も栄養上役割を果たします。これらを摂取する目的の飲食物に医薬物質を含んだものは、これらの医薬物質が単に食餌療法上のバランスを改善するため、その物質のエネルギー賦与上若しくは栄養上の価値を高めるため、又はその風味を改善するために添加されたものであれば、その物品が本来の飲食物の性格を有している限り、この項から除かれます。

　更に、植物又はその部分の混合物から成る物品及び植物又はその部分とその他の物質との混合物から成る物品で、ハーブの煎じ液又はハーブ茶（例えば、緩下、瀉下、利尿又は駆風の効能がある。）を作るために使用され、かつ、病気の症状を緩和し、又は一般的な健康に寄与すると称されているものもこの項から除かれます（第21.06項)。

　更に、この項には、一般的な健康の維持を目的として作られたビタミン類又は無機塩を含有する食餌補助剤（液状や粉状、錠剤など）で、特定の病気の予防用又は治療用に供する旨の表示のないものは含まれません。これらの物品は、通常第21.06項又は第22類に属します。

　ただし、こうした物品の中に入っている飲食物が、単に医薬物質のための支持物、賦型剤又は甘味剤（例えば、摂取を容易にするため）の役割を果たすに過ぎないような調製品はこの項に含まれます。

　上記のような飲食物のほか、この項には次の物品も含まれません。
(a) 第30.02項、第30.05項又は第30.06項の物品
(b) 精油のアキュアスディスチレート又はアキュアスソリューション並びに第33.03項から第33.07項までの調製品（治療用又は予防用のものを含む。）（第33

類)
   (c) 薬用せっけん(第34.01項)
   (d) 第38.08項の殺虫剤、消毒剤等

(4) **第30.04項　医薬品（混合し又は混合してない物品から成る治療用又は予防用のもので、投与量にしたもの（経皮投与剤の形状にしたものを含む。）又は小売用の形状若しくは包装にしたものに限るものとし、第30.02項、第30.05項又は第30.06項の物品を除く。）**

この項には、類注3の規定により混合した物品又は混合してない物品から成る医薬品で、次の①又は②に該当する物品が含まれます。

① 投与量又は投与量の形にしたもの

これらは、例えば治療用又は予防用に、(i)あらかじめそのまま投薬し得る分量に小分けしてあるもの（タブレット剤、アンプル剤（例えば、1.25～10ミリリットルのアンプルに入った再蒸留水で、ある種の病気（例えばアルコール中毒、糖尿病昏睡）の治療に直接使用するもの又は注射液の調製のために溶剤として使用するもの）、カプセル剤、カシェ剤、ドロップ剤若しくは香剤、経皮投与剤又は少量の粉剤の形）、(ii)経皮投与剤で、患者の皮膚に直接貼る接着性のパッチの形状になっているもの（有効物質は、皮膚と接触する面が多孔性のメンブレンによって覆われている保留剤中に含まれており、そこから放出された有効物質が分子拡散によって皮膚を通して吸収され、直に血流中に送られることとなるもので、第30.05項の医療用のばんそうこうとは異なる。）。また、(iii)1回の投与量にしたもの（これらは、ばら荷のものであっても小売用の包装にしたものであってもよい。）があります。

② 小売用の形状又は包装にしたもの

これらは、再包装することなく、治療又は予防を目的として使用者（個人、病院等）にそのまま販売するものであることが、その包装状態及び特にそれにふさわしい表示（適応症、使用条件、用法、用量等の記載）の存在によって明らかに確認し得るものをいいます。この表示は、通常ラベル、説明書その他の方法によっています。しかしながら、表示が単に医薬の表示又は他に純度が表示されているということだけでは、この項に分類することにはならないので注意が必要です。他方、こうした表示がなくても、混合してない物品は、治療用又は予防用に供するため特殊な形状にしていることが明らかな場合には、その治療又は予防を目的として小売用にしたものと認められます。

なお、治療用又は予防用に混合した物品から成る医薬品で、投与量にしてないもの又は小売用の形状若しくは包装にしてないものは第30.03項に属します。

「混合してないもの」に関しては、類注3の規定があり、第30.03項で述べたとおりです。ただし、第28.43項から第28.46項及び第28.52項の混合してない物品は、たとえ類注3(a)又は(b)(上記①又は②)の要件を満たした場合であっても、常に第30.04項からは除外されることに注意する必要があります。

(前にも述べましたが、例えばコロイド銀は、投与量にし又は包装して医薬品として指示された場合であっても、なお第28.43項に属します。)

また、この項には、医療の目的のみに適する香剤、タブレット剤、ドロップ剤等(例えば、硫黄、木炭、四ほう酸ナトリウム、安息香酸ナトリウム、塩素酸カリウム又はマグネシウムを主薬とするもの)を含みます。しかしながら、のど用香剤又はせき止めドロップ剤として作られている調製品で、砂糖(ゼラチン、でん粉、小麦粉その他の食用品を含有するかしないかを問わない。)と芳香剤(ベンジンアルコール、メントール、1,8-シネオール、トルーバルサム等の医薬の性質をあわせもつ物質を含む。)を主体とするものは、第17.04項に分類されます。また、のど用香剤又はせき止めドロップ剤で芳香剤以外の医薬の性質を持っている物質を含有しているものは、投与量又は小売用の形態若しくは包装になっている場合には、各香剤又はドロップ剤中のこれらの物質の割合が治療又は予防の用途に適する程度のものである場合に限りこの項に属することとなります。

HS委員会で検討され、第30類には含まれないことと結論づけられた物品の例として、ヴィックス〈咳止め用の錠剤〉があります。この物品の成分構成は、(i)しょ糖及びブドウ糖99.504％、(ii)メントール0.255％、(iii)1,8-シネオール0.071％、(iv)しょう脳0.007％、(v)ベンジルアルコール0.162％、(vi)トルーバルサム0.001％となっており、主として砂糖及び芳香剤(例えば、メントール、1,8-シネオール、ペパーミント油など)からなる物品で他の薬効成分はないことから、第1704.90号に分類することとされました。

他方、この項に含まれる物品として、前記類注3(a)又は(b)の要件を満たしている限り、次の物品もこの項に含まれます。

① カチオン活性を有する有機界面活性剤及びその調製品(例えば、第四アンモニウム塩)で、防腐、消毒又は殺菌の性能を有するもの
② ポリ(ビニルピロリドン)よう素(Poly(vinyl pyrrolidone)-iodine)(よう素とポリ(ビニルピロリドン)の反応生成物)
③ 医療用硫酸カルシウムから成るような、折れた骨の空洞に注入され、自然に吸収され、骨の組織に置き換えられる移植用骨片代用品(bone graft substitute)。これらの物品は、新しい骨が成長するにつれて吸収される結晶性の基質を供給する。

しかしながら、この項には、通常硬化剤(curing agent)及び活性化剤を含有し、

例えば、歯科用インプラントを残存する骨に取り付けるために使用される接骨用セメントは含まれません(第30.06項)。

　この項の規定(治療用、予防用)の解釈については、第30.03項と同様です。

　この項には、例えば、(i)蛇又は蜂の毒液で、医薬品の状態にしてないもの(第30.01項)、(ii)第30.02項、第30.05項又は第30.06項の物品(医薬品の状態にしたものを含む。)、(iii)精油のアキュアスディスチレート又はアキュアスソリューション並びに第33.03項から第33.07項までの調製品(治療用又は予防用のものを含む。)(第33類)、(iv)薬用せっけん(医薬品の状態にしたものを含む。)(第34.01項)、(v)第38.08項の殺虫剤、消毒剤等で、医薬品として内用又は外用するのに適した状態にしてないもの等は含まれません。

(5) **第30.05項　脱脂綿、ガーゼ、包帯その他これらに類する製品(例えば、被覆材、ばんそうこう及びパップ剤)で、医薬を染み込ませ若しくは塗布し又は医療用若しくは獣医用として小売用の形状若しくは包装にしたもの**

　この項に含まれる物品は、リーガルテキストのとおりで、(i)紡織用繊維製、紙製、プラスチック製等の脱脂綿、ガーゼ、包帯その他これらに類する製品(被覆材、ばんそうこう、パップ剤等)で医療用又は獣医用として医薬(表面刺激剤・防腐剤等を含む。)を染み込ませ若しくは塗布したもの(これらは、小売用の形状若しくは包装にしたものであってもしていなくてもよい)、及び(ii)脱脂綿、ガーゼ、包帯その他のこうした材料の製品で、医薬用又は獣医用として小売用の形状若しくは包装にしたものです。後者の場合、例えば、被覆用の脱脂綿、ガーゼ(通常、吸収性の綿製)、包帯等で、医薬を染み込ませ又は塗布してないものは、医療用又は獣医用として、再包装されることなくそのままの形で使用者(個人、病院等)に販売するよう専ら意図している場合(例えば、添付ラベル又は特別のたたみ方等から判断される。)に限り、この項に属することとなります。

　この項には、また、(i)皮膚の被覆材(動物皮膚組織の切片を凍結又は凍結乾燥して調製したもので、皮膚の損失した部分、傷口の開いた怪我、外科感染等の患部に対して直接あてがう一時的な生物被覆材であって、使用方法を記載したラベルを貼った殺菌済の小売容器に入れられたもの。)や、(ii)液状の被覆材(例えば、小売用のスプレー式のもので、傷面にスプレーすることにより、再生された透明の保護用フィルムでその傷面を覆うようにするものですが、プラスチック(例えば、変性したビニル共重合物又はメタクリル樹脂)を酢酸エチルのような揮発性の有機溶剤に溶解した殺菌済の溶液に噴射剤を加えたもの)があります。これらは、医薬(特に防腐剤)を加えてあるかないかを問わず、こうした小売用の形状又は包装にしたものはこの項に含まれます。

第4節　第30類　医療用品

　他方、この項には、亜鉛華を含有する包帯及びばんそうこう並びに石膏を塗布したギプス包帯であっても、医療用又は獣医用として小売用の形状又は包装にしてないものは含まれません。
　この項には、次の物品は含まれません。
(a) 歯科用に特に焼き又は細かく粉砕したプラスター及びプラスターをもととした歯科用の調製品（それぞれ第25.20項及び第34.07項）
(b) 経皮投与剤の形状になっている医薬品（第30.04項）
(c) この類の注4に規定する物品（第30.06項）
(d) 生理用ナプキン及び生理用タンポン（第48.18項、第56.01項、第63.07項。ただし、これらは2012年1月1日からは第96.19項に含まれるよう改正されています。)

(6) 第30.06項　この類の注4の医療用品
　第30類注4には、「第30.06項は、次の物品のみを含む。当該物品は、第30.06項に属するものとし、この表の他の項には属しない。」と規定し、この項に含まれる物品として、次のとおり①から⑪までの物品が掲げられています。
　これらについて、若干の解説を紹介しておきます。
① 外科用のカットガットその他これに類する縫合材（外科用又は歯科用の吸収性糸を含むものとし、殺菌したものに限る。）及び切開創縫合の接着剤（殺菌したものに限る。)
　　これらは、外科用、歯科用を問わず、縫合用のすべての種類の縫合糸（牛、羊その他の動物の腸より得られる加工されたコラーゲンのカットガット）。天然繊維（綿、絹、亜麻）。ポリアミド（ナイロン）、ポリエステルその他の合成高分子繊維。金属（ステンレススチール、タンタル、銀、青銅）のもの等がありますが、この項に含まれるものは、全て殺菌したものに限られます。従って、これらは通常防腐液中又は密閉した殺菌容器中に入れられています。
　　この項には、また、例えば、ブチルシアノアクリレートと染料から成る縫合用接着剤（使用後、単量体が重合することにより人体の内部又は外部の創傷を閉じるため従来の縫合材の代わりに使用する。）が含まれます。もちろんこれらも殺菌しているものに限られます。殺菌していない縫合材は構成材料の種類に従って他の項に分類されることになります。(例えば、殺菌していないカットガット（第42.06項）、天然てぐす、紡織用繊維の糸等（第11部）、金属糸（第71類又は第15部))。
② ラミナリア及びラミナリア栓（殺菌したものに限る。)
　　ラミナリア及びラミナリア栓についても、同様に殺菌したものに限られま

143

第6章　第6部　化学工業（類似の工業を含む。）の生産品

す。ラミナリアは通常昆布の根茎を原料としますが、化学物質のものもあります。湿気に接すると著しく膨潤することにより、外科用に拡張の手段として、あるいは栓として使用されます。殺菌していないラミナリア及びラミナリア栓は第12.12項に属します。

③　外科用又は歯科用の吸収性止血材（殺菌したものに限る。）並びに外科用又は歯科用の癒着防止材（殺菌したものに限るものとし、吸収性であるかないかを問わない。）

　　外科用又は歯科用の吸収性止血材は、酸化セルロース製（一般にガーゼ又は繊維（ウール）、パッド、ストリップ等の形状のもの）、ゼラチン製のスポンジ又はフォーム、アルギン酸カルシウム製のガーゼ（ウール又はフィルム）のもの等がありますが、いずれも吸湿膨潤性を利用した止血材です。これらについても、殺菌処理されたもののみがこの項に含まれます。これらは、吸収性であるかないかを問いませんが、殺菌したものに限りこの項に属します。

④　エックス線検査用造影剤及び患者に投与する診断用試薬（混合してないもので投与量にしたもの及び二以上の成分から成るもので検査用又は診断用に混合したものに限る。）

　　造影剤は、ご存じのとおり、体内器官、動脈、静脈、尿道、胆管等のエックス線検査に使用するものです。硫酸バリウムその他Ｘ線の造影物質をもととしたものであり注射用又は経口投与用にしたものもこの項に属します。

　　この項に属する診断用試薬（微生物診断用試薬を含む。）は、注射又は経口等により患者に投与するものです。従って、投与しない診断用試薬、例えば、血液や尿等の検査を行うための診断用試薬又は実験室用試薬として使用するものはこの項には含まれません。こうした試薬は、構成材料に基づき、それぞれの項、例えば、第28類、第29類、第30.02項又は第38.22項に属します。また、放射性同位元素、その化合物及びこれらの混合物（第28.44項）や放射性でない同位元素及びその化合物のもの（第28.45項）のものもこの項から除かれます。

⑤　血液型判定用試薬

　　この項の血液型判定用試薬は、血液型の判定に直接使用するために適するものでなければならないとされています。これらは、人若しくは動物の血清又は植物の種子その他の部分の抽出物（フィトアグルチニン）であり、血球又は血清の特徴により血液型を判定するのに使用されるものです。活性成分（単数又は複数）のほか、活性を高め、又は安定性を保つための物質（防腐剤、抗生物質等）を含有することがありますが、これらの存在は本品の分類に影響はありません。これらには、例えば次のようなものがあります。

（ⅰ）血球の特徴により血液型を判定する試薬と認められるもの

- A、B、O及びABの各型、A1及びA2の各亜型又はファクターHの判定に使用する調製品
- M、N、S及びPの各型又はLu、K、Le等の各型の判定に使用する調製品
- Rh型又はCw、F、V等の各亜型の判定に使用する調製品
- 動物の血液型の判定に使用する調製品

(ⅱ) 血清の特徴（血清型）を判定する試薬と認められるもの
- Gm、Km等系列の特徴を判定する調製品
- Gc、Ag等の各血清型を判定する調製品

(ⅲ) 人間の抗グロブリン血清（クームス血清）は、ある種の血液型判定法において必要とされており、この項の血液型判定用試薬と認められます。

なお、粗製の血清その他前処理をしなければ試薬用に適するようにならない半完成物質は、それぞれの構成材料に基づきその所属を決定することとなります。

(ⅳ) HLAの特徴（HLA抗原）を判定する試薬（直接適用できるものに限る。）は、この項に属します。これらの物品は、人又は動物の血清です。検体のHLA抗原は、異なるHLA試験血清との反応型をもととして判定されます。これらの試薬には、活性物質のほか安定及び保存のための添加物を含有しています。これらには、次の物品が含まれます。
- HLAA、B及びC抗原の判定に使用する調製品
- HLADR抗原の判定に使用する調製品
- HLAD抗原の判定に使用する調製品
- 一連の異なるHLA抗血清を含有するHLAA、B及びC抗原の判定に使用する最終試薬（例えば、テストプレート）
- HLADR座位の判定に使用する最終試薬（例えば、テストプレート）

⑥ 歯科セメントその他の歯科用充てん材料及び接骨用セメント

歯科用セメント及び歯科用充てん材料は、一般に金属塩（塩化亜鉛、りん酸亜鉛等）、金属酸化物、グタペルカ又はプラスチック物質をもととしています。更に、歯科用充てん材料として特に調製した金属合金（貴金属合金を含む。）から成るものがあります。ところで、通常アマルガムは水銀を含有するものですが、歯科用のこうした合金は、水銀を含有しないにもかかわらず、アマルガムと呼ばれることがあります。この項には、一時的又は永久的な歯科用充てん材料を含み、また医薬品を含有しているセメント及び充てん材料で予防用の性質を有しているものも含まれます。これらは、通常、粉末又は錠剤で、時にはその調製用液剤を伴い、包装には歯科用と記載されています。ポイント（例えば、銀製、グタペルカ製、紙製）で歯根の穴の充てん用のものはこの項に属します。

また、この項には、通常硬化剤及び活性化剤を含有し、例えば、歯科用インプラントを残存する骨に取り付けるために使用される接骨用セメントも含まれます。
　しかしながら、歯科用に焼き又は細かく粉砕したものであっても、プラスター、プラスターをもととした歯科用調製品はこの項には含まれず、それぞれ第25.20項及び第34.07項に分類されます。
　また、この項には、医療用の硫酸カルシウムからなるような、新しい骨が成長するにつれて吸収される結晶性の基質を供給する移植用骨片代用品も含まれません（第30.04項）。
⑦　救急箱及び救急袋
　救急箱及び救急袋は、ご存じのとおり、少量の一般の医薬品（過酸化水素、ヨードチンキ、マーキュロクローム、アルニカチンキ等）及び若干の被覆材、包帯、ばんそうこう等及び時には少数のはさみ、ピンセット等の器具などを収めたものです。これらは、項に関するこの注の規定によって、通則3(b)は適用されず、通則1で分類が決まります。ただし、この項には、医師用の精巧な医療キットは含まれません。
⑧　避妊用化学調製品（第29.37項のホルモンその他の物質又は殺精子剤をもととしたものに限る。）
　避妊用化学調製品は、第29.37項のホルモンその他の物質又は殺精子剤をもととしたものに限られます。また、こうしたものである限り、小売用の包装にしたものであるかないかを問わずこの項に属します。
⑨　医学又は獣医学において外科手術若しくは診療の際に人若しくは動物の身体の潤滑剤として又は人若しくは動物の身体と診療用機器とを密着させる薬品としての使用に供するよう調製したゲル
　おなじみの超音波診断のとき、検波器と身体を密着させるときなどに使われるゲルなどです。これらの調製品は、通常、多価アルコール（グリセリン、プロピレングリコール等）、水及び増粘剤を含有していて、主として医学又は獣医学において診療の際に人若しくは動物の身体の部分の間（例えば、膣潤滑剤）又は人若しくは動物の身体の部分と外科医の手、手袋若しくは診療用機器との間の潤滑剤として使用されます。また、先の超音波走査器の他、心電図計などに使われる、人若しくは動物の身体と診療用機器とを密着させる薬品として使用されるものがあります。
⑩　薬剤廃棄物（当初に意図した使用に適しない薬剤。例えば、使用期限を過ぎたもの）
　この項の薬剤廃棄物は、当初に意図した使用に適しない薬剤（例えば、使

用期限を過ぎたもの）も含まれます。なお、使用済み注射器などは、薬剤廃棄物とは別に分類されます。
⑪　瘻ろう造設術用と認められるもの（例えば、結腸造瘻ろう用、回腸造瘻ろう用又は人工尿路開設術用の特定の形状に裁断したパウチ並びにこれらの接着性のウエハー及び面板）
　　人工の大腸や人工肛門などに用いられるようなものが含まれます。

第5節　第31類　肥料

1　この類に含まれる物品の概要

この類には、天然又は人造の肥料として通常使用されるほとんどの物品が含まれます。肥料としての3要素は、窒素、りん、カリウムです。肥料は、こうした元素を含む水溶性で植物に吸収しやすい性質の化合物やその混合物として調製したもの、あるいは天然にこうした形で存在するもので植物の培養・成育に使用されるものです。

従って、一部、化学的に単一の化合物（アンモニウム塩、硝酸塩、りん酸塩、カリウムの塩化物、硫化物等）も含まれます。ただし、こうした元素を含む化合物が全て肥料に分類されるとは限りません。例えば、硫酸アンモニウムはこの類に含まれますが、塩化アンモニウムは含まれません。そのほか、肥料と同様に使われるものであっても土壌改良材等、この類には含まれないものもあるので注意が必要です。

なお、この類の注には、この類に含まれない物品に関する規定と、いくつかの項についてそこに含まれる物品を限定する旨の規定があります。

以下これらについて簡単に述べていきます。

2　この類に含まれない物品

第31類注(1)において、この類に含まれない物品として次の物品が定められています。

(a) 第05.11項の動物の血

(b) 化学的に単一の化合物（ただし、第31.02項から第31.05項に属するものを除く。）

(c) 第38.24項の塩化カリウムを培養した結晶（1個の重量が2.5グラム以上のもので、光学用品以外のもの）及び塩化カリウムから製造した光学用品（第90.01項）

また、次のものは、肥料というよりむしろ土壌の改良剤であるので、この類のいずれの項にも含まれません。

(a) 石灰（第25.22項）

(b) 泥灰及び腐葉土（肥料成分である窒素、りん又はカリウムを天然に少量含んでいるかいないかを問わない。）（第25.30項）

(c) 泥炭（第27.03項）

更に、この類には、種子の発芽と生長を助けるために種子、葉又は土壌に用いられる微量要素調製品（第28.24項）、植物栽培用に調製されたもの（例えば、培

養土で泥炭、泥炭と砂との混合物又は泥炭と粘土との混合物をもととしたもの(第27.03項)及び土、砂、粘土等の混合物をもととしたもの(第38.24項)は含まれません。これらの物品は肥料成分である窒素、りん又はカリウムを少量含んでいる場合がありますが、いずれも主要成分としてではありません。

3　各項の規定

この類に属する肥料について各項の規定を見ていきます。

(1) 第31.01項　動物性又は植物性の肥料(これらを相互に混合してあるかないか又は化学的に処理してあるかないかを問わない。)及び動物性又は植物性の生産品を混合し又は化学的に処理して得た肥料

この項には、文脈から次の物品が含まれます。

例えば、(i)グアノ(海鳥の排せつ物及び遺物が堆積したもので、窒素肥料、りん酸肥料がある。)、(ii)動物の排せつ物、汚損した羊毛くず及び厩肥で肥料以外の用途に適しないもの、(iii)腐朽した植物生産品で肥料以外の用途に適しないもの、(iv)分解したグアノ、革を硫酸で処理することによって得た物品、(v)腐朽した植物くずと他のものとから得る堆積(石灰等で処理することによって腐朽が促進又は抑制されている。)、(vi)羊毛を洗浄する際に得られるかす、(vii)乾燥した血液とボーンミール(bone meal)との混合物、(viii)排水処理工程から生じた下水汚泥で安定化したもの(濾過、沈殿等で処理した液を乾燥等により安定化させたもので、肥料として使用されるもの。)があります。

しかしながら、動物性、植物性の物品で、肥料として用いられることがあるかも知れないが、未だ肥料として特定化しているとは言えないもの、例えば、(a)動物の血(液状であるかないか又は乾燥してあるかないかを問わない。)(第05.11項)、(b)粉状の骨、角若しくはひづめ又は魚類のくず(第5類)、(c)肉若しくはくず肉又は魚若しくは甲殻類、軟体動物その他の水棲無脊椎動物の粉、ミール及びペレットで食用に適しないもの(第23.01項)、(d)その他第23類に属する物品(油かす、醸造かす等)、(e)骨、木材、泥炭又は石炭の灰(第26.21項)、革のくず及び革の粉(第41.15項)はこの項には含まれません。また、この項の天然肥料と化学肥料との混合物、安定化した下水汚泥と硝酸カリウム又は硝酸アンモニウムの混合物等は第31.05項に属し、この項には含まれません。

更に、これらの物品で、第31.05項に定める形状(タブレット状その他これに類する形状にしたもの)又は包装(容器共の重量が10キログラム以下に包装)にしたものは同項に属し、この第31.01項には含まれません。

(2) 第31.02項　窒素肥料（鉱物性肥料及び化学肥料に限る。）

第31.02項に含まれる物品は、この類の注の規定により、次の物品に限られます。（なお、こうした化合物であっても、第31.05項に属する形状又は包装にしたものは、前項の場合と同様、この項には属しません。以下同じ。）

① この項に含まれる化学品の物質名
　(i) 硝酸ナトリウム（$NaNO_3$）（チリ硝石の化学成分でもある。）
　(ii) 硝酸アンモニウム（NH_4NO_3）（硝安）
　(iii) 硫酸アンモニウムと硝酸アンモニウムとの複塩（$(NH_4)_2SO_4・NH_4NO_3$）
　(iv) 硫酸アンモニウム（$(NH_4)_2SO_4$）（硫安）
　(v) 硝酸カルシウムと硝酸アンモニウムとの複塩（$Ca(NO_3)_2・NH_4NO_3$）又は混合物
　(vi) 硝酸カルシウムと硝酸マグネシウムとの複塩（$Ca(NO_3)_2・Mg(NO_3)_2$）又は混合物
　(vii) カルシウムシアナミド（$CaCN_2$）（純粋であるかないか又は油により処理してあるかないかを問わない。）
　(viii) 尿素（$CO(NH_2)_2$）

　これらの鉱物性物質又は化学品は、それらが明らかに肥料として使用されない場合であってもこの項に分類されます。他方、ここに掲げられていない窒素化合物（化学的に単一であるかないかを問わない。例えば、第28.27項の塩化アンモニウム）は、肥料として使用される場合であってもこの項には含まれません。

② 前記①の物品のうち二以上を相互に混合した肥料
③ 塩化アンモニウム（NH_4Cl）又は前記①若しくは②の物品と白亜、天然石膏その他の肥料でない無機物とを混合した肥料
④ 前記①の(i)若しくは(iii)の物品又はこれらの混合物を水溶液にし又はアンモニア溶液にした液状肥料

　②、③及び④に掲げられた物品は、いずれも、「‥‥混合した肥料」、「‥‥溶液にした肥料」と規定されているとおり、①の物品とは異なり、肥料として用いられるように調製されたものに限りこの項に属することに注意しなければなりません。

(3) 第31.03項　りん酸肥料（鉱物性肥料及び化学肥料に限る。）

この項には、第31.05項に掲げる形状又は包装にしたものを除くほか、次の物品のみが含まれます。この場合も、第31.02項と同じく、①のものは、肥料として用いられるよう調製されたものでなくてもこの項に属します。逆に、ここに掲

げられていないりん化合物(化学的に単一であるかないかを問わない。例えば、第28.35項のりん酸ナトリウム)は、肥料として使用するものであってもこの項には属しません。
　また、②及び③の物品は、肥料として用いられるように調製されたものに限り、この項に属します。
① 次のいずれかに該当する物品
　(i) 塩基性スラグ(別名トーマススラグ、トーマスりん肥、りん酸スラグ又はmetallurgical Phosphatesと呼ばれる塩基性炉又は転炉でりん酸鉄から鋼を製造する際の副産物)
　(ii) 第25.10項の天然のりん酸塩を焼き又は不純物を除くための熱処理を超える熱処理をしたもの
　(iii) 過りん酸石灰又は重過りん酸石灰(過りん酸石灰は、天然りん酸塩又は骨粉を硫酸で処理して、重過りん酸石灰は、これらをりん酸で処理して製造されます。)
　　なお、これらは、6桁の号レベルでは、五酸化りん(P_2O_5)の含有量が全重量の35%以上のもの(3103.11)とその他のもの(3103.19)に分けられます。
　(iv) りん酸水素カルシウム(ふっ素の含有量が乾燥状態における無水物の全重量の0.2%以上のものに限る。なお、ふっ素の含有量が乾燥状態における無水物の全重量の0.2%に満たないものは第28.35項に分類されます。)
② ①の物品(ふっ素の含有量のいかんを問わない。)のうち二以上を相互に混合した肥料
③ ①又は②の物品(ふっ素の含有量のいかんを問わない。)と白亜、天然石膏その他の肥料でない無機物とを混合した肥料

(4) 第31.04項　カリ肥料(鉱物性肥料及び化学肥料に限る。)
　　前項までの場合と同様、この項には、第31.05項に掲げる形状又は包装にしたものを除くほか、次の物品のみが含まれます。
① 次のいずれかに該当する物品(これらには、必ずしも肥料として使用されるような状態でないものも含まれます。)
　(i) 天然のカリウム塩類(粗のものに限る。例えば、カーナリット、カイナイト及びシルバイト)
　(ii) 塩化カリウム(前に述べたとおり、純粋であるかないかを問いませんが、第38.24項の培養単結晶(1個の重量が2.5グラム以上のもの)及び塩化カリウムで製造した光学用品(第90.01項)は含まれません。)
　(iii) 硫酸カリウム(純粋であるかないかを問わない。)

(iv) 硫酸マグネシウムカリウム（純粋であるかないかを問わない。）
② ①の物品のうち二以上を相互に混合した肥料（肥料として使用されるような状態のものに限られます。）

(5) 第31.05項　肥料成分（窒素、りん及びカリウム）のうち二以上を含有する肥料（鉱物性肥料及び化学肥料に限る。）及びその他の肥料並びにこの類の物品をタブレット状その他これに類する形状にし又は容器とものが1個の重量が10キログラム以下に包装したもの

この項の肥料は、肥料として使用する種類の物品で、鉱物性肥料及び化学性肥料にあっては主要成分として少なくとも、窒素、りん又はカリウムのいずれか二以上の肥料成分を含有するものに限られます。この項には、また、オルトりん酸二水素アンモニウム（りん酸一アンモニウム）及びオルトりん酸水素二アンモニウム（りん酸二アンモニウム）（純粋であるかないかを問わない。）が含まれます。これらの化合物は、たとえ肥料として用いるように調製されていなくてもこの項に分類されます（注5関係）。

しかしながら、これら以外の化学的に単一な化合物で第31.02項から第31.04項までに該当しないものであっても、たとえ肥料として使用できるものであってもこの項には含まれません。

更に、この項には、複合肥料（化学的に単一の化合物を除く。）、すなわち、窒素、りん又はカリウムの肥料成分のうち二以上の肥料成分を含有する化学肥料又は鉱物性肥料が含まれます。これには、例えば次のようなものがあります。

① 配合によるもの
　二種以上の肥料（単一の物品では、第31.02項から第31.04項までに属さないものを含む。）を混合したもの。このような混合物には、例えば次の物品があります。
(i) 焼いた天然のりん酸塩と塩化カリウムとの混合物
(ii) 過りん酸石灰又は重過りん酸石灰と硫酸カリウムとの混合物
(iii) カルシウムシアナミドと塩基性スラグとの混合物
(iv) 過りん酸石灰又は重過りん酸石灰と硫酸アンモニウムとりん酸カリウムとの混合物
(v) 過りん酸石灰又は重過りん酸石灰と硝酸アンモニウムと硫酸カリウム又は塩化カリウムとの混合物

② 化学的処理によるもの
　例えば、天然のりん酸カルシウムを硝酸で処理し、生成した硝酸カルシウムを冷却及び遠心分離した後、アンモニアで溶液を中和し、カリウム塩を加え最

後に蒸発、乾燥させて得た肥料（potassium nitrophosphateと呼ばれることがあるが、実際には化学的に単一の化合物ではありません。）
③　配合及び化学処理の両方によるもの
　なお、第31.02項から第31.04項までの各項には、当該各項に掲げられている肥料成分（窒素、りん又はカリウム）以外の肥料成分を不純物として少量含有する肥料も含まれます。従って、これらの肥料は第31.05項の複合肥料とはみなされません。
④　これらの肥料以外の肥料
　その他の肥料（化学的に単一のものを除く。）としては、次のものがあります。
(ｉ)　肥料物質（窒素、りん又はカリウムを含むもの）と肥料でない物質（例えば、硫酸）とを混合したもの。（窒素又はりんを含んでいるこれらのものの多くは第31.02項又は第31.03項に属しますが、その他のものは第31.05項に属します。）
(ⅱ)　天然の硝酸カリウムナトリウム肥料（硝酸ナトリウムと硝酸カリウムとの天然混合物）
(ⅲ)　動物性又は植物性の肥料に化学肥料又は鉱物性肥料を混合したもの
　更に、この項の最後の文脈から、この項には、この類の他の項に規定された物品をタブレット状その他これに類する形状にしたもの又は容器ともの1個の重量が10キログラム以下に包装したものは、すべてこの項に属することになります。
　なお、この項には、化学的に単一の化合物で、この類の注2から5までに掲げられていないものは、たとえ肥料として使用されるものであっても（例えば、第28.27項に属する塩化アンモニウム（塩安）など、）この類には含まれません。また、廃酸化物（第38.25項）も、この類のいずれの項にも属しません。

第6章　第6部　化学工業（類似の工業を含む。）の生産品

第6節　第32類　なめしエキス、染色エキス、タンニン及びその誘導体、染料、顔料その他の着色料、ペイント、ワニス、パテその他のマスチック並びにインキ

1　この類に含まれる物品の概要

　この類に属する項の物品には、①皮のなめし用又はあく抜き用の調製品（植物性のなめしエキス、合成のタンニン剤（天然タンニン剤と混合したものかどうかを問わない。）、人工のベーディング剤）、②植物性、動物性又は鉱物性の着色料、有機合成着色料及びこれらの着色料から作った多くの調製品（ペイント、セラミックカラー、インキ等）、③その他の類似の各種の調製品（例えば、ワニス、ドライヤー、パテ等）が含まれます。

　第32.03項又は第32.04項の物品、第32.06項のルミノホアとして使用される種類の無機物、第32.07項に定める形状の石英ガラス及び第32.12項に定める小売用の形状又は包装にした染料その他の着色料には、化学的に単一の化合物も含まれますが、それ以外のものにあっては、化学的に単一の元素又は化合物はこの項には含まれず、通常、第28類又は第29類に属します。

　また、第32.08項から第32.10項のワニス及びペイントのうちある種のもの、又は第32.14項のマスチック（充てん料であって、「乳香」と呼ばれる樹脂ではない。）には、使用の際、各種の構成成分の相互混合又はある種の構成成分（例えば、硬化剤）の添加を必要とするものがありますが、このような物品は、当該構成成分が次の各要件を満たす場合に限り、これらの項に属することとなっています。

　A．取りそろえた状態から判断して詰め替えることなく共に使用するためのものであることが明らかであると認められること
　B．共に提示するものであること
　C．当該構成成分の性質又は相対的量比のいずれかによって互いに補完し合うものであることが確認できること

ただし、使用に際し硬化剤の添加を必要とする物品にあっては、当該物品がその組成又は包装状態からペイント、ワニス又はマスチックの調製に使用するものと明らかに認められる場合に限り、硬化剤が含まれてなくてもこの項に属することとされています。

　また、この類の各項に属する物品には相互に関連しているもの（例えば、第32.05項のレーキ顔料とこれを含む絵の具（第32.13項））があります。こうした関係から、通則2の規定が適用され、通則3の規定で所属を決定しなければならない場面がでてくることが考えられるかも知れませんが、そうならないように、この類の注の規定でこれらの関係を交通整理していますので、この点に関しては、実

務上は通則1で片が付きます。これらは、各項の説明の中で触れていきますが、予めこうした注の規定の概要を述べておきます。
　この類の各項に含まれる物品の範囲に関する注の規定の主なものです。
① 第32.04項（有機合成着色料が分類される項）ですが、この項には、未だアゾ染料となっていない物品であっても、それを生成させるため必要な物質の混合物は、この項に属します。具体的には「アゾ染料を生成させるために安定化ジアゾニウム塩とカップリング成分とを混合した物品を含む。」とされています。
② 第32.03項から第32.06項まで（各種の着色料、顔料）には、着色料（第32.06項にあっては、第25.30項又は第28類の着色用顔料並びに金属のフレーク及び粉を含む。）をもととした調製品で、物品（種類を問わない。）の着色に使用し又は着色用の調製品の成分として使用するものを含むものとし、顔料を水以外の媒体に分散させた液体及びペーストで、ペイント（エナメルを含む。第32.12項参照）の製造に使用する種類のもの及び第32.07項から第32.10項まで、第32.12項、第32.13項又は第32.15項のその他の調製品を含まないとされています。
③ 第32.08項には、第39.01項から第39.13項までの物品を揮発性有機溶剤に溶かした溶液（溶剤の含有量が全重量の50％を超えるものに限るものとし、コロジオンを除く。）を含むこととされています。
④ 更に、第32.12項の「スタンプ用のはく」には、書籍の表紙、帽子のすべり革その他の物品への印捺に使用する種類の薄いシート状の物品で、次のものから成るもののみが含まれます。
　(i) 金属の粉（貴金属の粉を含む。）及び顔料で、これらをにかわ、ゼラチンその他の結合剤により凝結させたもの
　(ii) 金属（貴金属を含む。）及び顔料で、これらをシート状の支持物（材料を問わない。）の上に付着させたもの

2　この類に含まれない物品
(a) 化学的に単一の元素及び化合物
　この類には、基本的には、化学的に単一の元素及び化合物は含まれません。ただし、第32.03項（動物性、植物性の着色料でも、これらの成分を抽出し、精製された化学的に単一のものもある。）又は第32.04項（有機合成着色料、蛍光増泊剤、ルミノホアとして使用する有機化合物等も含まれる。）、ルミノホアとして使用する種類の無機物（第32.06項参照）、石英ガラス（SiO_2）で第32.07項に定める形状のもの（フリット、粉状、粒状、フレーク状）及び第32.12項の小売用の形状又は包装にした染料その他の着色料）は、この類のそれぞれの項に含まれます。

(b) 第29.36項から第29.39項まで、第29.41項又は第35.01項から第35.04項までの物品のタンナートその他のタンニン誘導体

　タンニンは、植物界に広く存在する物質で加水分解によって没食子酸などの多価フェノール酸を生ずる分子の混合物の総称ですが、「タンニン酸」といった場合、これらの混合物である分子は、カルボキシル基（酸基）を遊離の状態でもっているのでこうした混合物をタンニン酸と呼ぶ場合もありますが、他方、狭義には、タンニンの主成分構成分子である、この没食子酸のデプシド（2分子がエステル結合したもの）で化学的に単一の化合物をいう場合とあります。この後者のタンニン酸を指す場合には、その遊離の状態のもの、他の化合物とエーテル結合又はエステル結合したもの等、化学的に純粋なものはこの類には含まれません（類注1の除外規定による。）。

　これに対し、前者のタンニンをタンニン酸と呼称する場合（すなわち、化学的に単一の化合物ではないものも含まれる。）で、これらの塩、エーテル、エステルその他の誘導体もこの類に含まれます。

　しかしながら、この場合においても、先に述べたとおり、タンニンの誘導体が、第29.36項から第29.39項まで（ビタミン類、ホルモン類、グリコシド類、植物アルカロイド類まで）及び第29.41項（抗生物質類）に属するものである場合、第35.01項から第35.04項までのタンパク質性物質と結合したタンナートその他の誘導体は、この類には含まれません。

　更に、他の類の規定から、例えば、純粋なタンニン酸の塩の場合は当然として、タンニンの塩の場合であっても、放射性同位元素との塩の場合その他第28.44項又は第28.45項に属するもの、タンニンの貴金属塩その他の貴金属化合物（第28.43項）、希土類金属、イットリウムスカンジウムとの化合物（第28.46項）又は水銀の化合物（第28.52項）に属するものは、第6部の注の規定によりこの類から除かれます。

(c) アスファルトマスチックその他の歴青質マスチック（第27.15項参照）

　この第32類のマスチックは、パテ等の充てん料であり、天然樹脂をもととしたもの、プラスチックを含むもの、粘土のような物質を含むもの、接着剤として使用されるようなものなど様々です。こうした種類のマスチックには、石油ピッチ、アスファルトなどを基としたもの等もありますが、この類には、第27類に属するマスチックは含まれない旨、注の規定で明記されています。（この点においても、通則3が働く余地はありません。）

　なお、前にも述べたとおり、ある種の植物性樹脂で芳香を有する「マスチック（乳香）」と呼ばれるものがありますが、これは、この項の充てん料ではなく、第13類に属する物品です。

(d) 油ペイントの体質顔料

　この類において、着色料には、油ペイントの体質顔料として使用する種類の物品（例えば、炭酸カルシウム、硫酸バリウムなど白色のペイント等に増量剤として用いられるもので、水性塗料の着色に適するか適しないかを問いません。）は含まれません。

3　各項の規定
(1) 第32.01項　植物性なめしエキス並びにタンニン及びその塩、エーテル、エステルその他の誘導体

　この項に含まれる物品は、項の規定の文脈から①植物性のなめしエキスと、②タンニン及びその塩、エーテル、エステルその他の誘導体です。これらについて少し説明しておきます。

① 　植物性のなめしエキス

　これは、主として原皮のなめしに使用する植物性エキスです。通常、ひき又は裁断した植物性材料（木材、樹皮、葉、果実、根等）を温水（時には酸性化したもの）で抽出して得られるエキスを濾過し又は遠心分離し、濃縮し、時には亜硫酸塩等で処理して製品となりますが、更にペースト状又は固形状に濃縮することもあります。すべてこれらのエキスは、各種割合でタンニンを含有していると同時に糖類、無機塩類、有機酸等の他の物品を含有しています。従って、例えば、主としてなめしエキスの製造に供する植物性原材料（第14.04項）、合成なめし剤と混合されたなめしエキス（第32.02項）、及び木材パルプの製造の際に得られる廃液（第38.04項）等は、たとえ皮のなめしに使われるものであっても、この項には含まれません。

② 　タンニン及びその塩、エーテル、エステルその他の誘導体

　前述の2の（b）にも述べたとおりです。タンニンとタンニン酸の関係については、関税率表解説では、「タンニン（タンニン酸）は、植物性なめし材料の主たる活性成分である。第14.04項の植物性原材料又は上記①の植物性のなめしエキスからエーテル又はアルコールで抽出することにより得られる。」との趣旨で記述しており、以下、この類において「タンニン酸」といった場合は、特に断らない場合は広義のタンニンに含めて、化学的に単一ではないものも含むものとして記述することとします。

　この項には、五倍子エキス（水で抽出した五倍子タンニン）を含みます。このものは有機溶剤で抽出したものよりも効力が少ないといわれています。また、この項には、ピロガロールタンニン及びカテコールタンニン（抽出工程に由来する不純物を含有するかしないかを問わない。）も含まれます。最も代表的なものは、

五倍子タンニン（ガロタンニン酸）です。その他のタンニンには、カシ樹皮タンニン、栗木タンニン、ケブラチョタンニン、ミモザタンニン等があります。これらは、通常、白色又は黄色の無定形粉末ですが、時には鱗片状又は針状の結晶もあります。これらは空気にさらすとかっ色に変色します。タンニンは主として媒染剤、インキの製造、ぶどう酒又はビールの清澄剤、医薬及び写真に使用されます。また、この項には、アルミニウム、ビスマス、カルシウム、鉄、マンガン、亜鉛、ヘキサメチレンテトラミン、フェナゾン又はオレキシンのタンニン酸塩が含まれます。その他の誘導体には、アセチルタンニン及びメチレンジタンニンがあります。これらの誘導体は、通常、医薬に使用されます。

なお、この項には、次の物品は含まれません。
(a) タンニンの貴金属塩その他の貴金属化合物（第28.43項）又は第28.44項から第28.46項及び第28.52項までのタンニン誘導体
(b) 没食子酸（gallic acid）（第29.18項）
(c) 第29.36項から第29.39項まで又は第29.41項の物品のタンニン酸塩その他のタンニン誘導体
(d) 合成なめし剤（天然なめし剤を混合してあるかないかを問わない。）（第32.02項）
(e) 第35.01項から第35.04項までのたんぱく質のタンニン酸塩及びその他のタンニン誘導体（例えば、カゼインタンナート（第35.01項）、アルブミンタンナート（第35.02項）及びゼラチンタンナート（第35.03項））

(2) 第32.02項　合成有機なめし剤、無機なめし剤、調製したなめし剤（天然なめし料を含有するかしないかを問わない。）及びなめし前処理用の酵素系調製品

前項が天然のなめし剤を含むのに対し、この項は、合成の有機なめし剤、無機なめし剤及びこれらを含む調製したなめし剤を含みます。すなわち、この項のなめし用の物品には、それらが第28類又は第29類の化学的に単一の化合物でない限り、次の物品が含まれます。
① 合成有機なめし剤（「シンタン」とも呼ばれます。）

これらは、単独でも淡い色の革になめす場合に使用されますが、皮への浸透をよくするため天然なめし材と混合し又は組み合わせて使用されることが多いとされています。

これらの物品には、(i)芳香属のシンタン（例えば、ホルムアルデヒドとフェノールスルホン酸、クレゾールスルホン酸又はナフタリンスルホン酸との縮合物、高分子量の芳香族炭化水素のスルホン化物、ポリスルホンアミド、ポリヒ

ドロキシ−ポリアリルスルホン−スルホン酸)、(ii)アルキルスルホニルクロリド(「油をもととした合成なめし剤」と呼ばれることがある。)、(iii)樹脂性なめし剤(完全又はほぼ完全に水に可溶性のもの。例えばホルムアルデヒドとジシアンジアミド、尿素又はメラミンとのある種の縮合物)があります。

② 無機なめし剤又は鉱物性皮なめし

　これらには、例えば、クロム塩、アルミニウム塩、鉄塩、ジルコニウム塩をベースとするものがあります。

③ その他のなめし用の物品

　これら①及び②の物品を相互に混合したもの(例えば、合成有機なめし剤とクロム塩又はアルミニウム塩とを混合したもの)又は天然のなめし剤と混合したものがあります。

　また、この項には、更に合成なめし剤としての主用途の他に副次的な目的(例えば、均染又は漂白)をもつものも含まれます。

④ 人工のベーティング剤

　生皮の毛根の間にあるたんぱく質及び一般に石灰の除去を容易にし、皮を柔軟にして、これに続くなめし剤の作用を受けやすくするために使用する複雑な組成の調製剤です。これらは特定の酵素又はパンクレアチン等をもととしたものですが、ある種の石灰除去物又はふすま又は木粉のようなエキステンダーと混合したものもあります。

　なお、前にも一部述べましたが、この項には、次の物品は含まれません。

(a) 木材パルプの製造の際に生じる廃液(濃縮してあるかないかを問わない。)(第38.04項)

(b) 皮革工業において使用する仕上剤、促染剤、媒染剤その他これらに類する物品及び調製品(例えばドレッシング及びモルダント)で、本質的になめし剤としては使用されないもの(第38.09項)

(3) **第32.03項　植物性又は動物性の着色料(染色エキスを含み、化学的に単一であるかないかを問わないものとし、獣炭を除く。)及びこの類の注3の調製品で植物性又は動物性の着色料をもととしたもの**

この類の注3の規定は次のとおりです。

　注3　第32.03項から第32.06項までには、着色料(第32.06項にあっては、第25.30項又は第28類の着色用顔料並びに金属のフレーク及び粉を含む。)をもととした調製品で、物品(種類を問わない)の着色に使用し又は着色用の調製品の成分として使用するものを含むものとし、顔料を水以外の媒体に分散させた液体及びペーストで、ペイント(エナメルを含む。第32.12項参照)の製造に使

第6章　第6部　化学工業（類似の工業を含む。）の生産品

用する種類のもの及び第32.07項から第32.10項まで、第32.12項、第32.13項又は第32.15項のその他の調製品を含まない。

　この項には、主として着色料として使用する大部分の植物性、動物性生産品が含まれます。これらの生産品は、一般に植物性材料（木、樹皮、根、種子、花、地衣等）又は動物性材料から抽出して製造されます。抽出は、水、弱酸又はアンモニア液に浸漬するか、ある種の植物性材料の場合は発酵によるものもあります。これらは比較的複雑な物質で、一般に一以上の着色物と、原料又は抽出工程に由来する少量の不純物（糖類、タンニン等）が含まれています。これらは、化学的に単一の化合物であるかないかを問わずこの項に属します。化学的に単一の化合物もこの項に属するといっても、合成されたもの（例えば、第32.04項の有機合成着色料等）は含まれません。天然産品であれば、抽出、精製によって、結果としてそれが化学的に単一の物質として得られたものであってもこの項に属するということです。精製によって、純粋な単一の化学物質となったものは、例えば有機合成によって得られた同一の化学物質との区別は難しくなりますが、多くの場合、合成のものには不純物は全く含まれていないか、含まれていたとしても天然物由来のものとは異なった反応前の成分や中間生成物等で、極めて微量であると思います。また、天然産品から得られたものは精製の過程で天然の産品に由来する他の物質が微量残っていることがしばしばです。従ってこれらの微量成分を確認することができれば合成されたものか天然のものを精製したものか確認することが可能でしょう。

　この項に含まれるものとして、次のような物品があります。
①　植物性着色料及び植物性の染色エキス

　「草木染め」で知られるように、染料として利用できる色素成分を含有する各種植物の幹、皮葉、根、果実等から抽出したエキスなどがあります。もととなる植物としては、ログウッド（ヘマティン、ヘマトキシリン等）、黄色木材（Fustic wood、Cuba wood、Tampico wood等）、赤色木材（Pernambuco wood、Lima wood、Brazil wood等）、サンダルウッド、Quercitron wood、ブラックカッチ、べにの木、あかね、アルカンナ、ヘンナ、うこん、Persian berrie、紅花、サフラン等があり、こうした植物から抽出、調製されたエキス等がこの項に含まれます。

　また、オーキル及びリトマス（ある種の地衣類から製造される。）、エニン（各種のぶどうの皮から得られる。）、クロロフィル、ナトリウムクロロフィル、銅クロロフィル及びキサントフィル、模造バンダイクブラウン（例えば、ビーチウッドの樹皮又はコルク層のような植物性材料の部分分解によって製造する。）並びに*Indigofera* 属の植物から得られる天然あい等を含みます。これらは、通

常、暗青色の粉末状、ペースト、ケーキ状、塊状等で提示されます。ちなみに、天然あいを代表する植物としては、前述のいわゆるインド藍(マメ科コマツナギ属(Indigofera)のもの(主に Indigofera tinctoria L.)を指しますが、日本古来のものは、タデアイと呼ばれ、タデ科のPolygonum tinctorium Lourが使われていたようです。また、琉球藍としてはキツネノマゴ科のStrobilanthes cusiaが利用されていました。

　現在は、多くは、有機合成品(第32.04項に属する。)が使われます。
② 動物性着色料
　例えば、コチニールエキス(コチニール虫から一般にアンモニア溶液又は酸性にした水により抽出したもの)、カーミーズ(カーミーズ虫から抽出される赤色の着色エキス)、セピア(ある種のいかのすみぶくろから得られるかっ色のもの)、セラックから調製される着色エキス(代表的なものはラックダイ)、天然の真珠様の光沢を有する顔料(魚のうろこから得られるもので、主としてグアニン及びヒポキサチンからなり、通常結晶体。)
③ 植物性又は動物性の着色料をもととした調製品で、物品(種類のいかんを問わない。)の着色に使用し又は着色調製品の成分として使用するもの
　例えば、(i)植物油に溶解したアナートの溶液で、ある国においてバターの着色に使用されるもの、(ii)天然の真珠様の光沢を有する顔料で水又は水と水溶液の溶剤との混合物からなる媒体に分散したもの(時にはパールエッセンスと呼ばれ水性塗料又は化粧用調製品の製造に使用されるもの)等があります。
　なお、この項に含まれないものを整理すると次のようです。
(a) この類の注3によりこの項から除外されることとされている調製品
(b) カーボンブラック(第28.03項)
(c) 実際上その染色性を利用していない物質。例えば、モーリン、ヘマチン及びヘミン(第29類)
(d) 有機合成着色料(第32.04項)
(e) レーキ顔料(動物性着色料又は植物性着色料をベースに固定して得られるもの)(例えば、カルミンレーキ、ログウッドレーキ、イエローウッド、レッドウッドレーキ類)(第32.05項)
(f) 小売用の形状又は包装にした染料その他の着色料(第32.12項)
(g) アイボリーブラックその他の獣炭(第38.02項)

(4) **第32.04項　有機合成着色料(化学的に単一であるかないかを問わない。)、この類の注3の調製品で有機合成着色料をもととしたもの及び蛍光増白剤又はルミノホアとして使用する種類の合成した有機物(化学的に単一であるかな**

いかを問わない。)
　この項は、有機合成着色料及び蛍光漂白剤、ルミノホアとして使用する種類の合成した有機物が分類されます。これらは、いずれも有機合成化合物です。
　お気づきのように、この第32類でも、先に天然産品及び天然産品由来の物質が、次に合成の物質が分類される項が続きます。元来、天然産品を利用し、その有効成分がわかってくると、それを化学的に合成して利用するという歴史的な流れがあります。HS品目表の組み立ても、こうした流れと無関係ではないと思われます。そこで、この項の有機合成着色料ですが、その細分は、用途あるいは用法を考慮した、いわば実際に利用される用法等を考慮したものとなっています。少し余談になりましたが、ついでに、まず、色素、着色料、染料、顔料等について、簡単に述べておきます。
　この項及び次の項で扱う物質は、いわゆる色素関係です。色素とは、可視光線を反射あるいは透過してヒトの目に入り、色（白色を含む。）として感知するような作用を有するもの、すなわちヒトが色があると感知する（「発色」する）ような化合物をいいます。大凡400ミリミクロンから800ミリミクロンの波長の光を反射（不透明物質）あるいは透過（透明物質）するような化学構造をもつ物質といえます。そのほかルミノホアや蛍光を発する物質があります。これらは自らそのような波長の光を発出する（「発光」する）物質です。そして、他の物質にそのような化合物をつけることが着色です。
　染色は着色の一つの方法で、主として色素中、繊維に固着して一定の色を表し、洗浄、摩擦などによって容易に抜けないものを染料といいます。（またそのように着色する行為を染色といいます。）このように、染料は染める段階で水又は有機溶媒に溶解します。
　他方、水その他の溶媒に溶解しない色素を顔料といいます。また、顔料としては無機化合物やある種の鉱石に由来するもの等がありますが、無機化合物の顔料については第32.05項で述べます。
　さて、有機合成染料ですが、これは、主として複雑な芳香族化合物で、発色の原因となる不飽和の原子団（発色団）を持つ化合物です。この発色団としては、
$\rangle C=O$、$\rangle C=C\langle$、$\rangle C=S$、$\rangle C=N-$、$-N=N-$、$-N-O$、

$-N\begin{smallmatrix}\nearrow O\\\searrow O\end{smallmatrix}$　、　$-N\begin{smallmatrix}\nearrow O\\\searrow O\end{smallmatrix}$　、　　　　　　　　　　　等があります。

　発色団のみを含むものを色原体といい、多くはこれのみでは無色か又は有色であっても染色性は弱いのですが、これに助色団が加わると初めて染料となりま

す。助色団としては、−NH₂、−NHR、−OH、−SO₃Hなどがあります。
　この項に含まれる物品は、以下のとおりです。
①　混合していない有機合成着色料（化学的に単一であるかないかを問わない。）及び染色力を減少又は標準化するため染色性のない物質（例えば、無水硫酸ナトリウム、塩化ナトリウム、デキストリン、でん粉）で希釈した有機合成着色料
　　染料の浸透及び固定を助成するために少量の界面活性剤が添加されていても、着色料の所属の決定には影響を与えません。これらの着色料は一般に粉、結晶又はペーストの形状をしています。ただし、小売用の形状又は包装にした有機合成着色料は第32.12項に属します。
②　異なる種類の有機合成着色料相互の混合物
③　有機合成着色料をプラスチック、天然ゴム、合成ゴム、可塑剤その他の媒質中に濃厚に分散したもの：これらは通常小さな板又は塊状で、ゴム、プラスチック等の練込み着色の原料として使用されます。
④　有機合成着色料と比較的多量の界面活性剤との混合物又は有機合成着色料と有機バインダーとの混合物
　　これらはプラスチック等の練込み着色に又は紡織用繊維のなせん用調製品の構成成分として使用し、一般にペースト状です。
⑤　有機合成着色料をもととしたその他の調製品で、物品（種類のいかんを問わない。）の着色に使用し又は着色調製品製造の成分として使用するもの（ただし、この類の注3によりこの項から除外されることとなる調製品を除く。）
　　この種の有機合成着色料（染料又は顔料）には、(i)ニトロソ化合物及びニトロ化合物、(ii)モノアゾ化合物及びポリアゾ化合物、(iii)スチルベン、(iv)チアゾール（例えば、thioflavine）、(v)カルバゾール、(vi)キノンイミン（例えば、アジン、オキサジン及びチアジン）、インドフェノール及びインダミン、(vii)キサンテン、(viii)アクリジン、キノリン、(ix)ジフェニルメタン及びトリフェニルメタン、(x)ヒドロキシキノン及びアントラキノン、(xi)スルホン化インジゴ、(xii)その他の建染め染料又は顔料（例えば、人造あい）、その他の硫化染料又は顔料、インジゴゾール等、(xiii)りんタングステン酸グリーン等、(xiv)フタロシアニン（粗製のものを含む。）及びその金属化合物（これらには、スルホン化誘導体を含む。）、(xv)合成により得られたカロチノイドがあります。
　　更に、ある種のアゾ着色料は、繊維上で不溶性のアゾ染料を作る安定したアゾニウム塩とカップリング剤との混合物の形にしたものがあり、このような混合物もこの項に属します。ただし、この項には、繊維の染色の段階で同じアゾ着色料を得るため使用されるカップリング剤とは別に提示されるジアゾニウム

塩(安定化したもの又は標準的な濃度にしてあるかないかを問わない。)は含まれません(第29類)。

　この項には、また染料中間物(着色剤製造の中間段階で得られるもので、それ自体は染料になってないもの)は含まれません。これらの中間物、例えば、モノクロル酢酸、ベンゼンスルホン酸、ナフトールスルホン酸、レゾルシノール、クロルニトロベンゼン、ニトロフェノール及びニトロソフェノール、ニトロソアミン、アニリン、アミンのニトロ化誘導体及びスルホン化誘導体、ベンジジン、アミノナフトールスルホン酸、アントラキノン、メチルアニリンは、第29類に属します。これらは、フタロシアニン(化学的には一応完成しているが、最適の着色力を得るために簡単な物理的工程のみを有するもの)等この項に属する粗製の物品とは全く異なったものです。

　また、有機合成着色料には、水に可溶性のものと不溶性のものとがあります。これらはほぼ天然有機着色料にとって代っており、特に紡織用繊維の浸染又は捺染、皮革、紙、木材等の染色に使用されています。これらはまた、カラーレーキ(第32.05項)、第32.08項から第32.10項、第32.12項及び第32.13項の着色料、第32.15項のインキ並びにプラスチック、ゴム、ろう、油、写真乳化剤等の着色原料として使用されます。

　これらの中には、実験室での試薬として又は医療用として使用されているものがあります。しかしながら、実際上その染色性を利用していない物質はこの項には属しません(例えば、アズレン(第29.02項)、トリニトロフェノール(ピクリン酸)及びジニトロオルトクレゾール(第29.08項)、ヘキサニトロジファニルアミン(第29.21項)、メチルオレンジ(第29.27項)、ビリルビン、ビリベルジン及びポルフィリン(第29.33項)、アクルフラビン(第38.24項))。

⑥　蛍光増白剤及びルミノホアとして使用する種類の合成した有機物(化学的に単一であるかないかを問わない。)

　これらには次のようなものがあります。
(i)　蛍光増白剤として使用される種類の有機物は、紫外線を吸収し、可視の青色輻射光を発光して、白い物品の見かけの白さを強める有機合成物品です。これらは一般にスチルベン誘導体から成っています。
(ii)　ルミノホアとして使用される有機物

　　これらは合成品で、光線の作用の下で発光又は蛍光を発する物質です。これらの物品の一部には着色料としての性格をもつものもあります。これらのルミノホアの例としてローダミンBをプラスチック中に入れたものがありますが、これは赤色の蛍光を発する物質で、一般に粉状です。ルミノホアとして使用する有機物(例えば、diethyl dihydroxyterephthalate及び

salicylaldazine)の多くは着色料ではありません。これらは着色顔料にその光彩を増すために添加されます。これらは化学的に単一であってもこの項に属しますが、発光性ではない型の化学品(例えば、不純物が多いもの又は結晶構造が異なっているもの)は含まれません(第29類)。また、例えばゴム用発泡剤として使用するサリチルアルダジンは第29.28項に属します。他方ルミノホアとして使用する有機物の相互の混合物又は有機合成着色料との混合物はこの項に属します。しかしながら、無機顔料を混合したものはこの項に含まれません(第32.06項)。

本稿では、基本的には、物品が所属する項の規定まで扱うこととしていますが、第3204.11号から第3204.19号に規定されている物品の説明及び号への所属の決定について、関税率表解説の内容を引用しつつ適宜補足的に説明を加えておきます。

前にも述べたとおり、有機合成着色料及びこの類の注3の調製品で有機合成着色料をもととしたものは、用法及び用途に基づいて各号に細分されています。これらの号の物品は次のとおりです。

① 分散性染料

本質的には水に不溶性で、非イオン性の染料です。水に分散させ疎水性の繊維(ポリエステル、ナイロンその他のポリアミド、酢酸セルロース又はアクリル繊維)に、また、ある種の熱プラスチックの表面染色にも使用されます。

② 酸性染料

分子内に$-SO_3H$、$-NO_2$、$-COOH$のような酸性の基を持つもので、市販品はこれらのアルカリ塩の形で取引されます。これは水に可溶性の陰イオン性染料で、ナイロン、羊毛、絹、モダクリル繊維又は革に使用されます。

③ 媒染染料

可溶性の染料で、紡織用繊維に当該染料を染着させるためには媒染剤(例えば、アルミニウム、鉄、錫、クロムなどの金属塩)の使用が必要です。これらの金属塩とロート油とであらかじめ媒染した繊維を、この種の染料溶液中に浸して、繊維上にこれら金属との錯塩を形成させて染着するものです。アリザリンはその代表例で、また使用する金属塩の種類によって異なった色に染色されます。

④ 塩基性染料

水に可溶性の陽イオン性染料で、分子中に、$-NH_2$、$=NH$ のような塩基性の原子団を持つ染料で、通常それらの塩酸塩、硫酸塩とした製品となっています。これは、モダクリル繊維、変性したナイロン繊維若しくは変性したポリエステル繊維又はさらしてない紙に使用されます。これらの染料の本来の用途は、絹、

第6章　第6部　化学工業（類似の工業を含む。）の生産品

羊毛又はタンニン媒染剤で処理をした木綿の染色でしたが、これは濃淡の明瞭さが色の堅牢性よりも重要であったためといわれています。塩基性染料の中には生物活性を示し、防腐剤として医薬に使用するものがあります。

⑤　直接染料

　　水に可溶性の陰イオン性染料で、電解質の存在する水溶液中において繊維素繊維に直接付着するものです。これらは、木綿、再生セルロース、紙、革の染色及びまれにナイロンの染色にも使われます。色の堅牢性を改善するため直接染色された織物は、しばしば後処理（例えば、本来のジアゾ化及びカップリング金属塩によりキレート化合物形成又はホルムアルデヒドによる処理）を行います。

⑥　建染め染料

　　一名バット染料ともいい、一般に水に不溶ですが、アルカリ性で還元して水に可溶性にして、その中に繊維を浸し、のち酸化して色を表すものです。インヂゴはその代表例です。この種の染色のメカニズムは、アルカリ性溶中で還元され水に可溶性のロイコ化合物の形態をとり、後に再酸化され水に不溶性のケト化合物（着色型のもの）の形となり定着するものです。

⑦　反応染料

　　通常、木綿、羊毛又はナイロンに使用し、繊維分子の官能基と反応し、共有結合を形成することにより繊維に染着する染料です。

⑧　顔料

　　有機合成着色剤で、適用全工程で結晶構造又は個々の微粒子からなる形態を保持するものです。これは、溶解又は気化により結晶構造を失う染料（染料の中には、後の染色工程で再び結晶構造をとり戻すものもあります。）とは別です。これらの顔料には、前記染料の一部のものの不溶性の金属塩が含まれます。

また、第3204.19号には、特に次の物品が含まれます。

①　この類の注2の混合物

　　第32.04項には、アゾ染料を生成させるために安定化ジアゾニウム塩とカップリング成分とを混合した物品を含む。（類注2）

②　溶剤染料（有機溶剤に溶解しており、合成繊維（例えば、ナイロン、ポリエステル又はアクリル繊維）に使用し又はガソリン、ワニス、ステイン、インキ、ろう等に使用される。）

　　これらの有機合成着色料の中には、二以上の異なる号に該当することとなるものがあります。これらは次によりその所属を決定します。

　（i）　提示の際の状態で建染め染料及び顔料の両方として使用できるものは、建染め染料として第3204.15号に属する。

(ii) 第3204.11号から第3204.17号までの二以上の特定の号に該当するものは、該当する号のうち最後の号に属する。
(iii) 第3204.11号から第3204.17号までの特定の一つの号と最後の第3204.19号の両方に該当するものは、特定の号の方に属する。
　なお、有機合成着色料相互の混合物及びこのような混合物をもととした調製品は、次により所属を決定します。
(iv) 同一号の二以上の物品の混合物は、その号に属する。
(v) 異なる号（第3204.11号から第3204.19号まで）の二以上の物品の混合物は、最後の号（第3204.19）に属する。蛍光増白剤（白色染料とも呼ぶ。）は、第3204.11号から第3204.19号までの号には属さず、より限定された第3204.20号に属する。

(5) **第32.05項　レーキ顔料及びこの類の注3の調製品でレーキ顔料をもととしたもの**

　レーキ顔料とは、動物性若しくは植物性着色料又は有機合成着色料（水に可溶性であるかないかを問わない。）を、硫酸バリウム、硫酸カルシウム、酸化アルミニウム、陶土、タルク、シリカ、けいそう土、炭酸カルシウム等無機物（ベースという。）に固定して得られる調製品で、水に不溶性の物質です。その製造方法は、通常、①着色料をベースの上にタンニン、塩化バリウム等の沈殿剤で沈着させるか又は着色料とベースを共沈させる方法、②着色料溶液でベースを染色する方法、③不溶性着色料を不活性ベースと機械的に緊密に混合する方法等があります。

　このように、レーキ顔料は、無機元素が分子の一部を構成する水に不溶の有機合成着色料とは別の物品です。レーキ顔料は、主として印刷インキ、壁紙、油ペイントの製造に使用されます。

　この項には、また、レーキ顔料をプラスチック、ゴム、可塑剤その他の媒質に濃厚に分散させたものを含みます。更に、この項には、レーキ顔料をもととしたその他のある種の調製品で、物品（種類のいかんを問わない。）の着色に使用するもの又は着色調製品の成分として使用するものを含みます。ただし、この類の注3の後段に掲げた調製品は含まれません。

(6) **第32.06項　その他の着色料、この類の注3の調製品（第32.03項から第32.05項までのものを除く。）及びルミノホアとして使用する種類の無機物（化学的に単一であるかないかを問わない。）**

　この項には、これまで述べた着色料以外の着色料、すなわち、植物性又は動物

性の着色料(第32.03項)、有機合成着色料(第32.04項)及びレーキ顔料(第32.05項)以外の着色料が分類されます。言い換えれば、無機物主体の着色料です。また、このほかに、この類の注3の調製品で、第32.03項、第32.04項及び第32.05項に該当しない調製品が分類されます。(なお、この項に分類される注3の規定による調製品としては、第25.30項及び第28類の着色顔料並びに金属のフレーク及び粉を着色料として使用した調製品を含むこととなっています。)

更に、ルミノホアとして使用される種類の無機物が含まれます。以下簡単にこの項の物品を見てみます。

先ず、「その他の着色料及びこの類の注3の調製品(第32.03項から第32.05項までのものを除く。)」についてですが、先に述べたとおり、この項には無機着色料及び鉱物性の着色料が含まれますが、(a) 天然の雲母酸化鉄及びアースカラー(焼いてあるか又は相互に混合してあるかないかを問わない。)(第25.30項)、(b) 化学的に単一の無機着色料(例えば、塩基性炭酸鉛、鉄、鉛、クロム又は亜鉛の酸化物、亜鉛又は水銀の硫化物、クロム酸鉛(第28類)、アセト亜ひ酸銅(第29.42項)、(c) 金属のフレーク及び金属の粉(第14部又は第15部)は、含まれません。

この項の着色料には、例えば次のような物品が含まれます。

① 二酸化チタンをもととした顔料

これらには、表面処理をした、又は硫酸カルシウム、硫酸バリウム又はその他の物質と混合した二酸化チタン等があります。また、顔料としての用途に適する客観的特徴を得るために、製造工程において化合物を意図的に加えた二酸化チタンも含まれます。しかしながら、その他の特別に製造された二酸化チタンで顔料としての用途に適しないものは、その特性により他の項(例えば、第38.15項、第38.24項)に分類されますし、混合されてなく、また表面処理もされていない通常の二酸化チタンは第28.23項に分類されます。

② クロム化合物をもととした顔料

クロム酸鉛と硫酸鉛等の他の無機物との混合物から成る黄色顔料、酸化クロムと他の物品との混合物から成る緑色顔料があります。

③ ウルトラマリン(群青)

これは複雑な組成で、かつてはラピスラズリから得ていましたが、現在は種々のけい酸塩、アルミン酸塩、炭酸ナトリウム、硫黄等の混合物を処理することにより人工的に調製しています。緑色群青、ピンクウルトラマリン、バイオレットウルトラマリンもこの項に含まれますが、イエローウルトラマリンと呼ばれる混合されてないある種のクロム酸塩はこの項には属しません(第28.41項)。

④ リトポンその他の硫化亜鉛をもととした顔料

例えば、硫化亜鉛と硫酸バリウムとの種々の割合の混合物から成る白色顔料

です。
⑤　カドミウム化合物をもととした顔料

　　例えば、硫化カドミウムと硫酸バリウムとの混合物から成る黄色顔料、硫化カドミウムとセレン化カドミウムとの混合物から成るカドミウム赤があります。

⑥　紺青（ペルシャンブルー、ベルリンブルー）及びヘキサシアノ鉄酸塩（フェロシアン化物及びフェリシアン化物）をもととしたその他の顔料

　　紺青は化学的に単一でないフェロシアン化第二鉄から成るもので、この項に属する多くの顔料の調製に使用されます。これらには、ミネラルブルー、ミロリグリーン又はイングリッシュグリーン、ジンクグリーン（クロム酸亜鉛を含有する。）及び色インキ用の化合物（しゅう酸を含有する。）が含まれます。ターンブルブルーは、化学的に単一でないフェリシアン化第一鉄の単独又は混合物から成る物質です。

⑦　鉱物質の黒色顔料（第25.30項又は第28.03項のものを除く。）

　　例えば、(i)シェールブラック（各種のけい酸塩と歴青頁岩の部分か焼によって得られる炭素との混合物）、(ii)シリカブラック（石炭とけいそう土の混合物のか焼によって得られる）、(iii)アルブラック（ボーキサイトとコールタールピッチ又はグリースとの混合物のか焼で得られる炭素と酸化アルミニウムとの混合物）等です。

⑧　カラードアース

　　極く少量の有機合成染料で色を鮮明にしたものです。（なお、カラードアース（共に混合してあるかないかを問わない。）で色を鮮明にしていないものは一般に第25.30項に属します。

⑨　可溶性バンダイクブラウン及びその類似品

　　通常、第25.30項のアースカラー（バンダイクブラウン、コロンアース、カッセルアース等）をアンモニア溶液又は水酸化カリウム溶液で処理して得られます。

⑩　その他

　　(i)コバルト化合物をもととした顔料（例えば、セルリアンブルー）、(ii)鉱石を微粉にした顔料（例えば、イルメナイト）、(iii)ジンクグレイ（非常に不純な酸化亜鉛）、(iv)合成の真珠様の光沢を有する顔料（無機の真珠光沢を有する顔料で例えば、塩化酸化ビスマスに少量の有機界面活性剤を加えたものや、塩化酸化ビスマス、二酸化チタン又は二酸化チタンと酸化第二鉄の混合物で被覆された雲母があります。）

　更に、この項には、無機顔料に有機着色料を加えた着色料も含まれます。これ

らの物品は、第32.08項から第32.10項まで及び第32.12項の着色料、ペイント、エナメル及びラッカー、第32.13項の絵の具類及び第32.15項に属する印刷インキ等、主に着色料又は窯業用の顔料（第32.07項参照）製造の一次原料として使用されます。

　この項には、更に上記の着色料をもととした調製品並びに第25.30項又は第28類の着色用顔料をもととした調製品並びに金属のフレーク及び粉をもととした調製品で、物品（種類のいかんを問わない。）の着色に使用し又は着色調製品の成分として使用するものが含まれます。これらには、(i)プラスチック、天然ゴム、合成ゴム、可塑剤その他の媒質中に濃厚に分散させたもの、(ii)比較的多量の界面活性剤又は有機バインダーとの混合物（これらは通常ペースト状）があります。ただし、この類の注3の後段に掲げた調製品（顔料を水以外の媒体に分散させた液体及びペーストで、ペイント（エナメルを含む。第32.12項参照）の製造に使用する種類のもの及び第32.07項から第32.10項まで、第32.13項又は第32.15項のその他の調製品）は含まれません。また、油ペイントの体質顔料として使用する物品、例えば、(a)カオリン（第25.07項）、(b)炭酸カルシウム（第25.09項又は第28.36項）、(c)硫酸バリウム（第25.11項又は第28.33項）、(d)けいそう土（第25.12項）、(e)スレート（第25.14項）、(f)ドロマイト（第25.18項）、(g)炭酸マグネシウム（第25.19項又は第28.36項）、(h)石膏（第25.20項）、(ij)石綿（第25.24項）、(k)雲母（第25.25項）、(l)タルク（第25.26項）、(m)方解石（第25.30項）、(n)水酸化アルミニウム（第28.18項）、及び(o)(a)から(n)までの物品の二種以上の混合物（通常第38.24項）は、水性塗料の着色に適するものであるかないかを問わず、この項には含まれません。

　「ルミノホアとして使用する種類の無機物（化学的に単一であるかないかを問わない。）」は、可視又は非可視の輻射線（太陽光線、紫外線、陰極線、エックス線等）の作用により冷光（蛍光又はりん光）を発する物質をいいます。これらのものの多くは、極めて少量の活性化剤（例えば、銀、銅又はマンガン）の存在により「活性化」された金属塩から成っています。例えば、銀又は銅で活性化された硫化亜鉛、銅で活性化された硫酸亜鉛、マンガンで活性化されたけい酸ベリリウム亜鉛があります。

　このほか、物質に特殊な結晶構造を与えるように処理したことにより、活性化剤が存在しなくても冷光を発する性質を有する金属塩があります。この種のものは化学的に単一の化合物であり、他の物質を含有していません。例えば、タングステン酸カルシウム及びタングステン酸マグネシウムがあります。しかしながら、これらと同一の化合物であっても、純度の低いもの、あるいは結晶構造が異なっていることにより、冷光を発しない形のものは、この項には含まれません（第

28類)。また、試薬として使用される非晶質のタングステン酸カルシウムは、第28.41項に属します。

　ルミノホアとして使用する種類の無機物には、極く微量の放射性の塩類の添加により自己冷光になったものもありますが、これらのもののうち、放射能のレベルが1グラムあたり74ベクレル(0.002マイクロキュリー)を超えるものは、放射性物質を含有する混合物として、第28.44項に属することとなっています。(関税率表解説)

　ルミノホアとして使用する種類の無機物の相互の混合物(例えば、銅で活性化された硫化亜鉛と銅で活性化された硫化カドミウム亜鉛との混合物)又はルミノホアとして使用する種類の無機物と無機の着色用顔料(第28類又は前記①のもの)との混合物もこの項に含まれます。

　ルミノホアは、発光塗料の調製又はオシログラフ、放射性写真法、放射性透視若しくはレーダー装置のための蛍光面の塗布若しくは蛍光管の塗布に使用されます。

　なお、第28.43項から第28.46項まで及び第28.52項の各項に該当する物品(例えば、酸化イットリウムと酸化ユーロピウムの混合物)は包装形態及び用途を問わず、この項には含まれません。

(7) 第32.07項　調製顔料、調製乳白剤、調製絵の具、ほうろう、うわぐすり、うわぐすり用のスリップ、液状ラスターその他これらに類する調製品(窯業に使用する種類のものに限る。)及びガラスフリットその他のガラスで粉状、粒状又はフレーク状のもの

　この項には窯業若しくはガラス工業において使用又は金属製品の着色若しくは仕上げに使用する一連の調製品が含まれます。これらには、例えば次のような物品があります。

① 　調製顔料、調製乳白剤及び調製絵の具

　　アンチモン、銀、ひ素、銅、クロム、コバルト等の酸化物又は塩類を熱処理して製造した乾燥混合物で、使用後通常300度以上の高温で焼成して、窯業製品の表面を着色し又は不透明にするために使用されます。

② 　ほうろう及びうわぐすり

　　シリカに他の物品(長石、カオリン、アルカリ、炭酸ナトリウム、アルカリ土類金属化合物、酸化鉛、ほう酸等)を混合したもので、加熱によりガラス化して平滑な(無光沢性又は光沢性)表面をつくり、多くの場合、構成成分の一部は、予備工程において混融され、粉状フリットの形になって混合物中に存在するものです。

第6章　第6部　化学工業（類似の工業を含む。）の生産品

　　これらは透明（着色の有無を問わない。）又は乳白剤若しくは顔料の添加により不透明になっており、時にはチタン又は酸化亜鉛のような物質が添加され、焼成後冷却すると装飾的な結晶効果を生ずるものもあります。
③　うわぐすり用のスリップ（うわぐすり用の化粧土）
　　陶磁器の全面又は図柄の形に塗布する粘土をもととした半液状のペーストで、着色の有無を問わない。焼成の前又は第一次予備焼成の後に使用されます。
④　液状ラスター
　　金属化合物をテレビン油その他の有機溶剤に溶解したもの又は懸濁したもので陶磁器、ガラス製品の装飾に使用されます。例えば、金、銀、アルミニウム、クロム等を含むラスターがあります。
⑤　ガラスフリットその他各種のガラスで粉状、粒状又はフレーク状のもの（ビトライト及び溶融石英その他の溶融シリカから得られたガラスを含み、着色してあるかないか又は銀膜処理をしてあるかないかを問わない。）

　　これらの物品は陶磁器製品、ガラス製品及び金属製品の被覆剤の調製に使用するほか他の用途にも使用されます。ただし、粉状、粒状又はフレーク状以外の形状のガラスの場合はこの項から除かれ、一般に第70類に属します。例えば、ビトライト及びエナメルガラスの塊は第70.01項に、エナメルガラスを棒及び管の形状にしたものは第70.02項に、また、映画用スクリーン、道路標識等の反射面に使用する規則正しい球形の小粒（マイクロスフィアー）は第70.18項に属します。

(8)　第32.08項　ペイント及びワニス（エナメル及びラッカーを含むものとし、合成重合体又は化学的に変性させた天然重合体をもととしたもので水以外の媒体に分散させ又は溶解させたものに限る。）並びにこの類の注4の溶液

　「ペイント及びワニス（エナメル及びラッカーを含む‥‥）」というフレーズは、この第32.08項のほか、第32.09項及び第32.10項にもでてきますので、ペイント、ワニス、エナメル、ラッカーについて、ごく概念的に述べておきます。
　いずれも塗料ですから、塗った後に硬化し、塗布面に固着した皮膜をつくります。この、塗布面に固着し皮膜を生成するための成分をバインダーといいます。バインダーと溶媒を合わせて展色剤といいます。ただし、ボイル油のようにある種の油ペイントではこれだけで展色剤の働きをするものもあります。
　ペイントは、こうした展色剤に着色料として顔料を混ぜたもの（溶媒に溶けない顔料を分散させたもの）です。顔料をどのような展色剤に溶解又は分散させているかにより呼び名が異なります。油ペイントは顔料をボイル油と練ったものがその代表ですが、少量のボイル油で練ったもので使用するときに更にボイル油で

薄めて使うものを堅練ペイント、多目のボイル油で練り、そのまま塗れるように調整されたものを調合ペイントといいます。現在は、ボイル油のほか、さまざまな合成重合体、化学的に変化させた天然重合体が使われています。
　エナメルは、エナメルペイントともいわれるとおり、ペイントと本質的に変りません。もともと、エナメルは、こうしたペイントの展色剤の代わりにワニスを展色剤としたものです。エナメルの方が油ペイントより乾きが早く堅牢で光沢性がありますが、種類によっては非光沢性のものもあります。エナメルでは展色剤として油ワニスやスタンドオイルなどが使われています。
　ワニスは、簡単にいえば、こうした展色剤のみの塗料で顔料が含まれていないものです。ワニスには、樹脂類を酒精に溶解した酒精ワニスと、天然又は合成樹脂などを乾性油とともに加熱融合し、乾燥剤を加え溶剤で希釈した油ワニスとがあります。
　ラッカーは、セルロース誘導体（ニトロセルロース、アセチルセルロース等セルロースのエステル、メチルセルロース等）を主体とし、樹脂、可塑剤、顔料、溶剤などから成る塗料をいいます。ラッカーは、溶剤の蒸発により皮膜を形成するので乾燥が極めて速く、塗装も効率的、色の保持力、耐水性、対摩耗性等にも優れているとされています。
　さて、これらが、第32.08項、第32.09項及び第32.10項にどのように分類されるかですが、前2者は、合成重合体又は化学的に変性させた天然重合体をもととするもののうち、水以外の媒体に分散又は溶解させたものが第32.08項に、水媒体に分散させたもの又は溶解させたものが第32.09項に分類されます。すなわち、簡単に言えば、合成重合体又は化学的に変性させた天然重合体をもととするペイント及びワニスでは、これを溶媒で薄める場合、有機溶媒など水以外の溶媒を使うものが第32.08項、水を使うものが第32.09項です。また、第32.10項は、後で述べますが、例えば、合成重合体などではなく、乾性油又は天然樹脂を水性媒体又は水以外の媒体に溶解又は分散させ顔料を添加したものなど、これら以外の特殊なものです。
　第32.08項に属する物品の具体的なものは次のとおりです。
① 第32.08項のペイント及びエナメル
　先に述べたとおり、この項のペイントは、バインダーを水以外の媒体に分散させ又は溶解させたものから成る展色剤に、不溶性の着色料（主に、鉱物性若しくは有機の顔料又はレーキ顔料）又は金属のフレーク若しくは粉を分散した物品です。すなわち、この項のペイントは、その被膜生成成分であるバインダーが合成ポリマー（例えば、フェノール樹脂、アミノ樹脂、熱硬化性重合体その他のアクリル重合体、アルキドその他のポリエステル、ビニル重合体、シリコー

ン、エポキシ樹脂及び合成ゴム)又は化学的に変性した天然重合体(例えば、セルロース又は天然ゴムの化学的誘導体)から成るものです。また、特定の目的に応じ、種々の量の他の物品、例えば、ドライヤー(主にコバルト、マンガン、鉛又は亜鉛の化合物をもととするもの)、糊稠剤(アルミニウムせっけん及び亜鉛せっけん)、界面活性剤、希釈剤又は充てん料(硫酸バリウム、炭酸カルシウム、タルク等)及び皮張り防止剤(例えば、ブタノンオキシム)が展色剤中に添加されていることがあります。いずれにしても、バインダーを水以外の媒体に分散又は溶解させた展色剤を使用していますから、溶剤希釈型のペイントに使用される溶剤及びシンナーは、揮発性の液体(例えば、ホワイトスピリット、トルエン、ガムテレビン油、ウッドテレビン油若しくは硫酸テレビン油又は合成溶剤の混合物等)です。これらは固形のバインダーを溶かし、あるいは媒体を希釈してペイントに適度の流動性を与え、塗布しやすくするために加えられます。

　なお、展色剤がワニスから成るペイントは、エナメルと呼ばれ、特に平滑でかたい被膜(光沢性又は無光沢性)をつくります。溶剤希釈型のペイント及びエナメルの原料配合比は、その用途により異なりますが、この型の物品は通常何種類かの顔料及び何種類かのバインダーを含有しており、乾燥すると塗布された物の面にねばつかない不透明な着色被膜(光沢性又は無光沢性)を形成します。

② ワニス及びラッカー

　この項のワニス及びラッカーは、物の表面を保護し又は美化するための液状の調製品です。これらは、合成重合体(合成ゴムを含む。)又は化学的に変性させた天然重合体(例えば、ニトロセルロースその他のセルロースの化学的誘導体、ノボラックその他のフェノール樹脂、アミノ樹脂、シリコーン等)に、溶剤又はシンナーを加えたものです。これらは、水に不溶性で比較的固く多少とも透明又は半透明で平滑な被膜(光沢性、無光沢性又は繻子のような被膜)を形成します。ワニス及びラッカーは、多くの場合着色料は添加されていませんが、構成成分中に可溶性の着色料を添加して着色されていることがあります。ペイント及びエナメルの場合は、着色料は顔料でそれらの媒体に対して不溶性ですが、バインダーに可溶性の着色料を添加したこれらのワニス及びラッカーは透明色を与えます。

この項のワニスには、次のようなものがあります。

(i) 塗装に際し希釈するように作られたワニス

　少量の溶剤に樹脂を溶かし、これに皮張り防止剤、ある種の揺変性付与剤又は乾燥剤等を加えたもので、添加成分がこの種の物品をワニスとしての用

途のみに適するように調製されています。この種のワニス（二次的添加成分も溶解しており、透明色）は、第32類注4に規定する溶液とそれぞれの二次的添加成分の化学的性質の相違及びひいてはそれぞれの溶液中においてこれらの添加成分が果たす機能の相違により、様々な種類のものがあります。

(ⅱ) 放射線硬化ワニス

オリゴマー、すなわち、2、3又は4つの単量体から成る重合体や交差結合する単量体を揮発性溶媒に溶かしたもので、光反応開始剤を含んでいるかいないかを問いません。これらのワニスは、紫外線、赤外線、X線、電子ビーム又はその他の放射線の作用により、交差結合した又は溶剤に不溶の網状構造（硬化し乾燥した被膜）を形成し硬化します。この種の物品は、もっぱらワニスとして使用することが明らかに認められる場合に限りこの項に含まれます。

(ⅲ) 第32類注4の規定でこの項に含まれる物品の重合体（第39.01項から第39.13項までのもの）の溶液であるワニス

これらの物品は、溶剤の含有量を問わず、第39.01項から第39.13項までの物品の製造上には必要ではなく、当該溶液を専らワニスとして使用するのに適するようにする物質（例えば、皮張り防止剤、揺変性付与剤又は乾燥剤等）を含んでいます。

なお、この項に属する第32類注4の溶液は、ワニスとは別の物品として扱われます。

③ 第32類の注4に限定する溶液

第32類注4の規定により、次の組成をもつ溶液（コロジオンを除く。）は、この項に属します。

(ⅰ) 第39.01項から第39.13項までの物品の一以上及び当該物品の製造上必要とされたなんらかの溶解成分すなわち反応促進剤、反応抑制剤、交叉結合剤のようなもの（従って、これらには、この表の他の規定の趣旨により第39.01項から第39.13項までに該当することとなるすべての物品のほか、着色剤のような可溶性成分及び充てん料又は顔料のような不溶性成分も含まれない。）が揮発性有機溶剤に溶けている溶液で、当該溶剤の含有量が全重量の50％を超えるもの

(ⅱ) (ⅰ)の物品の一以上と可塑剤とが揮発性有機溶剤に溶けている溶液で、当該溶剤の含有量が全重量の50％を超えるもの（(ⅰ)のような成分の溶液で揮発性有機溶剤の含有量が全重量の50％以下のものは、プラスチックが属する第39類に含まれます。ここで「揮発性有機溶剤」には、比較的沸点が高い溶剤（例えばテレビン油）も含まれます。）

第6章　第6部　化学工業（類似の工業を含む。）の生産品

　また、前記②の(iii)に記載した調製品に組成が類似する膠着剤又は小売用にした膠着剤で、正味重量が1キログラム以下のものはこの項には含まれません（第35.06項）。
　この項には、次の物品は含まれません。
(a) プラスチックをもととし、高率の充てん料を加えた壁、床等の面用の調製上塗り材で従来のマスチックと同様にへら、こて等で使用するもの（第32.14項）
(b) ペイントに類似した組成をもつが、塗装には適しない印刷用インキ（第32.15項）
(c) ネイルワニス型のワニスで、第33.04項の解説に記載する形状にしたもの（第33.04項）
(d) 顔料、バインダー及び溶剤を主成分とした修正液で、小売用の包装にしたもの（これらは、タイプ文書、手書き文書、写真複写、オフセット印刷機用のマスター等の誤字その他の誤りを訂正するために使用する。）及びセルロースワニスで、謄写版原紙修正剤として小売用の包装にしたもの（第38.24項）
(e) コロジオン（溶剤の含有割合を問わない。）（第39.12項）

(9) **第32.09項　ペイント及びワニス（エナメル及びラッカーを含むものとし、合成重合体又は化学的に変性させた天然重合体をもととしたもので、水性媒体に分散させ又は溶解させたものに限る。）**
　この項のペイントは、合成重合体又は化学的に変性させた天然重合体をもととしたバインダーを水性媒体に分散させ又は溶解したものから成り、これに不溶性の着色料（主に鉱物性若しくは有機の顔料又はレーキ顔料）と充てん料との分散物をよく混ぜ合わせたものです。更に、安定化のために、界面活性剤及び保護コロイドが添加されています。従って、薄めるときは水を使いますが、塗布し乾燥したあとは水に不溶の被膜を形成します。
　また、この項のワニスも第32.08項のワニスの場合と同様、顔料を含有してないという点を除きペイントに類似したものです。また、同じように、この項のワニスは着色料を含んでいることがありますが、含有されている着色料はバインダー中に溶解しています。（ペイントのような不溶性の着色料がバインダーに分散しているものとは異なり、透明感があります。）
　被膜生成成分であるバインダーは重合体（例えば、ポリアクリル酸エステル、ポリ（酢酸ビニル）及びポリ（塩化ビニル）又はブタジエンスチレン共重合体）から成っています。
　「水性媒体」とは、水又は水と水溶性溶剤との混合物から成る媒体をいいます。
　なお、この項には、第32.08項の場合と同様、(a) プラスチックをもととし、高

率の充てん料を加えた壁面、床面等用の調製上塗り材で、マスチックと同様にへら、こて等で使用するもの(第32.04項)、及び(b)ペイントに類した組成をもつが、塗装には適しない印刷用インキ(第32.15項)は含まれません。

(10) 第32.10項　その他のペイント及びワニス(エナメル、ラッカー及び水性塗料を含む。)並びに革の仕上げに使用する種類の調製水性顔料

この項に含まれるものとしては、例えば次のようなものがあります。

① ペイント(エナメルを含む。)

　この項のペイント(エナメルを含む。)は、第32.08項及び第32.09項に属しないもので、例えば次のようなものです。

(i) 乾性油(例えば、亜麻仁油(変性してあるかないかを問わない。))又は天然樹脂を水性媒体又は水以外の媒体に分散又は溶解させ、顔料を添加してあるもの

　バインダーとして天然産品が使用されている点が前2項のものとの違いの特徴といえましょう。

(ii) 液体バインダー(合成重合体又は化学的に変性した天然重合体を含む。)で、硬化剤及び顔料を含有しているが、溶剤その他の媒体を含んでいないもの

　これらは、塗布するに当たっては、溶剤または媒体で薄める必要がある点が前二項のものとの違いといえましょう。

(iii) ゴム(合成ゴムを除く。)をベースとしたペイント(水以外の媒体に分散させ若しくは溶解させたもの又は水性媒体に分散させたもの)で、顔料を添加したもの。この種のペイントは、柔軟な塗装を行うため、薄い層で使用されます。

② ワニス(ラッカーを含む。)

　この項のワニスには、次の物品が含まれます。

(i) 油ワニス

　被膜生成成分は、乾性油(例えば亜麻仁油)又は乾性油にラック、天然のガム若しくは樹脂を混合したもの

(ii) ラック、天然のガム又は樹脂をもととするワニス及びラッカー

　主としてラック、天然のガム又は樹脂(セラック、コーパル、ロジン、ダンマル等)をアルコールに溶解又は分散させたもの(酒精ワニス)、又はガムテレビン油、ウッドテレビン油、硫酸テレビン油、ホワイトスピリット、アセトン等に溶解させ若しくは分散させたもの(なお、一般に、ラッカーは、溶媒が揮発したことにより被膜を形成(被膜として残る)するようなもので

あって、例えば重合のような化学変化を伴わないと思われるようなものの場合にこの名前が用いられてきたとされています。)

(iii) 歴青質、ピッチその他これらに類する物質をもととするワニス

歴青質等をもととしたこの項のワニスは、第27.15項のある種の混合物と異なり、充てん料の微細性、一種以上の被膜形成剤(瀝青物質以外)の存在、空気中にさらしたときの乾燥能力の強さ、形成した被膜の薄さなどがその特徴といえます。

(iv) 無溶剤液状ワニス

これらには次のものがあります。

・ 液状のプラスチック(通常、エポキシ樹脂又はポリウレタン)及びこの場合硬化剤と呼ばれる被膜生成剤から成るもの。一部のワニスにおいては、当該硬化剤は使用時に加えなければならず、その場合には前記の二成分はそれぞれ別の容器に入っており、それぞれの容器が一つの包装に共に収められていることがあります。

・ 単独の樹脂から成り、使用時に硬化剤の添加によってではなく、熱又は大気中の湿気の作用によって被膜を形成するもの。

・ オリゴマー(すなわち、2、3又は4つの単量体から成る重合体)や交差結合する単量体から成るものです。これらには、光反応開始剤を含んでいるかいないかを問いません。これらのワニスは、紫外線、赤外線、X線、電子ビーム又はその他の放射線の作用により、交差結合した網状構造又は溶剤に不溶の網状構造を形成し硬化します。

なお、この項目(iv)で述べているタイプの物品は、もっぱらワニスとして使用するように作られたことが明らかに認められる場合に限り、この項に含まれることとなっています。この条件に合致しない場合には(a)及び(b)で述べているタイプの物品はプラスチックが属する第39類に含まれます。また(c)で述べているタイプに類する物品で写真用エマルジョンとして使用する種類のものは第37.07項に属します。

(v) ゴム(合成ゴムを除く。)をもととしたワニス及びラッカー

水以外の媒体に分散させ若しくは溶解させたもの又は水性媒体に分散させたもので、バインダーに可溶性の着色料を添加したもの。この種のワニスについては、当該物品をもっぱらワニスとして使用するのに適するようにする他の成分を含有していなければなりません。この条件に合致しない場合には、一般に第40類に属します。

③ 水性塗料(白塗り剤で履物の手入れに使用するものを含む。)及び革の仕上げ用の調製水性顔料

これらに含まれる物品としては、次のようなものがあります。
(i) 水性塗料(distemper)

本質的には着色料又は鉱物性物質(例えば、白亜)と若干量(通常極めて少量)のバインダー(例えば、皮にかわ又はカゼイン)とから成っているものです。ある種のものには、充てん料、殺虫剤又は防腐剤を配合したものもあります。水性塗料にはゼラチン状白、カゼイン水性塗料及びけい酸水性塗料を含みます。これらは通常粉状であるが、ペースト状又は乳化液状のものもあります。バインダーとしてこれらに含まれるにかわやゼラチン等は、合成樹脂のような強い被膜を構成するものではなく、顔料を塗布される面に固着するための役割のようです。(従って塗布面の仕上がりは、たとえばフレスコ画のような質感がえられるものと思われます。)

通常、ホームセンター等で「水性‥‥塗料」という名前で市販されている塗料の場合は、油性塗料(乾性油、揮発性鉱物油等の媒体が使用され水以外のもので薄めて使用できるもの)に対応する言葉として使われているようで、必ずしもこの項の水性塗料に限られず、より広範囲な塗料が含まれているようです。すなわち、これらには、バインダーや媒体に親水性の物質が使われており、従って水で薄めて使用できるものです。例えば「水性ウレタンアクリル樹脂塗料」等ポリアクリル酸エステル、あるいはビニル重合体をバインダーとするものなどがありますが、これらは、この項ではなく第32.09項に属します。このように「水性塗料」といった場合、すべてのものが第32.10項の水性塗料ということではなく、その構成材料によって所属を決定しなければなりません。第32.10項は「その他のペイント及びワニス‥‥」ですので、「水性塗料」と呼ばれるものであっても、第32.09項に属するものは、第32.10項には含まれないので注意が必要です。

(ii) 履物の手入れに使用する白塗り剤

白亜をバインダー(例えば、デキストリン又は皮にかわ)でタブレット状に固めたものであり、水性塗料の一種です。これらはペースト状又はディスパーションのものもあります。

(iii) 革の仕上げ用の調製水性顔料

普通の水性塗料に類似する調製品であり、鉱物性又は有機の顔料及び若干量のバインダー(例えば、カゼイナート)から成っています。これらは、粉又はペースト若しくは水に分散した形になっており、時には、革に光沢を与えるための成分が配合されていることがあります。

なお、前二項の場合と同様、この項には、次の物品は含まれません。
(a) プラスチック又はゴムをもととし、高率の充てん料を加えた壁、床等の面用

の調製上塗り材で、従来のマスチックと同様にへら、こて等で使用するもの(第32.14項)
(b) ペイントに類した組成をもつが、塗装には適しない印刷用インキ(第32.15項)
(c) 主としてプラスチックから成る粉体塗料で、添加剤及び顔料を含有し、熱の作用(静電気を利用するかしないかを問わない。)により目的物を塗装するもの(第39類)

(11) 第32.11項　調製ドライヤー
　この項の調製ドライヤーとは、乾性油の酸化を容易にすることにより、ある種のペイント又はワニスの乾燥を促進するために使用する混合物です。これらには、通常、化学ドライヤー(ほう酸鉛、ナフテン酸亜鉛、オレイン酸亜鉛、二酸化マンガン、樹脂酸コバルト等)に充てん料(例えば、石膏)を混合したもの(固形ドライヤー)、又はこれらの物質をガムテレビン油、ウッドテレビン油、硫酸テレビン油若しくはホワイトスピリット等に濃厚に溶かしたもの(液状又はペースト状ドライヤー)があります。ただし、この項には、(a)第15.18項のボイル油その他の化学的変性加工をした油、(b)化学的に単一の化合物(一般に第28類又は第29類)及び(c)樹脂酸塩(第38.06項)は含まれません。

(12) 第32.12項　顔料(金属の粉又はフレークから成るものを含むものとし、水以外の媒体に分散させ、かつペイント(エナメルを含む。)の製造に使用する種類のもので、液状又はペースト状のものに限る。)、スタンプ用のはく及び小売用の形状又は包装にした染料その他の着色料
　この項に含まれる物品は次のようなものです。
① 顔料(金属の粉及びフレークを含む。)を水以外の媒体に分散させ、かつ、ペイント(エナメルを含む。)の製造に使用する種類のもの(液状又はペースト状のものに限る。)
　これらは、顔料(アルミニウムその他の金属の粉及びフレークを含む。)を水以外の媒体(例えば、乾性油、ホワイトスピリット、ガムテレビン油、ウッドテレビン油、硫酸テレビン油又はワニス)に濃厚に分散させたもので、ペイント又はエナメルの製造用のもの(染状又はペースト状のものに限る。)です。ここには、また次のような物品をワニス、ラッカー(ニトロセルロースラッカー)又は合成重合体の溶液中に濃厚に分散させたもので、時にはパールエッセンスと呼ばれるものも含まれます。
　(i) 天然の真珠様の光沢を有する顔料
　　主としてグアニン及びヒポキサチンからなるものである種の魚のうろこか

ら得られる。
 (ⅱ) 合成の真珠様の光沢を有する顔料(例えば、塩化酸化ビスマス又は二酸化チタンにより被覆された雲母)
　　これらの物品は模造真珠、マニキュア、その他のペイント及びエナメルの製造に使用される。
② スタンプ用のはく
　これらは薄いシート状で、次のいずれかから成るものです。
 (ⅰ) 金属の粉(貴金属の粉を含む。)又は顔料をにかわ、ゼラチンその他の結合剤で凝結させたもの
 (ⅱ) 金属(貴金属を含む。)又は顔料をシート状に紙、プラスチックその他の支持物(材料のいかんを問わない。)の上に、蒸着、陰極スパッター等の方法で付着させたもの
　　ただし、圧延又はつち打ち金段造により作った金属はくは、構成材料別に所属を決定することとなっています。例えば、金ぱくは第71.08項に、銅はくは第74.10項に、アルミニウムはくは第76.07項に属します。
③ 小売用の形状又は包装にした染料その他の着色料
　これらは、被膜を作らないもので、通常、着色料と他の物品(例えば、不活性希釈剤、着色剤の浸透及び付着を助ける界面活性剤)との混合物です。場合によっては媒染剤が加えられていることがあります。
　この項に含まれるものは、これらのうち染料として使用するために小売用の包装にしたもの(例えば袋入りの粉、瓶入りの液)、又は明らかに小売用を目的とした形状にしたもの(例えば、球、タブレットその他これらに類する形状にしたもの)に限られます。
　また、この項の染料は主に家庭用のものですが、このほか研究室で使用する特殊染料(例えば、顕微鏡標本を着色するもの)も含まれます。
　他方、この項には、(a)画家用、習画用、整色等又は遊戯用の絵の具、ポスターカラーその他これらに類する絵の具類(タブレット状、チューブ入り、瓶入り、皿入りその他これらに類する形状又は包装のものに限る。)(第32.13項)、(b)印刷用インキ(第32.15項)のほか、(c)演劇用グリースペイントその他のメーキャップ料(第33.04項)、(d)第33.05項の頭髪用染料、及び(e)クレヨン及びパステル(第96.09項)は含まれません。

(13) 第32.13項　画家用、習画用、整色用又は遊戯用の絵の具、ポスターカラーその他これらに類する絵の具類(タブレット状、チューブ入り、瓶入り、皿入り、その他これらに類する形状又は包装のものに限る。)

この項には、画家、学生、看板かき等が使用する調製絵の具及びペイント類並びに整色用絵の具、遊戯用絵の具その他これらに類する物品もの（水性絵の具、グァッシュ画家用の絵の具、油絵の具等）で、その形状及び包装がタブレット状、チューブ入り、瓶入り、皿入りその他これらに類する物品形状又は包装のものが含まれます。

更に、この項には、絵の具類のセット（ブラシ、パレット、パレットナイフ、擦筆、皿等を有しているかいないかを問わない。）で売られるものも含まれますが、例えば、印刷用インキ（着色用）、インディアンインキ（液状又は固型のもの）又はその他の第32.15項の物品や、クレヨン、パステル及びこれらに類する物品（第96.09項）は含まれません。

(14) 第32.14項　ガラス用又は接ぎ木用のパテ、レジンセメント、閉そく用のコンパウンドその他のマスチック及び塗装用の充てん料並びに建物の外面、室内の壁、床、天井その他これらに類する面用の非耐火性調製上塗り材

この項の物品は、異なる組成の広範な調製品で、用途に即した特性を有しています。これらの調製品は、通常ペースト状であり、使用後硬化するものです。ただし、中には固形又は粉状で、加熱により溶融して、又は水等の液体の添加によりペースト状にして使用するものもあります。これらは、通常、閉そく用ガン、へら、こて、左官用の仕上げこてその他これらに類する道具を使用して施工されます。それぞれの物品について述べておきます。

① 　ガラス用のパテ又は接ぎ木用のパテ、レジンセメント、閉そく用コンパウンドその他のマスチック

　　これらの調製品は、主に割れ目の閉そく、シール又は充てんに、また、構成物相互を接合し又は強固に連結するのに使用されます。これらは膠着剤その他の接着剤とは異なり、比較的厚い被覆加工又は厚い層で使用されます。なお、このグループの製品には、ある種の患者の皮膚に使用されるマスチックも含まれるので注意が必要です。

　　このグループの物品としては次のようなものがあります。
（i）　油を基材とするマスチック

　　乾性油、充てん料（油と反応するか否か又は不活性か否かを問わない。）及び硬化材を主体的な成分とするもの（例えば、ガラス用パテ）
（ii）　ろうを基材とするマスチック

　　各種のろうに、多くの場合、接着効果を高めるために樹脂、セラック、ゴム、樹脂エステル等を加えたもの。ろうの全部又は一部がセチルアルコールやステアリルアルコール等のような物質で置き換えられたマスチックも、ろ

うを基材とするマスチックとして取り扱われます。(例えば、接ぎ木用のパテ及びたる類の被覆加工のための閉そく剤)
(iii) レジンマスチック及びレジンセメント

天然樹脂(セラック、ダンマル、ロジン)又はプラスチック(アルキド樹脂、ポリエステル、クマロンインデン樹脂等)を相互に混合したもの。通常、他の物質(例えば、ろう、油、歴青質、ゴム、れんがの粉、石灰、セメント又はその他の鉱物性充てん料)が加えてあります。この種のマスチックの中には、後述の各種のマスチック(例えば、プラスチック又はゴムを基材とするもの)と重複するものがあるので注意が必要です。この項のマスチック及びセメントの用途は広く、例えば、電気工業の充てん料として、また、ガラス、金属又は磁気のシールに使われます。また、これらは、一般に溶融して液状にした後使用されます。
(iv) 水ガラスを基材とするマスチック

一般に施工時に二つの成分(けい酸ナトリウム及びけい酸カリウムナトリウムの水溶液)と、充てん料(石英粉、砂、石綿繊維等)を混ぜて調製します。
(v) オキシ塩化亜鉛を基材とするマスチック

酸化亜鉛及び塩化亜鉛に反応抑制剤(場合によっては更に充てん料)を加えて製造されます。これらは木、陶磁製品等の穴及び割れ目の充てんに使用されます。
(vi) オキシ塩化マグネシウムを基材とするマスチック

塩化マグネシウム及び酸化マグネシウムに充てん料(例えば、木粉)を加えて製造されます。これらは主に木製品の割れ目の閉そくに使われます。
(vii) 硫黄を基材とするマスチック

硫黄に不活性充てん料を混合したもの。固形であり、固さ、防水性及び耐酸性が要求される箇所の閉そくに、また、物の接合及び固定にも用いられます。
(viii) 石膏を基材とするマスチック

繊維状でわた毛のような粉の状態になっており、成分的には約50%の石膏と他の物質(例えば、石綿繊維、木質セルロース、ガラス繊維、砂等)との混合物です。これらは水を加えてペースト状にし、ねじ、ガジオン、ジベルフック等を固定するのに使用します。
(ix) プラスチックを基材とするマスチック

ポリエステル、ポリウレタン、シリコーン、エポキシ樹脂その他のプラスチックに高率(ただし、80%未満)の各種の充てん料(例えば、粘土砂、その他のけい酸塩類、二酸化チタン、金属の粉)を加えたものです。これらマ

スチックのあるものは、硬化剤を添加した後に使用するものもあります。また、マスチックのあるものは、硬化せず、使用後に粘着性が残るものもあります（例えば、音響用のシーラント）。その他、溶媒の揮発により硬化するもの、凝固によるもの、大気にさらすことにより又は混合している異なる構成要素の反応により硬化するものがあります。この種のマスチックは、物品のシール、修繕、充てん料として、接着性シール剤の場合は、種々の表面を結合するために使用されます。

(x) 酸化亜鉛及びグリセリンを基材とするマスチック

耐酸性の被覆加工、鉄片の陶磁器への接合、また、管の連結に使われます。

(xi) ゴムを基材とするマスチック

例えば、チオプラストに充てん料（黒鉛けい酸鉛、炭酸塩等）、場合によっては更に有機溶剤を加えたものがあります。これらは、化学薬品及び溶剤に対し抵抗性のあるフレキシブルな保護被覆層を作るために、また、閉そく用に、時には硬化剤を添加した後に使用されます。これらのマスチックには、着色料、可塑剤、充てん料、バインダー又は酸化防止剤を加え、水に分散させたゴムから成るものもあり、これらは金属缶を密封するために用いられます。

(xii) 皮膚に使用される種類のマスチック

イソプロピルアルコールのような有機溶媒中のカルボキシメチルセルロースナトリウム、ペクチン、ゼラチン及びポリイソブチレンから構成されています。これらは、例えば、患者のストーマ (stomas)、瘻 (fistulas) の周囲の皮膚に、皮膚と廃物収集袋とのもれ防止のシーラントとして使用されます。（なお、これら自体は、治療用及び予防用としての性格を持っていません。）

(xiii) 封ろう

樹脂質の物質（例えば、セラック、ロジン）と通常高率の鉱物性充てん料及び着色料との混合物で、穴の充てん、ガラス装置の水もれ防止のためのシール、文書のシール等に用いられます。

② 塗装用の充てん料及び建物の外面、室内の壁、床、天井その他これらに類する面用の非耐火性調製上塗り材

この種の物品は、前記①のマスナック類と異なり、一般により広い面積に使用するものです。また、この種の物品は、充てん料及び顔料（顔料は含まれていないものもある。）の含有量が、バインダー及び溶剤（又は分散媒体）の含有量よりかなり多いことによりペイント、ワニスその他これらに類する物品と区別されます。

(i) 塗装用の充てん料

不規則な表面を平らにし、また、必要に応じ割れ目、穴又は多孔性の表面を充てんして、塗装面（例えば、室内の壁）を調製するために使用されます。（ちなみにペイントは、塗装用の充てん料が硬化し、やすり磨きが行われた後に塗られます。）

この種の物品には、油、ゴム、にかわ等を基材とする充てん料が含まれます。また、ある種のマスチックと成分的に類似するプラスチックを基材とする充てん料は、車体製造作業等に使用されます。

(ii) 面用の非耐火性調製上塗り材

建物の外面、室内の壁、床及び天井、水泳プールの側壁及び底面等を防水し、かつ、それらの外観をよくするためのもので、一般に最終の上塗り材（表面用）として使用されます。

この種の物品としては、次のようなものがあります。

・等量の石膏及び砂に可塑剤を加えた粉状の調製品

・石英及びセメントを基材とし、これに少量の可塑剤を加えた粉状の調製品で、例えば更に水を加えた後、壁又は床のタイルを固定するために使用するもの

・鉱物性の充てん料（例えば、粉砕した大理石、石英、石英とけい酸塩との混合物）をバインダー（プラスチック又は樹脂）で被覆し、顔料及び場合によっては適宜水又は溶剤を加えたペースト状の調製品

・例えば、合成ゴム又はアクリル重合体、顔料を混合した石綿繊維及び水から成る液状の調製品。この種の物品は、ペイント用のブラシ又はスプレーガンを使用して建物の外面に塗布され、ペイントよりもかなり厚い層を形成します。

前述の各種物品のうち、ある種のものには、使用の際、各種の構成成分の相互混合又はある種の構成成分の添加を必要とするものがありますが、このような物品は、当該構成成分が次の各要件を満たす場合に限りこの項に属することとなっています。

・取りそろえた状態からみて詰め替えることなく共に使用するためのものであることが明らかに認められること。

・共に提示するものであること。

・当該構成成分の性質又は相対的量比のいずれかによって互いに補完し合うものであることが確認できること。ただし、使用の際硬化剤の添加を必要とする物品にあっては、当該物品がその組成又は包装状態からみてパテ、マスチック、充てん料又は面用の調製上塗り材の調製に使用すると明らかに認められる場合に限り、硬化剤が欠除していてもこの項に含まれます。

なお、名称、用途等が類似している物品で、この項に含まれないものとして、次のようなものがあります。
(a) ある国においてマスチック（mastic）と称される天然樹脂（第13.01項）
(b) 第25.20項、第25.22項又は第25.23項に該当するプラスター、石灰及びセメント
(c) アスファルトマスチックその他歴青質のマスチック（第27.15項）
(d) 歯科用セメントその他の歯科用充てん料（第30.06項）
(e) 第38.07項のブルーワーズピッチその他の物品
(f) 耐火性のセメント及びモルタル（第38.16項）
(g) 鋳物用の鋳型又は中子の調製粘結剤（第38.24項）

(15) 第32.15項　印刷用、筆記用又は製図用のインキその他のインキ（濃縮してあるかないか又は固形のものであるかないかを問わない。）
　この項には、次のような物品が含まれます。
① 印刷用インキ（黒又は色付きのもの）
　種々の粘性をもつペーストで、微細にした黒色又は色付き顔料と展色剤とを混合したものです。顔料は、黒色インキ用には通常カーボンブラックを使用し、色インキ用には有機又は無機の顔料が使われます。展色剤は、油に分散し又は溶剤に溶解した天然の樹脂又は合成重合体から成り、要求される機能特性を付与するため少量の添加物を含んでいます。
② 普通の筆記用インキ及び製図用インキ
　黒色その他の色の着色材料を水に溶解又は懸濁させたもので、通常、ガム、その他の物品（例えば、防腐剤）等が加えられています。また、鉄塩、ログウッドエキス又は有機合成着色剤をもととしたインキもあります。インディアンインキは、主に製図用に使用し、普通カーボンブラックを水（アラビアゴム、セラック等を添加）又はある種の動物性にかわに懸濁させたものです。
③ この項の「その他のインキ」
　次の物品が含まれます。
　(i) 複写用のインキ及びこんにゃく版用インキ：普通のインキをグリセリン、砂糖等で稠密にしたもの
　(ii) ボールペン用のインキ
　(iii) 複写機用のインキ又はインキパッド染み込ませ用若しくはタイプライターリボン用のインキ
　(iv) マーク用インキ：例えば、硝酸銀をもととしたもの
　(v) 金属入りインキ：金属又は合金の微細な粒子をガムの溶液に懸濁させたもの。例えば、金、銀又はブロンズ入りのインキ

(vi) 調製した隠顕インキ又は調製した不可視インキ：例えば、塩化コバルトをもととしたもの。これらの物品は一般に液状又はペースト状ですが、濃縮したもの又は固形のもの（粉状、タブレット状又は棒状のもの等）で、単に希釈又は分散させるだけでインクとして使用し得るものも含まれます。

なお、この項には、次の物品は含まれません。
(a) 写真複写機に使用する現像剤で、トナー（カーボンブラックと熱可塑剤樹脂との混合物）を担体（エチルセルロースで被覆した砂の粒）に配合したもの（第37.07項）
(b) ボールペン用の詰め替え用中芯で、ポイントとインク貯蔵部を有するもの（第96.08項）。ただし、通常の万年筆に使用する単にインキを充てんしたカートリッジは、この項に属します。
(c) インキを付けたタイプライターリボン又はインキパッド（第96.12項）

4 この類のまとめとして（補足説明）

第32類の項の規定で、特に、第32.08項から第32.10項までのペイント及びワニスについて、既に説明済みではありますが、簡単にまとめておきます。

(1) 塗料について

塗料については様々な呼び名や分け方があるようですが、岩波理化学事典を参考に、なるべく関税率表に添った形で整理してみます。

「塗料（paint）」ですが、同事典には、「物体の表面に塗布後、溶媒の蒸発、化学反応などで表面上に薄い皮膜を作る液状物質。顔料を含む「ペイント」と、顔料を含まず透明な被膜を与える「ワニス」とがある。塗料の英語paintは、狭義のペイントを指す場合もある」とされていますが、ここでは、塗料には、大きく分けてペイントとワニスがある、としておきます。

① ペイント

まず、ペイントですが、これは顔料を展色剤（バインダー、vehicle 等と呼ばれ、色をのせる（展べる）材料。通常、ボイル油、樹脂、合成樹脂等）と混和して得られる塗料の総称と記載されています。

そして、展色剤の違いにより、油性ペイント、水性ペイント、エナメルなどの種類があるとされています。

(i) 油性ペイント：顔料をボイル油あるいは合成樹脂を展色剤として、練り合わせた有色の不透明の塗料です。
(ii) 水性ペイント：合成樹脂の微粒子を水に乳化させた水分散系塗料（エマルジョンペイント）と、展色剤中のカルボキシル基などをアミン類で中和した水溶性ペイント（例えば、ポリアクリル酸エステル樹脂塗料など）があり、

これらはいずれも水で希釈できます。

(iii) エナメル：同じくペイントの一種とされています。関税率表解説にも、「ペイント（エナメルを含む。）」と記述されています。エナメルは、ワニスに顔料を分散させ、シンナーなど速乾性の溶剤で調合したものです。展色剤としては、展色剤として油ワニス及び合成樹脂を使用した樹脂ワニスが使用されます。これらは油性ペイントと比べて乾燥が早く、塗料の光沢や高度が硬度が優れているとされています。

② ワニス

ワニスは、ペイントの場合のような顔料は含まれておらず、従って透明な被膜を作る塗料です。（なお、顔料ではなく可溶性の着色料が添加されるものもあるとされています。）

ワニスには油ワニスと酒精ワニスがあります。油ワニスは、樹脂（ロジンや油溶性フェノール樹脂など）と乾性油（亜麻仁油）等を加熱溶解し、あるいは更に加工した溶剤に溶解したものです。また、酒精ワニスはセラックやロジンなどの天然樹脂を主にアルコールに溶解したものです。

③ ラッカー

ラッカーは広義のワニスの一種で、セルロース誘導体、一般にニトロセルロースを主成分とした配合物を高級脂肪酸エステルのような揮発性用溶剤に溶かした塗料です。近年、その他の合成高分子を用いたウレタンラッカー、アクリルラッカーなどもありますが、先にも述べましたが、いずれも塗膜形成は溶剤の揮発によるだけで、化学反応が伴わないと思われる場合に、ラッカーの名称が用いられているとされています。

（なお、ワニスと同様、可溶性の着色料が添加されて着色されたラッカーもあるとされています。可溶性ですので透明色となります。）

(2) 関税率表上の記述との関係

前記からおわかりのとおり、商品の一般的呼称と関税率表上の商品分類の切り口は少し違っています。関税率表（HS品目表）の切り口から整理すると次のようです。

① 第32.08項

ここには、ペイント及びワニス（エナメル及びラッカーを含む。）のうち、合成重合体又は化学的に変成させた天然重合体をもととしたもので、水以外の媒体に分散させ又は溶解させたものに限る。）が属することになっています。したがって、この項には、先の①ペイント及び②ワニスのうち、油性ペイント及び油ワニスが含まれます。③のラッカーについても、水媒体で薄めるのではな

く揮発性の溶剤で薄めることができるような種類のものがこの項に分類されます。

また、合成重合体、化学的に変性させた天然の重合体(例えばセルロース誘導体等)ではなく、天然の樹脂等をベースとしたものは、この項ではなく第32.10項に含まれます。

なお、セルロースの誘導体であるコロジオンは第39.12項に含まれ、この類には含まれません。

② 第32.09項

これらは、ペイント及びワニス(エナメル及びラッカーを含む。)のうち、同じく合成重合体又は化学的に変成させた天然重合体をもととしたもので、水性媒体に分散させ又は溶解させたものに限り、同項に含まれることとなっています。具体的には、前記①の(b)水性ペイント及び②の酒精ワニス等、水に分散又は溶解したものです。ラッカーはその速乾性等から水溶性のものがあるとは思われませんが、アクリル系のものであれば水溶性のものもあるかも知れません。ただし、いずれにしても、この項には、合成の重合体や、化学的に変性させた天然重合体のものに限られます。

③ 第32.10項

ここには、その他のペイント及びワニス(エナメル及びラッカー及び水性塗料を含む。)が含まれることとなっています。

前段の規定は特に問題はないと思います。合成重合体や化学的に変性させた天然の重合体ではないものをベースとしたものですから、例えば、にかわやカゼイン等をバインダーとした顔料を含む塗料や、ラック、ロジン、ダンマル等、天然のガム、天然の樹脂等を揮発性媒体で溶かしたものなどが含まれます。

問題はこの項の「水性塗料」の解釈ですが、あくまで、その他のペイント及びワニスの中での括弧書きの規定ですので、関税率表解説にも、「水性塗料(distemper)は、本質的には、着色料又は鉱物性物質(例えば白亜)と若干のバインダー(例えばにかわ又はカゼイン)とからなっている。‥‥」とされているとおり、前記(1)の①の(b)に記載した、「合成樹脂の微粒子を水に乳化させた水分散系塗料(エマルジョンペイント)、展色剤中のカルボキシル基などをアミン類で中和した水溶性ペイント(例えば、ポリアクリル酸エステル樹脂塗料など)」は除かれるものと考えられます。

第7節　第33類　精油、レジノイド、調製香料及び化粧品類

1　この類に含まれる物品の概要

前第32類には着色料及びそれをベースとした物品が分類されますが、この類には香料に関連する物品、すなわち、天然の香気性物質、その抽出物、これらをもととした調製品（例えば食品工業や各種工業で用いられる香味付け調製品）、更には化粧品類、整髪料関係も含まれます。

この類は、7つの項で構成されています。詳細は後ほど述べますが、第33.01項は、植物性材料又は一部の動物性物質から抽出された香気性物質、いわゆる香料が含まれます。

第33.02項には、第33.01項の物品及びこれらの物品から単離した香気成分及び合成香料（同項における「香気性物質」）をもととした工業用原材料、及び香気性物質をもととした飲料製造に使用するものに限り分類されます。

第33.03項は香水類及びオーデコロン類で、この項以降にはこうした香料の調製品、化粧品等が分類されます。ただし、この類には、次の2（注1の除外規定）に掲げる物品は含まれません。

2　この類に含まれない物品

この類の注1の規定により、次の物品はこの類には含まれないこととなっています。

(a) 第13.01項の天然のオレオレジン及び第13.02項の植物性のエキス

オレオレジンは植物性分泌物のひとつで、主として揮発性及び樹脂質の成分からなる浸出物です。例えば、バルサムは多量の安息香酸又は桂皮酸の化合物を含むオレオレジンです。また、松の新鮮なオレオレジン（液状）（テルペンチンを含む。）及びもみ又はその他の針葉樹の新鮮なオレオレジン（液状）（粗製又は精製のもの）並びにこれらの樹木の切り込み上で乾燥したもので植物のくずを含んでいる針葉樹脂（松やに等）があります。

また、植物性のエキスは、植物体から水、又は場合によってはエチルアルコールによって抽出したもの（extract）です。通常はこれを濃縮した状態で取引されます。これらはいずれも粗のもので、第13類に属します。

(b) 第34.01項のせっけんその他の物品

すぐ次の第34類で述べますが、せっけん等界面活性を利用した製品は、この類には含まれません。ただし、頭髪用のシャンプーは、この類に含まれるので注意が必要です。

(c) 医学又は獣医学において外科手術若しくは診療の際に人若しくは動物の身体

の潤滑剤として、又は人若しくは動物の身体と診療用機器とを密着させる薬品としての使用に供するよう調製したゲル(第30.06項)

(d) 第38.05項に規定する「ガムテレビン油、ウッドテレビン油、硫酸テレビン油その他のテルペン油(蒸留その他の方法により針葉樹から得たものに限る。)、ジペンテン(粗のものに限る。)、亜硫酸テレビンその他のパラシメン(粗のものに限る。)及びパイン油(α-テルピネオールを主成分とするものに限る。)」

　これらに該当する物品はこの類には含まれません。これらはこの類の物品ではないのですが、この類のオレオレジン等類似物品と区別する必要がありますので少し詳しく述べておきます。

　第38.05項のテルペン油は、針葉樹の浸出物又は樹脂分の多い針葉樹の木材、例えば、松、もみ、からまつ等から浸出したオレオレジン(粗のものは第13類)を蒸留(通常、水蒸気蒸留)して得た揮発性の物品です。呼び名は国によってまちまちで、ある国では、これらの製品はガムテレビン油(gum spirits of turpentine)と呼ばれるし、また、ある国においては、テレビン油(spirits of turpentine)という呼称は生の松の木からにじみ出た新鮮なオレオレジンを蒸留して得たある範囲内の沸点及び密度を有する揮発性物品に限って使われている場合もあるとされています。いずれにしても、これらはすべて流動性があり、水不溶性、高屈折性で、鋭い香気を有する無色の液体です。

　ウッドテレビン油(wood turpentine)は、松の切株その他の樹脂分の多い部分を水蒸気蒸留又は分解蒸留して得られる最も揮発性の高い物品です。

　硫酸テレビン油(sulphate turpentine)は、樹脂分の多い木材から硫酸塩法により木材パルプを製造する際に得た揮発性のテルペン系副産物です。これらは、テルペン類に富んだ液体で、浸出したオレオレジンから得たテレビン油と同様の目的、特にワニス、ペイント等の調製の際に溶媒として使用されます。

　粗ジペンテンはウッドテレビン油を分留するか又は合成しょう脳の製造の際に副産物として生じるテルペン油(ジペンテンが約80％以下のもの)です。ただし、純粋なもの又は商慣行上純粋なものとして取引されるジペンテンは第29.02項に属します。類似のものとして、亜硫酸テレビン油(sulphite turpentine。亜硫酸塩法による木材パルプの製造の際の副産物である揮発性の黄色の液体)、パイン油(一般に油分に富んだ松の切株から水蒸気蒸留及び分解蒸留によってウッドテレビン油を採取した後に得られる留分。これらは化学合成(例えば、α-ピネン(α-pinene)の化学的な水和)によっても得られます。)等があります。

　これらは、第29類に属するもののほか、全て第38.05項に属し、この類には含まれません。

第6章　第6部　化学工業（類似の工業を含む。）の生産品

3　各項の規定

　各項の規定を見る前に、この類の注2以降の規定等について簡単に触れておきます。

　注2には、前にも述べましたが、「第33.02項において「香気性物質」とは、第33.01項の物質、これらの物質から単離した香気性成分及び合成香料のみをいう。」と規定しています。従って、前記除外規定に該当する針葉樹から得られるテレビン油及びその成分は、第33.02項の香気成分には含まれません。

　また、注3として、「第33.03項から第33.07項までには、これらの項の物品としての用途に適する物品のうち、当該用途に供するため小売用の包装にしたもの（混合してあるかないかを問わないものとし、精油のアキュアスディスチレート及びアキュアスソリューションを除く。）を含む。」と規定されています。（実際の例はないかも知れませんが、精油のアキュアスディスチレート及びアキュアスソリューションそのものは、たとえ香水類及びオーデコロン類の用途に使用するため小売用の容器入りにしたものであっても、第33.01項又は第33.02項に含まれ、第33.03項には含まれないこととなります。）

　注4には、「第33.07項において調製香料及び化粧品類には、におい袋、燃焼させて使用する香気性の調製品、香紙、化粧料を染み込ませ又は塗布した紙、コンタクトレンズ用又は義眼用の液、香料又は化粧料を染み込ませ、塗布し又は被覆したウォッディング、フェルト及び不織布並びに動物用の化粧品類を含む。」旨、規定されています。

　そのほか、注の規定ではありませんが、第33.03項以降の物品は、副次的な医薬成分又は消毒成分を含んでいるかいないか又は副次的治療効果若しくは予防効果（第30類注1(d)参照）を有するか有しないかを問わず、これらの項に属することとされています。ただし、調製した室内防臭剤は、たとえ副次的な性質より多くの消毒特性を有していても第33.07項に属することとなっています。

　更に、上記の物品のほか、他の用途に適する調製品（例えば、ワニス）及び混合していない物品（例えば芳香を付けていない粉末状のタルク、白土、アセトン、みょうばん）で次の条件(i)及び(ii)に合致する場合は、これらの項に属します。

(i)　消費者に販売するような状態に包装されており、かつ、調製香料、化粧品類又は室内防臭剤として使用するためのものであることが、ラベル、説明書その他により表示されていること。

(ii)　これらの用途のために明らかに特定化された形状にしてあること（例えば、小瓶に貯蔵したネイルワニスでワニスの使用に必要なブラシが備えられているもの。）

　なお、この類には、次の物品は含まれません。

(a) ペトロラタム（皮膚の手入れ用に適する物品で、当該用途に供するため小売用の包装にしたものを除く。）（第27.12項）
(b) 医薬調製品であって、副次的に調製香料及び化粧品類としての用途を有するもの（第30.03項又は第30.04項）
(c) せっけん並びにせっけん又は洗浄剤を染み込ませ、塗布し又は被覆した紙、ウォッディング、フェルト及び不織布（第34.01項）

それでは、各項の規定を見ていきましょう。

(1) **第33.01項　精油（コンクリートのもの及びアブソリュートのものを含むものとし、テルペンを除いてあるかないかを問わない。）、レジノイド、オレオレジン抽出物、精油のコンセントレート（冷浸法又は温浸法により得たもので、油脂、ろうその他これらに類する物品を媒質としているものに限る。）、精油からテルペンを除く際に生ずるテルペン系副産物並びに精油のアキュアスディスチレート及びアキュアスソリューション**

この項には、精油（コンクリートのもの及びアブソリュートのもの）、レジノイドなど、聞き慣れない言葉が出てきます。これらの解説も含め、この項に属する物品について述べていきます。また、精油やテレビン油など、この項には「……油」とでてきますが、これらは、いわゆる植物や動物の油脂のような高級脂肪酸のグリセリンエステルの混合物を主成分とするものではありません。（後者の場合、原則として「油脂」として記述しておきます。）

この項の精油及びオレオレジン抽出物は、全て植物性の材料から抽出されたものです。抽出に用いられる方法によって得られる物品の種類が決まります。例えば、シナモンであれば、水蒸気蒸留法によれば精油が、有機溶剤抽出によればオレオレジン油が得られます。

① 精油

植物から得られる香気性物質で、一般に、アルコール、アルデヒド、ケトン、フェノール、エステル、エーテル及びテルペン（ピネン、β－ピネン、リモネン等、一般に$(C_5H_8)_n$で表される脂環式化合物及びその誘導体のアルコール、アルデヒド、ケトンなどを総称してテルペン類といいます。）に富む物品を含む揮発性の物質です。このことは、これらを少量紙の上に落とすと、紙上に残したしみがすぐに消えることからも分かります。

精油は、(i)圧搾法（例えば、レモンの皮から得られるレモンオイル）、(ii)水蒸気蒸留法（水とほとんど混和しない物質中に水蒸気を吹き込み、物質中の揮発成分を水蒸気とともに蒸留する方法。それぞれの沸点よりも低い温度で蒸留することができる。）、(iii)石油エーテル、ベンゼン、アセトン、トルエンのよ

うな有機溶剤又は超臨界液体（例えば、超臨界二酸化炭素は加圧下例えば31℃で7.37MPaを超えると超臨界状態になり、油などに対する親和性が高く、油脂や香味成分をよく溶かします。）による生鮮植物材料からの抽出（この抽出物から減圧蒸留して抽出溶剤を除去すると、花などからはコンクリートが、根や茎、樹脂原料などからはレジノイドが得られます。コンクリートの中に含まれる鑞成分を除去して精油のアブソリュートが得られます。）、また(iv)動物性や植物性の油脂を使った冷浸法又は温浸法より得た濃縮物すなわち精油のコンセントレート（オレオレジン抽出物）からの抽出（この抽出物を更にアルコールで抽出し分留すると精油のコンクリート（これは、その中に植物性鑞が存在する場合、常温で個体であるためこうした呼び方がされます。）が得られ、これを更にアルコールで抽出し急冷濾過して鑞分を除くことにより精油のアブソリュートが得られます。これらはいずれもこの項に属します。

② レジノイド

　これはその名の通り、主として不揮発性物質で構成されており、主に香料、化粧品、せっけん又は界面活性剤の各工業において保留剤として使用されます。これらは主として、有機溶剤抽出又は超臨界液体によって、(i)乾燥した天然の細胞質を除去した植物性の樹脂物質（例えば、天然のオレオレジン又はオレオガムレジン）、又は(ii)乾燥した天然の動物性の樹脂物質（例えば、カストル（海狸香）、シベット（霊猫香）、ムスク（じゃ香）、アンバーグリース（マッコウクジラの腸内結石）等）から抽出されます。このように、精油・オレオレジン抽出物は植物性物質からのもののみであるのに対し、レジノイドは、動物性物質からのものも含まれます。

③ オレオレジン抽出物

　これは、「調製オレオレジン」又は「スパイスオレオレジン」として知られており、天然の多孔質植物原材料（通常は、香料又は芳香性植物）からの溶剤抽出又は超臨界液体抽出のいずれかによって得られます。これらの抽出物には揮発性の芳香成分（例えば、精油）と不揮発性の香味成分（例えば、樹脂、脂肪油又は香辛成分）が含まれており、これらが香辛又は芳香性植物の特徴的な香気又は香味を決定づけています。これらのオレオレジン抽出物の精油の含有量は、香辛性又は芳香性植物によってかなり変化がありますが、これらの物品は主として食品工業における香味付けに使用されます。オレオレジンは、精油と同様植物性材料に由来する場合にのみ使用されます。（また、食品工業に用いられるものを「オレオレジン」と呼ぶという説もあるようですが、関税率表解説には、そうした限定した記述は見当たりません。）

　なお、この項には、天然のオレオレジンの抽出物が分類されますが、天然の

オレオレジンそのものは第13.01項に属し、この項には含まれません。同様に、揮発性の成分を含むほか、一般に他の植物性物質（香気性成分を除く。）も相当量含有している植物性の抽出物で、他の項に該当するもの（例えば、水相抽出したオレオレジン）（第13.02項）や、植物又は動物性の着色料（第32.03項）もこの項には含まれません。

　この項の精油、レジノイド及びオレオレジン抽出物は、その抽出に使用された溶剤（例えばエチルアルコール等）が少量残留していてもこの項に属します。これらは、また主成分の一部を除去又は付加することにより単に標準化した精油、レジノイド及びオレオレジン抽出物で、その組成が天然品の組成の通常の範囲内にある限り、この項に含まれます。

　しかし、分画その他の変性（テルペン系炭化水素を除去する場合を除く。）により、その組成がもとのものと著しく異なるものとなった精油、レジノイド及びオレオレジン抽出物はこの項から除かれ、通常、第33.02項に属することとなります。更に、この項には、植物油、ぶどう糖又はでん粉のような希釈剤又は担体を加えて調製された物品は含まれません。これらも、通常第33.02項に属します。

④　精油のコンセントレート（油脂、ろうその他これらに類する物品を媒質としているものに限る。）

　植物又は花から油脂、ペトロラタム、パラフィンワックス等を媒質として温浸法又は冷浸法を使用して精油を抽出する際に得られます。そのため、精油のコンセントレートは油脂等に溶けた形状をしており、脂（常温で固体）に溶かしたものは「flower pomade」と呼ばれて取引されます。（なお、頭髪等用の調製品である「ポマード」は第33.05項に属する別の物品で、この項には属しません。）

⑤　テルペン系副産物

　この項に属するテルペン系副産物は、分別蒸留その他の方法により精油から分離されるもので、ある種の化粧せっけん又は食料品の香り付けに使用されます。

⑥　精油のアキュアスディスチレート

　これは、植物から水蒸気蒸留により精油を抽出蒸留したときに、精油部分を傾斜又は分液して分別した残りの蒸留物の水層として得られるものです。精油を分離した後もアキュアスディスチレートは少量の精油が残るため香気を有しています。アルコール中に浸漬した植物を蒸留して得られるある種のディスチレートは、少量のアルコールを含有しています。また、例えば、ウイッチヘーゼルディスチレートの場合のように、保存に必要なアルコールを含有するもの

もあります。

　また、この項には、精油の水溶液（アキュアスソリューション）も含まれます。これらの物品は、たとえ他の物質を添加することなく相互に混合したもの又は香料若しくは医薬品にしたものであってもこの項に含まれます。最も一般的なアキュアスディスチレート及びアキュアスソリューションは、オレンジフラワー、ローズ、メリサ、ミント、フェンネル、チェリーローレル、ライムブロッサム、ウイッチヘーゼル等のものです。

　なお、この項には、前記の除外例のほか、(a) バニラオレオレジン（誤って「バニラレジノイド」又は「バニラエキス」と呼ばれることがある。）（第13.02項）、(b) 化学的に単一の化合物で精油から単離したもの（例えば、単離したテルペン）、レジノイドから単離したもの（自然単離物）又は合成によって得られたもの（第29類）、(c) 精油の混合物、レジノイドの混合物、オレオレジン抽出物の混合物、精油とレジノイド又はオレオレジン抽出物との混合物並びにこれらの混合物及び精油、レジノイド又はオレオレジン抽出物をもととした混合物（第33.02項）、(d) ガムテレビン油、ウッドテレビン油及び硫酸テレビン油その他のテルペン油（蒸留その他の方法により針葉樹から得たものに限る。）（第38.05項）は含まれません。

　また、第3301.12号ですが、第3301.12号の「オレンジのもの」には、マンダリン（タンジェリン、うんしゅうみかんを含む。）、クレメンタイン（clementines）、ウィルキング（wilkings）その他これらに類するかんきつ類の交雑種のものは含まれず、従ってこれらのものは3301.19号に含まれることとなっています。（関税率表解説）

(2) 第33.02項　香気性物質の混合物及び一以上の香気性物質をもととした混合物（アルコール溶液を含むものとし、工業において原材料として使用する種類のものに限る。）並びに香気性物質をもととしたその他の調製品（飲料製造に使用する種類のものに限る。）

　項の規定のとおり、この項に含まれるものは、香料工業、食品工業又は飲料工業（例えば、菓子製造、食品又は飲料の香味付け）及びその他の工業（例えば、せっけん製造）の原料として使用する種類のものに限られます。具体的には、次に掲げる混合物が含まれます。

　例えば、精油の混合物、レジノイドの混合物、オレオレジンエキスの混合物、合成芳香剤の混合物、二以上の香気性物質（精油、レジノイド、オレオレジン抽出物又は合成芳香剤）から成る混合物、一以上の香気性物質（精油、レジノイド、オレオレジン抽出物又は合成芳香剤）を含む混合物で植物油、ぶどう糖又はでん粉のような希釈剤又は担体と結合させたものや、他の類に属する物品（例えば、

香辛料)と一以上の香気性物質(精油、レジノイド、オレオレジン抽出物又は合成芳香剤)との混合物で、これらの香気性物質を主体とするもの(希釈剤又は担体と結合しているか、アルコールを含有しているかないかを問わない。)等があります。

　また、精油、レジノイド又はオレオレジン抽出物の成分の一以上を除去することにより得られるもので、その組成がもとの組成と著しく異なることとなった場合もこの項の混合物として分類されます。主なものとしては、メントン油(ペパーミント油をほう酸で処理した後に冷凍することによりメントールの大部分を除いたもので、63%のメントンと16%のメントールを含む。)、しょう脳白油(しょう脳原油からしょう脳及びサフロールを除去したもので30～40%のcineoleとdipentene、pinene、camphene等を含む。)及びゲラニオール(citronella oilの分別蒸留によって得られ、50～77%のゲラニオールとcitronellol及びnerolを含む。)があります。

　特に、この項には精油及び保留剤から成る混合物で、アルコールの添加後でなければ使用に適しない香料ベースも含まれます。また、一以上の香気性物質のアルコール(例えば、エチルアルコール、イソプロピルアルコール)溶液で香料工業、食品工業、飲料工業又はその他の工業において原料として使用する種類のもの、香気性物質をもととしたその他の調製品で、飲料製造に使用する種類のものも含まれます。これらは、この類の注2に規定されたとおり1以上の香気性物質をもととしており、一義的に香り付けを二次的に風味付けをするように調製されたものです。また、このような調製品はある特定の飲料を特徴づけるための香気性物質を比較的少量含有するものもありますが、またそれらは、香気性物質の特性を有している限り、ジュース、色素、酸味料、甘味料なども含んでいてもこの項に属します。これらは、提示の際には飲料として消費されるようになっていないので、第22類の飲料には含まれません。

　なお、この項には、この類の注2に規定する香気性物質以外の物質をもととした、飲料製造に使用する調製品(アルコールを含有するかしないかを問わない。)は含まれません。これらは、他の項に含まれない場合は第21.06項に属します。

(3) 第33.03項　香水類及びオーデコロン類

　この項には、液状、クリーム状又は固形状(棒状のものを含む。)の香水及び化粧水で、人体に芳香を与えることを主目的として製造したものが含まれます。

　香水類は、一般に精油、フローラルコンクリート、フローラルアブソリュート又は人造の香気性物質の混合物を高濃度のアルコールに溶かしたものです。これらには、通常更に補香剤及び保留剤又は安定剤が配合されています。化粧水、例

えば、ラベンダーウォーター、オーデコロンは、少量の精油等を含有し、一般に香水よりも香料の濃度が低いアルコール液です。ただし、これらは、あくまで調製されたものであって、第33.01項の精油のアキュアスディスチレート及びアキュアスソリューションとは別であるので注意が必要です。

また、この項には、トイレットビネガーと呼ばれる第33.04項の物品やひげそり後用のローション及び身体用防臭剤（第33.07項）は含まれません。

ところで、香水類とオーデコロン類の違いですが、関税率表上も、HS品目表上も両者の区別は明確にはされていません。

一般的に、これらは、精油等香料の含有率（附香率）により分けた呼び名と言われています。附香率が最も高いとされているのが香水（パルファム。perfume）です。第33.03項でも、香水類（perfumes）及びオーデコロン類（toiret waters）と規定しています。一般的にも、香水類（perfumes）以外は、「…の水」の意味の「eau de …」と呼ばれています。オーデコロンは、「ケルンの水」という意味のフランス語で、ナポレオンがドイツに攻め入った時フランス兵がケルンから薄めの香水を持ち帰ったことに因んだ呼び名といわれています。現在、多くは「オードトワレ」と呼ばれていますが、これらのほかオードパルファム（eau de purfum）があります。

香水類の構成成分は、エタノール、香料及び水です。附香率の大きい順に、香水（perfumes）、オードパルファム、オードトワレ、オーデコロンと呼ばれています。附香率は、メーカーや香水の銘柄等によってまちまちのようです。ある例では、パルファムは15〜30％（中には50％もあるとか）、オードパルファムは10〜15％、オードトワレは5〜10％、オーデコロンは1〜5％という記述（インターネット）も、またこれとは少し違う記述もあるようです。（なお、一部には、香水には水は入っていないという説もあるようですが、これは定かではありません。）

いずれにしても、「オーデ」や「オード」が付くとやや薄めで、オードパルファムは、香水（パルファム。perfume）より附香率が低いのは間違いないようです。

実は、税関の携帯品申告で簡易税率適用時の免税範囲に「香水2オンスまで」という記述とともに、「オーデコロンを除く」とあります。そこで、オードパルファムが、このお知らせに記載されている「香水」なのか、「オーデコロン」なのかという問題がでてきます。

関税定率法の別表の規定から、香水類とオーデコロン類と区別して記述されていること、また、フレグランスメーカー販売店が、香水（perfume）とオードパルファム（eau de purfum）とを区別していることから類推解釈して、両者は分けて適用する、すなわちオードパルファムは、香水の2オンスには含めないと解釈するのが合理的であるように思われます。

(4) 第33.04項　美容用、メーキャップ用又は皮膚の手入れ用の調製品（日焼け止め用又は日焼け用の調製品を含むものとし、医薬品を除く。）及びマニキュア用又はペディキュア用の調製品

　これらについての説明は不要と思いますが、美容用又はメーキャップ用の調製品及び皮膚の手入れ用の調製品（日焼け止め用又は日焼け用の調製品を含む。）には、①口紅及びその他唇のメーキャップ用の調製品、②アイシャドー、マスカラ、眉ずみ及びその他眼のメーキャップ用の調製品、③その他の美容用又はメーキャップ用の調製品及び皮膚の手入れ用の調製品（医薬品を除く。）が含まれます。

　例えば、おしろい（固形のものを含む。）、ベビーパウダー（混合しておらず、香りのないもので小売用に包装したタルカムパウダーを含む。）その他のパウダー及びグリースペイント（ドーラン）、ビューティクリーム、コールドクリーム、メーキャップクリーム、クレンジングクリーム、栄養クリーム（ロイヤルゼリーを含有するものを含む。）及びスキントニック又はボディローション、皮膚の手入れ用に供するため小売用の包装にしたペトロラタム、皮膚を保護するためのバリアクリーム、しわの除去と唇のはりを増すための皮下注射用ゲル（ヒアルロン酸を含有するものを含む。）、にきび防止用調製品（第34.01項のせっけんを除く。）で皮膚を清潔にすることを主目的として作られたもので、にきびの治療又は予防効果を有する活性成分を充分に含んでいないもの並びに酢又は酢酸と香気のあるアルコールの混合物であるトイレットビネガー、日焼け止め用又は日焼け用の調製品もここに含まれます。

　また、マニキュア用又はペディキュア用の調製品には、つめ磨き料、ネイルワニス、ネイルワニスの剥離剤、あま皮とり（cuticle removers）及びマニキュア又はペディキュアに使用されるその他の調製品が含まれます。

　しかしながら、この項には、皮膚病の治療に使用する医薬調製品（例えば、湿疹治療用のクリーム（第30.03項又は第30.04項））や足の防臭剤及び動物のつめの手入れ用の調製品（第33.07項）は含まれません。

(5) 第33.05項　頭髪用の調製品

　この項には、次のような物品が含まれます。
① 　シャンプーでせっけん又はその他の有機界面活性剤を含有するもの（第34類注1(c)参照）及びその他のシャンプー（副次的な医薬成分又は消毒成分（治療作用又は予防作用を有するものを含む。）を含んでいてもよい（第30類注1(d)参照）。）
② 　パーマネント用の調製品
③ 　ヘアーラッカー（ヘアースプレーとも呼ばれる。）

④ その他の頭髪用調製品(例えば、ブリリアンチン並びにヘアーオイル、クリーム(ポマード)及びドレッシング並びに染毛料及び頭髪に使用する漂白剤、クリームリンス)

 他方、この項の規定から自明のことですが、頭皮以外の人体の毛に使用する調製品はこの項には含まれず、第33.07項に分類されます。

(6) 第33.06項　口腔衛生用の調製品(義歯定着用のペースト及び粉を含む。)及び小売用の包装にした歯間清掃用の糸(デンタルフロス)
 この項には、例えば、次のようなものが含まれます。
① すべてのタイプの歯磨き
② 練歯磨きその他の歯磨き(これらの物品は歯ブラシと共に使用する物質又は調製品で、歯を磨くために使用するか、又は虫歯予防処理のようなその他の目的に使用するかどうか、またそれらが歯科医によって使用されるものであるかどうかを問いません。)
③ 義歯用洗浄剤(義歯の洗浄用及び磨き用の調製品であり、研磨剤を含むか否かを問いません。)
④ 口すすぎ及び口中香水
⑤ 義歯定着用のペースト、粉及び錠剤

 また、歯間清掃用の糸(デンタルフロス)は、個々に小売用に包装したものは、この項に分類されます。

(7) 第33.07項　ひげそり前用、ひげそり用又はひげそり後用の調製品、身体用の防臭剤、浴用の調製品、脱毛剤その他の調製香料及び化粧品類(他の項に該当するものを除く。)並びに調製した室内防臭剤(芳香を付けてあるかないか又は消毒作用を有するか有しないかを問わない。)
 この項には、次のような物品が含まれます。
① せっけんその他の有機界面活性剤(第34類注1(c)参照。以下同じ。)を含有するひげそり用クリーム及びフォーム並びにひげそり後用のローション、みょうばんの塊及び止血ペンシル(ただし、固形のひげそり用せっけん(第34.01項)は除く。)
② 身体用の防臭剤及び汗止め
③ 浴用の調製品
　　芳香を付けた浴用塩(いわゆる入浴剤)及びフォームバス用の調製品等です。こういう種類のものである限り、せっけんその他の有機界面活性剤を含有しているかいないかを問いません(第34類注1(c)参照)。ただし、全部又は一部が

第7節　第33類　精油、レジノイド、調製香料及び化粧品類

合成有機界面活性剤からなる皮膚の洗浄用の調製品（せっけんの含有量を問わない。）で、液状又はクリーム状で小売用にしたものは第34.01項に、同様の調製品で小売用にしてないものは、第34.02項に属し、この項には含まれません。
④　室内付香用の調製品及び宗教的儀式用の香気性調製品
　これらは通常蒸発させ又は燃焼させることにより使用されるもので、液状、粉状、円すい状のもの、紙に染み込ませたもの等があります。アガバティ、線香のほか、白檀等複数の木材の細かいチップを取り混ぜて調製したお香等もこの項に含まれます。ただし、白檀のチップや粉砕しただけのものでその他の調製をしていないものは、第12.11項に属しこの項には含まれません。また、これらの調製品のうち、臭気をおおい隠すために使用する付香したろうそくはこの項には含まれません（第34.06項）。
⑤　室内防臭用の調製品
　これらは、芳香を付けてあるかないか又は消毒作用を有するか有しないかを問いません。室内防臭用の調製品には、主として抑えるべき臭気に対して化学的に作用する物質（メタクリル酸ラウリル）又は物理的に臭気を吸着する他の物質から成るものや、冷蔵庫、自動車等の脱臭剤として小売用に包装した活性炭等があります。
⑥　脱毛剤、におい袋（芳香性の植物の部分を小袋に入れたもので、衣服用等に使用する）、香紙及び化粧料を染み込ませ又は塗布した紙、コンタクトレンズ用又は義眼用の液、香料及び化粧料を染み込ませ、塗布し又は被覆したウォッディング、フェルト及び不織布、動物用化粧品類（例えば、犬用のシャンプー及び鳥の羽毛洗剤等）

第6章　第6部　化学工業（類似の工業を含む。）の生産品

第8節　第34類　せっけん、有機界面活性剤、洗剤、調製潤滑剤、人造ろう、調製ろう、磨き剤、ろうそくその他これに類する物品、モデリングペースト、歯科用ワックス及びプラスターをもととした歯科用の調製品

1　この類に含まれる物品の概要

　この類には、天然の産品である油（オイル）、脂（ファット）又はろう等を工業的に処理して得られる、せっけん、調製潤滑剤、調製ろう、磨き剤及び擦り磨き用の調製品や、ろうそく等が分類されます。また、これらと類似の性質を持つ非天然産品である有機界面活性剤、調製界面活性剤及び人造ろうもこの類に含まれます。ただし、界面活性を有するものであっても純粋な化合物や混合又は調製していない天然産品はこの類には含まれません。

2　この類に含まれない物品、その他分類上の留意点
(1)　この類に含まれない物品

　前記1に記載した物品に関連して、この類に含まれないものとしては、次のようなものがあります。（この類の注1の規定関係）

- (a) 動物性又は植物性の油脂の食用の混合物及び調製品で、離型用の調製品として使用する種類のもの（第15.17項参照。すなわち、同項に属する、こうした物品は除かれるという意味です。）
- (b) 化学的に単一の化合物
- (c) せっけんその他有機界面活性剤を含有するシャンプー、歯磨き、ひげそりクリーム、ひげそりフォーム及び浴用の調製品（第33.05項から第33.07項までの項に属する物品です。）

　そのほか、注の規定ではありませんが、例えば次のような物品もこの類には含まれないこととされています。

- (a) 外科手術若しくは診療の際に人若しくは動物の身体の部分に潤滑剤として又は身体と診療用機器とを密着させる薬品としての使用に供するよう調製したゲル（第30.06項）
- (b) 伝動ベルト滑り止め調製剤（第38.24項）及び第38.24項の防錆剤
- (c) 石油又は歴青油の含有量が全重量の70％以上で、かつ、石油又は歴青油が基礎的な成分を成す混合調製剤（第27.10項に属する物品）
- (d) ラノリンアルコール（第15.05項）、水素添加油（第15.06項）、工業用の脂肪性モノカルボン酸及び工業用の脂肪性アルコール（第38.23項）（いずれもろうとしての特性を有しているかいないかを問いません。）

(e) 混合したポリクロロフェニル及び混合した塩化パラフィン（第38.24項）、ポリオキシエチレン（ポリエチレングリコール）（第38.24項又は第39.07項）、ポリエチレン（例えば、第39.01項）で、いずれもろうの特性を有しないもの。
(f) ぜんそく止めろうそく（第30.04項）
(g) ろうマッチ（第36.05項）
(h) 硫黄を含ませた帯、しん及びろうそく（第38.08項）
(i) 混合していない磨き粉（一般に第25類又は第28類）
(j) タブレット状の履物用白塗り材及びシャモア革製履物用の調製液状塗料（第32.10項）
(k) デグラス及び人造デグラス（第15.22項）並びに革仕上げ用のその他の油及びグリース（第15類、第27.10項、第34.03項、第38.24項等）
(l) 衣類清浄用のドライクリーニング液及び染抜き。これらはその構成成分によって所属を決定します（通常石油エーテルとして第27.10項又は第38.14項若しくは第38.24項）。
(m) 歯科用セメント及び歯科用充てん材料（第30.06項）

(2) この類に係る物品の分類上の留意点

この類の物品については類注に定義や含まれる範囲等が定められているので、予め簡単に見ておきます。

先ず、第34.01項のせっけんは、水溶性のものに限られます。また、同項のせっけんその他の物品には、消毒剤、粉状研磨剤、充てん料、医薬品その他の物品が加えてあるかないかを問いません。ただし、粉状研磨剤を含有する物品のうち、棒状にし、ケーキ状にし又は成型したものは第34.01項に属し、その他の形状のものは擦り磨き用の粉その他これに類する調製品として第34.05項に属することとなっています（注2参照）。次に、第34.02項の有機界面活性剤は、温度20度において0.5％の濃度で水と混合し、同温度で1時間放置した場合において、(i) 不溶物を析出することなく透明若しくは半透明の液体又は安定したエマルジョンを生成すること、及び(ii) 水の表面張力を1メートルにつき0.045ニュートン（1センチメートルにつき45ダイン）以下に低下させること、のいずれの要件も満たす物品をいうこととされています（注3参照）。

また第34.03項の「石油及び歴青油」とは、第27類の注2に定める石油及び歴青油をいいます（注4参照）。更に第34.04項において「人造ろう及び調製ろう」とは、次の物品をいうこととされています（注5参照）。
① 化学的に得た有機物でろうの特性を有するもの（水溶性であるかないかを問わない。）

② 種のろうを混合することにより得た物品
③ 一以上のろうをもととし、脂、樹脂、鉱物性物質その他の材料を含有する物品で、ろうの特性を有するもの。ただし、同項には、次の物品は含まれません。
    (a) 第15.16項、第34.02項又は第38.23項の物品（ろうの特性を有するものを含む。）
    (b) 第15.21項の動物性又は植物性のろう（混合していないものに限るものとし、精製してあるかないか又は着色してあるかないかを問わない。）
    (c) 第27.12項の鉱物性ろうその他これに類する物品（これらを相互に混合してあるかないか又は単に着色してあるかないかを問わない。）
    (d) 液状の媒体と混合し又はこれに分散させ若しくは溶解させたろう（第34.05項、第38.09項等参照）

なお、「ろうの特性を有するもの」とは、(i)滴点が40度を超え、かつ、(ii)その滴点より10度高い温度で、回転粘度計で測定した粘度が10Pa・s（又は10,000cP）以下であるようなものをいいます。

　　このほか、これらは一般に次の性質を有しています。
(i) ゆるやかに摩擦することにより光沢を生ずる。
(ii) 稠度と溶解性は温度に著しく影響される。
(iii) 温度20度において、あるろうは軟かく、可塑性を有しているが、粘液状又は液状でないもの（softwaxes）であり、その他のろうは脆い（hardwaxes）。またこれらは不透明か半透明である。
(iv) 温度40度を超えると分解せずに溶解する。
(v) 融点よりわずかに高い温度においては、これらは容易に糸をひかない。
(vi) これらは熱及び電気の伝導性が少ない。

こうしたことを念頭において、各項の規定を見ていきます。

3　各項の規定
(1) **第34.01項　せっけん、有機界面活性剤及びその調製品（せっけんとして使用するもので、棒状にし、ケーキ状にし又は成型したものに限るものとし、せっけんを含有するかしないかを問わない。）、有機界面活性剤及びその調製品（皮膚の洗浄に使用するもので、液状又はクリーム状で小売用にしたものに限るものとし、せっけんを含有するかしないかを問わない。）並びにせっけん又は洗浄剤を染み込ませ、塗布し又は被覆した紙、ウォッディング、フェルト及び不織布**

この項の規定ぶりと、細分の規定のスコープとが必ずしも対応した形になっておらず、少し解りづらい規定ぶりとなっています。

項の規定は、くり返しになりますが、分けて記述すると(i)せっけん、(ii)有機界面活性剤及びその調製品(せっけんとして使用するもので棒状にしケーキ状にし又は成型形したものに限るものとし、せっけんを含有するかしないかを問わない。)、(iii)有機界面活性剤及びその調製品(皮膚の洗浄に使用するもので、液状又はクリーム状で小売用にしたものに限るものとし、せっけんを含有するかしないかを問わない。)並びに(iv)せっけん又は洗浄剤を染み込ませ、塗布し又は被覆した紙、ウォッディング、フェルト及び不織布、となっています。

他方、細分でのグループ分けは、上記(i)のせっけんはその状態により、第3401.1号と第3401.2号の二つに分けられています。第3401.1号のせっけんは、棒状にしケーキ状にし又は成型したものに限られ、更にその性質によって、第3401.11号(化粧用のもの(薬用のものを含む。))と第3401.19号(その他のもの)に分けられます。他方、第3401.20号のせっけんは、その他の形状のもの、すなわち、成型されていない、粉状、フレーク状、ペースト状、クリーム状、液状(水溶液)等のものが分類されます。ここにも例えば薬用であっても、ペースト状のものなど、棒状、ケーキ状その他の成型がされていないせっけんが分類されます。洗濯用洗剤(粉又は液状)は、せっけんであればここに分類されるが、通常これらの洗剤は有機界面活性剤の調製品であるので、この項には属しません。

なお、この項のせっけんは、水溶性のものに限られるので、例えばせっけんを有機溶媒に溶解したものや分散したもの等はこの項には含まれず、第34.02項に属します。また、カルシウムせっけんも化学的にはせっけんですが、水に解けないので、この項には含まれません。

更に、第3401.30号は、上記(iii)の有機界面活性剤及びその調製品(皮膚の洗浄に使用するもので、液状又はクリーム状で小売用にしたものに限るものとし、せっけんを含有するかしないかを問わない。)となっています。この細分の括弧書きの規定が、次の第34.02項の後段の規定「調製界面活性剤、調製洗剤、補助的調製洗剤及び清浄用調製品(せっけんを含有するかしないかを問わないものとし、第34.01項のものを除く。)」との関係で効いてきます。大まかですが、この規定に該当する種類の物品で、クリーム状で小売用にしたものが第34.01項で、類似の物質であってもこれら以外の形状にしたものは第34.02項に属するといえます。

この項の物品について少し説明を加えておきます。

① せっけん

この項のせっけんは、水溶性のせっけん(真性せっけん)のみをいいます。これは、分子中に8個以上の炭素原子を有する脂肪酸又は脂肪酸の混合物からつくられる無機又は有機のアルカリ塩です。通常、油脂をアルカリ(水酸化ナ

トリウム、水酸化カリウム等)で加水分解すると脂肪酸塩(脂肪酸のナトリウム塩、カリウム塩等)とグリセリンができます。この反応を油脂のけん化といいます。できた塩の金属元素によりナトリウムせっけん、カリウムせっけんと呼ばれます。実際には脂肪酸の一部は、樹脂酸で置き換えられることがあります。これに着色しても、他の物質を含んでいてもよいのですが、基本的にはいわゆるせっけんですので、水溶液の状態で、よりアルカリ性を呈する陰イオン系界面活性剤の一種でもあります。

　せっけんは、その性状により、(i)硬せっけん(一般に水酸化ナトリウム又は炭酸ナトリウムを使って製造される。)、(ii)軟せっけん(水酸化カリウム又は炭酸カリウムを使って製造される。粘性があり、通常緑色、褐色又は淡褐色で、少量(一般に5%以下)の合成有機界面活性剤を含有するものもある。)、及び(iii)液状せっけん(せっけんの水溶液(少量(通常5%以下)のアルコール又はグリセリンを加えたものもある。)で合成有機界面活性剤を含有していないもの)に分けられます。

　また他方、せっけんに添加される物質によりそれぞれ副次的な性質が異なることとなりますが、こうした特徴から様々な呼称や種類分けがあります。例えば次のようなものがあります。

(i) 化粧せっけん(着色され、かつ、芳香が付けられていることが多い。)

　　これには、浮きせっけん(浴槽で水に浮く。)、防臭せっけん、グリセリンせっけん(白色のせっけんをアルコール、グリセリン又は砂糖で処理して得られ、透明)、ひげそり用せっけん(ただし、ひげそりクリームは第33.07項)、薬用せっけん(ほう酸、サリチル酸、硫黄、スルホンアミドその他の医薬物質を含有)、消毒用せっけん(少量の石炭酸、クレゾール、ナフトール、ホルムアルデヒドその他の殺菌性物質、細菌発育阻止性物質等を含有しています。この物品と第38.08項の消毒剤との区別ですが、第38.08項の消毒剤はかなりの比率で石炭酸、クレゾール等を含有し、かつ、液状ですが、消毒用せっけんは通常固体です。)、研磨材を含有するせっけん(ただし、この項は研磨材を含有するせっけんのうち、棒状にし、ケーキ状にし又は成型したもののみを含み、研磨材を含有する擦り磨き用のペースト及び磨き粉は、せっけんを含有するかしないかにかかわらず第34.05項に属します。)等があります。

(ii) 家庭用せっけん(着色又は芳香を付けたもの、研磨剤及び消毒剤を加えたものもあります。)

(iii) ロジンせっけん、トール油せっけん及びナフテネートせっけん(脂肪酸のアルカリ塩のみならず第38.06項の樹脂酸のアルカリ塩又は第34.02項のナフテン酸のアルカリ塩を含有)

(iv) 特殊な目的のために調製した工業用せっけん（例えば、伸線用、合成ゴムの重合用又は洗たく業用のせっけん）
　これらはいずれもこの項のせっけんに該当します。
② 有機界面活性剤及びその調製品（せっけんとして使用するもので、棒状にし、ケーキ状にし又は成型したものに限るものとし、せっけんを含有するかしないかを問わない。）
　有機界面活性剤そのものは次の第34.02項に属しますし、その定義は前記のとおりですが、この第34.01項の物品には、せっけんと同様の用い方をされる固形の調製品が分類されます。従って、化粧用又は洗浄用の物品及び調製品で、活性成分の全部又は一部が合成界面活性剤であるものは、その形状が、棒状にし、ケーキ状にし又は成型したものであれば、せっけんの含有量を問わずこの項に属します。また、これらには、せっけんの場合と同様に研磨性を与えた物品及び調製品を含みますが、これらもこうした形状にしたものに限られます。
③ 有機界面活性剤及びその調製品（皮膚の洗浄に使用するもので、液状又はクリーム状で小売用にしたものに限るものとし、せっけんを含有するかしないかを問いません。）
　これらについての説明は不要と思います。こうした物品で、液状又はクリーム状であっても小売用にしていないものは、第34.02項に属します。
④ せっけん又は洗浄剤を染み込ませ、塗布し又は被覆した紙、ウォッディング、フェルト及び不織布
　これらは、芳香を付けてあるかないか又は小売用のものであるかないかを問わずこの項に属しますが、紙、ウォッディング、フェルト及び不織布で、単に芳香を付けただけのものは、第33類に属します。他方、せっけん又は洗浄剤を染み込ませ、塗布し又は被覆した多泡性のプラスチック、多泡性のゴム、紡織用繊維（ウォッディング、フェルト及び不織布を除く。）及び金属パッドは、この項には属さず、一般にその支持体が属する項に属することとなります。

(2) 第34.02項　有機界面活性剤（せっけんを除く。）並びに調製界面活性剤、調製洗剤、補助的調製洗剤及び清浄用調製品（せっけんを含有するかしないかを問わないものとし、第34.01項のものを除く。）

　この項には、注に規定する界面活性剤及びその調製品で第34.01項に属さないものが分類されます。これらには次のようなものが含まれます。
① 有機界面活性剤（せっけんを除く。）
　界面活性剤とは、分子内に親水性の部分（基）と疎水性の部分（基）をもち、その親水と親油のバランスによって水と油の2層界面に強く吸着されて界面の

自由エネルギー（水の表面張力）を著しく低下させる物質です。

　この項の有機界面活性剤は、一以上の親水基と疎水基を有する化学的に単一でない有機化合物で、前記1(2)で述べた性質を有するものに限られます。（この類の注3(a)参照）。この場合、温度20度において1時間放置した後に、(i)固体粒子が肉眼で見える、(ii)視覚的に識別できる層に分離する、又は(iii)透明な部分と半透明な部分とに分離したことが肉眼で識別できる場合には、エマルジョン（懸濁）は安定した性格を有するものとは見なされません。

　有機界面活性剤は、界面において吸着を可能にし、種々の物理化学的性質、特に表面張力の低下、起泡性、乳化性、湿潤性等の界面（表面）活性を呈するので通常表面活性剤とも称されます。ただし、これらのうち前記の性質を充足することができない物品は、界面活性剤とはみなされず、この項には属しません。

　界面活性剤には、次のような種類のものがあります。
(i)　陰イオン（アニオン）系のもの
　　水溶液中で電離して負に帯電した有機イオンが界面活性を示す物質で、例えば、脂肪、植物油（トリグリセリド）又は樹脂酸の硫酸エステル塩及びスルホン酸塩、脂肪族アルコールより得られる硫酸エステル塩及びスルホン酸塩、石油のスルホン酸塩（例えば、アルカリ金属のもの（ある程度の割合の鉱物油を含有するものも含む。）、アンモニウムのもの又はエタノールアミンのもの）、アルキルポリエーテル硫酸塩、アルキルスルホン酸塩、アルキルフェニルエーテルスルホン酸塩、アルキル硫酸塩、アルキルアリールスルホン酸塩（例えば、工業的品質のドデシルベンゼンスルホン酸塩）があります。
　　この種の界面活性剤には、製造工程に由来する不純物を含んでいることがあります。
(ii)　陽イオン（カチオン）系のもの
　　水溶液中で電離して陽に帯電した有機イオンが界面活性を示す物質で、例えば、脂肪族アミンの塩又は第四アンモニウム塩基の塩があります。
(iii)　非イオン系のもの
　　水溶液中においてイオンを生じない界面活性剤。水に溶解する性質は、分子中に親水性の強い官能基を有することによります。例えば、脂肪族アルコール、脂肪酸又はアルキルフェノールとエチレンオキシドとの縮合物、脂肪酸アミドのエトキシレートがあります。
(iv)　両性界面活性剤
　　媒体の条件によっては、水溶液中でイオン化することができ、陰イオン活性剤又は陽イオン活性剤の性質を示す界面活性剤です。これらには、例えば、アルキルベタイン又はスルホベタインを含有するたんぱく質、その分解物、

アミノカルボン酸系、アミノスルホン酸系、アミノ硫酸系又はアミノりん酸系の置換化合物があります。
② 調製界面活性剤、調製洗剤、補助的調製洗剤及び清浄用調製品（せっけんを含有するかしないかを問わないものとし、第34.01項のものを除く。）
これらには、次のような3種類の調製品があります。
(i) 調製界面活性剤

　これらには、例えば、前記の界面活性剤相互の混合物（スルホリシノレートとスルホン化アルキルナフタレン又は脂肪族アルコール硫酸エステル塩との混合物等）、界面活性剤を有機溶剤に溶かし又は分散させたもの（例えば、脂肪族アルコール硫酸エステル塩のシクロヘキサノール溶液又はテトラヒドロナフタリン溶液）、界面活性剤をもととするその他の混合物（例えば、アルキルベンゼンスルホン酸塩とステアリン酸ナトリウムとの混合物のようなある割合でせっけんを含有する調製界面活性剤）、及びせっけんをシクロヘキサノール等の有機溶剤に溶かし又は分散させたものがあります。ただし、せっけんの水溶液（少量（通常5％以下）のアルコール又はグリセリンが添加されていることもある）は、第34.01項に含まれます。

　調製界面活性剤は、それらの洗浄性、湿潤性、乳化性又は分散性を利用して、例えば、繊維工業用の洗浄剤、湿潤剤、乳化剤、膨潤助剤及びつや出し剤、皮革工業用又は毛皮工業用の原皮用侵せき剤、脱脂剤、染色用湿潤剤、均染剤又は色調調整剤に用いられます。また、製紙工業用又は合成ゴム工業用の分散剤、浮遊選鉱助剤、医薬品又は化粧品の調製に使用する乳化剤等にも用いられます。そのほか、調製洗剤製造用の基礎的材料（例えば、調製陰イオン界面活性剤）として用いられます。

　これらには、活性成分の一部又は全部が合成有機界面活性剤からなる有機界面活性剤及びその調製品のうち、皮膚の洗浄に使用するもので、液状又はクリーム状で小売用にしたものは含まれません。（第34.01項）

(ii) 調製洗剤、補助的調製洗剤及び清浄用調製品（せっけん又はその他の有機界面活性剤をもととしたものに限る。）

　この範囲の物品には、調製洗剤、補助的調製洗剤及びある種の清浄用調製品が含まれます。これら各種の調製品は、一般に本質的な構成成分及び一以上の副次的な構成成分を含有しており、この副次的な構成成分の存在によって、この種の物品を前記の物品と特に区別することができます。

　本質的な構成成分は、合成有機界面活性剤、せっけん又はこれらの混合物で、副次的な構成成分は次のような物品です。

・ ビルダー（例えば、ポリりん酸ナトリウム、炭酸ナトリウム、けい酸ナト

リウム、ほう酸ナトリウム、ニトリロ三酢酸（NTA）の塩）
- ブースター（例えば、アルカノールアミド、脂肪酸アミド、脂肪族アミンオキシド）
- 増量剤（例えば、硫酸ナトリウム、塩化ナトリウム）
- 補助剤（例えば、漂白剤、蛍光白色染料、沈殿防止剤、腐食防止剤、静電防止剤、着色料、香料、殺菌剤及び酵素）

　これらの調製品は、物の表面に付いているよごれを溶液又は分解液の状態にする働きを持っているものです。界面活性剤をもととした調製洗剤は"detergent"（洗剤）とも称されています。この種の調製品は衣類、食器類又は台所用品の洗浄に使用されるもので、液状、粉状又はペースト状であり、家庭用又は工業用に供されます。前にも述べたとおり、棒状、ケーキ状又は成型した化粧用又は洗浄用の物品は第34.01項に属します。補助的調製洗剤は、衣類、家庭用リネン等の侵せき（前洗い）、すすぎ又は漂白に、清浄用調製品は、床、窓その他の表面の清浄に使用されます。この種の物品には少量の香気性物質を含有するものもあります。

(iii) せっけん又はその他の有機界面活性剤をもととしない清浄用調製品又は調製除脂剤

　これらには、次の物品が含まれます。
- 酸又はアルカリ洗浄剤、衛生用備付品、フライパン等の清浄のために特に処方されたもの：これらは、例えば、硫酸水素ナトリウム又は次亜塩素酸ナトリウムとオルトりん酸三ナトリウムとの混合物を含有しています。
- 酪農業又はビール醸造業等において使用する調製除脂剤及び清浄用調製品（炭酸ナトリウム、かせいソーダその他のアルカリ性物質をもととするもの又は溶剤及び乳化剤をもととするもの）：この種のものには、少量のせっけんその他の界面活性剤を含有するものがあります。

なお、この項には、次の物品は含まれません。
(a) 洗浄剤を染み込ませ、塗布し、被覆した紙、ウォッディング、フェルト及び不織布（第34.01項）
(b) 界面活性剤を含有する調製品で、界面活性作用を必要としないもの又は界面活性作用が補助的なもの（場合によって、第34.03項、第38.08項、第38.09項、第38.24項等）
(c) 界面活性剤を含有する研磨性調製品（擦り磨き用のペースト及び粉）（第34.05項）
(d) 水に不溶性のナフテン酸塩、石油のスルホン酸塩その他の界面活性剤及び調製界面活性剤（これらは、より特殊な限定をして記載している項に属する

場合を除くほか、第38.24項に属することとなります。)

(3) 第34.03項　調製潤滑剤（調製した切削油、ボルト又はナットの離脱剤、防錆防食剤及び離型剤で、潤滑剤をもととしたものを含む。）及び紡織用繊維、革、毛皮、その他の材料のオイリング又は加脂処理に使用する種類の調製品（石油又は歴青油の含有量が全重量の70％以上で、かつ、石油又は歴青油が基礎的な成分を成す当該調製潤滑剤及び当該調製品を除く。）

　項の規定から分かるように、ここには様々な潤滑剤及び繊維工業、皮革工業等で、オイリング、加脂処理等に使用される調製された混合物である物品が分類されます。従って、たとえ潤滑剤として、あるいは切削油等として用いられる石油類、天然の油脂等であっても、調製されたものでなければ、この項には含まれません。また、石油又は歴精油の含有量が70％以上で、かつ、これらが基礎的な成分であるような調製品もここには含まれません。逆に、こうした調製品で、石油又は歴精油の含有量が全重量の70％を超えるものであっても、それが基礎的な成分を成すものではないものはこの項に含まれます。

　この項に含まれる具体的なものとして、例えば次のような調製品があります。
① 　調製潤滑剤

　　潤滑剤は、機械、車両、航空機その他の器具、装置、道具等の動く部分間の摩擦を少なくし、円滑に作動するようにするものです。これらの潤滑剤は、原料又は基剤として、動物性、植物性の油脂、鉱物性の油、脂又はグリースの混合物が使われています。また、これらを基剤として、しばしば、添加剤として、例えば、黒鉛、二硫化モリブデン、タルク、カーボンブラック、カルシウムせっけんその他の金属せっけん、ピッチ、さび又は酸化等の抑制剤を含有しています。

　　更に、この項には、セバシン酸ジオクチル、セバシン酸ジノニル、リン酸エステル、ポリクロロビフェニル、ポリ（オキシエチレン）（ポリエチレングリコール）又はポリ（オキシプロピレン）（ポリプロピレングリコール）をもととした調製合成潤滑剤も含まれますし、これらの合成潤滑剤には、シリコーンをもととする"グリース"及びjet lude oilと呼ばれる調製品も含まれます。

　　また、二硫化モリブデンを安定した状態で鉱物油中に懸濁した物品（鉱物油を全重量の70％以上含有し、その特殊な潤滑性により、エンジン等の潤滑油に少量添加するためのもので、二硫化モリブデンを基礎的な成分とするもの）もこの項に含まれます。
② 　ダイスの穴に線材を容易に通すための伸線用調製潤滑剤

　　これらには(i)タローと硫酸から成る水性乳化液、(ii)ナトリウムせっけん、

ステアリン酸アルミニウム、鉱油及び水から成る混合物、(iii)油脂及びsulpho-oleatesから成る混合物並びに(iv)カルシウムせっけん及び石灰の粉状の混合物があります。

③　調製切削油

これらは、通常、動物油、植物油及び鉱油をもととししたもので、しばしば界面活性剤が添加されています。切削油を作るための調製剤（例えば、石油のスルホン酸塩又はその他の界面活性剤が基剤のもの）で、そのまま切削油として直接使用するのに適しないものは、この項には属しません（第34.02項）。

④　ボルト又はナットの離脱剤

ボルト、ナットその他の部分品をはずすことを目的とした調製品です。これらは通常、潤滑油を主成分としたものですが、固形潤滑剤、溶剤、界面活性剤、防錆剤等を含んだものもあります。

⑤　調製防錆剤又は調製防食剤

これらの主な成分は潤滑剤です。これらには、例えば、ラノリンを基剤として、ホワイトスピリット（石油類）に溶解した防錆剤がありますが、たとえホワイトスピリットの含有量が全重量の70％以上であっても、これ（石油類）が基剤ではないので、こうしたものもこの項に含まれます。

⑥　潤滑剤をもととした各種工業（例えば、プラスチック、ゴム、建設、鋳物）に使用する調製離型剤

この種の物品には、(i)鉱物油又は植物油、動物油その他の脂肪性物質（スルホン化、酸化又は水素添加をしたものを含む。）をろう、レシチン又は酸化防止剤と混合し又は乳化したもの、(ii)シリコーングリース又はシリコーンオイルを含有する混合物、(iii)黒鉛、タルク、雲母、ベントナイト又はアルミニウムの粉と油、脂肪性物質、ろう等との混合物等があります。ただし、同じ離型剤と呼ばれるものでも、食用に適する、動物性若しくは植物性の油脂の混合物又は調製品で調製離型剤として使用する種類のものは含まれません（第15.17項）。

⑦　紡織用繊維、皮革、毛皮等の潤滑、オイリング又は加脂処理に使用する調製品

これらは、紡績工程で紡織用繊維に潤滑性及び柔軟性を与え、また、革に油脂を浸透させるため等に使用されます。例えば、鉱油又は脂肪性物質とスルホリシノレート等の界面活性剤との混合物や、高率の界面活性剤に鉱油及びその他の化学品を加えた紡織用繊維用調製潤滑剤（水に対し分散性を有するもの）があります。

その他、ワセリン及びカルシウムせっけんから成り、真空動力ブレーキユニッ

トの組み立ての際、ネジと継目のシーリング及び潤滑のために使用される軟質のペースト等もこの項に含まれます。

(4) 第34.04項　人造ろう及び調製ろう

　この項には、この類の注5に定める、人造ろう（工業的には合成ろうと呼ばれる。）及び調製ろうが含まれます。これらは比較的分子量の大きい有機物質（化学的に単一でない化合物）で構成されているか又はこうした物質を含有しています。これらのろうには、例えば次のものがあります。

① 　化学的に得た有機の物品で、ろうの特性を有するもの（水溶性であるかないかを問わない。）。ただし、合成その他の方法で製造された第27.12項のろう（例えば、炭化水素を主成分としたフィッシャートロプシュろう）はこの項に含まれません。また、界面活性の特性をもつ水溶性のろうは第34.02項に属し、この項から除かれます。

② 　二以上の異なる動物性のろう、異なる植物性ろう若しくは異なるその他の種類のろうを混合することにより得られた物品、又は異なる種類のろう（動物性のもの、植物性のもの及びその他のもの）を混合することにより得られた物品（例えば、異なる植物性のろうの混合物及び鉱物性のろうと植物性のろうとの混合物）。ただし、鉱物性のろうのみの混合物（第27.12項）は含まれません。

③ 　一以上のろうをもととし、脂、レジン、鉱物性物質その他の材料を含有する物品で、ろうの特性を有するもの。ただし、混合していない動物性又は植物性のろうは、精製してあるかないか又は着色してあるかないかを問わず第15.21項に属し、この項には含まれません。混合していない鉱物性のろう又は鉱物性のろうの混合物も、着色してあるかないかを問わず、この項には含まれません。これらは第27.12項に属します。

　他方、前記①、②及び③に掲げた製品を液状媒体と混合し、これに分散（懸濁又は乳化させ）又は溶解させたものはこの項に含まれず、第34.05項又は第38.09項等に属することとなります。

　なお、この項のろうは、前記2(2)(d)で述べた、ろうの特性を有していなければなりません。当然のことですが、このろうの特性を有する物品が全てこの項に属するということではありません。

　この項に含まれるろうには、例えば、次のような各種の化学組成のものがあります。これらは着色したものであってもこの項に属します。

(i) 　ポリアルキレンワックス（例えば、ポリエチレンワックス）

(ii) 　炭化水素系ろう（合成又は天然のパラフィンろう）の部分酸化によって得られるろう

(iii) 塩化パラフィン、ポリクロロビフェニル又はポリクロロナフタリンの混合物から成るろう
(iv) ポリ（オキシエチレン）（ポリエチレングリコール）ワックス（これらは水溶性です。）
(v) 脂肪性ケトン、脂肪性エステル（少量のせっけんで変性したプロピレングリコールモノステアレート並びに酒石酸と酢酸でエステル化したグリセリンのモノステアレート及びグリセリンのジステアレートの混合物）、脂肪性アミン又は脂肪性アミドの混合物から成るろう
(vi) モンタンろうのような天然ろうの一部又は全部を化学的に変性させて得られたろう
(vii) 二以上の異種のろうから成るろう（第27.12項に該当する鉱物性ろうの混合物を除く。）又は一以上のろうに他の原料を混ぜたもの

例えば、パラフィンろうとポリエチレンから成るろう（塗料に使用される。）、パラフィンろうとステアリン酸から成るろう（ろうそく製造用の原料に供される。）、酸化した炭化水素系ろうと乳化剤から成るろう。ただし、封ろう及びこれに類する組成のろうは、体裁を整えたものに限り、この項に属します（第32.14項の物品を除く。）。

なお、繰り返しになりますが、前述のとおり、この項には、たとえろうの特性を有していても、ラノリンアルコール（第15.05項）、水素添加油（第15.16項）、化学的に単一の有機化合物（第29類）、歯科用ワックス及び歯科用の印象剤（セットにしたもの、小売用に包装したもの及び板状、馬蹄状、棒状その他これらに類する形状にしたもの）（第34.07項）、工業用の脂肪性モノカルボン酸及び工業用の脂肪性アルコール（第38.23項）等は含まれません。

(5) 34.05項　履物用、家具用、床用、車体用、ガラス用又は金属用の磨き料及びクリーム、擦り磨き用のペースト及び粉並びにこれらに類する調製品（この項の調製品を染み込ませ、塗布し又は被覆した紙、ウォッディング、フェルト、不織布、プラスチックフォーム及びセルラーラバーを含むものとし、第34.04項のろうを除く。）

この項には、各種の磨き料及びクリームその他これらに類する調製品のほか、保護性能を有するつや出し用調製品が含まれます。これらの調製品はろう、研磨剤その他の物質をもととしているもので、例えば次のものがあります。

① テレビン油を染み込ませたろう又は水性媒体に乳化させたろうから成るろう及び磨き料
② メタルポリッシュ及びガラス磨き料（白亜又はけいそう土のように極めて軟

かい研磨材をホワイトスピリット及び液状せっけんの乳濁液の中に懸濁させたもの)
③ 金属等の磨き用、仕上げ用又は微細研磨用のもので、ダイヤモンドの粉又はダストを含むもの
④ 微細に砕いた砂と炭酸ナトリウム及びせっけんの混合物から成る擦り磨き粉。この粉を、例えば、ろうを潤滑用鉱油に溶かした液で練って作った擦り磨き用ペースト

　これらの調製品は、小売用に包装されることも多く、通常、液状、ペースト状、粉状、タブレット状、棒状等で、家庭用又は工業用に使用されます。

　また、これらの調製品を染み込ませ、塗布し又は被覆した紙、ウォッディング、フェルト、不織布、多泡性のプラスチック及びセルラーラバーはこの項に属します。しかしながら、同じように染み込ませ、塗布し又は被覆した紡織用繊維のふき布及び金属製のポット磨き用品は、それぞれ第11部及び第15部に属し、この項には含まれません。

(6) 第34.06項　ろうそく及びこれに類する物品

　この項には、通常、タロー、ステアリン、パラフィンろうその他のろうから作られるろうそくが含まれます。これらには、球状又はコイル状のものもあります。この項には、着色、付香、装飾したもの、受け皿付きのろうそくも含まれます。

(7) 第34.07項　モデリングペースト(児童用のものを含む。)、歯科用のワックス及び印象材(セットにし、小売用の包装にし又は板状、馬蹄状、棒状その他これらに類する形状にしたものに限る。)並びに焼いた石膏又は硫酸カルシウムから成るプラスターをもととしたその他の歯科用の調製品

　この項には、次のような物品が含まれます。
① モデリングペースト

　　通常、芸術家又は金細工業者が模型を制作するために使用し、また児童娯楽用としても使用する可塑性の調製品です。最も一般的なものはオレイン酸亜鉛をもととしたものであって、ろう、流動パラフィン及びカオリンを含有し、わずかに脂性の感触があります。その他セルロースパルプとカオリンとの混合物を結合剤で粘結したもの等があります。これらは、バルク状、ケーキ状、棒状、板状等で提示されます。また、各色を取り揃えた、児童の娯楽用としてセットにしたもの等もこの項に属します。
② 歯科用ワックス及び歯科用の印象剤

　　歯科医が歯の型取りに使用する種々の組成の調製品で、通常ろう、プラスチッ

第6章　第6部　化学工業（類似の工業を含む。）の生産品

ク又はグタペルカにロジン、セラック、充てん料（粉末雲母等）等を混入したものです。これらの調製品は、セットにしたもの、小売用の包装にしたもの及び板状、馬蹄状（中空のものであるかないかを問わない。）、棒状その他これらに類する形状にした場合に限り、この項に属しますが、その他の形状のもの（例えば、バルク状）は、その組成によって所属を決定することとなります。（例えば第34.04項、第38.24項等）。

③　焼いた石膏又は硫酸カルシウムから成るプラスターをもととしたその他の歯科用調製品

　これらには、通常、全重量の2%以上の添加剤を含有するプラスターをもととした歯科用の調製品があります。許容される添加剤は、白色剤としての二酸化チタン、着色剤、けいそう土、デキストリン及びメラミン樹脂です。これらには、また促進剤又は遅延剤を含むことがあります。

　歯科用のこれらの製品は、一般的に、重量比で25%以上のα-硫酸カルシウム1/2水和物を含んでいるか、又は、大部分がα-硫酸カルシウム1/2水和物ですが、こうした硫酸カルシウムは、高純度の硫酸カルシウム2水和物を含む石膏沈殿物の脱水により得ることができるものです。この物品は、歯の形取り用、模型用その他の歯科用に使用され、形状又は状態にかかわらずこの項に属します。ただし、これらの調製品は、少量の促進剤又は遅延剤のみを加えたプラスター（第25.20項）とは別の物質ですので注意が必要です。

第9節　第35類　たんぱく系物質、変性でん粉、膠着剤及び酵素

1　この類に含まれる物品の概要

この類に纏められている項に属する物品は、表題から分かるとおり、たんぱく質系物質、変成でん粉（一部分解、エステル化、エーテル化、架橋反応によるもの等）及びこれらに関係が深い物質並びに酵素が含まれます。

(1) たんぱく質系物質について

たんぱく質は、生物由来の物質でアミノ酸分子のNH_2基と他のアミノ酸分子のCOOH基が脱水した、いわゆるアミド結合した高分子化合物です。ただし、通常このようにアミノ酸の残基同士が結合した場合、ペプチド結合と称されます。より正確には、例えば化学大事典によれば、「アミド」は「アミノ基（$-NH_2$）が酸基と結合して$-RCONH-$形になったときの基の呼称」とあり、こうした基を持つ化合物を「Rアミド」と呼びます。また、「ペプチド結合」は「α-アミノ酸同士が一つのカルボキシル基と他のアミノ基から脱水縮合して作る酸アミド結合（$-CO\cdot NH-$結合）をいう」とあります。

なお、生体内のたんぱく質は加水分解するとアミノ酸になりますが、全てL体のアミノ酸で、その種類は約20種類です。またこのうちの8種類のアミノ酸（イソロイシン、ロイシン、リジン、メチオニン、フェニルアラニン、スレオニン、トリプトファン、バリン）は、ご存知のとおり、体内で合成できないので、食物たんぱく質として外から摂取しなければならない必須アミノ酸です。

たんぱく質には、その構成アミノ酸の種類と結合の順序、分子量の大きさ、立体構造などにより様々な特徴があります。多くのたんぱく質には固有の名前が付されています。例えば、よくご存知のコラーゲンは軟骨や結合組織等に見られるものです。爪や毛髪にはケラチンが、蚕の糸にはフィブロインが、鳥卵の卵白にはアルブミンが、牛乳にはカゼイン、グロブリン等が含まれているのはご存知のとおりです。また植物では、例えば小麦にはグルテン、大豆にはグリシニン等が多く含まれています。

少しややこしくなりますが、いろいろな種類のアミノ酸が多数結合したポリアミドですが、アミノ酸が数個だけ結合したものはたんぱく質とはいえません。ではどこまで結合すればたんぱく質といえるのでしょうか。明確な答えははっきりしませんが、岩波の理化学辞典によれば、「分子量1万以上のものをたんぱく質」としており、それ以下のペプチドと区別しているようです。また、別の文献には、アミノ酸が100個以上結合したポリペプチドで特有の構造や機能を持ったものがたんぱく質と呼ばれるという記述もあります。

たんぱく質を含むポリペプチドには様々な機能を有する数多くの物質があります。ホルモンや酵素もポリペプチドですし、たんぱく質といえるものもあるでしょう。これらの物質がたんぱく質なのか酵素であるか等の違いによるHS上の分類問題はこの項の範囲内においては、項の建て方から見てあまり問題にはなりませんが、第29類のホルモンであるか、この類の酵素か、または第30類の医薬品であるか等といったことにも留意する必要が出てきます。インスリンもポリペプチドですし、また、血液中の血清もガンマグロブリンでたんぱく質、赤血球のヘモグロビンもたんぱく質です。こうした物質については、それぞれに属する項がありますので分類上注意が必要です。

(2) でん粉について

でん粉そのものは、この類には含まれず第11類に属しますが、この類にはそれを変性したでん粉が含まれます。でん粉は、生物体、特に植物に広く存在するもので、ぶどう糖（グルコース、正確にはa-D-glucose分子）$C_6H_{12}O_6$ が脱水縮合した高分子化合物（高分子多糖類）です。一般式は水1分子（H_2O）が取れるので、$(C_6H_{10}O_5)n \cdot H_2O$で表されます。この場合、グルコース分子同士がどの位置で結合しているかによって性質が異なってきます。通常、でん粉粒は、アミロースとアミロペクチンと呼ばれる多糖類が含まれています。普通のでん粉にはアミロースが20〜25%含まれているとされていますが、ほとんどが一方のみという場合もあります。例えば米でん粉の場合、うるち米はアミロースがほとんどを占めていますが、もち米はアミロペクチンがそのでん粉のほとんどです。アミロースは直鎖状の分子で、分子量が約3万4千〜17万、グルコースの平均重合度200〜1000の高分子多糖類です。アミロペクチンは枝分かれの多い分子で、分子量は比較的大きく約5万〜5千万、グルコースの平均重合度は6千〜28万とされています。従って、またアミロースとアミロペクチンの性質は異なります。もち米とうるち米の違いを見てもお分かりのとおりです。でん粉の直鎖部分はグルコースがa-1,4結合で連なったもので、分岐は直鎖の途中からグルコースのa-1,6結合によるものです。アミロースは分岐を持ちませんが、アミロペクチンは平均でグルコース残基約25個に1個の割合でa-1,6結合による分枝構造を持ちます。直鎖部分の長さは18〜24残基、分岐間は5〜8残基の間隔があります。また、アミロースの中にはa-1,6結合を持つものも少量ですがあります。これは中間体と呼ばれています。

なお、動物における貯蔵多糖として知られるグリコーゲンはアミロペクチンよりもはるかに分岐が多く、3残基に1回の分岐となり、直鎖部分の長さは12〜18残基、分岐の先がさらに分岐し、網目構造をとるとされています。この点で、アミロースやアミロペクチンとは区別されます。また、とうもろこしの種子などでも

第9節　第35類　たんぱく系物質、変性でん粉、膠着剤及び酵素

このグリコーゲンの顆粒が存在するといわれています。

　この、α-D-グルコース分子（以下、単にα-グルコース分子という。）が直鎖状に重合している部分は水素結合によりα-グルコース残基6個で約1巻きのらせん構造となっています。また、らせん構造同士も相互に水素結合を介して平行に並び、結晶構造をとります。分子は二重螺旋状態での結晶と、一重螺旋状態での結晶を作り得ます。二重螺旋状態の結晶には、お互いのグルコース残基上の水酸基同士で直接水素結合を形成するタイプ（A型。コーンスターチなどの穀類由来のものがこの形）と、間に水分子一層をはさむタイプ（B型と呼ぶ。馬鈴薯などの根茎・球根由来のものがこの型）と、両者の混合したタイプ（C型。根由来のもの）があります。

　このように、らせん状になった部分が多いアミロースを多く含むでん粉は、ヨウ素反応で深い青色（青紫色）を呈します。これに対し、アミロペクチンを多く含んだでん粉は、赤色がかった色（赤紫色）に染まります。これはヨウ素の分子がらせん構造の中に取り入れられる為といわれています。もち米のように、でん粉にアミロースではなくアミロペクチンを多く含むものは、らせん構造部分が少なく、比較的ヨウ素分子を取り込み難いためヨウ素反応は赤色系です。また、アミロースであっても水分の存在下で加熱すると、らせん構造が解けてランダムの紐状分子となるため分子の立体構造の中にヨウ素を取り込むことはできなくなり、青色は消失します。これをアルファー化といいます。水分が残っていると冷却すると元に戻りますが、アルファー化した状態で乾燥すると元に戻りません。人の体ではでん粉はアルファー化したものは消化酵素（ジアスターゼ）が働き易く糖化していきますが、生のでん粉の状態（ベータでん粉）では働きにくい仕組みとなっています。もちは冷えて固くなると再加熱しなければなりません。しかし、米飯やおもちを加熱した状態で乾燥したもの、乾飯や煎餅が消化される状態で保存できるのはそのためです。

　話がそれましたが、でん粉も、たんぱく質の場合のポリペプチドの場合と同じように、加水分解するとその度合いによって、分子量が小さいものが得られます。たんぱく質の場合と違うのは、でん粉の場合、単量体がα-グルコースという1種類の分子であるという点です。でん粉を加水分解ないし酵素で分解していくと、最後は全部グルコースになりますが、その少し前の段階ですと、グルコース分子2個からなるマルトース（麦芽糖）、グルコース3個の場合マルトトリオース（グルコースが3個という意味）の状態のものが得られます。正確には、どのような酵素を働かせるか、どのような方法で分解するかによって異なってきます。このように、比較的少数のグルコースが縮合している場合をオリゴ糖といいます。

　こうした、グルコースを単量体とする低分子量の化合物もでん粉から得られた

ものですが、グルコースやマルトースは勿論、マルトトリオースなども、糖類として第17類に含まれます。この類の変性でん粉とこうした糖類との分類基準は、この類の注2において、「でん粉分解物で、ぶどう糖として計算した還元糖の含有量が乾燥状態において全重量の10％を超えるものは、第17.02項に属する。」旨、規定されています。

　また、同様に、「第35.05項において「デキストリン」とは、でん粉分解物で、ぶどう糖として計算した還元糖の含有量が乾燥状態において全重量の10％以下のものをいう。」と定められています。デキストリンはでん粉の分解の途中の生産品ともいえます。可溶性でん粉もデキストリンです。

　この「ぶどう糖として計算した還元糖の含有量」は、いわゆるDE値と呼ばれるDextrose equivarentの略です。(ぶどう糖はglucoseともdextroseとも呼ばれます。)

　還元糖の含有量は、グルコース分子の1番目の炭素原子の部分が、ヘミアセタール基(-CHO)となっており還元作用を示します。マルトースの場合、グルコースの一つのCの1番目の還元基末端と4番目のCのOHが結合するβ-1,4結合ですから、この結合によりグルコース2個の還元基末端のうち1つが結合し、この部分の還元性は無くなります。従ってこの例ですと、グルコース2分子の分子量(360)から水1分子の分子量(18)を引いたものがマルトースの分子量(342)ですから、理論的には、この342の分子量でぶどう糖180に相当する還元力を有するということになるので、マルトースのDE値は180÷342×100＝52.6％と計算されることになります。ただし、実際には、試料中の還元力をグルコースとして計算した還元糖の含有量で見ていきますし、分析方法によっても若干の違いが出てきますので、こうした理論値とは異なるかも知れません。また、同様にマルトトリオースの分子量はグルコース3分子から水2分子を引いた分ですが、この還元力はぶどう糖1分子分です。実際にはこうした物品は分解の途中の生成物の混合物ですので、当該試料中の全還元力をグルコースとして計算した値で、第17類の糖類であるか第35類のデキストリンであるかを区別することとしているものです。お分かりのとおり、DE値が低くなればなるほどでん粉の分解度は低くなります。マルトースのDE値は理論的には先ほどの計算のとおりです。マルトースを主成分とする水飴と呼ばれる程度のオリゴ糖混合物はDE値40から60桯度とされています。粉飴はDE20から40程度のものを真空ドライヤー又は噴霧乾燥によって粉末化したものであるとされています(五訂増補日本食品標準成分表)。これらは、もちろん第17類に含まれます。

　このほか、この類には、これまで述べた、たんぱく系物質と関係が深い膠や膠着剤、さらには、たんぱく質、でん粉等の合成や分解、消化に関係する酵素も含

まれます。この類には、このように相互に関連ある物資がまとめられています。

2 この類に含まれない物品

この類には、各種のたんぱく系物質が含まれますが、前述のとおり、たんぱく系物質には、生態系を維持するための様々な種類のポリペプチドがありますが、(a) 第30類の血液分画物（治療用又は予防用に調製してない血液アルブミンを除く。）、(b) 医薬品その他の物品、(c) なめし前処理用の酵素系調製品（第32.02項参照）、(d) 第34類の酵素系の調製浸せき剤、調製洗剤その他の物品。(e) 硬化たんぱく質（第39.13項参照）、(f) ゼラチンに印刷した物品（第49類参照）は、この類には含まれません。

また、酵素はポリペプチドでこの類に含まれますが、酵母は生物固体であり酵素とは別物です。（ただし、ウイルスになると、ペプチドで、生物か無生物かの議論はありますが、ここでは触れません。）酵母は生きていてもいなくてもこの類には属さず、第21.02項に含まれます。もっとも、酵母中には、酵素が存在し、かつ酵母を自己消化したものは、アミノ酸が豊富で、調味料のもととして又は調味料の製造に使用されます。これらも、これらから抽出した酵母エキスもポリペプチドの含有量は多くなく、アミノ酸まで、あるいはオリゴペプチド程度まで分解されているものは、多くのものはこの類には含まれず、例えば第21類に属することとなります。

3 各項の規定

それでは、この類に含まれる各項の規定について簡単に見ていきます。

(1) 第35.01項 カゼイン及びカゼイナートその他のカゼイン誘導体並びにカゼイングルー

この項には、次のような物品が含まれます。

① カゼイン及びカゼイナート

カゼインは、牛乳の主要たんぱく質成分で、一般に酸又はレンネットによりスキムミルクを凝結させて作られます。

一般的にチーズを作る際、ミルクにレンネットを加えて凝固して分離（取り出した）した成分をカードといいます。その主成分がミルクカゼインです。第4類のチーズは、多くの場合、これを乳酸菌やある種のカビ等によって乳酸発酵させ熟成させて作りますが、中にはフレッシュで熟成しないまま加工・成形しチーズとして食されるものもあります。ほとんどの場合相当数の乳酸菌を含んでいますし、チーズとしての風味やテクスチャーがあります。

これに対し、この項のカゼインは、このような加工は行われず、更に精製されたものなどが想定されます。
　また、この項には、凝結方法の差による各種のカゼインが含まれます。(例えば、酸カゼイン、カゼイノーゲンカゼイン及びレンネットカゼイン(パラカゼイン)があります。
　カゼインは通常黄白色の細粒で、アルカリ溶液に可溶、水に不溶です。これらは、主として膠着剤、ペイント若しくは水性塗料の調製、紙のコーティング又はカゼンプラスチック(硬化カゼイン)、人造繊維、食品若しくは医薬の製造に使用されます。
　カゼイナートは、カゼインの塩です。塩となることにより可溶性となるものとして、ナトリウム塩及びアンモニウム塩があります。これらの塩は通常濃厚食品及び医薬の調製に使用し、またカゼインのカルシウム塩はその特性から食品の調製又は膠着剤として使用されます。
② 　その他のカゼイン誘導体
　カゼインの誘導体としては、特に塩素化カゼイン、臭素化カゼイン、ヨウ素化カゼイン及びタンニン酸カゼインがあり、製薬に使用されます。
③ 　カゼイングルー
　カゼイングルーは、カゼインのカルシウム塩(①のカゼイナートの項参照)又はカゼインと白亜の混合物に添加物(例えば、少量のほう砂又は塩化アンモニウム)を加えたもので、通常粉状です。
　なお、この項には、(a)第6部注の規定により、カゼインの貴金属塩(第28.43項)及び第28.44項から第28.46項まで及び第28.52項のカゼイナート、(b)植物性カゼインと誤って呼ばれる物品(第35.04項)は含まれません。また、(c)小売用の包装にしたカゼイングルーで、正味重量が1キログラム以下のもの(第35.06項)、(d)硬化カゼイン(第39.13項)もこの項には含まれません。(以下、次項のアルブミンや、その他のたんぱく質系物質の場合も同様です。)

(2) 第35.02項　アルブミン(二以上のホエイたんぱく質の濃縮物を含むものとし、ホエイたんぱく質の含有量が乾燥状態において全重量の80%を超えるものに限る。)及びアルブミナートその他のアルブミン誘導体
　この項には、次のような物品が含まれます。
① 　アルブミン
　アルブミンは動物性又は植物性のたんぱく質です。これらには、卵白、血清アルブミン、ミルクアルブミン及び魚アルブミンが含まれます。カゼインとは異なり、アルブミンはアルカリ液と同様に水にも可溶で、その溶液は加熱によ

り凝固する性質があります。この項には二以上のホエイたんぱく質からなるホエイたんぱく質濃縮物で、ホエイたんぱく質の含有量が乾燥状態において全重量の80％を超えるものを含みます。そのホエイたんぱく質の含有量は、窒素含有量に6.38の換算率を掛けることにより計算することとされています。たんぱく質の含有量が乾燥状態において全重量の80％以下のホエイたんぱく質濃縮物は第04.04項に分類されます。

アルブミンは通常粘液状、透明な黄色のフレーク状又は無定形の白色、淡紅色若しくは黄色の粉状で、膠着剤、食品若しくは医薬の調製、革の仕上げ、織物若しくは紙（特に写真用紙）の処理又はぶどう酒その他の飲料の清澄に使用されます。

② アルブミナート（アルブミンの塩）その他のアルブミン誘導体

これらには、特にアルブミンの鉄塩及び水銀塩、臭素化アルブミン、ヨウ素化アルブミン及びタンニン酸アルブミンが含まれます。

なお、この項には、次の物品は含まれません。

(a) 乾燥血液（これは、「血液アルブミン」と呼ばれることがありますが、アルブミンではありません。）（第05.11項）
(b) 他のたんぱく質の貴金属塩等と同様、アルブミンの貴金属塩（第28.43項）又は第28.44項から第28.46項まで及び第28.52項のアルブミナート
(c) 治療用又は予防用に調製した血液アルブミン及び人血漿（第30類）

(3) 第35.03項　ゼラチン（長方形（正方形を含む。）のシート状のものを含むものとし、表面加工をしてあるかないか又は着色してあるかないかを問わない。）、ゼラチン誘導体、アイシングラス及びその他のにかわ（第35.01項のカゼイングルーを除く。）

この項には次のようなものが含まれます。

① ゼラチン及びにかわ

これらは、水溶性たんぱく質で、皮、軟骨、骨、腱その他これに類する動物性の物質を通常温水で酸と共に又は酸なしで処理して得られます。

ゼラチンは、にかわよりも粘着性が少なく精製度が高いもので、水と処理すると透明なゼリー状となります。ゼラチンは、食品、医薬品及び写真乳剤の調製、微生物の培養剤並びにビール及びワインの清澄に使用されます。また、紙及び織物のサイジング、印刷工業、プラスチックの調製（硬化ゼラチン）並びにゼラチン成形品の製造にも使われます。ゼラチンは、通常、薄く透明でほとんど無色無臭のシート状になっていますが、スラブ、板、シート、フレーク、粉等の形でも流通しています。ただし、ゼラチンのシート状は、長方形（正方

形を含む。)のものに限り、着色してあるか又は表面加工(例えば、型押し、金属蒸着及びプリント(ゼラチンポストカードその他の第49類の印刷物を除く。))をしてあるかないかを問わず、この項に属しますが、長方形(正方形を含む。)以外の形状に切ったもの(例えば、円形)は、第96.02項に属し、また、硬化してないゼラチンの成型品、彫刻品及び細工品も第96.02項に含まれ、この項には属さないことになっています。

　なお、ゼラチン誘導体には、タンニン酸ゼラチン及びブロムタンニン酸ゼラチンが含まれます。
②　アイシングラス
　これは、ある種の魚類(特にちょうざめ)のうきぶくろを機械的に処理したものです。固体状態(一般には、半透明の薄いシート状)で提示され、ビール、ワインその他のアルコール飲料の清澄剤として又は製薬に使用されます。
③　その他のにかわ(動物性のものに限る。)
　これらには、にかわとして使用する不純なゼラチンが含まれます。また、これらに保存剤、顔料及び粘度調製剤等の添加物が含まれているものであってもこの項に属します。

　なお、この項には、先に述べた、カゼイングルー(第35.01項)、小売用にした膠着剤で正味重量が1キログラム以下のもの(第35.06項)、ゼラチンをもととして製造した複写用のペースト(第38.24項)、硬化ゼラチン(第39.13項)は含まれません。

(4) 第35.04項　ペプトン及びその誘導体並びにその他のたんぱく質系物質及びその誘導体(他の項に該当するものを除く。)並びに皮粉(クロムみょうばんを加えたものを含む。)

この項に含まれるものとして次のようなものがあります。
①　ペプトン及びその誘導体
　ペプトンは、天然のたんぱく質を加水分解し又はある種の酵素(ペプシン、パパイン、パンクレアチン等)の作用により処理して得た可溶性の物質であり、通常白色ないし黄色の粉末で、非常に吸湿性があるため密閉容器に詰めて取引されます。また液状のペプトンもあります。主な種類としては肉ペプトン、酵母ペプトン、血液ペプトン及びカゼインペプトンがあり、医薬用、食料調製品及び微生物培養基として使用されます。

　ペプトンの誘導体(ペプシネート)は、主に製薬に使用されます。その主要なものとしては、鉄ペプトネート及びマンガンペプトネートがあります。
②　その他のたんぱく質系物質及びその誘導体(他の項に該当するものを除く。)

このグループに含まれるものとしては、例えば、グルテリン及びプロラミン（穀物のたんぱく質で小麦及びライ麦から得られるグリアジン及びとうもろこしから得られるゼイン）等があります。
　また、グロブリンとして、例えばラクトグロブリン及びオボグロブリンがありますし、更に、グリシニン（大豆たんぱく質の代表的なもの）、ケラチン、核たんぱく質（核酸及びその誘導体と結合したたんぱく質で、例えばビール酵母から分離される。）や核たんぱく質の塩（鉄塩、銅塩、水銀塩等）があります。ただし、第28.52項に該当する水銀の核たんぱく質は除かれます。
　このほかのたんぱく質分離物としては、植物性物質（例えば脱脂大豆粉）から抽出して得たたんぱく質の混合物（たんぱく質含有量は、通常90％以上）等があります。
③　皮粉（クロムみょうばんを加えたものを含む。）
　皮粉は、ほぼ純粋なコラーゲンです。皮粉には、少量のクロムみょうばんを含むものとクロムみょうばんを使用直前に添加する必要があるため未添加のままで提示されるものとがあります。クロムみょうばんを加えた皮粉は、第41.15項のクロム革のダスト及び粉と混同しないよう注意が必要です（これらのダスト及び粉はタンニンの定量には適さず低価値のものです。）。
　なお、この項には、第6部注1の規定により、もっぱら、第28.43項及び第28.44項から第28.46項まで及び第28.52項に含まれるもののほか、次のものも、この項には含まれません。
(a) 主としてアミノ酸と塩化ナトリウムの混合物から成るたんぱく質加水分解物及び脱脂大豆粉からその特定成分を除去して得た濃縮物で、調製食料品の添加物として使用するもの（第21.06項）
(b) 核酸及びその塩（第29.34項）
(c) フィブリーノーゲン、フィブリン、血液グロブリン、血清グロブリン、正常人免疫グロブリン及び抗血清（特定免疫グロブリン）及びその他の血液分画物（第30.02項）
(d) この項の物品で、医薬品にしたもの（第30.03項又は第30.04項）
(e) 酵素（第35.07項）
(f) 硬化たんぱく質（第39.13項）は含まれません。

（参考）この項に分類された物品例
1　濃縮ミルクたんぱく質調製品
　　ミルクたんぱく質（乾燥状態で、全重量の92％（カゼイン77％、ホエイたんぱく質15％））からなるもので、脂肪（1.5％未満）、灰分（4.5％未満）及び水（6％未満）を含む物品。様々な食料調製品のたんぱく質強化に使用される物品

2 濃縮ミルクたんぱく質

ミルクたんぱく質から膜分離によって直接得られるもので、ミルクたんぱく質（乾燥状態で、全重量の86％（カゼイン80％、ホエイたんぱく質20％））、灰分（7.4％）、水分（5.1％）、ラクトース残基（1％）及び脂肪（0.5％）からなる物品。本品は乳製品の製造に使用される。

(5) 第35.05項　デキストリンその他の変性でん粉（例えば、糊化済でん粉及びエステル化でん粉）及びでん粉又はデキストリンその他の変性でん粉をもととした膠着剤

この項には、項に規定されているとおり、デキストリンその他の変性でん粉と、これらをもととした膠着剤が含まれます。

① デキストリンその他の変性でん粉

これは、熱、薬品（例えば、酸、アルカリ）又はジアスターゼ等の酵素の作用により、でん粉を変化させることによって得られた物品、及びでん粉を酸化、エステル化又はエーテル化等により変性させたものです。架橋でん粉（例えばりん酸－2でん粉）は、変性でん粉の重要なものの一つです。

(i) デキストリン

デキストリンは、でん粉を酸又は酵素により加水分解にして得られます。最終製品はマルトデキストリンです。ただし、前述の通り、そのようなでん粉分解物のうち、ぶどう糖として計算した還元糖の含有量が乾燥状態において全重量の10％以下のもののみがデキストリンとしてこの項に含まれます。

また、デキストリンは、でん粉をばい焼することによっても得られます。この場合、少量の化学薬品を加えてあるかないかを問いません。（なお、化学薬品を用いてないものは、ばい焼でん粉とも呼ばれます。）

(ii) 可溶性でん粉（soluble starch 又はamylogen）

でん粉とデキストリンの中間段階のものです。湯で、でん粉を煮たり又は冷たい希薄酸液に長時間つけて作られます。可溶性でん粉に微量のカオリンが含まれていてもこの項に属します。これらは、主に製紙工程中、セルロースパルプに添加するために使用されます。

(iii) 糊化済でん粉及び膨潤化（swelling）したでん粉

でん粉に水を加えて湿らせ、多少ともゼラチン化した塊が得られるまで熱処理し、これを乾燥し、粉砕して粉末にしたものです。これらは、主に、製紙工業、繊維工業、冶金（鋳物用中子の粘結剤の調製に使用する。）、食品工業及び飼料製造用等に供されます。

(iv) エーテル化又はエステル化でん粉

第9節　第35類　たんぱく系物質、変性でん粉、膠着剤及び酵素

　　でん粉をエーテル化又エステル化により変性したものです。前者には、ヒドロキシメチル基、ヒドロキシプロピル基又はカルボキシメチル基を有するものを含みます。エステル化でん粉には、主に製紙工業又は繊維工業に使用する酢酸でん粉、及び爆薬の製造に使用する硝酸でん粉も含まれます。
　　なお、アセチル化でん粉については、次のような分類例規が定められています。
　　「でん粉(第11.08項)を変性したものは、通常、第35.05項(デキストリンその他の変性でん粉)に分類されることとなっているが、アセチル化でん粉に関し、でん粉とDS値の非常に低いアセチル化でん粉との区別が化学的及び物理的に困難である。このため、アセチル化でん粉については、DS値0.01(グルコース単位1000個に対し置換基10個)以上のものを変性でん粉として分類することとする。」(DS＝Degree of Substitution)
(v)　その他の変性でん粉
　　その他の変性でん粉としては、ジアルデヒドスターチ、ホルムアルデヒド又はエピクロヒドリンにより処理したでん粉があります。
　　一般に、この項の変性でん粉は、特性の変化、例えば、溶液及びゲルの透明度、ゲル化又は結晶化への傾向、保水力、凍結－解凍の安定性、糊化する温度又は粘度の最高点に基づいて、第11類の変性していないでん粉と区別することができます。
② でん粉又はデキストリンその他の変性でん粉をもととした膠着剤
　　これらには、デキストリングルー(デキストリンの水溶液又はデキストリンと他の物質(例えば塩化マグネシウム)を混合したもの。)から成るもの、スターチグルー(でん粉をアルカリで処理したもの)、膠着剤(未加工でん粉、ほう砂及び水溶性のセルロース誘導体から成るもの又は未加工でん粉、ほう砂及びでん粉エーテルから成るもの)があります。
　　なお、この項には、次のものは含まれません。
(a) でん粉(調製していないもの)(第11.08項)
(b) でん粉分解物で、ぶどう糖として計算した還元糖の含有量が乾燥状態において全重量の10％を超えるもの(第17.02項)
(c) 小売用にした膠着剤で正味重量が1キログラム以下のもの(第35.06項)
(d) でん粉又はデキストリンをもととしたつや出し剤及び仕上げ剤で製紙工業、繊維工業又は皮革工業及びこれらに類する工業において使用する種類のもの(第38.09項)は含まれません。

(参考) この項に分類された物品例
1　両性コーンスターチ

227

第6章　第6部　化学工業（類似の工業を含む。）の生産品

　　本品は、アミン官能基を有し、特定量のりん酸塩が加えられたカチオンコーンスターチをもととしている。本品は、重量比で、りん0.3872％及びけい素0.000392％を含んでいる。加えられたりん酸塩の一部は、でん粉と反応して結合し、陰イオン置換基をカチオン変性でん粉に供給する。加えられたりん酸塩の一部は、結合せず生成物内に残る。陰イオン基群及び結合していないりん酸塩は共に、製紙工程で使用されるための特別な機能を最終製品に与える。本品は、製紙機械での湿潤最終工程で、多量のみょうばんが加えられる酸性製紙工程中において使用される種類のものである。
2　カチオンコーンスターチ
　　本品は、消泡剤が加えられている（重量比で0.185％）。本品は、製紙工業において使用するため、表面サイジング剤としてサイズプレス工程又はカレンダー工程に適するように作られている。

(6)　第35.06項　調製膠着剤その他の調製接着剤（他の項に該当するものを除く。）及び膠着剤又は接着剤としての使用に適する物品（膠着剤又は接着剤として小売用にしたもので正味重量が1キログラム以下のものに限る。）
　この項に含まれる物品については、特に説明は不要と思いますが、大きく次の2つの物品が規定されています。
①　膠着剤又は接着剤として使用に適する物品のうち、膠着剤又は接着剤として小売用にしたもので正味重量が1キログラム以下のもの
　　これらには、しばしば専用のブラシが膠着剤又は接着剤（例えば、直ちに使用できるようにされているつぼ入り又は缶入りの膠着剤又は接着剤）とともに包装されていることがありますが、このようなブラシは、膠着剤又は接着剤とともに包装されていれば、一括してこの項に分類されます。また、粒状のデキストリンやメチルセルロースのように膠着剤又は接着剤としての用途のほか、他の用途もあわせもつ物品は、膠着剤又は接着剤として販売しようとしていることを示す表示が包装上にある場合に限り、この項に属することとなっています。
　　（特定の物品の製造用原料として使用されるものなど、関税政策上の税率細分等の場合以外で、純粋に用途により品目分類されることとなっている数少ない例の一つといえるでしょう。）
②　調製膠着剤その他の調製接着剤で、この表においてより特殊な限定をした項に属さないもの
　　これらには、例えば、次のようなものがあります。
　　(i) グルテングルー、(ii) 天然ガムを化学処理して得た膠着剤及びその他の接

着剤、(iii)けい酸塩等をもととした接着剤、(iv)接着剤として使用するために特に配合された調製品で、第39.01項から第39.13項までの重合体又はそれらの混合物から成り、かつ、第39類に該当しない他の物品(例えば、ろう。ただし、第39類の物品への添加が許容されている物品(充てん料、可塑剤、溶剤顔料等)を除く。)を加えたもの、(e)ゴム、有機溶剤、充てん料、加硫剤及び樹脂の混合物から成る接着剤

なお、前記①に該当する場合を除き、この表においてより特殊な限定をした項に属する物品は、この項から除かれます。こうしたこの項に含まれない物品の例として、次のようなものがあります。

(a) カゼイングルー(第35.01項)、にかわ(第35.03項)並びにでん粉、デキストリン及び変性でん粉をもととした膠着剤(第35.05項)

(b) 直接又は処理後に膠着剤その他の接着剤として使用することができるその他の物品。例えば、とりもち(第13.02項)、混合していないけい酸塩(第28.39項)、カゼインのカルシウム塩(第35.01項)、デキストリン(第35.05項)、第39.01項から第39.13項までの重合体の分散液又は溶液(第39類又は第32.08項)及びゴムの分散液又は溶液(第40類)

また、この項には、販売される状態で直ちに膠着剤及び接着剤に使用することができる物品だけでなく、使用に際し水に溶解又は分散させることを必要とする物品も含まれます。

他方、この項には、紡績製繊維等に使用する調製したつや出し剤及び仕上げ剤(第38.09項)並びに鋳物用の中子の調製粘結剤(第38.24項)は含まれません。(国によっては、これらを"glues"と呼ぶことがありますが、これらの物品の接着性が利用されているのではありません。)

この項には、また、第32.14項のマスチック、充てん料等の特性を有する物品も含まれません。

(参考)この項に分類された物品例

ネジロック剤

本品は、淡青色液体であり、噴射口を有する50mlプラスチックボトル入りである。後日分解する可能性のある部品の組み立てやシールに用いられる。本品は、ジメタクリル酸ポリグリコール、ジオクタン酸ポリグリコール、サッカリン、クメンヒドロペルオキサイド、酢酸ポリビニル及びシリカからなる化合物である。

(7) **第35.07項　酵素及び他の項に該当しない調製した酵素**

酵素は生体細胞により生産させる有機物質であり、それら自体の化学構造を変えることなく生体細胞の内外で特定の化学反応を引き起こし又は制御する性質を

第6章　第6部　化学工業（類似の工業を含む。）の生産品

もつ物質です。
　酵素については、大きく、酵素の化学組成による分類とその作用による分類の2つの分類方法があります。酵素の分類体系によって基本的にHSの分類が変わる訳ではありませんので、ここでは記載を省略します。
　この項には、(i)"純粋"(単離した)酵素、(ii)酵素濃縮物、(iii)調製した酵素（他の項に該当するものを除く。）のいずれもが分類されます。
　(i)の単離した酵素には、結晶状のものもあります。(ii)の酵素濃縮物は、一般に動物の器官、植物、微生物又はバクテリア若しくはカビ等の培養液の水抽出物及び溶剤抽出物から得られたものです。これらの物品は種々の割合で数種の酵素を含んでおり、標準化又は安定化されることもあります。ある種の標準化剤及び安定化剤は、種々の割合で濃縮物の中にすでに存在していることがあるので注意する必要があります。これらは発酵液に由来するか、清澄又は沈殿工程に由来するものです。例えば、濃縮物は、沈殿若しくは凍結乾燥により粉状物として又は粒化剤、不活性の支持物若しくは担体を使用して粒状物として得られます。(iii)の調製した酵素（他の項に該当するものを除く。）としては、前記(ii)の濃縮物を更に希釈し又は単離した酵素若しくは酵素濃縮物を相互に混合することにより得られるものです。特定の目的に適するように他の物質を添加した調製品は、この表のより特殊な限定をした項に該当する場合を除き、この項に属します。
　調製した酵素には、(i)肉を軟化するための酵素系調製品で、例えば、たんぱく質分解酵素（例えば、パパイン）にぶどう糖その他の食用品を加えたもの、(ii)ビール、ぶどう酒又は果汁を清澄するための酵素系調製品（例えば、ペクチン酵素にゼラチン、ベントナイト等を加えたもの）、(iii)バクテリア性のα-アミラーゼ又はプロアテーゼをもととした織物の糊抜きのための酵素系調製品などがあります。
　なお、この項には、医薬品（第30.03項及び第30.04項）、なめし前処理用の酵素系調製品（第32.02項）及び第34類の酵素系の調製浸せき剤、調製洗剤その他の物品は含まれません。先に述べたとおり、酵母（第21.02項）もこの項には含まれません。また、コカルボキシラーゼ、コチマーゼその他の補酵素（第29類）、第30.01項の乾燥した腺その他の物品、第30.02項の培養微生物その他の物品はいずれも酵素ではありません。更に、血液酵素（例えば、トロンビン）もこの項には属さないこととなっています（第30.02項）。

第10節　第36類　火薬類、火工品、マッチ、発火性合金及び調製燃料

1　この類に含まれる物品の概要

　この類には、表題からおわかりのように、火薬類及びそれに関連する火工品、マッチ、ライターのフリントのような発火性合金、調製燃料等が含まれます。

　火薬類には、一般的に、それぞれ火薬及び爆薬と呼称される物質があります。この類にはいずれの物品も含まれます。

　各項の説明で述べますが、火薬類という言葉は、工業的にその爆発反応が利用される爆発物の総称です。一般に不安定な平衡状態にある固体又は液体で、その一部に熱あるいは衝撃が加えられると、たやすく化学変化を起こし、多量の熱及びガスを発生して局部的に急激な圧力上昇を生じ、更にその高温ガスの作用によって他の部分にも急激な分解反応を起こすものであるとされています。

　また、この火薬類のうち、燃焼により物体を推進させるものを火薬といいます。ただし、通称、火薬類を単に火薬と呼ぶこともあります。一方、火薬類のうち爆発（爆ゴウ）を利用するものを爆薬といい、燃焼（爆燃）を利用する緩性火薬類又は火薬と区別されます。

　高等学校の化学の授業で、「酸化とはある元素が酸素と結合すること（正確には、電子を失うこと）である。熱と光を伴う酸化を燃焼という。急激な燃焼を爆発という。」と教わりました。しかし、より正確には、この「爆発」には、爆燃（爆発的燃焼）と爆発（爆ゴウ）とがあります。前者の爆燃するものが火薬です。火薬は、いわゆる黒色火薬に代表されるように、急速な燃焼により膨大な容量の熱ガスを発生するので、その力で推進力や火器の弾丸に高速を生じさせます。火薬はこうした用途や、また爆破にも用いられます。しかしこれは、急激な燃焼であって爆ゴウではありません。

　他方、後者の爆ゴウですが（一般にはこちらが爆発と呼ばれています）、爆発性媒体中を伝わる火炎の速度が、その内部を伝わる音の速度より大きく超音速で進むので、その先端に衝撃波が形成されて、それとそれに続く燃焼波の合成されたもの（爆ゴウ波）を生じます。このスピードは、毎秒数千メートル以上に達し、波面圧力はガス爆発では数十気圧、爆薬では数万気圧にもなるといわれています。このような現象を起こすものを爆発性物質といいます。つまり爆薬です。この爆薬には、火薬よりも更に強力な反応で燃焼する化合物や混合物が含まれます。例えばニトログリセリンやこれを利用したダイナマイト等があります。

　ごく簡単に言えば、いずれも急激な燃焼現象ですが、一般に爆薬は強烈な衝撃波（音）が出るのに対し、火薬は爆発音を出さないで爆燃するものといえます。黒色火薬も弾丸を発射したときの薬莢の中で燃焼したり、花火のように破裂音が

する場合がありますが、これは、細い管や密閉された容器中で爆燃した場合、爆ゴウに転移するものと考えられます。これらの火薬を取り出し空気中で燃焼したときは、破裂音はしません。

なお、一般に、より広義に爆発音を伴うような激しい物理的又は化学的変化を一般に爆発と呼んでいます。この様な広い概念には、核爆発というような場合も含まれるかも知れません。しかし、この類で扱う火薬類の爆発は、前述のとおり、基本的に急激な燃焼現象によるものを指しています。

火工品には、こうした火薬類を利用した物品で、導火線、導爆線、火管、イグナイター及び雷管のような、爆破附属品と呼ばれるものや、花火などがありますが、一部のものは、それぞれの項に特掲されています。

このように、爆発性、発火性又は可燃性の物品から調製した製品で、光、音、煙、炎及び火花を出すことを目的とするもの(例えば、花火類の他、マッチ、フェロセリウム及び特定の調製燃料)や、レジントーチ、付け木その他これに類する物品も、この類に含まれます。

2 この類に含まれない物品

この類の注の規定にあるとおり、第36.06項の可燃性材料の製品に属する、(i)メタアルデヒド、ヘキサメチレンテトラミンその他これらに類する物質をタブレット状、棒状その他これらに類する形状にした燃料及びアルコールをもととした燃料その他これに類する調製燃料で固体又は半固体のもの並びに、(ii)たばこ用ライターその他これに類するライターの充てんに使用する種類の液体燃料及び液化ガス燃料(容量が300立方センチメートル以下の容器入りにしたものに限る。)を除き、化学的に単一の化合物は含まれません。また、この類には第93類の銃砲弾は含まれません。

3 各項の規定

それでは、この類に含まれる各項の規定について簡単に見ていきます。

(1) 第36.01項　火薬

これらの火薬は混合物で、燃焼により膨大な容量の高熱ガスを発生するものであることは既に述べました。この項の火薬は、可燃性成分及び燃焼を助ける成分を含んでいます。さらに燃焼の速度を制御することを目的とした成分を含有することもあります。これらには、例えば、次のようなものがあります。

① 黒色火薬(ガンパウダー)
　黒色火薬は硝酸カリウム又は硝酸ナトリウム、硫黄及び木炭から成る均密な

混合物で、スポーツ用及び爆破用火薬として使用されます。丸い一定の大きさの細粒の形状、あるいは各種の大きさの粒又は砕粒のものです（採鉱用の爆破用火薬）。
② 火器用の火薬（黒色火薬を除く。）

　無煙火薬と混成火薬があります。前者はニトロセルロース（硝酸セルロース）を基材とするもので、通常綿火薬又は爆破用のニトロセルロースに他の物品とともに特にジフェニルアミンのような安定剤を加えたものや、ニトロセルロースに硝酸バリウム、硝酸カリウム、重クロム酸のアルカリ塩等及び溶剤を加えたもの又は更にニトロセルロースにニトログリセリン（三硝酸グリセリン）を混和したものからも製造されます（バリスタイト、コルダイト等）。これら、無煙火薬は、通常、棒、管、ディスク、フレーク又は粒の形状をしています。後者の混成火薬は、燃焼特性を改良するため基剤（ニトロセルロース、ニトログリセリン）に、ニトロアニジン、ヘキソーゲン（1,3,5-トリニトロ-1,3,5-トリアジナン）又はオクトゲン（1,3,5,7-テトラニトロ-1,3,5,7-テトラゾカン）のような添加剤を加えたものです。
③ ロケット用火薬

　均質火薬と混成火薬があります。前者は、基本的には、ニトロセルロース及び有機硝酸塩に他の物品（安定剤、バリスティック触媒等）を加えたものです。後者は、燃焼支持物質（過塩素酸アンモニウム、硝酸アンモニウム等）及び還元剤（通常、合成ゴム）から成る物品で、場合によっては金属の還元剤（アルミニウム等）も使用されます。

　なお、この項には、化学的に単一の化合物（通常、第28類又は第29類）、第36.02項の爆薬及びニトロセルロース（例えば、綿火薬（gun-cotton））（第39.12項）は含まれません。

(2) 第36.02項　爆薬

この項には、前記1のとおり、火薬よりも更に強力な反応を行って燃焼する化学物質の混合物が含まれます。これらの製品には、多くの場合、衝撃又は摩擦に対する感度を下げるために緩和剤が加えられています。

この項には、次のようなものが含まれます。
① グリセリン及びエチレングリコールの硝酸エステル（ニトログリセリン及びニトログリコール）を基剤とした混合物から成る爆薬

　一般にダイナマイトと呼ばれるもので、ニトロセルロース（綿火薬）、硝酸アンモニウム、泥炭、木粉、塩化ナトリウム又は粒状アルミニウムのような他の物質を含むものもあります。ダイナマイトの発明者はご存じのとおり、その

遺言によりノーベル賞の財団を創ったノーベルです。彼はある日、ニトログリセリンが樽から漏れ落ちているのに爆発しないことに気がつき、実験を繰り返し、珪藻土を緩和剤としこれにニトログリセリンを染みこませたものが最も安全であることを発見、これがダイナマイトとして製品化されたものでした。

② その他の有機硝酸エステル又はニトロ化合物を基剤とした混合物から成る爆薬

例えば、TNT(2,4,6-トリニトロトルエン)、ヘキソーゲン、オクトゲン、テトリル(N-メチル-N,2,4,6-テトラニトロアニリン)、ペントリット(ペンタエリトリトールテトラニトレート(PETN)又はTATB(1,3,5-トリアミノ-2,4,6-トリニトロベンゼン)を基剤としたものがあります。

TNTを基剤とした混合物には、ろう又は高分子結合剤のいずれかで感度を下げたヘキソライト(TNT+ヘキソーゲン)及びペントライト(TNT+PETN)を含みます。

③ 硝酸アンモニウムを基剤とした混合物から成る爆薬で、グリセリン又はグリコールの硝酸エステル以外の物品で感度を上げたもの

これらには、様々なものがありますが、例えば、アンモナール、アマトール、硝安油剤、特別にカートリッジに詰めた硝酸塩爆薬、硝酸アルカリ塩と水の混合物にアルミニウムの微粉又は硝酸アミノ塩を加えて感度を上げたスラリー爆薬、硝酸アルカリ塩の水溶液を鉱油に乳化したエマルジョン爆薬があります。(肥料の硝安と灯油は混ぜ合わせないことが賢明だと思います。)

④ 塩素酸塩又は過塩素酸塩を基剤とした混合物から成る爆薬

例えば、鉱山及び採石場で使用するチェダイトがあります。

⑤ 点爆薬又は起爆薬

これらは乾燥状態において、前記①~④の爆薬よりも衝撃及び摩擦に鋭敏です。これらは、主にアジ化鉛又はトリニトロレゾルシン鉛(又はスチフニン酸鉛)及びテトラゼンを基剤とした混合物です。これらの爆薬は、一般に推進用装薬の撃発火管、摩擦火管又は点火火管の調製及び爆薬用の雷管の調製に使用されます。

なお、前述のとおり、爆薬であっても化学的に単一の化合物はこの項には含まれず、通常第28類あるいは第29類に属します(例えば、無機の硝酸塩(第28.34項)、雷酸水銀(第28.52項)、トリニトロトルエン(第29.04項)、トリニトロフェノール(第29.08項)など)。

(3) 第36.03項 導火線、導爆線、火管、イグナイター及び雷管

これらは、一般に、爆破附属品と呼ばれ、火薬及び爆薬を点火するために必要

第10節　第36類　火薬類、火工品、マッチ、発火性合金及び調製燃料

なものです。
① 導火線及び導爆線
　　導火線は、通常イグナイター又は雷管に火炎を伝達するための火工品です。一般に、タールを塗り又はゴム若しくはプラスチックを染み込ませた紡織用繊維材料の薄い外被に黒色火薬を線状に装てんしたものです。導爆線は一以上の爆発を伝えるのに使用し、通常ペントリット又はその他の爆薬から成る心薬を防水加工した紡織用繊維若しくはプラスチックで被覆したもの又は鉛若しくはすずの管に充てんしたものです。
② 雷管及び火管
　　これらには種々のものがあります。撃発雷管は、通常テトラゼン及び種々の酸化還元剤を加えたトリニトロレゾルシン鉛をもととした混合物を含有する、通常金属製の小管で、通常10ミリグラムから200ミリグラムの爆薬が装薬されています。これらは、カートリッジケースの基部に取り付けるようになっており、火薬の点火に使用されます。
　　摩擦衝撃雷管又は火管は、通常金属又は板紙の2個の同心管にそれぞれ異なる種類の爆薬を封入したもので、内部の管にある爆薬は鋸歯状ワイヤーで引き裂くことによって点火され、それによって2個の管間の爆薬に火がつき、点火を伝えるものです。雷管と同様、火管も火薬の点火に使用されます。工業雷管は、保護カプセルのもと、金属製又はプラスチック製の管に少量の爆薬とペントリット、ヘキソーゲン（トリメチレントリニトロアミン。プラスチック爆弾の主要原料としても知られる。）、テトリル（2,4,6-トリニトロフェニルメチルニトロアミン）等を装薬したもので、爆薬の点火に使用し、導火線からの炎により点火されます。
③ イグナイター
　　イグナイターには、電気導火線の頭部及び少量の点火薬（通常、黒色火薬）とから成る電気式イグナイター、化学品（例えば、硫酸）を封入したガラス製アンプルと過塩素酸カリウムの装薬（両者の間は金属膜によって分離されている。）とを装入したシリンダーから成る化学式イグナイターがあります。
④ 電気雷管
　　電気雷管は、電気導火線の頭部と金属（又はプラスチック）の管内に少量の点爆薬（通常は50ミリグラムから500ミリグラムのアジ化鉛を基剤とした混合物）及びやや多量の別の爆薬（例えば、ペントリット、ヘキソーゲン又はテトリル）を詰めたものから成るものです。
　　これらには電気火管と呼ばれる電気雷管類もあります。これらは小型化されたもので、電気導火線の頭部は、伝導物質を混合したものを使用し、電気誘導

により着火できるようにしたものです。

なお、この項には、次のものは含まれません。

(a) パラフィンを塗布した点火薬のストリップ又はロールで、鉱山ランプに使用するもの及びがん具用ピストルの雷管（第36.04項）、

(b) 爆薬及び可燃性物質を含まない物品（小型のキャップ、管、電気装置等。これらは、その性状に応じてそれぞれの項に属します。）及び

(c) 銃砲弾用の信管及びカートリッジケース（雷管をつけてあるかないかを問わない。）（第93.06項）

(4) 第36.04項　花火、信号せん光筒、レインロケット、霧中信号用品その他の火工品

この項には、光、音響、ガス、煙及び焼夷効果を生ずることが可能な次のような火工品が含まれます。

① 娯楽用の火工品

これらには、ご存じの各種花火、がん具用ピストル用の雷管（テープ状、シート状、ロール状又は環（プラスチック製）状としたもの）、マジックキャンドル及びクリスマスクラッカーのスナップのような火工用がん具等があります。これらの火工用がん具の燃焼は、特定の効果だけを生じるものです。

② 工業技術用装置

これらには、(i)音又は光の信号用装置（例えば、海上で使用する遭難信号ロケット、航空機用のせん光照明弾、ベリーせん光筒、鉄道用の霧中信号及びたいまつ、個人用の遭難信号ロケット）、(ii)映画又はテレビ用の照明効果等照明装置、(iii)誘導装置、(iv)おとり用の火工品及び煙発生器（着色されていてもよい。）、(v)農業又は工業用装置（例えば、ひょうよけ用のロケット、ひょうよけ用のカートリッジ農業用煙発生器、動物脅し用のサンダーフラッシュ）及び(vi)パイプラインのもれ試験用の煙発生器があります。

また、この項には、前記のグループに掲げていないその他の火工装置、例えば、命綱用ロケット、鉛を被覆した切断用の爆発用コードで爆発の伝達用でないもの等も含まれます。

なお、この項には、写真用のせん光材料（第37.07項）、化学ルミネセンス現象によって照明効果を生じる製品（第38.24項）、及びピストン式圧縮点火内燃機関の始動及びリベット工具に使用する爆薬入りの空包（第93.06項）は、含まれません。

(5) 第36.05項　マッチ（第36.04項の火工品を除く。）
　この項の物品についての説明は不要と思いますが、一般に、マッチは、木、厚紙又は紡織用繊維の糸にステアリンろう、パラフィンろう等を染み込ませた軸及び軸の先に各種の可燃性薬品をつけた頭部から成るものです。ただし、この項には、摩擦によって点火されマッチの形状を有するものであっても、ベンガルマッチ（マッチという名前がついているが、色の付いた炎で比較的長く燃える線香花火様のもの）その他の火工品は含まれません（第36.04項）。

(6) 第36.06項　フェロセリウムその他の発火性合金（形状を問わない。）及びこの類の注2の可燃性材料の製品
　この項のフェロセリウム及びその他の発火性合金（形状を問わない。）は、粗い表面で摩擦した場合に、ガス、ガソリン、木材その他の可燃性材料に点火するのに十分な火花を発生する合金です。これらは通常セリウムと他の金属とを組み合わせた合金で、フェロセリウムがその代表的なものです。これらの合金はバルク状のもの又はメカニカルライター用の小さな棒状の形状のもの（ライター用の石）であっても、小売用の小さな包装にしてあるかないかを問わず、この項に含まれます。また、この項に属する可燃性材料の製品は、前にも述べましたが、次のような物品に限られます（この類の注2の規定及び項の規定）。
① たばこ用のライターその他これに類するライターの充てんに使用する種類の液体燃料及び液化ガス燃料
　　これらは例えば、ガソリン又は液化ブタン等で、容量が300立方センチメートル以下の容器（アンプル、瓶及び缶等）入りにしたものに限られます。ただし、たばこ用のライターその他これに類するライターの部分品を構成する詰め替え用のカートリッジその他の容器（燃料が入っているかいないかを問わない。）は含まれません（第96.13項）。
② メタアルデヒド（メタ燃料）及びヘキサメチレンテトラミン（ヘキサミン）を燃料として使用するためタブレット状、棒状その他これらに類する形状にしたもの。ただし、他の形状（例えば、粉及び結晶）にした場合、この項には含まれず、それぞれ第29.12項及び第29.33項に属します。
③ 類似の化学物質（化学的に単一であるかないかを問わない。）を燃料として使用するためタブレット状、棒状その他これらに類する形状にしたもの
④ アルコールをもととし、これにせっけん、ゼラチン質の物質、セルロース誘導体等を加えた燃料（この種の燃料は、「固形アルコール」と称して販売されることが多い。）及びその他これに類する調製燃料で固体又は半固体のもの
　　これらのうちの固体の調製燃料の例としては、助燃剤として硝酸ナトリウム

と粘結剤としてカルボキシメチルセルロースをごく少量含有する木炭の粉を棒状に固めたものがあります。これは、懐炉用のもので、ほぼ気密の容器中で緩慢に燃焼させることを目的とするものです。しかしながら、この項には、光や炎を出さない発熱反応(例えば、酸化触媒により鉄粉が酸化することによる)により熱を生じることで手や足を暖める使い捨てのカイロは含まれません(第38.24項)。

⑤　レジントーチ、付け木その他これらに類する物品

　　レジントーチは、可燃性物質に樹脂、アスファルト、ピッチ等を染み込ませ、通常棒及び柄に取り付けてあるか又は紙、紡織用繊維その他の材料で包んだものであって、比較的長い時間光を出すものです。また、付け木は、燃料(例えば、木、石炭、コークス及び燃料油)に火を付けるために短い時間激しく燃えるようにしたものです。この種の物品は、例えば、尿素ホルムアルデヒド樹脂に灯油及び水を加えたもの又は鉱油若しくはろうを染み込ませた紙からできています。ただし、これらの物品には、のこくずを凝結して作ったブリケットのような燃料は含まれません(第44.01項)。

第11節　第37類　写真用又は映画用の材料

1　この類に含まれる物品の概要

　この類には、写真用又は映画用の様々な材料が含まれます。この類で規定する「写真用」とは、「光又はその他の放射線の作用により、感光性を有する表面に直接又は間接に可視像を形成するために使用することをいう」とされています（この類の注2）。

　従って、感光性部分、すなわち塗布された又は含まれている感光性物質が反応するのに必要なエネルギーを有する光その他の放射線（素粒子放射線及び電磁スペクトルが約1,300ナノメーター以下の波長の放射線（可視光線の他、ガンマー線、X線、紫外線及び近赤外線を含む。））に感光する一以上の乳剤層を有するもので、単色で再現するかカラーで再現するかを問いません。これらには、乳剤は塗布されてないが全部又は大部分が感光性のプラスチックから成るプレートで、支持物に貼り付けたものもあります。

　最も一般的に利用される感光乳剤としては、ハロゲン化銀（臭化銀、臭化よう化銀等）その他の貴金属塩をもととするものですが、そのほか、例えば、青写真用にはフェリシアン化カリウムその他の鉄化合物、写真製版用彫版には重クロム酸カリウム又は重クロム酸アンモニウム、ジアゾ乳剤用にはジアゾニウム塩等が使用されたものがあります。

　また、こうした感光した材料を可視化（現像）等するために使用される調製品もこの類に含まれます。

2　この類に含まれない物品その他の留意点

　この類の写真用のプレート、フィルム、紙、板紙及び紡織用繊維のものに関しては、プレート及びフィルムであれば、露光してないものも露光したものも含まれます。しかし、写真用の紙、板紙及び紡織用繊維のものは、露光してないもの又は露光（ネガ又はポジ）したもので現像してないものに限りこの類に含まれることとなります。紙、板紙及び紡織用繊維のものであって現像後のものは、印刷物等となり第49類及び第11部に属することとなります。

　他方、これらの材質以外の、写真用のプレート、フィルム等は、現像していてもネガ又はポジにかかわらずこの類に属します。すなわち、こうした写真用のプレート、フィルムは、更に印画紙に焼き付ける作業や、そのままスライド又は映画等に用いられるもので、こうした物品と、例えば印画紙に焼き付けた製品とは区別されています。

　なお、これは言わずもがなですが、デジタル写真画像をプリンターで印刷する

第6章　第6部　化学工業（類似の工業を含む。）の生産品

場合の写真用プリント紙は、如何に光沢がありその出来上がりが写真と区別がつかないとしても、感光剤を塗布したものではなく、この項には属しません。
　また、写真用又は映画用に使用された物品のフィルムのくずで、貴金属又は貴金属化合物を含有し、主に貴金属の回収のために使用される種類のものも、この項には含まれず、第71.12項に属します。他の写真用又は映画用に使用された物品のくずは、構成する材料に従って分類されます。例えば、プラスチック製のものであれば第39.15項に、紙製であれば第47.07項に含まれます。
　写真用に調製された化学品については、たとえ単一のものであっても、写真用として直ちに使用されるように小売用に包装されたものはこの類に含まれますが、例えば、塩化第二水銀のような水銀の化合物（第28.52項）、貴金属の化合物等（第28.48項）は、第6部注2(b)の規定により、その包装形態を問わずこの類には含まれません。

3　各項の規定

　この類の各項の規定ですが、これらは、材料によって大きく次の3つに分けて考えると判りやすいと思います。
① 　感光性の写真用のプレート及びフィルム並びにロール状のフィルム（いずれも紙、板紙及び紡織用繊維のものを除く。）
　　これらは、紙、板紙及び紡織用繊維のもの以外の、プレート状、平面状及びロール状のフィルムで、露光してないもの（可視光線その他放射線の作用を受けていないもの）、露光したものの他、現像したものもこの類に属します。これらは現像したものであっても、それに続く写真用の工程や投影等の用途に用いられます。こうした物品としては、通常、感光性の写真乳剤を塗布した、ガラス、酢酸セルロース、ポリエチレンテレフタレートその他のプラスチック（フィルムパック用又はカットフィルム用）、金属及び石（写真製版用）などがあります。また、露光し、処理する場合印刷用に供するある種のプレートは、乳化剤が塗布されてなく全部又は大部分が感光性のプラスチックから成るものもあります。これらのものには、金属その他の材料の支持物に貼り付けたものもあります。また、これらのプレートのある種のものは、露光前に増感処理をする必要があります。
② 　感光性の写真用の紙、板紙及び紡織用繊維
　　これらは、前記の物品と同様、感光性の写真乳化剤の支持体が、紙、板紙及び紡織用繊維製品であるという点で異なります。更に、これらの材料の物品は露光していないもの、露光したものであってもこの類に属しますが、現像したものは、前記①の物品の場合とは異なり、この類には含まれません。例えば、

現像した印画紙は、前に述べたとおり、もはや写真用材料ではなく、プリントされた紙製品で第49類に分類することとなります。

③ 写真用の化学調製品

これらは、現像液、定着液のような、写真用に調合された化学調製品です。ただし、ワニス、膠着剤、接着剤その他これらに類する調製品は含まれません。また、写真用の物品で混合してないものであってもこの項に含まれますが、それは使用量にしたもの及び小売用にしたもので直ちに使用可能な形状のものに限られます。

(1) 第37.01項 感光性の写真用プレート及び平面状写真用フィルム(露光してないものに限るものとし、紙製、板紙製又は紡織用繊維製のものを除く。)並びに感光性の平面状インスタントプリントフィルム(露光してないものに限るものとし、まとめて包装してあるかないかを問わない。)

項の規定からお分かりのとおり、この項の物品は、いずれも露光していないものに限られます。この項に属する物品の材質については、感光性の平面状インスタントプリントフィルムに関しては材質の如何を問いませんが、インスタントフィルム以外の写真用のプレート及び平面上写真用フィルムにあっては、紙製、板紙製又は紡織用繊維製のもの以外のものに限られます。

なお、写真用プレート及び平面状写真用フィルムとは、ロール状でないものをいい、円板状にしたフィルムも含まれます。

この項の物品の材料としては、通常感光性の写真乳剤が塗布された、ガラス、酢酸セルロース、ポリエチレンテレフタレートその他のプラスチック(フィルムパック用又はカットフィルム用)並びに金属及び石(写真製版用)等です。ただし、印刷用に供するある種のプレートは、乳化剤が塗布されてなく全部又は大部分が感光性のプラスチックから成っているものがあります。これらには、例えば、ガラスに種々の金属化合物を分散させて感光性を与えた感光性ガラスや、合成樹脂中に色素その他の化合物を分散させて被膜を形成し感光性を与えた感光性プラスチック等があります。

これらの物品には、(i)写真用のプレート、カットフィルム及びフィルムパック、(ii)エックス線用のプレート及び平面状フィルム(これらは、一般に両面が感光性である。)、(iii)写真彫版、写真平版等に使用する写真製版用のプレート、(iv)マイクロ写真用、顕微鏡写真用、天文学用、宇宙船写真用、航空写真用等に供する特殊なプレート及びフィルム等があります。

この項の平面状インスタントプリントフィルムは、その材料のいかんを問いません。感光性があり、露光してない平面状のものです。インスタントプリント

第6章　第6部　化学工業（類似の工業を含む。）の生産品

フィルムは、ポジ写真を短時間に作るために、感光性のシート（ネガ用。材料を問わない。）、特殊な処理をした紙製のシート（ポジ用）及び現像薬から成っています。インスタントプリントフィルムは、カメラに直接装てんできるように包装したもの（数枚のインスタントプリントフィルムのシートが入ったカートリッジ及び筒）又は多数の個々に使用可能なシートが入った箱として提示されます。ただし、いずれにしてもロール状のものはこの項には含まれません。また、感光性のないプレート及び平面状フィルムはこの項には含まれず、構成材料によって所属が決定されます。また、露光していない感光性のフィルムであってもロール状のものは、次の第37.02項に含まれることになります。

(2) 第37.02項　感光性のロール状写真用フィルム（露光してないものに限るものとし、紙製、板紙製又は紡織用繊維製のものを除く。）及び感光性のロール状インスタントプリントフィルム（露光してないものに限る。）

　これらについては、説明は不要だと思います。前項、第37.01項と全く同様の材料からなるものですが、その形状が平面状かロール状であるかの違いだけです。この項には、前項と同様の物品でロール状のもののみが分類されます。この項では、フィルムの幅及び長さによって異なった細分が設けられています。

　この項には、前項の平面状の写真用プレート及びフィルムは含まれませんし、感光性のないプラスチックのフィルム（第39類）も含まれません。更に、機械式録音用に調製された記録されてないフィルム（第85.23項）もこの項には属しません。

　また、かつて一世を風靡したフィルム入り使い捨てカメラは、もう見かけませんが、HS委員会でも議論され、第90.06項のカメラに分類することとされています。

(3) 第37.03項　感光性の写真用の紙、板紙及び紡織用繊維（露光してないものに限る。）

　この項には、露光していない感光性の写真用の物品で、前項までに属さないもの、すなわち、紙製、板紙製及び紡織用繊維製のものが含まれます。この項の物品は、平面状であってもロール状であっても構いません。像を焼き付ける印画紙も含まれます。

　この項には、露光していない、例えば次のような物品が含まれます。
① 　ポジ写真印刷製作用の紙及び紡織用繊維
② 　カメラで露光してネガを作るために使用するいわゆる紙製のプレート及びフィルム

③ 青写真等の作製に使用されるフェリシアン化物、没食子酸鉄塩等を染み込ませた紙
　他方、この項には、前項までに含まれる物品のほか、次の物品は含まれません。
　(a) 写真用の紙、板紙及び紡織用繊維で露光したもの（現像してないものは第37.04項、現像したものは第49類又は第11部）
　(b) 調製してあるが、感光性のない紙、板紙及び紡織用繊維。例えば、アルブミン、ゼラチン、硫酸バリウム、酸化亜鉛等を塗布した紙（第48類又は第11部）

(4) 第37.04項　写真用のプレート、フィルム、紙、板紙及び紡織用繊維（露光したもので、現像してないものに限る。）
　この項についても説明は不要でしょう。第37.01項から第37.03項までの写真用のプレート、フィルム、紙、板紙及び紡織用繊維のうち、露光したもので、現像してないものに限りこの項に属します。これらの物品にはネガ用のものもポジ用のものも含まれます。また、これらは反転できるかできないかを問いません。

(5) 第37.05項　写真用のプレート及びフィルム（露光し、かつ、現像したものに限るものとし、映画用フィルムを除く。）
　この項の物品は、第37.01項又は第37.02項の写真用のプレート及びフィルムで、露光し、かつ、現像したものに限られます。ただし、パーフォレーションを有するものについては、静止像（スチール写真）の複製又は投影に使用する種類のものに限られ、映画用のものは含まれません。この項には、ネガのもの及びポジのものも含まれます。後者のものは、透明であることにより透明陽画と呼ばれるものがあります。また、この項には、透明なベースを有する縮小複写（マイクロフィルム）も含まれます。更に、明暗のぼかしを付けた網目フィルムスクリーン（通常、碁盤目の中に多数の点を並べてある。）及びその他の写真により得たスクリーンで、グラフィックアートに使用するものも含まれます。
　ただし、この項には、(a)映画上演用の映写機に使用する種類の現像済みのフィルム（第37.06項）、(b)現像した写真用の紙、板紙及び紡織用繊維（第49類又は第11部）及び(c)印刷用として現像済みのプレート（例えば、オフセット用）で、直ちに使用できるもの（第84.42項）は含まれません。

(6) 第37.06項　映画用フィルム（露光し、かつ、現像したものに限るものとし、サウンドトラックを有するか有しないか又はサウンドトラックのみを有するか有しないかを問わない。）
　この項には、映画を投影するために現像した標準又は準標準の幅の映画用フィ

ルムで、ネガのもの及びポジのもののうち、可視像のみのもの及び可視像とサウンドトラック（光電録音のものであるかないかを問わない。例えば、磁気録音のもの）から成るものが含まれます。

　また、現像した標準又は準標準の幅の映画用フィルムで、ネガのもの及びポジのもののうち、画像がなく、1本以上のサウンドトラックのみから成るものも含まれます。1本のサウンドトラックのみから成るフィルムのトラックは、光電録音されたものに限られます。ただし、2本以上のサウンドトラックから成るフィルムは磁気録音されたトラックを有していてもよいが、少なくとも1本のトラックは光電録音されたものでなければならないとされています。（光電録音されたトラックは、印刷された細い帯のように見え、この帯が音声振動を再現するものです。）

　なお、光電録音式以外の方法（例えば、機械的彫刻又は磁気録音）のみから作られたサウンドトラックフィルムは第85.23項に属し、この項には含まれません。これは、この項の規定から、露光し、かつ、現像した映画用フィルムに限るとされていることによります。すなわち、光電録音式の場合は露光、現像の工程があるからです。

　また、項の規定上、「……サウンドトラックを有するか有しないか又はサウンドトラックのみを有するか有しないかを問わない。」とありますが、正しくは「サウンドトラックを有するか有しないかを問わず、サウンドトラックのみのものを含む。」とした方が読み易いと思います。

(7) **第87.07項　写真用の化学調製品（ワニス、膠着剤、接着剤その他これらに類する調製品を除く。）及び写真用の物品で混合してないもの（使用量にしたもの及び小売用にしたもので直ちに使用可能な形状のものに限る。）**

　この項の写真用の化学調製品としては、次のような物品があります。ただし、これらはいずれも、単一の物品にあっては、一定量に小分けしたもの、すなわち、使用する量に均等に分けられているもの（例えば、タブレット及び1回の現像浴に必要な一定量の粉が入った小さな袋か、小売用に包装してあるもの）で、写真用として直ちに使用できる旨、ラベル、印刷物その他（例えば、使用説明書等）により何らかの表示をしているものに限られます。それ以外の物品については、写真用として二以上の物質を相互に混合し又は複合することによって得た調製品に限られます。この場合の調製品はバルク又は少量に包装してあってもまた、小売用として提示されるかされないかを問わず、この項に属します。

① 感光乳剤

　　前記1に述べたような、ハロゲン化銀等を主体とする物品などがあります。

② 現像薬

（露光による）潜像を可視像にするもので、例えば、ヒドロキノン、カテコール、ピロガロール、フェニドン、P-N-メチルアミノフェノール硫酸塩及びこれらの誘導体があります。また、この項には、静電式書類複写機用の現像薬も含まれます。

③ 定着薬

現像した像を永久的な像にするもので、例えば、チオ硫酸ナトリウム（ハイポ）、メタ重亜硫酸ナトリウム、チオ硫酸アンモニウム、チオシアン酸アンモニウム、チオシアン酸ナトリウム及びチオシアン酸カリウムがあります。

④ 補力剤及び減力剤

像の明暗度を強めたり、弱めたりするもので、例えば、重クロム酸カリウム、過硫酸アンモニウム等が用いられます。

しかしながら、前記2で述べたとおり、例えば塩化第二水銀は、使用量にしたもの及び小売用にしたもので直ちに使用可能な形状のものであっても、第28.52項に属し、この類には属しません。

⑤ 調色剤

像の色調を調節するもので、例えば、硫化ナトリウムがあります。

⑥ 洗浄剤

現像、定着等の過程で付着した汚れを取り除くもので、例えば、カリウムみょうばんが用いられます。

更に、この項には、せん光材料も含まれますが、前述のとおり、単一の物品である場合には、使用量にしたもの及び小売用にしたもので直ちに使用可能な形状のものに限られます。これらは通常、アルミニウム又はマグネシウムの粉末、タブレット、はく等から成るものですが、時には、燃焼を促進するために他の物質を混合したものもあります。

この項には、次の物品は含まれません。

(a) 写真、青写真等の作成に直接使用しない補助物品（例えば、写真貼布用の膠着剤、ネガ又はポジを保護し、光沢をつけるためのワニス、修正用のペイント又は修正用の鉛筆）
(b) 第90.06項の写真用せん光電球
(c) 第28.43項から第28.46項まで及び第28.52項に属する物品（例えば、貴金属の塩その他の物品）

これらは、体裁を問わず、かつ、写真用等に使用することが明らかな場合であってもこの項に含まれません。

第6章　第6部　化学工業（類似の工業を含む。）の生産品

第12節　第38類　各種の化学工業生産品

1　この類に含まれる物品の概要及び留意点

　この類は、第6部（化学工業生産品）の中の最後の類で、同部のうち他の類の各項に属さない物品が含まれます。いわゆる第6部のバスケットカテゴリー的な類といえます。しかしながら、前にも述べましたが、この類の物品についても、他の類の場合と同様にそれぞれの項の規定及び関連する注の規定に従って分類することには変わりありません。すなわち、常に他の類の各項の規定がこの類の項に優先して適用されるということではありません。項の規定は、それぞれに独立した規定であることを忘れてはなりません。もっとも部又は類の注によって、それぞれの部又は類に属する項に含まれる物品について規定されている場合は、結果として当該類に含まれる物品についての範囲が決められることとなります。これがそれぞれの部又は類のスコープです。

　このことは、特に各類の末項の規定、例えば「その他の物品」の範囲の解釈について重要です。類注の規定で、「この類には……を含まない。」とある場合や、「その他の物品（他の項に該当するものを除く。）」といった規定に該当するか否かを判断する場合です。

　更にこの類の物品の所属の決定に当たり、単純に、「この類は化学工業品のバスケットだから、他の類に該当するものは含まれないはずである」と最初から決めてかからない方が良いと思います。

(1)　この類の化学品について

　この類には、人造黒鉛から産業廃棄物まで、多くの化学品及びその関連物品が含まれます。化学的に単一の元素及び化合物は、通常第28類又は第29類に属しますが、次のものは例外で、この類に属することとなっています。

① 　人造黒鉛（第38.01項）。各項の規定で少し詳しく述べますが、天然に産出した黒鉛やレトルトカーボンは第28類です。
② 　第38.08項に定める形状又は包装にした殺虫剤、殺鼠剤、殺菌剤、除草剤、発芽抑制剤及び植物生長調整剤、消毒剤その他これらに類する物品。ただし、こうした形状、包装にしていないものは、それぞれの化学薬品等が属する第28類や第29類に含まれます。
③ 　消火器用の装てん物にし又は消火弾に装てんした物品（第38.13項）。
④ 　酸化マグネシウム又はアルカリ金属若しくはアルカリ土類金属のハロゲン化物を培養した結晶（1個の重量2.5グラム以上のものに限るものとし、光学用品を除く。）（第38.24項）。ただし、培養した結晶でないものは、たとえ一個の重

量が2.5グラム以上であってもこの類には属しません。例えば天然に産出する岩塩は如何に大きくても第25類ですし、培養結晶であっても、光学用品（例えば臭化カリウムの単結晶で作られたプリズム等）は、第90類に属します。
⑤　小売用の容器入りにしたインキ消し（第38.24項）。無機化学品（クロラミン等）の水溶液ですが、インキ消しとして小売用の容器入りにしたものは、この類に属します。

(2)「認証標準物質」について

　第38.22項の「認証標準物質」とは、認証することとなる特性値、精度及びその特性値を求める際に用いられた方法を示す証明書が添付されており、分析用、検定用又は標準用として適する標準物質をいうこととされています。この認証標準物質は、第28類及び第29類の物品を除くほか、第38.22項に属するものとし、この表の他のいずれの項にも属しないこととされています。

(3) 第38.24項の物品について

　一部前記(1)に述べましたが、第38.24項には次の物品を含むものとし、当該物品はこの表の他のいずれの項にも属しません。
①　酸化マグネシウム又はアルカリ金属若しくはアルカリ土類金属のハロゲン化物を培養した結晶（1個の重量が2.5グラム以上のものに限るものとし、光学用品を除く。）。培養した結晶とは、例えば、結晶を作る際に、飽和液、あるいは融解液に結晶の粒（種）を入れて、徐々に結晶を大きくしたものです。
②　フーゼル油及びディッペル油
③　小売用の容器入りにしたインキ消し
④　小売用の容器入りにした謄写版原紙修正剤その他の修正液及び修正テープ（第96.12項のものを除く。）
⑤　炉用溶融温度計（例えば、ゼーゲルコーン）

(4)「都市廃棄物」について

　この表において「都市廃棄物」とは、家庭、ホテル、レストラン、病院、店舗及び事務所等から回収され並びに道路及び歩道清掃により収集された種類の廃棄物並びに建設及び解体に伴う廃棄物をいい、主としてプラスチック、ゴム、木、紙、繊維、ガラス、金属、食物その他これらに類する物質から成り、壊れた家具及びその他の損傷し又は投棄された物品等を含みます。ただし、都市廃棄物には、(i)都市廃棄物から分別された個々の物質又は物品で、この表の他の項に属するもの（例えば、プラスチック、ゴム、木、紙、繊維、ガラス及び金属のくず並び

に使用済みの電池)、(ii)産業廃棄物、(iii)第30類注4(k)の薬剤廃棄物及び(iv)注6(a)の医療廃棄物は含まれません。

(5)「下水汚泥」について
　第38.25項の「下水汚泥」とは、排水処理工程から生じた汚泥をいい、前処理された廃棄物、こすりとったくず及び安定化されていない汚泥を含むものとし、肥料として安定化された汚泥は含まれません(第31類参照)。

(6)「その他の廃棄物」について
　第38.25項において「その他の廃棄物」とは、次の物品をいいます。ただし、第38.25項には、石油及び歴青油を主成分とする廃棄物は含まれません(第27.10項参照)。
① 医療廃棄物(医学研究、診断、治療又はその他内科的、外科的、歯科的若しくは獣医学的行為から生ずる病原菌又は薬剤を含んでいることが多い汚染された廃棄物で、特別な廃棄処置が要求されるもの(例えば、汚染された衣類、使用済みの手袋及び使用済みの注射器)をいいます。)
② 有機溶剤廃棄物
③ 金属浸せき液、作動液、ブレーキ液及び不凍液の廃棄物
④ 化学工業(類似の工業を含む。)において生ずる廃棄物(②及び③のものを除く。)

(7)「バイオディーゼル」について
　第38.26項において「バイオディーゼル」とは、動物性又は植物性の油脂(使用済みであるかないかを問わない。)から得た燃料として使用する種類の脂肪酸モノアルキルエステルをいいます。

(8) 号の規定について
　また、各号の規定は、基本的に触れないこととしていますが、号注でその内容が決められていますので、参考のため掲載しておきます。
① 第3808.50号には、次の物品を含有する第38.08項の物品のみを含む。
　　アルドリン(ISO)、ビナパクリル(ISO)、カンフェクロル(ISO)(トキサフェン)、カプタホール(ISO)、クロルデン(ISO)、クロルジメホルム(ISO)、クロロベンジレート(ISO)、DDT(ISO)(クロフェノタン(INN)、1,1,1-トリクロロ-2,2-ビス(パラ-クロロフェニル)エタン)、ディルドリン(ISO、INN)、4,6-ジニトロ-オルト-クレゾール(DNOC(ISO))及びその塩、ジノセブ(ISO)並

びにその塩及びエステル、二臭化エチレン（ISO）（1,2-ジブロモエタン）、二塩化エチレン（ISO）（1,2-ジクロロエタン）、フルオロアセトアミド（ISO）、ヘプタクロル（ISO）、ヘキサクロロベンゼン（ISO）、1,2,3,4,5,6-ヘキサクロロシクロヘキサン（HCH（ISO））（リンデン（ISO、INN）を含む。）、水銀化合物、メタミドホス（ISO）、モノクロトホス（ISO）、オキシラン（エチレンオキシド）、パラチオン（ISO）、パラチオンメチル（ISO）（メチルパラチオン）、ペンタクロロフェノール（ISO）並びにその塩及びエステル、ホスファミドン（ISO）、2,4,5-T（ISO）（2,4,5-トリクロロフェノキシ酢酸）並びにその塩及びエステル並びにトリブチルすず化合物。

　第3808.50号には、ベノミル（ISO）、カルボフラン（ISO）及びチラム（ISO）の混合物を含有する散布可能な粉末状の製剤も含む。

　（当然のことですが、これらは、第38.08項（殺虫剤、殺鼠剤、殺菌剤、除草剤、発芽抑制剤、植物生長調整剤、消毒剤その他これらに類する物品（小売用の形状若しくは包装にし、製剤にし又は製品にしたもの））の細分ですから、同項に含まれる物品のうち、こうした物質を含有するものに限るということです。）

② 第3825.41号及び第3825.49号において「有機溶剤廃棄物」とは、有機溶剤を主成分とするもので、提示の際に一次製品として更なる使用に適しない廃棄物（溶剤の回収を目的とするかしないかを問わない。）をいう。

2　この類に含まれない物品

この類には、次の物品は含まれません。

(a) 化学的に単一の元素及び化合物。ただし、前記①から⑤の物品はこの類に含まれます。

(b) 化学品と食用品その他の栄養価を有する物質との混合物で食料品の調製に使用する種類のもの（主として第21.06項に属する。）。

　ここで、「食用品その他の栄養価を有する物品」とは、例えば主として第1部から第4部までの食料品が当たります。また、こうした食料品以外の物品で、栄養価を有する物品としては、例えば、調製食料品に無機物を付与するために使用される第28類の物品、第29.05項の糖アルコール、第29.22項の必須アミノ酸、第29.23項のレシチン、第29.36項のプロビタミン及びビタミン、第29.40項の糖類、調製食料品に使用される第30.02項の動物の血液分画物、第35.01項のカゼイン及びカゼイナート、第35.02項のアルブミン、第35.03項の食用のゼラチン、第35.04項の食用のたんぱく質系物質、第35.05項のデキストリンその他の食用変性でん粉、第38.24項のソルビトール並びに第39類の食用の物品（第39.13項のアミロペクチン及びアミロース等）があります。もちろん、これらに

第6章　第6部　化学工業（類似の工業を含む。）の生産品

限られる訳ではありません。こうした食品その他栄養価を有する物質と他の化学物質との混合物で食料品の調製に用いられる種類のものは、この類には含まれません。もっとも、混合物中に「食用品その他の栄養価を有する物質」が単に存在するだけでは当該混合物を第38類から除外するためには十分ではありません。例えば、食品添加物又は反応助剤のように、化学製品としての機能に単に付随して栄養価を持つ物質は、この注の「食用品その他の栄養価を有する物質」には当たりません。第38類から除外される混合物は、食料品の調製に使用する種類のもので、かつ、栄養価を有するものです。

(c) 金属、砒素又はこれらの混合物を含有するスラグ、灰及び残留物
　　汚泥を含み、第26類注3(a) 又は (b) の条件を満たすものに限るものとし、第38.25項の下水汚泥を除きます。第26.20項を参照して下さい。同項に含まれるものはこの類には含まれません。
(d) 医薬品（第30.03項及び第30.04項参照）
(e) 卑金属の採取又は卑金属化合物の製造に使用する種類の使用済みの触媒（第26.20項参照）、主として貴金属の回収に使用する種類の使用済みの触媒（第71.12項参照）及び金属又は合金から成る触媒（例えば、微細な粉状又は織ったガーゼ状のもの。第14部及び第15部参照）

3　各項の規定

この類の各項の物品をごく簡単に見てみます。

(1) 第38.01項　人造黒鉛及びコロイド状又は半コロイド状の黒鉛並びに黒鉛その他の炭素をもととした調製品（ペースト状、塊状、板状その他半製品の形状にしたものに限る。）

この類に含まれる物品は次のとおりです。
①　人造黒鉛（電気黒鉛）
　　これは化学的には純粋な炭素です。炭素はその結晶構造の違いにより、全く性質の異なる物質となります。ご存知の通り、ダイヤモンドも炭素です。
　　この項の人造黒鉛は、通常、電気炉で、こまかく粉砕したコークス（普通は石油コークス、時には無煙炭コークス、レトルトコークス、ピッチコークス等）と炭素質の粘結剤（例えば、ピッチ又はタール）との混合物を触媒（例えば、シリカ又は酸化鉄）の作用下で黒鉛化に充分な高温（2500～3200度）に加熱して作られます。こうした物品は、見掛け比重が約1.5～1.6です。また、黒鉛の均質な微細結晶構造を有しているので、X線回折装置により、例えばこうした構造を持たない無煙炭などとは簡単に区別できます。この項には、普通の品質

の人造黒鉛のほか次のようなものも含まれます。
 (i) 原子炉用の人造黒鉛
　　特殊処理した人造黒鉛で、ほう素の含有量が100万分の1以下、全熱中性子吸収断面積が5 millibarns/atom以下のもので、非常に灰分が少なく（100万分の20以下）、原子炉で中性子の吸収による減速材又は反射材として使用されます。
 (ii) 含浸人造黒鉛及び不浸透性人造黒鉛
　　人造黒鉛の見掛け比重及び気体に対する不浸透性を増加するために、最初に真空中でタール、樹脂、砂糖液その他の有機物を染み込ませ、次に再加熱してこれら添加物の炭素質を黒鉛化したもの。含浸黒鉛は原子炉用となり得るものです。

　この項の人造黒鉛は通常、粉、フレーク、塊、板、棒等の形状です。塊及び板は切断し、高度の加工（精密仕上げ及び適当な表面仕上げ）の後、第85.45項の炭素ブラシその他の電気用炭素製品及び原子炉の部分品に使用されます。

　この項には、また、人造黒鉛の回収にのみ適する、くず、廃物及び使用済の物品を含みます。

　しかしながら、(a) 天然黒鉛（第25.04項）、(b) レトルトカーボン（又はガスカーボン。これらは、ときに「人造黒鉛」と呼ばれることがあるので注意が必要です。）（第27.04項）、(c) 表面加工、表面仕上げ、特別な形への切断、旋盤加工、穴あけ、フライス削り等の加工をし又は製品の形にした人造黒鉛（これらは、電気用以外の目的に使用する種類のもの（例えば、フィルター、円板、ベアリング、鋳型及び耐酸れんが）は通常第68.15項に、また電気用に供する種類のものは第85.45項に属します。）、(d) 人造黒鉛をもととし、セラミックとして焼成した耐火製品（第69.02項及び第69.03項）、(e) 塊、板、棒及びこれらに類する形状にした人造黒鉛の半製品で、銀粉を含有するもの（第71.06項）は、この項には含まれません。

② コロイド状又は半コロイド状の黒鉛
　　コロイド状の黒鉛は、天然又は人造黒鉛の微細粒子を水その他の媒体（例えば、アルコール、鉱油）中にコロイド状に懸濁したもので、少量のタンニン及びアンモニアが懸濁安定剤として添加されてもよいこととされています。また、半コロイド状の黒鉛は、水その他の媒体中に半コロイド状に懸濁した黒鉛で、グラファイトオイルの製造又はグラファイト被膜の形成に使用されます。

　　このカテゴリーには、黒鉛を何らかの媒体に、コロイド状又は半コロイド状に懸濁したもので、黒鉛を基礎的な成分とするもののみが含まれます。

③ 黒鉛その他の炭素をもととした調製品（ペースト状、塊状、プレート状その

他の半製品の形状にしたものに限る。)

これらには、次のようなものがあります。

(i) 炭素の塊、板、棒及びこれらに類する半製品で、金属黒鉛質その他の品質のもの

　　これらには、電気機器又は電気工学機器用の炭素ブラシの製造に使用する種類の塊、板等の一連の半製品で炭素質材料(炭素質だけのもの及び他の物質と配合したもの)をもととするものを含みます。これらには、①カーボン(微粉砕したコークス又はランプブラックと天然又は人造黒鉛の粉状にしたものとの混合物をピッチ又はタールのような炭素粘結剤とともに、真の「黒鉛化」を起こすには不充分な温度(1000～1200度)で焼成して得たもので、その組織は均質ではなく、顕微鏡観察では、黒鉛の粒と無定形炭素の粒との混合物であることを確認できる。)、②金属黒鉛質のもの(粉末にした黒鉛と卑金属(銅、カドミウム又はこれらの合金)の粉末との混合物を焼結(凝結、成型、焼成)に類する方法で処理して得られるもので、金属の含有率は10～95%)、及び③プラスチックを混合した天然又は人造黒鉛の粉末を成型することにより得られる品質のものが含まれます。

　　これらの半製品、特に、塊及び板は、前記①の人造黒鉛と同様、これを切断し、更に高度の機械仕上げ(精密仕上げ、表面研磨)をした後、主に第85.45項の電気ブラシの製造に使用される品質のものもあります。しかしながら、こうした特別な形状に切断し、表面加工し、表面仕上げ等をした塊は含まれません(通常、第68.15項又は第85.45項)。更に、無定形炭素又は天然黒鉛をもととし、陶磁製品と同様に焼成した耐火製品も含まれません(第69.02項又は第69.03項)。また、半製品であっても銀粉を含むものは第71.06項に属します。

(ii) 電極用の炭素質ペースト

　　これらは主として無煙炭とコールタールピッチ(粘結剤として作用する。)の混合物から成るもので、通常、小さい塊状です。電極用として使用する場合は、これを金属製容器の上部から挿入し、炉の熱で軟化し、成型、炉内で使用するためのエンドレスの電極として完成されるものです。例えば、セーダーバーグペースト等があります。

　　その他、類似のペーストとして、炉の内張りに使用し、その場で固化するものがあります。

　　このカテゴリーには、更に、ペースト状の黒鉛で、黒鉛粒子(大部分が5マイクロメートル(ミクロン)を超える。)と鉱物油の混合物から成るものも含まれます。

(2) 第38.02項　活性炭及び活性化した天然の鉱物性生産品並びに獣炭（廃獣炭を含む。）

　活性化した炭素及び鉱物性生産品は、ある目的（例えば、脱色、ガス又は湿気の吸着、触媒、イオン交換及びろ過）に適合させるために適当な処理（熱、化学品等による。）によって、その表面構造を変性したものをいいます。

　これらの物品は大きく2つのタイプに分けられます。

　一つは、非常に大きい比表面積（1グラム当たり100平方メートルのオーダー）を有し、かつ、ファンデアワールス結合（物理吸着）及び有機又は無機の分子により飽和し得る遊離の化学結合（化学吸着）の存在により特徴づけられる物品です。これらは、ある種の植物性物質又は鉱物性物質（粘土、ボーキサイト等）を天然の不純物の存在下で又は他の物品を添加して化学処理又は加熱処理することにより得られるものです。こうした処理は基礎物質の構造に変化をもたらすもので、比表面積の増加及び結晶物質の場合には原子価の異なる原子の挿入又は置換による結晶格子の歪みを生じさせ、遊離状態で残った原子価はその物品の表面に陽子及び電子を集め、その物質を化学吸着剤、触媒及びイオン交換体として活性化するというものです。

　もう一つは、相当小さい比表面積（1グラム当たり1～100平方メートルのオーダー）をもつ物品です。これらは高い電荷密度をもつものの、著しい吸着性をもたないため脱色剤としては用いられませんが、水中に懸濁した状態では、コロイドと強力な静電的相互作用を発揮してその凝集を容易にし又は阻止するので、ろ過剤として使用するのに適しています。このタイプのものは、通常適当な加熱処理で作られます。

　この項には次のような物品が含まれます。

① 活性炭

　通常、植物性、鉱物性又はその他の炭素（木炭、やしがら炭、泥炭、亜炭、石炭、無煙炭等）を水蒸気、炭酸ガスその他のガスの存在下で高温で処理（ガス活性化処理）し、又はある種類の化学品の溶液を染み込ませた繊維素物質を乾燥か焼（化学的活性化処理）して得られます。活性炭は、各種の工業（食品工業等）で液体の脱色に、また、粒の状態で蒸気の吸収（例えば、ドライクリーニング工程中の揮発性溶剤の回収及び石炭ガスからのベンゼンの除去）、水又は空気の清浄、有毒ガスからの保護、触媒及び電気分解の際に電極に蓄積するガス（減極）の排除に使用されます。

② その他の活性化した天然の鉱物性生産品

　これらには次のようなものがあります。

(i) 活性けいそう土

けいそう土その他の選別したけい酸質の土を必要に応じ酸で処理して石灰質を除去し、塩化ナトリウム又は炭酸ナトリウムのような半融剤を加えてか焼し、砕き、適当な方法で選別したもの。ただし、半融剤を加えないで焼いたけいそう土(diatomite)はこの項には含まれません(第25.12項)。

(ii) ある種の火山鉱物

例えば、パーライトを粉砕した後1000度以上の高温の炎の熱衝撃を加えた後、再粉砕し、選別したもの。顕微鏡で観察すると、曲面を有し、極めて薄い透明なフレークから成っていることが確認できます。

(iii) 活性粘土及び活性土類

これらは、選別したコロイド状の粘土及び粘土質の多い土を活性化したもので、その用途に従って酸又はアルカリで活性化され、乾燥し、砕いたものです。

(iv) 活性ボーキサイト

ボーキサイトは、通常、アルカリ処理又は適当な温度で熱処理することにより活性化されます。主に、触媒、乾燥剤及び脱色剤として使用されます。

なお、これらに類似する物品であっても、(a) 表面構造を変化させる処理を受けてない天然の活性鉱物性生産品(例えば、フーラーズアース)(第25類)、(b) 活性化した化学品(例えば、活性化アルミナ(第28.18項))、活性化シリカゲル(第28.11項及び第38.24項)、人造ゼオライトイオン交換体(第28.42項又はバインダーを含んでいる場合には第38.24項)及びスルホン化石炭イオン交換体(第38.24項)、(c) 医薬品としての特性を有する活性炭(第30.03項及び第30.04項)及び冷蔵庫、自動車等の脱臭剤として小売用に包装した活性炭(第33.07項)、(d) 化学品(例えば、金属酸化物)を活性炭又は活性けいそう土等の活性材料の担体上に固定した触媒(第38.15項)、(e) 軽量で長球形、粒状のエキスパンデッドパーライト(第68.06項)等は含まれません。

③ 獣炭(廃獣炭を含む。)

これらには、動物性材料を炭化して得られる各種の炭で特に次のものが含まれます。

(i) 骨炭

脱脂した骨を密閉容器中でか焼して得られる多孔質の黒色製品で、諸工業、特に砂糖工業において脱色剤として広く使用しており、また黒色顔料として、例えば磨き料及びある種のインキの製造に使用されます。廃骨炭は、肥料として、また黒色顔料の製造に用いられます。

(ii) 血炭

乾燥血液を密閉容器中でか焼して得られるもので、一般に脱色剤として使

用されます。
- (iii) アイボリーブラック

  アイボリーのくずをか焼して得られるもので、一般に極めて微細なベルベットのような触感をもつ黒色粉末及び小さな不規則な円錐形を呈しており、絵の具に使用されます。アイボリーブラックの呼称は、時には上質の骨炭を呼ぶのに使用することもあります。
- (iv) レザーブラック、ホーンブラック、フーフブラック、トータスシェルブラック等

(3) 第38.03項 トール油（精製してあるかないかを問わない。）

　トール油は、アルカリ法又は特に硫酸塩法による木材パルプの製造の際に生じる黒色廃液から得られるものです。沈殿おけ中でこれらの廃液から分離された泡状物質（これ自体は第38.04項の物質。けん化物）を分離採取し、これに熱硫酸を加えて加水分解することにより、油状物質として得られるものです。こうした粗製トール油は、暗かっ色の半流動性の混合物で、脂肪酸（主として、オレイン酸、リノール酸及びこれらの異性体）、樹脂酸（特にアビエチン型）を主成分とし、少量の不けん化物（ステロール高級アルコール及び種々の不純物）から成っていますが、これらの成分の構成割合は、木材の性質によって異なります。

　精製トール油は、粗製トール油を減圧蒸留（蒸留トール油）その他の方法（例えば、選択性の溶媒又は活性粘土による処理）により得たもので、主として脂肪酸と樹脂酸を含む黄色の液体です。

　トール油は、特に、道路舗装用乳化剤、普通せっけん、金属せっけん、紡織用繊維又は紙工業の湿潤剤及び乳化剤、ワニス、ペイント又はリノリウム製造用の乾性油、金属加工用の油、殺菌剤、マスチック等として、あるいはゴム用の可塑剤としても使用されます。またトール油脂肪酸やトール油樹脂酸の原料として用いられます。ただし、この項には、次のものは含まれません。

(a) けん化トール油

　　蒸留トール油をアルカリ（水酸化ナトリウム又は水酸化カリウム）で中和して得たもの（第34.01項）

(b) ソーダ法又は硫酸法による木材パルプの製造の際に得た廃液（濃縮してあるかないかを問わない。）並びに沈殿おけ中でこれらの廃液から分離された泡状物質（第38.04項）

(c) トール油樹脂酸

　　樹脂酸の混合物を主成分とし、トール油から脂肪酸を除去して得たもの（第38.06項）

(d) サルフェートピッチ(トール油ピッチ):トール油の蒸留残渣(第38.07項)
(e) トール油脂肪酸
　　トール油から真空分別蒸留その他の方法により樹脂酸の大部分を除去したもので、脂肪酸の含有量が全重量の90％以上(乾燥状態における重量で計算)のもの(第38.23項)。

(4) **第38.04項　木材パルプの製造の際に生ずる廃液(リグニンスルホン酸塩を含むものとし、濃縮し、糖類を除き又は化学的に処理したものであるかないかを問わず、第38.03項のトール油を除く。)**

　この項には、木材パルプ製造の際に生ずる廃液が含まれます。

　木材パルプの製造方法には、(i)亜硫酸塩法と(ii)ソーダ法又は硫酸塩法による方法があります。

　前者の場合の濃縮した亜硫酸パルプ廃液は、リグニンスルホン酸塩を主成分とし、これに糖類その他の物質が混在しています。形状は、一般的に粘稠な液体、粘着性のある黒かっ色のペースト、ガラス状の割れ目をもつ黒い色の塊(サルファイトピッチ又はセルロースピッチとも呼ばれる。)及び乾燥粉末状態です。濃縮した亜硫酸パルプ廃液は、固形燃料若しくは鋳造用中子の粘結剤として又は膠着剤、浸透剤、殺菌剤若しくはタンニン剤の調製又はアルコールの製造等に用いられます。

　この項には、通常、亜硫酸パルプ廃液の沈殿物として得られるリグニンスルホン酸塩も含まれます。

　他方、ソーダ法又は硫酸塩法による木材パルプの製造の際に生ずる廃液(濃縮し糖類を除き又は化学的に処理したものであるかないかを問わないものとし、沈殿おけの中でこれらの廃液の表面に生ずる泡状物質を含む。)は、通常、黒色をしており、トール油の原料ですが、時には水酸化ナトリウムの製造に使用されます。

　なお、この項には、前項と同じく、トール油の蒸留残渣であるトール油ピッチ(サルフェートピッチ)は含まれません。(第38.07項)

(5) **第38.05項　ガムテレビン油、ウッドテレビン油、硫酸テレビン油その他のテルペン油(蒸留その他の方法により針葉樹から得たものに限る。)、ジペンテン(粗のものに限る。)、亜硫酸テレビンその他のパラシメン(粗のものに限る。)及びパイン油(アルファ－テルピネオールを主成分とするものに限る。)**

　この項には、主としてテルペン類(ピネン、ベーターピネン、リモネン等)に

富む物品が含まれます。これらは、針葉樹の浸出物又は樹脂分の多い針葉樹の木材から得られるもので、例えば次のようなものがあります。
① 松その他の針葉樹から浸出したオレオレジンを蒸留（通常、水蒸気蒸留）して得た揮発性の物品

　これらの製品の呼称は様々です。多くは、ガムテレビン油（gum spirits of turpentine）として知られています。またある国では、こうした物品のうち、生の松の木からにじみ出た新鮮なオレオレジンを蒸留して得たある範囲内の沸点及び密度を有する揮発性物品に限ってテレビン油（spirits of turpentine）という呼称が使われている場合もあります。いずれにしても、これらはすべて流動性があり、水不溶性、高屈折性で、鋭い香気を有する無色の液体です。これらは、溶媒として、特にワニス、ペイント又は磨き料の製造、医薬品の調製、合成しょう脳、テルピン水和物、テルピネオール等の製造に使用されます。（以前述べたとおり、オレオレジンは第13類に含まれます。これを蒸留した場合の比較的早い段階の流出物（沸点が低くて流出するもの）がこの項の物品です。ちなみに、オレオレジンから、テレビン油（ガムテレビン油）を除いたものがロジンで、このロジンを乾留して得られるのが、第38.06項のロジン油ということになります。これについては次の項で述べます。）
② ウッドテレビン油（wood turpentine）

　これは、松の切株その他の樹脂分の多い部分を水蒸気蒸留又は分解蒸留して得られる揮発性の物品です。オレオレジンからではなく、直接木質を原料として得られるテレビン油であることからこの名前があると考えられます。
③ 硫酸テレビン油（sulphate turpentine）

　樹脂分の多い木材から硫酸塩法により木材パルプを製造する際に得られる揮発性のテルペン系副産物です。

　これらは②と同様、テルペン類に富んだ液体で、浸出したオレオレジンから得たテレビン油と同様の目的、特にワニス、ペイント等の調製の際に溶媒として使用されます。
④ 粗ジペンテン

　ウッドテレビン油を分留するか又は合成しょう脳の製造の際に副産物として得たテルペン油（ジペンテンが約80％以下のもの）です。ただし、純粋なもの又は商慣行上純粋なものとして取引されるジペンテンは第29.02項に属します。
⑤ 亜硫酸テレビン油（sulphite turpentine）

　亜硫酸塩法による木材パルプの製造の際に副産物として得た揮発性の黄色の液体です。これは少量のテルペン類その他の生成物を含む粗パラーシメンです。この項には、原料を問わず、すべてのパラーシメン（粗のものに限る。）が

含まれます。
⑥　パイン油

　これは、一般に油分に富んだ松の切株から、水蒸気蒸留及び分解蒸留によってウッドテレビン油を採取した後に得た留分です。また、これらは化学合成（例えば、アルファーピネンの化学的な水和）によっても得られます。この項には、アルファーテルピネオールを主成分とするパイン油のみが属します。パイン油は無色又はこはく色の液体です。

　しかしながら、この項には、(a) 純粋又は商慣行上純粋なものとして取引されるテルペン系炭化水素又はテルペン、テルピネオール及びテルピン水和物（第29類）、(b) 第33.01項の精油である松葉油、(c) ロジン油（第38.06項）は含まれません。

(6) 第38.06項　ロジン及び樹脂酸並びにこれらの誘導体、ロジンスピリット、ロジン油並びにランガム

この項の物品については次のとおりです。
①　ロジン及び樹脂酸

　ロジンは先に述べました。樹脂酸は天然樹脂中に遊離又はエステルとして存在する有機酸の総称です。ロジン、樹脂酸ともに、成分的にはアビエチン酸及びこれに関連する酸と酸以外の成分との複雑な混合物で、通常、透明なガラス状固体です。色は、不純物の含有量にしたがって、淡黄色から暗かっ色のものまであります。その製法は次のようです。
（i）　松その他の針葉樹から浸出物の形で得たオレオレジン様物質の蒸留の際に、揮発性のテルペン系物品（テレビン油及びこれらに類するテルペン系溶剤）を分離すること
（ii）　松の切株からの溶媒抽出
（iii）　トール油（パルプ及び製紙工業の副産物）の分別蒸留

　ロジン及び樹脂酸は、せっけんの製造、紙のサイジング、ワニス、磨き料、マスチック、インキ、シーリングワックス、鋳物用の中子粘結剤、ブルーワーズピッチ等の調製に、また、次のロジン誘導体並びにロジン油の製造原料として使用されます。
②　ロジン、樹脂酸の誘導体の塩

　この項の細分にはこれらの塩が特掲されていますので、まずこれらについて説明します。誘導体そのものは、後ほど述べます。

　例えば、樹脂酸ナトリウム及び樹脂酸カリウムは、通常、粉末のロジン又は樹脂酸を水酸化ナトリウム又は水酸化カリウムの溶液中で煮沸して得られます。他の樹脂酸の無機塩は、一般に、樹脂酸ナトリウム又は樹脂酸カリウムの

溶液に金属塩の溶液を加えて沈殿させ（沈降レジネート）又はロジン又は樹脂酸と金属酸化物との混合物を溶融（溶融レジネート）して得られます。これらの物品には、樹脂酸アルミニウム、樹脂酸カルシウム、樹脂酸コバルト、樹脂酸銅、樹脂酸マンガン、樹脂酸鉛、樹脂酸亜鉛があります。樹脂酸塩はワニス又はペイント製造用の油の乾燥性を増すために使用するほか、殺菌剤、消毒剤等の製造にも使用されます。

この項には、また、ロジン又は樹脂酸を、例えば、ロジンをワニスの製造用に適する硬さに硬化させるため水酸化カルシウム（約6％の比率）で処理した硬化ロジンも含まれます。

他方、この項には、次の物品は含まれません。
(a) 貴金属の樹脂酸塩（第28.43項）及び第28.44項から第28.46項までの樹脂酸塩
(b) 樹脂酸塩をもととした調製ドライヤー（第32.11項）
(c) 高級樹脂酸とロジン又は樹脂酸の混合物をけん化して得られる樹脂せっけん（第34.01項）及び樹脂酸塩をもととした調製洗剤（第34.02項）

③　エステルガム

エステルガムは、ロジン、樹脂酸、又はそれらの酸化、水素添加物、不均化物若しくは重合誘導体をエチレングリコール、グリセリンその他の多価アルコールでエステル化して得られます。これらのエステルガムは、天然樹脂に比べより可塑性があります。

④　その他のロジン及び樹脂酸の誘導体

上記エステルガム以外のその他のロジン及び樹脂酸の誘導体の例としては次のようなものがあります。
(i)　酸化ロジン及び樹脂酸

一般に、針葉樹の切株を長時間放置し、含有する樹脂酸が自然に酸化したものの抽出物の蒸留による残留物。またロジン又は樹脂酸は人工的に酸化されることもあります。
(ii)　水素添加ロジン及び樹脂酸

ロジン又は樹脂酸を触媒の存在下で水素添加して得られます。
(iii)　不均化ロジン及び樹脂酸

例えば、ロジン又は樹脂酸を中温で加熱するか又は高温で酸触媒を使用することにより得られます。
(iv)　重合ロジン及び樹脂酸

ロジン又は樹脂酸を硫酸等で処理して得られます。特に高い粘性と安定性のあるワニスの製造に使用されます。重合度は極めて低く、一般に、二量体

及び非重合の酸からなり、また二量体ロジンと呼ばれることもあります。
　(v)　ロジン又は樹脂酸の1価アルコールエステル
　　　　レジネート及びアビエテートとして知られるもの(例えば、メチルエステル、エチルエステル及びベンジンエステル)及びメチルヒドロアビエート(methyl hydroabiate)として知られるものが含まれます。これらは特にセルロースラッカーの可塑剤として使用されます。
　(vi)　ジヒドロアビエチルアルコール、テトラヒドロアビエチルアルコールとデヒドロアビエチルアルコールの混合物(アビエチルアルコール)
　(vii)　ロジン付加物及びその誘導体
　　　　ロジン及び樹脂酸をフマル酸、マレイン酸及びその無水物で変性させたもので、アルキッド樹脂、ロジンサイズ又はインキの製造に使用されます。
⑤　ロジンスピリット
　　通常、ロジン又は樹脂酸から触媒下で過熱蒸気により蒸留し、又は分解蒸留して得られるもののうち最も揮発性の大きい留分で、流動性で刺激臭を有する淡黄かっ色の液体です。主要成分は炭化水素の複雑な混合物で、蒸留条件により有機酸を多少含むものです。樹脂用溶剤、ワニス、ペイント等の製造に使用されます。
⑥　ロジン油
　　ロジンスピリットに比べ、いくぶん濃厚で、色相及び品質には各種(金油、白油、緑油、かっ色油)のものがあり、煙のような臭気があります。主として潤滑油、切削油、印刷インキ、軟膏、ワニス、ペイント等の製造に使用されます。
　　なお、これに関連して、この項には、次の物品は含まれません。
　(a)　スルホン化ロジン油(sulfonated rosin oil)(第34.02項)
　(b)　生きている松の木その他の生きている針葉樹のオレオレジン様滲出物の蒸留物中の揮発性成分(第38.05項)
　(c)　ロジンピッチ(第38.07項)
⑦　ランガム
　　ランガムは、ガムラニングと呼ばれる、乾性油に溶けやすくするため熱処理する過程により、熱帯林の木のオレオレジン様滲出物から得られます。これらの最も一般的な原料はコパールです。

(7)　**第38.07項　木タール、木タール油、木クレオソート、木ナフサ及び植物性ピッチ並びにブルーワーズピッチその他これに類する調製品で、ロジン、樹脂酸又は植物性ピッチをもととしたもの**
　　この項には、樹脂質又は非樹脂質の木から蒸留(又は炭化)の際に得た複雑な

組成の物品が含まれます。これらの工程で、ガスのほか、木酢液、木タール及び木炭が得られますが、その割合は、原木の性質と操作速度によって変わります。木酢液(粗木酢とも呼ばれる。)は国際貿易商品ではないが、酢酸、メタノール、アセトン、少量のフルフラール及びアリルアルコールを含有しています。また、この項には、すべての植物性ピッチ及びブルーワーズピッチその他これに類する物品で、ロジン、樹脂酸又は植物性ピッチをもととしたものも含まれます。こうした物品について簡単な説明を加えておきます。

① 木タール

　木材(針葉樹その他の樹木)を炭焼釜で炭化させる際に、これからしたたり落ちて得たもの(例えば、スウェディッシュタール及びストックホルムタール)及びレトルト又は釜で蒸留して得たもの(蒸留タール)です。後者は、木酢液からの沈降部分として直接得られる(沈降タール)か又は木タール分が一部溶解している木酢液を蒸留して得られます(溶解タール)。

　また、揮発性油分の一部を更に蒸留で留出除去した部分蒸留タールもこの項に含まれます。

　これらのタールは、すべて炭化水素、フェノール又はその同族体、フルフラール、酢酸及びその他の各種の物質から成る複雑な混合物です。樹脂質の木材から得たタールは、非樹脂質の木から得たタールと違い、樹脂の蒸留分(テルペン、ロジン油等)を含有し、かっ色がかった橙色ないしかっ色をした粘稠な物質です。これらは、そのまま又は単なる脱水若しくは部分的蒸留を行った後、船舶用の綱の含浸用、ゴム工業の可塑剤、マスチックの調製、医薬等に使用されます。

　非樹脂質の木材から得たタールは、濃厚な黒かっ色の液体で、蒸留その他の方法により広範囲の副産物(木クレオソート、グアヤコール等)の調製等に使用されます。これらには、ケードオイル(ジュニパータール油とも呼ばれ、医薬品及びせっけんの製造に使用する。)も含まれます。

② 木タール油

　木タールを蒸留して得られます。そのうちの軽質油(脂肪族炭化水素、テレペン類及び高級ケトン類を含む。)は洗羊液又は園芸用の噴霧液の製造に使用し、重質油(脂肪族及び芳香族の炭化水素、高級ケトン並びに高級フェノールを含んでいる。)は木材の含浸剤及び木クレオソートの抽出に使用されます。クレオソートを抽出した後に得られる脱クレオソート油は、その性質により浮遊選鉱による鉱石の濃縮用及び殺菌剤調製用に、また、溶剤、燃料等として使用されます。

③ 木クレオソート

木タールの主成分です。これは、通常、非樹脂質の木材から得たタールを蒸留し、その適当な留分に水酸化ナトリウムを加え分離し、再び酸性とした後、再蒸留して得られます。本来無色の液体ですが、空気と光の作用で着色します。煙臭を持ち、腐食性で特に消毒剤、防腐剤として使用されます。

なお、第27.07項に属するクレオソート油及び鉱物性クレオソートとは別の物質です。

④　木ナフサ

木酢液を処理して得られます。帯黄色の焼臭のある液体で、通常70～90％のメタノールのほか各種の割合のアセトンその他のケトン（一般に8～20％）、さらにその他の不純物（酢酸メチル、高級アルコール、タール質等）を含んでいます。

⑤　植物性ピッチ（植物性物質の蒸留その他の処理の残留物）

これらには、ウッドピッチ（木タールピッチ。木タールの蒸留残留物）、ロジンピッチ（ロジンを残留してロジンスピリット及びロジン油を製造する際の残留）等があります。

⑥　サルフェートピッチ（トール油等の蒸留後の残留物）

これらのピッチは、通常黒かっ色、赤かっ色又は黄かっ色をしており、一般にヒトの手の温度程度で軟化します。

⑦　ブルーワーズピッチその他これらに類する調製品でロジン樹脂酸又は植物性ピッチをもととしたもの

例えば、ブルーワーズピッチ（加熱してビヤだるに塗るもので、通常、ロジン、パラフィンろう及びロジン油の混合物又はロジンと植物油（亜麻仁油、綿実油又は菜種油のようなもの）の混合物を溶融して得られる。）、コブラーズワックス（靴、馬具の縫製用の糸をろう引するのに使用し、通常ロジン、ロジン油、パラフィンろう、オゾケライト等の混合物から成り、また粉末状無機物（滑石又はカオリンのようなもの）を含有する。）、コーキングピッチ（船舶用の充てん剤に使用するもので、通常ウッドピッチ、木タール及びロジンの混合物を溶融して作られる。）等があります。

なお、これらとの関連で、この項には次の物品は含まれません。

(a)　天然のバーガンジーピッチ（"vosges pitch"とも称され、ある種の針葉樹から得た天然樹脂）及びイエローピッチ（溶融及びろ過により精製した天然のバーガンジーピッチ）（第13.01項）

(b)　ステアリンピッチ（ステアリックピッチ）、ウールグリースピッチ及びグリセリンピッチ（第15.22項）

(c)　石炭、泥炭、石油等から得た鉱物性ピッチ（第27類）

(d) メタノールで純粋なもの又は商慣行上純粋なものとして取引されるもの及び木材蒸留の第一次産品の再蒸留その他の処理によって得た化学的に単一の物品（例えば、酢酸、アセトン、グアヤコール、ホルムアルデヒド、酢酸塩等）（第29類）
　(e) 封ろう（第32.14項又は第34.04項）
　(f) 木材パルプの製造の際に生ずる廃液（第38.04項）
　(g) ブレロジン（Brais résineux）（第38.06項）

(8) **第38.08項　殺虫剤、殺鼠剤、殺菌剤、除草剤、発芽抑制剤、植物生長調整剤、消毒剤その他これらに類する物品（小売用の形状若しくは包装にし、製剤にし又は製品にしたもの（例えば、硫黄を含ませた帯、しん及びろうそく並びにはえ取り紙）に限る。）**

　この項には、病原菌、昆虫（蚊、蛾、コロラド甲虫、油虫等）、こけ、かび、雑草、ねずみ、野鳥等の駆除を目的とする一連の物品（医薬品（家畜用のものを含む。）の性格を有するものを除く。第30.03項及び第30.04項）が含まれます。これらには、害虫の駆除及び種子の消毒を目的とする物品も含まれます。これらは、噴霧、散粉、散布、塗布、浸透等の方法のほか、燃焼によって使用するものもあります。更に、この項には、植物の生理的な作用の抑制及び促進を目的とする発芽抑制剤及び植物生長調整剤も含まれます。ただし、項の規定から、次に述べるとおり、小売用の形状若しくは又は包装にしたもの、あるいは製剤にし、又は調製したものでなければこの項には含まれません。（従って、これらの物品であれば、例えば小売用に包装されたものであれば、化学的に単一の化合物も含まれるものがあります。）

　この項に属する物品の性状等は次のようなものに限られます。

① 消毒剤、殺虫剤等として小売用に包装したもの（金属製容器入り、板紙製カートン入り等）及び通常小売で販売されることが明らかな形状（例えば、ボール状、一連になったボール、タブレット及び板）のもの

　このような形状にした物品は、混合物であるかないかを問いません。混合していない物品には、他の形状では、第29類に属する化学的に単一の化合物（例えば、ナフタレン又は1,4－ジクロロベンゼン）があります。

　この項には、更に、次の物品が含まれますが、消毒剤、殺菌剤等として小売用に包装したものに限られます。

(i) 有機界面活性剤及びその調製品
　活性カチオン（例えば、第4級アンモニウム塩）を含有し、防腐、消毒又は殺菌の性質を有するもの

第6章　第6部　化学工業（類似の工業を含む。）の生産品

(ii) ポリ（ビニルピロリドン）よう素
　　よう素とポリ（ビニルピロリドン）の反応生成物
② 調製品の性格を有するもの
　この場合は、その状態（例えば、液状、ウオッシュ又は粉末状）を問いません。これらの調製品は、水その他の液体中に有効な物質を懸濁又は分散させたもの（例えば、DDT(ISO)（クロフェノタン(INN)、1,1,1-トリクロロ-2,2-ビス（パラ-クロロフェニル）エタン）の水分散液）その他の混合物から成っています。有効物質を水以外の溶媒に溶解したものもここに含まれます（例えば、除虫菊エキスの溶液（標準化した除虫菊エキスを除く。）及びナフテン酸銅の鉱物油溶液）。
　また、中間製品（直ちに使用できる殺虫剤、殺菌剤、消毒剤等を作るためには、更に調合を要するもの）は、既に殺虫剤、殺菌剤等の性質を有しているものに限りここに分類されます。
　殺虫用、消毒用等の調製剤は、銅化合物（酢酸銅、硫酸銅、アセト亜砒酸銅等）、硫黄又は硫黄化合物（硫化カルシウム、二硫化炭素等）、鉱物性クレオソート又はアントラセン油、DDT(ISO)（クロフェノタン(INN)、1,1,1-トリクロロ-2,2-ビス（パラ-クロロフェニル）エタン）、リンデン(ISO, INN)、パラチオン、フェノール又はクレゾール誘導体、砒素剤（砒酸カルシウム、砒酸鉛等）、植物性材料（ニコチン、たばこのエッセンス及び粉末、ロテノン、除虫菊、海葱、菜種油）、天然又は合成の植物生長調整剤（例えば2, 4-D）、培養微生物等をもととした物品です。
　また、この項に含まれる調製品のその他の例として、食品（小麦、ふすま、糖みつ等）に毒を混ぜて作った毒餌があります。
③ その他、硫黄を含ませた帯、しん及びろうそく（容器、住居等の消毒及びくん蒸に使用する。）、はえ取り紙（毒物を含まない膠着剤を塗布したものを含む。）、果樹用のグリースバンド（毒物を含まないものを含む。）、ジャム保存用のサリチル酸含浸紙、リンデン(ISO, INN)を塗布し、燃焼によって作用する紙及び小さい木製の棒等の形状になっているもの等があります。
以下、第38.08項の物品について、簡単に述べておきます。
(i) 殺虫剤
　殺虫剤には、殺虫用の物品だけでなく忌避又は誘引の効果を有するものも含まれます。これらの物品には、スプレー又はブロック、油又は棒状、粉末、帯状、シアンガスをけいそう土又は板紙に吸収させたものなど種々の形状のものがあります。昆虫生長調整剤、くん蒸剤、不妊化剤等もこのカテゴリーに入ります。

(ii) 殺菌剤

殺菌剤は、菌類の生長を阻止する物質(例えば銅化合物をもとにした調製品)又はすでに発生している菌類を死滅させるための物品です。例えばホルマリンをもととした調製品等があります。作用の仕方又は使用法により、浸透性殺菌剤やくん蒸剤があります。

(iii) 除草剤、発芽抑制剤、植物生長調整剤

除草剤は、不要な植物を抑制し又は枯死させるために使用する化学品です。ある種の除草剤は、休眠中の植物の部分及び種子に使用されるものや、葉に使用するものがあります。これらには、抑制作用が選択性のもの(特定の植物に影響を及ぼす除草剤)と非選択性(植物の生長を完全に根絶させる除草剤)のものとがあります。また、落葉剤もこれらに含まれます。

発芽抑制剤は、発芽を抑制又は遅延させるために、種子、球根、塊茎又は土壌に使用するものです。

植物生長調整剤は、生長を促進又は抑制し、収率を高め、品質を改良し又は収穫を早める等、植物の生長過程を改良するために使用されます。植物ホルモン(フィトホルモン)は植物生長調整剤の一つのタイプです(例えば、ジベレリン酸)。また一部の合成有機化学薬品にも、植物生長調整剤として使用されるものがあります。

(iv) 消毒剤

消毒剤は、通常、無生物体上に付着している好ましくないバクテリア、ウイルスその他の微生物を死滅又は不可逆的に不活性化させる為に使用される薬剤をいいます。(「消毒剤」といいますが、実際は殺菌、滅菌、制菌用の薬剤です。)

これらは、例えば病院では壁等の掃除又は器具の殺菌に、また農業では種子の消毒に使用したり、好ましくない微生物を抑制するために飼料の製造に使用されます。

(v) その他

更に、この項には、また軟体動物を駆除する物品(軟体動物駆除剤)、線虫を駆除する物品(殺線虫剤)、ねずみを駆除する物品(殺鼠剤)、鳥類を駆除する物品(害鳥駆除剤)及びその他の害虫等を駆除する物品(寄生虫駆除剤(predacides)等)を含みます。

なお、前に述べたものと一部重複しますが、この項には、次の物品は含まれません。

(a) 殺菌、消毒用等に使用される物品で、「小売用の形状若しくは包装にし、製剤にし又は製品にしたもの」に該当しないもの。これらの物品は、その性

質によってそれぞれ該当する項に分類されます。例えば、
- 粉末にした除虫菊の花（第12.11項）
- 除虫菊エキス（鉱物油を添加して標準化してあるかないかを問わない。）（第13.02項）
- クレオソート油又は鉱物性クレオソート（第27.07項）
- ナフタレン、DDT（ISO）（クロフェノタン（INN）、1,1,1-トリクロロ-2,2-ビス（パラ-クロロフェニル）エタン）その他の化学的に単一の化合物（水溶液を含む。）（第28類及び第29類）
- 殺鼠剤等のベースとして使用する培養微生物（第30.02項）
- 廃酸化鉄（第38.25項）

(b) この表の他の項に含まれる調製品及び消毒、殺菌等の性質を副次的に有している調製品。例えば、次の様なものがあります。
- 有毒物質を含有する船体用の防汚ペイント（第32.08項、第32.09項及び第32.10項）
- 消毒用せっけん（第34.01項）
- DDT（ISO）（クロフェノタン（INN）、1,1,1-トリクロロ-2,2-ビス（パラ-クロロフェニル）エタン）ワックスの磨き料（第34.05項）

(c) 消毒剤、殺虫剤等で医薬品（動物用のものを含む。）の重要な特性を有するもの（第30.03項及び第38.19項及び第30.04項）

(d) 調製した室内防臭剤（消毒剤の性質を有しているか有していないかを問わない。）（第33.07項）

その他、第3808.91号から第3808.99号の所属の決定については、多目的に使用する物品で、二以上の号に属するとみられるものは、通常、通則3を適用してその所属を決定することとされています。

(9) **第38.09項　仕上剤、促染剤、媒染剤その他の物品及び調製品（繊維工業、製紙工業、皮革工業その他これらに類する工業において使用する種類のものに限るものとし、他の項に該当するものを除く。）**

この項には、この表の他の項に該当しないもので、糸、織物、紙、板紙、皮革又はこれらに類する物品の加工及び仕上げ工程で通常使用する広範囲の物品及び調製品が含まれます。

これらは、この項に掲げた工業その他これに類する工業（例えば、床用じゅうたん織物工業、バルカナイズドファイバー製造工業及び毛皮工業）において特定の用途に供するための組成及び状態であることを確認することにより、この項に含まれる物品であると判断できます。このような物品及び調製品（例えば、織物

柔軟剤)は、工業用としてよりもむしろ家庭用として使用するものであっても、この項に含まれます。
　この項に含まれる物品について若干説明しておきます。
① 繊維工業その他これに類する工業において使用する物品及び調製品
　　これには、様々なものがあります。
　(i) 物品の感触を改良する調製品
　　　例えば、硬化剤(通常、天然のでん粉系物質をもととしたもの(小麦、米、とうもろこし、ばれいしょのでん粉又はデキストリン等をもととしたもの。なお、これらは、細分「3809.10－でん粉質の物質をもととしたもの」に該当し、「3809.91－繊維工業その他これに類する工業において使用する種類のもの」には分類されないので、実際の分類に当っては注意が必要です。))、粘液質の物質(地衣類、アルギン酸塩等)、ゼラチン、カゼイン、植物性ガム(トラガカントガム等又はロジンをもととしたもの)、増量剤、柔軟剤(グリセリン、イミダゾリン誘導体等をもととしたもの)及び充てん剤(天然又は合成の高分子化合物をもととしたもの)
　　　これらには、基礎的な構成成分のほか、湿潤剤(せっけん等)、潤滑剤(亜麻仁油、ろう等)、充てん剤(カオリン、硫酸バリウム等)又は防腐剤(特に、亜鉛塩、硫酸銅及びフェノール)を含有することもあります。
　(ii) スリップ防止剤及びかぎ裂き防止仕上剤
　　　これらの物品は、くつ下又は編物の衣類のかぎ裂きを防ぐために織物類のすべりを減らすためのもので、通常、高重合体、天然樹脂又はけい酸をもととしたものです。
　(iii) 防汚仕上剤
　　　これらは、通常、けい酸、アルミニウム化合物又は有機化合物をもととしたものです。
　(iv) 防しわ及び防縮用の調製品
　　　これらは少なくとも二つの反応性基(例えば、ビス－(ヒドロキシメチル)化合物、ある種のアルデヒド及びアセタール)を有する化学的に単一の化合物を混合したものです。
　(v) つや消し剤
　　　織物のつや及び光沢を減らすことを意図したもの。通常、セルロースエーテル、ゼラチン、にかわ、界面活性剤等で安定化した顔料(酸化チタン、酸化亜鉛、リトポン等)の懸濁液から成っています。ただし、こうした調製品は、塗料(第32.08項、第32.09項及び第32.10項)及び羊毛のオイリング又は加脂処理に使用する調製潤滑剤(第27.10項及び第34.03項)と混同しないよう

第6章　第6部　化学工業（類似の工業を含む。）の生産品

注意が必要です。
(vi) 難燃性調製品

これは、アンモニウム塩、ほう素化合物、窒素化合物、臭素化合物、りん化合物をもととしたもの又は塩素化した有機物質をベースとしたものに酸化アンチモンその他の酸化物を添加したものをもととしたものです。
(vii) つや出し剤

織物につや及び光沢を与えるもので、通常、パラフィン、ろう、ポリオレフィン又はポリグリコールの乳化液です。
(viii) 媒染剤

織物の浸染又はなせんの工程で染料を固着するのに使用するよう調製したもの。これらの調製品は、水溶性で、通常金属塩（例えば、アルミニウム、アンモニウム、クロム又は鉄の硫酸塩又は酢酸塩、重クロム酸カリウム、酒石酸アンチモンカリウム）又はタンニンをもととしたものです（ただし、第34.02項の有機界面活性剤及びその調製品（例えば染色助剤）はこの項には属しません。）。
(ix) 促染剤

これらは、合成繊維を膨張させて浸色又はなせん工程を促進するのに使用します。これらには、ビフェニルをもととした調製品、トリクロロベンゼン、ビフェニル-2-オール、ヒドロキシトルイル酸メチルのようなビフェニル、ベンゼン、フェノール又はヒドロキシトルイル酸の誘導体をもととした調製品及びこれらの混合物（界面活性剤を含んでいるかいないかを問わない。）を含みます。
(x) フェルト化防止剤

動物性繊維のフェルト化を弱めるためのもの。これらは、塩素化剤若しくは酸化剤であるか又は合成樹脂形成物質の特殊な調製品です。
(xi) サイジング剤

繊維工程における糸に強度を与えるために使用するもの。これらの調製品は、通常、でん粉、でん粉誘導体その他の天然又は合成の高分子結合剤をもととしたものです（先に述べたとおり、でん粉の調製品はこの項の中での細分の分類上注意が必要です。）。これらは、湿潤剤、柔軟剤、脂肪、ろう、その他の物質を含有することもあります。これらには、また、乳化したたて糸ののり付け用ろう及びのり付け用に調製した乳化脂肪も含まれます。
(xii) 撥油剤

織物に撥油仕上げをするためのもの。これらは、通常、有機ふっ素化合物、例えばペルフルオロカルボン酸の乳化液及び溶液であり、変成した樹脂

（extender）を含むこともあります。
　(xiii)　撥水剤
　　　　通常、撥水性物質（ろう、ラノリン等）をセルロースエーテルゼラチン、にかわ、有機界面活性剤等で安定化した水性エマルジョンで、これに、例えば、アルミニウム又はジルコニウムの可溶性塩類を加えたものです。これらには、また、シリコーン又はふっ素誘導体をもととした調製品が含まれます。
②　紙、板紙その他これに類する工業において使用する物品及び調製品
　(i)　バインダー
　　　　塗装用混合物中の顔料粒子を固着するため使用されるもの。これらは、カゼイン、でん粉、でん粉誘導体、大豆たんぱく質、にかわ、アルギン酸塩、セルロース誘導体等の天然物をもととした調製品です。
　(ii)　サイジング剤及びサイジング用の添加剤
　　　　印刷適性、平滑性及び光沢を改善し、紙に書き易さを与えるために製紙工程で使用するもの。これらの調製品は、ロジンせっけん、強化樹脂、ワックス分散液、パラフィン分散液、でん粉及びカルボキシメチルセルロース、アクリル樹脂又は植物性ガムをもととしたものです。（でん粉関係の調製品については先に述べたとおりです。）
　(iii)　湿潤強度増強剤
　　　　これらの調製品は、湿潤紙又は不織布の引張り強さ、引裂強さ及び耐磨耗性を増すために使用されます。
③　皮革工業その他これに類する工業において使用する物品又は調製品
　(i)　バインダー
　　　　革に顔料色素を固着させるための調製品。特別に調製されており、通常、たんぱく質系物質、天然の樹脂、ろう等をもととしたものです。
　(ii)　シーズニング剤
　　　　革の仕上げ工程で最終的な表面塗布を行うよう特別に調製されたもので、その構造及び組成は、前記(i)のバインダーのものと類似しています。
　(iii)　防水剤
　　　　これらは通常、①クロムせっけん、②溶媒（イソプロピルアルコールのようなもの）に溶かしたアルキルこはく酸、くえん酸の誘導体等又は③フルオロ化合物（溶液又は分散液のもの）から成るものです。
　　なお、この項には含まれないものとしてこれまで述べてきた物品の他、次の物品もこの項には含まれません。
(a)　紡織用繊維、皮革、毛皮その他の材料のオイリング又は加脂処理に使用する調製品（第27.10項又は第34.03項）

(b) 化学的に単一の元素及び化合物（通常、第28類又は第29類）
(c) 顔料、調製着色料、塗料等（第32類）
(d) 第34.02項の有機界面活性剤及びその調製品（例えば、染色助剤）
(e) デキストリンその他の変性でん粉及びでん粉又はデキストリンその他の変性でん粉をもととした膠着剤（第35.05項）
(f) 第38.08項の殺虫剤その他の調製品
(g) 重合体の乳化液、分散液及び溶液（第32.09項又は第39類）

(10) 第38.10項　金属表面処理用の調製浸せき剤、はんだ付け用、ろう付け用又は溶接用のフラックスその他の調製した助剤、はんだ付け用、ろう付け用又は溶接用の粉及びペーストで金属と他の材料とから成るもの並びに溶接用の電極又は溶接棒のしん又は被覆に使用する種類の調製品

簡単にこの項に含まれる物品について説明しておきます。

① 金属表面処理用の調製浸せき剤

　金属表面から酸化物、スケール、錆及び汚点を除去するため又はある種の作業を容易にする目的で金属表面をざらざらにするために使用する調製剤です。通常、希酸（塩酸、硫酸、ふっ素水素酸、硝酸、りん酸等）をもととし、また時には金属の腐食防止剤を含有するものや、アルカリ（例えば、水酸化ナトリウム）をもととするものもあります。ただし、金属の清浄用調製剤（界面活性剤、調製洗剤（第34.02項））は含まれません。この項の物品は、表面の汚れを洗浄するというより、むしろ、金属表面を溶解する等により処理をするものです。

② はんだ付け用、ろう付け用又は溶接用のフラックスその他の調製した助剤

　フラックスは、接合する金属表面及びはんだ自身を酸化から保護して、はんだ付け、ろう付け又は溶接の際に金属の接合を容易にするために使用するものです。これらの作業中に生ずる酸化物を溶解する性質があります。これらの調製剤には、塩化亜鉛、塩化アンモニウム、四ほう酸ナトリウム、ロジン及びラノリンが使用されます。また、アルミニウムの粒又は粉と各種の金属酸化物（例えば、酸化鉄）との混合物で、溶接の際に高熱発生剤として使用するもの等も含まれます。

③ はんだ付け用、ろう付け用又は溶接用の粉及びペーストで金属と他の材料とから成るもの

　これらの調製品は、金属の表面をお互いに接着するために使用されます。主成分は金属（通常、すず、鉛、銅等を含有する合金）で、これらの調製品は、項の規定どおり、次のいずれの条件も満たす場合に限りこの項に属することとされています。

(i) 金属のほかに金属以外の成分を含有すること（これらの成分は前記②で述べた助剤です。）
　(ii) 粉末又はペーストの形状にしたものであること
　ただし、はんだ付け用、ろう付け用又は溶接用の調製品で、単に金属粉のみから成るもの（相互に混合してあるかないかを問わない。）は、この項には含まれません（組成により第71類又は第15部）。
④ 溶接用電極又は溶接棒のしん又は被覆に使用する調製品
　溶接作業中に生ずる酸化物を可融性スラグの形で除去することを主目的とするもので、例えば、石灰及びカオリンを含む耐火性混合物から成る調製品などがあります。ただし、卑金属製又は金属炭化物製の溶接棒でフラックスを被覆し又はしんに充てんしたものは含まれません（第83.11項）。

(11) 第38.11項　アンチノック剤、酸化防止剤、ガム化防止剤、粘度指数向上剤、腐食防止剤その他の調製添加剤（鉱物油（ガソリンを含む。）用又は鉱物油と同じ目的に使用するその他の液体用のものに限る。）

　この項の調製品は、鉱物油用又は鉱物油と同じ目的に使用するその他の液体用の添加剤で、これらに望ましい特性を与え若しくは高めるために使用するものです。
① 原油用添加剤
　これは、金属組織（特に蒸留塔）を保護するために、原油に添加される腐食防止剤等が含まれます。これらの有効成分としては、一般には、特にイミダゾリンから誘導されるアミノ型の物質が含まれています。
② アンチノック剤
　これは、燃料の早期着火に対する抵抗を増加し、かつ、ノッキングを防止するもので、いわゆるオクタン価を高めます。これらは、通常、テトラエチル鉛及びテトラメチル鉛をもととし、更に、例えば、1,2-ジブロムエタン又はモノクロロナフタレンを含むものです。この項には、鉛アンチノック剤の貯蔵タンクから得られた鉛アンチノック剤の汚泥で、主として鉛、鉛化合物及び酸化鉄からなるものは含まれません（第26.20項）。
③ 酸化防止剤
　主な酸化防止剤としては、フェノール性物品（例えば、ジメチル-tert-ブチルフェノール）及び芳香族アミンの誘導体（例えば、アルキル-パラ-フェニレンジアミンのようなもの）をもととするものがあります。
④ 氷結防止剤
　多くの場合、アルコール類（例えば、プロパン-2-オール（又はイソプロピル

アルコール))をもととするもので、燃料系統における氷の形成を防ぐためガソリンに添加されます。
⑤ 清浄剤
　この調製品は、キャブレター又はシリンダーの吸入口及び排気口を清浄に保つために使用されます。
⑥ ガム防止剤
　これらの物品は、キャブレター又はエンジンへの取入口でガムの生成を防止するために用いられます。
⑦ 潤滑油添加剤
　これらには、次のようなものが含まれます。
(i) 粘度指数向上剤(ポリメタクリレート、ポリブテン、ポリアルキルスチレンのような重合体をもととするもの)
(ii) 流動点降下剤(低温度下で結晶が成長するのを抑えるもので、この種の物品は、エチレンの重合体、ビニルエステル類、ビニルエーテル類又はアクリル酸エステル類をもととするもの。)
(iii) 酸化防止剤
(iv) 極圧(EP)添加剤(有機ジチオりん酸亜鉛、硫化油、塩素化炭化水素、芳香族りん酸塩及び芳香族チオりん酸塩をもととするもの)
(v) 清浄分散剤(アルキルフェノキシド類又はアルミニウム、カルシウム、亜鉛、バリウムその他の金属のナフテン酸塩又は石油スルホン酸塩をもととするもの)
(vi) 防錆剤(カルシウム又はバリウムのスルホン酸塩、アミン又はアルキルこはく酸類をもととするもの)
(vii) 消泡剤(通常、シリコーンをもととするもの)が含まれます。
　しかしながら、この項には、調製潤滑剤で、自動車用の燃料又は潤滑剤に少量添加するもの(例えば、内燃機関のシリンダーの磨耗を減ずるためのもの)は含まれません(第27.10項又は第34.03項)。
⑧ その他の鉱物油用添加剤
　これらには、次のものがあります。
(i) 流動点降下剤(前記⑦(ii)の潤滑油用のものに類似したもの)
(ii) 酸化防止剤(ガソリンに使用されるものと同様のもの)
(iii) 軽油用セタン価向上剤(例えば、硝酸アルキル及び亜硝酸アルキルをもととするもの)
(iv) 界面活性作用をもつ添加剤で、貯蔵油中の沈殿物(アスファルテン)の形成を除去又は抑止するもの

第12節　第38類　各種の化学工業生産品

(v) 燃焼室又は炉の煙道の堆積物（例えば、灰及びカーボンブラック）を抑止あるいは減少させるための添加剤及び熱伝達構造物又は煙突内における揮発性ガス（例えば、二酸化硫黄及び三酸化硫黄）による腐食を減少させるための添加剤
(vi) 氷結防止剤（燃料系統での氷の形成を防止するために添加されるもの）があります。

　また、この項には、鉱物油と同じ目的に使用するその他の液体用の調製添加剤が含まれます。これらには、アルコール類をもととする燃料（例えば、gasohol）や合成潤滑剤があります。
　なお、合成潤滑剤としては、次のものがあります。
(i) 有機酸のエステル（アジピン酸エステル、アゼライン酸エステル、ネオペンチルポリオールエステル）又は無機酸のエステル（トリアリルホスフェート類）をもととするもの
(ii) ポリエーテル類をもととするもの（ポリ（オキシエチレン）（ポリエチレングリコール）又はポリ（オキシプロピレン）（ポリプロピレングリコール））
(iii) シリコーンをもととするもの等が含まれます。
　　これらの添加剤は、相当する鉱物油に使用されるものと同様です。
　他方、この項には、化学的に単一の元素及び化合物（通常、第28類又は第29類）及び調製していない石油スルホン酸塩は含まれません。また、(a)二硫化モリブデンをもととした調製潤滑剤（第34.03項）、(b)油その他の媒体中に懸濁したコロイド状黒鉛及び半コロイド状黒鉛（第38.01項）も、この項には含まれません。

(12) **第38.12項　調製したゴム加硫促進剤、ゴム用又はプラスチック用の複合した可塑剤（他の項に該当するものを除く。）及びゴム用又はプラスチック用の調製した老化防止剤その他の複合した安定剤**
　この項には、ゴム又はプラスチック用の添加剤が含まれます。
　また、この項において、「複合したもの」及び「調製したもの」には、(i)意図的に混合し又は混和したもの、(ii)同族系物質（例えば、第38.23項の脂肪酸又は脂肪性アルコールのようなもの）から生成された物品を含む反応混合物が含まれることとされています。
　この項に含まれる物品については次のとおりです。
① 調製したゴム加硫促進剤
　これらは、加硫ゴム製品に良好な物理的性質を付与し、加硫工程の時間の短縮及び温度低下のために、加硫に先立ってゴムに添加される物品です。これらは、可塑剤ともなるものもあります。もっとも、項に規定されているとおり、この

項には、化学的に単一のものではなく、混合物であるもののみが含まれます。

　これらの調製品は、一般に有機の物品（ジフェニルグアニジン、ジチオカルバマート類、チウラムスルフィド類、ヘキサメチレンテトラミン、メルカプトベンゾチアゾール等）をもととするものですが、しばしば無機の活性剤（酸化亜鉛、酸化マグネシウム、酸化鉛等）と組み合わされたものもあります。

② 　ゴム用又はプラスチック用の複合した可塑剤（他の項に該当するものを除く。）

　この種の物品の例としては、二以上のフタル酸エステルを意図的に混合したもの及び第38.23項の脂肪性アルコールの混合物から製造された混合ジアルキルフタレートがあります。ただし、可塑剤として使用され、また時には可塑剤と呼ばれる物品であっても、この表の他の項により限定的に含まれるものは、この項には属しません。（この項に含まれない物品は、纏めて後述しますので、参照して下さい。）

③ 　ゴム用又はプラスチック用の調製した老化防止剤その他の複合した安定剤

　これらの老化防止剤には、例えば、ゴム工業において硬化又は老化を防止するために使用するものが含まれます。これらには、アルキル化ジフェニルアミンの混合物又はN-ナフチルアニリンをもととした調製品があります。また、ゴム用又はプラスチック用のその他の複合した安定剤が含まれますが、この種の物品としては、二以上の安定剤を意図的に混合した物品及び反応混合物（第38.23項の脂肪性のアルコールの混合物から得られる有機すず化合物の混合物）があります。プラスチック用の複合した安定剤の主な用途は、ポリ（塩化ビニル）のようなある種の重合体類の脱塩化水素を抑制するために使用されます。これらは、また、ポリアミド類の熱安定剤としても使用されます。

　なお、この項には次のものは含まれません。

(a) 第27類の石油、ペトロラタム、パラフィンろう及びアスファルト
(b) 第28類又は第29類の化学的に単一の化合物（例えば、ジオクチルフタレート）
(c) 鉱物油用又は鉱物油と同じ目的に使用するその他の液体用の添加剤として調製された酸化防止剤（第38.11項）
(d) 化学的可塑剤として知られてはいるが、ゴム製造工業用のペプタイザー（一般に第38.24項）
(e) 第39類の重合体類

(13) 第38.13項 消火器用の調製品及び装てん物並びに装てんした消火弾

　この項の物品について簡単に説明しておきます。

① 消火器用の調製品

炭酸水素塩をもととする調製品を含み、時には、例えば、一面のあわの発生を助成するキラヤ皮(quillaia bark)エキス、甘草エキス又は界面活性物品を含みます。これらの調製品は液体又は乾燥物です。

② 消火器用の装てん物

消火器に装入し得るように作られた軽量容器(ガラス製、薄い金属板製等)に次のいずれかの物品を入れたものです。
(i) 前記①に記載されているような調製品
(ii) 二以上の混合していない物品(例えば、硫酸アルミニウムの溶液と炭酸水素ナトリウムの溶液)が、仕切りで分離されていて、使用時に接触するようにしたもの
(iii) 単一の混合してない物品(例えば、四塩化水素、臭化メチル及び硫酸)

③ 装てんした消火弾消火剤(混合してあるかないかを問わない。)を詰めた容器で、消火器に装てんしないで直接使用するもの

これは、ガラス製又は陶器製の容器で火の中心部に投げ込まれ、破壊して内容物を放出するか又はガラス製の容器でその端を指で破壊するだけで消火剤を射出するものです。ただし、消火器(携帯式のものであるかないか又は消火剤が詰められているかないかを問わない。)でピンによる操作方式のもの、転倒式のもの、引金式のもの等は、第84.24項に含まれ、この項には属しません。

この項には、また、消火性を有する混合していない化学品で、前記②(ii)、②(iii)及び③に記載された状態以外のものは含まれません。これらは、通常、第28類又は第29類に属します。

(14) 第38.14項 有機の配合溶剤及び配合シンナー(他の項に該当するものを除く。)並びにペイント用又はワニス用の調製除去剤

この項には、有機溶剤及びシンナー(石油の含有量が全重量の70%以上のものであるかないかを問わない。)で、化学的に単一の化合物でないもの、及びより特殊な限定をした項に該当しないものを含みます。これらは、多少とも、揮発性を有する液体で、特に、ワニスやペイントの調製又は機械部分品の脱脂剤に使用されます。

これらには、例えば次のものがあります。
(i) アセトン、酢酸メチル及びメタノールの混合物並びに酢酸エチル、ブチルアルコール及びトルエンの混合物
(ii) 機械部分品用の脱脂剤等で次の混合物から成るもの(ホワイトスピリットにトリクロロエチレンを混合したもの、揮発油に塩素化物及びキシレンを混合し

たもの)
　また、この項には、前記混合物に少量のパラフィンろう(溶剤の蒸発を遅らせるため)、乳化剤、ゲル化剤等を添加したペイント又はワニスの除去剤も含まれます。
　しかしながら、この項には次のものは含まれません。
(a) 化学的に単一の溶剤及び希釈剤(一般に第29類)並びに溶剤又はシンナーとして使用する複雑な組成の物品で、この表のより特定な限定をした項に属するもの(例えば、ソルベントナフサ(第27.07項)、ホワイトスピリット(第27.10項)、ガムテレビン油、ウッドテレビン油及び硫酸テレビン油(第38.05項)、木タール油(第38.07項)、無機の配合溶剤(一般に、第38.24項))
(b) ネイルワニス除去用の溶剤で小売用に包装したもの(第33.04項)

(15) 第38.15項　反応開始剤、反応促進剤及び調製触媒(他の項に該当するものを除く。)
　この項の物品は、ある化学的作用を開始又は促進する調製品ですが、逆に、同作用を遅らせる働きをする物品は、この項には含まれません。
　この項の物品は、大きく分けて次の2つの調製品があります。
① 担体上に一以上の活性物質を溶着したもの(「担体付き触媒」として知られる。)及び活性物質をもととした混合物
　多くの場合、これらの活性物質はある種の金属、金属酸化物その他の金属化合物及びこれらの混合物です。単独又は化合物として最もよく使用される金属は、コバルト、ニッケル、パラジウム、白金、モリブデン、クロム、銅及び亜鉛です。担体は、時には活性化されたもので、一般的には、酸化アルミニウム、炭素、シリカゲル、けいそう土又は陶磁製材料です。
② 触媒作用が及ぼされる化学反応に応じて、その性質や量比が変化するような化合物をもととした混合物
　これらには、(i)遊離基"触媒"(例えば、有機過酸化物又はアゾ化合物の有機溶液及び酸化還元系混合物(redox mixtures))、(ii)イオン性"触媒"(例えば、アルキルリチウム)、(iii)"重縮合反応用触媒"(例えば、酢酸カルシウムと三酸化アンチモンとの混合物)があります。こうした調製品は、一般にポリマーの製造過程で使用されます。
　なお、この項には、次のものは含まれません。
(a) 卑金属の抽出又は卑金属化合物の製造に使用する種類の使用済みの触媒(第26.20項)及び主として貴金属の回収に使用する種類の使用済みの触媒(第71.12項)

(b) 化学的に単一の化合物（第28類及び第29類）
(c) 単独の金属又は金属合金からなる触媒で、微粉末状又は目の細い金網状等の形態にしたもの（第14部及び第15部）
(d) ゴム加硫に使用する調製したゴム加硫促進剤（第38.12項）

(16) **第38.16項　耐火性のセメント、モルタル、コンクリートその他これらに類する配合品（第38.01項の物品を除く。）**

　この項には、耐火性材料をもととした調製品が含まれます。これらは、耐火性材料としてのシャモット、けいそう土、コランダム（破砕し又は粉砕したものに限る。）、粉状にしたけい岩、白亜、焼成ドロマイトに結合剤（例えば、けい酸ナトリウム、ふっ化けい素酸マグネシウム及びふっ化けい素酸亜鉛）を添加したものです。

　この項の製品には、水硬性結合剤のような非耐火性結合剤のほか、シリカをもととした耐火性の配合品でロストワックス法による歯科用又は身辺用細貨類用の鋳型を製造するためのものも含まれます。更に、耐火性のコンクリートで、耐熱性水硬セメント（例えば、アルミナセメント）及び耐火性骨材の混合物から成るもの（これらには、炉、コークス炉等の基礎に使用される他、炉の内張りの修繕に使用されるもの）があります。

　炉の内張りの修繕に使用されるものとしては、また、耐火性「プラスチック」として知られている配合品（湿り気のある塊状で販売されている物品で、通常、耐火性骨材、粘土及び少量の添加物を含んでいます。）、充てん用混合物、吹付け用混合物（水硬性固着剤その他の結合剤を混合した耐火性骨材で、場合によっては加熱時であっても、特殊な吹付け機を使用して炉の内張りに施工されるもの。）があります。

　なお、この項には、(a) ドロマイトラミングミックス（第25.18項）及び (b) 第38.01項の炭素質のペーストは含まれません。

(17) **第38.17項　混合アルキルベンゼン及び混合アルキルナフタレン（第27.07項又は第29.02項の物品を除く。）**

　この項の物品は、ベンゼン又はナフタレンのアルキル化によって得られる混合アルキルベンゼン及び混合アルキルナフタレンです。これらは、分子内に比較的長い側鎖を持っており、第27.07項の後半に記載されている種類のものとは異なっています。混合アルキルベンゼンは、特に、溶剤として又は界面活性剤、潤滑剤及び絶縁油の製造に使用されます。混合アルキルナフタレンは、主にアルキルナフタレンスルホン酸及びその塩の製造に使用されます。

なお、この項には、第29.02項の異性体の混合物は含まれません。

(18) 第38.18項　元素を電気工業用にドープ処理したもの（円盤状、ウエハー状その他これらに類する形状にしたものに限る。）及び化合物を電子工業用にドープ処理したもの

　この項に属する物品は、第28類の元素（例えば、けい素及びセレン）を、例えばほう素又はりんで一般に百万分の一のオーダー（PPM）の割合でドープしたもののうち、円盤状、ウエハー状その他これらに類する形状にしたものです。従って、引き上げたままで加工していないもの及び円柱状又は棒状のものは第28類に含まれ、この項には含まれません。

　また、この項の後段の規定にあるとおり、セレン化カドミウム、硫化カドミウム、砒化インジウム等の化合物に、電子工業用に供するためにある種の添加物（例えばゲルマニウム、よう素）を、一般に数％の割合で含有するような物品は、円柱状、棒状等の形状であるかないか又は円盤状、ウエハー状その他これらに類する形状に切ってあるかないかを問わずこの項に属します。

　これらの結晶は、磨かれているかいないか、又は均一なエピタキシアル層でおおわれているかいないかを問わずこの項に含まれます。

　しかしながら、例えば、選択拡散によるもの等、更に進んだ加工がされたものは半導体デバイスとして第85.41項に属し、この項には含まれません。

(19) 第38.19項　液圧ブレーキ液その他の液圧伝動用の調製液（石油又は歴青油を含有しないもの及び石油又は歴青油の含有量が全重量の70％未満のものに限る。）

　この項の液圧ブレーキ液その他の液圧伝動用の調製液としては、例えば次のようなものがあります。
① 　ひまし油、2-エトキシエタノール若しくはエチレンジリシノレート及びブチルアルコールの混合物から成るもの
② 　4-ヒドロキシ-4-メチルペンタン-2-オン（ジアセトンアルコール）、ジエチルフタレート及びプロパン-1,2-ジオールにより構成されているもの
③ 　グリコールの混合物

　更に、この項には、また、調製した作動油でポリグリコール類、シリコーンその他の第39類の重合体をもととしたものも含まれます。ただし、これらに類する液体であっても、項の規定から、石油又は歴青油の含有量が全重量の70％以上のものは含まれないこととなっています（第27.10項）。

(20) 第38.20項　調製不凍液及び調製解凍液
　この項の物品には、例えば、グリコール誘導体をもととする混合物があります。これらのある種の調製不凍液は、冷却剤として又は熱交換剤として作用するものです。ただし、この項には、鉱物油用又は鉱物油と同じ目的に使用する他の液体用の調製添加剤は含まれません（第38.11項）。

(21) 第38.21項　微生物（ウイルス及びこれに類するものを含む。）用又は植物、人若しくは動物の細胞用の調製培養剤（保存用のものを含む。）
　この項には、細菌、かび類、病原菌、ウイルスその他の微生物又は植物、人若しくは動物の細胞（医薬用（例えば、抗生物質を得るため）、科学用又は工業用（例えば、酢、乳酸又はブチルアルコールの製造）において必要とされるものに限る。）が栄養分を獲得し、かつ、増殖することができる各種の調製品（いわゆる培地、培養液に使用される調製品（培養基））が含まれます。また、こうした保存用のものも含まれます。
　これらは、通常、肉エキス、生鮮な血液又は血清、卵、ばれいしょ、アルギン酸塩、寒天、ペプトン、ゼラチン等から調製され、また、添加物としてぶどう糖、グリセリン、塩化ナトリウム、くえん酸ナトリウム又は染料を含有します。使用に際し、必要とする酸度又はアルカリ度の調製のために酸、消化酵素及びアルカリが添加されることもあります。
　また、他の培養基、例えば、塩化ナトリウム、塩化カルシウム、硫酸マグネシウム、硫酸水素カリウム、アスパラギン酸カリウム及び乳酸アンモニウムの混合物を蒸留水に溶かしたものもあります。
　ウイルス用のある種の培養剤は、生きている胚から成っていて、通常、液状、ペースト状又は粉状ですが、タブレット状のものや粒状のものもあります。これらは、殺菌され、ガラス瓶、チューブ、アンプル又は缶に密閉されています。
　なお、この項には、培地を作る際に添加される純度のものであっても培養基として調製してない物品（例えば次のような物品）は含まれません。
(a) 寒天（第13.02項）
(b) 血液アルブミン及び卵白（第35.02項）
(c) ゼラチン（第35.03項）
(d) ペプトン（第35.04項）
(e) アルギン酸塩（第39.13項）

(22) 第38.22項　診断用又は理化学用の試薬（支持体を使用したものに限る。）及び診断用又は理化学用の調製試薬（支持体を使用してあるかないかを問わない。）（第30.02項又は第30.06項のものを除く。）並びに認証標準物質

　この項に属する物品は、次の三つに分けて説明できます。項の規定の順に、①支持体を使用した診断用又は理化学用の試薬、②支持体を使用しているか否かを問わず、調製した診断用又は理化学用の試薬（ただし、①、②のいずれも、第30.02項の診断用の試薬、第30.06項の患者に直接投与する診断用試薬及び血液型判定用試薬は含まれません。）及び③認証標準物質です。

① 　支持体を使用した診断用又は理化学用の試薬

　　これは比較的簡単に判断ができます。例えば、おなじみのリトマス試験紙のようなpH試験紙（示指薬を紙に染み込ませたもの）などがあります。

② 　診断用又は理化学用の調製試薬

　　これは、支持体があるかないかに係わらず、診断用（人間及び動物の物理的、生物物理的又は生物化学的経過及び状態の検査）、又は診断以外の検査用に用いられる調製品です。

　①及び②いずれも、これらの機能は、当該試薬を構成する生体物質又は化学物質の変化を測定し又は観察することに基づいて行われます。

　この項の診断用調製試薬は、その機能において第3006.30号の、患者に投与するためのものに類似することもありますが、生体内よりむしろ試験管において適用するために用いられるものです。

　理化学用調製試薬には、検査又は診断以外の目的に使用するその他の分析用の試薬も含まれます。

　この項の試薬は、支持体を使用しているもの又は調製した形態のものであり、したがって、二以上の成分から構成されています。これらは、また、数種の試薬から成るキットの形態をとっており、その構成成分は、第28類又は第29類の、分離した化学的に単一の化合物、第32.04項の合成着色料又は単独で提示された場合には他の項に分類可能なその他の物質です。このようなキットとしては、血液中のぶどう糖、尿中のケトンなどを検査するものです。これらの多くには、酵素をもととしたものがあります。ただし、第30.02項又は第30.06項の物品の特性を有するもの（例えば、単クローン抗体又は多クローン抗体をもととしたもの）は、この項には含まれません。

　いずれにしても、これら①及び②に含まれるものは、診断用又は理化学用試薬のみに使用するものであると明らかに判断できるものであり、成分、ラベル表示、試験管用又は理化学用の取扱い説明書、どのような診断用検査に用いられるかに係る表示又は物理的形態（例えば、支持体又は補体の存在）により明確にされて

いるものです。
③　認証標準物質
　　これは、第28類及び第29類の物品を除くほか、第38.22項に属するものとし、この表の他のいずれの項にも属しないこととされています（この項の注2(B)）。
　　この項の認証標準物質は、装置の校正、測定方法の評価又は物質の様々な値の算定のために調製された標準物質です。
　　これらの標準物質は、例えば、次のようなものから成っているものなどがあります。
(i)　濃度が正確に確定している被分析物質を添加した基質物質
(ii)　混合されてない物質で、特定の成分濃度（例えば、粉乳中のたんぱく質又は脂質の含有量）が正確に確定しているもの
(iii)　特定の性質（例えば、張力、比重）が正確に確定している物質（天然の物質であるか合成の物質であるかを問わない。）

　　これらの標準物質は、認証することとなる特性値、精度、その特性値を求める際に用いられた方法及び認証機関を示す証明書が添付されていなくてはならないこととされています（この類の注2(A)）。
　　なお、この項には、診断用又は理化学用の試薬として使用する形状のものであっても、次の試薬は含まれません。
(a)　第28.43項から第28.46項まで及び第28.52項の物品（第6部注1参照）
(b)　第28類注1又は第29類注1の物品
(c)　第32.04項の着色料（第32類注3の調製品を含む。）
(d)　微生物（ウイルス及びこれに類するものを含む。）用又は植物、人若しくは動物の細胞用の調製培養剤（保存用のものを含む。）（第38.21項）

(23)　第38.23項　工業用の脂肪性モノカルボン酸、アシッドオイルで油脂の精製の際に生ずるもの及び工業用の脂肪性アルコール

　この項には、油脂工業等で得られる産品や副産物に関連する物品が含まれます。
①　工業用の脂肪性モノカルボン酸
　　工業用の脂肪性モノカルボン酸は、通常、天然の油脂（主成分は高級脂肪酸のグリセリンエステル）をけん化又は加水分解して製造されます。これらには、固体のもの及び液体のものがありますが、これらの分離は、通常、結晶法により行われます。液体部分は、オレイン酸及びその他の不飽和脂肪酸（例えば、リノール酸及びリノレン酸）と少量の飽和脂肪酸とから成っています。他方、固体部分は主に、パルミチン酸及びステアリン酸（いずれも飽和脂肪酸）と少量の不飽和脂肪酸とからなっています。前者には商慣行上オレイン酸（オレイ

ン)として取引される、無色ないしかっ色で特有の臭気を有する油状物質があります。また後者には、商慣行上ステアリン酸(ステアリン)として取引される、特有の臭気を有する白色の固形物質があります。これは比較的固くやや脆いものですが、高い温度で溶解した状態で取引される場合もあります。

このほか、これらには、例えば次のものが含まれます。

(i) トール油脂肪酸(TOFA。主にオレイン酸及びリノール酸から成るものでトール油の蒸留により得られ、脂肪酸を全重量の90％以上(乾燥重量)含有するもの。)

(ii) 蒸留した脂肪酸(各種の油脂を加水分解した後、精製工程(蒸留)を経て得られるもの)

(iii) 油脂の精製工程の一部として水蒸気の存在下で減圧蒸留により得られる脂肪酸蒸留物(遊離脂肪酸を高濃度で含有する。)

(iv) 高分子合成炭化水素の触媒酸化により得た脂肪酸

② アシッドオイルで油脂の精製の際に生ずるもの

これは比較的遊離脂肪酸の含有量が多い油で、動植物性粗油の精製の際に生ずるソープストックを無機酸で分解することにより製造されるものです。

なお、この項には、先に述べた物品も含めて、(a)乾燥状態において純度85％以上のオレイン酸(第29.16項)及び(b)オレイン酸以外の脂肪酸(乾燥状態において90％以上の純度のもの(第29.15項、第29.16項又は第29.18項))の物品は含まれません。

③ 工業用の脂肪性アルコール

この項に含まれる脂肪性のアルコールは、非環式アルコールの混合物で、この項の脂肪酸の混合物(前記①及び②)又はそれらのエステルの触媒還元、鯨油のけん化、オレフィン、一酸化炭素及び水素の触媒反応(Oxo法)、オレフィンの水和、炭化水素の酸化、その他の方法により製造されます。これらは、通常液状ですが、一部固体状のものもあります。

これらには、例えば、次のようなものがあります。

(i) ラウリルアルコール(やし油からとった脂肪酸を触媒還元することにより得られる飽和脂肪アルコールの混合物で、第29類の化学的に純粋なラウリルアルコール(ドデシルアルコール)とは違います。常温で液状、寒期では半固体状)

(ii) セチルアルコール(これも純粋なものではなくセチルアルコールとステアリルアルコールの混合物で、前者を主体とするものです。室温では結晶性、半透明の固体状)

(iii) ステアリルアルコール(ステアリルアルコールとセチルアルコールの混合

物で、ステアリン又はステアリン酸の多い油の還元により、又はまっ香鯨油を還元し加水分解した後蒸留することにより製造されます。室温では白色結晶の固体状)
(iv) オレイルアルコール (オレインの還元により、又はまっ香鯨油を圧搾して得られるアルコールから製造されます。室温では液状)
(v) 第1脂肪族アルコールの混合物 (通常炭素原子数が6から13のアルコールです。)

これら(i)から(iv)に掲げた脂肪性アルコールは、スルホン化誘導体の調製に用いられます。これらのアルカリ塩が第34.02項の有機界面活性剤です。また、(v)の脂肪性アルコールは、ポリ(塩化ビニル)の可塑剤の製造に使用されます。この項には、また、ろうの特性を有する工業用の脂肪性アルコールも含まれます。

しかしながら、この項には、化学的に単一の脂肪性アルコール (乾燥状態において純度90％以上のもの) は含まれません。これらは、通常第29.05項に属します。

(24) 第38.24項 鋳物用の鋳型又は中子の調製粘結剤並びに化学工業 (類似の工業を含む。) において生産される化学品及び調製品 (天然物のみの混合物を含むものとし、他の項に該当するものを除く。)

この項には、鋳物用の鋳型又は中子の調製粘結剤の他、様々な化学工業製生産品及び調製品で、他の項に属さないものが含まれます。

① 鋳物用の鋳型又は中子の調製粘結剤

これらは、鋳物砂に混合する調製品で、鋳物砂を鋳物用の鋳型又は中子に使用するのに適した堅さにするため及び鋳造後砂の除去を容易にするための調製品です。これらは、天然樹脂状物質 (例えば、ロジン)、亜麻仁油、植物性粘質物、デキストリン、糖みつ、第39類の重合体等をもととしたものです。ただし、デキストリンその他の変性でん粉及びでん粉又はデキストリンその他の変性でん粉をもととした膠着剤は第35.05項に属し、この項には分類されません。

② 化学品及びその他の調製品

これらには、後ほど述べますが、一部の特別なもの、例えば、(a) 酸化マグネシウム又はアルカリ金属若しくはアルカリ土類金属のハロゲン化物の培養結晶で1個の重量が2.5グラム以上のもの (ただし、90類の光学用品を除く。)、(b) 小売用容器入りにしたインキ消し、(c) 取付けてないピエゾエレクトリック材料のカットエレメント (ロッシェル塩、酒石酸エチレンジアミン並びにアンモニウム、ルビジウム又はセシウムのオルトりん酸塩及びこれらの混合結晶、チ

第6章　第6部　化学工業（類似の工業を含む。）の生産品

タン酸バリウム、ジルコン酸チタン酸鉛、チタン酸カルシウム等）を除き、化学的に単一の元素及び化合物は含まれません。

　この項の物品は、他の物質を製造する際に得られる副産物（例えば、ナフテン酸）のほか直接製造されるものもあります。従って、一部の前記の特別な化合物を除き、この項の化学品又はその他の調製品は、混合物（乳化液及び分散液も混合物の一形態です。）又は溶液です。

　第28類又は第29類の化学品の水溶液は、それぞれの類に含まれることとなっていますが、これらの物品の水以外の溶媒による溶液は、若干の例外を除き、それらの類には属さず、したがって、この項の調製品として取扱うこととなります。

　この項に含まれる調製品は、全部又はその一部が化学品であるか又は全部が天然物です。ただし、この項には、化学品と食用品その他の栄養価を有する物質との混合物で、ある種の食料品の調製に使用する種類のものは含まれません。これらは、その構成材料として又はその性質を改良するため（例えばベーカリー製品の改良剤等）に使用されるもので、そのような混合物又は物質自体に栄養価を有する場合、これらの物品は、一般に第21.06項に含まれます。この項には、また、水銀化合物は含まれません（第28.52項）。

　こうした要件を満たすもので、この項に含まれる調製品及び化学品として、例えば次のようなものがあります。

・ナフテン酸（ある種の石油又は歴青油の精製の際に得られる副産物）及びその塩

　　ただし、第34.02項の水溶性ナフテン酸塩及び第28.43項から第28.46項及び第28.52項の塩を除く。

・凝結してない金属炭化物（炭化タングステン、炭化モリブデン等）を相互に混合したもの及び凝結してない金属炭化物と金属粘結剤

　　例えばコバルトとを混合したもので、第82.09項の工具用チップ又はその類似品の製造に供されるもの

・セメント用、モルタル用又はコンクリート用の調製添加剤

　　例えば、ナトリウム又はカリウムのけい酸塩及びナトリウム又はカリウムのふっ化けい素酸塩をもととする耐酸添加剤並びに酸化カルシウム、脂肪酸等をもととした防水用調製品（せっけんを含有するかしないかを問わない。）等

・非耐火性のモルタル及びコンクリート

・ソルビトール（他のポリオールを含有するソルビトール（D-グルシトール）のシロップも含まれます。）

- これは、通常、D-グルシトールの含有量が乾燥状態で60％から80％範囲にあります。第29類の注1の規定に該当するソルビトールは、第29.05項に属します。
- 炭化カルシウム、炭酸カルシウムその他の物質（炭素及びほたる石のようなもの）の混合物で、鉄鋼製造の際の脱硫剤として使用するため調製されたもの
- 酸化マグネシウム又はアルカリ金属若しくはアルカリ土類金属のハロゲン化物（ふっ化カルシウム、ふっ化リチウム、塩化カリウム、塩化ナトリウム、臭化カリウム、よう化臭素カリウム等）の培養結晶（1個の重量が2.5グラム以上のものに限る。）

  ただし、培養結晶の光学用品は含まれません（第90.01項）。なお、1個の重量が2.5グラム未満の培養結晶（光学用品を除く。）は第28類、第25.01項（塩化ナトリウム結晶）及び第31.04項（塩化カリウム結晶）に属します。
- 石油スルホン酸塩

  ただし、水溶性の石油スルホン酸塩（例えば、アルカリ金属塩、アンモニウム塩及びエタノールアミン塩）は含まれません（第34.02項）。
- ポリ塩化ビフェニル（ビフェニルの塩素化誘導体の混合物）及び塩素化パラフィン

  ただし、人造ろうの性格を有する固体のポリ塩化ビフェニル及び固体の塩素化パラフィンは含まれません（第34.04項）。
- 分子量が極めて低いポリ（オキシエチレン）（ポリエチレングリコール）

  例えば、ジ、トリ及びテトラ（オキシエチレン）グリコールの混合物。ただし、その他のポリ（オキシエチレン）（ポリエチレングリコール）（第39.07項）は含まれません。又は人造ろうの性格を有している場合は第34.04項に属します。
- グリセリンのモノ、ジ及びトリ脂肪酸エステルの混合物
- フーゼル油

  アルコール発酵の際の副産物。アミルアルコール、イソブチルアルコール等を主成分とする。お酒を飲み過ぎたときの頭痛の原因ともいわれている。）
- ジッペル油

  反芻動物の骨又は角の乾留によって得られる非常に粘稠な黒色の液体で、悪臭を有し、主に殺虫剤又はピリジン塩基の調製に使用されます。
- イオン交換体

  酸又は塩基交換体を含みます。ただし第39類の重合体は除かれます。また、人造ゼオライト（化学的に単一であるかないかを問わず、バインダーを含有

するものを除く。)は含まれません(第28.42項)。

- スケーリング防止剤

    通常、炭酸ナトリウム、けい酸ナトリウム、タンニン等をもととしたものです。

- Oxylith(又は、Oxygen stone)

    これは、過酸化ナトリウムに少量の銅塩又はニッケル塩のようなものを添加して調製されます。これらは、水に浸し酸素の放出を調節するものです。

- ワニス又は膠着剤の硬化用添加剤

    例えば塩化アンモニウムと尿素の混合物

- 真空管用のゲッター(バリウム、ジルコニウム等をもととしたもの。)

- 小売用容器入りにしたインキ消し。

    先に述べたとおり、通常、化学的に単一の化合物の水溶液です。1種類の化合物(例えば、クロラミンの水溶液)のみのものもありますが、補完的な機能をもつ2種類のものを必要とするものもあります。この場合、2個のびんが同一包装されており、例えば、一方のびんには亜硫酸水素ナトリウムの水溶液が、他方のびんには過マンガン酸カリウムの水溶液が入っています。

- 小売用の容器入りにした謄写版原紙修正剤

    これらは、通常、桃色をした繊維素ワニスで、小さなブラシつきのふたを有する小型のびん詰めにしています。ただし、これらのワニスで、謄写版原紙修正剤として小売用にされてないものはこの項には含まれません。これらのワニス用の有機の配合シンナーは第38.14項に属します。

- 小売用の容器入りにした修正液

    これらは、白色又はその他の色に着色された不透明な液体で、顔料、バインダー及び溶剤を主要成分とし、通常、小型のびん詰め(その栓には通常小さなブラシがついている。)及び缶詰めにし又はペンの形をしたものに入っています。なお、この修正液用の有機の配合シンナーも、前記同様第38.14項に含まれます。

- 小売用の容器入りにした修正テープ

    これらは、一般にプラスチック製の容器に入れて提示される修正リボンのロールで、様々な幅と長さのテープがあります。ただし、この項には、(i)粘着性の裏張りを有する紙製の修正テープ(第48類)。及び(ii)インキを付けたもの及びその他の方法により印字することができる状態にしたタイプライターリボンその他これに類するリボンは含まれません(第96.12項)。

- ワインその他の発酵酒の清澄に主として使用する調製品

    一般に、ポリ(ビニルピロリドン)又はゼラチン様若しくはアルブミン様

物質（アイシングラス、ゼラチン、又は卵白のようなもの）をもととするものです。ただし、酵素を含んだものは含まれません（第35.07項）。
・ペイント用の複合した増量剤
　　調製粉末で、通常、ペイント（水性塗料を除く。）に増量剤として添加されますが、あるものは着色顔料の分散を促進する働きもあります。これらは、また、顔料として水性塗料の製造にも供されます。これらの調製品は、二以上の天然物（白亜、天然の硫酸バリウム、スレート、ドロマイト、天然の炭酸マグネシウム、石膏、石綿、雲母、タルク、方解石等）の混合物、これらの天然物と化学品との混合物又は化学品の混合物（例えば、水酸化アルミニウムと硫酸バリウム）からなっています。これらには、また、微粉砕した天然の炭酸カルシウムで、特殊処理により各粒子をステアリン酸の発水膜で被覆したものも含まれます。
・ある種の窯業製品（義歯等）製造用の調製剤
　　例えば、カオリン、石英及び長石をもととした混合物
・炉用溶融温度計（ゼーゲルコーン等）
　　通常、小さいピラミッドの形状をし、セラミックペースト及びうわぐすりの成分に類似する物質の混合物でできています。
・ソーダ石灰
　　二酸化炭素の吸収に使用されます。ただし、この項には、理化学用試薬として包装されたソーダ石灰は含まれません（第38.22項）。
・コバルト塩類で着色した水和シリカゲル
・防錆剤
　　例えば、錆の防止に化学的に作用するりん酸をもととする調製品です。なお、潤滑剤をもととした防錆剤は第27.10項又は第34.03項に属します。
・サッカリン又はその塩類及びその他の物質
　　（例えば、重炭酸ナトリウム及び酒石酸）から成る調製品（食料品でなく甘味付けの目的に使用される。）
・塩漬け用又は塩蔵用の塩
　　（食塩に亜硝酸ソーダ（亜硝酸塩類）又は硝酸ソーダ（硝酸塩類）を添加したもの。ただし、砂糖を含有する類似の物品は第21.06項に属します。（砂糖は栄養価を有する物質です。）
・ある種の取り付けてないピエゾエレクトリック材料のカットエレメント（第71.03項又は第71.04項の水晶、トルマリン等のものを除く。）。
　　この項のピエゾエレクトリック素子の製造に最も普通に使用される材料としては、(i) ロッシェル塩（すなわち酒石酸カリウムナトリウムの四水塩）、

酒石酸エチレンジアミン並びにアンモニウム、ルビジウム又はセシウムのオルトりん酸塩及びこれらの混合結晶、並びに(ii)チタン酸バリウム、ジルコン酸チタン酸鉛、メタニオブ酸鉛、ジルコン酸チタン酸ストロンチウム鉛、チタン酸カルシウム等があります。

　この項のピエゾエレクトリック素子は高品質の培養結晶を電気軸に沿って正確にカットして得られたものですが、カットする前のこのような結晶は、化学的に単一の化合物である場合には第28類又は第29類のそれぞれ該当する項に属します。この項には、またこれら先に述べた多結晶の偏光素子（取り付けていないものに限る。）を含みます。

・伝動ベルト滑り止め調製剤

　　脂肪性物質と研磨材等から成るものです。これらは、石油又は歴青油の含有量が全重量の70％以上のものであってもこの項に含まれます。

・ある種の治療物質（例えば、抗生物質）を製造する際の中間生成物

　　微生物による発酵、ろ過及び第1段階の抽出で得られ、一般にその活性物質の含有量は70％以下です。例えば、アルカリ性ケーキはオーレオマイシン製造の中間体で、不活性菌糸体、ろ過助剤及び10〜15％のクロロテトラサイクリンが含まれています。

・化学ルミネセンス現象により照明効果を生じる製品

　　例えば照明棒がありますが、溶剤と蛍光性化合物の存在下でしゅう酸型エステルと過酸化水素との間の化学反応により照明効果が得られるものです。

・ガソリンエンジン用の起動液

　　これらは、ジエチルエーテル、石油（全重量の70％以上）及びその他の成分からなるもので、ジエチルエーテルが基礎的な成分となっています。

・粉状のモデリングペースト（水と混和して使用するもの）

　　この粉末は約30％のライ麦粉及び約30％の木材セルロースにセメント、膠着剤及び白亜を混入したものから成っています。ただし、この項には、第34.07項のモデリングペーストは含まれません。

・つや消し顔料（変性樹脂酸のアルミニウム塩から成る粒子）

・魚鱗ペースト又はフィッシュグアノ

　　魚の鱗をホワイトスピリットで処理して得られる粗製の銀色のペースト。精製後パールエッセンスの製造に使用されます。

・臭化よう化タリウムの結晶

　　臭化物とよう化物の固溶体からなるもので、その光学的特性（赤外線に対する高透過性）が利用されます。

・ゲル化剤

化学的に単一な物品ではなく、モンモリロナイトに親有機性を与える特殊な処理を施したクリーム色がかった白色粉末で、多くの有機調製品（ペイント、ワニス、ビニル重合体分散剤、ろう、接着剤、マスチック複合物、化粧品等）の製造に使用されます。
・脂肪酸（工業用のもの）

これらは、二量体のもの、三量体のもの及びアミルアルコールでエステル化した後エポキシ化したものがあります。
・工業用酸化モリブデン、炭素及びほう酸からなる凝結した混合物で、製鋼業における合金用の材料として使用するために調製したもの
・商取引上"grey oxide"若しくは"black oxide"又は時には誤って"lead dust"と称されている粉

これは特別に調製された、一酸化鉛（65～80％）及び金属鉛（残部）の混合物で、蓄電池用の電極板の製造に使用されます。
・二つの異なった有機化合物の異性体の混合物

ジビニルベンゼンの異性体（典型的なものは25～80％）とエチルビニルベンゼンの異性体（典型的なものは19～50％）の混合物です。ポリスチレン樹脂の重合剤（ジビニルベンゼンの異性体のみが架橋過程に関与する。）として使用されます。
・化学調製品中にシックナー及び乳化安定剤として又は研磨用砥石の製造で結合剤として使用する混合物

これは、第25類の異なる項又は同じ項に該当する物品から成るもの（他の類に属する材料を含有するかしないかを問わない。）のうち、(i)種々の粘土の混合物、(ii)粘土と長石の混合物、(iii)粘土と長石の粉及び天然ほう砂の粉の混合物、または(iv)これらの他に酸ナトリウムを含むもののうちいずれかの成分を含有するものです。
・植物育成培地として使用する混合物（植木鉢用培養土のようなもの）

これは、第25類に分類される物品（土、砂、粘土）から成るもので、少量の窒素、りん、カリウムの肥料要素を含んでいるかいないかを問いません。ただし、泥炭と砂又は粘土との混合物で、その重要な特性が泥炭により与えられているものは含まれません（第27.03項）。
・ゼラチンをもととした複写用ペースト

これらは、図面の複写及び印刷機のローラーの塗布等に使用されます。主要な成分であるゼラチンのほか、種々の割合でデキストリン及び硫酸バリウムを添加したものです。印刷機用のインクローラーの製造に使用するものである場合には、グリセリン又は砂糖及び充てん剤（カオリン等）が添加され

ています。これらは直接使用できる状態（一般に紙又は織物で裏打ち）で提示されてもここに含まれます。ただし、この項には、複写用ペーストを塗った印刷機用のインクローラーは含まれません（第84.43項）。
・ モノ又はジグリセリドのジアセチル酒石酸エステルに、りん酸三カルシウム又は炭酸カルシウムを混合したもので、乳化剤として使用するもの
なお、この項には、次の物品は含まれません。
(a) 仕上げ剤その他の物品及び調製品（繊維工業、製紙工業、皮革工業その他これらに類する工業において使用する種類のもの）（第38.09項）。
(b) 第68.06項の断熱用、防音用若しくは吸音用の鉱物性材料の混合物及び第68.12項の石綿又は石綿と炭酸マグネシウムとをもととした混合物

(25) 第38.25項　化学工業（類似の工業を含む。）において生ずる残留物（他の項に該当するものを除く。）、都市廃棄物、下水汚泥並びにこの類の注6のその他の廃棄物

この項には、化学工業その他類似の工業における残留物が含まれます。また、HS条約発効当初にはなかったのですが、その後の改正により、都市廃棄物、下水汚泥のほか、その他の廃棄物（医薬廃棄物、有機溶剤廃棄物等）もこの項に含まれる旨、明確に定められました。

以下、簡単に説明を加えておきます。
① 化学工業（類似の工業を含む。）において生ずる残留物（他の項に該当するものを除く。）

これらには、次のようなものが含まれます。
(i) アルカリ酸化鉄

これはガス（特に、石炭ガス）の精製に使用されるもので、不純物として酸化鉄を含み、ボーキサイトからアルミニウムを抽出する一過程で副産物として得られるものです。この副産物には、炭酸ナトリウム、二酸化けい素等も含まれています。
(ii) 抗生物質の製造の際に生ずる残留物

俗にケーキと呼ばれ、低濃度の抗生物質を含み、例えば、配合飼料の調製に用いられます。なお、中間生成物で成分抽出前のものは前項に例示があります。
(iii) アンモニア性ガス液

石炭ガスを凝縮して得られた粗コールタールを沈殿させた場合の液状部分として又は石炭の洗浄に使用した水にアンモニアを吸収させることでも得られます。通常、輸送のため濃縮され、かっ色の液状です。アンモニウム塩の

製造用などに利用されます。
(iv) 廃酸化鉄(スペントオキサイド)

石炭ガスは、大部分のアンモニア成分を水抽出した後、沼鉄鉱又は水和した酸化鉄(Ⅲ)、のこくず及び硫酸カルシウムよりなる塊の中を通すことによって化学的に精製されますが、こうして石炭ガスから不純物(硫化水素、シアン化水素酸等)を吸収した塊を廃酸化鉄といいます。これは、硫黄、プルシアンブルー、少量のアンモニウム塩及びその他の物質の混合物を含有し、通常、緑からかっ色の粉状又は粒状で、主として、硫黄及びシアン化物(特にプルシアンブルー)の原料、肥料又は殺虫剤として使用されます。

(v) 発電所における燃焼排気の過程で生ずる残留物

これは、いわゆる石灰石膏を排煙脱硫することで得られる排煙脱硫石膏(FGD石膏)です。通常これらの残留物は、固体又はスラリー状で更なる加工用またはプイラースター製造用に、天然石膏の代用物として使用できるものです。ただし、この項には、これらの残留物から分離し精製した硫酸カルシウム(石膏)は含まれません(第28.33項)。

② 都市廃棄物

この項の「都市廃棄物」とは、家庭、ホテル、レストラン、病院、店舗及び事務所等から回収され並びに道路及び歩道清掃により収集された種類の廃棄物並びに建設及び解体に伴う廃棄物です。都市廃棄物は、主としてプラスチック、ゴム、木、紙、繊維、ガラス、金属、食物その他これらに類する物質から成り、壊れた家具及びその他の損傷し又は投棄された物品等も含まれます。ただし、廃棄物から分別された個々の物質又は物品(例えば、プラスチック、ゴム、木、紙、繊維、ガラス及び金属のくず並びに使用済みの電池)及び産業廃棄物は、この項から除かれ、関税率表の他の該当する項に分類されます。更に、第30類注4(k)の薬剤廃棄物及び後述④の医療廃棄物に該当するものも「都市廃棄物」には含まれません。

なお、化学工業(類似の工業を含む。以下同じ。)において生ずる産業廃棄物については、後ほど④で述べますが、同様の物質で、個別に収集されたものもそれぞれ他の適当な項に属することとされています。

③ 下水汚泥

下水汚泥は、排水処理工程から生じた汚泥をいい、前処理された廃棄物、こすりとったくず及び安定化されていない汚泥を含みます。ただし、この項には、肥料としての使用に適した安定化された汚泥は含まれません(第31類)。なお、安定化された汚泥であっても、農業に害のあるその他の物質(例えば重金属)を含有しているため肥料に適しなくなったものはこの項に属するので注意が必

要です。
④　この類の注6のその他の廃棄物
　　この項には、また、この類の注6の多様なその他の廃棄物で、以下のものを含みます。
　(i)　医療廃棄物
　　　これは医学研究、診断、治療又はその他内科的、外科的、歯科的若しくは獣医学的行為から生ずる病原菌、薬剤及び体液を含んでいることが多い汚染された廃棄物で、特別な廃棄処置が要求されるもの（例えば、汚染された衣類、使用済みの手袋及び使用済みの注射器）をいいます。（病院から出るもの全てが医療廃棄物というわけではありません。）
　(ii)　有機溶剤廃棄物
　　　一般に清浄及び洗浄工程において生ずるもので、有機溶剤を主成分とするが、提示の際に一次製品として更なる使用に適しない廃棄物（溶剤の回収を目的とするかしないかを問わない。）です。ただし、石油又は歴青油を主成分とする廃棄物は含まれません（第27.10項）。
　(iii)　金属浸せき液、作動液、ブレーキ液及び不凍液の廃棄物で、提示の際に一次製品として更なる使用に適しないもの。ただし、これら廃棄物から得られる灰及び残留物で、金属又は金属化合物の回収に使用される種類のもの（第26.20項）及び作動液及びブレーキ液の廃棄物で石油又は歴青油を主成分とするもの（第27.10項）は含まれません。
　(iv)　化学工業において生ずるその他の廃棄物
　　　これらには、特に、インキ、染料、顔料、ラッカー及びワニスの製造、調合及び使用により生じた廃棄物（都市廃棄物及び有機溶剤廃棄物を除く。）を含みます。これらは、一般に不均一の混合物で、かつ、液体から水又は非水媒体中に分散した半固形物と様々です。これらは一次製品とは異なり、更なる使用には適さない物品です。ただし、この項には、インキ、染料、顔料、ペイント、ラッカー及びワニスの製造、調合、使用により生じた廃棄物から得られるスラグ、灰及び残留物で、金属又はこれらの化合物の回収用に供する種類のもの（第26.20項）及び石油及び歴青油を主成分とする廃棄物（第27.10項）は含まれません。
なお、前に述べたことと一部重複するかもしれませんが、この項には、次の物品は含まれません。
(a)　金属、砒素又はこれらの混合物を含有するスラグ、灰及び残留物で、砒素若しくは金属の回収又はこれらの化合物の製造に使用される種類のもの（第26.20項）

(b) 都市廃棄物の焼却によって生じた灰及び残留物（第26.21項）
(c) 精油からテルペンを除く際に生ずるテルペン系副産物（第33.01項）
(d) 木材パルプの製造の際に生ずる廃液（第38.04項）

(26) 第38.26項　バイオディーゼル及びその混合物（石油又は歴青油の含有量が全重量の70％未満のものに限る。）

　この項も、HSの発効当時にはなかった規定です。
　バイオディーゼルは様々な鎖長の脂肪酸のモノアルキルエステルから成るもので、高い沸点、低い蒸気圧及び石油から製造されたディーゼル油に類似した粘度を有しています。これは、一般的にトランスエステル化により製造されますが、この工程により、油脂中の脂肪酸は、触媒の存在下でアルコール（通常、メタノール又はエタノール）と反応して所望のエステルが生成されます。
　バイオディーゼルについては、この類の注7に、「第38.26項において、「バイオディーゼル」とは、動物性又は植物性の油脂（使用済みであるかないかを問わない。）から得た燃料として使用する種類の脂肪酸エステルをいう。」と定められています。
　このようにバイオディーゼルは、植物油（例えば、菜種、大豆、やし、ひまわり、綿実、ナンヨウアブラギリ）、動物油（例えば、ラード、タロー）又は使用済みの油脂（例えば、揚げ油、再生食用グリース）から製造されます。従って、バイオディーゼル自体は石油及び歴青油から得た油は含んでいませんが、石油及び歴青油（例えば、ディーゼル油、灯油、暖房油）から得た蒸留燃料と混合されることがあります。この場合、石油又は瀝青油成分が70％未満のものはこの項に含まれます。
　バイオディーゼルは、ピストン式圧縮点火内燃機関、熱エネルギーの生産その他これらに類する用途に供するための燃料として使用することができます。
　なお、この項には、次の物品は含まれません。
(a) 油又は歴青油の含有量が全重量の70％以上の混合物（第27.10項）
(b) 完全に脱酸素化した植物油から得られる脂肪族炭化水素鎖のみから成る物品（第27.10項）

第7章
第7部 プラスチック及びゴム並びにこれらの製品

第1節　部の概要

　この章は、HS第7部、すなわち第39類のプラスチック及びその製品並びに第40類のゴム及びその製品の2つの類を扱います。
　はじめに、これら2つの類に共通する第7部の注の規定を見ておきます。

1　部注1について

　この部の注1として、
「二以上の独立した構成成分（その一部又は全部がこの部に属し、かつ、第6部又はこの部の生産品を得るために相互に混合するものに限る。）から成るセットにした物品は、当該構成成分が次のすべての要件を満たす場合に限り、当該生産品が属する項に属する。
(a) 取りそろえた状態からみて、詰め替えることなく共に使用するためのものであることが明らかに認められること。
(b) 共に提示するものであること。
(c) 当該構成成分の性質又は相対的な量の比のいずれかにより互いに補完し合うものであることが認められること。」
の旨が定められています。
　例えば、よくご存じの、2本のチューブをセットにした小売用の接着剤があります。多くの場合、一本には液状のプラスチック樹脂が、もう一本には硬化剤（高分子重合の促進剤等）が入ったもので、使用に先立ち両者の一定量を取り出して混合し、接着面に塗布して使用するものです。混合により高分子化が進み、時間の経過とともに硬化することによって接着するもので、代表的なものとしては、低重合度のエポキシ樹脂が使われます。
　しかしながら、類似の物品で、例えば二以上の独立した構成成分から成るセットにした物品で、当該構成成分の一部又は全部が第7部に属するもののうち、前もって混合することなく順次使用するものは、この注1の規定には合致しません。従って、このような物品で小売用に包装されたものは通則（一般に通則3(b)）を適用することによりその所属を決定しますが、小売用に包装されていない場合に

第7章　第7部　プラスチック及びゴム並びにこれらの製品

は、当該構成成分は別々に所属を決定することになります。

2　部注2について

　部注2として、「プラスチック及びゴム並びにこれらの製品で、モチーフ、字又は絵を印刷したもののうち、当該モチーフ、字又は絵がこれらの物品の本来の用途に対し付随的でないものは、第49類に属する。ただし、第39.18項又は第39.19項の物品を除く。」と規定されています。

　すなわち、第39.18項の物品（プラスチック製の床用敷物、壁面被覆材及び天井被覆材）及び第39.19項の物品（プラスチック製の接着性の板等）は、モチーフ、字又は絵を印刷したもののうち、当該モチーフ、字又は絵がこれらの物品の本来の用途に対し付属的でないものであっても第49類に属さず、上記各項に属することとなりますが、この部に掲げるプラスチック又はゴムから成るこれら以外の物品は、これらの印刷が本来の用途に対して付随的でなければ第49類に属することとされています。

　これらを予備知識として、各類の規定を見てみましょう。

第2節　第39類 プラスチック及びその製品

1　この類の概説
(1) プラスチックについて

　この類には、いわゆるプラスチックとその半製品及び製品が含まれます。「プラスチック」とは、一般に有機高分子物質の中の天然樹脂又は合成樹脂をいいますが、普通プラスチックといえば合成樹脂を指すことが多いとされています。これらの樹脂は、加熱することによって軟化し、任意の形に成形することができる、すなわち可塑性（plasticity）を有するもので、この名があります。

　プラスチックには、熱を与えて可塑性を得た後、冷却すると硬化してその形を保つが、再度加熱すると可塑性が再現するもの（熱可塑性樹脂（ポリ塩化ビニル等））と、同じく加熱により可塑性が現れるが、更に加熱することにより硬化し、その後、再び加熱しても可塑性を再現しないもの（熱硬化性樹脂（フェノール樹脂等））があります。しかしながら、ここでは、HS分類上の扱いですから、条約の規定、定義に従って所属を決定しなければなりません。

　第39類注1において、「この表において「プラスチック」とは、第39.01項から第39.14項までの材料で、重合の段階又はその後の段階で、加熱、加圧その他の外部の作用（必要に応じ溶剤又は可塑剤を加えることができる。）の下で、鋳造、押出し、圧延その他の方法により成形することができ、かつ、外部の作用の除去後もその形を維持することができるものをいう。」とし、また「この表においてプラスチックには、バルカナイズドファイバーを含むものとし、第11部の紡織用繊維とみなされる材料を含まない。」旨、規定されています。（バルカナイズドファイバーは、一般に、塩化亜鉛で処理して作った硬質耐水性の紙又は板紙をいい、主な用途は、電気絶縁に、また歯車、スーツケースその他の容器に加工されるといわれています。）

　このHS上のプラスチックに関する規定にある「第39.01項から第39.14項までの材料」について簡単に触れておきます。これらは、順に(i)エチレンの重合体、(ii)プロピレンその他のオレフィンの重合体、(iii)スチレンの重合体、(iv)塩化ビニルその他のハロゲンオレフィンの重合体、(v)酢酸ビニルその他のビニルエステルの重合体その他のビニル重合体、(vi)アクリル重合体、(vii)ポリアセタールその他のポリエーテル、エポキシ樹脂及びポリカーボネート、アルキド樹脂、ポリアリルエステルその他のポリエステル、(viii)ポリアミド、(ix)アミノ樹脂、フェノール樹脂及びポリウレタン、(x)シリコーン、(xi)石油樹脂、クマロン－インデン樹脂、ポリテルペン、ポリ硫化物及びこの類の注3のその他の物品、(xii)セルロース及びその化学的誘導体、及び(xiii)天然の重合体及び変性させた天然の重合体（他

の項に該当するものを除く。）と記載されています。

　お分かりのように、重合体であること、及びそれがその重合の段階で、又はその後の段階で可塑性（プラスチック性）を有するものであることとなります。

　また、これらの物質は、必ずしも全て石油化学工業での合成樹脂というわけではありません。天然の高分子物質も一部には含まれていますが、やはりいわゆるプラスチック工業関連物品が中心となっています。プラスチックは高分子重合体ですが、高分子重合体が全てプラスチックというわけではありません。また、第39.13項の規定（前記(xiii)）のとおり、天然の重合体でも他の項に該当するものは除かれ、この類には含まれません。また、順序は逆ですが、(viii)のポリアミド（第39.08項）に関していえば、たんぱく質、羊毛、絹等はいずれもポリアミドです。また、別の物品については、石油から生成したろう、天然のろう、ゴムなどもあります。これらと、この類のプラスチック関連物品との区別が必要です。

　もう一点、この類の表題は、「プラスチック及びその製品」となっていますが、これは表題ですから、法的拘束力はありません。事実、第39.01項はポリエチレンの重合体ですが、場合によっては液状のものもあります。（液状でポリエチレンについては、一気圧、摂氏300度での流分が60％未満との規定があります。このままではプラスチックの性質は持っていませんが更なる重合の過程でプラスチック性が生じます。）

　いずれにしても、この類に属するプラスチック及びその製品とそれ以外の物品の分類上の交通整理をするため、次の注2の除外規定が置かれています。

(2) この類に含まれない物品について

　この類の注2に掲げられている除外規定です。（規定の逆読みは感心しませんが、一般的には、プラスチックの定義（注1）に該当する物質であることを条件に、この規定除外に該当しないものは、基本的にこの類に属する可能性が高いと考えて詳細を検討することができるでしょう。）

　以下、注の規定に、若干の解説を試みました。

(a) 第27.10項又は第34.03項の調製潤滑剤

　　これらの潤滑剤は既に解説しました。潤滑剤として使用する種類の調製品です。

(b) 第27.12項又は第34.04項のろう

　　石油パラフィンワックスや、人造ろう及び調製ろうです。第34類注の規定もありますが、一般に、ろうはもろい物質です。

(c) 化学的に単一の有機化合物（第29類参照）

　　第29類参照とあります。すなわち、第29類に属する物品は、いずれもこの類

には属しません。以下同じです。
(d) ヘパリン及びその塩（第30.01項参照）
　　ヘパリンはエステル状に結合した硫酸を含む多糖類の一種です。糖類としては、グルコサミン、グルクロン酸及び硫酸基からなっている物質で、高等動物の各種組織に広く分布する物質です。
(e) 第39.01項から第39.13項までの物品を揮発性有機溶剤に溶かした溶液（溶剤の含有量が全重量の50％を超えるものに限るものとし、コロジオンを除く。第32.08項参照）及び第32.12項のスタンプ用のはく
　　コロジオンは、硝酸化度の低いニトロセルロースであるピロキシリンをエーテルとアルコールの混合液に溶かしたもので、溶媒が蒸発すると、透明で水に溶けないコロジオン膜が得られます。
(f) 第34.02項の有機界面活性剤及び調製品
(g) ランガム及びエステルガム（第38.06項参照）
　　第38.06項の物質はこの類には属しません。
(h) 鉱物油（ガソリンを含む。）用又は鉱物油と同じ目的に使用するその他の液体用の調製添加剤（第38.11項参照）
(ij) ポリグリコール、シリコーンその他の第39類の重合体をもととした調製液圧液（第38.19項参照）
　　これも液状ですが、第38.19項に属するこうした調製品はいずれもこの類には含まれません。
これ以降は、主としてプラスチックの半製品、製品関係になります。これらに該当する物品は、この類には属しません。
(k) 診断用又は理化学用の試薬（プラスチック製の支持体を使用したものに限る。第38.22項）
(l) 第40類の合成ゴム及びその製品（ゴムとプラスチックの関係は微妙です。第40類に合成ゴムの規定があります。合成ゴムに該当すれば自動的にこの号から除かれます。）
(m) 動物用の装身具（第42.01項参照）及び第42.02項のトランク、スーツケース、ハンドバッグその他の容器
(n) 第46類のさなだ、枝条細工物その他の製品
(o) 第48.14項の壁面被覆材
(p) 第11部の物品（紡織用繊維及びその製品）
(q) 第12部の物品（例えば、履物、帽子、傘、つえ及びむち並びにこれらの部分品）
(r) 第71.17項の身辺用模造細貨類
(s) 第16部の物品（機械類及び電気機器）

(t) 第17部の航空機又は車両の部分品
(u) 第90類の物品（例えば、光学用品、眼鏡のフレーム及び製図機器）
(v) 第91類の物品（例えば、時計のケース）
(w) 第92類の物品（例えば、楽器及びその部分品）
(x) 第94類の物品（例えば、家具、ランプその他の照明器具、イルミネーションサイン及びプレハブ建築物）
(y) 第95類の物品（例えば、がん具、遊戯用具及び運動用具）
(z) 第96類の物品（例えば、ブラシ、ボタン、スライドファスナー、くし、喫煙用パイプの吸い口及び柄、シガレットホルダー類、魔法瓶その他これに類する容器の部分品、ペン並びにシャープペンシル並びに一脚、二脚、三脚その他これらに類する物品）

2 この類の物品の分類上の留意点
(1) 注3の規定（第39.01項から第39.11項までに含まれる物品）について
「第39.01項から第39.11項までには、化学合成により製造した物品で次のもののみを含む」旨定められています。

① 減圧蒸留法により蒸留した場合において1,013ミリバールに換算したときの温度300度における留出容量が全容量の60％未満の液状の合成ポリオレフィン（第39.01項及び第39.02項参照）

　これは、液状合成ポリオレフィン、すなわち、低重合のエチレン、プロペン、ブテンその他のポリオレフィン等ですが、この留出分がこの基準を超えるものは、通常第29類に分類されます。これらの分類基準です。

② 低重合のクマロン－インデン系樹脂（第39.11項参照）
　コールタールに由来する混合単量体（クマロン及びインデンを含む。）を共重合することによって得られる低重合度の物質です。

③ その他の合成重合体で平均5以上の単量体から成るもの
　平均5以上の単量体ユニット（重合反応によって重合体を合成する場合の原料となる物質。モノマー）から成っており、連続構造を持つ、前記①及び②以外の合成重合体（ポリマー）で、前記注1で定める材料のプラスチックを含みます。また、解説書には次の記述があります。
　「類注3(c)における単量体ユニットの平均数の計算において、縮重合体及びある種の転位重合体は、各々が異なる化学組成を有する、2以上の単量体ユニットを有することがある。単量体ユニットは、重合過程において個々の単量体分子から形成される最大の構成単位であるが、重合体を構成する繰り返しの最小単位である繰り返し単位又は重合体を形成する一分子の単量体という語と

混同してはならない。」

　この説明では少し解り難いので解説しておきます。また、各項の下の号への所属の決定においては、この点を正しく理解しておく必要があります。(号の分類については後ほど述べます。)

　高分子重合体は、最小の分子単位が結合し、全体として大きな分子となったものです。合成高分子の場合、これらの結合した結果できる重合体の分子の大きさ、長さはまちまちです。これらが集まったものは、その意味では混合物ということになります。

　この重合する前の分子を単量体(モノマー)といいます。例えばポリ塩化ビニルの場合、最初の単量体は塩化ビニル(CH_2=CHCl)分子です。これが重合した場合、CH_2-CHCl-CH_2-CHCl-CH_2-CHCl-‥‥-CH_2-CHClと繋がります。また重合体で見ると、結果としてこの重合体を構成している単位も同じく、「-CH_2-CHCl-」です。従って、単量体ユニットも単量体と同じです。また、組成上の繰り返しユニットもご覧の通り同じで、単量体ユニットが繰り返されています。

　なお、こうした重合反応の結果生じた重合体のそれぞれの分子量は、それを構成する単量体分子の数が必ずしも全て同じというわけではありません。このような事情から、この規定においても「「平均」5以上の単量体から成るもの」と規定されているのです。以上は、簡単な例ですが、次のものは如何でしょうか。

　よくご存じのナイロン(6,6-ナイロン)と呼ばれるものです。

　単量体は、ヘキサメチレンジアミン(NH_2・$(CH_2)_6$・NH_2)とアジピン酸(HOOC・$(CH_2)_4$・COOH)の2種です。両分子が結合する場合、脱水してアミド結合を形成しますので、水分子分だけ短く縮んだ形の縮合重合(アミド結合)を繰り返します。その結果、次のようになります。

-NH・$(CH_2)_6$・NH-CO・$(CH_2)_4$・CO-NH・$(CH_2)_6$・NH-CO・$(CH_2)_4$・CO-NH・$(CH_2)_6$・NH-CO・$(CH_2)_4$・CO-NH・$(CH_2)_6$・NH-CO・$(CH_2)_4$・CO-

　分かり易いように、元の分子、すなわちそれぞれの単量体に由来するユニット内の結合は便宜上「・」で示しました。それぞれの単量体とそれに由来するユニットといいましたが、それぞれの重合に際し水1分子分がとれていることが分かります。ちなみに、前記の例で、ポリ塩化ビニルの場合を単純重合、この例の場合を縮合重合といいます。すなわち、厳密に言えば、このように元のいわゆる単量体に比べ重合体の単量体ユニットは、この部分の分子量が小さくなっています。いずれにしても、この場合の単量体及び単量体ユニットは、それぞれ2種類ずつあります。そこで、もう一度この重合体を見てみると、繰り返しているのは、この種類の単量体ユニットが結合した単位「-NH・$(CH_2)_6$・

第7章　第7部　プラスチック及びゴム並びにこれらの製品

NH–CO・(CH$_2$)$_4$・CO」(前記分子式の囲み部分)で繰り返しています。すなわち繰り返し単位(constitusional repeating unit)は、この場合、2種類の単量体ユニットから成り立っているといえます。また、別の言い方をすれば、この2種類の単量体が結合して一つの単量体ユニットと見なすこともできるので、合成高分子を構成する単一の分子という言い方もできるかも知れません。この例の場合「ヘキサメチレンジアミンとアジピン酸のアミド」です。このような見方をすると、先ほどの規定、「平均5以上の単量体からなるもの」をどのように考えるか迷います。このようなことから、関税率表解説では、この規定については、こうした複数の種類の単量体から成る高分子の場合、繰り返しユニットを単量体ユニットとして計算するのではない旨、説明したものと解されます。従ってこの例の場合においても、構成する異なる単量体ユニット(ヘモサメチレンジアミンとアジピン酸)をそれぞれ一単位としてカウントすれば良いといえるでしょう。このことは、共重合体の定義(注4)からも明らかです。

④　シリコーン(第39.10項参照)
　　分子内に二以上のSi・O・Si結合を含み、かつ、けい素(Si)原子に直接Si・Cの形で結合している有機の基を含む、化学的に単一でない物品です。

⑤　レゾール(第39.09項参照)その他のプレポリマー
　　プレポリマーは、未反応の単量体を含んでいる場合もありますが、単量体ユニットのある程度の繰返しにより特徴付けられるもので、通常そのままでは使用されず、更に重合することによって、より分子量の大きい重合体にして使用するものです。従って、プレポリマーには、ジイソブチレン(第27.10項)又は非常に低分子量のポリ(オキシエチレン)(ポリエチレングリコール)(第38.24項)のような最終物品は含まれません。プレポリマーには、例えば、ビスフェノールAやフェノールホルムアルデヒドをもととし、エピクロルヒドリンによりエポキシ化したエポキシド及びイソシアン化物の重合体があります。

(2) 用語の定義に関する注4の規定
　　この類に規定されている用語について、更に注4の規定があります。
①　共重合体
　　共重合体とは、「重合体の全重量の95%以上を占める一の単量体ユニットを有しないすべての重合体をいう」とされています。更に、「この類の共重合体(共重縮合物、共重付加物、ブロック共重合体及びグラフト共重合体を含む。)及びポリマーブレンドは、文脈により別に解釈される場合を除くほか、これらを構成するコモノマーユニットのうち最大の重量を占めるコモノマーユニットの重合体が属する項に属する。この場合において、同一の項に属する重合体を

構成するコモノマーユニットは、一のものとみなしその重量を合計する。」旨、及び「最大の重量を占めるコモノマーユニットが存在しない場合には、共重合体及びポリマーブレンドは、等しく考慮に値する項のうち数字上の配列において最後となる項に属する。」旨が規定されています。

　高校の化学の授業を思い出していただければ、特に解説する必要もないと思いますが、知識の整理のため、補足しておきます。

　重合体という語は、HSでは、重合反応によってできた高分子化合物をいいます。これは、同一又は異なる化学組成の数分子間の反応によって形成されます。その数は5以上となっています。この高分子化合物が形成される工程を重合といいますが、広義において「重合」には、(i)付加重合（不飽和を有する単一の分子が単純な付加により、水その他の副産物を生成することなく、互いに反応し、炭素－炭素結合のみを含む重合鎖を形成するもの。例えば、エチレンからポリエチレン（ホモポリマー）の生成、及びエチレンと酢酸ビニルからエチレン-酢酸ビニル共重合体（コポリマー）の生成です。この型の重合は単純重合又は単純共重合と呼ばれる厳密な意味での重合又は共重合です。)、(ii)転位重合（酸素、窒素又は硫黄のような原子を含む官能基を有する分子が分子内の転位及び付加によって、水その他の副産物を生成することなく互いに反応し、エーテル結合、アミド結合、ウレタン結合その他の結合によって単量体単位が結合し、重合鎖を形成するもの（例えば、ホルムアルデヒドからポリ（オキシメチレン）（ポリホルムアルデヒド）の生成、カプロラクタムからポリアミド－6の生成及びポリオール及びジイソシアネートからポリウレタンの生成。この型の重合は重付加とも呼ばれます。)、及び(iii)縮合重合（酸素、窒素又は硫黄のような原子を含む官能基を有する分子が縮合反応によって互いに反応し、水その他の副産物の生成を伴いエーテル結合、エステル結合、アミド結合その他の結合によって単量体単位が結合して重合鎖を形成するもの（例えば、エチレングリコールとテレフタール酸からポリ（エチレンテレフタレート）の生成及び先ほど述べたヘキサメチレンジアミンとアジピン酸からポリアミド－6,6の生成。この型の重合は縮合又は重縮合と呼ばれます。）があります。

　また、重合体は、例えば、ポリエチレン又はポリ（塩化ビニル）の塩素化、ポリエチレンのクロロスルホン化、セルロースのアセチル化若しくはニトロ化及びポリ（酢酸ビニル）の加水分解のように化学的に変性させることもあります。これは「化学的に変性させた重合体」ですが、この分類については注5に規定されていますので、後ほど、説明します。

　更に重合体は、商業上それらの略名によって表現される以上の単量体ユニットを含んでいる場合があるし、また、重合体中の単量体ユニットの相対的な量

は略名によって表現されている順序と同一であるとは限らないので、重合体の名称は、単なる参考としてのみ使用し、実際の分類に当たっては、全ての場合、類注及び号注を適用し、重合体中の単量体ユニットの相対的な構成割合をもとして行わなければなりません。

そこで、2種類以上の単量体ユニットを含んでいる、いわゆる「共重合体」ですが、類注4によりこの類に属する重合体で、全重量の95％以上を占める一の単量体ユニットを有しない重合体であると定義されています。すなわち、例えばプロピレンの単量体ユニット96％及び他のオレフィン系単量体ユニット4％から構成される重合体は共重合体としては扱われず、ポリプロピレン（プロピレンの重合体）として分類されます。

なお、共重合体（コポリマー）を構成している単量体（モノマー）をコモノマーということは先に述べましたが、共重合体には、その結合の仕方から、共縮重合物、共重付加物、ブロック共重合体及びグラフト共重合体という分け方があります。

ブロック共重合体とは、異なる単量体ユニットから成る少なくとも二種類の重合鎖が結合した共重合体（例えばエチレン（Aと略記）とプロピレン（Bと略記）から成る共重合体で、ポリエチレンとポリプロピレンの部分を交互に有するもの（AA···BB···AA···BB····ABB）をいいます。）

グラフト共重合体とは、主鎖となる重合鎖に、異なる単量体ユニットから成る側鎖が結したものです。例えば、スチレン－ブタジエン共重合体－グラフト－ポリスチレン（すなわちスチレン－ブタジエン共重合にポリスチレンが側鎖として結合したもの）及びポリブタジエン－グラフト－スチレン－アクリロニトリル共重合体があります。

② ポリマーブレンド

ポリマーブレンドとは、前記の共重合体が、異なる単量体からなる重合部分同士が結合しているのに対し、独立の異なる単量体からなる重合体が、混在するものをいいます。

少し面倒ですが、この類の分類に当たっては、最大重量を占める単一のコモノマーユニット（又は同一の項に分類される重合体を構成するコモノマーユニットのグループ）を確認しなければ、その所属を決定することはできません。例えば、「塩化ビニル単量体ユニット55％を含有する塩化ビニル－酢酸ビニル共重合体は、第39.04項に属しますが、酢酸ビニル単量体ユニット55％を含有するものは第39.05項に属する。」とか、「エチレン45％、プロピレン35％及びイソブチレン20％の単量体ユニットから成る共重合体は、プロピレン及びイソブチレンの各々の重合体が第39.02項に属するので、これらを合計すると共重

合体の55％を構成しており、エチレンの単量体ユニットより大きい重量を占めるので、第39.02項に属する。」といった具合です。

これらについては、各項の中でも、具体的に述べていきます。
③　化学的に変性させた重合体

これは、前にも述べましたが、ポリエチレンの塩素化、クロロスルホン化等がありますが、これらの化学的変化をきたす部分（付加や置換）が重合体の主鎖に付随する部分のみを化学反応により変化させたものは、変性させてない重合体が属する項に属することとされています。従って、例えば塩素化ポリエチレンやクロロスルホン化ポリエチレンは第39.01項に分類することとなります。

なお、この規定は、グラフト共重合体に適用しないこととなっています。

(3) 「一次製品」、「くず」、「管及びホース」等、この類の各項に規定する物品、項の規定の範囲について

以下は各項に定められている物品について、共通した用語に関する注の規定です。各項の解説でも触れますが、ここにまとめておきます。
①　「一次製品」

第39.01項から第39.14項までには、一次製品のみが含まれます。その「一次製品」とは、次の形状の物品に限るとされています。

（i）　液状又はペースト状のもの（ディスパージョン（乳化し又は懸濁しているもの）及び溶液を含む。）

これらは、最終材料にするための、硬化に必要な硬化剤（架橋剤）その他の共反応剤及び促進剤等の他に、主として最終物品に特別な物性その他の所望の特性を与えるために、可塑剤、安定剤、充てん料及び着色料のような他の物質を含んでいてもよいとされています。ただし、ある物質を添加した結果、その物品が関税率表において、より特殊な限定をした項のいずれかの記載に該当することとなれば、この第39類から除かれます。こうした除外されるものとしては、例えば、調製膠着剤や鉱物油用の調製添加剤（第38.11項）があります。

なお、第39.01項から第39.13項までの物品を揮発性有機溶剤に溶かした溶液（コロジオンを除くものとし、溶剤の含有量が全重量の50％を超えるものに限る。）は第32.08項に分類されるので注意が必要です。

また、溶剤を含有しない液状の重合体で、ワニスとしてのみ使用することが明らかに認められる物品（硬化剤を添加することなく、熱、大気中の湿度又は酸素によって被膜を形成するもの）は、第32.10項に属します。ただし、ワニスとして使用することが明らかに認められないものはこの類に含まれます。

更に、マスチックとしての使用に適する物品にするために、添加物をさらに調合した一次製品の重合体は、第32.14項に属します。
  (ⅱ) 塊(不規則な形のものに限る。)、粉(モールディングパウダーを含む。)、粒、フレークその他これらに類する形状のもの
　　充てん料、着色料等を含んであるかいないかを問いません。ただし、規則正しい幾何学的形状の塊は一次製品に該当せず、「板、シート、フィルム、はく及びストリップ」に含まれます(この類の注10参照)。
② 「くず」の扱い
　　第39.15項には、一の熱可塑性材料のくずで一次製品の形状にしたものを含まない(第39.01項から第39.14項まで参照)とされています。
③ 「管及びホース」
　　第39.17項の「管及びホース」とは、中空の物品(半製品であるか又は完成品であるかを問わない。)で、主として気体又は液体の運搬用又は配送用に供するもの(例えば、リブ付きの庭用ホース及び穴あき管)をいい、ソーセージケーシングその他のへん平な管も含むとされています。ただし、内部の横断面が円形、だ円形、長方形(長さが幅の1.5倍以下のものに限る。)又は正多角形以外のものは、へん平な管の場合を除くほか、形材とみなすものとし、ここでいう管及びホースには該当しないこととされています。
④ 「プラスチック製の壁面被覆材及び天井被覆材」について
　　第39.18項の「プラスチック製の壁面被覆材及び天井被覆材」とは、壁又は天井の装飾に適した幅が45センチメートル以上のロール状の物品のうちプラスチックを紙以外の材料で裏張りしたもので、プラスチック層の表面に木目付けをし、浮き出し模様を付け、着色し、図案印刷をし又はその他の装飾を施したものをいう旨、定められています。
⑤ その他のプラスチックと紡織用繊維との結合物品
　　この他に、プラスチックと紡織用繊維を結合した物品の分類は、基本的に第11部の注1(h)、第56類の注3及び第59類の注2に従うものとされており、次の物品もこの類に含まれます。
  (ⅰ) フェルトにプラスチックを染み込ませ、塗布し、被覆し又は積層したもので、紡織用繊維重量が全重量の50%以下の物品及びフェルトをプラスチックの中に完全に埋め込んだ物品
  (ⅱ) 紡織用繊維の織物類及び不織布をプラスチックの中に完全に埋め込んだ物品並びに紡織用繊維の織物類及び不織布の両面のすべてにプラスチックを塗布し又は被覆した物品で、その結果生ずる色彩の変化を考慮することなく塗布し又は被覆したことを肉眼により判別することができる物品

第2節　第39類 プラスチック及びその製品

(iii) 紡織用繊維の織物類にプラスチックを染み込ませ、塗布し、被覆し、又は積層したもので、温度15度から30度までにおいて直径が7ミリメートルの円筒に手で巻きつけたときに、亀裂を生ずる物品
(iv) 紡織用繊維の織物類（第59類注1で定義されるもの）、フェルト又は不織布と多泡性のプラスチックの板、シート又はストリップとを結合したもので、紡織用繊維が単に補強の目的で使われている物品
　この場合、模様を有しないもの、漂白してないもの、漂白したもの又は均一に浸染した紡織用繊維の織物類、フェルト又は不織布を、プラスチックの板、シート又はストリップの片側のみに結合した場合は、単に補強の目的で使用したものとみなされます。模様を有するもの、なせんしたもの、これら以上の精巧な加工をした織物類（例えば、起毛）及びパイル織物、チュール、レース、第58.11項の織物製品などの特殊な物品は、単なる補強以上の機能を有するものとみなされます。また、紡織用繊維の織物類を両面に結合した多泡性のプラスチックの板、シート及びストリップは、織物がどのような特性を有しているかに係わらず、この類から除外されます（一般に第56.02項、第56.03項又は第59.03項）。
⑥　プラスチックと紡織用繊維以外の材料との結合物品
　この類には、プラスチック製品の特性を有するものに限り、次のようなものも含まれます。
(i) プラスチック中に他の材料（線、ガラス繊維等）から成る補強材又は支持網が埋め込まれた板、シート等
(ii) 金属はく、紙、板紙等の材料を中間層として有するプラスチックの板、シート等。ただし、薄いプラスチックの保護シートで両面を披覆した紙又は板紙から成る物品で、紙又は板紙の重要な特性を有するものは、この類には含まれません（通常第48.11項）。
(iii) 紙で補強した積層プラスチックのシート及びプラスチックを塗布し又は被覆した一層の紙又は板紙から成る物品
　後者においては、プラスチック層の厚さが全体の半分を超えるものに限られます。ただし、第48.14項の壁面被覆材はこの類には含まれません。
(iv) プラスチックを染み込ませたガラス繊維又は紙のシートで圧搾して作った物品であって、硬い特性を有するもの。ただし、紙又はガラス繊維製品の特性を有しているものは第48類又は第70類に属します。
　この前段の記述は、単繊維、棒、形材、管、導管及びホース及び製品についても同様です。
　また、プラスチックを単に含浸した卑金属製の網及び網地製品は、これら

の含浸過程において網目が充てんされていてもこの類には含まれません（第15部）。

　更に、木材とプラスチックの層から成る板又はシートで、木材が単にプラスチックの支持体又は補強材となっているものはこの類に属しますが、プラスチックが単に補助的な役割を有するもの（例えば、プラスチックが薄いベニヤ板用の基材になっている場合）はこの類には含まれません（第44類）。これに関連して、木材とプラスチックとの層から成る建築用パネルも通常第44類に属することとなるので注意が必要です。

⑦　「板、シート、フィルム、はく及びストリップ」

　第39.20項及び第39.21項において板、シート、フィルム、はく及びストリップは、板、シート、フィルム、はく、ストリップ（第54類のものを除く。）及び規則正しい幾何学的形状の塊（印刷その他の表面加工をしてあるかないかを問わない。）で、切ってないもの及び単に長方形(正方形を含む。)に切ったもの(長方形（正方形を含む。）に切ったことによりそのまま使用することができる製品になったものを含む。）に限られます。従って、項の規定の表現よりスコープが広いことに注意が必要です。ただし、これらを更に加工したものは、この類には含まれません。

⑧　第39.25項の物品の範囲について

　第39.25項には、第2節の同項よりも前の項の物品を除くほか、次の製品のみを含むこととされています。(第39類注11)

(ⅰ)　貯蔵槽、タンク（浄化槽を含む。）、おけその他これらに類する容器（容積が300リットルを超えるものに限る。）

(ⅱ)　構造物の要素（例えば、床用、壁用、仕切り壁用、天井用又は屋根用のもの）

(ⅲ)　雨どい及びその取付具

(ⅳ)　戸及び窓並びにこれらの枠並びに戸の敷居

(ⅴ)　バルコニー、手すり、塀、門その他これらに類する仕切り

(ⅵ)　よろい戸、日よけ（ベネシャンブラインドを含む。）その他これらに類する製品並びにこれらの部分品及び取付具

(ⅶ)　店、作業場、倉庫等において組み立て、恒久的に取り付けるための大型の棚

(ⅷ)　装飾用の建築用品（例えば、フルーティング、小丸屋根及びはと小屋）

(ⅸ)　取付具（例えば、取手、掛けくぎ、腕木、タオル掛け及びスイッチ板その他の保護板。戸、窓、階段、壁その他の建物の部分に恒久的に取り付けるためのものに限る。）

⑨　多泡性のプラスチック

　多泡性のプラスチックは、塊全体に分散した多くの気孔（開いたもの、閉じたもの又は両方の状態のもの）を有するもので、フォームプラスチック、エキスパンデッドプラスチック、ミクロポーラスプラスチック及びミクロセルラープラスチックがあります。これらには、柔軟性のあるものも硬いものもあります。

（4）この類に含まれない物品について

　この類の注2に掲げられた除外規定に加え、この類には次の物品は含まれません。

（a）プラスチックに着色料を濃厚に分散させたもので、第32類の物品の特性を有するもの。例えば、第32.04項のプラスチックに着色料を濃厚に分散させたもの及び有機ルミノホア、プラスチック中にローダミンBを入れたもの、第32.05項のプラスチックにレーキ顔料を濃厚に分散させたもの、及び第32.06項のプラスチックにその他の着色料を濃厚に分散させたもの等があります。

（b）接着剤として使用するために特に配合された調製品で、第39.01項から第39.13項までの重合体又はそれらの混合物から成り、かつ、この類に該当しない他の物質（例えば、ろう。ただし、この類の物品への添加が許容されている、充てん料、可塑剤、溶剤、顔料等を除く。）を加えたもの、及び第39.01項から第39.13項までの物品を膠着剤又は接着剤として小売用にしたもので正味重量が1キログラム以下のもの（第35.06項）

（c）プラスチック及びその製品（第39.18項又は第39.19項の物品を除く。）で、モチーフ、字又は絵を印刷したもののうち、当該モチーフ、字又は絵がこれらの物品の本来の用途に対し付随的でないもの（第49類）

（5）号注の規定について

　この規定は、この類の各項に規定されている重合体（共重合体を含む。）、化学的に変性させた重合体及びポリマーブレンドについて、その項の下における号へのこうした物品の分類ルールを定めたものです。従って、当然のことですが、これらの物品は号の所属を決定する前に、この類の注4及び注5の規定にしたがって、まず項の所属を決定しなければなりません。しかる後、それぞれの項の中での号の規定ぶりによって、次に定めるところによりその所属を決定することとなります。

　まず、号注は、一連の号（すなわち同一のレベルの号（5桁目又は6桁目をい

第7章　第7部　プラスチック及びゴム並びにこれらの製品

う。））の中に「その他のもの」という規定が置かれている場合と置かれていない場合を分けて規定しています。

① 一連の号の中に「その他のもの」の規定がある場合
　(i) 号注1(a)(1)「号において接頭語として「ポリ」が付された重合体（例えば、ポリエチレン、ポリアミド－6・6）は、重合体を構成する一の単量体ユニット又は当該重合体の名称が由来する二以上の単量体ユニットが全重量の95％以上を占める重合体のみをいう。」

　　ここでは、一連の号の中に「その他のもの」という号が置かれている場合で、接頭語「ポリ」が付された重合体の分類について規定しています。（ちなみに、「その他のもの」を置いている号には、「その他のポリエステル」や「その他のプラスチックのもの」のような号の規定はありません。）

　　例えば、ポリエチレン及びポリアミド－6・6は、重合体を構成する一の単量体ユニット又は当該重合体の名称が由来する二以上の単量体ユニットが重合体の全重量の95％以上を占めるものと定められています。

　　このように、ある種の単量体ユニットの総称に接頭語「ポリ」が付された重合体（別の例、第3911.10号のポリテルペン）の分類の場合では、その種類に属する全ての単量体ユニット（例えばポリテルペンの場合は異なるテルペン単量体ユニット）が重合体の重量の95％以上含まれていなければなりません。（この規定ぶりはこの類の注4の項の分類に関するものと一致しています。）

　　この規定が適用されるのは、繰り返しになりますが、一連の号中に「その他のもの」を定める号が存在する号の重合体についてのみです。

　　従って、例えばエチレン単量体ユニット96％とプロピレン単量体ユニット4％から構成され比重が0.94以上のもの（この類の注4の規定によりこの物品は、第39.01項の重合体に属します。）は、エチレン単量体ユニットが重合体の全重量に対して95％以上を占め、一連の号中（同一レベルの号（5桁目又は6桁目別））に「その他のもの」を定める号が存在するので、第3901.20号に分類されます。

　(ii) 号注1(a)(2)「第3901.30号、第3901.40号、第3903.20号、第3903.30号又は第3904.30号の共重合体は、当該共重合体の名称が由来するコモノマーユニットが全重量の95％以上を占める場合に限り、それらの号に属する。」

　　これら4つの号に分類される共重合体は、号に分類された重合体を構成する単量体ユニットが重量で95％以上を占めなければならないと定めています。

　　従って、例えば、塩化ビニル61％、酢酸ビニル35％及び無水マレイン酸4％

の各単量体ユニットから構成される共重合体（第39.04項の重合体）は、塩化ビニル及び酢酸ビニル単量体ユニットを合計すると全重合体の96％を占めるので、塩化ビニル－酢酸ビニル共重合体として第3904.30号に分類されます。

一方、スチレン60％、アクリロニトリル30％及びビニルトルエン10％の各単量体ユニットから構成される共重合体（第39.03項の重合体）は、スチレンとアクリロニトリルを単量体ユニットとして合計したものが重合体の90％だけであるので、第3903.90号（「その他のもの」を定める号）に分類され、第3903.20号（スチレン－アクリロニトリル（SAN）共重合体）には分類されません。

(iii) 号注1(a)(3)「化学的に変性させた重合体は、当該重合体がより明確に他の号に該当しない場合に限り、「その他のもの」を定める号に属する。」

この規定は化学的に変性させた重合体に関するものです。これらの重合体は、変化させていてもいなくても特別の規定がなければ同じ項に属します。そして、化学的に変性させた重合体がより特殊な限定をした号に含まれない限り「その他のもの」を定める号に分類されます。この号注の規定により、化学的に変性させた重合体は、化学的に変性させてない重合体自身が「その他のもの」を定める号に属さない限り、変性させてない重合体と同じ号には分類されないこととなります。

従って、例えば化学的に変性させたポリエチレンである塩素化ポリエチレンやクロロスルホン化ポリエチレンは、化学的に変化させていないものと同じく第39.01項に分類され、その中で第3901.90号（「その他のもの」）に分類されることとなります。

一方、ポリ（酢酸ビニル）を加水分解して得られるポリ（ビニルアルコール）は、より特殊な限定をしている第3905.30号に分類されます。

(iv) 号注1(a)(4)「号注(1)から(3)のいずれにも該当しない重合体は、一連の号中の他の号のうち、当該重合体を構成するいずれのコモノマーユニットをも重量において上回る単量体ユニットの重合体が属する号に属する。この場合において、同一の号に属する重合体を構成する単量体ユニットは、一のものとみなしその重量を合計するとともに、当該一連の号に属する重合体を構成するコモノマーユニット同士のみの重量を比較する。」

前記、(a)の(1)から(3)の規定に従って分類できない重合体は、「その他のもの」を定める号に分類する旨定められています。ただし、他の単量体ユニットと比較して最大重量を占める単量体ユニットからなる重合体が属する、より限定された号が存在する場合を除きます。

この場合、同じ号に属する重合体を構成する単量体ユニットの重量を合計

します。また、考慮する一連の号中に属する重合体を構成する単量体ユニットのみを比較します。そのような特定の号は、「Xの重合体」、「X共重合体」又は「X-重合体」と規定されています。例えば、プロピレンの共重合体（第3902.30号）、ふっ素系重合体（第3904.61号、第3904.69号）等です。

　これらの号に分類されるためには、号に掲名された単量体ユニットが、考慮される一連の号のいずれの単量体ユニットよりも多いことだけが必要な要件です。従って、号に掲名された単量体ユニットは考慮される号の重合体の総重量のうち50％以上を占めなければならないということは必要ではありません。例えば、エチレン40％及びプロピレン60％の各単量体ユニットから構成されるエチレン－プロピレン共重合体（この類の注4の規定で重合体は第39.02項に分類される。）は、プロピレンが考慮すべき唯一構成単量体ユニットであるので、プロピレンの共重合体として第3902.30号に分類されることとなります。

　同様に、エチレン45％、プロピレン35％及びイソブチレン20％の各単量体ユニットから構成される共重合体（同じくこの類の注4の規定でプロピレンとイソブチレンは合算するので、重合体は第39.02項に分類される。）は、同項の中での細分の所属の決定に当たっては、プロピレン及びイソブチレンのみが比較されるべき（エチレンは無視する。）であり、結果、プロピレンはイソブチレンより多くの重量を占めるので第3902.30号に分類されることとなります。

　他方、同様にエチレン45％、イソブチレン35％及びプロピレン20％の各単量体ユニットから構成される共重合体（重合体は第39.02項に分類される。）は、同様に合算されたことにより最大となるイソブチレンとプロピレンが比較されるべきで、結果またイソブチレンがプロピレンに比べて大きい重量を占めるので第3902.90号に分類されます。

② 一連の号中に「その他のもの」を定める号がない場合
　　次の号注に定めるところによることとなっています。
(i) 号注1(b)(1)「一連の号中に「その他のもの」を定める号がない場合には、重合体は、当該重合体を構成するいずれのコモノマーユニットをも重量において上回る単量体ユニットの重合体が属する号に属する。この場合において、同一の号に属する重合体を構成する単量体ユニットは、一のものとみなしその重量を合計するとともに、当該一連の号に属する重合体を構成するコモノマーユニット同士のみの重量を比較する。」

　　この規定は、一連の号注に「その他のもの」を定める号がない場合についての号レベルでの分類方法です。その内容は、この類の注4で重合体の項の

レベルでの分類に対して示した分類方法と同様です。

　一の単量体ユニットについての最大重量の概念は、重合体が考慮される一連の号中に該当しない単量体ユニットを含有する場合を除き適用されます。このような場合では、考慮される一連の号の重合体に関係する単量体ユニットのみを比較することとなります。従って、例えば尿素及びフェノールのホルムアルヒデドとの共重縮合物（重合体は第39.09項に分類される。）は一連の号中に「その他のもの」を定める号が存在しないので、尿素単量体ユニットがフェノール単量体ユニットより多いならば第3909.10号に、フェノール単量体ユニットの方が多ければ第3909.40号に分類することとなります。

　規定から当然ですが、号注1の(a)(1)での接頭語「ポリ」を持つ重合体の定義は、この範疇に入る号には適用されません。

　従って、例えば、ポリカーボネートとポリエチレンテレフタレートの両者の単量体ユニットから構成される重合体は、一連の号に「その他のもの」を定める号がないので、ポリカーボネートが多いときは第3907.40号に、ポリエチレンテレフタレートが多いときは第3907.60号に分類されることになります。

(ii)　号注1(b)(3)「化学的に変性させた重合体は、化学的に変性させていない重合体が属する号に属する。」

　この規定は、化学的に変性させた共重合体の分類に関する規定です。これらは考慮される一連の号中に「その他のもの」を定める号が存在しないときは、変性させてない重合体として同じ号に分類されます。つまり、例えば、アセチル化フェノール樹脂（重合体は第39.09項に分類される。）は、一連の号中に「その他のもの」を定める号がないので、フェノール樹脂として第3909.40号に分類されます。

③　ポリマーブレンドの分類

　号注1の最後のパラグラフですが、「ポリマーブレンドは、これを構成する単量体ユニットを同一の割合で有する重合体が属する号に属する」と規定しています。

　この規定について、解説書では、次のようないくつかの例をあげていますので、そのまま記述しておきます。((　)書きは筆者補記)

・ポリエチレン96％及びポリプロピレン4％から構成され、かつ比重が0.94を超えるポリマーブレンドは、重合体の95％以上をエチレン単量体ユニットが占めるのでポリエチレンとして、第3901.20号に分類する。

・ポリアミド6が60％及びポリアミド-6,6が40％から構成されるポリマーブレンドは、どの重合体の単量体ユニットも全重量のうち95％以上を占めるもの

がないので、第3908.90号(「その他のもの」)に分類する。
- ポリプロピレン45%、ポリ(ブチレンテレフタレート)42%及びポリ(エチレンイソフタレート)13%から構成されるポリマーブレンドは、2種類のポリエステルを構成する単量体ユニットを合計すると、(ポリエステルの単量体の方が)プロピレンの単量体より重量が多いので、第39.07項に分類する。

　この場合、項の決定の段階では、ポリ(ブチレンテレフタレート)及びポリ(エチレンイソフタレート)の単量体ユニットがポリマーブレンド中の個々の重合体中においてどのように結合しているかは考慮しません。この例において、ポリ(エチレンイソフタレート)という一つの単量体ユニットと、ポリ(ブチレンテレフタレート)というもう一つの単量体ユニットは、ポリ(エチレンテレフタレート)を構成する単量体ユニットと同一です。しかし、その中での細分である号においては、ポリエステル単量体ユニットを考える限り、正確な化学量論的な割合において(3907.9の)「その他のポリエステル」(ポリ(ブチレンテレクタレート)及びイソフタレート)を構成する単量体ユニットが、(3907.6の)ポリ(エチレンテレフタレート)の単量体ユニットよりも多くを占めることから、このポリマーブレンドは第3907.99号に分類されることとなります。
④　第3920.43号の可塑剤
　号注において、「同号の可塑剤には、二次可塑剤を含む」旨、規定されています。

3 各項の規定

この類の構成は、大きく2つの節にくくられています。前半の第39.01項から第39.14項までは、第1節として一次製品のみ扱います。第39.15項以降は、第2節としてプラスチックのくず、半製品及び製品を扱います。それでは、項ごとに簡単に内容を見ていきましょう。

なお、以下、第39.01項から第39.14項までの一次製品について、重合体(共重合体を含む。)、化学的に変性させた重合体及びポリマーブレンドの分類については、前回までの解説を参照してください。

(1) 第39.01項 エチレンの重合体(一次製品に限る。)

この項には、ポリエチレンすなわち、エチレン($H_2C=CH_2$)の重合体($[-CH_2CH_2-]_n$)が属します。

ポリエチレンは半透明の物質で、分子構造的に分枝の多い低密度ポリエチレン、分枝が少なく結晶性が高い高密度ポリエチレンがあります。HS分類上は、低密度ポリエチレン(LDPE)は、温度20度で比重が0.94未満(添加物を含まない重合体を基準として計算した場合)のポリエチレンで、特に食料品用の包装フィルム及び紙、繊維板、アルミニウムはく等の塗布用、電気絶縁材料並びに種々の家庭用品、がん具等の製造用として広く使用されているものです。

高密度ポリエチレン(HDPE)は、温度20度で比重が0.94以上(添加物を含まない重合体を基準として計算した場合)のポリエチレンをいいます。これらは、種々の吹込成形製品、射出成形製品、織った袋、ガソリン及び油の容器の製造、管の押出成形用等に使用されます。

例えば、ポリエチレンの半透明の薄手の袋で、揉んだときカサカサと音がするのは高密度のものです。

この項には、また、ポリエチレンを化学的に変化させたもの、例えば、塩素化ポリエチレン(後述の塩化ビニルとは全く別物です。)、クロロスルホン化ポリエチレン等も含まれます。更に、この項には、エチレンの重合体(例えば、エチレン-酢酸ビニル共重合体及びエチレン-プロピレン共重合体)で、エチレンが最大重量を占めるコモノマーユニットであるものも含まれます。

更に、比重が0.94未満でアルファ-オレフィン単量体が重量比で25%以上50%未満の直鎖の低密度エチレン-アルファ-オレフィン共重合体(LLDPE)も他の共重合体(プラストマー)と同様にこの項に含まれます。

なお、冒頭で述べましたが重合体(共重合体を含む。)、化学的に変性させた重合体及びポリマーブレンドの所属については、前回述べたルールに従って決定しなければなりません(以下、第39.15項までにおいて同じ。)。

参考までに、これらの構造式を示しておきます。
- 塩素化ポリエチレン：ポリエチレンを塩素を含むトリクロルエタン、クロロホルム、四塩化炭素などに入れると塩素化が起こって、塩素化ポリエチレンが得られます。

$$[CH_2-CH_2]_m[CH_2-CHCl]_n$$

- クロロスルホン化ポリエチレン：次のような構造式で表されています。クロロスルホン基（SO_2Cl基）でエチレンの水素1原子が置換されたものを含んでいます。

$$[CH_2-CH_2]_\ell [CH(SO_2Cl)]_m [CHCl]_n$$

- エチレン酢酸ビニル共重合体：酢酸ビニル（VA）を共重合させる目的は、ポリエチレンの結晶性を低下させ、透明性、柔軟性などの物性を付与するためと言われています。

$$[CH_2-CH_2]_m[CH_2-CH(OCOCH_3)]_n$$

くり返しになりますが、こうした共重合体であっては、エチレン単量体が最大の重量を占めるものがこの項に属します。

なお、この項には、次の物品は含まれません。
(a) この類の注3(b) の規定に合致しない液状合成ポリエチレン（第27.10項）
(b) ポリエチレンワックス（第34.04項）

(2) 第39.02項 プロピレンその他のオレフィンの重合体（一次製品に限る。）

この項には、エチレンを除く全てのオレフィン（すなわち、一以上の二重結合を有する非環式炭化水素）の重合体が含まれます。この項の重要な重合体は、ポリプロピレン、ポリイソブチレン及びプロピレンの共重合体です。

ポリプロピレンは、一般的に、プロピレンのみを重合した剛性が高いホモポリマー、少量のエチレンを共重合した透明性が高く柔軟なランダムポリマー、ゴム成分（EPR）がホモ・ランダムポリマーに均一微細に分散した耐衝撃性が高いブロックコポリマーに分類されます。

ポリプロピレンの一般的物性は、高密度ポリエチレンの物性に類似しています。ポリプロピレンとプロピレンの共重合体は、例えば、自動車、機器、家庭用品等

の成型部品、包装用フィルム、電線及びケーブルの被覆、食品容器の密閉、塗布し及び積層した物品、精密機器保存用のびん、皿及び容器、化学プラントの導管、タンクの内張、配管、ふさ付きのじゅうたんの裏張り等非常に広範囲に使用されます。

ポリイソブチレンは、十分に重合されるとゴムに類似してきますが、合成ゴムの定義に合致しないものは、第40類には属さず、この項に含まれます。このものは、防水塗料用及び他のプラスチックの変性用として使用されます。

わずかに重合したポリイソブチレンで、この類の注3の規定に合致するものはこの項に含まれます。このものは潤滑油の性質を変えるのに使用する粘稠な液体です。ただし、この項には、液状の合成ポリイソブチレンその他の液状ポリオレフィンでこの類の注3(a)の規定に合致しないものは含まれません(第27.10項)。

・ポリプロピレン：$[-CH_2-CH(CH_3)-]_n$

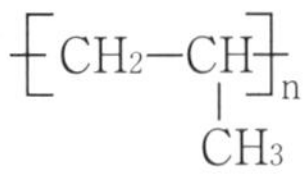

$$\left[\begin{array}{c} CH_2-CH \\ | \\ CH_3 \end{array}\right]_n$$

・ポリイソブチレン：$[-CH_2-(CH_3)_2-]_n$

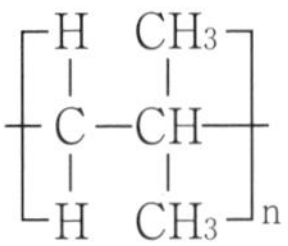

$$\left[\begin{array}{cc} H & CH_3 \\ | & | \\ C-CH \\ | & | \\ H & CH_3 \end{array}\right]_n$$

(3) 第39.03項 スチレンの重合体(一次製品に限る。)

この項には、ポリスチレン及びスチレンの共重合体が含まれます。ポリスチレンの構造は次のように表されます。

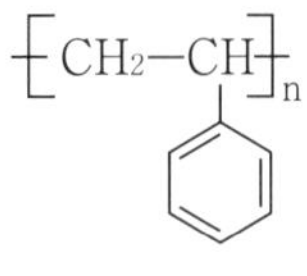

$$\left[CH_2-CH(C_6H_5)\right]_n$$

最も重要なスチレンの共重合体は、スチレン－アクリロニトリル(SAN)共重合体、アクリロニトリル－ブタジエン－スチレン(ABS)共重合体及びスチレン－ブタジエン共重合体です。それぞれの単量体の分子式は次の通りです。

スチレン：$CH_2=CH-C_6H_5$

アクリロニトリル：$CH_2=CH-CN$

ブタジエン：$CH_2=CH-CH=CH_2$

ブタジエンを主体とする大部分のスチレン－ブタジエン共重合体は，第40類の

注4の規定に該当するもので、これらは合成ゴムとして第40類に属します。

ご存知のとおり、ポリスチレンは、発泡性のスチロールとそうでないものがあります。

多泡性でないポリスチレンは、無色、透明、熱可塑性の物質で、電気、無線工業において広範囲に使用されています。多泡性 (cellular) ポリスチレンは発泡工程で生ずるガスを含み、かさ密度が低いものです。

また、スチレンのある種の化学的に変性させた共重合体にはイオン交換体のものがありますが、これは第39.14項に属します。

スチレン－アクリロニトリル (SAN) 共重合体は、高い引張り強さ、良好な成型性及び耐薬品性があり、コップ、タンブラー、タイプライターのキー、冷蔵庫の部品、オイルフィルターボール及び台所用品の製造に使用されます。アクリロニトリル－ブタジエン－スチレン (ABS) 共重合体は、高い耐衝撃性と耐候性を有し、自動車車体の部品及び附属品、冷蔵庫のドア、電話機、びん、靴のかかと、機械のケース、水道管、建築用パネル、船舶等の製造に使用されています。

(4) 第39.04項　塩化ビニルその他のハロゲン化オレフィンの重合体（一次製品に限る。）

この項には、ポリ（塩化ビニル）(PVC)、塩化ビニルの共重合体（例えば、塩化ビニル－酢酸ビニル共重合体）、塩化ビニリデンの重合体、ふっ素系重合体その他のハロゲン化オレフィンの重合体が含まれます。

PVCは、限られた熱安定性及び加熱すると金属表面に付着する傾向を有する堅い、無色の物質です。このため及びその他の理由から、使い易いプラスチックにするためにしばしば安定剤、可塑剤、伸展剤、充てん料等を添加することが必要です。柔軟性のあるシート状のPVCは、カーテン、エプロン、レインコート等の防水材料として、また室内装飾用品用の高級人工皮革及びあらゆる種類の旅客輸送機関の室内装飾に広く使用されています。堅いPVCシートは化学プラント設備におけるカバー、導管、タンクの内張り、PVC床タイル等として使用されています。

以前にも第29類で述べたと思いますが、[$CH_2=CH-$] がビニル基です。$CH_2=CH-OH$はビニルアルコール、$CH_2=CH-Cl$は塩化ビニル、$CH_2=CH-OCOCH_3$は酢酸ビニルです（酢酸ビニルは次項です。）。すなわち、ビニル基に塩素や酸素など電気陰性原子団が置換した構造のこうした化合物は付加反応等を受けやすくなります。

ビニリデンは、[$CH_2=C=$] 基を持つもので、例えば塩化ビニリデンは、$CH_2=CCl_2$ で表されます。

塩化ビニルの最も重要な共重合体は、塩化ビニル-酢酸ビニル共重合体です。

また、塩化ビニリデンの共重合体は、食料品の包装、室内装飾用品、繊維、ブラシ等の毛及びラテックス塗料並びに化学処理設備のパイプの製造に広く使用されます。

ポリテトラフルオロエチレン（PTFE）は、最も重要なふっ素系重合体の一つで、電気、化学、機械工業に幅広く使用されています。その高い作用温度のため優れた絶縁材料となり、また、薬品に対する抵抗性も高く殆ど腐食されません。

$$\left[\begin{array}{cc} F & F \\ | & | \\ -C-C- \\ | & | \\ F & F \end{array}\right]_n$$

その他のふっ素系重合体には、塩化三ふっ化エチレンの重合体、ポリ（ふっ化ビニリデン）等も含まれます。

$$\left[\begin{array}{cc} F & F \\ | & | \\ -C-C- \\ | & | \\ F & Cl \end{array}\right]_n$$

(5) 第39.05項 酢酸ビニルその他のビニルエステルの重合体及びその他のビニル重合体（一次製品に限る。）

この項には、第39.04項の物品以外の全てのビニル重合体が含まれます。

ビニル重合体とは、その単量体が$CH_2=CHX$（ただし、C-X結合は炭素-炭素結合でも炭素-水素結合でもないもの）の式を有するものです。従ってC-X結合が炭素-炭素結合であるポリビニルケトンは含まれません（第39.11項）。

酢酸ビニルその他のビニルエステルの重合体では、ポリ（酢酸ビニル）が最も重要なものですが、これは柔らかすぎて弾性があるため製品の製造には適しません。従って、これらは一般にラッカー、塗料、接着剤、紡織用繊維の仕上げ剤及び浸せき剤等の調製のために使用されます。ポリ（酢酸ビニル）の溶液及びディスパーション（乳化し又は懸濁しているもの）は、例えば接着剤として使用されます。

ポリ（ビニルアルコール）は、示性式$[-CH_2CH(OH)-]_n$でみればビニルアルコールの重合体のようになっていますが、ビニルアルコールのモノマーと呼べるものは存在しない（構造的により安定なアセトアルデヒドに異性化してしまう）ため、一般的には酢酸ビニルモノマーを重合したポリ酢酸ビニルの鹸化（加水分解）によって作られます。ポリ（ビニルアルコール）は、加水分解していない酢

酸ビニル基の含有量によって色々な品質のものがあります。
　これらは優れた乳化剤及び分散剤で、保護コロイド、接着剤、結合剤及びペイントの粘度付与剤、医療用品、化粧品及び紡織用繊維に使用されます。ポリ（ビニルアルコール）から製造した繊維は、下着、毛布、衣服等の製造に適しています。
　ポリ（ビニルアセタール）は、ポリ（ビニルアルコール）とホルムアルデヒド若しくはブチルアルデヒドのようなアルデヒドとの反応又はポリ（酢酸ビニル）とアルデヒドとの反応によって得られます。
　その他のビニル重合体には、ポリ（ビニルエーテル）、ポリ（ビニルカルバゾール）及びポリ（ビニルピロリドン）が含まれます。

【PVA】 ＋ 【アルデヒド】 → 【ポリビニルアセタール樹脂】

【ポリ(ビニルカルバゾール)】
図は3量体。
＊印でビニル基 ‐CH₂CH‐ が連鎖

　アセチレン、アンモニア及びホルムアルデヒドからN-ビニル-2-ピロリドンを合成し、これを酸化剤などの存在下で重合させて作られます。
　ポリビニルエーテルは［$CH_2=CH-OR$］の構造を持つ重合体です。(Rは、メチルやエチルなど)
　これらの分類については、他の項と同様に、重合体（共重合体を含む。）、化学的に変性させた重合体及びポリマーブレンドの所属の決定方法に従うこととなっています。

$$H_2C=\overset{H}{\underset{\underset{\displaystyle N}{|}}{C}}\quad \rightarrow \quad \left[-\overset{H}{\underset{H}{C}}-\overset{H}{\underset{\underset{\displaystyle N}{|}}{C}}-\right]_n$$

vinyl-pyrrolidone　　poly（vinyl-pyrrolidone）
【ポリ(ビニルピロリドン)】

(6) 第39.06項 アクリル重合体（一次製品に限る。）

　この項のアクリル重合体には、アクリル酸（CH_2=CHCOOH）及びメタクリル酸（メチルアクリル酸CH_2=C(CH_3)COOH）、これらの塩及びエステル並びにこれらのアルデヒド、アミド及びニトリルの重合体が含まれます。

　ポリ（メタクリル酸メチル）は、このカテゴリーのなかでは最も重要な重合体です。優れた光学的特性及び物理的強度を有するため、光沢材料として、戸外の標識その他の表示用製品、義眼、コンタクトレンズ又は人造義歯の製造に使用されます。

　また、アクリロニトリル（CH_2=CHCN）の重合体は、合成繊維の製造に使用されるのはご存じのとおりです。

　アクリル繊維は、ポリアクリロニトリル（次図参照）を主成分とし、アクリル酸メチル、酢酸ビニル、メタクリル酸メチルなどのエステルとともに共重合させたものです。

$$\left[\begin{array}{c}CH_2-CH\\ |\\ C\equiv N\end{array}\right]_n$$

ポリアクリル酸メチルの一般式は［$-CH(COOCH_3)-CH_2-$］$_n$です。また、ポリ酢酸ビニルの一般式は［$-CH_2CH(OCOCH_3)CH-$］$_n$です。更に、ポリメタクリル酸メチルの構造式は次のとおりです。

$$\left[\begin{array}{c}CH_3\\ |\\ CH_2-C\\ |\\ CO\\ |\\ OCH_3\end{array}\right]_n$$

　また、この項には、次の物品は含まれません。
(a) イオン交換体であるアクリル重合体（第39.14項）

(b) 第40類注4の規定に合致するアクリロニトリルの共重合体（第40類）

(7) 第39.07項 ポリアセタールその他のポリエーテル、エポキシ樹脂及びポリカーボネート、アルキド樹脂、ポリアリルエステルその他のポリエステル（一次製品に限る。）

　この項には、ポリアセタールその他のポリエーテル、エポキシ樹脂、ポリカーボネート、アルキド樹脂、ポリ（エチレンテレフタレート）、ポリ乳酸その他のポリエステルが含まれます。

① ポリアセタール

　アルデヒド（通常、ホルムアルデヒド）から得た重合体で重合鎖中にアセタール官能基が存在することで特徴づけられます。これらはアセタール基が重合鎖上に置換されている第39.05項のポリビニルアセタール（重合はビニル基が関与しており、アセタールはビニル基の水素原子と置換されてぶら下がった形をしている。）とは別物ですので混同しないよう注意が必要です。

　ポリアセタール（polyacetal, polyoxymethylene）とは、オキシメチレン（oxymethylene, $-CH_2O-$）構造（下記の図）を単位構造に持つポリマーであり、略号はPOMです。ホルムアルデヒドのみが重合したホモポリマー（パラホルムアルデヒド、$[-CH_2O-]_n$、均質重合体）と、約2モル％のオキシエチレン単位（oxyethylene, $-CH_2CH_2O-$）を含むコポリマー（$[-CH_2O-]_m[-CH_2CH_2O-]_n$、共重合体）の双方の製品があり、両者ともポリアセタール、またはアセタール樹脂、あるいはポリアセタール樹脂と呼ばれています。このグループのプラスチックには、こうしたアセタール共重合体も含まれます。

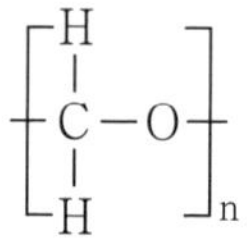

$$\left[\begin{array}{c} H \\ | \\ -C-O- \\ | \\ H \end{array} \right]_n$$

　これは、リングベアリング、カム、自動車用計器の収容箱、ドアのつまみ、ポンプのインペラー、靴のかかと、機械式がん具、鉛管類の取付具等に使用され、工業用プラスチックといわれます。

② その他のポリエーテル

　エポキシド、グリコールその他類似の物質から得た重合体で、重合鎖にエーテル官能基が存在することで特徴づけられます。これらも、ポリアセタールの場合と同様、エーテル官能基が重合鎖上の置換基となっている第39.05項のポリビニルエーテルと混同しないよう注意が必要です。

　このグループの中で最も重要なのはポリ（オキシエチレン）（ポリエチレング

リコール)、ポリオキシプロピレン及びポリフェニレンオキシド (PPO) (より正確にはポリ (ジメチルフェニレン-オキシド) と呼ばれる。) です。これらの物品は、種々の用途があり、ポリフェニレンオキシドはポリアセタールと同様に工業用プラスチックとして使用され、ポリオキシプロピレンはポリウレタンフォームの中間体として使用されます。

この項には、また、第29類 (第1節から第10節まで並びに第29.40項及び第29.42項) の物品のペグ (ポリエチレングリコール (PEG)) 化誘導体も含まれます。

PEG化された物品で、そのPEG化されていないものが第29類 (第29.36項から第29.39項まで及び第29.41項) 又は第30類のいずれかに属するものはこの項には含まれず、一般に、PEG化されていない物品と同じ項に属します。

なお、ポリエチレングリコール (polyethylene glycol) は、エチレングリコールが重合した構造を持つ高分子化合物 (ポリエーテル) です。ポリエチレンオキシド (polyethylene oxide、略称PEO) も基本的に同じ構造を有する化合物ですが、一般に、PEGは分子量50000g/mol 以下のもの (エチレングリコールの重合体) をいい、PEOはより高分子量のもの (付加重合体) をいうとされているようです。両者は物理的性質 (融点、粘度など) が異なり用途も異なりますが、化学的性質はほぼ同じです。

ポリエチレンオキシドの一般式は $\{OCH_2CH_2\}_n$ です。

ポリエチレングリコールの一般式は $HO\{CH_2-CH_2-O\}_nH$ です。

③ エポキシ樹脂:

この重合体は、例えば、エピクロルヒドリン (1-クロロ-2,3-エポキシプロパン) とビスフェノールA (4,4,-イソプロピリデンジフェノール)、ノボラック (フェノール性) 樹脂その他のポリヒドロキシ化合物との縮合又は不飽和重合体のエポキシ化によって得られます。

重合体の基本構造にかかわらず、これらの樹脂は、使用の際に、例えば、アミノ化合物、有機酸又は酸無水物、三ふっ化ほう素複合体又はある種の有機重合体の添加によって使用の際に容易に架橋され得る反応性のエポキシ基の存在により特徴づけられます。

エポキシ樹脂は、低粘度の液体から高融点の固体までの範囲のものがあり、表面塗布剤、接着剤、成型用又は鋳造用樹脂等として使用されます。

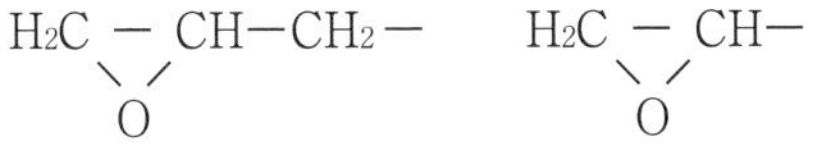

$$H_2C-CH-CH_2- \quad H_2C-CH-$$
$$\diagdown O\diagup \qquad\qquad \diagdown O\diagup$$

【グリシジル基】　　【エポキシ基】

【ビスフェノールA】　【エピクロルヒドリン】

なお、エポキシ化した動物性又は植物性油脂は、第15.18項に属し、この項には分類されません。

④　ポリカーボネート

例えば、ビスフェノールAとホスゲン（塩化カルボニル）又はジフェニルカーボネートとを縮合することにより得られる重合体で、重合鎖に炭酸エステル官能基が存在することで特徴づけられます。これらは、特に成型製品及び光沢剤として多くの工業的用途があります。一般的に、O・CO・Oの構造を有する化合物をカーボネート化合物あるいは、炭酸エステルといいます。

【環状カーボネート】

ポリカーボネート一般式：$+O-R-O-CO+_n$

なお、ビスフェノールAとホスゲンCl・CO・Clから製造されるポリカーボネートは、次のような構造式を持っています。

⑤　ポリエステル

これらポリマーの特徴は、重合鎖中にカルボキシエステル官能基が存在することです。これらのポリマーは、例えば、多価アルコールとポリカルボン酸との縮合によって得られます。従って、これらの重合体は、エステル基が重合鎖上の置換基である第39.05項のポリビニルエステル及び第39.06項のポリアクリル酸エステルとは区別されます。

ポリエステルには、次の物品も含まれます。

(i) アルキド樹脂

多価アルコールと多官能酸（多塩基酸）又はこれらの無水物（少なくともこれらの一つは、一部又は全部に三以上の官能基を有していなければならない。）とから成る重縮合体ですが、一般には、そのうち架橋構造を作りうる熱硬化性樹脂を指すとされています。これらは、脂肪酸、動物性又は植物性の油、単一官能の酸又はアルコール、ロジンのような他の物質で変性させることができ、これらの樹脂は、主として塗料及び高級ワニスに使用し、通常粘稠状又は溶液で供給されます。このカテゴリーには、こうした油を含む編成させたアルキド樹脂が属します。従って、こうした油を含まないアルキドはこのカテゴリーには含まれず、次の「(v)その他のポリエステル」に分類されます。

　アルキドの言葉は、アルコールと酸（acid）を組み合わせたalcidから出た用語です。代表的なものは無水フタル酸とグリセリンの重縮合体（グリプタル樹脂）があります。

(ii)　ポリアリルエステル

　アリルアルコールと二塩基酸とのエステル（例えば、ジアリルフタレート）から得た特殊な不飽和ポリエステルです（「不飽和」については次の(v)参照）。これらは積層用接着剤、塗料、ワニス及びマイクロ波の透過を必要とする物品に使用されます。

　アリルアルコールは、アリル基（$-CH_2CH=CH_2$）を持つアルコールの総称です。最も単純なものは、理論的にはビニルアルコールですが、単独では存在しないので、単独にアリルアルコールといえば、$CH_2=CHCH_2OH$を指しています。

(iii)　ポリ（エチレンテレフタレート）(PET)

　通常テレフタル酸をエチレングリコールでエステル化した重合体（次図参照。エステル部分自体が重合鎖を構成しています。）又はジメチルテレフタレートとエチレングリコールとの反応によって得た重合体です。紡織用繊維としての非常に重要な用途のほか、例えば、包装用フィルム、記録用テープ、清涼飲料用ボトル（おなじみのペットボトルです。）に使用されます。

　なお、ポリ（エチレンテレフタート）は、「粘度数が1グラムにつき78ミリリットル以上のもの」と「その他のもの」に分けられますが、前者は主にボトルの製造に使用されます。この1グラムにつき78ミリリットル以上の粘度数は、1グラムにつき0.7デシリットル以上の固有粘度数相当します。（この粘度数はISO規格1628-5に従って計算することになっています。）

(iv) ポリ乳酸

　　ポリラクタイドとしても知られています。通常、乳酸を合成又は発酵して製造します（この方法は、主に単糖類（ヘキソース）若しくは容易に単糖類とすることが可能な混合物を原料としています。例えば、糖類、糖みつ、てん菜搾汁、亜硫酸水溶液、ホエイ及びでん粉）。乳酸は環式のラクタイド二量体に変換され、その環状構造は、最終重合段階で開環します。紡織用繊維、容器の材料及び医療用途として用いられています。

(v) その他のポリエステル

　　これらには、不飽和のもの及び飽和のものがあります。不飽和ポリエステルは、十分なエチレン性不飽和を有するもので、エチレン性不飽和を含む単量体と容易に架橋し（又はすでに架橋している。）、熱硬化性樹脂を形成します。

　　不飽和ポリエステルには、ポリアリルエステル（前記(ii)参照）及び不飽和酸（例えばマレイン酸又はフマル酸）をもととしたその他のポリエステル（油を含まないアルキドを含む。）を含みます。これらの物品は、通常、液状プレポリマーの形状で、主としてガラス繊維で補強した積層版及び鋳型用の透明な熱硬化性物品の製造に使用されます。

　　飽和ポリエステルには、テレフタル酸をもととした重合体、例えば、ポリ（ブチレンテレフタレート）及び油を含まない飽和させたアルキド樹脂を含みます。これらは主として紡織用繊維の糸及びフィルムに使用されます。

(8) 第39.08項　ポリアミド（一次製品に限る。）

　この項には、ポリアミド及びその共重合体が属します。ただし、一次製品に限られます。また、一次製品の重合体（共重合体を含む。）、化学的に変性させた重合体及びポリマーブレンドの所属の決定については、この類の最初に述べたルールを参照してその所属を決定しなければなりません。以下、この類の第1節の各項（一次製品）について同じです。

　この項のポリアミドは、二塩基性有機酸（例えば、アジピン酸、セバシン酸）とジアミンとの縮合重合若しくはある種のアミノ酸（例えば、11-アミノウンデカン酸）の縮合重合又はラクタム（例えば、イプシロン-カプロラクタム）の転位重

合によって得られます。特に、線状ポリアミドはナイロンとして知られています。もともとナイロンという言葉は、アメリカのデュポン社が発明した繊維状6-6ポリアミドの合成繊維に対して命名したものです。アジピン酸とヘキサメチレンジアミンとを縮合させたポリアミドで、炭素の数がそれぞれの分子に6個ずつ含まれているので、6,6ナイロンと呼ばれています。本来、6-6アミド繊維をナイロンと称していたのが、これに類似する繊維状のポリアミドを一般にナイロンと称するようになりました。

重要なナイロンタイプのポリアミドには、ポリアミド-6、ポリアミド-11、ポリアミド-12、ポリアミド-6,6、ポリアミド-6,9、ポリアミド-6,10及びポリアミド-6,12があります。

ポリアミドは、アミノ基（$-NH_2$）末端とカルボキシル基（-COOH）末端がアミド結合（-CONH-）したものですが、高分子になるためには、それぞれの構成単量体に複数のアミノ基とカルボキシル基が必要です。結合する分子がそれぞれアミノ基又はカルボキシル基を2個ずつ持っている場合は、相互にポリアミド結合で直鎖状の高分子を形成することになります。

この項には、こうした線状のポリアミドの他、非線状のポリアミドも分類されます。

非線状ポリアミドの例としては、二量化した植物性オイルアシッドとアミンとの縮合物があります。

これらのポリアミドは、高い引張強度及び耐衝撃性を有します。また、特に芳香族及び脂肪族の炭化水素、ケトン並びにエステルに対しすぐれた耐薬品性を有しているとされており、紡織用繊維としての用途のほかに、ポリアミドは成型用の熱可塑剤プラスチックとして広く利用されています。ポリアミドは、また、塗料、接着剤、包装用フィルムとしても使用されますし、溶剤に溶解した状態では、ラッカーとしての特殊用途があります。

ところで、アミド結合といえばお気づきのことと思いますが、例えばアミノ酸の場合のように1分子の中にアミノ基とカルボキシル基の両方を持っているものは、アミノ酸同士は当然アミド結合することができます。これが多数繋がればポリアミドということになります。代表的な例はたんぱく質です。自然界のたんぱく質は20種類のα-L-アミノ酸が様々な比率、形でアミド結合した高分子ですが、特別にポリペプチドと呼びます。これらは、化学合成により人工的につくられたものではなく、この項には含まれません。（類注3）

(9) 第39.09項 アミノ樹脂、フェノール樹脂及びポリウレタン（一次製品に限る。）

この項には、尿素樹脂、チオ尿素樹脂、メラミン樹脂その他のアミノ樹脂並び

にフェノール樹脂及びポリウレタンが含まれます。
① アミノ樹脂

　アミノ樹脂は、アミノ基（NH_2）を含む化合物（アミン（$-NH_2$）又はアミド（$NHCO-$））とアルデヒド（一般式$R-CHO$。ホルムアルデヒド（$HCHO$）、フルフラール（$C_4H_3O \cdot CHO$）等）の縮合反応によって得られる合成樹脂の総称です。

　最も重要なものとしては、尿素樹脂、例えば、尿素$NH_2 \cdot CO \cdot NH_2$とホルムアルデヒド$H \cdot CHO$でメチロール尿素を生成させこれを縮重合したもの（次図）や、環状尿素樹脂（環状尿素（例えばヒダントインやエチレン尿素化合物）とアルデヒドとの縮合によるもの）等があります。

$$\left[\begin{array}{c} N-CH_2 \\ | \\ CO \\ | \\ N-CH_2 \end{array} \right]_n$$

　また、チオ尿素樹脂は、例えばチオ尿素（$NH_2 \cdot CS \cdot NH_2$）とホルムアルデヒドの縮合反応、メラミン樹脂（代表的なものはメラミン（構造式は次図参照）とホルムアルデヒドの縮合反応によって得られるもの）、またアニリン樹脂（アミンとしてアニリン、O-トルイジン、N-ベンジルアニリン、a 又は β-ナフチルアミンが、アルデヒドとしてホルムアルデヒド、フルフラール、ベンズアルデヒドが用いられます。）があります。これらの樹脂は、透明、半透明又は明るい色で着色したプラスチック製品の製造に使用し、またテーブル、装飾製品及び電気用物品の成型に多く使用されています。これらは、また溶解しているもの及びディスパーション（乳化し又は懸濁しているもの）（油、脂肪酸、アルコール又はその他の合成重合体で変性させてあるかないかを問わない。）の状態で、膠着剤又は紡織用繊維の仕上げ剤等として使用されます。

　ポリ（メチレンフェニルイソシアナート）（しばしば粗MDI又はポリメリックMDIと呼ばれる。）は、不透明、暗褐色から透明、明褐色の液体で、ポリ（メチレンフェニルアミン）を形成するためのアニリンとホルムアルデヒドの反応に続き、ホスゲンと反応させ、一対のイソシアナート官能基を形成するための加熱により合成されます。この生成物は、アニリンとホルムアルデヒドの化学的に変性したポリマー（化学的に変性したアミノ樹脂の一つ）で、結果として生じるポリマーの単量体ユニットの平均数は4から5であり、ポリウレタンの製造に用いられる重要なプレポリマーです。

　なお、呼称が類似するものでポリアミン樹脂（例えば、ポリエチレンアミン。次の分子式は、トリエチレンテトラミン）がありますが、これはアミノ樹脂とい

えず、この類の注3の規定に該当する場合、第39.11項に属します。
$NH_2 \cdot CH_2CH_2NH \cdot CH_2CH_2 \cdot NH \cdot CH_2CH_2NH_2$

【参考】 アミノ樹脂はアミノ化合物とアルデヒドとの反応により付加重合させメチロール($HOCH_2-$)化(一般的にアルキロール化)したものを更に縮重合させて得られます。

アミノ基：$-NH_2$

メチロール化反応

$\equiv C-NH_2 + H-CHO \rightarrow \equiv C-NH-CH_2OH$（N-メチロール）

例：メラミンとホルムアルデヒドでメチロール

メラミンを経て、$-NH-CH_2OH$部分が縮合重合して高分子となります。

（メラミン）　　　　　（メラミン樹脂）

② フェノール樹脂

このグループは、フェノール、その同族体（クレゾール、キシレノール等）又はフェノール類の置換体とホルムアルデヒド、アセトアルデヒド、フルフラール等のようなアルデヒドとの縮合によって得られる多様な樹脂状物質が含まれます。これらには、次のものがあります。

(i) ノボラック樹脂

永久的に可融性で、かつ、アルコールその他の有機溶剤に可溶

(ii) 熱硬化性フェノール樹脂

合成工程では、連続的な範囲の物品が得られます。すなわち、最初にワニスのベースや含浸剤等として使用する液状、ペースト状又は固体状のレゾールが、次にモールディングパウダーの形状をしたレジトールが、最後に完全な反応後、一般に第39.16項から第39.26項までに属する板、シート、積層板、棒、管その他の製品のようなほとんど最終の形状になったレジットが得られます。またこの種類のある樹脂はイオン交換体で第39.14項に該当するものがあります。

(iii) 油溶性フェノール樹脂

乾性油に可溶で、主としてワニスの調製に使用されます。

(iv) これら(i)から(iii)の樹脂をもととした物品で、乾性油に対する溶解性を改良するために、ロジンその他の天然樹脂、合成樹脂（特にアルキド樹脂）、植物油、アルコール、有機酸その他の化学品を使用して変性させたもの

ワニス又はペイントの調製、表面塗装剤及び含浸剤として使用されます。

③ ポリウレタン

ポリウレタンは、多官能イソシアナートと、例えば、ひまし油、ブタン－1,4－ジオール、ポリエーテルポリオール、ポリエステルポリオール等のポリヒドロキシ化合物との反応によって生成される全ての重合体をいいます。これらは種々の形状で存在しますが、重要なのは泡状、エラストマー及び塗料として使用される形態のものです。これらはまた接着剤、成型用配合品及び繊維としても使用されます。更に、これらにはポリウレタンと未反応の多官能性のジイソシアナートとの混合物（例えば、トルエンジイソシアナート）も含まれます。

【参考】 ウレタン樹脂はウレタン結合（R・NH・COOR'）を持つもので、イソシアネート基（－N=CO）とアルコール基（－OH）が縮合して生成されます。

$$-N=C-O- \; + \; H-O- \longrightarrow \; \begin{matrix} H & O \\ | & \| \\ -N-C-O- \end{matrix}$$

(10) 第39.10項　シリコーン（一次製品に限る。）

この項のシリコーンは、分子内に二以上のけい素－酸素－けい素結合を含み、かつ、けい素原子に直接けい素－炭素の形で結合している有機の基を含む、化学的に単一でない物品です。これらは、高い安定性を有しており、形状としては液状（シリコーン油）、半固体状（シリコーングリース）又は固体状（シリコーン樹脂及びシリコーンエラストマーを含む。）があります。次図は、一例です。

$$\left[\begin{matrix} & CH_3 & & CH_3 & \\ & | & & | & \\ -Si & -O- & Si & -O- \\ & | & & | & \\ & O & & CH_3 & \end{matrix} \right]_n$$

シリコーン油及びシリコーングリースは高温又は低温で安定性のある潤滑剤、撥水用含浸剤、誘電剤、消泡剤及び離型剤等として使用されます。ただし、シリコーングリース又はシリコーン油を含む混合物から成る潤滑油調製品の場合は、第27.10項又は第34.03項に属し、この類には含まれません。また、シリコーン樹脂は、主として高温度での安定性が要求されるワニス、絶縁塗料又は防水塗料の

製造に、また補強材料としてガラス繊維、石綿又は雲母を使用した積層品の調製、柔軟成型及び電気部品の封入に使用されます。

シリコーンエラストマーは、第40類の合成ゴムの定義に合致しませんが、高温又は低温で変化しない伸張性を有するものです。この性質は高温又は低温で使用される機器のワッシャーその他のパッキングの製造に適しており、医療分野、分析機器等様々な器械、器具の部品にも使用されます。

なお、シリコーンという呼称は、様々な、けい素原子を含む有機化合物に対して用いられることがあります。調製した界面活性剤、撥水剤等にもこうした言葉が用いられるものがあります。

この項には、第34類の注3の条件に合致するシリコーンは含まれません(第34.02項)。

(11) **第39.11項　石油樹脂、クマロン-インデン樹脂、ポリテルペン、ポリ硫化物、ポリスルホン及びこの類の注3のその他の物品(一次製品に限るものとし、他の項に該当するものを除く。)**

この項に含まれる物品について簡単に説明しておきます。

石油樹脂、クマロン樹脂、インデン樹脂、クマロン-インデン樹脂及びポリテルペンは、それぞれ十分に分解した石油留分、コールタール又はテレビン油その他の種類のテルペンから得た多少不純な分画物を重合して得られるもので、低重合度の一群の樹脂です。これらは、接着剤及び塗料に使用するほか、ゴム又はプラスチックに軟化剤として混合されます。

また、ポリ硫化物は、例えば、ポリ(フェニレンスルフィド)のように重合鎖

中にモノスルフィド結合(硫黄原子が単独で炭素原子と結合)が存在することで特徴づけられる重合体です。ポリ硫化物のそれぞれの硫黄原子は両側とも炭素原子と結合しており、「硫黄－硫黄」結合を有する第40類のチオプラストとは異なっています。これらは、塗料及び航空機部品、自動車部品、ポンプの羽根車等の成型製品に使用されます。

ポリスルホンは重合体鎖中にスルホン結合($-SO_2-$)が存在することで特徴づけられる重合体です。例えば、次のような構造をしています。

第7章　第7部　プラスチック及びゴム並びにこれらの製品

$$\left[-O-\underset{\underset{CH_3}{|}}{\overset{\overset{CH_3}{|}}{C}}-\bigcirc-O-\bigcirc-\underset{\underset{O}{\|}}{\overset{\overset{O}{\|}}{S}}-\bigcirc- \right]_n$$

　また、イソシアナート基（R–N=C=O）を有する重合体（他に該当するものを除く。）としては、ヘキサメチレンジイソシアナート（HDI）（O=C=N–CH₂CH₂CH₂CH₂CH₂CH₂–N=C=O）を基としたポリウレタン（単量体ユニットの平均数が3～4のプレポリマーが生成するように水とHDIの反応により合成したもの）や、同HDIを基としたポリイソシアヌレート（単量体ユニット間にイソシアヌレート結合を持つプレポリマーを生成するようにHDIを反応し合成したものでこのプレポリマーの単量体ユニットの平均数は3～5）があります。これらは、塗料及びワニスの製造に用いられます。

　なお、この類の注3の他の物品としては、ポリキシレン樹脂、ポリ（1,4－ジイソプロピルベンゼン）、ポリビニルケトン、ポリエチレンイミン及びポリイミドがあります。

(12) 第39.12項　セルロース及びその化学的誘導体（一次製品に限るものとし、他の項に該当するものを除く。）

　この項には、植物組織を形成している天然の高分子化合物であるセルロースとその化学的誘導体が分類されます。

① セルロース

　セルロースという名称は、植物の細胞壁（Cell wall）を形成している多糖類であることから来ているものです。セルロースを構成する単糖類は、でん粉と同じくぶどう糖です。でん粉と違うのは、その結合が、でん粉は α-D-glucose 結合なのですが、セルロースは β-D-glucose 結合です。そのため、でん粉は螺旋状の高分子となり、セルロースは直鎖の平坦な結合となります。セルロースは、綿花にほぼ純粋な形で含まれています。ただし、実綿は第52類に属し、この項には含まれません。この項には、他の項に属さないもので、一次製品のものが分類されます。

　通常、セルロースは、天然の素材から再生セルロースとして作られます。それは、セルロースキサンテートのアルカリ溶液を酸性溶液中に押出して沈殿・凝集によって得られた光沢のある透明な物質です。セルロースは、こうした一次製品の形状ではなく、むしろ第39.20項及び第39.21項に属する、薄くて透明なシートの形状か、又は第54類若しくは第55類の紡織用繊維のフィラメントの

形状で取引されるのが一般的です。(なお、一次製品の形状としては、例えば化学実験で用いるような粉末状のもあります。)
　また、バルカナイズドファイバーと呼ばれるものは、紙又はセルロースパルプのシートを塩化亜鉛で処理することによって得られますが、一般に棒、管、シート、板又はストリップの形状をしているので、この項には属しません(一般に第39.16項、第39.17項、第39.20項及び第39.21項)。
② セルロースの化学的誘導体
　このセルロースの化学的誘導体は、プラスチック製造原料としてのみならず他の用途にも供されます。主なセルロースの化学的誘導体には、次の物品があります。これらは可塑化してあるかないかを問いません。
(i) 酢酸セルロース
　セルロース(通常、コットンリンター又は化学木材パルプの溶解用のものと無水酢酸及び酢酸を触媒(例えば、硫酸)の存在下で処理することにより得られます。可塑剤を添加すると難燃性で射出成形に適したプラスチックとなります。通常、粉末、粒状又は溶液の形状のものがこの項に属します。シート、フィルム、棒、管等の形状で提示された酢酸セルロースは含まれません(通常第39.16項、第39.17項、第39.20項及び第39.21項)。
(ii) 硝酸セルロース(ニトロセルロース)
　これらは、セルロース(通常、コットンリンター)を硝酸と硫酸の混合物で処理して製造されます。引火性が強く、硝化度の高い種類(綿火薬)は爆薬に使用されます。保安上の理由からアルコール(通常はエチルアルコール、イソプロピルアルコール又はブチルアルコール)で湿らせるか又はフタル酸エステルで湿らせるか若しくは可塑化して輸送されます。また、アルコールの存在下で、しょう脳によって可塑化された硝酸セルロースはセルロイドです。これは、通常、シート、フィルム、棒又は管その他の押出された形状をしているので、この項から除かれます。その他の種類の可塑剤と混合した硝酸セルロースは、ワニスのベースとして広く使用されています。また、エーテル(ジエチルエーテル)とアルコール(エタノール)の混合物に硝酸セルロースを溶かした溶液は、コロジオン(collodions)で、この項に属します。なお、この溶液を部分的に蒸発すると、固体状のセロイジンが得られます。完全に蒸発させると、コロジオンのフィルムが得られます。浸透圧、透析等の実験に用いた経験のある方も多いと思います。フィルムはこの項には属しません。
(iii) 酢酸酪酸セルロース及びプロピオン酸セルロース
　これらは、酢酸セルロースと同様な方法で、類似の一般的性質を有するプ

ラスチックを形成します。
(iv) セルロースエーテル

例えば、カルボキシメチルセルロース、メチルセルロース及びヒドロキシエチルセルロースがあります。これらは水溶性で、粘度付与剤又は膠着剤として使用されます。

なお、セルロースから化学的に誘導させたプラスチックは、一般に可塑剤の添加が必要です。

(13) 第39.13項　天然の重合体（例えば、アルギン酸）及び変性させた天然の重合体（例えば、硬化たんぱく質及び天然ゴムの化学的誘導体）（一次製品に限るものとし、他の項に該当するものを除く。）

この項には、他の項に該当しない、天然の重合体（変性させたものを含む。）で一次製品のものが属します。

① アルギン酸並びにその塩及びエステル

ポリ（ウロン酸）の一種であるアルギン酸は、褐藻類（phaeophyta）に含まれる粘質多糖類です。例えばワカメの粘りのある成分です。アルカリ溶液に浸せきして抽出されます。この抽出物を無機酸で沈殿させるか又はこの抽出物を粗製アルギン酸カルシウムとした後無機酸で処理すると高純度のアルギン酸が得られます。

これらの物品は、保存剤（例、安息香酸ナトリウム）を含有していてもよく、またゲル化剤（カルシウム塩等）、遅延剤（例えば、りん酸塩、くえん酸塩）、促進剤（有機酸等）及び調整剤（しょ酸、尿素）などの添加により標準化されていてもこの項に属します。ただし、添加物によって一般的な用途よりむしろ特殊な用途に特に適するようになった物品は、もはやこの項には属しません。なお、これらのエステルの中には、食料品等に使用されるアルギン酸プロピレングリコールがあります。

② 硬化たんぱく質

たんぱく質は、動物及び植物に存在する非常に高分子量の含窒素化合物で、プラスチックに加工するのにも適しています。この項には、これらを硬化するために化学的に処理されたたんぱく質のみが含まれます。一般に、硬化たんぱく質は、通常、規則正しい形状の塊、シート、棒又は管の形状で取引されますが、こうした形状のものは、他のものと同様、この項には属さず、一般に第39.16項、第39.17項、第39.20項及び第39.21項に分類されることとなります。

③ 天然ゴムの化学的誘導体

天然ゴムは、一種の高重合体で、化学的処理によって可塑性を有するある種

の物質を形成します。

これらには、次のようなものがあります。
 (i) 塩素化ゴム
   通常小さい白い粒状でペイント、ワニスの調製に使用されます。
 (ii) 塩酸ゴム
   一般には包装用ですが、可塑化されたものは保護衣服用に供されます。
 (iii) 酸化ゴム
   触媒の存在下で加熱されたゴムを酸化して得られます。ワニスに使用する樹脂状の物質です。
 (iv) 環化ゴム
   ゴムを、例えば、硫酸、クロロスルホン酸又はクロロすず酸で処理して得られます。これらは、硬さの異なる一連の物品を生成し、ペイントの調製の際のベース、防水塗料、また、ある程度の硬さのものは、成型品の製造に使用されます。

④ デキストラン、グリコーゲン（「動物性でん粉」）及びキチン並びにリグニンから得られたプラスチック

このグループは多糖類です。例えば、でん粉は、先に述べたとおり、ぶどう糖がα結合した高分子化合物ですが、一般にはその混合物です。でん粉粒を構成するぶどう糖のポリマーには、2種類あります。でん粉粒の外側には水に溶けにくいアミロペクチンが、内部には水に溶けるアミロースがあります。アミロペクチンは、ぶどう糖のα-1,4結合の他にα-1,6結合を持つもので、餅米に多く含まれています。アミロースはぶどう糖がα-1,4結合のもので、粳米や、ジャガイモでん粉等多くのものにアミロペクチンと共に含まれています。これらを単離したものは、この項に含まれます。

なお、この項には、次のものは含まれません。
(a) 変性させてない天然樹脂（第13.01項）
(b) エーテル化又はエステル化したローカストビーン又はグアシードの胚乳粉（第13.02項）
(c) リノキシン（第15.18項）
(d) ヘパリン（第30.01項）
(e) エーテル化でん粉及びエステル化でん粉（第35.05項）
(f) ロジン、樹脂酸及びこれらの誘導体（エステルガム及びランガムを含む。）（第38.06項）

更に、接着剤として使用するために特に配合された調製品で、第39.01項から第39.13項までの重合体又はそれらの混合物から成り、かつ、この類に該当しな

い他の物質（例えば、ろう。ただし、この類の物品への添加が許容されている物品（充てん料、可塑剤、溶剤、顔料等）を除く。）を加えたもの及び第39.01項から第39.13項までの物品を、膠着剤又は接着剤として小売用にしたもので正味重量が1キログラム以下のものはこの類には含まれません（第35.06項）。

(14) 第39.14項　第39.01項から第39.13項までの重合体をもととしたイオン交換体（一次製品に限る。）

　この項のイオン交換体は、架橋した重合体で、一般に粒状で活性イオン基（通常、スルホン基、カルボキシル基、フェノール基及びアミノ基）を有しています。これらの活性イオン基は、重合体を電解質の溶液（例えば食塩水）に接触させた時、重合体自身のイオン型の一つを溶液に含まれているイオン（陽イオン又は陰イオンのもの）の一つと交換することが可能です。食塩水の場合、水中でNa^+とCl^-に解離しているので、Na^+イオンは樹脂のH^+イオンと、Cl^-イオンは樹脂のOH^-イオンと交換され、水中のNaClはH_2Oとなります。この原理で、水の軟化、牛乳の軟化、クロマトグラフィー、酸性溶液からのウランの回収及び培養液からストレプトマイシンの回収並びに種々のその他の工業用目的に使用されます。最もよく知られたイオン交換体には、化学的に変性させたスチレン-ジビニルベンゼン共重合体、アクリル重合体又はフェノール樹脂があります。

　なお、この項には、この項のイオン交換体を充てんしたイオン交換カラムは含まれません（第39.26項）。

(15) 第39.15項　プラスチックのくず

　この項の物品は、破損又は使い古したプラスチックの製品で明らかに本来の目的に使用できないもの及び製造過程におけるくず（削りくず、ダスト、切りくず等）です。ある種のものは、成型材料、ワニスのベース又は充てん料等として再利用できます。ただし、この項には、単一の熱可塑性材料のくずで、一次製品の形状にしたものは含まれません（第39.01項から第39.14項まで）。

　他方、単一の熱硬化性材料のくず又は共に混合した二種類以上の熱可塑性材料のくずは、たとえ一次製品の形状になっていてもこの項に含まれます。

　また、貴金属又は貴金属化合物を含有し、主に貴金属を回収するために用いる種類のプラスチックのくず、削りかす及びクラップはこの項には含まれません（第71.12項）。

(16) 第39.16項　プラスチックの単繊維で横断面の最大寸法が1ミリメートルを超えるもの、プラスチックの棒及びプラスチックの形材（表面加工をして

あるかないかを問わないものとし、その他の加工をしたものを除く。)

　この項以降には、プラスチックの半製品及び製品が分類されます。これらには、プラスチックだけからなる物品の他、プラスチックと他の物品を結合したもの、例えば、補強の目的で他の物品が埋め込まれているもの、あるいは、プラスチックと他の物品を積層したもの、プラスチックで他の物品を被覆したもの、又は粉状、粒状、フレーク状のものを練り込んだもの等もあります。

　さて、この項の物品ですが、これらは、単一作業（一般には押出成形）により得られる、長尺で、一方の端から他方の端まで一定の又は繰り返しの横断面を持つ物品です。製品もあるかもしれませんが、そのまま、あるいは更に加工して、他の製品の製造に用いられるものもあると思います。

　また、この項には、ある種の中空のものも含まれますが、この項に分類されるものは、第39.17項に属する管及びホースの横断面とは異なる横断面を有するものです（この類の注8参照）。これについては次の項で説明します。

　この項には、また横断面の最大寸法を超える長さに単に切ったもの及び表面加工（磨いたもの、つや消し仕上げ）をしたもの等も含まれますが、その他の加工（穴あけしたもの、フライス削りをしたもの、のりづけ又は縫製で組合せたもの等）はこの項には含まれません。これらは関税率表の他の項に特掲されていない限り、第39.18項から第39.26項までの製品としてその所属を決定することとなります。

　この項に分類された物品の例として、ポリ塩化ビニル製の管状形材（しゃくり溝及び防水用ストリップが一体となったもので、内部は鋼管の芯により補強されている物品。隙間ふさぎ、窓、戸、仕切り等の枠として用いられるもの）があります。

(17) **第39.17項　プラスチック製の管及びホース並びにこれらの継手（プラスチック製のものに限る。例えば、ジョイント、エルボー及びフランジ）**

　この項に属する「管及びホース」は、この類の注8の規定により、次の物品をいうこととされています。
（i） 中空の物品（半製品であるか又は完成品であるかないかを問わない。）で、主として気体又は液体の運搬用又は配送用に供するもの（例えば、リブ付きの庭用ホース、穴あき管）をいうものとし、内部の横断面が円形、だ円形、長方形（長さが幅の1.5倍以下のものに限る。）又は正多角形の形状のものに限る。
（ii） ソーセージケーシング（縛っているかいないか又は更にその他の加工をしているかいないかを問わない。）その他のへん平な管

第7章　第7部　プラスチック及びゴム並びにこれらの製品

　また、この項には、管及びホース用のプラスチック製の継手（例えば、ジョイント、エルボー、フランジ等）が含まれます。
　これらの管、ホース及び継手には、硬質のもの又は軟質のものがあり、また補強したもの、その他の材料と組み合わせているものがあります。

(18) 第39.18項　プラスチック製の床用敷物（接着性を有するか有しないか問わないものとし、ロール状又はタイル状のものに限る。）並びにこの類の注9のプラスチック製の壁面被覆材及び天井被覆材
　この項の前段には、ロール状又はタイル状の床用敷物として通常使用するタイプのプラスチック製のものであれば、接着性を有するか有しないかと問わずこの項に属します。（また、例えば床用敷物ですが、輸入後床用敷物として用いられることを条件としているという意味ではありません。通常こうした目的の為に製造された物品であることが客観的に認められれば良いということです。）
　この項の後段の規定は、この類の注9の規定に該当するもので、プラスチック製の壁面被覆材及び天井被覆材です。これらは、織物で裏打ちしたものを含みますが、プラスチックを塗布し又は被覆した壁紙その他これに類する紙製の壁面被覆材は含まれません（第48.14項）。
【参考】類注9：第39.18項において「プラスチック製の壁面被覆材及び天井被覆材」とは、壁又は天井の装飾に適した幅が45センチメートル以上のロール状の物品のうちプラスチックを紙以外の材料で裏張りしたもので、プラスチック層の表面に木目付けをし、浮出し模様を付け、着色し、図案印刷をし又はその他の装飾を施したものをいう。
　また、この項（第39.18項）及び第39.19項には、モチーフ、字又は絵を印刷したもののうち、当該モチーフ、字又は絵がこれらの物品の本来の用途に対し付随的でない製品を含むこととされています（一般にこうした物品は第49類に属することとなっていますが、その例外です。第7部注2のただし書き参照。）。

(19) 第39.19項　プラスチック製の板、シート、フィルム、はく、テープ、ストリップその他のへん平な形状の物品（接着性を有するものに限るものとし、ロール状であるかないかを問わない。）
　この項には、第39.18項の床用敷物、壁面被覆材及び天井被覆材を除き、プラスチック製のへん平な形状の物品が含まれます。この「接着性を有するもの」とは、圧力により接着性を有する、へん平な形状の物質であって、濡らしたり又他の添加物を加えたりすることなく室温で永続的な接着性（片面又は両面に）を有するもの及び指や手の圧力以上の圧力を必要とせずに単に接触するのみで種々の

異なる表面に強固に接着するものとされています。

　この項はまた、前号と同じく、例外的に、モチーフ、字又は絵を印刷したもののうち、当該モチーフ、字又は絵がこれらの物品の本来の用途に対し付随的でない製品を含むこととされています。

　ところで、第39.18項の床用敷物は接着性を有するか有しないかを問わないとされていますが、同項の壁面被覆材及び天井被覆材にはこの記述はありません。他方、この項（第39.19項）の物品（プラスチック製シート等）は、接着性を有するものに限られます。この両項の規定の関係で、壁面被覆材及び天井被覆材について、接着性を有するかどうかが、分類上、問題となるかもしれません。この点に関しての一つの考え方としては、類注9の規定では、接着性の有無についての定めがないので、この点は考慮することなく、壁面被覆材及び天井被覆材に該当するものであれば、この項に決定されます（通則1です）。もし、接着性を有するプラスチック製のシートにも該当するという議論があったとしても、通則3(a)により、結局、第39.18項に属することとなります。もっとも壁面被覆材及び天井被覆材であるプラスチック製のロール状のもので、紙以外の材料で裏張りしたものに限られます。

(20) **第39.20項　プラスチック製のその他の板、シート、フィルム、はく及びストリップ（多泡性のもの並びに補強し、薄層で被覆し又は支持物を使用したもの及びこれらに類する方法により他の材料と組み合わせたものを除く。）**

　この項には、第39.18項又は第39.19項に属さないプラスチックの板、シート、フィルム、はく及びストリップで、多泡性のもの、補強し、薄層で被覆し又は支持物を使用したもの及びこれらに類する方法により他の材料と組み合わせたものでないものが含まれることとされています。

　この項には、また、平均の長さが約1ミリメートルで一般に50％の水分を含有する凝集していないポリエチレン又はポリプロピレンの繊維（原繊維（fibrils））のシートから成る合成紙パルプも含まれます。

　他方、先に述べた通り、この項には、補強し、薄層で被覆し又は支持物を使用したもの及びこれらに類する方法によりプラスチック以外の材料と組み合わせたものは含まれない（これらは第39.21項に属する。）こととされていますが、補強材としてではない、例えば粉状、粒状、球状又はフレーク状の充てん料を混ぜ合わせたプラスチックから作られた製品はこの項に分類されます。また、着色、印刷（第7部注2に規定するもの）、金属の真空蒸着のような重要でない表面処理は、この項における補強又はこの項のこれらに類する方法による組み合わせとはみな

されません（従ってこれはこの項に含まれます。）。

このような物品として、例えば、ポリ（メタクリル酸メチル）と水酸化アルミニウムからなるへん平間板状の、いわゆる合成大理石と呼ばれるものがあります。

また、この項に含まれない物品としては、多泡性のもの（第39.21項）及び見かけ上の幅が5ミリメートルを超えないプラスチックのストリップ（第54類）があります。

更に、この項の「板、シート、フィルム、はく及びストリップ」は、この類の注10により、板、シート、フィルム、はく、ストリップ及び規則正しい幾何学的形状の塊（印刷その他の表面加工をしてあるかないかを問わない。）で、切ってないもの及び単に長方形（正方形を含む。以下この類の説明において同じ。）に切ったもの（長方形に切ったことによりそのまま使用することができる製品になったものを含む。例えば、テーブルクロス）に限るものとし、更に加工したものを除く旨、規定されています。

これらの形状のもので、縁をみがいたもの、穴をあけたもの、フライス削りをしたもの、へりを付けたもの、曲げたもの、枠をつけたもの、その他の加工をしたもの及び長方形以外の形状に切ったものは、一般に第39.18項、第39.19項又は第39.22項から第39.26項までの製品として所属を決定することとなります。

なお、この項の細分の一部、第3920.43号及び第3920.49号では、その可塑剤の含有量に基づいて区別されていますが、この細分上の所属の決定については、一次可塑剤と二次可塑剤の含有量は合計して判断することとなっています（この類の号注2参照）。

ちなみに、一次可塑剤は揮発性の低い物質で、重合体に添加すると一般的にその柔軟性を向上させるものです。例えば、フタル酸エステル、アジピン酸エステル、トリメリト酸エステル、りん酸エステル、セバシン酸エステル、アゼライン酸エステル等があります。他方、二次可塑剤は、伸展剤としても知られているもので、単独で可塑剤として使用することは少なく、一次可塑剤と配合することにより一次可塑剤の作用を変化又は強化する働きがあります。二次可塑剤は、難燃剤又は潤滑剤としても作用します。

(21) **第39.21項　プラスチック製のその他の板、シート、フィルム、はく及びストリップ**

この項には、第39.18項、第39.19項、第39.20項又は第54類には属さない、プラスチックの板、シート、フィルム、はく及びストリップが含まれます。すなわち、この項の物品には、単に多泡性の物品並びに補強し、薄層で被覆し、支持物を使

用し及びこれらに類する方法により他の材料と組み合わせたもののみが含まれます。

　この場合の「これらに類する方法により‥‥」とは、プラスチックの強度を高めるために、プラスチック以外の材料をプラスチックと組み合わせていなければなりません。こうした物品には、例えば金属網、ガラス繊維、鉱物性繊維、ウィスカー又はフィラメントを埋め込んだもの等があります。

　なお、この類の「板、シート、フィルム、はく及びストリップ」とは、類注10の規定により、前項のものと同じ形状のものをいいます。

(22) 第39.22項　プラスチック製の浴槽、シャワーバス、台所用流し、洗面台、ビデ、便器、便座、便器用の覆い、水洗用の水槽その他これらに類する衛生用品

　この項には、通常、家屋等で水道又は下水の設備と連結させて、永久的に固定されるよう設計された備付品が含まれます。この項にはまた、携帯用ビデ、ベビー用浴槽、キャンプ用トイレ等その他これらに類する大きさ及び用途の衛生用品も含まれます。プラスチック製の水洗用の水槽は、その機構を取り付けてあるかないかを問わずこの項に分類されます。ただし、この項には、次の物品は含まれません。
(a) 病人用差込み便器、寝室用便器等小型の可搬式衛生用品（第39.24項）
(b) せっけん皿、タオル掛け用レール、歯ブラシ立て、トイレットペーパーホルダー、タオル掛けその他これらに類する浴室用品、化粧用品又は台所用品。これらの物品は、壁その他の建物の部分に永久的に取り付けられることが意図されていれば第39.25項に、それ以外は第39.24項に含まれます。

(23) 第39.23項　プラスチック製の運搬用又は包装用の製品及びプラスチック製の栓、ふた、キャップその他これらに類する物品

　この項には、あらゆる種類の物品の包装用又は運搬用に通常供される全てのプラスチック製の物品が含まれます。これらの物品には、例えば次の物品があります。
① 箱、ケース、クレート、袋（円すい状のもの及びごみ袋を含む。）、たる、かん、瓶及びフラスコ等の容器で、(i)ある種の食料品の包装用又は運搬用に供する容器の性格を有するとっ手のないコップ（食卓用品又は化粧用品としての二次的な用途を有するか有しないかを問わない。）、(ii)プラスチックボトルの成形前の中間生産品で、管状で一端が閉じており、口の方はネジ式の蓋を取り付けるためにネジが切られているもので、ネジ切り部より下の部分は、所定の大きさや

形に膨張、成形するもの
② スプール、コップ、ボビンその他これらに類する支持物(磁気テープを有しないビデオ又はオーディオカセット等も含まれます。)
③ 栓、ふた、キャップその他これらに類する物品

　他方、この項には、特にごみ箱のような家庭用品及び食卓用品又は化粧用品として使用するコップで、包装用又は運搬用として容器の性格を有しないもの(第39.24項)、第42.02項の容器並びに第63.05項の柔軟性のあるばら荷用中型容器は含まれません。

(24) 第39.24項　プラスチック製の食卓用品、台所用品、その他の家庭用品及び化粧用品

　この項には、次のプラスチック製の物品が含まれます。
① 食卓用品
　茶用具、コーヒー用具、平皿、スープ入れ、サラダボウル、各種の皿及び盆、コーヒーポット、ティーポット、砂糖入れ、ビール杯、コップ、ソース入れ、果実鉢、薬味瓶、食塩入れ、マスタード入れ、卵用カップ、ティーポット用台、テーブルマット、ナイフ置き、ナプキンリング、ナイフ、フォーク、スプーン等
② 台所用品
　水鉢、ゼリー用の型、台所用瓶、貯蔵用瓶、貯蔵箱(ティーキャディー、パン入れ等)、漏斗、ひしゃく、台所用測定具、麺棒等
③ その他の家庭用品
　灰皿、湯入れ瓶、マッチ箱用ホルダー、ごみ箱、ばけつ、じょうろ、食料貯蔵用の容器、カーテン、テーブルカバー、家具用ほこりよけカバー等
④ 化粧用品
　化粧セット(水差し、ボウル等)、衛生用おけ、ベッド用便器、しびん、寝室用便器、たんつぼ、注水器、洗眼器、哺乳瓶用の乳首、指サック、せっけん皿、タオル掛け用レール、歯ブラシ立て、トイレットペーパーホルダー、タオル掛け、その他のこれらに類する浴室、化粧室又は台所で使用する物品

　しかしながら、建物の壁又はその他の部分に、例えばねじ、釘、ボルト、接着剤により永久的に取り付けるよう意図されたものは含まれません(第39.25項)。
　また、この項には、包装用又は運搬用に供される容器の性格を有するとっ手のないコップは含まれません(第39.23項)。

(25) 第39.25項　プラスチック製の建築用品（他の項に該当するものを除く。）

この項に含まれる物品は、次のとおり、この類の注11に掲名している製品に限られます。（そのまま引用しておきます）

　注11　第39.25項には、第2節の同項よりも前の項の物品を除くほか、次の製品のみを含む。
　(a) 貯蔵槽、タンク（浄化槽を含む。）、おけその他これらに類する容器（容積が300リットルを超えるものに限る。）
　(b) 構造物の要素（例えば、床用、壁用、仕切り壁用、天井用又は屋根用のもの）
　(c) 雨どい及びその取付具
　(d) 戸及び窓並びにこれらの枠並びに戸の敷居
　(e) バルコニー、手すり、塀、門その他これらに類する仕切り
　(f) よろい戸、日よけ（ベネシャンブラインドを含む。）その他これらに類する製品並びにこれらの部分品及び取付具
　(g) 店、作業場、倉庫等において組み立て、恒久的に取り付けるための大型の棚
　(h) 装飾用の建築用品（例えば、フルーティング、小丸屋根及びはと小屋）
　(ij) 取付具（例えば、取手、掛けくぎ、腕木、タオル掛け及びスイッチ板その他の保護板。戸、窓、階段、壁その他の建物の部分に恒久的に取り付けるためのものに限る。）

この項の細分について、第3925.20項には、ちょうつがいが取り付けられている戸及び建物、部屋等の入口を閉鎖するのに使用されるタイプの引戸式の防壁が含まれ、第3925.90項にはフィールド、庭、中庭等の入口を閉鎖する防壁（門）が含まれます。

(26) 第39.26項　その他のプラスチック製品及び第39.01項から第39.14項までの材料（プラスチックを除く。）から成る製品

この項には、他の項に該当するものを除き、この類の注1に規定するプラスチック又はその他の第39.01項から第39.14項までの材料の製品が含まれます。

これらには、次の物品があります。
① プラスチックのシートを縫い合せ又は張り合せて製造した衣類及び衣服の附属品（がん具を除く。）
　例えば、エプロン、ベルト、乳児用よだれ掛け、レインコート、ドレスシールド等。取りはずしのできるプラスチック製のフードは、それが附属するプラスチック製のレインコート、ドレスシールドと共に提示された場合この項に属します。

② 家具用又は車体用の取付具その他これに類する取付具
③ 小像その他の装飾品
④ プラスチック製のシートを縫い合わせ、又は張り合わせて製造したほこりよけシート、保護用の袋、日よけ、ファイルカバー、書類用カバー、ブックカバー及び読書用のカバーその他これらに類する保護用物品
⑤ 文ちん、ペーパーナイフ、ブロッティングパッド、ペン皿、しおり等
⑥ ねじ、ボルト、ワッシャーその他これらに類する一般用の取付具
⑦ プラスチック製の伝動用、コンベヤ用又はエレベーター用のベルトで、エンドレスのもの、特定の長さに切って両端を連結したもの又は締具を取り付けたもの

　　これらには、表面に粘着性（滑り止め）を増すためのみに役立つクロム革の帯で片面又は両面を被覆した製品もこの項に含まれます。ただし、特定の機械又は機器とともに提示される伝動用、コンベヤ用又はエレベーター用のあらゆる種類のベルト及びベルチングは、機械又は機器に実際に組み込まれているかいないかを問わず、当該機械又は機器と共に分類されます（例えば、16部）。更に、この項には、伝動用又はコンベヤ用のベルト又はベルチングで、プラスチックを染み込ませ、塗布し、被覆し又は積層した紡織用繊維製のものは含まれません（第11部。例えば、第59.10項）。
⑧ 第39.14項の重合体を充てんしたイオン交換カラム
⑨ カルボキシメチルセルロースを充てんしたプラスチックの容器（氷のうとして使用されます。）
⑩ 工具箱及びケースで、個々の工具（附属品を有するか有しないかを問わない。）を収めるために特別に成形され又は内部に取り付けられたものでないもの（第42.02項参照）
⑪ 洗浄器、洗腸液袋及びこれらの附属品、おしゃぶり、氷のう、病人用又はこれに類する看護用クッション、ペッサリー、コンドーム並びに注射器用バルブ
⑫ 種々のその他の製品

　　例えば、ハンドバッグ用のファスナー、スーツケース用のコーナー、吊り鉤、保護用カップ及び家具の下に置くためのグライド、柄（工具、ナイフ、フォーク等用）、ビーズ、時計用"ガラス"、図型及び文字型、手荷物用のラベルホルダー

第3節　第40類　ゴム及びその製品

1 この類に含まれる物品の概要

　この類には、天然のゴムの他、バラタ、チクル等の天然ガム、合成ゴム、再生ゴム及びこれらの製品が含まれます。

　まず、このゴム（英：rubber, 独：kautchuk, 仏：caucaouchouc）という語ですが、英語のrubber は、最初消しゴムとして使用されたために生まれた（コロンブスが米大陸を発見した当時はIndean rubber とも呼ばれていた）とされています。他方、「ゴム（英：gum, 独：Gummi。なお、関税率表では、英：gumに対して「ガム」と表記している。）」という語は、カウチュークがアラビアゴムと同じように植物ゴム質であるとの誤った考えから名付けられた弾性ゴム（gummi elasticum）という語から生まれたとされています（化学大事典）。実際、このアラビアゴム（Gum Arabic）は、トラガントゴム（Gum Ttraganth）などのような粘着性の高分子多糖類であって、いわゆる弾性に富んだ物質である天然のゴム樹から得られるものとはその成分も性質も異なります。これらは、第13類に分類されます。

　一般名として、このように「ゴム」と「ガム」が同じように用いられており、多少混乱を招きます。広辞苑では、ゴムには「(i)力を加えると大きく変形し、その力を除くと直ぐに元の形状に戻る性質を持つ物質の総称。(以下略) と (ii)植物の分泌物から得られる粘着性の高分子多糖類。アラビア-ゴム、トラガカント-ゴムの類」、と2つの説明があります。また、ガムには、「(i)チュウインガムの略。(ii)ゴム2と同じ。」と記述されており、植物の粘着性の高分子多糖類を指しています。岩波の理化学事典にも同様の内容の記載があり、ゴムという言葉に、両方のものが説明されています。

　この第40類でもゴムとガムという言葉が混在して用いられていますが、この類に含まれるゴム及びガムは、いずれも、その成分が炭化水素の高分子化合物、あるいはこれを主成分とする、一義的には弾性を有する物質で、上記の天然の植物性の粘質多糖類であるガム（第13類に属するもの）とは、明らかに異なっています。こうした意味では、「バラタ、・・・チクルその他これらに類する天然ガム」は、英語の標記とは異なりますが「バラタ、・・・チクルその他これらに類する天然ゴム」と記述した方が実態に合っていたかも知れません（化学大事典にはチクルゴム（chicle rubber）として記述があります。）。

　さて、この類のゴムですが、工業の原料としての生ゴムはゴム樹の樹皮に切付けを行い、流れ出す樹液、すなわちラテックスを集め、そのまま、あるいは濃縮したものです。一般の生ゴムは、ゴム成分を構成するイソプレンのほか非ゴム成分を5～10%含んでいますが、よく精製されたものは、$(C_5H_8)_n$の組成を示しイソ

プレンがシス形に重合した高分子化合物です。

　このように、成分が分かっていますので、化学的に合成により製造されるゴムもあります。これらには、イソプレンだけでなく、ブタジエン、イソプレン等の他、スチレン、クロロプレン等を共重合させたもの等があります。

2 この類の物品の分類上の留意点等
(1)「ゴム」の定義
　「ゴム」という語については、先に述べましたが、この類の注1により、明確に「この表において「ゴム」とは、文脈により別に解釈される場合を除くほか、天然ゴム、バラタ、グタペルカ、グアユール、チクルその他これらに類する天然ガム、合成ゴム及び油から製造したファクチス並びにこれらの再生品（加硫してあるかないか又は硬質化してあるかないかを問わない。）をいう。」と定められています。この括弧書きは、英文（HS）を見れば分かりますが、文全体に掛かっています。ただし、この類の中での項によっては、当然ですが、加硫あるいは硬質化したものとそうでないものは、多くの場合、区別して分類されています。

　また、「合成ゴム」については、厳格な基準（いわゆる「ゴム試験」）が定められており、この基準に合致するかどうかの判断が必要です。これは、合成ゴムも第39類のプラスチックも合成高分子化合物で、両者の区別が必要となるからです。合成ゴム及びその製品は第39類から除かれることとなっています。ちなみに、プラスチックは可塑性（熱可塑性、又は可塑性であって熱により硬化する）物質で、弾力性はなく、あっても極めて小さいものですが、ゴムは基本的に弾性を有する物質で非可塑性です。しかし、両者には、成分的に共通点もあり、また、工業的用途として、両方の性質を持つ素材（例えば車のバンパーや、エンジン部分のパイプ等用）もあり、両者を区別するためにも、こうした規定が必要となってきます。この類の注4として、ゴムの定義に含まれる合成ゴム及び第40.02項の合成ゴムに関し、以下の通り定義が定められています。（この類の注の規定をそのまま引用しておきます。）

　注4　1及び40.02項において「合成ゴム」とは、次の物品をいう。
　（a）不飽和の合成物質で、硫黄による加硫により不可逆的に非熱可塑性物質とすることができ、かつ、この非熱可塑性物質が、温度18度から29度までにおいて、もとの長さの3倍に伸ばしても切れず、もとの長さの2倍に伸ばした後5分以内にもとの長さの1.5倍以下に戻るもの。この試験においては、加硫助剤、加硫促進剤その他の架橋反応に必要な物質を加えることができるものとし、5(b)の(ⅱ)又は(ⅲ)の物質の存在も許容される。ただし、エキステンダー、可塑剤、充てん料その他の架橋反応に必要でない物質の存在は許容

されない。
 (b) チオプラスト（TM）
 (c) 天然ゴムにプラスチックをグラフトし又は混合することにより変性させたもの、天然ゴムを解重合したもの及び不飽和の合成物質と飽和の合成高重合体との混合物で、(a)に定める加硫、伸長性及び復元性に係る要件を満たすもの

　この (a) の試験のために、不飽和の合成物質の試料及び注4(c)に特掲された種類の物質（加硫してない原材料の状態のもの）は硫黄により加硫し、更に伸長性及び復元性の試験を行わなくてはなりません。従って、例えば、鉱物油のような注4で許容されていない物質を含む物品の場合、試験は当該物質を含まない試料又は試料から当該物質を除去したものについて行わなければなりません。こうした試験をすることのできない加硫したゴム製品の場合は、試験を実施するため、その製品が製造された加硫してない試料を得ることが必要となってきます。（加硫したゴムの製品は第40.02項には含まれませんが、ゴムを元とした製品であるかどうかの判断が必要となることがあるためです。）ただし、定義によって合成ゴムとして取り扱われている注4(b)のチオプラスト（脂肪族炭化水素のジハロゲン化物と多硫化ナトリウムを反応させて得られる飽和の合成物品で、一般に古典的なタイプの加硫剤で加硫されます。）については、この試験は必要ありません。

　「加硫したもの」とは、一般に硫黄その他の加硫剤（例えば、塩化硫黄、ある種の多価金属の酸化物、セレン、テルル、チウラムジスルフィド、チウラムテトラスルフィド、ある種の有機過酸化物及びある種の合成重合体）とともに、加熱若しくは加圧によるか又は高エネルギー照射によって架橋したゴム（合成ゴムを含む。）をいい、主に可塑性の状態から弾性の状態に変化したものです。（なお、更に加硫が進むと、ほとんど弾性がなくなり、エボナイトのような硬化ゴムとなります。）

　硫黄による加硫の基準は、注4の目的、すなわち物質が合成ゴムであるかないかを決定する場合に限って考慮するものです。物質が合成ゴムであると確認されるなら、これから得た物品は、硫黄により加硫されているか又はその他の加硫剤により加硫されているかにかかわらず、第40.07項から第40.17項までに該当する加硫したゴムの物品とみなされます。

　加硫の目的のために加硫剤の他に通常、ある種の他の物質（例えば、加硫促進剤、加硫助剤、加硫遅延剤、可塑剤、増量剤、充てん剤、補強剤及びこの類の注5(b)に記載した添加剤）が加えられますが、このようなものを加えた加硫可能な状態の混合物は配合ゴムとみなされ、提示された形状に応じて第40.05項又は

第40.06項に属することとなります。

　この類には、上記に定めているように原料のもの及び半製品のもの（加硫してあるかないか又は硬質化してあるかないかを問わない。）、ゴムのみから成る物品並びに重要な特性がゴムにある製品が含まれます。ただし、この類の注2により除外される物品は含まれません。

(2) この類の「一次製品」

　第40.01項から第40.03項まで及び第40.05項において、一次製品とは、次の形状の物品に限られます。(注3の規定)
① 液状又はペースト状のもの（ラテックス（プリバルカナイズしてあるかないかを問わない。）その他のディスパーション及び溶液を含む。）
② 塊（不規則な形のものに限る。）、ベール、粉、粒、小片その他これらに類する形状のもの

(3) 第40.01項及び第40.02項の配合物について

　これらの項は、基本的には未加工のゴムが分類される項であるので、以下の通り添加を許されていないものと添加を許されているものが定められています。(注5の規定)（同注の規定を引用しておきます。）
　注5
(A) 第40.01項及び第40.02項には、凝固の前又は後に次の物品を配合したゴム及びゴムの混合物を含まない。
　(i) 加硫剤、加硫促進剤、加硫遅延剤又は加硫助剤（プリバルカナイズドラバーラテックスの調製のために加えたものを除く。）
　(ii) 顔料その他の着色料（単に識別のために加えたものを除く。）
　(iii) 可塑剤又はエキステンダー（油展ゴムの場合の鉱物油を除く。）、充てん料、補強剤、有機溶剤その他の物質（(b)の(i)から(iii)までのものを除く。）
(B) 第40.01項及び第40.02項には、次の物質を含有するゴム及びゴムの混合物を含む。ただし、ゴム及びゴムの混合物が原材料としての重要な特性を保持する場合に限る。
　(i) 乳化剤又は粘着防止剤
　(ii) 乳化剤の分解生成物（少量を含有する場合に限る。）
　(iii) 主として感熱ゴムラテックスを得るための感熱剤、主として酸性ゴムラテックスを得るための陽イオン界面活性剤、老化防止剤、凝固剤、顆粒化剤、凍結防止剤、ペプタイザー、保存剤、安定剤、粘度調整剤その他これらに類する特殊な目的のための添加剤（極めて少量を含有する場合に限る。）

この規定は、ゴム又はゴムの混合物（一次製品、板、シート及びストリップ）のうち、配合してないもの（第40.01項及び第40.02項）と配合したもの（第40.05項）とを区別するための基準を示したものです。配合が凝固の前又は後のいずれになされたかによって区別するものではありません。ただし、ゴム及びゴムの混合物は、原材料としての重要な特性を保持している場合に限り、第40.01項及び第40.02項のゴム及びゴムの混合物に、一部の鉱物油や上記②のような乳化剤又は粘着防止剤、乳化剤の少量（通常5％以下）の分解生成物及び極めて少量（通常2％未満）の特殊目的のための添加剤が含まれていてもよいこととされているものです。

(4) その他の定義
その他この類の物品には、項の規定により、「くず」（第40.04項）、「板、シート及びストリップ」（第40.01項から第40.03項まで、第40.05項及び第40.08項）が定められています。
① 「くず」とは、「ゴムの製造又は加工により生ずるゴムのくず及び切断、磨耗その他の理由により明らかにそのままで使用することができないゴム製品をいう。」とされています（類注6）。
② 「板、シート及びストリップ」とは、「板、シート、ストリップ及び規則正しい幾何学的形状の塊で、切ってないもの及び単に長方形（正方形を含む。）に切ったもの（製品としての特性を有するか有しないか又はプリントその他の表面加工をしてあるかないかを問わない。）に限るものとし、その他の特定の形状に切ったもの及び更に加工したものを除く。」と定められています（類注9）。
③ 更に、加硫したゴムのみから成る糸で横断面の最大寸法が5ミリメートルを超えるものは、ストリップ、棒又は形材として第40.08項に属する旨（類注7）及び同項において棒及び形材は、棒及び形材で、一定の長さに切ってあるかないか又は表面加工をしてあるかないかを問わないものとし、その他の加工をしてないものに限る旨（類注9）定められています。

(5) ゴムと紡織用繊維とを結合したものの所属
これらに関しては、第11部の注1(ij)、第56類の注3及び第59類の注4によって所属が決定されます。これらのうち、次の物品がこの類に含まれます。
① フェルトにゴムを染み込ませ、塗布し、被覆し又は積層したもので、紡織用繊維の重量が全重量の50％以下の物品及びフェルトをゴムの中に完全に埋め込んだ物品
② 不織布をゴムの中に完全に埋め込んだ物品及び不織布の両面を完全にゴムを

塗布し又は被覆した物品で、色彩の変化を考慮することなく、塗布又は被覆していることが肉眼により判別できる物品
③　紡織用繊維の織物類（第59類の注1に定められている。）で、ゴムを染み込ませ、塗布し、被覆し又は積層したもののうち一平方メートルの重量が1,500グラムを超え、かつ、紡織用繊維の重量が全重量の50％以下のもの
④　紡織用繊維の織物類（第59類の注1に定められている。）、フェルト又は不織布とセルラーラバーの板、シート又はストリップとを結合したもので紡織用繊維が単に補強の目的で使われているもの

　また、第40.10項のコンベヤ用又は伝動用のベルト及びベルチングは、この類の注8及び第59類の注6(b)により、こうしたベルチングで、ゴムを染み込ませ、塗布し、被覆し又は積層した紡織用繊維の織物類から製造したもの及びゴムを染み込ませ、塗布し又は被覆した紡織用繊維の糸又はコードから製造したものが含まれることとなっています。

(6)　この類に含まれない物品
　この類の注2の規定により、この類には次の物品は含まれません。
(a)　第11部の物品（紡織用繊維及びその製品）
(b)　第64類の履物及びその部分品
(c)　第65類の帽子（水泳帽を含む。）及びその部分品
(d)　第16部の機械類及び電気機器（電気用品を含む。）並びにこれらの部分品で、硬質ゴム製のもの
(e)　第90類、第92類、第94類又は第96類の物品
(f)　第95類の物品（運動用の手袋、ミトン及びミット並びに第40.11項から第40.13項までの製品を除く。）

3　各項の規定
　以下、簡単にこの類の各項に規定される物品について見てみましょう。

(1)　第40.01項　天然ゴム、バラタ、グタペルカ、グアユール、チクルその他これらに類する天然ガム（一次製品、板、シート又はストリップの形状のものに限る。）
　この項の天然ゴムには、天然ゴムのラテックス（プリバルカナイズしてあるかないかを問わない。）、すなわち、天然のゴム樹から得られるラテックス、その他の形状（固形）の天然ゴム及び、バラタ、グタペルカ、グアユール、チクルその他の天然ガムが分類されます。いずれも一次製品、板、シート又はストリップの

形状のものに限られます。
① 天然ゴムのラテックス
　　これは、主としてゴムの樹、特に*Hevea brasiliensis*種の樹木から分泌された液で、30％ないし40％の懸濁状態のゴム分（高分子量のポリイソプレン）を含有するほか、その他の有機物等（たんぱく質、脂肪酸及びこれらの誘導体、糖並びにグリコシド）から成る液状のものです。これらには、一次製品である限り、次のようなものも含まれます。
(i)　安定化又は濃縮した天然ゴムのラテックス
　　ラテックス（樹液）を採取後、保存及び腐敗又は凝固の防止のため、通常アンモニアを添加したもの（フルアンモニア（FA）タイプ）、又はアンモニアと他の物質（例えば、テトラメチルチウラムジスルフィド及び酸化亜鉛）との低濃度の混合物を微量添加した、低アンモニア（LA）タイプのものがあります。また、耐冷凍天然ゴムラテックス（特にサルチル酸ナトリウム又はホルムアルデヒドの微量の添加により安定化したもので、寒冷地用として使用される。）があります。
　　天然ゴムのラテックスは、種々の方法（遠心分離、蒸発、クリーミング等）により主として輸送目的のために濃縮されています。通常、ラテックスのゴム含有量は60～62％ですが、更に高濃度のもの、固形分の含有量が70％を超えるものもあります。
(ii)　天然ゴムの感熱ラテックス
　　これらは、感熱剤を加えたものです。これらのラテックスを加熱すると非感熱性ラテックスより速くゲル化するもので、一般に浸せき製品又は成型製品の製造用及びフォームラバー又はスポンジラバーの製造用に供されます。
(iii)　陽性ラテックス
　　これは、通常、陽イオン界面活性剤を加えることによって、濃縮ラテックスの粒子の電荷を逆（正）にすることにより得られるので"reversed electric charge latex"とも呼ばれています。こうしたことにより、ゴムの浸透に抵抗する紡織用繊維の性質（アルカリ性環境の下では、繊維の静電荷も負）を変え、ゴムが浸透しやすくなります。
(iv)　天然ゴムのプリバルカナイズドラテックス
　　これは、通常100度以下の温度で加熱下、ラテックスと加硫剤の反応によって得られます。このラテックスに含まれているゴム粒子は、通常、過剰の沈降硫黄又はコロイド硫黄、酸化亜鉛及び加硫促進剤（例えば、ジチオカルバミン酸塩）を加えて加硫されます。これらは、通常、ゴム粒子の表面部分のみが加硫されていますが、これらの結合硫黄の含有量は通常1％程度で、

外観は通常のラテックスと同じです。プリバルカナイズドラテックスを原料とすることにより、いくつかの工程（例えば、粉砕、配合）を省略することができますし、浸せき製品又は鋳造製品（医療用品及び外科用品）の製造及び紡織用繊維工業に使用し、接着剤としても使用されます。更に、ある種の紙及びコンポジションレザーの製造にも使用され、優れた電気絶縁性（たんぱく質及び可溶性物質の濃度が低いため）を有するゴム特性を与えます。

通常、天然ゴムのラテックスは内面に塗料を塗布したドラム（約200リットル入り）又はばら積みで出荷されます。

② その他の形状の天然ゴム

この項の天然ゴムは、輸送及び保存の目的のため又はその後の使用を容易にし若しくは最終物品の品質を改良する目的で、天然ゴムにある種の特性を与えるため一般に栽培地の工場において処理された後、生産地から出荷されるようなヘベアゴム（Hevea rubber）に限られます。従って、これらは、処理されたゴムが原材料としての重要な特性を失っていないものに限られ、また、カーボンブラック、シリカその他の注5(a)で許容されていない物質を加えたものは含まれません。ラテックスは、水性の乳漿からゴムの小球体を分離するために、例えば、1%酢酸又は0.5%ぎ酸で、弱酸性にして凝固させます。凝固の最終工程で、凝固物はスラブ又は連続したストリップの形で取り出され、その後の工程により、スモークドシート、ペールクレープ、ブラウンクレープ、再凝集粒（re-agglomerated granules）又は流動性粉末（free flowing powder）が製造されることとなります。

(i) ゴムのシート及びクレープ

シートは、ゴムストリップを圧延機にかけ、型付きロールの最後のところで表面に独特の模様がつけられます。これを切ってシートとなります。スモークドシートは、これをくん煙室に置いて乾燥したものです。これにより防腐効果を付けることができます。

クレープは、ゴムの凝固物を一連のクレープ機にかけて製造されます。最終的に平滑ローラーで、一定流量の水の存在下で行われ水洗され、さらに、乾燥室において室温又は熱気中で乾燥されます。

シートは、これら以外の方法で作られます。

また、ある種のゴム（特にペールクレープ以外のクレープ）は、ラテックスの凝固によって直接製造するのではなく、切付け（tapping）又は工場の工程で生ずる凝固物の再凝集及びクレープ機による洗浄によって製造されますが、この方法によって作られたシートは厚さが様々です。

(ii) 技術的格付けをした天然ゴム（TSNR）

これらのものは、乾燥した原料天然ゴムで、次の表の規格に従って加工し、試験し、五つの一般的な等級（5L、5、10、20及び50）に格付けしたものです。（紙面の関係で記載を省略します。詳しくは、関税率表の解説書を参照して下さい。）パラメータとしては、325メッシュに残るごみ量、灰分、窒素分、揮発分、ウォーレス迅速可塑度（最小開始値（Po）、可塑度残留率）、PRI、色及び限界があります。TSNRは、ゴムの等級、規格及び試験結果を格付けするため製造国のしかるべき権威によって発行された試験証明書を添付することとされています。

(iii) 再凝集ゴム粒

　シート又はクレープよりもきれいで、かつ、品質の安定した製品を得るため、粒状のゴムに加工する方法が採用されています。これらには、凝固前のラテックスに、極く少量（0.2～0.7%）のひまし油、ステアリン酸亜鉛その他の顆粒化剤を添加することがありますが、これらの顆粒化剤は、以後の用途やゴムの性質に影響を与えることはありません。再凝集ゴム粒は、通常、保証付きの技術的な明細書付きで取引されます。

(iv) 天然ゴムの流動性粉末

　これらは、個々の粒子が再凝集することを防ぐために、製造工程中にタルクのような粉状の不活性物質その他の粘着防止剤を混合しています。

(v) 特殊なタイプの天然ゴム

　種々の特殊なタイプの天然ゴムは、上記の(i)から(iv)までに述べた形状で、次のようなものがあります。

・CVラバー（constant viscosity rubber）及びLVラバー（low viscosity rubber）：凝固前に極少量（0.15%）のヒドロキシルアミンを添加して、またLVラバーは、凝固前に少量の鉱物油を添加しています。これらのゴムを使用すると、製造者は、素練りの時間を予測することが可能になるとされています。

・しゃく解ゴム（peptised rubber）：凝固前に約0.5%のしゃく解剤を加えたものです。しゃく解剤は、乾燥作業中にゴムの粘性を減少させるものです。

・SPラバー（superior processing rubber）：普通のラテックスとプリバルカナイズドラテックスとの混合物を凝固させることにより又は天然ラテックス凝固物にプリバルカナイズドラテックス凝固物を混合することにより得られます。これらのものを使用すると、押出し成形及びカレンダーがけが容易になります。

・純化ゴム（purified rubber）：他の物質の添加を行うことなく、ゴム製造

の通常の工程を変化させること(例えば、ラテックスを遠心分離機にかけること)によって得られます。このゴムは、塩化ゴムの製造に、また、ゴムに通常含有されている不純物が存在するとその性能が低下するようなある種の加硫品(電気ケーブル等)の製造に使用されます。

- スキムラバー(skim rubber):ラテックススキムの副産物の凝固により得られるものです。
- 坑結晶化ゴム(anticrystallising rubber):凝固前のラテックスに、チオ安息香酸を添加することにより得られます。耐凍結性があります。

③ バラタその他の天然のガム

バラタガム又はバラタは、赤鉄科(*Sapotaceae* family)、特にbullet-tree (*Manikara bideatata*)樹木(主としてブラジル産)のラテックスから得られるもので、赤色を帯びた物質です。通常50キログラム未満の塊状又は時々3〜6ミリメートルの厚さのシート状で出荷されます。これは、主に、コンベヤ用又は伝動用のベルト及びベルチングの製造に、また、グタペルカと混合して海底電線、ゴルフボールの製造にも使用されます。

グタペルカは、赤鉄科の各種の樹木(例えば、*Palaquium*属、*Payena*属)のラテックスから得られるもので、黄色又は黄赤色で、産地によって0.5から3キログラムのケーキ状又は25から28キログラムの塊状で出荷されます。バラタと混合して、海底電線、ゴルフボール、ベルチング等の製造に使用するほか、ポンプ又はバルブのシーリングリング、亜麻紡績用ローラー、タンクの内張り、ふっ化水素酸用のびん、接着剤等にも使用されます。

グアユールガムは、メキシコ原産のかん木(*Parthenium argentatum*)のラテックスから抽出され、通常ケーキ状又はシート状で出荷されます。

チクルガムは、アメリカの熱帯地方に生育する赤鉄科のある種の樹木の樹皮に含まれているラテックスから得られ、赤色を帯びており、一般に各種の大きさのケーキ状、約10キログラムの塊状で出荷されます。これは、主としてチューインガムの製造に使用するほか、外科用テープ、歯科用物品の製造にも使用されます。

その他類似の天然ガムとして例えば、ジュルトンがあります。

これらがこの項に属するためには、これらのガムはゴムのような特性を有していなければなりません。

④ その他、前述した物品の相互の混合物

こうした相互の混合物も、この項の規定及び関連する注の規定に矛盾しない限り、この項に属します。しかしながら、この項には、(a)第40.02項の物品とこの項の物品との相互の混合物(第40.02項)、及び(b)凝固の前又は後にこの

類の注5(a)で許容されていない物品を配合した天然ゴム、バラタ、グタペルカ、グアユール、チクルその他これらに類する天然ガム（第40.05項及び第40.06項）は含まれません。

(2) 第40.02項 合成ゴム、油から製造したファクチス及び40.01項の物品とこの項の物品との混合物（一次製品、板、シート又はストリップの形状のものに限る。）

この項には、一次製品（液状、ペースト状、塊（不規則な形状のもの）、ベール、粉、粒、小片）、板、シート又はストリップの形状のものである限り、次のような物品が含まれます。

① 合成ゴム

この項には、スチレン-ブタジエンゴム（SBR）、カルボキシル化スチレン-ブタジエンゴム（XSBR）、ブタジエンゴム（BR）、イソブテン-イソプレンゴム（ブチルゴム又はIIR）、ハロ-イソブテン-イソプレンゴム（CIIR 又はBIIR）、クロロプレンゴム（クロロブタジエンゴム（CR）、アクリロニトリル-ブタジエンゴム（NBR）、イソプレンゴム（IR）、エチレン-プロピレン-非共役ジエンゴム（EPDM）カルボキシル化アクリロニトリル-ブタジエンゴム（XNBR）及びアクリロニトリル-イソブチレンゴム（NIR）等の合成ゴムのほか、合成ゴムのラテックス（プリバルカナイズしてあるかないかを問わない。）も含まれます。ただし、この類の注4に定める合成ゴムに規定する物品に限られます。（注4の規定については、前回詳しく述べたのでここでは省略しますが、ゴムとして分類するためには、これらすべての物質は、注4に規定する加硫、伸長性及び復元性に係る基準を満足する必要があります。）

この項の物品は、輸送、保存を目的として又はその後の使用を容易にし若しくは最終物品の品質を改良することを目的として処理されている合成ゴムを含みますが、この処理によって原材料としての重要な特性を変えたものは含まれません。特に、この類の注5(A)で許容されていない物質を含むものはこの項には属しません。（注5の規定によってこの項から除外されない物品としては、約50％未満の油を含んでいる油展ゴムがあります。）

② 油から製造したファクチス

ある種の植物油又は魚油（酸化してあるか又は部分的に水添してあるかないかを問わない。）に硫黄又は塩化硫黄を反応させて得られます。サブとも呼ばれ、合成ゴム又は天然ゴムの配合用及び消しゴムの製造に使用されます。

③ 前述した物品の相互の混合物並びに第40.01項の物品とこの項の物品との混合物

これらについては、詳細な説明は不要と思いますが、例えば次のようなものがあります。(いずれも注4(a)及び(c)に定める加硫、伸長性及び復元性に係る条件に該当するものに限ります。)
(i) 変性させた天然ゴム
　　ゴムにプラスチックをグラフトさせ又は混合したもの
(ii) 解重合天然ゴム
　　一定の温度で機械的処理により製造されます。
(iii) 不飽和の合成物質と飽和の合成重合体との混合物(例えば、アクリロニトリル-ブタジエンゴムとポリ(塩化ビニル)との混合物)
　　なお、この項には、次の物品は含まれません。
(a) この類の注4に記載した条件に該当しないエラストマー(通常第39類)
(b) 凝固の前又は後に、この類の注5(A)で許容されていない物質を配合したこの項の物品(第40.05項及び第40.06項)

(3) 第40.03項　再生ゴム(一次製品、板、シート又はストリップの形状のものに限る。)

　この項に属する再生ゴムは、使用済みのゴム製品、特にタイヤ、又は加硫ゴムのくずからゴムを柔軟化(脱硫)し、種々の化学的、機械的処理によって不要な物質を除去したものです。再生ゴムは、硫黄の残渣又は結合したその他の加硫剤を含んでいるため、生ゴムより可塑性及び粘着性が大きく生ゴムに比較して性質は劣ります。
　この項の再生ゴムは、生ゴムと混合しているかいないか又は他の物質を加えているかいないかを問いません。ただし、再生ゴムとしての重要な特性を有しているものに限られます。

(4) 第40.04項　ゴム(硬質ゴムを除く。)のくず並びにこれから得た粉及び粒

　「くず」については、この類の注6に規定があります。その内容については既に前回説明しているので省略します。
　この項の物品として、次のようなものがあります。いずれも加硫しているかいないかを問いませんが、硬質ゴムのものを除きます。(硬質ゴム関係は、第40.17項に纏めて含まれることになっています。)
① 加硫してないゴム又は加硫したゴムの製造又は加工により生ずるくず
② 切断、磨耗その他の理由により明らかにそのままでは使用することができないゴム
　　これらは、更生(リトレッド)に適さない破損したゴムタイヤ及び破損した

ゴムタイヤから得たくずが含まれます。具体的には、(i)特殊な機械でトリングルビードワイヤー又はヒールの近接部分から切断したタイヤ、(ii)トレッドを除くために裂いたもの、(iii)小片に切断したもの等があります。ただし、この項には、更生に適する中古のタイヤは含まれません(第40.12項)。
③　上記①及び②の物品から得られる粉及び粒
　　これらは、加硫したゴムを粉砕したくずで、道路表面仕上げ材料又はその他のゴムをもととする配合剤の充てん料に又は直接大きな強度を必要としない製品の直接成型に使用されます。

(5) 第40.05項　配合ゴム(加硫してないもので、一次製品、板、シート又はストリップの形状のものに限る。)

　この項には、加硫してない配合ゴムで、かつ、一次製品、板、シート又はストリップのものが含まれます。
　この項の規定で「配合ゴム」とありますが、この「ゴム」とは、この類の注1に定めたものと同義です。従って、この項には、他の物質が配合されている場合に限り、天然ゴム、バラタ、グタペルカ、グアユール、チクルその他これらに類する天然ガム、合成ゴム及び油から製造したファクチス並びにこれらの再生品が含まれます。
　また、このことは、例えばこの類の注5(A)により、第40.01項及び第40.02項には、凝固の前又は後に加硫剤、加硫促進剤、加硫遅延剤又は加硫助剤(プリバルカナイズドラバーラテックスの調製のために加えたものは除く。)、顔料その他の着色料(単に識別を容易にするために加えたものを除く。)、可塑剤又はエクステンダー(油展ゴムの場合の鉱物油を除く。)、充てん料、補強剤、有機溶剤その他の物質を配合したゴム及びゴムの混合物を含まない(この類の注5(B)に規定するものを除く。)とされており、この項の物品と明確に区別しています。
　この項には、例えば次の物品が含まれます。
①　カーボンブラック又はシリカを配合したゴム(鉱物油その他の成分を加えてあるかないかを問わない。)。これらには、乾燥ゴム100に対して、カーボンブラック約40から70となるカーボンブラックマスターバッチが含まれます。
②　カーボンブラック及びシリカを含まない配合ゴム。これらは、例えば、有機溶剤、加硫剤、加硫促進剤、可塑剤、エクステンダー、増粘剤及び充てん料(カーボンブラック又はシリカを除く。)のような物質、またあるものは赤土又はたんぱくを含んでいるものもあります。具体的には、
　(i)　配合ゴムラテックス(プリバルカナイズドラテックスを含む。)。ただし、配合の結果、この表の他の項により特殊な限定をして記載されている調製品

の特性を有しないものに限られます。従って、ラテックスワニス及びラテックスペイントは含まれません（第32類）。
  (ii) 加硫してないゴムを有機溶剤に分散しているもの及び溶解しているもので、浸せき製品の製造用又は最終製品の塗付用として使用するもの
  (iii) 配合ゴムと紡織用繊維の織物類とを結合した板、シート及びストリップで、1平方メートルの重量が1,500グラムを超え、かつ、紡織用繊維の重量が全重量の50％以下のもの
  (iv) 配合ゴムのその他の板、シート及びストリップ（例えば、タイヤ又はインナーチューブの修理用（加熱法）、接着性パッチ、ある種の気密シールのワッシャー、ゴム粒等の製造用又はゴム底の成型用に供するもの）
  (v) 粒状の配合ゴムで、直ちに加硫できるもの
    等があります。

なお、この項の板、シート及びストリップ（規則正しい幾何学的な塊を含む。）は、表面加工（プリントし、浮き出し模様を付け、みぞ付け、リブ付け等をしたもの）したもの及び単に長方形（正方形を含む。）に切ったもの（製品としての特性を有するか有しないか問わない。）も含まれますが、他の特定形状に切ったもの又は更に加工したものは含まれません。

また、この項には、次の物品は含まれません。
(a) ゴムに着色料（レーキ顔料を含む。）を濃厚に分散したもので、いわばゴム用の着色料（第32.04項、第32.05項及び第32.06項）
(b) ラテックスその他のゴムをもととしたペースト状の物品でマスチック、塗装用の充てん料又は非耐火製の調製上塗り材（第32.14項）
(c) ゴムの溶液又はディスパーションに充てん料、加硫剤及び樹脂を加えて構成されている調製膠着剤その他の調製接着剤及びゴムの溶液又はディスパーションのうち、膠着剤又は接着剤として小売用に包装したもので正味の重量が1キログラム以下のもの（第35.06項）
(d) 第40.02項の物品と第40.01項の物品との相互の混合物（第40.02項）
(e) 生ゴムを混合した再生ゴム又はその他の物質を加えた再生ゴムで、再生ゴムの特性を有するもの（第40.03項）
(f) 加硫してないゴムの板、シート及びストリップで表面加工以外の加工をしたもの又は長方形（正方形を含む。）以外の形状に切ったもの（第40.06項）
(g) 平行した紡織用繊維の糸をゴムで凝着した板、シート及びストリップ（第59.06項）

第3節　第40類　ゴム及びその製品

(6) 第40.06項　加硫してないゴムで、その他の形状のもの(例えば、棒、管及び形材)及び製品にしたもの(例えば、円盤及びリング)

　この項には、この類の前項までに特掲されていない形状の、加硫してない次のようなゴム及びその製品が分類されます(配合してあるかないかを問いません。)。
① ゴムの形材
　　例えば、一般に押出し法によって製造される横断面が四角形以外の形状の板及びストリップ
② ゴムの管で押出し法によって製造され、特に、第59.09項の管を裏打ちするためのもの
③ ゴムのその他の製品、例えば次のものがあります。
　(i) ゴムの糸で、加硫してないゴムのシートをらせん状に切断するか、又はラテックス(プリバルカナイズドラテックスを含む。)をもととする配合物を押出しすることによって製造されるもの
　(ii) ゴムのリング、ディスク及びワッシャー
　(iii) ゴムの板、シート及びストリップで表面加工以外の加工をしたもの又は長方形(正方形を含む。)以外の形状に切ったもの
　なお、この項には、次の物品は含まれません。
(a) 接着テープ(支持体材料を問わない(支持体の材料によってその所属が決定されます。
　　例えば、第39.19項、第40.08項、第48.23項、第56.03項及び第59.06項)。)
(b) 加硫してないゴムのディスク及びリングで、他の材料のガスケットその他これに類するジョイントを取りそろえて小袋、袋状その他これに類する包装にしたもの(第84.84項)

(7) 第40.07項　糸及びひも(加硫したゴムのものに限る。)

　ゴム糸は、加硫したゴムの板若しくはシートを切断するか又は押出機によって製造した糸を加硫して製造されます。この項には、次の物品が含まれます。(いずれも加硫したものに限ります。)
① ゴムのみから成る糸(単糸)
　　横断面の形状を問わないものとし、横断面の最大寸法が5ミリメートル以下のものに限る。5ミリメートルを超える糸は含まれません(第40.08項)。
② ひも(多重糸)
　　構成するより糸の太さは問いません。ただし、この項には、ゴム糸と結合した紡織用繊維製の物品は含まれません(第11部)。例えば、紡織用繊維で被覆したゴム糸及びゴムひもは第56.04項に属します。

359

(8) 第40.08項 板、シート、ストリップ、棒及び形材（加硫したゴム（硬質ゴムを除く。）のものに限る。）

この項には、次の物品が含まれます。（いずれも加硫したゴム（硬質ゴムを除く。）に限られます。）

① 板、シート及びストリップ（横断面の最大寸法が5ミリメートルを超えるものに限る。）で、長尺のもの又は単に一定の長さに切ったもの及び長方形（正方形を含む。）に切ったもの
② 規則正しい幾何学的形状の塊
③ 棒及び形材（横断面の形状を問わないものとし、横断面の最大寸法が5ミリメートルを超える糸を含む。）

形材は一定の長さに切ってあるかないかを問わず、また横断面の最大寸法より小さな長さに切ってないものに限りこの項に含まれます。また、表面加工（例えば、プリント、浮出し模様付け、みぞ付け、リブ付け）したものもこの項に含まれます。これらには、着色したものもあります。更に、窓枠用のシーリング材として使用する接着面を有する形材、ゴムの板、シートを単に長方形（正方形を含む。）に切断することにより得た反物状のゴム製床用材料、タイル、マットその他の製品も含まれます。ただし、紡織用繊維と加硫したゴム（硬質ゴムを除く。）とを結合したもの（全体にわたっているものか又は表面だけのものかを問わない。）から製造する物品の所属は、第56類の注3及び第59類の注4の規定に従って決定されます。その他の材料と加硫したゴム（硬質ゴムを除く。）とを結合したものは、ゴムの重要な特性を有しているものに限り、この項に含まれます。

具体的には次のようなものがあります。

(i) 紡織用繊維の織物（第59類注1で定義されるもの）、フェルト又は不織布とセルラーラバーの板、シート及びストリップとを結合したもの。ただし、紡織用繊維が単に補強の目的で使われているものに限られます。この場合、模様を有しないもの、漂白してないもの、漂白したもの又は均一に浸染した紡織用繊維の織物類、フェルト又は不織布をこれらの板、シート又はストリップの片側のみに結合する場合は、単に補強の目的で使用したものとみなし、模様を有するもの、なせんしたもの、これら以上の精巧な加工をした織物類及びパイル織物、チュール、レースなどの特殊な物品は、単なる補強以上の機能を有するものとみなされます。また、紡織用繊維の織物類をセルラーラバーの板、シート又はストリップの両側に結合した物品は、その織物類の性質に関係なく、この項には含まれません（第56.02項、第56.03項及び第59.06項）。

(ii) フェルトに加硫したゴム（硬質ゴムを除く。）を染み込ませ、塗布し、被覆

第3節　第40類　ゴム及びその製品

し又は積層したもので紡織用繊維材料の重量が全重量の50％以下の物品及びフェルトをゴムの中に完全に埋め込んだ物品
　(iii) 不織布をゴムの中に完全に埋め込んだ物品及び不織布の両面のすべてにゴムを塗布し又は被覆した物品で、色彩の変化を考慮することなく、塗布又は被覆していることが肉眼により判別できる物品
　なお、この項には、次の物品は含まれません。
(a) ゴム製のコンベヤ用又は伝動用のベルト及びベルチング（加硫したものに限るものとし一定の長さに切ってあるかないかを問わない。）（第40.10項）
(b) 板、シート及びストリップ（表面加工してあるかないかを問わないものとし、それらを長方形（正方形を含む。）に切った製品を含む。）で、縁を斜角にしたもの、型どったもの、隅を円形にしたもの、縁に透かし細工をしたもの、その他の加工をしたもの及び長方形（正方形を含む。）以外の形状に切ったもの（第40.14項から第40.16項まで）
(c) ゴム糸と結合した紡織用繊維の織物類（第50類から第55類まで及び第58類）
(d) 第56.02項及び第56.03項の物品
(e) 紡織用繊維のじゅうたん及びじゅうたん地で、セルラーラバーで裏張りしたもの（第57類）
(f) タイヤコードファブリック（第59.02項）
(g) 第59類の注4に定められているゴム加工した紡織用繊維の織物類（第59.06項）
(h) ゴム糸と結合したメリヤス編物及びクロセ編物（第60類）

(9) **第40.09項　管及びホース（加硫したゴム（硬質ゴムを除く。）製のものに限るものとし、継手（例えば、ジョイント、エルボー及びフランジ）を取り付けてあるかないかを問わない。）**

　この項の物品についても特に説明の必要はないと思います。項の規定どおり、加硫したゴム（硬質ゴムを除く。）のみから成る管及びホース並びに加硫したゴム製の管及びホース（注水管を含みます。）で、例えば、紡織用繊維織物の一以上の層から成るもの又は平行した紡織用繊維の糸若しくは金属糸の一以上の層から成るものをゴムの中に埋め込んで層形成によって補強したものも含まれます。これらには、薄い織物のシース、ジンプヤーン又は組んだ紡織用繊維の糸で被覆されたものがあります。これらは、内部又は外部にらせん状の針金を組み込んでいてもよいこととされています。

　しかしながら、この項には、いわゆる織物製のホース（紡織用繊維の管及びホース）は含まれません。これらのものは、内部にゴムラテックスを塗布して防水加工されていたり又内部に独立したゴムのシースが挿入されているもので、第

59.09項に該当します。

　また、この項の管及びホースは、継手を取り付けて提示されるものであっても、管としての重要な特性を保持している場合に限り、この項に分類されます。

　更に、この項には、例えばインナーチューブ製造用のチュービングの長さにしたもので、横断面の最大寸法より短い長さに切ってない加硫したゴムのチュービング（一定の長さに切ってあるかないかを問わない。）も含まれます。

(10) **第40.10項　コンベヤ用又は伝動用のベルト及びベルチング（加硫したゴム製のものに限る。）**

　この項のコンベヤ用又は伝動用のベルト及びベルチング（加硫したゴムのみから成るもの）には、ゴムを染み込ませ、塗布し、被覆し又は積層した紡織用繊維の織物類から製造したもの及びゴムを染み込ませ、塗布し、被覆し又は覆った紡織用繊維の糸若しくはひもから製造したもの（この類の注8参照）、ガラス繊維の織物、ガラス繊維又は金属線の布で補強されている加硫したゴムのベルト及びベルチング等があります。

　この項には、定尺に切ったベルト類だけでなく長尺のベルチング（後で一定の長さに切るためのもの）が含まれます。これらは、端と端を結合してあるか又は締め具を取り付けてあるかないかを問いません。また、エンドレスベルトも含まれます。

　これらのすべての物品は、横断面が四角形、台形（Vベルト及びVベルチング）、円形その他の形状のものがあります。

　また、「ベルト及びベルチング（横断面が台形のもの）」とは、これらの物品が一以上の「V」字型を横断面に持つものをいうとされています。

　この項のベルトは最終製品に切るようなスリーブ（管）の形状で提示される場合もあります。ただし、コンベヤ用又は伝動用のベルト及びベルチングで、使用する機械又は機器と共に提示されたものは、実際に組み込まれているかいないかを問わず、当該機械又は機器と共に分類されます（例えば第16部）。

(11) **第40.11項　ゴム製の空気タイヤ（新品のものに限る。）**

　これらのタイヤは、各種タイプの車両又は航空機、車輪付きのがん具、機械類等に使用し、インナーチューブを必要とするもの又は必要としないものがあります。また、この項の下の号において、「建設用又は産業用の機械」は、採鉱に使用する車両及び機械を含むこととされています。

　なお、2017年改正により、号の規定が簡素化され、「杉綾模様その他これに類する模様となるトレッドを有するもの」の規定は削除されたほか、リム径による区

分もなくなりました。

(12) 第40.12項 ゴム製の空気タイヤ（更生したもの及び中古のものに限る。）並びにゴム製のソリッドタイヤ、クッションタイヤ、タイヤトレッド及びタイヤフラップ

　この項には、再使用又は更生用のいずれかに適するゴム製の空気タイヤ（更生したもの及び中古のものに限る。）が含まれます。少しタイヤの説明をしておきます。

　ソリッドタイヤは、例えば、車輪付きのがん具、可動式の家具製品のキャスターに使用されます。クッションタイヤは、シールドされた内部空隙を有するソリッドタイヤです。

　タイヤトレッドは、空気タイヤカーカスの周りに接着され、通常リブ型のトレッドの模様を有しています。これらは、空気タイヤの更生に用いられます。この項には、交換性タイヤトレッド、すなわち、その目的のために特に設計されたタイヤカーカスに取り付けられるように輪状に提示されるものも含まれます。タイヤフラップは、金属製のリム又はスポークの端からインナーチューブを保護するためのものです。

　なお、この項には、第39類の物品から成るソリッドタイヤ及びクッションタイヤ、例えば、ポリウレタンのもの（通常17部）及び更生用に適さない破損したタイヤ（第40.04項）は含まれません。

　号の規定の扱いですが、第4012.11号から第4012.13号まで及び第4012.19号の解釈において「更生タイヤ」には、摩耗したタイヤトレッドをタイヤカーカスから取り除き、次の二つのうちいずれかの方法で、新しいトレッドを再生したものを含むとされています。(i)タイヤカーカスの上に、加硫してないゴムからトレッドを成形する方法。(ii)タイヤカーカスに、すでに加硫されたタイヤトレッドを加硫可能なゴムのストリップによって接着する方法。

　また、第4012.20号の中古タイヤは、摩耗したトレッドの溝（ただし、目視可能なものに限る。）を切込みによって深くすることにより、再切込み又は再溝付けをすることがありますが、このような再切込み又は再溝付けがなされた中古タイヤは、第4012.11号から第4012.13号まで及び第4012.19号には属さないこととなっています。

　第4012.11号から第4012.13号まで、第4012.19号及び第4012.20号のタイヤは、もとのトレッドの模様に横又は斜めの溝を加えることによる補足的な再切込みがなされることがありますが、このような切込みは、第4012.11号から第4012.13号まで若しくは第4012.19号の更生タイヤ又は第4012.20号の中古タイヤとしての分類

に影響を与えません。
　なお、補足的な再切込みがなされたものでも、新品の空気タイヤは第40.11項の適当な号に属します。

(13) 第40.13項　ゴム製のインナーチューブ
　インナーチューブは、ご存じのとおり、例えば、乗用自動車、トレーラー又は自転車のタイヤに取り付けられます。

(14) 第40.14項　衛生用又は医療用の製品（乳首を含み、加硫したゴム（硬質ゴムを除く。）製のものに限るものとし、硬質ゴム製の取付具を有するか有しないかを問わない。）
　この項についても、詳細な説明は不要と思います。この項に含まれる物品を例示しておきます。この項には、衛生又は予防の目的で使用する各種のゴム製品（加硫したゴム（硬質ゴムを除く。）製のものに限る。）が含まれます。また、この場合、項の規定にあるとおり、硬質ゴムその他の材料の取付具を有していても良いこととなっています。従って、これらには、コンドーム、カニューレ、注射器、噴霧器、点滴等のバルブ、乳首（哺乳瓶用の乳首）、乳首あて、氷のう、湯たんぽ、酸素バッグ、指サック、看護用に特別に作られた空気式のクッション（例えば、リング型のもの）があります。
　他方、この項には、衣類及びその付属品は含まれません。例えば、外科医用又はエックス線技師用のエプロン及び手袋は次の第40.15項に属します。

(15) 第40.15項　衣類及び衣類附属品（手袋、ミトン及びミットを含み、加硫したゴム（硬質ゴムを除く。）製のものに限るものとし、用途を問わない。）
　この項の物品は、項の規定に掲げられたとおりですが、これらには、例えば次のようなものがあります。
① ゴムのみから成るもの
② 織物、メリヤス編物、クロセ編物、フェルト又は不織布で、ゴムを染み込ませ、塗布し、被覆し又は積層したもの（第11部に該当するものを除く。）（第56類の注3及び第59類の注4参照）
③ 一部が紡織用繊維の織物類から成るゴム製のもので、ゴムがその物品に重要な特性を付与しているもの
　上記①から③までの物品には、ケープ、エプロン、汗よけ、よだれ掛け、ベルト及びコルセットベルトも含まれます。
　なお、この項には、次の製品は含まれません。

(a) ゴム糸と結合した紡織用繊維製の衣類及びその附属品（第61類及び第62類）
　(b) 第64類の履物及びその部分品
　(c) 第65類の帽子（水泳帽を含む。）及びその部分品

(16) 第40.16項　その他の製品（加硫したゴム（硬質ゴムを除く。）製のものに限る。）

　この項には、加硫したゴム（硬質ゴムを除く。）のすべての製品で、この類の前項までに含まれないもの及び他の類に含まれないものが分類されます。例えば、次のような物品が含まれます。
① 　セルラーラバー製品
② 　床用敷物及びマット（バスマットを含む。）（ゴムの板又はシートを長方形（正方形を含む。）に切ったマット及び表面加工を超える加工をしてないものを除く。）（第40.08 項参照）
③ 　消しゴム（ただし、プラスチック消しゴムは、例えば塩化ビニルにフタル酸系可塑剤を加えて固めたもので、この類のゴム製品ではありません。）
④ 　ガスケット、ワッシャーその他のシール
⑤ 　防舷材（膨らませることができるかできないかを問わない。）
⑥ 　空気式のマットレス、まくら及びクッション並びに膨らませることができる物品（第40.14項又は第63.06項の物品を除く。）並びにウォーターマットレス
⑦ 　ゴムバンド、刻みタバコ入れ、日付スタンプその他これに類する物品用の文字
⑧ 　びん用の栓及びリング
⑨ 　ポンプのローター及びモールド、ゴム製ライナーで搾乳機に用いられるもの、タップ、コック、バルブ及びこれらに類する物品並びに技術的用途のためのその他の製品（第16部の機械類若しくは電気機器又は第90類の機器の部分品及び附属品を含む。）
⑩ 　乗用自動車用のシャシ取り付け用のゴム、泥除け及びペダルカバー、自転車用のブレーキブロック、マッドガードフラップ及びペダルブロック並びに第17部の車両用、航空機用又は船舶用のその他の部分品及び付属品
⑪ 　板、シート及びストリップで、単に長方形以外の形状に切ったもの及びフライス削りをし、折り返しを付け、のり付け若しくは縫製でつなぎ合わせ又はその他の加工をしたため第40.08項から除外される製品
⑫ 　縁を斜角にした長方形（正方形を含む。）のパッチ及びインナーチューブ修理用のその他の形状のパッチで、成型、裁断又はグラインダー加工で製造され、通常加硫したゴムの裏張り材の上に自己加硫性のゴムの層を構成しているも

第7章　第7部　プラスチック及びゴム並びにこれらの製品

の。ただし、織物の数層とゴムから成るパッチで第59類の注4の規定に該当するものを除く。
⑬　頭部がゴム製のハンマー
⑭　小型吸盤式ホック、テーブルマット、台所流しの栓、台所流しのプランジャー、ドアストップ、家具の脚用のゴム製の足及びその他家庭で使用する物品

なお、この項には、次の物品は含まれません。
(a) ゴムを染み込ませ、塗布し、被覆し又は積層した織物、メリヤス編物、クロセ編物、フェルト及び不織布の製品で第11部に該当するもの（第56類の注3及び第59類の注4参照）並びにゴム糸と紡織用繊維材料を結合して作った製品（第11部）
(b) 第64類の履物及びその部分品
(c) 第65類の帽子（水泳帽を含む。）及びその部分品
(d) 卑金属製のベース、ハンドル、真空レバー及びゴムの円盤から構成されている真空カップホルダー（吸着グリップ）（第15部）
(e) ゴムボート及びいかだ（第89類）
(f) 楽器の部分品及び附属品（第92類）
(g) 第94.04項のマットレス、まくら及びクッションでセルラーラバー製のもの（被覆してあるかないかを問わないものとし、セルラーラバーを内部に取り付けた電気式ベッド加熱用のパッドを含む。）
(h) 第95類のがん具、遊戯用具及び運動用具並びにこれらの部分品
(ij) 第96類の日付印、封かん用の印、ナンバリングスタンプその他これらに類する物品（手動式のものに限る。）及びその他の製品

(17) 第40.17項　硬質ゴム（例えば、エボナイト。くずを含むものとし、形状を問わない。）及びその製品

　硬質ゴム（例えばエボナイト）は、高率の結合硫黄（ゴム100に対し15以上）でゴムを加硫して製造されます。また、硬質ゴムは顔料及び高率の充てん料（例えば、石炭、粘土及びシリカ）を含んでいる場合があります。充てん料、顔料及び多泡性組織が存在しない場合、硬質ゴムは硬く、かっ色を帯びた黒色（ときには赤色）の物質です。
　この項には、多泡性変種を含む硬質ゴム（形状を問わないものとし、くずを含む。）及び他の類に該当しないすべての硬質ゴムの製品が含まれます。これらには、桶、管製品、ナイフの柄及びにぎり、グリップハンドルその他これらに類する物品並びに衛生用品があります。ただし、次のような物品は含まれません。

(a) 第16部の機械類、電気機器及びこれらの部分品(すべての種類の電気用品を含む。)で硬質ゴム製のもの
(b) 第86類から第88類までのいずれかの項に属する車両用、航空機用等の硬質ゴム製の部分品及び付属品
(c) 第90類の医療用又は獣医用の機器その他の機器
(d) 楽器並びにその部分品及び附属品(第92類)
(e) 床尾板その他の武器の部分品(第93類)
(f) 第94類の家具、ランプその他の照明器具並びにその他の製品
(g) がん具、遊戯用具及び運動用具(第95類)
(h) 第96類のブラシその他の製品

第8章
第8部 皮革及び毛皮並びにこれらの製品、動物用装着具並びに旅行用具、ハンドバッグその他これらに類する容器並びに腸の製品

　この第8部は、皮革関係の原皮から半製品、毛皮製品のほか、古くから革が用いられてきたことからハンドバッグ等容器もこの部に纏められています。この部は、3つの類を含んでいます。すなわち、第41類は原材料である原皮及び革関係、第42類はハンドバッグ等容器類、また、第43類は毛皮関係及びその製品を扱っています。

第1節　第41類　原皮（毛皮を除く。）及び革

1　この類に含まれる物品の概要
(1) この類のスコープ
　この類には、羽毛皮及び毛皮を除き、いわゆる原皮（大きな四足獣の原皮は特にraw hidesという。）が含まれます。ただし、動物の毛がついているものであっても、この類の注1(c)の規定により、牛（水牛を含む。）、馬類の動物、羊（アストラカン羊、ブロードテール羊、カラクル羊、ペルシャ羊その他これらに類する羊、インド羊、中国羊、モンゴル羊又はチベット羊の子羊を除く。）、やぎ（イエメンやぎ、モンゴルやぎ及びチベットやぎを除く。）、豚（ペカリーを含む。）、シャモア、ガゼル、らくだ（ヒトコブラクダを含む。）、となかい、しか又は犬の原皮は、この類に含まれることとなっています（第41.01項から第41.03項）。
　しかしながら、この項には、(a)原皮くず（第05.11項参照）及び(b)第05.05項又は第67.01項の羽毛皮及びその部分は含まれません。

(2) この類の構造
　この類の構造は、原皮、なめし、革、加工した革と、工程順に項が定められています。第41.01項から第41.03項までは、原皮が含まれています。ここには、なめし工程における前なめしと呼ばれる工程までのもので、なめしの最終工程を終えていないものを含みます。次に、第41.04項から第41.06項までには、前なめしを終え、なめした皮までのものが含まれます。そして、第41.07項から第41.13項（第41.08項から第41.11項は、2002年改正により削除され他の項に統合されています。）には、なめした又はクラストした後更に加工されたものが含まれます。

なめしについて、ここで少し触れておきます。なめしの前に、皮は一連の準備工程（アルカリ溶液による浸漬工程（皮を柔らかくし、保存に使用した塩分の除去）、脱毛工程、裏打工程、脱毛に使用された石灰その他の物質を取り除く工程及び最後の洗浄工程）を必要とします。

第41.01項から第41.03項までの皮（前記（1）の皮でなめし過程（前なめしを含む。）中のもののうち、なめしを終えていないもの）は、一時的に腐敗を防ぐ状態又はスプリットを行える程度に一時的に安定した状態であり、第41.04項から第41.06項までの物品とはみなさないこととされています。

毛が付いている皮で前なめしをし又はさらに加工をしたものは、この類の注1(c)の規定によりこの類から除かれます。

なめしは、皮に腐朽抵抗性を与えるとともにその防水性を増加させます。なめし工程の中で、タンニンは皮に浸透しコラーゲンと架橋することにより、皮は、熱、光又は汗に対して安定なものとなり、皮の型どりができるようになります。次いで、これらの皮は植物タンニンなめし、鉱物なめし（無機塩（例えば、クロム塩、鉄塩又はみょうばん）が使用される。）又は化学的なめし（ホルムアルデヒド又はある種の合成薬品が用いられる。）のいずれかの方法によりなめされます。また、これらの方法を組み合わせて行うこともあります。これらは、商取引において「革」と呼ばれます。なめした後、乾かした革は「クラスト」又は「クラストレザー」です。クラスト工程において、滑らかさと柔軟性を与えるために液状脂又は油が添加される場合があり、乾燥の前にドラム等に浸して再なめし又は染着色を行う場合もあります。油なめし及び仕上げが施され、シャモア革（コンビネーションシャモア革を含む。）に加工された羊の皮は第41.14項に規定されています。第41.14項にはシャモア革、パテントレザー等が含まれます。最後の第41.15項にはコンポジションレザーが含まれます。

なお、「コンポジションレザー」とは、HS品目表（関税率表）を通じて、第41.15項に属する物品のみをいうこととされています（この類の注3の規定）。

2　各項の規定

それでは、各項の規定を見ていきます。

なお、上記の通り、この類は、原皮から皮革への加工の程度に応じて各項が定められています。第41.01項から第41.03項までには、加工の程度、工程が同じものであっても、代表的な動物の種類別に規定されているものがあります。従って、紙面の都合もあり、適宜いくつかの項を纏めて解説したいと思います。

(1) 動物の原皮（第41.01項～第41.03項）

　これらの項には、動物の原皮（生鮮のもの及び塩蔵、乾燥、石灰漬け、酸漬けその他の保存に適する処理をしたもので、なめし、パーチメント仕上げ又はこれら以上の加工をしてないものに限るものとし、脱毛してあるかないか又はスプリットしてあるかないかを問わない。）が属します。

　これらには、毛が付いていない皮でなめし過程（前なめしを含む。）中のもののうち、なめしを終えていないものが含まれます。（この限りにおいて前記1(1)ただし書に述べた動物の原皮については第41.01項から第41.03項に含まれます。）

　この皮は一時的に腐敗を防ぐ状態又はスプリットを行える程度に一時的に安定した状態のもので、第41.04項から第41.06項までの物品とはみなされないものです。

　これらの原皮は、洗浄し、スプリット若しくはスクレイプし又はなめし過程中（前なめしを含む。）の皮のうち、なめしを終えていないものを含みますが、なめした又はこれと同等の処理（例えばパーチメント仕上げ）をしたものは含まれません。

　なお、前述の通り、毛が付いている皮で前なめしをし又はさらに加工をしたものは、この類には含まれません。また、これらの項には、(a) 食用の動物の皮で加熱処理をしていないもの（第02.06項又は第02.10項。これらの皮を加熱調理したものは第16.02項に属する。）、及び (b) 原皮くず（第05.11項）も含まれません。

　上記のこれらの項に含まれる状態の皮の所属は、動物の種類により、以下の通りそれぞれの項に属することとなっております。

① 　第41.01項　牛（水牛を含む。）又は馬類の動物の原皮

　　この項には、牛（水牛を含む第01.02項の動物）又は馬類の動物（馬、ろ馬、ら馬、しま馬等）の原皮（脱毛してあるかないかを問わない。）が含まれます。

② 　第41.02項　羊の原皮

　　この項には、羊の原皮（毛が付いているかいないかを問わない。）が含まれます。ただし、アストラカン羊、ブロードテール羊、カラクル羊、ペルシャ羊その他これらに類する羊（すなわち、カラクル羊、ペルシャ羊に類する種のものであるが、世界の種々の地域で異なる名称で知られている羊）、インド羊、中国羊、モンゴル羊又はチベット羊の子羊の皮で毛が付いているものは含まれません（この類の注1(c)）。

③ 　第41.03項　その他の原皮

　　この項には、第41.01項又は第41.02項のものを除き、各種の原皮（脱毛してあるかないかを問わない。）が含まれます。更に、羽毛又は綿毛を除去した鳥の皮及び魚の皮、爬虫類の皮及び脱毛したやぎの皮（イエメンやぎ、モンゴル

やぎ及びチベットやぎを含む。)等が含まれます。ただし、脱毛していない原皮は、(i)やぎ(イエメンやぎ、モンゴルやぎ及びチベットやぎを除く。)、(ii)豚(ペカリーを含む。)、(iii)シャモア、ガゼル及びらくだ(ヒトコブラクダを含む。)、(iv)となかい及びしか、並びに(v)犬のものに限られます。

(2) なめした皮(なめしたもの及びクラストにしたもので、これらを超える加工をしたものを除く。)(第41.04項から第41.06項まで)

なめし工程及び効果については、概要で述べたとおりです。これらの項には、なめした又はなめしをした、いわゆる「革」と呼ばれるものが属します。なめした後、乾かした革である、「クラスト」又は「クラストレザー」と呼ばれるものもこれらの項に含まれます。

なお、クラスト工程において、滑らかさと柔軟性を与えるために液状脂又は油が添加される場合があり、また乾燥前にドラム等に浸して再なめし又は染色、着色を行う場合があります。こうした、乾燥の前に、再なめし、染着色又は加脂を行った場合は、第41.04項から第41.06項までにおける、「クラスト」に含まれることとなっています。(この類の注2(B))。ただし、油なめし及び仕上げが施され、シャモア革(コンビネーションシャモア革を含む。)に加工された羊の皮は、第41.14項に含まれます。

第41.04項から第41.06項までに含まれるなめした皮は、動物の種類によって、前記(1)と同様、次の通り、各項に含まれます。

① 第41.04項　牛(水牛を含む。)又は馬類の動物のなめした皮

この項には、牛(水牛を含む。)又は馬類の動物のなめした皮(なめしたもの及びクラストにしたもので、これらを超える加工をしておらず、毛が付いていないものに限る。)が属します。また、これらに該当するものである限り、スプリットしてあるかないかを問いません。

これらには、湿潤状態(ウェットブルーを含む。)のもの((i)フルグレーン(スプリットしてないもの)、(ii)グレーンスプリット、(iii)その他のもの)、及び乾燥状態(クラスト)のもの((i)フルグレーン(スプリットしてないもの)、(ii)グレーンスプリットのもの、(iii)その他のもの)があります。これらは、以下のなめし皮についても同様です。

なお、この項には、(a)シャモア革(コンビネーションシャモア革を含む。)(第41.14項)、(b)なめした又はクラストにした革のくず(第41.15項)、(c)毛が付いているもの(第43類)は含まれません。(これらが含まれないのは、第41.04項から第41.06項までのなめした皮において同じです。)

② 第41.05項　羊のなめした皮

この項には、羊のなめした皮（なめしたもの及びクラストにしたもので、これらを超える加工をしておらず、毛が付いていないものに限る。）が含まれます。

なお、この項の羊には羊とやぎとの交配種を含みますが、やぎのものは、次の第41.06項に含まれます。羊革は、やぎ革と似ていますが、皮膚組織がち密でなく、より不規則な銀面を有しているとされています。

羊皮のグレーンスプリットは、なめした際にskiverと呼ばれています。basilsは、ある種の植物タンニンなめしを行った羊皮です。

この項に含まれない物品については、上記①と同じで、毛が付いている羊皮をなめした又はクラストにしたもの（第43類）も含まれません。

③ 第41.06項　その他の動物のなめした皮

この項には、やぎのなめした皮（なめしたもの及びクラストにしたもので、これらを超える加工をしておらず、毛が付いていないものに限るものとする。）が含まれます。

やぎ皮も羊皮と同様にみょうばんなめしされる場合があります。また、この項には、第41.04項及び第41.05項の皮と同じ工程を経た、これらの項に掲げられなかった全ての動物のもので毛が付いていないものも含まれます。

従って、この項には、例えば、豚、爬虫類（トカゲ、蛇、クロコダイル等）、レイヨウ、カンガルー、しか、シャモア、となかい、へらじか、象、らくだ（ヒトコブラクダを含む。）、かば、犬及び魚又は海棲哺乳類の革が含まれます。

なお、この項に含まれないものについては、前記①及び②と同様です。

(3) なめした又はクラストにした後これらを超える加工をした革（第41.07項、第41.12項及び第41.13項）

なめした又はクラストにした革は、しばしば表面の凸凹を取り除いたり、柔軟性、防水性等を与えてそのまま使用できるようにするための処理（"currying"）が行われますが、これらの工程は柔軟性を与え、ストレッチし、薄くし、ビーティングし、表面を硬くし、加脂を行う各工程より成っています。更に、この革は、塗装、他の種類の皮に模造するための肌理つけ又は型押し、サイジング、つや出し、肉面（時には銀面）をスエード又はベルベット仕上げとするためのgrinding（又はbuffing)、waxing、blacking、smoothing(glazing)、サテン仕上げ、印刷等の仕上げが行われる場合があります。

他方、パーチメント仕上げをした革は、なめし工程を行わず、原皮に保存性を与えるための処理をして得られます。これは、原皮を柔軟にし、脱毛し、裏打ちし、洗浄し、これを枠に張り、白亜及びソーダ石灰又は消石灰を含むペーストを塗布し、所要の厚さに削って軽石で磨きます。最後にゼラチンとでん粉で仕上げ

られます。

「ビールム」と呼ばれる高級な品質の革は、生まれたての子牛の皮から作られ、書籍の装てい、重要文書、ドラムの皮等に使用されます。より厚い皮（通常は大きな牛のもの）は、時に同様に処理されて（"raw hides"として知られる、より粗い品質のもの）、機械部品、工具、旅行用品等の製造に使用されます。

これらは、前記と同様、動物の種類によって、次の通りそれぞれの項が定められています。

なお、第41.08項から第41.11項については、HS2002年改正により第41.14項及び第41.15項に含められたことにより欠番となっています。

① 第41.07項　牛（水牛を含む。）又は馬類の動物の革

この項には、牛（水牛を含む。）又は馬類の動物の革（なめした又はクラストにした後これらを超える加工をしたもので、パーチメント仕上げをしたものを含み、毛が付いていないものに限るものとする。）が含まれます。これらの物品は、スプリットしてあるかないかを問いませんが、第41.14項に属する革は除かれます。

牛又は馬類の動物の革は、特にその丈夫さ及び耐久性で有名であり、従って、底革（sole leather）及び機械用のベルチング革には、一般に、この種のものが使用されます。

底革は、強くロール加工され又はハンマー処理をした革です。通常、これは植物タンニンなめし又はコンビネーションなめしをしたものであり、その色はかっ色となっています。しかし、ある種の緑青色のものは、クロムなめしをしたものです。

その他、この項に含まれない物品としては、これまでの項と同様、(a) シャモア革（コンビネーションシャモア革を含む。）（第41.14項）、(b) 革のくず（第41.15項）、(c) 毛が付いている皮を仕上げたもの（第43類）があります。

② 第41.12項　羊革

この項には、上記と同様の処理をした羊の皮（羊とやぎの交配種含む。）が含まれます。

この項に属さない物品については、上記①と同様です。

③ 第41.13項　その他の動物の革

この項には、同様に処理されたやぎの革等、上記①及び②に該当しない種類の動物の革で同様の加工をされたものが含まれます。

また、この項には、第41.07項及び第41.12項の革と同じ工程を経た、これらの項に掲げられなかった全ての動物のもので毛が付いていない皮から生産された革が含まれます。この項に含まれる革の動物の種類の例は、前記 (2) ③の通

りです。

　なお、この項には、商取引上"doeskin"として知られている革（スプリットした羊皮から製造された洗うことのできる革でホルムアルデヒド又は油でなめしたもの）は含まれません（第41.12項又は第41.14項）。その他、この項から除外されるものは、上記①において、除外されるものとして記載したものと同じです。

(4) シャモア革、パテントレザー及びパテントラミネーテッドレザー、メタライズドレザー（第41.14項）

　特殊な仕上げ工程で生産された当該項に掲名される革は、第41.14項に含まれます。従って、この項には、油なめしして仕上げられ、シャモア革（コンビネーションシャモア革を含む。）に加工された羊の皮、ワニス若しくはラッカーを塗布し又は前もって成形したプラスチックのシートを被覆した革（パテントレザー又はパテントラミネーテッドレザー）及び金属の粉又は金属のはくを被覆した革（メタライズドレザー）が含まれます。

　以下、これらの製品について簡単な説明を加えておきます。
① シャモア革（コンビネーションシャモア革を含む。）

　シャモア革は、皮を魚油又は動物性油脂で繰り返し処理し、これらを加温又は空気にさらして乾燥させることにより、なめし及び仕上げを行い、余分の油脂を除去するためにアルカリで洗浄し、次いで表面のよごれが取りさられ、軽石その他の研磨材でけば立たせて仕上げられます。この方法で通常処理される革としては、銀面をフライジングで除去した羊の内皮から作られるものがあります。シャモア革は、柔軟で、黄色（染めた場合を除く。）で、かつ、水洗いができる特徴があります。

　また、中には、油のみを使用して製造されたシャモア革（時にフルオイルシャモア革ということがある。）があります。これは、ホルムアルデヒドで一部なめした後、前述のような油なめしを行なって製造され、コンビネーションシャモア革として知られています。この項には、この革も含まれますが、その他の水洗いのできる革（例えば、みょうばんとホルムアルデヒドでなめしたもの）及びその他の処理によって十分になめした後単に加脂することによって製造された革は含まれません。

② パテントレザー、パテントラミネーテッドレザー及びメタライズドレザー
　　これらには、次のような物品があります。
（i） パテントレザー
　　　ワニス若しくはラッカーを塗布し又は前もって成形したプラスチックシー

トを被覆した革で、光沢のある鏡のような表面を有するものです。

使用されるワニス又はラッカーは、着色されているものと着色されていないものがあり、使用される材料としては、植物性の乾性油（通常、亜麻仁油）、セルロース誘導体（例えば、ニトロセルロース）、合成物品（熱可塑性であるかないかを問わない。主にポリウレタン）があります。

このグループの物品の表面は、必ずしも滑らかでなく、ある種の皮（クロコダイル、とかげ等）を模造するため型押しをし、人工的に圧縮し又はしわ付け若しくはしぼ付けをすることがあります。しかし、このグループの物品は、光沢のある鏡のような外観を保有しているもので、塗布又はシートの厚さが0.15ミリメートル以下のものに限られます。

このグループには、また、結合剤（例えば、プラスチック又は植物性の乾性油）中に、金属の光沢を革に与えるための顔料（雲母、シリカ又は類似のフレークを含む。）を有するペイント又はラッカーを塗布し又は被覆した革も含まれます（イミテーションメタライズドレザー）。

(ⅱ) パテントラミネーテッドレザー

前もって成形したプラスチックシート（プラスチックの厚さが、0.15ミリメートルを超え、全体の厚さの半分未満のもの）を被覆した革で、パテントコーテッドレザーと呼ばれており、パテントレザーの光沢のある鏡のような外観を有しています。ただし、前もって成形したプラスチックシートを被覆した革で、プラスチックの厚さが0.15ミリメートルを超え、全体の厚さの2分の1以上のものは、第39類に属します。

(ⅲ) メタライズドレザー

金属の粉又は金属のはく（例えば、銀、金、青銅又はアルミニウムのもの）を塗布した革です。

ただし、この項には、ワニス又は金属を被覆したコンポジションレザーは含まれません（第41.15項）。

(5) コンポジションレザー（革又は革繊維をもととして製造したもので、板状、シート状又はストリップ状のものに限るものとし、巻いてあるかないかを問わない。）、革又はコンポジションレザーのくず（革製品の製造に適しないものに限る。）及び革の粉（第41.15項）

いわゆるコンポジションレザー、及び革又はコンポジションレザーのくず及び革の粉は、この類の末項である本項に分類されます。。

HS品目表（関税率表）において、コンポジションレザーとは、この項に属するもの、すなわちこの項に規定されている物品に限られます。（第41類注3により「こ

の表において「コンポジションレザー」とは、第41.15項の物品のみをいう。」と定められています。)
　順次、簡単に説明しておきます。
① コンポジションレザー
　これは、天然の革又は革繊維をもととして製造したコンポジションレザーのみをさします。天然の革をもととせず、プラスチック（第39類）、ゴム（第40類）、紙若しくは板紙（第48類）又は塗布した紡織用繊維の織物類（第59類）などをもととして製造したイミテーションレザーはコンポジションレザーではなく、この項には含まれません。
　"bonded leather"として知られるコンポジションレザーは、(i)革のくず及び細片をにかわその他の結合剤で凝結すること、(ii)革のくず及び細片を結合剤を使用せず強く加圧して凝結すること、(iii)くずを結合剤を使用せず紙を作るように熱湯中で加熱により離解させ薄い繊維状にし、このようにして得られたパルプをふるい分けし、圧延し、カレンダー掛けすることによってシートに成形することにより製造されます。
　コンポジションレザーは、染色し、型押しをし、磨き、しぼ付けをし、スタンプし、カーボランダム若しくはエメリーでgrindingしてスエード仕上げをし、ワニスを塗布し又は金属を被覆したりすることがありますが、こうしたコンポジションレザーは、板状、シート状又はストリップ状のもの（巻いてあるかないかを問わない。）に限り、この項に属することとなっています。従って、正方形又は長方形以外の形状に切ったものは他の類に分類されます（特に第42類）。
② くず
　この項には、次の物品が含まれます。
(i) 革製品の製造の際に生じた革（コンポジションレザー及びパーチメント仕上げした革を含む。）のくずで、コンポジションレザー若しくはにかわの製造等に適するもの又は肥料としての用途に適するもの
(ii) 使い古した革製品でその本来の用途には使用できず、また他の製品の製造にも使用できないもの
(iii) 革のダスト及び粉（バッフィング仕上げ又はけば立たせる作業をした際のくず）で、肥料として使用され又は人造スエード、コンポジション床張り等の製造に使用されるもの
(iv) くず革をgrindingすることによって生じた革の粉で、スエード織物の製造又はプラスチックの充てん料等に使用されるもの
　なお、革の切端又は使い古した革製品（例えば、古い機械用ベルト）で革製品

の製造に使用することのできるものは、革として適当な項に分類されます(第41.07項又は第41.12項から第41.14項)。

　更に、この項には、(a) 原皮くず(第05.11項)、(b) 第63.09項の中古の履物は含まれません。

第2節　第42類　革製品及び動物用装着具並びに旅行用具、ハンドバッグその他これらに類する容器並びに腸の製品

1　この類に含まれる物品の概要

　この類の表題は、「並びに」で区切ると、(i)革製品及び動物用の装着具、(ii)旅行用具、ハンドバッグその他これらに類する容器、(iii)腸の製品となっています。

　この類に含まれる物品は、上記、この類の表題の記述により定められるものではありません。しかし、大凡どのような物品が含まれるかは、想像が付くと思います。

　例えば、先ず(i)革製品及び動物用装着具です。「皮」ではなく「革」となっていますので、第41類の「革」を用いて作られた製品であることが予想されます。これらには、革製の衣類及び衣類附属品も含まれます。ただし、後で詳しく述べますが、革靴、革製の帽子等は含まれません。

　ところで、動物用装着具は革製品に纏めることなく「及び」として繋いでいます。これらは、例えば馬の鞍や動物の首輪、手綱のような元々は革製であったかも知れませんが、近年、革ではなく、プラスチック製、ゴム製、繊維製のものもあるはずです。これらはその材質によって別々に分類するのではなく、元々そうした物品であるという物品の派生的なことも踏まえて、同じところに纏められたものと考えられます。

　次の(ii)旅行用具、ハンドバッグその他これらに類する容器についても同じことが言えます。昔は、旅行用のトランクといえば革製のものに代表されるように、また財布・札入れなども革製であったと思われますが、現在では、様々な材料が用いられています。こうした物品について、その構成材料により区別することなく、もともと革が使われていたこと等により、この類に纏めたものと考えられます。従って、基本的には材料の如何にかかわらず、こうした物品はこの類に含まれるようになっています。

　次に(iii)腸の製品ですが、これにも、動物の腸が革と同じような扱いをされていたことによると思います。ただし、表題は「腸の製品」と記述されていますが、実際は、第42.06項に規定されている通り、腸のほか、ぼうこう又は腱の製品も含まれます。(表題の記述は、単なる参照上の便宜のためのものである証です。)

2　この類の物品の分類上の留意点

　上記1で述べた通り、この類には、主として革製又はコンポジションレザー製の物品が含まれます。また、第42.01項及び第42.02項には、他の材料で作られているが、皮革取引において取り扱われる種類の物品も含まれます。更には、腸、

ゴールドビータースキン、ぼうこう又は腱のある種の製品もこの類に分類されます。

なお、この類において「革」とは、この類の注1に定められたものをいうものとされており、革には、シャモア革（コンビネーションシャモア革を含む。）、パテントレザー、パテントラミネーテッドレザー及びメタライズドレザー（すなわち、第41.14項の物品）が含まれます。

しかしながら、ある種の革製品は他の類に分類され、この類には含まれません。これらは、この類の注2に規定されていますので、以下に引用しておきます。

注2 この類には、次の物品を含まない。

(a) 外科用のカットガットその他これに類する縫合材（殺菌したものに限る。第30.06項参照）

(b) 毛皮又は人造毛皮を裏張りし又は外側に付けた衣類及び衣類附属品（第43.03項及び第43.04項参照。毛皮又は人造毛皮を単にトリミングとして使用したもの並びに手袋、ミトン及びミットを除く。）

(c) 網地から製造した製品（第56.08項参照）

(d) 第64類の物品（著者注：履物関係です。）

(e) 第65類の帽子及びその部分品

(f) 第66.02項のむちその他の製品

(g) カフスボタン、腕輪その他の身辺用模造細貨類（第71.17項参照）

(h) あぶみ、くつわ、真ちゅう製動物用装飾具、留金その他の動物用装着具の取付具及びトリミング（個別に提示するものに限る。主として第15部に属する。）

(ij) ドラムその他これに類する楽器の革、弦その他の楽器の部分品（第92.09項参照）

(k) 第94類の物品（例えば、家具及びランプその他の照明器具）

(l) 第95類の物品（例えば、がん具、遊戯用具及び運動用具）

(m) 第96.06項のボタン、プレスファスナー、スナップファスナー及びプレススタッド並びにこれらの部分品（ボタンモールドを含む。）並びにボタンのブランク

3 各項の規定

この類の各項の規定の内容について簡単に見ておきます。

第2節　第42類　革製品及び動物用装着具並びに旅行用具、ハンドバッグその他これらに類する容器並びに腸の製品

(1) 第42.01項　動物用装着具（引き革、引き綱、ひざ当て、口輪、くら敷き、くら袋、犬用のコートその他これらに類する物品を含むものとし、材料を問わない。）

　この項には、すべての動物に使用される装着具で、革製、コンポジションレザー製、毛皮製、織物製その他の物品製のものが含まれます。これらには、例えば、鞍その他の馬具類（綱、ばろく、引き革等）、ひざ当て、馬用目かくし、馬用くつ、サーカス用動物装飾具、首輪、口輪、犬、猫等の引き綱、鞍敷、鞍用のクッション及び袋、特定の形に仕上げた馬用の毛布並びに犬用のコート等があります。

　他方、この項には、こうした馬具用の附属品（例えば、あぶみ、くつわ、留金）で分離して提示されるもの（主として第15部）及び羽毛等のサーカス動物用飾り（それぞれの項に属する。）や、子供用又は大人用の馬具（第39.26項、第42.05項、第63.07項等参照）、第66.02項のむち、乗馬用のむちその他の物品は含まれません。

(2) 第42.02項　旅行用バッグ、断熱加工された飲食料用バッグ、化粧用バッグ、リュックサック、ハンドバッグ、買物袋、財布、マップケース、シガレットケース、たばこ入れ、工具袋、スポーツバッグ、瓶用ケース、宝石入れ、おしろい入れ、刃物用ケースその他これらに類する容器（革、コンポジションレザー、プラスチックシート、紡織用繊維、バルカナイズドファイバー若しくは板紙から製造し又は全部若しくは大部分をこれらの材料若しくは紙で被覆したものに限る。）及びトランク、スーツケース、携帯用化粧道具入れ、エグゼクティブケース、書類かばん、通学用かばん、眼鏡用ケース、双眼鏡用ケース、写真機用ケース、楽器用ケース、銃用ケース、けん銃用のホルスターその他これらに類する容器

　この項には、様々なバッグ、容器、ケース等が掲名されていますが、特掲された物品その他これに類する容器のみが分類されます。また、先に述べたこの類の注2除外規定のほか、注3(A)により、(a)取手付きのプラスチックシート製の袋（印刷してあるかないかを問わないものとし、長期間の使用を目的としないものに限る。第39.23項参照）及び(b)組物材料の製品（第46.02項参照）もこの項には含まれないこととされています。

　この項に含まれる容器類には、硬いもの若しくは硬い基体（foundation）を入れたもの又は柔らかくて基体がないものがあります。

　また、この項は、規定中の「及び」によって大きく二つのグループに分けられます。前半に含まれることとなる物品は、その材料が、項に括弧書きで示されているものに限られますが、後半（「及び」の後）に掲げられている物品は、その

材料を問いません。

　後半の「これらに類する容器」には、解説書によれば、「帽子箱、カメラの附属品のケース、弾薬入れ、狩猟用又はキャンプ用のナイフのさや、工具箱及びケースで、個々の工具（附属品を有するか有しないかを問わない。）を収めるために特別に成形され又は内部に取り付けられたもの等が含まれる。」とされています。

　他方、この項の前半の部分に含まれることとなる物品については、「項に記載された材料から製造し又全部若しくは大部分をこれらの材料若しくは紙（基体は木材、金属等。）で被覆したものに限る。「革」には、シャモア革（コンビネーションシャモア革を含む。）、パテントレザー、パテントラミネーテッドレザー及びメタライズドレザーを含む（この類の注1参照）。当該部分中「これらに類する容器」には、札入れ、文房具箱、ペンケース、切符入れ、針入れ、キーケース、シガーケース、パイプケース、工具及び宝石入れ、靴用ケース、ブラシケース等が含まれる。」旨の記述があります。（なお、括弧書きの「基体は木材、金属等」とあるように、基体については必ずしもこれに限るというものではありません。）

　このように、この項の物品には、「及び」の前半と後半で、構成材料が限定されているものと、こうした限定がないものとがありますが、細分（6桁の号レベル）では、いずれも、(i)外面が革製又はコンポジションレザー製のもの、(ii)外面がプラスチック製又は紡織用繊維製のもの、及び(iii)その他のものに区分されています。

　なお、この項の物品には、注3(B)の規定により、取付具又は装飾物を構成する部分品として貴金属若しくは貴金属を張った金属、天然若しくは養殖の真珠又は天然、合成若しくは再生の貴石若しくは半貴石を使用したもの（当該部分品が当該製品に重要な特性を与えていないものに限る。）が含まれます。（なお、当該部分品が当該製品に重要な特性を与えている場合には、当該製品は第71類に属することとなります。）

　また、こうした物品は、以前の物品税との関係からか、国内税率細分が異なっているものがあります。例えば、貴金属、これを張り若しくはめっきした金属、貴石、半貴石、真珠、さんご、象牙又はべっこうを使用したものについては、一部、その他のものに比べ高税率が設定されているものがあります。（なお、輸入統計細分の適用上、ハンドバッグを通常使用する状態（例えば、ハンドバッグの口を閉じた状態）で直接目にふれない部分に貴金属をめっきした金属を使用したもの、あるいは、さ細な部分に貴金属をめっきした金属を使用したものは、第4202.21号（輸入統計細分110、120）及び第4202.22号（輸入統計細分100）の適用上、当該金属を使用したものとはみなさないこととされています。（関税分類例規42.02項参照））

第2節　第42類　革製品及び動物用装着具並びに旅行用具、ハンドバッグその他これらに類する容器並びに腸の製品

以下、この項の物品について、いくつかの例をあげておきます。
① スポーツバッグ
　ゴルフバッグ、体育用バッグ、テニスラケット運搬用バッグ、スキーバッグ及びフィシングバッグなどの物品が含まれます。
② 宝石入れ
　宝石を保管するように特に設計された箱だけでなく、それに類する種々の寸法のフタの付いた容器（特に一個以上の宝石を収納するための形状及び適合性を有し、通常、紡織用繊維により裏貼りされており、宝石類を展示及び販売する際に使用する種類のもので、長期間の使用に適するものに限られます。ただし、蝶番又は留め金具が付いているかいないか問わない。）も含まれます。
③ 断熱加工された飲食料用バッグ
　輸送中又は一時的な保管の際に、食品や飲料の温度を維持するために使われる、再利用できる断熱加工されたバッグが含まれます。
④ その他
　また、この項の号の解説では、第4202.11号、第4202.21号、第4202.31号及び第4202.91号において、「外面が革製のもの」には、革の表面を保護するための肉眼により判別することができない、プラスチック又は合成ゴムの薄い層（一般に厚さは0.15mm未満）で被覆された革を含む（この場合において、色彩及び光沢の変化は考慮しない。）こととされています。更に、第4202.31号、第4202.32号及び第4202.39号には、ポケット又はハンドバッグに通常入れて携帯する製品、例えば、眼鏡用ケース、札入れ、財布、キーケース、シガレットケース、シガーケース、パイプケース及びたばこ入れが含まれます。
　なお、この項には、この類の注2の除外規定に掲げられている物品のほか、具体的に、例えば次のような物品も含まれません。
(a) 類注3(A)(a)に掲げてあるような買物袋（2つのプラスチックの表層に、多泡性のプラスチックの層を内側にはさみ込んで作られたバッグを含む。）で、長期にわたって使用するように作られていないもの（第39.23項）。
(b) 組物材料の製品（第46.02項）
(c) 容器の性格は有しているが、この項に列記されている物品に類似していない物品（例えば、ブックカバー、読書用のカバー、ファイルカバー、書類用のカバー、ブロッティングパッド、写真用フレーム、砂糖菓子の箱、パイプたばこ用のつぼ、灰皿又は陶磁製若しくはガラス製等のびん類で、全部又は大部分が革、プラスチックシート等で被覆されたもの）。このような物品は、革又はコンポジションレザーで製造され又は被覆されている場合は第42.05項に属し、その他の材料で製造され又は被覆されている場合には他の類に属

します。
　(d) 工具箱及びケースで、個々の工具（附属品を有するか有しないかを問わない。）を収めるために特別に成形されず又は内部に取り付けられていないもの（通常、第39.26項又は第73.26項）
　(e) 刀、剣、やりその他これに類する武器のさや（第93.07項）
　最後に、この項に含まれる物品の具体例として、関税分類例規集から一部引用しておきます。
① 4202.21 1. ハンドバッグ
　本品は、外面は型押した革製、内面は紡織繊維製で（寸法は、約35cm×22.5cm×17cm)、楕円形の堅い底を有する。ジッパー締め具を開くと、内側はジッパーポケット、小さなウォールポケット及び携帯電話ポケットを有し、全面に裏地が付いている。また、2つの革製の持運び用ストラップが付いている。革は、単なる保護仕上げのための非常に薄いプラスチックで被覆処理されている。その被覆は肉眼では見えない。
② 4202.91 1. ウエストポーチ
　本品は、外面は前面及び上部が柔らかい革製で、底及び背面は紡織繊維製である（寸法は、約26cm×13cm×8cm)。本品は、前側に2つの重なった小さな仕切り、後側に隠しポケットがある1つの大きな仕切りを有し、いずれのポケットもジッパー締め具付きである。主要な仕切り及び隠しポケットは、全面に紡織繊維製の裏地が付いており2つの小さな仕切りは、前側のみ紡織繊維製の裏地が付いている。横外しのプラスチックの留め金が付いて調整可能な、紡織繊維製のウェッビングベルトは、ポーチに縫い付けられている。革は、単なる保護仕上げのための非常に薄いプラスチックで被覆処理されている。その被覆は肉眼では見えない。
③ 4202.92 1. 携帯用のピクニック・クーラー・バッグ
　本品は、プラスチックシート製の外面とポリマーを基層とした多泡質の断熱性のしんとを有する外殻から成る。大きさは、30cm×46cm×19cm から23cm×18cm×15cm である。本品は、プラスチック製又は紡織用繊維製の取手又は肩ひもを有し、食品又は飲料を家庭又は職場へ及び家庭又は職場から持ち運んだり、旅行、ピクニック、スポーツその他のイベントで使用するためのものである。

(3) 第42.03項　衣類及び衣類附属品（革製又はコンポジションレザー製のものに限る。）
　この項には、革製又はコンポジションレザー製のすべての衣類及び衣類附属品

第2節　第42類　革製品及び動物用装着具並びに旅行用具、ハンドバッグその他これらに類する容器並びに腸の製品

(特に除外する下記のものを除く。)が含まれます。従って、コート、オーバーコート、手袋、ミトン及びミット(運動用又は保護用のものを含む。)、エプロン、袖類その他の保護衣類、ズボンつり、ベルト、負い革、肩帯、ネクタイ及び腕輪(時計用のものを除く。第91.13項参照)も含まれます。

この項には、革を切断したもので、一方の端が先細りになっており、明らかにベルトを作るために使用されると認められるものも含まれます。

革と毛皮又は革と人造毛皮で作られた手袋、ミトン及びミットは、すべてこの項に属します。また、この場合、第4203.21号の「特に運動用に製造した手袋、ミトン及びミット」には、それが単一で売られているか又はペアーで売られているかにかかわらず運動用として特に適するような機能的デザインが施されているもの(例えば、手を保護し、かつ、ホッケースティックを握りやすくするアイスホッケー用グローブ及びボクシンググローブ)も含まれます。ただし、手袋、ミトン及びミットの場合を除き、毛皮若しくは人造毛皮を裏貼りし又は外側に付けた衣類及び衣類附属品(毛皮又は人造毛皮を単にトリミング程度以上に使用したもの)は、毛皮製品として第43.03項又は第43.04項に分類されます。

この項に属する物品は、電熱装置を有しているかいないかを問わないこととされています。

この項の物品には、取付具又は装飾物を構成する部分品として貴金属等を用いたものについては注3(B)の規定により第42.02項の場合と同様の取扱となります。例えば、革製のベルトで金属製のバックル付きのものも、この項に属します。

なお、この項には、この類の注2の除外規定に該当するものの他、次の物品も含まれません。
(a) 毛を付けたままなめした革(特に羊皮)製の衣類及び衣類附属品(第43類)
(b) 革で補強した紡織用繊維製の衣類(第61類又は第62類)
(c) 携帯用時計のバンド(第91.13項)
(d) 第95類の物品(例えば、クリケット、ホッケー等に使用するすね当てなどのスポーツの必要品及びフェンシング用のマスク又は胸当てなどのスポーツ用の防御用具。ただし、革製の運動用衣類及び運動用グローブ、ミトン及びミットは、この項に属する。)

(4) 第42.05項　その他の革製品及びコンポジションレザー製品

この項には、この類の前項までの各項に該当せず、また、この表の他の類に該当しない革又はコンポジションレザーの製品が含まれます。

具体的には次のようなものがあります。
① 機械用その他の技術的用途に供する種類の製品

これらには機械類に使用する伝動用又はコンベヤ用のベルチング(組んだものを含む。)(断面の形状を問わないものとし、ベルトに仕上げたものであるか一定の長さのものであるかを問わない。)並びに革製の平ベルチング、丸ベルチング及びコンベヤ用のバケツ状容器等があります。

なお、機械とともに提示される伝動用又はコンベヤ用のベルト及びベルチングで、当該機械用に設計されているものは、実際に機械に取り付けてあるかないかを問わず当該機械の属する項に分類されます(例えば第16部)。

その他ラグストラップ、ピッカー、コーミングレザー、針布用の革(ただし、針布の針付のもの(第84.48項)を除く。)、ヘルドストラップその他の繊維機械用の革製品、ギヤ、ガスケット、ワッシャー、バルブ用レザー、ポンプ又はプレス用のレザー、印刷プレス用の革穏ローラー、選別機等に使用する穴のあいた革、生皮製ハンマー、ガスメーター用隔膜その他第90類の機器類の革製部分品、革製のチューブ及びホースパイピング等が含まれます。

② その他のもの
この項には、上記の他、次のような物品が含まれます。

例えば、手荷物用のラベル、かみそり用革砥、靴ひも、小荷物運搬用ハンドル、トランク、スーツケース等のコーナー補強材、詰物をしていないプフケース(詰物をしたものは、第94.04項に属する。)、一般用のひも(第42.01項の物品を除く。)、子供用又は大人用の馬具、長尺の革製のウェルト、革製のマット(第42.01項に属するくら敷きを含まない。)、ブックカバー、ブロッティングパッド、革製又はやぎ皮製の水入れその他の容器(全部又は大部分を革若しくはコンポジションレザーで被覆したものを含む。)で第42.02項に掲げる物品に類似していないもの、矯正器の部分品、革で被覆したバックル、留め金その他これらに類するもの、かさ、パラソル又はつえ用のケース、ふさその他これらに類するもの、刀剣用のつかぶさ、シャモア仕上げをした革でふちを波状に切ったもの又は縫い合わせたもの(ただし、シャモア仕上げをした革で、例えば、ダスター用として特定の形に切ってないもの又はふちを波状に切ってないものは第41.14項に属します。)、鹿皮で被覆した爪磨ぎ、革製又はコンポジションレザー製の物品(例えば、衣類)用として特定の形状に切った片で、他の項に該当しないもの。

他方、この項には、この類の注2の除外規定に該当するものの他、人造の花、葉及び果実並びにこれらの部分品(第67.02項)も含まれません。

(5) 第42.06項　腸、ゴールドビータースキン、ぼうこう又は腱の製品
この項には、次の物品が含まれます。

① カットガット

　洗浄及び乾燥した腸（特に羊のもの）のストリップを絡み合わせて作る。カットガットは主として、ラケット、フィッシングタックル又は機械の部分品に使用されます。ただし、この項には、殺菌した外科用のカットガットその他これに類する殺菌した縫合材（第30.06項）又は楽器の弦として調製したガット（第92.09項）は含まれません。

② ゴールドビータースキンで長方形（正方形を含む。）の切片又はその他の形に切ったもの及びその他のゴールドビータースキンの物品（ゴールドビータースキンは、羊その他の反すう動物の盲腸を調製したものです。）

③ ぼうこうの製品（例えば、たばこ入れ）並びに機械用ベルチング及びこれに使用するひも等に作りあげた腱の製品、天然のガットを割ったものを接着剤で共に固めた人造ガットもこの項に含まれます。

第3節　第43類　毛皮及び人造毛皮並びにこれらの製品

1　この類に含まれる物品の概要

　この類には、毛皮及び人造毛皮の他これらの製品が含まれます。

　毛皮とは、この表において（HS品目表、関税率表全体を通じて）、「第43.01項の原毛皮を除くほか、毛が付いている獣皮をなめし又は仕上げたものをいう」とされています。（第43類注1）

　また、人造毛皮とは、同様に、この表において、「獣毛その他の繊維を革、織物その他の材料に接着し又は縫い付けた模造の毛皮をいうものとし、織り又は編むことにより得た模造の毛皮（主として第58.01項又は第60.01項に属する。）を含まない」とされています。（同注5）

　これらを踏まえ、この類の各項に属する物品には次のようなものがあります。

① 　原毛皮（Raw furskins）。ただし、第41.01項から第41.03項の原皮、すなわち第41類の注1（c）ただし書きの、毛が付いている原皮（例えば牛、馬類の動物の毛が付いている原皮等（これらは第41類に属する。）は含まれません。

② 　毛が付いている獣皮をなめし又は仕上げたもの。（上記①で除外される動物のものであっても、なめし又は仕上げされたものはこの類に含まれます。）

③ 　衣類、衣類附属品その他の毛皮製品。ただし、(a) 第42.02項の後半部分の物品（トランク、スーツケース、携帯用化粧道具入れ、エグゼクティブケース、書類かばん、通学用かばん、眼鏡用ケース、双眼鏡用ケース、写真機用ケース、楽器用ケース、銃用ケース、けん銃用のホルスターその他これらに類する容器）、(b) 革と毛皮で作られた手袋、ミトン及びミット（第42.03項）（全部が毛皮製のものは、この類に含まれます。）、(c) 第64類の物品（履物、ゲートルその他これに類する物品及び部分品）、(d) 第65類の帽子及びその部分品、(e) 第95類の物品（例えば、がん具、遊戯用具及び運動用具）は含まれません。

④ 　人造毛皮及びその製品

2　この類の物品の分類上の留意点

① 　羽毛皮について

　　羽毛皮及びその部分は毛皮として取り扱われません。羽毛皮は第05.05項又は第67.01項に属します。

② 　第43.03項及び第43.04項の物品について

　　毛皮又は人造毛皮を裏張りし又は外側に付けた衣類及び衣類附属品（2の物品及び毛皮又は人造毛皮を単にトリミングとして使用したものを除く。）は、第43.03項又は第43.04項に属することとされています。（第43類注4）

③　ワシントン条約関係等

　第43.01項から第43.03項までには、現在絶滅のおそれがあるか又はその標本取引を厳重に規制しなければ絶滅のおそれのある野性動物のある種の毛皮及びその製品も含まれます(「絶滅のおそれのある野性動植物の種の国際取引に関する条約」(ワシントン条約)の附属書)。

3　各項の規定

以下、簡単に各項の物品を見ていきます。

(1)　第43.01項　原毛皮(頭部、尾部、足部その他の切片で毛皮業者の使用に適するものを含むものとし、第41.01項から第41.03項までの原皮を除く。)

　この項には、ミンクのもの、子羊のもの(アストラカン羊、ブロードテール羊、カラクル羊、ペルシャ羊その他これらに類する羊、インド羊、中国羊、モンゴル羊又はチベット羊の子羊のもの)、きつねのもの等が含まれます。

　この項の細分(号)では、これらの動物の毛皮の全形のもの(頭部、尾部又は足部が付いているかいないかを問わない。)と、頭部、尾部、足部その他の切片(毛皮業者の使用に適するもの)とに分けられています。

　この項の物品は、毛が付いている獣皮でなめし又は仕上げてないものが含まれますが、第41.01項から第41.03項までに属する動物のものは、前記の通り、この項には含まれません。これら、この項に含まれない毛の付いた原皮としては、次の動物のものがあります。
(a)　牛(水牛を含む。)(すなわち、第01.02項の動物)
(b)　馬類の動物(馬、ら馬、ろ馬、しま馬等)
(c)　羊。ただし、前述の通り、アストラカン羊、ブロードテール羊、カラクル羊、ペルシャ羊その他これらに類する羊、インド羊、中国羊、モンゴル羊又はチベット羊の子羊のものは、この項に含まれます。
(d)　やぎ。ただし、イエメンやぎ、モンゴルやぎ及びチベットやぎのものはこの項に含まれます。
(e)　豚(ペカリーを含む。)
(f)　シャモア、ガゼル及びらくだ(ヒトコブラクダを含む。)
(g)　となかい及びしか
(h)　犬

　また、なめしていない毛皮の切片及び部分(頭部、尾部又は足部等)であっても明らかに毛皮業者の使用に適しないくずでない限りこの項に含まれます。(なめしてない毛皮のくずは、第05.11項に分類されます。)

(2) 第43.02項　なめし又は仕上げた毛皮（頭部、尾部、足部その他の切片を含み、組み合わせてないもの及び他の材料を加えることなく組み合わせたものに限るものとし、第43.03項のものを除く。）

この項には、次のものが含まれます。
① 毛が付いている獣皮（頭部、尾部、足部その他の切片を含む。）をなめし又は仕上げたもので組み合わせてないもの（特定の用途に適する形状に切ってないものに限る。）

なめし又は仕上げた全形の毛皮で、組み合わせてないもの及び特定の用途に用いる為にその形状に切り又はその他の処理が施されていないものは、たとえ直接使用（例えば、敷物）が可能であっても、この項に含まれます。

② なめし又は仕上げた毛皮又はその部分（ドロップスキンを含む。）を、縫い合わせにより、他の材料を加えることなく通常長方形（正方形を含む。）、台形又は十字形に組み合わせたもの

「ドロップファースキン」は、毛皮をV形又はW形のストリップに切った上、これを再び元の順につなぎ合わせて得られた毛皮です。

この項の物品は、毛の部分の外観を良くし又は高級な毛皮に模するための処理（例えば、漂白、ブレンディング又はトッピング（ブラシによって表面を染色すること）、染色、櫛がけ、トリミング、つや出し（人造樹脂による処理を含む。））がされたものもあります。

ポニースキン（子馬の皮）、カーフスキン（子牛の皮）、シープスキン（羊の皮）のように第43.01項に含まれない毛が付いている各種の獣皮は、なめし又は仕上げた場合には、この項に属します。

また、なめし又は仕上げた毛皮又はその部分を組み合わせた物品でこの項に属するものは、二以上の毛皮又はその部分を他の材料を加えることなく縫い合わせた半製品です。これらの半製品は、更に加工することが意図されているものです。

これらの形状は様々で、例えば、①板状、マット状又はストリップ状（長方形（正方形を含む。）に組み合わせたもの）、②十字形（十字形に組み合わせたもの）、③ライニング又はローブ状（台形に組み合わせたもの又は場合によっては管状に縫ったもの）があります。

更に、毛皮のコート又はジャケットを作るための胴部は、この項に含まれます。これらは、通常三つの部分、すなわち、長くて曲がった底辺を持った二等辺台形のもの（カットして背部を作るもの）一つと、長方形のもの（カットして前面と袖を作るもの）二つで構成されています。

なお、この項には、次の物品は含まれません。
(a) 衣類、衣類の部分品若しくは附属品又はその他の製品の形状に粗く作った毛

皮及び毛皮を組み合わせたもの（頭部、足部、尾部その他の切片を含む。）並びに直ちに使用可能なトリミング及び単に一定の長さに切るだけでトリミングとして使用できるように仕上げたもの（第43.03項）
(b) 毛皮とその他の材料を組み合わせたもの（ガルーンエッジ）（例えば、毛皮と、革又は織物と組み合わせた尾部）（第43.03項）

(3) 第43.03項　衣類、衣類附属品その他の毛皮製品

　この項には、①毛皮、②毛皮を裏張りした他の材料、及び③毛皮を外側に付けた他の材料（単にトリミングとして使用したものを除く。）で作られたすべての衣類（部分品を含む。）及び衣類附属品（マフ、ストール、ネクタイ、襟等）が含まれます。ただし、(a) 第42.02項の後半部分の物品、(b) 革と毛皮で作られた手袋、ミトン及びミット（第42.03項）（全部が毛皮製のものは、この項に含まれる。）、(c) 第64類の物品、(d) 第65類の帽子及びその部分品、及び(e) 第95類の物品（例えば、がん具、遊戯用具及び運動用具）は、除かれます。
　ところで、「毛皮を単にトリミングとして使用したもの」であるかないかの判断については、衣類に取り付けた毛皮で、例えば、襟又は折り返しに使用したもの（これらのものが実質的にケープやボレロのような大げさなものを除く。）及びカフス又はポケット、スカート、コート等の縁に使用した程度のものは、単なるトリミングとみなすこととされています。
　また、この項には、他の材料を加えて組み合わせた毛皮及びその部分品並びに衣類（部分品及び附属品を含む。）その他の製品の形状に縫い合わせた毛皮及びその部分を含むこととされています（第43類注3）。従って、毛が付いている獣皮をなめし又は仕上げたもので、他の材料を加えて組み合わせたもの（例えば、ガルーンエッジ）も含まれます。（ただし、他の材料を付け加えることにより毛皮としての重要な特性を失ったものはこの項には属しません。）
　更に、この項には、すべての他の毛皮製品（部分品を含む。）及び毛皮が重要な特性を与えている物品（例えば、敷物、掛けぶとん、パフ（詰物をしてないもの）、ケース、ハンドバッグ、遊戯具入れ、糧のう並びに機械機器用又は工業用の製品及びその附属品（例えば、ポリシングキャップ及び塗装の際に使用するローラー用のスリーブ）等も含まれます。

(4) 第43.04項　人造毛皮及びその製品

　「人造毛皮」とは、獣毛その他の繊維（シェニールヤーンの形状の繊維を含む。）を、革、織物その他の材料に毛皮を模して接着し又は縫い付けたものをいいますが、いわゆる毛皮織物として知られるロングパイル織物又はロングパイル編物

(主として第58.01項又は第60.01項)及びポイント毛皮(毛皮に他の獣毛を添加したもの)は除かれます。

　この項には、人造毛皮の原反及びこれから作った製品(衣類及び衣類附属品を含む。)が含まれます。なお、毛皮製品に関する第43.03項で述べた条件は、この項の製品についても同様です。

　また、この項には、革又はひもの芯に獣毛を組み合わせて造った尾状の人造毛皮も含まれますが、動物の尾又は毛皮のくずを集めて芯に縫い付けて作った尾は含まれません(第43.03項)。

第9章
第9部 木材及びその製品、木炭、コルク及びその製品並びにわら、エスパルトその他の組物材料の製品並びにかご細工物及び枝条細工物

　この部には、第44類の木材、木製品及び木炭、第45類のコルク及びその製品、第46類のわら、エスパルとその他の組み物材料及びこれらの製品の三つの類が含まれます。

第1節　第44類　木材及びその製品並びに木炭

1　この類の概要
　この類には、いわゆる木材（森林から切り出したもの）から、これらを製材所で加工したもの、半製品、改良木材、更にこれらを大工や建具工で加工したもののほか、木製品の加工製造場の製産品等、木材に関係する素材から製品まで（家具等一部のものを除く。）、あらゆるものが含まれます。

(1)　この類の構成
　これらの物品は、この類の中で大まかに次のように四つに大別されます。
① 　粗の木材（原木、割ったもの、粗く角にしたもの、皮をはいだもの等）、薪材、木くず、のこくず、チップ状又は小片状の木材、たが材、くい、棒等、木炭、木毛、木粉、鉄道用又は軌道用のまくら木等（一般に第44.01項から第44.06項まで）
② 　ひき若しくは割り、平削りし、丸はぎし、かんながけし、やすりがけし又は縦継ぎ（例えば、フィンガージョイント（長尺材を得るために、指を交互に組んだ形に似た継手で、短い木材の端と端とを強固に結合））した木材及び連続的な成形加工を施した木材（第44.07項から第44.09項まで）
③ 　パーティクルボードその他これに類するボード、繊維板、積層木材及び改良木材（第44.10項から第44.13項まで）
④ 　木製品（この類の注1に規定されているものを除く。第44.14項から第44.21項まで）

(2)　この類に含まれる物品について
① 　木材とプラスチックの層からなる物品

この類には、材木のみをベースにするものに限らず、例えば、一般的に木材とプラスチックの層から成る建築用パネルもこの類に属します。この場合、これらのパネルの所属は、その外側の面又はその使用目的に関して重要な特性を有する面によって決定されます。従って、例えば、パーティクルボード製の外層とプラスチックの絶縁層とから成る建築用パネル（屋根ふき、壁、床張りの構造要素等に使用される。）は、当該パネルが構造要素として使用されるのは堅固な木材部によるものであり、プラスチック層は付随的な絶縁機能を持つにすぎないものですから、プラスチック層の厚さにかかわりなく、第44.10項に分類されます。他方、木材を裏張りしたパネルで、木材がプラスチックの外面の単なる支持物にすぎないものは、多くの場合、第39類に属することとなります。

② 組み立てていない物品

　　木製品で提示の際に組み立ててないもの又は分解してあるものは、その部分品が共に提示された場合に限り、完成した製品として分類されます。同様に、ガラス、大理石、金属その他の材料で製造した附属品又は部分品は、本体の木製品とともに提示されるときは、取り付けてあるかないかを問わず当該木製品に含まれます。

③ 木製品

　　木材の製品はそのほとんどが物理的加工による連続したものです（例えば板や角材は、丸太から見れば製品ですし、建具や柱から見れば材料です。）ので、その明確な定義付けや区別が難しいのですが、この類の構成全体からみて、ごく一般に、木製品が含まれる第44.14項から第44.21項までには、通常の木材、パーティクルボードその他これに類するボード、繊維板、積層木材又は改良木材から得られる製品が含まれます（この類の注3参照）。

なお、この類の前半は農林水産省の、後半は経済産業省の所管物資です。一般的に前半の物品に比べ、後半の物品に対する関税率は比較的低くなっています。（これに関連して、1989年～90年にかけての米国によるスーパー301条の適用対象とされ、筆者等が担当した、集成材とグルラムの分類に関する交渉当時が思い出されます。）

④ 保存のための処理との関係

　　この関税率表（HS品目表全体）を通じて、一般に、木材の所属は、保存のために必要な処理によっては影響されません。保存のための処理としては、乾燥、表面炭化、目止め、節止め又はクレオソート若しくはその他の木材保存剤（例えば、コールタール、ペンタクロロフェノール（ISO）、クロム性砒酸銅）を染み込ませる等があります。また、塗装、着色又はワニス塗装によっても分類に影響はありません。ただし、当然ですが、これらの考え方は、塗装し、着色し

又はワニス塗装した木材について特殊な限定をして規定されている第44.03項及び第44.06項の各号に関しては適用されません。
⑤　この類と他の類との関係
　　ある種の木に類する材料、例えば、竹及びオージアは、主にかご細工物の製造に使用されますが、このような材料は、製品にされてない状態では第14.01項に属し、製品のかご細工物となったものは第46類に属します。ただし、文脈により別に解釈される場合（例えば第44.10項及び第44.11項）を除くほか、チップ又は小片状の竹（パーティクルボード、繊維板、又はセルロースパルプの製造に使用される）及び竹又はその他の木状の材料の製品（かご細工物、家具、その他の他の類に明確に分類される製品を除く。）は、対応する木材産品又は真の木材（木本）の製品と同様に、この類に含まれます（この類の注6参照）。
　　更に、第44.17項には、刃、作用端、作用面その他の作用する部分が第82類の注1に定める材料から成る工具は含まれません（この類の注5参照）。

(3) この類の用語の説明等
①　この類において「改良木材」とは、化学的又は物理的な処理（木材を相互に接着したものにあっては、接着に必要とする処理を超えたものに限る。）によって密度又は硬度を増加させることにより、機械的強度、化学的作用に対する抵抗性又は電気抵抗特性を改善した木材をいうとされています（この類の注2）。
②　第44.14項から第44.21項までには、パーティクルボードその他これに類するボード、繊維板、積層木材又は改良木材の製品を含むこととされています（この類の注3）。
③　第44.10項から第44.12項までの物品には、第44.09項に定める加工をしたもの及び曲げ、波形にし、穴をあけ、長方形（正方形を含む。）以外の形状に切り若しくは成形し又はその他の加工をしたもので、他の項に属する製品の特性を有しないものを含むこととされています（この類の注4）。
④　この類の各項において、「木材」には、下記（4）の物品又は文脈により別に解釈される場合を除くほか、竹その他の木に類する材料を含むこととされています（この類の注6）。

(4) この類に含まれない部品
　　この類の注1の規定により、この類には、次の物品は含まれません。
(a) 主として香料用、医療用、殺虫用、殺菌用その他これらに類する用途に供する木材（チップ状のもの、削りくず及び破砕し、粉砕し又は粉状にしたものに限る。）（第12.11項参照）

(b) 主として組物に使用する竹その他の木に類する材料（粗のものに限るものとし、割り、縦にひき又は特定の長さに切ったものであるかないかを問わない。第14.01項参照）
(c) 主として染色又はなめしに使用する木材（チップ状のもの、削りくず及び破砕し、粉砕し又は粉状にしたものに限る。第14.04項参照）
(d) 活性炭（第38.02項参照）
(e) 第42.02項の製品
(f) 第46類の物品
(g) 第64類の履物及びその部分品
(h) 第66類の物品（例えば、傘及びつえ並びにこれらの部分品）
(ij) 第68.08項の物品
(k) 第71.17項の身辺用模造細貨類
(l) 第16部又は第17部の物品（例えば、機械の部分品、ケース、カバー、機械用のキャビネット及び車両）
(m) 第18部の物品（例えば、時計のケース及び楽器並びにこれらの部分品）
(n) 火器の部分品（第93.05項参照）
(o) 第94類の物品（例えば、家具、ランプその他の照明器具及びプレハブ建築物）
(p) 第95類の物品（例えば、がん具、遊戯用具及び運動用具）
(q) 第96類の物品（例えば、喫煙用パイプ及びその部分品、ボタン、鉛筆並びに一脚、二脚、三脚その他これらに類する物品。第96.03項の物品用の木製のボデー及び柄を除く。）
(r) 第97類の物品（例えば美術品）

(5) 号の規定に関して
① 第4401.31号において「木質ペレット」とは、木材機械加工業、家具製造業その他の木材加工業において生ずる副産物（例えば、削りくず、のこくず及びチップ）で、直接圧縮すること又は全重量の3％以下の結合剤を加えることにより凝結させたもの（直径が25ミリメートル以下で、長さが100ミリメートル以下の円筒状の物品に限る。）をいうこととされています（この類の号注1）。
② ある種の熱帯産木材の名称（第44.03項、第44.07項、第44.08項及び第44.12項の号に掲げる熱帯産木材の名称）は、International Technical Association for Tropical Timber（l'Association technique international des bois tropicaux）（ATIBT）が提案した標準名に従って定められています。
　第4403.41号から第4403.49号まで、第4407.21号から第4407.29号まで、第4408.31号から第4408.39号まで及び第4412.31号の各号において「熱帯産木材」とは、次

第1節　第44類　木材及びその製品並びに木炭

の木材をいいます。

アバルコ、アビュラ、アカシア（アカシアアウリ、アカシアマンギウム）、アカジョアフリカ、アジョウバ（オジコ）、アフィナ、アフロルモシア、アイエレ（カナリウム）、アイエコ、アカク、アコ、アコシカ（オドコ）、アラン、アレプ、アルマシゴ、アルメンドゥリロ、アルンビ、アマパ、アマポーラ、アンベロイ、アモレット（スネークウッド）、アディラ、アンジローバ、アンドン、アンジェリン、アンジェリンラハド、アンジェリンヴェルメーリョ、アングエク、アニグレ（アニングレ）、アポビュー、アラリバ、アリサウロ、アロマタ、アサク、アサス、アボディラ、アブラ、アユース（オベチェ）、アゾベ（エッキ、ボンゴシ）、バラタポム、レッドバラウ、イエローバラウ、バルサ、バルサモ、ベンガバンガ、バロマリ、バスラロカス（ファルカタ、センゴンラウト）、バタイ、バティバトゥラ、ビヌアン、ベテ（マンソニア）、ビランガ、ブリアン（ウリン）、ビンタンゴール（カロフィラム）、ビディス、ボディア、ボアロゼフメレ、ボマンガ、ボッセクレール（ライトボッセ）、ボッセフォンス（ダークボッセ）、ボトン（バリントニア）、ブラウスクラバ、ブビンガ、ブラダ（パリナリ）、ビルマエボニー（ビルマコクタン）、ビルマローズウッド（テチガイシタン）、ブシャイ、カブレウヴァ、カチンボ（ジェクティバ）、カンバラ（ジャボティ）、カナレテ、カネロ（グリーンハート）、カネロン、カポモ、カラコリ、カスタネイロパラ、カスタノプシス（シイ）、カティグア、カチヴォ、セドロ、セドロイ、アフリカンセルティス（ディアニア、オヒア）、セレジェイラ、チャンパカ、チェチャム、チェンガル、チチャ／シーシャ（ステルクリア）、ココボロ、コミノクレスポ、コンゴタリ、コパイバ、アフリカンコルディア、クーラ、アフリカンクラブウッド、クリストバルグラナディロ、クマル、クピウバ、クルペイ、ダベーマ、ジベツ、ディフォウ、ディヴィダ、ジョハル（タガヤサン）、ドウカ（マコレ）、ドウシエ、ドゥラゴ、ドゥアバンガ、ドゥカリ、ドリアン、アフリカンエボニー（マダガスカルエボニー）、アジアンブラックエボニー（コクタン）、アジアンストライプエボニー（シマコクタン）、エビアラ、エカバ、エコウネ、エミアン、エセッサン、エシア、エソウア、エティモエ、エヴェス、エヴィノ、エイク、エヨン、エヨウム、ファロ、ファヴェイラ、ファヴェイラアマルゴサ、フィジアンステルキュリア、フラミレ、フォルミゲイロ、フレイジョ、フーマ（フロマジェ）、グアイナック（リグナムバイタ）、ガラクウッド（パロサンドア）、ガレシルベルバリ、ガウィラン、ガヴィランブランコ、ゲロンガン、ゲロトゥ（ウラットマタ）、ゲオンビ、ゴイアバオ、ゴンベ、グリーンハート、アフリカンブラックウッド、グリグリ、グアガラ、グアリウバ、ハイアリ、ハルドゥ、ハードアルストニア（プライ）、ヘベア（ゴムノキ）、イゲリア、フルアサ、イアタンザ、イビラピタ、イデワ、イガガンガ、イロンバ、インブイア、インガ、イ

第9章　第9部　木材及びその製品、木炭、コルク及びその製品並びにわら、エスパルトその他の組み物材料の製品並びにかご細工物及び枝条細工物

ンギン、イニャック、イペ、イロコ、イタウベ、イゾンベ、ジャカレウバ（サンタマリア）、ジャトバ、ジェルトン、ジェキティバ、ジト、ジョンコン、ジョロリ、ジュラコ、カボック（パオキジャン）、カダン（カランパヤン、ジャボン）、カンダ（カンダブラ、カンダローズ）、カポック、カプール、カリテ、カサイ（タウンマトア）、カウダム、ケドンドン（カナリウム）、ケカトン（シノメトラ）、ケレテ、クラット、ケラダン（タラップ）、ケンバンスマンコック、ケンパス、ケランジ、ケリティシルベルバリ、クルイン、キアソセ、キバココ、キケンジ、コッコ（バタイバトゥ）、コンドロティ、コシポ、コチベ、コト、クリム、クンビ、クンクア（レインツリー、モンキーポッド）、クロカイ、ランダ、ラティ、インディアンローレル、リンバ、リンバリ、リモナバリ、ロリオンド、ロンギ、ロトファ、ロウロヴェルメルホ、ルプナ、ルサンビャ、マカランドゥバ、マチャン（マンゴ）、マチェ、マフ、マフマティ、マホガニー、マラガンガイ、マラス、マンボデ、マンディオクイラ、マニル、マニルモンターニュ、マルバ（カイシェタ）、マタマタ、コクーナ、メクルッセ、メダン、ムルナク（ペンタス、タカリス）、メンペニン、メンクラン、メペペ、ムランジ（カラリア）、ダークレッドメランチ、ライトレッドメランチ、ホワイトメランチ、イエローメランチ、メランチバカウ、メラワン、メルバウ、メルパウ、メルサワ、メッサッサ、メトンド、ミリティバドセ、ミョンボ、モアビ、モアンベジョンネ、モラヴェ（ビテックス）、モモクィ、モンギンザ（マニルカラ）、モパニ、モペ、モラ、モラル、モロトト、モヴァンギ、ムタンバラ、ムタンダルシ、ムバラ、ムエリ、ムガイタ、ムゴンハ、ムヒンビ、ムフフ、ムイラピランガ（ブラッドウッド、サティネ）、ムイラティンガ、ムカラティ、ムクルング、ムニンガ、ムニリダン、ムシャラギ、ムジネ、ムッシビ（ミュテニエ）、ムタコ、ムトンド、ムジガ、ンテネ、ナガ、ナルグスタ、ナンガ、ニアンゴン、ニエク、ニオヴェ、ニアトー、オベロ、オジコウナ、オカン、オクエ、オクメ、オロン、オロンヴォゴ、オンザビリ、オレイ、オサンガ、オシミャレ、オソコ、オバンコル、オヴァガ、オジゴ、オゾウガ、パコ、インディアンパドウク（カリン）、アフリカンパドウク、パルダオ、アジアンパリサンドル（インディアンローズウッド、シタン）、パリッサンドルグアテマラ、マダガスカルパリサンドル（マダガスカルローズウッド）、パリッサンドルロゼ、サントスパリッサンドル（サントスローズウッド）、ホンジュラスパリッサンドル（ホンジュラスローズウッド）、パナマパリサンドル（パナマローズウッド）、パラパリサンドル（アマゾンローズウッド）、リオパリサンドル（ブラジリアンローズウッド）、パナココ、パオロザ、パラパラ、パルコウリ、パシャコ、パオアマレロ、パオマフィン（ペローバロザ）、パオムラート、パオロザパオ、パオホーショ（パープルハート）、ペナガ（セイロンテツボク）、ペルナンブコ、ペルヴィアンペッパー、ピラーウッド、

第1節　第44類　木材及びその製品並びに木炭

パイロン、ピクア、プラタノ、ポンペイラ、プリマヴェラ、プナ、ピンカドゥ、クアルバ、ラミン、レンガス、レサック、リキオ、ロサワ、ローズオブマウンテン、サビク、サボアラナ、サフカラ（オジゴ）、サラ、サリ、サンダルウッド（ビャクダン）、サペリ、サプカイア、サキサキ、セイロンサテンウッド、セプター、ホワイトセラヤ、セセンドック、シンポー（ディレニア）、シポ、スレンジアウト（ホボハリ）、ソブ、ソグエ、スクピラ、スマウマ（カポック）、スレン、スヤ、タリ、タンボティ、タニ、タニンブカ、タピア、アラグイア、タタジュバ、タウアリ、チトラ、チーク、タンブス、テント、ブラウンターミナリア、イエローターミナリア、ティンウィン、ティアマ、ティンボ、ティパ、トラ、トウバルテ、トゥレボル（グラナディロ）、ツァニャ、トゥアラン（メンガリス）、ウングシ、ウミリ、ウルンデイ、ヴェン、ベサンバタ、バイロラ、ワカポ、ワラバ、ワマラ、ワンバ、ウェンジ、ショアン（センダン）、ヤマネ（メリナ）、ユング、ジンガナ（ゼブラウッド）

　この標準名は、主要な生産国又は消費国で採用されている一般名に基づくものですが、その具体名については、解説書中第44類の解説の末尾に、関連する標準名が、それに対応する学名及び俗称とともに掲載されているので参考にして下さい。

　なお、パドック（かりん）は、本花梨とも呼ばれマメ科の広葉樹です。果実を利用するバラ科のカリンとは別物です。

2　各項の規定
(1) 第44.01項　のこくず及び木くず（棒状、ブリケット状、ペレット状その他これらに類する形状に凝結させてあるかないかを問わない。）、薪材並びにチップ状又は小片状の木材

　この項に含まれる物品には、次のようなものがあります。
① 薪材
　　丸太の短いもの（通常、樹皮がついてる。）、丸太を割ったもの及び木片、小枝、そだ、粗の棒、つるの幹、樹木の切株及び根（ただし、パルプ材のもは含まれません。）
② チップ状又は小片状の木材
　　小さなチップ状（偏平で固く、粗く角にしたもの）又は小片状（薄く、しなやかなもの）にしたもので、機械的処理、化学的処理若しくはこれらの併用によりセルロースパルプの製造や繊維板若しくはパーティクルボードの製造に使用されるもの。例えば、竹から得られる同様の物品もこの項に含まれます。
③ のこくず
　　のこくずの他、これを棒状、ブリケット状、ペレット状その他これらに類す

る形状に凝結したものも含まれます。
④ 木くずで材木として使用することができないもの
のこ盤又は平削り盤からの排出物（端切れ）、製造くず、割れ板、使用できない古クレート、樹皮及び削りくず（棒状、ブリケット状、ペレット状その他これらに類する形状に凝結させてあるかないかを問わない。）、建具職及び大工仕事から出るその他のくず並びに使用済みの染色用又はなめし用の木材又は樹皮等。工事及び取り壊しの際に生ずる木くずで、材木として使用することが出来ないもの（ただし、このような派生した木工製品であっても再利用に適するもの（例えば、はり、厚板、ドア等に再利用可能なもの）は除かれ、それぞれ該当する項に属します。
これらのくずは、特にパルプ（紙の製造）用、パーティクルボード若しくは繊維板の製造用又は燃料用として使用されます。
他方、この項には、次の物品は含まれません。
(a) 付け木として使用するために樹脂その他の物品を塗布した木材又は木くず（第36.06項）
(b) パルプ又はマッチ棒の製造に使用する種類の丸太（第44.03項）
これらは、厳格に格付けされています。多くの場合、樹皮は取り除かれ、丸はぎされており、通常、折れ、割れ、曲り、節及び二又はありません。
(c) 組物又はふるい、折箱、重箱等の製造に使用する種類のチップウッド及び木酢液製造用又は液体清澄用等に使用される経木（第44.04項）
(d) 木毛及び木粉（第44.05項）

(2) 第44.02項 木炭（植物性の殻又はナットの炭を含むものとし、凝結させてあるかないかを問わない。）

木炭は、空気を遮断した状態（蒸し焼き）で、木材を炭化して得られます。この項には、ブロック状、棒状、粒状又は粉状のもの及びタールその他の物質でブリケット状、タブレット状又は球状等に凝結したものも含まれます。また、やし殻又はその他の殻を炭化して作られる類似の物品も、この項に属します。
他方、この項には、次の物品は含まれません。
(a) 第30類に規定されている医薬品の形状にした木炭
(b) 香料を混合した木炭で、タブレット状その他の形状にしたもの（第33.07項）
(c) 活性炭（第38.02項）
(d) 図画用木炭（木炭鉛筆）（第96.09項）

(3) 第44.03項　木材（粗のものに限るものとし、皮又は辺材をはいであるかないか又は粗く角にしてあるかないかを問わない。）

　この項には、切り倒したままの原木（通常、枝を落としてある。）並びにこのような原木から外樹皮又は外樹皮と内樹皮をはいだもの及び単にこぶを取り除いたもの、更に、辺材（丸太の材の比較的組織の新しい外側の部分）を取り除いたものも含まれます。

　上記性状のもので、ここに属する主な物品には、次のようなものがあります。

① 製材用原木、電柱、端をとがらせておらず、かつ、割ってないくい、棒及び支柱、鉱山用の丸い支柱、パルプ用材（四つ割りであるかないかを問わない。）、薄板等の製造用の原木丸太並びにマッチ軸木又は木製品等の製造用丸太

　これらには、電柱用丸太で、そのまま使用出来るように、表面を削り、形を整え、平滑にしたものもこの項に含まれます。これらには、塗装、着色若しくはワニス塗りを施し又はクレオソートその他の物質を浸み込ませたものもあります。

② 特殊な樹種の切株及び根並びに単板又は喫煙用パイプの製造に使用される、ある種の植物（クルミの木等）

③ 樹幹又は樹幹の切断部分から成る粗く角にした木材（おのにより又は粗びきして、その丸い表面を平らにし、その横断面を粗く正方形又は長方形にしたものです。粗く角にした木材は、粗い面や樹皮が残っているのが特徴）

④ 太鼓落としした木材（相対する二面のみを同様に処理した木材）

⑤ ある種の材（例えば、チーク）で、木理に沿ってくさび又はおので割ってそま角にされたもの

　他方、この項には、次の物品は含まれません。

(a) つえ、傘の柄、工具の柄その他これらに類する物品の製造に適する木材で粗削りしたもの（第44.04項）

(b) 鉄道用又は軌道用のまくら木（横まくら木）の形状に切った木材（第44.06項）

(c) 厚板、はり等の形状に切った木材（第44.07項又は第44.18項）

(4) 第44.04項　たが材、割ったポール、木製のくい（端をとがらせたものに限るものとし、縦にひいたものを除く。）、木製の棒（つえ、傘の柄、工具の柄その他これらに類する物品の製造に適するもので粗削りしたものに限るものとし、ろくろがけし、曲げ又はその他の加工をしたものを除く。）及びチップウッドその他これに類するもの

　この項に含まれる物品には、次のようなものがあります。

① たが材

柳、はしばみ、かばの木等の枝を割って作ったもの（皮付きであるかないか又は粗く削ったものであるかないか問いません。）。たるのたが、箕等の製造に使用されます。これらは、通常束ね又は巻かれて提示されます。ただし、一定の長さに切り、たるに固定する際に組み合わせるため両端に切り込みをつけたたが材は、製品であり、第44.16項に含まれるので注意が必要です。

② 割ったポール

樹木の幹又は枝を縦の方向に割ったもの。園芸用などに使用されます。

③ 端をとがらせたくい

丸棒又は割った棒の先端をとがらせたもので、垣根用のくいを含み、皮をはいであるかないか又は保存剤を染み込ませてあるかないかを問いません。ただし、縦にひいたものは含まれません。

④ 木製の棒（粗削りしたものに限るものとし、ろくろがけし、曲げ又はその他の加工をしたものを除く。）

つえ、むち、ゴルフクラブのシャフト、傘の柄、工具若しくはほうき等の柄、染色用の棒又はこれらに類する物品の製造に適するよう明らかに長さ及び厚さをそろえたものです。類似したもので、かんながけし、ろくろがけし、曲げ又はその他の方法により更に加工され、傘の柄、つえ、工具の柄等と認められるものは、当該製品の属する項に含まれ、この項には分類されません。

⑤ チップウッド

木材を平削りし、丸はぎし又はひいたもので、柔軟性に富み、狭く、薄く、かつ、一様なストリップです。これらには、組物、ふるい、折箱、折りかご、重箱、マッチ箱等の製造に使用される種類のもので、マッチ棒又は靴釘の製造に使用される同種のストリップも含まれます。

更にこの項には経木も含まれます。経木は第44.01項のかんなくずとは、厚さ、幅及び長さが一定で、かつ、一様にロール状に巻かれている点で区別されます。経木は、木酢液製造用の液体の清澄等に用いられますが、これを紙の代わりにお経を書いたことがその名前の由来です。日本では、食品の包装などにも使われます。

(b) 第44.05項　木毛及び木粉

木毛は、木材の微細なスライバー（繊維状のものが束ねられたような形状のもの）から成り、それらがよじれ又はねじれてからまり、塊状となっています。スライバーは、大きさ及び厚さが一様で相当の長さを持つもので、一般に圧縮したベール状で提示されます。この項には、染色し、ゴム質を塗布し、粗くより合わせ又は紙の間に入れてシート状にしたものも含まれます。これは主にパッキング

又は詰物に、また凝結パネル（例えば、第44.10項又は第68.08項のある種のボード）の製造に使用されることもあります。

　木粉は、のこくず、削りくずその他の木くずをひき又はのこくずをふるいわけして得られる、粒子が細かく一様の粉状です。第44.01項ののこくずとは、この点で区別できます。

　なお、この項には、やし殻その他これに類するものから得られる類似の粉は含まれません（第14.04項）。

(6) 第44.06項　木製の鉄道用又は軌道用のまくら木

　この項の枕木については説明は不要だと思います。ほぼ四角のかんながけしてない木材で、通常、鉄道又は軌道の支持に使用されるものです。この項には、また、分岐まくら木（線路が分かれるとこに使うため、一般のまくら木より長尺）及び橋まくら木（まくら木より更に幅が広く、厚く、通常長い。）があります。これらの物品の角には、粗く面どりされたもの、レール又は座鉄を固定するため穴をあけ又はくぼみを付けたもの、まくら木の割れを防止するため、またくぎ、くぎ、ボルト又は鉄帯で端を強化したものもあります。また、これらには、保護のため殺虫剤又は殺菌剤で表面を処理する場合や、長期保存のため、クレオソートその他の物質を染み込ませたものがあります。

(7) 第44.07項　木材（縦にひき若しくは割り、平削りし又は丸はぎしたもので、厚さが6ミリメートルを超えるものに限るものとし、かんながけし、やすりがけし又は縦継ぎしたものであるかないかを問わない。）

　少数の例外を除き、この項には、長さを問わず厚さが6ミリメートルを超える木材のうち、木目に沿ってひき若しくは割り、平削りし又は丸はぎしたすべてのものが含まれます。これらには、ひいたはり、厚板、板子、板、木舞等並びにひいた木材製材と同質のものとみなされる物品で、チッピングマシンにより正確な寸法で得られ、ひいたものとは異なり、後でかんながけを必要としない程の平滑面を有するものも含まれます。また、この項には、平削りし又は丸はぎ（ロータリーカット）した木材並びに床用の木製のブロック、ストリップ及びフリーズも含まれます。ただし、いずれかの縁、端又は面に沿って連続的に加工を施したものは含まれません。

　なお、この項の木材は、断面が必ずしも長方形（正方形を含む。）である必要はなく、また、長さ方向に一定の断面を持っている必要もありません。

　更に、この項の製品には、かんながけ（かんながけの過程において、隣接した二つの面で作られる角が少し丸みを帯びているかいないかを問わない。）、やすり

がけ、縦継ぎ（例えば、フィンガージョイント）されたものもあります。

　他方、この項には、この項より前の項に含まれる、(a) 粗く角にした木材（例えば、粗びきしたもの）(第44.03項) 及び (b) チップウッドその他これに類するもの (第44.04項) のほか、この項より後の (c) 薄板及び合板用単板 (他のどの項にも該当しないその他の木材を含む。) で厚さ6ミリメートル以下のもの (第44.08項)、(d) 第44.09項のいずれかの縁、端又は面に沿って連続的に加工を施した木材、(e) 第44.12項の木材のストリップ及びフリーズ、及び (f) 木製建具及び建築用木工品（第44.18項）は含まれません。

(8) **第44.08項　化粧ばり用単板（積層木材を平削りすることにより得られるものを含む。）、合板用単板、これらに類する積層木材用単板及びその他の縦にひき、平削りし又は丸はぎした木材（厚さが6ミリメートル以下のものに限るものとし、かんながけし、やすりがけし、はぎ合わせをし又は縦継ぎしたものであるかないかを問わない。）**

　この項には、実際に化粧板用、合板製造用又はその他の用途（バイオリン用、葉巻の箱用等）に供されるシート状の木材で、厚さが6ミリメートル（補強材を含まない。）以下のものが含まれます。これらは、ひき、平削りし又は丸はぎ（ロータリーカット）によって得られるものです。これらは、平滑にし、染色し、塗布し、染み込ませ、紙若しくは織物類の裏張りで補強し又は寄せ木に似せた装飾用のシート状にしてあるかないかを問わず、この項に属します。

　合板製造用の木材は、一般に、丸はぎの方法により切削して得られます。これは、通常蒸煮又は煮沸された丸太を、丸はぎ機の刃を当ててその主軸のまわりに回転させて切削するものです。

　平削り法では、丸太に対し水平方向又は垂直方向に切削運動するナイフ、あるいは固定したナイフに対し丸太を前進させてカットする方法があります。後者によると非常に薄いシートが得られるとされています。

　化粧ばり用単板は、伝統的な方法によるほか、積層木材のブロックを平削りすることによっても得られます。

　この項の板には、「はぎ合わせ」をしたもの（すなわち、合板その他これに類する積層板の製造用の大きな板を得るために板の縁と縁とをテープ、ステッチ又は接着剤でつなぎ合わせたもの）も含まれます。また、この項には、かんながけし、やすりがけし又は縦継ぎ（例えば、フィンガージョイント）したものも含まれますし、更に、合板用単板で、欠陥個所（例えば、節穴）に紙、プラスチック又は板を張って補強したものであっても、この項に含まれます。(キャビネットの製造に使用される美しい高級な木目の化粧ばり用の単板は、ひき又は平削り加工に

よって作られることが多いとされています。)

この項には、また、横断面がほぼ長方形で厚さが約3ミリメートルの、箱、がん具、模型等の製造に使用される短い木材も含まれます。

しかしながら、平削りし又は丸はぎした狭いストリップで、組物に使用し又はチップウッド製の折かご、重箱等の製造に使用される種類のものはこの項には含まれません（第44.04項）。

(9) 第44.09項　さねはぎ加工、溝付けその他これらに類する加工をいずれかの縁、端又は面に沿って連続的に施した木材（寄せ木床用のストリップ又はフリーズで組み立ててないものを含むものとし、かんながけし、やすりがけし又は縦継ぎしたものであるかないかを問わない。）

この項には、特に板、厚板等の形状の木材であって、ひき又は角材にした後、組立てを容易にするため又は下記④に掲げる玉縁及び繰形を得るため、いずれかの縁、端又は面に沿って連続的に加工したものが含まれます。(かんながけ、やすりがけし又は縦継ぎ（例えばフィンガージョイント）したものであるかないかを問いません。)

また、連続的に加工を施した木材には、長さ又は幅の方向に常に一定の横断面を持つものと反復する意匠を浮彫りしたものも含まれます。

さねはぎ加工を施した木材は、普通一方の縁又は端に溝が付けられ、もう一方の縁は中心線にそって凸縁となっているものです。これを組み立てるときは、一方の板の凸縁は他の板の溝にはめ込まれます。

相欠きはぎした板は、一つ以上の縁又は端をステップ状（階段状）に切ったものです。

また、面取りした板は、一以上の角を、表面及び縁又は端に対してある角度を付けて除去したものです。

この項に含まれる木材で、その他の一般的なものとしては、次のものがあります。

① 縁又は端を丸くした板
② Ｖ字継ぎした木材（面取りされた縁又は端でさねはぎ加工を施したもの）及び中央Ｖ字継ぎした木材（板の中央にＶ字状の溝があり、通常さねはぎ加工を施したもので、縁又は端が面取りされている場合もあります。）
③ 玉縁継ぎした木材（凸縁と縁の間に一本の単純な玉縁を作ってさねはぎ加工を施した木材）及び中央玉縁継ぎした木材（面の中央線に一本の単純な玉縁を作ってさねはぎ加工を施した木材）
④ 玉縁及び繰形（手又は機械により種々の輪郭に成形が施されたストリップ材

で、これらは、額縁、壁の装物、家具、ドア等の製造並びにその他の木工品及び建具等の製造に使用されます。）
⑤　引抜材のような丸材（非常に細いもので、一般的に断面は丸く、マッチ棒、履物用のくぎ、日除け、ようじ、チーズ製造用のふるい等の製造に使用されます。）
⑥　長尺のだぼ（一定の横断面を有する丸い棒状のもの（一般に直径2～75ミリメートル、長さ45～250センチメートル）で、家具などの結合部に使用されます。）
⑦　幅の狭い板から成る床用のストリップ及びフリーズで連続的な加工（例えば、さねはぎ加工）を施した物品

しかしながら、この項には、かんながけし、やすりがけし又は縦継ぎしただけの物品（第44.07項）や、合板又は化粧張りした木材のストリップで寄せ木床用のもの（第44.12項）は含まれません。更に、この項には、次の物品も含まれません。
(a) かんながけその他の加工を施した板で、箱板としてセットにしたもの（第44.15項）
(b) ほぞ穴、ほぞ付け、ありほぞその他これらに類する加工を端に施した木材及び建築用木工品又は木製家具としてのパネルに組み合わせた木材（例えば、木製のブロック、ストリップ、フリーズ等から作られた寄せ木床用パネルを含む組み合わせた床用パネル（一層以上の木材から成る支持体を有しているかいないかを問わない。））（第44.18項）
(c) 粗くひいた木舞からなるパネルで、運搬又は加工を容易にするため、膠着剤で組み立てたもの（第44.21項）
(d) 玉縁又は繰形を他の玉縁、繰形その他の材に重ねた物品（第44.18項又は第44.21項）
(e) かんながけ又はやすりがけ以上の表面加工を施した木材（塗装し、着色し又はワニス塗装したものを除く。）（例えば、化粧張りし、つや出しをし、青銅色にし又は金属はくを張ったもの）（一般に第44.21項）
(f) 食器棚及び本箱の棚等に使用する切り込みの入ったストリップのように、明らかに家具に組み込まれるものと判断できる木製ストリップ（第94.03項）

(10) 第44.10項　パーティクルボード、オリエンテッドストランドボード（OSB）その他これに類するボード（例えば、ウェファーボード）（木材その他の木質の材料のものに限るものとし、樹脂その他の有機結合剤により凝結させてあるかないかを問わない。）

この項に含まれる物品は、パーティクルボードのように、丸太又は木くずを機械的に細片化して得られる木材のチップ又は小片を、圧縮又は押し出しによっ

て、種々の長さ、幅及び厚さに圧着して作られた平たい物品です。従って、これらは、木質の材料の形が確認できます。

他方、第44.11項の繊維板は、木くず等を更に物理的に処理した、繊維の状態（純粋な繊維ではなく、いわゆるリグナイト繊維で、リグニン、セルロース、ヘミセルロース等の高分子混合物）のものであるので、こうした木質としての形が残っていないという点で両者の区別（顕微鏡観察により確認）がつきます。

この項に含まれる主な物品には、その性状により次のようなものがあります。

① パーティクルボード

　これは、上記の通り、丸太又は木くずを機械的に細片化して得られる木材のチップ又は小片を、圧縮又は押し出しによって、種々の長さ、幅及び厚さに作った平たい物品です。また、その他の木質の材料、例えば、バガス（サトウキビの搾りかす）、竹、麦わらの断片又は亜麻若しくは麻の細片からも製造されます（これらは木材ではありませんが、この類の注6に、こうしたものであってもこの類の物品の材料に含まれるものがある旨の規定があります。）。パーティクルボードは、結合に有機結合剤（通常、熱硬化性の樹脂）を使いますが、その混入量は、一般にボードの全重量の15％以下です。

　先に述べた通り、この項のパーティクルボードを構成しているチップ、小片その他の断片は、通常肉眼でボードの縁を見ることにより確認することができますが、時には、当該小片及び断片と第44.11項の繊維板の特徴であるリグノセルロース系の繊維とを鑑別するために、顕微鏡による観察が必要になる場合もあります。

② オリエンテッドストランドボード（Oriented strand board）

　これは、少なくとも幅の2倍以上の長さをもつ薄い木材の小片（ストランド）を、例えばイソシアネート樹脂又はフェノール樹脂のような結合剤（通常、防水性）と混合し、交互に重ねて製造されます。このとき、弾性的特性を向上させるため、一般的に、多くの小片が表面の層では長さ方向に規則的に、内部の層では長さ方向と直交して規則的に又は不規則に、厚いマット状となるように何層にも重ねられています。このマット状のものに熱及び圧力を加えて、堅くて均一で曲がらない構造用ボードが得られます。

③ ウェファーボード

　これは、幅の2倍未満の長さを有する薄い木材の薄片（ウェファー）を重ねて作られた物品です。オリエンテッドではないこと（小片の並びに方向性がないこと）で②と区別されます。この項のパーティクルボードには、やすりがけされたものや、ボードに対する加工が本質的なものではなく付加的な性質（例えば、防水性、防腐性、防虫性、防火性、防炎性、化学薬品若しくは電気に対す

る抵抗性又は高密度）を与える、一以上の物質を染み込ませてあるものも含まれます。

この項には、また、積層パネルで、(i)片面又は両面を繊維板で被覆したパーティクルボード、(ii)数枚のパーティクルボード（片面又は両面を繊維板で被覆してあるかないかを問わない。）から成るもの、(iii)数枚のパーティクルボードと数枚の繊維板とから成るもの（配列のいかんを問わない。）も含まれます。

更に、これらの物品は、第44.09項に規定する形状に加工され、湾曲され、波形にされ、穴をあけられ、正方形若しくは長方形以外の形状に切断され又は成形されているかいないかを問わず、また、表面、縁又は端が加工され、塗布し若しくは被覆され（例えば、紡織用繊維、プラスチック、ペンキ、紙又は金属による塗布若しくは被覆）又は他のいかなる作用が施されているかいないかを問わず(以下この類の説明において「第44.09項に規定する形状に加工され、又は他のいかなる作用が施されているかいないかを問わず」という。）、これらの作用が他の項の物品の重要な特性を付与しない限り、この項に含まれます。

しかしながら、この項には、次の物品は含まれません。
(a) 木粉を充てん材として含有する人造プラスチックの板及びストリップ（第39類）
(b) ベニヤドパーティクルボードその他これらに類するボード（例えば、veneered oriented strand board 及びベニヤドウェファーボード（第44.12項）
(c) セルラーウッドパネルでその両面がパーティクルボードのもの（第44.18項）
(d) 木質の材料をセメント、プラスターその他の鉱物性結合材により凝結させたボード（第68.08項）

また、この項には、圧縮、押出し、鋳造その他の方法によって直接得られるもので、他の項に該当する物品又はその部分品の特性を有するものも含まれません。

(11) 第44.11項　繊維板（木材その他の木質の材料のものに限るものとし、樹脂その他の有機物質により結合してあるかないかを問わない。）

この項の繊維板は、先に、前項のパーティクルボードとの違いを述べましたが、木材の破片ではなく、更に物理的に分解された繊維分（リグノセルロース系繊維）を結合したものです。多くの場合、木材のチップを機械的方法若しくは蒸気爆砕法により解繊したもの又はその他の木質繊維性材料（例えば、バガス及び竹）を解繊したものから製造されます。繊維板を構成している繊維は、顕微鏡観察で、繊維板中において繊維間のからみ及び繊維間の独自の接着性（一般に含有しているリグニンの作用）により相互に結合していることが確認できます。繊維板は、

繊維を凝結させるため、樹脂その他の有機結合剤が繊維に添加されることがあります。また、例えば、防水性、防腐性、防虫性、防火性及び防炎性を付与するため、添加剤が、板の製造中又は製造後に使用されることもあります。また、単一のシートのものと数枚のシートを接着したものがあります。

この項の繊維板のタイプは、製造法により、次のようにグループ分けされています。

① 乾式法により得られた繊維板

特に、ミディアムデンシティファイバーボード（MDF）が含まれます。これは、加圧時に接着工程を補助する目的で熱硬化性樹脂を乾燥した木材繊維に加えて製造されます。一般に、密度は$1cm^3$につき0.45gから1gです。ミディアムデンシティファイバーボードで密度が$1cm^3$につき0.8gを超えるものは、取引上、高密度繊維板（HDF）と呼ばれることがあります。

② 湿式法により得られた繊維板

これらには、(i)硬質繊維板（Hardboard）（水に懸濁した木材繊維を金属網上で高温高圧下でマット状に加圧する湿式法で製造したもの（一般に密度は$1cm^3$につき0.8gを超える。））、(ii)中質繊維板（Mediumboard）（硬質繊維板と類似した方法で製造されるが、低圧で圧縮されたもの（一般に、密度は$1cm^3$につき0.35gを超え0.8g以下））、(iii)軟質繊維板（Softboard）（この繊維板は、圧縮しておらず、一般に密度は$1cm^3$につき0.35g以下で主として建築物の断熱用又は防音用に使用されるもの）が含まれます。

また、この項の物品は、第44.09項に規定する形状に加工され、又は他のいかなる作用が施されているかいないかを問わず、これらの作用が他の項の物品の重要な特性を付与しない限り、この項に含まれます。ただし、この項には、次の物品は含まれません。

(a) パーティクルボード（一枚又は数枚の繊維板と積層したものであるかないかを問わない。）（第44.10項）
(b) 繊維板を心板とした積層木材（第44.12項）
(c) 両面が繊維板から成るセルラーウッドパネル（第44.18項）
(d) 複合板紙、「プレスパン」及び黄板紙などの板紙（一般にその裂目に層状構造が認められることから繊維板と区別することができる。）（第48類）
(e) 明らかに家具の部分品と認められる繊維板のパネル（通常第94類）

(12) 第44.12項　合板、ベニヤドパネルその他これらに類する積層木材

この項には、次の物品が含まれます。

① 合板

409

3枚以上の木材のシート(単板)をお互いに重ね、加圧、膠着したもので、一般に重ねるシートの木目が互いに角度をなすように配置されています。これにより強度が増し、そりを防止する効果があります。通常、奇数の単板で構成されており、中央の単板は心板と呼ばれます。

なお、日本では、こうしたものを一般に「ベニヤ板」と呼ぶことがありますが、これは、1912年に範多商会がロシアから合板を輸入した際、ベニア板と呼んだことが広まったためであるといわれています(フリー百科事典ウィキペディア)。「ベニヤ」は木材を丸はぎして得られるシート(単板)のことですので、これを使った板というように解釈すれば良いかもしれません。

② ベニヤドパネル

これは基材(通常、劣等材)に木材の薄板を圧力をかけて接着したものです。木材以外の基材(例えば、プラスチックのパネル)に木材の薄板を張ったものについては、薄板が当該パネルに重要な特性を与えている場合に限り、この項に含まれます。

③ 類似の積層木材

大きく次の2種類のものがあります。

(i) ブロックボード、ラミンボード及びバッテンボード(心材が厚く、それぞれ木材のブロック、小舞又は小角を並べて膠着したものから成り、表面に外装単板が張られたもの。非常に強靱で、枠又は裏張りすることなく使用できます。

(ii) 木製の心材を他の材料(一層又は多層のパーティクルボード、繊維板、木くずを接着した板、石綿、コルクのようなもの)で代用したパネル。

なお、この項には"glulam"と呼ばれる積層したはり又はアーチのような大きく、重く、かつ、がっしりした製品は、通常第44.18項に分類され、この項には含まれません。しかしながら、このような積層木材で、はり、アーチのように製品となっていると認められないものについては、この項に分類されることとなっています。

1989年、米国から我が国が米国のスーパー301条による不公正貿易慣行に対する制裁措置の対象として取り上げられた項目に、集成材の関税分類問題があります。筆者らが林野庁等の担当者の方々とともに対処した問題です。大きな集成材を輸入し、これを縦方向にカットし、化粧板を張って柱等に加工するための謂わば半製品です。こうした集成材については15%の関税率が設定されていますが、第44.18項に分類されるものは3.9%です。こうした半製品には林業保護の観点等から比較的高い税率が設定されていること、また、この類のHS品目表の建て方については、前にも述べた通り、解説書の総説の記述から、4グループ、即ち、

①原木、丸太等の素材、②角材や板等の中間材、③積層木材及び改良木材（第44.10項から第44.13項まで）、そして④製品（第44.14項から第44.21項）というのがこの類の分類体系であることから、謂わば半製品である集成材については、第44.12項に分類するのが合理的である等として交渉した結果、構造用集成材として加工された製品とそうでない半製品としての集成材の分類基準を設定し、1990年6月漸く決着し、制裁には至らなかったという経緯があります。この分類基準については、第44.18項の説明で解説します。

　また、この項の物品は、前項の説明と同様に、第44.09項に規定する形状に加工され、又は他のいかなる作用が施されているかいないかを問わず、上記の作用が他の項の物品の重要な特性を付与しない限り、この項に含まれます。

　更に、この項には、床用パネルとして使用される合板パネル、ベニヤドパネル及びこれらに類する積層木材のパネルが含まれます。これらの中には、「寄せ木フローリング」と呼ばれるもの（組み合わせた床用パネルに似せるため、表面に木製の薄板を圧力をかけて接着したもの）もあります。

　しかしながら、次の物品は、この項には含まれません。
(a) 積層木材を平削りして得られる化粧ばり用単板（第44.08項）
(b) 改良木材を積層したパネル（第44.13項）
(c) セルラーウッドパネル及び組み合わせた床用パネル（寄せ木床用パネルを含む。）又はタイル（木製のブロック、ストリップ及びフリーズ等から成り、一層以上の木材から成る支持体上に組み合わされ、多層の寄せ木フローリングパネルとして知られるものを含む。）（第44.18項）
(d) 寄せ木し又は象眼した木材（第44.20項）
(e) 明らかに家具の部分品と認められるパネル（通常第94類）

　なお、第4412.10号、第4412.31号、第4412.32号及び第4412.39号に記載された当該各号の合板については、たとえ表面が被覆され、又は第44.09項に規定する形状に加工され、又は他のいかなる作用が施されているかいないかを問わず、これらの作用が他の項の物品の重要な特性を付与しない限り、同号に分類されます。

(13) 第44.13項　改良木材（塊状、板状、ストリップ状又は形材のものに限る。）

　この項の改良木材は、化学的又は物理的な処理によって、密度又は硬度を増加させることにより、機械的強度、化学的作用に対する抵抗性又は電気抵抗特性を改善したものです。これらには、単一の材から成るもの及び多数の層を相互に接着したものがありますが、後者のものについては、当該処理は、単に木材の各層を接着するのに必要とする処理を超えたものに限られます。

　この項の物品の製造には、①木材に、通常、熱硬化性のプラスチック又は溶融

金属を深く含浸させる、いわゆる注入法によるもの、②強力な油圧プレス若しくはローラーにより横に圧縮するか又はオートクレープの中で高圧のもとですべての方向に圧縮する、圧縮法、更に③両者の併用法があります。

これらの改良木材の密度は、例えば、注入法による金属化木材は一般には$1cm^3$につき3.5gを超え、圧縮木材は$1cm^3$につき1.4gほどの密度を有しています（当然ですが水には浮きません。）。こうした改良木材は、歯車、シャトル、ベアリングその他の機械の部分品、プロペラ、絶縁物その他の電気用の物品又は化学工業用の容器等の製造に使用されています。

(14) 第44.14項　木製の額縁、鏡枠その他これらに類する縁

この項には、形状、大きさ、木材の一個のブロックから作ったものであるかないか又は玉縁若しくは繰型から作ったものであるかないかを問わず木製の縁が含まれます。またこの項の縁には、寄木し又は象眼した木材製のもの、通常の木材、パーティクルボードその他これに類するボード、繊維板、積層木材又は改良木材からなるものがあります。（この類の注3の規定により第44.14項から第44.21項まで同様です。紙面の関係で、以下44.21項までにおいて、この記述は省略します。）

また、縁には、たとえ裏板、支持物又はガラスが付いていてもこの項に含まれます。

更に、木製の額縁付きの印刷した絵画及び写真も全体としての重要な特性が額縁にある限りは、この項に含まれますが、その他の場合には第49.11項に分類されます。枠付きのガラス鏡も、この項から除かれます（第70.09項）。

額縁付きの書画、コラージュその他これに類する装飾板及び銅版画、木版画、石版画その他の版画の場合は、それらを全体としてひとつの物品と見なすか、あるいは額縁を独立した物品と見なすかは、それらの状況によります（第97類注5、第97.01項及び第97.02項参照）。

(15) 第44.15項　木製のケース、箱、クレート、ドラムその他これらに類する包装容器、木製のケーブルドラム及び木製のパレット、ボックスパレットその他の積載用ボード並びに木製のパレット枠

これらには、次のようなものがあります。

① ケース、箱、クレート、ドラムその他のこれらに類する包装容器

例えば、(i)包装又は運搬に使用される堅固な横板、ふた板及び底板を有する箱及びケース、(ii)クレート、果物又は野菜の箱、エッグトレイ、その他側面が小板で作られているふたのない容器、(iii)チーズ、医療用品等の包装に使用する種類の平削りし又は丸はぎした木材製の箱（組物にした木材のものを除

く。)、マッチ箱(側薬を塗布した面を持つものを含む。)及びバター容器、果物等の販売用の容器、(iv)染料、化学薬品等の運搬に使用されるドラム又はたる型の容器(たる類製造業者によって作られるものを除く。)があります。

　これらには、組み立ててないもの又は部分的に組み立てたもの(完成した容器又は完成した容器としての重要な特性を有する未完成の容器を作るのに必要な部分のセットになっているものに限る。)も含まれます。このようなセットになっていない木材は、ひき又はかんながけした木材、合板等としてそれぞれの項に属します。

　なお、使用済みの箱、クレート等で、まだ使用可能なものはこの項に含まれますが、薪以外に使用できないものは除かれます(第44.01項)。また、この項の箱、容器類には、

　(a)第42.02項の製品、(b)第44.20項の箱、ケースその他これらに類する製品、及び(c)コンテナ(一以上の輸送方法による運送を行うために特に設計し、かつ、装備したものに限る。)(第86.09項)は含まれません。
② 　ケーブルドラム
　　送電線その他のケーブルの保持、運搬に使用される大型のドラムです。
③ 　パレット、ボックスパレットその他の積載用ボード
　　積載用ボードは、荷役、輸送及び保管を機械設備でできるように、多くの物品を一つにまとめるための移動可能な台です。パレットは、桟木でへだてられた二面のデッキ又は脚によって支えられた一面のデッキから成るもので、主としてフォークリフト又はパレットトラックによる取扱いに適するように作られた積載用ボードです。ボックスパレットは、少なくとも三面の上部構造(固定式、取外し式又は折畳み式の側面)を有するもので、ダブルデッキパレット又は他のボックスパレットと重ねて使用できるようになっています。積載用ボードのその他の例として、プラットフォーム、支柱付プラットフォーム、枠型ボックスプラットフォーム、側レール付プラットフォーム及び端レール付プラットフォームがあります。
④ 　パレット枠
　　パレット枠は4個の木材から成り、パレット上に枠を形成するために、通常、端にちょうつがいが付いています。

(16) 第44.16項　木製のたる、おけその他これらに類する容器及び木製のこれらの部分品(たる材及びおけ材を含む。)

　この項には、たる類製造業者により作られるもののみが含まれます。これらのものの胴は、ふた及び底をはめ込むための溝がつけられたたる材から成るもの

で、木材又は金属のたがによって容器としての形状が保持されています。
　これらの製品には、分解したもの又は部分的に組み立てられたもの、時には内面を裏張りし又は塗布したものもあります。
　また、この項には、仕上げ加工のいかんを問わず、たる類製造業者の製品の部分品であることが明確なおけ材、たる材その他のすべての木製品（例えば、おけのふた及び一定の長さに切り、組み立てるため両端に切り込みを付けたたが材）も含まれます。
　更に、未完成のおけ材及びたる材（おけその他のたる類製造業者の製品の側板、ふた又は底を作るための木製のストリップ）も含まれます。これらは、(i)樹幹をその髄線の方向に割った割材から割り出したストリップ、並びにこれから主要な面の一方をひいて平滑にし、他の面をおの又はナイフで単に揃えたもの、(ii)主要な二面の少なくとも一方が湾曲面にひかれたおけ材及びたる材があります。
　他方、この項には、次の物品は含まれません。
(a) 主要な二面をひいて平らにした木材（第44.07項又は第44.08項）
(b) おけ材及びたる材で製造した容器で、ふた及び底をくぎ付けしたもの（第44.15項）
(c) おけ及びたる等で家具（例えば、机及びいす）として使用するための形状に切られたもの（第94類）

(17) 第44.17項　木製の工具並びに工具、ほうき又はブラシの木製のボデー、柄及び握り並びに靴の木型

　これらについては、説明は不要かと思いますので、特に注意が必要な点のみ記述しておきます。
　木製の道具については、刃、作用端、作用面その他の作用する部分が第82類注1に定める材料から成る工具は除かれます。
　また、第44.19項の台所用品のものは、この項には含まれません。例えば、木製のへらも、台所用品であれば、この項には分類されません。
　この項の物品としては、工具の木製のボデー、各種の道具又は器具に使用される木製の柄及び握り、ほうき又はブラシのヘッドの形にした木片、ブラシ又はほうきの木製の柄及び握り（一端に繊維又は剛毛を植え付けるか又はボデーに固定させるものもあります。）
　なお、一部先に述べましたが、この項には、次の物品は含まれません。
(a) 工具の柄の製造のために、粗削りし又は粗く丸くした木材（第44.04項）
(b) この項に属する製品の製造用に単に木材を（例えば、ブロック状に）ひいたもの。ただし、ブランクの状態にまで加工したものを除く（第44.07項）

(c) テーブルナイフ、スプーン又はフォークの木製の柄（第44.21項）
(d) 帽子の製造用の型（第84.49項）
(e) 第84.80項の木製の鋳型等
(f) 機械類及びその部分品（第84類）

(18) 第44.18項　木製建具及び建築用木工品（セルラーウッドパネル、組み合わせた床用パネル及びこけら板を含む。）

　この項には、あらゆる種類の家屋等の建築に使用される木製の加工品（寄せ木し又は象眼した木材のものを含む。）で、組み立てたもの又は組み立ててないが明らかにこの用途に使用されると認められるもの（例えば、ほぞ、ほぞ穴、ありほぞその他これらに類する組み立て用のほぞを備えたもの）が含まれます。

　なお、ちょうつがい、錠等のような金属製の取付具の有無はこの項の分類に影響しません。

　木製建具（ジョイナリ（joinery））とは、謂わば建具関係で、建築物の附属物（戸、窓、シャッター、階段、戸の枠又は窓枠のようなもの）をいい、他方、建築用木工品（カーペントリィ（carpentry））とは、建築、大工等関係の物品で、建築構造用に、又は一時的な足場若しくはアーチの支持物等に使用される木製の加工品（はり、たる木、つかのようなもの）をいいます。後者には、組み立てたコンクリート型枠も含まれます（ただし、合板のパネルは、たとえ表面がコンクリート打込み用に処理されたものであっても、第44.12項に属するので注意が必要です。）。カーペントリィには、更に、木材の層を同一の木目の方向に多数重ね合わせ接着成形した構造用集成材の製品（glulam）も含まれます。（第44.12項で説明した通り、集成材の「製品」であるか否かにより分類が異なりますので注意が必要です。（文末に分類基準の一部を引用して記載しておきますが、詳細は、関税分類例規集を参照して下さい。））

　この項には、更にセルラーウッドパネルも含まれます。これは、一見第44.12項のブロックボード及びバッテンボードに似ていますが、芯を構成する小角又は小舞は平行又は格子状のいずれかに並べられ、それらの間には空間があります。そのためセルラーウッドの名前があります。最も簡単なものは2枚の表板が縁の木枠の上に取り付けられているだけのものです。これらのすき間には、防音又は耐熱の材料（例えば、コルク、ガラスウール、木材パルプ又はアスベスト）が詰められている場合もあります。表板は、普通の木材の場合もあり、パーティクルボードその他これに類するボード、繊維板又は合板の場合も、また、当該パネルは第44.12項のように卑金属で表面を覆っているものもあります。

　この項には、また、縁どりしてあるかないかを問わず、床用パネル（寄せ木パ

ネルを含む。)又はタイルに組み合わせた硬質のブロック、ストリップ、フリーズ等も含まれます。また、ブロック、ストリップ、フリーズ等から成り、一層以上の木材から成る支持体上に組み合わされた、「多層の」寄せ木床用パネルとして知られる床用パネル又はタイルも含まれます。タイルには組み合わせを容易にするために端にさねはぎ加工を施したものもあります。

　こけら板(シングル)は、通常、一方の端(根元)が5ミリメートルより厚く、もう一方の端(先端)が5ミリメートルより薄くなるように縦にひいた木材です。

　この項には、次の物品は含まれません。
(a) 床用パネルとして使用される合板パネル、ベニヤドパネル及びこれらに類する積層木材のパネルで、第44.18項の組み合わせた床用パネルに似せるため、表面に木製の薄板が圧力をかけて接着してあるもの(第44.12項)
(b) 食器棚(背板の有無を問わず、くぎその他の方法により、天井又は壁に固定できるようにしたものを含む。)(第94.03項)
(c) プレハブ建築物(第94.06項)

　なお、第4418.71項のモザイク状の床用の組み合わせた床用パネルには、多数の独立した正方形、長方形の要素から成り、「カボション」(小さな正方形、長方形、三角形、ひし形その他の形状の木片で、目的とする図案を得るための充填物として使用されるもの)と呼ばれるものを含むことがあります。ストリップは特定の図案(例えば、チェッカード、バスケットウィーブ、ヘリングボーン)に従って配置されます。

(19) 第44.19項　木製の食卓用品及び台所用品

　この項の物品についても特に説明は不要と思いますが、留意点のみ簡単に述べておきます。

　この項には、木製の家庭用品のみが含まれます。これらは、ろくろがけしてあるかないか又は寄せ木し若しくは象眼した木材のものであるかないかは問いませんが、あくまで、食卓用品又は台所用品の特性を有するものに限られます。ただし、主として装飾的な特性を有するもの及び家具は含まれません。

　なお、この項には、次の物品は含まれません。
(a) たる類製造業者の製品(第44.16項)
(b) 食卓用品又は台所用品の木製の部分品(第44.21項)
(c) ブラシ又はほうき(第96.03項)
(d) 手ふるい(第96.04項)

(20) 第44.20項　寄せ木し又は象眼した木材、宝石用又は刃物用の木製の箱、ケー

スその他これらに類する製品及び木製の小像その他の装飾品並びに第94類に属しない木製の家具

この項には、寄せ木し又は象眼した木材製のパネル（その材料の一部が木材以外の物品から成るものを含む。）が含まれます。また、この項には、多種多様な木製品、寄せ木し又は象眼した木材のもの等も含まれます。これらには、小さな箱細工物（例えば、手箱及び宝石箱）、小型の備付け品及び装飾品などがあります。これらの製品には、たとえ鏡が取り付けられたものであっても、それらが本質的にこの項に記載された種類の物品である限り、この項に属します。同様に、木材を主体とした製品であれば、一部又は全部を天然皮革、コンポジションレザー、板紙、プラスチック、紡織用繊維の織物等で内張りしたものであっても、この項に含まれます。

その他、この項には次の物品も含まれます。

① うるし塗りの箱、並びにナイフ、刃物、科学器具等を入れる木製のケース及び箱、かぎたばこ入れその他ハンドバッグ若しくはポケットに入れ又は身に付ける携帯用の小箱、文房具箱等、針箱、たばこ入れ及び砂糖菓子の箱。ただし、台所で使用する通常の香辛料用の箱等は含まれません（第44.19項）。
② 木製の家具（第94類に属するものを除く。第94類の総説参照）。（コート掛け、帽子掛け、洋服ブラシ掛け、事務用レタートレイ、灰皿、ペン皿及びインクスタンド等）
③ 小像、動物、肖像その他の装飾品

この項には、この項の物品の木製の部分品は含まれません（第44.21項）。更に、この項には、次の物品も含まれません。

(a) 楽器又は武器用の木製のケース及びさや、ケース、箱その他これらに類する容器で革、コンポジションレザー、紙又は板紙、バルカナイズドファイバー、プラスチックシート又は紡織用繊維で被覆したもの（第42.02項）
(b) 身辺用模造細貨類（第71.17項）
(c) 第91類の時計のケース及びその部分品
(d) 第92類の楽器及びその部分品
(e) 携帯武器用のさや（第93.07項）
(f) 第94類の物品（例えば、家具及びランプその他の照明器具）
(g) 第96類の喫煙用パイプ及びその部分品並びにボタン、鉛筆その他の物品
(h) 第97類の美術品及びこっとう

(21) 第44.21項　その他の木製品

この項には、ろくろがけその他の方法により又は寄せ木し若しくは象眼した木

材から作られたすべての木製品が含まれます。ただし、前項までに該当する物品及びその構成材料にかかわらず他の項に該当する物品を除きます（この類の注1等参照）。

また、前項までに該当する物品の木製の部分品は、第44.16項のものを除き、この項に含まれます。

更に、この項には、例えば次のような物品が含まれます。

① スプール、コップ、ボビン、糸巻類等
② 動物用の小屋、みつばちの箱、鳥かご、かいば槽及び動物のかせ
③ 劇場用の大道具、建具用作業台、各種手作業用テーブル、はしご類、活字、標識・看板の類、肖像、園芸用のラベル等、楊子、格子及び垣根用パネル、踏切、ブラインド類、栓、梁受け、衣類用のハンガー、洗濯板、アイロン台、洗濯ばさみ、合わせくぎ、オール、かい、かじ及び棺
④ 舗装用の木れんが（通常、四角形の面を持つ一定の大きさのものです。側面にすき間用のストリップをくぎで打ちつけたものもあります。）
⑤ マッチの軸木（化学物質（例えば、りん酸アンモニウム）を染み込ませたものもあります。ただし、頭薬を付けたものは除かれます。また、ブックマッチの製造用に一方の端に刻みを入れ又は溝を付けたストリップも含まれます。）
⑥ 履物用の木くぎ
⑦ 容積測定器（第44.19項の台所用品は含まれません。）
⑧ テーブルナイフ、スプーン又はフォークの木製の柄
⑨ 粗く引いた木舞からなるパネルで運搬又は加工を容易にするため、膠着剤で組み立てたもの
⑩ 玉縁又は繰型を他の玉縁、繰型その他の材に重ねた物品（第44.18項に属するものを除く。）

なお、この項には、次の物品は含まれません。

(a) マッチの軸木用の木材のストリップ（第44.04項）
(b) 履物用の未完成の木くぎでストリップ状のもの（一方の縁を両面から斜めに鋭く切ったもので、切断することにより木くぎとなるもの）（第44.09項）
(c) 第44.17項の刃物（テーブルナイフを除く。）その他の工具又は道具の木製の柄
(d) 第46類の物品
(e) 第64類の履物及びその部分品
(f) つえ及びその部分品並びに傘並びにむち（第66類）
(g) 第16部の機械類及びその部分品並びに電気機器（例えば、第84.80項の木製の鋳造用パターン）

(h) 第17部の物品（例えば、ボート、ねこ車及び荷車その他の車両）
(ij) 数学用又は製図用の器具、度量衡器（容積測定器を除く。）その他の第90類の物品
(k) 銃床その他の武器の部分品（第93.05項）
(l) がん具、遊戯用具及び運動用具（第95類）

（関税分類例規集より一部抜粋）
　第44.18項の建築用木工品と第44類の他の項の物品との区分は、次による。
(1) 第44.03項から第44.13項までのいずれかの項に該当することとなる加工を施した木材は、それが実際に建築用に供するものであっても、第44.03項から第44.13項までの適合する項に属する。（略）
(2) 上記(1)に該当しない木材加工品のうち、用途が建築用に限られることが物品自体に具現されているものは、建築用木工品として第44.18項に属するが、そのような物品は、次のいずれかに該当するものとする。（略）
(3) 次に掲げる建築構造用に供される集成材及び単板積層材（LVL）については、上記(1)の取扱いにかかわらず、次による。
　イ　グルラム
　(イ) 最低の断面が、幅76ミリメートル（3インチ）以上及び高さ（ひき板を積層した厚さ）140ミリメートル（5 1/2 インチ）以上のもので、かつ、次の条件のいずれかを輸入時に満たしている構造用（注1）集成材は、第44.18項に属する。
　　(a) はり又はアーチとして使用される特徴ある形状に加工されたもの（例：湾曲したもの、むくりをつけたもの又はほぞを付け若しくはほぞ穴をあけたもの）
　　(b) 適正な位置にボルト穴をあけたもの
　　(c) かんながけ又はやすりがけしたもので、かつ、面取りをしたもの
　　(d) 平均ラミナ厚（断面の高さをラミナの枚数で除したもの）が30ミリメートル以上のもの
　(ロ) 断面の幅が76ミリメートル（3インチ）未満又は高さ140ミリメートル（5 1/2インチ）未満の集成材、又は最低断面の幅及び高さがそれぞれこれら以上の大きさのものであって上記(3)イ(イ)の(a)～(d)までの条件のいずれをも満たさない集成材については、あらゆる種類の建築物等の建築に際して、更に重大な加工（注2）を施すことなく構造用の用途（注3）に用いられるものであることを示す技術的資料（注4）又は金具（注5）が当該貨物に附属しているものは、構造用集成材として第44.18項に属する。

ロ　単板積層材（LVL）
　　輸入時において次の条件のいずれかを満たしている構造用（注1）の単板積層材（LVL）は、第44.18項に属する。
　(イ)　組立てられた製品（例：I型ビーム、I型の根太、スチール入り合わせばり及びトラス）
　(ロ)　明らかに組立用の部品と認められる形態の製品（例：ほぞ、ほぞ穴、ありつぎ、その他これらに類する組立てのための継手を有するもの）
　(ハ)　はり又はアーチとして特定の形状に加工された部品（例：湾曲したもの、むくりをつけたもの）
　(ニ)　断面が、幅（単板積層材（LVL）の場合は単板を積層した厚さをいう。）38ミリメートル（1 1/2インチ）以上及び高さ89ミリメートル（3 1/2インチ）以上の製品であって、あらゆる種類の建築物等の建築に際して、更に重大な加工（注2）を施すことなく構造用の用途（注3）に用いられるものであることを示す技術的資料（注4）又は金具（注5）が附属しているもの

ハ　さねはぎ加工を有する集成材
　　床用又は屋根用として設計されたさねはぎ加工を有する集成材については、断面が幅133ミリメートル（5 1/4インチ）以上及び高さ（ひき板を積層した厚さ）56ミリメートル（2 3/16インチ）以上のもの（いわゆるデッキング）で、末端部にほぞ、ほぞ穴その他組立てのための縦継ぎ加工を施したものは、第44.18項に属する。

（注1）「構造用」という用語は、単に表現上のものであり、本文の中で定義したもの以上の条件を満たさなければならないことを意味するものではない。
（注2）「更に重大な加工」とは、再製材及びオーバーレイのみをいうものとし、定尺に切ること又は組立てを含まない。
（注3）「構造用の用途」とは、梁、アーチ、柱、まぐさ及びもやその他のあらゆる建築物の構造用の主な骨組みとして使用されるものを含む。
（注4）「技術的資料」には、次のものを含む。
　①　設計図又は図面
　②　標準仕様書その他これに準ずる技術マニュアル
　③　取り付け指示書
　④　構造用集成材又は構造用単板積層材に係る日本農林規格（JAS）の格付の表示（構造用集成材については「小断面」の表示があるものに限る。）
（注5）「金具」には、当該集成材又は単板積層材のサイズ及び品質にみあった適切なもので、ハンガー、メタルプレート又はメタルブラケット等を含む。

(4) 次に掲げる直交集成板(CLT)については、上記(2)の取扱いにかかわらず、次による。

直交集成板(CLT)のうち、高さ(ひき板又は小角材を積層した厚さ)36ミリメートル以上(3層以上かつ各ラミナ厚(断面の高さ)が12ミリメートル以上のものに限る。)、幅300ミリメートル以上、長さ900ミリメートル以上の製品であって、あらゆる種類の建築物等の建築に際して、更に重大な加工(注1)を施すことなく構造用の用途(注2)に用いられるものであることを示す技術的資料(注3)又は金具(注4)が附属しているものは、構造用(注5)の直交集成板(CLT)として第44.18項に属する。

(注1)「更に重大な加工」とは、再製材及びオーバーレイのみをいうものとし、定尺に切ること又は組立てを含まない。
(注2)「構造用の用途」とは、梁、アーチ、柱、まぐさ及びもやその他のあらゆる建築物の構造用の主な骨組みとして使用されるものを含む。
(注3)「技術的資料」には、次のものを含む。
　① 設計図又は図面
　② 標準仕様書その他これに準ずる技術マニュアル
　③ 取り付け指示書
　④ 直交集成板に係る日本農林規格(JAS)の格付の表示
(注4)「金具」には、当該直交集成板のサイズ及び品質にみあった適切なもので、ハンガー、メタルプレート又はメタルブラケット等を含む。
(注5)「構造用」という用語は、単に表現上のものであり、本文の中で定義したもの以上の条件を満たさなければならないことを意味するものではない。

　【以下省略】

第2節　第45類　コルク及びその製品

1　この類に含まれる物品の概要

この類に含まれるコルクについては、特に細かい説明は不要と思いますが、ごく簡単に一般論を述べておきます。

コルクは、ブナ科コナラ属のコルクガシ*Querecus suber*の外皮から作られます。多くは南欧又は北アフリカ産のコルクガシです。

日本でも同属の別種であるコルククヌギ（別名アベマキ）から同じようにコルクを取っていた時期もあるようです。コルク質は、身近な植物ではイチョウの古木の樹皮の一部に、わずかですが見かけることもあります。

商品的なものは、コルクガシの立木から形成層などの生きた組織を痛めないように、樹皮のみをはいで製造されますが、コルクガシを植樹後、数年を経た段階で第1回目の剥ぎ取りを行った樹皮をバージンコルクといい、表面は亀裂や凹凸が多く、加工製品の素材としては適さないものです。その後は数年ごとに再度厚く成長した樹皮を剥ぎ取っていきますが、この2回目以降に得られた樹皮は表面が平滑な均質性の高い材質です。これらは、打ち抜いてワインなどの瓶の栓の製造に使われます。

剥ぎ取られた樹皮は、まず高温蒸気処理により、弾力性が増し、反りがとれて平らになり、打ち抜きやすくなります。打ち抜かれて残った樹皮は粉砕し接着剤を加えて圧縮され、圧搾コルクとして利用されます。

コルクは、軽く、弾力性に富み、柔軟で防水性があり腐朽し難く、また熱及び音に対して不良導体なので、こうした性質を利用して様々な製品の製造に用いられます。

この類には、様々な形状の天然コルク及び凝集コルク並びにこれらの製品を含みますが、次に述べる通り、一部の物品はこの項には含まれません。

2　この類に含まれない物品その他の留意点等

この類には、次の物品は含まれません。（第45類注1参照）
(a)　第64類の履物及びその部分品
(b)　第65類の帽子及びその部分品
(c)　第95類の物品（例えば、がん具、遊戯用具及び運動用具）

また、その他のコルクを用いた製品である、コルクのディスクを裏打ちした卑金属製の栓（王冠）（第83.09項）、コルク製のカートリッジワッド（第93.06項）もこの類には含まれません。

なお、コルクはその性質上、様々な材料と組み合わせた製品があります。時と

して、通則2(b)の解説の関係でコルクの製品が例に引き出されることがあります。

例えば、解説書の通則2(b)について、「(X)通則2(b)は、他の材料又は物質を混合し又は結合した物品及び二以上の材料又は物質から成る物品に関するものである。この通則が適用される項は、材料又は物質が記載されてある項(例えば、第05.07項のアイボリー)及び特定の材料又は物質から成る物品であることを示す記載のある項(例えば、第45.03項の天然コルクの製品)である。この通則は、項又は部若しくは類の注に別段の定めがない場合のみに適用される(例えば、第15.03項のラード油は混合してないものと定められているので、この規定は適用されない。)。

調製品である混合物で、部もしくは類の注又は項の規定にそのようなものとして記載されているものは、通則1の原則に従ってその所属を決定する。」と、記述しています。更に、「(XI)この通則の効果は、ある材料又は物質について記載した項の範囲を拡大して、各項には当該材料又は物質に他の材料又は物質を混合し又は結合した物品を含むようにすることである。また同様に、この通則の効果は、特定の材料又は物質から成る物品について記載した項の範囲を拡大して、各項には、部分的に当該材料又は物質から成る物品を含むようにすることである。」とした上で、「(XII)しかしながら、この通則は、通則1の規定上、項の記載に該当すると認められない物品までも含むように項の範囲を拡大するものではない。この問題は、他の材料又は物質を添加することにより項に記載する種類の物品の特性が失われる場合に生ずる。」と記述しています。これらは、解説書の記述であり、リーガルテキストである通則の規定の解釈と適用について示し、統一的運用を図るためのものです。

では、先に述べた第83.09項の卑金属製の栓(コルクのシートを裏に使った王冠)について考えてみましょう。この場合、通則2(b)を使ったとしても、通則3(b)で、「卑金属製の栓」に分類されるのは明らかです。また、同じ栓でも、コルク製のシャンパン用の栓で、ストッパーの役目を果たす、針金が付いているものはどうでしょうか。コルクがない、ストッパー用の特殊な栓の取付け具だけであれば、第83.09項の「栓・・・その他包装用の附属品」に該当します。しかしながら、この場合、シャンパン用のコルク栓とストッパーの役目をする針金と一体になったものは、通則3(b)によりコルクの製品に分類されると考えられます。

もう少し、敷衍して、コルクのみからなる栓と、その下部にわずかにアルミ箔を覆った物品については、どうでしょうか。このわずかなアルミ箔についてまで、通則2(b)を適用すべきでしょうか。もはや「アルミ箔の製品」という商品ではないと考えると、この物品については、通則2(b)を適用するまでもないとする

考え方で良いのではないかと思います。このことは、先に述べた解説(xii)のとおり通則2(b)の規定を適用して、所属を決めるというのではなく、通則2(b)の規定によるまでもなく、その所属を決めるというべきでしょう。

(「通則2(b)による」ということであれば、通則3による必要が出てくることにもなります。)

3　各項の規定

簡単に、この類の各項の規定をみていきます。

(1) 第45.01項　天然コルク（粗のもの及び単に調製したものに限る。）、コルクくず及び破砕し、粒にし又は粉砕したコルク

この項には、先に述べた通り、コルクガシからはぎ取ったコルクが含まれます。これらには、(i)天然コルクで粗のもの及び(ii)単に調製した天然コルク（削ることにより又はその他の方法で表面を清浄したもの（例えば、鬼皮を焼いたもの）で、なお割れた外皮が残っているもの及び不用の部分を除いた端をきれいにしたもの）が含まれます。更に、(iii)殺菌処理をしたコルク及び温湯又は蒸気で処理後圧力をかけて平らにしたコルクが含まれます。しかしながら、鬼皮を除いたもの及び粗く角にしたものは、この項には含まれず、次の第45.02項に属します。

また、この項には、(iv)天然コルク又は凝集コルクのくず（例えば、削りくず、裁ちくず、打ち抜きくずのほか、ろくろがけの際に出るコルクウールの形状をしたくずも含まれます。）、(v)破砕コルク、粒状コルク及び粉砕コルク（凝集コルク、リノリウム又はリンクラスターの製造に使用されます。）も含まれます。

これらのコルクは、染色し、染み込ませ又は熱処理で焼かれ若しくは膨張させたものもこの項に含まれますが、凝集したものは含まれません（第45.04項）。

(2) 第45.02項　天然コルク（鬼皮を除いたもの、粗く角にしたもの及び長方形（正方形を含む。）の塊状、板状、シート状又はストリップ状のものに限るものとし、栓のブランクで角が鋭いものを含む。）

この項には、いわゆる天然コルクのスラブで、(i)鋸引きその他の方法により鬼皮を完全に表面から除去したもの、(ii)外表皮の鬼皮及び内表面を切り、両面かはば平行になっているもの（粗く角にしたコルク）、(iii)第45.01項のコルク樹皮の両面をスライスしその端を直角に切って長方形（正方形を含む。）の塊状、板状、シート状又はストリップ状に加工したものが含まれます。また、こうした加工品は、コルクを重ね合わせて接着してあるかないかを問わずこの項に分類されます。ただし、長方形（正方形を含む。）以外の形状に切った塊、板、シート及びストリップは、コルクの製品（第45.03項）とみなされ、この項には属しません。

更に、この項には、紙又は織物で補強したコルクのシート（タバコのチップ用に使用する非常に薄いロール状のコルクを含む。）、角が鋭い立方体又は正方形のスラブの形状をした栓用のコルクブランク（二層以上のコルクを接着してできたスラブをカットしたものを含む。）も含まれます。ただし、丸い縁を有する類似の物品はこの項には属さず、次の第45.03項に含まれます。

(3) 第45.03項 天然コルクの製品
　この項には、次の物品が含まれます。
① 天然コルク製の各種の栓
　　これらには、縁を丸くしたブランクも含まれます。また、コルクの栓は、金属又はプラスチック等のキャップが付けられる場合もあります。ただし、ポアーストッパー、メジャーストッパーその他コルクの栓が従属的なものは、その種類又は重要な特性を与える材料にしたがって他の項に分類されます（前記2に述べた通りです。）。
② 王冠の裏張り用その他のびん、つぼ等の密封用の天然コルクのディスク、ワッシャー及びウェファー並びにびん口に使用するコルク製のライニング及びシェル
③ 長方形（正方形を含む。）以外の形状に切った天然コルク製の塊、板、シート及びストリップ並びに救命具、漁網用のうき、バスマット、テーブルマット及びタイプライターその他の物品用のマット
④ ナイフの柄等各種の握り、ワッシャー及びガスケット（第84.84項に含まれる取りそろえてセットにしたものを除く。）
　しかしながら、この項には、上記2で述べた通り、ある種の製品は含まれません。こうした物品には、第64類の履物及びその部分品（取り外し可能な中敷き（ソックス）を含む。）等があります。
　第4503.10号の栓に関しては、側面が直線若しくは先細りの円柱形又は側面の端が丸くなっている角柱形の天然コルクで、染めたもの、磨いたもの、パラフィンで処理したもの、穴をあけたもの及び焼き印又は染料で印を施したもの、中空でない栓には、頭部を大きくしたものや、金属、プラスチック等でキャップしたものがあります。また中空の栓（又はシェルコルク）は、例えば、ガラス製又は陶磁器製瓶用のガラス栓のカバーとして使用されます。この号には、また、確認可能な栓のブランク（縁が丸くなっているものに限る。）が含まれますが、王冠用のシールとして使用する薄いコルクディスクは第4503.90号に含まれ、この号には属しません。

(4) 第45.04項 凝集コルク（凝集剤を使用してあるかないかを問わない。）及びその製品

　この項には、前項までの天然のコルク及びその製品に対し、凝集コルク及びその製品が含まれます。凝集コルクは、破砕コルク、粒状コルク又は粉砕コルクを一般に加熱、加圧の下で、(i)結合剤（例えば、未加硫ゴム、にかわ、プラスチック、タール及びゼラチン）を加える方法、(ii)結合剤を加えず温度約300度で行う方法（この場合には、コルク中の天然樹脂が結合剤として作用）により製造されます。

　この項の凝集コルクには、油等を染み込ませたり紙や織物を裏張りして補強したものがありますが、第59.04項に属するリノリウムその他これに類する材料の特性を有するものは除かれます。

　凝集コルクには、天然コルクの多くの性質が残っているのに加え、各種の寸法又は形状に直接成型するのに適する利点があります。この項に含まれない凝集コルクの製品は、第45.03項の場合と同様のものです。

第3節　第46類　わら、エスパルトその他の組物材料の製品並びにかご細工物及び枝状細工物

1　この類に含まれる物品の概要

　この類には、表題から分かるように、(i)わら（麦わら、稲わらなど）、エスパルトその他の組物材料による製品、(ii)「かご」と呼ばれる細工物、及び(iii)枝状細工物が含まれます。

　また、表題には記述がありませんが、ヘチマの製品も含まれます。（表題は単なる便宜のための参照です。）

　この項のエスパルトについて、参考として述べておきます。

　エスパルトは、スペイン南部、アフリカ北部等に自生するイネ科の植物で、かごや組物材料の他、パルプや紙の製造にも利用されるとされています。*Stipa tenacissima*と*Lygeum spartum*の2種を指しているようですが、残念ながら、日本には自生しておらず、この種の植物はおろか、この属の植物も見当たりません。*Stipa tenacissima*は、写真のイメージからは、日本のチカラシバに似ているようにも見えますが、随分大きく（高さ90～120cm、株まわりは60cmから3mほどまでになる。葉は長さ10cmから1mまでいろいろ）で、その円筒形の果穂部分は、チカラシバに比べると細く、かつ、短毛となっているようです。

　ところで、この類に含まれる「組物材料の製品」における「組物材料」に関しては、植物性の組物材料のみを指すように思われますが、この類の「組物材料」には、紙のストリップ、紡織していない天然の繊維やプラスチックの短繊維、ストリップ等も含まれ、必ずしも植物性の材料に限られる訳ではありません。これに関しては、明確な規定があるので、注意が必要です。以下に、この類の注1の規定をそのまま引用しておきます。

注1　この類において「組物材料」とは、組合せその他これに類する加工方法に適する状態又は形状の材料をいい、当該材料には、わら、オージア、柳、竹、とう、いぐさ、あし、経木その他の植物性材料のストリップ（例えば、樹皮のストリップ、細い葉及びラフィアその他の広い葉から得たストリップ）、紡績してない天然の紡織用繊維及びプラスチックの単繊維、ストリップその他これらに類する物品並びに紙のストリップを含むものとし、革、コンポジションレザー、フェルト又は不織布のストリップ、人髪、馬毛、紡織用繊維のロービング及び糸並びに第54類の単繊維、ストリップその他これらに類する物品を含まない。

　この、「紡織していない材料」には、こうした天然の紡織用繊維のほか、特

に次のような物品があります。
① わら、オージア、柳、竹、いぐさ、とう、あし、チップウッド（薄いストリップ状の木材。ウッドチップではない。）、引抜材その他の植物性材料製のストリップ（樹皮のストリップ、細い葉及びラフィアその他の広い葉（バナナ又はやしの木等の葉）等から得たストリップ）。ただし、これらは、組合せその他これに類する加工方法に適する状態又は形状のものに限られます。
② 第39類のプラスチックの単繊維、ストリップその他これに類する物品（ただし、第54類の人造の紡織用繊維材料である横断面の最大寸法が1ミリメートル以下の単繊維及び見掛け幅が5ミリメートル以下のストリップその他これに類するものは除かれます。）
③ 紙のストリップ（プラスチックで被覆したものも含まれます。）
④ プラスチックのストリップを巻きつけ若しくは被覆し又はプラスチックを厚く塗付した紡織用繊維のしん（紡績していない繊維、組ひも等）から成るある種の材料（これらの物品は、しんを形成しているため、もはや繊維、組ひも等の特性を有しない。）

これらの材料のうち、ある種のもの、特に植物性の物品は、組合せその他これに類する加工に、より適するように調製（例えば、割り、引き抜き若しくは皮はぎ等により又はワックス若しくはグリセリン等を染み込ませることにより）される場合もあります。

他方、この類において、次のものは組物材料とみなさず、それから作られた物品はこの類には含まれません。
(a) 馬毛（第05.11項又は第11部）
(b) 横断面の最大寸法が1ミリメートル以下の単繊維及び見掛け幅（折り曲げ、偏平、圧縮又はより合わせの状態での幅）が5ミリメートル以下のストリップ又は偏平な管（長さに沿って折り曲げたものを含む。）で、人造の紡織用材料のもの（圧縮してあるかないか又はより合わせてあるかないかを問わない（人造ストローその他これに類するもの）。）（第11部）
(c) 紡織用繊維のロービング（上記④のプラスチックで完全に被覆したものを除く。）（第11部）
(d) 紡織用繊維の糸でプラスチックを染み込ませ、塗布し、被覆し又は覆ったもの（第11部）
(e) 革又はコンポジションレザーのストリップ（一般に、第41類又は第42類）、フェルト又は不織布ストリップ（第11部）及び人髪（第5類、第59類、第65類又は第67類）

2 この類に含まれない物品

この類に含まれない組物材料については、前記1.で述べましたが、そのほか、この類に含まれない物品は、次のものがあります（この類の注2の規定参照）。
(a) 第48.14項の壁面被覆材
(b) ひも、綱及びケーブル（組んであるかないかを問わない。第56.07項参照）
(c) 第64類又は第65類の履物及び帽子並びにこれらの部分品
(d) かご細工製の乗物及びそのボデー（第87類参照）
(e) 第94類の物品（例えば、家具及びランプその他の照明器具）

これらのほか、例えば次のような物品もこの類に含まれません。
(a) 動物用装着具（第42.01項）
(b) 第44類の竹製品
(c) 接着材により接着したたて糸のみから成る細幅織物類（ボルダック）（第58.06項）
(d) むち（第66.02項）
(e) 人造の花（第67.02項）
(f) 第95類の物品（例えば、がん具、遊戯用具及び運動用具）
(g) ほうき及びブラシ（第96.03項）並びにマネキン人形（第96.18項）

3 各項の規定

この類は2つの項から成り立っています。

(1) **第46.01項 さなだその他これに類する組物材料から成る物品（ストリップ状であるかないかを問わない。）並びに組物材料又はさなだその他これに類する組物材料から成る物品を平行につなぎ及び織ったものであってシート状のもの（最終製品（敷物、壁掛等）であるかないかを問わない。）**

この項の物品は、次の通り、「並びに」の前後で2つのグループに分けることができます。

① 前段の「さなだその他これに類する組物材料の物品（ストリップ状にしてあるかないかを問わない。）」について

このグループには、次の物品が含まれます。
　(i) さなだ
　　これらは、一般に縦の方向に組み合わせた組物材料のストランドから成るもので、経緯糸はありません。この種のさなだは、並べ合わせた後、縫製等の方法によって幅広いストリップ状に仕上げられています。
　(ii) さなだに類する物品
　　組合せ以外の方法で作られますが、組物材料から長い革ひもに似た形状、

ストリップ状等になっており、例えば、(i)二本以上のストランドを相互により合わせ、相互に結び合わせ又はその他の方法で組み立てて作った物品（ただし、第46.02項の装飾用モチーフを除く。)、(ii)押しつぶさない植物材料を単により合わせて製造した一種の綱から成る物品があります。

これらは、主として婦人帽に使用されますが、ある種の家具、靴、マット又はかごその他の容器の製造にも使用されます。

この項の物品には、主として組立て又は補強のために紡績した紡織繊維の糸を使用したもの（付随的な装飾効果を有しているかいないかを問わない。）もあります。

② 後段の「組物材料又はさなだその他これに類する組物材料の物品を平行につないだ物品及び組物材料又はさなだその他これに類する組物材料の物品を織った物品（シート状のものに限るものとし、敷物、すだれその他の最終製品であるかないかを問わない。）」について

これらの物品は、組物材料から又は上記前段の物品に含まれるさなだその他これに類する組物材料の物品から直接作られる物品です。これらの組物材料から直接作られる物品は、一般に縦糸と横糸から成る織物の方法でストランドを相互に織って作るか又は横のつなぎ糸若しくはストランドで平行に並べた連続的なストランドを固定してシート状に作られます。

織った物品は、すべてが組物材料から成る場合と、縦糸が組物材料で横糸が紡織用繊維の糸の場合又はその逆の場合とがありますが、紡織用繊維の糸の機能は、付随的に色彩効果をもたらす場合を除き、組物材料を結ぶ場合に限られます。

同様に、組物材料を平行につなぐことによって作った物品も、その結束材は、組物材料、紡織用繊維の糸又はその他の材料の場合があります。相互につなぐこと又は織ることと同様の工程は、上記のさなだその他これに類する組物材料の物品からシート状の物品を作る際にも用いられます。

これらの物品には、紡織用繊維の織物又は紙で補強され又は裏張りされる場合もあり、次のものも含まれます。
(i) ラフィア、とうその他これらに類する材料で作った織物などの半製品及び婦人帽製造業又は家具製造業等で使用される長尺の巻いた形状又はストリップ状に作った装飾用のもの
(ii) ある種の最終製品。例えば、次のようなものがあります。
・床用敷物等（長方形のものであるか又はその他の形状のものであるかを問わない。）で、組物材料又はさなだその他これに類する組物材料の物品の平行なストランドを他の組物材料、ひも、鋼等で織るか又はつなぐ

第3節　第46類　わら、エスパルトその他の組物材料の製品並びにかご細工物及び枝状細工物

　　　ことにより作られたもの
- むしろ等の粗いマット地（園芸用に使用されるもの）
- すだれ及びパネル（やなぎ又はオージアで作ったもの等）並びに組物材料又はさなだその他これらに類する組物材料の物品（わら、あし等）を平行に並べ、圧縮し、そして卑金属の針金で一定間隔おきにつなぎ合わせて作った建築用のパネル（これらの建築用のパネル又はスラブには、表面及び端のすべてがクラフト板紙で被覆されているもの等があります。）

　この項には、コイヤ、サイザル麻の繊維その他これらに類するもので作った敷物で、綱又は紡織用繊維の織物をもととしたものは含まれません（第57類）。

　なお、これらについては、この類の注3において、「「組物材料又はさなだその他これに類する組物材料の物品を平行につないだ物品」とは、組物材料又はさなだその他これに類する組物材料の物品を並列にしたものをつなぎ合わせてシート状にしたものをいい、つなぎ合わせるために使用した材料が紡績した紡織用繊維であるかないかを問わない」とされています。

　例えば、いぐさを緯として、糸を経として製織し、一般に完成品としてそのまま用いられるよう縁加工した「ござの類」もこの項に含まれます。これらには、耳毛がなく、1畳分から数畳分をつなぎ合わせて縁加工した敷物や上敷、い草を染色して織り上げた花筵等があります（第4601.29号）。

　これに対して、「むしろ、こも及びアンペラ（第4601.94号）」は、包装用又は包装用の袋の製造に使用する種類のもので、花筵は含まれません。

　なお、第4601.92号に含まれるもののうち、「畳表」とは、いぐさ又は七島いを緯とし、糸を経として製織したもののうちその折幅（製織された部分）が80cm以上のものをいうこととされています（分類例規集参照）。

(2) 第46.02項 かご細工物、枝条細工物その他の製品（組物材料から直接造形したもの及び第46.01項の物品から製造したものに限る。）及びへちま製品

　この項には、この類に含まれないこととされている前記2.において述べた物品を除き、次の物品が含まれます。
① 組物材料から直接造形した製品
② 既に組み立てられている第46.01項の物品から作った製品（すなわち、さなだその他これに類する物品、平行につないだ物品又はシート状に織った物品から作った製品）。ただし、この項には、第46.01項の最終製品（組物材料又はさなだその他これに類する組物材料の物品を平行につなぎ又は織ってシート状にした物品（例えば、敷物及びすだれ）であるため最終製品の特性を有しているもの）

は含まれません。
③　へちま製品（手袋、パッド等）（裏打ちしたものも含まれます。）

　更に、この項には、(i)バスケット、背負いかご、詰めかごその他の各種のかご細工容器類（これらにはローラー又は脚車が付いているものもある。また、びく、果物かご等を含みます。）、(ii)チップウッドを組み合わせた類似のバスケット又は箱（組み合わせていないチップウッドから成るチップバスケットは除かれます（第44.15項）。）、(iii)旅行用バッグ及びスーツケース、(iv)ハンドバッグ、買物袋その他これらに類するもの、(v)えび捕りかごその他これに類するもの、鳥かご及びみつばちの巣箱、(vi)盆、びんホールダー、じゅうたんたたき、食卓用品、台所用品その他の家庭用品、(vii)婦人帽のモチーフその他の装飾用の物品（第67.02項のものは含まれません。）、(viii)びん用のわら（例えば、粗製のわらその他これに類する材料を粗く平行に並べ、糸又は綱でつなぎ合わせて中空の円すい形にしたもの）、(ix)長いさなだを正方形、円形等に組み立てて作った敷物、及びより糸でそれらを結び合わせて作った敷物等、も含まれます。

　更に、畳床（稲わらを縦、横交互に重ね圧搾し、麻糸等で作った畳糸（縫糸）を所定の間隔で通して製造しますが、一部にフォームポリスチレン等の板状のものを結合して製造されたものも含まれます。）のほか、畳表を取り付けた製品（畳）もこの項に含まれます。

第10章
第10部 木材パルプ、繊維素繊維を原料とするその他のパルプ、古紙並びに紙及び板紙並びにこれらの製品

第1節 第47類 木材パルプ、繊維素繊維を原料とするその他のパルプ及び古紙

1 この類に含まれる物品の概要

この類には、木材パルプのほか、主として各種の植物材料又は植物性紡織用繊維のくずから得られる各種のパルプ及び古紙が含まれます。

パルプとは、いろいろな解説がありますが、例えば、「植物体から分離した主としてセルロースからなる集合体をいう。」(理化学事典(岩波))とされています。(セルロースは、ご存じの通り、植物体の細胞膜の主成分であるグルコースが、$\beta 1,4$ グルコシド結合した多糖の天然高分子化合物（$(C_6H_{10}O_5)_n$）で、繊維素ともいいます。セルロース分子に側鎖はありません。)

パルプの名称、種類等は、原料、製造方法により異なります。例えば、機械木材パルプ、化学木材パルプ、セミケミカルパルプ又はケミグランドパルプ等の通りです。後ほど少し詳しく説明しますが、この類の各項の規定もこうした種類によって区別されています。原料として主に使用される木材は、まつ、とうひ、ポプラ及びヤマナラシ（Aspen：ポプラ属の一種）ですが、ビーチ、くりのほか、ユーカリその他のある種の熱帯産木材等の堅い木材も使用されます。また、その他の材料として、(i)コットンリンター、(ii)古紙、(iii)ぼろ（特に綿、リネン又は麻）その他の紡織用繊維のくず（古ロープ等）、(iv)わら、エスパルト、亜麻、ラミー、黄麻、麻、サイザル麻、バガス、竹、種々のその他の草及びあし等があります。

木材パルプはかっ色又は白色で、薬品でさらしてあるもの（半さらしを含む。）及びさらしてないものがあります。パルプは、製造後、その白色度（輝度）を増すために何らかの処置が施されているならば、半さらしのもの及びさらしたものとみなされます。

製紙工業の用途のほか、ある種のパルプ（特にさらしたパルプ）は、セルロース原料として、人造紡織用繊維材料、プラスチック、ワニス及び爆薬等の各種の物品の製造に用いられます。また、これらは家畜の飼料にも利用されます。

パルプは、通常、梱包されたシート状で湿った状態又は乾燥した状態で取引きされますが、スラブ状、ロール状、粉末状又はフレーク状のものもあります。

パルプの製法についてですが、大きく分けて、木材をリファイナー(叩解機)により水の存在下でパルプ繊維を機械的に叩き、磨砕することにより、繊維をよく離解し、切断・水和・膨潤・絡み合いを行う方法（機械パルプ（砕木パルプ））、及び化学薬品処理（NaOH-Na$_2$S、Ca(HSO$_3$)$_2$等）により、セルロースを凝集しているリグニンを溶解し、繊維細胞をばらばらに分離して製造する方法（ケミカルパルプ及びその中間のセミケミカルパルプ）があります。したがって、機械パルプには、リグニンなど原木材の中にある水に不溶の成分のほとんどが含まれているため、これらの存在を確認することによってケミカルパルプと区別が付くと思います。

また、パルプについてその用途を加味した区分としては、例えば次のような例があります。

(http://ebw.eng-book.com/pdfs/f7147d27b-817c72557bd4da2a72c8516.pdf（パルプの種類）から一部引用。これによれば、パルプは次の通り、溶解パルプと製紙パルプに分けて整理されています。)

① 溶解パルプ（サルファイトパルプ）(DP)

　亜硫酸法パルプとも呼ばれ、主として広葉樹のチップを釜の中で、硫黄から発生させた亜流酸ガスと石灰石を反応させて作った重亜硫酸石灰液を注入して、繊維素の純度を高めるため長時間かけて溶解、精選したもの。酸性薬品で処理したパルプで、レーヨンセロファン等の製造に用いられます。

② 製紙パルプ（以下の六つの種類に分けられていますが、さらしてあるかないか、製法等により、更に細かく分けられます。）

　(i) サルファイトパルプ

　　サルファイトパルプで未ざらしのもの（USP）は、亜硫酸法パルプとも呼ばれ、主として針葉樹のチップを使用し、上記①の溶解サルファイトパルプとほぼ同様の製法で作られますが、こちらは、温度を140℃程度で約8〜10時間程度蒸解します。用途は新聞用紙に10％程度混入する等、下級紙にも少量使用されます。また、このサルファイトパルプをさらしたもの（塩素系漂白剤で漂白したもの）（BSP）は、上級紙の製造に用いられます。

　(ii) クラフトパルプ

　　クラフトパルプで未ざらしのもの（UKP）は、硫酸塩法パルプと呼ばれ、針葉樹、広葉樹のチップを釜に入れ硫酸ソーダから生成した硫化ナトリウム及び水酸化ナトリウムの混合液（NaOH-Na$_2$S）を注入し、160℃程度で約3時間蒸解した、いわばアルカリ性薬品で処理したパルプです。強度があるので、セメント袋、段ボールなどの産業用紙の製造に使用されます。また、これを二酸化塩素、塩素等で漂白した（さらした）もの（BKP）の用途は、上

記iのさらしたサルファイトパルプ(BSP)と同様です。
(iii) ケミグランドパルプ(CGP)とセミケミカルパルプ(SCP)
　　これは、原木(丸太)又はチップを常温で稀苛性ソーダ(NaOH)液に浸漬、又は亜硫酸ソーダ(Na_2SO_3)液で短時間(30分～1時間)蒸煮したあと、リファイナー(叩解機あるいは離解機という。)で繊維を離解、パルプ化したものです。この場合、薬液処理の程度が比較的少なく、リファイナー処理(機械的処理)の程度が大きいものをケミグランドパルプ(CGP)といい、これに対し、化学薬品処理の程度が大きいものをセミケミカルパルプ(SCP)と称しています。用途は、板紙、新聞用紙などの主原料です。
(iv) リファイナーグランドパルプ(RGP)
　　これは、砕木機を使用せず、リファイナーだけでチップあるいはのこぎりくずを磨砕して得られる機械パルプで、次の砕木パルプ(GP)と同様の性質のものです。これには、サーモメカニカルパルプ(TMP)も含まれます。チップを130℃位に予熱し、そのままリファイナーで磨砕して製造される機械パルプで、歩留まりは高く強度も強い。用途は次の砕木パルプ(GP)と同様です。
(v) 砕木パルプ(GP)
　　これは、針葉樹の原木をグラインダーに押しつけて機械的に磨砕して製造する下級パルプです。リグニンなどの不純物を多量に含むので、歩留りは良いとされています。新聞用紙、更紙など下級印刷用紙の主原料として用いられます。
(vi) その他のパルプ
　　わら、麻、コットンリンター、バガス等、木材以外の材料から製造されたパルプです。

以上、パルプの種類の概要を述べましたが、実際には、それぞれの目的、用途に合わせた様々なパルプがあります。上記は、この類の各項に属するパルプについての大まかな分類のための予備的知識ですが、実際の関税(HS)分類にあたっては、例えば化学木材パルプのように、厳密な規定がおかれているもの等がありますので、これらの規定に従って注意して分類する必要があります。

2　この類に含まれない物品
この類に含まれない関連物品としては次のようなものがあります。
(a) コットンリンター(第14.04項)
(b) 凝集してないポリエチレン又はポリプロピレンの繊維のシートから成る合成した製紙用パルプ(第39.20項)

(c) 繊維板(第44.11項)
(d) 製紙用パルプ製のフィルターブロック、フィルタースラブ及びフィルタープレート(第48.12項)
(e) 製紙用パルプ製のその他の製品(第48類)

3　各項の規定

以下、各項の規定について、簡単に見てみましょう。

(1) 第47.01項　機械木材パルプ

　この項には、機械木材パルプが含まれます。木材を原料とした機械パルプです。すなわち、樹皮及び時には節を除去した木材を離解し又は摩砕することによってのみ得られるもので、流水のもとで機械的な粉砕によって繊維状になっているパルプです。製造工程において、前もって蒸気処理を施さないで粉砕したものは、いわゆる「ホワイト」機械木材パルプで、その繊維は破壊されやすく、かつ、弱いものです。木材を摩砕の前に蒸気処理した場合、かっ色で強い繊維のもの(かっ色機械木材パルプ)となります。従来の摩砕法を更に発展させたものが、リファイナー砕木パルプであり、木材チップを2枚の回転している板の間に通過させることによって細断して作られます。このタイプのパルプの優れた等級の一つは、木材チップを柔らかくし、繊維の損傷が少なくて繊維を容易に分離することができるように予備的に熱処理を行った後、それを精砕することによって製造されるものです。こうして製造されたパルプは、従来の機械木材パルプに比べて優れた性質を持っています。一部、前記概要で述べた内容と重複しますが、この項に含まれる機械木材パルプの主なタイプには、次のものがあります。砕木パルプ(GP)ですが、その製造方法によって次のような呼称があります。

① 砕木パルプ(SGW)

　　大気圧のもとで石材製砕木機を使用して丸材又はブロックから製造したもの(Stone ground wood)

② 加圧式砕木パルプ(PGW)

　　加圧式石材製砕木機を使用して丸材又はブロックから製造したもの(Pressured stone ground wood)

③ リファイナー砕木パルプ(RPM)

　　大気圧のもとで吐出しながらリファイナーを使用して木材のチップ又は薄片から製造したもの(Refiner mechanical pulp)

④ サーモメカニカルパルプ(TMR)

　　木材を高圧蒸気むしした後、リファイナーを使用して木材のチップ又は薄片

から製造したもの（Thermo-mechanical pulp）
　なお、リファイナーで製造されたある種のパルプは、化学処理されていることがあります。例えば、前記ケミグランドパルプ、セミケミカルパルプがありますが、これらは、第47.05項に属することとなるので注意が必要です。
　機械木材パルプは、繊維が比較的短く、かつ、弱い物品が得られるため、一般に単独で使用されることはなく、製紙工程においては、しばしば、化学パルプが混合されます。また新聞用紙は、通常、このような混合物から製造されています（第48類注4参照）。
　少し補足説明しておきますと、パルプ繊維をリファイナーによって機械的に磨砕して擦り潰すと膨潤し、フィブリル化（繊維を枝状に分岐）して結果比表面積が増し、抄紙機上で絡み合って水素結合を起こしやすい原料となります。また、繊維は切断を受け、繊維長が短くなり適当な長さに揃い、地合の良い強い紙を得ることができます。
　叩解による紙の特性の変化は、叩解が進むにつれて紙の緊度が増し、引き締まった紙質となり、破裂強さ、耐折強さが増加し、一方、引裂き強さや不透明度は一般的に低下するとされています。
　なお、叩解の程度は叩解度あるいは濾水度（フリーネス）で表します。一般には、フリーネス（単位ml、以前はcc）［カナディアン・フリーネス・スタンダード（C.F.S）］で表示され、叩解が進むにつれてパルプの水切れが悪くなり、濾水度（フリーネスml）は低くなります。未叩解パルプのフリーネスは、700ml前後といわれています。

(2) 第47.02項　化学木材パルプ（溶解用のものに限る。）

　この項の化学木材パルプは、この類の注1に規定されています。すなわち、「第47.02項において「化学木材パルプ（溶解用のものに限る。）」とは、水酸化ナトリウムを18％含有するかせいソーダ溶液に温度20度で1時間浸せきした後の不溶解性部分の重量が、ソーダパルプ及び硫酸塩パルプ（クラフトパルプ）にあっては全重量の92％以上、亜硫酸パルプ（サルファイトパルプ）にあっては全重量の88％以上の化学木材パルプをいう。ただし、亜硫酸パルプ（サルファイトパルプ）については、灰分の含有量が全重量の0.15％以下のものに限る。」に合致するもので、溶解用の化学木材パルプのみが含まれます。
　このパルプは、目的とする用途の要求に合致するように特別に精製されており、再生セルロース、セルロースエーテル、セルロースエステル及びこれらの材料の物品、例えば、板、シート、フィルム、はく、ストリップ、紡織用繊維及びある種の紙等（感光紙、フィルターペーパー及び硫酸紙のベースとして使用され

る種類の紙等）の製造に使われます。また、最終用途や最終物品によってビスコースパルプ、アセテートパルプ等とも呼ばれます。

　化学木材パルプは、前記の通り、木材をチップ又は小片状にした後、薬品で処理することによって、大部分のリグニンその他の非繊維素物質が除去されます。通常使用される薬品には、水酸化ナトリウム（ソーダ法）、水酸化ナトリウムと硫酸ナトリウムの混合物で一部が硫化ナトリウムに変換しているもの（硫酸塩法）、重亜硫酸カルシウム又は重亜硫酸マグネシウム（亜硫酸塩法）があります。得られた物品は、同じ原材料から製造された機械パルプに比較して、当然ですが、繊維が長く、かつ、セルロースの含有量が多いものとなります。

　化学木材パルプ（溶解用のものに限る。）は、広汎な化学反応及び物理化学反応によって製造されます。化学木材パルプの製造には、白色化の他に化学的精製、脱樹脂、解重合、灰分の減少又は反応性の調製を必要とすることがありますが、これらの大部分は、複合漂白と精製工程とを組み合わせたものです。

(3) 第47.03項　化学木材パルプ（ソーダパルプ及び硫酸塩パルプ（クラフトパルプ）に限るものとし、溶解用のものを除く。）

　前記1の概要でも述べましたが、ソーダパルプ及び硫酸塩パルプは、通常チップ状の木材を強アルカリ溶液中で煮沸して製造されます。ソーダパルプの場合、溶解液は水酸化ナトリウム溶液であり、また、硫酸塩パルプの場合は変色した水酸化ナトリウムが使用されます。「硫酸塩」という用語は、硫酸ナトリウム（(Na_2SO_4）の一部が硫化ナトリウム（Na_2S）に変換されている。）が蒸解液の調製段階で使用されることに由来しています。硫酸塩パルプは、最も重要なものです。

　これらの工程を経たパルプは、高度の引裂き強さ、引張強さ又は破裂強さを必要とする紙及び板紙用のみならず、吸収性の物品（例えば、ベビー用の綿毛状物品又はナプキン）の製造にも使用されます。

(4) 第47.04項　化学木材パルプ（亜硫酸パルプ（サルファイトパルプ）に限るものとし、溶解用のものを除く。）

　この項のパルプは、サルファイトパルプ、すなわち亜硫酸法により製造されたものです。この方法は、先にも述べたとおり、一般に酸性溶液、種々の亜硫酸塩（例えば、$Ca(HSO_3)_2$：重亜硫酸カルシウム（亜硫酸水素カルシウム）、$Mg(HSO_3)_2$：重亜硫酸マグネシウム（亜硫酸水素マグネシウム）、$NaHSO_3$：重亜硫酸ナトリウム（亜硫酸水素ナトリウム）、NH_4HSO_3：重亜硫酸アンモニウム（亜硫酸水素アンモニウム）等）が、溶解液の調製の過程で使用されるのでこの名前があります。第47.02項でも述べた通り、この溶液は遊離した二酸化硫黄を含んでいます。サ

ルファイト法は、とうひ属の繊維の処理に広く使用されています。

　サルファイトパルプは、単独か他のパルプを混合して各種の筆記用紙、印刷用紙等の製造に用いられます。また、サルファイトパルプは、耐脂紙や透明の光沢紙にも使用されます。

(5) 第47.05項　機械的及び化学的パルプ工程の組み合わせにより製造した木材パルプ

　この項には、機械的なパルプ工程と化学的なパルプ工程との組み合わせで製造される木材パルプが含まれます。このようなパルプは、セミケミカルパルプ、ケミグランドパルプ等と呼ばれています。

　セミケミカルパルプは、二つの工程、すなわち木材（通常はチップ）を最初に蒸解釜で化学的に柔らかくし、次に機械的に精砕することによって製造されます。このパルプは、ケミカルパルプに比べ、不純物やリグニン質を多量に含んでおり、主に中質の紙に使用されます。一般には、中性亜硫酸塩セミケミカル（NSSC）、重亜硫酸塩セミケミカル又はクラフトセミケミカルと呼ばれるものがあります。

　ケミグランドパルプは、チップ、削りくず、鋸くずその他これらに類する形状の木材をリファイナーにかけて製造しますが、少量の化学物質が、繊維の分離を容易にするため前処理として加えられるか又は精砕中に加えられます。木材は、異なる圧力や温度で、時間間隔を変えて蒸気むしを行うことがありますが、ケミグランドパルプは、その製造に使用された工程の組合せ及びその工程が実施された順序によって、ケミサーモメカニカルパルプ（CTMP）、ケミリファイナーメカニカルパルプ（CRMP）、サーモケミメカニカルパルプ（TCMP）と呼ばれています。

　ケミグランドパルプは新聞用紙の製造において使用され（第48類の注4参照）、また、ティッシュ及びグラフィックペーパーの製造にも使用されます。この項には、スクリーン粕と呼ばれるパルプも含まれます。

(6) 第47.06項　古紙パルプ及びその他の繊維素繊維を原料とするパルプ

　パルプ製造に使用される重要な繊維素繊維原料については、先に述べました。この項には、これらのうち木材以外のものから製造されるパルプが含まれます。

　古紙パルプは、通常、乾燥し、梱包されたシート状で提示され、異種の繊維素繊維の混合物から成っており、漂白されているものと漂白されていないものがあります。このパルプは、洗浄、スクリーニング及び脱インキの一連の機械工程及び化学工程によって製造されますが、投入原料や工程の程度により、インキ、粘土、でん粉、重合体コーティング剤及び糊等残留物が少量含まれる場合がありま

す。
　この項のパルプは、古紙パルプを除き、機械工程、化学工程又はこれらの工程の組み合わせによって製造されます。

(7) 第47.07項　古紙

　この項に含まれる古紙には、紙の切りくず、裁断、及び端切のほか、選別漏れ裂け紙、古新聞、古雑誌、校正印その他の印刷業の廃棄物及びこれらに類するものがあります。
　この項には、また紙又は板紙の製品のくずも含まれます。
　これらの古紙は通常パルプ化に使用され、時には、圧搾した梱で提示されます。ただし、他の目的（例えば、包装）に使用できるものであっても、この項に含まれるので注意が必要です。
　なお、ペーパーウールは古紙から作ったものであっても、この項から除外されています（第48.23項）。
　更に、この項には、主として貴金属の回収に使用される種類の貴金属及び貴金属の化合物を含む古紙（例えば、銀又は銀化合物を含む写真用の古紙）は含まれません。これらは、第71.12項に属します。
　この項の号の細分についてですが、原則として第4707.10号、第4707.20号及び第4707.30号には区分けした古紙が含まれますが、これらの号の所属の決定は、第47.07項の他の号の紙又は板紙が少量存在していても影響を受けないこととなっています。

第2節　第48類　紙及び板紙並びに製紙用パルプ、紙又は板紙の製品

1　この類の概要

　この類には、表題から分かるとおり、紙類（板紙を含む。）のほか、製紙用パルプの製品、紙又は板紙の製品が含まれます。ただし、これは大まかな言い方であって、具体的にどのような物品がこの類に含まれるかは、どの類でも同じですが、項の規定及びこれに関係する部又は類の注の規定によります。また、実務上、特定の物品の所属は、これらの規定のほか別段の定めがある場合を除き、通則2以下の規定にも従って決定することになります（通則1）。

　ところで、この類に含まれる物品がどのようなものであるかは、比較的イメージしやすいと思います。他方、加工した紙及び板紙については、この類に含まれないものもあるので注意が必要です。分類の実務では、各類の表題によりその類に含まれる物品をイメージすると同時に、その類から除かれる物品についても暗記するほど知識として持っていることが重要です。

　ここでは、先ず、この類の物品についての一般的な概説をした上で各項の規定で注意すべき点を中心に解説したいと思いますが、その前に、この類には含まれない、紙に関連する加工品について述べておきます。

　なお、この類において、「紙」に関して規定している場合は、特に別に解釈される場合を除いては、板紙（厚さ及び1m^{2}当たりの重量を問わない。）についても同様であることとされています（類注1）。

(1)　この類に含まれない物品について

　以下の物品は、この類の注2の除外規定に掲げられており、この類には含まれません。
(a)　第30類の物品（医薬用品関係）
(b)　第32.12項のスタンプ用のはく
(c)　香紙及び化粧料を染み込ませ又は塗布した紙（第33類参照）
(d)　せっけん又は洗浄剤を染み込ませ、塗布し又は被覆した紙及びセルロースウォッディング（第34.01項参照）並びに磨き料、クリームその他これらに類する調製品を染み込ませ、塗布し又は被覆した紙及びセルロースウォッディング（第34.05項参照）
(e)　第37.01項から第37.04項までの感光性の紙及び板紙
(f)　診断用又は理化学用の試薬を染み込ませた紙（第38.22項参照）
(g)　一層のプラスチックを塗布し又は被覆した一枚の紙及び板紙で、プラスチックの層の厚さが全体の半分を超えるもの並びに紙又は板紙により補強した積層

第10章　第10部　木材パルプ、繊維素繊維を原料とするその他のパルプ、古紙並びに紙及び板紙並びにこれらの製品

　　プラスチックのシート並びにこれらの製品（第39類参照。第48.14項の壁面被覆材を除く。）
(h) 第42.02項の製品（例えば旅行用具）
(ij) 第46類の製品（組物材料の製品）
(k) 紙糸及びその織物製品（第11部参照）
(l) 第64類又は第65類の物品
(m) 研磨紙及び研磨板紙（第68.05項参照）並びに紙又は板紙を裏張りした雲母（第68.14項参照）。ただし、雲母粉を塗布した紙及び板紙はこの類に属します。
(n) 紙又は板紙を裏張りした金属のはく（主として第14部又は第15部に属する。）
(o) 第92.09項の物品
(p) 第95類の物品（例えば、玩具、遊戯用具及び運動用具）
(q) 第96類の物品（例えば、ボタン、生理用のナプキン（パッド）及びタンポン並びに乳児用のおむつ及びおむつ中敷き）

(2) この類に含まれる物品に関する予備知識の整理
　繰り返しになりますが、この類の以下の説明においても、類注1.にあるとおり文脈により別に解釈される場合を除くほか、「紙」には板紙（厚さ又は重量に無関係）が含まれます。ただし、項の規定の多くは「紙及び板紙」との規定が多くみられますので、単独で「紙」と規定されているものについては注意が必要です。
　以下、この類の紙に関する一般的な説明です。
① 紙の製法について
　　先ず、簡単に、紙の製造方法について述べておきます。
　　紙（上述のとおり板紙を含みます。）は、基本的には、第47類のパルプのセルロース繊維がシートの形状に相互にフェルト化したものです。（なお、これらには第48類のセルロース繊維と他の紡織用繊維（特に第54類注1に規定する人造繊維）との混合物から成るものもありますが、紡織用繊維の重量がセルロース繊維の重量より多い場合には、当該物品は紙とはみなされず不織布（第56.03項）に該当しこの類には含まれません。）
　　製紙方法は、パルプの調製、シート又はウェブの形成及び仕上げの3段階に分けられます。
　(i) パルプの調製
　　　パルプは必要があれば配合し、また、てん料（一般には、例えば、カオリン、二酸化チタン、炭酸カルシウムなどの無機物質で、不透明性を増加させ、印刷特性を改良し又はパルプを節約するために使用されるもの）やサイズ剤（例えば、みょうばんを混合したロジンでインク等のにじみを防止するため

のもの)が使用されます。また、必要に応じて着色料を混合します。更に、パルプは水で適当な濃度に希釈し機械的に叩解して調製されます。

(ⅱ) シート又はウェブの形成

　これには、機械すきと手すきによる方法があります。(分類上、機械すきか手すきかの判断が必要となる場合があります。)

・機械すきの紙及び板紙

　機械すきの紙の最も一般的な製紙方法は長網抄紙法ですが、他にツインワイヤー法(主として新聞用紙の製造に使用)があります。ツインワイヤー法によって形成される紙の両面は同一で、長網抄紙法によって製造される紙に特有のフェルト面及びワイヤー面はありません。

　その他の型式の機械として、長網の代わりに大きな丸網(シリンダー(モールド))を使用したものがあります。また、複数のワイヤー式又は丸網式の抄紙機(又は長網式と丸網式が組み合わされたもの)は、同時に作られた各層(色若しくは品質が異なる場合もある。)から成る厚紙を、各層が湿った状態で接着剤を使用することなく互いに結合させて製造するのに使用されます。

・手すきの紙及び板紙

　これは、主要工程であるパルプ繊維をシート状に成型する工程が人の手によってなされるものをいいます。従って、たとえその他の工程が機械作業によるものであっても手すきということになります。

　手すきの紙及び板紙は、各種の製紙用材料から製造されます。一定量のパルプをふるい状の型に入れ、大部分の水が除かれて繊維がフェルト化するまでゆり動かし、シート状とします。シートは、その後型から取り出され、フェルトの間で圧搾され、吊して乾燥されます。繊維をシート状にする手すきの型は、平行に組んだ針金又は織った金属布から成り、これによって紙に透き入れがされます。また、これらの針金上に透き入れ図案が取り付けられることもあります。

　手すきの紙の特性は、強度、耐久性及びきめの質にあります。こうした特徴により、手すきの紙は特殊な用途、例えば、銀行券用紙、書類用紙、筆記用紙、エッチング用紙、特殊フィルターペーパー、元帳、表装用紙、高級印刷用紙又は事務用紙に適しています。これらはまた、ウェディングカード、便せん、カレンダー等の製造にも使用されます。手すきの紙は、通常、使用される大きさに作られ、その四辺は著しい毛羽立ちをしたデッケル耳となっています。しかし、これは時には裁断されることもあり、また、ある種の機械すきの紙(特に擬手すき紙)も著しくはないですがデッケル耳を有してい

るため、デッケル耳の有無は機械すきと手すきの紙とを確実に区別できる特徴とはなり得ません。

(iii) 仕上げ工程

紙はカレンダー仕上げ又はスーパーカレンダー仕上げ（必要に応じ、前もって加湿される。）が施されます。この場合カレンダーは、抄紙機と一体となったものもあります。カレンダー仕上げにより、紙の片面又は両面に多少とも磨き又は光沢が与えられます。加熱したシリンダーを使用した機械つや出しによっても、同様の光沢が紙の片面に得られます。また、この段階で紙に擬透き入れがされることもあります。通常の筆記用、印刷用又は製図用の紙のほとんどは、更に、その表面の強度並びに筆記用インクのような水溶液の浸透及びにじみを防ぐため、ある種のにかわ又はでんぷんの溶液で表面サイズが施されます。

② 紙の加工の種類（主として、塗布、染み込ませ又は着色等による加工を施したもの）

これら、紙の表面の加工、特に塗布、染みこませたもの、又は着色等したものについて触れておきます。これらはそれぞれ、紙がこの類のいずれの項に属するかに係わってきます。

(i) 塗布した紙及び板紙

「塗布した紙及び板紙」との用語は、特別な光沢のある仕上げ又は特定の用途に適するような表面にするために、片面又は両面を塗布した紙及び板紙に適用されます。

塗布材料は、鉱物性材料、結合剤及び硬化剤、分散剤などの塗装作業に必要なその他の添加剤から成っています。

塗布した紙は、その種類で分類が異なるものが多々あります。例えば、カーボン紙、セルフコピーペーパーその他の複写紙及び転写紙で特定の寸法のロール状又はシート状のものは第48.09項に属します。

カオリンその他の無機物質を塗布した紙及び板紙は、結合剤を使用してあるかないかを問わず、ロール状又はシート状であれば第48.10項に属します。

カオリン以外の塗布に使用される無機物質としては、硫酸バリウム、炭酸カルシウム、硫酸カルシウム、けい酸マグネシウム、酸化亜鉛及び金属粉があります。これらの塗布材料は、一般に、にかわ、ゼラチン、アミローズ系物質（例えば、でんぷん及びデキストリン）、セラック、アルブミン、合成ラテックスのような結合剤とともに使用されます。カオリン等を塗布した物品には、光沢のあるもの、くすんだもの及びつや消しのものがあります。カオリンその他の無機物質を塗布した物品の例としては、塗布した印刷用の紙

及び板紙（塗布したアート紙又は多色印刷用紙を含む。）、塗布した折畳み箱原紙、金属粉（第32.12項のスタンプ用のはくを除く。）又は雲母粉を塗布した紙、エナメル紙（ラベル用又は箱の包装用に広く供されている。）があります。また、塗料を固着させるために使用するにかわ又はでんぷんのような結合剤は、表面サイジングにも使用されますが、塗布されてないもので表面サイジングをした紙の場合は塗工用顔料が含まれていません。従って、表面仕上げのサイジングだけで、表面塗工がされていないものは、塗布したものとはいえません。後ほど説明しますが、表面塗布が極めて薄いもの、有機物（ポリ塩化ビニール）のようなものを塗布したものと塗布していないものの区別は場合によっては簡単ではないものがあることが想像できます。

　また、タール、ビチューメン、アスファルト、プラスチック又はワックス、ステアリン、紡織用繊維くず、のこくず、粉砕したコルク、セラックのような有機質の材料を塗布した紙及び板紙で、ロール状又はシート状のものは第48.11項に属します。これらの塗布材料は、その使用に際して結合剤は通常、必要とされません。塗布材料は、幅広い最終用途向け（例えば、防水性容器用、はく離紙用又ははく離板紙用）の物理的特性を与えるために使用されます。このような塗布した紙及び板紙には、粘着性又は接着性の紙、フロックペーパー（紡織用繊維のダストを塗布したもので箱のカバー及び壁紙に使用されます。）、粉砕したコルクを塗布した紙（パッキング材料として使用されます。）、グラファイト紙及びタールを塗った包装紙が含まれます。

　また、着色料は、多くの場合、塗装用の媒質に添加されています。

　塗布した紙及び板紙の多くは、スーパーカレンダー仕上げにより高度のつや出しがなされており、また、耐湿性を与えるためにワニスで塗布したもの（中には例えば、洗うことができる紙）があります。

　先ほど述べた、表面サイジングをしたものと塗布したものとの区別の方法としては、一般に、表面サイジングの場合、紙又は板紙の本来の外観及び生地を保っていますが、塗布した紙又は板紙の場合、本来の表面の凸凹は塗布材料によってほとんど目立たなくなっています。しかしながら、薄く塗布した紙は、(i)サイズプレスで塗布がなされること、(ii)塗料中に含まれているある種の物質は、紙自身の中にも存在すること（例えば、てん料）、更には、(iii)顔料を含まない材料（例えば、ポリ（塩化ビニル）の水分散液）を塗布した紙の場合では、繊維が認められること、により、塗布したものであるか否かの判断が付きにくい場合があります。

　このような場合でも、次のような工夫、方法により判断がつく場合もあります。例えば、鉱物質を塗布したアート印刷紙のようなもののように、塗布

した紙の多くのものは塗布してない紙で高度に仕上げられたものと肉眼では容易に区別することはできませんが、塗布された材料は紙の表面を引きかくことにより塗布が確認できたり又は水に浸せきした際にはく離されることがあるので、こうした方法で確認できます。また、塗布(特に、無機物質を塗布)した紙であるかないかを判定する試験方法の一つに、接着テープに紙を張り付ける方法があります。テープを引きはがすと塗料の大部分がテープに付着してくるので、そのテープに付着している木部繊維及びでんぷん質をエチレンジアミンで溶解し、これらの操作をする前と後におけるテープの重量を比較することにより表面に塗布されたものであるかどうか判定できます。この方法は有機物質を塗布した紙にも適用できます。更に、塗布した紙であることを確認するためのその他の方法には、走査型電子顕微鏡、X線回折装置及び赤外線分光光度計を使用する方法があります。これらの方法は、第48.10項及び第48.11項の両項の物品の確認のために使用することができます。

(ii) 着色し又は印刷した紙及び板紙

　これらには、単色又は多色で、しま模様、モチーフ、図案等をなんらかの方法で印刷した紙及び表面に大理石模様又は多彩な模様を印刷した紙も含まれます。これらの紙は、箱の表装、製本のような各種の用途に使用されます。

　紙には、各色のインキで線(平行線、収斂性の線又はある角度の線)を印刷したものがあります。これらは、特に、会計帳及び簿記帳、学童練習帳、製図帳、手書き用楽譜シート及び楽譜帳、筆記帳、グラフ用紙及び雑記帳に使用されます。(なお、これは、紙そのものに着色、加工したものについての説明ですが、それを更に加工して例えば会計帳簿等のように製本されたものもこの類に含まれます。)

　更に、この類には、印刷した紙(商店名、商標、商品の意匠及び使用方法を印刷した個々の商店用の包装紙のようなもの)も含まれますが、これらは、当該印刷された内容が包装用、筆記用等の本来の用途に対し付随的なものであり、第49類の印刷物を構成しないものに限られます(類注12参照)。

(iii) 染み込ませた紙及び板紙

　この種の紙及び板紙の多くのものは、油、ろう、プラスチック等を紙又は板紙に浸透させて特殊な性質(例えば、耐水性、耐脂性及び時として、半透明性又は透明性)を与えるよう処理されたものです。これらは、広く保護用の包装材料又は絶縁材料に使用されます。

　これら染み込ませた紙及び板紙には、油を染み込ませた包装紙、油又はろうを染み込ませた複写紙、ステンシルペーパー、プラスチック等を染み込ませた絶縁用の紙及び板紙、ゴム加工した紙並びにタール又は歴青物質を単に

染み込ませた紙及び板紙があります。また、壁紙原紙のようなある種の紙には、殺虫剤又は化学品を染み込ませたものがあります。
③ セルロース繊維のウェブ
　この類には、また、セルロースウォッディング及びセルロース繊維のウェブも含まれます。これらには、ゆるくフェルト化されたセルロース繊維の薄いいくつかの層から成り、湿潤状態でロール状にしたもので乾燥すれば分離しやすくなるようなものがあります。

(3) この類の範囲のまとめ

　この類に含まれる物品をカテゴリー別に整理するにはいくつかのまとめ方があると思いますが、解説書の記述に従って3つに整理すると次のとおりです。
① 各種の紙、板紙、セルロースウォッディング及びセルロース繊維のウェブ（ロール状又はシート状のものに限る。）（第48.01項から第48.11項）
　ここには、塗布していない機械すきの紙が含まれます。これらは、サイジング及び仕上げ処理（例えば、カレンダー仕上げ、グレージング仕上げがされているものもあります。また同様に手すきの紙も含まれます。（手すきの紙は、この類の他の項に記載されている物品にも該当する場合を除き、基本的に第48.02項に分類されます。）
　この類の注3には、「第48.01項から第48.05項までには、カレンダー仕上げ、スーパーカレンダー仕上げ、グレージング仕上げその他これらに類する仕上げ、擬透き入れ又は表面サイジングをした紙及び板紙並びに着色し又は大理石模様を入れた紙、板紙、セルロースウォッディング及びセルロース繊維のウェブ（全体を着色したものに限る。）を含む。ただし、第48.03項に別段の定めがある場合を除くほか、これらの項には、その他の加工をした紙、板紙、セルロースウォッディング及びセルロース繊維のウェブを含まない。」と規定されています。
　なお、類注3のただし書きにあるとおり、第48.03項は、「トイレットペーパー、化粧用ティッシュ、紙タオル、紙ナプキンその他これらに類する家庭用又は衛生用に供する種類の紙、セルロースウォッディング及びセルロース繊維のウェブ（ロール状又はシート状のものに限るものとし、ちりめん加工をし、しわ付けをし、型押しをし、せん孔し、表面に着色し若しくは装飾を施し又は印刷したものであるかないかを問わない。）」と規定されており、特別に上記の一般的な仕上げ処理以外の加工をしたものも含まれます。
　この第48.03項の物品を除いては、原則として、第48.01項から第48.05項までにおいて許容される加工は、連続した製紙工程の一部として施されるもので

第10章　第10部　木材パルプ、繊維素繊維を原料とするその他のパルプ、古紙並びに紙及び板紙並びにこれらの製品

す。これらの項の紙の特徴は、塗布していないので、紙の本来の表面の外観及び生地が保たれているということです。

　このカテゴリーから除かれる「塗布した紙」では、本来の表面の凸凹は塗布材料（新しくその上部に形成されたセルロース以外の物質による表面）によって大幅に消失しています。

　また、第48.06項から第48.11項までには、ある種の特殊な紙及び板紙（例えば、硫酸紙、耐脂紙、及び張り合わせた紙）並びに各種の処理（塗布、図案印刷、線引き、染み込ませ、コルゲート加工、ちりめん加工、型押し及びせん孔など）がされた紙、板紙、セルロースウォッディング及びセルロースのウェブが含まれます。第48.11項には、また、紙又は板紙をもととしたある種の床敷きも含まれます。

　なお、実際の分類にあたっては、それぞれの項において別段の定めがある場合を除くほか、上記各項において2以上の項に属するとみられる紙及び板紙は、これらの項のうち数字上の配列において最後となる項に分類することとなります（類注7）。

　また、第48.01項及び第48.03項から第48.09項までには、紙、板紙、セルロースウォッディング及びセルロース繊維のウェブのうち次のもののみを含むこととされているので注意が必要です。

ⅰ　幅が36cmを超えるストリップ状又はロール状のもの
ⅱ　折り畳んでない状態において一辺の長さが36cmを超え、その他の辺の長さが15cmを超える長方形（正方形を含む。）のシート状のもの

　一方、第48.02項、第48.10項及び第48.11項には、ロール状又は長方形（正方形を含む。）のシート状の紙及び板紙（大きさを問わない。）が含まれます。ただし、手すきの紙及び板紙のうち、すいたままのもので縁を切ってないもの（大きさ及び形状を問わない。）は、この類注7の規定が適用される場合を除くほか、第48.02項に属することとなっています。

②　製紙用パルプ製のフィルターブロック、フィルタースラブ及びフィルタープレート（第48.12項）、製造たばこ用巻紙（特定の大きさに切り、小冊子状にし又は円筒状にしたものであるかないかを問わない。）（第48.13項）、壁紙その他これに類する壁面被覆剤（類注9に規定するもの）及びグラスペーパー（第48.14項）

　これらについては、説明は不要と思います。

　なお、以下類注9の規定をそのまま引用しておきます。

注9　第48.14項において壁紙その他これに類する壁面被覆材は、次の物品に限る。
（a）壁又は天井の装飾に適するロール状の紙のうち、幅が45センチメートル以

第2節　第48類　紙及び板紙並びに製紙用パルプ、紙又は板紙の製品

上160センチメートル以下の次のもの
- (i) 木目付けをし、型押しをし、表面に着色し、図案を印刷し又は繊維のフロックを付着させる等の方法により表面に装飾を施したもの（透明な保護用プラスチックを塗布してあるかないか又は被覆してあるかないかを問わない。）
- (ii) 木材、わら等の小片を混入した結果、平たんでない表面を有するもの
- (iii) プラスチックを表に塗布し又は被覆したもの（当該プラスチックの層に、木目付けをし、型押しをし、着色し、図案を印刷し又はその他の装飾を施したものに限る。）
- (iv) 組物材料（平行につないであるかないか又は織ってあるかないかを問わない。）で表を覆ったもの

(b) 縁又はフリーズに使用する (a)(i)から(iv)までのいずれかの処理をした紙で、壁又は天井の装飾に適するもの（ロール状であるかないかを問わない。）

(c) 数枚のパネルから成る紙製の壁面被覆材（ロール状又はシート状のものに限る。）で、壁に張り付けたとき、風景、図案又はモチーフが現れるように印刷したもの紙又は板紙をもととした物品で、床敷き用及び壁面被覆材用のいずれの用途にも適するものは、第48.23項に属する。

③　紙、板紙、セルロースウォッディング及びセルロース繊維のウェブ（ただし、第48.02項、第48.10項及び第48.11項又は上記②に属するものを除くものとし、ロール状又はシート状のものに限る。）で、上記①に掲げる大きさ以下に切ったもの及び長方形（正方形を含む。）以外の形状に切ったもの並びに製紙用パルプ、紙、板紙、セルロースウォッディング又はセルロース繊維のウェブの製品）
　これらは、第48.16項から第48.23項までのいずれかの項に属します。
　第48.12項、第48.18項、第48.22項及び第48.23項の「製紙用パルプ」とは、第47.01項から第47.06項までのすべての物品、すなわち木材パルプ及び繊維素繊維を原料とするその他のパルプをいうこととされています。ただし、この類には、この類の除外規定である注2（前記1(1)で説明）及び注12の規定に該当する物品は含まれません。
　なお、類注12の規定は次の通りです。

注12　第48.14項又は第48.21項の物品を除くほか、紙、板紙及びセルロースウォッディング並びにこれらの製品で、モチーフ、字又は絵を印刷したもののうち、当該モチーフ、字又は絵がこれらの物品の本来の用途に対し付随的でないものは、第49類に属する。

(4) その他、この類の物品についての分類上の留意点

　これは、何もこの類に限ったことではありませんが、注の規定をしっかり読むことが重要です。特にこの類については、物品名、商品名が比較的単純であるのに対し、分類が細かく規定されており、紙に含まれるパルプの種類や構成割合などを把握する必要があるもののほか、単位面積当たりの重量、灰分の含有量等の分析値、引張強度、破裂強度などについても規定があります。更に、こうした分析・試験は、化学成分分析等とは異なり、試験方法の違いにより結果の数値が異なる場合も少なくありません。従って、なるべくISOの試験方法を採用することが推奨されています。

　また、こうした規格と物品の所属関係についての注の各規定についての解説は省略致しますが、実際の個別の物品の所属の決定に当たってはこれらの規定に従わなければなりません（巻末の付録「HS品目表2017年版」参照）。

2　各項の規定

(1) 第48.01項　新聞用紙（ロール状又はシート状のものに限る。）

　この項に分類される「新聞用紙」は、この類の注4に「この類において「新聞用紙」とは、新聞印刷に使用する種類の塗布してない紙（サイジングしてないもの及び軽くサイジングしたものに限る。）であって、機械木材パルプ又はケミグランド木材パルプの含有量が全繊維重量の50％以上で、パーカープリントサーフ（クランプ圧1メガパスカル）による各面の平滑度が2.5μm（ミクロン）を超え、かつ、重量が1m^{2}につき40g以上65g以下であるものをいう。」と規定されています。

　この項の物品は、この定義に尽きますが、少し補足説明しておきます。（なお、当然のことですが、新聞用紙（Newsprint）は新聞等のように印刷に使用される種類の紙であって、印刷物になった新聞紙（Newspaper）は別ものです。）

　まず、前段の紙の製造に係わる記述についてです。この項の紙は、①塗布していない紙（サイジングしてないか、軽くサイジングしたもの）で、②機械木材パルプ又はケミグランド木材パルプの含有量が全繊維重量の50％以上であることとなっています。

　パルプの種類に関しては、第47類で説明済みですので省略しますが、機械パルプは砕木パルプ、加圧式砕木パルプのみならず、リファイナーで製造されたパルプ（例えば、リファイナー砕木パルプ及びサーモメカニカルパルプを含みます。また、ケミグランドパルプもリファイナーで製造されるものですが、少量の化学品が使われています。これらには、ケミサーモメカニカルパルプ、ケミリファイナーメカニカルパルプ及びサーモケミグランドパルプが含まれますが、中性亜硫酸塩セミケミカルパルプ、セミケミカルパルプ又はクラフトセミケミカルパルプ

として一般に知られているセミケミカルパルプは含まれません。これら、いわゆる一般にクラフト紙の部類に入るものは、印刷用紙としては不向きとされています。

　注の後段の規定は、紙の性状に関するものです。この中で、平滑度に関しては、詳しい解説がなく、またJIS規格やISO等測定方法、結果の表示（単位）が異なることもあって、少し分かりづらいかと思います。

　紙の平滑度は、印刷品質を支配する最も重要な特性であるとされています。平滑性の測定と表現の方法には、(i)非常に平滑な金属面あるいはガラス面と紙表面が接触したときにできる隙間を空気が漏れ出る速度や一定量の空気が漏れ出るのに要する時間等で表現する空気漏洩式（装置の仕様によりベック式、シェフィールド式、ベントセン式、王研式、パーカープリントサーフなど）と、(ii)加圧時に平滑なガラス面との接触面積を測定して粗さを算出するマイクロトポグラフと呼ばれるもの、また(iii)触針、光（レーザー）、電子線、プローブ（走査型プローブ顕微鏡）などを用いて表面形状を2次元または3次元のプロファイルとして測定する方法もあります。

　なお、上記(i)であっても、その平滑度を表す単位が様々です。例えば、その速度流量（m^3/s）や一定量が流れ出る時間（s）を単位とする数値では、紙が平滑であればあるほど、ガラスのような平滑な平面と検体の接触面が密となり、流速は遅く（単位時間の流量は少なく、また流出時間は長く）なります。他方、国際的には、この注に規定されている方法（パーカープリントサーフ（PPS））のように、検体紙の各平面の平滑度として長さ（ミクロン）で表されるものがあります。これは、原理は同じで、平滑な金属等のプレートに検体を置き、一定の圧力をかけて圧着し、一方の隙間の方に空気圧をかけ、検体紙と測定リング（メータリングランド）の間の、紙の表面のいびつさによる隙間から空気が漏れることによる圧損の測定から、空気が流れた量を測定し、以下の計算式で紙の表面平滑度を求めるというものです。その式は次のようです。

$G_3 = (12ubQ/W\triangle P)^{1/3}$

　ここで、
　u：室温での空気の粘度（Pa·s）（パスカル・秒）
　b：メータリングランド（検体の紙を押しつける平滑面を有する測定リング）の長さ（m）（長さ）
　Q：単位時間のエアー流体体積（m^3/s）（流速）
　W：メータリングランドの有効長さ（m）（長さ）
　△P：メータリングランドの間の圧力差（Pa）（圧力）
　従って、上記式による平滑度ではそれぞれの単位に着目すると、
$G_3 = (Pa·s·m·m^3/s·1/m·1/Pa)^{1/3}$

であるので、約分されて、平滑度は、結局［m］（長さ）となります。結果、この表現方法であれば、数値（μm）（長さ）が短ければ短いほど平滑度が高い、すなわちなめらかであるということになります。この類の注の規定では、「新聞用紙」は、パーカープリントサーフ（PPS）により、1メガパスカル（約10気圧相当）で検体の紙を平面測定ランドに押しつけ、一定の圧力で同紙の面と平面測定ランドの間の空気の抜け難さを圧力差で測定し、上記式で計算した結果が2.5μmを超えること、すなわち、これよりも平滑度が低いものであることといえます。（なお、このPPSは、英国のMessmar社が開発した測定装置で、同社がPPSのマスター機を管理し、ISO標準ラボとしてISOIR2平滑度校正標準紙の発行を行っているというような状況から、HSにおいても、この試験方法による基準値が設けられたものと考えられます。）（解説書では、パーカープリントサーフ平滑度については、「ISO8791/4紙及び板紙－－平滑度（脱気法）の測定」とだけ示してあります。）

こうした条件の下、この類の注8の規定により、この項には、幅が36cmを超えるロール状又は折り畳んでいない状態において一辺の長さが36cmを超え、その他の辺の長さが15cmを超える長方形（正方形を含む。）のシート状の新聞用紙のみが属することとなります。（これは、この項の新聞用紙のみならず、第48.03項から第48.09項までにおいても同様で、注8の規定により、これら、紙、板紙、セルロースウォッディング及びセルロース繊維のウェブのうち、

（a）幅が36cmを超えるストリップ状又はロール状のもの、
（b）折り畳んでいない状態において一辺の長さが36cmを超え、その他の辺の長さが15cmを超える長方形（正方形を含む。）のシート状のもの、

のみを含むこととされています。

更に、この項の「新聞用紙」には、上記に該当する紙について、この類の注3に記載する加工（カレンダー仕上げ、スーパーカレンダー仕上げ、グレージング仕上げその他これらに類する仕上げ、擬透き入れ又は表面サイジング）が施され、あるいは着色し又は大理石模様を入れた紙及び板紙も含まれますが、その他の加工が施された新聞用紙はこの項には含まれません。また、当然ですが、こうしたものであっても、この類の注7の規定（第48.01項から第48.11項までの二以上の項に属するとみられる紙は、これらの項において別段の定めがある場合を除くほか、これらの項のうち数字上の配列において最後となる項に属する）が適用されるものは除かれます。

第2節　第48類　紙及び板紙並びに製紙用パルプ、紙又は板紙の製品

(2) 第48.02項　筆記用、印刷用その他のグラフィック用に供する種類の塗布してない紙及び板紙、せん孔カード用紙及びせん孔テープ用紙（ロール状又は長方形（正方形を含む。）のシート状のものに限るものとし、大きさを問わず、第48.01項又は第48.03項の紙を除く。）並びに手すきの紙及び板紙

　この項の紙及び板紙は、(i)筆記用、印刷用その他のグラフィック用に供する種類の塗布してない紙及び板紙、(ii)せん孔カード用紙及びせん孔テープ用紙、並びに(iii)手すきの紙及び板紙にグループ分けされます。

　ここで、(i)及び(ii)は、ロール状又はシート状のものに限られます。ただし、いずれも第48.01項の「新聞用紙」又は第48.03項の「トイレットペーパー、化粧用ティッシュ、紙タオル、紙ナプキンその他これらに類する家庭用又は衛生用に供する種類の紙、セルロースウォッディング及びセルロース繊維のウェブ（ロール状又はシート状のものに限るものとし、ちりめん加工をし、しわ付けをし、型押しをし、せん孔し、表面に着色し若しくは装飾を施し又は印刷したものであるかないかを問わない。）」は除かれます。すなわち、ロール状又はシート状の紙又は板紙が第48.02項に属するかどうかは、手すきの紙の場合は別として、先に第48.01項、第48.03項のいずれにも該当しないものであることを確認する必要があります。この関係で、注7の規定（「第48.01項から第48.11項までの二以上の項に属するとみられる紙、板紙、セルローズウォッディング及びセルローズウェブは、項において別段の定めがある場合を除くほか、これらの項において数字上の配列において最後となる項に属する。」）については、この項の物品と第48.01項及び第48.03項の競合については、「項において別段の定めがある場合」に該当し、同注7の規定による「…最後となる項に属する」という扱いにはならないことは自明のとおりです。

　さて、この項に含まれる物品のうち、上記(i)「筆記用、印刷用その他のグラフィック用に供する種類の塗布してない紙及び板紙、せん孔カード用紙並びにせん孔テープ用紙」については、この類の注5に規定があります。この規定は少し長いのですが、要約して説明しようとすると、かえって分かり難くなりますので、可能な限り、そのまま引用しておきます。（法令文は、分かり易く、必要最少限の言葉で記述されているものなので、特に用語等の解説を加える必要がない場合は、なるべく原文を引用しました。）

　　注5　第48.02項において「筆記用、印刷用その他のグラフィック用に供する種類の紙及び板紙」及び「せん孔カード用紙及びせん孔テープ用紙」には、主にさらしパルプ又は機械パルプ若しくはケミグランドパルプから製造した紙及び板紙で、次のいずれかの要件を満たすもののみを含む。

　重量が$1m^2$につき150g以下の紙及び板紙にあつては、次の(a)から(e)のい

ずれかの要件を満たすもの
(a) 機械パルプとケミグランドパルプを合わせたものの含有量が10%以上であり、かつ、次のいずれかの要件を満たすこと。
    1 重量が1m^{2}につき80g以下であること。
    2 全体を着色してあること。
(b) 灰分の含有量が8%を超え、かつ、次のいずれかの要件を満たすこと。
    1 重量が1m^{2}につき80g以下であること。
    2 全体を着色してあること。
(c) 灰分の含有量が3%を超え、かつ、白色度が60%以上であること。
(d) 灰分の含有量が3%を超え8%以下であつて、白色度が60%未満であり、かつ、比破裂強さが1g/m^{2}の紙につき2.5kPa以下であること。
(e) 灰分の含有量が3%以下であつて、白色度が60%以上であり、かつ、比破裂強さが1g/m^{2}の紙につき2.5kPa以下であること。

重量が1m^{2}につき150gを超える紙及び板紙にあつては、次の(a)から(c)のいずれかの要件を満たすものであること。
(a) 全体を着色してあること。
(b) 白色度が60%以上であり、かつ、次のいずれかの要件を満たすこと。
    1 厚さが225μm以下であること。
    2 厚さが225μmを超え508μm以下であり、かつ、灰分の含有量が3%を超えること。
(c) 白色度が60%未満であつて、厚さが254μm以下であり、かつ、灰分の含有量が8%を超えること。

ただし、第48.02項には、フィルターペーパー及びフィルターペーパーボード（ティーバッグペーパーを含む。）並びにフェルトペーパー及びフェルトペーパーボードを含まない。

この規定（注5）に合致している紙及び板紙（ロール状又はシート状のもの）は、第48.01項の新聞用紙、又は第48.03項の物品に該当しない限り、常にこの項に分類されることとなります。

これらの他、この項には、手すきの紙及び板紙のうち、すいたままのもので縁を切ってないもの（大きさ及び形状を問わない。）が含まれます。ただし、手すきの紙であっても、注7の規定（二以上の項に該当することとなるとみられる場合の扱い）が適用されるものは除かれます。ただし、手すきの紙及び板紙で、そのいずれかの縁が整えられ又は切断されたもの並びに機械すきの紙及び板紙は、ストリップ状若しくはロール状のもの又は長方形（正方形を含む。）のシート状のもの（大きさを問わない。）に限りこの項に属します。もし、これらの紙及び板紙で

第2節　第48類　紙及び板紙並びに製紙用パルプ、紙又は板紙の製品

その他の形状に切断されたものは、この類の後の項(例えば、第48.17項、第48.21項又は第48.23項)に分類されることとなります。更に、この項の紙及び板紙は、この類の注3に記載する加工(着色し又は大理石模様を入れ(全体を着色したものに限る。)及びカレンダー仕上げ、スーパーカレンダー仕上げ、グレージング仕上げ、擬透き入れ又は表面サイジングをすること等)が施されることもありますが、その他の加工をした紙及び板紙は、この項には含まれず、通常第48.06項から第48.11項までに該当することとなります。

　この項に含まれる具体的な紙又は板紙としては、手すきの紙及び板紙のほか、例えば、いわゆる「原紙」と呼ばれるものがあります。これらには、(i)写真感光紙、感熱紙又は感電子紙の原紙に使用する種類の紙及び板紙、(ii)ワンタイムカーボン紙その他のカーボン紙用のカーボン原紙(薄くて引き裂きにくい紙で、用途により$1m^2$につき9gから70gの重量のもの)、(iii)壁紙原紙、(iv)第48.10項のカオリンを塗布した紙及び板紙用の原紙などがあります。

　また、筆記用、印刷用その他のグラフィック用に供する種類の紙及び板紙としては、例えば、(i)雑誌又は書籍の印刷用紙(薄手印刷物用又は厚手印刷物用のものを含む。)、(ii)オフセット印刷用紙、(iii)印刷用のブリストル板紙、索引用厚紙、はがき原紙、荷札原紙及びカバーペーパー、(iv)ポスターペーパー、製図用紙、学童練習帳又は雑記帳用の紙、筆記用紙束及び学校用紙、(v)ボンド紙、複写紙、騰写版原紙用紙、タイプライター用紙、オニオンスキン紙、マニフォールドその他の事務用又は個人の文房具用の紙で、印刷機又は感光式複写機に使用される種類の紙があります。その他、(vi)帳簿用紙及び加算用のロールペーパー、(vii)封筒用紙及びフォルダー用紙、(viii)レジスター用又は記録用の紙、模型用ボンド紙及び連続筆記用紙、(ix)小切手、印紙類、銀行券その他これらに類するものに使用する証券用紙があります。

　また、この項には、新聞用紙(第48.01項)、第48.03項の紙のほか、(a)フィルターペーパー及びフィルターペーパーボード(ティーバッグペーパーを含む。)並びにフェルトペーパー及びフェルトペーパーボード(第48.05項)、(b)製造たばこ用巻紙(第48.13項)も含まれません。

　なお、上記の「写真感光紙の原料に使用する種類の紙及び板紙(第4802.20号)」は、「この類の注5によるほか、通常、ぼろパルプ(Rag pulp)から成る紙若しくは板紙又はぼろパルプを含有する上級の紙若しくは板紙であって、異質物(特に鉄又は銅のような金属)を完全に除去したものをいう」とされています。

(3) 第48.03項　トイレットペーパー、化粧用ティッシュ、紙タオル、紙ナプキンその他これらに類する家庭用又は衛生用に供する種類の紙、セルロースウォッディング及びセルロース繊維のウェブ（ロール状又はシート状のものに限るものとし、ちりめん加工をし、しわ付けをし、型押しをし、せん孔し、表面に着色し若しくは装飾を施し又は印刷したものであるかないかを問わない。）

　この項の物品は、大きく二つの種類のものが規定されています。いずれもロール状のもの又はシート状のものに限られることは項の規定の定めるところです。またその範囲は、これまでも述べたとおり、この類の注8の規定を満たすものに限られます。いずれの類においても同様ですが、特にこの類における分類実務においても、項の規定と注の規定を正確に読み比べることが重要です。

　この項の物品の一つは、トイレットペーパー、化粧用ティッシュ、紙タオル、紙ナプキンその他これに類する家庭用又は衛生用に供する種類の紙です。いずれも、幅が36cmを超えるロール状のもの及びこの類の注8に記載された大きさ又は形状のものに限られ、これら以外のもの並びにこの種の紙から作ったその他の家庭用又は衛生用の製品は第48.18項に属します。（第48.03項の紙は、ごく一般的な言い方をすれば、製紙工場で製造された紙（一次製品）であって、最終製品にするためのカットや調製等がされていない紙といえるでしょう。）

　もう一つは、セルロースウォッディング及びセルロース繊維のウェブですが、これも同じく、注8の規定が効いて、幅が36cmを超えるロール状のもの、及び折り畳んでない状態において一辺の長さが36cmを超え、その他の辺の長さが15cmを超える長方形（正方形を含む。）のシート状のものに限られ、これら以外のもの及びセルロースウォッディング又はセルロース繊維のウェブの製品は、第48.18項、第48.19項又は第48.23項に属します。

　セルロースウォッディングは、解説書によれば「すき間がある地合のセルロース繊維のちりめん加工したウェブから成るもので、クレープ率は35％を超え、多層構造をしており、各層のひょう量はちりめん加工前において重量が$1m^2$につき20gに達するものである。」とされ、他方、セルロース繊維のウェブ（ティッシュ）は、「締まった地合のセルロース繊維のちりめん加工したウェブから成る…」とされています。前者との違いは、クレープ率の最大値は35％であるとされている点で、他の記述は同じです。

　ここで、「クレープ率」とありますが、例えば、ちりめん加工された紙の検体を一定のサイズ（例えば、長さの方向に20cm、横幅の方向に10cmの長方形に切り取り、それを水に10分間浸したのちの長さを計測し、元の長さ（この場合だと20cm）との差を元の長さで除して計算されます。クレープ率が高ければちりめん加工の度合いが高いということです。ただし、このクレープ率については、HS

第2節　第48類　紙及び板紙並びに製紙用パルプ、紙又は板紙の製品

条約上の規定があるわけではなく、また、この項には細分が設けられていないことから、実務上、問題になることはないと思います。

このように、この項の物品には、この類の注3に記載する加工をしたもののほか、ちりめん加工をし、しわ付けをし、型押しをし、せん孔し、表面に着色し若しくは装飾を施し又は印刷したものも含まれます。

しかしながら、次の物品はこの項には含まれません。
(a) セルロースウォッディング(医薬を染み込ませ若しくは塗布し又は医療用若しくは獣医用として小売用の形状若しくは包装にしたものに限る。)(第30.05項)
(b) せっけん又は洗浄剤を染み込ませ、塗布し又は被覆した紙及びセルロースウォッディング(第34.01項)並びに磨き料、クリームその他これらに類する調製品を染み込ませ、塗布し又は被覆した紙及びセルロースウォッディング(第34.05項)
(c) 吸取紙(第48.05項)

(4) 第48.04項　クラフト紙及びクラフト板紙(塗布してないものでロール状又はシート状のものに限るものとし、第48.02項又は第48.03項のものを除く。)

「クラフト紙及びクラフト板紙」については、この類の注6に、「この類において「クラフト紙及びクラフト板紙」とは、硫酸塩パルプ(クラフトパルプ)又はソーダパルプの含有量が全繊維重量の80％以上の紙及び板紙をいう。」旨、規定されています。

この項では、第48.02項及び第48.03項との競合を避けるべき明記(分類上の交通整理)されていますが、第48.01項の新聞用紙については特に規定していません。これは、そのパルプの種類と含有量の規定から、両者が競合することはありえないことは明白であるからです。

クラフト紙及びクラフト板紙のうち最も重要なものは、クラフトライナー、重袋用クラフト紙及びその他の包装用又は梱包用のクラフト紙です。この項に該当する「クラフトライナー」及び「重袋用クラフト紙」についての6桁細分への分類に当たっては、この類の号注1及び2に規定されているので、当該号注の規定に従って細分の所属を決めることとなります。

この項に属するクラフト紙及びクラフト板紙は、この類の注8の規定に合致するもの(幅が36cmを超えるストリップ状若しくはロール状のもの又は折り畳んでない状態において1辺の長さが36cmを超え、その他の辺の長さが15cmを超える長方形(正方形を含む。)のシート状のものに限るとされています。

なお、その他の大きさ又は形状に切ったこの種の紙は、通常第48.23項に属し

ます。
　更に、この項の紙及び板紙は、この類の注3に記載する加工(着色し又は大理石模様を入れ(全体を着色したものに限る。)及びカレンダー仕上げ、スーパーカレンダー仕上げ、グレージング仕上げ又は表面サイジングをすること等)が施されることもあります。その他の加工をした紙及び板紙は、この項には含まれません(通常、第48.07項、第48.08項、第48.10項又は第48.11項)。
　ところで、注8の規定では「…幅が36cmを超えるストリップ状又はロール状のもの…」とされている一方、関係する項の規定では「…ロール状又はシート状のものに限る。」とされています。
　関係するこれらの項の物品は、何れも製紙工場による一次製品であり、「ストリップ状」の紙に関していえば、巻かれていない状態のものは考えられず、このような項の規定となっているものと考えられます。ロール状のものを解けばストリップ状となるので、紙の大きさ、状態を限定する注8の規定では、「…を超えるストリップ状又はロール状…」と念のため記述していますが、各項の規定は、幅の要件を満たすストリップ状の紙であっても、「ロール状で提示されるもの」の旨明確に規定されているものと考えられます。また、こうした見方をしても、これらの関係する項の規定が注8の規定の範囲を逸脱するようなことにはなっていませんし、むしろ注8の規定の範囲内での記述となっています。
　先に述べたとおり、この項の解説では、注8の規定と同様の表現で「…ストリップ状」という語が明記されていますが、これについても先に述べたとおりの扱いでよいのではないかと考えます。(HS導入のため、Eノートを翻訳し関税率表解説を起案した当時の記憶が定かでなく確実なことが言えないのですが、この点については、機会を改めたいと思います。)

(5) 第48.05項　その他の紙及び板紙(塗布してないものでロール状又はシート状のものに限るものとし、この類の注3に規定する加工のほかに更に加工をしたものを除く。)
　この項には、機械すきの塗布してない紙及び板紙でロール状又はシート状のもの(寸法については、この類の注8参照)のうち、第48.01項から第48.04項までに属しないものが含まれます。ただし、ある種の特殊な紙及び板紙並びに特殊な物品(第48.06項から第48.08項まで及び第48.12項から第48.16項まで)並びに注3で許容される加工以外の加工をした紙及び板紙、例えば、塗布し又は染み込ませた紙及び板紙(第48.09項から第48.11項まで)は含まれません。また、段ボール中芯紙は、通常コルゲート加工されています。このようなコルゲート加工用に供される紙(原紙)はこの項に属しますがコルゲート加工されたものはこの項には含まれ

第2節　第48類　紙及び板紙並びに製紙用パルプ、紙又は板紙の製品

ません(第48.07項)。

この項に属する紙及び板紙の例としては、次の物品があります。

① この項の号注3に規定する段ボール用中芯原紙(セミケミカルパルプ製のものに限る。)

なお、号注に規定のない、第4805.19号に含まれるその他の段ボール用中芯原紙「ヴェレンシュトフ」については、大部分を再生パルプから製造したロール状の紙及び板紙で、添加物(例えばでんぷん)を含み、秤量が$1m^2$につき少なくとも100gあり、CMT30(コルゲーテッド中芯試験で30分調湿後)による圧縮強さが相対湿度50%、温度23度において$1g/m^2$につき1.6Nを超えるものとされています。

② 多層ずきの紙及び板紙(少なくとも一のパルプが他のパルプと異なる特徴を有する湿ったパルプの二以上の層を相互にプレスすることにより得られるもの)

これらの特徴の相違点は、使用するパルプの性質(例えば、再生くず)、製造方法(例えば、機械的又は、化学的)又はパルプの性質が同じで製法も同じである場合には、加工の程度(例えば、さらしてないもの、さらしたもの又は着色したもの)によって生ずるものです。

③ この類の号注6に規定するサルファイト包装紙

④ フィルターペーパー及びフィルターペーパーボード(ティーバッグペーパーを含む。)(第4805.40号)

これらは、機械木材パルプ又はセミケミカル木材パルプを含まない多孔質の物品で、サイジングを施しておらず、かつ、液体又は気体の中から固体粒子を取り除くように作られているものをいいます。

⑤ フェルトペーパー及びフェルトペーパーボード(第4805.50号)

フェルトペーパー及びフェルトペーパーボードは、種々の吸収性を有する繊維状の塊から製造された物品です。これらの製造には、紙若しくは板紙のくず、木材パルプ又は繊維状の織物のくずが使用されます。フェルトペーパー及びフェルトペーパーボードは、一般に鈍い青灰色で粗い繊維状の表面を有しており、不純物を含んでいます。これらは、特にルーフィング用の板紙の製造用又は箱若しくは高級革製品の中間層として使用されます。

⑥ 吸取紙

ただし、この項には繊維板は含まれません(第44.11項)。

(6) 第48.06項　硫酸紙、耐脂紙、トレーシングペーパー、グラシン紙その他の透明又は半透明の光沢紙（ロール状又はシート状のものに限る。）

この項の物品は次のとおりです。

① 硫酸紙

サイズ及びてん料を施してない良質の紙を硫酸液に数秒間浸して作ります。酸の作用により繊維素の一部は、膠状で不浸透性のアミロイドに変化します。この処理の後、十分水洗いし乾燥したものは、もとの紙よりも強く、半透明で、油やグリースに対し抵抗性を有し、大部分のものは水やガスに対しても不浸透です。より重く、より硬い硫酸紙及び湿った状態の硫酸紙を重ね合わせて圧搾した紙は、硫酸紙の板紙（parchment paperboard）と呼ばれています。

硫酸紙には不透明なものもあります。これは、上記と同様の方法で作られますが、酸化チタンをパルプに添加する点だけが異なり、このため不透明となるものです。硫酸紙は、油脂性物質（例えば、バター、ラード）その他の飲食用又はダイナマイトパッキング用の安全包装、浸透及び透析用の隔膜、免許状等の用紙、ある種のトレーシングペーパー及び設計用紙、挨拶状の製造等に使用されます。硫酸紙の板紙（parchment paperboard）は、製本における羊皮紙の代用品並びにランプシェード及び旅行用具等の製造に使用されます。

② 耐脂紙

一面だけ硫酸紙加工された紙も、この項の耐脂紙（擬硫酸紙ともいわれる。）は、水中でパルプを長時間叩解して繊維をきめ細かい状態まで粉砕し、加水分解したパルプ（通常、亜硫酸パルプ）から直接作られます。この紙は半透明で油及びグリースに対しかなりの不浸透性があります。耐油紙は、光沢が付けられたものはほとんどなく、外見上硫酸紙と類似していますが、耐脂紙は水に対して弱いという点で硫酸紙と区別できます。

硫酸紙と耐脂紙は、時として、グリセリン、ぶどう糖等を表面処理の段階で使用して柔軟性及び透明性を増加させることもあります。このような処理は、これらの紙の所属には何ら影響を与えるものではありません。

耐脂紙は、それらの水に対する抵抗性を試験することによって硫酸紙と区別できます。硫酸紙を数分間水に浸した場合、破れ難く、また単に破れるだけで、きれいな裂け目をしていますが、一方同様に扱った耐脂紙の方は、簡単に繊維状の裂け目をした状態に破れます。

耐脂の品質を有しているが、その程度の劣る類似の紙（擬耐脂紙）は、パルプをさほど長時間叩解することなく、また繊維の加水分解もさほど十分でない場合に得られます。これは、透明性を増し、光沢を与えるため、パラフィンろう又はステアリングがパルプに加えられることがあります。

③　トレーシングペーパー

　トレーシングペーパーの一種で耐脂紙に類似したものは、高い透明性を出すために長時間パルプを叩解して作られます。この項には、また、その他のトレーシングペーパーが含まれます。

④　グラシン紙その他の透明又は半透明の光沢紙

　グラシン紙（透明な光沢紙）は耐脂紙と同様の方法で作られますが、最終工程においてスーパーカレンダーの加熱ローラー間の加圧下で加湿とつや出しを繰返し行うことにより透明性と高密度を得ます。類似の透明な光沢紙は、現在同じ方法で作られますが、パルプに合成樹脂その他の材料が添加されます。

　透明又は半透明の光沢紙は、多くは無色ですが、パルプの段階で着色剤が添加され、さまざまに着色されたもの（半透明の光沢紙）も作られます。これらは、一般に硫酸紙又は耐脂紙よりも浸透性があります。しかし、これらもまた、食料品、砂糖菓子等の包装に、窓付き封筒の窓の製造用に又は細片にしてチョコレート等の上質な包装材料として使用されます。

　この項の物品の寸法については、これまで述べてきたとおり、この類の注8 をに規定されています。

　この項には、製紙後に塗布し、染み込ませ又はこれに類する加工をすることによって耐脂性又は耐水性を与えた紙（第48.09項又は第48.11項）は含まれません。

(7)　**第48.07項　接着剤を使用して張り合わせた紙及び板紙（ロール状又はシート状のものに限るものとし、内部を補強してあるかないかを問わず、表面に塗布し又は染み込ませたものを除く。）**

　この項の物品については、改めて説明を加える必要はないと思いますが、ポイントのみ記しておきます。項の規定からわかるとおり、この項の物品は、二層以上の紙又は板紙を接着剤で張り合わせた紙及び板紙です。これらの物品は、各種品質のものがあります。また接着剤としては、動物性、植物性又は鉱物性のもの（例えば、デキストリン、にかわ、タール、ガム、アスファルト及びラテックス）が使われます。

　前項までの物品は、接着剤によることなく各層を圧着したものです。この項の物品は、例えば、紙又は板紙を水又は適当な溶剤に浸せきすれば、紙の層は容易に分離し、接着剤の存在が証明されることで判別できます。また、張り合わせた紙又は板紙の層は、通常、燃焼中に分離することからも確認できます。

　接合剤が接着作用のほか、防水性材料としても作用している張り合わせた紙及び板紙（例えば、タールを接合剤として張り合わせた二重クラフト紙）も、この項に含まれます。また、紙及び板紙でビチューメン、タール、アスファルト、紡

第10章　第10部　木材パルプ、繊維素繊維を原料とするその他のパルプ、古紙並びに紙及び板紙並びにこれらの製品

織用繊維その他の材料(例えば、紡織用繊維製又は金属製のガーゼ及びプラスチック)で内部を補強したものについては、当該物品の重要な特性が、紙又は板紙にあるものに限りこの項に含まれます。

張り合わせた紙及び板紙で高品質のもの(積層の特徴が簡単には見分けられないもの)は、印刷用又は文房具用に供されますし、その他のものは、箱製造用又は製本用に供されます。

なお、この項に属する物品の寸法については、前回述べたとおり、この類の注8の規定に従います。

また、この項には繊維板は含まれません(第44.11項)。

(8) 第48.08項　コルゲート加工をし(平らな表面紙を張り付けてあるかないかを問わない。)、ちりめん加工をし、しわ付けをし、型押しをし又はせん孔した紙及び板紙(ロール状又はシート状のものに限るものとし、第48.03項の紙を除く。)

この項には、ロール状又はシート状の各種の紙で、製造中又は製造後において、表面が平らでなく又は均一でなくなるような方法で加工がされているものが含まれます。(なお、この項の物品の寸法については、他の関係する項と同様、この類の注8に定められています。)

これらの条件に従い、この項には次のような物品が含まれます。

① コルゲート加工をした紙及び板紙

一枚のコルゲート加工をした層から成るもの又はコルゲート加工をした層の片面又は両面に平面のシートを張り合わせたものがあります。比較的重い板紙のものとしては、コルゲート加工をした紙又は板紙の層を連続して重ねて結合したもの及び平面の層と交互に重ねて結合したものもあります。これらは、段ボール箱の製造用に、また、包装用保護材料としても使用されます。

② ちりめん加工又はしわ付けをした紙

湿った状態の紙のウェブを機械的に処理することにより又はすいた紙をしわ付きローラーの間を通すことによって作られます。製品は、しわ付けをされた外観と高伸縮性を有しています。ただし、通常、しわ付けした外観を有するセルロースウォッディング及びセルロース繊維のウェブは、この項のちりめん加工又はしわ付けをした紙とはみなされず、第48.03項、第48.18項又は第48.23項に属します。また、製造工程の間に繊維を折り曲げ、ぎっしり詰め込んでペーパーウェブを密にするクルパック法(Clupak prosess)によって作られる伸長紙(extensible paper)や湿った状態における機械的処理によって作られ、伸縮性を有しているが、一般に、ちりめん加工又はしわ付けをした紙の通常の外観

を有していない紙（通常、第48.04項又は第48.05項）も、この項には属しません。
　この項のちりめん加工又はしわ付けをした紙には、着色され、そのまま又は重ね合わせて各種の製品（例えば、セメント袋その他の包装用紙及び装飾吹流し）の製造に使用されるものもあります。ただし、この項には、家庭用又は衛生用に供する種類の紙は含まれず（第48.03項）、また第48.18項に掲げる種類の製品も除かれます。
③　型押しをした紙及び板紙
　表面に認識できるほどの凸凹が付けられもので、一般に、製紙後に、湿った状態又は乾燥状態の紙を、型付けをしたローラー若しくは表面に型を彫刻したローラーの間に通すことにより又は彫刻し若しくは型付けをした金属板でプレスすることにより得られます。これらの製品は、品質及び外観上様々なものがあります。一般に、ひだ付き紙、革の模様を擬装した浮出し模様付きの紙又はリネン仕上げをした紙（布で覆ったローラーによって製造したものを含む。）として知られるものもあります。更に、筆記用紙又は壁紙の製造用、箱の内装外装用、製本用等に供されます。
④　せん孔した紙及び板紙
　せん孔には、一定のデザインに従ってなされたもの又は単に等間隔にされたものがあります。また、容易に一定の大きさに切れるように、一列にせん孔した紙も含まれます。
　しかしながらこの項には、第48.03項及び第48.18項の物品のほか、次の物品も含まれません。
(a) 自然に隆起した目地を有する紙、例えば、図画用紙（第48.02項又は第48.05項）
(b) ジャカードその他これに類する機械用のせん孔した紙及び板紙並びにペーパーレース（第48.23項）
(c) せん孔した紙及び板紙製の楽器用のカード、ディスク及びロール（第92.09項）

(9) **第48.09項　カーボン紙、セルフコピーペーパーその他の複写紙及び転写紙（謄写版原紙用又はオフセットプレート用の塗布し又は染み込ませた紙を含み、ロール状又はシート状のものに限るものとし、印刷してあるかないかを問わない。）**
　この項には、塗布し、染み込ませ又はその他の方法によって得られるある種の紙で、ロール状又はシート状のものが含まれます。またこの項の物品の寸法については、他の関係する項と同様、この類の注8の規定に定めるところによります。

これらの条件を満たさない紙は、第48.16項に属します。また、この項には、(a)スタンプ用のはく（第32.12項）、(b)感光性の紙（通常第37.03項）は含まれません。

(10) 第48.10項　紙及び板紙（カオリンその他の無機物質を片面又は両面に塗布し（結合剤を使用してあるかないかを問わない。）、かつ、その他の物質を塗布してないもので、ロール状又は長方形（正方形を含む。）のシート状のものに限るものとし、大きさを問わず、表面に着色し若しくは装飾を施してあるかないか又は印刷してあるかないかを問わない。）

この項の物品の塗布に使われるカオリン以外の無機物質としては、通常、硫酸バリウム、けい酸マグネシウム、炭酸カルシウム、硫酸カルシウム、酸化亜鉛及び金属粉等があります。また、これらの無機質の塗布材料には、例えば紙の表面特性を高めるための少量の有機物質を含むものもあります。

この項には、筆記用、印刷用その他のグラフィック用に供する種類の紙及び板紙（印刷機又は感光複写機において使用する種類の紙を含む。）（このカテゴリーの軽量コート紙については、号注7に規定があります。）、クラフト紙及びクラフト板紙並びに多層ずきの紙及び板紙も含まれます。当然ですが、いずれも無機物質が塗布されたものに限ります。

また、この項の紙及び板紙は、ストリップ状若しくはロール状のもの又は長方形（正方形を含む。）のシート状のもの（大きさを問わない）に限られます。

これらの紙及び板紙でその他の形状に切断されたものはこの項には含まれず、この類の後の項（例えば、第48.17項、第48.21項又は第48.23項）に分類されます。また、この項には次の物品も含まれません。

(a) 香紙及び化粧料を染み込ませ又は塗布した紙（第33類）
(b) 第37.01項から第37.04項までの感光性の紙及び板紙
(c) 診断用又は理化学用の試薬を染み込ませたストリップ（第38.22項）
(d) 第48.09項又は第48.16項の複写用紙
(e) 壁紙その他これに類する壁面被覆材及びグラスペーパー（第48.14項）
(f) 通信用カード及び第48.17項の他の紙製又は板紙製の書簡用紙
(g) 研磨紙及び研磨板紙（第68.05項）並びに雲母（雲母粉以外のもの）を紙又は板紙で支持したもの（第68.14項）
(h) 紙又は板紙を裏張りした金属のはく（主として第14部又は第15部に属する。）

(11) 第48.11項　紙、板紙、セルロースウォッディング及びセルロース繊維のウェブ（ロール状又は長方形（正方形を含む。）のシート状のもので、大きさを問わず、塗布し、染み込ませ、被覆し、表面に着色し若しくは装飾を

第2節　第48類　紙及び板紙並びに製紙用パルプ、紙又は板紙の製品

施し又は印刷したものに限るものとし、第48.03項、第48.09項又は第48.10項の物品を除く。)

この項の物品は、ストリップ状若しくはロール状のもの又は長方形(正方形を含む。)のシート状のもの(大きさを問わない)に限られます。これらの紙及び板紙でその他の形状に切断されたものは、この類の後の項(例えば、第48.23項)に分類されます。また、こうした規定に従うこと並びにこの項及びこの項の説明の末尾(下記(a)～(k))に掲げる物品に該当しないことを条件に、この項には、次の物品(ロール状又はシート状のものに限る。)が含まれます。

① 片面又は両面の全部又は一部にカオリンその他の無機物質以外の材料の表面塗布がされている紙、板紙、セルロースウォッディング及びセルロース繊維のウェブ(例えば、テレファックス機器等に使用する感熱紙)
② 染み込ませた紙、板紙、セルロースウォッディング及びセルロース繊維のウェブ
③ 塗布し又は被覆した紙、板紙、セルロースウォッディング及びセルロース繊維のウェブ。ただし、プラスチックを塗布し又は被覆した紙又は板紙にあっては、プラスチックの層の厚さが全体の半分を超えないものに限られます(この類の注2(g) 参照)。

　更に、飲料及びその他の食用品の包装の製造のための紙及び板紙であって、中身に関する説明文及びイラストレーションが印刷され、両面を透明の薄いプラスチックシートで被覆したもの(包装の内側の面に金属のはくの裏張りがあるものもある。)もこの項に含まれます。これらの物品は個々の容器に相当する部分を識別してロールから切断するために、折り目及び印が付いているものもあります。
④ 表面に単色又は多色で着色した紙、板紙、セルロースウォッディング及びセルロース繊維のウェブ(表面に大理石模様を入れた紙及び図案を印刷した紙を含む。)で、かつ、これらの印刷されたモチーフ、文字又は絵がそれらの本来の用途に対し付随的なものであり、第49類の印刷物を構成してないもの(この類の注12参照)

なお、この項には、次の物品は含まれません。
(a) 第30.05項の医薬を染み込ませ又は塗布したセルロースウォッディング等
(b) 香紙及び化粧料を染み込ませ又は塗布した紙(第33類)
(c) せっけん又は洗浄剤を染み込ませ、塗布し又は被覆した紙及びセルロースウォッディング(第34.01項)並びに磨き料、クリームその他これらに類する調製品を染み込ませ、塗布し又は被覆した紙及びセルロースウォッディング(第34.05項)

(d) 第37.01項から第37.04項までの感光性の紙及び板紙
(e) リトマス紙及び極性検定紙並びにその他の診断用又は理化学用の試薬を染み込ませた紙（第38.22項）
(f) 一層のプラスチックを塗布し又は被覆した一枚の紙及び板紙で、プラスチックの層の厚さが全体の半分を超えるもの（第39類）
(g) 単に、線等の透き入れがされた紙。たとえその線が印刷した線と同じ目的を果たすものであっても、本項には含まれません。（第48.02項、第48.04項及び第48.05項）
(h) 壁紙その他これに類する壁面被覆材及びグラスペーパー（第48.14項）
(ij) 通信用カード及び第48.17項の他の紙製又は板紙製の書簡用紙
(k) 屋根用ボード（板紙の基板をアスファルトその他これに類する材料の中に封じ込んだもの及び基板の両面をアスファルトその他これに類する材料で被覆したもの。）（第68.07項）

(12) 第48.12項　製紙用パルプ製のフィルターブロック、フィルタースラブ及びフィルタープレート

　この項の物品は、セルロースを高濃度に含む植物性繊維（綿、亜麻、木材等）から成り、接着剤を全く使用せずに、ブロック、スラブ又はプレートの形状に圧縮したもので、繊維は緩く付着した状態のものです。（この点、紙がセルロース分子の水素結合により強固に結合しているものと異なります。）

　植物性繊維には、石綿繊維を混入することがあるとされていますが、このような場合、当該ブロック、スラブ又はプレートは、製紙用パルプ製の物品の特性を保持しているものに限りこの項に属します。（なお、石綿繊維には、近年発がん性があるものが知られており、使用が控えられていることが考えられます。）

　繊維は、ブロック、スラブ又はプレートに作られる前に製紙用パルプの濃度にし、その用途により、ろ過物への着色、着香又は着味をさけるため、すべての不純物が除去されます。

　フィルターブロックは、調製し精製したパルプから作られたスラブを2枚以上重ねて作ることもあります。これらはフィルターマスとも呼ばれ、液体（例えば、ワイン、スピリット、ビール及び酢）の清澄のためのフィルターに使用されます。これらは、その大きさ及び形状にかかわらず、この項に属します。

　なお、この項には次の物品は含まれません。
(a) 単にシート状又はスラブ状に圧縮したコットンリンター（第14.04項）
(b) 液体ろ過用のその他の紙製品（例えば、フィルターペーパー（第48.05項又は第48.23項）及びろ過用のセルロースウォッディング（第48.03項又は第48.23

(13) 第48.13項　製造たばこ用巻紙（特定の大きさに切り、小冊子状にし又は円筒状にしたものであるかないかを問わない。）

この項には、全ての製造たばこ用巻紙が含まれます。これらには、フィルターマス包装用並びにフィルターチップ及び紙巻きたばこの組み合わせ用にそれぞれ使用されるプラグラップ及びチッピングペーパーを含み、その大きさ及び形状を問わないこととされています。これらの製造たばこ用巻紙は、通常、次の形状のいずれかです。

① 紙巻きたばこ1本分用として十分な大きさの紙のルーズリーフを多数含むリーフ状又は小冊子状のもの（印刷の有無を問わない。）で、紙巻きたばこを手で巻くのに使用されるもの
② 紙巻きたばこの寸法にした円筒状のもの
③ 紙巻きたばこ製造機械用の大きさ（一般に幅5cm以下）に切ったロール状のもの
④ 幅が5cmを超えるロール状のもの

この紙は、時にはすの目が入れられ又は透き入れされた高級紙（多くの場合麻又はリネンのぼろのパルプ製のもの）で、非常に薄く、比較的強いものです。混合物は全く施されないか、又は特別なてん料が少量施されるものもあります。これは通常白色紙から製造されますが、着色紙であることもあり、また時には、硝酸カリウム、クレオソート又は甘草のようなものを染み込ませたものもあります。

製造たばこ用巻紙は、その一端に、ろう、金属顔料その他の非吸着性物質が塗布されていることがあり、円筒状のものには、コルク、わら、絹等の吸口が付いていることもあります。

なお、円筒状の紙にはフィルター（通常、吸着紙、セルロースウォッディング又はセルロースアセテート繊維の小さなプラグから成る。）が取り付けられ、また吸口はやや厚手の紙で補強されることもあります。

(14) 第48.14項　壁紙その他これに類する壁面被覆材及びグラスペーパー

この項の前段の物品「壁紙その他これに類する壁面被覆材」については、この類の注9に規定されており、これに該当するものに限られますので、ここに引用しておきます。（なお、一部説明を付記しております。）

注9　第48.14項において壁紙その他これに類する壁面被覆材は、次の物品に限る。
　(a) 壁又は天井の装飾に適するロール状の紙のうち、幅が45cm以上160cm以下の次のもの

(i) 木目付けをし、型押しをし、表面を着色し、図案を印刷し又は繊維のフロックを付着させる等の方法により表面に装飾を施したもの（透明な保護用プラスチックを塗布してあるかないか又は被覆してあるかないかを問わない。）

(ii) 木材、わら等の小片を混入した結果、平たんでない表面を有するもの（いわゆるイングレインペーパーとよばれるものです。）

(iii) プラスチックを表に塗布し又は被覆したもの（当該プラスチックの層に、木目付けをし、型押しをし、着色し、図案を印刷し又はその他の装飾を施したものに限る。）

(iv) 組物材料（平行につないであるかないか又は織つてあるかないかを問わない。）で表を覆つたもの

(b) 縁又はフリーズに使用する (a) の (i) から (iv) までのいずれかの処理をした紙で、壁又は天井の装飾に適するもの（ロール状であるかないかを問わない。）

(c) 数枚のパネルから成る紙製の壁面被覆材（ロール状又はシート状のものに限る。）で、壁に張り付けたとき、風景、図案又はモチーフが現れるように印刷したもの

紙又は板紙をもととした物品で、床敷き用及び壁面被覆材用のいずれの用途にも適するものは、第48.23項に属する。

なお、これらには「リンクラスタ」と呼ばれるものも含まれますが、これは、相当厚い紙に酸化した亜麻仁油及びてん料から成る乾燥混合物を塗布したものです。この塗布は、その紙が壁又は天井の装飾に適するような方法で型押しをし、表面に装飾を施しています。

また、この項の後段に規定されている「グラスペーパー」ですが、これらの物品は、薄く、堅く、強い光沢を有する半透明又は透明の紙で作られるもので、各種の装飾用図案が印刷され、多くの場合ステンドグラスに類似した着色がなされており、装飾用として又は単に窓ガラスの透明性を減らすために使用されます。これらは、また、例えば、広告又は展示目的のために、文章又はイラストレーションが印刷されていることがあります。

これらは、ロール状のもの又は窓若しくは戸のガラスにそのまま張り付けられるような大きさ若しくは形状にしたもの、また時には接着剤を塗布したものもあります。

なお、この項には、次の物品は含まれません。

(a) プラスチックのシートのみから成るセルフアドヒーシブの壁面被覆材で、使用する際にはく離される紙の保護層を付着したもの（第39類）

(b) 紙を裏張りした薄板又はコルクから成る壁面被覆材（第44.08項、第45.02項又は第45.04項）
(c) 壁面被覆材に類する物品であるが、重く、かつ、堅い構造をしており、例えば板紙のベースと一層のプラスチックとから成っており、通常、幅の広い（例えば、183cm）ロール状で提示され、床敷き及び壁面被覆材の両方に使用されるもの（主として第48.23項）
(d) 外観がグラスペーパーにいくぶん類似したデカルコマニア（第49.08項）
(e) 紙をベースとした紡織用繊維の壁面被覆材（第59.05項）
(f) 紙を裏張りしたアルミニウムのはくから成る壁面被覆材（第76.07項）

(15) **第48.16項　カーボン紙、セルフコピーペーパーその他の複写紙及び転写紙（箱入りにしてあるかないかを問わないものとし、第48.09項のものを除く。）並びに謄写版原紙及び紙製のオフセットプレート（箱入りにしてあるかないかを問わない。）**

　この項には、圧力（例えば、タイプライターのキーの衝撃）、水分、インキ等を与えることによって原本から一以上のコピーを作ることができるように、塗布し又は染み込ませた紙が含まれます。

　これらの紙は、幅が36cm以下のロール状若しくは折り畳んでない状態において各辺の長さが36cm以下の長方形（正方形を含む。）のシート状又は長方形（正方形を含む。）以外の形状に切った状態で提示されるものに限りこの項に分類されます。その他のものは、第48.09項に属します。

　なお、謄写版原紙及びオフセットプレートについては、大きさに関する条件はありません。

　この項の物品は、複写のプロセスにより次の二つのカテゴリーに大別されます。（印刷技術の革新、事務用コピー機等の普及によりこれらは近年、あまりみられなくなりました。）

① 塗布した物質又は染み込ませた物質の全部又は一部を他の表面に移すことにより原本を複写する紙

　　このカテゴリーには、次の物品が含まれます。
　(i) カーボン紙その他これに類する複写紙
　　　脂肪性又はろう状の物質にカーボンブラックその他の着色料を混合したものを塗布し又は染み込ませた紙。
　　　これらの紙には、間に挿入して1回又は繰り返して使用する薄い紙や、普通の重さの塗布された紙で、通常セットの一部を構成するものがあります。
　　　このグループには、また、hectographic（こんにゃく版式）複写に使用する

カーボンペーパーを含みます。これは、より多くのコピー作るための「印刷プレート」と同様の働きをするマスターシートを作るために使用されますが、現在は、ほとんど使われていないと思います。

(ii) セルフコピーペーパー

カーボンレスコピーペーパーともいい、束状にとじられています。事務用機械又は鉛筆等によって原本に加えられた圧力は、同一シート又は二枚の隣接するシート中で、通常、互いに分離状態にある二種類の成分の間に反応を起こさせ、原本が受けた圧力の形を複写するものです。

(iii) 感熱性複写紙 (Heat transfer papers)

感熱性物質を片面に塗布したものであり、赤外線複写機で染料を塗布物質と共に普通の紙の上に移す方法（感熱性複写法）によって原本の複写を作る際に使用されます。

② 上記以外の方法による複写紙、謄写版原紙及びオフセットプレート

このカテゴリーは、次の物品があります。

(i) 謄写版原紙用の紙及び謄写版原紙

謄写版原紙用の紙は、薄くて強い、サイジングされていない紙に、パラフィンその他のろう、コロジオン又はこれらに類する物品の調製品を塗布し、又は染み込ませて防水性を付与したものです。いわゆるガリ版用紙です。謄写版原紙は、通常、取外しが可能な厚い裏打ち紙を上端に取り付け、更に製版された原紙を謄写版に取り付けるため特別な穴があけられており、またある場合には、カーボンコピーが得られる普通の紙がはさみ込まれています。更に、謄写版原紙には、通常ガイドマーク及びその他各種の印刷された標識が記されています。

この項には、あて名印刷機用の枠を取り付けた原紙も含まれます。

(ii) オフセットプレート用の紙及びオフセットプレート

この紙は、片面にリソグラフィックインキを通さない特殊な物質を塗布したものです。これらの物品は、手書き、機械その他の方法で描かれた文字又は模様を普通の紙に複写するための事務用オフセット印刷機に使用されます。

この項の紙には、束状に閉じたものもあり、また、上記の複写プロセスの二以上を組み合わせたものもあります。代表的な例の一つとしては、片面に特殊インキが塗布された紙で（カーボンペーパーのように）文字又は図案の反対像が上記②の(ii)に掲げるプレートに類する第2の紙に形成されたものです。この第2の紙を適当な複写機にセットすると、この紙の反対側に付着しているインキが普通の紙の上に原本の正像として転写され、多数の複写が得

第2節　第48類　紙及び板紙並びに製紙用パルプ、紙又は板紙の製品

られます。複写紙又は転写紙で、複写用の文字又は図案が記されているものは、順番にとじてあるかないかを問わず、この項に属します。
　しかしながら、この項には、次の物品は含まれません。
(a) スタンプ用のはく又はブロッキングフォイルとして知られる転写紙
　　これらは、金属、金属粉又は顔料を塗布した薄い紙で、本の表紙、帽子のリボン等の印刷に使用される（第32.12項）。
(b) 第37.01項から第37.04項までの感光性の紙又は板紙
(c) ゼラチンをもととした複写用ペーストで、紙を裏張りしたもの（第38.24項）
(d) プラスチックの薄い層からなる謄写版原紙で、取外しのできる紙を裏張りしており、特定の大きさに切られ、一方の端に穴があけられたもの（第39類）
(e) 感熱物質を塗布した紙で、塗布物質の直接の黒変（thermocopying process）によって原本のコピーを作るもの（第48.11又は第48.23項）
(f) 転写式の事務用印刷物及び挿入式カーボンセット（第48.20項）
(g) デカルコマニア（第49.08項）
　なお、第48類全体を通しての分類解釈上の疑義については、この類の最後でまとめて述べたいと思います。

(16) 第48.17項　紙製又は板紙製の封筒及び通信用カード並びに封筒、通信用カード、便せん等を紙製又は板紙製の箱、袋その他の容器に詰め合わせたもの

　この項に属する物品は、二つのカテゴリーに分けて規定されています。
　一つは「通信に使用する種類の紙又は板紙製の封筒及び通信用カード」であり、もう一つは「封筒、通信用カード、便せん等を紙製又は板紙製の箱、袋その他の容器に詰め合わせたもの」です。
　前者については、解説書では、「…通信に使用する種類の紙又は板紙製の書簡用紙、例えば、封筒、封かん葉書、郵便葉書（通信用カードを含む。）…」と記述されています。しかしながら、解説書を読み進めると分かりますが、この項に含まれる封筒、封かん書簡、郵便はがきは、現在通用する切手を印刷その他の方法で表示したものではありません。すなわち、この項に含まれる郵便葉書は、文房具店等で販売されている、切手を貼付する位置や郵便番号を記入する枠、あるいは「郵便はがき」の表示などが印刷されたものです。これが、この項でいう「通信に使用する種類の紙又は板紙製の…」の意味でしょう。ちなみにこうしたものが全く印刷されていない普通のカードは、その性状によって、例えば第48.02項、第48.10項等に分類されますし、逆に、現行の郵便切手等を印刷等により表示したものは第49.07項の葉書に属します。

また、この項にはある種の書簡用紙も含まれる旨、解説書に記述されています。ただし、こうしたものでも、ルーズシート状又はブロック状の分離されている筆記用紙はこの項には含まれないとされています。
　この項に含まれる書簡用紙に関しては、住所、氏名、商標、装飾、紋章、イニシャル等が、書簡用紙としての用途に対し単に付随的に印刷されたものとされています。
　また、この項の封かん葉書は、紙若しくは板紙のシート又はカードで、封筒を使用することなく閉じ、又は施封ができるように粘着性の縁又はその他の処理が施されたものです。これらには、ミシン目が入れられたものもあります。郵便葉書については、先に述べたとおり、住所用又は郵便切手用の印刷その他通信用のものであることの表示がされたもの以外は、この項には属しません。
　更に、通信用カードは、縁がデッケル耳若しくは金縁となっているもの、角が丸いもの又は書簡用紙としての用途を明らかに表示する印刷その他の調製がされたもの以外はこの項には属しません。このような調製がなされてない普通のカードは、第48.02項、第48.10項、第48.11項又は第48.23項に属します。
　後者の、「封筒、通信用カード、便せん等を紙製又は板紙製の箱、袋その他の容器に詰め合わせたもの」については特に説明は不要と思います。
　先に述べたことと一部重複しますが、この項には次のものは含まれないこととされています。
(a) シート状のレターペーパー(折り畳んであるか印刷してあるかないか又は容器に詰められてあるかないかを問わない。)(第48.02項、第48.10項又は第48.11項)
(b) 第48.20項の便せん、メモ帳等
(c) 現在通用する切手を印刷その他の方法で表示した封筒、郵便葉書及び封かん葉書等（第49.07項）
(d) 第49.09項の葉書（印刷したもの及び挿絵を有するものに限る。）及び印刷したカード
(e) 特殊な目的をもって印刷された書状その他これに類する物品（例えば、請求書、転居通知状及び広告用書状（肉筆により記入することが必要なものを含む。））（第49.11項）
(f) 挿絵入りの初日カバー及びマキシムカードで、郵便切手を貼ってないもの（第49.11項）又は郵便切手を貼ってあるもの（第97.04項）

(17) 第48.18項　トイレットペーパーその他これに類する家庭用又は衛生用に供する種類の紙、セルロースウォッディング及びセルロース繊維のウェブ（幅が36cm以下のロール状にし又は特定の大きさ若しくは形状に切ったものに限る。）並びに製紙用パルプ製、紙製、セルロースウォッディング製又はセルロース繊維のウェブ製のハンカチ、クレンジングティッシュ、タオル、テーブルクロス、ナプキン、ベッドシーツその他これらに類する家庭用品、衛生用品及び病院用品、衣類並びに衣類附属品

　この項に属する物品については特に説明は不要と思いますが、簡単に述べておきます。この項の、前段の「トイレットペーパーその他これに類する紙、セルロースウォッディング及びセルロース繊維のウェブの家庭用又は衛生用に供する種類の物品についてのサイズ、形状に関する規定ですが、(ⅰ)幅が36cm以下のストリップ状若しくはロール状のもの、(ⅱ)折り畳んでない状態において、各辺の長さが36cm以下の長方形（正方形を含む。）のシート状のもの、(ⅲ)長方形（正方形を含む。）以外の形状に切ったものとされています。

　また、この項には、製紙用パルプ製、紙製、セルロースウォッディング製及びセルロース繊維のウェブ製の家庭用品、衛生用品及び病院用品だけでなく、こうした素材の衣類及び衣類附属品も含まれます。

　なお、この項の物品は、第48.03項の材料で作られることが多いとされています。

　他方、この項に含まれない物品としては、次のようなものがあります。
(a) 医薬を染み込ませ若しくは塗布し又は医療用若しくは獣医用として小売用の形状若しくは包装にしたセルロースウォッディング（第30.05項）
(b) 香紙及び化粧料を染み込ませ又は塗布した紙（第33類）
(c) せっけん又は洗浄剤を染み込ませ、塗布し又は被覆した紙及びセルロースウォッディング（第34.01項）並びに磨き料、クリームその他これらに類する調製品を染み込ませ、塗布し又は被覆した紙及びセルロースウォッディング（第34.05項）
(d) 第64類の物品
(e) 第65類の帽子及びその部分品
(f) 第96.19項の生理用のナプキン（パッド）及びタンポン、乳児用のおむつ及びおむつ中敷きその他これらに類する物品

(18) 第48.19項　紙製、板紙製、セルロースウォッディング製又はセルロース繊維のウェブ製の箱、ケース、袋その他の包装容器及び紙製又は板紙製の書類箱、レタートレイその他これらに類する製品で事務所、商店等において使用する種類のもの

　この項には、(i)紙又は板紙製、セルロースウォッディング製又はセルロース繊維のウェブ製の箱、ケース、袋その他の包装容器類、及び(ii)紙製又は板紙製の書類箱、レタートレイのような物品が含まれます。

　前段の(i)のグループには、商品の包装、輸送、貯蔵又は販売に通常使用される各種各サイズの容器(装飾的価値を有しているものもあります。)が含まれます。これらには、箱、ケース、袋、コーン、パケット、板紙製ドラム(容器)(製造方法は問わず、また補強用に他の材料製の丸バンドが付いているものもあります。)、書類郵送用の筒状容器、衣類袋、ジャー、ポットその他これらに類する物品(例えば、ミルク又はクリーム用のもの)で、ろう塗りしてあるもの、レコードボックス及びジャケットのような特殊な目的に使用されるように作られたもの、折畳み式の箱(はさみ込むことによって組み立てられる一枚の平面状の箱及びケース(例えば、ケーキボックス)や一方の側のみを膠着剤、ステープル等によって組み立て又は組み立てるようにした容器)、商店名、使用方法又は挿絵を印刷したもの(例えば、種子袋で農場名に加えて商品の絵及び種まき法の説明があるものやチョコレート、菓子等の袋で子供を喜ばせるための絵があるもの)等も含まれます。これらには、紙以外の補強材料又は附属品(例えば、繊維製の裏張り、木製の支持物、手持ちのためのひも及び金属又はプラスチックのコーナー)を取り付けたものもあります。

　またこの項には、真空掃除機用のゴミ収容袋、乗物酔い用袋等が含まれます。

　後段(ii)の書類箱、レタートレイその他これらに類する製品で事務所、商店等において使用する種類のものには、ファイリングキャビネット、書類箱、レタートレイ、格納箱その他これに類する硬く耐久性のある容器が含まれます。これらは、通常上記(i)の包装容器よりも仕上げが良く、事務所、商店、倉庫等において、各種の書類又は商品の保管に使用されます。これらには、紙以外の補強材料又は附属品(例えば、金属製、木製、プラスチック製又は繊維製のちょうつがい、ハンドル、鍵等)を取り付けたものや、名札入れ用に金属製、フフスナック製等の枠が付いたものもあります。

　しかしながら、この項には次の物品は含まれません。
(a) 第42.02項の物品(旅行用品等)
(b) 紙の組物製品(第46.02項)
(c) 第48.11項の塗布し、被覆し又は印刷した紙及び板紙(ロール状で、容器の製

造に使用するもので、個々の容器に相当する部分を識別してロールから切断するために、折り目及び印が付いているもの)
(d) 見本用又は収集用のアルバム(第48.20項)
(e) 第63.05項の紙糸製織物の袋

(19) 第48.20項　紙製又は板紙製の帳簿、会計簿、雑記帳、注文帳、領収帳、便せん、メモ帳、日記帳その他これらに類する製品、練習帳、吸取紙、バインダー、書類挟み、ファイルカバー、転写式の事務用印刷物、挿入式カーボンセットその他の文房具及び事務用品、アルバム(見本用又は収集用のものに限る。)並びにブックカバー

この項には、第48.17項の通信用の物品及びこの類の注10の規定により除外される物品(特定の大きさに切った、とじてないシート及びカード(印刷し、型押しをし又はせん孔したものであるかないかを問わない。))を除き、紙製又は板紙製の各種の文房具及び事務用品が含まれます。こうした、項に特掲されている物品その他について、関税率表解説に基づき若干補足しておきます。これらに類する物品として、例えば住所帳、電話番号記載用の帳簿等もあります。

練習帳は、罫紙だけでなく、手書きで模写するための印刷した手書きの手本も含まれます。ただし叙述体の文章を含むか含まないかを問わず、ワークブックとしての一義的な使用に対して付随的でない印刷された文章の質問又は練習問題や、通常書き込んで文章を完成させるための空白部分を有する教育用のワークブックは、この項には含まれません(第49.01項)。更に、書くことその他の練習のための幼児用ワークブックで、補足の文章のついた本質的に絵から成るものも、またこの項には含まれません(第49.03項)。

その他、この項には、ルーズシート、雑誌あるいはこれらに類するものを閉じるように設計されたバインダー(例えば、クリップバインダー、スプリングバインダー、スクリューバインダー、リングバインダー)又は書類鋏み、ファイルカバー、ファイル(ボックスファイル以外のもの)及び紙挟みも含まれます。

更に、転写式の事務用印刷物(セルフコピーペーパーに印刷し又はカーボン紙を挿入した多数の印刷物のセット。これらには、追加情報の書き込みを必要とする印刷物もあります。)、挿入式カーボンセット(印刷物を全く含まないか又はレターヘッドのような確認用の情報のみを含んでいるもので、タイプして数枚の複写を作成するのに広く使用され、転写式の事務用印刷物の多くのものと同様に、ミシン目を付け、膠着して閉じられている。)等があります。

その他、(i)見本用又は収集用のアルバム(例えば、切手又は写真用のもの)、(ii)ブロッティングパッドのようなその他の文房具及び事務用品(折り畳んである

ものもあります。)、(iii)ブックカバー(バインディングカバー及びダストカバー(書名等の文字やさし絵が印刷されているものもあります。))などが含まれます。このようにこの項の製品には、相当の部分が印刷されているものがありますが、印刷が主要な用途に対して付随的なもの(例えば、書式(基本的に手書き又はタイプにより完成するもの)又は日記帳(基本的に書くためのもの))に限り、第49類ではなく、この項に分類されます。

この項の製品には、紙以外の材料(例えば、革、プラスチック又は紡織用繊維材料)で装ていされ、金属、プラスチック等の補強又は取付けが行われるものがあります。

一方、主として木材、大理石等で作られている卓上メモブロックのような製品は、その構成材料により木材、大理石等の製品に分類されますし、練習用紙その他の筆記用紙のルーズシート(ルーズリーフブック用の穴をあけたシートを含む。)は、一般に、第48.02項、第48.10項、第48.11項又は第48.23項に属します。アルバム用のルーズリーフシートもこの項に属さず、その特性により他の項に分類されます。

なお、この項には次の物品は含まれません。
(a) 小切手帳(第49.07項)
(b) クーポン式の旅行券のブランク(第49.11項)
(c) 種々の宝くじ券(通常第49.11項)

(20) 第48.21項　紙製又は板紙製のラベル(印刷してあるかないかを問わない。)

この項には、各種の製品に取り付けて(貼り付け又は紐等で取り付けて)使用する種類の紙製又は板紙製の各種のラベルで、当該製品の特徴、身元、所有者、届け先、価格等を表すためのものが含まれます。これらには、無地のもの、文字又は絵を印刷したもの(印刷の程度を問わない。)、粘着性のもの、ひも、留金、ホックその他の留め具を取り付けたもの又は金属その他の材料で補強したもの、また、穴あけしたもの又はシート状若しくは小冊子状にしたものもあります。

しかしながら、印刷したステッカー(セルフアドヒーシブのものに限る。)で、宣伝、広告、単なる装飾(例えば、漫画ステッカー及び窓用ステッカー)等に使用するように作られたものは、この項には属しません(第49.11項)。史に、比較的強い卑金属の板の1面又は両面を薄い紙(印刷してあるかないかを問わない。)で被覆した「ラベル」も含まれません(第73.26項、第76.16項、第79.07項等又は第83.10項)。

第2節　第48類　紙及び板紙並びに製紙用パルプ、紙又は板紙の製品

(21) 第48.22項　製紙用パルプ製、紙製又は板紙製のボビン、スプール、コップその他これらに類する糸巻類（せん孔してあるかないか又は硬化してあるかないかを問わない。）

　この項の物品については、特に説明は不要と思います。これらは、糸又は綿を巻くためのボビン、チューブ、スプール、コップ、コーンその他これらに類する糸巻類（工業用又は小売用のもの）です。また、布、紙その他の材料を巻くために使用する種類の円筒状のしん（端が開口しているもの又は閉じているもの）もこの項に含まれます。

　これらには、穴をあけたものもあり、また、膠着し又はプラスチック等を染み込ませ若しくは塗布したものもありますが、積層したプラスチックの製品の性格を有するものは含まれません（第39類）。

　この項の物品には、また、その一端又は両端に、木、金属その他の材料製の補強具又は取付具を取り付けたものがあります。

　なお、類似の目的に使用される各種の形状をした平板状の支持物は、この項には含まれません（第48.23項）。

(22) 第48.23項　その他の紙、板紙、セルロースウォッディング及びセルロース繊維のウェブ（特定の大きさ又は形状に切ったものに限る。）並びに製紙用パルプ、紙、板紙、セルロースウォッディング又はセルロース繊維のウェブのその他の製品

　この項は、第48類の末項で、この類のこれまでの項に含まれないパルプ、紙類の各種の物品が含まれます。

　この項の規定ぶりは、前段の(i)「紙、板紙、セルロースウォッディング及びセルロース繊維のウェブ（特定の大きさ又は形状に切ったものに限る。）」及び後段の(ii)「製紙用パルプ、紙、板紙、セルロースウォッディング又はセルロース繊維のウェブのその他の製品」に分けて規定されています。

　前段の(i)には、紙及び板紙、セルロースウォッディング及びセルロース繊維のウェブで、この類の前項までのいずれの項にも含まれないものが該当します。すなわち、イメージとしては、
① 幅が36cm以下のストリップ状又はロール状のもの
② 折り畳んでない状態において、いずれの辺も長さが36cm以下の長方形（正方形を含む。）のシート状のもの
③ 長方形（正方形を含む。）以外の形状に切ったもの

といえます。ただし、第48.02項、第48.10項及び第48.11項の紙及び板紙で、ストリップ状、ロール状又は長方形（正方形を含む。）のシート状のものは、大きさ

を問わずこれらのそれぞれの項に属することから、この項には含まれません。
　後段の(ii)は、製紙用パルプ、紙、板紙、セルロースウォッディング又はセルロース繊維のウェブの製品で、この類の前項までのいずれの項にも含まれず、かつ、この類の注2によっても除外されないものが含まれることとなります。これらには様々な物品がありますが、関税率表解説に記述されているものを列挙すると次のとおりです。

① フィルターペーパー及びフィルターペーパーボード（折ってあるかないかを問わない。）
　これらは、一般に円形のようなものです（長方形（正方形を含む。）形状のものは、この項には含まれません（例えば第48.05項）。）。
② 印刷した自動記録装置用の目盛り紙で、長方形（正方形を含む。）以外のもの
③ 筆記用、印刷用その他のグラフィック用に供する種類の紙及び板紙で、この類の前項までの項に含まれないもの（長方形（正方形を含む。）以外の形状に切ったものに限る。）
④ 紙製又は板紙製の盆、皿、コップその他これらに類する製品
⑤ 成型し又は加圧成形をした製紙用パルプの製品
⑥ 組物又はその他に使用する塗布してないストリップ状の紙でグラフィック用に供する以外のもの（折ってあるかないかを問わない。）
⑦ ペーパーウール（すなわち、からまり合った塊状の細幅のストリップで、包装に使用される。）
⑧ 菓子包装紙、果物包装紙その他の包装紙で、特定の大きさに切ったもの
⑨ ケーキ用のカード、ケーキ用の紙、ジャムポットカバー及び袋用の形をした紙
⑩ ジャカードその他これに類する機械に使用するせん孔した紙及び板紙（この類の注11参照）。これらは、織機を運転するのに必要な穴があけられているもの（「パンチ」した紙及び板紙カード）です。
⑪ 紙製のレース及びししゅう並びに紙製の棚用縁飾り
⑫ 紙製のガスケット及びワッシャー
⑬ スタンプ台紙、写真用のコーナー及び台紙及びスーツケースの補強用コーナー
⑭ 紡績用の筒、糸、リボン等の巻取り用平板状カード及び卵の包装用に成型したシート
⑮ ソーセージケーシング
⑯ ドレスパターン、モデル及び型板（組み合わせてあるかないかを問わない。）
⑰ 扇子及びうちわ（表装が紙製のものに限るものとし、骨の材料は問わない。）

並びに分離して提示された表装部分。ただし、貴金属製の骨を有する扇子又はうちわは第71.13項に属します。

他方、この項には、この類の注2によって除かれる物品のほか、次の物品も含まれません。
(a) はえ取り紙(第38.08項)
(b) 診断用又は理化学用の試薬を染み込ませたストリップ(第38.22項)
(c) 繊維板(第44.11項)
(d) 第48.02項の筆記用、印刷用その他のグラッフィック用に供する種類の塗布してないストリップ状の紙
(e) 第48.10項又は第48.11項の塗布し、被覆し又は染み込ませたストリップ状の紙
(f) 種々の宝くじ券(通常第49.11項)
(g) 紙製の日傘(第66.11項)
(h) 人造の花、葉及び果実並びにこれらの部分品(第67.02項)
(ij) 絶縁用物品その他の電気製品(第85類)
(k) 第90類の製品(例えば、整形外科用機器又は実物説明用の機器、科学機器の文字盤)
(l) 時計用の文字盤(第91.14項)
(m) カートリッジケース及びカートリッジワッド(第93.06項)
(n) ランプのかさ(第94.05項)

(23) この類のまとめにかえて
① この類の物品に関する分析・検査方法及び分類基準について

これまでも述べましたが、この類では細かい規定が多く、分類実務は結構大変だと思います。紙という単純な物質であるにも係わらず、他の物品に比べ、その性状が多種多様であることによるものであると思います。(こうしたきめ細かな規定に関しては、特にHS起草中、カナダ政府からの要請があったと伺ったことがあります。)

また、こうした規定により、紙を分類する為の分析、検査が必要となることが挙げられます。しかし、これも標準となる分析、検査方法が明確で、各国がこれを採用すれば済むと言えばそれまでです。客観的な検査結果に基づいて分類されるということに繋がるものと考えるべきであろうかと思います。とはいっても、特に、紙の製造に使用したパルプの種類及びその含有量の特定などは、正確な判定が難しいものがあるかも知れません。

また、これに関連して、国内細分、例えばコート紙の細分については、国に

よっては更に細かい分類がされることもあるでしょう。しかしながら、実際の製品のそうした細分への分類は、その製法、判別方法等を明確にしなければ、実務上正しく分類することは難しい場合も考えられます。本論では、こうしたことから、税率関係の細分等については余り触れずに、HS4桁ベース(場合によっては6桁まで)の規定を中心とし、基礎的なことを扱うこととしております。

② HS分類上の解釈について
　例えば、前にも述べましたが、この類の注8において、以下の規定があります。(下線は筆者)
　「8　第48.01項及び第48.03項から第48.09項までには、紙、板紙、セルロースウォッディング及びセルロース繊維のウェブのうち次のもののみを含む。
　(a) 幅が36センチメートルを超える<u>ストリップ状又はロール状のもの</u>
　(b) 折り畳んでない状態において1辺の長さが36センチメートルを超え、その他の辺の長さが15センチメートルを超える長方形(正方形を含む。)の<u>シート状のもの</u>」
　他方、これらの項においては、いずれも「…(ロール状又はシート状のものに限る。)」と規定されています。
　また、これらに関連する項の解説(関税率表解説)によれば、いずれも、項の規定にあわせて、「ロール状のもの又はシート状のもの」が分類される旨の記述があり、「ストリップ状若しくはロール状」という記述は見当たりません。
　他方、それ以降の項の複数の項において、例えば、第48.10項には、同様に「ロール状又は長方形(正方形を含む。)のシート状のものに限るものとし…」と規定されていますが、同解説には、「…ストリップ状若しくはロール状のもの又は長方形(正方形を含む。)のシート状のものを含む」と記述されています。このパターンは、この旨の規定がある第48.11項及び第48.18項も同様です。
　この理由について、注8の規定の趣旨は、紙のサイズについての基準を定めたものであって、形状に関する「ストリップ状又はロール状」については、ロール状のものは解けばストリップ状であるので、いずれも紙自体の形状としては同類であり、ストリップ状の紙を巻いてあるか巻いていないかの違いを区別することなくいずれかの状態のものを含めるとしたものと考えられます。
　また、この注に規定されている項の紙又は板紙について、ロール状のものに限るとの規定に対しては、解説書でも、同様に記述され、ストリップ状とは書かれていませんが、これは、これらの項に該当する物品は、紙の原紙といえるもので、幅も大きく、実際に出荷、取引されるものは、ストリップといえども通常ロール状のものであって、これを解いた状態(ストリップ状)で取引されることは実際

にはほとんどあり得ないということかも知れません。

　他方、第48.10項以降の紙は、サイズがこれら以下のものであり、ストリップ状で呈示される可能性があり、更には「ストリップ状のもの」に関しては明確な定義があるわけではありませんし、解説では、ストリップ状若しくはロール状のものを含む旨の記述がされていると考えられます。

　例えば、第48.10項の規定において「…ロール状又は長方形（正方形を含む）のシート状のものに限る…」とされているにも拘わらず、解説書で、「…ストリップ状若しくはロール状のもの又は…」とされているところは気になりますが、こうした趣旨を踏まえて、関税率表解説（HS E/Note及び通達）において、運用上こうした取扱をする旨定めたものであるとも考えられます。

③　若干の分類事例

　紙の分類の実務は、簡単ではないものの一つと言えましょう。以下、分類例規（HS委員会の決定）から、その事例を2点紹介しておきます。

（事例1）

　飲料の包装の製造用に使用する、さらしてないクラフト紙及びクラフト板紙で、片面に中身に関する説明文及びイラストレーションが印刷されており、両面を透明の薄いポリエチレンシートで被覆しているもの。幅が15センチメートルを超えるロール状で、個々の容器に相当する部分を識別してロールから切断するために、折り目及び印がついている。

　第4811.59号に分類される。（通則3(b)の適用による。）

（事例2）

　パラフィンワックスを塗布した紙及び板紙で、ミルク、クリーム、果汁等の容器又は蓄音機用レコードのカバーの製造に使用されるものである。幅が15センチメートルを超えるロール状のもの又は一辺の長さが36センチメートルを超える長方形のシート状のもの。

　本品は、アルミニウムのはくで内張り（アルミニウムのはくを張った面が容器の内側を形成する。）してあるかないかを問わないが、片面に包装される商品の説明文又は挿絵を印刷したものである。

　第4811.60号に分類される。

第3節　第49類　印刷した書籍、新聞、絵画その他の印刷物並びに手書き文書、タイプ文書、設計図及び図案

1　この類に含まれる物品の概要
(1) この類に含まれる物品の一般的な概念「印刷されたモチーフ、字又は絵がこれらの物品の本来の用途に対し付随的でないもの」について

　この類の物品は、前の第48類の紙との関係でいえば、紙に文字又は絵がかかれ又は印刷された、いわゆる製品で、かつ、当該物品の本質的な性質及び用途が、そのかかれ又は印刷されているモチーフ、文字又は絵によって決定付けられているものです。若干の例外もありますが、その印刷等された内容がその物品の主要な価値を与えているものといえます。例えば、挿絵が施され、罫線が引かれた便せんは、未使用であれば第48類ですが、手紙のように実際にメッセージが書き込まれているのは、その内容が本質的なものであるので、この類に含まれることとなります。

　一般的には、紙、板紙若しくはセルロースウォッディング又はこれらの製品で、当該印刷がこれらの物品の本来の用途（例えば、印刷した包装紙及び印刷した文房具）に対して単に付随的なものは第48類に属します。

　同様に、例えばスカーフ又はハンカチのような印刷した紡織用繊維製品で当該印刷が、主として装飾又は趣向を変えることを目的としたもので、その物品の重要な特性に影響を与えないものである場合、あるいは印刷したデザインを有するししゅう用織物類及び調製したつづれ織物用カンバス地は第11部に属することとなります。

　また、こうした趣旨とは異なり、特定の物品については、この一般的な考え方では片付けられないものもあります。例えば、第39.18項に含まれるプラスチック製の床用敷物、壁面被覆材及び天井被覆材や第39.19項の接着性を有するプラスチック製の板、シート、フィルム箔、テープ、ストリップなど、また、第48.14項（壁紙）又は第48.21項（紙製のラベル）のように、たとえ印刷されたモチーフ、字又は絵がこれらの物品の本来の用途に対し付随的でないものであっても、それぞれの項に含まれ、この類には属しません。（これは機会ある毎に述べていますが、関税（品目）分類では分類しようとする物品の本質は何であるかを見極めることが、最初にすべき、かつ、最も重要なことです。）

(2)「印刷したもの」等について

　この類の「印刷したもの」には、通常の手工的印刷（例えば、原版以外の版木による版画印刷）又は機械印刷による複写物だけでなく、複写機により複写した

第3節　第49類　印刷した書籍、新聞、絵画その他の印刷物並びに手書き文書、タイプ文書、設計図及び図案

もの、自動データ処理機械により打ち出したもの、型押しをしたもの、写真、感光複写をしたもの、感熱複写をしたもの及びタイプしたもの（この類の注2参照）も含まれます。また、印刷されたキャラクター（例えば、各種の文字、数字、速記記事、モールス符号その他の符号、点字、音符、絵及び図）の形態の別は問いません。

しかしながら、「印刷したもの」には、色彩若しくは装飾的印刷又は繰り返し模様の印刷によるものは含まれません。このことは、例えば、先ほどの壁紙に模様が印刷されているものは、通常、これらは繰り返し模様であるかと思いますが、こうしたものはこの類には含まれず、別の類の項に規定されていることと符合しているように思います。

またこの類には、手書き文書又はタイプした文書をカーボン複写したもの、手書きの地図及び設計図等も含まれます。

このように、この類には、書籍、新聞、パンフレット、絵及び広告宣伝物のような普通の印刷物のほか、印刷したデカルコマニア、葉書（印刷したもの及び挿絵入りのものに限る。）、あいさつ状、カレンダー、地図、設計図、図案、郵便切手及び収入印紙類等の物品も含まれます。またこの類に属する物品の縮小コピーで、不透明なベース上に作成したものも含まれます（第49.11項）が、透明なベースに印刷したものは含まれません。

また、商店の広告板又は窓に使用される文字、数字、サインプレートその他のモチーフで印刷した絵画又は文を有する陶磁器、ガラス製又は卑金属製のものは、それぞれ、第69.14項、第70.20項又は第83.10項に属します。もしも、こうしたものがイルミネーションの場合には、第94.05項に属することとなります。

2　この類に含まれない物品

これらに関連あるいは類似する物品であっても、次のものはこの類には含まれません。
(a) 第37類の透明なベース上の写真のネガ及びポジ（例えば、マイクロフィルム）
(b) 第90.23項の物品（例えば、浮出し地図、浮出し設計図及び浮出し地球儀等）
(c) 第95類の遊戯用カードその他の物品
(d) 第97類の物品（例えば、銅版画、木版画、石版画その他の版画、第97.02項の物品、第97.04項の郵便切手、収入印紙、郵便料金納付の印影、初日カバー、切手付き書簡類その他これらに類する物品及び製作後100年を超えたこっとうその他の物品等）

3　各項の規定

以下、この類の各項の規定について簡単に説明していきます。

(1) 第49.01項　印刷した書籍、小冊子、リーフレットその他これらに類する印刷物（単一シートのものであるかないかを問わない。）

この項の規定から判断すると、ほとんどすべての出版物及び印刷した書物が含まれ、その内容から、挿絵があるものも含まれることが容易に想像できます。他方、この類の他の項の規定を見ると、例えば、第49.02項は、「新聞紙、雑誌その他の定期刊行物（挿絵を有するか有しないか又は広告を含んでいるかいないかを問わない。）、第49.03項は幼児用の絵本及び習画本、第49.04項は楽譜（印刷したもの及び手書きのものに限るものとし、製本してあるかないか又は挿絵を有するか有しないかを問わない。）」となっています。すなわち、これらの物品は新聞紙は別としても、他の物品は、ほとんど第49.01項の規定の範疇に含まれてしまうような規定ぶりです。一見この類の末項（バスケット）のような幅広い物品をカバーしているかに思えます。例えば、第49.02項の規定に「雑誌その他の定期刊行物」がありますが、これらは、第49.01項の印刷した書籍であり、小冊子であったりするものもあるでしょう。こうした場合、実際の分類にあたっては、通則3(a)により「最も特殊な限定をして記載をしている項が、これよりも一般的な記載をしている項に優先する」として、例えば「雑誌」であれば、「印刷した書籍」よりも特殊な限定をして記載しているとして、第49.02項に分類するという方法になるでしょう。

しかしながら、こうした方法によらなければこれらの項に関連する物品の所属が決定できないとなるとかなり不便です。また、かなり概括的な呼称でしか表現できないので、より具体的な説明が必要になってきます。そのため、類注の規定（注3から5）が置かれています。また注6の規定も関係してきます。

この項に含まれる物品について、便宜上三つカテゴリーに分けて見ていきます。

① 印刷した書籍

特に説明は不要と思いますが、各種の言語又は文字（点字及び速記を含む。）を印刷したもので、各種文芸作品、教科書、教育用のワークブック（質問や練習問題、答を書き込む空欄等があるものなど。）、各種専門書や参考書、辞書、辞典、名鑑、電話帳、博物館又は公的図書館用のカタログ、典礼書、子供用の本など様々です。ただし、商業用カタログや、第49.03項の幼児用の絵本及び習画本は含まれません。

また、これらの書籍には、1巻以上の巻に（紙又はその他の硬軟各種の表装で）製本したもの及び完成品の全体若しくは一部を構成し、かつ、製本

第3節　第49類　印刷した書籍、新聞、絵画その他の印刷物並びに手書き文書、タイプ文書、設計図及び図案

(binding)するもので印刷したシート状のものもあります。

なお、書籍とともに提供されるダストカバー、締め具、しおりその他のさ細な附属品は、書籍の一部を構成するものとみなすこととされています。

② 小冊子、リーフレット（解説書では、このグループにパンフレットも併せて説明しています。）

これらの物品には、書物の内容を有する数枚のシートをステープル等によりとじたもの若しくはとじてないもの又は単一シートのものがあります。

また、これらには、短文の学術論文、専攻論文、政府又は他の機関によって発行された通達、宗教関係のパンフレット、賛美歌集等の出版物も含まれます。

しかしながら、個人のあいさつ、伝言又は通知を印刷したカード（第49.09項）、及びある種の追加情報を付加することが必要な印刷した書式（第49.11項）は含まれません。

③ その他これらに類する印刷物（単一シートのものであるかないかを問わない。）

このグループにはルーズリーフ式バインダー用のシート状の書物を含みます。これらには、例えば次のようなものがあります。

(i) 新聞、雑誌その他の定期刊行物を紙以外の物品により製本（bound otherwise than in paper）したもの及び新聞、雑誌その他の定期刊行物の2号以上を単一のカバーによりセットしたもの（このセットの中に一部広告が含まれているものであってもよいとされています。）（類注3参照）

【筆者注】この類の注3の規定等で、HS条約上のboundを「製本した」と訳しているのでこれに合わせることとしました。（製本する（Bound a book）とバインダーに綴じ込んだもの（bound）と分けた方がよいかと思いましたが、注の規定に使われている語を使うこととし、適宜explanatory notes の英文を付記しました。例えば、シート状の印刷物をとじる場合で、全体の通し番号、ページ等を入れる等の場合は「製本」としているようにも思われます。）

(ii) 製本された絵本（bound picture books）（第49.03項の幼児用の絵本（children's picturebooks）ものは含まれません。）

(iii) 美術品、図案等を複製した印刷物を集めたもの（内容に関連する文章（例えば、芸術家の伝記）を伴うもので、ページを入れて製本に適する（suitable for binding）ようにしたものに限られます。）（類注4(a) 参照）

(iv) 関連する文章を伴う書籍に補足として附属する絵画（当該書物とともに提示するものに限られます。）（類注4(b)参照）。ただし、その他の絵画出版物

485

はこの項には属さず、通常49.11項に分類されます。
  (v) 書籍又は小冊子を構成する印刷物（束ねた若しくは単独のシート又は折り丁のもので、完成品の全体又は一部を構成し、かつ、製本に適する（designed for binding）ものに限る。ただし、絵又は挿絵を印刷したもの（折り丁又は単独のシートのものに限る。）で文章を伴わないものは、第49.11項に属します（類注4(c)参照）。

他方、以下のものはこの項には含まれないので注意が必要です。

この類の注3の物品を除くほか、この項には、本質的に広告を目的とする出版物（観光案内書を含む。）及び商人により又は商人のために広告を目的として出版された出版物（後者の場合には、たとえ直接的な広告価値を有しないものであっても、広告を目的とした物品とみなす。）は含まれません。

これらの広告用の出版物には、例えば、商業用カタログ、商業団体が出版した年鑑（会員によるかなりの数の広告を伴うもので、ある程度の情報的内容を含むもの）及び出版者により供給される製品又はサービスについて注目させる出版物があります。更に、間接的な広告を含む出版物で、一見広告を目的としてないように思われるが、本質的に広告を目的としているような出版物もこの項から除かれます。ただし、会社その他の産業組織により又は会社その他の産業組織のために出版された学術論文のような出版物及び商工業のある一分野の動向、技術進歩又は活動状況を単に記述している出版物で、直接的にも間接的にも広告価値を持たないものはこの項に属します。

その他、他の項に属する物品はこの項には含まれません。具体的には、例えば以下のようなものがあります。

(a) 複写紙及び転写紙で、複写用の文章又はデザインが記されており順番にとじたもの（bound in sequence）（第48.16項）
(b) 第48.20項の日記帳その他の文房具及び事務用品（内容が書き込まれていないもの）
(c) 新聞、雑誌その他の定期刊行物の単一のコピーで、製本してないもの（unbound）及び紙のみにより製本したもの（bound only in paper）（第49.02項）
(d) 幼児用のワークブック（書くことその他の練習のためのもので、補足の文章の付いた本質的に絵から成るもの。）（第49.03項）
(e) 楽譜（第49.04項）
(f) 地図書（第49.05項）
(g) 折り丁、単独のシートその他書籍の一部を構成するもので、絵のみのもので文章のないもの（第49.11項）等。

第3節　第49類　印刷した書籍、新聞、絵画その他の印刷物並びに手書き文書、タイプ文書、設計図及び図案

(2) 第49.02項　新聞紙、雑誌その他の定期刊行物（挿絵を有するか有しないか又は広告を含んでいるかいないかを問わない。）

　この項の定期刊行物は、同一の表題で一定の間隔をおいて発行される一連の刊行物の一号をなすものです。それぞれの号には日付が付いており（又は単に「Spring 2015」のように季節名のみを示すものもあります。）、更に通し番号が付いているものが多いのがその特徴です。これらは、製本されていないか又は紙により製本されていますが、他の方法で製本したもの及び2号以上を単一のカバーによりセットしたものはこの項には属さず、前項（第49.01項）に含まれます。

　この項に含まれる刊行物には、次のようなものがあります。

① 新聞

　日刊又は週刊のものがありますが、製本していない印刷物です。かなりの部分、挿絵や広告が占めています。

② 雑誌その他の定期刊行物

　週刊、隔週、月刊、季刊又は半年毎に、新聞又は紙装本の形態で発行されます。主として専門的又は部門的な事項（例えば、法律、薬品、財政、商業、流行及びスポーツ）に関する情報刊行物として発行され、しばしば関係機関により又は関係機関のため発行されます。また、普通のフィクション雑誌のような、より一般的な興味のあるものもあります。これらのものには、著名な工業会社（例えば、自動車メーカー）が刊行者の製品に対する関心を寄せさせるために出版する定期刊行物、通常、業界等内部に限られた機関誌及び広告を目的として商人や組合が発行するファッション雑誌などの定期刊行物も含まれます。

　また、絵又はパターン等で通常新聞又は定期刊行物とともに売られる付録は、その刊行物の一部分とみなして共に分類されます。

　他方、大作（例えば、参考書）の一部で、あらかじめ決定した一定期間内に毎週、隔週等数回に分けて発行されるものは定期刊行物とはみなされず、第49.01項に属します。

　なお、古新聞、古雑誌又は古い定期刊行物から成る古紙は、第47.07項に属するので注意が必要です。

(3) 第49.03項　幼児用の絵本及び習画本

　この項に属する「幼児用の絵本」は、幼児の興味若しくは娯楽又は幼児の初期教育の最初の段階における指導のために編集されたことが明らかな絵本で、かつ、絵が主体で、文章に対して副次的でないものに限られます（この類の注6参照）。これらには、例えば、絵入りのアルファベットブック及び物語の意味を個々の絵について表題又はあらすじを添えた一連の挿話風の絵によって伝える種類の本も

あります。また、書くことその他の練習のための幼児用のワークブックで、補足の文章の付いた本質的に絵から成るものもこの項に含まれます。ただし、挿絵が多い本であっても、断片的な挿話の挿絵がされた連続的な物語形式となったものは、もはやこの項の絵本ではなく、第49.01項に分類されます。

なお、この項には、紙、紡織用繊維製品等に印刷されたもの及び幼児用のrag books(破けない本)も含まれます。

また、幼児用の絵本で、本を開くと起き上がる絵又は動く絵を取り付けたものはこの項に属しますが、本質的にがん具であるものは、この項には属さず第95類に分類されます。同様に、絵又はモデルを切り取るようになっている子供用の絵本は、切り取り部分が少ないものに限りこの項に含まれ、切り取り部分(ページの全体であるか又は一部であるかを問わない。)が全ページ数(表紙を含む。)の半分を超えるものは、たとえある程度の文章を有するものであっても、がん具(第95類)とみなすこととされています。

この項には、また、幼児用の習画本(模写のための単純な絵又は描画、塗色若しくは彩色により完成する絵の輪郭を有するページをとじたもの)で、着色された絵が手本用に挿入されているもの、また、ぬり絵に必要な少量の絵の具を、例えば、パレットのような形にして添えた本も含まれます。

(4) **第49.04項　楽譜(印刷したもの及び手書きのものに限るものとし、製本してあるかないか又は挿絵を有するか有しないかを問わない。)**

この項の物品は特に説明は不要と思います。これらは、楽器用又は声楽用の各種の楽譜で、表示方式は、字音記譜法、譜表(五線)記法、数字記譜法及び点字楽譜がありますが、その別を問いません。

この項の楽譜は、紙その他の材料に印刷や手書きされたものがあります。項の規定から、これらは分離したシート状のもの、製本されたもの等があります。従って、賛美歌集、総譜及び音楽教本等であっても、これらが指導用の文言又は歌詞に加えて練習用又は演奏用の楽譜を含むものであれば、この項に含まれます。(上記の楽譜に付帯するダストカバーは、楽譜の一部を構成するものとみなされ、共に分類されます。)

他方、この項には、書籍又はカタログ等で、単に、文章に対し付随的に又は本文の補足的説明(例えば、書籍の本文中に引用した特定のテーマ又はモチーフ)として楽譜が記入されているものは含まれません(第49.01項又は第49.11項)。

第3節　第49類　印刷した書籍、新聞、絵画その他の印刷物並びに手書き文書、タイプ文書、設計図及び図案

(5) 第49.05項　地図、海図その他これらに類する図（製本したもの、壁掛け用のもの、地形図及び地球儀、天球儀その他これらに類するものを含むものとし、印刷したものに限る。）

　この項には地形等を表示するために定式記号を使用して作られた各種の球儀（例えば、地球儀、月球儀又は天球儀）、地図、図及び設計図（印刷したものに限る。）が含まれます。また、広告宣伝物が入った地図及び図もこの項に属します。

　これらの物品には、紙その他の材料（例えば、布）に印刷したもので、形状が単一シート状のもの、折り畳んだシート状のもの又はこれらのシートを集めて製本したもの（例えば、地図書）があります。また、移動指示器又はローラーを取り付けたもの及び透明な保護用カバー又はその他の附属品を有するものがあります。

　この項には、特に、地理学用の地図（地球の扇形断面図を含む。）、道路地図、壁掛地図、地図書、水路学用、地理学用又は天文学用の図、地質学の測量図及び地形学用の設計図（例えば都市又は地区計画図）、また内部に照明装置の付いた地球儀及び天球儀（印刷したものに限る。）も含まれます。ただし、単なるがん具と見られるものは含まれません。

　また、この項には次の物品は含まれません。
(a) 地図又は図が単に付随的に入っている書籍（第49.01項）
(b) 手書きの地図、設計図等及びこれらをカーボン複写し又は写真複写したもの（第49.06項）
(c) 航空測量図又は地形写真（地形的に正確であるかないかを問わず、地図、図又は設計図として完成されてないもの）（第49.11項）
(d) 国又は地方の特定の産業、観光その他の活動、鉄道体系等を適当な図解によって示した概略的な地図（第49.11項）
(e) 装飾を目的として地図をプリントしたスカーフ、ハンカチーフ等の紡織用繊維製品（第11部）
(f) 浮出し地図、浮出し設計図及び浮出し地球儀（印刷してあるかないかを問わない。）（第90.23項）

(6) 第49.06項　設計図及び図案（建築用、工学用、工業用、商業用、地形測量用その他これらに類する用途に供するもので手書き原図に限る。）並びに手書き文書並びにこれらをカーボン複写し又は感光紙に写真複写したもの

　この項には、建築用又は工業用の設計図及び図案（一般に建築物、機械類その他の建設物の配置及び部品の関係を実物のとおりに示すもの）又は建設の際に建設者又は製造者の手引きのために示すものが含まれます。これらの設計図及び図

案には、説明書、指示書等(印刷したものであるかないかを問わない。)を含むものもあります。

　この項には、また、一般向けの図案及びスケッチ(例えば、ファッション用図案、ポスターデザイン及び陶磁器、壁紙、宝石又は家具のデザイン)も含まれます。

　項の規定から明らかなとおり、これらの物品は、原図、手書きによるもの及びこれらを感光紙に写真複写し又はカーボン複写したものから成るものに限りこの項に含まれることとなっているので注意を要します。従って、例えば、地図、図及び地形学上の設計図は、印刷したものは第49.05項に属しますが、手書き原図及びそれをカーボン複写し又は感光紙に写真複写したものはこの項に属します。また、手書き文書(速記を含む。ただし、楽譜を除く。)及びこれらをカーボン複写し又は感光紙に写真複写したものは、製本してあるかないかを問わず、この項に含まれます。

　他方、この項には、次の物品は含まれません。
(a) 複写紙及び転写紙で、手書き又はタイプ印刷により複写用の原文が記されているもの(第48.16項)
(b) 印刷した設計図及び図案(第49.05項又は第49.11項)
(c) タイプ文書(カーボン複写を含む。)及び手書き文書又はタイプ文書を複写機により写したもの(第49.01項又は第49.11項)

(7) 第49.07項　郵便切手、収入印紙その他これらに類する物品(発行国(額面で流通する国を含む。)で通用するもので使用してないものに限る。)、これらを紙に印刷した物品、紙幣、銀行券及び小切手帳並びに株券、債券その他これらに類する有価証券

　この項の物品の特徴は、特定の当局(者)により発行され、必要に応じ、完成し又は有効にした後に、その物品固有の物質的価値よりも大きな信用上の価値を有するという点にあります。

　これらの物品には、次の①から⑥に掲げるようなものが含まれます。
① スタンプ(印刷したものに限る。)

　これらは、使用されていないもの(すなわち、消印のないもの)で、かつ、発行国(額面で流通する国を含む。)で通用するものに限られます。

　この項のスタンプ類は、紙に各種のデザイン及び色を印刷したもので、通常、のりが塗布されており、その物品の価値の表示及び特定の用途又はその物品の意図する用途の表示が印刷されているものです。例えば、(i)郵便切手(通常、郵便料金の前払いに使用されるが、国によっては、収入印紙(例えば、領収書用又は証明書用)として使用できるものもありますし、料金不足の手紙の追加

第3節　第49類　印刷した書籍、新聞、絵画その他の印刷物並びに手書き文書、タイプ文書、設計図及び図案

料金を徴収するために使用される切手（"postagedue"stamps）等も含まれます。）、(ii) 収入印紙類（公文書、商用文書等各種の書類に使用され、また、ある場合には、印紙の示す金額をもって政府機関への税金の支払証明書として商品に張り付けて使用されます。税金の支払証明書として、ある種の課税物品に貼付するラベル状の納税証紙もこの項に含まれます。）、(iii) その他のスタンプがあります。

　ただし、次のような物品は含まれません。
(a) 小売商人が、顧客に対して購入の際、割引き（リベート）として発行する切手状の証票、学校の児童に対して発行される種類の宗教的なスタンプ、基金を集めるため又は周知をはかるための手段として慈善団体等により発行されるスタンプ及び私人若しくは商業団体が顧客に対して発行する蓄積証票（第49.11項）
(b) 使用済の切手並びに仕向国において通用せず又は発行もしないもので使用してない切手（第97.04項）

② スタンプした封筒、封かん葉書、郵便葉書等
　上記①の郵便切手を印刷し又は押印したもの（消印のないもので、かつ、発行国（額面で流通する国を含む。）で通用するものに限る。）又は返信用郵便スタンプを印刷し又は押印したもの

③ その他のスタンプを押印した用紙
　公文書用紙、ブランクフォーム（例えば、収入印紙税を必要とする法律上の書式類）のようなもので収入印紙を印刷し又は型押ししたもの

④ 紙幣及び銀行券
　これらには、発行国又はその他の地域で通貨又は法貨として使用するために国又は承認された発券銀行により発行された各種の額面金額の紙幣及び銀行券が含まれます。これらには、提示の際に、いずれの国においても、いまだ法貨ではなく又はもはや法貨ではない紙幣及び銀行券を含みますが、収集品又は標本を構成する紙幣及び銀行券は、第97.05項に属し、この項には含まれません。

⑤ 小切手帳
　スタンプをしたもの又はしていない小切手用の帳面で、紙カバーが付いて本のようになっていることが多く、顧客の使用のために銀行（国によっては郵便局）で発行するもの

⑥ 株券、債券その他これらに類する有価証券
　これらは、その中に記載された財政上の利益、物品又は恩典の所有権又は資格を授与するために、公人若しくは私人により発行され又は発行するための公的な書類です。これら証券類には、信用状、為替手形、トラベラーズチェック、

491

船荷証券、不動産権利証及び分割クーポンも含まれます。これらは、通常完成し又は有効化することが必要です。

　銀行券、小切手帳及び株券等証券類は、一般に特別な透き入れその他の記号を有する特殊用紙に印刷されたもので、通常一連番号が付されています。ただし、特別な偽造できない用紙に印刷され一連番号が付された宝くじ券はこの項には含まれず、通常第49.11項に分類されます。

　これらの物品は、通常発行当局（者）により商業量で輸入された場合には、その書類（例えば、株券）について完成し又は有効化することが必要であるかないかを問わずこの項に属します。

(8)　第49.08項　デカルコマニア
　デカルコマニアは、吸収性のある軽量紙（ある場合には薄い透明なプラスチックのシート）に、移し込みを受けるためのでん粉、ガム等の調製品を塗布し、その上に平板印刷その他の方法によって単色又は多色で絵、デザイン又は文書を印刷し、更にその上に接着剤を塗布したものです。当該物品は、しばしば、厚手の支持紙で裏張りされているものもあります。また、ある場合には、デザイン等が金属はくの素地に印刷されたものもあります。

　こうした印刷された紙を湿らせて、ガラス、陶磁器、木、金属、石、紙等の表面にあてがって軽く圧力を加えると、印刷された絵等の塗布膜がそれらの表面に移されます。

　この項には、また、ガラス化し得るデカルコマニア、すなわち、第32.07項のガラス化し得る調製品に印刷されたデカルコマニアも含まれます。これらは、装飾品（例えば、陶磁器又はガラスの装飾用）又は実用（例えば、自動車、機械類等の各種製品のマーク付け用）に使用されます。

　また、主として子供の娯楽用に供されるデカルコマニア（うつし絵）もこの項に含まれ、更に、ししゅう用又は洋品類用の転写紙（デザインを紙の上に顔料で型取ってあり、加熱アイロンでプレスすることにより布地の上にデザインを転写するもの）等も含まれます。

　これらの物品は、第48.14項又は第49.11項に属するグラスペーパーとして知られる物品とは別物であり、混同しないよう注意が必要です。

　この項には、またスタンプ用のはく又はブロッキングフォイルとして知られる転写紙は含まれません。（これらは、金属、金属の粉又は顔料の被膜で調製したもので、書籍の表紙、帽子のリボン等に使用されます（第32.12項）。また、石版印刷に使用される上記以外の転写紙は第48.09項又は第48.16項に属します。）

第3節　第49類　印刷した書籍、新聞、絵画その他の印刷物並びに手書き文書、タイプ文書、設計図及び図案

(9) **第49.09項　葉書（印刷したもの及び挿絵を有するものに限る。）及び個人のあいさつ、伝言又は通知を印刷したカード（挿絵を有するか有しないか又は封筒若しくはトリミング付きであるかないかを問わない。）**

　この項には、項の規定にあるとおり、(i)葉書（印刷したもの及び挿絵を有するものに限るものとし、個人用であるかないか、商業用であるかないか又は広告を目的としたものであるかないかを問わない。）、(ii)個人のあいさつ、伝言又は通知を印刷したカード（挿絵を有するか有しないか又は封筒若しくはトリミング付きであるかないかを問わない。）が含まれます。特に、これらには、次のようなものが含まれます。

① 絵葉書

　すなわち、葉書として使用することの表示が印刷されており、かつ、片方の面の全体又は大部分が何らかの絵によって占められているカードです。ただし、葉書として使用することの表示がない類似の物品は、第49.11項の「絵」に属することとなっています。

　これらの絵葉書には、シート状のもの又は小冊子状のものがあります。また絵が主たる特性を構成していない絵葉書（例えば、広告宣伝入り又は小さな絵が入ったある種の葉書）もこの項に属します。ただし、郵便切手を印刷し又は型押しした葉書はこの項には含まれません（第49.07項）。また、当該印刷がその主たる用途に対し単に付随的なものである葉書もこの項には含まれません（第48.17項）。

② クリスマスカード、年賀状、バースデイカードその他これらに類するカード

　これらは、ご存じのとおり絵葉書の形状をしたもの又は二つ以上に折り畳んだもので、その一以上の面に絵が印刷されています。また、「これらに類するカード」には、誕生若しくは洗礼の通知又は祝辞若しくは謝辞等の伝達に使用されるカードが含まれます。

　更に、この項の物品には、リボン、コード、ふさ、ししゅう等で飾りを付けたもの、折畳み絵を取り付けて趣向を変えたもの又はガラスの粉等で装飾したものもあります。

　この項の物品には、ある場合には、紙以外の材料（例えば、プラスチック又はゼラチン）に印刷したものもあります。

　他方、この項には、次の物品は含まれません。

(a) 幼児用の絵本及び習画本の形式にした絵葉書（第49.03項）
(b) カレンダーの形式にしたクリスマスカード又は年賀状等（第49.10項）

(10) 第49.10項　カレンダー(カレンダーブロックを含むものとし、印刷したものに限る。)

　この項には、紙、板紙、織物その他種々の物品に印刷した各種のカレンダー(当該印刷がこれらの物品に重要な特性を与えているものに限る。)が含まれます。これらについて特に説明は不要だと思います。

　カレンダーは、日付、曜日などに加えて重要な行事についての注、祝祭日、星学その他の資料、詩句、ことわざ等の参考事項を記載したものもありますし、また、絵又は広告宣伝の入ったものもあります。ただし、日付け入りであっても公的又は私的な事項に関する情報を提供することを本来の目的とした出版物で、カレンダーと呼ぶには不適当なものは、広告物として第49.11項に属するものを除き、第49.01項に属し、この項には分類されません。

　この項には、また、万年暦又は紙若しくは板紙以外の材料(例えば、木、プラスチック及び金属)製の台に取替え可能なブロックを取り付けたカレンダーのほか、カレンダーブロックも含まれます。これらは、年間の個々の日についての事項が印刷された紙片を月、日の順番にブロック状にした日めくりです。これらのブロックは、通常板紙製のベースに取り付けて、又は更に耐久性のあるベースを有するカレンダーの一年毎の交換用に使用されます。ただし、この項には、当該物品の重要な特性がカレンダーの存在によって与えられたものではない物品は含まれません。

　更に、この項には次の物品は含まれません。
(a) カレンダーと日記とを組み合わせたメモ帳(業務予定表と呼ばれるものを含む。)(第48.20項)
(b) カレンダーブロックの付いてない印刷したカレンダーバック(第49.11項)

(11) 第49.11項　その他の印刷物(印刷した絵画及び写真を含む。)

　この項には、この類のすべての印刷物(写真及び印刷した絵画を含む。)のうち、この類の前項までのいずれの項にも属さないものが含まれます。いわばこの類のバスケットカテゴリーです。

　例えば、額縁に入れられた絵画又は写真は、全体としての重要な特性が絵画又は写真にある限りはこの項に属しますが、そうでない場合には、木製、金属製等の額縁として適する項に属することとなります。

　また、使用時に手書き又はタイプ打ちによって完成するある種の印刷物については、当該物品が本質的に印刷物であればこの項に含まれます(第48類注12参照)。従って、印刷された書式類(例えば、雑誌の購読申込書)、クーポン式の旅行券のブランク(例えば、航空、鉄道及び自動車)、回覧文及びその他の物品(伝

第3節　第49類　印刷した書籍、新聞、絵画その他の印刷物並びに手書き文書、タイプ文書、設計図及び図案

言、通知事項等が印刷されたもの）で、細目（例えば、日付及び名前）を記入することのみが必要となるものはこの項に含まれます。ただし、記入及び確認が必要な、株券、債券その他これらに類する有価証券及び小切手帳は、第49.07項に属します。

　他方、手書き用又はタイプ用という本来の用途に対して単に付随的である印刷を伴う事務用品類は第48類に属します（第48類注12のほか、既述の第48.17項及び第48.20項の説明参照）。

　このほか、この項には、例えば次の物品が含まれます。

① 広告用の印刷物（ポスターを含む。）、年鑑その他これらに類する出版物で本質的に広告に使用されるもの、各種の商業用カタログ（書籍又は楽譜の出版者のリスト及び芸術作品のカタログを含む。）及び観光案内書。ただし、新聞、雑誌その他の定期刊行物は、広告を含んでいるかいないかを問わず、この項には含まれません（第49.01項又は第49.02項）。
② サーカス、スポーツ競技、オペラ、演劇その他の催し物のプログラムを含む小冊子
③ 印刷したカレンダーバック（挿絵を有するか有しないかを問わない。）
④ 図解的な地図
⑤ 解剖学、植物学等の教育用の図及び図解
⑥ 娯楽施設（例えば、映画、劇場及びコンサート）への入場券、公的又は私的な輸送のためのチケットその他これらに類するチケット
⑦ 不透明なベース上に作成したこの類の物品のマイクロコピー
⑧ デザイン加工で切り抜いて使用する文字及び符号をプラスチックのフィルムに印刷したスクリーン（単に点、線又は方眼線を印刷したスクリーンは、含まれません（第39類））。
⑨ マキシムカード及び挿絵入りの初日カバー（郵便切手のないものに限る。）（第97.04項）
⑩ 印刷したステッカー（セルフアドヒーシブのものに限る。）で、宣伝、広告、単なる装飾（例えば、漫画ステッカー及び窓用ステッカー）等に使用するように作られたもの
⑪ 種々の宝くじ券
⑫ その他、航空機、鉄道、道路等による旅行のためのチケット（使用に際しての必要な詳細（氏名、目的地、日付等）が記載されていない印刷したクーポン及び印刷したカバーページからなる小冊子状のもの）
⑬ Airway billのブランクフォームで、裏面に運送約款の他、Not negotiableの表示が印刷されており、譲渡性がないもの（有価証券に該当しないと判断され

るもの。)
⑭　航空旅客券のブランクフォームを一冊に綴じたもの
　　これらの他、次のような物品もこの項に含まれると判断された事例があります。
⑮　塗り絵セット
　　厚紙のアート紙に印刷された線画(特定のモチーフの下絵)1枚と水性フェルトペン12色(各1本)を小売用として厚紙性の容器に収納されたもの。(本品は、塗り絵のための小売用のセットとして、通則3(b)を適用し、本品に重要な特性を与えている構成要素は、特定のモチーフの下絵となる線画と認められるとして、この項に分類されます。
⑯　表面に印刷を施したのぼり旗
　　長方形の織物(ポリエステル織物で大きさ650mm×1,800mm)に広告をシルクスクリーン印刷したもので、支柱に取り付けるためにチチを旗に縫いつけたもの。店舗屋外で広告として用いられる。)
　　　このものは、解説書第63.07項(4)に、旗、ペナント(催し物、お祭り用の旗を含む。)との記載がありますが、同解説書にはまた同項から除外される物品として印刷物が記載されていることから、本品は、同項には含まれず、印刷物としてこの項に分類する、とされています。
　　結論は同じですが、本品の分類を検討するアプローチとしては、第63類の紡織用繊維のその他の製品である第63.07項「その他のもの(ドレスパターンを含むものとし、製品にしたものに限る。)」と第49.11項「その他の印刷物(印刷した絵画及び写真を含む。)」の比較で、通則3(a)を適用して、その結果、第49.11項のほうが、より特殊な限定をして記述している項であると判断し同項に分類する、と考えるべきであるかもしれません。
　　なお、この項には、次の物品は含まれません。
(a)　ネガ又はポジの写真のフィルム又はプレート(第37.05項)
(b)　第39.18項、第39.19項、第48.14項又は第48.21項の物品及び第48類の印刷した紙製品で当該印刷した字又は絵がこれらの物品の本来の用途に対し単に付随的なもの
(c)　商店の広告板又は窓に使用される文字、数字、サインプレートその他のモチーフで、印刷した絵画又は文を有する陶器製、ガラス製又は卑金属製のもの(それぞれ、第69.14項、第70.20項又は第83.10項に属します。また、イルミネーションの場合は、第94.05項に属します。)
(d)　装飾したガラス鏡(枠付きのもの又は片面に印刷した挿絵を有するものであるかないかを問わない。)(第70.09項又は第70.13項)

第3節　第49類　印刷した書籍、新聞、絵画その他の印刷物並びに手書き文書、タイプ文書、設計図及び図案

(e) 第85類注4(b)で規定する印刷した「スマートカード」(プロキシミティカード又はタグを含む。)(第85.23項)
(f) 第90類又は第91類の機器又は装置の印刷した文字盤及び表示盤
(g) 印刷した紙製のがん具（例えば、幼児用の切取り用シート）及びトランプ類その他の印刷した遊戯用具（第95類）
(h) 第97.02項の銅版画、木版画、石版画その他の版画（芸術家の手による1個又は数個の原版から直接作られた白黒又は色彩の版画で、原版の材料及びその作成様式を問わないものとし、機械的方法又は写真的方法で作った版画を含まない。）

〔付　録〕
HS品目表2017年版

〔付録〕ＨＳ品目表2017年版

関税率表の解釈に関する通則

この表における物品の所属は、次の原則により決定する。

1 部、類及び節の表題は、単に参照上の便宜のために設けたものである。この表の適用に当たつては、物品の所属は、項の規定及びこれに関係する部又は類の注の規定に従い、かつ、これらの項又は注に別段の定めがある場合を除くほか、次の原則に定めるところに従つて決定する。

2 (a) 各項に記載するいずれかの物品には、未完成の物品で、完成した物品としての重要な特性を提示の際に有するものを含むものとし、また、完成した物品(この2の原則により完成したものとみなす未完成の物品を含む。)で、提示の際に組み立ててないもの及び分解してあるものを含む。
　(b) 各項に記載するいずれかの材料又は物質には、当該材料又は物質に他の材料又は物質を混合し又は結合した物品を含むものとし、また、特定の材料又は物質から成る物品には、一部が当該材料又は物質から成る物品も含む。二以上の材料又は物質から成る物品の所属は、3の原則に従つて決定する。

3 2(b)の規定の適用により又は他の理由により物品が二以上の項に属するとみられる場合には、次に定めるところによりその所属を決定する。
　(a) 最も特殊な限定をして記載をしている項が、これよりも一般的な記載をしている項に優先する。ただし、二以上の項のそれぞれが、混合し若しくは結合した物品に含まれる材料若しくは物質の一部のみ又は小売用のセットの構成要素のみについて記載をしている場合には、これらの項のうち一の項が当該物品について一層完全な又は詳細な記載をしているとしても、これらの項は、当該物品について等しく特殊な限定をしているものとみなす。
　(b) 混合物、異なる材料から成る物品、異なる構成要素で作られた物品及び小売用のセットにした物品であつて、(a)の規定により所属を決定することができないものは、この(b)の規定を適用することができる限り、当該物品に重要な特性を与えている材料又は構成要素から成るものとしてその所属を決定する。
　(c) (a)及び(b)の規定により所属を決定することができない物品は、等しく考慮に値する項のうち数字上の配列において最後となる項に属する。

4 前記の原則によりその所属を決定することができない物品は、当該物品に最も類似する物品が属する項に属する。

5 前記の原則のほか、次の物品については、次の原則を適用する。
　(a) 写真機用ケース、楽器用ケース、銃用ケース、製図機用ケース、首飾り用ケースその他これらに類する容器で特定の物品又は物品のセットを収納するために特に製作し又は適合させたものであつて、長期間の使用に適し、当該容器に収納される物品とともに提示され、かつ、通常当該物品とともに販売されるものは、当該物品に含まれる。ただし、この(a)の原則は、重要な特性を全体に与えている容器については、適用しない。
　(b) (a)の規定に従うことを条件として、物品とともに提示し、かつ、当該物品の包装に通常使用する包装材料及び包装容器は、当該物品に含まれる。ただし、この(b)の規定は、反復使用に適することが明らかな包装材料及び包装容器については、適用しない。

6 この表の適用に当たつては、項のうちのいずれの号に物品が属するかは、号の規定及びこれに関係する号の注の規定に従い、かつ、前記の原則を準用して決定するものとし、この場合において、同一の水準にある号のみを比較することができる。この6の原則の適用上、文脈により別に解釈される場合を除くほか、関係する部又は類の注も適用する。

備考
1 この表の各号に掲げる物品の細分として同表の品名の欄に掲げる物品は、当該各号に掲げる物品の範囲内のものとし、当該物品について限定がある場合には、別段の定めがあるものを除くほか、細分として掲げる物品にも同様の限定があるものとする。

2 この表の税率の欄において、割合をもつて掲げる税率は価格を課税標準として適用するものとし、数量を基準として掲げる税率はその数量を課税標準として適用するものとする。この場合において、その数量は、正味の数量とする。

3 この表において「課税価格」とは、従量税品にあつては、関税定率法第4条から第4条の9までの規定に準じて算出した価格とする。

〔付録〕HS品目表2017年版

4 この表において「%」は、百分率を表すものとする。

5 第77類は、商品の名称及び分類についての統一システムに関する国際条約において将来使用する可能性に備えて保留されており欠番となつている。

第1部
動物(生きているものに限る。)及び動物性生産品

注
1 この部の属又は種の動物には、文脈により別に解釈される場合を除くほか、当該属又は種の未成熟の動物を含む。
2 この表において乾燥した物品には、文脈により別に解釈される場合を除くほか、脱水し、水分を蒸発させ又は凍結乾燥したものを含む。

備考
1 第1類及び第2類において馬には、しま馬を含まない。
2 第1類から第16類までにおいて牛には、水牛を含み、豚には、いのししを含む。

第1類 動物(生きているものに限る。)

注
1 この類には、次の物品を除くほか、すべての動物(生きているものに限る。)を含む。
 (a) 第03.01項、第03.06項、第03.07項又は第03.08項の魚並びに甲殻類、軟体動物及びその他の水棲無脊椎動物
 (b) 第30.02項の培養微生物その他の物品
 (c) 第95.08項の動物

備考
1 第0102項及び第0103.10号の「純粋種の繁殖用のもの」とは、純粋種であつて改良増殖用に供するものである旨が政令で定めるところにより証明されたものをいう。

番号	品名
01.01	馬、ろ馬、ら馬及びヒニー(生きているものに限る。)
	馬
0101.21	純粋種の繁殖用のもの
0101.29	その他のもの
0101.30	ろ馬
0101.90	その他のもの
01.02	牛(生きているものに限る。)
	家畜のもの
0102.21	純粋種の繁殖用のもの
0102.29	その他のもの
	水牛
0102.31	純粋種の繁殖用のもの
0102.39	その他のもの
0102.90	その他のもの
01.03	豚(生きているものに限る。)
0103.10	純粋種の繁殖用のもの
	その他のもの
0103.91	1頭の重量が50キログラム未満のもの
0103.92	1頭の重量が50キログラム以上のもの
01.04	羊及びやぎ(生きているものに限る。)
0104.10	羊
0104.20	やぎ

番号	品名
01.05	家きん(鶏(ガルルス・ドメスティクス)、あひる、がちよう、七面鳥及びほろほろ鳥で、生きているものに限る。)
	1羽の重量が185グラム以下のもの
0105.11	鶏(ガルルス・ドメスティクス)
0105.12	七面鳥
0105.13	あひる
0105.14	がちよう
0105.15	ほろほろ鳥
	その他のもの
0105.94	鶏(ガルルス・ドメスティクス)
0105.99	その他のもの
01.06	その他の動物(生きているものに限る。)
	哺乳類
0106.11	霊長類
0106.12	くじら目、海牛目及び鰭脚下目
0106.13	らくだ科
0106.14	うさぎ
0106.19	その他のもの
0106.20	爬虫類
	鳥類
0106.31	猛きん類
0106.32	おうむ目

番号	品　名
0106.33	エミュー（ドロマイウス・ノヴァイホルランディアイ）及びだちょう
0106.39	その他のもの 昆虫類

番号	品　名
0106.41	蜂
0106.49	その他のもの
0106.90	その他のもの

第2類　肉及び食用のくず肉

注
1　この類には、次の物品を含まない。
　(a)　第02.01項から第02.08項まで又は第02.10項の物品で、食用に適しないもの
　(b)　動物の腸、ぼうこう及び胃（第05.04項参照）並びに動物の血（第05.11項及び第30.02項参照）
　(c)　動物性脂肪（第15類参照。第02.09項の物品を除く。）

備考
1　この表においてくず肉には、別段の定めがあるものを除くほか、臓器を含む。

番号	品　名
02.01	牛の肉（生鮮のもの及び冷蔵したものに限る。）
0201.10	枝肉及び半丸枝肉
0201.20	その他の骨付き肉
0201.30	骨付きでない肉
02.02	牛の肉（冷凍したものに限る。）
0202.10	枝肉及び半丸枝肉
0202.20	その他の骨付き肉
0202.30	骨付きでない肉
02.03	豚の肉（生鮮のもの及び冷蔵又は冷凍したものに限る。）
	生鮮のもの及び冷蔵したもの
0203.11	枝肉及び半丸枝肉
0203.12	骨付きのもも肉及び肩肉並びにこれらを分割したもの（骨付きのものに限る。）
0203.19	その他のもの
	冷凍したもの
0203.21	枝肉及び半丸枝肉
0203.22	骨付きのもも肉及び肩肉並びにこれらを分割したもの（骨付きのものに限る。）
0203.29	その他のもの
02.04	羊又はやぎの肉（生鮮のもの及び冷蔵し又は冷凍したものに限る。）
0204.10	子羊の枝肉及び半丸枝肉（生鮮のもの及び冷蔵したものに限る。）
	その他の羊の肉（生鮮のもの及び冷蔵したものに限る。）
0204.21	枝肉及び半丸枝肉
0204.22	その他の骨付き肉
0204.23	骨付きでない肉
0204.30	子羊の枝肉及び半丸枝肉（冷凍したものに限る。）
	その他の羊の肉（冷凍したものに限る。）
0204.41	枝肉及び半丸枝肉
0204.42	その他の骨付き肉

番号	品　名
0204.43	骨付きでない肉
0204.50	やぎの肉
02.05	
0205.00	馬、ろ馬、ら馬又はヒニーの肉（生鮮のもの及び冷蔵し又は冷凍したものに限る。）
02.06	食用のくず肉（牛、豚、羊、やぎ、馬、ろ馬、ら馬又はヒニーのもので、生鮮のもの及び冷蔵し又は冷凍したものに限る。）
0206.10	牛のもの（生鮮のもの及び冷蔵したものに限る。）
	牛のもの（冷凍したものに限る。）
0206.21	舌
0206.22	肝臓
0206.29	その他のもの
0206.30	豚のもの（生鮮のもの及び冷蔵したものに限る。）
	豚のもの（冷凍したものに限る。）
0206.41	肝臓
0206.49	その他のもの
0206.80	その他のもの（生鮮のもの及び冷蔵したものに限る。）
0206.90	その他のもの（冷凍したものに限る。）
02.07	肉及び食用のくず肉で、第01.05項の家きんのもの（生鮮のもの及び冷蔵し又は冷凍したものに限る。）
	鶏（ガルルス・ドメスティクスのもの）
0207.11	分割してないもの（生鮮のもの及び冷蔵したものに限る。）
0207.12	分割してないもの（冷凍したものに限る。）
0207.13	分割したもの及びくずのもの（生鮮のもの及び冷蔵したものに限る。）
0207.14	分割したもの及びくずのもの（冷凍したものに限る。）
	七面鳥のもの

[付録] ＨＳ品目表2017年版

番号	品　名
0207.24	分割してないもの（生鮮のもの及び冷蔵したものに限る。）
0207.25	分割してないもの（冷凍したものに限る。）
0207.26	分割したもの及びくず肉のもの（生鮮のもの及び冷蔵したものに限る。）
0207.27	分割したもの及びくず肉のもの（冷凍したものに限る。）
	あひるのもの
0207.41	分割してないもの（生鮮のもの及び冷蔵したものに限る。）
0207.42	分割してないもの（冷凍したものに限る。）
0207.43	脂肪質の肝臓（生鮮のもの及び冷蔵したものに限る。）
0207.44	その他のもの（生鮮のもの及び冷蔵したものに限る。）
0207.45	その他のもの（冷凍したものに限る。）
	がちようのもの
0207.51	分割してないもの（生鮮のもの及び冷蔵したものに限る。）
0207.52	分割してないもの（冷凍したものに限る。）
0207.53	脂肪質の肝臓（生鮮のもの及び冷蔵したものに限る。）
0207.54	その他のもの（生鮮のもの及び冷蔵したものに限る。）
0207.55	その他のもの（冷凍したものに限る。）
0207.60	ほろほろ鳥のもの
02.08	その他の肉及び食用のくず肉（生鮮のもの及び冷蔵し又は冷凍したものに限る。）

番号	品　名
0208.10	うさぎのもの
0208.30	霊長類のもの
0208.40	くじら目のもの、海牛目のもの及び鰭脚下目のもの
0208.50	爬虫類のもの
0208.60	らくだ科のもの
0208.90	その他のもの
02.09	家きんの脂肪及び豚の筋肉層のない脂肪（溶出その他の方法で抽出してないもので、生鮮のもの及び冷蔵し、冷凍し、塩蔵し、塩水漬けし、乾燥し又はくん製したものに限る。）
0209.10	豚のもの
0209.90	その他のもの
02.10	肉及び食用のくず肉（塩蔵し、塩水漬けし、乾燥し又はくん製したものに限る。）並びに肉又はくず肉の食用の粉及びミール
	豚の肉
0210.11	骨付きのもも肉及び肩肉並びにこれらを分割したもの（骨付きのものに限る。）
0210.12	ばら肉及びこれを分割したもの
0210.19	その他のもの
0210.20	牛の肉
	その他のもの（肉又はくず肉の食用の粉及びミールを含む。）
0210.91	霊長類のもの
0210.92	くじら目のもの、海牛目のもの及び鰭脚下目のもの
0210.93	爬虫類のもの
0210.99	その他のもの

第3類　魚並びに甲殻類、軟体動物及びその他の水棲無脊椎動物

注
1　この類には、次の物品を含まない。
　(a)　第01.06項の哺乳類
　(b)　第01.06項の哺乳類の肉（第02.08項及び第02.10項参照）
　(c)　生きていない魚（肝臓、卵及びしらこを含む。）並びに生きていない甲殻類、軟体動物及びその他の水棲無脊椎動物で、食用に適しない種類又は状態のもの（第5類参照）並びに魚又は甲殻類、軟体動物若しくはその他の水棲無脊椎動物の粉、ミール及びペレットで、食用に適しないもの（第23.01項参照）
　(d)　キャビア及び魚卵から調製したキャビア代用物（第16.04項参照）
2　この類において「ペレット」とは、直接圧縮すること又は少量の結合剤を加えることにより固めた物品をいう。
備考
1　第03.02項から第03.08項までにおいて「冷蔵したもの」及び「冷凍したもの」には、乾燥し、塩蔵し、塩水漬けし又はくん製したものを含まない。

番号	品　名
03.01	魚（生きているものに限る。）
	観賞用の魚
0301.11	淡水魚
0301.19	その他のもの
	その他の魚（生きているものに限る。）

番号	品　名
0301.91	ます（サルモ・トルタ、オンコルヒュンクス・ミキス、オンコルヒュンクス・クラルキ、オンコルヒュンクス・アグアボニタ、オンコルヒュンクス・ギラエ、オンコルヒュンクス・アパケ及びオンコルヒュンクス・クリソガステル）

[付録] ＨＳ品目表2017年版

番号	品　名
0301.92	うなぎ(アングイラ属のもの)
0301.93	こい(クテノファリュンゴドン・イデルス、ミュロファリュンゴドン・ピケウス、カトラ・カトラ、オステオキルス・ハセルティ、レプトバルブス・ホイヴェニ及びキュプリヌス属、カラシウス属、ヒュポフタルミクテュス属、キルリヌス属、ラベオ属又はメガロブラマ属のもの)
0301.94	くろまぐろ(トゥヌス・ティヌス及びトゥヌス・オリエンタリス)
0301.95	みなみまぐろ(トゥヌス・マッコイイ)
0301.99	その他のもの
03.02	魚(生鮮のもの及び冷蔵したものに限るものとし、第03.04項の魚のフィレその他の魚肉を除く。)
	さけ科のもの(第0302.91号から第0302.99号までの食用の魚のくず肉を除く。)
0302.11	ます(サルモ・トルタ、オンコルヒュンクス・ミキス、オンコルヒュンクス・クラルキ、オンコルヒュンクス・アグアボニタ、オンコルヒュンクス・ギラエ、オンコルヒュンクス・アパケ及びオンコルヒュンクス・クリソガステル)
0302.13	太平洋さけ(オンコルヒュンクス・ネルカ、オンコルヒュンクス・ゴルブスカ、オンコルヒュンクス・ケタ、オンコルヒュンクス・トスカウィトスカ、オンコルヒュンクス・キストク、オンコルヒュンクス・マソウ及びオンコルヒュンクス・ロデュルス)
0302.14	大西洋さけ(サルモ・サラル)及びドナウさけ(フコ・フコ)
0302.19	その他のもの
	ひらめ・かれい類(かれい科、だるまがれい科、うしのした科、ささうしのした科、スコフタルムス科又はこけびらめ科のもの。第0302.91号から第0302.99号までの食用の魚のくず肉を除く。)
0302.21	ハリバット(レインハルドティウス・ヒポグロソイデス、ヒポグロッス・ヒポグロッス及びヒポグロッス・ステノレピス)
0302.22	プレイス(プレウロネクテス・プラテッサ)
0302.23	ソール(ソレア属のもの)
0302.24	ターボット(プセタ・マクシマ)
0302.29	その他のもの
	まぐろ(トゥヌス属のもの)及びかつお(エウティヌス(カツオヌス)・ペラミス)(第0302.91号から第0302.99号までの食用の魚のくず肉を除く。)
0302.31	びんながまぐろ(トゥヌス・アラルンガ)

番号	品　名
0302.32	きはだまぐろ(トゥヌス・アルバカレス)
0302.33	かつお
0302.34	めばちまぐろ(トゥヌス・オベスス)
0302.35	くろまぐろ(トゥヌス・ティヌス及びトゥヌス・オリエンタリス)
0302.36	みなみまぐろ(トゥヌス・マッコイイ)
0302.39	その他のもの
	にしん(クルペア・ハレングス及びクルペア・パラスィイ)、かたくちいわし(エングラウリス属のもの)、いわし(スプラトゥス・スプラトゥス、サルディナ・ピルカルドゥス及びサルディノプス属又はサルディネルラ属のもの)、さば(スコムベル・スコムブルス、スコムベル・アウストララシクス及びスコムベル・ヤポニクス)、ぐるくま(ラストレルリゲル属のもの)、さわら(スコムベロモルス属のもの)、まあじ(トラクルス属のもの)、ぎんがめあじ(カランクス属のもの)、すぎ(ラキュケントロン・カナドゥム)、まながつお(パムプス属のもの)、さんま(コロラビス・サイラ)、むろあじ(デカプテルス属のもの)、からふとししゃも(マルロトゥス・ヴィルロッス)、めかじき(クスィフィアス・グラディウス)、すま(エウティヌス・アフィニス)、はがつお(サルダ属のもの)及びかじき(まかじき科のもの)(第0302.91号から第0302.99号までの食用の魚のくず肉を除く。)
0302.41	にしん(クルペア・ハレングス及びクルペア・パラスィイ)
0302.42	かたくちいわし(エングラウリス属のもの)
0302.43	いわし(スプラトゥス・スプラトゥス、サルディナ・ピルカルドゥス及びサルディノプス属又はサルディネルラ属のもの)
0302.44	さば(スコムベル・スコムブルス、スコムベル・アウストララシクス及びスコムベル・ヤポニクス)
0302.45	まあじ(トラクルス属のもの)
0302.46	すぎ(ラキュケントロン・カナドゥム)
0302.47	めかじき(クスィフィアス・グラディウス)
0302.49	その他のもの
	さいうお科、あしながだら科、たら科、そこだら科、かわりひれだら科、メルルーサ科、ちごだら科又はうなぎだら科のもの(第0302.91号から第0302.99号までの食用の魚のくず肉を除く。)
0302.51	コッド(ガドゥス・モルア、ガドゥス・オガク及びガドゥス・マクロケファルス)

505

〔付録〕HS品目表2017年版

番号	品名
0302.52	ハドック(メラノグランムス・アイグレフィヌス)
0302.53	コールフィッシュ(ポルラキウス・ヴィレンス)
0302.54	ヘイク(メルルシウス属又はウロフュキス属のもの)
0302.55	すけそうだら(テラグラ・カルコグランマ)
0302.56	ブルーホワイティング(ミクロメシスティウス・ポウタソウ及びミクロメシスティウス・アウストラリス)
0302.59	その他のもの
	ティラピア(オレオクロミス属のもの)、なまず(パンガシウス属、シルルス属、クラリアス属又はイクタルルス属のもの)、こい(クテノファリュンゴドン・イデルルス、ミュロファリュンゴドン・ピケウス、カトラ・カトラ、オステオキルス・ハセルティ、レプトバルブス・ホイヴェニ及びキュプリヌス属、カラシウス属、ヒュポフタルミクテウス属、キルリヌス属、ラベオ属又はメガロブラマ属のもの)、うなぎ(アングイルラ属のもの)、ナイルパーチ(ラテス・ニロティクス)及びらいぎょ(カンナ属のもの)(第0302.91号から第0302.99号までの食用の魚のくず肉を除く。)
0302.71	ティラピア(オレオクロミス属のもの)
0302.72	なまず(パンガシウス属、シルルス属、クラリアス属又はイクタルルス属のもの)
0302.73	こい(クテノファリュンゴドン・イデルルス、ミュロファリュンゴドン・ピケウス、カトラ・カトラ、オステオキルス・ハセルティ、レプトバルブス・ホイヴェニ及びキュプリヌス属、カラシウス属、ヒュポフタルミクテウス属、キルリヌス属、ラベオ属又はメガロブラマ属のもの)
0302.74	うなぎ(アングイルラ属のもの)
0302.79	その他のもの
	その他の魚(第0302.91号から第0302.99号までの食用の魚のくず肉を除く。)
0302.81	さめ
0302.82	えい(がんぎえい科のもの)
0302.83	めろ(ディソスティクス属のもの)
0302.84	シーバス(ディケントラルクス属のもの)
0302.85	たい(たい科のもの)
0302.89	その他のもの
	魚の肝臓、卵及びしらこ並びにひれ、頭、尾、浮袋その他の食用の魚のくず肉
0302.91	肝臓、卵及びしらこ
0302.92	ふかひれ

番号	品名
0302.99	その他のもの
03.03	**魚(冷凍したものに限るものとし、第03.04項の魚のフィレその他の魚肉を除く。)**
	さけ科のもの(第0303.91号から第0303.99号までの食用の魚のくず肉を除く。)
0303.11	べにざけ(オンコルヒュンクス・ネルカ)
0303.12	その他の太平洋さけ(オンコルヒュンクス・ゴルブスカ、オンコルヒュンクス・ケタ、オンコルヒュンクス・トスカウィトスカ、オンコルヒュンクス・キストク、オンコルヒュンクス・マソウ及びオンコルヒュンクス・ロデュルス)
0303.13	大西洋さけ(サルモ・サラル)及びドナウさけ(フコ・フコ)
0303.14	ます(サルモ・トルタ、オンコルヒュンクス・ミキス、オンコルヒュンクス・クラルキ、オンコルヒュンクス・アグアボニタ、オンコルヒュンクス・ギラエ、オンコルヒュンクス・アパケ及びオンコルヒュンクス・クリソガステル)
0303.19	その他のもの
	ティラピア(オレオクロミス属のもの)、なまず(パンガシウス属、シルルス属、クラリアス属又はイクタルルス属のもの)、こい(クテノファリュンゴドン・イデルルス、ミュロファリュンゴドン・ピケウス、カトラ・カトラ、オステオキルス・ハセルティ、レプトバルブス・ホイヴェニ及びキュプリヌス属、カラシウス属、ヒュポフタルミクテウス属、キルリヌス属、ラベオ属又はメガロブラマ属のもの)、うなぎ(アングイルラ属のもの)、ナイルパーチ(ラテス・ニロティクス)及びらいぎょ(カンナ属のもの)(第0303.91号から第0303.99号までの食用の魚のくず肉を除く。)
0303.23	ティラピア(オレオクロミス属のもの)
0303.24	なまず(パンガシウス属、シルルス属、クラリアス属又はイクタルルス属のもの)
0303.25	こい(クテノファリュンゴドン・イデルルス、ミュロファリュンゴドン・ピケウス、カトラ・カトラ、オステオキルス・ハセルティ、レプトバルブス・ホイヴェニ及びキュプリヌス属、カラシウス属、ヒュポフタルミクテウス属、キルリヌス属、ラベオ属又はメガロブラマ属のもの)
0303.26	うなぎ(アングイルラ属のもの)
0303.29	その他のもの

〔付録〕ＨＳ品目表2017年版

番号	品名
	ひらめ・かれい類(かれい科、だるまがれい科、うしのした科、ささうしのした科、スコフタルムス科又はこけびらめ科のもの。第0303.91号から第0303.99号までの食用の魚のくず肉を除く。)
0303.31	ハリバット(レインハルドティウス・ヒポグロソイデス、ヒポグロッス・ヒポグロッス及びヒポグロッス・ステノレピス)
0303.32	プレイス(プレウロネクテス・プラテッサ)
0303.33	ソール(ソレア属のもの)
0303.34	ターボット(プセタ・マクシマ)
0303.39	その他のもの
	まぐろ(トゥヌス属のもの)及びかつお(エウティヌス(カツオヌス)・ペラミス)(第0303.91号から第0303.99号までの食用の魚のくず肉を除く。)
0303.41	びんながまぐろ(トゥヌス・アラルンガ)
0303.42	きはだまぐろ(トゥヌス・アルバカレス)
0303.43	かつお
0303.44	めばちまぐろ(トゥヌス・オベスス)
0303.45	くろまぐろ(トゥヌス・ティヌス及びトゥヌス・オリエンタリス)
0303.46	みなみまぐろ(トゥヌス・マッコイイ)
0303.49	その他のもの
	にしん(クルペア・ハレングス及びクルペア・パラスィイ)、かたくちいわし(エングラウリス属のもの)、いわし(スプラトゥス・スプラトゥス、サルディナ・ピルカルドゥス及びサルディノプス属又はサルディネルラ属のもの)、さば(スコムベル・スコムブルス、スコムベル・アウストララシクス及びスコムベル・ヤポニクス)、ぐるくま(ラストレルリゲル属のもの)、さわら(スコムベロモルス属のもの)、まあじ(トラクルス属のもの)、ぎんがめあじ(カランクス属のもの)、すぎ(ラキュケントロン・カナドゥム)、まながつお(パムプス属のもの)、さんま(コロラビス・サイラ)、むろあじ(デカプテルス属のもの)、からふとししゃも(マルロトゥス・ヴィルロッス)、めかじき(クスィフィアス・グラディウス)、すま(エウティヌス・アフィニス)、はがつお(サルダ属のもの)及びかじき(まかじき科のもの)(第0303.91号から第0303.99号までの食用の魚のくず肉を除く。)
0303.51	にしん(クルペア・ハレングス及びクルペア・パラスィイ)

番号	品名
0303.53	いわし(スプラトゥス・スプラトゥス、サルディナ・ピルカルドゥス及びサルディノプス属又はサルディネルラ属のもの)
0303.54	さば(スコムベル・スコムブルス、スコムベル・アウストララシクス及びスコムベル・ヤポニクス)
0303.55	まあじ(トラクルス属のもの)
0303.56	すぎ(ラキュケントロン・カナドゥム)
0303.57	めかじき(クスィフィアス・グラディウス)
0303.59	その他のもの
	さいうお科、あしながだら科、たら科、そこだら科、かわりひれだら科、メルルーサ科、ちこだら科又はうなぎだら科のもの(第0303.91号から第0303.99号までの食用の魚のくず肉を除く。)
0303.63	コッド(ガドゥス・モルア、ガドゥス・オガク及びガドゥス・マクロケファルス)
0303.64	ハドック(メラノグランムス・アイグレフィヌス)
0303.65	コールフィッシュ(ポルラキウス・ヴィレンス)
0303.66	ヘイク(メルルシウス属又はウロフュキス属のもの)
0303.67	すけそうだら(テラグラ・カルコグランマ)
0303.68	ブルーホワイティング(ミクロメシスティウス・ポウタソウ及びミクロメシスティウス・アウストラリス)
0303.69	その他のもの
	その他の魚(第0303.91号から第0303.99号までの食用の魚のくず肉を除く。)
0303.81	さめ
0303.82	えい(がんぎえい科のもの)
0303.83	めろ(ディソスティクス属のもの)
0303.84	シーバス(ディケントラルクス属のもの)
0303.89	その他のもの
	魚の肝臓、卵及びしらこ並びにひれ、頭、尾、浮袋その他の食用の魚のくず肉
0303.91	肝臓、卵及びしらこ
0303.92	ふかひれ
0303.99	その他のもの
03.04	魚のフィレその他の魚肉(生鮮のもの及び冷蔵し又は冷凍したものに限るものとし、細かく切り刻んであるかないかを問わない。)

507

〔付録〕HS品目表2017年版

番号	品名
	魚のフィレ(ティラピア(オレオクロミス属のもの)、なまず(パンガシウス属、シルルス属、クラリアス属又はイクタルルス属のもの)、こい(クテノファリュンゴドン・イデルルス、ミュロファリュンゴドン・ピケウス、カトラ・カトラ、オステオキルス・ハセルティ、レプトバルブス・ホイヴェニ及びキュプリヌス属、カラシウス属、ヒュポフタルミクテュス属、キリヌス属、ラベオ属又はメガロブラマ属のもの)、うなぎ(アングイルラ属のもの)、ナイルパーチ(ラテス・ニロティクス)又はらいぎょ(カンナ属のもの)のもの)(生鮮のもの及び冷蔵したものに限る。)
0304.31	ティラピア(オレオクロミス属のもの)
0304.32	なまず(パンガシウス属、シルルス属、クラリアス属又はイクタルルス属のもの)
0304.33	ナイルパーチ(ラテス・ニロティクス)
0304.39	その他のもの
	その他の魚のフィレ(生鮮のもの及び冷蔵したものに限る。)
0304.41	太平洋さけ(オンコルヒュンクス・ネルカ、オンコルヒュンクス・ゴルブスカ、オンコルヒュンクス・ケタ、オンコルヒュンクス・トスカウィトスカ、オンコルヒュンクス・キストク、オンコルヒュンクス・マソウ及びオンコルヒュンクス・ロデュルス)、大西洋さけ(サルモ・サラル)及びドナウさけ(フコ・フコ)
0304.42	ます(サルモ・トルタ、オンコルヒュンクス・ミキス、オンコルヒュンクス・クラルキ、オンコルヒュンクス・アグアボニタ、オンコルヒュンクス・ギラエ、オンコルヒュンクス・アパケ及びオンコルヒュンクス・クリソガステル)
0304.43	ひらめ・かれい類(かれい科、だるまがれい科、うしのした科、ささうしのした科、スコフタルムス科又はこけびらめ科のもの)
0304.44	さいうお科、あしながだら科、たら科、そこだら科、かわりひれだら科、メルルーサ科、ちこだら科又はうなぎだら科のもの
0304.45	めかじき(クスィフィアス・グラディウス)
0304.46	めろ(ディソスティクス属のもの)
0304.47	さめ
0304.48	えい(がんぎえい科のもの)
0304.49	その他のもの
	その他のもの(生鮮のもの及び冷蔵したものに限る。)

番号	品名
0304.51	ティラピア(オレオクロミス属のもの)、なまず(パンガシウス属、シルルス属、クラリアス属又はイクタルルス属のもの)、こい(クテノファリュンゴドン・イデルルス、ミュロファリュンゴドン・ピケウス、カトラ・カトラ、オステオキルス・ハセルティ、レプトバルブス・ホイヴェニ及びキュプリヌス属、カラシウス属、ヒュポフタルミクテュス属、キリリヌス属、ラベオ属又はメガロブラマ属のもの)、うなぎ(アングイルラ属のもの)、ナイルパーチ(ラテス・ニロティクス)及びらいぎょ(カンナ属のもの)
0304.52	さけ科のもの
0304.53	さいうお科、あしながだら科、たら科、そこだら科、かわりひれだら科、メルルーサ科、ちこだら科又はうなぎだら科のもの
0304.54	めかじき(クスィフィアス・グラディウス)
0304.55	めろ(ディソスティクス属のもの)
0304.56	さめ
0304.57	えい(がんぎえい科のもの)
0304.59	その他のもの
	魚のフィレ(ティラピア(オレオクロミス属のもの)、なまず(パンガシウス属、シルルス属、クラリアス属又はイクタルルス属のもの)、こい(クテノファリュンゴドン・イデルルス、ミュロファリュンゴドン・ピケウス、カトラ・カトラ、オステオキルス・ハセルティ、レプトバルブス・ホイヴェニ及びキュプリヌス属、カラシウス属、ヒュポフタルミクテュス属、キリヌス属、ラベオ属又はメガロブラマ属のもの)、うなぎ(アングイルラ属のもの)、ナイルパーチ(ラテス・ニロティクス)又はらいぎょ(カンナ属のもの)のもの)(冷凍したものに限る。)
0304.61	ティラピア(オレオクロミス属のもの)
0304.62	なまず(パンガシウス属、シルルス属、クラリアス属又はイクタルルス属のもの)
0304.63	ナイルパーチ(ラテス・ニロティクス)
0304.69	その他のもの
	魚のフィレ(さいうお科、あしなかたら科、たら科、そこだら科、かわりひれだら科、メルルーサ科、ちこだら科又はうなぎだら科のもの)(冷凍したものに限る。)
0304.71	コッド(ガドゥス・モルア、ガドゥス・オガク及びガドゥス・マクロケファルス)
0304.72	ハドック(メラノグランムス・アイグレフィヌス)

508

[付録]ＨＳ品目表2017年版

番号	品名
0304.73	コールフィッシュ(ポルラキウス・ヴィレンス)
0304.74	ヘイク(メルルシウス属又はウロフユキス属のもの)
0304.75	すけそうだら(テラグラ・カルコグランマ)
0304.79	その他のもの
	その他の魚のフィレ(冷凍したものに限る。)
0304.81	太平洋さけ(オンコルヒュンクス・ネルカ、オンコルヒュンクス・ゴルブスカ、オンコルヒュンクス・ケタ、オンコルヒュンクス・トスカウイトスカ、オンコルヒュンクス・キストク、オンコルヒュンクス・マソウ及びオンコルヒュンクス・ロデュルス)、大西洋さけ(サルモ・サラル)及びドナウさけ(フコ・フコ)
0304.82	ます(サルモ・トルタ、オンコルヒュンクス・ミキス、オンコルヒュンクス・クラルキ、オンコルヒュンクス・アグアボニタ、オンコルヒュンクス・ギラエ、オンコルヒュンクス・アパケ及びオンコルヒュンクス・クリソガステル)
0304.83	ひらめ、かれい類(かれい科、だるまがれい科、うしのした科、ささうしのした科、スコフタルムス科又はこけびらめ科のもの)
0304.84	めかじき(クスィフィアス・グラディウス)
0304.85	めろ(ディソスティクス属のもの)
0304.86	にしん(クルペア・ハレングス及びクルペア・パラスィイ)
0304.87	まぐろ(トゥヌス属のもの)及びかつお(エウティヌス(カツオヌス)・ペラミス)
0304.88	さめ及びえい(がんぎえい科のもの)
0304.89	その他のもの
	その他のもの(冷凍したものに限る。)
0304.91	めかじき(クスィフィアス・グラディウス)
0304.92	めろ(ディソスティクス属のもの)
0304.93	ティラピア(オレオクロミス属のもの)、なまず(パンガシウス属、シルルス属、クラリアス属又はイクタルルス属のもの)、こい(クテノファリュンゴドン・イデルルス、ミュロファリュンゴドン・ピケウス、カトラ・カトラ、オステオキルス・ハセルティ、レプトバルブス・ホイヴェニ及びキュプリヌス属、カラシウス属、ヒュポフタルミクテュス属、キルリヌス属、ラベオ属又はメガロブラマ属のもの)、うなぎ(アングイルラ属のもの)、ナイルパーチ(ラテス・ニロティクス)及びびらいぎよ(カンナ属のもの)
0304.94	すけそうだら(テラグラ・カルコグランマ)

番号	品名
0304.95	さいうお科、あしながだら科、たら科、そこだら科、かわりひれだら科、メルルーサ科、ちこだら科又はうなぎだら科のもの(すけそうだら(テラグラ・カルコグランマ)を除く。)
0304.96	さめ
0304.97	えい(がんぎえい科のもの)
0304.99	その他のもの
03.05	魚(乾燥し、塩蔵し又は塩水漬けしたものに限る。)、くん製した魚(くん製する前に又はくん製する際に加熱による調理をしてあるかないかを問わない。)並びに魚の粉、ミール及びペレット(食用に適するものに限る。)
0305.10	魚の粉、ミール及びペレット(食用に適するものに限る。)
0305.20	魚の肝臓、卵及びしらこ(乾燥し、くん製し、塩蔵し又は塩水漬けしたものに限る。)
	魚のフィレ(乾燥し、塩蔵し又は塩水漬けしたものに限るものとし、くん製したものを除く。)
0305.31	ティラピア(オレオクロミス属のもの)、なまず(パンガシウス属、シルルス属、クラリアス属又はイクタルルス属のもの)、こい(クテノファリュンゴドン・イデルルス、ミュロファリュンゴドン・ピケウス、カトラ・カトラ、オステオキルス・ハセルティ、レプトバルブス・ホイヴェニ及びキュプリヌス属、カラシウス属、ヒュポフタルミクテュス属、キルリヌス属、ラベオ属又はメガロブラマ属のもの)、うなぎ(アングイルラ属のもの)、ナイルパーチ(ラテス・ニロティクス)及びびらいぎよ(カンナ属のもの)
0305.32	さいうお科、あしながだら科、たら科、そこだら科、かわりひれだら科、メルルーサ科、ちこだら科又はうなぎだら科のもの
0305.39	その他のもの
	くん製した魚(フィレを含み、食用の魚のくず肉を除く。)
0305.41	太平洋さけ(オンコルヒュンクス・ネルカ、オンコルヒュンクス・ゴルブスカ、オンコルヒュンクス・ケタ、オンコルヒュンクス・トスカウイトスカ、オンコルヒュンクス・キストク、オンコルヒュンクス・マソウ及びオンコルヒュンクス・ロデュルス)、大西洋さけ(サルモ・サラル)及びドナウさけ(フコ・フコ)
0305.42	にしん(クルペア・ハレングス及びクルペア・パラスィイ)

〔付録〕HS品目表2017年版

番号	品名
0305.43	ます(サルモ・トルタ、オンコルヒュンクス・ミキス、オンコルヒュンクス・クラルキ、オンコルヒュンクス・アグアボニタ、オンコルヒュンクス・ギラエ、オンコルヒュンクス・アパケ及びオンコルヒュンクス・クリソガステル)
0305.44	ティラピア(オレオクロミス属のもの)、なまず(パンガシウス属、シルルス属、クラリアス属又はイクタルルス属のもの)、こい(クテノファリュンゴドン・イデルルス、ミュロファリュンゴドン・ピケウス、カトラ・カトラ、オステオキルス・ハセルティ、レプトバルブス・ホイヴェニ及びキュプリヌス属、カラシウス属、ヒュポフタルミクテュス属、キルリヌス属、ラベオ属又はメガロブラマ属のもの)、うなぎ(アングイルラ属のもの)、ナイルパーチ(ラテス・ニロティクス)及びびらいぎよ(カンナ属のもの)
0305.49	その他のもの
	乾燥した魚(食用の魚のくず肉を除き、塩蔵してあるかないかを問わないものとし、くん製したものを除く。)
0305.51	コッド(ガドウス・モルア、ガドウス・オガク及びガドウス・マクロケファルス)
0305.52	ティラピア(オレオクロミス属のもの)、なまず(パンガシウス属、シルルス属、クラリアス属又はイクタルルス属のもの)、こい(クテノファリュンゴドン・イデルルス、ミュロファリュンゴドン・ピケウス、カトラ・カトラ、オステオキルス・ハセルティ、レプトバルブス・ホイヴェニ及びキュプリヌス属、カラシウス属、ヒュポフタルミクテュス属、キルリヌス属、ラベオ属又はメガロブラマ属のもの)、うなぎ(アングイルラ属のもの)、ナイルパーチ(ラテス・ニロティクス)及びびらいぎよ(カンナ属のもの)
0305.53	さいうお科、あしながだら科、たら科、そこだら科、かわりひれだら科、メルルーサ科、ちこだら科又はうなぎだら科のもの(コッド(ガドウス・モルア、ガドウス・オガク及びガドウス・マクロケファルス)を除く。)

番号	品名
0305.54	にしん(クルペア・ハレングス及びクルペア・パラスィイ)、かたくちいわし(エングラウリス属のもの)、いわし(スプラトゥス・スプラトゥス、サルディナ・ピルカルドゥス及びサルディノプス属又はサルディネラ属のもの)、さば(スコムベル・スコムブルス、スコムベル・アウストララシクス及びスコムベル・ヤポニクス)、ぐるくま(ラストレリゲル属のもの)、さわら(スコムベロモルス属のもの)、まあじ(トラクルス属のもの)、ぎんがめあじ(カランクス属のもの)、すぎ(ラキュケントロン・カナドゥム)、まながつお(パムプス属のもの)、さんま(コロラビス・サイラ)、むろあじ(デカプテルス属のもの)、からふとししやも(マルロトゥス・ヴィルロッス)、めかじき(クスィフィアス・グラディウス)、すま(エウティヌス・アフィニス)、はがつお(サルダ属のもの)及びかじき(まかじき科のもの)
0305.59	その他のもの
	塩蔵した魚(乾燥し又はくん製したものを除く。)及び塩水漬けした魚(食用の魚のくず肉を除く。)
0305.61	にしん(クルペア・ハレングス及びクルペア・パラスィイ)
0305.62	コッド(ガドウス・モルア、ガドウス・オガク及びガドウス・マクロケファルス)
0305.63	かたくちいわし(エングラウリス属のもの)
0305.64	ティラピア(オレオクロミス属のもの)、なまず(パンガシウス属、シルルス属、クラリアス属又はイクタルルス属のもの)、こい(クテノファリュンゴドン・イデルルス、ミュロファリュンゴドン・ピケウス、カトラ・カトラ、オステオキルス・ハセルティ、レプトバルブス・ホイヴェニ及びキュプリヌス属、カラシウス属、ヒュポフタルミクテュス属、キルリヌス属、ラベオ属又はメガロブラマ属のもの)、うなぎ(アングイルラ属のもの)、ナイルパーチ(ラテス・ニロティクス)及びびらいぎよ(カンナ属のもの)
0305.69	その他のもの
	魚のひれ、頭、尾、浮袋その他の食用の魚のくず肉
0305.71	ふかひれ
0305.72	魚の頭、尾及び浮袋
0305.79	その他のもの

〔付録〕ＨＳ品目表2017年版

番号	品名
03.06	甲殻類(生きているもの、生鮮のもの及び冷蔵し、冷凍し、乾燥し、塩蔵し又は塩水漬けしたものに限るものとし、殻を除いてあるかないかを問わない。)、くん製した甲殻類(殻を除いてあるかないか又はくん製する前に若しくはくん製する際に加熱による調理をしてあるかないかを問わない。)、蒸気又は水煮による調理をした殻付きの甲殻類(冷蔵し、冷凍し、乾燥し、塩蔵し又は塩水漬けしたものであるかないかを問わない。)並びに甲殻類の粉、ミール及びペレット(食用に適するものに限る。)
	冷凍したもの
0306.11	いせえびその他のいせえび科のえび(パリヌルス属、パヌリルス属又はヤスス属のもの)
0306.12	ロブスター(ホマルス属のもの)
0306.14	かに
0306.15	ノルウェーロブスター(ネフロプス・ノルヴェギクス)
0306.16	コールドウォーターシュリンプ及びコールドウォータープローン(クランゴン・クランゴン及びパンダルス属のもの)
0306.17	その他のシュリンプ及びプローン
0306.19	その他のもの(甲殻類の粉、ミール及びペレット(食用に適するものに限る。)を含む。)
	生きているもの、生鮮のもの及び冷蔵したもの
0306.31	いせえびその他のいせえび科のえび(パリヌルス属、パヌリルス属又はヤスス属のもの)
0306.32	ロブスター(ホマルス属のもの)
0306.33	かに
0306.34	ノルウェーロブスター(ネフロプス・ノルヴェギクス)
0306.35	コールドウォーターシュリンプ及びコールドウォータープローン(クランゴン・クランゴン及びパンダルス属のもの)
0306.36	その他のシュリンプ及びプローン
0306.39	その他のもの(甲殻類の粉、ミール及びペレット(食用に適するものに限る。)を含む。)
	その他のもの
0306.91	いせえびその他のいせえび科のえび(パリヌルス属、パヌリルス属又はヤスス属のもの)
0306.92	ロブスター(ホマルス属のもの)
0306.93	かに

番号	品名
0306.94	ノルウェーロブスター(ネフロプス・ノルヴェギクス)
0306.95	シュリンプ及びプローン
0306.99	その他のもの(甲殻類の粉、ミール及びペレット(食用に適するものに限る。)を含む。)
03.07	軟体動物(生きているもの、生鮮のもの及び冷蔵し、冷凍し、乾燥し、塩蔵し又は塩水漬けしたものに限るものとし、殻を除いてあるかないかを問わない。)、くん製した軟体動物(殻を除いてあるかないか又はくん製する前に若しくはくん製する際に加熱による調理をしてあるかないかを問わない。)並びに軟体動物の粉、ミール及びペレット(食用に適するものに限る。)
	かき
0307.11	生きているもの、生鮮のもの及び冷蔵したもの
0307.12	冷凍したもの
0307.19	その他のもの
	スキャロップ(ペクテン属、クラミュス属又はプラコペクテン属のもの。いたや貝を含む。)
0307.21	生きているもの、生鮮のもの及び冷蔵したもの
0307.22	冷凍したもの
0307.29	その他のもの
	い貝(ミュティルス属又はペルナ属のもの)
0307.31	生きているもの、生鮮のもの及び冷蔵したもの
0307.32	冷凍したもの
0307.39	その他のもの
	いか
0307.42	生きているもの、生鮮のもの及び冷蔵したもの
0307.43	冷凍したもの
0307.49	その他のもの
	たこ(オクトプス属のもの)
0307.51	生きているもの、生鮮のもの及び冷蔵したもの
0307.52	冷凍したもの
0307.59	その他のもの
0307.60	かたつむりその他の巻貝(海棲のものを除く。)

番号	品名
	クラム、コックル及びアークシェル(ふねがい科、アイスランドがい科、ざるがい科、ふじのはながい科、きぬまといがい科、ばかがい科、ちどりますおがい科、おおのがい科、あさじがい科、きぬたあげまきがい科、まてがい科、しやこがい科又はまるすだれがい科のもの)
0307.71	生きているもの、生鮮のもの及び冷蔵したもの
0307.72	冷凍したもの
0307.79	その他のもの
	あわび(ハリオティス属のもの)及びそでぼら(ストロンブス属のもの)
0307.81	あわび(ハリオティス属のもの)(生きているもの、生鮮のもの及び冷蔵したものに限る。)
0307.82	そでぼら(ストロンブス属のもの)(生きているもの、生鮮のもの及び冷蔵したものに限る。)
0307.83	あわび(ハリオティス属のもの)(冷凍したものに限る。)
0307.84	そでぼら(ストロンブス属のもの)(冷凍したものに限る。)
0307.87	その他のあわび(ハリオティス属のもの)
0307.88	その他のそでぼら(ストロンブス属のもの)
	その他のもの(軟体動物の粉、ミール及びペレット(食用に適するものに限る。)を含む。)

番号	品名
0307.91	生きているもの、生鮮のもの及び冷蔵したもの
0307.92	冷凍したもの
0307.99	その他のもの
03.08	水棲無脊椎動物(生きているもの、生鮮のもの及び冷蔵し、冷凍し、乾燥し、塩蔵し又は塩水漬けしたものに限るものとし、甲殻類及び軟体動物を除く。)、くん製した水棲無脊椎動物(甲殻類及び軟体動物を除くものとし、くん製する前に又はくん製する際に加熱による調理をしてあるかないかを問わない。)並びに水棲無脊椎動物の粉、ミール及びペレット(甲殻類及び軟体動物を除くものとし、食用に適するものに限る。)
	なまこ(スティコプス・ヤポニクス及びなまこ綱のもの)
0308.11	生きているもの、生鮮のもの及び冷蔵したもの
0308.12	冷凍したもの
0308.19	その他のもの
	うに(パラケントロトゥス・リヴィドゥス、ロクセキヌス・アルブス、エキヌス・エスクレントゥス及びストロンギュロケントロトゥス属のもの)
0308.21	生きているもの、生鮮のもの及び冷蔵したもの
0308.22	冷凍したもの
0308.29	その他のもの
0308.30	くらげ(ロピレマ属のもの)
0308.90	その他のもの

第4類　酪農品、鳥卵、天然はちみつ及び他の類に該当しない食用の動物性生産品

注
1　「ミルク」とは、全乳及び部分的又は完全に脱脂した乳をいう。
2　第04.05項において次の用語の意義は、それぞれ次に定めるところによる。
　(a)　「バター」とは、専らミルクから得た天然のバター、ホエイバター及び還元バター(生鮮のもの及び加塩し又はランシッドしたものに限るものとし、缶詰バターを含む。)をいうものとし、乳脂肪分が全重量の80%以上95%以下で、無脂乳固形分が全重量の2%以下であり、かつ、水分が全重量の16%以下のものに限る。バターには、乳化剤を加えたものを含まないものとし、塩化ナトリウム、食用色素、中和剤及び乳酸菌を培養したものを含有するかしないかを問わない。
　(b)　「デイリースプレッド」とは、油中水滴型の展延性のある乳化したものをいうものとし、脂肪としては乳脂肪のみを含有し、乳脂肪分が全重量の39%以上80%未満のものに限る。
3　ホエイにミルク又は乳脂肪を加えた物品で濃縮又は乾燥をして得たものは、次のすべての特性を有するものに限り、チーズとして第04.06項に属する。
　(a)　乳脂肪分が全乾燥重量の5%以上であること。
　(b)　乾燥固形分が全重量の70%以上85%以下であること。
　(c)　成型したもの又は成型が可能なものであること。
4　この類には、次の物品を含まない。
　(a)　ホエイから得た物品で、無水乳糖として計算した乳糖の含有量が乾燥状態において全重量の95%を超えるもの(第

〔付録〕ＨＳ品目表2017年版

　　　17.02項参照）
　(b)　一以上のミルクの天然の組成分（例えば、酪酸グリセリド）を他の物質（例えば、オレイン酸グリセリド）で置き換えることによってミルクから得た物品（第19.01項及び第21.06項参照）
　(c)　アルブミン（二以上のホエイたんぱく質の濃縮物を含むものとし、ホエイたんぱく質の含有量が乾燥状態において全重量の80％を超えるものに限る。第35.02項参照）及びグロブリン（第35.04項参照）

号注
1　第0404.10号において「調製ホエイ」とは、ホエイの組成分から成る物品（ホエイから乳糖、たんぱく質若しくは無機質の全部又は一部を除いたもの、ホエイにホエイの天然の組成分を加えたもの及びホエイの天然の組成分を混合して得たもの）をいう。
2　第0405.10号においてバターには、無水バター及びギーを含まない（第0405.90号参照。）

番号	品名
04.01	ミルク及びクリーム（濃縮若しくは乾燥をし又は砂糖その他の甘味料を加えたものを除く。）
0401.10	脂肪分が全重量の1％以下のもの
0401.20	脂肪分が全重量の1％を超え6％以下のもの
0401.40	脂肪分が全重量の6％を超え10％以下のもの
0401.50	脂肪分が全重量の10％を越えるもの
04.02	ミルク及びクリーム（濃縮若しくは乾燥をし又は砂糖その他の甘味料を加えたものに限る。）
0402.10	粉状、粒状その他の固形状のもの（脂肪分が全重量の1.5％以下のものに限る。）
	粉状、粒状その他の固形状のもの（脂肪分が全重量の1.5％を超えるものに限る。）
0402.21	砂糖その他の甘味料を加えてないもの
0402.29	その他のもの
	その他のもの
0402.91	砂糖その他の甘味料を加えてないもの
0402.99	その他のもの
04.03	バターミルク、凝固したミルク及びクリーム、ヨーグルト、ケフィアその他発酵させ又は酸性化したミルク及びクリーム（濃縮若しくは乾燥をしてあるかないか又は砂糖その他の甘味料、香味料、果実、ナット若しくはココアを加えてあるかないかを問わない。）
0403.10	ヨーグルト
0403.90	その他のもの
04.04	ホエイ（濃縮若しくは乾燥をしてあるかないか又は砂糖その他の甘味料を加えてあるかないかを問わない。）及びミルクの天然の組成分から成る物品（砂糖その他の甘味料を加えてあるかないかを問わないものとし、他の項に該当するものを除く。）
0404.10	ホエイ及び調製ホエイ（濃縮若しくは乾燥をしてあるかないか又は砂糖その他の甘味料を加えてあるかないかを問わない。）
0404.90	その他のもの
04.05	ミルクから得たバターその他の油脂及びデイリースプレッド
0405.10	バター

番号	品名
0405.20	デイリースプレッド
0405.90	その他のもの
04.06	チーズ及びカード
0406.10	フレッシュチーズ（ホエイチーズを含むものとし、熟成していないものに限る。）及びカード
0406.20	おろしチーズ及び粉チーズ（チーズの種類を問わない。）
0406.30	プロセスチーズ（おろしチーズ及び粉チーズを除く。）
0406.40	ブルーベインドチーズ及びその他のペニシリウム・ロックフォルティにより得られる模様を含むチーズ
0406.90	その他のチーズ
04.07	殻付きの鳥卵（生鮮のもの及び保存に適する処理又は加熱による調理をしたものに限る。）
	ふ化用の受精卵
0407.11	鶏（ガルルス・ドメスティクス）のもの
0407.19	その他のもの
	その他の卵（生鮮のものに限る。）
0407.21	鶏（ガルルス・ドメスティクス）のもの
0407.29	その他のもの
0407.90	その他のもの
04.08	殻付きでない鳥卵及び卵黄（生鮮のもの及び乾燥、蒸気又は水煮による調理、成型、冷凍その他保存に適する処理をしたものに限るものとし、砂糖その他の甘味料を加えてあるかないかを問わない。）
	卵黄
0408.11	乾燥したもの
0408.19	その他のもの
	その他のもの
0408.91	乾燥したもの
0408.99	その他のもの
04.09	
0409.00	天然はちみつ
04.10	
0410.00	食用の動物性生産品（他の項に該当するものを除く。）

〔付録〕ＨＳ品目表2017年版

第5類 動物性生産品(他の類に該当するものを除く。)

注
1 この類には、次の物品を含まない。
  (a) 食用の物品(動物の腸、ぼうこう又は胃の全形のもの及び断片並びに動物の血で、液状のもの及び乾燥したものを除く。)
  (b) 原皮及び毛皮(第41類及び第43類参照。第05.05項の物品並びに第05.11項の原皮くず及び毛皮くずを除く。)
  (c) 動物性紡織用繊維(第11部参照。馬毛及びそのくずを除く。)
  (d) ほうき又はブラシの製造用に結束し又は房状にした物品(第96.03項参照)
2 第05.01項において毛を長さにより選別したもの(毛の向きをそろえたものを除く。)は、加工したものとみなさない。
3 この表において象、かば、せいうち、いつかく又はいのししのきば、さい角及びすべての動物の歯は、アイボリーとする。
4 この表において「馬毛」とは、馬類の動物又は牛のたてがみ及び尾毛をいう。第05.11項には、馬毛及びそのくず(支持物を使用することなく又は支持物を使用して層状にしてあるかないかを問わない。)を含む。

番号	品名
05.01	
0501.00	人髪(加工してないものに限るものとし、洗つてあるかないかを問わない。)及びそのくず
05.02	豚毛、いのししの毛、あなぐまの毛その他ブラシ製造用の獣毛及びこれらのくず
0502.10	豚毛及びいのししの毛並びにこれらのくず
0502.90	その他のもの
05.04	
0504.00	動物(魚を除く。)の腸、ぼうこう又は胃の全形のもの及び断片(生鮮のもの及び冷蔵し、冷凍し、塩蔵し、塩水漬けし、乾燥し又はくん製したものに限る。)
05.05	羽毛皮その他の羽毛付きの鳥の部分、羽毛及びその部分(加工してないもの及び単に清浄にし、消毒し又は保存のために処理したものに限るものとし、縁を整えてあるかないかを問わない。)並びに鳥の綿毛(加工してないもの及び単に清浄にし、消毒し又は保存のために処理したものに限る。)並びに羽毛又はその部分の粉及びくず
0505.10	綿毛及び詰物用の羽毛
0505.90	その他のもの
05.06	骨及びホーンコア(加工してないもの及び脱脂し、単に整え、酸処理し又は脱膠したものに限るものとし、特定の形状に切つたものを除く。)並びにこれらの粉及びくず
0506.10	オセイン及び酸処理した骨
0506.90	その他のもの

番号	品名
05.07	アイボリー、かめの甲、ホエールボーン、ホエールボーンヘア、角、枝角、ひづめ、つめ及びくちばし(加工してないもの及び単に整えたものに限るものとし、特定の形状に切つたものを除く。)並びにこれらの粉及びくず
0507.10	アイボリー並びにその粉及びくず
0507.90	その他のもの
05.08	
0508.00	さんごその他これに類する物品(加工してないもの及び単に整えたものに限る。)並びに軟体動物、甲殻類又は棘皮動物の殻及びいかの甲(加工してないもの及び単に整えたものに限るものとし、特定の形状に切つたものを除く。)並びにこれらの粉及びくず
05.10	
0510.00	アンバーグリス、海狸香、シベット、じや香及びカンタリス、胆汁(乾燥してあるかないかを問わない。)並びに医療用品の調製用の腺その他の動物性生産品(生鮮のもの及び冷蔵し又は冷凍したもの並びに一時的な保存に適した処理をしたものに限る。)
05.11	動物性生産品(他の項に該当するものを除く。)及び第1類又は第3類の動物で生きていないもののうち食用に適しないもの
0511.10	牛の精液
	その他のもの
0511.91	魚又は甲殻類、軟体動物若しくはその他の水棲無脊椎動物の物品及び第3類の動物で生きていないもの
0511.99	その他のもの

第2部
植物性生産品

注
1 この部において「ペレット」とは、直接圧縮すること又は全重量の3％以下の結合剤を加えることにより固めた物品をいう。

〔付録〕ＨＳ品目表2017年版

第６類　生きている樹木その他の植物及びりん茎、根その他これらに類する物品並びに切花及び装飾用の葉

注
1　この類には、第06.01項のチコリー及びその根の場合を除くほか、通常、苗、苗木又は花きの生産業者又は販売業者が提供する樹木(生きているものに限る。)その他の物品(野菜の苗を含む。)で、栽培用又は装飾用のもののみを含むものとし、第７類のばれいしょ、たまねぎ、シャロット、にんにくその他の物品を含まない。
2　第06.03項又は第06.04項の物品には、全部又は一部をこれらの物品から作つた花束、花かご、花輪その他これらに類する物品(附属品のいかんを問わない。)を含むものとし、第97.01項のコラージュその他これに類する装飾板を含まない。

番　号	品　　名
06.01	りん茎、塊茎、塊根、球根、冠根及び根茎(休眠し、生長し又は花が付いているものに限る。)並びにチコリー及びその根(第12.12項のものを除く。)
0601.10	りん茎、塊茎、塊根、球根、冠根及び根茎(休眠しているものに限る。)
0601.20	りん茎、塊茎、塊根、球根、冠根及び根茎(生長し又は花が付いているものに限る。)並びにチコリー及びその根
06.02	その他の生きている植物(根を含む。)、挿穂、接ぎ穂及びきのこ菌糸
0602.10	根を有しない挿穂及び接ぎ穂
0602.20	樹木及び灌木(食用の果実又はナットのものに限るものとし、接ぎ木してあるかないかを問わない。)
0602.30	しゃくなげ、つつじその他のつつじ属の植物(接ぎ木してあるかないかを問わない。)
0602.40	ばら(接ぎ木してあるかないかを問わない。)
0602.90	その他のもの

番　号	品　　名
06.03	切花及び花芽(生鮮のもの及び乾燥し、染色し、漂白し、染み込ませ又はその他の加工をしたもので、花束用又は装飾用に適するものに限る。)
	生鮮のもの
0603.11	ばら
0603.12	カーネーション
0603.13	らん
0603.14	菊
0603.15	ゆり(リリウム属のもの)
0603.19	その他のもの
0603.90	その他のもの
06.04	植物の葉、枝その他の部分(花及び花芽のいずれも有しないものに限る。)、草、こけ及び地衣(生鮮のもの及び乾燥し、染色し、漂白し、染み込ませ又はその他の加工をしたもので、花束用又は装飾用に適するものに限る。)
0604.20	生鮮のもの
0604.90	その他のもの

第７類　食用の野菜、根及び塊茎

注
1　この類には、第12.14項の飼料用植物を含まない。
2　第07.09項から第07.12項までにおいて野菜には、食用きのこ、トリフ、オリーブ、ケーパー、かぼちや、なす、スイートコーン(ゼア・マウス変種サカラタ)、とうがらし属又はピメンタ属の果実、ういきよう、パセリ、チャービル、タラゴン、クレス及びスイートマージョラム(マヨラナ・ホルテンスィス及びオリガヌム・マヨラナ)を含む。
3　第07.12項には、次の物品を除くほか、第07.01項から第07.11項までの野菜を乾燥したすべてのものを含む。
　(a)　乾燥した豆でさやを除いたもの(第07.13項参照)
　(b)　第11.02項から第11.04項までに定める形状のスイートコーン
　(c)　ばれいしよの粉、ミール、フレーク、粒及びペレット(第11.05項参照)
　(d)　第07.13項の乾燥した豆の粉及びミール(第11.06項参照)
4　この類には、とうがらし属又はピメンタ属の果実を乾燥し、破砕し又は粉砕したものを含まない(第09.04項参照)。

番　号	品　　名
07.01	ばれいしよ(生鮮のもの及び冷蔵したものに限る。)
0701.10	種ばれいしよ
0701.90	その他のもの
07.02	
0702.00	トマト(生鮮のもの及び冷蔵したものに限る。)

番　号	品　　名
07.03	たまねぎ、シャロット、にんにく、リーキその他のねぎ属の野菜(生鮮のもの及び冷蔵したものに限る。)
0703.10	たまねぎ及びシャロット
0703.20	にんにく
0703.90	リーキその他のねぎ属のもの

〔付録〕ＨＳ品目表2017年版

番号	品名
07.04	キャベツ、カリフラワー、コールラビー、ケールその他これらに類するあぶらな属の食用の野菜(生鮮のもの及び冷蔵したものに限る。)
0704.10	カリフラワー
0704.20	芽キャベツ
0704.90	その他のもの
07.05	レタス(ラクトゥカ・サティヴァ)及びチコリー(キコリウム属のもの)(生鮮のもの及び冷蔵したものに限る。)
	レタス
0705.11	結球レタス
0705.19	その他のもの
	チコリー
0705.21	ウィットルーフチコリー(キコリウム・インテュブス変種フォリオスム)
0705.29	その他のもの
07.06	にんじん、かぶ、サラダ用のビート、サルシファイ、セルリアク、大根その他これらに類する食用の根(生鮮のもの及び冷蔵したものに限る。)
0706.10	にんじん及びかぶ
0706.90	その他のもの
07.07	
0707.00	きゅうり及びガーキン(生鮮のもの及び冷蔵したものに限る。)
07.08	豆(生鮮のもの及び冷蔵したものに限るものとし、さやを除いてあるかないかを問わない。)
0708.10	えんどう(ピスム・サティヴム)
0708.20	ささげ属又はいんげんまめ属の豆
0708.90	その他の豆
07.09	その他の野菜(生鮮のもの及び冷蔵したものに限る。)
0709.20	アスパラガス
0709.30	なす
0709.40	セルリー（セルリアクを除く。)
	きのこ及びトリフ
0709.51	きのこ(はらたけ属のもの)
0709.59	その他のもの
0709.60	とうがらし属又はピメンタ属の果実
0709.70	ほうれん草、つるな及びやまほうれん草
	その他のもの
0709.91	アーティチョーク
0709.92	オリーブ
0709.93	かぼちゃ類(ククルビタ属のもの)
0709.99	その他のもの
07.10	冷凍野菜(調理してないもの及び蒸気又は水煮による調理をしたものに限る。)
0710.10	ばれいしよ

番号	品名
	豆(さやを除いてあるかないかを問わない。)
0710.21	えんどう(ピスム・サティヴム)
0710.22	ささげ属又はいんげんまめ属の豆
0710.29	その他のもの
0710.30	ほうれん草、つるな及びやまほうれん草
0710.40	スイートコーン
0710.80	その他の野菜
0710.90	野菜を混合したもの
07.11	一時的な保存に適する処理をした野菜(例えば、亜硫酸ガス又は塩水、亜硫酸水その他の保存用の溶液により保存に適する処理をしたもので、そのままの状態では食用に適しないものに限る。)
0711.20	オリーブ
0711.40	きゅうり及びガーキン
	きのこ及びトリフ
0711.51	きのこ(はらたけ属のもの)
0711.59	その他のもの
0711.90	その他の野菜及び野菜を混合したもの
07.12	乾燥野菜(全形のもの及び切り、砕き又は粉状にしたものに限るものとし、更に調製したものを除く。)
0712.20	たまねぎ
	きのこ、きくらげ(きくらげ属のもの)、白きくらげ(白きくらげ属のもの)及びトリフ
0712.31	きのこ(はらたけ属のもの)
0712.32	きくらげ(きくらげ属のもの)
0712.33	白きくらげ(白きくらげ属のもの)
0712.39	その他のもの
0712.90	その他の野菜及び野菜を混合したもの
07.13	乾燥した豆(さやを除いたものに限るものとし、皮を除いてあるかないか又は割つてあるかないかを問わない。)
0713.10	えんどう(ピスム・サティヴム)
0713.20	ひよこ豆
	ささげ属又はいんげんまめ属の豆
0713.31	緑豆(ヴィグナ・ムンゴ及びヴィグナ・ラジアタ)
0713.32	小豆(ファセオルス・アングラリス又はヴィグナ・アングラリス)
0713.33	いんげん豆(ファセオルス・ヴルガリス)
0713.34	バンバラ豆(ヴィクナ・スヴァルフネア又はヴォアンデイア・スプテルラネア)
0713.35	ささげ(ヴィグナ・ウングイクラタ)
0713.39	その他のもの
0713.40	ひら豆
0713.50	そら豆(ヴィキア・ファバ変種マヨル、ヴィキア・ファバ変種エクイナ及びヴィキア・ファバ変種ミノル)

〔付録〕ＨＳ品目表2017年版

番号	品名
0713.60	き豆(カヤヌス・カヤン)
0713.90	その他のもの
07.14	カッサバ芋、アロールート、サレップ、菊芋、かんしよその他これらに類するでん粉又はイヌリンを多量に含有する根及び塊茎(生鮮のもの及び冷蔵し、冷凍し又は乾燥したものに限るものとし、切つてあるかないか又はペレット状にしてあるかないかを問わない。)並びにサゴやしの髄

番号	品名
0714.10	カッサバ芋
0714.20	かんしよ
0714.30	ヤム芋(ディオスコレア属のもの)
0714.40	さといも(コロカシア属のもの)
0714.50	アメリカさといも(クサントソマ属のもの)
0714.90	その他のもの

第8類 食用の果実及びナット、かんきつ類の果皮並びにメロンの皮

注
1 この類には、食用でない果実及びナットを含まない。
2 冷蔵した果実及びナットは、当該果実及びナットで、生鮮のものと同一の項に属する。
3 この類の乾燥した果実及びナットには、少量の水分を添加したもの又は次の処理をしたものを含む。
 (a) 保存性又は安定性を向上させるための処理(例えば、穏やかな加熱処理、硫黄くん蒸及びソルビン酸又はソルビン酸カリウムの添加)
 (b) 外観を改善し又は維持するための処理(例えば、植物油又は少量のぶどう糖水の添加)
   ただし、乾燥した果実又はナットの特性を有するものに限る。

番号	品名
08.01	ココやしの実、ブラジルナット及びカシューナット(生鮮のもの及び乾燥したものに限るものとし、殻又は皮を除いてあるかないかを問わない。)
	ココやしの実
0801.11	乾燥したもの
0801.12	内果皮付きのもの
0801.19	その他のもの
	ブラジルナット
0801.21	殻付きのもの
0801.22	殻を除いたもの
	カシューナット
0801.31	殻付きのもの
0801.32	殻を除いたもの
08.02	その他のナット(生鮮のもの及び乾燥したものに限るものとし、殻又は皮を除いてあるかないかを問わない。)
	アーモンド
0802.11	殻付きのもの
0802.12	殻を除いたもの
	ヘーゼルナット(コリルス属のもの)
0802.21	殻付きのもの
0802.22	殻を除いたもの
	くるみ
0802.31	殻付きのもの
0802.32	殻を除いたもの
	くり(カスタネア属のもの)
0802.41	殻付きのもの

番号	品名
0802.42	殻を除いたもの
	ピスタチオナット
0802.51	殻付きのもの
0802.52	殻を除いたもの
	マカダミアナット
0802.61	殻付きのもの
0802.62	殻を除いたもの
0802.70	コーラナット(コラ属のもの)
0802.80	びんろう子
0802.90	その他のもの
08.03	バナナ(プランテインを含むものとし、生鮮のもの及び乾燥したものに限る。)
0803.10	プランテイン
0803.90	その他のもの
08.04	なつめやしの実、いちじく、パイナップル、アボカドー、グアバ、マンゴー及びマンゴスチン(生鮮のもの及び乾燥したものに限る。)
0804.10	なつめやしの実
0804.20	いちじく
0804.30	パイナップル
0804.40	アボカドー
0804.50	グアバ、マンゴー及びマンゴスチン
08.05	かんきつ類の果実(生鮮のもの及び乾燥したものに限る。)
0805.10	オレンジ
	マンダリン、タンジェリン及びうんしゆうみかん並びにクレメンタイン、ウィルキングその他これらに類するかんきつ類の交雑種

〔付録〕ＨＳ品目表2017年版

番号	品名
0805.21	マンダリン、タンジェリン及びうんしゆうみかん
0805.22	クレメンタイン
0805.29	その他のもの
0805.40	グレープフルーツ（ポメロを含む。）
0805.50	レモン（キトルス・リモン及びキトルス・リモヌム）及びライム（キトルス・アウランティフォリア及びキトルス・ラティフォリア）
0805.90	その他のもの
08.06	ぶどう（生鮮のもの及び乾燥したものに限る。）
0806.10	生鮮のもの
0806.20	乾燥したもの
08.07	パパイヤ及びメロン（すいかを含む。）（生鮮のものに限る。）
	メロン（すいかを含む。）
0807.11	すいか
0807.19	その他のもの
0807.20	パパイヤ
08.08	りんご、梨及びマルメロ（生鮮のものに限る。）
0808.10	りんご
0808.30	梨
0808.40	マルメロ
08.09	あんず、さくらんぼ、桃（ネクタリンを含む。）、プラム及びスロー（生鮮のものに限る。）
0809.10	あんず
	さくらんぼ
0809.21	サワーチェリー（プルヌス・ケラスス）
0809.29	その他のもの
0809.30	桃（ネクタリンを含む。）
0809.40	プラム及びスロー
08.10	その他の果実（生鮮のものに限る。）
0810.10	ストロベリー
0810.20	ラズベリー、ブラックベリー、桑の実及びローガンベリー
0810.30	ブラックカーラント、ホワイトカーラント、レッドカーラント及びグーズベリー

番号	品名
0810.40	クランベリー、ビルベリーその他のヴァキニウム属の果実
0810.50	キウイフルーツ
0810.60	ドリアン
0810.70	柿
0810.90	その他のもの
08.11	冷凍果実及び冷凍ナット（調理してないもの及び蒸気又は水煮による調理をしたものに限るものとし、砂糖その他の甘味料を加えてあるかないかを問わない。）
0811.10	ストロベリー
0811.20	ラズベリー、ブラックベリー、桑の実、ローガンベリー、ブラックカーラント、ホワイトカーラント、レッドカーラント及びグーズベリー
0811.90	その他のもの
08.12	一時的な保存に適する処理をした果実及びナット（例えば、亜硫酸ガス又は塩水、亜硫酸水その他の保存用の溶液により保存に適する処理をしたもので、そのままの状態では食用に適しないものに限る。）
0812.10	さくらんぼ
0812.90	その他のもの
08.13	乾燥果実（第08.01項から第08.06項までのものを除く。）及びこの類のナット又は乾燥果実を混合したもの
0813.10	あんず
0813.20	プルーン
0813.30	りんご
0813.40	その他の果実
0813.50	この類のナット又は乾燥果実を混合したもの
08.14	
0814.00	かんきつ類の果皮及びメロン（すいかを含む。）の皮（生鮮のもの及び冷凍し、乾燥又は塩水、亜硫酸水その他の保存用の溶液により一時的な保存に適する処理をしたものに限る。）

第９類　コーヒー、茶、マテ及び香辛料

注

1　第09.04項から第09.10項までの物品の混合物は、次に定めるところによりその所属を決定する。
　(a)　同一の項の二以上の物品の混合物は、その項に属する。
　(b)　異なる項の二以上の物品の混合物は、第09.10項に属する。
　　第09.04項から第09.10項までの物品（(a)又は(b)の混合物を含む。）に他の物品を加えて得た混合物のうち、当該各項の物品の重要な特性を保持するものはその属する項は変わらないものとし、その他のものについてはこの類に属さず、混合調味料にしたものは第21.03項に属する。

2　この類には、第12.11項のクベバ（ピペル・クベバ）その他の物品を含まない。

[付録] HS品目表2017年版

番号	品名
09.01	コーヒー（いつてあるかないか又はカフェインを除いてあるかないかを問わない。）、コーヒー豆の殻及び皮並びにコーヒーを含有するコーヒー代用物（コーヒーの含有量のいかんを問わない。）
	コーヒー（いつたものを除く。）
0901.11	カフェインを除いてないもの
0901.12	カフェインを除いたもの
	コーヒー（いつたものに限る。）
0901.21	カフェインを除いてないもの
0901.22	カフェインを除いたもの
0901.90	その他のもの
09.02	茶（香味を付けてあるかないかを問わない。）
0902.10	緑茶（発酵していないもので、正味重量が3キログラム以下の直接包装にしたものに限る。）
0902.20	その他の緑茶（発酵していないものに限る。）
0902.30	紅茶及び部分的に発酵した茶（正味重量が3キログラム以下の直接包装にしたものに限る。）
0902.40	その他の紅茶及び部分的に発酵した茶
09.03	
0903.00	マテ
09.04	とうがらし属又はピメンタ属の果実（乾燥し、破砕し又は粉砕したものに限る。）及びこしょう属のペッパー
	ペッパー
0904.11	破砕及び粉砕のいずれもしてないもの
0904.12	破砕し又は粉砕したもの
	とうがらし属又はピメンタ属の果実
0904.21	乾燥したもの（破砕及び粉砕のいずれもしてないものに限る。）
0904.22	破砕し又は粉砕したもの
09.05	バニラ豆
0905.10	破砕及び粉砕のいずれもしてないもの
0905.20	破砕し又は粉砕したもの
09.06	けい皮及びシンナモンツリーの花
	破砕及び粉砕のいずれもしてないもの
0906.11	けい皮（キナモムム・ゼラニカム・ブルーメ）

番号	品名
0906.19	その他のもの
0906.20	破砕し又は粉砕したもの
09.07	丁子（果実、花及び花梗に限る。）
0907.10	破砕及び粉砕のいずれもしてないもの
0907.20	破砕し又は粉砕したもの
09.08	肉ずく、肉ずく花及びカルダモン類
	肉ずく
0908.11	破砕及び粉砕のいずれもしてないもの
0908.12	破砕し又は粉砕したもの
	肉ずく花
0908.21	破砕及び粉砕のいずれもしてないもの
0908.22	破砕し又は粉砕したもの
	カルダモン類
0908.31	破砕及び粉砕のいずれもしてないもの
0908.32	破砕し又は粉砕したもの
09.09	アニス、大ういきよう、ういきよう、コリアンダー、クミン又はカラウエイの種及びジュニパーベリー
	コリアンダーの種
0909.21	破砕及び粉砕のいずれもしてないもの
0909.22	破砕し又は粉砕したもの
	クミンの種
0909.31	破砕及び粉砕のいずれもしてないもの
0909.32	破砕し又は粉砕したもの
	アニス、大ういきよう、カラウエイ又はういきようの種及びジュニパーベリー
0909.61	破砕及び粉砕のいずれもしてないもの
0909.62	破砕し又は粉砕したもの
09.10	しようが、サフラン、うこん、タイム、月けい樹の葉、カレーその他の香辛料
	しようが
0910.11	破砕及び粉砕のいずれもしてないもの
0910.12	破砕し又は粉砕したもの
0910.20	サフラン
0910.30	うこん
	その他の香辛料
0910.91	この類の注1(b)の混合物
0910.99	その他のもの

第10類 穀物

注
1 (A) この類の各項の物品は、穀粒があるもの（穂又は茎に付いているかいないかを問わない。）に限り、当該各項に属する。
 (B) この類には、殻の除去その他の加工をした穀物を含まない。ただし、第10.06項には、玄米、精米、研磨した米、つや出しした米、パーボイルドライス及び砕米を含む。
2 第10.05項には、スイートコーンを含まない（第7類参照）。

519

〔付録〕HS品目表2017年版

号注
1 「デュラム小麦」とは、トリティクム・デュルム種の小麦及び当該種の種間交雑により生じた雑種で染色体数がトリティクム・デュルム種と同数(28)のものをいう。

番号	品名
10.01	小麦及びメスリン
	デュラム小麦
1001.11	播種用のもの
1001.19	その他のもの
	その他のもの
1001.91	播種用のもの
1001.99	その他のもの
10.02	ライ麦
1002.10	播種用のもの
1002.90	その他のもの
10.03	大麦及び裸麦
1003.10	播種用のもの
1003.90	その他のもの
10.04	オート
1004.10	播種用のもの
1004.90	その他のもの
10.05	とうもろこし
1005.10	播種用のもの
1005.90	その他のもの
10.06	米

番号	品名
1006.10	もみ
1006.20	玄米
1006.30	精米(研磨してあるかないか又はつや出ししてあるかないかを問わない。)
1006.40	砕米
10.07	グレーンソルガム
1007.10	播種用のもの
1007.90	その他のもの
10.08	そば、ミレット及びカナリーシード並びにその他の穀物
1008.10	そば
	ミレット
1008.21	播種用のもの
1008.29	その他のもの
1008.30	カナリーシード
1008.40	フォニオ(ディギタリア属のもの)
1008.50	キヌア(ケノポディウム・クイノア)
1008.60	ライ小麦
1008.90	その他の穀物

第11類 穀粉、加工穀物、麦芽、でん粉、イヌリン及び小麦グルテン
注
1 この類には、次の物品を含まない。
 (a) いつた麦芽で、コーヒー代用物にしたもの(第09.01項及び第21.01項参照)
 (b) 第19.01項の調製した穀粉、ひき割り穀物、ミール及びでん粉
 (c) 第19.04項のコーンフレークその他の物品
 (d) 第20.01項、第20.04項又は第20.05項の調製し又は保存に適する処理をした野菜
 (e) 医療用品(第30類参照)
 (f) 調製香料又は化粧品類の特性を有するでん粉(第33類参照)
2 (A) 次の表の(1)欄の穀物を製粉その他これに類する方法により加工した物品で、でん粉又は灰分の含有率(乾燥状態における重量比による。)が次の(a)及び(b)のいずれの要件も満たすものはこの類に属するものとし、その他のものは第23.02項に属する。ただし、穀物の胚芽(全形のもの及びロールにかけ、フレーク状にし又はひいたものに限る。)は、第11.04項に属する。
 (a) でん粉の含有率(エヴェルスの偏光計法の改良法により求めたものに限る。)が、次の表の(2)欄に掲げる率を超えること。
 (b) 灰分の含有率(鉱物質が添加してあるときは、これを控除して計算する。)が、次の表の(3)欄に掲げる率以下であること。
 (B) (A)の規定によりこの類に属する物品で、次の表の(4)欄又は(5)欄に定める目開きを有するふるい(織金網製のものに限る。)に対する通過率(重量比による。)が当該穀物について次の表の(4)欄又は(5)欄に掲げる率以上であるものは第11.01項又は第11.02項に属するものとし、その他のものは第11.03項又は第11.04項に属する。

〔付録〕HS品目表2017年版

(1) 穀物	(2) でん粉の含有率	(3) 灰分の含有率	(4)目開きが315マイクロメートル（ミクロン）のふるいに対する通過率	(5)目開きが500マイクロメートル（ミクロン）のふるいに対する通過率
小麦及びライ麦	45％	2.5％	80％	—
大麦及び裸麦	45％	3％	80％	—
オート	45％	5％	80％	—
とうもろこし及びグレーンソルガム	45％	2％	—	90％
米	45％	1.6％	80％	—
そば	45％	4％	80％	—

3　第11.03項において「ひき割り穀物」及び「穀物のミール」とは、穀物を破砕して得た物品で次のものをいう。
(a)　とうもろこしから得た物品については、目開きが2ミリメートルのふるい（織金網製のものに限る。）に対する通過率が全重量の95％以上のもの
(b)　その他の穀物から得た物品については、目開きが1.25ミリメートルのふるい（織金網製のものに限る。）に対する通過率が全重量の95％以上のもの

番号	品名
11.01	
1101.00	小麦粉及びメスリン粉
11.02	穀粉（小麦粉及びメスリン粉を除く。）
1102.20	とうもろこし粉
1102.90	その他のもの
11.03	ひき割り穀物、穀物のミール及びペレット
	ひき割り穀物及び穀物のミール
1103.11	小麦のもの
1103.13	とうもろこしのもの
1103.19	その他の穀物のもの
1103.20	ペレット
11.04	その他の加工穀物（例えば、殻を除き、ロールにかけ、フレーク状にし、真珠形にとう精し、薄く切り又は粗くひいたもの。第10.06項の米を除く。）及び穀物の胚芽（全形のもの及びロールにかけ、フレーク状にし又はひいたものに限る。）
	ロールにかけ又はフレーク状にした穀物
1104.12	オートのもの
1104.19	その他の穀物のもの
	その他の加工穀物（例えば、殻を除き、真珠形にとう精し、薄く切り又は粗くひいたもの）
1104.22	オートのもの
1104.23	とうもろこしのもの
1104.29	その他の穀物のもの
1104.30	穀物の胚芽（全形のもの及びロールにかけ、フレーク状にし又はひいたものに限る。）

番号	品名
11.05	ばれいしよの粉、ミール、フレーク、粒及びペレット
1105.10	粉及びミール
1105.20	フレーク、粒及びペレット
11.06	乾燥した豆（第07.13項のものに限る。）、サゴやし又は根若しくは塊茎（第07.14項のものに限る。）の粉及びミール並びに第8類の物品の粉及びミール
1106.10	乾燥した豆（第07.13項のものに限る。）のもの
1106.20	サゴやし又は根若しくは塊茎（第07.14項のものに限る。）のもの
1106.30	第8類の物品のもの
11.07	麦芽（いつてあるかないかを問わない。）
1107.10	いつてないもの
1107.20	いつたもの
11.08	でん粉及びイヌリン
	でん粉
1108.11	小麦でん粉
1108.12	とうもろこしでん粉（コーンスターチ）
1108.13	ばれいしよでん粉
1108.14	マニオカ（カッサバ）でん粉
1108.19	その他のでん粉
1108.20	イヌリン
11.09	
1109.00	小麦グルテン（乾燥してあるかないかを問わない。）

〔付録〕ＨＳ品目表2017年版

第12類 採油用の種及び果実、各種の種及び果実、工業用又は医薬用の植物並びにわら及び飼料用植物

注
1 第12.07項には、油やしの実、パーム核、綿実、ひまの種、ごま、マスタードの種、サフラワーの種、けしの種及びシャナットを含むものとし、オリーブ(第7類及び第20類参照)及び第08.01項又は第08.02項の物品を含まない。
2 第12.08項には、脱脂してない粉及びミールのほか、部分的に脱脂した粉及びミール並びに脱脂後完全に又は部分的にもとの油脂を加えた粉及びミールを含むものとし、第23.04項から第23.06項までの油かすを含まない。
3 ビート、牧草、観賞用の花、野菜、森林樹、果樹、ベッチ(ヴィキア・ファバ種を除く。)又はルーピンの種は、第12.09項の播種用の種とみなす。
　　もつとも、次の物品は、播種用のものであつても、第12.09項には含まない。
　(a) 豆及びスイートコーン(第7類参照)
　(b) 第9類の香辛料その他の物品
　(c) 穀物(第10類参照)
　(d) 第12.01項から第12.07項まで又は第12.11項の物品
4 第12.11項には、バジル、ボレージ、おたねにんじん、ヒソップ、甘草、ミント類、ローズマリー、ヘンルーダ、セージ及びにがよもぎ並びにこれらの部分を含む。
　　もつとも、第12.11項には、次の物品を含まない。
　(a) 第30類の医薬品
　(b) 第33類の調製香料及び化粧品類
　(c) 第38.08項の殺虫剤、殺菌剤、除草剤、消毒剤その他これらに類する物品
5 第12.12項において海草その他の藻類には、次の物品を含まない。
　(a) 第21.02項の単細胞微生物(生きていないものに限る。)
　(b) 第30.02項の培養微生物
　(c) 第31.01項又は第31.05項の肥料

号注
1 第1205.10号において「菜種(低エルカ酸のもの)」とは、不揮発性油(エルカ酸がその重量の2％未満のものに限る。)及び1グラムあたり30マイクロモル未満のグルコシノレイトの固形分が得られる菜種をいう。

備考
1 あおじその果実、あさがおの種、アモムム・クサンティオイデスの種、アルピニア・オクシュヒュルラの果実、いかりそうの葉、うつぼぐさの花、えびすぐさの種、エピメディウム・ウシャネンセの葉、エピメディウム・プベスケンスの葉、エピメディウム・ブレヴィコルヌの葉、エヴォディア・ボディニエリの果実、おおからすうりの種、おおばこの果実、種、葉及び花、おおみさんざしの果実、おかぜりの果実、おにゆりの葉、オランダびゆの果実、かどおしの葉及び花、かきのきのがく、カシア・トラの種、かためんじその果実、かわらよもぎの花、きからすうりの種、きささげの果実、キトルス・アウランティウム(だいだいを含む。)の果実(未成熟のものに限る。)、きばないかりそうの葉、くこの果実及び葉、くちなしの果実、けいがいの花、げんのしようこの葉及び花、ごしゆゆの果実、こぶしの花、ごぼうの果実、ざくろの果皮、ささくさの葉、さねぶとなつめの種、さんざしの果実、さんしゆゆの果実、しその果実及び葉、しなからすうりの種、しなれんぎようの果実、しろみなんてんの果実、すいかずらの葉及び花、すおうの心材、せつこく属の植物の葉、だいふくびんろうの果皮、たむしばの花、ちようせんごみしの果実、ちよれいまいたけの菌核、ちりめんあおじその果実、ちりめんじその果実及び葉、とうがん(ベニンカサ・ケリフェラ品種エマルギナタを含む。)の種、とうきささげの果実、ときわいかりそうの葉、どくだみの葉及び花、ながばくこの果実、なつみかんの果実(未成熟のものに限る。)、なんてんの果実、ねなしかずらの種、のいばらの果実、はくもくれんの花、はつかの葉及び花、はまごうの果実、はまねなしかずらの種、はまびしの果実、ひなの葉、びんろうの果皮、ふきたんぽぽの花、ふじまめの種、ふゆむしなつくさたけの子実体(宿主を付けたものに限る。)、ほざきいかりそうの葉、ほんごしゆゆの果実、マグノリア・スプレンゲリの花、マグノリア・ビオンディの花、まつほどの菌核、まめだおしの果実、みつばはまごうの果実、ミロバランの果実、めはじきの葉及び花、リリウム・プミルムの葉、リリウム・ブロウニイ(はかたゆりを含む。)の葉、レオヌルス・シビリクスの葉及び花、れんぎようの果実並びにロファテルム・シネンセの葉

番号	品名
12.01	大豆(割つてあるかないかを問わない。)
1201.10	播種用のもの
1201.90	その他のもの

〔付録〕ＨＳ品目表2017年版

番号	品名
12.02	落花生(煎つてないものその他の加熱による調理をしてないものに限るものとし、殻を除いてあるかないか又は割つてあるかないかを問わない。)
1202.30	播種用のもの
	その他のもの
1202.41	殻付きのもの
1202.42	殻を除いたもの(割つてあるかないかを問わない。)
12.03	
1203.00	コプラ
12.04	
1204.00	亜麻の種(割つてあるかないかを問わない。)
12.05	菜種(割つてあるかないかを問わない。)
1205.10	菜種(低エルカ酸のもの)
1205.90	その他のもの
12.06	
1206.00	ひまわりの種(割つてあるかないかを問わない。)
12.07	その他の採油用の種及び果実(割つてあるかないかを問わない。)
1207.10	油ヤシの実及びパーム核
	綿実
1207.21	播種用のもの
1207.29	その他のもの
1207.30	ひまの種
1207.40	ごま
1207.50	マスタードの種
1207.60	サフラワー(カルタムス・ティンクトリウス)の種
1207.70	メロンの種
	その他のもの
1207.91	けしの種
1207.99	その他のもの
12.08	採油用の種又は果実の粉及びミール(マスタードの粉及びミールを除く。)
1208.10	大豆のもの
1208.90	その他のもの
12.09	播種用の種、果実及び胞子
1209.10	てん菜の種
	飼料用植物の種
1209.21	ルーサン(アルファルファ)の種
1209.22	クローバー(トリフォリウム属のもの)の種
1209.23	フェスクの種
1209.24	ケンタッキーブルーグラス(ポア・プラテンシス)の種

番号	品名
1209.25	ライグラス(ロリウム・ムルティフロルム及びロリウム・ペレネ)の種
1209.29	その他のもの
1209.30	園芸用草花の種
	その他のもの
1209.91	野菜の種
1209.99	その他のもの
12.10	ホップ(生鮮のもの及び乾燥したものに限るものとし、粉砕し、粉状にし又はペレット状にしたものであるかないかを問わない。)及びルプリン
1210.10	ホップ(粉砕し、粉状にし又はペレット状にしたものを除く。)
1210.20	ホップ(粉砕し、粉状にし又はペレット状にしたものに限る。)及びルプリン
12.11	主として香料用、医療用、殺虫用、殺菌用その他これらに類する用途に供する植物及びその部分(種及び果実を含み、生鮮のもの及び冷蔵し、冷凍又は乾燥したものに限るものとし、切り、砕き又は粉状にしたものであるかないかを問わない。)
1211.20	おたねにんじん
1211.30	コカ葉
1211.40	けしがら
1211.50	麻黄
1211.90	その他のもの
12.12	海草その他の藻類、ローカストビーン、てん菜及びさとうきび(生鮮のもの及び冷蔵し、冷凍し又は乾燥したものに限るものとし、粉砕してあるかないかを問わない。)並びに主として食用に供する果実の核及び仁その他の植物性生産品(チコリー(キコリウム・インテュブス変種サティウム)の根で煎つてないものを含むものとし、他の項に該当するものを除く。)
	海草その他の藻類
1212.21	食用に適するもの
1212.29	その他のもの
	その他のもの
1212.91	てん菜
1212.92	ローカストビーン(キャロブ)
1212.93	さとうきび
1212.94	チコリーの根
1212.99	その他のもの
12.13	
1213.00	穀物のわら及び殻(切り、粉砕し、圧縮し又はペレット状にしたものであるかないかを問わないものとし、調製したものを除く。)

523

〔付録〕ＨＳ品目表2017年版

番号	品　名
12.14	ルタバガ、飼料用のビートその他の飼料用の根菜類、飼料用の乾草、ルーサン（アルファルファ）、クローバー、セインホイン、飼料用のケール、ルーピン、ベッチその他これらに類する飼料用植物（ペレット状にしてあるかないかを問わない。）

番号	品　名
1214.10	ルーサン（アルファルファ）のミール及びペレット
1214.90	その他のもの

第13類　ラック並びにガム、樹脂その他の植物性の液汁及びエキス

注
1　第13.02項には、甘草エキス、除虫菊エキス、ホップエキス、アロエエキス及び生あへんを含むものとし、次の物品を含まない。
　(a)　甘草エキスで、しよ糖の含有量が全重量の10％を超えるもの及び菓子にしたもの（第17.04項参照）
　(b)　麦芽エキス（第19.01項参照）
　(c)　コーヒー、茶又はマテのエキス（第21.01項参照）
　(d)　アルコールを含有する飲料を構成する植物性の液汁及びエキス（第22類参照）
　(e)　第29.14項又は第29.38項のしよう脳、グリシルリジンその他の物品
　(f)　けしがら濃縮物で、アルカロイドの含有量が全重量の50％以上のもの（第29.39項参照）
　(g)　第30.03項又は第30.04項の医薬品及び血液型判定用試薬（第30.06項参照）
　(h)　なめしエキス及び染色エキス（第32.01項及び第32.03項参照）
　(ij)　精油、コンクリート、アブソリュート、レジノイド及びオレオレジン抽出物、精油のアキュアスディスチレート及びアキュアソリューション並びに飲料製造に使用する種類の香気性物質をもととした調製品（第33類参照）
　(k)　天然ゴム、バラタ、グタペルカ、グアユール、チクルその他これらに類する天然ガム（第40.01項参照）

備考
1　第13.02項においてアルコール分は、温度20度におけるアルコールの容量分による。

番号	品　名
13.01	ラック、天然ガム、樹脂、ガムレジン及びオレオレジン（例えば、バルサム）
1301.20	アラビアゴム
1301.90	その他のもの
13.02	植物性の液汁及びエキス、ペクチン質、ペクチニン酸塩、ペクチン酸塩並びに寒天その他植物性原料から得た粘質物及びシックナー（変性させてあるかないかを問わない。）
	植物性の液汁及びエキス
1302.11	生あへん
1302.12	甘草のもの
1302.13	ホップのもの

番号	品　名
1302.14	麻黄のもの
1302.19	その他のもの
1302.20	ペクチン質、ペクチニン酸塩及びペクチン酸塩
	植物性原料から得た粘質物及びシックナー（変性させてあるかないかを問わない。）
1302.31	寒天
1302.32	ローカストビーン若しくはその種又はグアーシードから得た粘質物及びシックナー（変性させてあるかないかを問わない。）
1302.39	その他のもの

第14類　植物性の組物材料及び他の類に該当しない植物性生産品

注
1　この類には、主として紡織用繊維の製造に使用する植物性材料及び植物性繊維（調製したものを含む。）並びに紡織用繊維の材料としての用途のみに適する状態に加工したその他の植物性材料を含まないものとし、これらの物品は、第11部に属する。
2　第14.01項には、竹（割り、縦にひき、特定の長さに切り、端を丸め、漂白し、不燃加工をし、磨き又は染色したものであるかないかを問わない。）及びオージア、あしその他これらに類する植物を割つたもの並びにとうのしん及びとうを引き抜き又は割つたものを含むものとし、チップウッド（第44.04項参照）を含まない。
3　第14.04項には、木毛（第44.05項参照）及びほうき又はブラシの製造用に結束し又は房状にした物品（第96.03項参照）を含まない。

番号	品名
14.01	主として組物に使用する植物性材料(例えば、穀物のわらで清浄にし、漂白又は染色したもの、竹、とう、あし、いぐさ、オージア、ラフィア及びライム樹皮)
1401.10	竹

番号	品名
1401.20	とう
1401.90	その他のもの
14.04	植物性生産品(他の項に該当するものを除く。)
1404.20	コットンリンター
1404.90	その他のもの

第3部
動物性又は植物性の油脂及びその分解生産物、調製食用脂並びに動物性又は植物性のろう

第15類 動物性又は植物性の油脂及びその分解生産物、調製食用脂並びに動物性又は植物性のろう
注
1 この類には、次の物品を含まない。
 (a) 第02.09項の豚又は家きんの脂肪
 (b) カカオ脂(第18.04項参照)
 (c) 調製食料品(第04.05項の物品の含有量が全重量の15%を超えるものに限る。主として第21類に属する。)
 (d) 獣脂かす(第23.01項参照)及び第23.04項から第23.06項までの油かす
 (e) 脂肪酸、調製ろう、医薬品、ペイント、ワニス、せっけん、調製香料、化粧品類、硫酸化油その他の第6部の物品
 (f) 油から製造したファクチス(第40.02項参照)
2 第15.09項には、オリーブから溶剤抽出により得た油を含まない(第15.10項参照)。
3 第15.18項には、単に変性した油脂及びその分別物を含まないものとし、これらの物品は、変性していない油脂及びその分別物が属する項に属する。
4 ソープストック、油いさ、ステアリンピッチ、グリセリンピッチ及びウールグリースの残留物は、第15.22項に属する。
号注
1 第1514.11号及び第1514.19号において「菜種油(低エルカ酸のもの)」とは、エルカ酸が全重量の2%未満の不揮発性油をいう。
備考
1 この類において「酸価」とは、油脂1グラムのうちに含まれる遊離脂肪酸の中和に要する水酸化カリウムのミリグラム数をいう。
2 第15.18項において「脱水」とは、油を構成するヒドロキシ脂肪酸の水酸基を除くことをいう。

番号	品名
15.01	豚脂(ラードを含む。)及び家きん脂(第02.09項又は第15.03項のものを除く。)
1501.10	ラード
1501.20	その他の豚脂
1501.90	その他のもの
15.02	牛、羊又はやぎの脂肪(第15.03項のものを除く。)
1502.10	タロー
1502.90	その他のもの
15.03	
1503.00	ラードステアリン、ラード油、オレオステアリン、オレオ油及びタロー油(乳化、混合その他の調製をしてないものに限る。)
15.04	魚又は海棲哺乳動物の油脂及びその分別物(化学的な変性加工をしてないものに限るものとし、精製してあるかないかを問わない。)
1504.10	魚の肝油及びその分別物

番号	品名
1504.20	魚の油脂及びその分別物(肝油を除く。)
1504.30	海棲哺乳動物の油脂及びその分別物
15.05	
1505.00	ウールグリース及びこれから得た脂肪性物質(ラノリンを含む。)
15.06	
1506.00	その他の動物性油脂及びその分別物(化学的な変性加工をしてないものに限るものとし、精製してあるかないかを問わない。)
15.07	大豆油及びその分別物(化学的な変性加工をしてないものに限るものとし、精製してあるかないかを問わない。)
1507.10	粗油(ガム質を除いてあるかないかを問わない。)
1507.90	その他のもの

〔付録〕ＨＳ品目表2017年版

番号	品名
15.08	落花生油及びその分別物（化学的な変性加工をしてないものに限るものとし、精製してあるかないかを問わない。）
1508.10	粗油
1508.90	その他のもの
15.09	オリーブ油及びその分別物（化学的な変性加工をしてないものに限るものとし、精製してあるかないかを問わない。）
1509.10	バージン油
1509.90	その他のもの
15.10	
1510.00	オリーブのみから得たその他の油及びその分別物（第15.09項の油及びその分別物を混合したものを含み、化学的な変性加工をしてないものに限るものとし、精製してあるかないかを問わない。）
15.11	パーム油及びその分別物（化学的な変性加工をしてないものに限るものとし、精製してあるかないかを問わない。）
1511.10	粗油
1511.90	その他のもの
15.12	ひまわり油、サフラワー油及び綿実油並びにこれらの分別物（化学的な変性加工をしてない油及び分別物に限るものとし、精製してあるかないかを問わない。）
	ひまわり油及びサフラワー油並びにこれらの分別物
1512.11	粗油
1512.19	その他のもの
	綿実油及びその分別物
1512.21	粗油（ゴシポールを除いてあるかないかを問わない。）
1512.29	その他のもの
15.13	やし（コプラ）油、パーム核油及びババス油並びにこれらの分別物（化学的な変性加工をしてない油及び分別物に限るものとし、精製してあるかないかを問わない。）
	やし（コプラ）油及びその分別物
1513.11	粗油
1513.19	その他のもの
	パーム核油及びババス油並びにこれらの分別物
1513.21	粗油
1513.29	その他のもの
15.14	菜種油及びからし油並びにこれらの分別物（化学的な変性加工をしてない油及び分別物に限るものとし、精製してあるかないかを問わない。）
	菜種油（低エルカ酸のもの）及びその分別物

番号	品名
1514.11	粗油
1514.19	その他のもの
	その他のもの
1514.91	粗油
1514.99	その他のもの
15.15	その他の植物性油脂及びその分別物（ホホバ油及びその分別物を含み、化学的な変性加工をしてないものに限るものとし、精製してあるかないかを問わない。）
	亜麻仁油及びその分別物
1515.11	粗油
1515.19	その他のもの
	とうもろこし油及びその分別物
1515.21	粗油
1515.29	その他のもの
1515.30	ひまし油及びその分別物
1515.50	ごま油及びその分別物
1515.90	その他のもの
15.16	動物性又は植物性の油脂及びその分別物（完全に又は部分的に、水素添加し、インターエステル化し、リエステル化し又はエライジン化したものに限るものとし、精製してあるかないかを問わず、更に調製したものを除く。）
1516.10	動物性油脂及びその分別物
1516.20	植物性油脂及びその分別物
15.17	マーガリン並びにこの類の動物性油脂若しくは植物性油脂又はこの類の異なる油脂の分別物の混合物及び調製品（食用のものに限るものとし、第15.16項の食用の油脂及びその分別物を除く。）
1517.10	マーガリン（液状マーガリンを除く。）
1517.90	その他のもの
15.18	
1518.00	動物性又は植物性の油脂及びその分別物（ボイル油化、酸化、脱水、硫化、吹込み又は真空若しくは不活性ガスの下での加熱重合その他の化学的な変性加工をしたものに限るものとし、第15.16項のものを除く。）並びにこの類の動物性油脂若しくは植物性油脂又はこの類の異なる油脂の分別物の混合物及び調製品（食用に適しないものに限るものとし、他の項に該当するものを除く．）
15.20	
1520.00	グリセリン（粗のものに限る。）、グリセリン水及びグリセリン廃液
15.21	植物性ろう（トリグリセリドを除く。）、みつろうその他の昆虫ろう及び鯨ろう（精製してあるかないか又は着色してあるかないかを問わない。）

〔付録〕ＨＳ品目表2017年版

番号	品　名
1521.10	植物性ろう
1521.90	その他のもの

番号	品　名
15.22	
1522.00	デグラス及び脂肪性物質又は動物性若しくは植物性のろうの処理の際に生ずる残留物

第4部
調製食料品、飲料、アルコール、食酢、たばこ及び製造たばこ代用品

注
1　この部において「ペレット」とは、直接圧縮すること又は全重量の3％以下の結合剤を加えることにより固めた物品をいう。

第16類　肉、魚又は甲殻類、軟体動物若しくはその他の水棲無脊椎動物の調製品

注
1　この類には、第2類、第3類又は第05.04項に定める方法により調製し又は保存に適する処理をした肉、くず肉、魚並びに甲殻類、軟体動物及びその他の水棲無脊椎動物を含まない。
2　ソーセージ、肉、くず肉、血、魚又は甲殻類、軟体動物若しくはその他の水棲無脊椎動物の一以上を含有する調製食料品で、これらの物品の含有量の合計が全重量の20％を超えるものは、この類に属する。この場合において、これらの物品の二以上を含有する調製食料品については、最大の重量を占める成分が属する項に属する。前段及び中段のいずれの規定も、第19.02項の詰物をした物品及び第21.03項又は第21.04項の調製品については、適用しない。

号注
1　第1602.10号において「均質調製品」とは、微細に均質化した肉、くず肉又は血から成る乳幼児用又は食餌療法用の調製品(小売用のもので正味重量が250グラム以下の容器入りにしたものに限る。)をいう。この場合において、調味、保存その他の目的のために当該調製品に加えた少量の構成成分は考慮しないものとし、当該調製品が少量の肉又はくず肉の目に見える程度の細片を含有するかしないかを問わない。同号は、第16.02項の他のいかなる号にも優先する。
2　第16.04項又は第16.05項の号において、慣用名のみで定める魚並びに甲殻類、軟体動物及びその他の水棲無脊椎動物は、第3類において同一の慣用名で定める魚並びに甲殻類、軟体動物及びその他の水棲無脊椎動物と同一の種に属する。

備考
1　第1605.69号の細分において「うに」又は「くらげ」とは、それぞれ、この類の号注2の規定により第1605.62号に属するうに以外のもの又は第1605.63号に属するくらげ以外のものをいう。

番号	品　名
16.01	
1601.00	ソーセージその他これに類する物品(肉、くず肉又は血から製造したものに限る。)及びこれらの物品をもととした調製食料品
16.02	その他の調製をし又は保存に適する処理をした肉、くず肉及び血
1602.10	均質調製品
1602.20	動物の肝臓のもの
	第01.05項の家きんのもの
1602.31	七面鳥のもの
1602.32	鶏(ガルルス・ドメスティクス)のもの
1602.39	その他のもの
	豚のもの
1602.41	もも肉及びこれを分割したもの
1602.42	肩肉及びこれを分割したもの
1602.49	その他のもの(混合物を含む。)
1602.50	牛のもの
1602.90	その他のもの(動物の血の調製品を含む。)

番号	品　名
16.03	
1603.00	肉、魚又は甲殻類、軟体動物若しくはその他の水棲無脊椎動物のエキス及びジュース
16.04	魚(調製し又は保存に適する処理をしたものに限る。)、キャビア及び魚卵から調製したキャビア代用物
	魚(全形のもの及び断片状のものに限るものとし、細かく切り刻んだものを除く。)
1604.11	さけ
1604.12	にしん
1604.13	いわし
1604.14	まぐろ、はがつお(サルダ属のもの)及びかつお
1604.15	さば
1604.16	かたくちいわし
1604.17	うなぎ
1604.18	ふかひれ
1604.19	その他のもの

番号	品名
1604.20	その他の調製をし又は保存に適する処理をした魚
	キャビア及びその代用物
1604.31	キャビア
1604.32	キャビア代用物
16.05	甲殻類、軟体動物及びその他の水棲無脊椎動物(調製し又は保存に適する処理をしたものに限る。)
1605.10	かに
	シュリンプ及びプローン
1605.21	気密容器入りでないもの
1605.29	その他のもの
1605.30	ロブスター
1605.40	その他の甲殻類
	軟体動物

番号	品名
1605.51	かき
1605.52	スキャロップ(いたや貝を含む。)
1605.53	い貝
1605.54	いか
1605.55	たこ
1605.56	クラム、コックル及びアークシェル
1605.57	あわび
1605.58	かたつむりその他の巻貝(海棲のものを除く。)
1605.59	その他のもの
	その他の水棲無脊椎動物
1605.61	なまこ
1605.62	うに
1605.63	くらげ
1605.69	その他のもの

第17類　糖類及び砂糖菓子

注
1　この類には、次の物品を含まない。
　(a)　ココアを含有する砂糖菓子(第18.06項参照)
　(b)　第29.40項の糖類(化学的に純粋なものに限るものとし、しよ糖、乳糖、麦芽糖、ぶどう糖及び果糖を除く。)その他の物品
　(c)　第30類の医薬品その他の物品

号注
1　第1701.12号、第1701.13号及び第1701.14号において「粗糖」とは、乾燥状態において、全重量に対するしよ糖の含有量が、検糖計(旋光度を測定するものに限る。)の読みで99.5度未満に相当する砂糖をいう。
2　第1701.13号の物品には、分蜜をすることなく得た甘しや糖で、乾燥状態において、全重量に対するしよ糖の含有量が、検糖計の読みで69度以上93度未満に相当するもののみを含む。この物品は、糖蜜その他のさとうきびの組成分から成る残留物に取り囲まれたもので、肉眼により判別できない天然の他形の微結晶(不規則な形のものに限る。)のみを有するものである。

備考
1　この表において「砂糖を加えたもの」には、糖みつ、人造はちみつその他これらに類する砂糖を含有する物品を加えたものを含む。
2　号注1の規定は、車糖、でん粉を加えた粉糖及びこれらに類する砂糖には適用しない。

番号	品名
17.01	甘しや糖、てん菜糖及び化学的に純粋なしよ糖(固体のものに限る。)
	粗糖(香味料又は着色料を加えてないものに限る。)
1701.12	てん菜糖
1701.13	この類の号注2の甘しや糖
1701.14	その他の甘しや糖
	その他のもの
1701.91	香味料又は着色料を加えたもの
1701.99	その他のもの

番号	品名
17.02	その他の糖類(化学的に純粋な乳糖、麦芽糖、ぶどう糖及び果糖を含むものとし、固体のものに限る。)、糖水(香味料又は着色料を加えてないものに限る。)、人造はちみつ(天然はちみつを混合してあるかないかを問わない。)及びカラメル
	乳糖及び乳糖水
1702.11	無水乳糖として計算した乳糖の含有量が乾燥状態において全重量の99％以上のもの
1702.19	その他のもの
1702.20	かえで糖及びかえで糖水

〔付録〕ＨＳ品目表2017年版

番号	品　　名
1702.30	ぶどう糖及びぶどう糖水(果糖を含有しないもの及び果糖の含有量が乾燥状態において全重量の20％未満のものに限る。)
1702.40	ぶどう糖及びぶどう糖水(果糖の含有量が乾燥状態において全重量の20％以上50％未満のものに限るものとし、転化糖を除く。)
1702.50	果糖(化学的に純粋なものに限る。)
1702.60	その他の果糖及び果糖水(果糖の含有量が乾燥状態において全重量の50％を超えるものに限るものとし、転化糖を除く。)

番号	品　　名
1702.90	その他のもの(転化糖並びにその他の糖類及び糖水の混合物で果糖を乾燥状態において全重量の50％含有するものを含む。)
17.03	糖みつ(砂糖の抽出又は精製の際に生ずるものに限る。)
1703.10	甘しや糖みつ
1703.90	その他のもの
17.04	砂糖菓子(ホワイトチョコレートを含むものとし、ココアを含有しないものに限る。)
1704.10	チューインガム(砂糖で覆つてあるかないかを問わない。)
1704.90	その他のもの

第18類　ココア及びその調製品
注
1　この類には、第04.03項、第19.01項、第19.04項、第19.05項、第21.05項、第22.02項、第22.08項、第30.03項又は第30.04項の調製品を含まない。
2　第18.06項には、ココアを含有する砂糖菓子及び、1の調製品を除くほか、ココアを含有するその他の調製食料品を含む。

番号	品　　名
18.01	
1801.00	カカオ豆(生のもの及びいつたもので、全形のもの及び割つたものに限る。)
18.02	
1802.00	カカオ豆の殻、皮その他のくず
18.03	ココアペースト(脱脂してあるかないかを問わない。)
1803.10	脱脂してないもの
1803.20	完全に又は部分的に脱脂したもの
18.04	
1804.00	カカオ脂
18.05	
1805.00	ココア粉(砂糖その他の甘味料を加えたものを除く。)

番号	品　　名
18.06	チョコレートその他のココアを含有する調製食料品
1806.10	ココア粉(砂糖その他の甘味料を加えたものに限る。)
1806.20	その他の調製品(塊状、板状又は棒状のもので、その重量が2キログラムを超えるもの及び液状、ペースト状、粉状、粒状その他これらに類する形状のもので、正味重量が2キログラムを超える容器入り又は直接包装にしたものに限る。)
	その他のもの(塊状、板状又は棒状のものに限る。)
1806.31	詰物をしたもの
1806.32	詰物をしてないもの
1806.90	その他のもの

第19類　穀物、穀粉、でん粉又はミルクの調製品及びベーカリー製品
注
1　この類には、次の物品を含まない。
　(a)　ソーセージ、肉、くず肉、血、魚又は甲殻類、軟体動物若しくはその他の水棲無脊椎動物の一以上を含有する調製食料品で、これらの物品の含有量の合計が全重量の20％を超えるもの(第16類参照。第19.02項の詰物をした物品を除く。)
　(b)　飼料用のビスケットその他の穀粉又はでん粉の調製飼料(第23.09項参照)
　(c)　第30類の医薬品その他の物品
2　第19.01項において次の用語の意義は、それぞれ次に定めるところによる。
　(a)　「ひき割り穀物」とは、第11類の「ひき割り穀物」をいう。
　(b)　「穀粉」及び「ミール」とは、次の物品をいう。
　　(1)　第11類の穀粉及びミール
　　(2)　他の類の植物性の粉及びミール(乾燥野菜(第07.12項参照)、ばれいしよ(第11.05項参照)又は乾燥した豆(第

〔付録〕ＨＳ品目表2017年版

11.06項参照))の粉及びミールを除く。)
3 第19.04項には、完全に脱脂したココアとして計算したココアの含有量が全重量の６％を超える調製品及び第18.06項のチョコレートその他のココアを含有する調製食料品で完全に覆つた調製品を含まない(第18.06項参照)。
4 第19.04項において「その他の調製をしたもの」とは、第10類又は第11類の項又は注に定める調製又は加工の程度を超えて調製又は加工をしたものをいう。

番号	品名	番号	品名
19.01	麦芽エキス並びに穀粉、ひき割り穀物、ミール、でん粉又は麦芽エキスの調製食料品(ココアを含有するものにあつては完全に脱脂したココアとして計算したココアの含有量が全重量の40％未満のものに限るものとし、他の項に該当するものを除く。)及び第04.01項から第04.04項までの物品の調製食料品(ココアを含有するものにあつては完全に脱脂したココアとして計算したココアの含有量が全重量の5％未満のものに限るものとし、他の項に該当するものを除く。)	19.03	
		1903.00	タピオカ及びでん粉から製造したタピオカ代用物(フレーク状、粒状、真珠形、ふるいかす状その他これらに類する形状のものに限る。)
		19.04	穀物又は穀物産品を膨脹させて又はいつて得た調製食料品(例えば、コーンフレーク)並びに粒状又はフレーク状の穀物(とうもろこしを除く。)及びその他の加工穀物(粉、ひき割り穀物及びミールを除く。)であらかじめ加熱による調理その他の調製をしたもの(他の項に該当するものを除く。)
1901.10	乳幼児用の調製品(小売用にしたものに限る。)	1904.10	穀物又は穀物産品を膨脹させて又はいつて得た調製食料品
1901.20	第19.05項のベーカリー製品製造用の混合物及び練り生地	1904.20	いつてない穀物のフレークから得た調製食料品及びいつてない穀物のフレークといつた穀物のフレーク又は膨脹させた穀物との混合物から得た調製食料品
1901.90	その他のもの		
19.02	スパゲッティ、マカロニ、ヌードル、ラザーニヤ、ニョッキ、ラビオリ、カネローニその他のパスタ(加熱による調理をし、肉その他の材料を詰め又はその他の調製をしたものであるかないかを問わない。)及びクースクース(調製してあるかないかを問わない。)	1904.30	ブルガー小麦
		1904.90	その他のもの
		19.05	パン、ペーストリー、ケーキ、ビスケットその他のベーカリー製品(ココアを含有するかしないかを問わない。)及び聖さん用ウエハー、医療用に適するオブラート、シーリングウエハー、ライスペーパーその他これらに類する物品
	パスタ(加熱による調理をし、詰物をし又はその他の調製をしたもの除く。)		
1902.11	卵を含有するもの	1905.10	クリスプブレッド
1902.19	その他のもの	1905.20	ジンジャーブレッドその他これに類する物品
1902.20	パスタ(詰物をしたものに限るものとし、加熱による調理をしてあるかないか又はその他の調製をしてあるかないかを問わない。)		スイートビスケット、ワッフル及びウエハー
		1905.31	スイートビスケット
		1905.32	ワッフル及びウエハー
1902.30	その他のパスタ	1905.40	ラスク、トーストパンその他これらに類する焼いた物品
1902.40	クースクース	1905.90	その他のもの

第20類 野菜、果実、ナットその他植物の部分の調製品

注
1 この類には、次の物品を含まない。
 (a) 第7類、第8類又は第11類に定める方法により調製し又は保存に適する処理をした野菜、果実及びナット
 (b) ソーセージ、肉、くず肉、血、魚又は甲殻類、軟体動物若しくはその他の水棲無脊椎動物の一以上を含有する調製食料品で、これらの物品の含有量の合計が全重量の20％を超えるもの(第16類参照)
 (c) 第19.05項のベーカリー製品その他の物品
 (d) 第21.04項の均質混合調製食料品
2 第20.07項及び第20.08項には、フルーツゼリー、フルーツペースト、砂糖で覆つたアーモンドその他これらに類する物品で、砂糖菓子の形状のもの(第17.04項参照)及びチョコレート菓子の形状のもの(第18.06項参照)を含まない。

〔付録〕 HS品目表2017年版

3　第20.01項、第20.04項及び第20.05項には、第7類、第11.05項又は第11.06項の物品(第8類の物品の粉及びミールを除く。)で1(a)に定める方法以外の方法により調製し又は保存に適する処理をしたもののみを含む。
4　トマトジュースで含有物の乾燥重量が全重量の7％以上のものは、第20.02項に属する。
5　第20.07項において「加熱調理をして得られたもの」とは、水分を減らすことにより又はその他の手段により粘性を増すために、大気圧における又は減圧下での熱処理により得られたものをいう。
6　第20.09項において「発酵しておらず、かつ、アルコールを加えてないもの」とは、アルコール分(第22類の注2参照)が全容量の0.5％以下のものをいう。

号注
1　第2005.10号において「均質調製野菜」とは、微細に均質化した野菜から成る乳幼児用又は食餌療法用の調製品(小売用のもので正味重量が250グラム以下の容器入りにしたものに限る。)をいう。この場合において、調味、保存その他の目的のために当該調製品に加えた少量の構成成分は考慮しないものとし、当該調製品が少量の野菜の目に見える程度の細片を含有するかしないかを問わない。同号は、第20.05項の他のいかなる号にも優先する。
2　第2007.10号において「均質調製果実」とは、微細に均質化した果実から成る乳幼児用又は食餌療法用の調製品(小売用のもので正味重量が250グラム以下の容器入りにしたものに限る。)をいう。この場合において、調味、保存その他の目的のために当該調製品に加えた少量の構成成分は考慮しないものとし、当該調製品が少量の果実の目に見える程度の細片を含有するかしないかを問わない。同号は、第20.07項の他のいかなる号にも優先する。
3　第2009.12号、第2009.21号、第2009.31号、第2009.41号、第2009.61号及び第2009.71号において「ブリックス値」とは、温度20度におけるブリックスハイドロメーター又は屈折計(屈折率をしょ糖含有率(ブリックスの値)として目盛られたものに限る。)の読み値(温度20度と異なる温度で測定した場合には、温度20度における値に補正したもの。)をいう。

番号	品名
20.01	食酢又は酢酸により調製し又は保存に適する処理をした野菜、果実、ナットその他植物の食用の部分
2001.10	きゅうり及びガーキン
2001.90	その他のもの
20.02	調製し又は保存に適する処理をしたトマト(食酢又は酢酸により調製し又は保存に適する処理をしたものを除く。)
2002.10	トマト(全形のもの及び断片状のものに限る。)
2002.90	その他のもの
20.03	調製し又は保存に適する処理をしたきのこ及びトリフ(食酢又は酢酸により調製し又は保存に適する処理をしたものを除く。)
2003.10	きのこ(はらたけ属のもの)
2003.90	その他のもの
20.04	調製し又は保存に適する処理をしたその他の野菜(冷凍したものに限るものとし、食酢又は酢酸により調製し又は保存に適する処理をしたもの及び第20.06項の物品を除く。)
2004.10	ばれいしょ
2004.90	その他の野菜及び野菜を混合したもの
20.05	調製し又は保存に適する処理をしたその他の野菜(冷凍してないものに限るものとし、食酢又は酢酸により調製し又は保存に適する処理をしたもの及び第20.06項の物品を除く。)
2005.10	均質調製野菜
2005.20	ばれいしょ
2005.40	えんどう(ピスム・サティヴム)

番号	品名
	ささげ属又はいんげんまめ属の豆
2005.51	さやを除いた豆
2005.59	その他のもの
2005.60	アスパラガス
2005.70	オリーブ
2005.80	スイートコーン(ゼア・マウス変種サカラタ)
	その他の野菜及び野菜を混合したもの
2005.91	たけのこ
2005.99	その他のもの
20.06	
2006.00	砂糖により調製した野菜、果実、ナット、果皮その他植物の部分(ドレインしたもの、グラッセのもの及びクリスタライズしたものに限る。)
20.07	ジャム、フルーツゼリー、マーマレード、果実又はナットのピューレー及び果実又はナットのペースト(加熱調理をして得られたものに限るものとし、砂糖その他の甘味料を加えてあるかないかを問わない。)
2007.10	均質調製果実
	その他のもの
2007.91	かんきつ類の果実
2007.99	その他のもの
20.08	果実、ナットその他植物の食用の部分(その他の調製をし又は保存に適する処理をしたものに限るものとし、砂糖その他の甘味料又はアルコールを加えてあるかないかを問わず、他の項に該当するものを除く。)

〔付録〕ＨＳ品目表2017年版

番号	品名
	ナット、落花生その他の種（これらを相互に混合してあるかないかを問わない。）
2008.11	落花生
2008.19	その他のもの（混合したものを含む。）
2008.20	パイナップル
2008.30	かんきつ類の果実
2008.40	なし
2008.50	あんず
2008.60	さくらんぼ
2008.70	桃（ネクタリンを含む。）
2008.80	ストロベリー
	その他のもの（混合したもの（第2008.19号のものを除く。）を含む。）
2008.91	パームハート
2008.93	クランベリー（ヴァキニウム・マクロカルポン、ヴァキニウム・オキシココス及びヴァキニウム・ヴィティスイダイア）
2008.97	混合したもの
2008.99	その他のもの
20.09	果実又は野菜のジュース（ぶどう搾汁を含み、発酵しておらず、かつ、アルコールを加えてないものに限るものとし、砂糖その他の甘味料を加えてあるかないかを問わない。）
	オレンジジュース
2009.11	冷凍したもの
2009.12	冷凍してないもの（ブリックス値が20以下のものに限る。）

番号	品名
2009.19	その他のもの
	グレープフルーツ（ポメロを含む。）ジュース
2009.21	ブリックス値が20以下のもの
2009.29	その他のもの
	その他のかんきつ類の果実のジュース（二以上の果実から得たものを除く。）
2009.31	ブリックス値が20以下のもの
2009.39	その他のもの
	パイナップルジュース
2009.41	ブリックス値が20以下のもの
2009.49	その他のもの
2009.50	トマトジュース
	ぶどうジュース（ぶどう搾汁を含む。）
2009.61	ブリックス値が30以下のもの
2009.69	その他のもの
	りんごジュース
2009.71	ブリックス値が20以下のもの
2009.79	その他のもの
	その他の果実又は野菜のジュース（二以上の果実又は野菜から得たものを除く。）
2009.81	クランベリー（ヴァキニウム・マクロカルポン、ヴァキニウム・オキシココス及びヴァキニウム・ヴィティスイダイア）ジュース
2009.89	その他のもの
2009.90	混合ジュース

第21類　各種の調製食料品

注
1　この類には、次の物品を含まない。
　(a)　第07.12項の野菜を混合したもの
　(b)　コーヒーを含有するコーヒー代用物（いつたものに限るものとし、コーヒーの含有量のいかんを問わない。第09.01項参照）
　(c)　香味を付けた茶（第09.02項参照）
　(d)　第09.04項から第09.10項までの香辛料その他の物品
　(e)　ソーセージ、肉、くず肉、血、魚又は甲殻類、軟体動物若しくはその他の水棲無脊椎動物の一以上を含有する調製食料品で、これらの物品の含有量の合計が全重量の20％を超えるもの（第16類参照。第21.03項及び第21.04項のものを除く。）
　(f)　酵母で、第30.03項又は第30.04項の医薬品その他の物品にしたもの
　(g)　第35.07項の調製した酵素
2　1(b)のコーヒー代用物のエキスは、第21.01項に属する。
3　第21.04項において「均質混合調製食料品」とは、二以上の基礎的な構成成分（例えば、肉、魚、野菜、果実及びナット）から成る混合物を微細に均質化したものから成る乳幼児用又は食餌療法用の調製品（小売用のもので正味重量が250グラム以下の容器入りにしたものに限る。）をいう。この場合において、調味、保存その他の目的のために当該混合物に加えた少量の構成成分は考慮しないものとし、当該調製品が少量の構成成分の目に見える程度の細片を含有するかしないかを問わない。

〔付録〕ＨＳ品目表2017年版

番号	品名
21.01	コーヒー、茶又はマテのエキス、エッセンス及び濃縮物並びにこれらをもととした調製品、コーヒー、茶又はマテをもととした調製品並びにチコリーその他のコーヒー代用物(いつたものに限る。)並びにそのエキス、エッセンス及び濃縮物
	コーヒーのエキス、エッセンス及び濃縮物並びにこれらをもととした調製品並びにコーヒーをもととした調製品
2101.11	エキス、エッセンス及び濃縮物
2101.12	エキス、エッセンス又は濃縮物をもととした調製品及びコーヒーをもととした調製品
2101.20	茶又はマテのエキス、エッセンス及び濃縮物並びにこれらをもととした調製品並びに茶又はマテをもととした調製品
2101.30	チコリーその他のコーヒー代用物(いつたものに限る。)並びにそのエキス、エッセンス及び濃縮物
21.02	酵母(活性のものであるかないかを問わない。)及びその他の単細胞微生物(生きていないものに限るものとし、第30.02項のワクチンを除く。)並びに調製したベーキングパウダー

番号	品名
2102.10	酵母(活性のものに限る。)
2102.20	酵母(不活性のものに限る。)及びその他の単細胞微生物(生きていないものに限る。)
2102.30	調製したベーキングパウダー
21.03	ソース、ソース用の調製品、混合調味料、マスタードの粉及びミール並びに調製したマスタード
2103.10	醤油
2103.20	トマトケチャップその他のトマトソース
2103.30	マスタードの粉及びミール並びに調製したマスタード
2103.90	その他のもの
21.04	スープ、ブロス、スープ用又はブロス用の調製品及び均質混合調製食料品
2104.10	スープ、ブロス及びスープ用又はブロス用の調製品
2104.20	均質混合調製食料品
21.05	
2105.00	アイスクリームその他の氷菓(ココアを含有するかしないかを問わない。)
21.06	調製食料品(他の項に該当するものを除く。)
2106.10	たんぱく質濃縮物及び繊維状にしたたんぱく質系物質
2106.90	その他のもの

第22類 飲料、アルコール及び食酢

注
1 この類には、次の物品を含まない。
(a) 料理用に調製したこの類の物品(第22.09項のものを除く。)で飲料に適しない処理をしたもの(主として第21.03項に属する。)
(b) 海水(第25.01項参照)
(c) 蒸留水、伝導度水その他これらに類する純水(第28.53項参照)
(d) 酢酸の水溶液(酢酸の含有量が全重量の10％を超えるものに限る。第29.15項参照)
(e) 第30.03項又は第30.04項の医薬品
(f) 調製香料及び化粧品類(第33類参照)
2 第20類からこの類までにおいてアルコール分は、温度20度におけるアルコールの容量分による。
3 第22.02項において「アルコールを含有しない飲料」とは、アルコール分が0.5％以下の飲料をいう。アルコール飲料は、第22.03項から第22.06項まで又は第22.08項に属する。

号注
1 第2204.10号において「スパークリングワイン」とは、温度20度における密閉容器内のゲージ圧力が3バール以上のぶどう酒をいう。

番号	品名
22.01	水(天然又は人造の鉱水及び炭酸水を含むものとし、砂糖その他の甘味料又は香味料を加えたものを除く。)、氷及び雪
2201.10	鉱水及び炭酸水
2201.90	その他のもの

番号	品名
22.02	水(鉱水及び炭酸水を含むものとし、砂糖その他の甘味料又は香味料を加えたものに限る。)その他のアルコールを含有しない飲料(第20.09項の果実又は野菜のジュースを除く。)

〔付録〕ＨＳ品目表2017年版

番号	品名
2202.10	水(鉱水及び炭酸水を含むものとし、砂糖その他の甘味料又は香味料を加えたものに限る。)
	その他のもの
2202.91	ノンアルコールビール
2202.99	その他のもの
22.03	
2203.00	ビール
22.04	ぶどう酒(強化ぶどう酒を含むものとし、生鮮のぶどうから製造したものに限る。)及びぶどう搾汁(第20.09項のものを除く。)
2204.10	スパークリングワイン
	その他のぶどう酒及びぶどう搾汁でアルコール添加により発酵を止めたもの
2204.21	2リットル以下の容器入りにしたもの
2204.22	2リットルを超え10リットル以下の容器入りにしたもの
2204.29	その他のもの
2204.30	その他のぶどう搾汁
22.05	ベルモットその他のぶどう酒(生鮮のぶどうから製造したもので、植物又は芳香性物質により香味を付けたものに限る。)
2205.10	2リットル以下の容器入りにしたもの
2205.90	その他のもの

番号	品名
22.06	
2206.00	その他の発酵酒(例えば、りんご酒、梨酒、ミード及び清酒)並びに発酵酒とアルコールを含有しない飲料との混合物及び発酵酒の混合物(他の項に該当するものを除く。)
22.07	エチルアルコール(変性させてないものでアルコール分が80%以上のものに限る。)及び変性アルコール(アルコール分のいかんを問わない。)
2207.10	エチルアルコール(変性させてないものでアルコール分が80%以上のものに限る。)
2207.20	変性アルコール(アルコール分のいかんを問わない。)
22.08	エチルアルコール(変性させてないものでアルコール分が80%未満のものに限る。)及び蒸留酒、リキュールその他のアルコール飲料
2208.20	ぶどう酒又はぶどう酒もろみの搾りかすから得た蒸留酒
2208.30	ウイスキー
2208.40	ラムその他これに類する発酵したさとうきびの製品から得た蒸留酒
2208.50	ジン及びジュネヴァ
2208.60	ウオッカ
2208.70	リキュール及びコーディアル
2208.90	その他のもの
22.09	
2209.00	食酢及び酢酸から得た食酢代用物

第23類　食品工業において生ずる残留物及びくず並びに調製飼料

注
1　第23.09項には、植物性又は動物性の材料をその特性が消失する程度に処理して得た飼料用に供する種類の物品(植物のくず、植物のかす及び当該処理の際に生ずる副産物を除く。)で、他の項に該当しないものを含む。

号注
1　第2306.41号において「菜種油かす(低エルカ酸のもの)」とは、第12類号注1に定義される種のものをいう。

番号	品名
23.01	肉、くず肉、魚又は甲殻類、軟体動物若しくはその他の水棲無脊椎動物の粉、ミール及びペレット(食用に適しないものに限る。)並びに獣脂かす
2301.10	肉又はくず肉の粉、ミール及びペレット並びに獣脂かす
2301.20	魚又は甲殻類、軟体動物若しくはその他の水棲無脊椎動物の粉、ミール及びペレット
23.02	ふすま、ぬかその他のかす(穀物又は豆のふるい分け、製粉その他の処理の際に生ずるものに限るものとし、ペレット状であるかないかを問わない。)
2302.10	とうもろこしのもの

番号	品名
2302.30	小麦のもの
2302.40	その他の穀物のもの
2302.50	豆のもの
23.03	でん粉製造の際に生ずるかすその他これに類するかす、ビートパルプ、バガスその他の砂糖製造の際に生ずるかす及び醸造又は蒸留の際に生ずるかす(ペレット状であるかないかを問わない。)
2303.10	でん粉製造の際に生ずるかすその他これに類するかす
2303.20	ビートパルプ、バガスその他の砂糖製造の際に生ずるかす
2303.30	醸造又は蒸留の際に生ずるかす

〔付録〕ＨＳ品目表2017年版

番号	品　名
23.04	
2304.00	大豆油かす（粉砕してあるかないか又はペレット状であるかないかを問わない。）
23.05	
2305.00	落花生油かす（粉砕してあるかないか又はペレット状であるかないかを問わない。）
23.06	その他の植物性の油かす（粉砕してあるかないか又はペレット状であるかないかを問わないものとし、第23.04項又は第23.05項のものを除く。）
2306.10	綿実油かす
2306.20	亜麻仁油かす
2306.30	ひまわり油かす
	菜種油かす
2306.41	菜種油かす（低エルカ酸のもの）
2306.49	その他のもの

番号	品　名
2306.50	やし（コプラ）油かす
2306.60	パーム油かす及びパーム核油かす
2306.90	その他のもの
23.07	
2307.00	ぶどう酒かす及びアーゴル
23.08	
2308.00	飼料用に供する種類の植物材料、植物のくず、植物のかす及び植物性副産物（ペレット状であるかないかを問わないものとし、他の項に該当するものを除く。）
23.09	飼料用に供する種類の調製品
2309.10	犬用又は猫用の飼料（小売用にしたものに限る。）
2309.90	その他のもの

第24類　たばこ及び製造たばこ代用品
注
1　この類には、薬用の紙巻たばこを含まない（第30類参照）。

号注
1　第2403.11号において「水パイプたばこ」とは、水パイプで喫煙するためのものであつて、たばこ及びグリセリンの混合物から成るたばこをいう（芳香油若しくは芳香エキス、糖蜜若しくは砂糖を含有するかしないか又は果実により香味を付けてあるかないかを問わない。）。ただし、この号には、水パイプで喫煙するためのものであつて、たばこを含有しない物品を含まない。

番号	品　名
24.01	たばこ（製造たばこを除く。）及びくずたばこ
2401.10	たばこ（骨を除いてないものに限る。）
2401.20	たばこ（全部又は一部の骨を除いたものに限る。）
2401.30	くずたばこ
24.02	葉巻たばこ、シェルート、シガリロ及び紙巻たばこ（たばこ又はたばこ代用物から成るものに限る。）
2402.10	葉巻たばこ、シェルート及びシガリロ（たばこを含有するものに限る。）
2402.20	紙巻たばこ（たばこを含有するものに限る。）
2402.90	その他のもの

番号	品　名
24.03	その他の製造たばこ及び製造たばこ代用品、シートたばこ並びにたばこのエキス及びエッセンス
	喫煙用たばこ（たばこ代用物を含有するかしないかを問わないものとし、その含有量のいかんを問わない。）
2403.11	この類の号注1の水パイプたばこ
2403.19	その他のもの
	その他のもの
2403.91	シートたばこ
2403.99	その他のもの

第５部
鉱物性生産品

第25類　塩、硫黄、土石類、プラスター、石灰及びセメント
注
1　この類の物品は、文脈又は４の規定により別に解釈される場合を除くほか、粗のもの、洗つたもの（構造を変化させることなく化学物質により不純物を除いたものを含む。）、破砕し、粉砕し、粉状にし又はふるい分けたもの及び浮遊選鉱、磁気選鉱その他の機械的又は物理的な方法により選鉱したもの（結晶法により選鉱したものを除く。）に限るものとし、焼き、混合し又は各項において定める処理方法を超えて加工したものを含まない。

〔付録〕HS品目表2017年版

この類の物品には、アンチダスティング剤を加えたもの(これを加えることにより特定の用途に適するようにしたものを除く。)を含む。
2　この類には、次の物品を含まない。
　(a)　昇華硫黄、沈降硫黄及びコロイド硫黄(第28.02項参照)
　(b)　アースカラーで三酸化二鉄として計算した化合鉄分が全重量の70%以上のもの(第28.21項参照)
　(c)　第30類の医薬品その他の物品
　(d)　調製香料及び化粧品類(第33類参照)
　(e)　舗装用の石、縁石及び敷石(第68.01項参照)、モザイクキューブその他これに類する物品(第68.02項参照)並びに屋根用、上張り用又は防湿層用のスレート(第68.03項参照)
　(f)　貴石及び半貴石(第71.02項及び第71.03項参照)
　(g)　第38.24項の塩化ナトリウム又は酸化マグネシウムを培養した結晶(1個の重量が2.5グラム以上のものに限るものとし、光学用品を除く。)及び塩化ナトリウム又は酸化マグネシウムから製造した光学用品(第90.01項参照)
　(h)　ビリヤードチョーク(第95.04項参照)
　(ij)　テーラーズチョーク及び筆記用又は図画用のチョーク(第96.09項参照)
3　第25.17項及びこの類の他の項に同時に属するとみられる物品は、第25.17項に属する。
4　第25.30項には、蛭石、真珠岩及び緑泥岩(膨脹させてないものに限る。)、アースカラー(焼いてあるかないか又は相互に混合してあるかないかを問わない。)、天然の雲母酸化鉄、こはく、海泡石(磨いてあるかないかを問わない。)、板状、棒状その他これらに類する形状に凝結させたこはく及び海泡石(凝結させたものにあつては、成形後に加工したものを除く。)、黒玉、ストロンチアナイト(焼いてあるかないかを問わないものとし、酸化ストロンチウムを除く。)並びに陶磁製品、れんが又はコンクリートの破片を含む。

番号	品名
25.01	
2501.00	塩(食卓塩及び変性させた塩を含むものとし、水溶液であるかないか又は固結防止剤を含有するかしないかを問わない。)、純塩化ナトリウム(水溶液であるかないか又は固結防止剤を含有するかしないかを問わない。)及び海水
25.02	
2502.00	硫化鉄鉱(焼いてないものに限る。)
25.03	
2503.00	硫黄(昇華硫黄、沈降硫黄及びコロイド硫黄を除く。)
25.04	天然黒鉛
2504.10	粉状又はフレーク状のもの
2504.90	その他のもの
25.05	天然の砂(着色してあるかないかを問わないものとし、第26類の砂状の金属鉱を除く。)
2505.10	けい砂
2505.90	その他のもの
25.06	石英(天然の砂を除く。)及びけい岩(粗削りしてあるか又はのこぎりでひくことその他の方法により長方形(正方形を含む。)の塊状若しくは板状に単に切つてあるかないかを問わない。)
2506.10	石英
2506.20	けい岩
25.07	
2507.00	カオリンその他のカオリン系粘土(焼いてあるかないかを問わない。)

番号	品名
25.08	その他の粘土、アンダルーサイト、カイアナイト及びシリマナイト(焼いてあるかないかを問わないものとし、第68.06項のエキスパンデッドクレーを除く。)並びにムライト、シャモット及びダイナスアース
2508.10	ベントナイト
2508.30	耐火粘土
2508.40	その他の粘土
2508.50	アンダルーサイト、カイアナイト及びシリマナイト
2508.60	ムライト
2508.70	シャモット及びダイナスアース
25.09	
2509.00	白亜
25.10	天然のりん酸カルシウム及びりん酸アルミニウムカルシウム並びにりん酸塩を含有する白亜
2510.10	粉砕してないもの
2510.20	粉砕したもの
25.11	天然の硫酸バリウム(重晶石)及び天然の炭酸バリウム(毒重石。焼いてあるかないかを問わないものとし、第28.16項の酸化バリウムを除く。)
2511.10	天然の硫酸バリウム(重晶石)
2511.20	天然の炭酸バリウム(毒重石)
25.12	
2512.00	けいそう土その他これに類するけい酸質の土(見掛け比重が1以下のものに限るものとし、焼いてあるかないかを問わない。)

536

〔付録〕ＨＳ品目表2017年版

番号	品名
25.13	コランダム、ガーネットその他の研磨用の材料（天然のものに限るものとし、熱処理をしてあるかないかを問わない。）、パミスストーン及びエメリー
2513.10	パミスストーン
2513.20	エメリー、天然のコランダム、天然のガーネットその他の天然の研磨用の材料
25.14	
2514.00	スレート（粗削してあるかないか又はのこぎりでひくことその他の方法により長方形（正方形を含む。）の塊状若しくは板状に単に切つてあるかないかを問わない。）
25.15	大理石、トラバーチン、エコーシンその他の石碑用又は建築用の石灰質の岩石（見掛け比重が2.5以上のものに限るものとし、粗削りしてあるかないか又はのこぎりでひくことその他の方法により長方形（正方形を含む。）の塊状若しくは板状に単に切つてあるかないかを問わない。）及びアラバスター（粗削りしてあるかないか又はのこぎりでひくことその他の方法により長方形（正方形を含む。）の塊状若しくは板状に単に切つてあるかないかを問わない。）
	大理石及びトラバーチン
2515.11	粗のもの及び粗削りしたもの
2515.12	のこぎりでひくことその他の方法により長方形（正方形を含む。）の塊状又は板状に単に切つたもの
2515.20	エコーシンその他の石碑用又は建築用の石灰質の岩石及びアラバスター
25.16	花こう岩、はん岩、玄武岩、砂岩その他の石碑用又は建築用の岩石（粗削りしてあるかないか又はのこぎりでひくことその他の方法により長方形（正方形を含む。）の塊状若しくは板状に単に切つてあるかないかを問わない。）
	花こう岩
2516.11	粗のもの及び粗削りしたもの
2516.12	のこぎりでひくことその他の方法により長方形（正方形を含む。）の塊状又は板状に単に切つたもの
2516.20	砂岩
2516.90	その他の石碑用又は建築用の岩石

番号	品名
25.17	小石、砂利及び砕石（コンクリート用、道路舗装用又は鉄道用その他のバラスト用に通常供するものに限るものとし、熱処理をしてあるかないかを問わない。）、シングル及びフリント（熱処理をしてあるかないかを問わない。）並びにスラグ、ドロスその他これらに類する工業廃棄物から成るマカダム（小石、砂利、砕石、シングル又はフリントを混入してあるかないかを問わない。）及びタールマカダム並びに第25.15項又は第25.16項の岩石の粒、破片及び粉（熱処理をしてあるかないかを問わない。）
2517.10	小石、砂利及び砕石（コンクリート用、道路舗装用又は鉄道用その他のバラスト用に通常供するものに限るものとし、熱処理をしてあるかないかを問わない。）並びにシングル及びフリント（熱処理をしてあるかないかを問わない。）
2517.20	スラグ、ドロスその他これらに類する工業廃棄物から成るマカダム（第2517.10号の物品を混入してあるかないかを問わない。）
2517.30	タールマカダム
	第25.15項又は第25.16項の岩石の粒、破片及び粉（熱処理をしてあるかないかを問わない。）
2517.41	大理石のもの
2517.49	その他のもの
25.18	ドロマイト（粗削りしたもの及びのこぎりでひくことその他の方法により長方形（正方形を含む。）の塊状又は板状に単に切つたものを含むものとし、焼いてあるかないか又は焼結してあるかないかを問わない。）及びドロマイトラミングミックス
2518.10	ドロマイト（焼いたもの及び焼結したものを除く。）
2518.20	ドロマイト（焼いたもの及び焼結したものに限る。）
2518.30	ドロマイトラミングミックス
25.19	天然の炭酸マグネシウム（マグネサイト）並びに溶融マグネシア、焼結マグネシア（焼結前に他の酸化物を少量加えてあるかないかを問わない。）及びその他の酸化マグネシウム（純粋であるかないかを問わない。）
2519.10	天然の炭酸マグネシウム（マグネサイト）
2519.90	その他のもの
25.20	天然石膏及び天然無水石膏並びに天然石膏を焼いたもの又は硫酸カルシウムから成るプラスター（着色してあるかないか又は少量の促進剤若しくは遅緩剤を加えてあるかないかを問わない。）

〔付録〕ＨＳ品目表2017年版

番号	品名
2520.10	天然石膏及び天然無水石膏
2520.20	プラスター
25.21	
2521.00	石灰石その他の石灰質の岩石（石灰又はセメントの製造に使用する種類のものに限る。）
25.22	生石灰、消石灰及び水硬性石灰（第28.25項の酸化カルシウム及び水酸化カルシウムを除く。）
2522.10	生石灰
2522.20	消石灰
2522.30	水硬性石灰
25.23	ポートランドセメント、アルミナセメント、スラグセメント、スーパーサルフェートセメントその他これらに類する水硬性セメント（着色してあるかないか又はクリンカー状であるかないかを問わない。）
2523.10	セメントクリンカー
	ポートランドセメント
2523.21	白色セメント（人工着色をしてあるかないかを問わない。）
2523.29	その他のもの
2523.30	アルミナセメント
2523.90	その他の水硬性セメント
25.24	石綿
2524.10	クロシドライト
2524.90	その他のもの
25.25	雲母（はく離雲母を含む。）及びそのくず
2525.10	粗のもの及びシート状又は片状にしたもの
2525.20	粉
2525.30	くず

番号	品名
25.26	ステアタイト（天然のものに限るものとし、粗削りしてあるかないか又はのこぎりでひくことその他の方法により長方形（正方形を含む。）の塊状若しくは板状に単に切つてあるかないかを問わない。）及びタルク
2526.10	破砕してなく、かつ、粉状にしてないもの
2526.20	破砕し又は粉状にしたもの
25.28	
2528.00	天然ほう酸塩及びその精鉱（焼いてあるかないかを問わないものとし、天然かん水から分離したものを除く。）並びに天然ほう酸でオルトほう酸の含有量が乾燥状態において全重量の85％以下のもの
25.29	長石、白榴石、ネフェリン、ネフェリンサイアナイト及びほたる石
2529.10	長石
	ほたる石
2529.21	ふつ化カルシウムの含有量が全重量の97％以下のもの
2529.22	ふつ化カルシウムの含有量が全重量の97％を超えるもの
2529.30	白榴石、ネフェリン及びネフェリンサイアナイト
25.30	鉱物（他の項に該当するものを除く。）
2530.10	蛭石、真珠岩及び緑泥岩（膨脹させてないものに限る。）
2530.20	キーゼル石及び瀉利塩（天然の硫酸マグネシウム）
2530.90	その他のもの

第26類　鉱石、スラグ及び灰

注
1　この類には、次の物品を含まない。
　(a)　スラグその他工業において生ずるこれに類するくずでマカダムとして調製したもの（第25.17項参照）
　(b)　天然の炭酸マグネシウム（マグネサイト。焼いてあるかないかを問わない。第25.19項参照）
　(c)　石油貯蔵タンクから得られた汚泥で、主として石油から成るもの（第27.10項参照）
　(d)　第31類の塩基性スラグ
　(e)　スラグウール、ロックウールその他これらに類する鉱物性ウール（第68.06項参照）
　(f)　貴金属又は貴金属を張つた金属のくず及び主として貴金属の回収に使用する種類のその他のくずで貴金属又はその化合物を含有するもの（第71.12項参照）
　(g)　製錬工程において製造される銅、ニッケル又はコバルトのマット（第15部参照）
2　第26.01項から第26.17項までにおいて「鉱」とは、水銀又は第28.44項、第14部若しくは第15部の金属を採取するために冶金工業において実際に使用する種類の鉱物（冶金用以外の用途に供するものを含む。）をいう。ただし、第26.01項から第26.17項までには、冶金工業において通常行わない工程を経た鉱物を含まない。
3　第26.20項には、次の物品のみを含む。
　(a)　工業において金属の抽出又は金属化合物の製造原料に使用する種類のスラグ、灰及び残留物（第26.21項の都市廃棄物の焼却によつて生じた灰及び残留物を含まない。）
　(b)　砒素を含有するスラグ、灰及び残留物で、砒素若しくは金属の抽出又はこれらの化合物の製造原料に使用する種類

[付録] HS品目表2017年版

のもの(金属を含有するかしないかを問わない。)

号注
1 第2620.21号において「加鉛ガソリンの汚泥及び鉛アンチノック剤の汚泥」とは、加鉛ガソリン及び鉛アンチノック剤(例えば、テトラエチル鉛)の貯蔵タンクから得られた汚泥で、主として鉛、鉛化合物及び酸化鉄から成るものをいう。
2 砒素、水銀、タリウム又はこれらの混合物を含有するスラグ、灰及び残留物で、砒素若しくはこれらの金属の抽出又はこれらの化合物の製造原料に使用する種類のものは、第2620.60号に属する。

番号	品名
26.01	鉄鉱(精鉱及び焼いた硫化鉄鉱を含む。)
	鉄鉱(精鉱を含むものとし、焼いた硫化鉄鉱を除く。)
2601.11	凝結させてないもの
2601.12	凝結させたもの
2601.20	焼いた硫化鉄鉱
26.02	
2602.00	マンガン鉱(精鉱を含む。)及び含鉄マンガン鉱(精鉱を含むものとし、マンガンの含有量が乾燥状態において全重量の20%以上のものに限る。)
26.03	
2603.00	銅鉱(精鉱を含む。)
26.04	
2604.00	ニッケル鉱(精鉱を含む。)
26.05	
2605.00	コバルト鉱(精鉱を含む。)
26.06	
2606.00	アルミニウム鉱(精鉱を含む。)
26.07	
2607.00	鉛鉱(精鉱を含む。)
26.08	
2608.00	亜鉛鉱(精鉱を含む。)
26.09	
2609.00	すず鉱(精鉱を含む。)
26.10	
2610.00	クロム鉱(精鉱を含む。)
26.11	
2611.00	タングステン鉱(精鉱を含む。)
26.12	ウラン鉱及びトリウム鉱(精鉱を含む。)
2612.10	ウラン鉱(精鉱を含む。)
2612.20	トリウム鉱(精鉱を含む。)
26.13	モリブデン鉱(精鉱を含む。)
2613.10	焼いたもの
2613.90	その他のもの
26.14	
2614.00	チタン鉱(精鉱を含む。)
26.15	ニオブ鉱、タンタル鉱、バナジウム鉱及びジルコニウム鉱(精鉱を含む。)
2615.10	ジルコニウム鉱(精鉱を含む。)
2615.90	その他のもの

番号	品名
26.16	貴金属鉱(精鉱を含む。)
2616.10	銀鉱(精鉱を含む。)
2616.90	その他のもの
26.17	その他の鉱(精鉱を含む。)
2617.10	アンチモン鉱(精鉱を含む。)
2617.90	その他のもの
26.18	
2618.00	粒状スラグ(スラグサンド。鉄鋼製造の際に生ずるものに限る。)
26.19	
2619.00	スラグ、ドロス(粒状スラグを除く。)、スケールその他の鉄のくず(鉄鋼製造の際に生ずるものに限る。)
26.20	スラグ、灰及び残留物(砒素、金属又はこれらの化合物を含有するものに限るものとし、鉄鋼製造の際に生ずるものを除く。)
	亜鉛を主成分とするもの
2620.11	ハードジンクスペルター
2620.19	その他のもの
	鉛を主成分とするもの
2620.21	加鉛ガソリンの汚泥及び鉛アンチノック剤の汚泥
2620.29	その他のもの
2620.30	銅を主成分とするもの
2620.40	アルミニウムを主成分とするもの
2620.60	砒素、水銀、タリウム又はこれらの混合物を含有するもので、砒素若しくはこれらの金属の抽出又はこれらの化合物の製造原料に使用する種類のもの
	その他のもの
2620.91	アンチモン、ベリリウム、カドミウム、クロム又はこれらの混合物を含有するもの
2620.99	その他のもの
26.21	その他のスラグ及び灰(海草の灰(ケルプ)を含む。)並びに都市廃棄物の焼却によつて生じた灰及び残留物
2621.10	都市廃棄物の焼却によつて生じた灰及び残留物
2621.90	その他のもの

539

〔付録〕ＨＳ品目表2017年版

第27類　鉱物性燃料及び鉱物油並びにこれらの　蒸留物、歴青物質並びに鉱物性ろう

注
1　この類には、次の物品を含まない。
　(a)　化学的に単一の有機化合物(第27.11項の純粋なメタン及びプロパンを除く。)
　(b)　第30.03項又は第30.04項の医薬品
　(c)　第33.01項、第33.02項又は第38.05項の混合不飽和炭化水素
2　第27.10項において石油及び歴青油には、石油及び歴青油のほか、その製法を問わず、これらに類する物品及び主として混合不飽和炭化水素から成る物品で、非芳香族成分の重量が芳香族成分の重量を超えるものを含む。
　　ただし、同項の石油及び歴青油には、減圧蒸留法により蒸留した場合において1,013ミリバールに換算したときの温度300度における留出容量が全容量の60％未満の液状の合成ポリオレフィンを含まない(第39類参照)。
3　第27.10項において「廃油」とは、この類の注2に定める石油及び歴青油を主成分とする廃棄物で、水と混合してあるかないかを問わないものとし、次の物品を含む。
　(a)　一次製品として再利用できない油(例えば、使用済みの潤滑油、作動油及びトランス油)
　(b)　石油貯蔵タンクから得られた汚泥で、主として石油及び一次製品の製造において使用された濃度の高い添加剤(例えば、化学品)を含有するもの
　(c)　水に乳化又は水と混合している状態の油(例えば、流出油、貯蔵タンクの洗浄から得られる油及び使用済みの切削油)

号注
1　第2701.11号において「無煙炭」とは、無水無鉱質ベースでの揮発分が14％以下の石炭をいう。
2　第2701.12号において「歴青炭」とは、無水無鉱質ベースでの揮発分が14％を超え、含水無鉱質ベースでの発熱量が1キログラムにつき5,833キロカロリー以上の石炭をいう。
3　第2707.10号、第2707.20号、第2707.30号及び第2707.40号において「ベンゾール(ベンゼン)」、「トルオール(トルエン)」、「キシロール(キシレン)」又は「ナフタレン」とは、それぞれ、ベンゼン、トルエン、キシレン又はナフタレンの含有量が全重量の50％を超える物品をいう。
4　第2710.12号において「軽質油及びその調製品」とは、ISO 3405の方法(ASTM D 86の方法と同等の方法)による温度210度における減失量加算留出容量が全容量の90％以上のものをいう。
5　第27.10項の各号において「バイオディーゼル」とは、動物性又は植物性の油脂(使用済であるかないかを問わない。)から得た燃料として使用する種類の脂肪酸モノアルキルエステルをいう。

備考
1　第2710.12号、第2710.19号及び第2710.20号の細分の次の用語については、それぞれ次に定めるところによる。
　(a)　「揮発油」とは、政令で定める分留性状の試験方法による減失量加算90％留出温度が200度以下の石油及び歴青油をいう。
　(b)　「灯油」とは、政令で定める分留性状の試験方法による95％留出温度が320度以下の石油及び歴青油((a)のものを除く。)をいう。
　(c)　「軽油」とは、政令で定める分留性状の試験方法による90％留出温度が350度以下で、かつ、温度15度における比重が0.8757以下の石油及び歴青油((a)又は(b)のもの及び温度15度における比重が0.83以上で政令で定める試験方法による10％残油の残留炭素分の当該残油に対する重量割合が0.2％以上のものを除く。)をいう。
　(d)　「重油」とは、引火点が温度130度以下(蒸留残油にあつては、引火点が温度130度を超えるものを含む。)の石油又は歴青油で、一般に燃料として使用するもの((a)から(c)までのものを除く。)をいう。
　(e)　「潤滑油」とは、引火点が温度130度を超える石油及び歴青油のうち、アスファルテンの含有量が水分を除いた全重量の1％以下のもの((f)(ⅲ)のものを除く。)をいう。
　(f)　「粗油」とは、次のいずれかに該当する石油又は歴青油で一般に製油(蒸留その他の物理的方法により石油又は歴青油を二以上の石油又は歴青油の成分に分離することをいい、(ⅳ)のものにあつては、洗浄その他の方法により不純物を除去することを含む。)の原料として使用するもの((a)から(e)までのものを除く。)をいう。
　　(ⅰ)　原油を蒸留してその軽質留分を除いたもので、通常抜頭原油と称するもの
　　(ⅱ)　特定の種類の石油又は歴青油と異種の石油(原油を除く。)との混合物
　　(ⅲ)　含ろう留出油で流動点が温度25度を超えるもの
　　(ⅳ)　潤滑油再製用の廃油(使用したものに限る。)

〔付録〕ＨＳ品目表2017年版

番号	品名
27.01	石炭及び練炭、豆炭その他これらに類する固形燃料で石炭から製造したもの
	石炭(粉状にしてあるかないかを問わないものとし、凝結させたものを除く。)
2701.11	無煙炭
2701.12	歴青炭
2701.19	その他の石炭
2701.20	練炭、豆炭その他これらに類する固形燃料で石炭から製造したもの
27.02	亜炭(凝結させてあるかないかを問わないものとし、黒玉を除く。)
2702.10	亜炭(粉状にしてあるかないかを問わないものとし、凝結させたものを除く。)
2702.20	亜炭(凝結させたものに限る。)
27.03	
2703.00	泥炭(ピートリッターを含むものとし、凝結させてあるかないかを問わない。)
27.04	
2704.00	コークス及び半成コークス(石炭、亜炭又は泥炭から製造したものに限るものとし、凝結させてあるかないかを問わない。)並びにレトルトカーボン
27.05	
2705.00	石炭ガス、水性ガス、発生炉ガスその他これらに類するガス(石油ガスその他のガス状炭化水素を除く。)
27.06	
2706.00	石炭、亜炭又は泥炭を乾留して得たタールその他の鉱物性タール(再生タールを含むものとし、脱水してあるかないか又は蒸留により成分の一部を除いてあるかないかを問わない。)
27.07	高温コールタールの蒸留物及びこれに類する物品で芳香族成分の重量が非芳香族成分の重量を超えるもの
2707.10	ベンゾール(ベンゼン)
2707.20	トルオール(トルエン)
2707.30	キシロール(キシレン)
2707.40	ナフタレン
2707.50	その他の芳香族炭化水素混合物で、ISO 3405の方法(ASTM D 86の方法と同等の方法)による温度250度における減失量加算留出容量が全容量の65％以上のもの
	その他のもの
2707.91	クレオソート油
2707.99	その他のもの
27.08	ピッチ及びピッチコークス(コールタールその他の鉱物性タールから得たものに限る。)
2708.10	ピッチ

番号	品名
2708.20	ピッチコークス
27.09	
2709.00	石油及び歴青油(原油に限る。)
27.10	石油及び歴青油(原油を除く。)、これらの調製品(石油又は歴青油の含有量が全重量の70％以上のもので、かつ、石油又は歴青油が基礎的な成分を成すものに限るものとし、他の項に該当するものを除く。)並びに廃油
	石油及び歴青油(原油を除く。)並びにこれらの調製品(石油又は歴青油の含有量が全重量の70％以上のもので、かつ、石油又は歴青油が基礎的な成分を成すものに限るものとし、バイオディーゼルを含有するもの及び他の項に該当するものを除く。)
2710.12	軽質油及びその調製品
2710.19	その他のもの
2710.20	石油及び歴青油(原油を除く。)並びにこれらの調製品(石油又は歴青油の含有量が全重量の70％以上のもので、かつ、石油又は歴青油が基礎的な成分を成すもののうち、バイオディーゼルを含有するものに限るものとし、他の号に該当するものを除く。)
	廃油
2710.91	ポリ塩化ビフェニル(PCB)、ポリ塩化テルフェニル(PCT)又はポリ臭化ビフェニル(PBB)を含むもの
2710.99	その他のもの
27.11	石油ガスその他のガス状炭化水素
	液化したもの
2711.11	天然ガス
2711.12	プロパン
2711.13	ブタン
2711.14	エチレン、プロピレン、ブチレン及びブタジエン
2711.19	その他のもの
	ガス状のもの
2711.21	天然ガス
2711.29	その他のもの
27.12	ペトロラタム並びにパラフィンろう、ミクロクリスタリン石油ワックス、スラックワックス、オゾケライト、モンタンろう、泥炭ろうその他の鉱物性ろう及びこれらに類する物品で合成その他の方法により得たもの(着色してあるかないかを問わない。)
2712.10	ペトロラタム
2712.20	パラフィンろう(油の含有量が全重量の0.75％未満のものに限る。)
2712.90	その他のもの

〔付録〕ＨＳ品目表2017年版

番号	品名
27.13	石油コークス、石油アスファルトその他の石油又は歴青油の残留物
	石油コークス
2713.11	焼いてないもの
2713.12	焼いたもの
2713.20	石油アスファルト
2713.90	その他の石油又は歴青油の残留物

番号	品名
27.14	天然ビチューメン、天然アスファルト、歴青質頁岩、油母頁岩、タールサンド、アスファルタイト及びアスファルチックロック
2714.10	歴青質頁岩、油母頁岩及びタールサンド
2714.90	その他のもの
27.15	
2715.00	歴青質混合物（天然アスファルト、天然ビチューメン、石油アスファルト、鉱物性タール又は鉱物性タールピッチをもととしたものに限る。例えば、マスチック及びカットバック）

第６部
化学工業（類似の工業を含む。）の生産品

注
1(A)　第28.44項又は第28.45項に該当する物品は、放射性鉱物を除くほか、当該各項に属するものとし、この表の他の項には属しない。
　(B)　第28.43項、第28.46項又は第28.52項に該当する物品は、(A)の物品を除くほか、当該各項に属するものとし、この部の他の項には属しない。
2　投与量又は小売用にしたことにより第30.04項から第30.06項まで、第32.12項、第33.03項から第33.07項まで、第35.06項、第37.07項又は第38.08項のいずれかに属するとみられる物品は、1の物品を除くほか、当該各項に属するものとし、この表の他の項には属しない。
3　二以上の独立した構成成分（その一部又は全部がこの部に属し、かつ、この部又は第７部の生産品を得るために相互に混合するものに限る。）から成るセットにした物品は、当該構成成分が次のすべての要件を満たす場合に限り、当該生産品が属する項に属する。
　(a)　取りそろえた状態からみて、詰め替えることなく共に使用するためのものであることが明らかに認められること。
　(b)　共に提示するものであること。
　(c)　当該構成成分の性質又は相対的な量の比のいずれかにより互いに補完し合うものであることが認められること。

第28類　無機化学品及び貴金属、希土類金属、放射性元素又は同位元素の無機又は有機の化合物
注
1　この類には、文脈により別に解釈される場合を除くほか、次の物品のみを含む。
　(a)　化学的に単一の元素及び化合物（不純物を含有するかしないかを問わない。）
　(b)　(a)の物品の水溶液
　(c)　(a)の物品を水以外の溶媒に溶かしたもの（当該溶媒に溶かすことが安全又は輸送のため通常行われ、かつ、必要な場合に限るものとし、特定の用途に適するようにしたものを除く。）
　(d)　(a)、(b)又は(c)の物品で、保存又は輸送のために必要な安定剤（固結防止剤を含む。）を加えたもの
　(e)　(a)、(b)、(c)又は(d)の物品で、アンチダスティング剤又は識別を容易にするため若しくは安全のための着色料を加えたもの（特定の用途に適するようにしたものを除く。）
2　この類には、炭素化合物にあつては、亜二チオン酸塩及びスルホキシル酸塩で、有機安定剤を加えたもの（第28.31項参照）、無機塩基の炭酸塩及びペルオキソ炭酸塩（第28.36項参照）、無機塩基のシアン化物、シアン化酸化物及びシアノ錯塩（第28.37項参照）、無機塩基の雷酸塩、シアン酸塩及びチオシアン酸塩（第28.42項参照）、第28.43項から第28.46項まで及び第28.52項の有機物並びに炭化物（第28.49項参照）のほか、次のもののみを含む。
　(a)　炭素の酸化物及びシアン化水素、雷酸、イソシアン酸、チオシアン酸その他のシアンの酸（錯化合物のものを含む。）（第28.11項参照）
　(b)　炭素のハロゲン化酸化物（第28.12項参照）
　(c)　二硫化炭素（第28.13項参照）
　(d)　チオ炭酸塩、セレノ炭酸塩、テルロ炭酸塩及びセレノシアン酸塩、テルロシアン酸塩、テトラチオシアナトジアミノクロム酸塩（ライネケ塩）その他の錯シアン酸塩（無機塩基のものに限る。第28.42項参照）
　(e)　尿素により固形化した過酸化水素（第28.47項参照）並びにオキシ硫化炭素、ハロゲン化チオカルボニル、ジシアン、

〔付録〕ＨＳ品目表2017年版

　　ハロゲン化ジシアン、シアナミド及びシアナミドの金属誘導体(第28.53項参照)(カルシウムシアナミド(純粋であるかないかを問わない。第31類参照)を除く。)
3　この類には、この部の注１の物品を除くほか、次の物品を含まない。
　(a)　第５部の塩化ナトリウム、酸化マグネシウム(純粋であるかないかを問わない。)その他の物品
　(b)　オルガノインオルガニック化合物(２の物品を除く。)
　(c)　第31類の注２から注５までの物品
　(d)　第32.06項のルミノホアとして使用する種類の無機物及び第32.07項のガラスフリットその他のガラスで粉状、粒状又はフレーク状のもの
　(e)　人造黒鉛(第38.01項参照)、第38.13項の消火器用の装てん物にし又は消火弾に装てんした物品、第38.24項の小売用の容器入りにしたインキ消し及び第38.24項のアルカリ金属又はアルカリ土類金属のハロゲン化物を培養した結晶(１個の重量が2.5グラム以上のものに限るものとし、光学用品を除く。)
　(f)　天然、合成又は再生の貴石及び半貴石並びにこれらのダスト及び粉(第71.02項から第71.05項まで参照)並びに第71類の貴金属及びその合金
　(g)　第15部の金属(純粋であるかないかを問わない。)、合金及びサーメット(焼結した金属炭化物(一の金属を焼結した金属炭化物をいう。)を含む。)
　(h)　光学用品(例えば、アルカリ金属又はアルカリ土類金属のハロゲン化物から製造したもの。第90.01項参照)
4　第２節の非金属酸と第４節の金属酸とから成る化学的に単一の錯酸は、第28.11項に属する。
5　第28.26項から第28.42項までには、金属又はアンモニウムの塩及びペルオキシ塩のみを含む。
　　複塩及び錯塩は、文脈により別に解釈される場合を除くほか、第28.42項に属する。
6　第28.44項には、次の物品のみを含む。
　(a)　テクネチウム(原子番号43)、プロメチウム(原子番号61)、ポロニウム(原子番号84)及び原子番号が84を超えるすべての元素
　(b)　天然又は人工の放射性同位元素(これらを相互に混合してあるかないかを問わないものとし、第14部又は第15部の貴金属又は卑金属のものを含む。)
　(c)　(a)又は(b)の元素又は同位元素の無機又は有機の化合物(化学的に単一であるかないか又はこれらを相互に混合してあるかないかを問わない。)
　(d)　(a)から(c)までの元素、同位元素又は無機若しくは有機の化合物を含有する合金、ディスパーション(サーメットを含む。)、陶磁製品及び混合物で、比放射能が１グラムにつき74ベクレル(１グラムにつき0.002マイクロキュリー)を超えるもの
　(e)　使用済みの原子炉用核燃料要素(カートリッジ)
　(f)　放射性残留物(使用可能であるかないかを問わない。)
　　この注、第28.44項及び第28.45項において「同位元素」とは、次の物品をいう。
　　個々の核種(天然に単核種として存在するものを除く。)
　　同一の元素の同位元素の混合物で、１種類又は数種類の当該同位元素を濃縮したもの(同位元素の天然の組成を人為的に変えたもの)
7　第28.53項には、りんの含有量が全重量の15％を超えるりん銅を含む。
8　元素(例えば、けい素及びセレン)を電子工業用にドープ処理したもののうち、引上げ法により製造したままの形状のもの及び円柱状又は棒状のものはこの類に属するものとし、円盤状、ウエハー状その他これらに類する形状に切つたものは第38.18項に属する。
号注
1　第2852.10号において「化学的に単一のもの」とは、この類の注1(a)から(e)まで及び第29類の注1(a)から(h)までのいずれかの要件を満たす水銀の無機又は有機の化合物全てをいう。

番号	品　　名
	第１節　元素
28.01	ふつ素、塩素、臭素及びよう素
2801.10	塩素
2801.20	よう素
2801.30	ふつ素及び臭素
28.02	

番号	品　　名
2802.00	昇華硫黄、沈降硫黄及びコロイド硫黄
28.03	
2803.00	炭素(カーボンブラックその他の形態の炭素で、他の項に該当するものを除く。)
28.04	水素、希ガスその他の非金属元素
2804.10	水素

543

〔付録〕ＨＳ品目表2017年版

番号	品名
	希ガス
2804.21	アルゴン
2804.29	その他のもの
2804.30	窒素
2804.40	酸素
2804.50	ほう素及びテルル
	けい素
2804.61	けい素の含有量が全重量の99.99％以上のもの
2804.69	その他のもの
2804.70	りん
2804.80	砒素
2804.90	セレン
28.05	アルカリ金属及びアルカリ土類金属並びに希土類金属、スカンジウム及びイットリウム(これらの相互の混合物又は合金にしてあるかないかを問わない。)並びに水銀
	アルカリ金属及びアルカリ土類金属
2805.11	ナトリウム
2805.12	カルシウム
2805.19	その他のもの
2805.30	希土類金属、スカンジウム及びイットリウム(これらの相互の混合物又は合金にしてあるかないかを問わない。)
2805.40	水銀
	第2節　無機酸及び無機非金属酸化物
28.06	塩化水素(塩酸)及びクロロ硫酸
2806.10	塩化水素(塩酸)
2806.20	クロロ硫酸
28.07	
2807.00	硫酸及び発煙硫酸
28.08	
2808.00	硝酸及び硫硝酸
28.09	五酸化二りん、りん酸及びポリりん酸(ポリりん酸については、化学的に単一であるかないかを問わない。)
2809.10	五酸化二りん
2809.20	りん酸及びポリりん酸
28.10	
2810.00	ほう素の酸化物及びほう酸
28.11	その他の無機酸及び無機非金属酸化物
	その他の無機酸
2811.11	ふつ化水素(ふつ化水素酸)
2811.12	シアン化水素(シアン化水素酸)
2811.19	その他のもの
	その他の無機非金属酸化物
2811.21	二酸化炭素

番号	品名
2811.22	二酸化けい素
2811.29	その他のもの
	第3節　非金属のハロゲン化合物及び硫黄化合物
28.12	非金属のハロゲン化物及びハロゲン化酸化物
	塩化物及び塩化酸化物
2812.11	二塩化カルボニル(ホスゲン)
2812.12	オキシ塩化りん
2812.13	三塩化りん
2812.14	五塩化りん
2812.15	一塩化硫黄
2812.16	二塩化硫黄
2812.17	塩化チオニル
2812.19	その他のもの
2812.90	その他のもの
28.13	非金属硫化物及び商慣行上三硫化りんとして取引する物品
2813.10	二硫化炭素
2813.90	その他のもの
	第4節　無機塩基並びに金属の酸化物、水酸化物及び過酸化物
28.14	無水アンモニア及びアンモニア水
2814.10	無水アンモニア
2814.20	アンモニア水
28.15	水酸化ナトリウム(かせいソーダ)、水酸化カリウム(かせいカリ)及びナトリウム又はカリウムの過酸化物
	水酸化ナトリウム(かせいソーダ)
2815.11	固体のもの
2815.12	水溶液のもの(ソーダ液)
2815.20	水酸化カリウム(かせいカリ)
2815.30	ナトリウム又はカリウムの過酸化物
28.16	マグネシウムの水酸化物及び過酸化物並びにストロンチウム又はバリウムの酸化物、水酸化物及び過酸化物
2816.10	マグネシウムの水酸化物及び過酸化物
2816.40	ストロンチウム又はバリウムの酸化物、水酸化物及び過酸化物
28.17	
2817.00	酸化亜鉛及び過酸化亜鉛
28.18	人造コランダム(化学的に単一であるかないかを問わない。)、酸化アルミニウム及び水酸化アルミニウム
2818.10	人造コランダム(化学的に単一であるかないかを問わない。)

[付録] ＨＳ品目表2017年版

番号	品名
2818.20	酸化アルミニウム（人造コランダムを除く。）
2818.30	水酸化アルミニウム
28.19	クロムの酸化物及び水酸化物
2819.10	三酸化クロム
2819.90	その他のもの
28.20	マンガンの酸化物
2820.10	二酸化マンガン
2820.90	その他のもの
28.21	アースカラーで三酸化二鉄として計算した化合鉄分が全重量の70％以上のもの並びに鉄の酸化物及び水酸化物
2821.10	鉄の酸化物及び水酸化物
2821.20	アースカラー
28.22	
2822.00	コバルトの酸化物及び水酸化物並びに商慣行上酸化コバルトとして取引する物品
28.23	
2823.00	チタンの酸化物
28.24	鉛の酸化物、鉛丹及びオレンジ鉛
2824.10	一酸化鉛（リサージ）
2824.90	その他のもの
28.25	ヒドラジン及びヒドロキシルアミン並びにこれらの無機塩並びにその他の無機塩基、金属酸化物、金属水酸化物及び金属過酸化物
2825.10	ヒドラジン及びヒドロキシルアミン並びにこれらの無機塩
2825.20	酸化リチウム及び水酸化リチウム
2825.30	バナジウムの酸化物及び水酸化物
2825.40	ニッケルの酸化物及び水酸化物
2825.50	銅の酸化物及び水酸化物
2825.60	ゲルマニウムの酸化物及び二酸化ジルコニウム
2825.70	モリブデンの酸化物及び水酸化物
2825.80	アンチモンの酸化物
2825.90	その他のもの
	第5節　無機酸の金属塩及び金属ペルオキシ塩
28.26	ふつ化物及びフルオロけい酸塩、フルオロアルミン酸塩その他のふつ素錯塩
	ふつ化物
2826.12	アルミニウムのもの
2826.19	その他のもの
2826.30	ヘキサフルオロアルミン酸ナトリウム（人造氷晶石）
2826.90	その他のもの
28.27	塩化物、塩化酸化物、塩化水酸化物、臭化物、臭化酸化物、よう化物及びよう化酸化物

番号	品名
2827.10	塩化アンモニウム
2827.20	塩化カルシウム
	その他の塩化物
2827.31	マグネシウムのもの
2827.32	アルミニウムのもの
2827.35	ニッケルのもの
2827.39	その他のもの
	塩化酸化物及び塩化水酸化物
2827.41	銅のもの
2827.49	その他のもの
	臭化物及び臭化酸化物
2827.51	ナトリウム又はカリウムの臭化物
2827.59	その他のもの
2827.60	よう化物及びよう化酸化物
28.28	次亜塩素酸塩、商慣行上次亜塩素酸カルシウムとして取引する物品、亜塩素酸塩及び次亜臭素酸塩
2828.10	商慣行上次亜塩素酸カルシウムとして取引する物品その他カルシウムの次亜塩素酸塩
2828.90	その他のもの
28.29	塩素酸塩、過塩素酸塩、臭素酸塩、過臭素酸塩、よう素酸塩及び過よう素酸塩
	塩素酸塩
2829.11	ナトリウムのもの
2829.19	その他のもの
2829.90	その他のもの
28.30	硫化物及び多硫化物（多硫化物については、化学的に単一であるかないかを問わない。）
2830.10	ナトリウムの硫化物
2830.90	その他のもの
28.31	亜ニチオン酸塩及びスルホキシル酸塩
2831.10	ナトリウムのもの
2831.90	その他のもの
28.32	亜硫酸塩及びチオ硫酸塩
2832.10	ナトリウムの亜硫酸塩
2832.20	その他の亜硫酸塩
2832.30	チオ硫酸塩
28.33	硫酸塩、みょうばん及びペルオキソ硫酸塩（過硫酸塩）
	ナトリウムの硫酸塩
2833.11	硫酸二ナトリウム
2833.19	その他のもの
	その他の硫酸塩
2833.21	マグネシウムのもの
2833.22	アルミニウムのもの
2833.24	ニッケルのもの
2833.25	銅のもの
2833.27	バリウムのもの

番号	品名
2833.29	その他のもの
2833.30	みょうばん
2833.40	ペルオキソ硫酸塩(過硫酸塩)
28.34	亜硝酸塩及び硝酸塩
2834.10	亜硝酸塩
	硝酸塩
2834.21	カリウムのもの
2834.29	その他のもの
28.35	ホスフィン酸塩(次亜りん酸塩)、ホスホン酸塩(亜りん酸塩)、りん酸塩及びポリりん酸塩(ポリりん酸塩については、化学的に単一であるかないかを問わない。)
2835.10	ホスフィン酸塩(次亜りん酸塩)及びホスホン酸塩(亜りん酸塩)
	りん酸塩
2835.22	一ナトリウム又は二ナトリウムのもの
2835.24	カリウムのもの
2835.25	オルトりん酸水素カルシウム(りん酸二カルシウム)
2835.26	カルシウムのその他のりん酸塩
2835.29	その他のもの
	ポリりん酸塩
2835.31	三りん酸ナトリウム(トリポリりん酸ナトリウム)
2835.39	その他のもの
28.36	炭酸塩、ペルオキソ炭酸塩(過炭酸塩)及び商慣行上炭酸アンモニウムとして取引する物品でカルバミン酸アンモニウムを含有するもの
2836.20	炭酸二ナトリウム
2836.30	炭酸水素ナトリウム(重炭酸ナトリウム)
2836.40	カリウムの炭酸塩
2836.50	炭酸カルシウム
2836.60	炭酸バリウム
	その他のもの
2836.91	リチウムの炭酸塩
2836.92	炭酸ストロンチウム
2836.99	その他のもの
28.37	シアン化物、シアン化酸化物及びシアノ錯塩
	シアン化物及びシアン化酸化物
2837.11	ナトリウムのもの
2837.19	その他のもの
2837.20	シアノ錯塩
28.39	けい酸塩及び商慣行上アルカリ金属のけい酸塩として取引する物品
	ナトリウムのもの
2839.11	ナトリウムのメタけい酸塩
2839.19	その他のもの
2839.90	その他のもの

番号	品名
28.40	ほう酸塩及びペルオキソほう酸塩(過ほう酸塩)
	四ほう酸二ナトリウム(精製ほう砂)
2840.11	無水物
2840.19	その他のもの
2840.20	その他のほう酸塩
2840.30	ペルオキソほう酸塩(過ほう酸塩)
28.41	オキソ金属酸塩及びペルオキソ金属酸塩
2841.30	二クロム酸ナトリウム
2841.50	その他のクロム酸塩及び二クロム酸塩並びにペルオキソクロム酸塩
	亜マンガン酸塩、マンガン酸塩及び過マンガン酸塩
2841.61	過マンガン酸カリウム
2841.69	その他のもの
2841.70	モリブデン酸塩
2841.80	タングステン酸塩(ウォルフラム酸塩)
2841.90	その他のもの
28.42	その他の無機酸塩及びペルオキソ酸塩(アルミノけい酸塩(化学的に単一であるかないかを問わない。)を含むものとし、アジ化物を除く。)
2842.10	けい酸の複塩及び錯塩(アルミノけい酸塩(化学的に単一であるかないかを問わない。)を含む。)
2842.90	その他のもの

第6節　その他のもの

番号	品名
28.43	貴金属の無機又は有機の化合物(化学的に単一であるかないかを問わない。)、コロイド状貴金属及び貴金属のアマルガム
2843.10	コロイド状貴金属
	銀化合物
2843.21	硝酸銀
2843.29	その他のもの
2843.30	金化合物
2843.90	その他の化合物及びアマルガム
28.44	放射性の元素及び同位元素(核分裂性を有する又は核分裂性物質への転換可能な元素及び同位元素を含む。)並びにこれらの化合物並びにこれらの物品を含有する混合物及び残留物
2844.10	天然ウラン及びその化合物並びに天然ウラン又はその化合物を含有する合金、ディスパージョン(サーメットを含む。)、陶磁製品及び混合物

[付録] ＨＳ品目表2017年版

番号	品 名
2844.20	ウラン235を濃縮したウラン及びプルトニウム並びにこれらの化合物並びにウラン235を濃縮したウラン、プルトニウム又はこれらの化合物を含有する合金、ディスパージョン(サーメットを含む。)、陶磁製品及び混合物
2844.30	ウラン235を減少させたウラン及びトリウム並びにこれらの化合物並びにウラン235を減少させたウラン、トリウム又はこれらの化合物を含有する合金、ディスパージョン(サーメットを含む。)、陶磁製品及び混合物
2844.40	放射性元素及び放射性同位元素並びにこれらの化合物(第2844.10号、第2844.20号又は第2844.30号のものを除く。)並びにこれらの元素、同位元素又は化合物を含有する合金、ディスパージョン(サーメットを含む。)、陶磁製品及び混合物並びに放射性残留物
2844.50	使用済みの原子炉用核燃料要素(カートリッジ)
28.45	同位元素(第28.44項のものを除く。)及びその無機又は有機の化合物(化学的に単一であるかないかを問わない。)
2845.10	重水(酸化重水素)
2845.90	その他のもの
28.46	希土類金属、イットリウム又はスカンジウムの無機又は有機の化合物及びこれらの金属の混合物の無機又は有機の化合物

番号	品 名
2846.10	セリウム化合物
2846.90	その他のもの
28.47	
2847.00	過酸化水素(尿素により固形化してあるかないかを問わない。)
28.49	炭化物(化学的に単一であるかないかを問わない。)
2849.10	カルシウムのもの
2849.20	けい素のもの
2849.90	その他のもの
28.50	
2850.00	水素化物、窒化物、アジ化物、けい化物及びほう化物(化学的に単一であるかないかを問わないものとし、第28.49項の炭化物に該当するものを除く。)
28.52	水銀の無機又は有機の化合物(化学的に単一であるかないかを問わないものとし、アマルガムを除く。)
2852.10	化学的に単一のもの
2852.90	その他のもの
28.53	りん化物(化学的に単一であるかないかを問わないものとし、りん鉄を除く。)、その他の無機化合物(蒸留水、伝導度水その他これらに類する純水を含む。)、液体空気(希ガスを除いてあるかないかを問わない。)、圧搾空気及びアマルガム(貴金属のアマルガムを除く。)
2853.10	塩化シアン
2853.90	その他のもの

第29類　有機化学品
注
1　この類には、文脈により別に解釈される場合を除くほか、次の物品のみを含む。
　(a)　化学的に単一の有機化合物(不純物を含有するかしないかを問わない。)
　(b)　同一の有機化合物の二以上の異性体の混合物(不純物を含有するかしないかを問わないものとし、飽和又は不飽和の非環式炭化水素にあつては、立体異性体以外の異性体の混合物(第27類参照)を除く。)
　(c)　第29.36項から第29.39項までの物品、第29.40項の糖エーテル、糖アセタール及び糖エステル並びにこれらの塩並びに第29.41項の物品(この(c)の物品については、化学的に単一であるかないかを問わない。)
　(d)　(a)、(b)又は(c)の物品の水溶液
　(e)　(a)、(b)又は(c)の物品を水以外の溶媒に溶かしたもの(当該溶媒に溶かすことが安全又は輸送のため通常行われ、かつ、必要な場合に限るものとし、特定の用途に適するようにしたものを除く。)
　(f)　(a)、(b)、(c)、(d)又は(e)の物品で、保存又は輸送のために必要な安定剤(固結防止剤を含む。)を加えたもの
　(g)　(a)、(b)、(c)、(d)又は(f)の物品で、アンチダスティング剤又は識別を容易にするため若しくは安全のための着色料若しくは香気性物質を加えたもの(特定の用途に適するようにしたものを除く。)
　(h)　ジアゾニウム塩及びそのカップリング成分並びにジアゾ化することができるアミン及びその塩で、アゾ染料生成用のもののうち標準的な濃度にしたもの
2　この類には、次の物品を含まない。
　(a)　第15.04項の物品及び第15.20項の粗のグリセリン
　(b)　エチルアルコール(第22.07項及び第22.08項参照)
　(c)　メタン及びプロパン(第27.11項参照)

〔付録〕ＨＳ品目表2017年版

(d) 第28類の注２の炭素化合物
(e) 第30.02項の免疫産品
(f) 尿素(第31.02項及び第31.05項参照)
(g) 植物性又は動物性の着色料(第32.03項参照)、有機合成着色料及び蛍光増白剤又はルミノホアとして使用する種類の合成した有機物(第32.04項参照)並びに小売用の形状又は包装にした染料その他の着色料(第32.12項参照)
(h) 酵素(第35.07項参照)
(ij) メタアルデヒド、ヘキサメチレンテトラミンその他これらに類する物質をタブレット状、棒状その他これらに類する形状にした燃料並びにたばこ用ライター又はこれに類するライターの充てんに使用する種類の液体燃料及び液化ガス燃料(容量が300立方センチメートル以下の容器入りにしたものに限る。)(第36.06項参照)
(k) 第38.13項の消火器用の装てん物にし又は消火弾に装てんした物品及び第38.24項の小売用の容器入りにしたインキ消し
(l) 光学用品(例えば、酒石酸エチレンジアミンから製造したもの。第90.01項参照)

3　この類の二以上の項に属するとみられる物品は、これらの項のうち数字上の配列において最後となる項に属する。
4　第29.04項から第29.06項まで、第29.08項から第29.11項まで及び第29.13項から第29.20項までにおいて、ハロゲン化誘導体、スルホン化誘導体、ニトロ化誘導体及びニトロソ化誘導体には、これらの複合誘導体(例えば、スルホハロゲン化誘導体、ニトロハロゲン化誘導体、ニトロスルホン化誘導体及びニトロスルホハロゲン化誘導体)を含む。
　ニトロ基及びニトロソ基は、第29.29項においては窒素官能基としない。
　第29.11項、第29.12項、第29.14項、第29.18項及び第29.22項において酸素官能基は、第29.05項から第29.20項までの酸素を有する有機官能基に限る。
5(A)　第１節から第７節までの酸官能有機化合物とこれらの節の有機化合物とのエステルは、これを構成する酸官能有機化合物又は有機化合物が属する項のうち数字上の配列において最後となる項に属する。
(B)　エチルアルコールと第１節から第７節までの酸官能有機化合物とのエステルは、これを構成する酸官能有機化合物が属する項に属する。
(C)　次の塩は、この部の注１及び第28類の注２のいずれの物品も除くほか、それぞれ次に定めるところによりその所属を決定する。
　(1)　第１節から第10節まで又は第29.42項の酸官能化合物、フェノール官能化合物、エノール官能化合物、有機塩基その他の有機化合物の無機塩は、これを構成する有機化合物が属する項に属する。
　(2)　第１節から第10節まで又は第29.42項の有機化合物の相互間の塩は、これを構成する塩基又は酸(フェノール官能化合物及びエノール官能化合物を含む。)が属する項のうち数字上の配列において最後となる項に属する。
　(3)　配位化合物は、第11節及び第29.41項に属するものを除き、金属と炭素の間の結合を除くすべての金属の結合の開裂により生じる断片が属する項のうち、第29類の数字上の配列において最後となる項に属する。
(D)　金属アルコラートは、エタノールの場合を除くほか、これを構成するアルコールが属する項に属する(第29.05項参照)。
(E)　カルボン酸の酸ハロゲン化物は、これを構成するカルボン酸が属する項に属する。
6　第29.30項又は第29.31項の化合物は、その分子中において水素、酸素又は窒素の原子のほか硫黄、砒素、鉛その他の非金属又は金属の原子が炭素原子と直接に結合している有機化合物に限る。
　第29.30項(有機硫黄化合物)及び第29.31項(その他のオルガノインオルガニック化合物)には、炭素原子と直接に結合している原子が、水素、酸素又は窒素であり、かつ、スルホン化誘導体又はハロゲン化誘導体(これらの複合誘導体を含む。)の特性を与える硫黄又はハロゲンのみであるものを含まない。
7　第29.32項から第29.34項までには、エポキシドで三員環のもの、ケトンペルオキシド、アルデヒド又はチオアルデヒドの環式重合体、多塩基カルボン酸の酸無水物、多価アルコール又は多価フェノールと多塩基酸との環式エステル及び多塩基酸のイミドを含まない。
　前段の規定は、複素環構造を形成するヘテロ原子が前段の環を形成する基のみに含まれている場合に限り適用する。
8　第29.37項において次の用語の意義は、それぞれ次に定めるところによる。
(a)　「ホルモン」には、ホルモン放出因子又はホルモン刺激因子、ホルモン阻害剤及びホルモン拮抗剤(抗ホルモン)を含む。
(b)　「主としてホルモンとして使用するもの」には、主としてそのホルモンとしての効果から使用されるホルモン誘導体及び構造類似物だけでなく、この項の物品を合成する際に主として中間体として使用されるホルモン誘導体及び構造類似物を含む。

号注
1　この類において化合物の誘導体は、当該誘導体が他のいかなる号にも含まれておらず、かつ、関連する号中に「その

〔付録〕ＨＳ品目表2017年版

他のもの」を定める号がない場合には、当該化合物が属する号に属する。
2　第29類の注3の規定は、この類の号には適用しない。

番号	品名
	第1節　炭化水素並びにそのハロゲン化誘導体、スルホン化誘導体、ニトロ化誘導体及びニトロソ化誘導体
29.01	非環式炭化水素
2901.10	飽和のもの
	不飽和のもの
2901.21	エチレン
2901.22	プロペン(プロピレン)
2901.23	ブテン(ブチレン)及びその異性体
2901.24	ブタ－1,3－ジエン及びイソプレン
2901.29	その他のもの
29.02	環式炭化水素
	飽和脂環式炭化水素、不飽和脂環式炭化水素及びシクロテルペン炭化水素
2902.11	シクロヘキサン
2902.19	その他のもの
2902.20	ベンゼン
2902.30	トルエン
	キシレン
2902.41	オルト－キシレン
2902.42	メタ－キシレン
2902.43	パラ－キシレン
2902.44	キシレン異性体の混合物
2902.50	スチレン
2902.60	エチルベンゼン
2902.70	クメン
2902.90	その他のもの
29.03	炭化水素のハロゲン化誘導体
	非環式炭化水素の塩素化誘導体(飽和のものに限る。)
2903.11	クロロメタン(塩化メチル)及びクロロエタン(塩化エチル)
2903.12	ジクロロメタン(塩化メチレン)
2903.13	クロロホルム(トリクロロメタン)
2903.14	四塩化炭素
2903.15	二塩化エチレン(ISO)(1,2－ジクロロエタン)
2903.19	その他のもの
	非環式炭化水素の塩素化誘導体(不飽和のものに限る。)
2903.21	塩化ビニル(クロロエチレン)
2903.22	トリクロロエチレン
2903.23	テトラクロロエチレン(ペルクロロエチレン)
2903.29	その他のもの

番号	品名
	非環式炭化水素のふつ素化導体、臭素化導体及びよう素化導体
2903.31	二臭化エチレン(ISO)(1,2－ジブロモエタン)
2903.39	その他のもの
	非環式炭化水素のハロゲン化誘導体(二以上の異なるハロゲン原子を有するものに限る。)
2903.71	クロロジフルオロメタン
2903.72	ジクロロトリフルオロエタン
2903.73	ジクロロフルオロエタン
2903.74	クロロジフルオロエタン
2903.75	ジクロロペンタフルオロプロパン
2903.76	ブロモクロロジフルオロメタン、ブロモトリフルオロメタン及びジブロモテトラフルオロエタン
2903.77	その他のペルハロゲン化誘導体(ふつ素原子及び塩素原子のみを有するものに限る。)
2903.78	その他のペルハロゲン化誘導体
2903.79	その他のもの
	飽和脂環式炭化水素、不飽和脂環式炭化水素又はシクロテルペン炭化水素のハロゲン化誘導体
2903.81	1,2,3,4,5,6－ヘキサクロロシクロヘキサン(HCH(ISO))(リンデン(ISO、INN)を含む。)
2903.82	アルドリン(ISO)、クロルデン(ISO)及びヘプタクロル(ISO)
2903.83	マイレックス(ISO)
2903.89	その他のもの
	芳香族炭化水素のハロゲン化誘導体
2903.91	クロロベンゼン、オルト－ジクロロベンゼン及びパラ－ジクロロベンゼン
2903.92	ヘキサクロロベンゼン(ISO)及びDDT(ISO)(クロフェノタン(INN)、1,1,1－トリクロロ－2,2－ビス(パラ－クロロフェニル)エタン)
2903.93	ペンタクロロベンゼン(ISO)
2903.94	ヘキサブロモビフェニル
2903.99	その他のもの
29.04	炭化水素のスルホン化誘導体、ニトロ化誘導体及びニトロソ化誘導体(ハロゲン化してあるかないかを問わない。)
2904.10	スルホン基のみを有する誘導体並びにその塩及びエチルエステル

549

〔付録〕ＨＳ品目表2017年版

番号	品名
2904.20	ニトロ基又はニトロソ基のみを有する誘導体
	ペルフルオロオクタンスルホン酸及びその塩並びにペルフルオロオクタンスルホニルフルオリド
2904.31	ペルフルオロオクタンスルホン酸
2904.32	ペルフルオロオクタンスルホン酸アンモニウム
2904.33	ペルフルオロオクタンスルホン酸リチウム
2904.34	ペルフルオロオクタンスルホン酸カリウム
2904.35	その他のペルフルオロオクタンスルホン酸塩
2904.36	ペルフルオロオクタンスルホニルフルオリド
	その他のもの
2904.91	トリクロロニトロメタン(クロロピクリン)
2904.99	その他のもの
	第2節 アルコール並びにそのハロゲン化誘導体、スルホン化誘導体、ニトロ化誘導体及びニトロソ化誘導体
29.05	非環式アルコール並びにそのハロゲン化誘導体、スルホン化誘導体、ニトロ化誘導体及びニトロソ化誘導体
	飽和一価アルコール
2905.11	メタノール(メチルアルコール)
2905.12	プロパン－1－オール(プロピルアルコール)及びプロパン－2－オール(イソプロピルアルコール)
2905.13	ブタン－1－オール(ノルマル－ブチルアルコール)
2905.14	その他のブタノール
2905.16	オクタノール(オクチルアルコール)及びその異性体
2905.17	ドデカン－1－オール(ラウリルアルコール)、ヘキサデカン－1－オール(セチルアルコール)及びオクタデカン－1－オール(ステアリルアルコール)
2905.19	その他のもの
	不飽和一価アルコール
2905.22	非環式テルペンアルコール
2905.29	その他のもの
	二価アルコール
2905.31	エチレングリコール(エタンジオール)

番号	品名
2905.32	プロピレングリコール(プロパン－1,2－ジオール)
2905.39	その他のもの
	その他の多価アルコール
2905.41	2－エチル－2－(ヒドロキシメチル)プロパン－1,3－ジオール(トリメチロールプロパン)
2905.42	ペンタエリトリトール
2905.43	マンニトール
2905.44	D－グルシトール(ソルビトール)
2905.45	グリセリン
2905.49	その他のもの
	非環式アルコールのハロゲン化誘導体、スルホン化誘導体、ニトロ化誘導体及びニトロソ化誘導体
2905.51	エトクロルビノール(INN)
2905.59	その他のもの
29.06	環式アルコール並びにそのハロゲン化誘導体、スルホン化誘導体、ニトロ化誘導体及びニトロソ化誘導体
	飽和脂環式アルコール、不飽和脂環式アルコール及びシクロテルペンアルコール並びにこれらの誘導体
2906.11	メントール
2906.12	シクロヘキサノール、メチルシクロヘキサノール及びジメチルシクロヘキサノール
2906.13	ステロール及びイノシトール
2906.19	その他のもの
	芳香族アルコール及びその誘導体
2906.21	ベンジルアルコール
2906.29	その他のもの
	第3節 フェノール及びフェノールアルコール並びにこれらのハロゲン化誘導体、スルホン化誘導体、ニトロ化誘導体及びニトロソ化誘導体
29.07	フェノール及びフェノールアルコール
	一価フェノール
2907.11	石炭酸(ヒドロキシベンゼン)及びその塩
2907.12	クレゾール及びその塩
2907.13	オクチルフェノール及びノニルフェノール並びにこれらの異性体並びにこれらの塩
2907.15	ナフトール及びその塩
2907.19	その他のもの
	多価フェノール及びフェノールアルコール
2907.21	レソルシノール及びその塩
2907.22	ヒドロキノン(キノール)及びその塩

〔付録〕HS品目表2017年版

番号	品名
2907.23	4,4'-イソプロピリデンジフェノール(ビスフェノールA又はジフェニロールプロパン)及びその塩
2907.29	その他のもの
29.08	フェノール又はフェノールアルコールのハロゲン化誘導体、スルホン化誘導体、ニトロ化誘導体及びニトロソ化誘導体
	ハロゲン置換基のみを有する誘導体及びその塩
2908.11	ペンタクロロフェノール(ISO)
2908.19	その他のもの
	その他のもの
2908.91	ジノセブ(ISO)及びその塩
2908.92	4,6-ジニトロ-オルト-クレゾール(DNDC (ISO))及びその塩
2908.99	その他のもの
	第4節　エーテル、アルコールペルオキシド、エーテルペルオキシド、ケトンペルオキシド、エポキシドで三員環のもの、アセタール及びヘミアセタール並びにこれらのハロゲン化誘導体、スルホン化誘導体、ニトロ化誘導体及びニトロソ化誘導体
29.09	エーテル、エーテルアルコール、エーテルフェノール、エーテルアルコールフェノール、アルコールペルオキシド、エーテルペルオキシド及びケトンペルオキシド(化学的に単一であるかないかを問わない。)並びにこれらのハロゲン化誘導体、スルホン化誘導体、ニトロ化誘導体及びニトロソ化誘導体
	非環式エーテル並びにそのハロゲン化誘導体、スルホン化誘導体、ニトロ化誘導体及びニトロソ化誘導体
2909.11	ジエチルエーテル
2909.19	その他のもの
2909.20	飽和脂環式エーテル、不飽和脂環式エーテル及びシクロテルペンエーテル並びにこれらのハロゲン化誘導体、スルホン化誘導体、ニトロ化誘導体及びニトロソ化誘導体
2909.30	芳香族エーテル並びにそのハロゲン化誘導体、スルホン化誘導体、ニトロ化誘導体及びニトロソ化誘導体
	エーテルアルコール並びにそのハロゲン化誘導体、スルホン化誘導体、ニトロ化誘導体及びニトロソ化誘導体
2909.41	2,2'-オキシジエタノール(ジエチレングリコール又はジゴール)
2909.43	エチレングリコール又はジエチレングリコールのモノブチルエーテル

番号	品名
2909.44	エチレングリコール又はジエチレングリコールのその他のモノアルキルエーテル
2909.49	その他のもの
2909.50	エーテルフェノール及びエーテルアルコールフェノール並びにこれらのハロゲン化誘導体、スルホン化誘導体、ニトロ化誘導体及びニトロソ化誘導体
2909.60	アルコールペルオキシド、エーテルペルオキシド及びケトンペルオキシド並びにこれらのハロゲン化誘導体、スルホン化誘導体、ニトロ化誘導体及びニトロソ化誘導体
29.10	三員環のエポキシド、エポキシアルコール、エポキシフェノール及びエポキシエーテル並びにこれらのハロゲン化誘導体、スルホン化誘導体、ニトロ化誘導体及びニトロソ化誘導体
2910.10	オキシラン(エチレンオキシド)
2910.20	メチルオキシラン(プロピレンオキシド)
2910.30	1-クロロ-2,3-エポキシプロパン(エピクロロヒドリン)
2910.40	ディルドリン(ISO、INN)
2910.50	エンドリン(ISO)
2910.90	その他のもの
29.11	
2911.00	アセタール及びヘミアセタール(他の酸素官能基を有するか有しないかを問わない。)並びにこれらのハロゲン化誘導体、スルホン化誘導体、ニトロ化誘導体及びニトロソ化誘導体
	第5節　アルデヒド官能化合物
29.12	アルデヒド(他の酸素官能基を有するか有しないかを問わない。)、アルデヒドの環式重合体及びパラホルムアルデヒド
	非環式アルデヒド(他の酸素官能基を有しないものに限る。)
2912.11	メタナール(ホルムアルデヒド)
2912.12	エタナール(アセトアルデヒド)
2912.19	その他のもの
	環式アルデヒド(他の酸素官能基を有しないものに限る。)
2912.21	ベンズアルデヒド
2912.29	その他のもの
	アルデヒドアルコール、アルデヒドエーテル、アルデヒドフェノール及び他の酸素官能基を有するアルデヒド
2912.41	バニリン(4-ヒドロキシ-3-メトキシベンズアルデヒド)

551

[付録] HS品目表2017年版

番号	品名
2912.42	エチルバニリン(3-エトキシ-4-ヒドロキシベンズアルデヒド)
2912.49	その他のもの
2912.50	アルデヒドの環式重合体
2912.60	パラホルムアルデヒド
29.13	
2913.00	第29.12項の物品のハロゲン化誘導体、スルホン化誘導体、ニトロ化誘導体及びニトロソ化誘導体

第6節 ケトン官能化合物及びキノン官能化合物

番号	品名
29.14	ケトン及びキノン(他の酸素官能基を有するか有しないかを問わない。)並びにこれらのハロゲン化誘導体、スルホン化誘導体、ニトロ化誘導体及びニトロソ化誘導体
	非環式ケトン(他の酸素官能基を有しないものに限る。)
2914.11	アセトン
2914.12	ブタノン(メチルエチルケトン)
2914.13	4-メチルペンタン-2-オン(メチルイソブチルケトン)
2914.19	その他のもの
	飽和脂環式ケトン、不飽和脂環式ケトン及びシクロテルペンケトン(他の酸素官能基を有しないものに限る。)
2914.22	シクロヘキサノン及びメチルシクロヘキサノン
2914.23	イオノン及びメチルイオノン
2914.29	その他のもの
	芳香族ケトン(他の酸素官能基を有しないものに限る。)
2914.31	フェニルアセトン(フェニルプロパン-2-オン)
2914.39	その他のもの
2914.40	ケトンアルコール及びケトンアルデヒド
2914.50	ケトンフェノール及び他の酸素官能基を有するケトン
	キノン
2914.61	アントラキノン
2914.62	コエンザイムQ10(ユビデカレノン)(INN)
2914.69	その他のもの
	ハロゲン化誘導体、スルホン化誘導体、ニトロ化誘導体及びニトロソ化誘導体
2914.71	クロルデコン(ISO)
2914.79	その他のもの

番号	品名
	第7節 カルボン酸並びにその酸無水物、酸ハロゲン化物、酸過酸化物及び過酸並びにこれらのハロゲン化誘導体、スルホン化誘導体、ニトロ化誘導体及びニトロソ化誘導体
29.15	飽和非環式モノカルボン酸並びにその酸無水物、酸ハロゲン化物、酸過酸化物及び過酸並びにこれらのハロゲン化誘導体、スルホン化誘導体、ニトロ化誘導体及びニトロソ化誘導体
	ぎ酸並びにその塩及びエステル
2915.11	ぎ酸
2915.12	ぎ酸の塩
2915.13	ぎ酸のエステル
	酢酸及びその塩並びに無水酢酸
2915.21	酢酸
2915.24	無水酢酸
2915.29	その他のもの
	酢酸のエステル
2915.31	酢酸エチル
2915.32	酢酸ビニル
2915.33	酢酸ノルマル-ブチル
2915.36	酢酸ジノセブ(ISO)
2915.39	その他のもの
2915.40	モノクロロ酢酸、ジクロロ酢酸及びトリクロロ酢酸並びにこれらの塩及びエステル
2915.50	プロピオン酸並びにその塩及びエステル
2915.60	ブタン酸及びペンタン酸並びにこれらの塩及びエステル
2915.70	パルミチン酸及びステアリン酸並びにこれらの塩及びエステル
2915.90	その他のもの
29.16	**不飽和非環式モノカルボン酸及び環式モノカルボン酸並びにこれらの酸無水物、酸ハロゲン化物、酸過酸化物及び過酸並びにこれらのハロゲン化誘導体、スルホン化誘導体、ニトロ化誘導体及びニトロソ化誘導体**
	不飽和非環式モノカルボン酸並びにその酸無水物、酸ハロゲン化物、酸過酸化物及び過酸並びにこれらの誘導体
2916.11	アクリル酸及びその塩
2916.12	アクリル酸のエステル
2916.13	メタクリル酸及びその塩
2916.14	メタクリル酸のエステル
2916.15	オレイン酸、リノール酸及びリノレン酸並びにこれらの塩及びエステル
2916.16	ビナパクリル(ISO)
2916.19	その他のもの

番号	品名
2916.20	飽和脂環式モノカルボン酸、不飽和脂環式モノカルボン酸及びシクロテルペンモノカルボン酸並びにこれらの酸無水物、酸ハロゲン化物、酸過酸化物及び過酸並びにこれらの誘導体
	芳香族モノカルボン酸並びにその酸無水物、酸ハロゲン化物、酸過酸化物及び過酸並びにこれらの誘導体
2916.31	安息香酸並びにその塩及びエステル
2916.32	過酸化ベンゾイル及び塩化ベンゾイル
2916.34	フェニル酢酸及びその塩
2916.39	その他のもの
29.17	ポリカルボン酸並びにその酸無水物、酸ハロゲン化物、酸過酸化物及び過酸並びにこれらのハロゲン化誘導体、スルホン化誘導体、ニトロ化誘導体及びニトロソ化誘導体
	非環式ポリカルボン酸並びにその酸無水物、酸ハロゲン化物、酸過酸化物及び過酸並びにこれらの誘導体
2917.11	しゅう酸並びにその塩及びエステル
2917.12	アジピン酸並びにその塩及びエステル
2917.13	アゼライン酸及びセバシン酸並びにこれらの塩及びエステル
2917.14	無水マレイン酸
2917.19	その他のもの
2917.20	飽和脂環式ポリカルボン酸、不飽和脂環式ポリカルボン酸及びシクロテルペンポリカルボン酸並びにこれらの酸無水物、酸ハロゲン化物、酸過酸化物及び過酸並びにこれらの誘導体
	芳香族ポリカルボン酸並びにその酸無水物、酸ハロゲン化物、酸過酸化物及び過酸並びにこれらの誘導体
2917.32	オルトフタル酸ジオクチル
2917.33	オルトフタル酸ジノニル及びオルトフタル酸ジデシル
2917.34	その他のオルトフタル酸エステル
2917.35	無水フタル酸
2917.36	テレフタル酸及びその塩
2917.37	テレフタル酸ジメチル
2917.39	その他のもの
29.18	カルボン酸(他の酸素官能基を有するものに限る。)並びにその酸無水物、酸ハロゲン化物、酸過酸化物及び過酸並びにこれらのハロゲン化誘導体、スルホン化誘導体、ニトロ化誘導体及びニトロソ化誘導体

番号	品名
	アルコール官能のカルボン酸(他の酸素官能基を有するものを除く。)並びにその酸無水物、酸ハロゲン化物、酸過酸化物及び過酸並びにこれらの誘導体
2918.11	乳酸並びにその塩及びエステル
2918.12	酒石酸
2918.13	酒石酸の塩及びエステル
2918.14	くえん酸
2918.15	くえん酸の塩及びエステル
2918.16	グルコン酸並びにその塩及びエステル
2918.17	2,2-ジフェニル-2-ヒドロキシ酢酸(ベンジル酸)
2918.18	クロロベンジレート(ISO)
2918.19	その他のもの
	フェノール官能のカルボン酸(他の酸素官能基を有するものを除く。)並びにその酸無水物、酸ハロゲン化物、酸過酸化物及び過酸並びにこれらの誘導体
2918.21	サリチル酸及びその塩
2918.22	オルト-アセチルサリチル酸並びにその塩及びエステル
2918.23	サリチル酸のその他のエステル及びその塩
2918.29	その他のもの
2918.30	アルデヒド官能又はケトン官能のカルボン酸(他の酸素官能基を有するものを除く。)並びにその酸無水物、酸ハロゲン化物、酸過酸化物及び過酸並びにこれらの誘導体
	その他のもの
2918.91	2,4,5-T(ISO)(2,4,5-トリクロロフェノキシ酢酸)並びにその塩及びエステル
2918.99	その他のもの
	第8節 非金属の無機酸のエステル及びその塩並びにこれらのハロゲン化誘導体、スルホン化誘導体、ニトロ化誘導体及びニトロソ化誘導体
29.19	りん酸エステル及びその塩(ラクトホスフェートを含む。)並びにこれらのハロゲン化誘導体、スルホン化誘導体、ニトロ化誘導体及びニトロソ化誘導体
2919.10	トリス(2,3-ジブロモプロピル)ホスフェート
2919.90	その他のもの
29.20	非金属のその他の無機酸のエステル(ハロゲン化水素酸エステルを除く。)及びその塩並びにこれらのハロゲン化誘導体、スルホン化誘導体、ニトロ化誘導体及びニトロソ化誘導体

番号	品名
	チオりん酸エステル(ホスホロチオエート)及びその塩並びにこれらのハロゲン化誘導体、スルホン化誘導体、ニトロ化誘導体及びニトロソ化誘導体
2920.11	パラチオン(ISO)及びパラチオンメチル(ISO)(メチルパラチオン)
2920.19	その他のもの
	亜りん酸エステル及びその塩並びにこれらのハロゲン化誘導体、スルホン化誘導体、ニトロ化誘導体及びニトロソ化誘導体
2920.21	亜りん酸ジメチル
2920.22	亜りん酸ジエチル
2920.23	亜りん酸トリメチル
2920.24	亜りん酸トリエチル
2920.29	その他のもの
2920.30	エンドスルファン(ISO)
2920.90	その他のもの
	第9節 窒素官能化合物
29.21	**アミン官能化合物**
	非環式モノアミン及びその誘導体並びにこれらの塩
2921.11	メチルアミン、ジメチルアミン及びトリメチルアミン並びにこれらの塩
2921.12	2-(N,N-ジメチルアミノ)エチルクロリド塩酸塩
2921.13	2-(N,N-ジエチルアミノ)エチルクロリド塩酸塩
2921.14	2-(N,N-ジイソプロピルアミノ)エチルクロリド塩酸塩
2921.19	その他のもの
	非環式ポリアミン及びその誘導体並びにこれらの塩
2921.21	エチレンジアミン及びその塩
2921.22	ヘキサメチレンジアミン及びその塩
2921.29	その他のもの
2921.30	飽和脂環式モノアミン、不飽和脂環式モノアミン、シクロテルペンモノアミン、飽和脂環式ポリアミン、不飽和脂環式ポリアミン及びシクロテルペンポリアミン並びにこれらの誘導体並びにこれらの塩
	芳香族モノアミン及びその誘導体並びにこれらの塩
2921.41	アニリン及びその塩
2921.42	アニリン誘導体及びその塩
2921.43	トルイジン及びその誘導体並びにこれらの塩
2921.44	ジフェニルアミン及びその誘導体並びにこれらの塩

番号	品名
2921.45	1-ナフチルアミン(アルファーナフチルアミン)及び2-ナフチルアミン(ベーターナフチルアミン)並びにこれらの誘導体並びにこれらの塩
2921.46	アンフェタミン(INN)、ベンツフェタミン(INN)、デキサンフェタミン(INN)、エチランフェタミン(INN)、フェンカンファミン(INN)、レフェタミン(INN)、レバンフェタミン(INN)、メフェノレクス(INN)及びフェンテルミン(INN)並びにこれらの塩
2921.49	その他のもの
	芳香族ポリアミン及びその誘導体並びにこれらの塩
2921.51	オルトーフェニレンジアミン、メターフェニレンジアミン、パラーフェニレンジアミン及びジアミノトルエン並びにこれらの誘導体並びにこれらの塩
2921.59	その他のもの
29.22	**酸素官能のアミノ化合物**
	アミノアルコール(二種類以上の酸素官能基を有するものを除く。)並びにそのエーテル及びエステル並びにこれらの塩
2922.11	モノエタノールアミン及びその塩
2922.12	ジエタノールアミン及びその塩
2922.14	デキストロプロポキシフェン(INN)及びその塩
2922.15	トリエタノールアミン
2922.16	ペルフルオロオクタンスルホン酸ジエタノールアンモニウム
2922.17	メチルジエタノールアミン及びエチルジエタノールアミン
2922.18	2-(N,N-ジイソプロピルアミノ)エタノール
2922.19	その他のもの
	アミノナフトールその他のアミノフェノール(二種類以上の酸素官能基を有するものを除く。)並びにそのエーテル及びエステル並びにこれらの塩
2922.21	アミノヒドロキシナフタレンスルホン酸及びその塩
2922.29	その他のもの
	アミノアルデヒド、アミノケトン及びアミノキノン(二種類以上の酸素官能基を有するものを除く。)並びにこれらの塩
2922.31	アンフェプラモン(INN)、メサドン(INN)及びノルメサドン(INN)並びにこれらの塩
2922.39	その他のもの

〔付録〕ＨＳ品目表2017年版

番号	品　名
	アミノ酸(二種類以上の酸素官能基を有するものを除く。)及びそのエステル並びにこれらの塩
2922.41	リジン及びそのエステル並びにこれらの塩
2922.42	グルタミン酸及びその塩
2922.43	アントラニル酸及びその塩
2922.44	チリジン(INN)及びその塩
2922.49	その他のもの
2922.50	アミノアルコールフェノール、アミノ酸フェノール及び酸素官能基を有するその他のアミノ化合物
29.23	第四級アンモニウム塩、水酸化第四級アンモニウム及びレシチンその他のホスホアミノリピド(レシチンその他のホスホアミノリピドについては、化学的に単一であるかないかを問わない。)
2923.10	コリン及びその塩
2923.20	レシチンその他のホスホアミノリピド
2923.30	ペルフルオロオクタンスルホン酸テトラエチルアンモニウム
2923.40	ペルフルオロオクタンスルホン酸ジデシルジメチルアンモニウム
2923.90	その他のもの
29.24	カルボキシアミド官能化合物及び炭酸のアミド官能化合物
	非環式アミド(非環式カルバマートを含む。)及びその誘導体並びにこれらの塩
2924.11	メプロバメート(INN)
2924.12	フルオロアセトアミド(ISO)、モノクロトホス(ISO)及びホスファミドン(ISO)
2924.19	その他のもの
	環式アミド(環式カルバマートを含む。)及びその誘導体並びにこれらの塩
2924.21	ウレイン及びその誘導体並びにこれらの塩
2924.23	2－アセトアミド安息香酸(N－アセチルアントラニル酸)及びその塩
2924.24	エチナメート(INN)
2924.25	アラクロール(ISO)
2924.29	その他のもの
29.25	カルボキシイミド官能化合物(サッカリン及びその塩を含む。)及びイミン官能化合物
	イミド及びその誘導体並びにこれらの塩
2925.11	サッカリン及びその塩
2925.12	グルテチミド(INN)
2925.19	その他のもの
	イミン及びその誘導体並びにこれらの塩
2925.21	クロルジメホルム(ISO)

番号	品　名
2925.29	その他のもの
29.26	ニトリル官能化合物
2926.10	アクリロニトリル
2926.20	1－シアノアニジン(ジシアンジアミド)
2926.30	フェンプロポレクス(INN)及びその塩並びにメサドン(INN)中間体(4－シアノ－2－ジメチルアミノ－4,4－ジフェニルブタン)
2926.40	アルファーフェニルアセトアセトニトリル
2926.90	その他のもの
29.27	
2927.00	ジアゾ化合物、アゾ化合物及びアゾキシ化合物
29.28	
2928.00	ヒドラジン又はヒドロキシルアミンの有機誘導体
29.29	その他の窒素官能基を有する化合物
2929.10	イソシアナート
2929.90	その他のもの
	第10節　オルガノインオルガニック化合物、複素環式化合物及び核酸並びにこれらの塩並びにスルホンアミド
29.30	有機硫黄化合物
2930.20	チオカルバマート及びジチオカルバマート
2930.30	チウラムモノスルフィド、チウラムジスルフィド及びチウラムテトラスルフィド
2930.40	メチオニン
2930.60	2－(N,N－ジエチルアミノ)エタンチオール
2930.70	ビス(2－ヒドロキシエチル)スルフィド(チオジグリコール(INN))
2930.80	アルジカルブ(ISO)、カプタホール(ISO)及びメタミドホス(ISO)
2930.90	その他のもの
29.31	その他のオルガノインオルガニック化合物
2931.10	テトラメチル鉛及びテトラエチル鉛
2931.20	トリブチルすず化合物
	その他の有機りん誘導体
2931.31	メチルホスホン酸ジメチル
2931.32	プロピルホスホン酸ジメチル
2931.33	エチルホスホン酸ジエチル
2931.34	メチルホスホン酸3－(トリヒドロキシシリル)プロピルナトリウム
2931.35	2,4,6－トリプロピル－1,3,5,2,4,6－トリオキサトリホスホン酸2,4,6－トリオキシド
2931.36	(5－エチル－2－メチル－2－オキシド－1,3,2－ジオキサホスフィナン－5－イル)メチルメチルメチルホスホネート

555

番号	品名
2931.37	ビス[(5-エチル-2-メチル-2-オキシド-1,3,2-ジオキサホスフィナン-2-イル)メチル]メチルホスホネート
2931.38	メチルホスホン酸と(アミノイミノメチル)尿素との1:1の割合の塩
2931.39	その他のもの
2931.90	その他のもの
29.32	**複素環式化合物(ヘテロ原子として酸素のみを有するものに限る。)**
	非縮合フラン環(水素添加してあるかないかを問わない。)を有する化合物
2932.11	テトラヒドロフラン
2932.12	2-フルアルデヒド(フルフラール)
2932.13	フルフリルアルコール及びテトラヒドロフルフリルアルコール
2932.14	スクラロース
2932.19	その他のもの
2932.20	ラクトン
	その他のもの
2932.91	イソサフロール
2932.92	1-(1,3-ベンゾジオキソール-5-イル)プロパン-2-オン
2932.93	ピペロナール
2932.94	サフロール
2932.95	テトラヒドロカンナビノール(すべての異性体を含む。)
2932.99	その他のもの
29.33	**複素環式化合物(ヘテロ原子として窒素のみを有するものに限る。)**
	非縮合ピラゾール環(水素添加してあるかないかを問わない。)を有する化合物
2933.11	フェナゾン(アンチピリン)及びその誘導体
2933.19	その他のもの
	非縮合イミダゾール環(水素添加してあるかないかを問わない。)を有する化合物
2933.21	ヒダントイン及びその誘導体
2933.29	その他のもの
	非縮合ピリジン環(水素添加してあるかないかを問わない。)を有する化合物
2933.31	ピリジン及びその塩
2933.32	ピペリジン及びその塩

番号	品名
2933.33	アルフェンタニル(INN)、アニレリジン(INN)、ベジトラミド(INN)、ブロマゼパム(INN)、ジフェノキシン(INN)、ジフェノキシレート(INN)、ジピパノン(INN)、フェンタニール(INN)、ケトベミドン(INN)、メチルフェニデート(INN)、ペンタゾシン(INN)、ペチジン(INN)、ペチジン(INN)中間体A、フェンシクリジン(INN)(PCP)、フェノペリジン(INN)、ピプラドロール(INN)、ピリトラミド(INN)、プロピラム(INN)及びトリメペリジン(INN)並びにこれらの塩
2933.39	その他のもの
	キノリン環又はイソキノリン環(水素添加してあるかないかを問わないものとし、更に縮合したものを除く。)を有する化合物
2933.41	レボルファノール(INN)及びその塩
2933.49	その他のもの
	ピリミジン環(水素添加してあるかないかを問わない。)又はピペラジン環を有する化合物
2933.52	マロニル尿素(バルビツル酸)及びその塩
2933.53	アロバルビタール(INN)、アモバルビタール(INN)、バルビタール(INN)、ブタルビタール(INN)、ブトバルビタール、シクロバルビタール(INN)、メチルフェノバルビタール(INN)、ペントバルビタール(INN)、フェノバルビタール(INN)、セクブタバルビタール(INN)、セコバルビタール(INN)及びビニルビタール(INN)並びにこれらの塩
2933.54	その他のマロニル尿素(バルビツル酸)の誘導体及びその塩
2933.55	ロプラゾラム(INN)、メクロカロン(INN)、メタカロン(INN)及びジペプロール(INN)並びにこれらの塩
2933.59	その他のもの
	非縮合トリアジン環(水素添加してあるかないかを問わない。)を有する化合物
2933.61	メラミン
2933.69	その他のもの
	ラクタム
2933.71	6-ヘキサンラクタム(イプシロン-カプロラクタム)
2933.72	クロバザム(INN)及びメチプリロン(INN)
2933.79	その他のラクタム
	その他のもの

番号	品名
2933.91	アルプラゾラム(INN)、カマゼパム(INN)、クロルジアゼポキシド(INN)、クロナゼパム(INN)、クロラゼペート、デロラゼパム(INN)、ジアゼパム(INN)、エスタゾラム(INN)、ロフラゼプ酸エチル(INN)、フルジアゼパム(INN)、フルニトラゼパム(INN)、フルラゼパム(INN)、ハラゼパム(INN)、ロラゼパム(INN)、ロルメタゼパム(INN)、マジンドール(INN)、メダゼパム(INN)、ミダゾラム(INN)、ニメタゼパム(INN)、ニトラゼパム(INN)、ノルダゼパム(INN)、オキサゼパム(INN)、ピナゼパム(INN)、プラゼパム(INN)、ピロバレロン(INN)、テマゼパム(INN)、テトラゼパム(INN)及びトリアゾラム(INN)並びにこれらの塩
2933.92	アジンホスメチル(ISO)
2933.99	その他のもの
29.34	核酸及びその塩(化学的に単一であるかないかを問わない。)並びにその他の複素環式化合物
2934.10	非縮合チアゾール環(水素添加してあるかないかを問わない。)を有する化合物
2934.20	ベンゾチアゾール環(水素添加してあるかないかを問わないものとし、更に縮合したものを除く。)を有する化合物
2934.30	フェノチアジン環(水素添加してあるかないかを問わないものとし、更に縮合したものを除く。)を有する化合物
	その他のもの
2934.91	アミノレクス(INN)、ブロチゾラム(INN)、クロチアゼパム(INN)、クロキサゾラム(INN)、デキストロモラミド(INN)、ハロキサゾラム(INN)、ケタゾラム(INN)、メソカルブ(INN)、オキサゾラム(INN)、ペモリン(INN)、フェンジメトラジン(INN)、フェンメトラジン(INN)及びスフェンタニル(INN)並びにこれらの塩
2934.99	その他のもの
29.35	スルホンアミド
2935.10	N-メチルペルフルオロオクタンスルホンアミド
2935.20	N-エチルペルフルオロオクタンスルホンアミド
2935.30	N-エチル-N-(2-ヒドロキシエチル)ペルフルオロオクタンスルホンアミド
2935.40	N-(2-ヒドロキシエチル)-N-メチルペルフルオロオクタンスルホンアミド

番号	品名
2935.50	その他のペルフルオロオクタンスルホンアミド
2935.90	その他のもの
	第11節 プロビタミン、ビタミン及びホルモン
29.36	プロビタミン及びビタミン(天然のもの及びこれと同一の構造を有する合成のもの(天然のものを濃縮したものを含む。)に限る。)並びにこれらの誘導体で主としてビタミンとして使用するもの並びにこれらの相互の混合物(この項の物品については、溶媒に溶かしてあるかないかを問わない。)
	ビタミン及びその誘導体(混合してないものに限る。)
2936.21	ビタミンA及びその誘導体
2936.22	ビタミンB_1及びその誘導体
2936.23	ビタミンB_2及びその誘導体
2936.24	D-パントテン酸及びDL-パントテン酸(ビタミンB_3又はビタミンB_5)並びにこれらの誘導体
2936.25	ビタミンB_6及びその誘導体
2936.26	ビタミンB_{12}及びその誘導体
2936.27	ビタミンC及びその誘導体
2936.28	ビタミンE及びその誘導体
2936.29	その他のビタミン及びその誘導体
2936.90	その他のもの(天然のものを濃縮したものを含む。)
29.37	ホルモン、プロスタグランジン、トロンボキサン及びロイコトリエン(天然のもの及びこれと同一の構造を有する合成のものに限る。)並びにこれらの誘導体及び構造類似物(主としてホルモンとして使用するもので、変性ポリペプチドを含む。)
	ポリペプチドホルモン、たんぱく質ホルモン及び糖たんぱく質ホルモン並びにこれらの誘導体及び構造類似物
2937.11	ソマトトロピン並びにその誘導体及び構造類似物
2937.12	インスリン及びその塩
2937.19	その他のもの
	ステロイドホルモン並びにその誘導体及び構造類似物
2937.21	コルチゾン、ヒドロコルチゾン、プレドニゾン(デヒドロコルチゾン)及びプレドニゾロン(デヒドロヒドロコルチゾン)
2937.22	コルチコステロイドホルモンのハロゲン化誘導体

〔付録〕ＨＳ品目表2017年版

番号	品名
2937.23	エストロゲン及びプロゲストゲン
2937.29	その他のもの
2937.50	プロスタグランジン、トロンボキサン及びロイコトリエン並びにこれらの誘導体及び構造類似物
2937.90	その他のもの
	第12節　グリコシド及びアルカロイド（天然のもの及びこれと同一の構造を有する合成のものに限る。）並びにこれらの塩、エーテル、エステルその他の誘導体
29.38	グリコシド（天然のもの及びこれと同一の構造を有する合成のものに限る。）及びその塩、エーテル、エステルその他の誘導体
2938.10	ルトシド（ルチン）及びその誘導体
2938.90	その他のもの
29.39	アルカロイド（天然のもの及びこれと同一の構造を有する合成のものに限る。）及びその塩、エーテル、エステルその他の誘導体
	あへんアルカロイド及びその誘導体並びにこれらの塩
2939.11	けしがら濃縮物並びにブプレノルフィン(INN)、コデイン、ジヒドロコデイン(INN)、エチルモルヒネ、エトルフィン(INN)、ヘロイン、ヒドロコドン(INN)、ヒドロモルホン(INN)、モルヒネ、ニコモルヒネ(INN)、オキシコドン(INN)、オキシモルホン(INN)、フォルコジン(INN)、テバコン(INN)及びテバイン並びにこれらの塩
2939.19	その他のもの
2939.20	キナアルカロイド及びその誘導体並びにこれらの塩
2939.30	カフェイン及びその塩
	エフェドリン類及びその塩
2939.41	エフェドリン及びその塩
2939.42	プソイドエフェドリン(INN)及びその塩
2939.43	カチン(INN)及びその塩
2939.44	ノルエフェドリン及びその塩
2939.49	その他のもの

番号	品名
	テオフィリン及びアミノフィリン（テオフィリン－エチレンジアミン）並びにこれらの誘導体並びにこれらの塩
2939.51	フェネチリン(INN)及びその塩
2939.59	その他のもの
	ライ麦麦角のアルカロイド及びその誘導体並びにこれらの塩
2939.61	エルゴメトリン(INN)及びその塩
2939.62	エルゴタミン(INN)及びその塩
2939.63	リゼルギン酸及びその塩
2939.69	その他のもの
	その他のもの（植物由来のものに限る。）
2939.71	コカイン、エクゴニン、レボメタンフェタミン、メタンフェタミン(INN)及びメタンフェタミンラセメート並びにこれらの塩、エステル及びその他の誘導体
2939.79	その他のもの
2939.80	その他のもの
	第13節　その他の有機化合物
29.40	
2940.00	糖類（化学的に純粋なものに限るものとし、しよ糖、乳糖、麦芽糖、ぶどう糖及び果糖を除く。）並びに糖エーテル、糖アセタール、糖エステル、糖エーテルの塩、糖アセタールの塩及び糖エステルの塩（第29.37項から第29.39項までの物品を除く。）
29.41	抗生物質
2941.10	ペニシリン及びその誘導体（ペニシラン酸構造を有するものに限る。）並びにこれらの塩
2941.20	ストレプトマイシン及びその誘導体並びにこれらの塩
2941.30	テトラサイクリン及びその誘導体並びにこれらの塩
2941.40	クロラムフェニコール及びその誘導体並びにこれらの塩
2941.50	エリスロマイシン及びその誘導体並びにこれらの塩
2941.90	その他のもの
29.42	
2942.00	その他の有機化合物

第30類　医療用品

注
1　この類には、次の物品を含まない。
　(a)　食餌療法用の食料、強化食料、食餌補助剤、強壮飲料、鉱水その他の飲食物（静脈注射用の栄養剤を除く。）(第4部参照)
　(b)　喫煙者の禁煙補助用の調製品（例えば、錠剤、チューインガム及びパッチ（経皮投与剤））(第21.06項及び第38.24項参照)

〔付録〕ＨＳ品目表2017年版

  (c) 歯科用に特に焼き又は細かく粉砕したプラスター（第25.20項参照）
  (d) 精油のアキュアスディスチレート及びアキュアスソリューションで、医薬用に適するもの（第33.01項参照）
  (e) 第33.03項から第33.07項までの調製品（治療作用又は予防作用を有するものを含む。）
  (f) 第34.01項のせつけんその他の物品で医薬品を加えたもの
  (g) プラスターをもととした歯科用の調製品（第34.07項参照）
  (h) 治療用又は予防用に調製してない血液アルブミン（第35.02項参照）
2　第30.02項において「免疫産品」とは、単クローン抗体（MAB）、抗体フラグメント、抗体複合体、抗体フラグメント複合体、インターロイキン、インターフェロン（IFN）、ケモカイン、ある種の腫瘍壊死因子（TNF）、成長因子（GF）、赤血球生成促進因子、コロニー刺激因子（CSF）その他の免疫学的過程の制御に直接関与するペプチド及びたんぱく質（第29.37項の物品を除く。）をいう。
3　第30.03項、第30.04項及び4(d)においては、次に定めるところによる。
  (a) 混合してないものには、次の物品を含む。
    (1) 混合してないものの水溶液
    (2) 第28類又は第29類のすべての物品
    (3) 第13.02項の一の植物性エキスで、単に標準化したもの及び溶媒に溶かしたもの
  (b) 混合したものには、次の物品を含む。
    (1) コロイド状の溶液及び懸濁体（コロイド硫黄を除く。）
    (2) 植物性材料の混合物を処理して得た植物性エキス
    (3) 天然の鉱水を蒸発させて得た塩及び濃縮物
4　第30.06項には、次の物品のみを含む。当該物品は、第30.06項に属するものとし、この表の他の項には属しない。
  (a) 外科用のカットガットその他これに類する縫材（外科用又は歯科用の吸収性糸を含むものとし、殺菌したものに限る。）及び切開創縫合用の接着剤（殺菌したものに限る。）
  (b) ラミナリア及びラミナリア栓（殺菌したものに限る。）
  (c) 外科用又は歯科用の吸収性止血材（殺菌したものに限る。）並びに外科用又は歯科用の癒着防止材（殺菌したものに限るものとし、吸収性であるかないかを問わない。）
  (d) エックス線検査用造影剤及び患者に投与する診断用試薬（混合してないもので投与量にしたもの及び二以上の成分から成るもので検査用又は診断用に混合したものに限る。）
  (e) 血液型判定用試薬
  (f) 歯科用セメントその他の歯科用充てん材料及び接骨用セメント
  (g) 救急箱及び救急袋
  (h) 避妊用化学調製品（第29.37項のホルモンその他の物質又は殺精子剤をもととしたものに限る。）
  (ij) 医学用又は獣医学において外科手術若しくは診療の際に人若しくは動物の身体の潤滑剤として又は人若しくは動物の身体と診療用機器とを密着させる薬品としての使用に供するよう調製したゲル
  (k) 薬剤廃棄物（当初に意図した使用に適しない薬剤。例えば、使用期限を過ぎたもの）
  (l) 瘻造設術用と認められるもの（例えば、結腸造瘻用、回腸造瘻用又は人工尿路開設術用の特定の形状に裁断したパウチ並びにこれらの接着性のウエハー及び面板）
号注
1　第3002.13号及び第3002.14号においては、次に定めるところによる。
  (a) 「混合してないもの」とは、純粋な物品（不純物を含有するかしないかを問わない。）をいう。
  (b) 「混合したもの」とは、次の物品をいう。
    (1) (a)の物品を水又は水以外の溶媒に溶かしたもの
    (2) (a)又は(b)(1)の物品で、保存又は輸送のために必要な安定剤を加えたもの
    (3) (a)、(b)(1)又は(b)(2)の物品で、その他の添加剤を混合したもの
2　第3003.60号及び第3004.60号には、経口摂取のためにその他の医薬品有効成分と結合させたアルテミシニン（INN）又は次のいずれかの有効成分（その他の医薬品有効成分と結合してあるかないかを問わない。）を含有する医薬品を含む。アモジアキン（INN）、アルテリン酸及びその塩、アルテニモル（INN）、アルテモチル（INN）、アルテメテル（INN）、アルテスナート（INN）、クロロキン（INN）、ジヒドロアルテミシニン（INN）、ルメファントリン（INN）、メフロキン（INN）、ピペラキン（INN）、ピリメタミン（INN）並びにスルファドキシン（INN）

〔付録〕ＨＳ品目表2017年版

番号	品名
30.01	臓器療法用の腺その他の器官(乾燥したものに限るものとし、粉状にしてあるかないかを問わない。)及び腺その他の器官又はその分泌物の抽出物で臓器療法用のもの並びにヘパリン及びその塩並びに治療用又は予防用に調製したその他の人又は動物の物質(他の項に該当するものを除く。)
3001.20	腺その他の器官又はその分泌物の抽出物
3001.90	その他のもの
30.02	人血、治療用、予防用又は診断用に調製した動物の血、免疫血清その他の血液分画物及び免疫産品(変性したものであるかないか又は生物工学的方法により得られたものであるかないかを問わない。)並びにワクチン、毒素、培養微生物(酵母を除く。)その他これらに類する物品
	免疫血清その他の血液分画物及び免疫産品(変性したものであるかないか又は生物工学的方法により得られたものであるかないかを問わない。)
3002.11	マラリア診断試験キット
3002.12	免疫血清その他の血液分画物
3002.13	免疫産品(混合してないもので、投与量にしてなく、かつ、小売用の形状又は包装にしてないものに限る。)
3002.14	免疫産品(混合したもので、投与量にしてなく、かつ、小売用の形状又は包装にしてないものに限る。)
3002.15	免疫産品(投与量にしたもの又は小売用の形状若しくは包装にしたものに限る。)
3002.19	その他のもの
3002.20	人用のワクチン
3002.30	動物用のワクチン
3002.90	その他のもの
30.03	医薬品(治療用又は予防用に混合した二以上の成分から成るもので、投与量にしてなく、かつ、小売用の形状又は包装にしてないものに限るものとし、第30.02項、第30.05項又は第30.06項の物品を除く。)
3003.10	ペニシリン若しくはその誘導体(ペニシラン酸構造を有するものに限る。)又はストレプトマイシン若しくはその誘導体を含有するもの
3003.20	その他のもの(抗生物質を含有するものに限る。)
	その他のもの(第29.37項のホルモンその他の物質を含有するものに限る。)
3003.31	インスリンを含有するもの
3003.39	その他のもの

番号	品名
	その他のもの(アルカロイド又はその誘導体を含有するものに限る。)
3003.41	エフェドリン又はその塩を含有するもの
3003.42	プソイドエフェドリン(INN)又はその塩を含有するもの
3003.43	ノルエフェドリン又はその塩を含有するもの
3003.49	その他のもの
3003.60	その他のもの(この類の号注2の抗マラリア有効成分を含有するものに限る。)
3003.90	その他のもの
30.04	医薬品(混合し又は混合してない物品から成る治療用又は予防用のもので、投与量にしたもの(経皮投与剤の形状にしたものを含む。)又は小売用の形状若しくは包装にしたものに限るものとし、第30.02項、第30.05項又は第30.06項の物品を除く。)
3004.10	ペニシリン若しくはその誘導体(ペニシラン酸構造を有するものに限る。)又はストレプトマイシン若しくはその誘導体を含有するもの
3004.20	その他のもの(抗生物質を含有するものに限る。)
	その他のもの(第29.37項のホルモンその他の物質を含有するものに限る。)
3004.31	インスリンを含有するもの
3004.32	コルチコステロイドホルモン又はその誘導体若しくは構造類似物を含有するもの
3004.39	その他のもの
	その他のもの(アルカロイド又はその誘導体を含有するものに限る。)
3004.41	エフェドリン又はその塩を含有するもの
3004.42	プソイドエフェドリン(INN)又はその塩を含有するもの
3004.43	ノルエフェドリン又はその塩を含有するもの
3004.49	その他のもの
3004.50	その他のもの(第29.36項のビタミンその他の物質を含有するものに限る。)
3004.60	その他のもの(この類の号注2の抗マラリア有効成分を含有するものに限る。)
3004.90	その他のもの
30.05	脱脂綿、ガーゼ、包帯その他これらに類する製品(例えば、被覆材、ばんそうこう及びパップ剤)で、医薬を染み込ませ若しくは塗布し又は医療用若しくは獣医用として小売用の形状若しくは包装にしたもの
3005.10	接着性を有する被覆材その他の接着層を有する製品

[付録] ＨＳ品目表2017年版

番号	品　名
3005.90	その他のもの
30.06	**この類の注4の医療用品**
3006.10	外科用のカットガットその他これに類する縫合材（外科用又は歯科用の吸収性糸を含む。）、切開創縫合用の接着剤、ラミナリア、ラミナリア栓、外科用又は歯科用の吸収性止血材及び外科用又は歯科用の癒着防止材（吸収性があるかないかを問わない。）（殺菌したものに限る。）
3006.20	血液型判定用試薬
3006.30	エックス線検査用造影剤及び患者に投与する診断用試薬
3006.40	歯科用セメントその他の歯科用充てん材料及び接骨用セメント

番号	品　名
3006.50	救急箱及び救急袋
3006.60	避妊用化学調製品（第29.37項のホルモンその他の物質又は殺精子剤をもととしたものに限る。）
3006.70	医学又は獣医学において外科手術若しくは診療の際に人若しくは動物の身体の潤滑剤として又は人若しくは動物の身体と診療用機器とを密着させる薬品としての使用に供するよう調製したゲル
	その他のもの
3006.91	瘢造設術用と認められるもの
3006.92	薬剤廃棄物（当初に意図した使用に適しない薬剤。例えば、使用期限を過ぎたもの）

第31類　肥料

注
1　この類には、次の物品を含まない。
　(a)　第05.11項の動物の血
　(b)　化学的に単一の化合物（2(a)、3(a)、4(a)又は5のものを除く。）
　(c)　第38.24項の塩化カリウムを培養した結晶（1個の重量が2.5グラム以上のものに限るものとし、光学用品を除く。）及び塩化カリウムから製造した光学用品（第90.01項参照）
2　第31.02項には、次の物品（第31.05項に定める形状又は包装にしたものを除く。）のみを含む。
　(a)　次のいずれかに該当する物品
　　(i)　硝酸ナトリウム（純粋であるかないかを問わない。）
　　(ii)　硝酸アンモニウム（純粋であるかないかを問わない。）
　　(iii)　硫酸アンモニウムと硝酸アンモニウムとの複塩（純粋であるかないかを問わない。）
　　(iv)　硫酸アンモニウム（純粋であるかないかを問わない。）
　　(v)　硝酸カルシウムと硝酸アンモニウムとの複塩（純粋であるかないかを問わない。）又は混合物
　　(vi)　硝酸カルシウムと硝酸マグネシウムとの複塩（純粋であるかないかを問わない。）又は混合物
　　(vii)　カルシウムシアナミド（純粋であるかないか又は油により処理してあるかないかを問わない。）
　　(viii)　尿素（純粋であるかないかを問わない。）
　(b)　(a)の物品のうち二以上を相互に混合した肥料
　(c)　塩化アンモニウム又は(a)若しくは(b)の物品と白亜、天然石膏その他の肥料でない無機物とを混合した肥料
　(d)　(a)の(ii)若しくは(viii)の物品又はこれらの混合物を水溶液にし又はアンモニア溶液にした液状肥料
3　第31.03項には、次の物品（第31.05項に定める形状又は包装にしたものを除く。）のみを含む。
　(a)　次のいずれかに該当する物品
　　(i)　塩基性スラグ
　　(ii)　第25.10項の天然のりん酸塩を焼き又は不純物を除くための熱処理を超える熱処理をしたもの
　　(iii)　過りん酸石灰又は重過りん酸石灰
　　(iv)　りん酸水素カルシウム（ふつ素の含有量が乾燥状態における無水物の全重量の0.2％以上のものに限る。）
　(b)　(a)の物品（ふつ素の含有量のいかんを問わない。）のうち二以上を相互に混合した肥料
　(c)　(a)又は(b)の物品（ふつ素の含有量のいかんを問わない。）と白亜、天然石膏その他の肥料でない無機物とを混合した肥料
4　第31.04項には、次の物品（第31.05項に定める形状又は包装にしたものを除く。）のみを含む。
　(a)　次のいずれかに該当する物品
　　(i)　天然のカリウム塩類（粗のものに限る。例えば、カーナリット、カイナイト及びシルバイト）
　　(ii)　塩化カリウム（純粋であるかないかを問わないものとし、1(c)の物品を除く。）
　　(iii)　硫酸カリウム（純粋であるかないかを問わない。）

〔付録〕ＨＳ品目表2017年版

 (iv) 硫酸マグネシウムカリウム（純粋であるかないかを問わない。）
 (b) (a)の物品のうち二以上を相互に混合した肥料
5 オルトりん酸二水素アンモニウム（りん酸一アンモニウム）及びオルトりん酸水素二アンモニウム（りん酸二アンモニウム）（純粋であるかないかを問わない。）並びにこれらの混合物は、第31.05項に属する。
6 第31.05項のその他の肥料は、肥料として使用する種類の物品で、主要成分として少なくとも、窒素、りん又はカリウムのいずれか一の肥料成分を含有するものに限る。

番号	品名
31.01	
3101.00	動物性又は植物性の肥料（これらを相互に混合してあるかないか又は化学的に処理してあるかないかを問わない。）及び動物性又は植物性の生産品を混合し又は化学的に処理して得た肥料
31.02	窒素肥料（鉱物性肥料及び化学肥料に限る。）
3102.10	尿素（水溶液にしてあるかないかを問わない。）
	硫酸アンモニウム並びに硫酸アンモニウムと硝酸アンモニウムとの複塩及び混合物
3102.21	硫酸アンモニウム
3102.29	その他のもの
3102.30	硝酸アンモニウム（水溶液にしてあるかないかを問わない。）
3102.40	硝酸アンモニウムと炭酸カルシウムその他の肥料でない無機物との混合物
3102.50	硝酸ナトリウム
3102.60	硝酸カルシウムと硝酸アンモニウムとの複塩及び混合物
3102.80	尿素と硝酸アンモニウムとの混合物（水溶液又はアンモニア溶液にしたものに限る。）
3102.90	その他のもの（混合物を含むものとし、この項の他の号に該当するものを除く。）
31.03	りん酸肥料（鉱物性肥料及び化学肥料に限る。）
	過りん酸石灰及び重過りん酸石灰
3103.11	五酸化二りん(P_2O_5)の含有量が全重量の35％以上のもの
3103.19	その他のもの

番号	品名
3103.90	その他のもの
31.04	カリ肥料（鉱物性肥料及び化学肥料に限る。）
3104.20	塩化カリウム
3104.30	硫酸カリウム
3104.90	その他のもの
31.05	肥料成分（窒素、りん及びカリウム）のうち二以上を含有する肥料（鉱物性肥料及び化学肥料に限る。）及びその他の肥料並びにこの類の物品をタブレット状その他これに類する形状にし又は容器とものの1個の重量が10キログラム以下に包装したもの
3105.10	この類の物品をタブレット状その他これに類する形状にし又は容器とものの1個の重量が10キログラム以下に包装したもの
3105.20	鉱物性肥料及び化学肥料（窒素、りん及びカリウムを含有するものに限る。）
3105.30	オルトりん酸水素二アンモニウム（りん酸二アンモニウム）
3105.40	オルトりん酸二水素アンモニウム（りん酸一アンモニウム）及びこれとオルトりん酸水素二アンモニウム（りん酸二アンモニウム）との混合物
	その他の鉱物性肥料及び化学肥料（窒素及びりんを含有するものに限る。）
3105.51	硝酸塩類及びりん酸塩類を含有するもの
3105.59	その他のもの
3105.60	鉱物性肥料及び化学肥料（りん及びカリウムを含有するものに限る。）
3105.90	その他のもの

第32類 なめしエキス、染色エキス、タンニン及びその誘導体、染料、顔料その他の着色料、ペイント、ワニス、パテその他のマスチック並びにインキ

注
1 この類には、次の物品を含まない。
 (a) 化学的に単一の元素及び化合物（第32.03項又は第32.04項のもの、ルミノホアとして使用する種類の無機物（第32.06項参照）、石英ガラスで第32.07項に定める形状のもの及び第32.12項の小売用の形状又は包装にした染料その他の着色料を除く。）
 (b) 第29.36項から第29.39項まで、第29.41項又は第35.01項から第35.04項までの物品のタンナートその他のタンニン誘導体
 (c) アスファルトマスチックその他の歴青質マスチック（第27.15項参照）
2 第32.04項には、アゾ染料を生成させるために安定化ジアゾニウム塩とカップリング成分とを混合した物品を含む。
3 第32.03項から第32.06項までには、着色料（第32.06項にあつては、第25.30項又は第28類の着色用顔料並びに金属のフレーク及び粉を含む。）をもととした調製品で、物品（種類を問わない。）の着色に使用し又は着色用の調製品の成

として使用するものを含むものとし、顔料を水以外の媒体に分散させた液体及びペーストで、ペイント(エナメルを含む。第32.12項参照)の製造に使用する種類のもの及び第32.07項から第32.10項まで、第32.12項、第32.13項又は第32.15項のその他の調製品を含まない。

4　第32.08項には、第39.01項から第39.13項までの物品を揮発性有機溶剤に溶かした溶液(溶剤の含有量が全重量の50%を超えるものに限るものとし、コロジオンを除く。)を含む。

5　この類において着色料には、油ペイントの体質顔料として使用する種類の物品(水性塗料の着色に適するか適しないかを問わない。)を含まない。

6　第32.12項においてスタンプ用のはくには、書籍の表紙、帽子のすべり革その他の物品への印捺に使用する種類の薄いシート状の物品で、次のものから成るもののみを含む。

　(a)　金属の粉(貴金属の粉を含む。)及び顔料で、これらをにかわ、ゼラチンその他の結合剤により凝結させたもの
　(b)　金属(貴金属を含む。)及び顔料で、これらをシート状の支持物(材料を問わない。)の上に付着させたもの

番号	品　名	番号	品　名
32.01	植物性なめしエキス並びにタンニン及びその塩、エーテル、エステルその他の誘導体	3204.19	その他のもの(第3204.11号から第3204.19号までのうち二以上の号の着色料を混合した物品を含む。)
3201.10	ケブラチョエキス	3204.20	蛍光増白剤として使用する種類の合成した有機物
3201.20	ワットルエキス		
3201.90	その他のもの	3204.90	その他のもの
32.02	合成有機なめし剤、無機なめし剤、調製したなめし剤(天然なめし料を含有するかしないかを問わない。)及びなめし前処理用の酵素系調製品	32.05	
		3205.00	レーキ顔料及びこの類の注3の調製品でレーキ顔料をもととしたもの
3202.10	合成有機なめし剤	32.06	その他の着色料、この類の注3の調製品(第32.03項から第32.05項までのものを除く。)及びルミノホアとして使用する種類の無機物(化学的に単一であるかないかを問わない。)
3202.90	その他のもの		
32.03			
3203.00	植物性又は動物性の着色料(染色エキスを含み、化学的に単一であるかないかを問わないものとし、獣炭を除く。)及びこの類の注3の調製品で植物性又は動物性の着色料をもととしたもの		
			二酸化チタンをもととした顔料及び調製品
		3206.11	二酸化チタンの含有量が乾燥状態において全重量の80%以上のもの
		3206.19	その他のもの
32.04	有機合成着色料(化学的に単一であるかないかを問わない。)、この類の注3の調製品で有機合成着色料をもととしたもの及び蛍光増白剤又はルミノホアとして使用する種類の合成した有機物(化学的に単一であるかないかを問わない。)	3206.20	クロム化合物をもととした顔料及び調製品
			その他の着色料及び調製品
		3206.41	ウルトラマリン及びこれをもととした調製品
		3206.42	硫化亜鉛をもととしたリトポンその他の顔料及び調製品
	有機合成着色料及びこの類の注3の調製品で有機合成着色料をもととしたもの	3206.49	その他のもの
3204.11	分散染料及びこれをもととした調製品	3206.50	ルミノホアとして使用する種類の無機物
3204.12	酸性染料(金属塩にしてあるかないかを問わない。)及びこれをもととした調製品並びに媒染染料及びこれをもととした調製品	32.07	調製顔料、調製乳白剤、調製絵の具、うわぐすり、うわぐすり用のスリップ、液状ラスターその他これらに類する調製品(窯業に使用する種類のものに限る。)及びガラスフリットその他のガラスで粉状、粒状又はフレーク状のもの
3204.13	塩基性染料及びこれをもととした調製品		
3204.14	直接染料及びこれをもととした調製品	3207.10	調製顔料、調製乳白剤、調製絵の具その他これらに類する調製品
3204.15	建染め染料(顔料としてそのまま使用することができるものを含む。)及びこれをもととした調製品	3207.20	ほうろう、うわぐすり、うわぐすり用のスリップその他これらに類する調製品
3204.16	反応染料及びこれをもととした調製品	3207.30	液状ラスターその他これらに類する調製品
3204.17	顔料及びこれをもととした調製品	3207.40	ガラスフリットその他のガラスで粉状、粒状又はフレーク状のもの

〔付録〕ＨＳ品目表2017年版

番号	品名
32.08	ペイント及びワニス（エナメル及びラッカーを含む。）並びにこの類の注4の溶液
3208.10	ポリエステルをもととしたもの
3208.20	アクリル重合体又はビニル重合体をもととしたもの
3208.90	その他のもの
32.09	ペイント及びワニス（エナメル及びラッカーを含むものとし、合成重合体又は化学的に変性させた天然重合体をもととしたもので、水性媒体に分散させ又は溶解させたものに限る。）
3209.10	アクリル重合体又はビニル重合体をもととしたもの
3209.90	その他のもの
32.10	
3210.00	その他のペイント及びワニス（エナメル、ラッカー及び水性塗料を含む。）並びに革の仕上げに使用する種類の調製水性顔料
32.11	
3211.00	調製ドライヤー
32.12	顔料（金属の粉又はフレークから成るものを含むものとし、水以外の媒体に分散させ、かつ、ペイント（エナメルを含む。）の製造に使用する種類のもので、液状又はペースト状のものに限る。）、スタンプ用のはく及び小売用の形状又は包装にした染料その他の着色料

番号	品名
3212.10	スタンプ用のはく
3212.90	その他のもの
32.13	画家用、習画用、整色用又は遊戯用の絵の具、ポスターカラーその他これらに類する絵の具類（タブレット状、チューブ入り、瓶入り、皿入りその他これらに類する形状又は包装のものに限る。）
3213.10	絵の具セット
3213.90	その他のもの
32.14	ガラス用又は接ぎ木用のパテ、レジンセメント、閉そく用のコンパウンドその他のマスチック及び塗装用の充てん料並びに建物の外面、室内の壁、床、天井その他これらに類する面用の非耐火性調製上塗り材
3214.10	ガラス用又は接ぎ木用のパテ、レジンセメント、閉そく用のコンパウンドその他のマスチック及び塗装用の充てん料
3214.90	その他のもの
32.15	印刷用、筆記用又は製図用のインキその他のインキ（濃縮してあるかないか又は固形のものであるかないかを問わない。）
	印刷用インキ
3215.11	黒色のもの
3215.19	その他のもの
3215.90	その他のもの

第33類　精油、レジノイド、調製香料及び化粧品類

注
1　この類には、次の物品を含まない。
　(a)　第13.01項の天然のオレオレジン及び第13.02項の植物性のエキス
　(b)　第34.01項のせっけんその他の物品
　(c)　第38.05項のガムテレビン油、ウッドテレビン油、硫酸テレビン油その他の物品
2　第33.02項において「香気性物質」とは、第33.01項の物質、これらの物質から単離した香気性成分及び合成香料のみをいう。
3　第33.03項から第33.07項までには、これらの項の物品としての用途に適する物品のうち、当該用途に供するため小売用の包装にしたもの（混合してあるかないかを問わないものとし、精油のアキュアスディスチレート及びアキュアスソリューションを除く。）を含む。
4　第33.07項において調製香料及び化粧品類には、におい袋、燃焼させて使用する香気性の調製品、香紙、化粧料を染み込ませ又は塗布した紙、コンタクトレンズ用又は義眼用の液、香料又は化粧料を染み込ませ、塗布し又は被覆したウォッディング、フェルト及び不織布並びに動物用の化粧品類を含む。

備考
1　第33.02項においてアルコール分は、温度20度におけるアルコールの容量分による。

[付録] HS品目表2017年版

番号	品名
33.01	精油(コンクリートのもの及びアブソリュートのものを含むものとし、テルペンを除いてあるかないかを問わない。)、レジノイド、オレオレジン抽出物、精油のコンセントレート(冷浸法又は温浸法により得たもので、油脂、ろうその他これらに類する物品を媒質としているものに限る。)、精油からテルペンを除く際に生ずるテルペン系副産物並びに精油のアキュアスディスチレート及びアキュアスソリューション
	精油(かんきつ類の果実のものに限る。)
3301.12	オレンジのもの
3301.13	レモンのもの
3301.19	その他のもの
	精油(かんきつ類の果実のものを除く。)
3301.24	ペパーミント(メンタ・ピペリタ)のもの
3301.25	その他のミントのもの
3301.29	その他のもの
3301.30	レジノイド
3301.90	その他のもの
33.02	香気性物質の混合物及び一以上の香気性物質をもととした混合物(アルコール溶液を含むものとし、工業において原材料として使用する種類のものに限る。)並びに香気性物質をもととしたその他の調製品(飲料製造に使用する種類のものに限る。)
3302.10	食品工業又は飲料工業において使用する種類のもの
3302.90	その他のもの
33.03	
3303.00	香水類及びオーデコロン類
33.04	美容用、メーキャップ用又は皮膚の手入れ用の調製品(日焼止め用又は日焼け用の調製品を含むものとし、医薬品を除く。)及びマニキュア用又はペディキュア用の調製品

番号	品名
3304.10	唇のメーキャップ用の調製品
3304.20	眼のメーキャップ用の調製品
3304.30	マニキュア用又はペディキュア用の調製品
	その他のもの
3304.91	パウダー(固形にしたものを含む。)
3304.99	その他のもの
33.05	頭髪用の調製品
3305.10	シャンプー
3305.20	パーマネント用の調製品
3305.30	ヘアラッカー
3305.90	その他のもの
33.06	口腔衛生用の調製品(義歯定着用のペースト及び粉を含む。)及び小売用の包装にした歯間清掃用の糸(デンタルフロス)
3306.10	歯磨き
3306.20	歯間清掃用の糸(デンタルフロス)
3306.90	その他のもの
33.07	ひげそり前用、ひげそり用又はひげそり後用の調製品、身体用の防臭剤、浴用の調製品、脱毛剤その他の調製香料及び化粧品類(他の項に該当するものを除く。)並びに調製した室内防臭剤(芳香を付けてあるかないか又は消毒作用を有するか有しないかを問わない。)
3307.10	ひげそり前用、ひげそり用又はひげそり後用の調製品
3307.20	身体用の防臭剤及び汗止め
3307.30	芳香を付けた浴用塩その他の浴用の調製品
	室内に芳香を付けるため又は室内防臭用の調製品(宗教的儀式用の香気性の調製品を含む。)
3307.41	アガバティその他の香気性の調製品で燃焼させて使用するもの
3307.49	その他のもの
3307.90	その他のもの

第34類　せっけん、有機界面活性剤、洗剤、調製潤滑剤、人造ろう、調製ろう、磨き剤、ろうそくその他これに類する物品、モデリングペースト、歯科用ワックス及びプラスターをもととした歯科用の調製品

注
1　この類には、次の物品を含まない。
(a)　動物性又は植物性の油脂の食用の混合物及び調製品で、離型用の調製品として使用する種類のもの(第15.17項参照)
(b)　化学的に単一の化合物
(c)　せっけんその他有機界面活性剤を含有するシャンプー、歯磨き、ひげそりクリーム、ひげそりフォーム及び浴用の調製品(第33.05項から第33.07項まで参照)
2　第34.01項においてせっけんは、水溶性のせっけんに限るものとし、同項のせっけんその他の物品には、消毒剤、粉状研磨材、充てん料、医薬品その他の物品が加えてあるかないかを問わない。ただし、粉状研磨材を含有する物品のうち、棒状にし、ケーキ状にし又は成型したものは第34.01項に属するものとし、その他の形状のものは擦り磨き用の粉その他これに類する調製品として第34.05項に属する。

〔付録〕ＨＳ品目表2017年版

3　第34.02項において有機界面活性剤は、温度20度において0.5％の濃度で水と混合し、同温度で1時間放置した場合において、次のいずれの要件も満たす物品をいう。
(a)　不溶物を析出することなく透明若しくは半透明の液体又は安定したエマルジョンを生成すること。
(b)　水の表面張力を1メートルにつき0.045ニュートン（1センチメートルにつき45ダイン）以下に低下させること。
4　第34.03項において「石油及び瀝青油」とは、第27類の注2に定める石油及び瀝青油をいう。
5　第34.04項において「人造ろう及び調製ろう」とは、次の物品をいう。
(a)　化学的に得た有機物でろうの特性を有するもの（水溶性であるかないかを問わない。）
(b)　異種のろうを混合することにより得た物品
(c)　一以上のろうをもととし、脂、樹脂、鉱物性物質その他の材料を含有する物品で、ろうの特性を有するもの
ただし、第34.04項には、次の物品を含まない。
(a)　第15.16項、第34.02項又は第38.23項の物品（ろうの特性を有するものを含む。）
(b)　第15.21項の動物性又は植物性のろう（混合してないものに限るものとし、精製してあるかないか又は着色してあるかないかを問わない。）
(c)　第27.12項の鉱物性ろうその他これに類する物品（これらを相互に混合してあるかないか又は単に着色してあるかないかを問わない。）
(d)　液状の媒体と混合し又はこれに分散させ若しくは溶解させたろう（第34.05項、第38.09項等参照）

番号	品　名
34.01	せっけん、有機界面活性剤及びその調製品（せっけんとして使用するもので、棒状にし、ケーキ状にし又は成型したものに限るものとし、せっけんを含有するかしないかを問わない。）、有機界面活性剤及びその調製品（皮膚の洗浄に使用するもので、液状又はクリーム状で小売用にしたものに限るものとし、せっけんを含有するかしないかを問わない。）並びにせっけん又は洗浄剤を染み込ませ、塗布し又は被覆した紙、ウォッディング、フェルト及び不織布
	せっけん、有機界面活性剤及びその調製品（棒状にし、ケーキ状にし又は成型したものに限る。）並びにせっけん又は洗浄剤を染み込ませ、塗布し又は被覆した紙、ウォッディング、フェルト及び不織布
3401.11	化粧用のもの（薬用のものを含む。）
3401.19	その他のもの
3401.20	せっけん（その他の形状のもの）
3401.30	有機界面活性剤及びその調製品（皮膚の洗浄に使用するもので、液状又はクリーム状で小売用にしたものに限るものとし、せっけんを含有するかしないかを問わない。）
34.02	有機界面活性剤（せっけんを除く。）並びに調製界面活性剤、調製洗剤、補助的調製洗剤及び清浄用調製品（せっけんを含有するかしないかを問わないものとし、第34.01項のものを除く。）
	有機界面活性剤（小売用にしてあるかないかを問わない。）
3402.11	陰イオン（アニオン）系のもの
3402.12	陽イオン（カチオン）系のもの
3402.13	非イオン系のもの
3402.19	その他のもの
3402.20	調製品（小売用にしたものに限る。）
3402.90	その他のもの
34.03	調製潤滑剤（調製した切削油、ボルト又はナットの離脱剤、防錆防食剤及び離型剤で、潤滑剤をもととしたものを含む。）及び紡織用繊維、革、毛皮その他の材料のオイリング又は加脂処理に使用する種類の調製品（石油又は瀝青油の含有量が全重量の70％以上で、かつ、石油又は瀝青油が基礎的な成分を成す当該調製潤滑剤及び当該調製品を除く。）
	石油又は瀝青油を含有するもの
3403.11	紡織用繊維、革、毛皮その他の材料の処理用の調製品
3403.19	その他のもの
	その他のもの
3403.91	紡織用繊維、革、毛皮その他の材料の処理用の調製品
3403.99	その他のもの
34.04	人造ろう及び調製ろう
3404.20	ポリ（オキシエチレン）（ポリエチレングリコール）のもの
3404.90	その他のもの
34.05	履物用、家具用、床用、車体用、ガラス用又は金属用の磨き料及びクリーム、擦り磨き用のペースト及び粉並びにこれらに類する調製品（この項の調製品を染み込ませ、塗布し又は被覆した紙、ウォッディング、フェルト、不織布、プラスチックフォーム及びセルラーラバーを含むものとし、第34.04項のろうを除く。）
3405.10	履物用又は革用の磨き料、クリームその他これらに類する調製品

番号	品　名
3405.20	木製の家具、床その他の木製品の維持用の磨き料、クリームその他これらに類する調製品
3405.30	車体用の磨き料その他これに類する調製品（メタルポリッシュを除く。）
3405.40	擦り磨き用のペースト、粉その他の調製品
3405.90	その他のもの
34.06	
3406.00	ろうそく及びこれに類する物品

番号	品　名
34.07	
3407.00	モデリングペースト（児童用のものを含む。）、歯科用のワックス及び印象材（セットにし、小売用の包装にし又は板状、馬蹄状、棒状その他これらに類する形状にしたものに限る。）並びに焼いた石膏又は硫酸カルシウムから成るプラスターをもととしたその他の歯科用の調製品

第35類　たんぱく系物質、変性でん粉、膠着剤及び酵素

注
1　この類には、次の物品を含まない。
(a) 酵母（第21.02項参照）
(b) 第30類の血液分画物（治療用又は予防用に調製してない血液アルブミンを除く。）、医薬品その他の物品
(c) なめし前処理用の酵素系調製品（第32.02項参照）
(d) 第34類の酵素の調製浸せき剤、調製洗剤その他の物品
(e) 硬化たんぱく質（第39.13項参照）
(f) ゼラチンに印刷した物品（第49類参照）
2　第35.05項において「デキストリン」とは、でん粉分解物で、ぶどう糖として計算した還元糖の含有量が乾燥状態において全重量の10％以下のものをいう。
　でん粉分解物で、ぶどう糖として計算した還元糖の含有量が乾燥状態において全重量の10％を超えるものは、第17.02項に属する。

番号	品　名
35.01	カゼイン及びカゼイナートその他のカゼイン誘導体並びにカゼイングルー
3501.10	カゼイン
3501.90	その他のもの
35.02	アルブミン（二以上のホエイたんぱく質の濃縮物をもののとし、ホエイたんぱく質の含有量が乾燥状態において全重量の80％を超えるものに限る。）及びアルブミナートその他のアルブミン誘導体
	卵白
3502.11	乾燥したもの
3502.19	その他のもの
3502.20	ミルクアルブミン（2以上のホエイたんぱく質の濃縮物を含む。）
3502.90	その他のもの
35.03	
3503.00	ゼラチン（長方形（正方形を含む。）のシート状のものを含むものとし、表面加工をしてあるかないか又は着色してあるかないかを問わない。）、ゼラチン誘導体、アイシングラス及びその他のにかわ（第35.01項のカゼイングルーを除く。）

番号	品　名
35.04	
3504.00	ペプトン及びその誘導体並びにその他のたんぱく質系物質及びその誘導体（他の項に該当するものを除く。）並びに皮粉（クロムみょうばんを加えたものを含む。）
35.05	デキストリンその他の変性でん粉（例えば、糊化済でん粉及びエステル化でん粉）及びでん粉又はデキストリンその他の変性でん粉をもととした膠着剤
3505.10	デキストリンその他の変性でん粉
3505.20	膠着剤
35.06	調製膠着剤その他の調製接着剤（他の項に該当するものを除く。）及び膠着剤又は接着剤としての使用に適する物品（膠着剤又は接着剤として小売用にしたもので正味重量が1キログラム以下のものに限る。）
3506.10	膠着剤又は接着剤としての使用に適する物品（膠着剤又は接着剤として小売用にしたもので正味重量が1キログラム以下のものに限る。）
	その他のもの
3506.91	ゴム又は第39.01項から第39.13項までの重合体をもととした接着剤
3506.99	その他のもの
35.07	酵素及び他の項に該当しない調製した酵素

〔付録〕ＨＳ品目表2017年版

番号	品 名
3507.10	レンネット及びその濃縮物

番号	品 名
3507.90	その他のもの

第36類　火薬類、火工品、マッチ、発火性合金及び調製燃料

注
1　この類には、2の(a)又は(b)の物品を除くほか、化学的に単一の化合物を含まない。
2　第36.06項において可燃性材料の製品は、次の物品に限る。
　(a)　メタルデヒド、ヘキサメチレンテトラミンその他これらに類する物質をタブレット状、棒状その他これらに類する形状にした燃料及びアルコールをもととした燃料その他これに類する調製燃料で固体又は半固体のもの
　(b)　たばこ用ライターその他これに類するライターの充てんに使用する種類の液体燃料及び液化ガス燃料(容量が300立方センチメートル以下の容器入りにしたものに限る。)
　(c)　レジントーチ、付け木その他これらに類する物品

番号	品 名
36.01	
3601.00	火薬
36.02	
3602.00	爆薬
36.03	
3603.00	導火線、導爆線、火管、イグナイター及び雷管
36.04	
	花火、信号せん火筒、レインロケット、霧中信号用品その他の火工品
3604.10	花火
3604.90	その他のもの

番号	品 名
36.05	
3605.00	マッチ(第36.04項の火工品を除く。)
36.06	フェロセリウムその他の発火性合金(形状を問わない。)及びこの類の注2の可燃性材料の製品
3606.10	たばこ用ライターその他これに類するライターの充てんに使用する種類の液体燃料及び液化ガス燃料(容量が300立方センチメートル以下の容器入りにしたものに限る。)
3606.90	その他のもの

第37類　写真用又は映画用の材料

注
1　この類には、くずを含まない。
2　この類において「写真用」とは、光又はその他の放射線の作用により、感光性を有する表面に直接又は間接に可視像を形成するために使用することをいう。

番号	品 名
37.01	感光性の写真用プレート及び平面状写真用フィルム(露光してないものに限るものとし、紙製、板紙製又は紡織用繊維製のものを除く。)並びに感光性の平面状インスタントプリントフィルム(露光してないものに限るものとし、まとめて包装してあるかないかを問わない。)
3701.10	エックス線用のもの
3701.20	インスタントプリントフィルム
3701.30	その他のプレート及びフィルム(いずれかの辺の長さが255ミリメートルを超えるものに限る。)
	その他のもの
3701.91	カラー写真用のもの(ポリクローム)
3701.99	その他のもの

番号	品 名
37.02	感光性のロール状写真用フィルム(露光してないものに限るものとし、紙製、板紙製又は紡織用繊維製のものを除く。)及び感光性のロール状インスタントプリントフィルム(露光してないものに限る。)
3702.10	エックス線用のもの
	その他のフィルム(パーフォレーションのないもので、幅が105ミリメートル以下のものに限る。)
3702.31	カラー写真用のもの(ポリクローム)
3702.32	その他のもの(ハロゲン化銀の乳剤を使用したものに限る。)
3702.39	その他のもの
	その他のフィルム(パーフォレーションのないもので、幅が105ミリメートルを超えるものに限る。)

番号	品　名
3702.41	幅が610ミリメートルを超え、長さが200メートルを超えるもの(カラー写真用のものに限る。)
3702.42	幅が610ミリメートルを超え、長さが200メートルを超えるもの(カラー写真用のもの(ポリクローム)を除く。)
3702.43	幅が610ミリメートルを超え、長さが200メートル以下のもの
3702.44	幅が105ミリメートルを超え610ミリメートル以下のもの
	その他のフィルム(カラー写真用のもの(ポリクローム)に限る。)
3702.52	幅が16ミリメートル以下のもの
3702.53	幅が16ミリメートルを超え35ミリメートル以下で、長さが30メートル以下のもの(スライド用のものに限る。)
3702.54	幅が16ミリメートルを超え35ミリメートル以下で、長さが30メートル以下のもの(スライド用のものを除く。)
3702.55	幅が16ミリメートルを超え35ミリメートル以下で、長さが30メートルを超えるもの
3702.56	幅が35ミリメートルを超えるもの
	その他のもの
3702.96	幅が35ミリメートル以下で、長さが30メートル以下のもの
3702.97	幅が35ミリメートル以下で、長さが30メートルを超えるもの
3702.98	幅が35ミリメートルを超えるもの

番号	品　名
37.03	感光性の写真用の紙、板紙及び紡織用繊維(露光してないものに限る。)
3703.10	ロール状のもので、幅が610ミリメートルを超えるもの
3703.20	その他のもの(カラー写真用のもの(ポリクローム)に限る。)
3703.90	その他のもの
37.04	
3704.00	写真用のプレート、フィルム、紙、板紙及び紡織用繊維(露光したもので、現像してないものに限る。)
37.05	
3705.00	写真用のプレート及びフィルム(露光し、かつ、現像したものに限るものとし、映画用フィルムを除く。)
37.06	映画用フィルム(露光し、かつ、現像したものに限るものとし、サウンドトラックを有するか有しないか又はサウンドトラックのみを有するか有しないかを問わない。)
3706.10	幅が35ミリメートル以上のもの
3706.90	その他のもの
37.07	写真用の化学調製品(ワニス、膠着剤、接着剤その他これらに類する調製品を除く。)及び写真用の物品で混合してないもの(使用量にしたもの及び小売用にしたもので直ちに使用可能な形状のものに限る。)
3707.10	感光性の乳剤
3707.90	その他のもの

第38類　各種の化学工業生産品
注
1　この類には、次の物品を含まない。
　(a)　化学的に単一の元素及び化合物。ただし、次の物品を除く。
　　(1)　人造黒鉛(第38.01項参照)
　　(2)　第38.08項に定める形状又は包装にした殺虫剤、殺鼠剤、殺菌剤、除草剤、発芽抑制剤、植物生長調整剤、消毒剤その他これらに類する物品
　　(3)　消火器用の装てん物にし又は消火弾に装てんした物品(第38.13項参照)
　　(4)　2の認証標準物質
　　(5)　3の(a)又は(c)の物品
　(b)　化学品と食用品その他の栄養価を有する物質との混合物で食料品の調製に使用する種類のもの(主として第21.06項に属する。)
　(c)　金属、砒素又はこれらの混合物を含有するスラグ、灰及び残留物(汚泥を含み、第26類注3(a)又は(b)の条件を満たすものに限るものとし、下水汚泥を除く。第26.20項参照)
　(d)　医薬品(第30.03項及び第30.04項参照)
　(e)　卑金属の採取又は卑金属化合物の製造に使用する種類の使用済みの触媒(第26.20項参照)、主として貴金属の回収に使用する種類の使用済みの触媒(第71.12項参照)及び金属又は合金から成る触媒(例えば、微細な粉状又は織ったガーゼ状のもの。第14部及び第15部参照)
2(A)　第38.22項において「認証標準物質」とは、認証することとなる特性値、精度及びその特性値を求める際に用いられ

〔付録〕ＨＳ品目表2017年版

た方法を示す証明書が添付されており、分析用、検定用又は標準用として適する標準物質をいう。
(B) 認証標準物質は、第28類及び第29類の物品を除くほか、第38.22項に属するものとし、この表の他のいずれの項にも属しない。
3 第38.24項には、次の物品を含むものとし、当該物品は、この表の他のいずれの項にも属しない。
(a) 酸化マグネシウム又はアルカリ金属若しくはアルカリ土類金属のハロゲン化物を培養した結晶（1個の重量が2.5グラム以上のものに限るものとし、光学用品を除く。)
(b) フーゼル油及びディッペル油
(c) 小売用の容器入りにしたインキ消し
(d) 小売用の容器入りにした謄写版原紙修正剤その他の修正液及び修正テープ（第96.12項のものを除く。)
(e) 炉用溶融温度計（例えば、ゼーゲルコーン)
4 この表において「都市廃棄物」とは、家庭、ホテル、レストラン、病院、店舗及び事務所等から回収され並びに道路及び歩道清掃により収集された種類の廃棄物並びに建設及び解体に伴う廃棄物をいうものとし、主としてプラスチック、ゴム、木、紙、繊維、ガラス、金属、食物その他これらに類する物質から成り、壊れた家具及びその他の損傷し又は投棄された物品等を含む。ただし、都市廃棄物には、次の物品を含まない。
(a) 都市廃棄物から分別された個々の物質又は物品で、この表の他の項に属するもの（例えば、プラスチック、ゴム、木、紙、繊維、ガラス及び金属のくず並びに使用済みの電池)
(b) 産業廃棄物
(c) 第30類注4(k)の薬剤廃棄物
(d) 注6(a)の医療廃棄物
5 第38.25項において「下水汚泥」とは、排水処理工程から生じた汚泥をいい、前処理された廃棄物、こすりとつたくず及び安定化されていない汚泥を含むものとし、肥料として安定化された汚泥を除く（第31類参照)。
6 第38.25項において「その他の廃棄物」とは、次の物品をいう。ただし、第38.25項には、石油及び歴青油を主成分とする廃棄物を含まない（第27.10項参照)。
(a) 医療廃棄物（医学研究、診断、治療又はその他内科的、外科的、歯科的若しくは獣医学的行為から生ずる病原菌又は薬剤を含んでいることが多い汚染された廃棄物で、特別廃棄処置が要求されるもの（例えば、汚染された衣類、使用済みの手袋及び注射器）をいう。)
(b) 有機溶剤廃棄物
(c) 金属浸せき液、作動液、ブレーキ液及び不凍液の廃棄物
(d) 化学工業（類似の工業を含む。）において生ずる廃棄物((b)及び(c)のものを除く。)
7 第38.26項において「バイオディーゼル」とは、動物性又は植物性の油脂（使用済みであるかないかを問わない）から得た燃料として使用する種類の脂肪酸モノアルキルエステルをいう。

号注
1 第3808.52号及び第3808.59号には、次の物品の一以上を含有する第38.08項の物品のみを含む。
　アラクロール(ISO)、アルジカルブ(ISO)、アルドリン(ISO)、アジンホスメチル(ISO)、ビナパクリル(ISO)、カンフェクロル(ISO)(トキサフェン)、カプタホール(ISO)、クロルデン(ISO)、クロルジメホルム(ISO)、クロロベンジレート(ISO)、DDT(ISO)(クロフェノタン(INN)、1,1,1－トリクロロ－2,2－ビス（パラ－クロロフェニル）エタン)、ディルドリン(ISO、INN)、4,6－ジニトロ－オルト－クレゾール(DNOC))及びその塩、ジノセブ(ISO)並びにその塩及びエステル、エンドスルファン(ISO)、二臭化エチレン(ISO)(1,2－ジブロモエタン)、二塩化エチレン(ISO)(1,2－ジクロロエタン)、フルオロアセトアミド(ISO)、ヘプタクロル(ISO)、ヘキサクロロベンゼン(ISO)、1,2,3,4,5,6－ヘキサクロロシクロヘキサン(HCH(ISO))(リンデン(ISO、INN)を含む。)、水銀化合物、メタミドホス(ISO)、モノクロトホス(ISO)、オキシラン（エチレンオキシド)、パラチオン(ISO)、パラチオンメチル(ISO)(メチルパラチオン)、ペンタブロモジフェニルエーテル及びオクタブロモジフェニルエーテル、ペンタクロロフェノール(ISO)並びにその塩及びエステル、ペルフルオロオクタンスルホン酸及びその塩、ペルフルオロオクタンスルホンアミド、ペルフルオロオクタンスルホニルフルオリド、ホスファミドン(ISO)、2,4,5－T(ISO)(2,4,5－トリクロロフェノキシ酢酸）並びにその塩及びエステル並びにトリブチルすず化合物
　第3808.59号には、ベノミル(ISO)、カルボフラン(ISO)及びチラム(ISO)の混合物を含有する散布可能な粉末状の製剤をも含む。
2 第3808.61号から第3808.69号までには、アルファ－シペルメトリン(ISO)、ベンジオカルブ(ISO)、ビフェントリン(ISO)、クロルフェナピル(ISO)、シフルトリン(ISO)、デルタメトリン(INN、ISO)、エトフェンプロックス(INN)、フェニトロチオン(ISO)、ラムダ－ハロトリン(ISO)、マラチオン(ISO)、ピリミホスメチル(ISO)又はプロポキスル(ISO)

〔付録〕HS品目表2017年版

3　第3824.81号から第3824.88号までには、次の物品の一以上を含有する混合物及び調製品のみを含む。
　　オキシラン(エチレンオキシド)、ポリ臭化ビフェニル(PBB)、ポリ塩化ビフェニル(PCB)、ポリ塩化テルフェニル(PCT)、トリス(2,3－ジブロモプロピル)ホスフェート、アルドリン(ISO)、カンフェクロル(ISO)(トキサフェン)、クロルデン(ISO)、クロルデコン(ISO)、DDT(ISO)(クロフェノタン(INN))、1,1,1－トリクロロ－2,2－ビス(パラ－クロロフェニル)エタン、ディルドリン(ISO、INN)、エンドスルファン(ISO)、エンドリン(ISO)、ヘプタクロル(ISO)、マイレックス(ISO)、1,2,3,4,5,6－ヘキサクロロシクロヘキサン(HCH(ISO))(リンデン(ISO、INN)を含む。)、ペンタクロロベンゼン(ISO)、ヘキサクロロベンゼン(ISO)、ペルフルオロオクタンスルホン酸及びその塩、ペルフルオロオクタンスルホンアミド、ペルフルオロオクタンスルホニルフルオリド並びにテトラブロモジフェニルエーテル、ペンタブロモジフェニルエーテル、ヘキサブロモジフェニルエーテル、ヘプタブロモジフェニルエーテル及びオクタブロモジフェニルエーテル

4　第3825.41号及び第3825.49号において「有機溶剤廃棄物」とは、有機溶剤を主成分とするもので、提示の際に一次製品として更なる使用に適しない廃棄物(溶剤の回収を目的とするかしないかを問わない。)をいう。

番号	品名
38.01	人造黒鉛及びコロイド状又は半コロイド状の黒鉛並びに黒鉛その他の炭素をもととした調製品(ペースト状、塊状、板状その他半製品の形状にしたものに限る。)
3801.10	人造黒鉛
3801.20	コロイド状又は半コロイド状の黒鉛
3801.30	電極用の炭素質ペーストその他これに類する炉の内張り用のもの
3801.90	その他のもの
38.02	活性炭及び活性化した天然の鉱物性生産品並びに獣炭(廃獣炭を含む。)
3802.10	活性炭
3802.90	その他のもの
38.03	
3803.00	トール油(精製してあるかないかを問わない。)
38.04	
3804.00	木材パルプの製造の際に生ずる廃液(リグニンスルホン酸塩を含むものとし、濃縮し、糖類を除き又は化学的に処理したものであるかないかを問わず、第38.03項のトール油を除く。)
38.05	ガムテレビン油、ウッドテレビン油、硫酸テレビン油その他のテルペン油(蒸留その他の方法により針葉樹から得たものに限る。)、ジペンテン(粗のものに限る。)、亜硫酸テレビンその他のパラシメン(粗のものに限る。)及びパイン油(アルファーテルピネオールを主成分とするものに限る。)
3805.10	ガムテレビン油、ウッドテレビン油及び硫酸テレビン油
3805.90	その他のもの
38.06	ロジン及び樹脂酸並びにこれらの誘導体、ロジンスピリット、ロジン油並びにランガム
3806.10	ロジン及び樹脂酸
3806.20	ロジン若しくは樹脂酸又はこれらの誘導体の塩(ロジン付加物の塩を除く。)

番号	品名
3806.30	エステルガム
3806.90	その他のもの
38.07	
3807.00	木タール、木タール油、木クレオソート、木ナフサ及び植物性ピッチ並びにブルーワーズピッチその他これに類する調製品でロジン、樹脂酸又は植物性ピッチをもととしたもの
38.08	殺虫剤、殺鼠剤、殺菌剤、除草剤、発芽抑制剤、植物生長調整剤、消毒剤その他これらに類する物品(小売用の形状若しくは包装にし、製剤にし又は製品にしたもの(例えば、硫黄を含ませた帯、しん及びろうそく並びにはえ取り紙)に限る。)
	この類の号注1の物品
3808.52	DDT(ISO)(クロフェノタン(INN))を含有するもの(正味重量が300グラム以下の包装にしたものに限る。)
3808.59	その他のもの
	この類の号注2の物品
3808.61	正味重量が300グラム以下の包装にしたもの
3808.62	正味重量が300グラムを超え7.5キログラム以下の包装にしたもの
3808.69	その他のもの
3808.91	殺虫剤
3808.92	殺菌剤
3808.93	除草剤、発芽抑制剤及び植物生長調整剤
3808.94	消毒剤
3808.99	その他のもの
38.09	仕上剤、促染剤、媒染剤その他の物品及び調製品(繊維工業、製紙工業、皮革工業その他これらに類する工業において使用する種類のものに限るものとし、他の項に該当するものを除く。)
3809.10	でん粉質の物質をもととしたもの

571

〔付録〕ＨＳ品目表2017年版

番号	品 名
	その他のもの
3809.91	繊維工業その他これに類する工業において使用する種類のもの
3809.92	製紙工業その他これに類する工業において使用する種類のもの
3809.93	皮革工業その他これに類する工業において使用する種類のもの
38.10	金属表面処理用の調製浸せき剤、はんだ付け用、ろう付け用又は溶接用のフラックスその他の調製した助剤、はんだ付け用、ろう付け用又は溶接用の粉及びペーストで金属と他の材料とから成るもの並びに溶接用の電極又は溶接棒のしん又は被覆に使用する種類の調製品
3810.10	金属表面処理用の調製浸せき剤並びにはんだ付け用、ろう付け用又は溶接用の粉及びペーストで金属と他の材料とから成るもの
3810.90	その他のもの
38.11	アンチノック剤、酸化防止剤、ガム化防止剤、粘度指数向上剤、腐食防止剤その他の調製添加剤(鉱物油(ガソリンを含む。)用又は鉱物油と同じ目的に使用するその他の液体用のものに限る。)
	アンチノック剤
3811.11	鉛化合物をもととしたもの
3811.19	その他のもの
	潤滑油用の添加剤
3811.21	石油又は歴青油を含有するもの
3811.29	その他のもの
3811.90	その他のもの
38.12	調製したゴム加硫促進剤、ゴム用又はプラスチック用の複合した可塑剤(他の項に該当するものを除く。)及びゴム用又はプラスチック用の調製した老化防止剤その他の複合した安定剤
3812.10	調製したゴム加硫促進剤
3812.20	ゴム用又はプラスチック用の複合した可塑剤
	ゴム用又はプラスチック用の調製した老化防止剤その他の複合した安定剤
3812.31	2,2,4－トリメチル－1,2－ジヒドロキノリン(TMQ)のオリゴマーの混合物
3012.39	その他のもの
38.13	
3813.00	消火器用の調製品及び装てん物並びに装てんした消火弾
38.14	
3814.00	有機の配合溶剤及び配合シンナー(他の項に該当するものを除く。)並びにペイント用又はワニス用の調製除去剤

番号	品 名
38.15	反応開始剤、反応促進剤及び調製触媒(他の項に該当するものを除く。)
	担体付き触媒
3815.11	活性物質としてニッケル又はその化合物を使用したもの
3815.12	活性物質として貴金属又はその化合物を使用したもの
3815.19	その他のもの
3815.90	その他のもの
38.16	
3816.00	耐火性のセメント、モルタル、コンクリートその他これらに類する配合品(第38.01項の物品を除く。)
38.17	
3817.00	混合アルキルベンゼン及び混合アルキルナフタレン(第27.07項又は第29.02項のものを除く。)
38.18	
3818.00	元素を電子工業用にドープ処理したもの(円盤状、ウエハー状その他これらに類する形状にしたものに限る。)及び化合物を電子工業用にドープ処理したもの
38.19	
3819.00	液圧ブレーキ液その他の液圧伝動用の調製液(石油又は歴青油を含有しないもの及び石油又は歴青油の含有量が全重量の70％未満のものに限る。)
38.20	
3820.00	調製不凍液及び調製解凍液
38.21	
3821.00	微生物(ウイルス及びこれに類するものを含む。)用又は植物、人若しくは動物の細胞用の調製培養剤(保存用のものを含む。)
38.22	
3822.00	診断用又は理化学用の試薬(支持体を使用したものに限る。)及び診断用又は理化学用の調製試薬(支持体を使用してあるかないかを問わない。)(第30.02項又は第30.06項のものを除く。)並びに認証標準物質
38.23	工業用の脂肪性モノカルボン酸、アシッドオイルで油脂の精製の際に生ずるもの及び工業用の脂肪性アルコール
	アシッドオイルで油脂の精製の際に生ずるもの及び工業用の脂肪性モノカルボン酸
3823.11	ステアリン酸
3823.12	オレイン酸
3823.13	トール油脂肪酸
3823.19	その他のもの
3823.70	工業用の脂肪性アルコール

〔付録〕ＨＳ品目表2017年版

番号	品名
38.24	鋳物用の鋳型又は中子の調製粘結剤並びに化学工業（類似の工業を含む。）において生産される化学品及び調製品（天然物のみの混合物を含むものとし、他の項に該当するものを除く。）
3824.10	鋳物用の鋳型又は中子の調製粘結剤
3824.30	金属炭化物の混合物及び金属炭化物と金属粘結剤との混合物（凝結させてないものに限る。）
3824.40	セメント用、モルタル用又はコンクリート用の調製添加剤
3824.50	非耐火性のモルタル及びコンクリート
3824.60	ソルビトール（第2905.44号のものを除く。）
	メタン、エタン又はプロパンのハロゲン化誘導体を含有する混合物
3824.71	クロロフルオロカーボン（CFC）を含有するもの（ハイドロクロロフルオロカーボン（HCFC）、ペルフルオロカーボン（PFC）又はハイドロフルオロカーボン（HFC）を含有するかしないかを問わない。）
3824.72	ブロモクロロジフルオロメタン、ブロモトリフルオロメタン又はジブロモテトラフルオロエタンを含有するもの
3824.73	ハイドロブロモフルオロカーボン（HBFC）を含有するもの
3824.74	ハイドロクロロフルオロカーボン（HCFC）を含有するもの（クロロフルオロカーボン（CFC）を含有しないものに限るものとし、ペルフルオロカーボン（PFC）又はハイドロフルオロカーボン（HFC）を含有するかしないかを問わない。）
3824.75	四塩化炭素を含有するもの
3824.76	1,1,1－トリクロロエタン（メチルクロロホルム）を含有するもの
3824.77	ブロモメタン（メチルブロマイド）又はブロモクロロメタンを含有するもの
3824.78	ペルフルオロカーボン（PFC）又はハイドロフルオロカーボン（HFC）を含有するもの（クロロフルオロカーボン（CFC）又はハイドロクロロフルオロカーボン（HCFC）を含有しないものに限る。）
3824.79	その他のもの
	この類の号注3の物品
3824.81	オキシラン（エチレンオキシド）を含有するもの
3824.82	ポリ塩化ビフェニル（PCB）、ポリ塩化テルフェニル（PCT）又はポリ臭化ビフェニル（PBB）を含有するもの
3824.83	トリス（2,3－ジブロモプロピル）ホスフェートを含有するもの

番号	品名
3824.84	アルドリン（ISO）、カンフェクロル（ISO）（トキサフェン）、クロルデン（ISO）、クロルデコン（ISO）、DDT（ISO）（クロフェノタン（INN）、1,1,1－トリクロロ－2,2－ビス（パラ－クロロフェニル）エタン）、ディルドリン（ISO, INN）、エンドスルファン（ISO）、エンドリン（ISO）、ヘプタクロル（ISO）又はマイレックス（ISO）を含有するもの
3824.85	1,2,3,4,5,6－ヘキサクロロシクロヘキサン（HCH（ISO））（リンデン（ISO, INN）を含む。）を含有するもの
3824.86	ペンタクロロベンゼン（ISO）又はヘキサクロロベンゼン（ISO）を含有するもの
3824.87	ペルフルオロオクタンスルホン酸若しくはその塩、ペルフルオロオクタンスルホンアミド又はペルフルオロオクタンスルホニルフルオリドを含有するもの
3824.88	テトラブロモジフェニルエーテル、ペンタブロモジフェニルエーテル、ヘキサブロモジフェニルエーテル、ヘプタブロモジフェニルエーテル又はオクタブロモジフェニルエーテルを含有するもの
	その他のもの
3824.91	主として（5－エチル－2－メチル－2－オキシド－1,3,2－ジオキサホスフィナン－5－イル）メチルメチルメチルホスホネート及びビス［（5－エチル－2－メチル－2－オキシド－1,3,2－ジオキサホスフィナン－5－イル）メチル］メチルホスホネートから成る混合物及び調製品
3824.99	その他のもの
38.25	化学工業（類似の工業を含む。）において生ずる残留物（他の項に該当するものを除く。）、都市廃棄物、下水汚泥及びこの類の注6のその他の廃棄物
3825.10	都市廃棄物
3825.20	下水汚泥
3825.30	医療廃棄物
	有機溶剤廃棄物
3825.41	ハロゲン化合物
3825.49	その他のもの
3825.50	金属浸せき液、作動液、ブレーキ液及び不凍液の廃棄物
	化学工業（類似の工業を含む。）において生ずる廃棄物
3825.61	有機物を主成分とするもの
3825.69	その他のもの
3825.90	その他のもの

〔付録〕HS品目表2017年版

番号	品名
38.26 3826.00	バイオディーゼル及びその混合物(石油又は歴青油の含有量が全重量の70%未満のものに限る。)

第7部
プラスチック及びゴム並びにこれらの製品

注
1 二以上の独立した構成成分(その一部又は全部がこの部に属し、かつ、第6部又はこの部の生産品を得るために相互に混合するものに限る。)から成るセットにした物品は、当該構成成分が次のすべての要件を満たす場合に限り、当該生産品が属する項に属する。
  (a) 取りそろえた状態からみて、詰め替えることなく共に使用するためのものであることが明らかに認められること。
  (b) 共に提示するものであること。
  (c) 当該構成成分の性質又は相対的な量の比のいずれかにより互いに補完し合うものであることが認められること。
2 プラスチック及びゴム並びにこれらの製品で、モチーフ、字又は絵を印刷したもののうち、当該モチーフ、字又は絵がこれらの物品の本来の用途に対し付随的でないものは、第49類に属する。ただし、第39.18項又は第39.19項の物品を除く。

第39類 プラスチック及びその製品

注
1 この表において「プラスチック」とは、第39.01項から第39.14項までの材料で、重合の段階又はその後の段階で、加熱、加圧その他の外部の作用(必要に応じ溶剤又は可塑剤を加えることができる。)の下で、鋳造、押出し、圧延その他の方法により成形することができ、かつ、外部の作用の除去後もその形を維持することができるものをいう。
  この表においてプラスチックには、バルカナイズドファイバーを含むものとし、第11部の紡織用繊維とみなされる材料を含まない。
2 この類には、次の物品を含まない。
  (a) 第27.10項又は第34.03項の調製潤滑剤
  (b) 第27.12項又は第34.04項のろう
  (c) 化学的に単一の有機化合物(第29類参照)
  (d) ヘパリン及びその塩(第30.01項参照)
  (e) 第39.01項から第39.13項までの物品を揮発性有機溶剤に溶かした溶液(溶剤の含有量が全重量の50%を超えるものに限るものとし、コロジオンを除く。第32.08項参照)及び第32.12項のスタンプ用のはく
  (f) 第34.02項の有機界面活性剤及び調製品
  (g) ランガム及びエステルガム(第38.06項参照)
  (h) 鉱物油(ガソリンを含む。)用又は鉱物油と同じ目的に使用するその他の液体用の調製添加剤(第38.11項参照)
  (ij) ポリグリコール、シリコーンその他の第39類の重合体をもととした調製液圧液(第38.19項参照)
  (k) 診断用又は理化学用の試薬(プラスチック製の支持体を使用したものに限る。第38.22項参照)
  (l) 第40類の合成ゴム及びその製品
  (m) 動物用の装着具(第42.01項参照)及び第42.02項のトランク、スーツケース、ハンドバックその他の容器
  (n) 第46類のさなだ、枝条細工物その他の製品
  (o) 第48.14項の壁面被覆材
  (p) 第11部の物品(紡織用繊維及びその製品)
  (q) 第12部の物品(例えば、履物、帽子、傘、つえ及びびむち並びにこれらの部分品)
  (r) 第71.17項の身辺用模造細貨類
  (s) 第16部の物品(機械類及び電気機器)
  (t) 第17部の航空機又は車両の部分品
  (u) 第90類の物品(例えば、光学用品、眼鏡のフレーム及び製図機器)
  (v) 第91類の物品(例えば、時計のケース)
  (w) 第92類の物品(例えば、楽器及びその部分品)

〔付録〕ＨＳ品目表2017年版

- (x) 第94類の物品(例えば、家具、ランプその他の照明器具、イルミネーションサイン及びプレハブ建築物)
- (y) 第95類の物品(例えば、がん具、遊戯用具及び運動用具)
- (z) 第96類の物品(例えば、ブラシ、ボタン、スライドファスナー、くし、喫煙用パイプの吸い口及び柄、シガレットホルダー類、魔法瓶その他これに類する容器の部分品、ペン、シャープペンシル並びに一脚、二脚、三脚その他これらに類する物品)

3 第39.01項から第39.11項までには、化学合成により製造した物品で次のもののみを含む。
- (a) 減圧蒸留法により蒸留した場合において1,013ミリバールに換算したときの温度300度における留出容量が全容量の60％未満の液状の合成ポリオレフィン(第39.01項及び第39.02項参照)
- (b) 低重合のクマロンーインデン系樹脂(第39.11項参照)
- (c) その他の合成重合体で平均5以上の単量体から成るもの
- (d) シリコーン(第39.10項参照)
- (e) レゾール(第39.09項参照)その他のプレポリマー

4 「共重合体」とは、重合体の全重量の95％以上を占める一の単量体ユニットを有しないすべての重合体をいう。
　この類において共重合体(共重縮合物、共重付加物、ブロック共重合体及びグラフト共重合体を含む。)及びポリマーブレンドは、文脈により別に解釈される場合を除くほか、これらを構成するコノマーユニットのうち最大の重量を占めるコノマーユニットの重合体が属する項に属する。この場合において、同一の項に属する重合体を構成するコノマーユニットは、一のものとみなしその重量を合計する。
　最大の重量を占めるコノマーユニットが存在しない場合には、共重合体及びポリマーブレンドは、等しく考慮に値する項のうち数字上の配列において最後となる項に属する。

5 化学的に変性させた重合体、すなわち、重合体の主鎖に付随する部分のみを化学反応により変化させたものは、変性させてない重合体が属する項に属する。この規定は、グラフト共重合体に適用しない。

6 第39.01項から第39.14項までにおいて一次製品は、次の形状の物品に限る。
- (a) 液状又はペースト状のもの(ディスパージョン(乳化し又は懸濁しているもの)及び溶液を含む。)
- (b) 塊(不規則な形のものに限る。)、粉(モールディングパウダーを含む。)、粒、フレークその他これらに類する形状のもの

7 第39.15項には、一の熱可塑性材料のくずで一次製品の形状にしたものを含まない(第39.01項から第39.14項まで参照)。

8 第39.17項において「管及びホース」とは、中空の物品(半製品であるか又は完成品であるかを問わない。)で、主として気体又は液体の運搬用又は配送用に供するもの(例えば、リブ付きの庭用ホース及び穴あき管)をいうものとし、ソーセージケーシングその他のへん平な管を含む。ただし、内部の横断面が円形、だ円形、長方形(長さが幅の1.5倍以下のものに限る。)又は正多角形以外のものは、へん平な管の場合を除くほか、形材とみなすものとし、管及びホースとはしない。

9 第39.18項において「プラスチック製の壁面被覆材及び天井被覆材」とは、壁又は天井の装飾に適した幅が45センチメートル以上のロール状の物品のうちプラスチックを紙以外の材料で裏張りしたもので、プラスチック層の表面に木目付けをし、浮出し模様を付け、着色し、図案印刷をし又はその他の装飾を施したものをいう。

10 第39.20項及び第39.21項において板、シート、フィルム、はく及びストリップは、板、シート、フィルム、はく、ストリップ(第54類のものを除く。)及び規則正しい幾何学的形状の塊(印刷その他の表面加工をしてあるかないかを問わない。)で、切ってないもの及び単に長方形(正方形を含む。)に切ったもの(長方形(正方形を含む。)に切ったことによりそのまま使用することができる製品になつたものを含む。)に限るものとし、更に加工したものを除く。

11 第39.25項には、第2節の同項よりも前の項の物品を除くほか、次の製品のみを含む。
- (a) 貯蔵槽、タンク(浄化槽を含む。)、おけその他これらに類する容器(容積が300リットルを超えるものに限る。)
- (b) 構造物の要素(例えば、床用、壁用、仕切り壁用、天井用又は屋根用のもの)
- (c) 雨どい及びその取付具
- (d) 戸及び窓並びにこれらの枠並びに戸の敷居
- (e) バルコニー、手すり、塀、門その他これらに類する仕切り
- (f) よろい戸、日よけ(ベネシャンブラインドを含む。)その他これらに類する製品並びにこれらの部分品及び取付具
- (g) 店、作業場、倉庫等において組み立て、恒久的に取り付けるための大型の棚
- (h) 装飾用の建築用品(例えば、フルーティング、小丸屋根及びはと小屋)
- (ij) 取付具(例えば、取手、掛けくぎ、腕木、タオル掛け及びスイッチ板その他の保護板。戸、窓、階段、壁その他の建物の部分に恒久的に取り付けるためのものに限る。)

575

〔付録〕ＨＳ品目表2017年版

号注
1　この類の各項において重合体(共重合体を含む。)及び化学的に変性させた重合体は、次に定めるところによりその所属を決定する。
　(a)　一連の号中に「その他のもの」を定める号がある場合には、次に定めるところによる。
　　(1)　号において接頭語として「ポリ」が付された重合体(例えば、ポリエチレン及びポリアミド-6,6)は、重合体を構成する一の単量体ユニット又は当該重合体の名称が由来する二以上の単量体ユニットが全重量の95％以上を占める重合体のみをいう。
　　(2)　第3901.30号、第3901.40号、第3903.20号、第3903.30号又は第3904.30号の共重合体は、当該共重合体の名称が由来するコモノマーユニットが全重量の95％以上を占める場合に限り、それらの号に属する。
　　(3)　化学的に変性させた重合体は、当該重合体がより明確に他の号に該当しない場合に限り、「その他のもの」を定める号に属する。
　　(4)　(1)、(2)及び(3)のいずれにも該当しない重合体は、一連の号中の他の号のうち、当該重合体を構成するいずれのコモノマーユニットをも重量において上回る単量体ユニットの重合体が属する号に属する。この場合において、同一の号に属する重合体を構成する単量体ユニットは、一のものとみなしその重量を合計するとともに、当該一連の号に属する重合体を構成するコモノマーユニット同士のみの重量を比較する。
　(b)　一連の号中に「その他のもの」を定める号がない場合には、次に定めるところによる。
　　(1)　重合体は、当該重合体を構成するいずれのコモノマーユニットをも重量において上回る単量体ユニットの重合体が属する号に属する。この場合において、同一の号に属する重合体を構成する単量体ユニットは、一のものとみなしその重量を合計するとともに、当該一連の号に属する重合体を構成するコモノマーユニット同士のみの重量を比較する。
　　(2)　化学的に変性させた重合体は、化学的に変性させていない重合体が属する号に属する。
　　　ポリマーブレンドは、これを構成する単量体ユニットを同一の割合で有する重合体が属する号に属する。
2　第3920.43号において「可塑剤」には、二次可塑剤を含む。

番号	品名
	第1節　一次製品
39.01	エチレンの重合体(一次製品に限る。)
3901.10	比重が0.94未満のポリエチレン
3901.20	比重が0.94以上のポリエチレン
3901.30	エチレン-酢酸ビニル共重合体
3901.40	比重が0.94未満のエチレン-アルファ-オレフィン共重合体
3901.90	その他のもの
39.02	プロピレンその他のオレフィンの重合体(一次製品に限る。)
3902.10	ポリプロピレン
3902.20	ポリイソブチレン
3902.30	プロピレンの共重合体
3902.90	その他のもの
39.03	スチレンの重合体(一次製品に限る。)
	ポリスチレン
3903.11	発泡性のもの
3903.19	その他のもの
3903.20	スチレン-アクリロニトリル(SAN)共重合体
3903.30	アクリロニトリル-ブタジエン-スチレン(ABS)共重合体
3903.90	その他のもの
39.04	塩化ビニルその他のハロゲン化オレフィンの重合体(一次製品に限る。)

番号	品名
3904.10	ポリ(塩化ビニル)(他の物質と混合してないものに限る。)
	その他のポリ(塩化ビニル)
3904.21	可塑化してないもの
3904.22	可塑化したもの
3904.30	塩化ビニル-酢酸ビニル共重合体
3904.40	その他の塩化ビニルの共重合体
3904.50	塩化ビニリデンの重合体
	ふっ素系重合体
3904.61	ポリテトラフルオロエチレン
3904.69	その他のもの
3904.90	その他のもの
39.05	酢酸ビニルその他のビニルエステルの重合体及びその他のビニル重合体(一次製品に限る。)
	ポリ(酢酸ビニル)
3905.12	水に分散しているもの
3905.19	その他のもの
	酢酸ビニルの共重合体
3905.21	水に分散しているもの
3905.29	その他のもの
3905.30	ポリ(ビニルアルコール)(加水分解してないアセテート基を含有するかしないかを問わない。)
	その他のもの
3905.91	共重合体

[付録] ＨＳ品目表2017年版

番号	品　名
3905.99	その他のもの
39.06	アクリル重合体(一次製品に限る。)
3906.10	ポリ(メタクリル酸メチル)
3906.90	その他のもの
39.07	ポリアセタールその他のポリエーテル、エポキシ樹脂及びポリカーボネート、アルキド樹脂、ポリアリルエステルその他のポリエステル(一次製品に限る。)
3907.10	ポリアセタール
3907.20	その他のポリエーテル
3907.30	エポキシ樹脂
3907.40	ポリカーボネート
3907.50	アルキド樹脂
	ポリ(エチレンテレフタレート)
3907.61	粘度数が1グラムにつき78ミリリットル以上のもの
3907.69	その他のもの
3907.70	ポリ乳酸
	その他のポリエステル
3907.91	不飽和のもの
3907.99	その他のもの
39.08	ポリアミド(一次製品に限る。)
3908.10	ポリアミド-6、-11、-12、-6,6、-6,9、-6,10又は-6,12
3908.90	その他のもの
39.09	アミノ樹脂、フェノール樹脂及びポリウレタン(一次製品に限る。)
3909.10	尿素樹脂及びチオ尿素樹脂
3909.20	メラミン樹脂
	その他のアミノ樹脂
3909.31	ポリ(メチレンフェニルイソシアナート)(粗MDI又はポリメリックMDI)
3909.39	その他のもの
3909.40	フェノール樹脂
3909.50	ポリウレタン
39.10	
3910.00	シリコーン(一次製品に限る。)
39.11	石油樹脂、クマロン-インデン樹脂、ポリテルペン、ポリ硫化物、ポリスルホン及びこの類の注3のその他の物品(一次製品に限るものとし、他の項に該当するものを除く。)
3911.10	石油樹脂、クマロン樹脂、インデン樹脂、クマロン-インデン樹脂及びポリテルペン
3911.90	その他のもの
39.12	セルロース及びその化学的誘導体(一次製品に限るものとし、他の項に該当するものを除く。)
	酢酸セルロース
3912.11	可塑化してないもの

番号	品　名
3912.12	可塑化したもの
3912.20	ニトロセルロース(コロジオンを含む。)
	セルロースエーテル
3912.31	カルボキシメチルセルロース及びその塩
3912.39	その他のもの
3912.90	その他のもの
39.13	天然の重合体(例えば、アルギン酸)及び変性させた天然の重合体(例えば、硬化たんぱく質及び天然ゴムの化学的誘導体)(一次製品に限るものとし、他の項に該当するものを除く。)
3913.10	アルギン酸並びにその塩及びエステル
3913.90	その他のもの
39.14	
3914.00	第39.01項から第39.13項までの重合体をもととしたイオン交換体(一次製品に限る。)
	第2節　くず、半製品及び製品
39.15	プラスチックのくず
3915.10	エチレンの重合体のもの
3915.20	スチレンの重合体のもの
3915.30	塩化ビニルの重合体のもの
3915.90	その他のプラスチックのもの
39.16	プラスチックの単繊維で横断面の最大寸法が1ミリメートルを超えるもの、プラスチックの棒及びプラスチックの形材(表面加工をしてあるかないかを問わないものとし、その他の加工をしたものを除く。)
3916.10	エチレンの重合体のもの
3916.20	塩化ビニルの重合体のもの
3916.90	その他のプラスチックのもの
39.17	プラスチック製の管及びホース並びにこれらの継手(プラスチック製のものに限る。例えば、ジョイント、エルボー及びフランジ)
3917.10	硬化たんぱく質製又はセルロース系材料製の人造ガット(ソーセージケーシング)
	管及びホース(硬質のものに限る。)
3917.21	エチレンの重合体のもの
3917.22	プロピレンの重合体のもの
3917.23	塩化ビニルの重合体のもの
3917.29	その他のプラスチック製のもの
	その他の管及びホース
3917.31	フレキシブルチューブ及びフレキシブルホース(破裂圧が27.6メガパスカル以上のものに限る。)
3917.32	その他のもの(継手なしのものに限るものとし、他の材料により補強し又は他の材料と組み合わせたものを除く。)

577

〔付録〕ＨＳ品目表2017年版

番号	品名
3917.33	その他のもの(継手付きのものに限るものとし、他の材料により補強し又は他の材料と組み合わせたものを除く。)
3917.39	その他のもの
3917.40	継手
39.18	プラスチック製の床用敷物(接着性を有するか有しないかを問わないものとし、ロール状又はタイル状のものに限る。)並びにこの類の注9のプラスチック製の壁面被覆材及び天井被覆材
3918.10	塩化ビニルの重合体製のもの
3918.90	その他のプラスチック製のもの
39.19	プラスチック製の板、シート、フィルム、はく、テープ、ストリップその他のへん平な形状の物品(接着性を有するものに限るものとし、ロール状であるかないかを問わない。)
3919.10	ロール状のもので、幅が20センチメートル以下のもの
3919.90	その他のもの
39.20	プラスチック製のその他の板、シート、フィルム、はく及びストリップ(多泡性のもの並びに補強し、薄層で被覆し又は支持物を使用したもの及びこれらに類する方法により他の材料と組み合わせたものを除く。)
3920.10	エチレンの重合体製のもの
3920.20	プロピレンの重合体製のもの
3920.30	スチレンの重合体製のもの
	塩化ビニルの重合体製のもの
3920.43	可塑剤を全重量の6％以上含むもの
3920.49	その他のもの
	アクリル重合体製のもの
3920.51	ポリ(メタクリル酸メチル)製のもの
3920.59	その他のもの
	ポリカーボネート製、アルキド樹脂製、ポリアリルエステル製その他のポリエステル製のもの
3920.61	ポリカーボネート製のもの
3920.62	ポリ(エチレンテレフタレート)製のもの
3920.63	その他の不飽和ポリエステル製のもの
3920.69	その他のポリエステル製のもの
	セルロース製のもの及びその化学的誘導体製のもの
3920.71	再生セルロース製のもの
3920.73	酢酸セルロース製のもの
3920.79	その他のセルロース誘導体製のもの
	その他のプラスチック製のもの
3920.91	ポリ(ビニルブチラール)製のもの
3920.92	ポリアミド製のもの
3920.93	アミノ樹脂製のもの

番号	品名
3920.94	フェノール樹脂製のもの
3920.99	その他のプラスチック製のもの
39.21	プラスチック製のその他の板、シート、フィルム、はく及びストリップ
	多泡性のもの
3921.11	スチレンの重合体製のもの
3921.12	塩化ビニルの重合体製のもの
3921.13	ポリウレタン製のもの
3921.14	再生セルロース製のもの
3921.19	その他のプラスチック製のもの
3921.90	その他のもの
39.22	プラスチック製の浴槽、シャワーバス、台所用流し、洗面台、ビデ、便器、便座、便器用の覆い、水洗用の水槽その他これらに類する衛生用品
3922.10	浴槽、シャワーバス、台所用流し及び洗面台
3922.20	便座及び便器用の覆い
3922.90	その他のもの
39.23	プラスチック製の運搬用又は包装用の製品及びプラスチック製の栓、ふた、キャップその他これらに類する物品
3923.10	箱、ケース、クレートその他これらに類する製品
	袋(円すい状のものを含む。)
3923.21	エチレンの重合体製のもの
3923.29	その他のプラスチック製のもの
3923.30	瓶、フラスコその他これらに類する製品
3923.40	スプール、コップ、ボビンその他これらに類する支持物
3923.50	栓、ふた、キャップその他これらに類する物品
3923.90	その他のもの
39.24	プラスチック製の食卓用品、台所用品その他の家庭用品及び化粧用品
3924.10	食卓用品及び台所用品
3924.90	その他のもの
39.25	プラスチック製の建築用品(他の項に該当するものを除く。)
3925.10	貯蔵槽、タンク、おけその他これらに類する容器(容積が300リットルを超えるものに限る。)
3925.20	戸及び窓並びにこれらの枠並びに戸の敷居
3925.30	よろい戸、日よけ(ベネシャンブラインドを含む。)その他これらに類する製品及びこれらの部分品
3925.90	その他のもの

〔付録〕ＨＳ品目表2017年版

番号	品　名
39.26	その他のプラスチック製品及び第39.01項から第39.14項までの材料（プラスチックを除く。）から成る製品
3926.10	事務用品及び学用品
3926.20	衣類及び衣類附属品（手袋、ミトン及びミットを含む。）

番号	品　名
3926.30	家具用又は車体用の取付具その他これに類する取付具
3926.40	小像その他の装飾品
3926.90	その他のもの

第40類　ゴム及びその製品

注
1　この表において「ゴム」とは、文脈により別に解釈される場合を除くほか、天然ゴム、バラタ、グタペルカ、グアユール、チクルその他これらに類する天然ガム、合成ゴム及び油から製造したファクチス並びにこれらの再生品（加硫してあるかないか又は硬質化してあるかないかを問わない。）をいう。
2　この類には、次の物品を含まない。
　(a)　第11部の物品（紡織用繊維及びその製品）
　(b)　第64類の履物及びその部分品
　(c)　第65類の帽子（水泳帽を含む。）及びその部分品
　(d)　第16部の機械類及び電気機器（電気用品を含む。）並びにこれらの部分品で、硬質ゴム製のもの
　(e)　第90類、第92類、第94類又は第96類の物品
　(f)　第95類の物品（運動用の手袋、ミトン及びミット並びに第40.11項から第40.13項までの製品を除く。）
3　第40.01項から第40.03項まで及び第40.05項において一次製品は、次の形状の物品に限る。
　(a)　液状又はペースト状のもの（ラテックス（プリバルカナイズしてあるかないかを問わない。）その他のディスパーション及び溶液を含む。）
　(b)　塊（不規則な形のものに限る。）、ベール、粉、粒、小片その他これらに類する形状のもの
4　1及び第40.02項において「合成ゴム」とは、次の物品をいう。
　(a)　不飽和の合成物質で、硫黄による加硫により不可逆的に非熱可塑性物質とすることができ、かつ、この非熱可塑性物質が、温度18度から29度までにおいて、もとの長さの3倍に伸ばしても切れず、もとの長さの2倍に伸ばした後5分以内にもとの長さの1.5倍以下に戻るもの。この試験においては、加硫助剤、加硫促進剤その他の架橋反応に必要な物質を加えることができるものとし、5(B)の(ⅱ)又は(ⅲ)の物質の存在も許容される。ただし、エキステンダー、可塑剤、充てん料その他の架橋反応に必要でない物質の存在は許容されない。
　(b)　チオプラスト(TM)
　(c)　天然ゴムにプラスチックをグラフトし又は混合することにより変性させたもの、天然ゴムを解重合したもの及び不飽和の合成物質と飽和の合成高重合体との混合物で、(a)に定める加硫、伸長性及び復元性に係る要件を満たすもの
5(A)　第40.01項及び第40.02項には、凝固の前又は後に次の物品を配合したゴム及びゴムの混合物を含まない。
　　(ⅰ)　加硫剤、加硫促進剤、加硫遅延剤又は加硫助剤（プリバルカナイズドラバーラテックスの調製のために加えたものを除く。）
　　(ⅱ)　顔料その他の着色料（単に識別のために加えたものを除く。）
　　(ⅲ)　可塑剤又はエキステンダー（油展ゴムの場合の鉱物油を除く。）、充てん料、補強材、有機溶剤その他の物質（(B)の(ⅰ)から(ⅲ)までのものを除く。）
　(B)　第40.01項及び第40.02項には、次の物質を含有するゴム及びゴムの混合物を含む。ただし、ゴム及びゴムの混合物が原材料としての重要な特性を保持する場合に限る。
　　(ⅰ)　乳化剤又は粘着防止剤
　　(ⅱ)　乳化剤の分解生成物（少量を含有する場合に限る。）
　　(ⅲ)　主として感熱ゴムラテックスを得るための感熱化剤、主として酸性ゴムラテックスを得るための陽イオン界面活性剤、老化防止剤、凝固剤、顆粒化剤、凍結防止剤、ペプタイザー、保存剤、安定剤、粘度調整剤その他これらに類する特殊な目的のための添加剤（極めて少量を含有する場合に限る。）
6　第40.04項において「くず」とは、ゴムの製造又は加工により生ずるゴムのくず及び切断、摩耗その他の理由により明らかにそのままでは使用することができないゴム製品をいう。
7　加硫したゴムのみから成る糸で横断面の最大寸法が5ミリメートルを超えるものは、ストリップ、棒又は形材として第40.08項に属する。

579

〔付録〕ＨＳ品目表2017年版

8　第40.10項には、コンベヤ用又は伝動用のベルト及びベルチングで、ゴムを染み込ませ、塗布し、被覆し又は積層した紡織用繊維の織物類から製造したもの及びゴムを染み込ませ、塗布し又は被覆した紡織用繊維の糸又はコードから製造したものを含む。

9　第40.01項から第40.03項まで、第40.05項及び第40.08項において板、シート及びストリップは、板、シート、ストリップ及び規則正しい幾何学的形状の塊で、切つてないもの及び単に長方形(正方形を含む。)に切つたもの(製品としての特性を有するか有しないか又はプリントその他の表面加工をしてあるかないかを問わない。)に限るものとし、その他の特定の形状に切つたもの及び更に加工したものを除く。

　第40.08項において棒及び形材は、棒及び形材で、一定の長さに切つてあるかないか又は表面加工をしてあるかないかを問わないものとし、その他の加工をしてないものに限る。

番号	品名
40.01	天然ゴム、バラタ、グタペルカ、グアユール、チクルその他これらに類する天然ガム(一次製品、板、シート又はストリップの形状のものに限る。)
4001.10	天然ゴムのラテックス(プリバルカナイズしてあるかないかを問わない。)
	その他の形状の天然ゴム
4001.21	スモークドシート
4001.22	技術的格付けをした天然ゴム(TSNR)
4001.29	その他のもの
4001.30	バラタ、グタペルカ、グアユール、チクルその他これらに類する天然ガム
40.02	合成ゴム、油から製造したファクチス及び第40.01項の物品とこの項の物品との混合物(一次製品、板、シート又はストリップの形状のものに限る。)
	スチレン-ブタジエンゴム(SBR)及びカルボキシル化スチレン-ブタジエンゴム(XSBR)
4002.11	ラテックス
4002.19	その他のもの
4002.20	ブタジエンゴム(BR)
	イソブテン-イソプレンゴム(ブチルゴム又はIIR)及びハロ-イソブテン-イソプレンゴム(CIIR及びBIIR)
4002.31	イソブテン-イソプレンゴム(ブチルゴム又はIIR)
4002.39	その他のもの
	クロロプレンゴム(クロロブタジエンゴム又はCR)
4002.41	ラテックス
4002.49	その他のもの
	アクリロニトリル-ブタジエンゴム(NBR)
4002.51	ラテックス
4002.59	その他のもの
4002.60	イソプレンゴム(IR)
4002.70	エチレン-プロピレン-非共役ジエンゴム(EPDM)
4002.80	第40.01項の物品とこの項の物品との混合物

番号	品名
	その他のもの
4002.91	ラテックス
4002.99	その他のもの
40.03	
4003.00	再生ゴム(一次製品、板、シート又はストリップの形状のものに限る。)
40.04	
4004.00	ゴム(硬質ゴムを除く。)のくず並びにこれから得た粉及び粒
40.05	配合ゴム(加硫してないもので、一次製品、板、シート又はストリップの形状のものに限る。)
4005.10	カーボンブラック又はシリカを配合したもの
4005.20	ディスパーション(第4005.10号のものを除く。)及び溶液
	その他のもの
4005.91	板、シート及びストリップ
4005.99	その他のもの
40.06	加硫してないゴムで、その他の形状のもの(例えば、棒及び形材)及び製品にしたもの(例えば、円盤及びリング)
4006.10	ゴムタイヤ更生用のキャメルバックストリップ
4006.90	その他のもの
40.07	
4007.00	糸及びひも(加硫したゴムのものに限る。)
40.08	板、シート、ストリップ、棒及び形材(加硫したゴム(硬質ゴムを除く。)のものに限る。)
	セルラーラバーのもの
4008.11	板、シート及びストリップ
4008.19	その他のもの
	セルラーラバー以外のゴムのもの
4008.21	板、シート及びストリップ
4008.29	その他のもの
40.09	管及びホース(加硫したゴム(硬質ゴムを除く。)製のものに限るものとし、継手(例えば、ジョイント、エルボー及びフランジ)を取り付けてあるかないかを問わない。)
	他の材料により補強してないもの及び他の材料と組み合わせてないもの

〔付録〕HS品目表2017年版

番号	品 名
4009.11	継手なしのもの
4009.12	継手付きのもの
	金属のみにより補強し又は金属のみと組み合わせたもの
4009.21	継手なしのもの
4009.22	継手付きのもの
	紡織用繊維のみにより補強し又は紡織用繊維のみと組み合わせたもの
4009.31	継手なしのもの
4009.32	継手付きのもの
	他の材料により補強し又は他の材料と組み合わせたもの
4009.41	継手なしのもの
4009.42	継手付きのもの
40.10	コンベヤ用又は伝動用のベルト及びベルチング(加硫したゴム製のものに限る。)
	コンベヤ用のベルト及びベルチング
4010.11	金属のみにより補強したもの
4010.12	紡織用繊維のみにより補強したもの
4010.19	その他のもの
	伝動用のベルト及びベルチング
4010.31	エンドレス状の伝動用のベルト(横断面が台形のもの(Vベルト)のうちV-リブ型で、円の外周が60センチメートルを超え180センチメートル以下のものに限る。)
4010.32	エンドレス状の伝動用のベルト(横断面が台形のもの(Vベルト)のうちV-リブ型以外のもので、円の外周が60センチメートルを超え180センチメートル以下のものに限る。)
4010.33	エンドレス状の伝動用のベルト(横断面が台形のもの(Vベルト)のうちV-リブ型で、円の外周が180センチメートルを超え240センチメートル以下のものに限る。)
4010.34	エンドレス状の伝動用のベルト(横断面が台形のもの(Vベルト)のうちV-リブ型以外のもので、円の外周が180センチメートルを超え240センチメートル以下のものに限る。)
4010.35	エンドレス状の同期ベルト(円の外周が60センチメートルを超え150センチメートル以下のものに限る。)
4010.36	エンドレス状の同期ベルト(円の外周が150センチメートルを超え198センチメートル以下のものに限る。)
4010.39	その他のもの
40.11	ゴム製の空気タイヤ(新品のものに限る。)
4011.10	乗用自動車(ステーションワゴン及びレーシングカーを含む。)に使用する種類のもの

番号	品 名
4011.20	バス又は貨物自動車に使用する種類のもの
4011.30	航空機に使用する種類のもの
4011.40	モーターサイクルに使用する種類のもの
4011.50	自転車に使用する種類のもの
4011.70	農業用又は林業用の車両及び機械に使用する種類のもの
4011.80	建設用、鉱業用又は産業用の車両及び機械に使用する種類のもの
4011.90	その他のもの
40.12	ゴム製の空気タイヤ(更生したもの及び中古のものに限る。)並びにゴム製のソリッドタイヤ、クッションタイヤ、タイヤトレッド及びタイヤフラップ
	更生タイヤ
4012.11	乗用自動車(ステーションワゴン及びレーシングカーを含む。)に使用する種類のもの
4012.12	バス又は貨物自動車に使用する種類のもの
4012.13	航空機に使用する種類のもの
4012.19	その他のもの
4012.20	空気タイヤ(中古のものに限る。)
4012.90	その他のもの
40.13	ゴム製のインナーチューブ
4013.10	乗用自動車(ステーションワゴン及びレーシングカーを含む。)、バス又は貨物自動車に使用する種類のもの
4013.20	自転車に使用する種類のもの
4013.90	その他のもの
40.14	衛生用又は医療用の製品(乳首を含み、加硫したゴム(硬質ゴムを除く。)製のものに限るものとし、硬質ゴム製の取付具を有するか有しないかを問わない。)
4014.10	コンドーム
4014.90	その他のもの
40.15	衣類及び衣類附属品(手袋、ミトン及びミットを含み、加硫したゴム(硬質ゴムを除く。)製のものに限るものとし、用途を問わない。)
	手袋、ミトン及びミット
4015.11	外科用のもの
4015.19	その他のもの
4015.90	その他のもの
40.16	その他の製品(加硫したゴム(硬質ゴムを除く。)製のものに限る。)
4016.10	セルラーラバー製のもの
	その他のもの
4016.91	床用敷物及びマット
4016.92	消しゴム
4016.93	ガスケット、ワッシャーその他のシール

[付録] HS品目表2017年版

番号	品名
4016.94	防舷材(膨らませることができるかできないかを問わない。)
4016.95	その他の製品(膨らませることができるものに限る。)

番号	品名
4016.99	その他のもの
40.17	
4017.00	硬質ゴム(例えば、エボナイト。くずを含むものとし、形状を問わない。)及びその製品

第8部
皮革及び毛皮並びにこれらの製品、動物用装着具並びに旅行用具、ハンドバッグその他これらに類する容器並びに腸の製品

第41類　原皮(毛皮を除く。)及び革

注
1　この類には、次の物品を含まない。
  (a) 原皮くず(第05.11項参照)
  (b) 第05.05項又は第67.01項の羽毛皮及びその部分
  (c) 毛が付いている獣皮及びこれをなめし又は仕上げたもの(第43類参照)。ただし、牛(水牛を含む。)、馬類の動物、羊(アストラカン羊、ブロードテール羊、カラクル羊、ペルシャ羊その他これらに類する羊、インド羊、中国羊、モンゴル羊又はチベット羊の子羊を除く。)、やぎ(イエメンやぎ、モンゴルやぎ及びチベットやぎを除く。)、豚(ペッカリーを含む。)、シャモア、ガゼル、らくだ(ヒトコブラクダを含む。)、となかい、しか又は犬の毛が付いている原皮は、第41類に属する。
2(A)　第41.04項から第41.06項までには、なめし過程(前なめしを含む。)中の皮のうちなめしを終えてないものを含まない(第41.01項から第41.03項まで参照)。
  (B)　第41.04項から第41.06項までにおいて「クラスト」には、乾燥の前に、再なめし、染着色又は加脂を行つた場合を含む。
3　この表において「コンポジションレザー」とは、第41.15項の物品のみをいう。

備考
1　第41.04項から第41.06項までの「なめした皮」とは、なめし剤で耐熱性が安定的に得られるまで処理したものをいう。
2　第41.07項、第41.12項から第41.14項までの「革」とは、革製品に求められる性質、形状に適合させるための起毛、塗装、つや出し、型押し等の表面処理のいずれかをした皮をいう。

番号	品名
41.01	牛(水牛を含む。)又は馬類の動物の原皮(生鮮のもの及び塩蔵、乾燥、石灰漬け、酸漬けその他の保存に適する処理をしたもので、なめし、パーチメント仕上げ又はこれら以上の加工をしてないものに限るものとし、脱毛してあるかないか又はスプリットしてあるかないかを問わない。)
4101.20	全形の原皮(スプリットしてないもので、重量が1枚につき、単に乾燥したものは8キログラム以下、乾式塩蔵をしたものは10キログラム以下又は生鮮のもの若しくは湿式塩蔵その他の保存に適する処理をしたものは16キログラム以下のものに限る。)
4101.50	全形の原皮(16キログラムを超えるものに限る。)
4101.90	その他のもの(バット、ベンズ及びベリーを含む。)

番号	品名
41.02	羊の原皮(生鮮のもの及び塩蔵、乾燥、石灰漬け、酸漬けその他の保存に適する処理をしたもので、なめし、パーチメント仕上げ又はこれら以上の加工をしてないものに限るものとし、毛が付いているかいないか又はスプリットしてあるかないかを問わない。ただし、この類の注1(c)の規定により除かれているものを含まない。)
4102.10	毛が付いているもの
	毛が付いていないもの
4102.21	酸漬けしたもの
4102.29	その他のもの

番号	品名
41.03	その他の原皮(生鮮のもの及び塩蔵、乾燥、石灰漬け、酸漬けその他の保存に適する処理をしたもので、なめし、パーチメント仕上げ又はこれら以上の加工をしてないものに限るものとし、脱毛してあるかないか又はスプリットしてあるかないかを問わない。ただし、この類の注1の(b)又は(c)の規定により除かれているものを含まない。)
4103.20	爬虫類のもの
4103.30	豚のもの
4103.90	その他のもの
41.04	牛(水牛を含む。)又は馬類の動物のなめした皮(なめしたもの及びクラストにしたもので、これらを超える加工をしておらず、毛が付いていないものに限るものとし、スプリットしてあるかないかを問わない。)
	湿潤状態(ウェットブルーを含む。)のもの
4104.11	フルグレーン(スプリットしてないものに限る。)及びグレーンスプリット
4104.19	その他のもの
	乾燥状態(クラスト)のもの
4104.41	フルグレーン(スプリットしてないものに限る。)及びグレーンスプリット
4104.49	その他のもの
41.05	羊のなめした皮(なめしたもの及びクラストにしたもので、これらを超える加工をしておらず、毛が付いていないものに限るものとし、スプリットしてあるかないかを問わない。)
4105.10	湿潤状態(ウェットブルーを含む。)のもの
4105.30	乾燥状態(クラスト)のもの
41.06	その他の動物のなめした皮(なめしたもの及びクラストにしたもので、これらを超える加工をしておらず、毛が付いていないものに限るものとし、スプリットしてあるかないかを問わない。)
	やぎのもの
4106.21	湿潤状態(ウェットブルーを含む。)のもの
4106.22	乾燥状態(クラスト)のもの
	豚のもの
4106.31	湿潤状態(ウェットブルーを含む。)のもの
4106.32	乾燥状態(クラスト)のもの
4106.40	爬虫類のもの
	その他のもの
4106.91	湿潤状態(ウェットブルーを含む。)のもの
4106.92	乾燥状態(クラスト)のもの

番号	品名
41.07	牛(水牛を含む。)又は馬類の動物の革(なめした又はクラストにした後これらを超える加工をしたもので、パーチメント仕上げをしたものを含み、毛が付いていないものに限るものとし、スプリットしてあるかないかを問わず、第41.14項の革を除く。)
	全形の革
4107.11	フルグレーン(スプリットしてないものに限る。)
4107.12	グレーンスプリット
4107.19	その他のもの(サイドを含む。)
4107.91	フルグレーン(スプリットしてないものに限る。)
4107.92	グレーンスプリット
4107.99	その他のもの
41.12	
4112.00	羊革(なめした又はクラストにした後これらを超える加工をしたもので、パーチメント仕上げをしたものを含み、毛が付いていないものに限るものとし、スプリットしてあるかないかを問わず、第41.14項の革を除く。)
41.13	その他の動物の革(なめした又はクラストにした後これらを超える加工をしたもので、パーチメント仕上げをしたものを含み、毛が付いていないものに限るものとし、スプリットしてあるかないかを問わず、第41.14項の革を除く。)
4113.10	やぎのもの
4113.20	豚のもの
4113.30	爬虫類のもの
4113.90	その他のもの
41.14	シャモア革(コンビネーションシャモア革を含む。)、パテントレザー及びパテントラミネーテッドレザー並びにメタライズドレザー
4114.10	シャモア革(コンビネーションシャモア革を含む。)
4114.20	パテントレザー及びパテントラミネーテッドレザー並びにメタライズドレザー
41.15	コンポジションレザー(革又は革繊維をもととして製造したもので、板状、シート状又はストリップ状のものに限るものとし、巻いてあるかないかを問わない。)、革又はコンポジションレザーのくず(革製品の製造に適しないものに限る。)及び革の粉

〔付録〕ＨＳ品目表2017年版

番号	品　名
4115.10	コンポジションレザー（革又は革繊維をもととして製造したもので、板状、シート状又はストリップ状のものに限るものとし、巻いてあるかないかを問わない。）

番号	品　名
4115.20	革又はコンポジションレザーのくず（革製品の製造に適しないものに限る。）及び革の粉

第42類　革製品及び動物用装着具並びに旅行用具、ハンドバッグその他これらに類する容器並びに腸の製品

注
1　この類において「革」には、シャモア革（コンビネーションシャモア革を含む。）、パテントレザー、パテントラミネーテッドレザー及びメタライズドレザーを含む。
2　この類には、次の物品を含まない。
　(a)　外科用のカットガットその他これに類する縫合材（殺菌したものに限る。第30.06項参照）
　(b)　毛皮又は人造毛皮を裏張りし又は外側に付けた衣類及び衣類附属品（第43.03項及び第43.04項参照）。毛皮又は人造毛皮を単にトリミングとして使用したもの並びに手袋、ミトン及びミットを除く。）
　(c)　網地から製造した製品（第56.08項参照）
　(d)　第64類の物品
　(e)　第65類の帽子及びその部分品
　(f)　第66.02項のむちその他の製品
　(g)　カフスボタン、腕輪その他の身辺用模造細貨類（第71.17項参照）
　(h)　あぶみ、くつわ、真ちゅう製動物用装飾具、留金その他の動物用装着具の取付具及びトリミング（個別に提示するものに限る。主として第15部に属する。）
　(ij)　ドラムその他これに類する楽器の革、弦その他の楽器の部分品（第92.09項参照）
　(k)　第94類の物品（例えば、家具及びランプその他の照明器具）
　(l)　第95類の物品（例えば、がん具、遊戯用具及び運動用具）
　(m)　第96.06項のボタン、プレスファスナー、スナップファスナー及びプレススタッド並びにこれらの部分品（ボタンモールドを含む。）並びにボタンのブランク
3 (A)　第42.02項には、2の規定により除かれる物品のほか、次の物品を含まない。
　　(a)　取手付きのプラスチックシート製の袋（印刷してあるかないかを問わないものとし、長期間の使用を目的としないものに限る。第39.23項参照）
　　(b)　組物材料の製品（第46.02項参照）
　(B)　第42.02項又は第42.03項の製品には、取付具又は装飾物を構成する部分品として貴金属若しくは貴金属を張つた金属、天然若しくは養殖の真珠又は天然、合成若しくは再生の貴石若しくは半貴石を使用したもの（当該部分品が当該製品に重要な特性を与えていないものに限る。）を含む。当該部分品が当該製品に重要な特性を与えている場合には、当該製品は、第71類に属する。
4　第42.03項において衣類及び衣類附属品には、手袋、ミトン及びミット（運動用又は保護用のものを含む。）、エプロンその他の保護衣類、ズボンつり、ベルト、負い革並びに腕輪（時計用のものを除く。第91.13項参照）を含む。

番号	品　名
42.01	
4201.00	動物用装着具(引き革、引き綱、ひざ当て、口輪、くら敷き、くら袋、犬用のコートその他これらに類する物品を含むものとし、材料を問わない。)
42.02	旅行用バッグ、断熱加工された飲食料用バッグ、化粧用バッグ、リュックサック、ハンドバッグ、買物袋、財布、マップケース、シガレットケース、たばこ入れ、工具袋、スポーツバッグ、瓶用ケース、宝石入れ、おしろい入れ、刃物用ケースその他これらに類する容器(革、コンポジションレザー、プラスチックシート、紡織用繊維、バルカナイズドファイバー若しくは板紙から製造し又は全部若しくは大部分をこれらの材料若しくは紙で被覆したものに限る。)及びトランク、スーツケース、携帯用化粧道具入れ、エグゼクティブケース、書類かばん、通学用かばん、眼鏡用ケース、双眼鏡用ケース、写真機用ケース、楽器用ケース、銃用ケース、けん銃用のホルスターその他これらに類する容器
	トランク、スーツケース、携帯用化粧道具入れ、エグゼクティブケース、書類かばん、通学用かばんその他これらに類する容器
4202.11	外面が革製又はコンポジションレザー製のもの
4202.12	外面がプラスチック製又は紡織用繊維製のもの
4202.19	その他のもの
	ハンドバッグ(取手が付いていないものを含むものとし、肩ひもが付いているかいないかを問わない。)

番号	品　名
4202.21	外面が革製又はコンポジションレザー製のもの
4202.22	外面がプラスチックシート製又は紡織用繊維製のもの
4202.29	その他のもの
	ポケット又はハンドバッグに通常入れて携帯する製品
4202.31	外面が革製又はコンポジションレザー製のもの
4202.32	外面がプラスチックシート製又は紡織用繊維製のもの
4202.39	その他のもの
	その他のもの
4202.91	外面が革製又はコンポジションレザー製のもの
4202.92	外面がプラスチックシート製又は紡織用繊維製のもの
4202.99	その他のもの
42.03	衣類及び衣類附属品(革製又はコンポジションレザー製のものに限る。)
4203.10	衣類
	手袋、ミトン及びミット
4203.21	特に運動用に製造したもの
4203.29	その他のもの
4203.30	ベルト及び負い革
4203.40	その他の衣類附属品
42.05	
4205.00	その他の革製品及びコンポジションレザー製品
42.06	
4206.00	腸、ゴールドビータースキン、ぼうこう又は腱の製品

第43類　毛皮及び人造毛皮並びにこれらの製品

注
1　この表において「毛皮」とは、第43.01項の原毛皮を除くほか、毛が付いている獣皮をなめし又は仕上げたものをいう。
2　この類には、次の物品を含まない。
　(a)　羽毛皮及びその部分(第05.05項及び第67.01項参照)
　(b)　第41類の注1(c)のただし書の毛が付いている原皮
　(c)　革と毛皮又は革と人造毛皮とから成る手袋、ミトン及びミット(第42.03項参照)
　(d)　第64類の物品
　(e)　第65類の帽子及びその部分品
　(f)　第95類の物品(例えば、がん具、遊戯用具及び運動用具)
3　第43.03項には、他の材料を加えて組み合わせた毛皮及びその部分並びに衣類(部分品及び附属品を含む。)その他の製品の形状に縫い合わせた毛皮及びその部分を含む。
4　毛皮又は人造毛皮を裏張りし又は外側に付けた衣類及び衣類附属品(2の物品及び毛皮又は人造毛皮を単にトリミングとして使用したものを除く。)は、第43.03項又は第43.04項に属する。
5　この表において「人造毛皮」とは、獣毛その他の繊維を革、織物その他の材料に接着し又は縫い付けた模造の毛皮をいうものとし、織り又は編むことにより得た模造の毛皮(主として第58.01項又は第60.01項に属する。)を含まない。

〔付録〕HS品目表2017年版

番号	品名
43.01	原毛皮(頭部、尾部、足部その他の切片で毛皮業者の使用に適するものを含むものとし、第41.01項から第41.03項までの原皮を除く。)
4301.10	ミンクのもの(全形のものに限るものとし、頭部、尾部又は足部が付いているかいないかを問わない。)
4301.30	子羊のもの(アストラカン羊、ブロードテール羊、カラクル羊、ペルシャ羊その他これらに類する羊、インド羊、中国羊、モンゴル羊又はチベット羊の子羊で全形のものに限るものとし、頭部、尾部又は足部が付いているかいないかを問わない。)
4301.60	きつねのもの(全形のものに限るものとし、頭部、尾部又は足部が付いているかいないかを問わない。)
4301.80	その他の毛皮(全形のものに限るものとし、頭部、尾部又は足部が付いているかいないかを問わない。)
4301.90	頭部、尾部、足部その他の切片で毛皮業者の使用に適するもの

番号	品名
43.02	なめし又は仕上げた毛皮(頭部、尾部、足部その他の切片を含み、組み合わせてないもの及び他の材料を加えることなく組み合わせたものに限るものとし、第43.03項のものを除く。)
	全形のもの(組み合わせてないものに限るものとし、頭部、尾部又は足部が付いているかいないかを問わない。)
4302.11	ミンクのもの
4302.19	その他のもの
4302.20	頭部、尾部、足部その他の切片で、組み合わせてないもの
4302.30	全形のもの及び切片で、組み合わせたもの
43.03	衣類、衣類附属品その他の毛皮製品
4303.10	衣類及び衣類附属品
4303.90	その他のもの
43.04	
4304.00	人造毛皮及びその製品

第9部
木材及びその製品、木炭、コルク及びその製品並びにわら、エスパルトその他の組物材料の製品並びにかご細工物及び枝条細工物

第44類 木材及びその製品並びに木炭

注
1 この類には、次の物品を含まない。
　(a) 主として香料用、医療用、殺虫用、殺菌用その他これらに類する用途に供する木材(チップ状のもの、削りくず及び破砕し、粉砕し又は粉状にしたものに限る。第12.11項参照)
　(b) 主として組物に使用する竹その他の木に類する材料(粗のものに限るものとし、割り、縦にひき又は特定の長さに切つたものであるかないかを問わない。第14.01項参照)
　(c) 主として染色又はなめしに使用する木材(チップ状のもの、削りくず及び破砕し、粉砕し又は粉状にしたものに限る。第14.04項参照)
　(d) 活性炭(第38.02項参照)
　(e) 第42.02項の製品
　(f) 第46類の物品
　(g) 第64類の履物及びその部分品
　(h) 第66類の物品(例えば、傘及びつえ並びにこれらの部分品)
　(ij) 第68.08項の物品
　(k) 第71.17項の身辺用模造細貨類
　(l) 第16部又は第17類の物品(例えば、機械の部分品、ケース、カバー、機械用のキャビネット及び車両)
　(m) 第18部の物品(例えば、時計のケース及び楽器並びにこれらの部分品)
　(n) 火器の部分品(第93.05項参照)
　(o) 第94類の物品(例えば、家具、ランプその他の照明器具及びプレハブ建築物)
　(p) 第95類の物品(例えば、がん具、遊戯用具及び運動用具)
　(q) 第96類の物品(例えば、喫煙用パイプ及びその部分品、ボタン、鉛筆並びに一脚、二脚、三脚その他これらに類する物品。第96.03項の物品用の木製のボデー及び柄を除く。)
　(r) 第97類の物品(例えば、美術品)

〔付録〕ＨＳ品目表2017年版

2 この類において「改良木材」とは、化学的又は物理的な処理（木材を相互に接着したものにあつては、接着に必要とする処理を超えたものに限る。）によつて密度又は硬度を増加させることにより、機械的強度、化学的作用に対する抵抗性又は電気抵抗特性を改善した木材をいう。
3 第44.14項から第44.21項までには、パーティクルボードその他これに類するボード、繊維板、積層木材又は改良木材の製品を含む。
4 第44.10項から第44.12項までの物品には、第44.09項に定める加工をしたもの及び曲げ、波形にし、穴をあけ、長方形（正方形を含む。）以外の形状に切り若しくは成形し又はその他の加工をしたもので、他の項に属する製品の特性を有しないものを含む。
5 第44.17項には、刃、作用端、作用面その他の作用する部分が第82類の注１に定める材料から成る工具を含まない。
6 この類の各項において木材には、１の物品又は文脈により別に解釈される場合を除くほか、竹その他の木に類する材料を含む。

号注
1 第4401.31号において「木質ペレット」とは、木材機械加工業、家具製造業その他の木材加工業において生ずる副産物（例えば、削りくず、のこくず及びチップ）で、直接圧縮すること又は全重量の3％以下の結合剤を加えることにより凝結させたもの（直径が25ミリメートル以下で、長さが100ミリメートル以下の円筒状の物品に限る。）をいう。

番号	品名
44.01	のこくず及び木くず（棒状、ブリケット状、ペレット状その他これらに類する形状に凝結させてあるかないかを問わない。）、薪材並びにチップ状又は小片状の木材
	薪材
4401.11	針葉樹のもの
4401.12	針葉樹以外のもの
	チップ状又は小片状の木材
4401.21	針葉樹のもの
4401.22	針葉樹以外のもの
	のこくず及び木くず（棒状、ブリケット状、ペレット状その他これらに類する形状に凝結させたものに限る。）
4401.31	木質ペレット
4401.39	その他のもの
4401.40	のこくず及び木くず（凝結させたものを除く。）
44.02	木炭（植物性の殻又はナッツの炭を含むものとし、凝結させてあるかないかを問わない。）
4402.10	竹製のもの
4402.90	その他のもの
44.03	木材（粗のものに限るものとし、皮若しくは辺材を剥いであるかないか又は粗く角にしてあるかないかを問わない。）
	ペイント、クレオソートその他の保存剤により処理したもの
4403.11	針葉樹のもの
4403.12	針葉樹以外のもの
	その他のもの（針葉樹のものに限る。）
4403.21	松（マツ属のもの）のもの（横断面の最大寸法が15センチメートル以上のものに限る。）
4403.22	松（マツ属のもの）のその他のもの

番号	品名
4403.23	もみ（モミ属のもの）又はとうひ（トウヒ属のもの）のもの（横断面の最大寸法が15センチメートル以上のものに限る。）
4403.24	もみ（モミ属のもの）又はとうひ（トウヒ属のもの）のその他のもの
4403.25	その他のもの（横断面の最大寸法が15センチメートル以上のものに限る。）
4403.26	その他のもの
	その他のもの（熱帯産木材のものに限る。）
4403.41	ダークレッドメランチ、ライトレッドメランチ及びメランチバカウ
4403.49	その他のもの
	その他のもの
4403.91	オーク（コナラ属のもの）のもの
4403.93	ビーチ（ブナ属のもの）のもの（横断面の最大寸法が15センチメートル以上のものに限る。）
4403.94	ビーチ（ブナ属のもの）のその他のもの
4403.95	かば（カバノキ属のもの）のもの（横断面の最大寸法が15センチメートル以上のものに限る。）
4403.96	かば（カバノキ属のもの）のその他のもの
4403.97	ポプラ又はアスペン（ヤマナラシ属のもの）のもの
4403.98	ユーカリ（ユーカリ属のもの）のもの
4403.99	その他のもの
44.04	たが材、割つたポール、木製のくい（端をとがらせたものに限るものとし、縦にひいたものを除く。）、木製の棒（つえ、傘の柄、工具の柄その他これらに類する物品の製造に適するもので粗削りしたものに限るものとし、ろくろがけし、曲げ又はその他の加工をしたものを除く。）及びチップウッドその他これに類するもの

587

〔付録〕ＨＳ品目表2017年版

番号	品名
4404.10	針葉樹のもの
4404.20	針葉樹以外のもの
44.05	
4405.00	木毛及び木粉
44.06	木製の鉄道用又は軌道用の枕木
	染み込ませてないもの
4406.11	針葉樹のもの
4406.12	針葉樹以外のもの
	その他のもの
4406.91	針葉樹のもの
4406.92	針葉樹以外のもの
44.07	木材(縦にひき若しくは割り、平削りし又は丸剥ぎしたもので、厚さが6ミリメートルを超えるものに限るものとし、かんながけし、やすりがけし又は縦継ぎしたものであるかないかを問わない。)
	針葉樹のもの
4407.11	松(マツ属のもの)のもの
4407.12	もみ(モミ属のもの)又はとうひ(トウヒ属のもの)のもの
4407.19	その他のもの
	熱帯産木材のもの
4407.21	マホガニー(スウィエテニア属のもの)
4407.22	バイロラ、インブイア及びバルサ
4407.25	ダークレッドメランチ、ライトレッドメランチ及びメランチバカウ
4407.26	ホワイトラワン、ホワイトメランチ、ホワイトセラヤ、イエローメランチ及びアラン
4407.27	サペリ
4407.28	イロコ
4407.29	その他のもの
	その他のもの
4407.91	オーク(コナラ属のもの)のもの
4407.92	ビーチ(ブナ属のもの)のもの
4407.93	かえで(カエデ属のもの)のもの
4407.94	桜(サクラ属のもの)のもの
4407.95	とねりこ(トネリコ属のもの)
4407.96	かば(カバノキ属のもの)
4407.97	ポプラ又はアスペン(ヤマナラシ属のもの)のもの
4407.99	その他のもの
44.08	化粧ばり用単板(積層木材を平削りすることにより得られるものを含む。)、合板用単板、これらに類する積層木材用単板及びその他の縦にひき、平削りし又は丸剥ぎした木材(厚さが6ミリメートル以下のものに限るものとし、かんながけし、やすりがけし、はぎ合わせをし又は縦継ぎしたものであるかないかを問わない。)

番号	品名
4408.10	針葉樹のもの
	熱帯産木材のもの
4408.31	ダークレッドメランチ、ライトレッドメランチ及びメランチバカウ
4408.39	その他のもの
4408.90	その他のもの
44.09	さねはぎ加工、溝付けその他これらに類する加工をいずれかの縁、端又は面に沿つて連続的に施した木材(寄せ木床用のストリップ又はフリーズで組み立ててないものを含むものとし、かんながけし、やすりがけし又は縦継ぎしたものであるかないかを問わない。)
4409.10	針葉樹のもの
	針葉樹以外のもの
4409.21	竹製のもの
4409.22	熱帯産木材のもの
4409.29	その他のもの
44.10	パーティクルボード、オリエンテッドストランドボード(OSB)その他これらに類するボード(例えば、ウェファーボード)(木材その他の木質の材料のものに限るものとし、樹脂その他の有機結合剤により凝結させてあるかないかを問わない。)
	木材のもの
4410.11	パーティクルボード
4410.12	オリエンテッドストランドボード(OSB)
4410.19	その他のもの
4410.90	その他のもの
44.11	繊維板(木材その他の木質の材料のものに限るものとし、樹脂その他の有機物質により結合してあるかないかを問わない。)
	ミディアムデンシティファイバーボード(MDF)
4411.12	厚さが5ミリメートル以下のもの
4411.13	厚さが5ミリメートルを超え9ミリメートル以下のもの
4411.14	厚さが9ミリメートルを超えるもの
	その他のもの
4411.92	密度が1立方センチメートルにつき0.8グラムを超えるもの
4411.93	密度が1立方センチメートルにつき0.5グラムを超え0.8グラム以下のもの
4411.94	密度が1立方センチメートルにつき0.5グラム以下のもの
44.12	合板、ベニヤドパネルその他これらに類する積層木材
4412.10	竹製のもの

番号	品名
	その他の合板(木材(竹製のものを除く。)の単板のみから成るもので各単板の厚さが6ミリメートル以下のものに限る。)
4412.31	少なくとも一の外面の単板が熱帯産木材のもの
4412.33	その他のもの(少なくとも一の外面の単板が針葉樹以外のうちはんの木(ハンノキ属のもの)、とねりこ(トネリコ属のもの)、ビーチ(ブナ属のもの)、かば(カバノキ属のもの)、桜(サクラ属のもの)、くり(カスタネア属のもの)、にれ(ニレ属のもの)、ユーカリ(ユーカリ属のもの)、ヒッコリー(ペカン属のもの)、栃の木(トチノキ属のもの)、しなの木(シナノキ属のもの)、かえで(カエデ属のもの)、オーク(コナラ属のもの)、プラタナス(スズカケノキ属のもの)、ポプラ若しくはアスペン(ヤマナラシ属のもの)、はりえんじゅ(ハリエンジュ属のもの)、ゆりの木(ユリノキ属のもの)又はウォルナット(クルミ属のもの)のものに限る。)
4412.34	その他のもの(少なくとも一の外面の単板が針葉樹以外のものに限るものとし、第4412.33号のものを除く。)
4412.39	その他のもの(いずれの外面の単板も針葉樹のものに限る。)
	その他のもの
4412.94	ブロックボード、ラミンボード及びバッテンボード
4412.99	その他のもの
44.13	
4413.00	改良木材(塊状、板状、ストリップ状又は形材のものに限る。)
44.14	
4414.00	木製の額縁、鏡枠その他これらに類する縁
44.15	木製のケース、箱、クレート、ドラムその他これらに類する包装容器、木製のケーブルドラム及び木製のパレット、ボックスパレットその他の積載用ボード並びに木製のパレット枠
4415.10	ケース、箱、クレート、ドラムその他これらに類する包装容器及びケーブルドラム
4415.20	パレット、ボックスパレットその他の積載用ボード及びパレット枠

番号	品名
44.16	
4416.00	木製のたる、おけその他これらに類する容器及び木製のこれらの部分品(たる材及びおけ材を含む。)
44.17	
4417.00	木製の工具並びに工具、ほうき又はブラシの木製のボデー、柄及び握り並びに靴の木型
44.18	木製建具及び建築用木工品(セルラーウッドパネル、組み合わせた床用パネル及びこけら板を含む。)
4418.10	窓及びフランス窓並びにこれらの枠
4418.20	戸及びその枠並びに敷居
4418.40	コンクリート型枠
4418.50	こけら板
4418.60	くい及びはり
	組み合わせた床用パネル
4418.73	竹製のもの及び少なくとも最上層(摩耗層)が竹製のもの
4418.74	その他のもの(モザイク状の床用のものに限る。)
4418.75	その他のもの(多層のものに限る。)
4418.79	その他のもの
	その他のもの
4418.91	竹製のもの
4418.99	その他のもの
44.19	木製の食卓用品及び台所用品
	竹製のもの
4419.11	製パン用の板、まな板その他これらに類する板
4419.12	箸
4419.19	その他のもの
4419.90	その他のもの
44.20	寄せ木し又は象眼した木材、宝石用又は刃物用の木製の箱、ケースその他これらに類する製品及び木製の小像その他の装飾品並びに第94類に属しない木製の家具
4420.10	木製の小像その他の装飾品
4420.90	その他のもの
44.21	その他の木製品
4421.10	衣類用ハンガー
	その他のもの
4421.91	竹製のもの
4421.99	その他のもの

第45類　コルク及びその製品

注
1　この類には、次の物品を含まない。
　(a)　第64類の履物及びその部分品
　(b)　第65類の帽子及びその部分品

〔付録〕ＨＳ品目表2017年版

(c) 第95類の物品(例えば、がん具、遊戯用具及び運動用具)

番号	品名
45.01	天然コルク(粗のもの及び単に調製したものに限る。)、コルクくず及び破砕し、粒にし又は粉砕したコルク
4501.10	天然コルク(粗のもの及び単に調製したものに限る。)
4501.90	その他のもの
45.02	
4502.00	天然コルク(鬼皮を除いたもの、粗く角にしたもの及び長方形(正方形を含む。)の塊状、板状、シート状又はストリップ状のものに限るものとし、栓のブランクで角が鋭いものを含む。)

番号	品名
45.03	天然コルクの製品
4503.10	栓
4503.90	その他のもの
45.04	凝集コルク(凝集剤を使用してあるかないかを問わない。)及びその製品
4504.10	塊、板、シート、ストリップ、タイル(形状を問わない。)及び円柱(中空でないものに限るものとし、円盤を含む。)
4504.90	その他のもの

第46類　わら、エスパルトその他の組物材料の製品並びにかご細工物及び枝条細工物

注
1　この類において「組物材料」とは、組合せその他これに類する加工方法に適する状態又は形状の材料をいい、当該材料には、わら、オージア、柳、竹、とう、いぐさ、あし、経木その他の植物性材料のストリップ(例えば、樹皮のストリップ、細い葉及びラフィアその他の広い葉から得たストリップ)、紡績してない天然の紡織用繊維及びプラスチックの単繊維、ストリップその他これらに類する物品並びに紙のストリップを含むものとし、革、コンポジションレザー、フェルト又は不織布のストリップ、人髪、馬毛、紡織用繊維のロービング及び糸並びに第54類の単繊維、ストリップその他これらに類する物品を含まない。
2　この類には、次の物品を含まない。
(a)　第48.14項の壁面被覆材
(b)　ひも、綱及びケーブル(組んであるかないかを問わない。第56.07項参照)
(c)　第64類又は第65類の履物及び帽子並びにこれらの部分品
(d)　かご細工製の乗物及びそのボデー(第87類参照)
(e)　第94類の物品(例えば、家具及びランプその他の照明器具)
3　第46.01項において「組物材料又はさなだその他これに類する組物材料の物品を平行につないだ物品」とは、組物材料又はさなだその他これに類する組物材料の物品を並列にしたものをつなぎ合わせてシート状にしたものをいい、つなぎ合わせるために使用した材料が紡績した紡織用繊維であるかないかを問わない。

番号	品名
46.01	さなだその他これに類する組物材料から成る物品(ストリップ状であるかないかを問わない。)並びに組物材料又はさなだその他これに類する組物材料から成る物品を平行につなぎ及び織ったものであつてシート状のもの(最終製品(敷物、壁掛等)であるかないかを問わない。)
	敷物及びすだれ(植物性材料製のものに限る。)
4601.21	竹製のもの
4601.22	とう製のもの
4601.29	その他のもの

番号	品名
4601.92	竹製のもの
4601.93	とう製のもの
4601.94	その他の植物性材料製のもの
4601.99	その他のもの
46.02	かご細工物、枝条細工物その他の製品(組物材料から直接造形したもの及び第46.01項の物品から製造したものに限る。)及びへちま製品
	植物性材料製のもの
4602.11	竹製のもの
4602.12	とう製のもの
4602.19	その他のもの
4602.90	その他のもの

〔付録〕ＨＳ品目表2017年版

第10部 木材パルプ、繊維素繊維を原料とするその他のパルプ、古紙並びに紙及び板紙並びにこれらの製品

第47類 木材パルプ、繊維素繊維を原料とするその他のパルプ及び古紙

注

1 第47.02項において「化学木材パルプ（溶解用のものに限る。）」とは、水酸化ナトリウムを18％含有するかせいソーダ溶液に温度20度で１時間浸せきした後の不溶解性部分の重量が、ソーダパルプ及び硫酸塩パルプ（クラフトパルプ）にあつては全重量の92％以上、亜硫酸パルプ（サルファイトパルプ）にあつては全重量の88％以上の化学木材パルプをいう。ただし、亜硫酸パルプ（サルファイトパルプ）については、灰分の含有量が全重量の0.15％以下のものに限る。

番号	品名
47.01	
4701.00	機械木材パルプ
47.02	
4702.00	化学木材パルプ（溶解用のものに限る。）
47.03	化学木材パルプ（ソーダパルプ及び硫酸塩パルプ（クラフトパルプ）に限るものとし、溶解用のものを除く。）
	さらしてないもの
4703.11	針葉樹のもの
4703.19	針葉樹以外のもの
	半さらしのもの及びさらしたもの
4703.21	針葉樹のもの
4703.29	針葉樹以外のもの
47.04	化学木材パルプ（亜硫酸パルプ（サルファイトパルプ）に限るものとし、溶解用のものを除く。）
	さらしてないもの
4704.11	針葉樹のもの
4704.19	針葉樹以外のもの
	半さらしのもの及びさらしたもの
4704.21	針葉樹のもの
4704.29	針葉樹以外のもの

番号	品名
47.05	
4705.00	機械的及び化学的パルプ工程の組み合わせにより製造した木材パルプ
47.06	古紙パルプ及びその他の繊維素繊維を原料とするパルプ
4706.10	コットンリンターパルプ
4706.20	古紙パルプ
4706.30	その他のもの（竹製のものに限る。）
	その他のもの
4706.91	機械パルプ
4706.92	化学パルプ
4706.93	機械的及び化学的工程の組合せにより製造したもの
47.07	古紙
4707.10	さらしてないクラフト紙又はクラフト板紙及びコルゲート加工をした紙又は板紙
4707.20	その他の紙又は板紙（主としてさらした化学パルプから製造したものに限るものとし、全体を着色したものを除く。）
4707.30	主として機械パルプから製造した紙又は板紙（例えば、新聞、雑誌その他これらに類する印刷物）
4707.90	その他のもの（区分けしてない古紙を含む。）

第48類 紙及び板紙並びに製紙用パルプ、紙又は板紙の製品

注

1 この類において「紙」には、文脈により別に解釈される場合を除くほか、板紙（厚さ及び１平方メートルについての重量を問わない。）を含む。

2 この類には、次の物品を含まない。
 (a) 第30類の物品
 (b) 第32.12項のスタンプ用のはく
 (c) 香紙及び化粧料を染み込ませ又は塗布した紙（第33類参照）
 (d) せつけん又は洗浄剤を染み込ませ、塗布し又は被覆した紙及びセルロースウォッディング（第34.01項参照）並びに磨き料、クリームその他これらに類する調製品を染み込ませ、塗布し又は被覆した紙及びセルロースウォッディング（第34.05項参照）
 (e) 第37.01項から第37.04項までの感光性の紙及び板紙
 (f) 診断用又は理化学用の試薬を染み込ませた紙（第38.22項参照）
 (g) 一層のプラスチックを塗布し又は被覆した一枚の紙及び板紙で、プラスチックの層の厚さが全体の半分を超えるもの並びに紙又は板紙により補強した積層プラスチックのシート並びにこれらの製品（第39類参照。第48.14項の壁面

591

〔付録〕ＨＳ品目表2017年版

被覆材を除く。)
- (h) 第42.02項の製品(例えば、旅行用具)
- (ij) 第46類の製品(組物材料の製品)
- (k) 紙糸及びその織物の製品(第11部参照)
- (l) 第64類又は第65類の物品
- (m) 研磨紙及び研磨板紙(第68.05項参照)並びに紙又は板紙を裏張りした雲母(第68.14項参照)。ただし、雲母粉を塗布した紙及び板紙は、この類に属する。
- (n) 紙又は板紙を裏張りした金属のはく(主として第14部又は第15部に属する。)
- (o) 第92.09項の物品
- (p) 第95類の物品(例えば、玩具、遊戯用具及び運動用具)
- (q) 第96類の物品(例えば、ボタン、生理用ナプキン(パッド)及びタンポン並びに乳児用のおむつ及びおむつ中敷き)

3　7の規定が適用される場合を除くほか、第48.01項から第48.05項までには、カレンダー仕上げ、スーパーカレンダー仕上げ、グレージング仕上げその他これらに類する仕上げ、擬透き入れ又は表面サイジングをした紙及び板紙並びに着色し又は大理石模様を入れた紙、板紙、セルロースウォッディング及びセルロース繊維のウェブ(全体を着色したものに限る。)を含む。ただし、第48.03項に別段の定めがある場合を除くほか、これらの項には、その他の加工をした紙、板紙、セルロースウォッディング及びセルロース繊維のウェブを含まない。

4　この類において「新聞用紙」には、新聞印刷に使用する種類の塗布してない紙(サイジングしてないもの及び軽くサイジングしたものに限る。)であつて、機械木材パルプ又はケミグランド木材パルプの含有量が全繊維重量の50％以上で、パーカープリントサーフ(クランプ圧１メガパスカル)による各面の平滑度が2.5マイクロメートル(ミクロン)を超え、かつ、重量が１平方メートルにつき40グラム以上65グラム以下であるもののうち、(a)幅が28センチメートルを超えるストリップ状又はロール状のもの及び(b)折り畳んでない状態において一辺の長さが28センチメートルを超え、その他の辺の長さが15センチメートルを超える長方形(正方形を含む。)のシート状のもののみを含む。

5　第48.02項において「筆記用、印刷用その他のグラフィック用に供する種類の紙及び板紙」及び「せん孔カード用紙及びせん孔テープ用紙」には、主にさらしパルプ又は機械パルプ若しくはケミグランドパルプから製造した紙及び板紙で、次のいずれかの要件を満たすもののみを含む。

重量が１平方メートルにつき150グラム以下の紙及び板紙にあつては、
- (a) 機械パルプとケミグランドパルプを合わせたものの含有量が10％以上であり、かつ、次のいずれかの要件を満たすこと。
  1　重量が１平方メートルにつき80グラム以下であること。
  2　全体を着色してあること。
- (b) 灰分の含有量が８％を超え、かつ、次のいずれかの要件を満たすこと。
  1　重量が１平方メートルにつき80グラム以下であること。
  2　全体を着色してあること。
- (c) 灰分の含有量が３％を超え、かつ、白色度が60％以上であること。
- (d) 灰分の含有量が３％を超え８％以下であつて、白色度が60％未満であり、かつ、比破裂強さが１グラム毎平方メートルの紙につき2.5キロパスカル以下であること。
- (e) 灰分の含有量が３％以下であつて、白色度が60％以上であり、かつ、比破裂強さが１グラム毎平方メートルの紙につき2.5キロパスカル以下であること。

重量が１平方メートルにつき150グラムを超える紙及び板紙にあつては、
- (a) 全体を着色してあること。
- (b) 白色度が60％以上であり、かつ、次のいずれかの要件を満たすこと。
  1　厚さが225マイクロメートル(ミクロン)以下であること。
  2　厚さが225マイクロメートル(ミクロン)を超え508マイクロメートル(ミクロン)以下であり、かつ、灰分の含有量が３％を超えること。
- (c) 白色度が60％未満であつて、厚さが254マイクロメートル(ミクロン)以下であり、かつ、灰分の含有量が８％を超えること。

ただし、第48.02項には、フィルターペーパー及びフィルターペーパーボード(ティーバッグペーパーを含む。)並びにフェルトペーパー及びフェルトペーパーボードを含まない。

6　この類において「クラフト紙及びクラフト板紙」とは、硫酸塩パルプ(クラフトパルプ)又はソーダパルプの含有量が全繊維重量の80％以上の紙及び板紙をいう。

〔付録〕ＨＳ品目表2017年版

7 第48.01項から第48.11項までの二以上の項に属するとみられる紙、板紙、セルロースウォッディング及びセルロース繊維のウェブは、項において別段の定めがある場合を除くほか、これらの項のうち数字上の配列において最後となる項に属する。
8 第48.03項から第48.09項までには、紙、板紙、セルロースウォッディング及びセルロース繊維のウェブのうち次のもののみを含む。
  (a) 幅が36センチメートルを超えるストリップ状又はロール状のもの
  (b) 折り畳んでない状態において一辺の長さが36センチメートルを超え、その他の辺の長さが15センチメートルを超える長方形(正方形を含む。)のシート状のもの
9 第48.14項において壁紙その他これに類する壁面被覆材は、次の物品に限る。
  (a) 壁又は天井の装飾に適するロール状の紙のうち、幅が45センチメートル以上160センチメートル以下の次のもの
    (i) 木目付けをし、型押しをし、表面を着色し、図案を印刷し又は繊維のフロックを付着させる等の方法により表面に装飾を施したもの(透明な保護用プラスチックを塗布してあるかないか又は被覆してあるかないかを問わない。)
    (ii) 木材、わら等の小片を混入した結果、平たんでない表面を有するもの
    (iii) プラスチックを表に塗布し又は被覆したもの(当該プラスチックの層に、木目付けをし、型押しをし、着色し、図案を印刷し又はその他の装飾を施したものに限る。)
    (iv) 組物材料(平行につないであるかないか又は織つてあるかないかを問わない。)で表を覆つたもの
  (b) 縁又はフリーズに使用する(a)の(i)から(iv)までのいずれかの処理をした紙で、壁又は天井の装飾に適するもの(ロール状であるかないかを問わない。)
  (c) 数枚のパネルから成る紙製の壁面被覆材(ロール状又はシート状のものに限る。)で、壁に張り付けたとき、風景、図案又はモチーフが現れるように印刷したもの
  紙又は板紙をもととした物品で、床敷き用及び壁面被覆材用のいずれの用途にも適するものは、第48.23項に属する。
10 第48.20項には、特定の大きさに切つたとじてないシート及びカード(印刷し、型押しをし又はせん孔したものであるかないかを問わない。)を含まない。
11 第48.23項には、ジャカードその他これに類する機械に使用するせん孔した紙及び板紙並びに紙製のレースを含む。
12 第48.14項又は第48.21項の物品を除くほか、紙、板紙及びセルロースウォッディング並びにこれらの製品で、モチーフ、字又は絵を印刷したもののうち、当該モチーフ、字又は絵がこれらの物品の本来の用途に対し付随的でないものは、第49類に属する。

号注
1 第4804.11号及び第4804.19号において「クラフトライナー」とは、木材を原料とした硫酸塩パルプ(クラフトパルプ)又はソーダパルプの含有量が全繊維重量の80％以上で、重量が１平方メートルにつき115グラムを超え、かつ、次の表の左欄のひよう量に該当するものにあつては対応する同表の右欄のミューレン破裂強さの最低値を有し、その他のひよう量のものにあつては一次内挿値又は一次外挿値と等値のミューレン破裂強さの最低値を有するマシン仕上げ又はマシングレイズをした紙及び板紙(ロール状のものに限る。)をいう。

ひよう量 (グラム毎平方メートル)	ミューレン破裂強さの 最低値(キロパスカル)
115	393
125	417
200	637
300	824
400	961

2 第4804.21号及び第4804.29号において「重袋用クラフト紙」とは、硫酸塩パルプ(クラフトパルプ)又はソーダパルプの含有量が全繊維重量の80％以上であつて、重量が１平方メートルにつき60グラム以上115グラム以下であり、かつ、次のいずれかの要件を満たすマシン仕上げをした紙(ロール状のものに限る。)をいう。
  (a) ミューレン比破裂強さが１グラム毎平方メートルの紙につき3.7キロパスカル以上で、横方向の伸び率が4.5％を超え、かつ、縦方向の伸び率が２％を超えること。
  (b) 次の表の左欄のひよう量に該当するものにあつては対応する同表の中欄の引裂き強さの最低値及び右欄の引張強さの最低値を有すること又はその他のひよう量のものにあつては一次内挿値と等値の引裂き強さの最低値及び引張強さの最低値を有すること。

〔付録〕ＨＳ品目表2017年版

ひょう量 （グラム毎平方メートル）	引裂き強さの最低値 （ミリニュートン）		引張り強さの最低値 （キロニュートン毎メートル）	
	縦方向	縦方向と横方向の和	横方向	縦方向と横方向の和
60	700	1,510	1.9	6
70	830	1,790	2.3	7.2
80	965	2,070	2.8	8.3
100	1,230	2,635	3.7	10.6
115	1,425	3,060	4.4	12.3

3　第4805.11号において「セミケミカルパルプ製の段ボール用中芯原紙」とは、機械的及び化学的パルプ工程の組合せにより得られた広葉樹パルプ（さらしてないものに限る。）の含有量が全繊維重量の65％以上であり、かつ、CMT30（コルゲーテッド中芯試験で30分調湿後）による圧縮強さが相対湿度50％、温度23度において１グラム毎平方メートルにつき1.8ニュートンを超えるロール状の紙をいう。

4　第4805.12号には、主に機械的及び化学的工程の組合せにより得られたわらパルプから製造した紙であつて、１平方メートルにつき130グラム以上で、CMT30（コルゲーテッド中芯試験で30分調湿後）による圧縮強さが相対湿度50％、温度23度において１グラム毎平方メートルにつき1.4ニュートンを超えるロール状のものを含む。

5　第4805.24号及び第4805.25号には、全部又は大部分を再生パルプから製造した紙及び板紙を含む。テストライナーには、染色した紙又は非再生パルプ（さらしてあるかないかを問わない。）から製造した紙を表面層として有するものも含む。これらの物品は、ミューレン比破裂強さが１グラム毎平方メートルの紙につき２キロパスカル以上であるものをいう。

6　第4805.30号において「サルファイト包装紙」とは、木材を原料とした亜硫酸パルプ（サルファイトパルプ）の含有量が全繊維重量の40％を超え、灰分の含有量が８％以下であり、かつ、ミューレン比破裂強さが１グラム毎平方メートルの紙につき1.47キロパスカル以上のマシングレイズした紙をいう。

7　第4810.22号において「軽量コート紙」とは、両面を塗布した紙であつて、機械木材パルプの含有量が全繊維重量の50％以上で、片面の塗布量が１平方メートルにつき15グラム以下であり、かつ、総重量が１平方メートルにつき72グラム以下であるものをいう。

番号	品　名
48.01	
4801.00	新聞用紙（ロール状又はシート状のものに限る。）
48.02	筆記用、印刷用その他のグラフィック用に供する種類の塗布してない紙及び板紙、せん孔カード用紙及びせん孔テープ用紙（ロール状又は長方形（正方形を含む。）のシート状のものに限るものとし、大きさを問わず、第48.01項又は第48.03項の紙を除く。）並びに手すきの紙及び板紙
4802.10	手すきの紙及び板紙
4802.20	写真感光紙、感熱紙又は感電子紙の原紙に使用する種類の紙及び板紙
4802.40	壁紙原紙
	その他の紙及び板紙（機械パルプとケミグランドパルプを合わせたものの含有量が全繊維重量の10％以下のものに限る。）
4802.54	重量が１平方メートルにつき40グラム未満のもの
4802.55	重量が１平方メートルにつき40グラム以上150グラム以下のもの（ロール状のものに限る。）

番号	品　名
4802.56	重量が１平方メートルにつき40グラム以上150グラム以下のもの（折り畳んでない状態において１辺の長さが435ミリメートル以下で、その他の辺の長さが297ミリメートル以下のシート状のものに限る。）
4802.57	その他のもの（重量が１平方メートルにつき40グラム以上150グラム以下のものに限る。）
4802.58	重量が１平方メートルにつき150グラムを超えるもの
	その他の紙及び板紙（機械パルプとケミグランドパルプを合わせたものの含有量が全繊維重量の10％を超えるものに限る。）
4802.61	ロール状のもの
4802.62	折り畳んでない状態において１辺の長さが435ミリメートル以下で、その他の辺の長さが297ミリメートル以下のシート状のもの
4802.69	その他のもの

番号	品　名
48.03	
4803.00	トイレットペーパー、化粧用ティッシュ、紙タオル、紙ナプキンその他これらに類する家庭用又は衛生用に供する種類の紙、セルロースウォッディング及びセルロース繊維のウェブ(ロール状又はシート状のものに限るものとし、ちりめん加工をし、しわ付けをし、型押しをし、せん孔し、表面に着色し若しくは装飾を施し又は印刷したものであるかないかを問わない。)
48.04	クラフト紙及びクラフト板紙(塗布してないものでロール状又はシート状のものに限るものとし、第48.02項又は第48.03項のものを除く。)
	クラフトライナー
4804.11	さらしてないもの
4804.19	その他のもの
	重袋用クラフト紙
4804.21	さらしてないもの
4804.29	その他のもの
	その他のクラフト紙及びクラフト板紙(重量が1平方メートルにつき150グラム以下のものに限る。)
4804.31	さらしてないもの
4804.39	その他のもの
	その他のクラフト紙及びクラフト板紙(重量が1平方メートルにつき150グラムを超え225グラム未満のものに限る。)
4804.41	さらしてないもの
4804.42	全体を均一にさらしたもので化学木材パルプの含有量が全繊維重量の95%を超えるもの
4804.49	その他のもの
	その他のクラフト紙及びクラフト板紙(重量が1平方メートルにつき225グラム以上のものに限る。)
4804.51	さらしてないもの
4804.52	全体を均一にさらしたもので化学木材パルプの含有量が全繊維重量の95%を超えるもの
4804.59	その他のもの
48.05	その他の紙及び板紙(塗布してないものでロール状又はシート状のものに限るものとし、この類の注3に規定する加工のほかに更に加工をしたものを除く。)
	段ボール用中芯原紙
4805.11	セミケミカルパルプ製の段ボール用中芯原紙
4805.12	わらパルプ製の段ボール用中芯原紙
4805.19	その他のもの
4805.24	テストライナー(再生ライナーボード) 重量が1平方メートルにつき150グラム以下のもの
4805.25	重量が1平方メートルにつき150グラムを超えるもの
4805.30	サルファイト包装紙
4805.40	フィルターペーパー及びフィルターペーパーボード
4805.50	フェルトペーパー及びフェルトペーパーボード
	その他のもの
4805.91	重量が1平方メートルにつき150グラム以下のもの
4805.92	重量が1平方メートルにつき150グラムを超え225グラム未満のもの
4805.93	重量が1平方メートルにつき225グラム以上のもの
48.06	硫酸紙、耐脂紙、トレーシングペーパー、グラシン紙その他の透明又は半透明の光沢紙(ロール状又はシート状のものに限る。)
4806.10	硫酸紙
4806.20	耐脂紙
4806.30	トレーシングペーパー
4806.40	グラシン紙その他の透明又は半透明の光沢紙
48.07	
4807.00	接着剤を使用して張り合わせた紙及び板紙(ロール状又はシート状のものに限るものとし、内部を補強してあるかないかを問わず、表面に塗布し又は染み込ませたものを除く。)
48.08	コルゲート加工をし(平らな表面紙を張り付けてあるかないかを問わない。)、ちりめん加工をし、しわ付けをし、型押しをし又はせん孔した紙及び板紙(ロール状又はシート状のものに限るものとし、第48.03項の紙を除く。)
4808.10	コルゲート加工をした紙及び板紙(せん孔してあるかないかを問わない。)
4808.40	クラフト紙(ちりめん加工又はしわ付けをしたものに限るものとし、型押しをしてあるかないか又はせん孔してあるかないかを問わない。)
4808.90	その他のもの
48.09	カーボン紙、セルフコピーペーパーその他の複写紙及び転写紙(謄写版原紙用又はオフセットプレート用の塗布し又は染み込ませた紙を含み、ロール状又はシート状のものに限るものとし、印刷してあるかないかを問わない。)

〔付録〕HS品目表2017年版

番号	品名
4809.20	セルフコピーペーパー
4809.90	その他のもの
48.10	紙及び板紙(カオリンその他の無機物質を片面又は両面に塗布し(結合剤を使用してあるかないかを問わない。)、かつ、その他の物質を塗布してないもので、ロール状又は長方形(正方形を含む。)のシート状のものに限るものとし、大きさを問わず、表面に着色し若しくは装飾を施してあるかないか又は印刷してあるかないかを問わない。)
	筆記用、印刷用その他のグラフィック用に供する種類の紙及び板紙(機械パルプとケミグランドパルプを合わせたものの含有量が全繊維重量の10%以下のものに限る。)
4810.13	ロール状のもの
4810.14	折り畳んでない状態において1辺の長さが435ミリメートル以下で、その他の辺の長さが297ミリメートル以下のシート状のもの
4810.19	その他のもの
	筆記用、印刷用その他のグラフィック用に供する種類の紙及び板紙(機械パルプとケミグランドパルプを合わせたものの含有量が全繊維重量の10%を超えるものに限る。)
4810.22	軽量コート紙
4810.29	その他のもの
	クラフト紙及びクラフト板紙(筆記用、印刷用その他のグラフィック用に供する種類のものを除く。)
4810.31	全体を均一にさらしたもので、化学木材パルプの含有量が全繊維重量の95%を超え、かつ、重量が1平方メートルにつき150グラム以下のもの
4810.32	全体を均一にさらしたもので、化学木材パルプの含有量が全繊維重量の95%を超え、かつ、重量が1平方メートルにつき150グラムを超えるもの
4810.39	その他のもの
	その他の紙及び板紙
4810.92	多層ずきのもの
4810.99	その他のもの
48.11	紙、板紙、セルロースウォッディング及びセルロース繊維のウェブ(ロール状又は長方形(正方形を含む。)のシート状のもので、大きさを問わず、塗布し、染み込ませ、被覆し、表面に着色し若しくは装飾を施し又は印刷したものに限るものとし、第48.03項、第48.09項又は第48.10項の物品を除く。)
4811.10	タール、ビチューメン又はアスファルトを塗布した紙及び板紙

番号	品名
4811.41	粘着剤又は接着剤を塗布した紙及び板紙 セルフアドヒーシブのもの
4811.49	その他のもの
	プラスチック(接着剤を除く。)を塗布し、染み込ませ又は被覆した紙及び板紙
4811.51	さらしたもので重量が1平方メートルにつき150グラムを超えるもの
4811.59	その他のもの
4811.60	ろう、パラフィンろう、ステアリン、油又はグリセリンを塗布し、染み込ませ又は被覆した紙及び板紙
4811.90	その他の紙、板紙、セルロースウォッディング及びセルロース繊維のウェブ
48.12	
4812.00	製紙用パルプ製のフィルターブロック、フィルタースラブ及びフィルタープレート
48.13	製造たばこ用巻紙(特定の大きさに切り、小冊子状にし又は円筒状にしたものであるかないかを問わない。)
4813.10	小冊子状又は円筒状のもの
4813.20	ロール状のもの(幅が5センチメートル以下のものに限る。)
4813.90	その他のもの
48.14	壁紙その他これに類する壁面被覆材及びグラスペーパー
4814.20	壁紙その他これに類する壁面被覆材(プラスチックを表に塗布し又は被覆した紙から成るもので、当該プラスチックの層に、木目付けをし、型押しをし、着色し、図案を印刷し又はその他の装飾を施したものに限る。)
4814.90	その他のもの
48.16	カーボン紙、セルフコピーペーパーその他の複写紙及び転写紙(箱入りにしてあるかないかを問わないものとし、第48.09項のものを除く。)並びに謄写版原紙及び紙製のオフセットプレート(箱入りにしてあるかないかを問わない。)
4816.20	セルフコピーペーパー
4816.90	その他のもの
48.17	紙製又は板紙製の封筒及び通信用カード並びに封筒、通信用カード、便せん等を紙製又は板紙製の箱、袋その他の容器に詰め合わせたもの
4817.10	封筒
4817.20	通信用カード
4817.30	封筒、通信用カード、便せん等を紙製又は板紙製の箱、袋その他の容器に詰め合わせたもの

〔付録〕ＨＳ品目表2017年版

番号	品　名
48.18	トイレットペーパーその他これに類する家庭用又は衛生用に供する種類の紙、セルロースウォッディング及びセルロース繊維のウェブ(幅が36センチメートル以下のロール状にし又は特定の大きさ若しくは形状に切つたものに限る。)並びに製紙用パルプ製、紙製、セルロースウォッディング製又はセルロース繊維のウェブ製のハンカチ、クレンジングティッシュ、タオル、テーブルクロス、ナプキン、ベッドシーツその他これらに類する家庭用品、衛生用品及び病院用品、衣類並びに衣類附属品
4818.10	トイレットペーパー
4818.20	ハンカチ、クレンジングティッシュ、化粧用ティッシュ及びタオル
4818.30	テーブルクロス及びナプキン
4818.50	衣類及び衣類附属品
4818.90	その他のもの
48.19	紙製、板紙製、セルロースウォッディング製又はセルロース繊維のウェブ製の箱、ケース、袋その他の包装容器及び紙製又は板紙製の書類箱、レタートレイその他これらに類する製品で事務所、商店等において使用する種類のもの
4819.10	段ボール製の箱及びケース
4819.20	紙製又は板紙製の折畳み式の箱及びケース(段ボール製のものを除く。)
4819.30	袋(底の幅が40センチメートル以上のものに限る。)
4819.40	その他の袋(円すい形のものを含む。)
4819.50	その他の包装容器(レコード用ジャケットを含む。)
4819.60	書類箱、レタートレイ、格納箱その他これらに類する製品で事務所、商店等において使用する種類のもの
48.20	紙製又は板紙製の帳簿、会計簿、雑記帳、注文帳、領収帳、便せん、メモ帳、日記帳その他これらに類する製品、練習帳、吸取紙、バインダー、書類挟み、ファイルカバー、転写式の事務用印刷物、挿入式カーボンセットその他の文房具及び事務用品、アルバム(見本用又は収集用のものに限る。)並びにブックカバー

番号	品　名
4820.10	帳簿、会計簿、雑記帳、注文帳、領収帳、便せん、メモ帳、日記帳その他これらに類する製品
4820.20	練習帳
4820.30	バインダー(ブックカバーを除く。)、書類挟み及びファイルカバー
4820.40	転写式の事務用印刷物及び挿入式カーボンセット
4820.50	アルバム(見本用又は収集用のものに限る。)
4820.90	その他のもの
48.21	紙製又は板紙製のラベル(印刷してあるかないかを問わない。)
4821.10	印刷したもの
4821.90	その他のもの
48.22	製紙用パルプ製、紙製又は板紙製のボビン、スプール、コップその他に類する糸巻類(せん孔してあるかないか又は硬化してあるかないかを問わない。)
4822.10	紡織用繊維の糸を巻くために使用する種類のもの
4822.90	その他のもの
48.23	その他の紙、板紙、セルロースウォッディング及びセルロース繊維のウェブ(特定の大きさ又は形状に切つたものに限る。)並びに製紙用パルプ、紙、板紙、セルロースウォッディング又はセルロース繊維のウェブのその他の製品
4823.20	フィルターペーパー及びフィルターペーパーボード
4823.40	自動記録装置用に印刷したロール、シート及び円盤
	紙製又は板紙製の盆、皿、コップその他これらに類する製品
4823.61	竹製のもの
4823.69	その他のもの
4823.70	成型し又は加圧成形をした製紙用パルプの製品
4823.90	その他のもの

第49類　印刷した書籍、新聞、絵画その他の印刷物並びに手書き文書、タイプ文書、設計図及び図案
注
1　この類には、次の物品を含まない。
　(a)　透明なベース上の写真のネガ及びポジ(第37類参照)
　(b)　浮出し地図、浮出し設計図及び浮出し地球儀(印刷してあるかないかを問わない。第90.23項参照)
　(c)　第95類の遊戯用カードその他の物品
　(d)　銅版画、木版画、石版画その他の版画(第97.02項参照)、第97.04項の郵便切手、収入印紙、郵便料金納付の印影、初日カバー、切手付き書簡類その他これらに類する物品及び製作後100年を超えたこつとうその他の第97類の物品
2　この類において印刷したものには、複写機により複写したもの、自動データ処理機械により打ち出したもの、型押し

〔付録〕HS品目表2017年版

をしたもの、写真に撮つたもの、感光複写をしたもの、感熱複写をしたもの及びタイプしたものを含む。
3 新聞、雑誌その他の定期刊行物を紙以外の物品により製本したもの及び新聞、雑誌その他の定期刊行物の二号以上を単一のカバーによりセットしたもの(広告を含んでいるかいないかを問わない。)は、第49.01項に属する。
4 第49.01項には、次の物品を含む。
 (a) 美術品、図案等を複製した印刷物を集めたもの(内容に関連する文章を伴うもので、ページを入れて書籍の作成に適するようにしたものに限る。)
 (b) 書籍に補足として附属する絵図(書籍とともに提示するものに限る。)
 (c) 書籍又は小冊子を構成する印刷物(束ねた若しくは単独のシート又は折り丁のもので、完成品の全体又は一部を構成し、かつ、製本に適するものに限る。)
  もつとも、絵又は挿絵を印刷したもの(折り丁又は単独のシートのものに限る。)で文章を伴わないものは、第49.11項に属する。
5 3の物品を除くほか、第49.01項には、本質的に広告を目的とする出版物(例えば、小冊子、パンフレット、リーフレット、商業用カタログ、商業団体が出版した年鑑及び観光案内書)を含まない。これらの物品は、第49.11項に属する。
6 第49.03項において「幼児用の絵本」とは、絵が主体で、文章が副次的な幼児用の本をいう。

番号	品名
49.01	印刷した書籍、小冊子、リーフレットその他これらに類する印刷物(単一シートのものであるかないかを問わない。)
4901.10	単一シートのもの(折り畳んであるかないかを問わない。)
	その他のもの
4901.91	辞典及び事典(シリーズの形式で発行するものを含む。)
4901.99	その他のもの
49.02	新聞、雑誌その他の定期刊行物(挿絵を有するか有しないか又は広告を含んでいるかいないかを問わない。)
4902.10	1週に4回以上発行するもの
4902.90	その他のもの
49.03	
4903.00	幼児用の絵本及び習画本
49.04	
4904.00	楽譜(印刷したもの及び手書きのものに限るものとし、製本してあるかないか又は挿絵を有するか有しないかを問わない。)
49.05	地図、海図その他これらに類する図(製本したもの、壁掛け用のもの、地形図及び地球儀、天球儀その他これらに類するものを含むものとし、印刷したものに限る。)
4905.10	地球儀、天球儀その他これらに類するもの
	その他のもの
4905.91	製本したもの
4905.99	その他のもの

番号	品名
49.06	
4906.00	設計図及び図案(建築用、工学用、工業用、商業用、地形測量用その他これらに類する用途に供するもので手書き原図に限る。)並びに手書き文書並びにこれらをカーボン複写し又は感光紙に写真複写したもの
49.07	
4907.00	郵便切手、収入印紙その他これらに類する物品(発行国(額面で流通する国を含む。)で通用するもので使用してないものに限る。)、これらを紙に印刷した物品、紙幣、銀行券及び小切手帳並びに株券、債券その他これらに類する有価証券
49.08	デカルコマニア
4908.10	デカルコマニア(ガラス化することができるものに限る。)
4908.90	その他のもの
49.09	
4909.00	葉書(印刷したもの及び挿絵を有するものに限る。)及び個人のあいさつ、伝言又は通知を印刷したカード(挿絵を有するか有しないか又は封筒若しくはトリミング付きであるかないかを問わない。)
49.10	
4910.00	カレンダー(カレンダーブロックを含むものとし、印刷したものに限る。)
49.11	その他の印刷物(印刷した絵画及び写真を含む。)
4911.10	広告、商業用カタログその他これらに類する物品
	その他のもの
4911.91	絵画、デザイン及び写真
4911.99	その他のもの

〔付録〕ＨＳ品目表2017年版

第11部
紡織用繊維及びその製品

注
1 この部には、次の物品を含まない。
  (a) ブラシ製造用の獣毛(第05.02項参照)並びに馬毛及びそのくず(第05.11項参照)
  (b) 人髪及びその製品(第05.01項、第67.03項及び第67.04項参照。搾油機その他これに類する機械に通常使用するろ過布(第59.11項参照)を除く。)
  (c) 第14類のコットンリンターその他の植物性材料
  (d) 第25.24項の石綿及び第68.12項又は第68.13項の石綿の製品その他の物品
  (e) 第30.05項又は第30.06項の物品及び第33.06項の小売用の包装にした歯間清掃用の糸(デンタルフロス)
  (f) 第37.01項から第37.04項までの感光性の紡織用繊維
  (g) プラスチックの単繊維で横断面の最大寸法が１ミリメートルを超えるもの及びプラスチックのストリップその他これらに類する物品(例えば、人造ストロー)で見掛け幅が５ミリメートルを超えるもの(第39類参照)並びにこれらの組物、織物類、かご細工物及び枝条細工物(第46類参照)
  (h) 織物、メリヤス編物、クロセ編物、フェルト及び不織布で、プラスチックを染み込ませ、塗布し、被覆し又は積層したもの並びにこれらの製品のうち、第39類のもの
  (ij) 織物、メリヤス編物、クロセ編物、フェルト及び不織布で、ゴムを染み込ませ、塗布し、被覆し又は積層したもの並びにこれらの製品のうち、第40類のもの
  (k) 毛が付いている獣皮及び毛皮(第41類及び第43類参照)、第43.03項の毛皮製品並びに第43.04項の人造毛皮及びその製品
  (l) 第42.01項又は第42.02項の紡織用繊維の製品
  (m) 第48類の物品(例えば、セルロースウォッディング)
  (n) 第64類の履物及びその部分品並びにゲートル、レギンスその他これらに類する物品
  (o) 第65類のヘアネット及びその他の帽子並びにこれらの部分品
  (p) 第67類の物品
  (q) 研磨材料を塗布した紡織用繊維(第68.05項参照)並びに第68.15項の炭素繊維及びその製品
  (r) ガラス繊維及びその製品(第70類参照。ガラス繊維の糸によりししゆうしたもので基布が見えるものを除く。)
  (s) 第94類の物品(例えば、家具、寝具及びランプその他の照明器具)
  (t) 第95類の物品(例えば、がん具、遊戯用具、運動用具及びネット)
  (u) 第96類の物品(例えば、ブラシ、裁縫用のトラベルセット、スライドファスナー、タイプライターリボン、生理用のナプキン(パッド)及びタンポン並びに乳児用のおむつ及びおむつ中敷き)
  (v) 第97類の物品
2 (A) 第50類から第55類まで、第58.09項又は第59.02項のいずれかに属するとみられる物品で二以上の紡織用繊維から成るものは、構成する紡織用繊維のうち最大の重量を占めるもののみから成る物品とみなしてその所属を決定する。構成する紡織用繊維のうち最大の重量を占めるものがない場合には、当該物品は等しく考慮に値する項のうち数字上の配列において最後となる項に属するもののみから成る物品とみなしてその所属を決定する。
  (B) (A)の規定の適用については、次に定めるところによる。
    (a) 馬毛をしん糸に使用したジンプヤーン(第51.10項参照)及び金属を交えた糸(第56.05項参照)は、単一の紡織用繊維とみなすものとし、その重量は、これを構成する要素の重量の合計による。また、織物の所属の決定に当たり、金属糸は、紡織用繊維とみなす。
    (b) 所属の決定に当たつては、まず類の決定を行うものとし、次に当該類の中から、当該類に属しない構成材料を考慮することなく、項を決定する。
    (c) 第54類及び第55類の両類を他の類とともに考慮する必要がある場合には、第54類及び第55類は、一の類として取り扱う。
    (d) 異なる紡織用繊維が一の類又は項に含まれる場合には、これらは、単一の紡織用繊維とみなす。
  (C) (A)及び(B)の規定は、３から６までの糸についても適用する。
3 (A) この部において次の糸(単糸、マルチプルヤーン及びケーブルヤーン)は、(B)の物品を除くほか、ひも、綱及びケーブルとする。
  (a) 絹糸、絹紡糸及び絹紡紬糸で、20,000デシテックスを超えるもの
  (b) 人造繊維の糸(第54類の２本以上の単繊維から製造した糸を含む。)で、10,000デシテックスを超えるもの

599

〔付録〕ＨＳ品目表2017年版

   (c) 大麻糸及び亜麻糸で、次のもの
     (i) 磨き又はつや出ししたもので、1,429デシテックス以上のもの
     (ii) 磨いてなく、かつ、つや出ししてないもので、20,000デシテックスを超えるもの
   (d) コイヤヤーンで３本以上の糸をよつたもの
   (e) その他の植物性繊維の糸で、20,000デシテックスを超えるもの
   (f) 金属糸により補強した糸
 (B) (A)の規定は、次の物品については適用しない。
   (a) 羊毛その他の獣毛の糸及び紙糸(金属糸による補強した糸を除く。)
   (b) 第54類のマルチフィラメントヤーン(よつてないもの及びより数が１メートルにつき５未満のものに限る。)及び第55類の人造繊維の長繊維のトウ
   (c) 第50.06項の天然てぐす及び第54類の単繊維
   (d) 第56.05項の金属を交えた糸(金属糸により補強した糸を除く。)
   (e) 第56.06項のシェニールヤーン、ジンプヤーン及びループウェールヤーン
4 (A) 第50類から第52類まで、第54類及び第55類において糸との関連で「小売用にしたもの」とは、(B)の物品を除くほか、次のいずれかの糸(単糸、マルチプルヤーン及びケーブルヤーン)をいう。
   (a) カード、リール、チューブその他これらに類する糸巻に巻いた糸で１個の重量(糸巻の重量を含む。)が次の重量以下であるもの
     (i) 絹糸、絹紡糸、絹紡紬糸及び人造繊維の長繊維の糸については、85グラム
     (ii) その他の糸については、125グラム
   (b) ボール巻又はかせ巻の糸については、１個の重量が次の重量以下であるもの
     (i) 絹糸、絹紡糸、絹紡紬糸及び3,000デシテックス未満の人造繊維の長繊維の糸については、85グラム
     (ii) 2,000デシテックス未満のその他の糸については、125グラム
     (iii) その他の糸については、500グラム
   (c) 数個の小さなかせに区分してある等しい重量のかせ巻の糸については、１個の小さなかせの重量が次の重量以下であるもの
     (i) 絹糸、絹紡糸、絹紡紬糸及び人造繊維の長繊維の糸については、85グラム
     (ii) その他の糸については、125グラム
 (B) (A)の規定は、次の物品については適用しない。
   (a) 紡織用繊維の単糸。ただし、次のものを除く。
     (i) 羊毛又は繊獣毛の単糸で漂白してないもの
     (ii) 羊毛又は繊獣毛の単糸で、漂白し、浸染し又はなせんしたもののうち、5,000デシテックスを超えるもの
   (b) マルチプルヤーン及びケーブルヤーンで、漂白してないもののうち、次のもの
     (i) 絹糸、絹紡糸及び絹紡紬糸(体裁を問わない。)
     (ii) その他の紡織用繊維の糸でかせ巻のもの(羊毛又は繊獣毛の糸を除く。)
   (c) マルチプルヤーン及びケーブルヤーン(絹糸、絹紡糸及び絹紡紬糸に限る。)で漂白し、浸染し又はなせんしたもののうち、133デシテックス以下のもの
   (d) 紡織用繊維の単糸、マルチプルヤーン及びケーブルヤーンで、次のもの
     (i) あやかせのもの
     (ii) コップ、ねん糸用のチューブ、パーン、円すい状ボビン、スピンドルその他の糸巻に巻いたもの、繭の形状に巻いたものでししゅう機に使用するものその他の繊維工業において使用する体裁にしたもの
5 第52.04項、第54.01項及び第55.08項において「縫糸」とは、マルチプルヤーン及びケーブルヤーンで、次のすべての要件を満たすものをいう。
   (a) 糸巻(例えば、リール及びチューブ)に巻いたもので重量(糸巻の重量を含む。)が1,000グラム以下であること。
   (b) 縫糸用としての仕上加工をしてあること。
   (c) 最後にＺよりをかけてあること。
6 この部において「強力糸」とは、次の糸をいう。
   ナイロンその他のポリアミド又はポリエステルの単糸で、テナシティが１テックスにつき60センチニュートンを超えるもの
   ナイロンその他のポリアミド又はポリエステルのマルチプルヤーン及びケーブルヤーンで、テナシティが１テックスにつき53センチニュートンを超えるもの

[付録] ＨＳ品目表2017年版

ビスコースレーヨンの単糸、マルチプルヤーン及びケーブルヤーンで、テナシティが1テックスにつき27センチニュートンを超えるもの
7 この部において「製品にしたもの」とは、次の物品をいう。
 (a) 長方形(正方形を含む。)以外の形状に裁断した物品
 (b) 完成したもので、単に分割糸を切ることにより又はそのままで使用することができるもの(縫製その他の加工を要しないものに限る。例えば、ダスター、タオル、テーブルクロス、スカーフ及び毛布)
 (c) 特定の大きさに裁断し、少なくとも一の縁を熱溶着し(縁を先細にし又は圧着したのが見えるものに限る。)、その他の縁をこの注に規定される他の加工をした物品(反物を裁断した縁にほつれ止めのための熱裁断その他の簡単な加工をしたものを除く。)
 (d) 縁縫いし、縁かがりをし又は縁に房を付けた物品(反物の裁断した縁にほつれ止めのための簡単な加工をしたものを除く。)
 (e) 特定の大きさに裁断した物品でドロンワークをしたもの
 (f) 縫製、のり付けその他の方法によりつなぎ合わせた物品(同種の織物類を二以上つなぎ合わせた反物及び二以上の織物類を重ね合わせた反物(詰物をしてあるかないかを問わない。)を除く。)
 (g) メリヤス編み又はクロセ編みにより特定の形状に編み上げたもの(単一の物品に裁断してあるかないかを問わない。)
8 第50類から第60類までにおいては、次に定めるところによる。
 (a) 第50類から第55類まで、第60類及び、文脈により別に解釈される場合を除くほか、第56類から第59類までには、7に定義する製品にしたものを含まない。
 (b) 第50類から第55類まで及び第60類には、第56類から第59類までの物品を含まない。
9 第50類から第55類までの織物には、紡織用繊維の糸を平行に並べた層を鋭角又は直角に重ね合わせ、糸の交点で接着剤又は熱溶融により結合した物品を含む。
10 紡織用繊維にゴム糸を組み合わせたものから成る弾力性のある物品は、この部に属する。
11 この部において染み込ませたものには、浸せきしたものを含む。
12 この部においてポリアミドにはアラミドを含む。
13 この部及び適用可能な場合にはこの表において「弾性糸」とは、合成繊維の長繊維の糸(単繊維を含むものとし、テクスチャード加工糸を除く。)で、もとの長さの3倍に伸ばしても切れず、もとの長さの2倍に伸ばした後5分以内にもとの長さの1.5倍以下に戻るものをいう。
14 文脈により別に解釈される場合を除くほか、紡織用繊維から成る衣類で異なる項に属するものは、小売用のセットにした場合であつても当該各項に属する。この場合において、「紡織用繊維から成る衣類」とは、第61.01項から第61.14項まで及び第62.01項から第62.11項までの衣類をいう。
号注
1 この部及び適用可能な場合にはこの表において次の用語の意義は、それぞれ次に定めるところによる。
 (a) 「漂白してない糸」とは、次のいずれかの糸をいう。
  (i) 構成繊維固有の色を有するもので、漂白、浸染(全体を浸染してあるかないかを問わない。)及びなせんのいずれもしてないもの
  (ii) 反毛した紡織用繊維から製造したもので、色を特定することができないもの(グレーヤーン)
   漂白してない糸には、無色の仕上げをしたもの又は一時的に染めたもので単にせつけんで洗浄することにより染めが消失するものを含むものとし、人造繊維の糸にあつては、つや消し剤(例えば、二酸化チタン)により全体を処理したものを含む。
 (b) 「漂白した糸」とは、次のいずれかの糸をいう。
  (i) 漂白工程を経たもの、漂白した繊維から成るもの又は、文脈により別に解釈される場合を除くほか、白色に浸染し(全体を浸染してあるかないかを問わない。)若しくは白色の仕上げをしたもの
  (ii) 漂白してない繊維と漂白した繊維とを混合したものから成るもの
  (iii) マルチプルヤーン又はケーブルヤーンで、漂白してない糸と漂白した糸とから成るもの
 (c) 「着色した糸(浸染又はなせんした糸)」とは、次のいずれかの糸をいう。
  (i) 浸染したもの(全体を浸染してあるかないかを問わないものとし、白色に浸染したもの及び一時的に染めたものを除く。)、なせんしたもの又は浸染若しくはなせんした繊維から成るもの
  (ii) 異なる色に浸染した繊維を混合したものから成るもの、漂白してない繊維若しくは漂白した繊維と着色した繊維とを混合したものから成るもの(単糸杢又はミキスチュアヤーン)又は一以上の色で点状の模様をなせんしたもの
  (iii) なせんしたスライバー又はロービングから得たもの

〔付録〕ＨＳ品目表2017年版

(iv) マルチプルヤーン又はケーブルヤーンで、着色した糸と漂白してない糸又は漂白した糸とから成るもの

(a)から(c)までの規定は、単繊維及び第54類のストリップその他これに類する物品に準用する。

(d) 織物との関連で「漂白してないもの」とは、漂白してない糸から成る織物で、漂白、浸染及びなせんのいずれもしてないものをいうものとし、無色の仕上げをしたもの及び一時的に染めたものを含む。

(e) 織物との関連で「漂白したもの」とは、次のいずれかの織物をいう。
  (i) 織つた後に漂白したもの又は、文脈により別に解釈される場合を除くほか、織つた後に白色に着色し若しくは白色の仕上げをしたもの
  (ii) 漂白した糸から成るもの
  (iii) 漂白してない糸と漂白した糸とから成るもの

(f) 織物との関連で「浸染したもの」とは、次のいずれかの織物をいう。
  (i) 織つた後に単一の色で均一に浸染したもの(文脈により別に解釈される場合を除くほか、白色に浸染したものを除く。)又は織つた後に色付きの仕上げをしたもの(文脈により別に解釈される場合を除くほか、白色の仕上げをしたものを除く。)
  (ii) 単一の色で均一に着色した糸から成るもの

(g) 織物との関連で「異なる色の糸から成るもの」とは、次のいずれかの織物(なせんした織物を除く。)をいう。この場合において、織物の耳又は端に使用する糸は、考慮しない。
  (i) 異なる色の糸から成るもの又は同色で濃淡の異なる糸から成るもの(構成繊維固有の色のみを有するものを除く。)
  (ii) 着色した糸と漂白してない糸又は漂白した糸とから成るもの
  (iii) 単糸杢又はミキスチュアヤーンから成るもの

(h) 織物との関連で「なせんしたもの」とは、織つた後なせんした織物をいい、異なる色の糸から成るものであるかないかを問わないものとし、ブラシ、スプレーガン、転写紙、フロックプリント、ろうけつ染め等により模様付けをした織物を含む。

(a)から(h)までの規定の適用に当たりマーセライズ加工は、考慮しない。

(d)から(h)までの規定は、メリヤス編物及びクロセ編物に準用する。

(ij) 「平織り」とは、各よこ糸が交互にたて糸の上下を通過し、各たて糸が交互によこ糸の上下を通過する織物組織をいう。

2 (A) 第56類から第63類までの物品で二以上の紡織用繊維から成るものは、第50類から第55類までの物品及び第58.09項の物品で当該二以上の紡織用繊維から成るものの所属の決定に際してこの部の注2の規定に従い選択される紡織用繊維のみから成る物品とみなす。

(B) (A)の規定の適用については、次に定めるところによる。
  (a) 関税率表の解釈に関する通則3を適用する場合には、同通則3により当該物品の所属を決定する部分についてのみ(A)の規定を適用する。
  (b) 基布とパイル又はループの面とから成る紡織用繊維製の物品については、基布を考慮しない。
  (c) 第58.10項のししゆう布及びその製品については、基布のみを考慮する。ただし、基布が見えないししゆう布及びその製品については、ししゆう糸のみを考慮する。

第50類　絹及び絹織物

番号	品名
50.01	
5001.00	繭(繰糸に適するものに限る。)
50.02	
5002.00	生糸(よつてないものに限る。)
50.03	
5003.00	絹のくず(繰糸に適しない繭、糸くず及び反毛した繊維を含む。)
50.04	
5004.00	絹糸(絹紡糸、絹紡紬糸及び小売用にしたものを除く。)

番号	品名
50.05	
5005.00	絹紡糸及び絹紡紬糸(小売用にしたものを除く。)
50.06	
5006.00	絹糸、絹紡糸及び絹紡紬糸(小売用にしたものに限る。)並びに天然てぐす
50.07	絹織物
5007.10	絹ノイル織物
5007.20	その他の織物(絹又はそのくず(絹ノイルを除く。)の重量が全重量の85％以上のものに限る。)
5007.90	その他の織物

[付録] HS品目表2017年版

第51類　羊毛、繊獣毛、粗獣毛及び馬毛の糸並びにこれらの織物

注
1　この表において次の用語の意義は、それぞれ次に定めるところによる。
　(a)　「羊毛」とは、羊又は子羊の天然繊維をいう。
　(b)　「繊獣毛」とは、アルパカ、ラマ、ビクナ、らくだ(ヒトコブラクダを含む。)、やく、うさぎ(アンゴラうさぎを含む。)、ビーバー、ヌートリヤ又はマスクラットの毛及びアンゴラやぎ、チベットやぎ、カシミヤやぎその他これらに類するやぎの毛をいう。
　(c)　「粗獣毛」とは、(a)の羊毛及び(b)の繊獣毛以外の獣毛をいう。ただし、ブラシ製造用の獣毛(第05.02項参照)及び馬毛(第05.11項参照)を除く。

備考
1　この類において絹には、絹ノイルその他の絹のくずを含む。

番号	品名
51.01	羊毛(カードし又はコームしたものを除く。)
	脂付きのもの(フリースウォッシュしたものを含む。)
5101.11	剪毛したもの
5101.19	その他のもの
	脂を除いたもの(化炭処理をしてないものに限る。)
5101.21	剪毛したもの
5101.29	その他のもの
5101.30	化炭処理をしたもの
51.02	繊獣毛及び粗獣毛(カードし又はコームしたものを除く。)
	繊獣毛
5102.11	カシミヤやぎのもの
5102.19	その他のもの
5102.20	粗獣毛
51.03	羊毛、繊獣毛又は粗獣毛のくず(糸くずを含むものとし、反毛した繊維を除く。)
5103.10	羊毛又は繊獣毛のノイル
5103.20	羊毛又は繊獣毛のその他のくず
5103.30	粗獣毛のくず
51.04	
5104.00	羊毛、繊獣毛又は粗獣毛のくず(反毛した繊維に限る。)
51.05	羊毛、繊獣毛及び粗獣毛(カードし又はコームしたもの(小塊状のコームした羊毛を含む。)に限る。)
5105.10	羊毛(カードしたものに限る。)
	羊毛のトップその他の羊毛(コームしたものに限る。)
5105.21	小塊状のもの(コームしたものに限る。)
5105.29	その他のもの
	繊獣毛(カードし又はコームしたものに限る。)
5105.31	カシミヤやぎのもの
5105.39	その他のもの
5105.40	粗獣毛(カードし又はコームしたものに限る。)

番号	品名
51.06	紡毛糸(羊毛製のものに限るものとし、小売用にしたものを除く。)
5106.10	羊毛の重量が全重量の85％以上のもの
5106.20	羊毛の重量が全重量の85％未満のもの
51.07	梳毛糸(羊毛製のものに限るものとし、小売用にしたものを除く。)
5107.10	羊毛の重量が全重量の85％以上のもの
5107.20	羊毛の重量が全重量の85％未満のもの
51.08	紡毛糸及び梳毛糸(繊獣毛製のものに限るものとし、小売用にしたものを除く。)
5108.10	紡毛糸
5108.20	梳毛糸
51.09	羊毛製又は繊獣毛製の糸(小売用にしたものに限る。)
5109.10	羊毛又は繊獣毛の重量が全重量の85％以上のもの
5109.90	その他のもの
51.10	
5110.00	粗獣毛製又は馬毛の糸(馬毛をしん糸に使用したジンプヤーンを含むものとし、小売用にしたものであるかないかを問わない。)
51.11	紡毛織物(羊毛製又は繊獣毛製のものに限る。)
	羊毛又は繊獣毛の重量が全重量の85％以上のもの
5111.11	重量が1平方メートルにつき300グラム以下のもの
5111.19	その他のもの
5111.20	その他のもの(混用繊維の全部又は大部分が人造繊維の長繊維のものに限る。)
5111.30	その他のもの(混用繊維の全部又は大部分が人造繊維の短繊維のものに限る。)
5111.90	その他のもの
51.12	梳毛織物(羊毛製又は繊獣毛製のものに限る。)
	羊毛又は繊獣毛の重量が全重量の85％以上のもの
5112.11	重量が1平方メートルにつき200グラム以下のもの
5112.19	その他のもの

[付録] HS品目表2017年版

番号	品名
5112.20	その他のもの(混用繊維の全部又は大部分が人造繊維の長繊維のものに限る。)
5112.30	その他のもの(混用繊維の全部又は大部分が人造繊維の短繊維のものに限る。)

番号	品名
5112.90	その他のもの
51.13	
5113.00	毛織物(粗獣毛製又は馬毛製のものに限る。)

第52類　綿及び綿織物

号注

1　第5209.42号及び第5211.42号において「デニム」とは、異なる色の糸から成る3枚たて綾織り又は4枚たて綾織り(破れ斜文織りを含む。)の織物で、たて糸に同一の色の糸を使用し、よこ糸に漂白してない糸、漂白した糸、灰色に浸染した糸又はたて糸より淡い色に着色した糸を使用したものをいう。

番号	品名
52.01	
5201.00	実綿及び繰綿(カードし又はコームしたものを除く。)
52.02	綿のくず(糸くず及び反毛した繊維を含む。)
5202.10	糸くず
	その他のもの
5202.91	反毛した繊維
5202.99	その他のもの
52.03	
5203.00	綿(カードし又はコームしたものに限る。)
52.04	綿製の縫糸(小売用にしたものであるかないかを問わない。)
	小売用にしたものでないもの
5204.11	綿の重量が全重量の85%以上のもの
5204.19	その他のもの
5204.20	小売用にしたもの
52.05	綿糸(綿の重量が全重量の85%以上のものに限るものとし、縫糸及び小売用にしたものを除く。)
	単糸(コームした繊維製のものを除く。)
5205.11	714.29デシテックス以上のもの(メートル式番手14以下のもの)
5205.12	232.56デシテックス以上714.29デシテックス未満のもの(メートル式番手14を超え43以下のもの)
5205.13	192.31デシテックス以上232.56デシテックス未満のもの(メートル式番手43を超え52以下のもの)
5205.14	125デシテックス以上192.31デシテックス未満のもの(メートル式番手52を超え80以下のもの)
5205.15	125デシテックス未満のもの(メートル式番手80を超えるもの)
	単糸(コームした繊維製のものに限る。)
5205.21	714.29デシテックス以上のもの(メートル式番手14以下のもの)

番号	品名
5205.22	232.56デシテックス以上714.29デシテックス未満のもの(メートル式番手14を超え43以下のもの)
5205.23	192.31デシテックス以上232.56デシテックス未満のもの(メートル式番手43を超え52以下のもの)
5205.24	125デシテックス以上192.31デシテックス未満のもの(メートル式番手52を超え80以下のもの)
5205.26	106.38デシテックス以上125デシテックス未満のもの(メートル式番手80を超え94以下のもの)
5205.27	83.33デシテックス以上106.38デシテックス未満のもの(メートル式番手94を超え120以下のもの)
5205.28	83.33デシテックス未満のもの(メートル式番手120を超えるもの)
	マルチプルヤーン及びケーブルヤーン(コームした繊維製のものを除く。)
5205.31	構成する単糸が714.29デシテックス以上のもの(構成する単糸がメートル式番手14以下のもの)
5205.32	構成する単糸が232.56デシテックス以上714.29デシテックス未満のもの(構成する単糸がメートル式番手14を超え43以下のもの)
5205.33	構成する単糸が192.31デシテックス以上232.56デシテックス未満のもの(構成する単糸がメートル式番手43を超え52以下のもの)
5205.34	構成する単糸が125デシテックス以上192.31デシテックス未満のもの(構成する単糸がメートル式番手52を超え80以下のもの)
5205.35	構成する単糸が125デシテックス未満のもの(構成する単糸がメートル式番手80を超えるもの)

〔付録〕ＨＳ品目表2017年版

番号	品名
	マルチプルヤーン及びケーブルヤーン（コームした繊維製のものに限る。）
5205.41	構成する単糸が714.29デシテックス以上のもの（構成する単糸がメートル式番手14以下のもの）
5205.42	構成する単糸が232.56デシテックス以上714.29デシテックス未満のもの（構成する単糸がメートル式番手14を超え43以下のもの）
5205.43	構成する単糸が192.31デシテックス以上232.56デシテックス未満のもの（構成する単糸がメートル式番手43を超え52以下のもの）
5205.44	構成する単糸が125デシテックス以上192.31デシテックス未満のもの（構成する単糸がメートル式番手52を超え80以下のもの）
5205.46	構成する単糸が106.38デシテックス以上125デシテックス未満のもの（構成する単糸がメートル式番手80を超え94以下のもの）
5205.47	構成する単糸が83.33デシテックス以上106.38デシテックス未満のもの（構成する単糸がメートル式番手94を超え120以下のもの）
5205.48	構成する単糸が83.33デシテックス未満のもの（構成する単糸がメートル式番手120を超えるもの）
52.06	綿糸（綿の重量が全重量の85％未満のものに限るものとし、縫糸及び小売用にしたものを除く。）
	単糸（コームした繊維製のものを除く。）
5206.11	714.29デシテックス以上のもの（メートル式番手14以下のもの）
5206.12	232.56デシテックス以上714.29デシテックス未満のもの（メートル式番手14を超え43以下のもの）
5206.13	192.31デシテックス以上232.56デシテックス未満のもの（メートル式番手43を超え52以下のもの）
5206.14	125デシテックス以上192.31デシテックス未満のもの（メートル式番手52を超え80以下のもの）
5206.15	125デシテックス未満のもの（メートル式番手80を超えるもの）
	単糸（コームした繊維製のものに限る。）
5206.21	714.29デシテックス以上のもの（メートル式番手14以下のもの）
5206.22	232.56デシテックス以上714.29デシテックス未満のもの（メートル式番手14を超え43以下のもの）

番号	品名
5206.23	192.31デシテックス以上232.56デシテックス未満のもの（メートル式番手43を超え52以下のもの）
5206.24	125デシテックス以上192.31デシテックス未満のもの（メートル式番手52を超え80以下のもの）
5206.25	125デシテックス未満のもの（メートル式番手80を超えるもの）
	マルチプルヤーン及びケーブルヤーン（コームした繊維製のものを除く。）
5206.31	構成する単糸が714.29デシテックス以上のもの（構成する単糸がメートル式番手14以下のもの）
5206.32	構成する単糸が232.56デシテックス以上714.29デシテックス未満のもの（構成する単糸がメートル式番手14を超え43以下のもの）
5206.33	構成する単糸が192.31デシテックス以上232.56デシテックス未満のもの（構成する単糸がメートル式番手43を超え52以下のもの）
5206.34	構成する単糸が125デシテックス以上192.31デシテックス未満のもの（構成する単糸がメートル式番手52を超え80以下のもの）
5206.35	構成する単糸が125デシテックス未満のもの（構成する単糸がメートル式番手80を超えるもの）
	マルチプルヤーン及びケーブルヤーン（コームした繊維製のものに限る。）
5206.41	構成する単糸が714.29デシテックス以上のもの（構成する単糸がメートル式番手14以下のもの）
5206.42	構成する単糸が232.56デシテックス以上714.29デシテックス未満のもの（構成する単糸がメートル式番手14を超え43以下のもの）
5206.43	構成する単糸が192.31デシテックス以上232.56デシテックス未満のもの（構成する単糸がメートル式番手43を超え52以下のもの）
5206.44	構成する単糸が125デシテックス以上192.31デシテックス未満のもの（構成する単糸がメートル式番手52を超え80以下のもの）
5206.45	構成する単糸が125デシテックス未満のもの（構成する単糸がメートル式番手80を超えるもの）
52.07	綿糸（小売用にしたものに限るものとし、縫糸を除く。）

〔付録〕ＨＳ品目表2017年版

番号	品名
5207.10	綿の重量が全重量の85％以上のもの
5207.90	その他のもの
52.08	綿織物（綿の重量が全重量の85％以上で、重量が1平方メートルにつき200グラム以下のものに限る。）
	漂白してないもの
5208.11	平織りのもので、重量が1平方メートルにつき100グラム以下のもの
5208.12	平織りのもので、重量が1平方メートルにつき100グラムを超えるもの
5208.13	3枚綾織り又は4枚綾織り（破れ斜文織りを含む。）のもの
5208.19	その他の織物
	漂白したもの
5208.21	平織りのもので、重量が1平方メートルにつき100グラム以下のもの
5208.22	平織りのもので、重量が1平方メートルにつき100グラムを超えるもの
5208.23	3枚綾織り又は4枚綾織り（破れ斜文織りを含む。）のもの
5208.29	その他の織物
	浸染したもの
5208.31	平織りのもので、重量が1平方メートルにつき100グラム以下のもの
5208.32	平織りのもので、重量が1平方メートルにつき100グラムを超えるもの
5208.33	3枚綾織り又は4枚綾織り（破れ斜文織りを含む。）のもの
5208.39	その他の織物
	異なる色の糸から成るもの
5208.41	平織りのもので、重量が1平方メートルにつき100グラム以下のもの
5208.42	平織りのもので、重量が1平方メートルにつき100グラムを超えるもの
5208.43	3枚綾織り又は4枚綾織り（破れ斜文織りを含む。）のもの
5208.49	その他の織物
	なせんしたもの
5208.51	平織りのもので、重量が1平方メートルにつき100グラム以下のもの
5208.52	平織りのもので、重量が1平方メートルにつき100グラムを超えるもの
5208.59	その他の織物
52.09	綿織物（綿の重量が全重量の85％以上で、重量が1平方メートルにつき200グラムを超えるものに限る。）
	漂白してないもの
5209.11	平織りのもの
5209.12	3枚綾織り又は4枚綾織り（破れ斜文織りを含む。）のもの

番号	品名
5209.19	その他の織物
	漂白したもの
5209.21	平織りのもの
5209.22	3枚綾織り又は4枚綾織り（破れ斜文織りを含む。）のもの
5209.29	その他の織物
	浸染したもの
5209.31	平織りのもの
5209.32	3枚綾織り又は4枚綾織り（破れ斜文織りを含む。）のもの
5209.39	その他の織物
	異なる色の糸から成るもの
5209.41	平織りのもの
5209.42	デニム
5209.43	その他の3枚綾織り又は4枚綾織り（破れ斜文織りを含む。）の織物
5209.49	その他の織物
	なせんしたもの
5209.51	平織りのもの
5209.52	3枚綾織り又は4枚綾織り（破れ斜文織りを含む。）のもの
5209.59	その他の織物
52.10	綿織物（綿の重量が全重量の85％未満のもので、混用繊維の全部又は大部分が人造繊維のもののうち、重量が1平方メートルにつき200グラム以下のものに限る。）
	漂白してないもの
5210.11	平織りのもの
5210.19	その他の織物
	漂白したもの
5210.21	平織りのもの
5210.29	その他の織物
	浸染したもの
5210.31	平織りのもの
5210.32	3枚綾織り又は4枚綾織り（破れ斜文織りを含む。）のもの
5210.39	その他の織物
	異なる色の糸から成るもの
5210.41	平織りのもの
5210.49	その他の織物
	なせんしたもの
5210.51	平織りのもの
5210.59	その他の織物
52.11	綿織物（綿の重量が全重量の85％未満のもので、混用繊維の全部又は大部分が人造繊維のもののうち、重量が1平方メートルにつき200グラムを超えるものに限る。）
	漂白してないもの

番号	品名
5211.11	平織りのもの
5211.12	3枚綾織り又は4枚綾織り(破れ斜文織りを含む。)のもの
5211.19	その他の織物
5211.20	漂白したもの
	浸染したもの
5211.31	平織りのもの
5211.32	3枚綾織り又は4枚綾織り(破れ斜文織りを含む。)のもの
5211.39	その他の織物
	異なる色の糸から成るもの
5211.41	平織りのもの
5211.42	デニム
5211.43	その他の3枚綾織り又は4枚綾織り(破れ斜文織りを含む。)の織物
5211.49	その他の織物
	なせんしたもの
5211.51	平織りのもの

番号	品名
5211.52	3枚綾織り又は4枚綾織り(破れ斜文織りを含む。)のもの
5211.59	その他の織物
52.12	その他の綿織物
	重量が1平方メートルにつき200グラム以下のもの
5212.11	漂白してないもの
5212.12	漂白したもの
5212.13	浸染したもの
5212.14	異なる色の糸から成るもの
5212.15	なせんしたもの
	重量が1平方メートルにつき200グラムを超えるもの
5212.21	漂白してないもの
5212.22	漂白したもの
5212.23	浸染したもの
5212.24	異なる色の糸から成るもの
5212.25	なせんしたもの

第53類　その他の植物性紡織用繊維及びその織物並びに紙糸及びその織物

番号	品名
53.01	亜麻(精紡したものを除く。)並びにそのトウ及びくず(糸くず及び反毛した繊維を含む。)
5301.10	亜麻(生のもの及びレッティングしたものに限る。)
	亜麻(破茎、スカッチング、ハックリングその他の処理をしたものに限るものとし、精紡したものを除く。)
5301.21	破茎し又はスカッチングしたもの
5301.29	その他のもの
5301.30	亜麻のトウ及びくず
53.02	大麻(カナビス・サティヴァ。精紡したものを除く。)並びにそのトウ及びくず(糸くず及び反毛した繊維を含む。)
5302.10	大麻(生のもの及びレッティングしたものに限る。)
5302.90	その他のもの
53.03	ジュートその他の紡織用靱皮繊維(精紡したもの、亜麻、大麻及びラミーを除く。)並びにそのトウ及びくず(糸くず及び反毛した繊維を含む。)
5303.10	ジュートその他の紡織用靱皮繊維(生のもの及びレッティングしたものに限る。)
5303.90	その他のもの
53.05	
5305.00	ココやし、アバカ(マニラ麻又はムサ・テクスティリス)、ラミーその他の植物性紡織用繊維(他の項に該当するもの及び精紡したものを除く。)並びにそのトウ、ノイル及びくず(糸くず及び反毛した繊維を含む。)

番号	品名
53.06	亜麻糸
5306.10	単糸
5306.20	マルチプルヤーン及びケーブルヤーン
53.07	第53.03項のジュートその他の紡織用靱皮繊維の糸
5307.10	単糸
5307.20	マルチプルヤーン及びケーブルヤーン
53.08	その他の植物性紡織用繊維の糸及び紙糸
5308.10	コイヤヤーン
5308.20	大麻糸
5308.90	その他のもの
53.09	亜麻織物
	亜麻の重量が全重量の85%以上のもの
5309.11	漂白してないもの及び漂白したもの
5309.19	その他のもの
	亜麻の重量が全重量の85%未満のもの
5309.21	漂白してないもの及び漂白したもの
5309.29	その他のもの
53.10	第53.03項のジュートその他の紡織用靱皮繊維の織物
5310.10	漂白してないもの
5310.90	その他のもの
53.11	
5311.00	その他の植物性紡織用繊維の織物及び紙糸の織物

〔付録〕HS品目表2017年版

第54類　人造繊維の長繊維並びに人造繊維の織物及びストリップその他これに類する人造繊維製品

注
1 この表において「人造繊維」とは、次の繊維をいう。
　(a) 有機単量体の重合により製造した短繊維及び長繊維(例えば、ポリアミド、ポリエステル、ポリオレフィン又はポリウレタンのもの)、又は、この工程により得た重合体を化学的に変性させることにより製造した短繊維及び長繊維(例えば、ポリ(酢酸ビニル)を加水分解することにより得たポリ(ビニルアルコール))
　(b) 繊維素その他の天然有機重合体を溶解し若しくは化学的に処理することにより製造した短繊維及び長繊維(例えば、銅アンモニアレーヨン(キュプラ)及びビスコースレーヨン)、又は、繊維素、カゼイン及びその他のプロテイン、アルギン酸その他の天然有機重合体を化学的に変性させることにより製造した短繊維及び長繊維(例えば、アセテート及びアルギネート)
　この場合において、「合成繊維」とは(a)の繊維をいうものとし、「再生繊維又は半合成繊維」又は場合により「再生繊維若しくは半合成繊維」とは(b)の繊維をいう。第54.04項又は第54.05項のストリップその他これに類する物品は、人造繊維とみなさない。
　人造繊維、合成繊維及び再生繊維又は半合成繊維の各用語は、材料の語とともに使用する場合においてもそれぞれ前記の意味と同一の意味を有する。
2 第54.02項及び第54.03項には、第55類の合成繊維の長繊維のトウ及び再生繊維又は半合成繊維の長繊維のトウを含まない。

備考
1 この表において「特定合成繊維」とは、ナイロンその他のポリアミド繊維、アクリル繊維、モダクリル繊維、ポリエステル繊維、ポリプロピレン繊維、ポリ塩化ビニリデン繊維又はビニロン繊維をいう。
2 この類において絹には、絹ノイルその他の絹くずを含む。
3 第54.08項においてアセテート繊維又はこれと合成繊維を合わせたものには、これらのものの材料から製造したストリップその他これに類するものを含む。

番号	品　名
54.01	縫糸(人造繊維の長繊維のものに限るものとし、小売用にしたものであるかないかを問わない。)
5401.10	合成繊維の長繊維のもの
5401.20	再生繊維又は半合成繊維の長繊維のもの
54.02	合成繊維の長繊維の糸(67デシテックス未満の単繊維のものを含むものとし、縫糸及び小売用にしたものを除く。)
	強力糸(ナイロンその他のポリアミドのものに限るものとし、テクスチャード加工をしているかいないかを問わない。)
5402.11	アラミドのもの
5402.19	その他のもの
5402.20	強力糸(ポリエステルのものに限るものとし、テクスチャード加工をしているかいないかを問わない。)
	テクスチャード加工糸
5402.31	ナイロンその他のポリアミドのもの(構成する単糸が50テックス以下のものに限る。)
5402.32	ナイロンその他のポリアミドのもの(構成する単糸が50テックスを超えるものに限る。)
5402.33	ポリエステルのもの
5402.34	ポリプロピレンのもの
5402.39	その他のもの

番号	品　名
	その他の単糸(より数が1メートルにつき50以下のものに限る。)
5402.44	弾性を有するもの
5402.45	その他のもの(ナイロンその他のポリアミドのものに限る。)
5402.46	その他のもの(ポリエステルのもので、部分的に配向性を与えたものに限る。)
5402.47	その他のもの(ポリエステルのものに限る。)
5402.48	その他のもの(ポリプロピレンのものに限る。)
5402.49	その他のもの
	その他の単糸(より数が1メートルにつき50を超えるものに限る。)
5402.51	ナイロンその他のポリアミドのもの
5402.52	ポリエステルのもの
5402.53	ポリプロピレンのもの
5402.59	その他のもの
	その他のマルチプルヤーン及びケーブルヤーン
5402.61	ナイロンその他のポリアミドのもの
5402.62	ポリエステルのもの
5402.63	ポリプロピレンのもの
5402.69	その他のもの

〔付録〕ＨＳ品目表2017年版

番号	品名
54.03	再生繊維又は半合成繊維の長繊維の糸(67デシテックス未満の単繊維のものを含むものとし、縫糸及び小売用にしたものを除く。)
5403.10	強力糸(ビスコースレーヨンのものに限る。)
	その他の単糸
5403.31	ビスコースレーヨンのもの(より数が1メートルにつき120以下のものに限る。)
5403.32	ビスコースレーヨンのもの(より数が1メートルにつき120を超えるものに限る。)
5403.33	アセテートのもの
5403.39	その他のもの
	その他のマルチプルヤーン及びケーブルヤーン
5403.41	ビスコースレーヨンのもの
5403.42	アセテートのもの
5403.49	その他のもの
54.04	合成繊維の単繊維(67デシテックス以上のもので、横断面の最大寸法が1ミリメートル以下のものに限る。)及び合成繊維材料のストリップその他これに類する物品(例えば、人造ストロー。見掛け幅が5ミリメートル以下のものに限る。)
	単繊維
5404.11	弾性を有するもの
5404.12	その他のもの(ポリプロピレンのものに限る。)
5404.19	その他のもの
5404.90	その他のもの
54.05	
5405.00	再生繊維又は半合成繊維の単繊維(67デシテックス以上のもので、横断面の最大寸法が1ミリメートル以下のものに限る。)及び再生繊維又は半合成繊維の材料のストリップその他これに類する物品(例えば、人造ストロー。見掛け幅が5ミリメートル以下のものに限る。)
54.06	
5406.00	人造繊維の長繊維の糸(小売用にしたものに限るものとし、縫糸を除く。)
54.07	合成繊維の長繊維の糸の織物(第54.04項の材料の織物を含む。)
5407.10	強力糸(ナイロンその他のポリアミド又はポリエステルのものに限る。)の織物
5407.20	ストリップその他これに類する物品の織物
5407.30	この部の注9の織物
	その他の織物(ナイロンその他のポリアミドの長繊維の重量が全重量の85％以上のものに限る。)
5407.41	漂白してないもの及び漂白したもの
5407.42	浸染したもの

番号	品名
5407.43	異なる色の糸から成るもの
5407.44	なせんしたもの
	その他の織物(テクスチャード加工をしたポリエステルの長繊維の重量が全重量の85％以上のものに限る。)
5407.51	漂白してないもの及び漂白したもの
5407.52	浸染したもの
5407.53	異なる色の糸から成るもの
5407.54	なせんしたもの
	その他の織物(ポリエステルの長繊維の重量が全重量の85％以上のものに限る。)
5407.61	テクスチャード加工をしてないポリエステルの長繊維の重量が全重量の85％以上のもの
5407.69	その他のもの
	その他の織物(合成繊維の長繊維の重量が全重量の85％以上のものに限る。)
5407.71	漂白してないもの及び漂白したもの
5407.72	浸染したもの
5407.73	異なる色の糸から成るもの
5407.74	なせんしたもの
	その他の織物(合成繊維の長繊維の重量が全重量の85％未満のもので、混用繊維の全部又は大部分が綿のものに限る。)
5407.81	漂白してないもの及び漂白したもの
5407.82	浸染したもの
5407.83	異なる色の糸から成るもの
5407.84	なせんしたもの
	その他の織物
5407.91	漂白してないもの及び漂白したもの
5407.92	浸染したもの
5407.93	異なる色の糸から成るもの
5407.94	なせんしたもの
54.08	再生繊維又は半合成繊維の長繊維の糸の織物(第54.05項の材料の織物を含む。)
5408.10	強力糸(ビスコースレーヨンのものに限る。)の織物
	その他の織物(再生繊維若しくは半合成繊維の長繊維又は再生繊維若しくは半合成繊維の材料のストリップその他これに類する物品の重量が全重量の85％以上のものに限る。)
5408.21	漂白してないもの及び漂白したもの
5408.22	浸染したもの
5408.23	異なる色の糸から成るもの
5408.24	なせんしたもの
	その他の織物
5408.31	漂白してないもの及び漂白したもの
5408.32	浸染したもの

番号	品名
5408.33	異なる色の糸から成るもの

番号	品名
5408.34	なせんしたもの

第55類　人造繊維の短繊維及びその織物

注
1　第55.01項及び第55.02項には、人造繊維の長繊維のトウで、同一の長さの平行した繊維(トウの長さに等しい長さのものに限る。)から成るもののうち、次のすべての要件を満たすもののみを含む。
　(a)　長さが2メートルを超えること。
　(b)　より数が1メートルにつき5未満であること。
　(c)　構成する1本の長繊維が67デシテックス未満であること。
　(d)　合成繊維の長繊維のトウについては、延伸処理をしたもので、その長さの2倍を超えて伸びないこと。
　(e)　1束につき20,000デシテックスを超えること。
　　長さが2メートル以下のトウは、第55.03項又は第55.04項に属する。

備考
1　この類においては絹には、絹ノイルその他の絹くずを含む。

番号	品名
55.01	合成繊維の長繊維のトウ
5501.10	ナイロンその他のポリアミドのもの
5501.20	ポリエステルのもの
5501.30	アクリル又はモダクリルのもの
5501.40	ポリプロピレンのもの
5501.90	その他のもの
55.02	再生繊維又は半合成繊維の長繊維のトウ
5502.10	アセテートのもの
5502.90	その他のもの
55.03	合成繊維の短繊維(カード、コームその他の紡績準備の処理をしたものを除く。)
	ナイロンその他のポリアミドのもの
5503.11	アラミドのもの
5503.19	その他のもの
5503.20	ポリエステルのもの
5503.30	アクリル又はモダクリルのもの
5503.40	ポリプロピレンのもの
5503.90	その他のもの
55.04	再生繊維又は半合成繊維の短繊維(カード、コームその他の紡績準備の処理をしたものを除く。)
5504.10	ビスコースレーヨンのもの
5504.90	その他のもの
55.05	人造繊維のくず(ノイル、糸くず及び反毛した繊維を含む。)
5505.10	合成繊維のもの
5505.20	再生繊維又は半合成繊維のもの
55.06	合成繊維の短繊維(カード、コームその他の紡績準備の処理をしたものに限る。)
5506.10	ナイロンその他のポリアミドのもの
5506.20	ポリエステルのもの
5506.30	アクリル又はモダクリルのもの
5506.40	ポリプロピレンのもの

番号	品名
5506.90	その他のもの
55.07	
5507.00	再生繊維又は半合成繊維の短繊維(カード、コームその他の紡績準備の処理をしたものに限る。)
55.08	縫糸(人造繊維の短繊維のものに限るものとし、小売用にしたものであるかないかを問わない。)
5508.10	合成繊維の短繊維のもの
5508.20	再生繊維又は半合成繊維の短繊維のもの
55.09	合成繊維の紡績糸(縫糸及び小売用にしたものを除く。)
	ナイロンその他のポリアミドの短繊維の重量が全重量の85％以上のもの
5509.11	単糸
5509.12	マルチプルヤーン及びケーブルヤーン
	ポリエステルの短繊維の重量が全重量の85％以上のもの
5509.21	単糸
5509.22	マルチプルヤーン及びケーブルヤーン
	アクリル又はモダクリルの短繊維の重量が全重量の85％以上のもの
5509.31	単糸
5509.32	マルチプルヤーン及びケーブルヤーン
	その他の紡績糸(合成繊維の短繊維の重量が全重量の85％以上のものに限る。)
5509.41	単糸
5509.42	マルチプルヤーン及びケーブルヤーン
	その他の紡績糸(ポリエステルの短繊維のものに限る。)
5509.51	混用繊維の全部又は大部分が再生繊維又は半合成繊維の短繊維のもの
5509.52	混用繊維の全部又は大部分が羊毛又は繊獣毛のもの

番号	品名
5509.53	混用繊維の全部又は大部分が綿のもの
5509.59	その他のもの
	その他の紡績糸（アクリル又はモダクリルの短繊維のものに限る。）
5509.61	混用繊維の全部又は大部分が羊毛又は繊獣毛のもの
5509.62	混用繊維の全部又は大部分が綿のもの
5509.69	その他のもの
	その他の紡績糸
5509.91	混用繊維の全部又は大部分が羊毛又は繊獣毛のもの
5509.92	混用繊維の全部又は大部分が綿のもの
5509.99	その他のもの
55.10	再生繊維又は半合成繊維の紡績糸（縫糸及び小売用にしたものを除く。）
	再生繊維又は半合成繊維の短繊維の重量が全重量の85％以上のもの
5510.11	単糸
5510.12	マルチプルヤーン及びケーブルヤーン
5510.20	その他の紡績糸（混用繊維の全部又は大部分が羊毛又は繊獣毛のものに限る。）
5510.30	その他の紡績糸（混用繊維の全部又は大部分が綿のものに限る。）
5510.90	その他の紡績糸
55.11	人造繊維の紡績糸（小売用にしたものに限るものとし、縫糸を除く。）
5511.10	合成繊維の短繊維のもの（合成繊維の短繊維の重量が全重量の85％以上のものに限る。）
5511.20	合成繊維の短繊維のもの（合成繊維の短繊維の重量が全重量の85％未満のものに限る。）
5511.30	再生繊維又は半合成繊維のもの
55.12	合成繊維の短繊維の織物（合成繊維の短繊維の重量が全重量の85％以上のものに限る。）
	ポリエステルの短繊維の重量が全重量の85％以上のもの
5512.11	漂白してないもの及び漂白したもの
5512.19	その他のもの
	アクリル又はモダクリルの短繊維が全重量の85％以上のもの
5512.21	漂白してないもの及び漂白したもの
5512.29	その他のもの
	その他のもの
5512.91	漂白してないもの及び漂白したもの
5512.99	その他のもの
55.13	合成繊維の短繊維の織物（合成繊維の短繊維の重量が全重量の85％未満のもののうち、混用繊維の全部又は大部分が綿のもので、重量が1平方メートルにつき170グラム以下のものに限る。）

番号	品名
	漂白してないもの及び漂白したもの
5513.11	ポリエステルの短繊維のもの（平織りのものに限る。）
5513.12	ポリエステルの短繊維のもの（3枚綾織り又は4枚綾織り（破れ斜文織りを含む。）のものに限る。）
5513.13	ポリエステルの短繊維のその他の織物
5513.19	その他の織物
	浸染したもの
5513.21	ポリエステルの短繊維のもの（平織りのものに限る。）
5513.23	ポリエステルの短繊維のその他の織物
5513.29	その他の織物
	異なる色の糸から成るもの
5513.31	ポリエステルの短繊維のもの（平織りのものに限る。）
5513.39	その他の織物
	なせんしたもの
5513.41	ポリエステルの短繊維のもの（平織りのものに限る。）
5513.49	その他の織物
55.14	合成繊維の短繊維の織物（合成繊維の短繊維の重量が全重量の85％未満のもののうち、混用繊維の全部又は大部分が綿のもので、重量が1平方メートルにつき170グラムを超えるもの
	漂白してないもの及び漂白したもの
5514.11	ポリエステルの短繊維のもの（平織りのものに限る。）
5514.12	ポリエステルの短繊維のもの（3枚綾織り又は4枚綾織り（破れ斜文織りを含む。）のものに限る。）
5514.19	その他の織物
	浸染したもの
5514.21	ポリエステルの短繊維のもの（平織りのものに限る。）
5514.22	ポリエステルの短繊維のもの（3枚綾織り又は4枚綾織り（破れ斜文織りを含む。）のものに限る。）
5514.23	ポリエステルの短繊維のその他の織物
5514.29	その他の織物
5514.30	異なる色の糸から成るもの
	なせんしたもの
5514.41	ポリエステルの短繊維のもの（平織りのものに限る。）
5514.42	ポリエステルの短繊維のもの（3枚綾織り又は4枚綾織り（破れ斜文織りを含む。）のものに限る。）
5514.43	ポリエステルの短繊維のその他の織物

〔付録〕ＨＳ品目表2017年版

番号	品名
5514.49	その他の織物
55.15	合成繊維の短繊維のその他の織物
	ポリエステルの短繊維のもの
5515.11	混用繊維の全部又は大部分がビスコースレーヨンの短繊維のもの
5515.12	混用繊維の全部又は大部分が人造繊維の長繊維のもの
5515.13	混用繊維の全部又は大部分が羊毛又は繊獣毛のもの
5515.19	その他のもの
	アクリル又はモダクリルの短繊維のもの
5515.21	混用繊維の全部又は大部分が人造繊維の長繊維のもの
5515.22	混用繊維の全部又は大部分が羊毛又は繊獣毛のもの
5515.29	その他のもの
	その他の織物
5515.91	混用繊維の全部又は大部分が人造繊維の長繊維のもの
5515.99	その他のもの
55.16	再生繊維又は半合成繊維の短繊維の織物
	再生繊維又は半合成繊維の短繊維の重量が全重量の85％以上のもの
5516.11	漂白してないもの及び漂白したもの
5516.12	浸染したもの
5516.13	異なる色の糸から成るもの
5516.14	なせんしたもの

番号	品名
	再生繊維又は半合成繊維の短繊維の重量が全重量の85％未満のもので、混用繊維の全部又は大部分が人造繊維の長繊維のもの
5516.21	漂白してないもの及び漂白したもの
5516.22	浸染したもの
5516.23	異なる色の糸から成るもの
5516.24	なせんしたもの
	再生繊維又は半合成繊維の短繊維の重量が全重量の85％未満のもので、混用繊維の全部又は大部分が羊毛又は繊獣毛のもの
5516.31	漂白してないもの及び漂白したもの
5516.32	浸染したもの
5516.33	異なる色の糸から成るもの
5516.34	なせんしたもの
	再生繊維又は半合成繊維の短繊維の重量が全重量の85％未満のもので、混用繊維の全部又は大部分が綿のもの
5516.41	漂白してないもの及び漂白したもの
5516.42	浸染したもの
5516.43	異なる色の糸から成るもの
5516.44	なせんしたもの
	その他のもの
5516.91	漂白してないもの及び漂白したもの
5516.92	浸染したもの
5516.93	異なる色の糸から成るもの
5516.94	なせんしたもの

第56類　ウォッディング、フェルト、不織布及び特殊糸並びにひも、綱及びケーブル並びにこれらの製品

注
1　この類には、次の物品を含まない。
　(a)　第33類の香料若しくは化粧料、第34.01項のせつけん若しくは洗浄剤、第34.05項の磨き料、クリームその他これらに類する調製品又は第38.09項の織物柔軟剤等の物質又は調製品を染み込ませ、塗布し又は被覆したウォッディング、フェルト及び不織布(紡織用繊維が単に媒体となつているものに限る。)
　(b)　第58.11項の紡織用繊維の物品
　(c)　天然又は人造の研磨材料の粉又は粒をフェルト又は不織布に付着させたもの(第68.05項参照)
　(d)　凝結雲母又は再生雲母をフェルト又は不織布により裏張りしたもの(第68.14項参照)
　(e)　金属のはくをフェルト又は不織布により裏張りしたもの(主として第14部又は第15部に属する。)
　(f)　第96.19項の生理用のナプキン(パッド)及びタンポン、乳児用のおむつ及びおむつ中敷きその他これらに類する物品
2　フェルトには、ニードルルームフェルト及び紡織用繊維のウェブから成る織物類でウェブ自体の繊維を使用してステッチボンディング方式により当該織物類の抱合力を高めたものを含む。
3　第56.02項及び第56.03項には、それぞれフェルト及び不織布で、プラスチック又はゴム(性状が密又は多泡性であるものに限る。)を染み込ませ、塗布し、被覆し又は積層したものを含む。
　また、第56.03項には、プラスチック又はゴムを結合剤として使用した不織布を含む。
　ただし、第56.02項及び第56.03項には、次の物品を含まない。
　(a)　フェルトにプラスチック又はゴムを染み込ませ、塗布し、被覆し又は積層したもので紡織用繊維の重量の50％以下の物品及びフェルトをプラスチック又はゴムの中に完全に埋め込んだ物品(第39類及び第40類参照)

〔付録〕ＨＳ品目表2017年版

(b) 不織布をプラスチック又はゴムの中に完全に埋め込んだ物品及び不織布の両面をすべてプラスチック又はゴムで塗布し又は被覆した物品でその結果生ずる色彩の変化を考慮することなく塗布し又は被覆したことを肉眼により判別することができるもの(第39類及び第40類参照)
(c) フェルト又は不織布と多泡性のプラスチック又はセルラーラバーの板、シート又はストリップとを結合したもので、当該フェルト又は不織布を単に補強の目的で使用したもの(第39類及び第40類参照)
4 第56.04項には、紡織用繊維の糸及び第54.04項又は第54.05項のストリップその他これに類する物品で、染み込ませ、塗布し又は被覆したことを肉眼により判別することができないものを含まない(通常、第50類から第55類までに属する。)。この場合において、染み込ませ、塗布し又は被覆した結果生ずる色彩の変化を考慮しない。

番号	品名
56.01	紡織用繊維のウォッディング及びその製品並びに長さが5ミリメートル以下の紡織用繊維(フロック)、紡織用繊維のダスト及びミルネップ
	紡織用繊維のウォッディング及びその製品
5601.21	綿製のもの
5601.22	人造繊維製のもの
5601.29	その他のもの
5601.30	紡織用繊維のフロック、ダスト及びミルネップ
56.02	フェルト(染み込ませ、塗布し、被覆し又は積層したものであるかないかを問わない。)
5602.10	ニードルルームフェルト及びステッチボンディング方式により製造した織物類
	その他のフェルト(染み込ませ、塗布し、被覆し又は積層したものを除く。)
5602.21	羊毛製又は繊獣毛製のもの
5602.29	その他の紡織用繊維製のもの
5602.90	その他のもの
56.03	不織布(染み込ませ、塗布し、被覆し又は積層したものであるかないかを問わない。)
	人造繊維の長繊維製のもの
5603.11	重量が1平方メートルにつき25グラム以下のもの
5603.12	重量が1平方メートルにつき25グラムを超え70グラム以下のもの
5603.13	重量が1平方メートルにつき70グラムを超え150グラム以下のもの
5603.14	重量が1平方メートルにつき150グラムを超えるもの
	その他のもの
5603.91	重量が1平方メートルにつき25グラム以下のもの
5603.92	重量が1平方メートルにつき25グラムを超え70グラム以下のもの
5603.93	重量が1平方メートルにつき70グラムを超え150グラム以下のもの
5603.94	重量が1平方メートルにつき150グラムを超えるもの

番号	品名
56.04	ゴム糸及びゴムひも(紡織用繊維で被覆したものに限る。)並びに紡織用繊維の糸及び第54.04項又は第54.05項のストリップその他これに類する物品(ゴム又はプラスチックを染み込ませ、塗布し又は被覆したものに限る。)
5604.10	ゴム糸及びゴムひも(紡織用繊維で被覆したものに限る。)
5604.90	その他のもの
56.05	
5605.00	金属を交えた糸(紡織用繊維の糸及び第54.04項又は第54.05項のストリップその他これに類する物品で、糸状、ストリップ状又は粉状の金属と結合したもの及び金属で被覆したものに限るものとし、ジンプヤーンであるかないかを問わない。)
56.06	
5606.00	ジンプヤーン(第54.04項又は第54.05項のストリップその他これに類する物品をしんに使用したものを含むものとし、第56.05項のもの及び馬毛をしん糸に使用したジンプヤーンを除く。)、シェニールヤーン(フロックシェニールヤーンを含む。)及びループウェールヤーン
56.07	ひも、綱及びケーブル(組んであるかないか又はゴム若しくはプラスチックを染み込ませ、塗布し若しくは被覆したものであるかないかを問わない。)
	サイザルその他のアゲーブ属の紡織用繊維製のもの
5607.21	結束用又は包装用のひも
5607.29	その他のもの
	ポリエチレン製又はポリプロピレン製のもの
5607.41	結束用又は包装用のひも
5607.49	その他のもの
5607.50	その他の合成繊維製のもの
5607.90	その他のもの
56.08	結び網地(ひも又は綱から製造したものに限る。)及び漁網その他の網(製品にしたもので、紡織用繊維製のものに限る。)
	人造繊維製のもの

613

〔付録〕ＨＳ品目表2017年版

番号	品名
5608.11	漁網(製品にしたものに限る。)
5608.19	その他のもの
5608.90	その他のもの

番号	品名
56.09	
5609.00	糸、第54.04項若しくは第54.05項のストリップその他これに類する物品、ひも、綱又はケーブルの製品(他の項に該当するものを除く。)

第57類　じゆうたんその他の紡織用繊維の床用敷物

注
1　この類において「じゆうたんその他の紡織用繊維の床用敷物」とは、使用時の露出面が紡織用繊維である床用敷物をいうものとし、床用敷物としての特性を有する物品で他の用途に供するものを含む。
2　この類には、床用敷物の下敷きを含まない。

番号	品名
57.01	じゆうたんその他の紡織用繊維の床用敷物(結びパイルのものに限るものとし、製品にしたものであるかないかを問わない。)
5701.10	羊毛製又は繊獣毛製のもの
5701.90	その他の紡織用繊維製のもの
57.02	じゆうたんその他の紡織用繊維の床用敷物(ケレムラグ、シュマックラグ、カラマニラグその他これらに類する手織りの敷物を含み、織物製のものに限るものとし、製品にしたものであるかないかを問わず、タフトし又はフロック加工をしたものを除く。)
5702.10	ケレムラグ、シュマックラグ、カラマニラグその他これらに類する手織りの敷物
5702.20	ココやし繊維(コイヤ)製の床用敷物
	その他のもの(パイル織物のものに限るものとし、製品にしたものを除く。)
5702.31	羊毛製又は繊獣毛製のもの
5702.32	人造繊維材料製のもの
5702.39	その他の紡織用繊維製のもの
	その他のもの(パイル織物のもので製品にしたものに限る。)
5702.41	羊毛製又は繊獣毛製のもの
5702.42	人造繊維材料製のもの
5702.49	その他の紡織用繊維製のもの
5702.50	その他のもの(パイル織物のもの及び製品にしたものを除く。)

番号	品名
	その他のもの(製品にしたものに限るものとし、パイル織物のものを除く。)
5702.91	羊毛製又は繊獣毛製のもの
5702.92	人造繊維材料製のもの
5702.99	その他の紡織用繊維製のもの
57.03	じゆうたんその他の紡織用繊維の床用敷物(タフトしたものに限るものとし、製品にしたものであるかないかを問わない。)
5703.10	羊毛製又は繊獣毛製のもの
5703.20	ナイロンその他のポリアミド製のもの
5703.30	その他の人造繊維材料製のもの
5703.90	その他の紡織用繊維製のもの
57.04	じゆうたんその他の紡織用繊維の床用敷物(フェルト製のものに限るものとし、製品にしたものであるかないかを問わず、タフトし又はフロック加工をしたものを除く。)
5704.10	タイル(表面積が0.3平方メートル以下のものに限る。)
5704.20	タイル(表面積が0.3平方メートルを超え1平方メートル以下のものに限る。)
5704.90	その他のもの
57.05	
5705.00	じゆうたんその他の紡織用繊維の床用敷物(製品にしたものであるかないかを問わないものとし、この類の他の項に該当するものを除く。)

第58類　特殊織物、タフテッド織物類、レース、つづれ織物、トリミング及びししゆう布

注
1　この類には、第50類の注1の紡織用繊維の織物類で、染み込ませ、塗布し、被覆又は積層したもの及び第59類のその他の物品を含まない。
2　第58.01項には、よこパイル織物で、その浮糸を切らず、起毛したパイルを有しないものを含む。
3　第58.03項において「もじり織物」とは、その組織の全部又は一部において地たて糸及びこれに絡まるもじりたて糸が1本以上のよこ糸ごとに1以上の絡み目を作つているものをいう。
4　第58.04項には、第56.08項のひも又は綱から製造した結び網地を含まない。
5　第58.06項において「細幅織物」とは、次のいずれかの物品をいう。
　(a)　幅が30センチメートル以下の織物(切つて幅を30センチメートル以下にしたものを含むものとし、両側に織込み、のり付けその他の方法により作つた耳を有するものに限る。)

〔付録〕ＨＳ品目表2017年版

(b) 袋織物で平らにした幅が30センチメートル以下のもの
(c) 縁を折つたバイアステープで縁を広げた幅が30センチメートル以下のもの
織物自体の糸により縁に房を付けた細幅織物は、第58.08項に属する。
6 第58.10項においてししゆう布には、金属糸又はガラス繊維の糸によりししゆうした物品で紡織用繊維の織物類の基布が見えるもの及び紡織用繊維その他の材料の薄片、ビーズ又は装飾品を縫い付けてアプリケにした物品を含むものとし、手針によりつづれ織り風にした織物(第58.05項参照)を含まない。
7 この類には、第58.09項の物品のほか、衣類、室内用品その他これらに類する物品に使用する種類の金属糸製の物品を含む。

備考
1 この類においては絹には、絹ノイルその他の絹くずを含む。

番号	品名
58.01	パイル織物及びシェニール織物(第58.02項又は第58.06項の織物類を除く。)
5801.10	羊毛製又は繊獣毛製のもの
	綿製のもの
5801.21	よこパイル織物(パイルを切つてないものに限る。)
5801.22	コール天(パイルを切つたものに限る。)
5801.23	その他のよこパイル織物
5801.26	シェニール織物
5801.27	たてパイル織物
	人造繊維製のもの
5801.31	よこパイル織物(パイルを切つてないものに限る。)
5801.32	コール天(パイルを切つたものに限る。)
5801.33	その他のよこパイル織物
5801.36	シェニール織物
5801.37	たてパイル織物
5801.90	その他の紡織用繊維製のもの
58.02	テリータオル地その他のテリー織物(第58.06項の細幅織物類を除く。)及びタフテッド織物類(第57.03項の物品を除く。)
	テリータオル地その他のテリー織物(綿製のものに限る。)
5802.11	漂白してないもの
5802.19	その他のもの
5802.20	テリータオル地その他のテリー織物(その他の紡織用繊維製のもの)
5802.30	タフテッド織物類
58.03	
5803.00	もじり織物(第58.06項の細幅織物類を除く。)
58.04	チュールその他の網地(織つたもの及びメリヤス編み又はクロセ編みのものを除く。)及びレース(レース地及びモチーフに限るものとし、第60.02項から第60.06項までの編物を除く。)
5804.10	チュールその他の網地
	機械製のレース
5804.21	人造繊維製のもの
5804.29	その他の紡織用繊維製のもの

番号	品名
5804.30	手製のレース
58.05	
5805.00	ゴブラン織り、フランダース織り、オービュソン織り、ボーベ織りその他これらに類する手織りのつづれ織物及びプチポワン、クロスステッチ等を使用して手針によりつづれ織り風にした織物(製品にしたものであるかないかを問わない。)
58.06	細幅織物(第58.07項の物品を除く。)及び接着剤により接着したたて糸のみから成る細幅織物類(ボルダック)
5806.10	パイル織物(テリータオル地その他のテリー織物を含む。)及びシェニール織物
5806.20	その他の織物(弾性糸又はゴム糸の重量が全重量の5%以上のものに限る。)
	その他の織物
5806.31	綿製のもの
5806.32	人造繊維製のもの
5806.39	その他の紡織用繊維製のもの
5806.40	接着剤により接着したたて糸のみから成る細幅織物類(ボルダック)
58.07	紡織用繊維から成るラベル、バッジその他これらに類する物品(反物状又はストリップ状のもの及び特定の形状又は大きさに切つたものに限るものとし、ししゆうしたものを除く。)
5807.10	織つたもの
5807.90	その他のもの
58.08	組ひも及び装飾用トリミング(そのまま特定の用途に供しないものに限るものとし、装飾用トリミングにあつては、ししゆうしたもの及びメリヤス編み又はクロセ編みのものを除く。)並びにタッセル、ポンポンその他これらに類する製品
5808.10	組ひも(そのまま特定の用途に供しないものに限る。)
5808.90	その他のもの

615

〔付録〕ＨＳ品目表2017年版

番号	品　名
58.09	
5809.00	金属糸又は第56.05項の金属を交えた糸の織物(衣類、室内用品その他これらに類する物品に使用する種類のものに限るものとし、他の項に該当するものを除く。)
58.10	ししゅう布(モチーフを含む。)
5810.10	ししゅう布(基布が見えないものに限る。)その他のししゅう布

番号	品　名
5810.91	綿製のもの
5810.92	人造繊維製のもの
5810.99	その他の紡織用繊維製のもの
58.11	
5811.00	縫製その他の方法により紡織用繊維の一以上の層と詰物材料とを重ね合わせた反物状のキルティングした物品(第58.10項のししゅう布を除く。)

第59類　染み込ませ、塗布し、被覆し又は積層した紡織用繊維の織物類及び工業用の紡織用繊維製品

注
1　文脈により別に解釈される場合を除くほか、この類において紡織用繊維の織物類は、第50類から第55類まで、第58.03項又は第58.06項の織物、第58.08項の組ひも及び装飾用トリミング並びに第60.02項から第60.06項までのメリヤス編物及びクロセ編物に限る。
2　第59.03項には、次の物品を含む。
　(a) 紡織用繊維の織物類で、プラスチックを染み込ませ、塗布し、被覆し又は積層したもの(1平方メートルについての重量を問わず、また、当該プラスチックの性状が密又は多泡性であるものに限る。)。ただし、次の物品を除く。
　　(1) 染み込ませ、塗布し又は被覆したことを肉眼により判別することができない織物類(通常、第50類から第55類まで、第58類又は第60類に属する。)。この場合において、染み込ませ、塗布し又は被覆した結果生ずる色彩の変化を考慮しない。
　　(2) 温度15度から30度までにおいて直径が7ミリメートルの円筒に手で巻き付けたときに、き裂を生ずる物品(通常、第39類に属する。)
　　(3) 紡織用繊維の織物類をプラスチックの中に完全に埋め込んだ物品及び紡織用繊維の織物類の両面をすべてプラスチックで塗布し又は被覆した物品で、その結果生ずる色彩の変化を考慮することなく塗布し又は被覆したことが肉眼により判別することができるもの(第39類参照)
　　(4) 織物類にプラスチックを部分的に塗布し又は被覆することにより図案を表したもの(通常、第50類から第55類まで、第58類又は第60類に属する。)
　　(5) 紡織用繊維の織物類と多泡性のプラスチックの板、シート又はストリップと結合したもので、当該紡織用繊維の織物類を単に補強の目的で使用したもの(第39類参照)
　　(6) 第58.11項の紡織用繊維の物品
　(b) 第56.04項の糸、ストリップその他これらに類する物品(プラスチックを染み込ませ、塗布し又は被覆したものに限る。)から成る織物類
3　第59.05項において「紡織用繊維の壁面被覆材」とは、壁又は天井の装飾に適するロール状の物品(表面が紡織用繊維製のものに限る。)で、幅が45センチメートル以上のもののうち裏張りしたもの及びのり付けできるよう裏面に染み込ませ又は塗布したものをいう。
　　もっとも、第59.05項には、紡織用繊維のフロック又はダストを直接紙に付着させた壁面被覆材(第48.14項参照)及び当該フロック又はダストを直接紡織用繊維に付着させた壁面被覆材(主として第59.07項に属する。)を含まない。
4　第59.06項において「ゴム加工をした紡織用繊維の織物類」とは、次の物品をいう。
　(a) ゴムを染み込ませ、塗布し、被覆し又は積層した紡織用繊維の織物類で、次のいずれかの要件を満たすもの
　　(i) 重量が1平方メートルにつき1,500グラム以下であること。
　　(ii) 重量が1平方メートルにつき1,500グラムを超え、かつ、紡織用繊維の重量が全重量の60％を超えること。
　(b) 第56.04項の糸、ストリップその他これらに類する物品(ゴムを染み込ませ、塗布し又は被覆したものに限る。)から成る織物類
　(c) 平行した紡織用繊維の糸をゴムにより凝結させた織物類(1平方メートルについての重量を問わない。)
　　もっとも、この項には、紡織用繊維の織物類とセルラーラバーの板、シート又はストリップとを結合したもので当該紡織用繊維の織物類を単に補強の目的で使用したもの(第40類参照)及び第58.11項の紡織用繊維の物品を含まない。
5　第59.07項には、次の物品を含まない。
　(a) 染み込ませ、塗布し又は被覆したことを肉眼により判別することができない織物類(通常、第50類から第55類まで、第58類又は第60類に属する。)。この場合において、染み込ませ、塗布し又は被覆した結果生ずる色彩の変化を考慮

しない。
  (b) 図案を描いた織物類（劇場用又はスタジオ用の背景幕その他これに類する物品を除く。）
  (c) 紡織用繊維のフロック又はダスト、コルク粉その他これらに類する物品を付着させて図案を表した織物類。ただし、模造パイル織物類は、第59.07項に属する。
  (d) でん粉質その他これに類する物品を使用して通常の仕上げをした織物類
  (e) 木製薄板を紡織用繊維の織物類により裏張りしたもの（第44.08項参照）
  (f) 天然又は人造の研磨材料の粉又は粒を紡織用繊維の織物類に付着させたもの（第68.05項参照）
  (g) 凝結雲母又は再生雲母を紡織用繊維の織物類により裏張りしたもの（第68.14項参照）
  (h) 金属のはくを紡織用繊維の織物類により裏張りしたもの（主として第14部又は第15部に属する。）
6　第59.10項には、次の物品を含まない。
  (a) 伝動用又はコンベヤ用のベルチング（紡織用繊維製のもので、厚さが3ミリメートル未満のものに限る。）
  (b) 伝動用又はコンベヤ用のベルト及びベルチングで、ゴムを染み込ませ、塗布し、被覆し又は積層した紡織用繊維の織物類から製造したもの及びゴムを染み込ませ、塗布し又は被覆した紡織用繊維の糸又はコードから製造したもの（第40.10項参照）
7　第59.11項には、次の物品のみを含むものとし、当該物品は、この部の他のいずれの項にも属しない。
  (a) 特定の長さに裁断し又は単に長方形（正方形を含む。）に裁断した紡織用繊維の物品及び反物状の紡織用繊維の物品（第59.08項から第59.10項までの物品の特性を有するものを除く。）で、次のもの
    (i) フェルト、フェルトを張り付けた織及び紡織用繊維の織物類で、ゴム、革その他の材料を塗布し、被覆し又は積層したもののうち針布に使用する種類のもの並びにこれらに類する織物類でその他の技術的用途に供する種類のもの（ゴムを染み込ませたベルベット製の細幅織物で、機織用のスピンドル（ビーム）の被覆用のものを含む。）
    (ii) ふるい用の布
    (iii) 搾油機その他これに類する機械に使用する種類のろ過布（紡織用繊維製又は人髪製のものに限る。）
    (iv) 機械又はその他の技術的用途に供する種類の紡織用繊維の織物（シート状に織つたもので経緯糸のいずれかに合ねん糸を使用したものに限るものとし、フェルト化し、染み込ませ又は塗布したものであるかないかを問わない。）
    (v) 技術的用途に供する種類の紡織用繊維の織物類（金属により補強したものに限る。）
    (vi) パッキング又は潤滑材料として工業において使用する種類のコード、組ひもその他これらに類する物品（染み込ませ、塗布し又は金属により補強したものであるかないかを問わない。）
  (b) 技術的用途に供する種類の紡織用繊維製品（例えば、エンドレス状又は連結具を有する紡織用繊維の織物類及びフェルト（製紙用、パルプ用、石綿セメント用その他これらに類する用途に供する機械に使用する種類のものに限る。）、ガスケット、ワッシャー、ポリッシングディスクその他の機械部分品。第59.08項から第59.10項までのものを除く。）

番号	品　名	番号	品　名
59.01	書籍装丁用その他これに類する用途に供する種類の紡織用繊維の織物類でガム又はでん粉質の物質を塗布したもの、トレーシングクロス、画用カンバス及びハットファンデーション用バックラムその他これに類する硬化紡織用繊維の織物類	5903.10	ポリ（塩化ビニル）を染み込ませ、塗布し、被覆し又は積層したもの
		5903.20	ポリウレタンを染み込ませ、塗布し、被覆し又は積層したもの
		5903.90	その他のもの
5901.10	書籍装丁用その他これに類する用途に供する種類の紡織用繊維の織物で、ガム又はでん粉質の物質を塗布したもの	59.04	リノリウム及び床用敷物で紡織用繊維の基布に塗布し又は被覆したもの（特定の形状に切つてあるかないかを問わない。）
		5904.10	リノリウム
5901.90	その他のもの	5904.90	その他のもの
59.02	タイヤコードファブリック（ナイロンその他のポリアミド、ポリエステル又はビスコースレーヨンの強力糸のものに限る。）	59.05	
		5905.00	紡織用繊維の壁面被覆材
		59.06	ゴム加工をした紡織用繊維の織物類（第59.02項のものを除く。）
5902.10	ナイロンその他のポリアミド製のもの	5906.10	接着テープ（幅が20センチメートル以下のものに限る。）
5902.20	ポリエステル製のもの		その他のもの
5902.90	その他のもの		
59.03	紡織用繊維の織物類（プラスチックを染み込ませ、塗布し、被覆し又は積層したものに限るものとし、第59.02項のものを除く。）	5906.91	メリヤス編み又はクロセ編みのもの

番号	品名
5906.99	その他のもの
59.07	
5907.00	その他の紡織用繊維の織物類(染み込ませ、塗布し又は被覆したものに限る。)及び劇場用又はスタジオ用の背景幕その他これに類する物品に使用する図案を描いた織物類
59.08	
5908.00	紡織用繊維製のしん(織り、組み又は編んだもので、ランプ用、ストーブ用、ライター用、ろうそく用その他これらに類する用途に供するものに限る。)並びに白熱ガスマントル及び白熱ガスマントル用の管状編物(染み込ませてあるかないかを問わない。)
59.09	
5909.00	紡織用繊維製のホースその他これに類する管状の製品(他の材料により内張りし又は補強したもの及び他の材料の附属品を有するものを含む。)
59.10	
5910.00	伝動用又はコンベヤ用のベルト及びベルチング(紡織用繊維製のものに限るものとし、プラスチックを染み込ませ、塗布し、被覆し若しくは積層してあるかないか又は金属その他の材料により補強してあるかないかを問わない。)

番号	品名
59.11	紡織用繊維の物品及び製品(技術的用途に供するもので、この類の注7のものに限る。)
5911.10	フェルト、フェルトを張り付けた織物及び紡織用繊維の織物類で、ゴム、革その他の材料を塗布し、被覆し又は積層したもののうち針布に使用する種類のもの並びにこれらに類する織物類でその他の技術的用途に供する種類のもの(ゴムを染み込ませたベルベット製の細幅織物で、機織用のスピンドル(ビーム)の被覆用のものを含む。)
5911.20	ふるい用の布(製品にしたものであるかないかを問わない。)
	エンドレス状又は連結具を有する紡織用繊維の織物類及びフェルト(製紙用、パルプ用、石綿セメント用その他これらに類する用途に供する機械に使用する種類のものに限る。)
5911.31	重量が1平方メートルにつき650グラム未満のもの
5911.32	重量が1平方メートルにつき650グラム以上のもの
5911.40	搾油機その他これに類する機械に使用する種類のろ過布(人髪製のものを含む。)
5911.90	その他のもの

第60類 メリヤス編物及びクロセ編物
注
1 この類には、次の物品を含まない。
  (a) 第58.04項のクロセ編みのレース
  (b) 第58.07項のメリヤス編み又はクロセ編みのラベル、バッジその他これらに類する物品
  (c) メリヤス編物及びクロセ編物で、染み込ませ、塗布し、被覆し又は積層したもの(第59類参照)。ただし、メリヤス編み又はクロセ編みのパイル編物で、染み込ませ、塗布し、被覆し又は積層したものは、第60.01項に属する。
2 この類には、衣類、室内用品その他これらに類する物品に使用する種類の金属糸製の編物を含む。
3 この表においてメリヤス編みの物品には、ステッチボンディング方式により得た物品でチェーンステッチが紡織用繊維の糸のものを含む。
号注
1 第6005.35号には、ポリエチレンの単繊維又はポリエステルのマルチフィラメントの編物で、重量が1平方メートルにつき30グラム以上55グラム以下、網目が1平方センチメートルにつき20穴以上100穴以下であり、アルファーシペルメトリン(ISO)、クロルフェナピル(ISO)、デルタメトリン(INN)、ラムダーシハロトリン(ISO)、ペルメトリン(ISO)又はピリミホスメチル(ISO)を染み込ませ又は塗布したものを含む。

番号	品名
60.01	パイル編物(ロングパイル編物及びテリー編物を含むものとし、メリヤス編み又はクロセ編みのものに限る。)
6001.10	ロングパイル編物
	ループドパイル編物
6001.21	綿製のもの
6001.22	人造繊維製のもの

番号	品名
6001.29	その他の紡織用繊維製のもの
	その他のもの
6001.91	綿製のもの
6001.92	人造繊維製のもの
6001.99	その他の紡織用繊維製のもの

番号	品名
60.02	メリヤス編物及びクロセ編物(幅が30センチメートル以下で、弾性糸又はゴム糸の重量が全重量の5%以上に限るものとし、第60.01項のものを除く。)
6002.40	弾性糸の重量が全重量の5%以上のもの(ゴム糸を含まないものに限る。)
6002.90	その他のもの
60.03	メリヤス編物及びクロセ編物(幅が30センチメートル以下のものに限るものとし、第60.01項及び第60.02項のものを除く。)
6003.10	羊毛製又は繊獣毛製のもの
6003.20	綿製のもの
6003.30	合成繊維製のもの
6003.40	再生繊維又は半合成繊維製のもの
6003.90	その他のもの
60.04	メリヤス編物及びクロセ編物(幅が30センチメートルを超え、弾性糸又はゴム糸の重量が全重量の5%以上のものに限るものとし、第60.01項のものを除く。)
6004.10	弾性糸の重量が全重量の5%以上のもの(ゴム糸を含まないものに限る。)
6004.90	その他のもの
60.05	たてメリヤス編物(ガルーンメリヤス機により編んだものを含むものとし、第60.01項から第60.04項までのものを除く。)
	綿製のもの
6005.21	漂白してないもの及び漂白したもの
6005.22	浸染したもの
6005.23	異なる色の糸から成るもの
6005.24	なせんしたもの
	合成繊維製のもの

番号	品名
6005.35	この類の号注1の編物
6005.36	その他のもの(漂白してないもの及び漂白したものに限る。)
6005.37	その他のもの(浸染したものに限る。)
6005.38	その他のもの(異なる色の糸から成るものに限る。)
6005.39	その他のもの(なせんしたものに限る。)
	再生繊維又は半合成繊維製のもの
6005.41	漂白してないもの及び漂白したもの
6005.42	浸染したもの
6005.43	異なる色の糸から成るもの
6005.44	なせんしたもの
6005.90	その他のもの
60.06	その他のメリヤス編物及びクロセ編物
6006.10	羊毛製又は繊獣毛製のもの
	綿製のもの
6006.21	漂白してないもの及び漂白したもの
6006.22	浸染したもの
6006.23	異なる色の糸から成るもの
6006.24	なせんしたもの
	合成繊維製のもの
6006.31	漂白してないもの及び漂白したもの
6006.32	浸染したもの
6006.33	異なる色の糸から成るもの
6006.34	なせんしたもの
	再生繊維又は半合成繊維製のもの
6006.41	漂白してないもの及び漂白したもの
6006.42	浸染したもの
6006.43	異なる色の糸から成るもの
6006.44	なせんしたもの
6006.90	その他のもの

第61類　衣類及び衣類附属品(メリヤス編み又はクロセ編みのものに限る。)

注
1　この類の物品は、メリヤス編物又はクロセ編物を製品にしたものに限る。
2　この類には、次の物品を含まない。
　(a)　第62.12項の物品
　(b)　第63.09項の中古の衣類その他の物品
　(c)　整形外科用機器、外科用ベルト、脱腸帯その他これらに類する物品(第90.21項参照)
3　第61.03項及び第61.04項においては、次に定めるところによる。
　(a)　「スーツ」とは、表地を同一の生地から製造した2点又は3点の衣類を組み合わせたもので、次の構成部分から成るものをいう。
　　　上半身用のスーツコート又はジャケット1点(袖の部分を除くほか、表地が四以上の身ごろから成るもので、縫製したベスト(正面がセットを構成する他の部分の表地と同一の生地で、背中が当該スーツコート又はジャケットの裏地と同一の生地から成るものに限る。)が附属しているかいないかを問わない。)
　　　下半身用の衣類1点(ズボン、半ズボン若しくはショーツ(水着を除く。)又はスカート若しくはキュロットスカートで、つりひも又は胸当てのないもの)
　　　スーツを構成する衣類は、生地の組織、スタイル、色及び素材が同一のもの(異なる生地のパイピング(生地の継目に縫い付けたストリップ状の生地)を有するものを含む。)であり、互いに適合するサイズのものでなければならない。

〔付録〕ＨＳ品目表2017年版

　　　下半身用の構成部分が２点以上ある場合(例えば、ズボン２点、ズボンと半ズボン又はスカート若しくはキュロットスカートとズボン)には、ズボン１点(女子用のスーツの場合には、スカート又はキュロットスカート)をスーツの下半身用の構成部分とみなし、その他の衣類は、スーツの構成部分としない。
　　　スーツには、前記のすべての要件を満たしているかいないかを問わず、次の衣類の組合せを含む。
　　　　モーニング(背中に十分下まで下がる丸みを持つ垂れを有する無地のジャケット(カッタウェイ)と縞模様のズボンとを組み合わせた製品)
　　　　燕尾服(テールコート。通常、黒い生地から製造し、ジャケットの正面の部分が比較的短く、正面で閉じることができず、後部には、臀部から切込みのある細幅の垂れを有する製品)
　　　　タキシード(ジャケットのスタイルは、シャツの胸部の露出部分が一層大きい場合があることを除くほか、通常のジャケットに類似しているが、光沢のある絹又はイミテーションシルクの下襟を有する製品)
　(b) 「アンサンブル」とは、第61.07項から第61.09項までの製品以外の衣類を組み合わせて小売用にした製品(スーツを除く。)で、同一の生地から製造したもののうち次の構成部分から成るものをいう。
　　　　上半身用の衣類１点(プルオーバー１点がツインセットを構成する場合及びベスト１点と他の上半身用の衣類１点とを組み合わせた場合に限り、当該ツインセット又は組合せを１点とみなす。)
　　　　一又は二種類の下半身用の衣類(ズボン、胸当てズボン、半ズボン、ショーツ(水着を除く。)、スカート又はキュロットスカート)
　　　アンサンブルを構成する衣類は、生地の組織、スタイル、色及び素材が同一のものであり、互いに適合するサイズのものでなければならない。アンサンブルには、第61.12項のトラックスーツ及びスキースーツを含まない。
4 　第61.05項及び第61.06項には、ウエストより下の部分にポケットのある衣類、すそにゴム編みのウエストバンドその他の絞る部分がある衣類及び少なくとも縦10センチメートル、横10センチメートルの範囲で数えた編目の数の平均値が編目の方向にそれぞれ１センチメートルにつき10未満である衣類を含まない。第61.05項には、袖無しの衣類を含まない。
5 　第61.09項には、すそに締めひも、ゴム編みのウエストバンドその他の絞る部分がある衣類を含まない。
6 　第61.11項については、次に定めるところによる。
　(a) 「乳児用の衣類及び衣類附属品」とは、身長が86センチメートル以下の乳幼児用のものをいう。
　(b) 第61.11項及びこの類の他の項に同時に属するとみられる物品は、第61.11項に属する。
7 　第61.12項において「スキースーツ」とは、全体的な外観及び風合により、主にスキー(クロスカントリー又はアルペン)を行う際に着用するものと認められる衣類及び当該衣類を組み合わせたもので、次のものをいう。
　(a) スキーオーバーオール(上下一体の全身用の衣類。袖及び襟のほか、ポケット又は足部の締めひもを有するものを含む。)
　(b) スキーアンサンブル(２点又は３点の衣類を組み合わせて小売用にした製品で、次の構成部分から成るもの)
　　　　アノラック、ウインドチーター、ウインドジャケットその他これらに類する衣類１点(スライドファスナー(ジッパー)で閉じるものに限るものとし、ベストが附属しているかいないかを問わない。
　　　　ズボン(ウエストより上部まで届くか届かないかを問わない。)、半ズボン又は胸当てズボンのいずれか１点
　　　スキーアンサンブルには、(a)のスキーオーバーオールに類似したオーバーオールとこの上に着用する詰物をした袖無しジャケットとから成る製品を含む。
　　　スキーアンサンブルを構成する衣類は、風合、スタイル及び素材が同一のものであり、互いに適合するサイズのものでなければならない。ただし、色が同一であるかないかを問わない。
8 　第61.13項及びこの類の他の項(第61.11項を除く。)に同時に属するとみられる衣類は、第61.13項に属する。
9 　この類の衣類で、正面で左を右の上にして閉じるものは男子用の衣類とみなし、正面で右を左の上にして閉じるものは女子用の衣類とみなす。この注９の規定は、衣類の裁断により男子用の衣類であるか女子用の衣類であるかを明らかに判別することができるものについては、適用しない。
　　　男子用の衣類であるか女子用の衣類であるかを判別することができないものは、女子用の衣類が属する項に属する。
10 　この類の物品には、金属糸から製造したものを含む。

〔付録〕ＨＳ品目表2017年版

番号	品名
61.01	男子用のオーバーコート、カーコート、ケープ、クローク、アノラック(スキージャケットを含む。)、ウインドチーター、ウインドジャケットその他これらに類する製品(メリヤス編み又はクロセ編みのものに限るものとし、第61.03項のものを除く。)
6101.20	綿製のもの
6101.30	人造繊維製のもの
6101.90	その他の紡織用繊維製のもの
61.02	女子用のオーバーコート、カーコート、ケープ、クローク、アノラック(スキージャケットを含む。)、ウインドチーター、ウインドジャケットその他これらに類する製品(メリヤス編み又はクロセ編みのものに限るものとし、第61.04項のものを除く。)
6102.10	羊毛製又は繊獣毛製のもの
6102.20	綿製のもの
6102.30	人造繊維製のもの
6102.90	その他の紡織用繊維製のもの
61.03	男子用のスーツ、アンサンブル、ジャケット、ブレザー、ズボン、胸当てズボン、半ズボン及びショーツ(水着を除く。)(メリヤス編み又はクロセ編みのものに限る。)
6103.10	スーツ
	アンサンブル
6103.22	綿製のもの
6103.23	合成繊維製のもの
6103.29	その他の紡織用繊維製のもの
	ジャケット及びブレザー
6103.31	羊毛製又は繊獣毛製のもの
6103.32	綿製のもの
6103.33	合成繊維製のもの
6103.39	その他の紡織用繊維製のもの
	ズボン、胸当てズボン、半ズボン及びショーツ
6103.41	羊毛製又は繊獣毛製のもの
6103.42	綿製のもの
6103.43	合成繊維製のもの
6103.49	その他の紡織用繊維製のもの
61.04	女子用のスーツ、アンサンブル、ジャケット、ブレザー、ドレス、スカート、キュロットスカート、ズボン、胸当てズボン、半ズボン及びショーツ(水着を除く。)(メリヤス編み又はクロセ編みのものに限る。)
	スーツ
6104.13	合成繊維製のもの
6104.19	その他の紡織用繊維製のもの
	アンサンブル
6104.22	綿製のもの

番号	品名
6104.23	合成繊維製のもの
6104.29	その他の紡織用繊維製のもの
	ジャケット及びブレザー
6104.31	羊毛製又は繊獣毛製のもの
6104.32	綿製のもの
6104.33	合成繊維製のもの
6104.39	その他の紡織用繊維製のもの
	ドレス
6104.41	羊毛製又は繊獣毛製のもの
6104.42	綿製のもの
6104.43	合成繊維製のもの
6104.44	再生繊維又は半合成繊維製のもの
6104.49	その他の紡織用繊維製のもの
	スカート及びキュロットスカート
6104.51	羊毛製又は繊獣毛製のもの
6104.52	綿製のもの
6104.53	合成繊維製のもの
6104.59	その他の紡織用繊維製のもの
	ズボン、胸当てズボン、半ズボン及びショーツ
6104.61	羊毛製又は繊獣毛製のもの
6104.62	綿製のもの
6104.63	合成繊維製のもの
6104.69	その他の紡織用繊維製のもの
61.05	男子用のシャツ(メリヤス編み又はクロセ編みのものに限る。)
6105.10	綿製のもの
6105.20	人造繊維製のもの
6105.90	その他の紡織用繊維製のもの
61.06	女子用のブラウス、シャツ及びシャツブラウス(メリヤス編み又はクロセ編みのものに限る。)
6106.10	綿製のもの
6106.20	人造繊維製のもの
6106.90	その他の紡織用繊維製のもの
61.07	男子用のパンツ、ズボン下、ブリーフ、ナイトシャツ、パジャマ、バスローブ、ドレッシングガウンその他これらに類する製品(メリヤス編み又はクロセ編みのものに限る。)
	パンツ、ズボン下及びブリーフ
6107.11	綿製のもの
6107.12	人造繊維製のもの
6107.19	その他の紡織用繊維製のもの
	ナイトシャツ及びパジャマ
6107.21	綿製のもの
6107.22	人造繊維製のもの
6107.29	その他の紡織用繊維製のもの
	その他のもの

〔付録〕ＨＳ品目表2017年版

番号	品名
6107.91	綿製のもの
6107.99	その他の紡織用繊維製のもの
61.08	女子用のスリップ、ペティコート、ブリーフ、パンティ、ナイトドレス、パジャマ、ネグリジェ、バスローブ、ドレッシングガウンその他これらに類する製品（メリヤス編み又はクロセ編みのものに限る。）
	スリップ及びペティコート
6108.11	人造繊維製のもの
6108.19	その他の紡織用繊維製のもの
	ブリーフ及びパンティ
6108.21	綿製のもの
6108.22	人造繊維製のもの
6108.29	その他の紡織用繊維製のもの
	ナイトドレス及びパジャマ
6108.31	綿製のもの
6108.32	人造繊維製のもの
6108.39	その他の紡織用繊維製のもの
	その他のもの
6108.91	綿製のもの
6108.92	人造繊維製のもの
6108.99	その他の紡織用繊維製のもの
61.09	Ｔシャツ、シングレットその他これらに類する肌着（メリヤス編み又はクロセ編みのものに限る。）
6109.10	綿製のもの
6109.90	その他の紡織用繊維製のもの
61.10	ジャージー、プルオーバー、カーディガン、ベストその他これらに類する製品（メリヤス編み又はクロセ編みのものに限る。）
	羊毛製又は繊獣毛製のもの
6110.11	羊毛製のもの
6110.12	カシミヤ毛製のもの
6110.19	その他のもの
6110.20	綿製のもの
6110.30	人造繊維製のもの
6110.90	その他の紡織用繊維製のもの
61.11	乳児用の衣類及び衣類附属品（メリヤス編み又はクロセ編みのものに限る。）
6111.20	綿製のもの
6111.30	合成繊維製のもの
6111.90	その他の紡織用繊維製のもの
61.12	トラックスーツ、スキースーツ及び水着（メリヤス編み又はクロセ編みのものに限る。）
	トラックスーツ
6112.11	綿製のもの
6112.12	合成繊維製のもの
6112.19	その他の紡織用繊維製のもの
6112.20	スキースーツ

番号	品名
	男子用の水着
6112.31	合成繊維製のもの
6112.39	その他の紡織用繊維製のもの
	女子用の水着
6112.41	合成繊維製のもの
6112.49	その他の紡織用繊維製のもの
61.13	
6113.00	衣類（第59.03項、第59.06項又は第59.07項のメリヤス編物又はクロセ編物から製品にしたものに限る。）
61.14	その他の衣類（メリヤス編み又はクロセ編みのものに限る。）
6114.20	綿製のもの
6114.30	人造繊維製のもの
6114.90	その他の紡織用繊維製のもの
61.15	パンティストッキング、タイツ、ストッキング、ソックスその他の靴下類（段階的圧縮靴下（例えば、静脈瘤用のストッキング）及び履物として使用するもの（更に別の底を取り付けてないものに限る。）を含むものとし、メリヤス編み又はクロセ編みのものに限る。）
6115.10	段階的圧縮靴下（例えば、静脈瘤用のストッキング）
	その他のパンティストッキング及びタイツ
6115.21	合成繊維製のもの（構成する単糸が67デシテックス未満のものに限る。）
6115.22	合成繊維製のもの（構成する単糸が67デシテックス以上のものに限る。）
6115.29	その他の紡織用繊維製のもの
6115.30	その他の女子用の長靴下（構成する単糸が67デシテックス未満のものに限る。）
	その他のもの
6115.94	羊毛製又は繊獣毛製のもの
6115.95	綿製のもの
6115.96	合成繊維製のもの
6115.99	その他の紡織用繊維製のもの
61.16	手袋、ミトン及びミット（メリヤス編み又はクロセ編みのものに限る。）
6116.10	プラスチック又はゴムを染み込ませ、塗布し又は被覆したもの
	その他のもの
6116.91	羊毛製又は繊獣毛製のもの
6116.92	綿製のもの
6116.93	合成繊維製のもの
6116.99	その他の紡織用繊維製のもの
61.17	その他の衣類附属品（製品にしたもので、メリヤス編み又はクロセ編みのものに限る。）及び衣類又は衣類附属品の部分品（メリヤス編み又はクロセ編みのものに限る。）

番号	品名	番号	品名
6117.10	ショール、スカーフ、マフラー、マンティーラ、ベールその他これらに類する製品	6117.80	その他の附属品
		6117.90	部分品

第62類　衣類及び衣類附属品(メリヤス編み又はクロセ編みのものを除く。)

注
1　この類の物品は、紡織用繊維の織物類(ウォッディングを除く。)を製品にしたものに限るものとし、メリヤス編み又はクロセ編みの物品(第62.12項のものを除く。)を含まない。
2　この類には、次の物品を含まない。
  (a)　第63.09項の中古の衣類その他の物品
  (b)　整形外科用機器、外科用ベルト、脱腸帯その他これらに類する物品(第90.21項参照)
3　第62.03項及び第62.04項においては、次に定めるところによる。
  (a)　「スーツ」とは、同一の生地から製造した2点又は3点の衣類を組み合わせたもので、次の構成部分から成るものをいう。
    上半身用のスーツコート又はジャケット1点(袖の部分を除くほか、表地が四以上の身ごろから成るもので、縫製したベスト(正面がセットを構成する他の部分の表地と同一の生地で、背中が当該スーツコート又はジャケットの裏地と同一の生地から成るものに限る。)が附属しているかいないかを問わない。
    下半身用の衣類1点(ズボン、半ズボン若しくはショーツ(水着を除く。)又はスカート若しくはキュロットスカートで、つりひも又は胸当てのないもの)
    スーツを構成する衣類は、生地の組織、スタイル、色及び素材が同一のもの(異なる生地のパイピング(生地の継目に縫い付けたストリップ状の生地)を有するものを含む。)であり、互いに適するサイズのものでなければならない。
    下半身用の構成部分が2点以上ある場合(例えば、ズボン2点、ズボンと半ズボン又はスカート若しくはキュロットスカートとズボン)には、ズボン1点(女子用のスーツの場合には、スカート又はキュロットスカート)をスーツの下半身用の構成部分とみなし、その他の衣類は、スーツの構成部分としない。
    スーツには、前記のすべての要件を満たしているかいないかを問わず、次の衣類の組合せを含む。
    モーニング(背中に十分下まで下がる丸みを持つ垂れを有する無地のジャケット(カッタウェイ)と縞模様のズボンとを組み合わせた製品)
    燕尾服(テールコート。通常、黒い生地から製造し、ジャケットの正面の部分が比較的短く、正面で閉じることができず、後部には臀部から切込みのある細幅の垂れを有する製品)
    タキシード(ジャケットのスタイルは、シャツの胸部の露出部分が一層大きい場合があることを除くほか、通常のジャケットに類似しているが、光沢のある絹又はイミテーションシルクの下襟を有する製品)
  (b)　「アンサンブル」とは、第62.07項から第62.08項の製品以外の衣類を組み合わせて小売用にした製品(スーツを除く。)で、同一の生地から製造したもののうち次の構成部分から成るものをいう。
    上半身用の衣類1点(ベスト1点と他の上半身用の衣類1点とを組み合わせた場合に限り、当該組合せを1点とみなす。)
    一又は二種類の下半身用の衣類(ズボン、胸当てズボン、半ズボン、ショーツ(水着を除く。)、スカート又はキュロットスカート)
    アンサンブルを構成する衣類は、生地の組織、スタイル、色及び素材が同一のものであり、互いに適するサイズのものでなければならない。アンサンブルには、第62.11項のトラックスーツ及びスキースーツを含まない。
4　第62.09項については、次に定めるところによる。
  (a)　「乳児用の衣類及び衣類附属品」とは、身長が86センチメートル以下の乳幼児用のものをいう。
  (b)　第62.09項及びこの類の他の項に同時に属するとみられる物品は、第62.09項に属する。
5　第62.10項及びこの類の他の項(第62.09項を除く。)に同時に属するとみられる衣類は、第62.10項に属する。
6　第62.11項において「スキースーツ」とは、全体的な外観及び風合により、主にスキー(クロスカントリー又はアルペン)を行う際に着用するものと認められる衣類及び当該衣類を組み合わせたもので、次のものをいう。
  (a)　スキーオーバーオール(上下一体の全身用の衣類。袖及び襟のほか、ポケット又は足部の締めひもを有するものを含む。)
  (b)　スキーアンサンブル(2点又は3点の衣類を組み合わせて小売用にした製品で、次の構成部分から成るもの)
    アノラック、ウインドチーター、ウインドジャケットその他これらに類する衣類1点(スライドファスナー(ジッパー)で閉じるものに限るものとし、ベストが附属しているかいないかを問わない。)

〔付録〕ＨＳ品目表2017年版

ズボン（ウエストより上部まで届くか届かないかを問わない。）、半ズボン又は胸当てズボンのいずれか１点

スキーアンサンブルには、(a)のスキーオーバーオールに類似したオーバーオールとこの上に着用する詰物をした袖無しジャケットとから成る製品を含む。

スキーアンサンブルを構成する衣類は、風合、スタイル及び素材が同一のものであり、互いに適合するサイズのものでなければならない。ただし、色が同一であるかないかを問わない。

7　スカーフその他これに類する物品で正方形又は正方形に近い形状のもののうち各辺の長さが60センチメートル以下のものは、ハンカチとして第62.13項に属する。ハンカチで一辺の長さが60センチメートルを超えるものは、第62.14項に属する。

8　この類の衣類で、正面で左を右の上にして閉じるものは男子用の衣類とみなし、正面で右を左の上にして閉じるものは女子用の衣類とみなす。この注８の規定は、衣類の裁断により男子用の衣類であるか女子用の衣類であるかを明らかに判別することができるものについては、適用しない。

男子用の衣類であるか女子用の衣類であるかを判別することができないものは、女子用の衣類が属する項に属する。

9　この類の物品には、金属糸から製造したものを含む。

番号	品名
62.01	男子用のオーバーコート、カーコート、ケープ、クローク、アノラック（スキージャケットを含む。）、ウインドチーター、ウインドジャケットその他これらに類する製品（第62.03項のものを除く。）
	オーバーコート、レインコート、カーコート、ケープ、クロークその他これらに類する製品
6201.11	羊毛製又は繊獣毛製のもの
6201.12	綿製のもの
6201.13	人造繊維製のもの
6201.19	その他の紡織用繊維製のもの
	その他のもの
6201.91	羊毛製又は繊獣毛製のもの
6201.92	綿製のもの
6201.93	人造繊維製のもの
6201.99	その他の紡織用繊維製のもの
62.02	女子用のオーバーコート、カーコート、ケープ、クローク、アノラック（スキージャケットを含む。）、ウインドチーター、ウインドジャケットその他これらに類する製品（第62.04項のものを除く。）
	オーバーコート、レインコート、カーコート、ケープ、クロークその他これらに類する製品
6202.11	羊毛製又は繊獣毛製のもの
6202.12	綿製のもの
6202.13	人造繊維製のもの
6202.19	その他の紡織用繊維製のもの
	その他のもの
6202.91	羊毛製又は繊獣毛製のもの
6202.92	綿製のもの
6202.93	人造繊維製のもの
6202.99	その他の紡織用繊維製のもの
62.03	男子用のスーツ、アンサンブル、ジャケット、ブレザー、ズボン、胸当てズボン、半ズボン及びショーツ（水着を除く。）

番号	品名
	スーツ
6203.11	羊毛製又は繊獣毛製のもの
6203.12	合成繊維製のもの
6203.19	その他の紡織用繊維製のもの
	アンサンブル
6203.22	綿製のもの
6203.23	合成繊維製のもの
6203.29	その他の紡織用繊維製のもの
	ジャケット及びブレザー
6203.31	羊毛製又は繊獣毛製のもの
6203.32	綿製のもの
6203.33	合成繊維製のもの
6203.39	その他の紡織用繊維製のもの
	ズボン、胸当てズボン、半ズボン及びショーツ
6203.41	羊毛製又は繊獣毛製のもの
6203.42	綿製のもの
6203.43	合成繊維製のもの
6203.49	その他の紡織用繊維製のもの
62.04	女子用のスーツ、アンサンブル、ジャケット、ブレザー、ドレス、スカート、キュロットスカート、ズボン、胸当てズボン、半ズボン及びショーツ（水着を除く。）
	スーツ
6204.11	羊毛製又は繊獣毛製のもの
6204.12	綿製のもの
6204.13	合成繊維製のもの
6204.19	その他の紡織用繊維製のもの
	アンサンブル
6204.21	羊毛製又は繊獣毛製のもの
6204.22	綿製のもの
6204.23	合成繊維製のもの
6204.29	その他の紡織用繊維製のもの
	ジャケット及びブレザー
6204.31	羊毛製又は繊獣毛製のもの

[付録] HS品目表2017年版

番号	品名
6204.32	綿製のもの
6204.33	合成繊維製のもの
6204.39	その他の紡織用繊維製のもの
	ドレス
6204.41	羊毛製又は繊獣毛製のもの
6204.42	綿製のもの
6204.43	合成繊維製のもの
6204.44	再生繊維又は半合成繊維製のもの
6204.49	その他の紡織用繊維製のもの
	スカート及びキュロットスカート
6204.51	羊毛製又は繊獣毛製のもの
6204.52	綿製のもの
6204.53	合成繊維製のもの
6204.59	その他の紡織用繊維製のもの
	ズボン、胸当てズボン、半ズボン及びショーツ
6204.61	羊毛製又は繊獣毛製のもの
6204.62	綿製のもの
6204.63	合成繊維製のもの
6204.69	その他の紡織用繊維製のもの
62.05	男子用のシャツ
6205.20	綿製のもの
6205.30	人造繊維製のもの
6205.90	その他の紡織用繊維製のもの
62.06	女子用のブラウス、シャツ及びシャツブラウス
6206.10	絹(絹のくずを含む。)製のもの
6206.20	羊毛製又は繊獣毛製のもの
6206.30	綿製のもの
6206.40	人造繊維製のもの
6206.90	その他の紡織用繊維製のもの
62.07	男子用のシングレットその他これに類する肌着、パンツ、ズボン下、ブリーフ、ナイトシャツ、パジャマ、バスローブ、ドレッシングガウンその他これらに類する製品
	パンツ、ズボン下及びブリーフ
6207.11	綿製のもの
6207.19	その他の紡織用繊維製のもの
	ナイトシャツ及びパジャマ
6207.21	綿製のもの
6207.22	人造繊維製のもの
6207.29	その他の紡織用繊維製のもの
	その他のもの
6207.91	綿製のもの
6207.99	その他の紡織用繊維製のもの
62.08	女子用のシングレットその他これに類する肌着、スリップ、ペティコート、ブリーフ、パンティ、ナイトドレス、パジャマ、ネグリジェ、バスローブ、ドレッシングガウンその他これらに類する製品

番号	品名
	スリップ及びペティコート
6208.11	人造繊維製のもの
6208.19	その他の紡織用繊維製のもの
	ナイトドレス及びパジャマ
6208.21	綿製のもの
6208.22	人造繊維製のもの
6208.29	その他の紡織用繊維製のもの
	その他のもの
6208.91	綿製のもの
6208.92	人造繊維製のもの
6208.99	その他の紡織用繊維製のもの
62.09	乳児用の衣類及び衣類附属品
6209.20	綿製のもの
6209.30	合成繊維製のもの
6209.90	その他の紡織用繊維製のもの
62.10	衣類(第56.02項、第56.03項、第59.03項、第59.06項又は第59.07項の織物類から製品にしたものに限る。)
6210.10	第56.02項又は第56.03項の織物類から成るもの
6210.20	その他の衣類(第6201.11号から第6201.19号までのものと同一種類のものに限る。)
6210.30	その他の衣類(第6202.11号から第6202.19号までのものと同一種類のものに限る。)
6210.40	その他の男子用の衣類
6210.50	その他の女子用の衣類
62.11	トラックスーツ、スキースーツ及び水着並びにその他の衣類
	水着
6211.11	男子用のもの
6211.12	女子用のもの
6211.20	スキースーツ
	その他の男子用の衣類
6211.32	綿製のもの
6211.33	人造繊維製のもの
6211.39	その他の紡織用繊維製のもの
	その他の女子用の衣類
6211.42	綿製のもの
6211.43	人造繊維製のもの
6211.49	その他の紡織用繊維製のもの
62.12	ブラジャー、ガードル、コルセット、サスペンダー、ガーターその他これらに類する製品及びこれらの部分品(メリヤス編みであるかないか又はクロセ編みであるかないかを問わない。)
6212.10	ブラジャー
6212.20	ガードル及びパンティガードル
6212.30	コースレット

625

〔付録〕ＨＳ品目表2017年版

番号	品　名
6212.90	その他のもの
62.13	ハンカチ
6213.20	綿製のもの
6213.90	その他の紡織用繊維製のもの
62.14	ショール、スカーフ、マフラー、マンティーラ、ベールその他これらに類する製品
6214.10	絹(絹のくずを含む。)製のもの
6214.20	羊毛製又は繊獣毛製のもの
6214.30	合成繊維製のもの
6214.40	再生繊維又は半合成繊維製のもの
6214.90	その他の紡織用繊維製のもの

番号	品　名
62.15	ネクタイ
6215.10	絹(絹のくずを含む。)製のもの
6215.20	人造繊維製のもの
6215.90	その他の紡織用繊維製のもの
62.16	
6216.00	手袋、ミトン及びミット
62.17	その他の衣類附属品(製品にしたものに限る。)及び衣類又は衣類附属品の部分品(第62.12項のものを除く。)
6217.10	附属品
6217.90	部分品

第63類　紡織用繊維のその他の製品、セット、中古の衣類、紡織用繊維の中古の物品及びぼろ

注
1　第1節の物品は、紡織用繊維の織物類を製品にしたものに限る。
2　第1節には、次の物品を含まない。
　(a)　第56類から第62類までの物品
　(b)　第63.09項の中古の衣類その他の物品
3　第63.09項には、次の物品のみを含む。
　(a)　次の紡織用繊維製の物品
　　(i)　衣類及び衣類附属品並びにこれらの部分品
　　(ii)　毛布及びひざ掛け
　　(iii)　ベッドリネン、テーブルリネン、トイレットリネン及びキッチンリネン
　　(iv)　室内用品(第57.01項から第57.05項までのじゆうたん及び第58.05項の織物を除く。)
　(b)　履物及び帽子で、石綿以外の材料のもの
　　ただし、第63.09項には、(a)又は(b)の物品で次のいずれの要件も満たすもののみを含む。
　　(i)　使い古したものであることが外観から明らかであること。
　　(ii)　ばら積み又はベール、サックその他これらに類する包装で提示すること。

号注
1　第6304.20号には、アルファーシペルメトリン(ISO)、クロルフェナピル(ISO)、デルタメトリン(INN、ISO)、ラムダーシハロトリン(ISO)、ペルメトリン(ISO)又はピリミホスメチル(ISO)を染み込ませ又は塗布したたてメリヤス編物から製造した物品を含む。

番号	品　名
	第1節　紡織用繊維のその他の製品
63.01	毛布及びひざ掛け
6301.10	電気毛布
6301.20	ひざ掛け及び毛布(電気毛布を除く。)(羊毛製又は繊獣毛製のものに限る。)
6301.30	ひざ掛け及び毛布(電気毛布を除く。)(綿製のものに限る。)
6301.40	ひざ掛け及び毛布(電気毛布を除く。)(合成繊維製のものに限る。)
6301.90	その他の毛布及びひざ掛け
63.02	ベッドリネン、テーブルリネン、トイレットリネン及びキッチンリネン
6302.10	ベッドリネン(メリヤス編み又はクロセ編みのものに限る。)

番号	品　名
	その他のベッドリネン(なせんしたものに限る。)
6302.21	綿製のもの
6302.22	人造繊維製のもの
6302.29	その他の紡織用繊維製のもの
	その他のベッドリネン
6302.31	綿製のもの
6302.32	人造繊維製のもの
6302.39	その他の紡織用繊維製のもの
6302.40	テーブルリネン(メリヤス編み又はクロセ編みのものに限る。)
	その他のテーブルリネン
6302.51	綿製のもの
6302.53	人造繊維製のもの
6302.59	その他の紡織用繊維製のもの

[付録] ＨＳ品目表2017年版

番号	品名
6302.60	トイレットリネン及びキッチンリネン(テリータオル地その他のテリー織物で綿製のものに限る。)
	その他のもの
6302.91	綿製のもの
6302.93	人造繊維製のもの
6302.99	その他の紡織用繊維製のもの
63.03	カーテン(ドレープを含む。)、室内用ブラインド、カーテンバランス及びベッドバランス
	メリヤス編み又はクロセ編みのもの
6303.12	合成繊維製のもの
6303.19	その他の紡織用繊維製のもの
	その他のもの
6303.91	綿製のもの
6303.92	合成繊維製のもの
6303.99	その他の紡織用繊維製のもの
63.04	その他の室内用品(第94.04項のものを除く。)
	ベッドスプレッド
6304.11	メリヤス編み又はクロセ編みのもの
6304.19	その他のもの
6304.20	蚊帳(この類の号注1の物品に限る。)
	その他のもの
6304.91	メリヤス編み又はクロセ編みのもの
6304.92	綿製のもの(メリヤス編み又はクロセ編みのものを除く。)
6304.93	合成繊維製のもの(メリヤス編み又はクロセ編みのものを除く。)
6304.99	その他の紡織用繊維製のもの(メリヤス編み又はクロセ編みのものを除く。)
63.05	包装に使用する種類の袋
6305.10	第53.03項のジュートその他の紡織用靱皮繊維製のもの
6305.20	綿製のもの
	人造繊維材料製のもの
6305.32	フレキシブルコンテナ
6305.33	その他のもの(ポリエチレン又はポリプロピレンのストリップ又はこれに類するものから製造したものに限る。)

番号	品名
6305.39	その他のもの
6305.90	その他の紡織用繊維のもの
63.06	ターポリン及び日よけ、テント、帆(ボート用、セールボード用又はランドクラフト用のものに限る。)並びにキャンプ用品
	ターポリン及び日よけ
6306.12	合成繊維製のもの
6306.19	その他の紡織用繊維製のもの
	テント
6306.22	合成繊維製のもの
6306.29	その他の紡織用繊維製のもの
6306.30	帆
6306.40	空気マットレス
6306.90	その他のもの
63.07	その他のもの(ドレスパターンを含むものとし、製品にしたものに限る。)
6307.10	床掃除用の布、皿洗い用の布、ぞうきんその他これらに類する清掃用の布
6307.20	救命胴衣及び救命帯
6307.90	その他のもの
	第2節　セット
63.08	
6308.00	織物と糸から成るセット(附属品を有するか有しないかを問わないものとし、ラグ、つづれ織物、ししゅうを施したテーブルクロス又はナプキンその他これらに類する紡織用繊維製品を作るためのもので、小売用の包装をしたものに限る。)
	第3節　中古の衣類、紡織用繊維の中古の物品及びぼろ
63.09	
6309.00	中古の衣類その他の物品
63.10	ぼろ及びくず(ひも、綱若しくはケーブル又はこれらの製品のものに限る。)(紡織用繊維のものに限る。)
6310.10	選別したもの
6310.90	その他のもの

第12部
履物、帽子、傘、つえ、シートステッキ及びむち並びにこれらの部分品、調製羽毛、羽毛製品、造花並びに人髪製品

第64類　履物及びゲートルその他これに類する物品並びにこれらの部分品

注
1　この類には、次の物品を含まない。
　(a)　もろい材料(例えば、紙又はプラスチックシート)製の使い捨ての足又は靴のカバーで更に別の底を取り付けてないもの。これらの製品は、構成する材料により該当する項に属する。

627

〔付録〕ＨＳ品目表2017年版

  (b) 紡織用繊維製の履物で、甲にのり付け、縫製その他の方法で取り付けられた本底を有しないもの(第11部参照)
  (c) 第63.09項の中古の履物
  (d) 石綿製品(第68.12項参照)
  (e) 整形外科用の履物その他の機器及びその部分品(第90.21項参照)
  (f) がん具の靴及びアイススケート又はローラースケートを取り付けたスケート靴並びにすね当てその他これに類する保護用スポーツウエア(第95類参照)
2 第64.06項において部分品には、くぎ、プロテクター、アイレット、フック、バックル、装飾品、ひも、レース、ポンポンその他のトリミング(それぞれ該当する項に属する。)及び第96.06項のボタンその他の物品を含まない。
3 この類においては、次に定めるところによる。
  (a) ゴム又はプラスチックには、織物その他の紡織用繊維製品であつて、肉眼により判別できる程度のゴム又はプラスチックの外面層を有するものを含む。この場合において、ゴム又はプラスチックの外面層を有する結果生ずる色彩の変化を考慮しない。
  (b) 「革」とは、第41.07項及び第41.12項から第41.14項までの物品をいう。
4 3の規定に従うことを条件として、
  (a) 甲の材料は、外面に占める面積が最も大きい構成材料により決定するものとし、附属品及び補強材(例えば、アンクルパッチ、縁取り、装飾品、バックル、タブ及びアイレットステー)を考慮しない。
  (b) 本底の構成材料は、地面に接する面積が最も大きい材料により決定するものとし、附属品及び補強材(例えば、スパイク、バー、くぎ及び保護物)を考慮しない。

号注
1 第6402.12号、第6402.19号、第6403.12号、第6403.19号及び第6404.11号においてスポーツ用の履物は、次の物品に限る。
  (a) スポーツ活動用として製造した履物で、スパイク、スプリッグ、ストップ、クリップ、バーその他これらに類する物品を取り付けてあるもの及び取り付けることができるもの
  (b) スケート靴、スキー靴(クロスカントリー用のものを含む。)、スノーボードブーツ、レスリングシューズ、ボクシングシューズ及びサイクリングシューズ

備考
1 この類において、「体操用、競技用その他これらに属する用途に供する履物」とは、テニスシューズ、バスケットシューズ、体操シューズ、トレーニングシューズその他これらに属する履物のほか、登山靴、乗馬靴、その他のスポーツ活動用に供する履物をいい、スポーツ用の履物(スポーツ活動用として製造した履物で、スパイク、スプリッグ、ストップ、クリップ、バーその他これらに類する物品を取り付けてあるもの及び取り付けることができるもの並びにスケート靴、スキー靴(クロスカントリー用のものを含む。)、スノーボードブーツ、レスリングシューズ、ボクシングシューズ及びサイクリングシューズ)を含まない。

番号	品名
64.01	防水性の履物(本底及び甲がゴム又はプラスチック製のものに限るものとし、縫合、リベット締め、くぎ打ち、ねじ締め、プラグ止めその他これらに類する方法により甲を底に固定し又は組み立てたものを除く。)
6401.10	履物(保護用の金属製トーキャップを有するものに限る。)
	その他の履物
6401.92	くるぶしを覆うもの(ひざを覆うものを除く。)
6401.99	その他のもの
64.02	その他の履物(本底及び甲がゴム又はプラスチック製のものに限る。)
	スポーツ用の履物
6402.12	スキー靴(クロスカントリー用のものを含む。)及びスノーボードブーツ

番号	品名
6402.19	その他のもの
6402.20	履物(甲の部分のストラップ又はひもを底にプラグ止めしたものに限る。)
	その他の履物
6402.91	くるぶしを覆うもの
6402.99	その他のもの
64.03	履物(本底がゴム、プラスチック製、革又はコンポジションレザー製で、甲が革製のものに限る。)
	スポーツ用の履物
6403.12	スキー靴(クロスカントリー用のものを含む。)及びスノーボードブーツ
6403.19	その他のもの
6403.20	履物(本底が革製で、革製のストラップが足の甲及び親指の回りにかかるものに限る。)

番号	品名
6403.40	その他の履物(保護用の金属製トーキャップを有するものに限る。)
	その他の履物(本底が革製のものに限る。)
6403.51	くるぶしを覆うもの
6403.59	その他のもの
	その他の履物
6403.91	くるぶしを覆うもの
6403.99	その他のもの
64.04	履物(本底がゴム製、プラスチック製、革製又はコンポジションレザー製で、甲が紡織用繊維製のものに限る。)
	履物(本底がゴム製又はプラスチック製のものに限る。)
6404.11	スポーツ用の履物及びテニスシューズ、バスケットシューズ、体操シューズ、トレーニングシューズその他これらに類する履物

番号	品名
6404.19	その他のもの
6404.20	履物(本底が革製又はコンポジションレザー製のものに限る。)
64.05	その他の履物
6405.10	甲が革製又はコンポジションレザー製のもの
6405.20	甲が紡織用繊維製のもの
6405.90	その他のもの
64.06	履物の部分品(甲を含むものとし、本底以外の底に取り付けてあるかないかを問わない。)及び取り外し可能な中敷き、ヒールクッションその他これらに類する物品並びにゲートル、レギンスその他これらに類する物品及びこれらの部分品
6406.10	甲及びその部分品(しんを除く。)
6406.20	本底及びかかと(ゴム製又はプラスチック製のものに限る。)
6406.90	その他のもの

第65類 帽子及びその部分品

注
1 この類には、次の物品を含まない。
  (a) 第63.09項の中古の帽子
  (b) 石綿製の帽子(第68.12項参照)
  (c) 第95類の人形又はがん具の帽子及びカーニバル用品
2 第65.02項には、縫い合わせて作つた帽体(単にストリップをら旋状に縫い合わせて作つたものを除く。)を含まない。

番号	品名
65.01	
6501.00	フェルト製の帽体(成型し又はつばを付けたものを除く。)並びにフェルト製のプラトウ及びマンション(スリットマンションを含む。)
65.02	
6502.00	帽体(組んだもの及びストリップ(材料を問わない。)を組み合わせて作つたものに限るものとし、成型し、つばを付け、裏張りし又はトリミングしたものを除く。)
65.04	
6504.00	帽子(組んだもの及びストリップ(材料を問わない。)を組み合わせて作つたものに限るものとし、裏張りしてあるかないか又はトリミングしてあるかないかを問わない。)

番号	品名
65.05	
6505.00	帽子(メリヤス編み又はクロセ編みのもの及びレース、フェルトその他の紡織用繊維の織物類(ストリップのものを除く。)から作つたものとし、裏張りしてあるかないか又はトリミングしてあるかないかを問わない。)及びヘアネット(材料を問わないものとし、裏張りしてあるかないか又はトリミングしてあるかないかを問わない。)
65.06	その他の帽子(裏張りしてあるかないか又はトリミングしてあるかないかを問わない。)
6506.10	安全帽子
	その他のもの
6506.91	ゴム製又はプラスチック製のもの
6506.99	その他の材料製のもの
65.07	
6507.00	帽子用のすべり革、裏、カバー、ハットファンデーション、ハットフレーム、ひさし及びあごひも

第66類 傘、つえ、シートステッキ及びむち並びにこれらの部分品

注
1 この類には、次の物品を含まない。

〔付録〕ＨＳ品目表2017年版

  (a) ものさし兼用のつえその他これに類する物品(第90.17項参照)
  (b) ステッキ銃、仕込みづえ、鉛を詰めた護身用のつえその他これらに類する物品(第93類参照)
  (c) 第95類の物品(例えば、がん具の傘)
2 第66.03項には、紡織用繊維製の部分品、トリミング及び附属品並びにカバー、タッセル、ひも、傘のケースその他これらに類する物品(材料を問わない。)を含まない。これらの物品は、提示の際に第66.01項又は第66.02項の製品に取り付けてない場合には、当該製品を構成する部分品として取り扱わないものとし、それぞれ該当する項に属する。

番 号	品 名
66.01	傘(つえ兼用傘、ビーチパラソルその他これらに類するものを含む。)
6601.10	ビーチパラソルその他これに類する傘
	その他のもの
6601.91	折畳み式のもの
6601.99	その他のもの

番 号	品 名
66.02	
6602.00	つえ、シートステッキ、むちその他これらに類する製品
66.03	第66.01項又は第66.02項の製品の部分品、トリミング及び附属品
6603.20	傘の骨(中棒に取り付けたものを含む。)
6603.90	その他のもの

第67類　調製羽毛、羽毛製品、造花及び人髪製品

注
1 この類には、次の物品を含まない。
  (a) 人髪製のろ過布(第59.11項参照)
  (b) レース、ししゆう布その他の紡織用繊維の織物類から製造した花柄のモチーフ(第11部参照)
  (c) 履物(第64類参照)
  (d) 帽子及びヘアネット(第65類参照)
  (e) がん具、運動用具及びカーニバル用品(第95類参照)
  (f) 羽毛製のダスター、化粧用パフ及び人髪製のふるい(第96類参照)
2 第67.01項には、次の物品を含まない。
  (a) 羽毛又は鳥の綿毛を詰物としてのみ使用した物品(例えば、第94.04項の羽根布団)
  (b) 衣類及び衣類附属品で、羽毛又は鳥の綿毛を単にトリミング又は詰物として使用したもの
  (c) 第67.02項の人造の花及び葉並びにこれらの部分品及び製品
3 第67.02項には、次の物品を含まない。
  (a) ガラス製品(第70類参照)
  (b) 陶磁器、石、金属、木その他の材料から製造した人造の花、葉及び果実で、成型、鍛造、彫刻、打抜きその他の方法により一体として製造したもの並びに結束、接着、はめ込み結合及びこれらに類する方法以外の方法により部分品を組み立てたもの

番 号	品 名
67.01	
6701.00	羽毛皮その他の羽毛付きの鳥の部分、羽毛、羽毛の部分及び鳥の綿毛並びにこれらの製品(この項には、第05.05項の物品並びに加工した羽軸及び羽茎を含まない。)
67.02	人造の花、葉及び果実並びにこれらの部分品及び製品
6702.10	プラスチック製のもの
6702.90	その他の材料製のもの
67.03	
6703.00	人髪(仕上げをし、梳き、漂白し又はその他の加工をしたものに限る。)及び羊毛、獣毛その他の紡織用繊維(かつらその他これに類する物品の製造用に調製したものに限る。)

番 号	品 名
67.04	かつら、付けひげ、付け眉毛、付けまつげ、かもじその他これらに類する物品(人髪製、獣毛製又は紡織用繊維製のものに限る。)及び人髪製品(他の項に該当するものを除く。)
	合成繊維材料製のもの
6704.11	かつら(完成品に限る。)
6704.19	その他のもの
6704.20	人髪製のもの
6704.90	その他の材料製のもの

〔付録〕HS品目表2017年版

第13部
石、プラスター、セメント、石綿、雲母その他これらに類する材料の製品、陶磁製品並びにガラス及びその製品

第68類　石、プラスター、セメント、石綿、雲母その他これらに類する材料の製品

注
1　この類には、次の物品を含まない。
　(a)　第25類の物品
　(b)　第48.10項又は第48.11項の塗布し、染み込ませ又は被覆した紙及び板紙(例えば、雲母粉、黒鉛、ビチューメン又はアスファルトを塗布した紙及び板紙)
　(c)　第56類又は第59類の塗布し、染み込ませ又は被覆した紡織用繊維の織物類(例えば、雲母粉を塗布し又は被覆した織物類及びビチューメン又はアスファルトを塗布した織物類)
　(d)　第71類の製品
　(e)　第82類の工具及びその部分品
　(f)　第84.42項のリソグラフィックストーン
　(g)　がい子(第85.46項参照)及び第85.47項の電気絶縁用物品
　(h)　歯科用バー(第90.18項参照)
　(ij)　第91類の物品(例えば、時計及び時計のケース)
　(k)　第94類の物品(例えば、家具、ランプその他の照明器具及びプレハブ建築物)
　(l)　第95類の物品(例えば、がん具、遊戯用具及び運動用具)
　(m)　第96.02項の物品で第96類の注2(b)に掲げる材料から製造したもの、第96.06項の物品(例えば、ボタン)、第96.09項の物品(例えば、石筆)、第96.10項の物品(例えば、石盤)及び第96.20項の物品(一脚、二脚、三脚その他これらに類する物品)
　(n)　第97類の物品(例えば、美術品)
2　第68.02項において加工した石碑用又は建築用の石には、第25.15項又は第25.16項の石を加工したもののほか、その他の天然石(例えば、けい石、フリント、ドロマイト及びステアタイト)を加工したものを含むものとし、スレートを加工したものを含まない。

番号	品名
68.01	
6801.00	舗装用の石、縁石及び敷石(天然石のものに限るものとし、スレートのものを除く。)
68.02	加工した石碑用又は建築用の石及びその製品(スレートを加工したもの及び第68.01項の物品を除く。)、天然石(スレートを含む。)製のモザイクキューブその他これに類する物品(裏張りしてあるかないかを問わない。)並びに人工的に着色した天然石(スレートを含む。)の粒、細片及び粉
6802.10	タイル、キューブその他これらに類する物品(長方形(正方形を含む。)であるかないかを問わないものとし、面積が最大の面を1辺が7センチメートル未満の正方形により包含することができるものに限る。)並びに人工的に着色した粒、細片及び粉その他の石碑用又は建築用の石及びその製品(単に切り又はのこぎりでひいたもので、表面が平らなものに限る。)
6802.21	大理石、トラバーチン及びアラバスター
6802.23	花こう岩
6802.29	その他の石

番号	品名
	その他のもの
6802.91	大理石、トラバーチン及びアラバスター
6802.92	その他の石灰質の石
6802.93	花こう岩
6802.99	その他の石
68.03	
6803.00	スレート(加工したものに限る。)、スレート製品及び凝結スレート製品
68.04	ミルストーン、グラインドストーン、グラインディングホイールその他これらに類する物品(粉砕用、研磨用、整形用又は切断用のものに限るものとし、フレーム付きのものを除く。)及び手研ぎ用砥石並びにこれらの部分品で、天然石製、凝結させた天然若しくは人造の研磨材料製又は陶磁製のもの(この項の物品については、他の材料の部分品を有するか有しないかを問わない。)
6804.10	ミルストーン及びグラインドストーン(製粉用、粉砕用又はパルプ用のものに限る。)その他のミルストーン、グラインドストーン、グラインディングホイールその他これらに類する物品

631

〔付録〕HS品目表2017年版

番号	品名
6804.21	凝結させた合成又は天然のダイヤモンド製のもの
6804.22	その他の凝結させた研磨材料製のもの及び陶磁製のもの
6804.23	天然石製のもの
6804.30	手研ぎ用砥石
68.05	粉状又は粒状の天然又は人造の研磨材料を紡織用繊維、紙、板紙その他の材料に付着させた物品(特定の形状に切り、縫い合わせ又はその他の加工をしたものであるかないかを問わない。)
6805.10	紡織用繊維の織物のみに付着させたもの
6805.20	紙又は板紙のみに付着させたもの
6805.30	その他の材料に付着させたもの
68.06	スラグウール、ロックウールその他これらに類する鉱物性ウール及びはく離させたバーミキュライト、エキスパンデッドクレー、フォームスラグその他これらに類する膨張させた鉱物性材料並びに断熱用、防音用又は吸音用の鉱物性材料の混合物及び製品(第68.11項、第68.12項又は第69類のものを除く。)
6806.10	スラグウール、ロックウールその他これらに類する鉱物性ウール(これらの相互の混合物を含むものとし、バルク状、シート状又はロール状のものに限る。)
6806.20	はく離させたバーミキュライト、エキスパンデッドクレー、フォームスラグその他これらに類する膨張させた鉱物性材料(これらの相互の混合物を含む。)
6806.90	その他のもの
68.07	アスファルトその他これに類する材料(例えば、石油アスファルト及びコールタールピッチ)の製品
6807.10	ロール状のもの
6807.90	その他のもの
68.08	
6808.00	パネル、ボード、タイル、ブロックその他これらに類する物品(植物性繊維、わら又はかんなくず、ウッドチップ、小片、のこくずその他の木くずをセメント、プラスターその他の鉱物性結合材により凝結させたものに限る。)
68.09	プラスター又はプラスターをもととした材料から成る製品
	ボード、シート、パネル、タイルその他これらに類する製品(装飾してないものに限る。)
6809.11	紙又は板紙のみを張つたもの及びこれらのみにより補強したもの
6809.19	その他のもの

番号	品名
6809.90	その他の製品
68.10	セメント製品、コンクリート製品及び人造石製品(補強してあるかないかを問わない。)
	タイル、敷石、れんがその他これらに類する製品
6810.11	建築用のブロック及びれんが
6810.19	その他のもの
	その他の製品
6810.91	建築用又は土木建設用のプレハブ式の構築材
6810.99	その他のもの
68.11	石綿セメント製品、セルロースファイバーセメント製品その他これらに類する製品
6811.40	石綿を含有するもの
	石綿を含有しないもの
6811.81	波板
6811.82	その他のシート、パネル、タイルその他これらに類する製品
6811.89	その他の製品
68.12	石綿繊維(加工したものに限る。)、石綿をもととした混合物及び石綿と炭酸マグネシウムとをもととした混合物並びにこれらの混合物又は石綿の製品(例えば、糸、織物、衣類、帽子、履物及びガスケット。補強してあるかないかを問わないものとし、第68.11項又は第68.13項の物品を除く。)
6812.80	クロシドライト製のもの
	その他のもの
6812.91	衣類、衣類附属品、履物及び帽子
6812.92	紙、厚紙及びフェルト
6812.93	ジョイント用の圧縮した石綿繊維(シート状又はロール状のものに限る。)
6812.99	その他のもの
68.13	ブレーキ用、クラッチ用その他これらに類する用途に供する摩擦材料及びその製品(例えば、シート、ロール、ストリップ、セグメント、ディスク、ワッシャー及びパッド。取り付けてないもので、石綿その他の鉱物性材料又は繊維素をもととしたものに限るものとし、紡織用繊維その他の材料と組み合わせてあるかないかを問わない。)
6813.20	石綿を含有するもの
	石綿を含有しないもの
6813.81	ブレーキライニング及びブレーキパッド
6813.89	その他のもの
68.14	雲母(加工したものに限る。)及び雲母製品(凝結雲母及び再生雲母を含むものとし、紙、板紙その他の材料により支持してあるかないかを問わない。)

〔付録〕HS品目表2017年版

番号	品名
6814.10	凝結雲母又は再生雲母の板、シート及びストリップ（支持してあるかないかを問わない。）
6814.90	その他のもの
68.15	石その他の鉱物性材料の製品（炭素繊維及びその製品並びに泥炭製品を含むものとし、他の項に該当するものを除く。）

番号	品名
6815.10	黒鉛その他の炭素の製品（電気用品を除く。）
6815.20	泥炭製品
	その他の製品
6815.91	マグネサイト、ドロマイト又はクロマイトを含有するもの
6815.99	その他のもの

第69類　陶磁製品

注
1　この類には、成形した後に焼成した陶磁製品のみを含むものとし、第69.04項から第69.14項までには、第69.01項から第69.03項までに属するとみられる物品を含まない。
2　この類には、次の物品を含まない。
　(a)　第28.44項の物品
　(b)　第68.04項の物品
　(c)　第71類の物品（例えば、身辺用模造細貨類）
　(d)　第81.13項のサーメット
　(e)　第82類の物品
　(f)　がい子（第85.46項参照）及び第85.47項の電気絶縁用物品
　(g)　義歯（第90.21項参照）
　(h)　第91類の物品（例えば、時計及び時計のケース）
　(ij)　第94類の物品（例えば、家具、ランプその他の照明器具及びプレハブ建築物）
　(k)　第95類の物品（例えば、がん具、遊戯用具及び運動用具）
　(l)　第96.06項の物品（例えば、ボタン）及び第96.14項の物品（例えば、喫煙用パイプ）
　(m)　第97類の物品（例えば、美術品）

番号	品名
69.01	第1節　けいそう土その他これに類するけい酸質の土から製造した製品及び耐火製品
6901.00	れんが、ブロック、タイルその他の陶磁製品（けいそう土その他これに類するけい酸質の土から製造したものに限る。）
69.02	耐火れんが、耐火ブロック、耐火タイルその他これらに類する建設用陶磁製耐火製品（けいそう土その他これに類するけい酸質の土から製造したものを除く。）
6902.10	マグネシウム、カルシウム又はクロムを酸化マグネシウム、酸化カルシウム又は三酸化二クロムとして計算した重量が、単独で又は合計して全重量の50％を超えるもの
6902.20	アルミナ（Al₂O₃）若しくはシリカ（SiO₂）又はこれらの相互の混合物若しくは化合物の含有量が全重量の50％を超えるもの
6902.90	その他のもの
69.03	その他の陶磁製耐火製品（例えば、レトルト、るつぼ、マッフル、ノズル、プラグ、支持物、キューペル、管、さや及び棒。けいそう土の他これに類するけい酸質の土から製造したものを除く。）

番号	品名
6903.10	黒鉛その他の炭素又はこれらの相互の混合物の含有量が全重量の50％を超えるもの
6903.20	アルミナ（Al₂O₃）又はアルミナとシリカ（SiO₂）との混合物若しくは化合物の含有量が全重量の50％を超えるもの
6903.90	その他のもの
	第2節　その他の陶磁製品
69.04	陶磁製の建設用れんが、床用ブロック、サポートタイル、フィラータイルその他これらに類する物品
6904.10	建設用れんが
6904.90	その他のもの
69.05	かわら、煙突用品、建築用装飾品その他の建設用陶磁製品
6905.10	かわら
6905.90	その他のもの
69.06	
6906.00	陶磁製の管、導管、とい及び管用継手
69.07	陶磁製の舗装用品及び炉用又は壁用のタイル、陶磁製のモザイクキューブその他これに類する物品（裏張りしてあるかないかを問わない。）並びに仕上げ用の陶磁製品

〔付録〕ＨＳ品目表2017年版

番号	品名
	舗装用品及び炉用又は壁用のタイル(第6907.30号又は第6907.40号のものを除く。)
6907.21	吸水率が全重量の0.5％以下のもの
6907.22	吸水率が全重量の0.5％を超え10％以下のもの
6907.23	吸水率が全重量の10％を超えるもの
6907.30	モザイクキューブその他これに類する物品(第6907.40号のものを除く。)
6907.40	仕上げ用の陶磁製品
69.09	陶磁製の理化学用その他の技術的用途に供する物品、農業に使用する種類のおけ、かめその他これらに類する容器及び輸送又は包装に使用する種類のつぼ、ジャーその他これらに類する製品
	陶磁製の理化学用その他の技術的用途に供する物品
6909.11	磁器製のもの
6909.12	モース硬さが9以上の物品
6909.19	その他のもの

番号	品名
6909.90	その他のもの
69.10	陶磁製の台所用流し、洗面台、浴槽、ビデ、便器、水洗用水槽その他これらに類する衛生用備付品
6910.10	磁器製のもの
6910.90	その他のもの
69.11	磁器製の食卓用品、台所用品その他の家庭用品及び化粧用品
6911.10	食卓用品及び台所用品
6911.90	その他のもの
69.12	
6912.00	陶磁製の食卓用品、台所用品その他の家庭用品及び化粧用品(磁器製のものを除く。)
69.13	陶磁製の小像その他の装飾品
6913.10	磁器製のもの
6913.90	その他のもの
69.14	その他の陶磁製品
6914.10	磁器製のもの
6914.90	その他のもの

第70類　ガラス及びその製品

注
1 この類には、次の物品を含まない。
  (a) 第32.07項の物品(例えば、ほうろう及びうわぐすり並びにガラスフリットその他のガラスで粉状、粒状又はフレーク状のもの)
  (b) 第71類の物品(例えば、身辺用模造細貨類)
  (c) 第85.44項の光ファイバーケーブル、がい子(第85.46項参照)及び第85.47項の電気絶縁用物品
  (d) 第90類の光ファイバー、光学的に研磨した光学用品、皮下注射器、義眼、温度計、気圧計、浮きばかりその他の物品
  (e) 第94.05項のランプその他の照明器具、イルミネーションサイン、発光ネームプレートその他これらに類する物品(光源を据え付けたものに限る。)及びこれらの部分品
  (f) 第95類のがん具、遊戯用具、運動用具、クリスマスツリー用装飾品その他の物品(仕掛けを有しないガラス製の眼で第95類の人形その他の物品に使用するものを除く。)
  (g) 第96類のボタン、魔法瓶、香水用噴霧器その他の物品
2 第70.03項から第70.05項までにおいては、次に定めるところによる。
  (a) 焼きなまし前に経た工程は、加工としない。
  (b) 板ガラスには、特定の形状に切ったものを含む。
  (c) 「吸収層、反射層又は無反射層」とは、赤外線等を吸収し、ガラスの透明度若しくは半透明度を保持しつつ、反射特性を高め、又は反射光を防止するために塗布した金属又は化合物(例えば、金属酸化物)の極めて薄い層をいう。
3 第70.06項の物品は、製品の特性を有するか有しないかを問わない。
4 第70,19項において「グラスウール」とは、次の物品をいう。
  (a) シリカ(SiO_2)の含有量が全重量の60％以上の鉱物性ウール
  (b) シリカ(SiO_2)の含有量が全重量の60％未満の鉱物性ウールで、アルカリ金属の酸化物(K_2O又はNa_2O)の含有量が全重量の5％を超え又は三酸化二ほう素(B_2O_3)の含有量が全重量の2％を超えるもの
    (a)及び(b)に該当しない鉱物性ウールは、第68.06項に属する。
5 この表においてガラスには、石英ガラスを含む。
号注
1 第7013.22号、第7013.33号、第7013.41号及び第7013.91号において「鉛ガラス」とは、一酸化鉛(PbO)の含有量が全重量の24％以上のガラスのみをいう。

〔付録〕ＨＳ品目表2017年版

番号	品名
70.01	
7001.00	ガラスのくず及び塊
70.02	ガラスの球（第70.18項のマイクロスフィアを除く。）、棒及び管（加工してないものに限る。）
7002.10	球
7002.20	棒
	管
7002.31	石英ガラスのもの
7002.32	その他のガラス（線膨脹係数が温度0度から300度までの範囲において1ケルビンにつき100万分の5以下のものに限る。）のもの
7002.39	その他のもの
70.03	鋳込み法又はロール法により製造した板ガラス及び溝型ガラス（吸収層、反射層又は無反射層を有するか有しないかを問わないものとし、その他の加工をしたものを除く。）
	板ガラス（金属の線又は網を入れたものを除く。）
7003.12	色つきのもの、不透明のもの、色きせのもの及び吸収層、反射層又は無反射層を有するもの
7003.19	その他のもの
7003.20	板ガラス（金属の線又は網を入れたものに限る。）
7003.30	溝型ガラス
70.04	引上げ法又は吹上げ法により製造した板ガラス（吸収層、反射層又は無反射層を有するか有しないかを問わないものとし、その他の加工をしたものを除く。）
7004.20	板ガラス（色つきのもの、不透明のもの、色きせのもの及び吸収層、反射層又は無反射層を有するものに限る。）
7004.90	その他のもの
70.05	フロート板ガラス及び磨き板ガラス（吸収層、反射層又は無反射層を有するか有しないかを問わないものとし、その他の加工をしたものを除く。）
7005.10	金属の線又は網を入れてないガラスで吸収層、反射層又は無反射層を有するもの
	金属の線又は網を入れてないその他のガラス
7005.21	色つきのもの、不透明のもの、色きせのもの及び単に表面を粗く磨いたもの
7005.29	その他のもの
7005.30	金属の線又は網を入れたもの

番号	品名
70.06	
7006.00	ガラス（第70.03項から第70.05項までのガラスを曲げ、縁加工し、彫り、穴をあけ、ほうろう引きをし又はその他の加工をしたものに限るものとし、枠付きのもの及び他の材料を取り付けたものを除く。）
70.07	安全ガラス（強化ガラス及び合わせガラスに限る。）
	強化ガラス
7007.11	車両用、航空機用、宇宙飛行体用又は船舶用に適する寸法及び形状のもの
7007.19	その他のもの
	合わせガラス
7007.21	車両用、航空機用、宇宙飛行体用又は船舶用に適する寸法及び形状のもの
7007.29	その他のもの
70.08	
7008.00	断熱用複層ガラス
70.09	ガラス鏡（枠付きであるかないかを問わないものとし、バックミラーを含む。）
7009.10	バックミラー（車両用のものに限る。）
	その他のもの
7009.91	枠付きでないもの
7009.92	枠付きのもの
70.10	ガラス製の瓶、フラスコ、ジャー、つぼ、アンプルその他の容器（輸送又は包装に使用する種類のものに限る。）、保存用ジャー及び栓、ふたその他これらに類する物品
7010.10	アンプル
7010.20	栓、ふたその他これらに類する物品
7010.90	その他のもの
70.11	ガラス製のバルブ、チューブその他これらに類する物品で封じてないもの及びこれらの部分品（電灯、陰極線管その他これらに類する物品に使用するもので取付具を有しないものに限る。）
7011.10	電灯用のもの
7011.20	陰極線管用のもの
7011.90	その他のもの
70.13	ガラス製品（食卓用、台所用、化粧用、事務用、室内装飾用その他これらに類する用途に供する種類のものに限るものとし、第70.10項又は第70.18項のものを除く。）
7013.10	ガラスセラミックス製のもの
	脚付きグラス類（ガラスセラミックス製のものを除く。）
7013.22	鉛ガラス製のもの
7013.28	その他のもの

635

〔付録〕ＨＳ品目表2017年版

番号	品名
	その他のコップ類(ガラスセラミックス製のものを除く。)
7013.33	鉛ガラス製のもの
7013.37	その他のもの
	食卓用又は台所用に供する種類のガラス製品(コップ類及びガラスセラミックス製のものを除く。)
7013.41	鉛ガラス製のもの
7013.42	線膨脹係数が温度0度から300度までの範囲において1ケルビンにつき100万分の5以下のもの
7013.49	その他のもの
	その他のガラス製品
7013.91	鉛ガラス製のもの
7013.99	その他のもの
70.14	
7014.00	ガラス製の信号用品及び光学用品(第70.15項のもの及び光学的に研磨したものを除く。)
70.15	時計用ガラスその他これに類するガラス及び眼鏡用(視力矯正用であるかないかを問わない。)のガラス(曲面のもの、曲げたもの、中空のものその他これらに類する形状のものとし、光学的に研磨したものを除く。)並びにこれらの製造に使用する中空の球面ガラス及びそのセグメント
7015.10	視力矯正眼鏡用のガラス
7015.90	その他のもの
70.16	ガラス製の舗装用ブロック、スラブ、れんが、タイルその他の建築又は建設に使用する種類の製品(プレスし又は成型したものに限るものとし、金属の線又は網を入れてあるかないかを問わない。)、ガラス製のキューブその他の細貨(モザイク用その他これに類する装飾用のものに限るものとし、裏張りしてあるかないかを問わない。)、ステンドグラスその他これに類するガラス及びブロック、パネル、板、殻その他これらに類する形状の多泡ガラス
7016.10	ガラス製のキューブその他の細貨(モザイク用その他これに類する装飾用のものに限るものとし、裏張りしてあるかないかを問わない。)
7016.90	その他のもの
70.17	理化学用又は衛生用のガラス製品(目盛りを付してあるかないかを問わない。)
7017.10	石英ガラス製のもの

番号	品名
7017.20	その他のガラス(線膨脹係数が温度0度から300度までの範囲において1ケルビンにつき100万分の5以下のものに限る。)製のもの
7017.90	その他のもの
70.18	ガラス製のビーズ、模造真珠、模造貴石、模造半貴石その他これらに類する細貨及びこれらの製品(身辺用模造細貨類を除く。)、ガラス製の眼(人体用のものを除く。)、ランプ加工をしたガラス製の小像その他の装飾品(身辺用模造細貨類を除く。)並びにガラス製のマイクロスフィア(直径が1ミリメートル以下のものに限る。)
7018.10	ガラス製のビーズ、模造真珠、模造貴石、模造半貴石その他これらに類する細貨
7018.20	ガラス製のマイクロスフィア(直径が1ミリメートル以下のものに限る。)
7018.90	その他のもの
70.19	ガラス繊維(グラスウールを含む。)及びその製品(例えば、ガラス繊維の糸及び織物)
	スライバー、ロービング、糸及びチョップドストランド
7019.11	チョップドストランド(長さが50ミリメートル以下のものに限る。)
7019.12	ロービング
7019.19	その他のもの
	薄いシート(ボイル)、ウェブ、マット、マットレス、ボードその他これらに類する織つてない物品
7019.31	マット
7019.32	薄いシート(ボイル)
7019.39	その他のもの
7019.40	ロービング製の織物
	その他の織物
7019.51	幅が30センチメートル以下のもの
7019.52	幅が30センチメートルを超えるもの(重量が1平方メートルにつき250グラム未満の平織りのもので、単糸が136テックス以下の長繊維製のものに限る。)
7019.59	その他のもの
7019.90	その他のもの
70.20	
7020.00	その他のガラス製品

〔付録〕ＨＳ品目表2017年版

第14部
天然又は養殖の真珠、貴石、半貴石、貴金属及び貴金属を張つた金属並びにこれらの製品、身辺用模造細貨類並びに貨幣

第71類 天然又は養殖の真珠、貴石、半貴石、貴金属及び貴金属を張つた金属並びにこれらの製品、身辺用模造細貨類並びに貨幣

注
1 全部又は一部が次の材料から成る製品は、第６部の注１(A)及びこの類の他の注において別段の定めがある場合を除くほか、すべてこの類に属する。
  (a) 天然若しくは養殖の真珠又は天然、合成若しくは再生の貴石若しくは半貴石
  (b) 貴金属又は貴金属を張つた金属
2 (A) 第71.13項から第71.15項までには、貴金属又は貴金属を張つた金属をさ細な取付具、装飾物その他の部分(例えば、頭文字、はめ輪及び縁金)のみに使用した物品を含まない。
  (B) 第71.16項には、貴金属又は貴金属を張つた金属を使用した製品(これらをさ細な部分に使用したものを除く。)を含まない。
3 この類には、次の物品を含まない。
  (a) 貴金属のアマルガム及びコロイド状貴金属(第28.43項参照)
  (b) 第30類の殺菌した外科用縫合材、歯科用充てん料その他の物品
  (c) 第32類の物品(例えば、液状ラスター)
  (d) 担体付き触媒(第38.15項参照)
  (e) 第42類の注3(B)に該当する第42.02項又は第42.03項の製品
  (f) 第43.03項又は第43.04項の製品
  (g) 第11部の物品(紡織用繊維及びその製品)
  (h) 第64類又は第65類の履物、帽子その他の物品
  (ij) 第66類の傘、つえその他の物品
  (k) 第68.04項、第68.05項又は第82類の研磨用品で天然又は合成の貴石又は半貴石のダスト又は粉を使用したもの、第82類の物品で作用する部分が天然、合成又は再生の貴石又は半貴石であるもの並びに第16部の機械類、電気機器及びこれらの部分品。ただし、第16部の物品で全部が天然、合成又は再生の貴石又は半貴石であるものは、針用に加工したサファイヤ及びダイヤモンド(取り付けられていないものに限る。第85.22項参照)を除くほか、この類に属する。
  (l) 第90類から第92類までの物品(精密機器、時計及び楽器)
  (m) 武器及びその部分品(第93類参照)
  (n) 第95類の注２の物品
  (o) 第96類の注４の規定により同類に属する物品
  (p) 彫刻、塑像、鋳像その他これらに類する物品(第97.03項参照)、収集品(第97.05項参照)及び製作後100年を超えたこつとう(第97.06項参照)。ただし、天然又は養殖の真珠、貴石及び半貴石を除く。
4 (A) 「貴金属」とは、銀、金及び白金をいう。
  (B) 「白金」とは、白金、イリジウム、オスミウム、パラジウム、ロジウム及びルテニウムをいう。
  (C) 貴石又は半貴石には、第96類の注２(b)の物品を含まない。
5 この類において貴金属を含有する合金(焼結したもの及び金属間化合物を含む。)のうち、貴金属のいずれか一の含有量が全重量の２％以上であるものは、貴金属の合金として取り扱う。この場合において、貴金属の合金については、次に定めるところによる。
  (a) 白金の含有量が全重量の２％以上のものは、白金の合金として取り扱う。
  (b) 金の含有量が全重量の２％以上で、白金の含有量が全重量の２％未満のものは、金の合金として取り扱う。
  (c) その他の合金で、銀の含有量が全重量の２％以上のものは、銀の合金として取り扱う。
6 この表において貴金属には、文脈により別に解釈される場合を除くほか、５の規定により貴金属の合金として取り扱われる合金を含むものとし、貴金属を張つた金属及び貴金属を卑金属又は非金属にめつきした物品を含まない。
7 この表において「貴金属を張つた金属」とは、金属の一以上の面にはんだ付け、ろう付け、溶接、熱間圧延その他これらに類する機械的方法により貴金属を張つた金属をいう。ただし、文脈により別に解釈される場合を除くほか、卑金属に貴金属を象眼したものを含む。

〔付録〕ＨＳ品目表2017年版

8 第71.12項に該当する物品は、第6部の注1(A)に規定する場合を除くほか、同項に属するものとし、この表の他の項には属しない。
9 第71.13項において「身辺用細貨類」とは、次の物品をいう。
　(a) 小形の身辺用装飾品(例えば、指輪、腕輪、首飾り、ブローチ、イヤリング、時計用鎖、ペンダント、ネクタイピン、カフスボタン、衣服用飾りボタン、メダル及び記章)
　(b) 通常、ポケット若しくはハンドバッグに入れて携帯し又は身辺に付けて使用する身辺用品(例えば、シガーケース、シガレットケース、嗅ぎたばこ入れ、口中香剤入れ、錠剤入れ、おしろい入れ、鎖入れ及び数珠)
　これらの物品は、組み合わせてあるかセットであるかを問わない(例えば、天然又は養殖の真珠、貴石、半貴石、合成若しくは再生した貴石又は半貴石、べっ甲、真珠層、象牙、天然又は再生させたこはく、黒玉及びさんご)。
10 第71.14項において細工品には、装飾品、食卓用品、化粧用品、喫煙用具その他家庭用、事務用又は宗教用の製品を含む。
11 第71.17項において「身辺用模造細貨類」とは、9(a)の身辺用細貨類(第96.06項のボタンその他の物品並びに第96.15項のくし、ヘアスライドその他これらに類する物品及びヘアピンを除く。)で、天然若しくは養殖の真珠、天然、合成若しくは再生の貴石若しくは半貴石又は貴金属若しくは貴金属を張つた金属を使用してないものをいう。これらの物品で、貴金属をめっきしたもの及び貴金属又は貴金属を張つた金属をさ細な部分に使用したものは、身辺用模造細貨類に含まれる。

号注
1 第7106.10号、第7108.11号、第7110.11号、第7110.21号、第7110.31号及び第7110.41号において「粉」及び「粉状のもの」とは、目開きが0.5ミリメートルのふるいに対する通過率が全重量の90%以上のものをいう。
2 第7110.11号及び第7110.19号において白金には、注4(B)の規定にかかわらず、イリジウム、オスミウム、パラジウム、ロジウム及びルテニウムを含まない。
3 第71.10項の合金は、白金、パラジウム、ロジウム、イリジウム、オスミウム又はルテニウムのうち含有する重量が最大の金属が属する号に属する。

番　号	品　　名	番　号	品　　名
	第1節　天然又は養殖の真珠、貴石及び半貴石	71.03	貴石及び半貴石(加工してあるかないか又は格付けしてあるかないかを問わないものとし、糸通しし又は取り付けたもの及びダイヤモンドを除く。ただし、格付けしてない貴石(ダイヤモンドを除く。)又は半貴石を輸送のために一時的に糸に通したものを含む。)
71.01	天然又は養殖の真珠(加工してあるかないか又は格付けしてあるかないかを問わないものとし、糸通しし又は取り付けたものを除く。ただし、天然又は養殖の真珠を輸送のために一時的に糸に通したものを含む。)		
		7103.10	加工してないもの、単にひいたもの及び粗く形作つたもの
			その他の加工をしたもの
7101.10	天然真珠	7103.91	ルビー、サファイヤ及びエメラルド
	養殖真珠	7103.99	その他のもの
7101.21	加工してないもの	71.04	合成又は再生の貴石及び半貴石(加工してあるかないか又は格付けしてあるかないかを問わないものとし、糸通しし又は取り付けたものを除く。ただし、格付けしてない合成又は再生の貴石若しくは半貴石を輸送のために一時的に糸に通したものを含む。)
7101.22	加工したもの		
71.02	ダイヤモンド(加工してあるかないかを問わないものとし、取り付けたものを除く。)		
7102.10	選別してないもの		
	工業用のもの	7104.10	ピエゾエレクトリッククオーツ
7102.21	加工してないもの及び単にひき、クリーブし又はブルーチしたもの	7104.20	その他のもの(加工してないもの、単にひいたもの及び粗く形作つたものに限る。)
7102.29	その他のもの	7104.90	その他のもの
	工業用以外のもの	71.05	天然又は合成の貴石又は半貴石のダスト及び粉
7102.31	加工してないもの及び単にひき、クリーブし又はブルーチしたもの		
		7105.10	ダイヤモンドのもの
7102.39	その他のもの	7105.90	その他のもの

番号	品名
	第2節 貴金属及び貴金属を張つた金属
71.06	銀(金又は白金をめつきした銀を含むものとし、加工してないもの、一次製品及び粉状のものに限る。)
7106.10	粉
	その他のもの
7106.91	加工してないもの
7106.92	一次製品
71.07	
7107.00	銀を張つた卑金属(一次製品を含むものとし、更に加工したものを除く。)
71.08	金(白金をめつきした金を含むものとし、加工してないもの、一次製品及び粉状のものに限る。)
	マネタリーゴールド以外のもの
7108.11	粉
7108.12	その他の形状のもの(加工してないものに限る。)
7108.13	その他の形状のもの(一次製品に限る。)
7108.20	マネタリーゴールド
71.09	
7109.00	金を張つた卑金属及び銀(一次製品を含むものとし、更に加工したものを除く。)
71.10	白金(加工してないもの、一次製品及び粉状のものに限る。)
	白金
7110.11	加工してないもの及び粉状のもの
7110.19	その他のもの
	パラジウム
7110.21	加工してないもの及び粉状のもの
7110.29	その他のもの
	ロジウム
7110.31	加工してないもの及び粉状のもの
7110.39	その他のもの
	イリジウム、オスミウム及びルテニウム
7110.41	加工してないもの及び粉状のもの
7110.49	その他のもの
71.11	
7111.00	白金を張つた卑金属、銀及び金(一次製品を含むものとし、更に加工したものを除く。)
71.12	貴金属又は貴金属を張つた金属のくず及び主として貴金属の回収に使用する種類のその他のくずで貴金属又はその化合物を含有するもの
7112.30	貴金属又はその化合物を含む灰
	その他のもの

番号	品名
7112.91	金のくず(金を張つた金属のくずを含むものとし、その他の貴金属を含有するものを除く。)
7112.92	白金のくず(白金を張つた金属のくずを含むものとし、その他の貴金属を含有するものを除く。)
7112.99	その他のもの
	第3節 身辺用細貨類、細工品その他の製品
71.13	身辺用細貨類及びその部分品(貴金属製又は貴金属を張つた金属製のものに限る。)
	貴金属製のもの(貴金属をめつきしてあるかないか又は張つてあるかないかを問わない。)
7113.11	銀製のもの(その他の貴金属をめつきしてあるかないか又は張つてあるかないかを問わない。)
7113.19	その他の貴金属製のもの(貴金属をめつきしてあるかないか又は張つてあるかないかを問わない。)
7113.20	貴金属を張つた卑金属製のもの
71.14	細工品及びその部分品(貴金属製又は貴金属を張つた金属製のものに限る。)
	貴金属製のもの(貴金属をめつきしてあるかないか又は張つてあるかないかを問わない。)
7114.11	銀製のもの(その他の貴金属をめつきしてあるかないか又は張つてあるかないかを問わない。)
7114.19	その他の貴金属製のもの(貴金属をめつきしてあるかないか又は張つてあるかないかを問わない。)
7114.20	貴金属を張つた卑金属製のもの
71.15	その他の製品(貴金属製又は貴金属を張つた金属製のものに限る。)
7115.10	触媒(白金をワイヤクロス状又はワイヤグリル状にしたものに限る。)
7115.90	その他のもの
71.16	天然若しくは養殖の真珠又は天然、合成若しくは再生の貴石若しくは半貴石の製品
7116.10	天然又は養殖の真珠製のもの
7116.20	天然、合成又は再生の貴石製又は半貴石製のもの
71.17	身辺用模造細貨類
	卑金属製のもの(貴金属をめつきしてあるかないかを問わない。)
7117.11	カフスボタン及び飾りボタン
7117.19	その他のもの

〔付録〕ＨＳ品目表2017年版

番号	品名
7117.90	その他のもの
71.18	貨幣

番号	品名
7118.10	貨幣(法貨でないものに限るものとし、金貨を除く。)
7118.90	その他のもの

第15部
卑金属及びその製品

注
1 この部には、次の物品を含まない。
  (a) 調製ペイント、インキその他の物品で金属のフレーク又は粉をもととしたもの(第32.07項から第32.10項まで、第32.12項、第32.13項及び第32.15項参照)
  (b) フェロセリウムその他の発火性合金(第36.06項参照)
  (c) 第65.06項又は第65.07項の帽子及びその部分品
  (d) 第66.03項の傘の骨その他の物品
  (e) 第71類の物品(例えば、貴金属の合金、貴金属を張つた卑金属及び身辺用模造細貨類)
  (f) 第16部の物品(機械類及び電気機器)
  (g) 組み立てた鉄道用又は軌道用の線路(第86.08項参照)その他の第17部の物品(車両、船舶及び航空機)
  (h) 第18部の機器(時計用ばねを含む。)
  (ij) 銃砲弾用に調製した鉛弾(第93.06項参照)その他の第19部の物品(武器及び銃砲弾)
  (k) 第94類の物品(例えば、家具、マットレスサポート、ランプその他の照明器具、イルミネーションサイン及びプレハブ建築物)
  (l) 第95類の物品(例えば、がん具、遊戯用具及び運動用具)
  (m) 手ふるい、ボタン、ペン、ペンシルホルダー、ペン先、一脚、二脚、三脚その他これらに類する物品その他の第96類の物品(雑品)
  (n) 第97類の物品(例えば、美術品)
2 この表において「はん用性の部分品」とは、次の物品をいう。
  (a) 第73.07項、第73.12項、第73.15項、第73.17項又は第73.18項の物品及び非鉄卑金属製のこれらに類する物品
  (b) 卑金属製のばね及びばね板(時計用ばね(第91.14項参照)を除く。)
  (c) 第83.01項、第83.02項、第83.08項又は第83.10項の製品並びに第83.06項の卑金属製の縁及び鏡
  第73類から第76類まで及び第78類から第82類まで(第73.15項を除く。)において部分品には、(a)から(c)までに定めるはん用性の部分品を含まない。
  第二文及び第83類の注1の規定に従うことを条件として、第72類から第76類まで及び第78類から第81類までの物品には、第82類又は第83類の物品を含まない。
3 この表において「卑金属」とは、鉄鋼、銅、ニッケル、アルミニウム、鉛、亜鉛、すず、タングステン、モリブデン、タンタル、マグネシウム、コバルト、ビスマス、カドミウム、チタン、ジルコニウム、アンチモン、マンガン、ベリリウム、クロム、ゲルマニウム、バナジウム、ガリウム、ハフニウム、インジウム、ニオブ、レニウム及びタリウムをいう。
4 この表において「サーメット」とは、金属成分とセラミック成分から成る微細で不均質な複合体を含有する物品をいう。サーメットには、焼結した金属炭化物(一の金属を焼結した金属炭化物をいう。)を含む。
5 合金(第72類注1(c)又は第74類注1(c)のフェロアロイ及びマスターアロイを除く。)については、次に定めるところによりその所属を決定する。
  (a) 卑金属合金は、含有する金属のうち重量が最大の金属の合金とする。
  (b) この部の卑金属とこの部に属しない元素とから成る合金であつて、当該卑金属の含有量の合計重量が当該元素の含有量の合計重量以上であるものは、この部の卑金属の合金として取り扱う。
  (c) この部において合金には、金属粉の混合物を焼結したもの、溶融により製造した金属の不均質な混合物(サーメットを除く。)及び金属間化合物を含む。
6 この表において卑金属には、文脈により別に解釈される場合を除くほか、5の規定によりそれぞれの卑金属の合金とされるものを含む。
7 二以上の卑金属を含む卑金属の物品(卑金属以外の材料を混ぜた物品で、関税率表の解釈に関する通則の規定により卑金属の物品とされるものを含む。)は、項において別段の定めがある場合を除くほか、含有する金属のうち重量が最大の卑金属の物品として取り扱う。この場合においては、次に定めるところによる。

(a)　鉄及び鋼は、同一の金属とみなす。
　(b)　合金は、5の規定によりその合金とされる金属ですべて構成されているものとみなす。
　(c)　第81.13項のサーメットは、一の卑金属とみなす。
8　この部の次の用語の意義は、それぞれ次に定めるところによる。
　(a)　「くず」とは、金属の製造又は機械的加工の際に生ずる金属くず及び破損、切断、摩損その他の理由により明らかにそのままでは使用することができない金属の物品をいう。
　(b)　「粉」とは、目開きが1ミリメートルのふるいに対する通過率が全重量の90％以上のものをいう。

第72類　鉄鋼

注
1　この類において次の用語の意義は、それぞれ次に定めるところによる。ただし、(d)から(f)までの規定は、この表全体について適用する。
　(a)　「銑鉄」とは、実用上圧延又は鍛造に適しない鉄と炭素の合金のうち、炭素の含有量が全重量の2％を超え、鉄及び炭素以外の元素の含有量が全重量に対してそれぞれ次に掲げる限度を超えないものをいう。

クロム	10％
マンガン	6％
りん	3％
けい素	8％
その他の元素	合計10％

　(b)　「スピーゲル」とは、マンガンの含有量が全重量の6％を超え30％以下である鉄と炭素の合金で、マンガン以外の元素の含有量については、(a)に定める要件を満たすものをいう。
　(c)　「フェロアロイ」とは、なまこ形、ブロック、ランプその他これらに類する一次形状、連続鋳造法により得た形状又は粒状若しくは粉状(凝結させてあるかないかを問わない。)の合金であつて、他の合金製造の際の添加用又は鉄の冶金の際の脱酸用、脱硫用その他これらに類する用途に通常供するもので、主として実用上圧延又は鍛造に適しないもののうち、鉄の含有量が全重量の4％以上であり、次に掲げる元素の一以上の含有量が全重量に対してそれぞれ次に掲げる割合を超えるもの(銅の含有量が全重量の10％を超えるものを除く。)をいう。

クロム	10％
マンガン	30％
りん	3％
けい素	8％
その他の元素(炭素を除く。)	合計10％

　(d)　「鋼」とは、実用上圧延又は鍛造に適する鉄材(鋳造により製造した鉄材にあつては、実用上圧延又は鍛造に適しないものを含むものとし、第72.03項のものを除く。)で、炭素の含有量が全重量の2％以下のものをいう。ただし、クロム鋼には、炭素の含有量が全重量の2％を超えるものを含む。
　(e)　「ステンレス鋼」とは、炭素の含有量が全重量の1.2％以下で、クロムの含有量が全重量の10.5％以上の合金鋼(鉄、炭素及びクロム以外の元素を含有するかしないかを問わない。)をいう。
　(f)　「その他の合金鋼」とは、次に掲げる元素の一以上の含有量が全重量に対してそれぞれ次に掲げる割合以上の鋼で、ステンレス鋼の定義に該当しないものをいう。

アルミニウム	0.3％
ほう素	0.0008％
クロム	0.3％
コバルト	0.3％
銅	0.4％
鉛	0.4％
マンガン	1.65％
モリブデン	0.08％
ニッケル	0.3％
ニオブ	0.06％
けい素	0.6％
チタン	0.05％

〔付録〕ＨＳ品目表2017年版

タングステン	0.3％
バナジウム	0.1％
ジルコニウム	0.05％
その他の元素(硫黄、りん、炭素及び窒素を除く。)	0.1％

(g) 「鉄鋼の再溶解用のインゴット」とは、フィーダーヘッド若しくはホットトップのないインゴット状又はなまこ形の粗鋳造品で、表面に明らかに欠陥があり、かつ、銑鉄、スピーゲル又はフェロアロイの化学的組成に該当しないものをいう。

(h) 「粒」とは、目開きが１ミリメートルのふるいに対する通過率が全重量の90％未満の物品で、目開きが５ミリメートルのふるいに対する通過率が全重量の90％以上のものをいう。

(ij) 「半製品」とは、中空でない連続鋳造製品(第一次の熱間圧延をしてあるかないかを問わない。)及び第一次の熱間圧延をし又は粗鍛造した中空でないその他の物品(形鋼のブランクを含むものとし、更に加工したものを除く。)をいうものとし、巻いたものを除く。

(k) 「フラットロール製品」とは、横断面が長方形(正方形を除く。)であり、かつ、中空でない圧延製品で、(ij)の規定に該当しないもののうち次のものをいう。

　　連続的に層状に重ねて巻いたもの

　　巻いてないもので、厚さが4.75ミリメートル未満、幅が厚さの10倍以上であるもの又は厚さが4.75ミリメートル以上で、幅が150ミリメートルを超え、かつ、幅が厚さの２倍以上であるもの

　フラットロール製品には、圧延工程中に直接付けた浮出し模様(例えば、溝、リブ、市松、滴、ボタン及びひし形)を有し、穴をあけ、波形にし又は研磨したもので、他の項の物品の特性を有しないものを含む。

　フラットロール製品で、長方形(正方形を含む。)以外の形状のもの(大きさを問わない。)のうち、他の項の物品の特性を有しないものは、幅が600ミリメートル以上の物品とみなしてその所属を決定する。

(l) 「棒(熱間圧延をしたもので不規則に巻いたものに限る。)」とは、中空でない不規則に巻いた熱間圧延製品で、横断面が円形、弓形、だ円形、長方形(正方形を含む。)、三角形その他凸多角形(横断面の一の相対する辺が凸の円弧で、他の相対する辺が長さの等しい平行な直線から成るへん平状の円形及び変形した長方形を含む。)のものをいうものとし、圧延工程で節、リブ、溝その他の異形を付けたもの(鉄筋用の棒)を含む。

(m) 「その他の棒」とは、横断面が全長を通じて一様な形状(円形、弓形、だ円形、長方形(正方形を含む。)、三角形その他凸多角形(横断面の一の相対する辺が凸の円弧で、他の相対する辺が長さの等しい平行な直線から成るへん平状の円形及び変形した長方形を含む。)に限る。)を有し、かつ、中空でない物品で、(ij)から(l)までの規定及び線の定義のいずれにも該当しないものをいうものとし、圧延工程で節、リブ、溝その他の異形を付けたもの(鉄筋用の棒)及び圧延後ねじつたものを含む。

(n) 「形鋼」とは、横断面が全長を通じて一様な形状を有し、かつ、中空でない物品で、(ij)から(m)までの規定及び線の定義のいずれにも該当しないものをいう。

　ただし、第72類には、第73.01項又は第73.02項の物品を含まない。

(o) 「線」とは、横断面が全長を通じて一様な形状を有し、かつ、中空でない冷間成形をした物品(巻いたものに限るものとし、横断面の形状を問わない。)で、フラットロール製品の定義に該当しないものをいう。

(p) 「中空ドリル棒」とは、ドリル用の中空棒であつて、横断面の外側の最大寸法が15ミリメートルを超え52ミリメートル以下であり、かつ、横断面の内側の最大寸法が外側の最大寸法の２分の１以下であるもの(横断面の形状を問わない。)をいうものとし、鉄鋼のその他の中空棒は、第73.04項に属する。

2　材質の異なる鉄鋼によりクラッドした鉄鋼の物品は、重量が最大の鉄鋼から成るものとみなしてその所属を決定する。

3　電解法、圧力鋳造法又は焼結法により製造した鉄鋼は、その形状、組成及び外観に従い、これに類する熱間圧延をした物品が属するこの類の項に属する。

号注

1　この類において次の用語の意義は、それぞれ次に定めるところによる。

(a) 「合金銑鉄」とは、次に掲げる元素の少なくとも一の含有量が全重量に対してそれぞれ次に掲げる割合を超える銑鉄をいう。

クロム	0.2％
銅	0.3％
ニッケル	0.3％
アルミニウム、モリブデン、チタン、タングステン、バナジウム	0.1％

(b) 「非合金快削鋼」とは、次に掲げる元素の一以上の含有量が全重量に対して硫黄及び鉛にあつてはそれぞれ次に掲げ

〔付録〕ＨＳ品目表2017年版

る割合以上の非合金鋼をいい、これら以外の元素にあつてはそれぞれ次に掲げる割合を超える非合金鋼をいう。
　　　硫黄　　　　　　　　　　　　　　　　　　　　　　　　　　　　　0.08％
　　　鉛　　　　　　　　　　　　　　　　　　　　　　　　　　　　　　0.1％
　　　セレン　　　　　　　　　　　　　　　　　　　　　　　　　　　　0.05％
　　　テルル　　　　　　　　　　　　　　　　　　　　　　　　　　　　0.01％
　　　ビスマス　　　　　　　　　　　　　　　　　　　　　　　　　　　0.05％
　(c)　「けい素電気鋼」とは、けい素の含有量が全重量の0.6％以上6％以下で、炭素の含有量が全重量の0.08％以下の合金鋼(アルミニウムの含有量が全重量の1％以下のものを含むものとし、他の合金鋼の特性を付与する量のその他の元素を含有するものを除く。)をいう。
　(d)　「高速度鋼」とは、モリブデン、タングステン及びバナジウムのうちいずれか二以上を含有し、その含有量の合計が全重量の7％以上であつて、炭素の含有量が全重量の0.6％以上であり、かつ、クロムの含有量が全重量の3％以上6％以下である合金鋼(その他の元素を含有するかしないかを問わない。)をいう。
　(e)　「シリコマンガン鋼」とは、次のすべての要件を満たす合金鋼をいう。
　　　炭素の含有量が全重量の0.7％以下であること。
　　　マンガンの含有量が全重量の0.5％以上1.9％以下であること。
　　　けい素の含有量が全重量の0.6％以上2.3％以下であること。
　　　ただし、他の合金鋼の特性を付与する量のその他の元素を含有するものを除く。
2　第72.02項のフェロアロイについては、次に定めるところによりその所属を決定する。
　　　一の合金元素の含有量が全重量に対して注1(c)に掲げる当該元素の割合を超えるフェロアロイは、二成分系のフェロアロイとみなして、該当する号に属する。同様に、二又は三の合金元素の含有量が注1(c)に掲げる当該元素の全重量に対する割合を超える場合には、それぞれ三成分系又は四成分系のフェロアロイとみなす。
　　　この規定は、注1(c)に掲げるその他の元素については、それぞれの元素の含有量が全重量に対して10％を超える場合に限り適用する。
備考
1　この類において合金工具鋼には、タングステン若しくはモリブデン又はこれらを合わせたものの含有量が全重量0.5％以上のもののみを含むものとし、他の合金鋼の特性を付与する量のその他の元素を含有するものを含まない。

番号	品　　　　名
	第1節　一次材料及び粒状又は粉状の物品
72.01	銑鉄及びスピーゲル(なまこ形、ブロックその他の一次形状のものに限る。)
7201.10	非合金銑鉄(りんの含有量が全重量の0.5％以下のものに限る。)
7201.20	非合金銑鉄(りんの含有量が全重量の0.5％を超えるものに限る。)
7201.50	合金銑鉄及びスピーゲル
72.02	フェロアロイ
	フェロマンガン
7202.11	炭素の含有量が全重量の2％を超えるもの
7202.19	その他のもの
	フェロシリコン
7202.21	けい素の含有量が全重量の55％を超えるもの
7202.29	その他のもの
7202.30	フェロシリコマンガン
	フェロクロム
7202.41	炭素の含有量が全重量の4％を超えるもの

番号	品　　　　名
7202.49	その他のもの
7202.50	フェロシリコクロム
7202.60	フェロニッケル
7202.70	フェロモリブデン
7202.80	フェロタングステン及びフェロシリコタングステン
	その他のもの
7202.91	フェロチタン及びフェロシリコチタン
7202.92	フェロバナジウム
7202.93	フェロニオブ
7202.99	その他のもの
72.03	鉄鉱石を直接還元して得た鉄鋼その他の海綿状の鉄鋼及び重量比による純度が99.94％以上の鉄(ランプ、ペレットその他これらに類する形状のものに限る。)
7203.10	鉄鉱石を直接還元して得た鉄鋼
7203.90	その他のもの
72.04	鉄鋼のくず及び鉄鋼の再溶解用のインゴット
7204.10	鋳鉄のくず
	合金鋼のくず
7204.21	ステンレス鋼のもの
7204.29	その他のもの

643

〔付録〕HS品目表2017年版

番号	品名
7204.30	すずをめっきした鉄鋼のくず
	その他のくず
7204.41	切削くず及び打抜きくず(束ねてあるかないかを問わない。)
7204.49	その他のもの
7204.50	再溶解用のインゴット
72.05	銑鉄、スピーゲル又は鉄鋼の粒及び粉
7205.10	粒
	粉
7205.21	合金鋼のもの
7205.29	その他のもの
	第2節 鉄及び非合金鋼
72.06	鉄又は非合金鋼のインゴットその他の一次形状のもの(第72.03項の鉄を除く。)
7206.10	インゴット
7206.90	その他のもの
72.07	鉄又は非合金鋼の半製品
	炭素の含有量が全重量の0.25%未満のもの
7207.11	横断面が長方形(正方形を含む。)のもので、幅が厚さの2倍未満のもの
7207.12	その他のもの(横断面が長方形のものに限るものとし、正方形のものを除く。)
7207.19	その他のもの
7207.20	炭素の含有量が全重量の0.25%以上のもの
72.08	鉄又は非合金鋼のフラットロール製品(熱間圧延をしたもので幅が600ミリメートル以上のものに限るものとし、クラッドし、めっきし又は被覆したものを除く。)
7208.10	熱間圧延をしたもの(更に加工したものを除く。)で巻いたもの(浮出し模様のあるものに限る。)
	その他のもの(熱間圧延及び酸洗いをしたもの(更に加工したものを除く。)で巻いたものに限る。)
7208.25	厚さが4.75ミリメートル以上のもの
7208.26	厚さが3ミリメートル以上4.75ミリメートル未満のもの
7208.27	厚さが3ミリメートル未満のもの
	その他のもの(熱間圧延をしたもの(更に加工したものを除く。)で巻いたものに限る。)
7208.36	厚さが10ミリメートルを超えるもの
7208.37	厚さが4.75ミリメートル以上10ミリメートル以下のもの
7208.38	厚さが3ミリメートル以上4.75ミリメートル未満のもの
7208.39	厚さが3ミリメートル未満のもの

番号	品名
7208.40	熱間圧延をしたもの(更に加工したものを除く。)で巻いてないもの(浮出し模様のあるもの)
	その他のもの(熱間圧延をしたもの(更に加工したものを除く。)で巻いてないものに限る。)
7208.51	厚さが10ミリメートルを超えるもの
7208.52	厚さが4.75ミリメートル以上10ミリメートル以下のもの
7208.53	厚さが3ミリメートル以上4.75ミリメートル未満のもの
7208.54	厚さが3ミリメートル未満のもの
7208.90	その他のもの
72.09	鉄又は非合金鋼のフラットロール製品(冷間圧延をしたもので、幅が600ミリメートル以上のものに限るものとし、クラッドし、めっきし又は被覆したものを除く。)
	冷間圧延をしたもの(更に加工したものを除く。)で巻いたもの
7209.15	厚さが3ミリメートル以上のもの
7209.16	厚さが1ミリメートルを超え3ミリメートル未満のもの
7209.17	厚さが0.5ミリメートル以上1ミリメートル以下のもの
7209.18	厚さが0.5ミリメートル未満のもの
	冷間圧延をしたもの(更に加工したものを除く。)で巻いてないもの
7209.25	厚さが3ミリメートル以上のもの
7209.26	厚さが1ミリメートルを超え3ミリメートル未満のもの
7209.27	厚さが0.5ミリメートル以上1ミリメートル以下のもの
7209.28	厚さが0.5ミリメートル未満のもの
7209.90	その他のもの
72.10	鉄又は非合金鋼のフラットロール製品(クラッドし、めっきし又は被覆したもので、幅が600ミリメートル以上のものに限る。)
	すずをめっきしたもの
7210.11	厚さが0.5ミリメートル以上のもの
7210.12	厚さが0.5ミリメートル未満のもの
7210.20	鉛をめっきしたもの(ターンプレートを含む。)
7210.30	亜鉛を電気めっきしたもの
	亜鉛をめっきしたもの(電気めっきによるものを除く。)
7210.41	波形にしたもの
7210.49	その他のもの
7210.50	クロムの酸化物を被覆したもの及びクロムとクロムの酸化物とを被覆したもの

〔付録〕ＨＳ品目表2017年版

番号	品　名
	アルミニウムをめっきしたもの
7210.61	アルミニウム・亜鉛合金をめつきしたもの
7210.69	その他のもの
7210.70	ペイント若しくはワニスを塗布し又はプラスチックを被覆したもの
7210.90	その他のもの
72.11	鉄又は非合金鋼のフラットロール製品(幅が600ミリメートル未満のものに限るものとし、クラッドし、めつきし又は被覆したものを除く。)
	熱間圧延をしたもの(更に加工したものを除く。)
7211.13	四面圧延又はクローズドボックスパスによるもの(幅が150ミリメートルを超え、厚さが4ミリメートル以上で、浮出し模様がなく、かつ、巻いてないものに限る。)
7211.14	その他のもの(厚さが4.75ミリメートル以上のものに限る。)
7211.19	その他のもの
	冷間圧延をしたもの(更に加工したものを除く。)
7211.23	炭素の含有量が全重量の0.25％未満のもの
7211.29	その他のもの
7211.90	その他のもの
72.12	鉄又は非合金鋼のフラットロール製品(クラッドし、めつきし又は被覆したもので、幅が600ミリメートル未満のものに限る。)
7212.10	すずをめっきしたもの
7212.20	亜鉛を電気めつきしたもの
7212.30	亜鉛をめっきしたもの(電気めっきによるものを除く。)
7212.40	ペイント若しくはワニスを塗布し又はプラスチックを被覆したもの
7212.50	その他のもの(めっきし又は被覆したものに限る。)
7212.60	クラッドしたもの
72.13	鉄又は非合金鋼の棒(熱間圧延をしたもので不規則に巻いたものに限る。)
7213.10	節、リブ、溝その他の異形を圧延工程において付けたもの
7213.20	その他のもの(非合金快削鋼のものに限る。)
	その他のもの
7213.91	横断面が円形のもの(直径が14ミリメートル未満のものに限る。)
7213.99	その他のもの

番号	品　名
72.14	鉄又は非合金鋼のその他の棒(鍛造、熱間圧延、熱間引抜き又は熱間押出しをしたものに限るものとし、更に加工したものを除く。ただし、圧延後ねじつたものを含む。)
7214.10	鍛造したもの
7214.20	節、リブ、溝その他の異形を圧延工程において付けたもの及び圧延後ねじつたもの
7214.30	その他のもの(非合金快削鋼のものに限る。)
	その他のもの
7214.91	横断面が長方形(正方形を除く。)のもの
7214.99	その他のもの
72.15	鉄又は非合金鋼のその他の棒
7215.10	非合金快削鋼のもの(冷間成形又は冷間仕上げをしたものに限るものとし、更に加工したものを除く。)
7215.50	その他のもの(冷間成形又は冷間仕上げをしたものに限るものとし、更に加工したものを除く。)
7215.90	その他のもの
72.16	鉄又は非合金鋼の形鋼
7216.10	Ｕ形鋼、Ｉ形鋼及びＨ形鋼(高さが80ミリメートル未満のもので熱間圧延、熱間引抜き又は押出しをしたものに限るものとし、更に加工したものを除く。)
	山形鋼及びＴ形鋼(高さが80ミリメートル未満のもので熱間圧延、熱間引抜き又は押出しをしたものに限るものとし、更に加工したものを除く。)
7216.21	山形鋼
7216.22	Ｔ形鋼
	Ｕ形鋼、Ｉ形鋼及びＨ形鋼(高さが80ミリメートル以上のもので熱間圧延、熱間引抜き又は押出しをしたものに限るものとし、更に加工したものを除く。)
7216.31	Ｕ形鋼
7216.32	Ｉ形鋼
7216.33	Ｈ形鋼
7216.40	山形鋼及びＴ形鋼(高さが80ミリメートル以上のもので熱間圧延、熱間引抜き又は押出しをしたものに限るものとし、更に加工したものを除く。)
7216.50	その他の形鋼(熱間圧延、熱間引抜き又は押出しをしたものに限るものとし、更に加工したものを除く。)
	形鋼(冷間成形又は冷間仕上げをしたものに限るものとし、更に加工したものを除く。)
7216.61	フラットロール製品から製造されたもの
7216.69	その他のもの
	その他のもの

番号	品名
7216.91	フラットロール製品から冷間成形又は冷間仕上げをしたもの
7216.99	その他のもの
72.17	鉄又は非合金鋼の線
7217.10	めっき及び被覆のいずれもしてないもの（研磨してあるかないかを問わない。）
7217.20	亜鉛をめつきしたもの
7217.30	その他の卑金属をめつきしたもの
7217.90	その他のもの

第3節　ステンレス鋼

番号	品名
72.18	ステンレス鋼のインゴットその他の一次形状のもの及び半製品
7218.10	インゴットその他の一次形状のもの
	その他のもの
7218.91	横断面が長方形（正方形を除く。）のもの
7218.99	その他のもの
72.19	ステンレス鋼のフラットロール製品（幅が600ミリメートル以上のものに限る。）
	熱間圧延をしたもの（更に加工したものを除く。）で巻いたもの
7219.11	厚さが10ミリメートルを超えるもの
7219.12	厚さが4.75ミリメートル以上10ミリメートル以下のもの
7219.13	厚さが3ミリメートル以上4.75ミリメートル未満のもの
7219.14	厚さが3ミリメートル未満のもの
	熱間圧延をしたもの（更に加工したものを除く。）で巻いてないもの
7219.21	厚さが10ミリメートルを超えるもの
7219.22	厚さが4.75ミリメートル以上10ミリメートル以下のもの
7219.23	厚さが3ミリメートル以上4.75ミリメートル未満のもの
7219.24	厚さが3ミリメートル未満のもの
	冷間圧延をしたもの（更に加工したものを除く。）
7219.31	厚さが4.75ミリメートル以上のもの
7219.32	厚さが3ミリメートル以上4.75ミリメートル未満のもの
7219.33	厚さが1ミリメートルを超え3ミリメートル未満のもの
7219.34	厚さが0.5ミリメートル以上1ミリメートル以下のもの
7219.35	厚さが0.5ミリメートル未満のもの
7219.90	その他のもの
72.20	ステンレス鋼のフラットロール製品（幅が600ミリメートル未満のものに限る。）

番号	品名
	熱間圧延をしたもの（更に加工したものを除く。）
7220.11	厚さが4.75ミリメートル以上のもの
7220.12	厚さが4.75ミリメートル未満のもの
7220.20	冷間圧延をしたもの（更に加工したものを除く。）
7220.90	その他のもの
72.21	
7221.00	ステンレス鋼の棒（熱間圧延をしたもので不規則に巻いたものに限る。）
72.22	ステンレス鋼のその他の棒及び形鋼
	棒（熱間圧延、熱間引抜き又は押出しをしたものに限るものとし、更に加工したものを除く。）
7222.11	横断面が円形のもの
7222.19	その他のもの
7222.20	棒（冷間成形又は冷間仕上げをしたものに限るものとし、更に加工したものを除く。）
7222.30	その他の棒
7222.40	形鋼
72.23	
7223.00	ステンレス鋼の線

第4節　その他の合金鋼及び合金鋼又は非合金鋼の中空ドリル棒

番号	品名
72.24	その他の合金鋼のインゴットその他の一次形状のもの及び半製品
7224.10	インゴットその他の一次形状のもの
7224.90	その他のもの
72.25	その他の合金鋼のフラットロール製品（幅が600ミリメートル以上のものに限る。）
	けい素電気鋼のもの
7225.11	方向性けい素鋼のもの
7225.19	その他のもの
7225.30	その他のもの（熱間圧延をしたもの（更に加工したものを除く。）で巻いたものに限る。）
7225.40	その他のもの（熱間圧延をしたもの（更に加工したものを除く。）で巻いてないものに限る。）
7225.50	その他のもの（冷間圧延をしたものに限るものとし、更に加工したものを除く。）
	その他のもの
7225.91	亜鉛を電気めつきしたもの
7225.92	亜鉛をめつきしたもの（電気めつきによるものを除く。）
7225.99	その他のもの
72.26	その他の合金鋼のフラットロール製品（幅が600ミリメートル未満のものに限る。）

〔付録〕ＨＳ品目表2017年版

番号	品名
	けい素電気鋼のもの
7226.11	方向性けい素鋼のもの
7226.19	その他のもの
7226.20	高速度鋼のもの
	その他のもの
7226.91	熱間圧延をしたもの（更に加工したものを除く。）
7226.92	冷間圧延をしたもの（更に加工したものを除く。）
7226.99	その他のもの
72.27	その他の合金鋼の棒（熱間圧延をしたもので不規則に巻いたものに限る。）
7227.10	高速度鋼のもの
7227.20	シリコマンガン鋼のもの
7227.90	その他のもの
72.28	その他の合金鋼のその他の棒、その他の合金鋼の形鋼及び合金鋼又は非合金鋼の中空ドリル棒

番号	品名
7228.10	高速度鋼の棒
7228.20	シリコマンガン鋼の棒
7228.30	その他の棒（熱間圧延、熱間引抜き又は押出しをしたものに限るものとし、更に加工したものを除く。）
7228.40	その他の棒（鍛造したものに限るものとし、更に加工したものを除く。）
7228.50	その他の棒（冷間成形又は冷間仕上げをしたものに限るものとし、更に加工したものを除く。）
7228.60	その他の棒
7228.70	形鋼
7228.80	中空ドリル棒
72.29	その他の合金鋼の線
7229.20	シリコマンガン鋼のもの
7229.90	その他のもの

第73類　鉄鋼製品
注
1　この類において「鋳鉄」とは、含有する元素のうち鉄の重量が最大の鋳造品で、第72類の注1(d)に定義する鋼の化学的組成を有しないものをいう。
2　この類において「線」とは、熱間成形又は冷間成形をした製品で、横断面の最大寸法が16ミリメートル以下のもの（横断面の形状を問わない。）をいう。

番号	品名
73.01	鋼矢板（穴をあけてあるかないか又は組み合わせてあるかないかを問わない。）及び溶接形鋼
7301.10	鋼矢板
7301.20	形鋼
73.02	レール、ガードレール、ラックレール及びトングレール、轍差、転轍棒その他の分岐器の構成部分（鉄鋼製の建設資材で鉄道又は軌道の線路用のものに限る。）並びにまくら木、継目板、座鉄、座鉄くさび、ソールプレート、レールクリップ、床板、タイその他の資材で、レールの接続又は取付けに専ら使用するもの（鉄鋼製の建設資材で鉄道又は軌道の線路用のものに限る。）
7302.10	レール
7302.30	トングレール、轍差、転轍棒その他の分岐器の構成部分
7302.40	継目板及びソールプレート
7302.90	その他のもの
73.03	
7303.00	鋳鉄製の管及び中空の形材

番号	品名
73.04	鉄鋼製の管及び中空の形材（継目なしのものに限るものとし、鋳鉄製のものを除く。）
	油又はガスの輸送に使用する種類のラインパイプ
7304.11	ステンレス鋼のもの
7304.19	その他のもの
	油又はガスの掘削に使用する種類のケーシング、チュービング及びドリルパイプ
7304.22	ドリルパイプ（ステンレス鋼製のもの）
7304.23	その他のドリルパイプ
7304.24	その他のもの（ステンレス鋼製のもの）
7304.29	その他のもの
	その他のもの（鉄製又は非合金鋼製のもので、横断面が円形のものに限る。）
7304.31	冷間引抜き又は冷間圧延をしたもの
7304.39	その他のもの
	その他のもの（ステンレス鋼製のもので、横断面が円形のものに限る。）
7304.41	冷間引抜き又は冷間圧延をしたもの
7304.49	その他のもの
	その他のもの（その他の合金鋼製のもので、横断面が円形のものに限る。）

647

〔付録〕ＨＳ品目表2017年版

番号	品名
7304.51	冷間引抜き又は冷間圧延をしたもの
7304.59	その他のもの
7304.90	その他のもの
73.05	鉄鋼製のその他の管(例えば、溶接、リベット接合その他これらに類する接合をしたもの。横断面が円形のもので、外径が406.4ミリメートルを超えるものに限る。)
	油又はガスの輸送に使用する種類のラインパイプ
7305.11	縦方向にサブマージアーク溶接をしたもの
7305.12	その他のもの(縦方向に溶接したものに限る。)
7305.19	その他のもの
7305.20	油又はガスの掘削に使用する種類のケーシング
	その他の溶接管
7305.31	縦方向に溶接したもの
7305.39	その他のもの
7305.90	その他のもの
73.06	鉄鋼製のその他の管及び中空の形材(例えば、オープンシームのもの及び溶接、リベット接合その他これらに類する接合をしたもの)
	油又はガスの輸送に使用する種類のラインパイプ
7306.11	溶接管(ステンレス鋼製のものに限る。)
7306.19	その他のもの
	油又はガスの掘削に使用する種類のケーシング及びチュービング
7306.21	溶接管(ステンレス鋼製のものに限る。)
7306.29	その他のもの
7306.30	その他の溶接管(鉄製又は非合金鋼製のもので、横断面が円形のものに限る。)
7306.40	その他の溶接管(ステンレス鋼製のもので、横断面が円形のものに限る。)
7306.50	その他の溶接管(その他の合金鋼製のもので、横断面が円形のものに限る。)
	その他の溶接管(横断面が円形のものを除く。)
7306.61	横断面が正方形又は長方形のもの
7306.69	その他のもの(横断面が円形のものを除く。)
7306.90	その他のもの
73.07	鉄鋼製の管用継手(例えば、カップリング、エルボー及びスリーブ)
	鋳造した継手
7307.11	非可鍛鋳鉄製のもの
7307.19	その他のもの

番号	品名
	その他のもの(ステンレス鋼製のものに限る。)
7307.21	フランジ
7307.22	エルボー、ベンド及びスリーブ(ねじ式のものに限る。)
7307.23	継手(突合せ溶接式のものに限る。)
7307.29	その他のもの
	その他のもの
7307.91	フランジ
7307.92	エルボー、ベンド及びスリーブ(ねじ式のものに限る。)
7307.93	継手(突合せ溶接式のものに限る。)
7307.99	その他のもの
73.08	構造物及びその部分品(鉄鋼製のものに限る。例えば、橋、橋げた、水門、塔、格子柱、屋根、屋根組み、戸、窓、戸枠、窓枠、戸敷居、シャッター、手すり及び柱。第94.06項のプレハブ建築物を除く。)並びに構造物用に加工した鉄鋼製の板、棒、形材、管その他これらに類する物品
7308.10	橋及び橋げた
7308.20	塔及び格子柱
7308.30	戸及び窓並びにこれらの枠並びに戸敷居
7308.40	足場用、枠組み用又は支柱用(坑道用のものを含む。)の物品
7308.90	その他のもの
73.09	
7309.00	鉄鋼製の貯蔵タンクその他これに類する容器(内容積が300リットルを超えるものに限るものとし、内張りしてあるかないか又は断熱してあるかないかを問わず、圧縮ガス用又は液化ガス用のもの及び機械装置又は加熱用若しくは冷却用の装置を除く。)
73.10	鉄鋼製のタンク、たる、ドラム、缶、箱その他これらに類する容器(内容積が300リットル以下のものに限るものとし、内張りしてあるかないか又は断熱してあるかないかを問わず、圧縮ガス用又は液化ガス用のもの及び機械装置又は加熱用若しくは冷却用の装置を有するものを除く。)
7310.10	内容積が50リットル以上のもの
	内容積が50リットル未満のもの
7310.21	缶(はんだ付け又はクリンプ加工により密閉するものに限る。)
7310.29	その他のもの
73.11	
7311.00	圧縮ガス用又は液化ガス用の鉄鋼製の容器

〔付録〕ＨＳ品目表2017年版

番号	品名
73.12	鉄鋼製のより線、ロープ、ケーブル、組ひも、スリングその他これらに類する物品（電気絶縁をしたものを除く。）
7312.10	より線、ロープ及びケーブル
7312.90	その他のもの
73.13	
7313.00	鉄鋼製の有刺線並びに鉄鋼製の帯又は平線をねじつたもの（有刺のものであるかないかを問わない。）及び緩くよつた二重線で柵に使用する種類のもの
73.14	ワイヤクロス（ワイヤエンドレスバンドを含む。）、ワイヤグリル、網及び柵（鉄鋼の線から製造したものに限る。）並びに鉄鋼製のエキスパンデッドメタル
	織つたワイヤクロス
7314.12	機械用ワイヤエンドレスバンド（ステンレス鋼製のものに限る。）
7314.14	その他の織つたクロス（ステンレス鋼製のものに限る。）
7314.19	その他のもの
7314.20	ワイヤグリル、網及び柵（横断面の最大寸法が3ミリメートル以上の線から製造し、網目の大きさが100平方センチメートル以上のもので、網目の交点を溶接したものに限る。）
	その他のワイヤグリル、網及び柵（網目の交点を溶接したものに限る。）
7314.31	亜鉛をめつきしたもの
7314.39	その他のもの
	その他のワイヤクロス、ワイヤグリル、網及び柵
7314.41	亜鉛をめつきしたもの
7314.42	プラスチックを被覆したもの
7314.49	その他のもの
7314.50	エキスパンデッドメタル
73.15	鉄鋼製の鎖及びその部分品
	連接リンクチェーン及びその部分品
7315.11	ローラーチェーン
7315.12	その他の鎖
7315.19	部分品
7315.20	スキッドチェーン
	その他の鎖
7315.81	スタッド付きチェーン
7315.82	その他のもの（溶接リンクのものに限る。）
7315.89	その他のもの
7315.90	その他の部分品
73.16	
7316.00	鉄鋼製のいかり及びその部分品

番号	品名
73.17	
7317.00	鉄鋼製のくぎ、びよう、画びよう、波くぎ、またくぎ（第83.05項のものを除く。）その他これらに類する製品（銅以外の材料から製造した頭部を有するものを含む。）
73.18	鉄鋼製のねじ、ボルト、ナット、コーチスクリュー、スクリューフック、リベット、コッター、コッターピン、座金（ばね座金を含む。）その他これらに類する製品
	ねじを切つた製品
7318.11	コーチスクリュー
7318.12	その他の木ねじ
7318.13	スクリューフック及びスクリューリング
7318.14	セルフタッピングスクリュー
7318.15	その他のねじ及びボルト（ナット又は座金付きであるかないかを問わない。）
7318.16	ナット
7318.19	その他のもの
	ねじを切つてない製品
7318.21	ばね座金その他の止め座金
7318.22	その他の座金
7318.23	リベット
7318.24	コッター及びコッターピン
7318.29	その他のもの
73.19	鉄鋼製の安全ピンその他のピン（他の項に該当するものを除く。）及び鉄鋼製の手縫針、手編針、ボドキン、クロセ編み用手針、ししゆう用穴あけ手針その他これらに類する物品
7319.40	安全ピンその他のピン
7319.90	その他のもの
73.20	鉄鋼製のばね及びびばね板
7320.10	板ばね及びそのばね板
7320.20	コイルばね
7320.90	その他のもの
73.21	鉄鋼製のストーブ、レンジ、炉、調理用加熱器（セントラルヒーティング用の補助ボイラーを有するものを含む。）、肉焼き器、火鉢、ガスこんろ、皿温器その他これらに類する物品（家庭用のものに限るものとし、電気式のものを除く。）及びこれらの部分品（鉄鋼製のものに限る。）
	調理用加熱器具及び皿温め器
7321.11	気体燃料用のもの並びに気体燃料及びその他の燃料共用のもの
7321.12	液体燃料用のもの
7321.19	その他のもの（固体燃料用のものを含む。）
	その他の器具
7321.81	気体燃料用のもの並びに気体燃料及びその他の燃料共用のもの

649

番号	品名
7321.82	液体燃料用のもの
7321.89	その他のもの(固体燃料用のものを含む。)
7321.90	部分品
73.22	セントラルヒーティング用のラジエーター(電気加熱式のものを除く。)及びその部分品並びに動力駆動式の送風機を有するエアヒーター及び温風分配器(新鮮な又は調節した空気を供給することができるものを含むものとし、電気加熱式のものを除く。)並びにこれらの部分品(この項の物品は、鉄鋼製のものに限る。)
	ラジエーター及びその部分品
7322.11	鋳鉄製のもの
7322.19	その他のもの
7322.90	その他のもの
73.23	食卓用品、台所用品その他の家庭用品及びその部分品(鉄鋼製のものに限る。)、鉄鋼のウール並びに鉄鋼製の瓶洗い、ポリッシングパッド、ポリッシンググラブその他これらに類する製品
7323.10	鉄鋼のウール及び鉄鋼製の瓶洗い、ポリッシングパッド、ポリッシンググラブその他これらに類する製品
	その他のもの
7323.91	鋳鉄製のもの(ほうろう引きのものを除く。)
7323.92	鋳鉄製のもの(ほうろう引きのものに限る。)

番号	品名
7323.93	ステンレス鋼製のもの
7323.94	その他の鉄鋼製のもの(ほうろう引きのものに限るものとし、鋳鉄製のものを除く。)
7323.99	その他のもの
73.24	衛生用品及びその部分品(鉄鋼製のものに限る。)
7324.10	ステンレス鋼製の台所用流し及び洗面台
	浴槽
7324.21	鋳鉄製のもの(ほうろう引きをしてあるかないかを問わない。)
7324.29	その他のもの
7324.90	その他のもの(部分品を含む。)
73.25	その他の鋳造製品(鉄鋼製のものに限る。)
7325.10	非可鍛鋳鉄製のもの
	その他のもの
7325.91	粉砕機用のグラインディングボールその他これに類する製品
7325.99	その他のもの
73.26	その他の鉄鋼製品
	鍛造又は型打ちをしたもの(更に加工したものを除く。)
7326.11	粉砕機用のグラインディングボールその他これに類する製品
7326.19	その他のもの
7326.20	鉄鋼の線から製造したもの
7326.90	その他のもの

第74類　銅及びその製品

注
1　この類において次の用語の意義は、それぞれ次に定めるところによる。
   (a)　「精製銅」とは、銅の含有量が全重量の99.85％以上である金属及び銅の含有量が全重量の97.5％以上であり、かつ、銅以外の元素の含有量が全重量に対してそれぞれ次の表に掲げる限度を超えない金属をいう。

元素	全重量に対する限度(％)
銀(Ag)	0.25
砒素(As)	0.5
カドミウム(Cd)	1.3
クロム(Cr)	1.4
マグネシウム(Mg)	0.8
鉛(Pb)	1.5
硫黄(S)	0.7
すず(Sn)	0.8
テルル(Te)	0.8
亜鉛(Zn)	1
ジルコニウム(Zr)	0.3
その他の各元素(*)	0.3

　　　＊　その他の各元素とは、例えば、アルミニウム、ベリリウム、コバルト、鉄、マンガン、ニッケル及びけい素をいう。

　(b)　「銅合金」とは、含有する元素のうち銅の重量が最大の金属(粗銅を除く。)で次のいずれかのものをいう。
　　(i)　銅以外の元素の少なくとも一の含有量が全重量に対してそれぞれ(a)の表に掲げる限度を超えるもの

〔付録〕ＨＳ品目表2017年版

(ii) 銅以外の元素の含有量の合計が全重量の2.5％を超えるもの
(c) 「マスターアロイ」とは、銅と他の元素の合金(銅の含有量が全重量の10％を超えるものに限る。)で、実用上圧延及び鍛造のいずれにも適せず、かつ、通常その他の合金の製造の際の添加用又は非鉄金属の冶金の際の脱酸用、脱硫用その他これらに類する用途に供するものをいう。ただし、りんの含有量が全重量の15％を超えるりん銅は、第28.53項に属する。
(d) 「棒」とは、横断面が全長を通じて一様な形状を有し、かつ、中空でない圧延製品、押出製品、引抜製品及び鍛造製品(巻いてないものに限る。)で、横断面が円形、だ円形、長方形(正方形を含む。)、正三角形又は正凸多角形(横断面の一の相対する辺が凸の円弧で、他の相対する辺が長さの等しい平行な直線から成るへん平状の円形及び変形した長方形を含む。)のものをいうものとし、横断面が長方形(正方形を含む。)、正三角形又は正凸多角形のものにあつては全長を通じて角を丸めたものを含み、横断面が長方形(変形した長方形を含む。)のものにあつては厚さが幅の10分の1を超えるものに限る。棒には、鋳造製品及び焼結製品で、前段の形状の要件を満たし、かつ、他の項の物品の特性を有しないもののうち単なるトリミング又はスケール除去よりも高度な加工をしたものを含む。

もつとも、ワイヤバー及びビレットで、これらから線材、管その他の物品を製造する機械への送り込みを単に容易にする目的のため、その端部にテーパー加工その他の加工をしたものは、第74.03項の塊とみなす。
(e) 「形材」とは、横断面が全長を通じて一様な形状を有する圧延製品、押出製品、引抜製品、鍛造製品及び成形製品(巻いてあるかないかを問わない。)で、棒、線、板、シート、ストリップ、はく及び管のいずれの定義にも該当しないものをいう。形材には、鋳造製品及び焼結製品で、前段の形状の要件を満たし、かつ、他の項の物品の特性を有しないもののうち単なるトリミング又はスケール除去よりも高度な加工をしたものを含む。
(f) 「線」とは、横断面が全長を通じて一様な形状を有し、かつ、中空でない圧延製品、押出製品及び引抜製品(巻いたものに限る。)で、横断面が円形、だ円形、長方形(正方形を含む。)、正三角形又は正凸多角形(横断面の一の相対する辺が凸の円弧で、他の相対する辺が長さの等しい平行な直線から成るへん平状の円形及び変形した長方形を含む。)のものをいうものとし、横断面が長方形(正方形を含む。)、正三角形又は正凸多角形のものにあつては全長を通じて角を丸めたものを含み、横断面が長方形(変形した長方形を含む。)のものにあつては厚さが幅の10分の1を超えるものに限る。
(g) 「板」、「シート」、「ストリップ」及び「はく」とは、均一な厚さを有し、かつ、中空でない平板状の製品(巻いてあるかないかを問わないものとし、第74.03項の塊を除く。)で、横断面が長方形(角を丸めてあるかないかを問わないものとし、横断面の一の相対する辺が凸の円弧で、他の相対する辺が長さの等しい平行な直線から成る変形した長方形を含み、正方形を除く。)のもののうち次のものをいう。

長方形(正方形を含む。)のもので厚さが幅の10分の1以下のもの
長方形(正方形を含む。)以外のもの(大きさを問わない。)で他の項の物品の特性を有しないもの

第74.09項及び第74.10項の板、シート、ストリップ及びはくには、模様(例えば、溝、リブ、市松、滴、ボタン及びひし形)を有し、穴をあけ、波形にし、研磨し又は被覆したもので、他の項の物品の特性を有しないものを含む。
(h) 「管」とは、均一な肉厚の中空の製品(巻いてあるかないかを問わない。)であつて、横断面が全長を通じて閉じた一の空間を有する一様な形状であり、かつ、横断面が円形、だ円形、長方形(正方形を含む。)、正三角形又は正凸多角形のものをいうものとし、横断面が長方形(正方形を含む。)、正三角形又は正凸多角形のものにあつては、全長を通じて角を丸めたものを含み、横断面の外側と内側とが相似形であり、これらの配置が同心かつ同方向のものに限る。管には、研磨し、被覆し、曲げ、ねじを切り、穴をあけ、くびれを付け、広げ、円すい形にし又はフランジ、カラー若しくはリングを取り付けたものを含む。

号注
1 この類において次の用語の意義は、それぞれ次に定めるところによる。
(a) 「銅・亜鉛合金(黄銅)」とは、銅と亜鉛の合金(銅及び亜鉛以外の元素を含有するかしないかを問わない。)をいうものとし、銅及び亜鉛以外の元素を含有する場合には、次のすべての要件を満たすものをいう。

銅以外の含有する元素のうち亜鉛の重量が最大であること。
ニッケルの含有量が全重量の5％未満であること(銅・ニッケル・亜鉛合金(洋白)参照)。
すずの含有量が全重量の3％未満であること(銅・すず合金(青銅)参照)。
(b) 「銅・すず合金(青銅)」とは、銅とすずの合金(銅及びすず以外の元素を含有するかしないかを問わない。)をいうものとし、銅及びすず以外の元素を含有する場合には、銅以外の含有する元素のうちすずの重量が最大であるものをいう。ただし、すずの含有量が全重量の3％以上であり、かつ、亜鉛の含有量が全重量の10％未満である場合には、含有する亜鉛の重量がすずの重量を超えるものも含む。
(c) 「銅・ニッケル・亜鉛合金(洋白)」とは、銅とニッケルと亜鉛の合金(銅、ニッケル及び亜鉛以外の元素を含有する

651

〔付録〕ＨＳ品目表2017年版

かしないかを問わない。）で、ニッケルの含有量が全重量の5％以上のものをいう（銅・亜鉛合金（黄銅）参照）。

(d) 「銅・ニッケル合金」とは、銅とニッケルの合金（銅及びニッケル以外の元素を含有するかしないかを問わないものとし、亜鉛の含有量が全重量の1％以下のものに限る。）をいうものとし、銅及びニッケル以外の元素を含有する場合には、銅以外の元素のうちニッケルの重量が最大であるものをいう。

番　号	品　　名
74.01	
7401.00	銅のマット及びセメントカッパー（沈殿銅）
74.02	
7402.00	粗銅及び電解精製用陽極銅
74.03	精製銅又は銅合金の塊
	精製銅
7403.11	陰極銅及びその切断片
7403.12	ワイヤバー
7403.13	ビレット
7403.19	その他のもの
	銅合金
7403.21	銅・亜鉛合金（黄銅）
7403.22	銅・すず合金（青銅）
7403.29	その他の銅合金（第74.05項のマスターアロイを除く。）
74.04	
7404.00	銅のくず
74.05	
7405.00	銅のマスターアロイ
74.06	銅の粉及びフレーク
7406.10	粉（薄片状のものを除く。）
7406.20	粉（薄片状のものに限る。）及びフレーク
74.07	銅の棒及び形材
7407.10	精製銅のもの
	銅合金のもの
7407.21	銅・亜鉛合金（黄銅）のもの
7407.29	その他のもの
74.08	銅の線
	精製銅のもの
7408.11	横断面の最大寸法が6ミリメートルを超えるもの
7408.19	その他のもの
	銅合金のもの
7408.21	銅・亜鉛合金（黄銅）のもの
7408.22	銅・ニッケル合金（白銅）又は銅・ニッケル・亜鉛合金（洋白）のもの
7400.29	その他のもの
74.09	銅の板、シート及びストリップ（厚さが0.15ミリメートルを超えるものに限る。）
	精製銅のもの
7409.11	巻いたもの
7409.19	その他のもの
	銅・亜鉛合金（黄銅）のもの
7409.21	巻いたもの

番　号	品　　名
7409.29	その他のもの
	銅・すず合金（青銅）のもの
7409.31	巻いたもの
7409.39	その他のもの
7409.40	銅・ニッケル合金（白銅）又は銅・ニッケル・亜鉛合金（洋白）のもの
7409.90	その他の銅合金のもの
74.10	銅のはく（厚さ（補強材の厚さを除く。）が0.15ミリメートル以下のものに限るものとし、印刷してあるかないか又は紙、板紙、プラスチックその他これらに類する補強材により裏張りしてあるかないかを問わない。）
	裏張りしてないもの
7410.11	精製銅のもの
7410.12	銅合金のもの
	裏張りしたもの
7410.21	精製銅のもの
7410.22	銅合金のもの
74.11	銅製の管
7411.10	精製銅のもの
	銅合金のもの
7411.21	銅・亜鉛合金（黄銅）のもの
7411.22	銅・ニッケル合金（白銅）又は銅・ニッケル・亜鉛合金（洋白）のもの
7411.29	その他のもの
74.12	銅製の管用継手（例えば、カップリング、エルボー及びスリーブ）
7412.10	精製銅のもの
7412.20	銅合金のもの
74.13	
7413.00	銅製のより線、ケーブル、組ひもその他これらに類する製品（電気絶縁をしたものを除く。）
74.15	銅製のくぎ、びよう、画びよう、またくぎ（第83.05項のものを除く。）その他これらに類する製品（銅製の頭部を有する鉄鋼製のものを含む。）及び銅製のねじ、ボルト、ナット、スクリューフック、リベット、コッター、コッターピン、座金（ばね座金を含む。）その他これらに類する製品
7415.10	くぎ、びよう、画びよう、またくぎその他これらに類する製品
	その他のもの（ねじを切つたものを除く。）
7415.21	座金（ばね座金を含む。）
7415.29	その他のもの
	その他のもの（ねじを切つたものに限る。）

652

〔付録〕ＨＳ品目表2017年版

番号	品名
7415.33	ねじ、ボルト及びナット
7415.39	その他のもの
74.18	食卓用品、台所用品その他の家庭用品及びその部分品（銅製のものに限る。）、銅製の瓶洗い、ポリッシングパッド、ポリッシンググラブその他これらに類する製品並びに衛生用品及びその部分品（銅製のものに限る。）
7418.10	食卓用品、台所用品その他の家庭用品及びその部分品並びに瓶洗い、ポリッシングパッド、ポリッシンググラブその他これらに類する製品

番号	品名
7418.20	衛生用品及びその部分品
74.19	その他の銅製品
7419.10	鎖及びその部分品
	その他のもの
7419.91	鋳造、型打ち又は鍛造をしたもの（更に加工したものを除く。）
7419.99	その他のもの

第75類　ニッケル及びその製品

注
1　この類において次の用語の意義は、それぞれ次に定めるところによる。
　(a)　「棒」とは、横断面が全長を通じて一様な形状を有し、かつ、中空でない圧延製品、押出製品、引抜製品及び鍛造製品（巻いてないものに限る。）で、横断面が円形、だ円形、長方形（正方形を含む。）、正三角形又は正凸多角形（横断面の一の相対する辺が凸の円弧で、他の相対する辺が長さの等しい平行な直線から成るへん平状の円形及び変形した長方形を含む。）のものをいうものとし、横断面が長方形（正方形を含む。）、正三角形又は正凸多角形のものにあつては全長を通じて角を丸めたものを含み、横断面が長方形（変形した長方形を含む。）のものにあつては厚さが幅の10分の1を超えるものに限る。棒には、鋳造製品及び焼結製品で、前段の形状の要件を満たし、かつ、他の項の物品の特性を有しないもののうち単なるトリミング又はスケール除去よりも高度な加工をしたものを含む。
　(b)　「形材」とは、横断面が全長を通じて一様な形状を有する圧延製品、押出製品、引抜製品、鍛造製品及び成形製品（巻いてあるかないかを問わない。）で、棒、線、板、シート、ストリップ、はく及び管のいずれの定義にも該当しないものをいう。形材には、鍛造製品及び焼結製品で、前段の形状の要件を満たし、かつ、他の項の物品の特性を有しないもののうち単なるトリミング又はスケール除去よりも高度な加工をしたものを含む。
　(c)　「線」とは、横断面が全長を通じて一様な形状を有し、かつ、中空でない圧延製品、押出製品及び引抜製品（巻いたものに限る。）で、横断面が円形、だ円形、長方形（正方形を含む。）、正三角形又は正凸多角形（横断面の一の相対する辺が凸の円弧で、他の相対する辺が長さの等しい平行な直線から成るへん平状の円形及び変形した長方形を含む。）のものをいうものとし、横断面が長方形（正方形を含む。）、正三角形又は正凸多角形のものにあつては全長を通じて角を丸めたものを含み、横断面が長方形（変形した長方形を含む。）のものにあつては厚さが幅の10分の1を超えるものに限る。
　(d)　「板」、「シート」、「ストリップ」及び「はく」とは、均一な厚さを有し、かつ、中空でない平板状の製品（巻いてあるかないかを問わないものとし、第75.02項の塊を除く。）で、横断面が長方形（角を丸めてあるかないかを問わないものとし、横断面の一の相対する辺が凸の円弧で、他の相対する辺が長さの等しい平行な直線から成る変形した長方形を含み、正方形を除く。）のもののうち次のものをいう。
　　　　長方形（正方形を含む。）のもので厚さが幅の10分の1以下のもの
　　　　長方形（正方形を含む。）以外のもの（大きさを問わない。）で他の項の物品の特性を有しないもの
　　　第75.06項の板、シート、ストリップ及びはくには、模様（例えば、溝、リブ、市松、滴、ボタン及びひし形）を有し、穴をあけ、波形にし、研磨し又は被覆したもので、他の項の物品の特性を有しないものを含む。
　(e)　「管」とは、均一な肉厚の中空の製品（巻いてあるかないかを問わない。）であつて、横断面が全長を通じて閉じた一の空間を有する一様な形状であり、かつ、横断面が円形、だ円形、長方形（正方形を含む。）、正三角形又は正凸多角形のものをいうものとし、横断面が長方形（正方形を含む。）、正三角形又は正凸多角形のものにあつては、全長を通じて角を丸めたものを含み、横断面の外側と内側とが相似形であり、これらの配置が同心かつ同方向のものに限る。管には、研磨し、被覆し、曲げ、ねじを切り、穴をあけ、くびれを付け、広げ、円すい形にし又はフランジ、カラー若しくはリングを取り付けたものを含む。

号注
1　この類において次の用語の意義は、それぞれ次に定めるところによる。
　(a)　「ニッケル（合金を除く。）」とは、ニッケル及びコバルトの含有量の合計が全重量の99％以上の金属で次のいずれの

653

要件も満たすものをいう。
- (i) コバルトの含有量が全重量の1.5％以下であること。
- (ii) ニッケル及びコバルト以外の元素の含有量が全重量に対してそれぞれ次の表に掲げる限度を超えないこと。

元　　　　　素	全重量に対する限度（％）
鉄（Fe）	0.5
酸素（O）	0.4
その他の各元素	0.3

- (b) 「ニッケル合金」とは、含有する元素のうちニッケルの重量が最大の金属で次のいずれかのものをいう。
  - (i) コバルトの含有量が全重量の1.5％を超えるもの
  - (ii) ニッケル及びコバルト以外の元素の少なくとも一の含有量が全重量に対してそれぞれ(a)の表に掲げる限度を超えるもの
  - (iii) ニッケル及びコバルト以外の元素の含有量の合計が全重量の１％を超えるもの

2　第7508.10号において線には、この類の注１(c)の規定にかかわらず、横断面の最大寸法が６ミリメートル以下のもの（横断面の形状及び巻いてあるかないかを問わない。）のみを含む。

番　号	品　　名
75.01	ニッケルのマット、焼結した酸化ニッケルその他ニッケル製錬の中間生産物
7501.10	ニッケルのマット
7501.20	焼結した酸化ニッケルその他ニッケル製錬の中間生産物
75.02	ニッケルの塊
7502.10	ニッケル（合金を除く。）
7502.20	ニッケル合金
75.03	
7503.00	ニッケルのくず
75.04	
7504.00	ニッケルの粉及びフレーク
75.05	ニッケルの棒、形材及び線
	棒及び形材
7505.11	ニッケル（合金を除く。）のもの
7505.12	ニッケル合金のもの

番　号	品　　名
	線
7505.21	ニッケル（合金を除く。）のもの
7505.22	ニッケル合金のもの
75.06	ニッケルの板、シート、ストリップ及びはく
7506.10	ニッケル（合金を除く。）のもの
7506.20	ニッケル合金のもの
75.07	ニッケル製の管及び管用継手（例えば、カップリング、エルボー及びスリーブ）
	管
7507.11	ニッケル（合金を除く。）のもの
7507.12	ニッケル合金のもの
7507.20	管用継手
75.08	その他のニッケル製品
7508.10	ワイヤクロス、ワイヤグリル及び網（ニッケルの線から製造したものに限る。）
7508.90	その他のもの

第76類　アルミニウム及びその製品

注
1　この類において次の用語の意義は、それぞれ次に定めるところによる。
- (a) 「棒」とは、横断面が全長を通じて一様な形状を有し、かつ、中空でない圧延製品、押出製品、引抜製品及び鍛造製品（巻いてないものに限る。）で、横断面が円形、だ円形、長方形（正方形を含む。）、正三角形又は正凸多角形（横断面の一の相対する辺が凸の円弧で、他の相対する辺が長さの等しい平行な直線から成るへん平状の円形及び変形した長方形を含む。）のものをいうものとし、横断面が長方形（正方形を含む。）、正三角形又は正凸多角形のものにあつては全長を通じて角を丸めたものを含み、横断面が長方形（変形した長方形を含む。）のものにあつては厚さが幅の10分の１を超えるものに限る。棒には、鋳造製品及び焼結製品で、前段の形状の要件を満たし、かつ、他の項の物品の特性を有しないもののうち単なるトリミング又はスケール除去よりも高度な加工をしたものを含む。
- (b) 「形材」とは、横断面が全長を通じて一様な形状を有する圧延製品、押出製品、引抜製品、鍛造製品及び成形製品（巻いてあるかないかを問わない。）で、棒、線、板、シート、ストリップ、はく及び管のいずれの定義にも該当しないものをいう。形材には、鋳造製品及び焼結製品で、前段の形状の要件を満たし、かつ、他の項の物品の特性を有しないもののうち単なるトリミング又はスケール除去よりも高度な加工をしたものを含む。
- (c) 「線」とは、横断面が全長を通じて一様な形状を有し、かつ、中空でない圧延製品、押出製品及び引抜製品（巻いたものに限る。）で、横断面が円形、だ円形、長方形（正方形を含む。）、正三角形又は正凸多角形（横断面の一の相対する辺が凸の円弧で、他の相対する辺が長さの等しい平行な直線から成るへん平状の円形及び変形した長方形を含む。）のものをいうものとし、横断面が長方形（正方形を含む。）、正三角形又は正凸多角形のものにあつては全長を通じて角

〔付録〕HS品目表2017年版

を丸めたものを含み、横断面が長方形(変形した長方形を含む。)のものにあつては厚さが幅の10分の1を超えるものに限る。
(d) 「板」、「シート」、「ストリップ」及び「はく」とは、均一な厚さを有し、かつ、中空でない平板状の製品(巻いてあるかないかを問わないものとし、第76.01項の塊を除く。)で、横断面が長方形(角を丸めてあるかないかを問わないものとし、横断面の一の相対する辺が凸の円弧で、他の相対する辺が長さの等しい平行な直線から成る変形した長方形を含み、正方形を除く。)のもののうち次のものをいう。
　　長方形(正方形を含む。)のもので厚さが幅の10分の1以下のもの
　　長方形(正方形を含む。)以外のもの(大きさを問わない。)で他の項の物品の特性を有しないもの
　　第76.06項又は第76.07項の板、シート、ストリップ及びはくには、模様(例えば、溝、リブ、市松、滴、ボタン及びひし形)を有し、穴をあけ、波形にし、研磨し又は被覆したもので、他の項の物品の特性を有しないものを含む。
(e) 「管」とは、均一な肉厚の中空の製品(巻いてあるかないかを問わない。)であつて、横断面が全長を通じて閉じた一の空間を有する一様な形状であり、かつ、横断面が円形、だ円形、長方形(正方形を含む。)、正三角形又は正凸多角形のものをいうものとし、横断面が長方形(正方形を含む。)、正三角形又は正凸多角形のものにあつては、全長を通じて角を丸めたものを含み、横断面の外側と内側とが相似形であり、これらの配置が同心かつ同方向のものに限る。管には、研磨し、被覆し、曲げ、ねじを切り、穴をあけ、くびれを付け、広げ、円すい形にし又はフランジ、カラー若しくはリングを取り付けたものを含む。

号注
1 この類において次の用語の意義は、それぞれ次に定めるところによる。
(a) 「アルミニウム(合金を除く。)」とは、アルミニウムの含有量が全重量の99%以上で、アルミニウム以外の元素の含有量が全重量に対してそれぞれ次の表に掲げる限度を超えない金属をいう。

元　　　　　素	全重量に対する限度(%)
鉄(Fe)及びけい素(Si)	合計 1
その他の各元素(注(1))	0.1(注(2))

注(1)　その他の各元素とは、例えば、クロム、銅、マグネシウム、マンガン、ニッケル及び亜鉛をいう。
注(2)　クロム又はマンガンの含有量がそれぞれ全重量の0.05%以下である場合には、銅の含有量は、全重量の0.2%を限度として0.1%を超えることができる。

(b) 「アルミニウム合金」とは、含有する元素のうちアルミニウムの重量が最大の金属で次のいずれかのものをいう。
(i) 鉄及びけい素の含有量の合計又はアルミニウム、鉄及びけい素以外の元素のうち少なくとも一の元素の含有量が全重量に対して(a)の表に掲げる限度を超えるもの
(ii) アルミニウム以外の元素の含有量の合計が全重量の1%を超えるもの

2 第7616.91号において線には、この類の注1(c)の規定にかかわらず、横断面の最大寸法が6ミリメートル以下のもの(横断面の形状及び巻いてあるかないかを問わない。)のみを含む。

番号	品　名	番号	品　名
76.01	アルミニウムの塊	7605.19	その他のもの
7601.10	アルミニウム(合金を除く。)		アルミニウム合金のもの
7601.20	アルミニウム合金	7605.21	横断面の最大寸法が7ミリメートルを超えるもの
76.02			
7602.00	アルミニウムのくず	7605.29	その他のもの
76.03	アルミニウムの粉及びフレーク	76.06	アルミニウムの板、シート及びストリップ(厚さが0.2ミリメートルを超えるものに限る。)
7603.10	粉(薄片状のものを除く。)		
7603.20	粉(薄片状のものに限る。)及びフレーク		長方形(正方形を含む。)のもの
76.04	アルミニウムの棒及び形材	7606.11	アルミニウム(合金を除く。)のもの
7604.10	アルミニウム(合金を除く。)のもの	7606.12	アルミニウム合金のもの
	アルミニウム合金のもの		その他のもの
7604.21	中空の形材	7606.91	アルミニウム(合金を除く。)のもの
7604.29	その他のもの	7606.92	アルミニウム合金のもの
76.05	アルミニウムの線		
	アルミニウム(合金を除く。)のもの		
7605.11	横断面の最大寸法が7ミリメートルを超えるもの		

655

番号	品　名
76.07	アルミニウムのはく（厚さ（補強材の厚さを除く。）が0.2ミリメートル以下のものに限るものとし、印刷してあるかないか又は紙、板紙、プラスチックその他これらに類する補強材により裏張りしてあるかないかを問わない。）
	裏張りしてないもの
7607.11	圧延したもの（更に加工したものを除く。）
7607.19	その他のもの
7607.20	裏張りしたもの
76.08	アルミニウム製の管
7608.10	アルミニウム（合金を除く。）のもの
7608.20	アルミニウム合金のもの
76.09	
7609.00	アルミニウム製の管用継手（例えば、カップリング、エルボー及びスリーブ）
76.10	構造物及びその部分品（アルミニウム製のものに限る。例えば、橋、橋げた、塔、格子柱、屋根、屋根組み、戸、窓、戸枠、窓枠、戸敷居、手すり及び柱。第94.06項のプレハブ建築物を除く。）並びに構造物用に加工したアルミニウム製の板、棒、形材、管その他これらに類する物品
7610.10	戸及び窓並びにこれらの枠並びに戸敷居
7610.90	その他のもの
76.11	
7611.00	アルミニウム製の貯蔵タンクその他これに類する容器（内容積が300リットルを超えるものに限るものとし、内張りしてあるかないか又は断熱してあるかないかを問わず、圧縮ガス用又は液化ガス用のもの及び機械装置又は加熱用若しくは冷却用の装置を有するものを除く。）

番号	品　名
76.12	アルミニウム製のたる、ドラム、缶、箱その他これらに類する容器（折畳み可能又は硬いチューブ状のものを含み、内容積が300リットル以下のものに限るものとし、内張りしてあるかないか又は断熱してあるかないかを問わず、圧縮ガス用又は液化ガス用のもの及び機械装置又は加熱用若しくは冷却用の装置を有するものを除く。）
7612.10	折畳み可能なチューブ状のもの
7612.90	その他のもの
76.13	
7613.00	圧縮ガス用又は液化ガス用のアルミニウム製の容器
76.14	アルミニウム製のより線、ケーブル、組ひもその他これらに類する製品（電気絶縁をしたものを除く。）
7614.10	しんに鋼を使用したもの
7614.90	その他のもの
76.15	食卓用品、台所用品その他の家庭用品及びその部分品（アルミニウム製のものに限る。）、アルミニウム製の瓶洗い、ポリッシングパッド、ポリッシンググラブその他これらに類する製品並びに衛生用品及びその部分品（アルミニウム製のものに限る。）
7615.10	食卓用品、台所用品その他の家庭用品及びその部分品並びに瓶洗い、ポリッシングパッド、ポリッシンググラブその他これらに類する製品
7615.20	衛生用品及びその部分品
76.16	その他のアルミニウム製品
7616.10	くぎ、びょう、またくぎ（第83.05項のものを除く。）、ねじ、ボルト、ナット、スクリューフック、リベット、コッター、コッターピン、座金その他これらに類する製品
	その他のもの
7616.91	ワイヤクロス、ワイヤグリル、網及び柵（アルミニウムの線から製造したものに限る。）
7616.99	その他のもの

第78類　鉛及びその製品

注
1　この類において次の用語の意義は、それぞれ次に定めるところによる。
　(a)　「棒」とは、横断面が全長を通じて一様な形状を有し、かつ、中空でない圧延製品、押出製品、引抜製品及び鍛造製品（巻いてないものに限る。）で、横断面が円形、だ円形、長方形（正方形を含む。）、正三角形又は正凸多角形（横断面の一の相対する辺が凸の円弧で、他の相対する辺が長さの等しい平行な直線から成るへん平状の円形及び変形した長方形を含む。）のものをいうものとし、横断面が長方形（正方形を含む。）、正三角形又は正凸多角形のものにあつては全長を通じて角を丸めたものを含み、横断面が長方形（変形した長方形を含む。）のものにあつては厚さが幅の10分の1を超えるものに限る。棒には、鋳造製品及び焼結製品で、前段の形状の要件を満たし、かつ、他の項の物品の特性を有しないもののうち単なるトリミング又はスケール除去よりも高度な加工をしたものを含む。

〔付録〕ＨＳ品目表2017年版

(b) 「形材」とは、横断面が全長を通じて一様な形状を有する圧延製品、押出製品、引抜製品、鍛造製品及び成形製品(巻いてあるかないかを問わない。)で、棒、線、板、シート、ストリップ、はく及び管のいずれの定義にも該当しないものをいう。形材には、鋳造製品及び焼結製品で、前段の形状の要件を満たし、かつ、他の項の物品の特性を有しないもののうち単なるトリミング又はスケール除去よりも高度な加工をしたものを含む。
(c) 「線」とは、横断面が全長を通じて一様な形状を有し、かつ、中空でない圧延製品、押出製品及び引抜製品(巻いたものに限る。)で、横断面が円形、だ円形、長方形(正方形を含む。)、正三角形又は正凸多角形(横断面の一の相対する辺が凸の円弧で、他の相対する辺が長さの等しい平行な直線から成るへん平状の円形及び変形した長方形を含む。)のものをいうものとし、横断面が長方形(正方形を含む。)、正三角形又は正凸多角形のものにあつては全長を通じて角を丸めたものを含み、横断面が長方形(変形した長方形を含む。)のものにあつては厚さが幅の10分の1を超えるものに限る。
(d) 「板」、「シート」、「ストリップ」及び「はく」とは、均一な厚さを有し、かつ、中空でない平板状の製品(巻いてあるかないかを問わないものとし、第78.01項の塊を除く。)で、横断面が長方形(角を丸めてあるかないかを問わないものとし、横断面の一の相対する辺が凸の円弧で、他の相対する辺が長さの等しい平行な直線から成る変形した長方形を含み、正方形を除く。)のもののうち次のものをいう。
　　長方形(正方形を含む。)のもので厚さが幅の10分の1以下のもの
　　長方形(正方形を含む。)以外のもの(大きさを問わない。)で他の項の物品の特性を有しないもの
　第78.04項の板、シート、ストリップ及びはくには、模様(例えば、溝、リブ、市松、滴、ボタン及びひし形)を有し、穴をあけ、波形にし、研磨し又は被覆したもので、他の項の物品の特性を有しないものを含む。
(e) 「管」とは、均一な肉厚の中空の製品(巻いてあるかないかを問わない。)であつて、横断面が全長を通じて閉じた一の空間を有する一様な形状であり、かつ、横断面が円形、だ円形、長方形(正方形を含む。)、正三角形又は正凸多角形のものをいうものとし、横断面が長方形(正方形を含む。)、正三角形又は正凸多角形のものにあつては、全長を通じて角を丸めたものを含み、横断面の外側と内側とが相似形であり、これらの配置が同心かつ同方向のものに限る。管には、研磨し、被覆し、曲げ、ねじを切り、穴をあけ、くびれを付け、広げ、円すい形にし又はフランジ、カラー若しくはリングを取り付けたものを含む。

号注
1　この類において「精製鉛」とは、鉛の含有量が全重量の99.9%以上で、鉛以外の元素の含有量が全重量に対してそれぞれ次の表に掲げる限度を超えない金属をいう。

元　　　　素	全重量に対する限度(%)
銀(Ag)	0.02
砒素(As)	0.005
ビスマス(Bi)	0.05
カルシウム(Ca)	0.002
カドミウム(Cd)	0.002
銅(Cu)	0.08
鉄(Fe)	0.002
硫黄(S)	0.002
アンチモン(Sb)	0.005
すず(Sn)	0.005
亜鉛(Zn)	0.002
その他の各元素(例えば、テルル)	0.001

番号	品　名
78.01	鉛の塊
7801.10	精製鉛
	その他のもの
7801.91	含有する鉛以外の元素のうち重量においてアンチモンが主なもの
7801.99	その他のもの
78.02	
7802.00	鉛のくず
78.04	鉛の板、シート、ストリップ、はく、粉及びフレーク

番号	品　名
	板、シート、ストリップ及びはく
7804.11	シート、ストリップ及びはく(厚さ(補強材の厚さを除く。)が0.2ミリメートル以下のものに限る。)
7804.19	その他のもの
7804.20	粉及びフレーク
78.06	
7806.00	その他の鉛製品

〔付録〕ＨＳ品目表2017年版

第79類　亜鉛及びその製品

注
1　この類において次の用語の意義は、それぞれ次に定めるところによる。
　(a)　「棒」とは、横断面が全長を通じて一様な形状を有し、かつ、中空でない圧延製品、押出製品、引抜製品及び鍛造製品(巻いてないものに限る。)で、横断面が円形、だ円形、長方形(正方形を含む。)、正三角形又は正凸多角形(横断面の一の相対する辺が凸の円弧で、他の相対する辺が長さの等しい平行な直線から成るへん平状の円形及び変形した長方形を含む。)のものをいうものとし、横断面が長方形(正方形を含む。)、正三角形又は正凸多角形のものにあつては全長を通じて角を丸めたものを含み、横断面が長方形(変形した長方形を含む。)のものにあつては厚さが幅の10分の1を超えるものに限る。棒には、鋳造製品及び焼結製品で、前段の形状の要件を満たし、かつ、他の項の物品の特性を有しないもののうち単なるトリミング又はスケール除去よりも高度な加工をしたものを含む。
　(b)　「形材」とは、横断面が全長を通じて一様な形状を有する圧延製品、押出製品、引抜製品、鍛造製品及び成形製品(巻いてあるかないかを問わない。)で、棒、線、板、シート、ストリップ、はく及び管のいずれの定義にも該当しないものをいう。形材には、鋳造製品及び焼結製品で、前段の形状の要件を満たし、かつ、他の項の物品の特性を有しないもののうち単なるトリミング又はスケール除去よりも高度な加工をしたものを含む。
　(c)　「線」とは、横断面が全長を通じて一様な形状を有し、かつ、中空でない圧延製品、押出製品及び引抜製品(巻いたものに限る。)で、横断面が円形、だ円形、長方形(正方形を含む。)、正三角形又は正凸多角形(横断面の一の相対する辺が凸の円弧で、他の相対する辺が長さの等しい平行な直線から成るへん平状の円形及び変形した長方形を含む。)のものをいうものとし、横断面が長方形(正方形を含む。)、正三角形又は正凸多角形のものにあつては全長を通じて角を丸めたものを含み、横断面が長方形(変形した長方形を含む。)のものにあつては厚さが幅の10分の1を超えるものに限る。
　(d)　「板」、「シート」、「ストリップ」及び「はく」とは、均一な厚さを有し、かつ、中空でない平板状の製品(巻いてあるかないかを問わないものとし、第79.01項の塊を除く。)で、横断面が長方形(角を丸めてあるかないかを問わないものとし、横断面の一の相対する辺が凸の円弧で、他の相対する辺が長さの等しい平行な直線から成る変形した長方形を含み、正方形を除く。)のもののうち次のものをいう。
　　　長方形(正方形を含む。)のもので厚さが幅の10分の1以下のもの
　　　長方形(正方形を含む。)以外のもの(大きさを問わない。)で他の項の物品の特性を有しないもの
　　第79.05項の板、シート、ストリップ及びはくには、模様(例えば、溝、リブ、市松、滴、ボタン及びひし形)をつけ、穴をあけ、波形にし、研磨し又は被覆したもので、他の項の物品の特性を有しないものを含む。
　(e)　「管」とは、均一な肉厚の中空の製品(巻いてあるかないかを問わない。)であつて、横断面が全長を通じて閉じた一の空間を有する一様な形状であり、かつ、横断面が円形、だ円形、長方形(正方形を含む。)、正三角形又は正凸多角形のものをいうものとし、横断面が長方形(正方形を含む。)、正三角形又は正凸多角形のものにあつては、全長を通じて角を丸めたものを含み、横断面の外側と内側とが相似形であり、これらの配置が同心かつ同方向のものに限る。管には、研磨し、被覆し、曲げ、ねじを切り、穴をあけ、くびれを付け、広げ、円すい形にし又はフランジ、カラー若しくはリングを取り付けたものを含む。

号注
1　この類において次の用語の意義は、それぞれ次に定めるところによる。
　(a)　「亜鉛(合金を除く。)」とは、亜鉛の含有量が全重量の97.5％以上の金属をいう。
　(b)　「亜鉛合金」とは、含有する元素のうち亜鉛の重量が最大の金属で、他の元素の含有量の合計が全重量の2.5％を超えるものをいう。
　(c)　「亜鉛のダスト」とは、亜鉛蒸気を凝結させて得た球状の粒子で粉よりも微細なもの(目開きが63マイクロメートル〔ミクロン〕のふるいに対する通過率が全重量の80％以上のものに限る。)のうち、金属亜鉛の含有量が全重量の85％以上のものをいう。

番号	品名
79.01	亜鉛の塊
	亜鉛(合金を除く。)
7901.11	亜鉛の含有量が全重量の99.99％以上のもの
7901.12	亜鉛の含有量が全重量の99.99％未満のもの

番号	品名
7901.20	亜鉛合金
79.02	
7902.00	亜鉛のくず
79.03	亜鉛のダスト、粉及びフレーク
7903.10	亜鉛のダスト
7903.90	その他のもの

〔付録〕HS品目表2017年版

番号	品　名
79.04	
7904.00	亜鉛の棒、形材及び線
79.05	
7905.00	亜鉛の板、シート、ストリップ及びはく

番号	品　名
79.07	
7907.00	その他の亜鉛製品

第80類　すず及びその製品

注
1　この類において次の用語の意義は、それぞれ次に定めるところによる。
 (a)　「棒」とは、横断面が全長を通じて一様な形状を有し、かつ、中空でない圧延製品、押出製品、引抜製品及び鍛造製品(巻いてないものに限る。)で、横断面が円形、だ円形、長方形(正方形を含む。)、正三角形又は正凸多角形(横断面の一の相対する辺が凸の円弧で、他の相対する辺が長さの等しい平行な直線から成るへん平状の円形及び変形した長方形を含む。)のものをいうものとし、横断面が長方形(正方形を含む。)、正三角形又は正凸多角形のものにあつては全長を通じて角を丸めたものを含み、横断面が長方形(変形した長方形を含む。)のものにあつては厚さが幅の10分の1を超えるものに限る。棒には、鋳造製品及び焼結製品で、前段の形状の要件を満たし、かつ、他の項の物品の特性を有しないもののうち単なるトリミング又はスケール除去よりも高度な加工をしたものを含む。
 (b)　「形材」とは、横断面が全長を通じて一様な形状を有する圧延製品、押出製品、引抜製品、鍛造製品及び成形製品(巻いてあるかないかを問わない。)で、棒、線、板、シート、ストリップ、はく及び管のいずれの定義にも該当しないものをいう。形材には、鋳造製品及び焼結製品で、前段の形状の要件を満たし、かつ、他の項の物品の特性を有しないもののうち単なるトリミング又はスケール除去よりも高度な加工をしたものを含む。
 (c)　「線」とは、横断面が全長を通じて一様な形状を有し、かつ、中空でない圧延製品、押出製品及び引抜製品(巻いたものに限る。)で、横断面が円形、だ円形、長方形(正方形を含む。)、正三角形又は正凸多角形(横断面の一の相対する辺が凸の円弧で、他の相対する辺が長さの等しい平行な直線から成るへん平状の円形及び変形した長方形を含む。)のものをいうものとし、横断面が長方形(正方形を含む。)、正三角形又は正凸多角形のものにあつては全長を通じて角を丸めたものを含み、横断面が長方形(変形した長方形を含む。)のものにあつては厚さが幅の10分の1を超えるものに限る。
 (d)　「板」、「シート」、「ストリップ」及び「はく」とは、均一な厚さを有し、かつ、中空でない平板状の製品(巻いてあるかないかを問わないものとし、第80.01項の塊を除く。)で、横断面が長方形(角を丸めてあるかないかを問わないものとし、横断面の一の相対する辺が凸の円弧で、他の相対する辺が長さの等しい平行な直線から成る変形した長方形を含み、正方形を除く。)のものうち次のものをいう。
 　　長方形(正方形を含む。)のもので厚さが幅の10分の1以下のもの
 　　長方形(正方形を含む。)以外のもの(大きさを問わない。)で他の項の物品の特性を有しないもの
 (e)　「管」とは、均一な肉厚の中空の製品(巻いてあるかないかを問わない。)であつて、横断面が全長を通じて閉じた一の空間を有する一様な形状であり、かつ、横断面が円形、だ円形、長方形(正方形を含む。)、正三角形又は正凸多角形のものをいうものとし、横断面が長方形(正方形を含む。)、正三角形又は正凸多角形のものにあつては、全長を通じて角を丸めたものを含み、横断面の外側と内側とが相似形であり、これらの配置が同心かつ同方向のものに限る。管には、研磨し、被覆し、曲げ、ねじを切り、穴をあけ、くびれを付け、広げ、円すい形にし又はフランジ、カラー若しくはリングを付けたものを含む。

号注
1　この類において次の用語の意義は、それぞれ次に定めるところによる。
 (a)　「すず(合金を除く。)」とは、すずの含有量が全重量の99％以上で、ビスマス又は銅の含有量が全重量に対してそれぞれ次の表に掲げる限度未満の金属をいう。

元　　　素	全重量に対する限度(％)
ビスマス(Bi)	0.1
銅(Cu)	0.4

 (b)　「すず合金」とは、含有する元素のうちすずの重量が最大の金属で次のいずれかのものをいう。
 　(i)　すず以外の元素の含有量の合計が全重量の1％を超えるもの
 　(ii)　ビスマス又は銅の含有量が全重量に対してそれぞれ(a)の表に掲げる限度以上のもの

659

〔付録〕ＨＳ品目表2017年版

番号	品　名
80.01	すずの塊
8001.10	すず（合金を除く。）
8001.20	すず合金
80.02	
8002.00	すずのくず

番号	品　名
80.03	
8003.00	すずの棒、形材及び線
80.07	
8007.00	その他のすず製品

第81類　その他の卑金属及びサーメット並びにこれらの製品

号注
1　第74類の注1に規定する「棒」、「形材」、「線」、「板」、「シート」、「ストリップ」及び「はく」の用語の定義は、この類において準用する。

番号	品　名
81.01	タングステン及びその製品（くずを含む。）
8101.10	粉
	その他のもの
8101.94	タングステンの塊（単に焼結して得た棒を含む。）
8101.96	線
8101.97	くず
8101.99	その他のもの
81.02	モリブデン及びその製品（くずを含む。）
8102.10	粉
	その他のもの
8102.94	モリブデンの塊（単に焼結して得た棒を含む。）
8102.95	棒（単に焼結して得た棒を除く。）、形材、板、シート、ストリップ及びはく
8102.96	線
8102.97	くず
8102.99	その他のもの
81.03	タンタル及びその製品（くずを含む。）
8103.20	タンタルの塊（単に焼結して得た棒を含む。）及び粉
8103.30	くず
8103.90	その他のもの
81.04	マグネシウム及びその製品（くずを含む。）
	マグネシウムの塊
8104.11	マグネシウムの含有量が全重量の99.8％以上のもの
8104.19	その他のもの
8104.20	くず
8104.30	大きさをそろえた削りくず及び粒並びに粉
8104.90	その他のもの
81.05	コバルトのマットその他コバルト製錬の中間生産物並びにコバルト及びその製品（くずを含む。）
8105.20	コバルトのマットその他コバルト製錬の中間生産物並びにコバルトの塊及び粉
8105.30	くず

番号	品　名
8105.90	その他のもの
81.06	
8106.00	ビスマス及びその製品（くずを含む。）
81.07	カドミウム及びその製品（くずを含む。）
8107.20	カドミウムの塊及び粉
8107.30	くず
8107.90	その他のもの
81.08	チタン及びその製品（くずを含む。）
8108.20	チタンの塊及び粉
8108.30	くず
8108.90	その他のもの
81.09	ジルコニウム及びその製品（くずを含む。）
8109.20	ジルコニウムの塊及び粉
8109.30	くず
8109.90	その他のもの
81.10	アンチモン及びその製品（くずを含む。）
8110.10	アンチモンの塊及び粉
8110.20	くず
8110.90	その他のもの
81.11	
8111.00	マンガン及びその製品（くずを含む。）
81.12	ベリリウム、クロム、ゲルマニウム、バナジウム、ガリウム、ハフニウム、インジウム、ニオブ、レニウム及びタリウム（くずを含む。）並びにこれらの製品
	ベリリウム
8112.12	塊及び粉
8112.13	くず
8112.19	その他のもの
	クロム
8112.21	塊及び粉
8112.22	くず
8112.29	その他のもの
	タリウム
8112.51	塊及び粉
8112.52	くず
8112.59	その他のもの

番号	品名
	その他のもの
8112.92	塊、くず及び粉
8112.99	その他のもの

番号	品名
81.13	
8113.00	サーメット及びその製品（くずを含む。）

第82類 卑金属製の工具、道具、刃物、スプーン及びフォーク並びにこれらの部分品

注
1 トーチランプ、可搬式鍛冶炉、フレーム付きグラインディングホイール、マニキュアセット、ペディキュアセット及び第82.09項の物品を除くほか、この類の物品は、次のいずれかの物品から成る刃、作用する面その他の作用する部分を有するものに限る。
 (a) 卑金属
 (b) 金属炭化物又はサーメット
 (c) 卑金属製、金属炭化物製又はサーメット製の支持物に取り付けた天然、合成又は再生の貴石又は半貴石
 (d) 卑金属製の支持物(卑金属製の切削歯、溝その他これらに類する作用する部分を有し、これに研磨材料を取り付けた後においてもその機能を維持する場合に限る。)に取り付けた研磨材料
2 この類の物品の卑金属製の部分品(当該物品とは別に掲げてあるもの及び第84.66項の手工具用ツールホルダーを除く。)は、当該物品が属する項に属する。ただし、第15部の注2のはん用性の部分品は、すべてこの類に属しない。
 電気かみそり又は電気バリカンの頭部及び刃は、第85.10項に属する。
3 第82.11項の一以上のナイフとこれと同数以上の第82.15項の製品とをセットにした製品は、第82.15項に属する。

番号	品名
82.01	手道具(スペード、ショベル、つるはし、くわ、フォーク及びレーキ並びになた、なたがまその他のおの類、各種の剪定ばさみ並びに農業、園芸又は林業に使用する種類のかま、草切具、刈込みばさみ、くさびその他の道具に限る。)
8201.10	スペード及びショベル
8201.30	つるはし、くわ及びレーキ
8201.40	なた、なたがまその他のおの類
8201.50	片手剪定ばさみその他これに類する片手ばさみ(家きん切断用のものを含む。)
8201.60	刈込みばさみ、両手剪定ばさみその他これらに類する両手ばさみ
8201.90	その他の農業、園芸又は林業に使用する種類の手道具
82.02	のこぎり(種類を問わない。)のブレード(切開き用、溝彫り用又は無歯式ののこぎりのブレードを含む。)及び手のこぎり
8202.10	手のこぎり
8202.20	帯のこぎりのブレード
	サーキュラーソーのブレード(切開き用又は溝彫り用ののこぎりのブレードを含む。)
8202.31	作用する部分に鋼を使用したもの
8202.39	その他のもの(部分品を含む。)
8202.40	チェーンソーのブレード
	その他ののこぎりのブレード
8202.91	ストレートソーのブレード(金属加工用のものに限る。)
8202.99	その他のもの

番号	品名
82.03	やすり、プライヤー(切断用プライヤーを含む。)、やっとこ、ツィーザー、金属切断用ばさみ、パイプカッター、ボルトクリッパー、せん孔ポンチその他これらに類する手工具
8203.10	やすりその他これに類する手工具
8203.20	プライヤー(切断用プライヤーを含む。)、やっとこ、ツィーザーその他これらに類する手工具
8203.30	金属切断用ばさみその他これに類する手工具
8203.40	パイプカッター、ボルトクリッパー、せん孔ポンチその他これらに類する手工具
82.04	スパナ及びレンチ(トルクレンチを含み、手回しのものに限るものとし、タップ回しを除く。)並びに互換性スパナソケット(ハンドル付きであるかないかを問わない。)
	スパナ及びレンチ(手回しのものに限る。)
8204.11	調節式でないもの
8204.12	調節式のもの
8204.20	互換性スパナソケット(ハンドル付きであるかないかを問わない。)
82.05	手道具及び手工具(ダイヤモンドガラス切りを含むものとし、他の項に該当するものを除く。)、トーチランプ並びに万力、クランプその他これらに類する物品(加工機械又はウォータージェット切断機械の附属品及び部分品を除く。)、金敷き、可搬式鍛冶炉並びにフレーム付きグラインディングホイールで手回し式又は足踏み式のもの
8205.10	穴あけ用、ねじ切り用又はねじ立て用の工具

〔付録〕ＨＳ品目表2017年版

番号	品名
8205.20	ハンマー
8205.30	かんな、のみ、丸のみその他これらに類する刃工具（木工用のものに限る。）
8205.40	ねじ回し
	その他の手道具及び手工具（ダイヤモンドガラス切りを含む。）
8205.51	家庭用のもの
8205.59	その他のもの
8205.60	トーチランプ
8205.70	万力、クランプその他これらに類する物品
8205.90	その他のもの（この項の二以上の号の製品をセットにしたものを含む。）
82.06	
8206.00	手道具又は手工具のセット（第82.02項から第82.05項までの二以上の項の製品を小売用のセットにしたものに限る。）
82.07	手工具（動力駆動式であるかないかを問わない。）用又は加工機械用の互換性工具（例えば、プレス、型打ち、押抜き、ねじ立て、ねじ切り、穴あけ、中ぐり、ブローチ削り、フライス削り、切削又はねじの締付けに使用するもの。金属の引抜き用又は押出し用のダイス及び削岩用又は土壌せん孔用の工具を含む。）
	削岩用又は土壌せん孔用の工具
8207.13	作用する部分にサーメットを使用したもの
8207.19	その他のもの（部分品を含む。）
8207.20	金属の引抜き用又は押出し用のダイス
8207.30	プレス用、型打ち用又は押抜き用の工具
8207.40	ねじ立て用又はねじ切り用の工具
8207.50	穴あけ用工具（削岩用のものを除く。）
8207.60	中ぐり用又はブローチ削り用の工具
8207.70	フライス削り用工具
8207.80	切削用工具
8207.90	その他の互換性工具
82.08	機械用又は器具用のナイフ及び刃
8208.10	金属加工用のもの
8208.20	木工用のもの
8208.30	台所用のもの及び食品工業用の機械に使用するもの
8208.40	農業用、園芸用又は林業用の機械に使用するもの
8208.90	その他のもの
82.09	
8209.00	工具用の板、棒、チップその他これらに類する物品（サーメットのもので、取り付けていないものに限る。）

番号	品名
82.10	
8210.00	手動式器具（飲食物の調製に使用するもので、重量が10キログラム以下のものに限る。）
82.11	刃を付けたナイフ（剪定ナイフを含み、のこ歯状の刃を有するか有しないかを問わないものとし、第82.08項のナイフを除く。）及びその刃
8211.10	詰合せセット
	その他のもの
8211.91	テーブルナイフ（固定刃のものに限る。）
8211.92	その他のナイフ（固定刃のものに限る。）
8211.93	その他のナイフ（固定刃のものを除く。）
8211.94	刃
8211.95	卑金属製の柄
82.12	かみそり及びその刃（かみそりの刃のブランクでストリップ状のものを含む。）
8212.10	かみそり
8212.20	安全かみそりの刃（かみそりの刃のブランクでストリップ状のものを含む。）
8212.90	その他の部分品
82.13	
8213.00	はさみ、テーラースシヤーその他これらに類するはさみ及びこれらの刃
82.14	その他の刃物（例えば、バリカン、肉切り用又は台所用のクリーバー、チョッパー、ミンシングナイフ及びペーパーナイフ）並びにマニキュア用又はペディキュア用のセット及び用具（つめやすりを含む。）
8214.10	ペーパーナイフ、レターオープナー、擦り消し用ナイフ及び鉛筆削り並びにこれらの刃
8214.20	マニキュア用又はペディキュア用のセット及び用具（つめやすりを含む。）
8214.90	その他のもの
82.15	スプーン、フォーク、ひしやく、しやくし、ケーキサーバー、フィッシュナイフ、バターナイフ、砂糖挟みその他これらに類する台所用具及び食卓用具
8215.10	詰合せセット（貴金属をめつきした少なくとも一の製品を含むものに限る。）
8215.20	その他の詰合せセット
	その他のもの
8215.91	貴金属をめつきしたもの
8215.99	その他のもの

[付録〕ＨＳ品目表2017年版

第83類　各種の卑金属製品

注
1　この類において卑金属製の部分品は、本体が属する項に属する。ただし、第73.12項、第73.15項、第73.17項、第73.18項又は第73.20項の鉄鋼製品及びこれに類する物品で鉄鋼以外の卑金属製のもの(第74類から第76類まで又は第78類から第81類までのものに限る。)は、この類の物品の部分品とはしない。
2　第83.02項において「キャスター」とは、直径(タイヤ部分がある場合には、これを含む。)が75ミリメートル以下のもの及び直径(タイヤ部分がある場合には、これを含む。)が75ミリメートルを超えるものにあつては取り付けてある車輪又はタイヤの幅が30ミリメートル未満のものをいう。

番号	品名
83.01	卑金属製の錠(かぎを使用するもの、ダイヤル式のもの及び電気式のものに限る。)並びに卑金属製の留金及び留金付きフレームで、錠と一体のもの並びにこれらの卑金属製のかぎ
8301.10	南京錠
8301.20	自動車に使用する種類の錠
8301.30	家具に使用する種類の錠
8301.40	その他の錠
8301.50	留金及び留金付きフレームで、錠と一体のもの
8301.60	部分品
8301.70	かぎ(単独で提示するものに限る。)
83.02	卑金属製の帽子掛け、ブラケットその他これらに類する支持具、取付具その他これに類する物品(家具、戸、階段、窓、日よけ、車体、馬具、トランク、衣装箱、小箱その他これらに類する物品に適するものに限る。)、取付具付きキャスター及びドアクローザー
8302.10	ちょうつがい
8302.20	キャスター
8302.30	その他の取付具その他これに類する物品(自動車に適するものに限る。)
	その他の取付具その他これに類する物品
8302.41	建築物に適するもの
8302.42	その他のもの(家具に適するものに限る。)
8302.49	その他のもの
8302.50	帽子掛け、ブラケットその他これらに類する支持具
8302.60	ドアクローザー
83.03	
8303.00	卑金属製の金庫、金庫室の扉及び貴重品保管ロッカー並びに卑金属製のキャッシュボックスその他これに類する物品
83.04	
8304.00	卑金属製の書類整理箱、インデックスカード箱、書類入れ、ペン皿、スタンプ台その他これらに類する事務用品及び机上用品(第94.03項の事務所用の家具を除く。)

番号	品名
83.05	卑金属製の書類とじ込み用金具、クリップ、レターコーナー、インデックスタグその他これらに類する事務用品及びストリップ状ステープル(例えば、事務用、いす張り用又は梱包用のもの)
8305.10	書類とじ込み用金具
8305.20	ストリップ状ステープル
8305.90	その他のもの(部分品を含む。)
83.06	卑金属製のベル、ゴングその他これらに類する物品(電気式のものを除く。)、小像その他の装飾品、額縁その他これに類するフレーム及び鏡
8306.10	ベル、ゴングその他これらに類する物品
	小像その他の装飾品
8306.21	貴金属をめつきしたもの
8306.29	その他のもの
8306.30	額縁その他これに類するフレーム及び鏡
83.07	卑金属製のフレキシブルチューブ(継手があるかないかを問わない。)
8307.10	鉄鋼製のもの
8307.90	その他の卑金属製のもの
83.08	卑金属製の留金、留金付きフレーム、バックル、フック、アイ、アイレットその他これらに類する物品(衣類又は衣類附属品、履物、身辺用細貨類、腕時計、書籍、日よけ、革製品、旅行用具、馬具その他の製品に使用する種類のものに限る。)、管リベット、二股リベット、ビーズ及びスパングル
8308.10	フック、アイ及びアイレット
8308.20	管リベット及び二股リベット
8308.90	その他のもの(部分品を含む。)
83.09	卑金属製の栓及びふた(王冠、ねじぶた及び注水口用の栓を含む。)、瓶用口金、ねじ式たる栓、たる栓用カバー、シールその他これらに類する包装用の附属品
8309.10	王冠
8309.90	その他のもの
83.10	
8310.00	卑金属製のサインプレート、ネームプレート、アドレスプレートその他これらに類するプレート及び数字、文字その他の標章(第94.05項のものを除く。)

663

〔付録〕HS品目表2017年版

番号	品名
83.11	卑金属製又は金属炭化物製の線、棒、管、板、アーク溶接棒その他これらに類する物品(金属又は金属炭化物のはんだ付け、ろう付け、溶接又は融着に使用する種類のもので、フラックスを被覆し又はしんに充てんしたものに限る。)並びに卑金属粉を凝結させて製造した金属吹付け用の線及び棒

番号	品名
8311.10	卑金属製の被覆アーク溶接棒(電気アーク溶接に使用するものに限る。)
8311.20	卑金属製の線(しんに充てんしたもので電気アーク溶接に使用するものに限る。)
8311.30	卑金属製の被覆した棒及びしんに充てんした線(炎によるはんだ付け、ろう付け又は溶接に使用するものに限る。)
8311.90	その他のもの

第16部
機械類及び電気機器並びにこれらの部分品並びに録音機、音声再生機並びにテレビジョンの映像及び音声の記録用又は再生用の機器並びにこれらの部分品及び附属品

注
1 この部には、次の物品を含まない。
　(a) 伝動用又はコンベヤ用のベルト及びベルチングで、第39類のプラスチック製のもの及び加硫ゴム製のもの(第40.10項参照)並びに機械類、電気機器その他の技術的用途に供する種類の加硫ゴム(硬質ゴムを除く。)製品(第40.16項参照)
　(b) 革製品及びコンポジションレザー製品(第42.05項参照)並びに毛皮製品(第43.03項参照)で、機械類その他の技術的用途に供する種類のもの
　(c) ボビン、スプール、コップ、コーン、コア、リールその他これらに類する巻取用品(材料を問わない。例えば、第39類、第40類、第44類、第48類及び第15部参照)
　(d) ジャカードその他これに類する機械に使用するせん孔カード(例えば、第39類、第48類及び第15部参照)
　(e) 伝動用又はコンベヤ用の紡織用繊維製ベルト及びベルチング(第59.10項参照)及び技術的用途に供する紡織用繊維製のその他の製品(第59.11項参照)
　(f) 第71.02項から第71.04項までの天然、合成又は再生の貴石及び半貴石並びに第71.16項の製品でこれらの貴石又は半貴石のみから成るもの(針用に加工したサファイヤ及びダイヤモンドで、取り付けられていないものを除く(第85.22項参照)。)
　(g) 第15部の注2の卑金属製のはん用性の部分品(第15部参照)及びプラスチック製のこれに類する物品(第39類参照)
　(h) ドリルパイプ(第73.04項参照)
　(ij) 金属の線又はストリップから製造したエンドレスベルト(第15部参照)
　(k) 第82類又は第83類の物品
　(l) 第17部の物品
　(m) 第90類の物品
　(n) 第91類の時計その他の物品
　(o) 第82.07項の互換性工具、これに類する互換性工具(作用する部分を構成する材料により、例えば、第40類、第42類、第43類、第45類、第59類、第68.04項又は第69.09項に属する。)及び機械の部分品として使用する種類のブラシ(第96.03項参照)
　(p) 第95類の物品
　(q) タイプライターリボン又はこれに類するリボン(スプールに巻いてあるかないか又はカートリッジに入れてあるかないかを問わない。インキを付けたもの及びその他の方法により印字することができる状態にしたものは、第96.12項に属する。その他のリボンは、その構成する材料により該当する項に属する。)及び第96.20項の一脚、二脚、三脚その他これらに類する物品
2 機械の部分品(第84.84項又は第85.44項から第85.47項までの物品の部分品を除く。)は、この部の注1、第84類の注1又は第85類の注1のものを除くほか、次に定めるところによりその所属を決定する。
　(a) 当該部分品は、第84類又は第85類のいずれかの項(第84.09項、第84.31項、第84.48項、第84.66項、第84.73項、第84.87項、第85.03項、第85.22項、第85.29項、第85.38項及び第85.48項を除く。)に該当する場合には、当該いずれかの項に属する。
　(b) (a)のものを除くほか、特定の機械又は同一の項の複数の機械(第84.79項又は第85.43項の機械を含む。)に専ら又は主として使用する部分品は、これらの機械の項又は第84.09項、第84.31項、第84.48項、第84.66項、第84.73項、

第85.03項、第85.22項、第85.29項若しくは第85.38項のうち該当する項に属する。ただし、第85.17項の物品及び第85.25項から第85.28項までのいずれかの項の物品に共通して主として使用する部分品は、第85.17項に属する。
　(c)　その他の部分品は、第84.09項、第84.31項、第84.48項、第84.66項、第84.73項、第85.03項、第85.22項、第85.29項又は第85.38項のうち該当する項に属する。この場合において、該当する項がない場合には、第84.87項又は第85.48項に属する。
3　二以上の機械を結合して一の複合機械を構成するもの及び二以上の補完的又は選択的な機能を有する機械は、文脈により別に解釈される場合を除くほか、主たる機能に基づいてその所属を決定する。
4　個別の構成機器から成る機械(機械を結合したものを含む。)については、当該構成機器(分離しているかいないか又は配管、伝動装置、電線その他の装置により相互に接続しているかいないかを問わない。)が第84類又は第85類のいずれかの項に明確に規定された単一の機能を分担して有している場合には、当該機械は、当該単一の機能に基づいてその所属を決定する。
5　1から4までにおいて「機械」とは、第84類又は第85類の各項の機械類及び電気機器をいう。

第84類　原子炉、ボイラー及び機械類並びにこれらの部分品
注
1　この類には、次の物品を含まない。
　(a)　第68類のミルストーン、グラインドストーンその他の物品
　(b)　陶磁製のポンプその他の機械類及び機械類(材料を問わない。)の陶磁器の部分品(第69類参照)
　(c)　理化学用ガラス製品(第70.17項参照)並びに技術的用途に供する機械類及びその部分品(ガラス製のものに限る。第70.19項及び第70.20項参照)
　(d)　第73.21項又は第73.22項の物品及びこれに類する物品で鉄鋼以外の卑金属製のもの(第74類から第76類まで及び第78類から第81類まで参照)
　(e)　第85.08項の真空式掃除機
　(f)　第85.09項の家庭用電気機器及び第85.25項のデジタルカメラ
　(g)　第17部の物品用のラジエーター
　(h)　動力駆動式でない手動床掃除機(第96.03項参照)
2　第84.01項から第84.24項まで又は第84.86項に該当する機械類で同時に第84.25項から第84.80項までのいずれかの項に該当するものは、この部の注3及びこの類の注9の規定によりその所属が決定される場合を除くほか、第84.01項から第84.24項まで又は第84.86項の該当する項に属する。ただし、第84.19項には、次の物品を含まない。
　(a)　発芽用機器、ふ卵器及び育すう器(第84.36項参照)
　(b)　穀物給湿機(第84.37項参照)
　(c)　糖汁抽出用浸出機(第84.38項参照)
　(d)　紡織用繊維の糸、織物類又は製品の熱処理用機械(第84.51項参照)
　(e)　機械的作業を行う機器(理化学用のものを含む。)で、温度の変化を必要とする場合であつてこれを主たる機能としないもの
　　第84.22項には、次の物品を含まない。
　(a)　袋その他これに類する容器の封口用ミシン(第84.52項参照)
　(b)　第84.72項の事務用機器
　　また、第84.24項には、次の物品を含まない。
　(a)　インクジェット方式の印刷機(第84.43項参照)
　(b)　ウォータージェット切断機械(第84.56項参照)
3　第84.56項に該当する加工機械で、同時に第84.57項から第84.61項まで、第84.64項又は第84.65項のいずれかの項に該当するものは、第84.56項に属する。
4　第84.57項には、次のいずれかの方法により異なる種類の機械加工を行う金属加工機械(旋盤(ターニングセンターを含む。)を除く。)のみを含む。
　(a)　加工プログラムに従つてマガジンその他これに類する装置から自動的に工具を交換する方法(マシニングセンター)
　(b)　固定した工作物に対し、異なるユニットヘッドが同時に又は連続して自動的に作用する方法(シングルステーションのユニットコンストラクションマシン)
　(c)　工作物を異なるユニットヘッドに自動的に転送する方法(マルチステーショントランスファーマシン)
5 (A)　第84.71項において「自動データ処理機械」とは、次の能力を有する物品をいう。

〔付録〕ＨＳ品目表2017年版

　　　(i)　処理用プログラム及びその実行に直接必要なデータを記憶すること。
　　　(ii)　使用者の必要に応じて異なるプログラムを受け入れることができること。
　　　(iii)　使用者が特定する算術計算を実行すること。
　　　(iv)　人の介入なしに、処理用プログラム(処理の進行中において論理判断によりその実行の変更を命令するもの)を実行すること。
　(B)　自動データ処理機械は、異なるユニットによりシステムを構成するものであるかないかを問わない。
　(C)　(D)及び(E)の規定に従うことを条件として、ユニットは、次の要件を満たす場合には、自動データ処理システムの一部とみなす。
　　　(i)　自動データ処理システムに専ら又は主として使用する種類のものであること。
　　　(ii)　中央処理装置に直接又は一以上の他のユニットを介して接続することができること。
　　　(iii)　当該システムにおいて使用する形式の符号又は信号によるデータを受け入れ又は送り出すことができること。
　　　　　自動データ処理機械を構成するユニットは、単独で提示する場合にも、第84.71項に属する。
　　　　　また、(C)(ii)及び(C)(iii)の要件を満たすキーボード、X-Y座標入力装置及びディスク記憶装置は、自動データ処理機械を構成するユニットとして第84.71項に属する。
　(D)　5(C)の条件を満たす場合であつても、第84.71項には、単独で提示する場合には、次の物品を含まない。
　　　(i)　プリンター、複写機及びファクシミリ(結合してあるかないかを問わない。)
　　　(ii)　音声、画像その他のデータを送受信するための機器(有線又は無線回線網(例えば、ローカルエリアネットワーク(LAN)又はワイドエリアネットワーク(WAN))において通信するための機器を含む。)
　　　(iii)　拡声器及びマイクロホン
　　　(iv)　テレビジョンカメラ、デジタルカメラ及びビデオカメラレコーダー
　　　(v)　モニター及びプロジェクター（テレビジョン受像機を除く。）
　(E)　自動データ処理機械を自蔵する機械及び自動データ処理機械と連係して作動する機械で、データ処理以外の特定の機能を有するものは、当該特定の機能に基づいてその所属を決定する。この場合において、該当する項がない場合には、その他のものの項に属する。
6　第84.82項には、磨き鋼球(公称直径に対する最大誤差が0.05ミリメートル以下で、かつ、1％以下のものに限る。)を含む。その他の鋼球は、第73.26項に属する。
7　二以上の用途に供する機械は、主たる用途に基づいてその所属を決定する。
　主たる用途がいずれの項にも定められていない機械及び主たる用途が特定できない機械は、2又はこの部の注3の規定によりその所属を決定する場合及び文脈により別に解釈される場合を除くほか、第84.79項に属する。また、第84.79項には、金属の線、紡績用繊維の糸その他の材料又はこれらを組み合わせたものから綱又はケーブルを製造する機械(例えば、より線機及び製綱機)を含む。
8　第84.70項において「ポケットサイズ」とは、高さ、幅及び奥行の寸法が170ミリメートル、100ミリメートル及び45ミリメートル以下の機械をいう。
9 (A)　第85類の注9(a)及び9(b)は、この注及び第84.86項の「半導体デバイス」及び「集積回路」についても適用する。ただし、この注及び第84.86項の「半導体デバイス」には、光電性半導体デバイス及び発光ダイオード(LED)を含む。
　(B)　この注及び第84.86項の「フラットパネルディスプレイの製造」には、絶縁基板のフラットパネルへの組立てを含み、ガラスの製造又は印刷回路基板その他の電子部品のフラットパネル上への組立ては含まない。「フラットパネルディスプレイ」は、陰極線管技術を含まない。
　(C)　第84.86項は、専ら又は主として次に使用する機器を含む。
　　　(i)　マスク又はレチクルの製造又は修理
　　　(ii)　半導体デバイス又は集積回路の組立て
　　　(iii)　ボール(boule)、ウエハー、半導体デバイス、集積回路又はフラットパネルディスプレイの持上げ、荷扱い、積込み又は荷卸し
　(D)　第16部の注1及び第84類の注1のものを除くほか、第84.86項に該当する機器は、この項に属するものとし、この表の他の項には属しない。
号注
1　第8465.20号において「マシニングセンター」とは、木材、コルク、骨、硬質ゴム、硬質プラスチックその他これらに類する硬質物の加工機械で、加工プログラムに従つてマガジンその他これに類する装置から自動的に工具を交換する方法により二以上の加工機能を有する機械をいう。
2　第8471.49号において「システム」とは、自動データ処理機械で、当該機械を構成するユニットが第84類の注5(C)の

〔付録〕ＨＳ品目表2017年版

要件を満たし、かつ、少なくとも一の中央処理装置、一の入力装置(例えば、キーボード及びスキャナー)及び一の出力装置(例えば、ディスプレイ及びプリンター)から成るものをいう。
3 第8481.20号において「油圧伝動装置用又は空気圧伝動装置用の弁」とは、圧力が加わつた流体(液体又は気体)の形で動力源が供給される液圧式又はニューマチック式システムの流体動力伝達装置に特に用いられる弁をいう。これらの弁には種々の型(減圧型、逆止型等)がある。同号は、第84.81項の他のいかなる号にも優先する。
4 第8482.40号には、直径が5ミリメートル以下で長さが直径の3倍以上の円筒ころを有する軸受(ころの端を丸めたものを含む。)のみを含む。

番号	品名	番号	品名
84.01	原子炉、原子炉用核燃料要素(カートリッジ式で未使用のものに限る。)及び同位体分離用機器	8406.10	タービン(船舶推進用のものに限る。)
			その他のタービン
		8406.81	出力が40メガワットを超えるもの
8401.10	原子炉	8406.82	出力が40メガワット以下のもの
8401.20	同位体分離用機器及びその部分品	8406.90	部分品
8401.30	核燃料要素(カートリッジ式で未使用のものに限る。)	84.07	ピストン式火花点火内燃機関(往復動機関及びロータリーエンジンに限る。)
8401.40	原子炉の部分品	8407.10	航空機用エンジン
84.02	蒸気発生ボイラー(低圧蒸気も発生することができるセントラルヒーティング用温水ボイラーを除く。)及び過熱水ボイラー		船舶推進用エンジン
		8407.21	船外機
		8407.29	その他のもの
	蒸気発生ボイラー		ピストン式往復動機関(第87類の車両の駆動に使用する種類のものに限る。)
8402.11	水管ボイラー(蒸気の発生量が毎時45トンを超えるものに限る。)	8407.31	シリンダー容積が50立方センチメートル以下のもの
8402.12	水管ボイラー(蒸気の発生量が毎時45トン以下のものに限る。)	8407.32	シリンダー容積が50立方センチメートルを超え250立方センチメートル以下のもの
8402.19	その他の蒸気発生ボイラー(組合せボイラーを含む。)	8407.33	シリンダー容積が250立方センチメートルを超え1,000立方センチメートル以下のもの
8402.20	過熱水ボイラー		
8402.90	部分品	8407.34	シリンダー容積が1,000立方センチメートルを超えるもの
84.03	セントラルヒーティング用ボイラー(第84.02項のものを除く。)		
		8407.90	その他のエンジン
8403.10	ボイラー	84.08	ピストン式圧縮点火内燃機関(ディーゼルエンジン及びセミディーゼルエンジン)
8403.90	部分品		
84.04	補助機器(第84.02項又は第84.03項のボイラー用のものに限る。例えば、エコノマイザー、過熱器、すす除去器及びガス回収器)及び蒸気原動機用復水器	8408.10	船舶推進用エンジン
		8408.20	第87類の車両の駆動に使用する種類のエンジン
		8408.90	その他のエンジン
8404.10	補助機器(第84.02項又は第84.03項のボイラー用のものに限る。)	84.09	第84.07項又は第84.08項のエンジンに専ら又は主として使用する部分品
8404.20	蒸気原動機用復水器	8409.10	航空機用エンジンのもの
8404.90	部分品		その他のもの
84.05	発生炉ガス発生機、水性ガス発生機及びアセチレンガス発生機その他これに類する湿式ガス発生機(清浄機を有するか有しないかを問わない。)	8409.91	ピストン式火花点火内燃機関に専ら又は主として使用するもの
		8409.99	その他のもの
		84.10	液体タービン及び水車並びにこれらの調速機
8405.10	発生炉ガス発生機、水性ガス発生機及びアセチレンガス発生機その他これに類する湿式ガス発生機(清浄機を有するか有しないかを問わない。)		液体タービン及び水車
		8410.11	出力が1,000キロワット以下のもの
		8410.12	出力が1,000キロワットを超え10,000キロワット以下のもの
8405.90	部分品		
84.06	蒸気タービン		

〔付録〕HS品目表2017年版

番号	品　名
8410.13	出力が10,000キロワットを超えるもの
8410.90	部分品(調速機を含む。)
84.11	ターボジェット、ターボプロペラその他のガスタービン
	ターボジェット
8411.11	推力が25キロニュートン以下のもの
8411.12	推力が25キロニュートンを超えるもの
	ターボプロペラ
8411.21	出力が1,100キロワット以下のもの
8411.22	出力が1,100キロワットを超えるもの
	その他のガスタービン
8411.81	出力が5,000キロワット以下のもの
8411.82	出力が5,000キロワットを超えるもの
	部分品
8411.91	ターボジェット又はターボプロペラのもの
8411.99	その他のもの
84.12	その他の原動機
8412.10	反動エンジン(ターボジェットを除く。)
	液体原動機
8412.21	直線運動式(シリンダー式)のもの
8412.29	その他のもの
	気体原動機
8412.31	直線運動式(シリンダー式)のもの
8412.39	その他のもの
8412.80	その他のもの
8412.90	部分品
84.13	液体ポンプ(計器付きであるかないかを問わない。)及び液体エレベーター
	ポンプ(計器付きのもの及び計器を取り付けるように設計したものに限る。)
8413.11	燃料又は潤滑油の供給用ポンプ(給油所又は修理場において使用する種類のものに限る。)
8413.19	その他のもの
8413.20	ハンドポンプ(第8413.11号又は第8413.19号の物品を除く。)
8413.30	燃料、潤滑油用又は冷却媒体用のポンプ(ピストン式内燃機関用のものに限る。)
8413.40	コンクリートポンプ
8413.50	その他の往復容積式ポンプ
8413.60	その他の回転容積式ポンプ
8413.70	その他の遠心ポンプ
	その他のポンプ及び液体エレベーター
8413.81	ポンプ
8413.82	液体エレベーター
	部分品
8413.91	ポンプのもの

番号	品　名
8413.92	液体エレベーターのもの
84.14	気体ポンプ、真空ポンプ、気体圧縮機及びファン並びに換気用又は循環用のフード(ファンを自蔵するものに限るものとし、フィルターを取り付けてあるかないかを問わない。
8414.10	真空ポンプ
8414.20	手押し式又は足踏み式の気体ポンプ
8414.30	圧縮機(冷蔵用又は冷凍用の機器に使用する種類のものに限る。)
8414.40	気体圧縮機(けん引用の車輪付きシャシを取り付けたものに限る。)
	ファン
8414.51	卓上用、床用、壁用、窓用、天井用又は屋根用のファン(出力が125ワット以下の電動機を自蔵するものに限る。)
8414.59	その他のもの
8414.60	フード(水平面の最大側長が120センチメートル以下のものに限る。)
8414.80	その他のもの
8414.90	部分品
84.15	エアコンディショナー(動力駆動式ファン並びに温度及び湿度を変化させる機構を有するものに限るものとし、湿度のみを単独で調節することができないものを含む。
8415.10	窓、壁、天井又は床に取り付けるように設計したもの(一体構造のもの又はスプリットシステムのものに限る。)
8415.20	自動車に使用する種類のもの(人用のものに限る。)
	その他のもの
8415.81	冷却ユニット及び冷却加熱サイクルの切換え用バルブ(可逆式ヒートポンプ)を自蔵するもの
8415.82	その他のもの(冷却ユニットを自蔵するものに限る。)
8415.83	冷却ユニットを自蔵しないもの
8415.90	部分品
84.16	炉用バーナー(液体燃料用、粉砕した固体燃料用又は気体燃料用のものに限る。)及びメカニカルストーカー(機械式火格子、機械式灰排出機その他これらに類する機械を含む。)
8416.10	液体燃料用の炉用バーナー
8416.20	その他の炉用バーナー(複合型バーナーを含む。)
8416.30	メカニカルストーカー(機械式火格子、機械式灰排出機その他これらに類する機械を含む。)
8416.90	部分品
84.17	炉(焼却炉を含み、工業用又は理化学用のものに限るものとし、電気炉を除く。)

668

〔付録〕ＨＳ品目表2017年版

番号	品名
8417.10	炉(鉱石又は金属のばい焼用、溶解用その他の熱処理用のものに限る。)
8417.20	ベーカリーオーブン(ビスケットオーブンを含む。)
8417.80	その他のもの
8417.90	部分品
84.18	冷蔵庫、冷凍庫その他の冷蔵用又は冷凍用の機器(電気式であるかないかを問わない。)及びヒートポンプ(第84.15項のエアコンディショナーを除く。)
8418.10	冷凍冷蔵庫(それぞれ独立した外部扉を有するものに限る。)
	家庭用冷蔵庫
8418.21	圧縮式のもの
8418.29	その他のもの
8418.30	横置き型冷凍庫(容量が800リットル以下のものに限る。)
8418.40	直立型冷凍庫(容量が900リットル以下のものに限る。)
8418.50	貯蔵及び展示用のその他の備付品(チェスト、キャビネット、展示用のカウンター、ショーケースその他これらに類するもので、冷蔵用又は冷凍用の機器を自蔵するものに限る。)
	その他の冷蔵又は冷凍用の機器及びヒートポンプ
8418.61	ヒートポンプ(第84.15項のエアコンディショナーを除く。)
8418.69	その他のもの
	部分品
8418.91	冷蔵用又は冷凍用の装置を収納するために設計した容器
8418.99	その他のもの
84.19	加熱、調理、ばい焼、蒸留、精留、滅菌、殺菌、蒸気加熱、乾燥、蒸発、凝縮、冷却その他の温度変化による方法により材料を処理する機器(理化学用のものを含み、電気加熱式のもの(第85.14項の電気炉及びその他の機器を除く。)であるかないかを問わないものとし、家庭用のものを除く。)並びに瞬間湯沸器及び貯蔵式湯沸器(電気式のものを除く。)
	瞬間湯沸器及び貯蔵式湯沸器(電気式のものを除く。)
8419.11	瞬間ガス湯沸器
8419.19	その他のもの
8419.20	医療用又は理化学用の滅菌器
	乾燥機
8419.31	農産物用のもの
8419.32	木材用、紙パルプ用、紙用又は板紙用のもの

番号	品名
8419.39	その他のもの
8419.40	蒸留用又は精留用の機器
8419.50	熱交換装置
8419.60	気体液化装置
	その他の機器
8419.81	ホットドリンク製造用又は食品の調理用若しくは加熱用の機器
8419.89	その他のもの
8419.90	部分品
84.20	カレンダーその他のロール機(金属用又はガラス用のものを除く。)及びこれらのシリンダー
8420.10	カレンダーその他のロール機
	部分品
8420.91	シリンダー
8420.99	その他のもの
84.21	遠心分離機(遠心式脱水機を含む。)並びに液体又は気体のろ過機及び清浄機
	遠心分離機(遠心式脱水機を含む。)
8421.11	クリーム分離機
8421.12	衣類脱水機
8421.19	その他のもの
	液体のろ過機及び清浄機
8421.21	水のろ過用又は清浄用のもの
8421.22	飲料(水を除く。)のろ過用又は清浄用のもの
8421.23	内燃機関の潤滑油又は燃料油のろ過機
8421.29	その他のもの
	気体のろ過機及び清浄機
8421.31	内燃機関の吸気用のろ過機
8421.39	その他のもの
	部分品
8421.91	遠心分離機(遠心式脱水機を含む。)のもの
8421.99	その他のもの
84.22	皿洗機、清浄用又は乾燥用の機械(瓶その他の容器に使用するものに限る。)、充てん用、封口用、封止用又はラベル張付け用の機械(瓶、缶、箱、袋その他の容器に使用するものに限る。)、瓶、ジャー、チューブその他これらに類する容器の口金取付け用の機械その他の包装機械(熱収縮包装用機械を含む。)及び飲料用の炭酸ガス注入機
	皿洗機
8422.11	家庭用のもの
8422.19	その他のもの
8422.20	清浄用又は乾燥用の機械(瓶その他の容器に使用するものに限る。)

669

[付録] ＨＳ品目表2017年版

番号	品名	番号	品名
8422.30	充てん用、封口用、封止用又はラベル張付け用の機械(瓶、缶、箱、袋その他の容器に使用するものに限る。)、瓶、ジャー、チューブその他これらに類する容器の口金取付け用の機械及び飲料用の炭酸ガス注入機	8425.11	電動機により作動するもの
		8425.19	その他のもの
			ウインチ及びキャプスタン
		8425.31	電動機により作動するもの
		8425.39	その他のもの
8422.40	その他の包装機械(熱収縮包装用機械を含む。)		ジャッキ及び車両持上げに使用する種類のホイスト
8422.90	部分品	8425.41	据付け式ジャッキ装置(修理場において使用する種類のものに限る。)
84.23	重量測定機器(重量測定式の計数機及び検査機を含むものとし、感量が50ミリグラム以内のはかりを除く。)及び分銅	8425.42	その他のジャッキ及びホイスト(液圧式のものに限る。)
8423.10	体重測定機器(乳児用はかりを含む。)及び家庭用はかり	8425.49	その他のもの
8423.20	コンベヤ上の物品を連続的に計量するはかり	**84.26**	デリック、クレーン(ケーブルクレーンを含む。)、移動式リフティングフレーム、ストラドルキャリヤー及びクレーンを装備した作業トラック
8423.30	定量はかり及び袋又は容器の中へあらかじめ決めた重さの材料を送り出すためのはかり(ホッパースケールを含む。)		天井クレーン、トランスポータークレーン、ガントリークレーン、橋型クレーン、移動式リフティングフレーム及びストラドルキャリヤー
	その他の重量測定機器	8426.11	固定した支持物に取り付けた天井クレーン
8423.81	最大ひよう量が30キログラム以下のもの	8426.12	タイヤ付き移動式リフティングフレーム及びストラドルキャリヤー
8423.82	最大ひよう量が30キログラムを超え5,000キログラム以下のもの	8426.19	その他のもの
8423.89	その他のもの	8426.20	タワークレーン
8423.90	分銅及び重量測定機器の部分品	8426.30	門形ジブクレーン
84.24	噴射用、散布用又は噴霧用の機器(液体用又は粉用のものに限るものとし、手動式であるかないかを問わない。)、消火器(消火剤を充填してあるかないかを問わない。)、スプレーガンその他これに類する機器及び蒸気又は砂の吹付け機その他これに類する噴射用機器		その他の機械(自走式のものに限る。)
		8426.41	タイヤ付きのもの
		8426.49	その他のもの
			その他の機械
		8426.91	道路走行車両に装備するために設計したもの
8424.10	消火器(消火剤を充填してあるかないかを問わない。)	8426.99	その他のもの
8424.20	スプレーガンその他これに類する機器	**84.27**	フォークリフトトラック及び持上げ用又は荷扱い用の機器を装備したその他の作業トラック
8424.30	蒸気又は砂の吹付け機その他これに類する噴射用機器	8427.10	自走式トラック(電動機により作動するものに限る。)
	農業用又は園芸用の噴霧器	8427.20	その他の自走式トラック
8424.41	可搬式噴霧器	8427.90	その他のトラック
8424.49	その他のもの	**84.28**	その他の持上げ用、荷扱い用、積込み用又は荷卸し用の機械(例えば、昇降機、エスカレーター、コンベヤ及びロープウェー)
	その他の機械		
8424.82	農業用又は園芸用のもの	8428.10	昇降機及びスキップホイスト
8424.89	その他のもの	8428.20	ニューマチックエレベーター及びニューマチックコンベヤ
8424.90	部分品		その他の連続作動式の昇降機及びコンベヤ(貨物用のものに限る。)
84.25	プーリータックル、ホイスト(スキップホイストを除く。)、ウインチ、キャプスタン及びジャッキ		
	プーリータックル及びホイスト(スキップホイスト及び車両持上げに使用する種類のホイストを除く。)		

[付録] ＨＳ品目表2017年版

番号	品名
8428.31	地下で使用するために特に設計したもの
8428.32	その他のもの（バケット型のものに限る。）
8428.33	その他のもの（ベルト型のものに限る。）
8428.39	その他のもの
8428.40	エスカレーター及び移動式歩道
8428.60	ロープウェー、いすリフト、スキーの引き綱及びケーブルカー用けん引装置
8428.90	その他の機械
84.29	ブルドーザー、アングルドーザー、地ならし機、スクレーパー、メカニカルショベル、エキスカベーター、ショベルローダー、突固め用機械及びロードローラー（自走式のものに限る。）
	ブルドーザー及びアングルドーザー
8429.11	無限軌道式のもの
8429.19	その他のもの
8429.20	地ならし機
8429.30	スクレーパー
8429.40	突固め用機械及びロードローラー
	メカニカルショベル、エキスカベーター及びショベルローダー
8429.51	フロントエンド型ショベルローダー
8429.52	上部構造が360度回転するもの
8429.59	その他のもの
84.30	その他の移動用、地ならし用、削り用、掘削用、突固め用、採掘用又はせん孔用の機械（土壌用、鉱物用又は鉱石用のものに限る。）並びにくい打ち機、くい抜き機及び除雪機
8430.10	くい打ち機及びくい抜き機
8430.20	除雪機
	コールカッター、削岩機及びトンネル掘削機
8430.31	自走式のもの
8430.39	その他のもの
	その他のせん孔用又は掘削用の機械
8430.41	自走式のもの
8430.49	その他のもの
8430.50	その他の機械（自走式のものに限る。）
	その他の機械（自走式のものを除く。）
8430.61	突固め用機械
8430.69	その他のもの
84.31	第84.25項から第84.30項までの機械に専ら又は主として使用する部分品
8431.10	第84.25項の機械のもの
8431.20	第84.27項の機械のもの
	第84.28項の機械のもの
8431.31	昇降機、スキップホイスト又はエスカレーターのもの
8431.39	その他のもの

番号	品名
	第84.26項、第84.29項又は第84.30項の機械のもの
8431.41	バケット、ショベル、グラブ及びグリップ
8431.42	ブルドーザー又はアングルドーザーのブレード
8431.43	第8430.41号又は第8430.49号のせん孔用又は掘削用の機械の部分品
8431.49	その他のもの
84.32	農業用、園芸用又は林業用の機械（整地用又は耕作用のものに限る。）及び芝生用又は運動場用のローラー
8432.10	プラウ
	ハロー、スカリファイヤー、カルチベーター、除草機及びホー
8432.21	ディスクハロー
8432.29	その他のもの
	播種機、植付け機及び移植機
8432.31	不耕起栽培用の播種機、植付け機及び移植機
8432.39	その他のもの
	肥料散布機
8432.41	堆肥散布機
8432.42	施肥機
8432.80	その他の機械
8432.90	部分品
84.33	収穫機及び脱穀機（わら用又は牧草用のベーラーを含む。）、草刈機並びに卵、果実その他の農産物の清浄用、分類用又は格付け用の機械（第84.37項の機械を除く。）
	芝生用、公園用又は運動場用の草刈機
8433.11	動力駆動式のもの（水平面上を回転して刈り込む装置を有するものに限る。）
8433.19	その他のもの
8433.20	その他の草刈機（トラクター装着用のカッターバーを含む。）
8433.30	その他の乾草製造用機械
8433.40	わら用又は牧草用のベーラー（ピックアップベーラーを含む。）
	その他の収穫機及び脱穀機
8433.51	コンバイン
8433.52	その他の脱穀機
8433.53	根菜類又は塊茎の収穫機
8433.59	その他のもの
8433.60	卵、果実その他の農産物の清浄用、分類用又は格付け用の機械
8433.90	部分品
84.34	搾乳機及び酪農機械
8434.10	搾乳機

番号	品名
8434.20	酪農機械
8434.90	部分品
84.35	プレス、破砕機その他これらに類する機械(ぶどう酒、りんご酒、果汁その他これらに類する飲料の製造用のものに限る。)
8435.10	機械
8435.90	部分品
84.36	その他の農業用、園芸用、林業用、家きん飼育用又は養蜂用の機械(機械装置又は加熱装置を有する発芽用機器を含む。)並びに家きんのふ卵器及び育すう器
8436.10	飼料調製用機械
	家きんの飼育器、ふ卵器及び育すう器
8436.21	家きんのふ卵器及び育すう器
8436.29	その他のもの
8436.80	その他の機械
	部分品
8436.91	家きんの飼育器、ふ卵器又は育すう器のもの
8436.99	その他のもの
84.37	種、穀物又は乾燥した豆の清浄用、分類用又は格付け用の機械並びに製粉業用の機械及び穀物又は乾燥した豆の加工機械(農場用のものを除く。)
8437.10	種、穀物又は乾燥した豆の清浄用、分類用又は格付け用の機械
8437.80	その他の機械
8437.90	部分品
84.38	飲食料品の調製用又は製造用の機械(動物性又は植物性の油脂の抽出用又は調製用の機械及びこの類の他の項に該当するものを除く。)
8438.10	ベーカリー機械及びマカロニ、スパゲッティその他これらに類する物品の製造機械
8438.20	菓子、ココア又はチョコレートの製造機械
8438.30	砂糖製造機械
8438.40	醸造用機械
8438.50	肉又は家きんの調製用機械
8438.60	果実、ナット又は野菜の調製用機械
8438.80	その他の機械
8438.90	部分品
84.39	繊維素繊維を原料とするパルプの製造機械及び紙又は板紙の製造用又は仕上げ用の機械
8439.10	繊維素繊維を原料とするパルプの製造機械
8439.20	紙又は板紙の製造機械
8439.30	紙又は板紙の仕上げ用機械
	部分品
8439.91	繊維素繊維を原料とするパルプの製造機械のもの

番号	品名
8439.99	その他のもの
84.40	製本用機械(製本ミシンを含む。)
8440.10	機械
8440.90	部分品
84.41	その他の製紙用パルプ、紙又は板紙の加工機械(切断機を含む。)
8441.10	切断機
8441.20	袋又は封筒の製造機械
8441.30	箱、ケース、筒、ドラムその他これらに類する容器の製造機械(型を使用する成形により製造する機械を除く。)
8441.40	製紙用パルプ、紙又は板紙の成形用機械(型を使用するものに限る。)
8441.80	その他の機械
8441.90	部分品
84.42	プレート、シリンダーその他の印刷用コンポーネントの調製用又は製造用の機器(第84.56項から第84.65項までの機械を除く。)、プレート、シリンダーその他の印刷用コンポーネント並びに印刷用に平削りし、砂目にし、研磨し又はその他の調製をしたプレート、シリンダー及びリソグラフィックストーン
8442.30	印刷用コンポーネントの調製用又は製造用の機器
8442.40	第8442.30号の機器の部分品
8442.50	プレート、シリンダーその他の印刷用コンポーネント並びに印刷用に平削りし、砂目にし、研磨し又はその他の調製をしたプレート、シリンダー及びリソグラフィックストーン
84.43	印刷機(第84.42項のプレート、シリンダーその他の印刷用コンポーネントにより印刷に使用するもの)、その他のプリンター、複写機及びファクシミリ(結合してあるかないかを問わない。)並びに部分品及び附属品
	印刷機(第84.42項のプレート、シリンダーその他の印刷用コンポーネントにより印刷に使用するもの)
8443.11	オフセット印刷機(巻紙式のものに限る。)
8443.12	オフセット印刷機(枚葉式で事務所用のものに限るとし、広げた状態でシートの一方が22センチメートル以下、他方が36センチメートル以下のもの)
8443.13	その他のオフセット印刷機
8443.14	凸版印刷機(巻紙式のものに限るものとし、フレキソ印刷機を除く。)
8443.15	凸版印刷機(巻紙式以外のものに限るものとし、フレキソ印刷機を除く。)
8443.16	フレキソ印刷機

[付録]ＨＳ品目表2017年版

番号	品名
8443.17	グラビア印刷機
8443.19	その他のもの
	その他のプリンター、複写機及びファクシミリ(結合してあるかないかを問わない。)
8443.31	印刷、複写又はファクシミリ送信のうち二以上の機能を有する機械(自動データ処理機械又はネットワークに接続することができるものに限る。)
8443.32	その他のもの(自動データ処理機械又はネットワークに接続することができるものに限る。)
8443.39	その他のもの
	部分品及び附属品
8443.91	印刷機の部分品及び附属品(第84.42項のプレート、シリンダーその他の印刷用コンポーネントにより印刷に使用するもの)
8443.99	その他のもの
84.44	
8444.00	人造繊維用の紡糸機、延伸機、テクスチャード加工機及び切断機
84.45	紡織準備機械並びに精紡機、合糸機、ねん糸機その他の紡織用繊維の糸の製造機械並びにかせ機、糸巻機(よこ糸巻機を含む。)及び第84.46項又は第84.47項の機械に使用する紡織用繊維の糸を準備する機械
	紡績準備機械
8445.11	カード
8445.12	コーマ
8445.13	練条機及び粗紡機
8445.19	その他のもの
8445.20	精紡機
8445.30	合糸機及びねん糸機
8445.40	糸巻機(よこ糸巻機を含む。)及びかせ機
8445.90	その他のもの
84.46	織機
8446.10	織幅が30センチメートル以下のもの
	織幅が30センチメートルを超えるもの(シャットル式のものに限る。)
8446.21	力織機
8446.29	その他のもの
8446.30	織幅が30センチメートルを超えるもの(シャットル式のものを除く。)
84.47	編機、ステッチボンディングマシン、タフティング用機械及びジンプヤーン、チュール、レース、ししゅう布、トリミング、組ひも又は網の製造機械
	丸編機
8447.11	シリンダーの直径が165ミリメートル以下のもの

番号	品名
8447.12	シリンダーの直径が165ミリメートルを超えるもの
8447.20	平型編機及びステッチボンディングマシン
8447.90	その他のもの
84.48	第84.44項から第84.47項までの機械の補助機械(例えば、ドビー、ジャカード、自動停止装置及びシャットル交換機)並びに第84.44項からこの項までの機械に専ら又は主として使用する部分品及び附属品(例えば、スピンドル、スピンドルフライヤー、針布、コーム、紡糸口金、シャットル、ヘルド、ヘルドフレーム及びメリヤス針)
	第84.44項から第84.47項までの機械の補助機械
8448.11	ドビー及びジャカード並びにこれらとともに使用する紋紙裁断機、写彫機、紋彫り機及び編成機
8448.19	その他のもの
8448.20	第84.44項の機械又はその補助機械の部分品及び附属品
	第84.45項の機械又はその補助機械の部分品及び附属品
8448.31	針布
8448.32	紡績準備機械のもの(針布を除く。)
8448.33	スピンドル、スピンドルフライヤー、リング及びトラベラー
8448.39	その他のもの
	織機又はその補助機械の部分品及び附属品
8448.42	織機用おさ、ヘルド及びヘルドフレーム
8448.49	その他のもの
	第84.47項の機械又はその補助機械の部分品及び附属品
8448.51	シンカー、針その他の物品(編目の編成に使用するものに限る。)
8448.59	その他のもの
84.49	
8449.00	フェルト又は不織布(成形したものを含む。)の製造機械又は仕上げ用の機械(フェルト帽子の製造機械を含む。)及び帽子の製造用の型
84.50	家庭用又は営業用の洗濯機(脱水機兼用のものを含む。)
	洗濯機(1回の洗濯容量が乾燥した繊維製品の重量で10キログラム以下のものに限る。)
8450.11	全自動のもの
8450.12	その他のもの(遠心式脱水機を自蔵するものに限る。)
8450.19	その他のもの
8450.20	洗濯機(1回の洗濯容量が乾燥した繊維製品の重量で10キログラムを超えるものに限る。)

673

〔付録〕ＨＳ品目表2017年版

番号	品名
8450.90	部分品
84.51	洗浄用、清浄用、絞り用、乾燥用、アイロンがけ用、プレス(フュージングプレスを含む。)用、漂白用、染色用、仕上げ用、塗布用又は染み込ませ用の機械(紡織用繊維の糸、織物類又は製品に使用するものに限るものとし、第84.50項の機械を除く。)、織物類その他の支持物にペーストを被覆する機械(リノリウムその他の床用敷物の製造用のものに限る。)及び紡織用繊維の織物類の巻取り用、巻戻し用、折畳み用、切断用又はピンキング用の機械
8451.10	ドライクリーニング機
	乾燥機
8451.21	1回の乾燥容量が乾燥した繊維製品の重量で10キログラム以下のもの
8451.29	その他のもの
8451.30	アイロンがけ用機械及びプレス(フュージングプレスを含む。)
8451.40	洗浄用、漂白用又は染色用の機械
8451.50	紡織用繊維の織物類の巻取り用、巻戻し用、折畳み用、切断用又はピンキング用の機械
8451.80	その他の機械
8451.90	部分品
84.52	ミシン(第84.40項の製本ミシンを除く。)、ミシン針並びにミシン用に特に設計した家具、台及びカバー
8452.10	家庭用ミシン
	その他のミシン
8452.21	自動式のもの
8452.29	その他のもの
8452.30	ミシン針
8452.90	ミシン用の家具、台、カバー及びこれらの部分品並びにミシンのその他の部分品
84.53	原皮、毛皮又は革の前処理用機械、なめし用機械及び加工機械並びに毛皮製又は革製の履物その他の製品の製造用又は修理用の機械(ミシンを除く。)
8453.10	原皮、毛皮又は革の前処理用機械、なめし用機械及び加工機械
8453.20	履物の製造機械及び修理機械
8453.80	その他の機械
8453.90	部分品
84.54	転炉、取鍋、インゴット用鋳型及び鋳造機(冶金又は金属鋳造に使用する種類のものに限る。)
8454.10	転炉
8454.20	インゴット用鋳型及び取鍋
8454.30	鋳造機

番号	品名
8454.90	部分品
84.55	金属圧延機及びそのロール
8455.10	管圧延機
	その他の圧延機
8455.21	熱間圧延のもの及び熱間圧延と冷間圧延とを組み合わせたもの
8455.22	冷間圧延のもの
8455.30	圧延機用ロール
8455.90	その他の部分品
84.56	レーザーその他の光子ビーム、超音波、放電、電気化学的方法、電子ビーム、イオンビーム又はプラズマアークを使用して材料を取り除くことにより加工する機械及びウォータージェット切断機械
	レーザーその他の光子ビームによるもの
8456.11	レーザーによるもの
8456.12	その他の光子ビームによるもの
8456.20	超音波によるもの
8456.30	放電によるもの
8456.40	プラズマアークによるもの
8456.50	ウォータージェット切断機械
8456.90	その他のもの
84.57	金属加工用のマシニングセンター、ユニットコンストラクションマシン(シングルステーションのものに限る。)及びマルチステーショントランスファーマシン
8457.10	マシニングセンター
8457.20	ユニットコンストラクションマシン(シングルステーションのものに限る。)
8457.30	マルチステーショントランスファーマシン
84.58	旋盤(ターニングセンターを含むものとし、金属切削用のものに限る。)
	横旋盤
8458.11	数値制御式のもの
8458.19	その他のもの
	その他の旋盤
8458.91	数値制御式のもの
8458.99	その他のもの
84.59	金属用のボール盤、中ぐり盤、フライス盤、ねじ切り盤及びねじ立て盤(ウェイタイプユニットヘッド機を含むものとし、第84.58項の旋盤(ターニングセンターを含む。)を除く。)
8459.10	ウェイタイプユニットヘッド機
	その他のボール盤
8459.21	数値制御式のもの
8459.29	その他のもの
	その他の中ぐりフライス盤
8459.31	数値制御式のもの
8459.39	その他のもの

番号	品名
	その他の中ぐり盤
8459.41	数値制御式のもの
8459.49	その他のもの
	膝形フライス盤
8459.51	数値制御式のもの
8459.59	その他のもの
	その他のフライス盤
8459.61	数値制御式のもの
8459.69	その他のもの
8459.70	その他のねじ切り盤及びねじ立て盤
84.60	研削盤、ホーニング盤、ラップ盤、研磨盤その他の仕上げ用加工機械(研削砥石その他の研磨材料を使用して金属又はサーメットを加工するものに限るものとし、第84.61項の歯切り盤、歯車研削盤及び歯車仕上盤を除く。)
	平面研削盤
8460.12	数値制御式のもの
8460.19	その他のもの
	その他の研削盤
8460.22	芯無し研削盤(数値制御式のものに限る。)
8460.23	その他の円筒研削盤(数値制御式のものに限る。)
8460.24	その他のもの(数値制御式のものに限る。)
8460.29	その他のもの
	工具研削盤
8460.31	数値制御式のもの
8460.39	その他のもの
8460.40	ホーニング盤及びラップ盤
8460.90	その他のもの
84.61	平削り盤、形削り盤、立削り盤、ブローチ盤、歯切り盤、歯車研削盤、歯車仕上盤、金切り盤、切断機その他の加工機械(金属又はサーメットを取り除くことにより加工するものに限るものとし、他の項に該当するものを除く。)
8461.20	形削り盤及び立削り盤
8461.30	ブローチ盤
8461.40	歯切り盤、歯車研削盤及び歯車仕上盤
8461.50	金切り盤及び切断機
8461.90	その他のもの
84.62	鍛造機、ハンマー、ダイスタンピングマシン、ベンディングマシン、フォールディングマシン、ストレートニングマシン、フラットニングマシン、剪断機、パンチングマシン及びノッチングマシン(プレスを含むものとし、金属加工用のものに限る。)並びにその他のプレス(金属又は金属炭化物の加工用のものに限る。)
8462.10	鍛造機及びダイスタンピングマシン(プレスを含む。)並びにハンマー

番号	品名
	ベンディングマシン、フォールディングマシン、ストレートニングマシン及びフラットニングマシン(プレスを含む。)
8462.21	数値制御式のもの
8462.29	その他のもの
	剪断機(プレスを含むものとし、パンチング機能及び剪断機能を組み合わせた機械を除く。)
8462.31	数値制御式のもの
8462.39	その他のもの
	パンチングマシン及びノッチングマシン(パンチング機能及び剪断機能を組み合わせた機械並びにプレスを含む。)
8462.41	数値制御式のもの
8462.49	その他のもの
	その他のもの
8462.91	液圧プレス
8462.99	その他のもの
84.63	その他の加工機械(金属又はサーメットの加工用のもので、これらを取り除くことなく加工するものに限る。)
8463.10	引抜き機(棒、管、形材、線その他これらに類する物品用のものに限る。)
8463.20	ねじ転造盤
8463.30	線の加工機械
8463.90	その他のもの
84.64	石、陶磁器、コンクリート、石綿セメントその他これらに類する鉱物性材料の加工機械及びガラスの冷間加工機械
8464.10	のこ盤
8464.20	研削盤及び研磨盤
8464.90	その他のもの
84.65	木材、コルク、骨、硬質ゴム、硬質プラスチックその他これらに類する硬質物の加工機械(くぎ打用、またくぎ打用、接着用その他の組立て用のものを含む。)
8465.10	二以上の加工機能を有する機械(それぞれの機能を果たすために工具交換を要しないものに限る。)
8465.20	マシニングセンター
	その他のもの
8465.91	のこ盤
8465.92	平削り盤及びフライス盤並びにモールダー(切削加工を行うものに限る。)
8465.93	研削盤及び研磨盤
8465.94	ベンディングマシン及び組立て用機械
8465.95	ボール盤及びほぞ穴盤
8465.96	ひき割り機、薄切り機及び削り機
8465.99	その他のもの

〔付録〕HS品目表2017年版

番号	品名
84.66	第84.56項から第84.65項までの機械に専ら又は主として使用する部分品及び附属品(工作物保持具、ツールホルダー、自動開きダイヘッド、割出台その他機械用の特殊な附属装置を含む。)並びに手持工具用ツールホルダー
8466.10	ツールホルダー及び自動開きダイヘッド
8466.20	工作物保持具
8466.30	割出台その他の特殊な附属装置(機械用のものに限る。)
	その他のもの
8466.91	第84.64項の機械に使用するもの
8466.92	第84.65項の機械に使用するもの
8466.93	第84.56項から第84.61項までの機械に使用するもの
8466.94	第84.62項又は第84.63項の機械に使用するもの
84.67	手持工具(ニューマチックツール、液圧式のもの又は原動機(電気式であるかないかを問わない。)を自蔵するものに限る。)
	ニューマチックツール
8467.11	回転工具(回転衝撃式工具を含む。)
8467.19	その他のもの
	電気式の原動機を自蔵するもの
8467.21	ドリル
8467.22	のこぎり
8467.29	その他のもの
	その他の工具
8467.81	チェーンソー
8467.89	その他のもの
	部分品
8467.91	チェーンソーのもの
8467.92	ニューマチックツールのもの
8467.99	その他のもの
84.68	はんだ付け用、ろう付け用又は溶接用の機器(切断に使用することができるかできないかを問わないものとし、第85.15項のものを除く。)及びガス式の表面熱処理用機器
8468.10	手持ち式トーチ
8468.20	その他のガス式の機器
8468.80	その他の機器
8468.90	部分品
84.70	計算機並びにデータを記録し、再生し、及び表示するポケットサイズの機械(計算機能を有するものに限る。)並びに会計機、郵便料金計機、切符発行機その他これらに類する計算機構を有する機械並びに金銭登録機
8470.10	電子式計算機(外部の電源を必要としないものに限る。)並びにデータを記録し、再生し、及び表示するポケットサイズの機械(計算機能を有するものに限る。)

番号	品名
	その他の電子式計算機
8470.21	印字機構を有するもの
8470.29	その他のもの
8470.30	その他の計算機
8470.50	金銭登録機
8470.90	その他のもの
84.71	自動データ処理機械及びこれを構成するユニット並びに磁気式又は光学式の読取機、データをデータ媒体に符号化して転記する機械及び符号化したデータを処理する機械(他の項に該当するものを除く。)
8471.30	携帯用の自動データ処理機械(重量が10キログラム以下で、少なくとも中央処理装置、キーボード及びディスプレイから成るものに限る。)
	その他の自動データ処理機械
8471.41	少なくとも中央処理装置、入力装置及び出力装置を同一のハウジングに収納しているもの(入力装置と出力装置とが一体となつているかいないかを問わない。)
8471.49	その他のもの(システムの形態で提示するものに限る。)
8471.50	処理装置(第8471.41号及び8471.49号のものを除くものとし、記憶装置、入力装置及び出力装置のうち一又は二の装置を同一のハウジングに収納しているかいないかを問わない。)
8471.60	入力装置及び出力装置(同一のハウジングに記憶装置を収納しているかいないかを問わない。)
8471.70	記憶装置
8471.80	その他の装置(自動データ処理機械のユニットに限る。)
8471.90	その他のもの
84.72	その他の事務用機器(例えば、謄写機、あて名印刷機、自動紙幣支払機、硬貨分類機、硬貨計数機、硬貨包装機、鉛筆削り機、穴あけ機及びステープル打ち機)
8472.10	謄写機
8472.30	郵便物の分類用、折畳み用、封入用、帯がけ用、開封用、封止用又は封印用の機械及び郵便切手の貼付け用又は消印用の機械
8472.90	その他のもの
84.73	第84.70項から第84.72項までの機械に専ら又は主として使用する部分品及び附属品(カバー、携帯用ケースその他これらに類する物品を除く。)
	第84.70項の機械の部分品及び附属品
8473.21	第8470.10号、第8470.21号又は第8470.29号の電子式計算機のもの

676

[付録] HS品目表2017年版

番号	品名
8473.29	その他のもの
8473.30	第84.71項の機械の部分品及び附属品
8473.40	第84.72項の機械の部分品及び附属品
8473.50	第84.70項から第84.72項までの二以上の項の機械に共通して使用する部分品及び附属品
84.74	選別機、ふるい分け機、分離機、洗浄機、破砕機、粉砕機、混合機及び捏和機(固体状、粉状又はペースト状の土壌、石、鉱石その他の鉱物性物質の処理用のものに限る。)、凝結機及び成形機(固体鉱物燃料、セラミックペースト、セメント、プラスターその他の粉状又はペースト状の鉱物性物品の処理用のものに限る。)並びに鋳物用砂型の造型機
8474.10	選別機、ふるい分け機、分離機及び洗浄機
8474.20	破砕機及び粉砕機
	混合機及び捏和機
8474.31	コンクリート又はモルタルの混合機
8474.32	鉱物性物質とビチューメンとの混合機
8474.39	その他のもの
8474.80	その他の機械
8474.90	部分品
84.75	電球、電子管、せん光電球その他のガラス封入管の組立て用機械及びガラス又はその製品の製造用又は熱間加工用の機械
8475.10	電球、電子管、せん光電球その他のガラス封入管の組立て用機械
	ガラス又はその製品の製造用又は熱間加工用の機械
8475.21	光ファイバー又はそのプリフォームの製造機械
8475.29	その他のもの
8475.90	部分品
84.76	物品の自動販売機(例えば、郵便切手用、たばこ用、食料品用又は飲料用のもの。両替機を含む。)
	飲料の自動販売機
8476.21	加熱装置又は冷却装置を内蔵するもの
8476.29	その他のもの
	その他の自動販売機
8476.81	加熱装置又は冷却装置を内蔵するもの
8476.89	その他のもの
8476.90	部分品
84.77	ゴム又はプラスチックの加工機械及びゴム又はプラスチックを材料とする物品の製造機械(この類の他の項に該当するものを除く。)
8477.10	射出成形機
8477.20	押出成形機
8477.30	吹込み成形機

番号	品名
8477.40	真空成形機及びその他の熱成形機
	その他の成形用機械(成形用機械に限る。)
8477.51	空気タイヤの更生用又は型を使用する成形用のもの及びインナーチューブの成形用のもの
8477.59	その他のもの
8477.80	その他の機械
8477.90	部分品
84.78	たばこの調製用又は製造用の機械(この類の他の項に該当するものを除く。)
8478.10	たばこの調製用又は製造用の機械
8478.90	部分品
84.79	機械類(固有の機能を有するものに限るものとし、この類の他の項に該当するものを除く。)
8479.10	土木事業、建築その他これらに類する用途に供する機械
8479.20	動物性又は植物性の油脂の抽出用又は調製用の機械
8479.30	プレス(木材その他の木質材料製のパーティクルボード又は建築用繊維板の製造用のものに限る。)その他の木材又はコルクの処理用機械
8479.40	綱又はケーブルの製造機械
8479.50	産業用ロボット(他の号に該当するものを除く。)
8479.60	蒸発式空気冷却装置
	旅客搭乗橋
8479.71	空港において使用する種類のもの
8479.79	その他のもの
	その他の機械類
8479.81	金属の処理用のもの(電線の巻線機を含む。)
8479.82	混合用、捏和用、破砕用、粉砕用、ふるい分け用、均質化用、乳化用又はかくはん用の機械
8479.89	その他のもの
8479.90	部分品
84.80	金属鋳造用鋳型枠、鋳型ベース、鋳造用パターン及び金属、金属炭化物、ガラス、鉱物性材料、ゴム又はプラスチックの成形用の型(金属インゴット用のものを除く。)
8480.10	金属鋳造用鋳型枠
8480.20	鋳型ベース
8480.30	鋳造用パターン
	金属又は金属炭化物の成形用の型
8480.41	射出式又は圧縮式のもの
8480.49	その他のもの
8480.50	ガラスの成形用の型
8480.60	鉱物性材料の成形用の型

677

〔付録〕ＨＳ品目表2017年版

番号	品名
	ゴム又はプラスチックの成形用の型
8480.71	射出式又は圧縮式のもの
8480.79	その他のもの
84.81	コック、弁その他これらに類する物品(減圧弁及び温度制御式弁を含むものとし、管、かん胴、タンクその他これらに類する物品用のものに限る。)
8481.10	減圧弁
8481.20	油圧伝動装置用又は空気圧伝動装置用の弁
8481.30	逆止弁
8481.40	安全弁及び逃がし弁
8481.80	その他の物品
8481.90	部分品
84.82	玉軸受及びころ軸受
8482.10	玉軸受
8482.20	円すいころ軸受(コーンと円すいころを組み合わせたものを含む。)
8482.30	球面ころ軸受
8482.40	針状ころ軸受
8482.50	その他の円筒ころ軸受
8482.80	その他のもの(玉軸受ところ軸受を組み合わせたものを含む。)
	部分品
8482.91	玉、針状ころ及びころ
8482.99	その他のもの
84.83	ギヤボックスその他の変速機(トルクコンバーターを含む。)、伝動軸(カムシャフト及びクランクシャフトを含む。)、クランク、軸受箱、滑り軸受、歯車、歯車伝動機、ボールスクリュー、ローラースクリュー、はずみ車、プーリー(プーリーブロックを含む。)、クラッチ及び軸継手(自在継手を含む。)
8483.10	伝動軸(カムシャフト及びクランクシャフトを含む。)及びクランク
8483.20	軸受箱(玉軸受又はころ軸受を有するものに限る。)
8483.30	軸受箱(玉軸受又はころ軸受を有するものを除く。)及び滑り軸受

番号	品名
8483.40	歯車及び歯車伝動機(単独で提示する歯付きホイール、チェーンスプロケットその他の伝動装置の構成部品を除く。)、ボールスクリュー、ローラースクリュー並びにギヤボックスその他の変速機(トルクコンバーターを含む。)
8483.50	はずみ車及びプーリー(プーリーブロックを含む。)
8483.60	クラッチ及び軸継手(自在継手を含む。)
8483.90	単独で提示する歯付きホイール、チェーンスプロケットその他の伝動装置の構成部品及び部分品
84.84	ガスケットその他これに類するジョイント(他の材料と結合した金属板製のもの及び二層以上の金属から成るものに限る。)、材質の異なるガスケットその他これに類するジョイントをセットにし又は取りそろえて小袋入りその他これに類する包装にしたもの及びメカニカルシール
8484.10	ガスケットその他これに類するジョイント(他の材料と結合した金属板製のもの及び二層以上の金属から成るものに限る。)
8484.20	メカニカルシール
8484.90	その他のもの
84.86	半導体ボール、半導体ウエハー、半導体デバイス、集積回路又はフラットパネルディスプレイの製造に専ら又は主として使用する機器、第84類の注9(C)の機器並びに部分品及び附属品
8486.10	半導体ボール又は半導体ウエハー製造用の機器
8486.20	半導体デバイス又は集積回路製造用の機器
8486.30	フラットパネルディスプレイ製造用の機器
8486.40	第84類の注9(C)の機器
8486.90	部分品及び附属品
84.87	機械類の部分品(接続子、絶縁体、コイル、接触子その他の電気用物品を有するもの及びこの類の他の項に該当するものを除く。)
8487.10	船舶のプロペラ及びその羽根
8487.90	その他のもの

第85類　電気機器及びその部分品並びに録音機，音声再生機並びにテレビジョンの映像及び音声の記録用又は再生用の機器並びにこれらの部分品及び附属品

注
1　この類には、次の物品を含まない。
　(a)　電気加熱式の毛布、ベッドパッド、足温器その他これらに類する物品並びに電気加熱式の衣類、履物、耳当てその他の着用品及び身辺用品
　(b)　第70.11項のガラス製の物品
　(c)　第84.86項の機器
　(d)　内科用、外科用、歯科用又は獣医科用に使用する種類の真空装置(第90.18項参照)

〔付録〕ＨＳ品目表2017年版

　　(e)　第94類の電気加熱式家具
2　第85.01項から第85.04項までには、第85.11項、第85.12項又は第85.40項から第85.42項までの物品を含まない。
　　ただし、金属槽水銀アーク整流器は、第85.04項に属する。
3　第85.07項の「蓄電池」には、エネルギーを蓄積及び供給する蓄電池の機能に貢献し又は蓄電池を損傷から保護する補助部品(例えば、接続子、温度制御装置(サーミスター等)及び回路保護装置)とともに提示するものを含むものとし、また、蓄電池が使用される物品の保護ハウジングの一部を取り付けたものを含む。
4　第85.09項には、通常家庭で使用する種類の次の電気機械式機器のみを含む。
　(a)　床磨き機、食物用グラインダー、食物用ミキサー及び果汁又は野菜ジュースの搾り機(重量を問わない。)
　(b)　その他の機器で重量が20キログラム以下のもの
　　ただし、ファン及びファンを自蔵する換気用又は循環用のフード(フィルターを取り付けてあるかないかを問わない。第84.14項参照)、遠心式衣類脱水機(第84.21項参照)、皿洗機(第84.22項参照)、家庭用洗濯機(第84.50項参照)、ロール機その他のアイロンかけ用機械(第84.20項及び第84.51項参照)、ミシン(第84.52項参照)、電気ばさみ(第84.67項参照)並びに電熱機器(第85.16項参照)を除く。
5　第85.23項において次の用語の意義は、それぞれ次に定めるところによる。
　(a)　「不揮発性半導体記憶装置」(例えば、「フラッシュメモリーカード」又は「フラッシュ電子記憶カード」)は、接続用ソケットを備え、同一ハウジングの中に、印刷回路基板上に集積回路の形で搭載している一以上のフラッシュメモリー(例えば、「FLASH E^{2}PROM」)を有している。これらは、集積回路の形状をしたコントローラー及び個別の受動素子(例えば、コンデンサー、抵抗器)を取り付けたものを含む。
　(b)　「スマートカード」とは、内部にチップ状の集積回路(マイクロプロセッサー、ランダムアクセスメモリー(RAM)又はリードオンリーメモリー(ROM))を1個以上埋め込んだものをいう。これらのカードは、接触子、磁気ストリップ又はアンテナを取り付けたものを含むものとし、その他の能動又は受動回路素子を有するものを含まない。
6　第85.34項において「印刷回路」とは、印刷技術(例えば、浮出し、めつき及びエッチング)又は膜回路技術により、導体、接触子その他の印刷した構成部分(例えば、インダクター、抵抗器及びコンデンサー。電気信号の発生、整流、変調又は増幅を行うことができる素子(例えば、半導体素子)を除く。)を絶縁基板上に形成して得た回路(当該構成部分をあらかじめ定めたパターンに従つて相互に接続してあるかないかを問わない。)をいう。
　印刷回路には、印刷工程中に得た素子以外の素子を結合した回路並びに個々の抵抗器、コンデンサー及びインダクターを含まないものとし、印刷してない接続用部品を取り付けてあるかないかを問わない。
　これらの技術により得た薄膜回路及び厚膜回路で、受動素子と能動素子とから成るものは、第85.42項に属する。
7　第85.36項において、「光ファイバー(束にしたものを含む。)用又は光ファイバーケーブル用の接続子」とは、デジタル回線システムにおいて、光ファイバーの端と端を単に機械的に接合させる接続子をいう。これらは、その他の機能(例えば、信号の増幅、再生又は変調)を有しない。
8　第85.37項は、テレビジョン受像機その他の電気機器の遠隔操作用のコードレス赤外線装置を含まない(第85.43項参照)。
9　第85.41項及び第85.42項において次の用語の意義は、それぞれ次に定めるところによる。
　(a)　「ダイオード、トランジスターその他これらに類する半導体デバイス」とは、その働きが電界の作用に基づく抵抗率の変動により行われる半導体デバイスをいう。
　(b)　「集積回路」とは、次の物品をいう。
　　(i)　モノリシック集積回路(半導体材料又は化合物半導体材料(例えば、ドープ処理したけい素、ガリウム－砒素、シリコン－ゲルマニウム、インジウム－りん等)の基本的には内部に又は当該材料の表面に、回路素子(ダイオード、トランジスター、抵抗器、コンデンサー、インダクター等)を生成させ、かつ、不可分の状態にした回路)
　　(ii)　ハイブリッド集積回路(単一の絶縁基板(ガラス製のもの、陶磁製のもの等)上に、受動素子(薄膜技術又は厚膜技術によつて作られた抵抗器、コンデンサー、インダクター等)と能動素子(半導体技術によつて作られたダイオード、トランジスター、モノリシック集積回路等)とを相互接続子又は接続ケーブルによつて実用上不可分の状態に組み合わせた回路)。この回路には、個別部品を取り付けたものを含む。
　　(iii)　マルチチップ集積回路(二以上の相互に接続したモノリシック集積回路が、実用上不可分の状態に組み合わされた回路。絶縁基板が一以上であるかないか、また、リードフレームがあるかないかを問わないものとし、その他の能動又は受動回路素子を含まない。)
　　(iv)　マルチコンポーネント集積回路(MCO)(一以上のモノリシック集積回路、ハイブリッド集積回路又はマルチチップ集積回路と、少なくとも一のコンポーネント(シリコンベースセンサー、シリコンベースアクチュエーター、シリコンベースオシレーター、シリコンベースレゾネーター若しくはこれらを組み合わせたもの、第85.32項、第

679

〔付録〕ＨＳ品目表2017年版

85.33項若しくは第85.41項に属する物品の機能を有するコンポーネント又は第85.04項に属するインダクター）とを結合した回路で、ピン、リード、ボール、ランド、バンプ又はパッドを通して、印刷回路基板（PCB）その他のキャリア上への組立てに使用する種類の部品として、集積回路と同様に実用上不可分の状態に一体化されているもの）
この定義において次の用語の意義は、それぞれ次に定めるところによる。
1 「コンポーネント」は、個別部品であるか、独立して製造された後にMCOの土台の上に組み立てられているか又は他のコンポーネントに組み込まれているかを問わない。
2 「シリコンベース」とは、シリコン基板上に形成され、シリコン材料で作られ又は集積回路ダイの上に製造されていることをいう。
3 (a) 「シリコンベースセンサー」は、半導体の内部又は表面に生成させたマイクロ電子構造体又は機械構造体から成り、電気特性の変化又は機械構造体の変位によつて生ずる物理量又は化学量を検出し、これらを電気信号に変換する機能を有するものである。「物理量又は化学量」は、圧力、音波、加速度、振動、移動、方向、歪み、磁界強度、電界強度、光、放射能、湿度、フロー、化学物質濃度等の実世界の現象に関連する。
(b) 「シリコンベースアクチュエーター」は、半導体の内部又は表面に生成させたマイクロ電子構造体又は機械構造体から成り、電気信号を物理的な動きに変換する機能を有するものである。
(c) 「シリコンベースレゾネーター」は、半導体の内部又は表面に生成させたマイクロ電子構造体又は機械構造体から成り、外部入力に応じて、これらの構造体の物理的形状に依存するあらかじめ設定した周波数の機械的又は電気的な振動を発生する機能を有するコンポーネントである。
(d) 「シリコンベースオシレーター」は、半導体の内部又は表面に生成させたマイクロ電子構造体又は機械構造体から成り、これらの構造体の物理的形状に依存するあらかじめ設定した周波数の機械的又は電気的な振動を発生する機能を有する能動コンポーネントである。
この注9の物品の所属の決定に当つては、第85.41項及び第85.42項は、第85.23項を除き、当該物品が特にその機能からみて属するとみられるこの表の他のいずれの項にも優先する。
10 第85.48項において「使用済みの一次電池及び蓄電池」とは、破損、分解、消耗その他の理由により本来の用途に使用することができず、かつ、充電する能力を有しないものをいう。

号注
1 第8527.12号には、高さ、幅及び奥行の寸法が170ミリメートル、100ミリメートル及び45ミリメートル以下のカセットプレーヤー（増幅器を自蔵するもので、拡声器を組み込まず、かつ、外部電源によらずに作動するものに限る。）のみを含む。

番号	品名
85.01	電動機及び発電機（原動機とセットにした発電機を除く。）
8501.10	電動機（出力が37.5ワット以下のものに限る。）
8501.20	交直両用電動機（出力が37.5ワットを超えるものに限る。）
	その他の直流電動機及び直流発電機
8501.31	出力が750ワット以下のもの
8501.32	出力が750ワットを超え75キロワット以下のもの
8501.33	出力が75キロワットを超え375キロワット以下のもの
8501.34	出力が375キロワットを超えるもの
8501.40	その他の単相交流電動機
	その他の多相交流電動機
8501.51	出力が750ワット以下のもの
8501.52	出力が750ワットを超え75キロワット以下のもの
8501.53	出力が75キロワットを超えるもの
	交流発電機

番号	品名
8501.61	出力が75キロボルトアンペア以下のもの
8501.62	出力が75キロボルトアンペアを超え375キロボルトアンペア以下のもの
8501.63	出力が375キロボルトアンペアを超え750キロボルトアンペア以下のもの
8501.64	出力が750キロボルトアンペアを超えるもの
85.02	発電機（原動機とセットにしたものに限る。）及びロータリーコンバーター
	発電機（ピストン式圧縮点火内燃機関（ディーゼルエンジン及びセミディーゼルエンジン）とセットにしたものに限る。）
8502.11	出力が75キロボルトアンペア以下のもの
8502.12	出力が75キロボルトアンペアを超え375キロボルトアンペア以下のもの
8502.13	出力が375キロボルトアンペアを超えるもの
8502.20	発電機（ピストン式火花点火内燃機関とセットにしたものに限る。）
	発電機（その他の原動機とセットにしたものに限る。）

〔付録〕ＨＳ品目表2017年版

番号	品名
8502.31	風力式のもの
8502.39	その他のもの
8502.40	ロータリーコンバーター
85.03	
8503.00	第85.01項又は第85.02項の機械に専ら又は主として使用する部分品
85.04	トランスフォーマー、スタティックコンバーター（例えば、整流器）及びインダクター
8504.10	放電管用安定器
	トランスフォーマー（絶縁性の液体を使用するものに限る。）
8504.21	容量が650キロボルトアンペア以下のもの
8504.22	容量が650キロボルトアンペアを超え10,000キロボルトアンペア以下のもの
8504.23	容量が10,000キロボルトアンペアを超えるもの
	その他のトランスフォーマー
8504.31	容量が1キロボルトアンペア以下のもの
8504.32	容量が1キロボルトアンペアを超え16キロボルトアンペア以下のもの
8504.33	容量が16キロボルトアンペアを超え500キロボルトアンペア以下のもの
8504.34	容量が500キロボルトアンペアを超えるもの
8504.40	スタティックコンバーター
8504.50	その他のインダクター
8504.90	部分品
85.05	電磁石、永久磁石、永久磁石用の物品で磁化してないもの並びに電磁式又は永久磁石式のチャック、クランプその他これらに類する保持具並びに電磁式のカップリング、クラッチ、ブレーキ及びリフティングヘッド
	永久磁石及び永久磁石用の物品で磁化してないもの
8505.11	金属製のもの
8505.19	その他のもの
8505.20	電磁式のカップリング、クラッチ及びブレーキ
8505.90	その他のもの（部分品を含む。）
85.06	一次電池
8506.10	二酸化マンガンを使用したもの
8506.30	酸化水銀を使用したもの
8506.40	酸化銀を使用したもの
8506.50	リチウムを使用したもの
8506.60	空気・亜鉛電池
8506.80	その他の一次電池
8506.90	部分品
85.07	蓄電池（隔離板を含むものとし、長方形（正方形を含む。）であるかないかを問わない。）

番号	品名
8507.10	ピストンエンジンの始動に使用する種類の鉛蓄電池
8507.20	その他の鉛蓄電池
8507.30	ニッケル・カドミウム蓄電池
8507.40	ニッケル・鉄蓄電池
8507.50	ニッケル・水素蓄電池
8507.60	リチウム・イオン蓄電池
8507.80	その他の蓄電池
8507.90	部分品
85.08	真空式掃除機
	電動装置を自蔵するもの
8508.11	出力が1,500ワット以下のもの（ダストバッグ又はその他の容器（20リットル以下のもの）を有するものに限る。）
8508.19	その他のもの
8508.60	その他のもの
8508.70	部分品
85.09	家庭用電気機器（電動装置を自蔵するものに限るものとし、第85.08項の真空式掃除機を除く。）
8509.40	食物用グラインダー、食物用ミキサー及び果汁又は野菜ジュースの搾り機
8509.80	その他の機器
8509.90	部分品
85.10	かみそり、バリカン及び脱毛器（電動装置を自蔵するものに限る。）
8510.10	かみそり
8510.20	バリカン
8510.30	脱毛器
8510.90	部分品
85.11	火花点火式又は圧縮点火式の内燃機関の点火又は始動に使用する種類の電気機器（例えば、点火用磁石発電機、直流磁石発電機、イグニションコイル、点火プラグ、予熱プラグ及びスターター）並びにこれらの内燃機関に使用する種類の発電機（例えば、直流発電機及び交流発電機）及び開閉器
8511.10	点火プラグ
8511.20	点火用磁石発電機、直流磁石発電機及びはずみ車式磁石発電機
8511.30	ディストリビューター及びイグニションコイル
8511.40	スターター及び始動充電発電機
8511.50	その他の発電機
8511.80	その他の機器
8511.90	部分品
85.12	電気式の照明用又は信号用の機器（第85.39項の物品を除く。）、ウインドスクリーンワイパー及び曇り除去装置（自転車又は自動車に使用する種類のものに限る。）

681

〔付録〕ＨＳ品目表2017年版

番号	品名
8512.10	照明用又は可視信号用の機器(自転車に使用する種類のものに限る。)
8512.20	その他の照明用又は可視信号用の機器
8512.30	音響信号機器
8512.40	ウインドスクリーンワイパー及び曇り除去装置
8512.90	部分品
85.13	携帯用電気ランプ(内蔵したエネルギー源(例えば、電池及び磁石発電機)により機能するように設計したものに限るものとし、第85.12項の照明用機器を除く。)
8513.10	ランプ
8513.90	部分品
85.14	工業用又は理化学用の電気炉(電磁誘導又は誘電損失により機能するものを含む。)及び工業用又は理化学用のその他の機器(電磁誘導又は誘電損失により物質を加熱処理するものに限る。)
8514.10	抵抗加熱炉
8514.20	電磁誘導又は誘電損失により機能する炉
8514.30	その他の炉
8514.40	その他の機器(電磁誘導又は誘電損失により物質を加熱処理するものに限る。)
8514.90	部分品
85.15	はんだ付け用、ろう付け用又は溶接用の機器(電気式(電気加熱ガス式を含む。)、レーザーその他の光子ビーム式、超音波式、電子ビーム式、磁気パルス式又はプラズマアーク式のものに限るものとし、切断に使用することができるかできないかを問わない。)及び金属又はサーメットの熱吹付け用電気機器
	ろう付け用又ははんだ付け用の機器
8515.11	はんだごて及びはんだ付けガン
8515.19	その他のもの
	金属用抵抗溶接機器
8515.21	全自動式又は半自動式のもの
8515.29	その他のもの
	アーク溶接機器(プラズマアーク溶接機器を含むものとし、金属用のものに限る。)
8515.31	全自動式又は半自動式のもの
8515.39	その他のもの
8515.80	その他の機器
8515.90	部分品
85.16	電気式の瞬間湯沸器、貯蔵式湯沸器、浸せき式液体加熱器、暖房機器及び土壌加熱器、電熱式の調髪用機器(例えば、ヘアドライヤー、ヘアカーラー及びカール用こて)及び手用ドライヤー、電気アイロンその他の家庭において使用する種類の電熱機器並びに電熱用抵抗体(第85.45項のものを除く。)

番号	品名
8516.10	電気式の瞬間湯沸器、貯蔵式湯沸器及び浸せき式液体加熱器
	電気式の暖房機器及び土壌加熱器
8516.21	蓄熱式ラジエーター
8516.29	その他のもの
	電熱式の調髪用機器及び手用ドライヤー
8516.31	ヘアドライヤー
8516.32	その他の調髪用機器
8516.33	手用ドライヤー
8516.40	電気アイロン
8516.50	マイクロ波オーブン
8516.60	その他のオーブン並びにクッカー、加熱調理板、煮沸リング、グリル及びロースター
	その他の電熱機器
8516.71	コーヒーメーカー及びティーメーカー
8516.72	トースター
8516.79	その他のもの
8516.80	電熱用抵抗体
8516.90	部分品
85.17	電話機(携帯回線網用その他の無線回線網用の電話を含む。)及びその他の機器(音声、画像その他のデータを送受信するものに限るものとし、有線又は無線回線網(例えば、ローカルエリアネットワーク(LAN)又はワイドエリアネットワーク(WAN))用の通信機器を含む。)(第84.43項、第85.25項、第85.27項及び第85.28項の送受信機器を除く。)
	電話機(携帯回線網用その他の無線回線網用の電話を含む。)
8517.11	コードレス送受話器付きの有線電話機
8517.12	携帯回線網用その他の無線回線網用の電話
8517.18	その他のもの
	その他の機器(音声、画像その他のデータを送受信するものに限るものとし、有線又は無線回線網(例えば、ローカルエリアネットワーク(LAN)又はワイドエリアネットワーク(WAN))用の通信機器を含む。)
8517.61	基地局
8517.62	音声、画像その他のデータを受信、変換、送信又は再生するための機械(スイッチング機器又はルーティング機器を含む。)
8517.69	その他のもの
8517.70	部分品
85.18	マイクロホン及びそのスタンド、拡声器(エンクロージャーに取り付けてあるかないかを問わない。)、ヘッドホン及びイヤホン(マイクロホンを取り付けてあるかないかを問わない。)、マイクロホンと拡声器を組み合わせたもの、可聴周波増幅器並びに電気式音響増幅装置

682

〔付録〕ＨＳ品目表2017年版

番号	品名
8518.10	マイクロホン及びそのスタンド
	拡声器(エンクロージャーに取り付けてあるかないかを問わない。)
8518.21	単一型拡声器(エンクロージャーに取り付けたものに限る。)
8518.22	複数型拡声器(同一のエンクロージャーに取り付けたものに限る。)
8518.29	その他のもの
8518.30	ヘッドホン及びイヤホン(マイクロホンを取り付けてあるかないかを問わない。)並びにマイクロホンと拡声器を組み合わせたもの
8518.40	可聴周波増幅器
8518.50	電気式音響増幅装置
8518.90	部分品
85.19	音声の記録用又は再生用の機器
8519.20	硬貨、銀行券、バンクカード、トークンその他の支払手段により作動する機器
8519.30	レコードデッキ
8519.50	留守番電話装置
	その他の機器
8519.81	磁気媒体、光学媒体又は半導体媒体を使用するもの
8519.89	その他のもの
85.21	ビデオの記録用又は再生用の機器(ビデオチューナーを自蔵するかしないかを問わない。)
8521.10	磁気テープ式のもの
8521.90	その他のもの
85.22	部分品及び附属品(第85.19項又は第85.21項の機器に専ら又は主として使用するものに限る。)
8522.10	ピックアップカートリッジ
8522.90	その他のもの
85.23	ディスク、テープ、不揮発性半導体記憶装置、スマートカードその他の媒体(記録してあるかないかを問わず、ディスク製造用の原盤及びマスターを含むものとし、第37類の物品を除く。)
	磁気媒体
8523.21	カード(磁気ストライプを有するもの)
8523.29	その他のもの
	光学媒体
8523.41	記録してないもの
8523.49	その他のもの
	半導体媒体
8523.51	不揮発性半導体記憶装置
8523.52	スマートカード
8523.59	その他のもの

番号	品名
8523.80	その他のもの
85.25	ラジオ放送用又はテレビジョン用の送信機器(受信機器、録音装置又は音声再生装置を自蔵するかしないかを問わない。)、テレビジョンカメラ、デジタルカメラ及びビデオカメラレコーダー
8525.50	送信機器
8525.60	送信機器(受信機器を自蔵するものに限る。)
8525.80	テレビジョンカメラ、デジタルカメラ及びビデオカメラレコーダー
85.26	レーダー、航行用無線機器及び無線遠隔制御機器
8526.10	レーダー
	その他のもの
8526.91	航行用無線機器
8526.92	無線遠隔制御機器
85.27	ラジオ放送用の受信機器(同一のハウジングにおいて音声の記録用若しくは再生用の機器又は時計と結合してあるかないかを問わない。)
	ラジオ放送用受信機(外部電源によらずに作動するものに限る。)
8527.12	ポケットサイズのカセットプレーヤー(ラジオを自蔵するものに限る。)
8527.13	その他の機器(音声の記録用又は再生用の機器と結合してあるものに限る。)
8527.19	その他のもの
	自動車に使用する種類のラジオ放送用受信機(外部電源によらなければ作動しないものに限る。)
8527.21	音声の記録用又は再生用の機器と結合してあるもの
8527.29	その他のもの
	その他のもの
8527.91	音声の記録用又は再生用の機器と結合してあるもの
8527.92	時計と結合してあるもの(音声の記録用又は再生用の機器と結合してあるものを除く。)
8527.99	その他のもの
85.28	モニター及びプロジェクター(テレビジョン受像機器を有しないものに限る。)並びにテレビジョン受像機器(ラジオ放送用受信機又は音声若しくはビデオの記録用若しくは再生用の装置を自蔵するかしないかを問わない。)
	陰極線管モニター
8528.42	第84.71項の自動データ処理機械に直接接続することができ、かつ、それとともに使用するように設計されたもの

683

〔付録〕ＨＳ品目表2017年版

番号	品名
8528.49	その他のもの
	その他のモニター
8528.52	第84.71項の自動データ処理機械に直接接続することができ、かつ、それとともに使用するように設計されたもの
8528.59	その他のもの
	プロジェクター
8528.62	第84.71項の自動データ処理機械に直接接続することができ、かつ、それとともに使用するように設計されたもの
8528.69	その他のもの
	テレビジョン受像機器(ラジオ放送用受信機又は音声若しくはビデオの記録用若しくは再生用の装置を自蔵するかしないかを問わない。)
8528.71	ビデオディスプレイ又はスクリーンを自蔵するよう設計されていないもの
8528.72	その他のもの(カラーのものに限る。)
8528.73	その他のもの(モノクロームのものに限る。)
85.29	第85.25項から第85.28項までの機器に専ら又は主として使用する部分品
8529.10	アンテナ及びアンテナ反射器並びにこれらに使用する部分品
8529.90	その他のもの
85.30	鉄道、軌道、道路、内陸水路、駐車施設、港湾設備又は空港の信号用、安全用又は交通管制用の電気機器(第86.08項のものを除く。)
8530.10	鉄道用又は軌道用の機器
8530.80	その他の機器
8530.90	部分品
85.31	電気式の音響信号用又は可視信号用の機器(例えば、ベル、サイレン、表示盤、盗難警報器及び火災警報器。第85.12項又は第85.30項のものを除く。)
8531.10	盗難警報器、火災警報器その他これらに類する機器
8531.20	表示盤(液晶デバイス(LCD)又は発光ダイオード(LED)を自蔵するものに限る。)
8531.80	その他の機器
8531.90	部分品
85.32	固定式、可変式又は半固定式のコンデンサー
8532.10	固定式コンデンサー（50又は60ヘルツ回路用に設計したもので、無効電力が0.5キロバール以上のものに限る(電力用コンデンサー)。)
	その他の固定式コンデンサー
8532.21	タンタルコンデンサー
8532.22	アルミニウム電解コンデンサー

番号	品名
8532.23	セラミックコンデンサー（単層のものに限る。)
8532.24	セラミックコンデンサー（多層のものに限る。)
8532.25	紙コンデンサー及びプラスチックコンデンサー
8532.29	その他のもの
8532.30	可変式又は半固定式のコンデンサー
8532.90	部分品
85.33	電気抵抗器(可変抵抗器及びポテンショメーターを含むものとし、電熱用抵抗体を除く。)
8533.10	固定式炭素抵抗器(被膜抵抗器を含む。)
	その他の固定式抵抗器
8533.21	容量が20ワット以下のもの
8533.29	その他のもの
	巻線形可変抵抗器(ポテンショメーターを含む。)
8533.31	容量が20ワット以下のもの
8533.39	その他のもの
8533.40	その他の可変抵抗器(ポテンショメーターを含む。)
8533.90	部分品
85.34	
8534.00	印刷回路
85.35	電気回路の開閉用、保護用又は接続用の機器(例えば、スイッチ、ヒューズ、避雷器、電圧リミッター、サージ抑制器、プラグその他の接続子及び接続箱。使用電圧が1,000ボルトを超えるものに限る。)
8535.10	ヒューズ
	自動遮断器
8535.21	使用電圧が72.5キロボルト未満のもの
8535.29	その他のもの
8535.30	断路機及び開閉スイッチ
8535.40	避雷器、電圧リミッター及びサージ抑制器
8535.90	その他のもの
85.36	電気回路の開閉用、保護用又は接続用の機器(例えば、スイッチ、継電器、ヒューズ、サージ抑制器、プラグ、ソケット、ランプホルダーその他の接続子及び接続箱。使用電圧が1,000ボルト以下のものに限る。)並びに光ファイバー（束にしたものを含む。)用又は光ファイバーケーブル用の接続子
8536.10	ヒューズ
8536.20	自動遮断器
8536.30	電気回路保護用のその他の機器
	継電器
8536.41	使用電圧が60ボルト以下のもの
8536.49	その他のもの

684

〔付録〕ＨＳ品目表2017年版

番号	品名
8536.50	その他のスイッチ
	ランプホルダー、プラグ及びソケット
8536.61	ランプホルダー
8536.69	その他のもの
8536.70	光ファイバー（束にしたものを含む。）用又は光ファイバーケーブル用の接続子
8536.90	その他の機器
85.37	電気制御用又は配電用の盤、パネル、コンソール、机、キャビネットその他の物品（第90類の機器を自蔵するものを含み、第85.35項又は第85.36項の機器を二以上装備するものに限る。）及び数値制御用の機器（第85.17項の交換機を除く。）
8537.10	使用電圧が1,000ボルト以下のもの
8537.20	使用電圧が1,000ボルトを超えるもの
85.38	第85.35項から第85.37項までの機器に専ら又は主として使用する部分品
8538.10	第85.37項の物品用の盤、パネル、コンソール、机、キャビネットその他の物品（機器を装備してないものに限る。）
8538.90	その他のもの
85.39	フィラメント電球及び放電管（シールドビームランプ、紫外線ランプ及び赤外線ランプを含む。）、アーク灯並びに発光ダイオード（LED）ランプ
8539.10	シールドビームランプ
	その他のフィラメント電球（紫外線ランプ及び赤外線ランプを除く。）
8539.21	タングステンハロゲン電球
8539.22	その他のもの（出力が200ワット以下のもので、使用電圧が100ボルトを超えるものに限る。）
8539.29	その他のもの
	放電管（紫外線ランプを除く。）
8539.31	熱陰極蛍光放電管
8539.32	水銀ランプ、ナトリウムランプ及びメタルハライドランプ
8539.39	その他のもの
	紫外線ランプ、赤外線ランプ及びアーク灯
8539.41	アーク灯
8539.49	その他のもの
8539.50	発光ダイオード（LED）ランプ
8539.90	部分品
85.40	熱電子管、冷陰極管及び光電管（例えば、真空式のもの、蒸気又はガスを封入したもの、水銀整流管、陰極線管及びテレビジョン用撮像管）
	テレビジョン受像用陰極線管（ビデオモニター用陰極線管を含む。）

番号	品名
8540.11	カラーのもの
8540.12	モノクロームのもの
8540.20	テレビジョン用撮像管、イメージ変換管、イメージ増倍管その他の光電管
8540.40	データ・グラフィックディスプレイ管（モノクロームのものに限る。）及びデータ・グラフィックディスプレイ管（カラーのもので、蛍光体のドットスクリーンピッチが0.4ミリメートル未満のものに限る。）
8540.60	その他の陰極線管
	マイクロ波管（例えば、磁電管、クライストロン、進行波管及びカルシノトロン。格子制御式のものを除く。）
8540.71	磁電管
8540.79	その他のもの
	その他の管
8540.81	受信管及び増幅管
8540.89	その他のもの
	部分品
8540.91	陰極線管のもの
8540.99	その他のもの
85.41	ダイオード、トランジスターその他これらに類する半導体デバイス、光電性半導体デバイス（光電池（モジュール又はパネルにしてあるかないかを問わない。）を含む。）、発光ダイオード（LED）及び圧電結晶素子
8541.10	ダイオード（光電性ダイオード及び発光ダイオード（LED）を除く。）
	トランジスター（光電性トランジスターを除く。）
8541.21	定格消費電力が1ワット未満のもの
8541.29	その他のもの
8541.30	サイリスター、ダイアック及びトライアック（光電性デバイスを除く。）
8541.40	光電性半導体デバイス（光電池（モジュール又はパネルにしてあるかないかを問わない。）を含む。）及び発光ダイオード（LED）
8541.50	その他の半導体デバイス
8541.60	圧電結晶素子
8541.90	部分品
85.42	集積回路
	集積回路
8542.31	プロセッサー及びコントローラー（記憶素子、コンバーター、論理回路、増幅器、クロック回路、タイミング回路その他の回路と結合しているかいないかを問わない。）
8542.32	記憶素子
8542.33	増幅器

685

[付録] ＨＳ品目表2017年版

番号	品　名
8542.39	その他のもの
8542.90	部分品
85.43	電気機器(固有の機能を有するものに限るものとし、この類の他の項に該当するものを除く。)
8543.10	粒子加速器
8543.20	信号発生器
8543.30	電気めつき用、電気分解用又は電気泳動用の機器
8543.70	その他の機器
8543.90	部分品
85.44	電気絶縁をした線、ケーブル(同軸ケーブルを含む。)その他の電気導体(エナメルを塗布し又は酸化被膜処理をしたものを含むものとし、接続子を取り付けてあるかないかを問わない。)及び光ファイバーケーブル(個々に被覆したファイバーから成るものに限るものとし、電気導体を組み込んであるかないかを問わない又は接続子を取り付けてあるかないかを問わない。)
	巻線
8544.11	銅のもの
8544.19	その他のもの
8544.20	同軸ケーブルその他の同軸の電気導体
8544.30	点火用配線セットその他の配線セット(車両、航空機又は船舶に使用する種類のものに限る。)
	その他の電気導体(使用電圧が1,000ボルト以下のものに限る。)
8544.42	接続子を取り付けてあるもの
8544.49	その他のもの
8544.60	その他の電気導体(使用電圧が1,000ボルトを超えるものに限る。)

番号	品　名
8544.70	光ファイバーケーブル
85.45	炭素電極、炭素ブラシ、ランプ用炭素棒、電池用炭素棒その他の製品で黒鉛その他の炭素のもの(電気的用途に供する種類のものに限るものとし、金属を取り付けてあるかないかを問わない。)
	電極
8545.11	炉に使用する種類のもの
8545.19	その他のもの
8545.20	ブラシ
8545.90	その他のもの
85.46	がい子(材料を問わない。)
8546.10	ガラス製のもの
8546.20	陶磁製のもの
8546.90	その他のもの
85.47	電気機器の電気絶縁用物品(成形中に金属製のさ細な部分(例えば、ねじを切つたソケット)を専ら組立てのため組み込んだものを含み、絶縁材料製のものに限るものとし、第85.46項のがい子を除く。)並びに電線用導管及びその継手(卑金属製のもので絶縁材料を内張りしたものに限る。)
8547.10	陶磁製の電気絶縁用物品
8547.20	プラスチック製の電気絶縁用物品
8547.90	その他のもの
85.48	一次電池又は蓄電池のくず、使用済みの一次電池及び蓄電池並びに機器の電気式部分品(この類の他の項に該当するものを除く。)
8548.10	一次電池又は蓄電池のくず並びに使用済みの一次電池及び蓄電池
8548.90	その他のもの

第17部
車両、航空機、船舶及び輸送機器関連品

注
1　この部には、第95.03項又は第95.08項の物品及び第95.06項のボブスレー、トボガンその他これらに類する物品を含まない。
2　「部分品」及び「部分品及び附属品」には、次の物品(この部の物品に使用するものであるかないかを問わない。)を含まない。
　(a)　ジョイント、ワッシャーその他これらに類する物品(構成する材料により該当する項又は第84.84項に属する。)及びその他の加硫ゴム(硬質ゴムを除く。)製品(第40.16項参照)
　(b)　第15部の注2の卑金属製のはん用性の部分品(第15部参照)及びプラスチック製のこれに類する物品(第39類参照)
　(c)　第82類の物品(工具)
　(d)　第83.06項の物品
　(e)　第84.01項から第84.79項までの機器及びその部分品(この部の物品用のラジエーターを除く。)、第84.81項又は第84.82項の物品並びに第84.83項の物品(原動機の不可分の一部を構成するものに限る。)
　(f)　電気機器(第85類参照)
　(g)　第90類の物品

686

〔付録〕ＨＳ品目表2017年版

- (h) 第91類の物品
- (ij) 武器(第93類参照)
- (k) 第94.05項のランプその他の照明器具
- (l) 車両の部分品として使用する種類のブラシ(第96.03項参照)
3 第86類から第88類までにおいて部分品及び附属品は、当該各類の物品に専ら又は主として使用するものに限るものとし、これらの類の二以上の項に属するとみられる部分品及び附属品は、主たる用途に基づきその所属を決定する。
4 この部においては、次に定めるところによる。
- (a) 道路とレールの両方を走行するために作った車両は、第87類の該当する項に属する。
- (b) 水陸両用車両は、第87類の該当する項に属する。
- (c) 道路走行車両として兼用することができる航空機は、第88類の該当する項に属する。
5 空気クッションビークルは、この部に属するものとし、次に定めるところにより、最も類似する物品が属する項に属する。
- (a) 案内軌道走行用のもの(空気浮上式鉄道)は、第86類に属する。
- (b) 陸上走行用又は水陸走行用のものは、第87類に属する。
- (c) 水上走行用のもの(岸若しくは発着場に上陸することができるかできないか又は氷上を走行することができるかできないかを問わない。)は、第89類に属する。

　空気クッションビークルの部分品及び附属品は、当該空気クッションビークルが第一文の規定により属することとなる項の物品の部分品及び附属品が属する項に属する。

　空気浮上式鉄道の軌道用装備品は、鉄道線路用装備品とするものとし、空気浮上式鉄道の信号用、安全用又は交通管制用の機器は、鉄道の信号用、安全用又は交通管制用の機器とする。

第86類　鉄道用又は軌道用の機関車及び車両並びにこれらの部分品、鉄道又は軌道の線路用装備品及びその部分品並びに機械式交通信号用機器(電気機械式のものを含む。)

注
1 この類には、次の物品を含まない。
- (a) 木製又はコンクリート製の鉄道用又は軌道用のまくら木及びコンクリート製の空気浮上式鉄道用の案内軌道走行路(第44.06項及び第68.10項参照)
- (b) 第73.02項の鉄道又は鉄道の線路用の鉄鋼製の建設資材
- (c) 第85.30項の信号用、安全用又は交通管制用の電気機器
2 第86.07項には、次の物品を含む。
- (a) 車軸、車輪及び輪軸(走行装置)並びに金属タイヤ、止め輪、輪心その他の車輪部分品
- (b) フレーム、アンダーフレーム、ボギー台車及びビッセル台車
- (c) 車軸箱及びブレーキ装置
- (d) 車両用緩衝器、フックその他の連結器及び通路連結器
- (e) 車体
3 第86.08項には、1の物品を除くほか、次の物品を含む。
- (a) 組み立てた線路、転車台、プラットホーム用緩衝器及びローディングゲージ
- (b) 腕木信号機、機械式信号板、踏切用制御機、信号用又は転轍用の制御機その他の信号用、安全用又は交通管制用の機械式機器(電気機械式のものを含み、鉄道用、軌道用、道路用、内陸水路用、駐車施設用、港湾設備用又は空港用のものに限るものとし、電灯付きであるかないかを問わない。)

番号	品名
86.01	鉄道用機関車(外部電源又は蓄電池により走行するものに限る。)
8601.10	外部電源により走行するもの
8601.20	蓄電池により走行するもの
86.02	その他の鉄道用機関車及び炭水車
8602.10	電気式ディーゼル機関車
8602.90	その他のもの
86.03	鉄道用又は軌道用の客車及び貨車(自走式のものに限るものとし、第86.04項のものを除く。)

番号	品名
8603.10	外部電源により走行するもの
8603.90	その他のもの
86.04	
8604.00	鉄道又は軌道の保守用又は作業用の車両(自走式であるかないかを問わない。例えば、工作車、クレーン車、砂利突固め車、軌道整正車、検査車及び軌道検測車)

687

〔付録〕HS品目表2017年版

番号	品名
86.05	
8605.00	鉄道用又は軌道用の客車(自走式のものを除く。)及び鉄道用又は軌道用の手荷物車、郵便車その他の特殊用途車(自走式のもの及び第86.04項のものを除く。)
86.06	鉄道用又は軌道用の貨車(自走式のものを除く。)
8606.10	タンク車その他これに類する車両
8606.30	荷卸機構付きの貨車(第8606.10号のものを除く。)
	その他のもの
8606.91	有がい車
8606.92	無がい車(高さが60センチメートルを超える側壁を有するものに限る。)
8606.99	その他のもの
86.07	鉄道用又は軌道用の機関車又は車両の部分品
	ボギー台車、ビッセル台車、車軸及び車輪並びにこれらの部分品
8607.11	駆動ボギー台車及び駆動ビッセル台車
8607.12	その他のボギー台車及びビッセル台車

番号	品名
8607.19	その他のもの(部分品を含む。)
	ブレーキ及びその部分品
8607.21	エアブレーキ及びその部分品
8607.29	その他のもの
8607.30	フックその他の連結器及び緩衝器並びにこれらの部分品
	その他のもの
8607.91	機関車のもの
8607.99	その他のもの
86.08	
8608.00	信号用、安全用又は交通管制用の機械式機器(電気機械式のものを含むものとし、鉄道用、軌道用、道路用、内陸水路用、駐車施設用、港湾設備用又は空港用のものに限る。)及び鉄道又は軌道の線路用装備品並びにこれらの部分品
86.09	
8609.00	コンテナ(液体輸送用のものを含むものとし、一以上の輸送方式による運送を行うために特に設計し、かつ、装備したものに限る。)

第87類　鉄道用及び軌道用以外の車両並びにその部分品及び附属品

注
1　この類には、専らレール走行用に設計した鉄道用又は軌道用の車両を含まない。
2　この類において「トラクター」とは、本来、車両、機器又は貨物をけん引し又は押すために作つた車両をいい、本来の用途に関連して、道具、種、肥料その他の物品を輸送するための補助器具を有するか有しないかを問わない。
　　第87.01項のトラクター用に設計した互換性のある機械及び工具(トラクターに取り付けてあるかないかを問わない。)はトラクターとともに提示する場合であつても、それらがそれぞれ属する項に属する。
3　運転室を有する原動機付きシャシは、第87.02項から第87.04項までに属するものとし、第87.06項には属しない。
4　第87.12項には、すべての幼児用自転車を含む。その他の幼児用乗物は、第95.03項に属する。

番号	品名
87.01	トラクター(第87.09項のトラクターを除く。)
8701.10	一軸トラクター
8701.20	セミトレーラー用の道路走行用のトラクター
8701.30	無限軌道式トラクター
	その他のもの
8701.91	エンジン出力が18キロワット以下のもの
8701.92	エンジン出力が18キロワットを超え37キロワット以下のもの
8701.93	エンジン出力が37キロワットを超え75キロワット以下のもの
8701.94	エンジン出力が75キロワットを超え130キロワット以下のもの
8701.95	エンジン出力が130キロワットを超えるもの
87.02	10人以上の人員(運転手を含む。)の輸送用の自動車

番号	品名
8702.10	ピストン式圧縮点火内燃機関(ディーゼルエンジン及びセミディーゼルエンジン)のみを搭載したもの
8702.20	駆動原動機としてピストン式圧縮点火内燃機関(ディーゼルエンジン及びセミディーゼルエンジン)及び電動機を搭載したもの
8702.30	駆動原動機としてピストン式火花点火内燃機関(往復動機関に限る。)及び電動機を搭載したもの
8702.40	駆動原動機として電動機のみを搭載したもの
8702.90	その他のもの
87.03	乗用自動車その他の自動車(ステーションワゴン及びレーシングカーを含み、主として人員の輸送用に設計したものに限るものとし、第87.02項のものを除く。)
8703.10	雪上走行用に特に設計した車両及びゴルフカーその他これに類する車両

〔付録〕ＨＳ品目表2017年版

番号	品名
	その他の車両(ピストン式火花点火内燃機関(往復動機関に限る。)のみを搭載したものに限る。)
8703.21	シリンダー容積が1,000立方センチメートル以下のもの
8703.22	シリンダー容積が1,000立方センチメートルを超え1,500立方センチメートル以下のもの
8703.23	シリンダー容積が1,500立方センチメートルを超え3,000立方センチメートル以下のもの
8703.24	シリンダー容積が3,000立方センチメートルを超えるもの
	その他の車両(ピストン式圧縮点火内燃機関(ディーゼルエンジン及びセミディーゼルエンジン)のみを搭載したものに限る。)
8703.31	シリンダー容積が1,500立方センチメートル以下のもの
8703.32	シリンダー容積が1,500立方センチメートルを超え2,500立方センチメートル以下のもの
8703.33	シリンダー容積が2,500立方センチメートルを超えるもの
8703.40	その他の車両(駆動原動機としてピストン式火花点火内燃機関(往復動機関に限る。)及び電動機を搭載したものに限るものとし、外部電源に接続することにより充電することができるものを除く。)
8703.50	その他の車両(駆動原動機としてピストン式圧縮点火内燃機関(ディーゼルエンジン及びセミディーゼルエンジン)及び電動機を搭載したものに限るものとし、外部電源に接続することにより充電することができるものを除く。)
8703.60	その他の車両(駆動原動機としてピストン式火花点火内燃機関(往復動機関に限る。)及び電動機を搭載したもので、外部電源に接続することにより充電することができるものに限る。)
8703.70	その他の車両(駆動原動機としてピストン式圧縮点火内燃機関(ディーゼルエンジン及びセミディーゼルエンジン)及び電動機を搭載したもので、外部電源に接続することにより充電することができるものに限る。)
8703.80	その他の車両(駆動原動機として電動機のみを搭載したものに限る。)
8703.90	その他のもの
87.04	**貨物自動車**
8704.10	ダンプカー(不整地走行用に設計したものに限る。)

番号	品名
	その他のもの(ピストン式圧縮点火内燃機関(ディーゼルエンジン及びセミディーゼルエンジン)を搭載したものに限る。)
8704.21	車両総重量が5トン以下のもの
8704.22	車両総重量が5トンを超え20トン以下のもの
8704.23	車両総重量が20トンを超えるもの
	その他のもの(ピストン式火花点火内燃機関を搭載したものに限る。)
8704.31	車両総重量が5トン以下のもの
8704.32	車両総重量が5トンを超えるもの
8704.90	その他のもの
87.05	**特殊用途自動車(例えば、救難車、クレーン車、消防車、コンクリートミキサー車、道路清掃車、散水車、工作車及びレントゲン車。主として人員又は貨物の輸送用に設計したものを除く。)**
8705.10	クレーン車
8705.20	せん孔デリック車
8705.30	消防車
8705.40	コンクリートミキサー車
8705.90	その他のもの
87.06	
8706.00	原動機付きシャシ(第87.01項から第87.05項までの自動車用のものに限る。)
87.07	**車体(運転室を含むものとし、第87.01項から第87.05項までの自動車用のものに限る。)**
8707.10	第87.03項の車両用のもの
8707.90	その他のもの
87.08	**部分品及び附属品(第87.01項から第87.05項までの自動車のものに限る。)**
8708.10	バンパー及びその部分品
	車体(運転室を含む。)のその他の部分品及び附属品
8708.21	シートベルト
8708.29	その他のもの
8708.30	ブレーキ及びサーボブレーキ並びにこれらの部分品
8708.40	ギヤボックス及びその部分品
8708.50	駆動軸(差動装置を有するものに限るものとし、伝動装置のその他の構成部品を有するか有しないかを問わない。)及び非駆動軸並びにこれらの部分品
8708.70	車輪並びにその部分品及び附属品
8708.80	懸架装置及びその部分品(ショックアブソーバーを含む。)
	その他の部分品及び附属品
8708.91	ラジエーター及びその部分品
8708.92	消音装置(マフラー)及び排気管並びにこれらの部分品

[付録] HS品目表2017年版

番号	品名
8708.93	クラッチ及びその部分品
8708.94	ハンドル、ステアリングコラム及びステアリングボックス並びにこれらの部分品
8708.95	安全エアバッグ(インフレーターシステムを有するものに限る。)及びその部分品
8708.99	その他のもの
87.09	自走式作業トラック(工場、倉庫、埠頭又は空港において貨物の短距離の運搬に使用する種類のものに限るものとし、持上げ用又は荷扱い用の機器を装備したものを除く。)及び鉄道の駅のプラットホームにおいて使用する種類のトラクター並びにこれらの部分品
	車両
8709.11	電気式のもの
8709.19	その他のもの
8709.90	部分品
87.10	
8710.00	戦車その他の装甲車両(自走式のものに限るものとし、武器を装備しているかいないかを問わない。)及びその部分品
87.11	モーターサイクル(モペットを含むものとし、サイドカー付きであるかないかを問わない。)、補助原動機付きの自転車(サイドカー付きであるかないかを問わない。)及びサイドカー
8711.10	シリンダー容積が50立方センチメートル以下のピストン式内燃機関(往復動機関に限る。)付きのもの
8711.20	シリンダー容積が50立方センチメートルを超え250立方センチメートル以下のピストン式内燃機関(往復動機関に限る。)付きのもの
8711.30	シリンダー容積が250立方センチメートルを超え500立方センチメートル以下のピストン式内燃機関(往復動機関に限る。)付きのもの
8711.40	シリンダー容積が500立方センチメートルを超え800立方センチメートル以下のピストン式内燃機関(往復動機関に限る。)付きのもの
8711.50	シリンダー容積が800立方センチメートルを超えるピストン式内燃機関(往復動機関に限る。)付きのもの
8711.60	駆動原動機として電動機を有するもの
8711.90	その他のもの

番号	品名
87.12	
8712.00	自転車(運搬用三輪自転車を含むものとし、原動機付きのものを除く。)
87.13	身体障害者用又は病人用の車両(原動機その他の機械式駆動機構を有するか有しないかを問わない。)
8713.10	機械式駆動機構を有しないもの
8713.90	その他のもの
87.14	部分品及び附属品(第87.11項から第87.13項までの車両のものに限る。)
8714.10	モーターサイクル(モペットを含む。)のもの
8714.20	身体障害者用又は病人用の車両のもの
	その他のもの
8714.91	フレーム体及び前ホーク並びにこれらの部分品
8714.92	リム及びスポーク
8714.93	ハブ(コースターブレーキハブ及びハブブレーキを除く。)及びフリーホイール
8714.94	ブレーキ(コースターブレーキハブ及びハブブレーキを含む。)及びその部分品
8714.95	サドル
8714.96	ペダル及びギヤクランク並びにこれらの部分品
8714.99	その他のもの
87.15	
8715.00	乳母車及びその部分品
87.16	トレーラー及びセミトレーラー並びにその他の車両(機械式駆動機構を有するものを除く。)並びにこれらの部分品
8716.10	トレーラー及びセミトレーラー(住居用又はキャンプ用のキャラバン型のものに限る。)
8716.20	農業用のトレーラー及びセミトレーラー(積込機構付き又は荷卸機構付きのものに限る。)
	貨物輸送用のその他のトレーラー及びセミトレーラー
8716.31	タンクトレーラー及びタンクセミトレーラー
8716.39	その他のもの
8716.40	その他のトレーラー及びセミトレーラー
8716.80	その他の車両
8716.90	部分品

第88類　航空機及び宇宙飛行体並びにこれらの部分品

号注
1　第8802.11号から第8802.40号までにおいて、「自重」とは、正常に飛行できる状態にある航空機の重量(乗務員、燃料及び装備品(据え付けたものを除く。)の重量を除く。)をいう。

[付録] ＨＳ品目表2017年版

番号	品　　名
88.01	
8801.00	気球及び飛行船並びにグライダー、ハンググライダーその他の原動機を有しない航空機
88.02	その他の航空機(例えば、ヘリコプター及び飛行機)並びに宇宙飛行体(人工衛星を含む。)及び打上げ用ロケット
	ヘリコプター
8802.11	自重が2,000キログラム以下のもの
8802.12	自重が2,000キログラムを超えるもの
8802.20	飛行機その他の航空機(自重が2,000キログラム以下のもの)
8802.30	飛行機その他の航空機(自重が2,000キログラムを超え15,000キログラム以下のもの)
8802.40	飛行機その他の航空機(自重が15,000キログラムを超えるもの)
8802.60	宇宙飛行体(人工衛星を含む。)及び打上げ用ロケット

番号	品　　名
88.03	部分品(第88.01項又は第88.02項の物品のものに限る。)
8803.10	プロペラ及び回転翼並びにこれらの部分品
8803.20	着陸装置及びその部分品
8803.30	飛行機又はヘリコプターのその他の部分品
8803.90	その他のもの
88.04	
8804.00	落下傘(可導式落下傘及びパラグライダーを含む。)及びロートシュート並びにこれらの部分品及び附属品
88.05	航空機射出装置、着艦拘束制動装置その他これに類する装置及び航空用地上訓練装置並びにこれらの部分品
8805.10	航空機射出装置及び着艦拘束制動装置その他これに類する装置並びにこれらの部分品
	航空用地上訓練装置及びその部分品
8805.21	空中戦用シミュレーター及びその部分品
8805.29	その他のもの

第89類　船舶及び浮き構造物
注
1　船体及び未完成の船舶(組み立ててあるかないか又は分解してあるかないかを問わない。)並びに完成船舶の組み立ててないもの及び分解してあるものは、特定の船舶の重要な特性を有しないときは、第89.06項に属する。

番号	品　　名
89.01	客船、遊覧船、フェリーボート、貨物船、はしけその他これらに類する船舶(人員又は貨物の輸送用のものに限る。)
8901.10	客船、遊覧船その他これらに類する船舶(主として人員の輸送用に設計したものに限る。)及びフェリーボート
8901.20	タンカー
8901.30	冷蔵船及び冷凍船(第8901.20号のものを除く。)
8901.90	その他の貨物船及び貨客船
89.02	
8902.00	漁船及び工船その他漁獲物の加工用又は保存用の船舶
89.03	ヨットその他の娯楽用又はスポーツ用の船舶、櫓櫂船及びカヌー
8903.10	膨脹式のもの
	その他のもの
8903.91	セールボート(補助原動機付きであるかないかを問わない。)
8903.92	モーターボート(船外機付きのものを除く。)

番号	品　　名
8903.99	その他のもの
89.04	
8904.00	曳航用又は押航用の船舶
89.05	照明船、消防船、しゅんせつ船、クレーン船その他の船舶(航行以外の機能を主とするものに限る。)、浮きドック及び浮遊式又は潜水式の掘削用又は生産用のプラットホーム
8905.10	しゅんせつ船
8905.20	浮遊式又は潜水式の掘削用又は生産用のプラットホーム
8905.90	その他のもの
89.06	その他の船舶(軍艦及び救命艇を含むものとし、櫓櫂船を除く。)
8906.10	軍艦
8906.90	その他のもの
89.07	その他の浮き構造物(例えば、いかだ、タンク、コファダム、浮き桟橋、ブイ及び水路浮標)
8907.10	膨脹式いかだ
8907.90	その他のもの
89.08	
8908.00	解体用の船舶その他の浮き構造物

〔付録〕ＨＳ品目表2017年版

第18部
光学機器、写真用機器、映画用機器、測定機器、検査機器、精密機器、医療用機器、時計及び楽器並びにこれらの部分品及び附属品

第90類　光学機器、写真用機器、映画用機器、測定機器、検査機器、精密機器及び医療用機器並びにこれらの部分品及び附属品

注
1　この類には、次の物品を含まない。
  (a)　機器用その他の技術的用途に供する種類のゴム製品（加硫したゴム（硬質ゴムを除く。）製のものに限る。第40.16項参照）、革製品（第42.05項参照）、コンポジションレザー製品（第42.05項参照）及び紡織用繊維製品（第59.11項参照）
  (b)　紡織用繊維製の支持用ベルトその他の支持用の製品（その弾性のみにより身体の一部を支え又は保持する効果を意図したものに限る。例えば、妊婦用ベルト、胸部支持用包帯、腹部支持用包帯及び関節用又は筋肉用のサポート）（第11部参照）
  (c)　第69.03項の耐火製品及び第69.09項の理化学用その他の技術的用途に供する陶磁製品
  (d)　卑金属製又は貴金属製の鏡で光学用品でないもの（第83.06項及び第71類参照）及び第70.09項のガラス鏡で光学的に研磨してないもの
  (e)　第70.07項、第70.08項、第70.11項、第70.14項、第70.15項又は第70.17項の物品
  (f)　第15部の注2の卑金属製のはん用性の部分品（第15部参照）及びプラスチック製のこれに類する物品（第39類参照）
  (g)　第84.13項の計器付きポンプ並びに重量測定式の計数機、重量測定式の検査機及び単独で提示する分銅（第84.23項参照）、持上げ用又は荷扱い用の機械（第84.25項から第84.28項まで参照）、紙又は板紙の切断機（第84.41項参照）、第84.66項の物品で加工機械又はウォータージェット切断機械に取り付けた工作物又は工具の調整用のもの（目盛りを読むための光学的機構を有するもの（例えば、光学式割出台）を含むものとし、それ自体が光学機器の特性を有するもの（例えば、芯出し望遠鏡）を除く。）、計算機（第84.70項参照）、第84.81項の弁その他の物品並びに第84.86項の機器（感光面を有する半導体材料に回路図を投影又は描画するための機器を含む。）
  (h)　自転車又は自動車に使用する種類のサーチライト及びスポットライト（第85.12項参照）、第85.13項の携帯用電気ランプ、映画用の録音機、音声再生機及び再録音機（第85.19項参照）、サウンドヘッド（第85.22項参照）、テレビジョンカメラ、デジタルカメラ及びビデオカメラレコーダー（第85.25項参照）、レーダー、航行用無線機器及び無線遠隔制御機器（第85.26項参照）、光ファイバー（束にしたものを含む。）用又は光ファイバーケーブル用の接続子（第85.36項参照）、第85.37項の数値制御用の機器、第85.39項のシールドビームランプ並びに第85.44項の光ファイバーケーブル
  (ij)　第94.05項のサーチライト及びスポットライト
  (k)　第95類の物品
  (l)　第96.20項の一脚、二脚、三脚その他これらに類する物品
  (m)　容積測定具（構成する材料により該当する項に属する。）
  (n)　スプール、リールその他これらに類する巻取用品（構成する材料により該当する項に属する。例えば、第39.23項及び第15部）
2　この類の物品の部分品及び附属品は、1の物品を除くほか、次に定めるところによりその所属を決定する。
  (a)　当該部分品及び附属品は、この類、第84類、第85類又は第91類のいずれかの項（第84.87項、第85.48項及び第90.33項を除く。）に該当する場合は、当該いずれかの項に属する。
  (b)　(a)に定めるものを除くほか、特定の機器又は同一の項の複数の機器（第90.10項、第90.13項又は第90.31項の機器を含む。）に専ら又は主として使用する部分品及び附属品は、これらの機器の項に属する。
  (c)　その他の部分品及び附属品は、第90.33項に属する。
3　第16部の注3及び注4の規定は、この類においても適用する。
4　第90.05項には、武器用望遠照準器、潜水艦用又は戦車用の潜望鏡及びこの類又は第16部の機器用の望遠鏡を含まないものとし、これらの望遠照準器、潜望鏡及び望遠鏡は、第90.13項に属する。
5　第90.13項及び第90.31項のいずれにも属するとみられる光学式測定機器及び光学式検査機器は、第90.31項に属する。
6　第90.21項において「整形外科用機器」とは、身体の変形の予防若しくは矯正に使用する機器又は疾病、施術若しくは負傷に伴い器官を支持するために使用する機器をいう。
　整形外科用機器には、寸法を採つて作られる又は大量生産されるといういずれかの条件で、対ではなく単独で提示され、整形外科的矯正のために、左右の足のいずれにかかわらず装着できるように設計された履物及び中敷を含む。

〔付録〕HS品目表2017年版

7 第90.32項には、次の物品のみを含む。
  (a) 液体又は気体の流量、液位、圧力その他の変量の自動調整機器及び温度の自動調整機器(実際値を連続的に又は定期的に測定することにより、自動調整すべき要素を外乱に対して安定させ、設定値に維持するよう設計されたもので、当該要素に伴つて変化する電気現象により作動するものであるかないかを問わない。)
  (b) 非電気的量の自動調整機器(実際値を連続的に又は定期的に測定することにより、自動調整すべき要素を外乱に対して安定させ、設定値に維持するよう設計されたもので、当該要素に伴つて変化する電気現象により作動するものに限る。)及び電気的量の自動調整機器

番 号	品 名
90.01	光ファイバー(束にしたものを含む。)、光ファイバーケーブル(第85.44項のものを除く。)、偏光材料製のシート及び板並びにレンズ(コンタクトレンズを含む。)、プリズム、鏡その他の光学用品(材料を問わないものとし、取り付けたもの及び光学的に研磨してないガラス製のものを除く。)
9001.10	光ファイバー(束にしたものを含む。)及び光ファイバーケーブル
9001.20	偏光材料製のシート及び板
9001.30	コンタクトレンズ
9001.40	ガラス製の眼鏡用レンズ
9001.50	その他の材料製の眼鏡用レンズ
9001.90	その他のもの
90.02	レンズ、プリズム、鏡その他の光学用品(材料を問わないものとし、取り付けたもので機器に装着して又は機器の部分品として使用するものに限り、光学的に研磨してないガラス製のものを除く。)
	対物レンズ
9002.11	写真機用、映写機用、投影機用、写真引伸機用又は写真縮小機用のもの
9002.19	その他のもの
9002.20	フィルター
9002.90	その他のもの
90.03	眼鏡のフレーム及びその部分品
	フレーム
9003.11	プラスチック製のもの
9003.19	その他の材料製のもの
9003.90	部分品
90.04	視力矯正用眼鏡、保護用眼鏡その他の眼鏡
9004.10	サングラス
9004.90	その他のもの
90.05	双眼鏡、単眼鏡その他の光学望遠鏡及びその支持具並びに天体観測用機器(電波観測用のものを除く。)及びその支持具
9005.10	双眼鏡
9005.80	その他の機器
9005.90	部分品及び附属品(支持具を含む。)
90.06	写真機(映画用撮影機を除く。)並びに写真用のせん光器具及びせん光電球(第85.39項の放電管を除く。)
9006.30	水中用、航空測量用又は内臓の医学的検診用に特に設計した写真機及び法廷用又は鑑識用の比較カメラ
9006.40	インスタントプリントカメラ
	その他の写真機
9006.51	一眼レフレックスのもの(幅が35ミリメートル以下のロールフィルムを使用するものに限る。)
9006.52	その他のもの(幅が35ミリメートル未満のロールフィルムを使用するものに限る。)
9006.53	その他のもの(幅が35ミリメートルのロールフィルムを使用するものに限る。)
9006.59	その他のもの
	写真用のせん光器具及びせん光電球
9006.61	せん光器具(放電管を使用したもの(電子式のもの))に限る。)
9006.69	その他のもの
	部分品及び附属品
9006.91	写真機用のもの
9006.99	その他のもの
90.07	映画用の撮影機及び映写機(録音装置又は音声再生装置を自蔵するかしないかを問わない。)
9007.10	撮影機
9007.20	映写機
	部分品及び附属品
9007.91	撮影機用のもの
9007.92	映写機用のもの
90.08	投影機、写真引伸機及び写真縮小機(映画用のものを除く。)
9008.50	投影機、引伸機及び縮小機
9008.90	部分品及び附属品
90.10	写真用又は映画用の材料の現像、焼付けその他の処理に使用する機器(この類の他の項に該当するものを除く。)、ネガトスコープ及び映写機又は投影機用のスクリーン
9010.10	写真用又は映画用の自動現像機(ロール状のフィルム及び紙を処理するものに限る。)及び現像したフィルムをロール状の写真用の紙に自動的に露光する機器

〔付録〕ＨＳ品目表2017年版

番号	品名
9010.50	その他の写真用又は映画用の材料の現像、焼付け用その他の処理に使用する機器及びネガトスコープ
9010.60	映写用又は投影用のスクリーン
9010.90	部分品及び附属品
90.11	光学顕微鏡(顕微鏡写真用、顕微鏡映画用又は顕微鏡投影用のものを含む。)
9011.10	双眼実体顕微鏡
9011.20	その他の顕微鏡(顕微鏡写真用、顕微鏡映画用又は顕微鏡投影用のものに限る。)
9011.80	その他の顕微鏡
9011.90	部分品及び附属品
90.12	顕微鏡(光学顕微鏡を除く。)及び回折機器
9012.10	顕微鏡(光学顕微鏡を除く。)及び回折機器
9012.90	部分品及び附属品
90.13	液晶デバイス(より特殊な限定をした項に該当するものを除く。)、レーザー(レーザーダイオードを除く。)及びその他の光学機器(この類の他の項に該当するものを除く。)
9013.10	武器用望遠照準器、潜望鏡及びこの類又は第16部の機器の部分品として設計した望遠鏡
9013.20	レーザー(レーザーダイオードを除く。)
9013.80	その他の機器
9013.90	部分品及び附属品
90.14	羅針盤その他の航行用機器
9014.10	羅針盤
9014.20	空中又は宇宙の航行用の機器(羅針盤を除く。)
9014.80	その他の機器
9014.90	部分品及び附属品
90.15	土地測量(写真測量を含む。)用、水路測量用、海洋測量用、水理計測用、気象観測用又は地球物理学用の機器(羅針盤を除く。)及び測距儀
9015.10	測距儀
9015.20	経緯儀及び視距儀
9015.30	水準器
9015.40	写真測量用機器
9015.80	その他の機器
9015.90	部分品及び附属品
90.16	
9016.00	はかり(感量が50ミリグラム以内のものに限るものとし、分銅を附属させてあるかないかを問わない。)
90.17	製図機器、けがき用具及び計算用具(例えば、写図機械、パントグラフ、分度器、製図用セット、計算尺及び計算盤)並びに手持ち式の測長用具(例えば、ものさし、巻尺、マイクロメーター及びパス。この類の他の項に該当するものを除く。)

番号	品名
9017.10	写図台及び写図機械(自動式であるかないかを問わない。)
9017.20	その他の製図機器、けがき用具及び計算用具
9017.30	マイクロメーター、パス及びゲージ
9017.80	その他の機器
9017.90	部分品及び附属品
90.18	医療用又は獣医用の機器(シンチグラフ装置その他の医療用電気機器及び視力検査機器を含む。)
	診断用電気機器(機能検査用又は生理学的パラメーター検査用の機器を含む。)
9018.11	心電計
9018.12	走査型超音波診断装置
9018.13	磁気共鳴画像診断装置
9018.14	シンチグラフ装置
9018.19	その他のもの
9018.20	紫外線又は赤外線を使用する機器
	注射器、針、カテーテル、カニューレその他これらに類する物品
9018.31	注射器(針を付けてあるかないかを問わない。)
9018.32	金属製の管針及び縫合用の針
9018.39	その他のもの
	その他の機器(歯科用のものに限る。)
9018.41	歯科用エンジン(同一の台上に他の歯科用機器を取り付けてあるかないかを問わない。)
9018.49	その他のもの
9018.50	その他の機器(眼科用のものに限る。)
9018.90	その他の機器
90.19	機械療法用、マッサージ用又は心理学的適性検査用の機器及びオゾン吸入器、酸素吸入器、エアゾール治療器、人工呼吸器その他の呼吸治療用機器
9019.10	機械療法用、マッサージ用又は心理学的適性検査用の機器
9019.20	オゾン吸入器、酸素吸入器、エアゾール治療器、人工呼吸器その他の呼吸治療用機器
90.20	
9020.00	その他の呼吸用機器及びガスマスク(機械式部分及び交換式フィルターのいずれも有しない保護用マスクを除く。)
90.21	整形外科用機器(松葉づえ、外科用ベルト及び脱腸帯を含む。)、補聴器その他器官の欠損又は不全を補う機器(着用し、携帯し又は人体内に埋めて使用するものに限る。)、人造の人体の部分及び副木その他の骨折治療具
9021.10	整形外科用機器及び骨折治療具

694

〔付録〕ＨＳ品目表2017年版

番号	品名
	義歯及び歯用の取付用品
9021.21	義歯
9021.29	その他のもの
	その他の人造の人体の部分
9021.31	人造関節
9021.39	その他のもの
9021.40	補聴器(部分品及び附属品を除く。)
9021.50	心筋刺激用ペースメーカー(部分品及び附属品を除く。)
9021.90	その他のもの
90.22	エックス線、アルファ線、ベータ線又はガンマ線を使用する機器(放射線写真用又は放射線療法用のものを含み、医療用又は獣医用のものであるかないかを問わない。)、高電圧発生機、制御盤、スクリーン並びに検査用又は処置用の机、いすその他これらに類する物品及びエックス線管その他のエックス線の発生機
	エックス線を使用する機器(放射線写真用又は放射線療法用のものを含むものとし、医療用又は獣医用のものであるかないかを問わない。)
9022.12	コンピュータ断層撮影装置
9022.13	その他のもの(歯科用のものに限る。)
9022.14	その他のもの(医療用又は獣医用のものに限る。)
9022.19	その他の用途に供するもの
	アルファ線、ベータ線又はガンマ線を使用する機器(放射線写真用又は放射線療法用のものを含むものとし、医療用又は獣医用のものであるかないかを問わない。)
9022.21	医療用又は獣医用のもの
9022.29	その他の用途に供するもの
9022.30	エックス線管
9022.90	その他のもの(部分品及び附属品を含む。)
90.23	
9023.00	教育用、展示用その他の実物説明用のみに適する機器及び模型
90.24	硬さ試験機、強度試験機、圧縮試験機、弾性試験機その他の材料試験機(材料(例えば、金属、木材、紡織用繊維、紙及びプラスチック)の機械的性質を試験するものに限る。
9024.10	材料試験機(金属を試験するものに限る。)
9024.80	その他の機器
9024.90	部分品及び附属品
90.25	ハイドロメーターその他これに類する浮きばかり、温度計、パイロメーター、気圧計、湿度計及び乾湿球湿度計(記録装置を有するか有しないかを問わない。)並びにこれらを組み合わせた物品

番号	品名
	温度計及びパイロメーター(その他の機器と組み合わせたものを除く。)
9025.11	液体封入のもの(直読式のものに限る。)
9025.19	その他のもの
9025.80	その他の機器
9025.90	部分品及び附属品
90.26	液体又は気体の流量、液位、圧力その他の変量の測定用又は検査用の機器(例えば、流量計、液位計、マノメーター及び熱流量計。第90.14項、第90.15項、第90.28項又は第90.32項の機器を除く。)
9026.10	液体の流量又は液位の測定用又は検査用のもの
9026.20	圧力の測定用又は検査用のもの
9026.80	その他の機器
9026.90	部分品及び附属品
90.27	物理分析用又は化学分析用の機器(例えば、偏光計、屈折計、分光計及びガス又は煙の分析機器)、粘度、多孔度、膨脹、表面張力その他これらに類する性質の測定用又は検査用の機器、熱、音又は光の量の測定用又は検査用の機器(露出計を含む。)及びミクロトーム
9027.10	ガス又は煙の分析機器
9027.20	クロマトグラフ及び電気泳動装置
9027.30	分光計、分光光度計及び分光写真器(紫外線、可視光線又は赤外線を使用するものに限る。)
9027.50	その他の機器(紫外線、可視光線又は赤外線を使用するものに限る。)
9027.80	その他の機器
9027.90	ミクロトーム並びに部分品及び附属品
90.28	気体用、液体用又は電気用の積算計器及びその検定用計器
9028.10	ガス用計器
9028.20	液体用計器
9028.30	電気用計器
9028.90	部分品及び附属品
90.29	積算回転計、生産量計、タクシーメーター、走行距離計、歩数計その他これらに類する物品並びに速度計及び回転速度計(第90.14項又は第90.15項のものを除く。)並びにストロボスコープ
9029.10	積算回転計、生産量計、タクシーメーター、走行距離計、歩数計その他これらに類する物品
9029.20	速度計、回転速度計及びストロボスコープ
9029.90	部分品及び附属品

695

番号	品名
90.30	オシロスコープ、スペクトラムアナライザーその他の電気的量の測定用又は検査用の機器（第90.28項の計器を除く。）及びアルファ線、ベータ線、ガンマ線、エックス線、宇宙線その他の電離放射線の測定用又は検出用の機器
9030.10	電離放射線の測定用又は検出用の機器
9030.20	オシロスコープ及びオシログラフ
	電圧、電流、抵抗又は電力の測定用又は検査用のその他の機器
9030.31	マルチメーター（記録装置を有しないもの）
9030.32	マルチメーター（記録装置を有するもの）
9030.33	その他のもの（記録装置を有しないもの）
9030.39	その他のもの（記録装置を有するもの）
9030.40	遠隔通信用に特に設計したその他の機器（例えば、漏話計、利得測定装置、ひずみ率計及び雑音計）
	その他の機器
9030.82	半導体ウエハー又は半導体デバイスの測定又は検査用の機器
9030.84	その他のもの（記録装置を有するものに限る。）
9030.89	その他のもの

番号	品名
9030.90	部分品及び附属品
90.31	測定用又は検査用の機器（この類の他の項に該当するものを除く。）及び輪郭投影機
9031.10	釣合試験機
9031.20	テストベンチ
	その他の光学式機器
9031.41	半導体ウエハー又は半導体デバイスの検査用の機器及びフォトマスク又はレチクル（半導体デバイスの製造に使用するものに限る。）の検査用の機器
9031.49	その他のもの
9031.80	その他の機器
9031.90	部分品及び附属品
90.32	自動調整機器
9032.10	サーモスタット
9032.20	マノスタット
	その他の機器
9032.81	液体式又は気体式のもの
9032.89	その他のもの
9032.90	部分品及び附属品
90.33	
9033.00	この類の機器の部分品及び附属品（この類の他の項に該当するものを除く。）

第91類　時計及びその部分品

注
1　この類には、次の物品を含まない。
　(a)　時計用のガラス及びおもり（構成する材料により該当する項に属する。）
　(b)　携帯用時計の鎖（第71.13項及び第71.17項参照）
　(c)　第15部の注2の卑金属製のはん用性の部分品（第15部参照）、プラスチック製のこれに類する物品（第39類参照）及び貴金属製又は貴金属を張つた金属製のこれに類する物品（主として第71.15項参照）。ただし、時計用ばねは、時計の部分品（第91.14項参照）の項に属する。
　(d)　軸受用玉（第73.26項及び第84.82項参照）
　(e)　第84.12項の物品で脱進機なしで作動するように組み立てたもの
　(f)　玉軸受（第84.82項参照）
　(g)　第85類の物品。ただし、相互に又は他の物品と組み合わせることにより、時計用ムーブメント又は時計用ムーブメントに専ら若しくは主として使用するのに適する部分品にしたものを除く（第85類参照）。
2　第91.01項には、ケースの全体に貴金属又は貴金属を張つた金属を使用した時計及びこれらの貴金属又は金属に第71.01項から第71.04項までの天然若しくは養殖の真珠又は天然、合成若しくは再生の貴石若しくは半貴石を取り付けた時計のみを含む。ケースに貴金属を象眼した卑金属を使用した時計は、第91.02項に属する。
3　この類において「ウォッチムーブメント」とは、てん輪及びひげぜんまい、水晶その他時間間隔を決めることができる機構により調整される装置（表示部を有するもの及び機械式表示部を組み込むことができる機構を有するものに限る。）であつて、厚さが12ミリメートル以下で、幅、長さ又は直径が50ミリメートル以下であるものをいう。
4　ムーブメントその他の部分品で時計用及びその他の物品（例えば、精密機器）用のいずれの用途にも適するものは、1の物品を除くほか、この類に属する。

[付録] ＨＳ品目表2017年版

番号	品名
91.01	腕時計、懐中時計その他の携帯用時計(ストップウォッチを含むものとし、ケースに貴金属又は貴金属を張つた金属を使用したものに限る。)
	腕時計(電気式のものに限るものとし、ストップウォッチの機能を有するか有しないかを問わない。)
9101.11	機械式表示部のみを有するもの
9101.19	その他のもの
	その他の腕時計(ストップウォッチの機能を有するか有しないかを問わない。)
9101.21	自動巻きのもの
9101.29	その他のもの
	その他のもの
9101.91	電気式のもの
9101.99	その他のもの
91.02	腕時計、懐中時計その他の携帯用時計(ストップウォッチを含むものとし、第91.01項のものを除く。)
	腕時計(電気式のものに限るものとし、ストップウォッチの機能を有するか有しないかを問わない。)
9102.11	機械式表示部のみを有するもの
9102.12	オプトエレクトロニクス表示部のみを有するもの
9102.19	その他のもの
	その他の腕時計(ストップウォッチの機能を有するか有しないかを問わない。)
9102.21	自動巻きのもの
9102.29	その他のもの
	その他のもの
9102.91	電気式のもの
9102.99	その他のもの
91.03	時計(ウォッチムーブメントを有するものに限るものとし、携帯用時計及び第91.04項の時計を除く。)
9103.10	電気式のもの
9103.90	その他のもの
91.04	
9104.00	計器盤用時計その他これに類する時計(車両用、航空機用、宇宙飛行体用又は船舶用のものに限る。)
91.05	その他の時計(携帯用時計を除く。)
	目覚まし時計
9105.11	電気式のもの
9105.19	その他のもの
	掛時計
9105.21	電気式のもの
9105.29	その他のもの

番号	品名
9105.91	電気式のもの
9105.99	その他のもの
91.06	時刻の記録用又は時間の測定用、記録用若しくは表示用の機器(時計用ムーブメント又は同期電動機を有するものに限る。例えば、タイムレジスター及びタイムレコーダー)
9106.10	タイムレジスター及びタイムレコーダー
9106.90	その他のもの
91.07	
9107.00	タイムスイッチ(時計用ムーブメント又は同期電動機を有するものに限る。)
91.08	ウォッチムーブメント(完成品に限る。)
	電気式のもの
9108.11	機械式表示部のみを有するもの及び機械式表示部を組み込むことができる装置を有するもの
9108.12	オプトエレクトロニクス表示部のみを有するもの
9108.19	その他のもの
9108.20	自動巻きのもの
9108.90	その他のもの
91.09	その他の時計用ムーブメント(完成品に限る。)
9109.10	電気式のもの
9109.90	その他のもの
91.10	時計用ムーブメントで、単に組み立てることにより完成品となるもの及びこれを一部組み立てたもの(ムーブメントセット)、未完成の時計用ムーブメントで組み立てたもの並びに時計用ラフムーブメント
	携帯用時計のもの
9110.11	ムーブメントで、単に組み立てることにより完成品となるもの及びこれを一部組み立てたもの(ムーブメントセット)
9110.12	未完成のムーブメントで組み立てたもの
9110.19	ラフムーブメント
9110.90	その他のもの
91.11	携帯用時計のケース及びその部分品
9111.10	ケース(貴金属製又は貴金属を張つた金属製のものに限る。)
9111.20	ケース(卑金属製のものに限るものとし、金又は銀をめつきしてあるかないかを問わない。)
9111.80	その他のケース
9111.90	部分品
91.12	時計(携帯用時計を除く。)のケース及びこれに類するケースでこの類のその他の物品に使用するもの並びにこれらの部分品
9112.20	ケース
9112.90	部分品
91.13	携帯用時計のバンド及びブレスレット並びにこれらの部分品

〔付録〕ＨＳ品目表2017年版

番号	品名
9113.10	貴金属製又は貴金属を張つた金属製のもの
9113.20	卑金属製のもの(金又は銀をめつきしてあるかないかを問わない。)
9113.90	その他のもの
91.14	その他の時計の部分品

番号	品名
9114.10	ばね(ひげぜんまいを含む。)
9114.30	文字板
9114.40	地板及び受け
9114.90	その他のもの

第92類 楽器並びにその部分品及び附属品

注
1 この類には、次の物品を含まない。
  (a) 第15部の注2の卑金属製のはん用性の部分品(第15部参照)及びプラスチック製のこれに類する物品(第39類参照)
  (b) 第85類又は第90類のマイクロホン、増幅器、拡声器、ヘッドホン、スイッチ、ストロボスコープその他この類の機器に附属して使用する機器(この類の機器に取り付けてないもの及びこの類の機器と同一のキャビネットに組み込んでないものに限る。)
  (c) がん具(第95.03項参照)
  (d) 楽器の清掃用ブラシ(第96.03項参照)及び一脚、二脚、三脚その他これらに類する物品(第96.20項参照)
  (e) 収集品及びこつとう(第97.05項及び第97.06項参照)
2 第92.02項又は第92.06項の楽器の演奏に使用する弓、ばちその他これらに類する物品で、当該楽器とともに提示し、かつ、これとともに使用することが明らかなものは、当該楽器に応じて通常使用する数に限り、当該楽器が属する項に属する。
  楽器とともに提示する第92.09項のカード、ディスク及びロールは、別個の物品として取り扱うものとし、当該楽器の部分品としては取り扱わない。

番号	品名
92.01	ピアノ(自動ピアノを含む。)、ハープシコードその他鍵盤のある弦楽器
9201.10	アップライトピアノ
9201.20	グランドピアノ
9201.90	その他のもの
92.02	その他の弦楽器(例えば、ギター、バイオリン及びハープ)
9202.10	弓で弾くもの
9202.90	その他のもの
92.05	吹奏楽器(例えば。鍵盤のあるパイプオルガン、アコーディオン、クラリネット、トランペット及びバグパイプ、オーケストリオン及びバーバリアオルガンを除く。)
9205.10	金管楽器
9205.90	その他のもの
92.06	
9206.00	打楽器(例えば、太鼓、木琴、シンバル、カスタネット及びマラカス)
92.07	電気的に音を発し、又は増幅する楽器(例えば、オルガン、ギター及びアコーディオン)

番号	品名
9207.10	鍵盤楽器(アコーディオンを除く。)
9207.90	その他のもの
92.08	オルゴール、オーケストリオン、バーバリアオルガン、機械式鳴き鳥、ミュージカルソーその他の楽器(この類の他の項に該当するものを除く。)、おとり笛及びホイッスル、角笛その他の音響信号用笛
9208.10	オルゴール
9208.90	その他のもの
92.09	楽器の部分品(例えば、オルゴールの機構)及び附属品(例えば、機械式演奏用のカード、ディスク及びロール)、メトロノーム、音さ並びに調子笛
9209.30	楽器用の弦
	その他のもの
9209.91	ピアノの部分品及び附属品
9209.92	第92.02項の楽器の部分品及び附属品
9209.94	第92.07項の楽器の部分品及び附属品
9209.99	その他のもの

第19部
武器及び銃砲弾並びにこれらの部分品及び附属品

第93類　武器及び銃砲弾並びにこれらの部分品及び附属品

注
1 この類には、次の物品を含まない。

[付録] ＨＳ品目表2017年版

(a) 第36類の物品(例えば、火管、雷管及び信号せん光筒)
(b) 第15部の注2の卑金属製のはん用性の部分品(第15部参照)及びプラスチック製のこれに類する物品(第39類参照)
(c) 装甲車両(第87.10項参照)
(d) 武器とともに使用するのに適する望遠照準器その他の光学機器(第90類参照。火器に装備したもの及び装備する火器とともに提示するものを除く。)
(e) 弓、矢、フェンシング用剣及びがん具(第95類参照)
(f) 収集品及びこっとう(第97.05項及び第97.06項参照)

2　第93.06項の部分品には、第85.26項の無線機器及びレーダーを含まない。

番号	品名
93.01	軍用の武器(拳銃及び第93.07項の武器を除く。)
9301.10	火砲(例えば、大砲、曲射砲及び迫撃砲)
9301.20	ロケット発射装置、火炎放射機、てき弾発射機、魚雷発射管その他これらに類する発射装置
9301.90	その他のもの
93.02	
9302.00	けん銃(第93.03項又は第93.04項のものを除く。)
93.03	その他の火器及びこれに類する器具で発射火薬により作動するもの(例えば、スポーツ用の散弾銃及びライフル、口装の火器、ベリー氏式けん銃その他の信号せん光筒発射用に設計した器具、空包用けん銃、ボルト式無痛と殺銃並びに索発射銃)
9303.10	口装の火器
9303.20	その他のスポーツ用、狩猟用又は標的射撃用の散弾銃(散弾銃とライフルとを組み合わせたものを含む。)
9303.30	その他のスポーツ用、狩猟用又は標的射撃用のライフル
9303.90	その他のもの

番号	品名
93.04	
9304.00	その他の武器(例えば、スプリング銃、空気銃、ガス銃及びびこん棒。第93.07項の物品を除く。)
93.05	第93.01項から第93.04項までの物品の部分品及び附属品
9305.10	けん銃のもの
9305.20	第93.03項の散弾銃又はライフルのもの
	その他のもの
9305.91	第93.01項の軍用の武器のもの
9305.99	その他のもの
93.06	爆弾、手りゅう弾、魚雷、機雷、ミサイルその他これらに類する物品及びこれらの部分品並びに弾薬筒その他の銃砲弾及び発射体並びにこれらの部分品(散弾及びカートリッジワッドを含む。)
	散弾銃用弾薬筒及びその部分品並びに空気銃用小弾丸
9306.21	弾薬筒
9306.29	その他のもの
9306.30	その他の弾薬筒及びその部分品
9306.90	その他のもの
93.07	
9307.00	刀、剣、やりその他これらに類する武器並びにこれらの部分品及びさや

第20部
雑品

第94類　家具、寝具、マットレス、マットレスサポート、クッションその他これらに類する詰物をした物品並びにランプその他の照明器具(他の類に該当するものを除く。)及びイルミネーションサイン、発光ネームプレートその他これらに類する物品並びにプレハブ建築物

注
1　この類には、次の物品を含まない。
(a) 第39類、第40類又は第63類のマットレス、まくら及びクッションで、空気又は水を入れて使用するもの
(b) 第70.09項の鏡で床又は地面に置いて使用するように設計したもの(例えば、姿見)
(c) 第71類の物品
(d) 第15部の注2の卑金属製のはん用性の部分品(第15部参照)、プラスチック製のこれに類する物品(第39類参照)及び第83.03項の金庫
(e) 第84.18項の冷蔵用又は冷凍用の機器の部分品として特に設計した容器及びミシン用に特に設計した家具(第84.52項参照)
(f) 第85類のランプその他の照明器具

699

〔付録〕ＨＳ品目表2017年版

- (g) 第85.18項の機器の部分品(第85.18項参照)、第85.19項若しくは第85.21項の機器の部分品(第85.22項参照)又は第85.25項から第85.28項までの機器の部分品(第85.29項参照)として、特に設計した家具
- (h) 第87.14項の物品
- (ij) 歯科用たんつぼ(第90.18項参照)及び第90.18項の歯科用機器を取り付けた歯科用いす
- (k) 第91類の物品(例えば、時計及びそのケース)
- (l) 家具及びランプその他の照明器具(がん具であるものに限る。第95.03項参照)、ビリヤード台その他ゲーム用に特に製造した家具(第95.04項参照)、装飾品(例えば、ちょうちん。電気花飾りを除く。第95.05項参照)並びに奇術用家具(第95.05項参照)
- (m) 一脚、二脚、三脚その他これらに類する物品(第96.20項参照)

2 第94.01項から第94.03項までの物品(部分品を除く。)は、床又は地面に置いて使用するように設計したものである場合にのみ、当該各項に属する。ただし、次の物品は、掛け若しくは壁に取り付けて又は一方の上に他方を載せて使用するように設計したものである場合においても当該各項に属する。
- (a) 食器棚、本箱その他の棚付き家具(単一の段の棚で、壁に取り付けるための支持物とともに提示するものを含む。)及びユニット式家具
- (b) 腰掛け及び寝台

3 (A) 第94.01項から第94.03項までの部分品には、ガラス(鏡を含む。)、大理石その他の石又は第68類若しくは第69類のその他の材料のシート及び板(他の部分品と結合してないものに限るものとし、特定の形状に切つてあるかないかを問わない。)を含まない。
 (B) 第94.04項の物品は、第94.01項から第94.03項までの物品の部分品であつても、単独で提示する場合は、第94.04項に属する。

4 第94.06項において「プレハブ建築物」とは、工場で完成した建築物及び現場で組み立てて完成することが可能な要素としてまとめて提示する建築物(例えば、家屋、作業現場の宿泊設備、事務所、学校、店舗、物置、ガレージその他これらに類する建築物)をいう。

番 号	品 名
94.01	腰掛け(寝台として兼用することができるものであるかないかを問わないものとし、第94.02項のものを除く。)及びその部分品
9401.10	航空機に使用する種類の腰掛け
9401.20	自動車に使用する種類の腰掛け
9401.30	回転腰掛け(高さを調節することができるものに限る。)
9401.40	腰掛け(寝台として兼用することができるものに限るものとし、庭園用又はキャンプ装具用のものを除く。)
	とう、オージア、竹その他これらに類する材料製の腰掛け
9401.52	竹製のもの
9401.53	とう製のもの
9401.59	その他のもの
	その他の腰掛け(木製フレームのものに限る。)
9401.61	アップホルスターのもの
9401.69	その他のもの
	その他の腰掛け(金属製フレームのものに限る。)
9401.71	アップホルスターのもの
9401.79	その他のもの
9401.80	その他の腰掛け
9401.90	部分品

番 号	品 名
94.02	医療用又は獣医用の備付品(例えば、手術台、検査台、病院用機構付きベッド及び歯科用いす)及び理髪用いすその他これに類するいすで回転し、傾斜し、かつ、上下するための機構を有するもの並びにこれらの部分品
9402.10	歯科用又は理髪用のいすその他これに類するいす及びこれらの部分品
9402.90	その他のもの
94.03	その他の家具及びその部分品
9403.10	事務所において使用する種類の金属製家具
9403.20	その他の金属製家具
9403.30	事務所において使用する種類の木製家具
9403.40	台所において使用する種類の木製家具
9403.50	寝室において使用する種類の木製家具
9403.60	その他の木製家具
9403.70	プラスチック製家具
	その他の材料(とう、オージア、竹その他これらに類する材料を含む。)製の家具
9403.82	竹製のもの
9403.83	とう製のもの
9403.89	その他のもの
9403.90	部分品

[付録] ＨＳ品目表2017年版

番号	品　名
94.04	寝具その他これに類する物品(例えば、マットレス、布団、羽根布団、クッション、プフ及びまくら。スプリング付きのもの、何らかの材料を詰物とし又は内部に入れたもの及びセルラーラバー製又は多泡性プラスチック製のものに限るものとし、被覆してあるかないかを問わない。)及びマットレスサポート
9404.10	マットレスサポート
	マットレス
9404.21	セルラーラバー製又は多泡性プラスチック製のもの(被覆してあるかないかを問わない。)
9404.29	その他の材料製のもの
9404.30	寝袋
9404.90	その他のもの
94.05	ランプその他の照明器具及びその部分品(サーチライト及びスポットライトを含むものとし、他の項に該当するものを除く。)並びに光源を据え付けたイルミネーションサイン、発光ネームプレートその他これらに類する物品及びこれらの部分品(他の項に該当するものを除く。)

番号	品　名
9405.10	シャンデリアその他の天井用又は壁掛け用の電気式照明用具(公共の広場又は街路の照明に使用する種類のものを除く。)
9405.20	卓上用、机上用、ベッドサイド用又は床置き用の電気式ランプ
9405.30	クリスマスツリーに使用する種類の照明セット
9405.40	電気式のランプその他の照明器具(他の号に該当するものを除く。)
9405.50	非電気式のランプその他の照明器具
9405.60	イルミネーションサイン、発光ネームプレートその他これらに類する物品
	部分品
9405.91	ガラス製のもの
9405.92	プラスチック製のもの
9405.99	その他のもの
94.06	プレハブ建築物
9406.10	木製のもの
9406.90	その他のもの

第95類　がん具、遊戯用具及び運動用具並びにこれらの部分品及び附属品

注
1　この類には、次の物品を含まない。
　(a)　ろうそく(第34.06項参照)
　(b)　第36.04項の花火その他の火工品
　(c)　第39類、第42.06項又は第11部の糸、単繊維、ひも、ガットその他これらに類する物品で、釣り用のものを特定の長さに切つたもののうち釣糸に仕上げてないもの
　(d)　第42.02項、第43.03項又は第43.04項のスポーツバッグその他の容器
　(e)　第61類又は第62類の紡織用繊維製の運動用衣類及び特殊衣類(肘、膝又はそけい部にパッド又は詰物等のさ細な保護用部分を有するか有しないかを問わない。例えば、フェンシング用衣類及びサッカーのゴールキーパー用ジャージー)並びに第61類又は第62類の紡織用繊維製の仮装用の衣類
　(f)　第63類の紡織用繊維製の帆(ボート用、セールボード用又はランドクラフト用のものに限る。)及び旗類
　(g)　第64類のスポーツ用の履物(アイススケート又はローラースケートを取り付けたスケート靴を除く。)及び第65類の運動用帽子
　(h)　つえ、むちその他これらに類する製品(第66.02項参照)及びこれらの部分品(第66.03項参照)
　(ij)　人形その他のがん具に使用する第70.18項のガラス製の眼(取り付けてないものに限る。)
　(k)　第15部の注２の卑金属製のはん用性の部分品(第15部参照)及びプラスチック製のこれに類する物品(第39類参照)
　(l)　第83.06項のベル、ゴングその他これらに類する物品
　(m)　液体ポンプ(第84.13項参照)、液体又は気体のろ過機及び清浄機(第84.21項参照)、電動機(第85.01項参照)、トランスフォーマー(第85.04項参照)、ディスク、テープ、不揮発性半導体記憶装置、スマートカードその他の媒体(記憶してあるかないかを問わない。)(第85.23項参照)、無線遠隔制御機器(第85.26項参照)並びにコードレス赤外線遠隔操作装置(第85.43項参照)
　(n)　第17部のスポーツ用車両(ボブスレー、トボガンその他これらに類する物品を除く。)
　(o)　幼児用自転車(第87.12項参照)
　(p)　カヌー、スキフその他これらに類するスポーツ用ボート(第89類参照)及びこれらの推進用具(木製品については、第44類参照)

〔付録〕HS品目表2017年版

(q) 運動用又は戸外遊戯用の眼鏡その他これに類する物品(第90.04項参照)
(r) おとり笛及びホイッスル(第92.08項参照)
(s) 第93類の武器その他の物品
(t) 電気花飾り(第94.05項参照)
(u) 一脚、二脚、三脚その他これらに類する物品(第96.20項参照)
(v) ラケット用ガット、テントその他のキャンプ用品並びに手袋、ミトン及びミット(構成する材料により該当する項に属する。)
(w) 食卓用品、台所用品、化粧用品、じゆうたんその他の紡織用繊維の床用敷物、衣類、ベッドリネン、テーブルリネン、トイレットリネン、キッチンリネンその他これらに類する実用的機能を有する物品(構成する材料によりそれぞれ該当する項に属する。)

2 この類には、天然若しくは養殖の真珠、天然、合成若しくは再生の貴石若しくは半貴石又は貴金属若しくは貴金属を張つた金属をさ細な部分にのみ使用したものを含む。

3 この類の物品に専ら又は主として使用する部分品及び附属品は、1の物品を除くほか、当該この類の物品が属する項に属する。

4 この類の注1のものを除くほか、第95.03項には、この項の物品と一以上の物品(関税率表の解釈に関する通則3(b)のセットではないもので、単独で提示する場合は他の項に属するものに限る。)とを組み合わせたものを含む(小売用にしたもの及びがん具の重要な特性を有する組合せにしたものに限る。)。

5 第95.03項には、その意匠、形状又は構成材料から専ら動物用と認められるもの(例えば、ペット用がん具)を含まない(それぞれ該当する項に属する。)。

号注
1 第9504.50号には、次の物品を含む。
 (a) ビデオゲーム用のコンソール(テレビジョン受像機、モニターその他の外部のスクリーン又は表面に画像を再生するものに限る。)
 (b) ビデオスクリーンを自蔵するビデオゲーム用の機器(携帯用であるかないかを問わない。)
 この号には、硬貨、銀行券、バンクカード、トークンその他の支払手段により作動するビデオゲーム用のコンソール又は機器(第9504.30号参照)を含まない。

番号	品名
95.03	
9503.00	三輪車、スクーター、足踏み式自動車その他これに類する車輪付きがん具、人形用乳母車、人形、その他のがん具、縮尺模型その他これに類する娯楽用模型(作動するかしないかを問わない。)及びパズル
95.04	ビデオゲーム用のコンソール及び機器、遊戯場用、テーブルゲーム用又は室内遊戯用の物品(ピンテーブル、ビリヤード台、カジノ用に特に製造したテーブル及びボーリングアレー用自動装置を含む。)
9504.20	ビリヤード用の物品及び附属品
9504.30	その他のゲーム用のもの(硬貨、銀行券、バンクカード、トークンその他の支払手段により作動するものに限るものとし、ボーリングアレー用自動装置を除く。)
9504.40	遊戯用カード
9504.50	ビデオゲーム用のコンソール又は機器(第9504.30号の物品を除く。)
9504.90	その他のもの
95.05	祝祭用品、カーニバル用品その他の娯楽用品(奇術用具を含む。)
9505.10	クリスマス用品

番号	品名
9505.90	その他のもの
95.06	身体トレーニング、体操、競技その他の運動(卓球を含む。)又は戸外遊戯に使用する物品(この類の他の項に該当するものを除く。)及び水泳用又は水遊び用のプール
	スキーその他のスキー用具
9506.11	スキー
9506.12	スキーの締め具
9506.19	その他のもの
	水上スキー、サーフボード、セールボードその他の水上運動用具
9506.21	セールボード
9506.29	その他のもの
	ゴルフクラブその他のゴルフ用具
9506.31	クラブ(完成品に限る。)
9506.32	ボール
9506.39	その他のもの
9506.40	卓球用具
	テニスラケット、バドミントンラケットその他これらに類するラケット(ガットを張つてあるかないかを問わない。)
9506.51	テニスラケット(ガットを張つてあるかないかを問わない。)

702

〔付録〕ＨＳ品目表2017年版

番号	品名
9506.59	その他のもの
	ボール(ゴルフ用又は卓球用のボールを除く。)
9506.61	テニスボール
9506.62	空気入れ式のもの
9506.69	その他のもの
9506.70	アイススケート及びローラースケート(これらを取り付けたスケート靴を含む。)
	その他のもの
9506.91	身体トレーニング用具、体操用具及び競技用具
9506.99	その他のもの

番号	品名
95.07	釣りざお、釣針その他の魚釣用具及びたも網、捕虫網その他これらに類する網並びにおとり具(第92.08項又は第97.05項のものを除く。)その他これに類する狩猟用具
9507.10	釣りざお
9507.20	釣針(はりすを付けてあるかないかを問わない。)
9507.30	釣り用リール
9507.90	その他のもの
95.08	回転木馬、スイング、射的場その他の興行用設備及び巡回サーカス、巡回動物園又は巡回劇場の設備
9508.10	巡回サーカス又は巡回動物園のもの
9508.90	その他のもの

第96類　雑品

注
1　この類には、次の物品を含まない。
 (a) 化粧用鉛筆(第33類参照)
 (b) 第66類の物品(例えば、傘又はつえの部分品)
 (c) 身辺用模造細貨類(第71.17項参照)
 (d) 第15部の注２の卑金属製のはん用性の部分品(第15部参照)及びプラスチック製のこれに類する物品(第39類参照)
 (e) 第82類の刃物その他の物品で彫刻用、細工用又は成形用の材料から製造した柄その他の部分品を有するもの。ただし、第96.01項及び第96.02項には、これらの刃物その他の物品の柄その他の部分品で単独で提示するものを含む。
 (f) 第90類の物品(例えば、眼鏡のフレーム(第90.03項参照)、製図用からす口(第90.17項参照)及び医療用又は獣医用の特殊ブラシ(第90.18項参照))
 (g) 第91類の物品(例えば、時計のケース)
 (h) 楽器並びにその部分品及び附属品(第92類参照)
 (ij) 第93類の物品(武器及びその部分品)
 (k) 第94類の物品(例えば、家具及びランプその他の照明器具)
 (l) 第95類の物品(がん具、遊戯用具及び運動用具)
 (m) 美術品、収集品及びこつとう(第97類参照)
2　第96.02項において「植物性又は鉱物性の彫刻用又は細工用の材料」とは、次の物品をいう。
 (a) 彫刻用又は細工用に供する種類の種、殻、ナットその他これらに類する植物性材料(例えば、コロゾ及びドームナット)
 (b) こはく及び海泡石(凝結させたものを含む。)並びに黒玉及び鉱物性の黒玉代用品
3　第96.03項においてほうき又はブラシの製造用に結束し又は房状にした物品は、獣毛、植物性繊維その他の材料を結束し又は房状にしたもので、小分けすることなく取り付けてほうき又はブラシとするもの及びほうき又はブラシに取り付けるために先端のトリミングその他のささ細な加工のみを必要とするものに限る。
4　この類の物品(第96.01項から第96.06項まで又は第96.15項の物品を除く。)には、全部又は一部に貴金属若しくは貴金属を張つた金属、天然若しくは養殖の真珠又は天然、合成若しくは再生の貴石若しくは半貴石を使用した物品を含む。第96.01項から第96.06項まで及び第96.15項には、天然若しくは養殖の真珠、天然、合成若しくは再生の貴石若しくは半貴石又は貴金属若しくは貴金属を張つた金属をさ細な部分にのみ使用した物品を含む。

番号	品名
96.01	アイボリー、骨、かめの甲、角、枝角、さんご、真珠光沢を有する貝殻その他の動物性の彫刻用又は細工用の材料(加工したものに限る。)及び製品(これらの材料から製造したものに限るものとし、成形により得た製品を含む。)

番号	品名
9601.10	アイボリー(加工したものに限る。)及びその製品
9601.90	その他のもの

703

[付録] HS品目表2017年版

番号	品名
96.02	
9602.00	植物性又は鉱物性の彫刻用又は細工用の材料(加工したものに限る。)及び製品(これらの材料から製造したものに限る。)、成形品、彫刻品及び細工品(ろう、ステアリン、天然ガム、天然レジン又はモデリングペーストから製造したものに限る。)、他の項に該当しないその他の成形品、彫刻品及び細工品並びに硬化させてないゼラチン(加工したものに限るものとし、第35.03項のゼラチンを除く。)及び硬化させてないゼラチンの製品
96.03	ほうき、ブラシ(機械類又は車両の部分品として使用するブラシを含む。)、動力駆動式でない手動床掃除機、モップ及び羽毛ダスター、ほうき又はブラシの製造用に結束し又は房状にした物品、ペイントパッド、ペイントローラー並びにスクイージー(ローラースクイージーを除く。)
9603.10	ほうき及びブラシ(小枝その他の植物性材料を結束したものに限るものとし、柄を有するか有しないかを問わない。)
	歯ブラシ、ひげそり用ブラシ、ヘアブラシ、つめ用ブラシ、まつげ用ブラシその他化粧用ブラシ(器具の部分品を構成するブラシを含むものとし、身体に直接使用するものに限る。)
9603.21	歯ブラシ(義歯用ブラシを含む。)
9603.29	その他のもの
9603.30	美術用又は筆記用の筆その他これに類するブラシで化粧用のもの
9603.40	塗装用、ワニス用その他これらに類する用途に供するブラシ(第9603.30号のブラシを除く。)、ペイントパッド及びペイントローラー
9603.50	その他のブラシ(機械類又は車両の部分品を構成するものに限る。)
9603.90	その他のもの
96.04	
9604.00	手ふるい
96.05	
9605.00	トラベルセット(化粧用、洗面用、裁縫用又は靴若しくは衣服の清浄用のものに限る。)
96.06	ボタン、プレスファスナー、スナップファスナー及びプレススタッド並びにこれらの部分品(ボタンモールドを含む。)並びにボタンのブランク
9606.10	プレスファスナー、スナップファスナー及びプレススタッド並びにこれらの部分品
	ボタン

番号	品名
9606.21	プラスチック製のもので紡織用繊維を被覆してないもの
9606.22	卑金属製のもので紡織用繊維を被覆してないもの
9606.29	その他のもの
9606.30	ボタンの部分品(ボタンモールドを含む。)及びボタンのブランク
96.07	スライドファスナー及びその部分品
	スライドファスナー
9607.11	卑金属製の務歯を取り付けたもの
9607.19	その他のもの
9607.20	部分品
96.08	ボールペン、フェルトペンその他の浸透性のペン先を有するペン及びマーカー、万年筆その他のペン、鉄筆、シャープペンシル並びにペン軸、ペンシルホルダーその他これらに類するホルダー並びにこれらの部分品(キャップ及びクリップを含むものとし、第96.09項の物品を除く。)
9608.10	ボールペン
9608.20	フェルトペンその他の浸透性のペン先を有するペン及びマーカー
9608.30	万年筆その他のペン
9608.40	シャープペンシル
9608.50	第9608.10号から第9608.40号までの二以上の号の物品をセットにしたもの
9608.60	ボールペン用中しん(ポイント及びインク貯蔵部から成るものに限る。)
	その他のもの
9608.91	ペン先及びニブポイント
9608.99	その他のもの
96.09	鉛筆(第96.08項のシャープペンシルを除く。)、クレヨン、鉛筆のしん、パステル、図画用木炭、テーラーズチョーク及び筆記用又は図画用のチョーク
9609.10	鉛筆及びクレヨン(硬いさやの中にしんを入れたものに限る。)
9609.20	鉛筆のしん(色を問わない。)
9609.90	その他のもの
96.10	
9610.00	石盤、黒板その他これらに類する板(筆記用又は図画用のものに限るものとし、枠を有するか有しないかを問わない。)
96.11	
9611.00	日付印、封かん用の印、ナンバリングスタンプその他これらに類する物品(ラベルに印捺又は型押しをする器具を含むものとし、手動式のものに限る。)並びに手動式コンポジションスティック及びこれを有する手動式印刷用セット

704

[付録] ＨＳ品目表2017年版

番号	品名
96.12	タイプライターリボンその他これに類するリボン(インキを付けたもの及びその他の方法により印字することができる状態にしたものに限るものとし、スプールに巻いてあるかないか又はカートリッジに入れてあるかないかを問わない。)及びインキパッド(インキを付けてあるかないか又は箱に入れてあるかないかを問わない。)
9612.10	リボン
9612.20	インキパッド
96.13	たばこ用ライターその他のライター(機械式であるかないか又は電気式であるかないかを問わない。)及びその部分品(着火石及びしんを除く。)
9613.10	携帯用ライター(ガスを燃料として使用するものでガスの詰替えができるものを除く。)
9613.20	携帯用ライター(ガスを燃料として使用するものでガスの詰替えができるものに限る。)
9613.80	その他のライター
9613.90	部分品
96.14	
9614.00	喫煙用パイプ(パイプボールを含む。)、シガーホルダー及びシガレットホルダー並びにこれらの部分品
96.15	くし、ヘアスライドその他これらに類する物品並びにヘアピン、カールピン、カールグリップ、ヘアカーラーその他これらに類する物品(第85.16項の物品を除く。)及びこれらの部分品

番号	品名
	くし、ヘアスライドその他これらに類する物品
9615.11	硬質ゴム製又はプラスチック製のもの
9615.19	その他のもの
9615.90	その他のもの
96.16	香水用噴霧器その他これに類する化粧用噴霧器及びこれらの頭部並びに化粧用のパフ及びパッド
9616.10	香水用噴霧器その他これに類する化粧用噴霧器及びこれらの頭部
9616.20	化粧用のパフ及びパッド
96.17	
9617.00	魔法瓶その他の真空容器(ケース入りのものに限る。)及びその部分品(ガラス製の内部容器を除く。)
96.18	
9618.00	マネキン人形その他これに類する物品及び自動人形その他のショーウインドー用の展示用品で作動するもの
96.19	
9619.00	生理用のナプキン(パッド)及びタンポン、乳児用のおむつ及びおむつ中敷きその他これらに類する物品(材料を問わない。)
96.20	
9620.00	一脚、二脚、三脚その他これらに類する物品

第21部
美術品、収集品及びこつとう

第97類　美術品、収集品及びこつとう

注
1　この類には、次の物品を含まない。
　(a)　第49.07項の使用してない郵便切手、収入印紙、切手付き書簡類その他これらに類する物品
　(b)　劇場用又はスタジオ用の背景幕その他これに類する物品に使用する絵模様を描いた織物類(第59.07項参照)。ただし、第97.06項に属するものを除く。
　(c)　天然又は養殖の真珠、貴石及び半貴石(第71.01項から第71.03項まで参照)
2　第97.02項において「銅版画、木版画、石版画その他の版画」とは、一個又は数個の原版(芸術家が完全に手作業で製作したものに限る。)から直接製作した白黒又は彩色の版画(機械的又は写真的過程を経ずに製作したものに限るものとし、製作様式及び材料を問わない。)をいう。
3　第97.03項には、大量生産した複製品(芸術家がデザインし又は創作したものを含む。)及び芸術家でない者が製作した商業的性格を有する製品(芸術家がデザインし又は創作したものを含む。)を含まない。
4 (A)　この類及びこの表の他の類に同時に属するとみられる物品は、1から3までに定める場合を除くほか、すべてこの類に属する。
　(B)　第97.06項には、この類の他の項の物品を含まない。
5　書画又はコラージュその他これらに類する装飾板若しくは版画を取り付けた額縁で、当該書画又はコラージュその他これに類する装飾板若しくは版画に通常使用する種類及び価値のものについては、当該書画又はコラージュその他これに類する装飾板若しくは版画に含まれる。この注5の規定に関し、当該書画又はコラージュその他これに類する装飾板若

〔付録〕ＨＳ品目表2017年版

しくは版画に通常使用する種類及び価値のものでない額縁については、これらの物品に含まれないものとし、当該額縁が属する項に属する。

番号	品名
97.01	書画(肉筆のものに限るものとし、手作業で描き又は装飾した加工物及び第49.06項の図案を除く。)及びコラージュその他これに類する装飾板
9701.10	書画
9701.90	その他のもの
97.02	
9702.00	銅版画、木版画、石版画その他の版画
97.03	
9703.00	彫刻、塑像、鋳像その他これらに類する物品(材料を問わない。)

番号	品名
97.04	
9704.00	郵便切手、収入印紙、郵便料金納付の印影、初日カバー、切手付き書簡類その他これらに類する物品(使用してあるかないかを問わないものとし、第49.07項のものを除く。)
97.05	
9705.00	収集品及び標本(動物学、植物学、鉱物学、解剖学、史学、考古学、古生物学、民族学又は古銭に関するものに限る。)
97.06	
9706.00	こつとう(製作後100年を超えたものに限る。)

【主な参考文献等】

『実行関税率表（付・輸入統計品目表）』日本関税協会（2018）

『関税率表解説』日本関税協会（2017）

『関税分類例規集』日本関税協会（2017）

『Harmonized System Explanatory Notes』World Custom Organization（2017）

『Harmonized System Classification Opinions』 World Customs Organization（2017）

宮崎千秋「関税（品目）分類の基礎と実践」『貿易実務ダイジェスト』及び『貿易と関税』日本関税協会

長瀬透『HS関税分類のすべて』日本関税協会（2001）

『理化学辞典』（第4版）岩波書店（1987）

『生物学辞典』（第5版）岩波書店

鈴木崇文「2017年HS条約改正について」『貿易と関税』2017年1月号（日本関税協会）

著者紹介

宮崎　千秋（みやざき　ちあき）

1966年大蔵省入省（門司関税）。大蔵省関税局輸入課課長補佐（品目分類担当）、税関研修所主任教官、関税局企画課特殊関税調査官、関税局国際調査課国際協力専門官、東京税関調査保税部次長、神戸税関監視部長、横浜税関業務部長、同監視部長などを経て2006年退職。その間、WCO（世界税関機構）の品目表・分類局テクニカルアタッシェとしてWCO事務総局に勤務。（前）公益財団法人日本関税協会　調査・研究担当部長。現在は、神奈川大学経済学部（非常勤）で教鞭を執る。

主要著書

・『関税（品目）分類詳解【Ⅰ】』日本関税協会
・『関税評価303』日本関税協会
・『ASEANの流通と貿易』（共著）成山堂書店

関税（品目）分類詳解【Ⅱ】
第6部から第10部まで
（HS2017年改正準拠）

2018年6月5日　初版第1刷発行

著　者　宮崎千秋

発行所　公益財団法人 日本関税協会
　　　　〒101-0062 東京都千代田区神田駿河台3-4-2日専連朝日生命ビル6階
　　　　TEL:03-6826-1430　FAX:03-6826-1432

ⒸChiaki Miyazaki, 2018 Printed in Japan
ISBN978-4-88895-429-7

本書の全部または一部を無断で複製・転載すること等は、著作権法上の例外規定を除き、禁じられています。なお、私的利用の場合においても、購入者以外の第三者が本書を電子化あるいは電子書籍化することは著作権法では認められていません。